本书的编撰和出版得到
北京印刷学院传播学重点学科、北京出版产业与文化研究基地资助

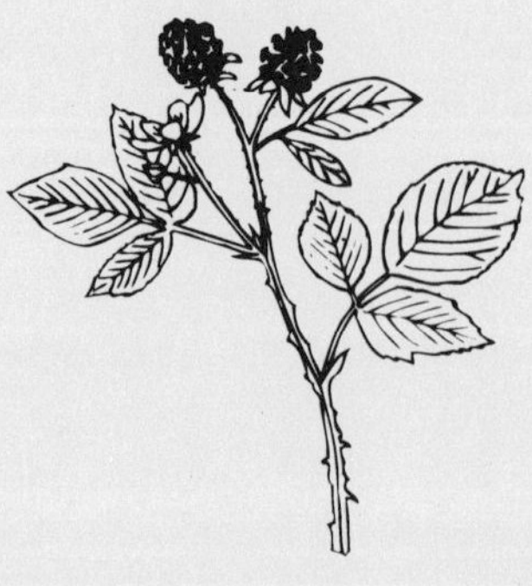

范　军　编撰

ZHONGGUO CHUBAN WENHUASHI YANJIU SHULU

中国出版文化史研究书录（1978～2009）

河南大学出版社
·开封·

图书在版编目(CIP)数据

中国出版文化史研究书录:1978～2009/范军编撰. 一开封:河南大学出版社,2011.1
ISBN 978-7-5649-0157-8

Ⅰ.①中… Ⅱ.①范… Ⅲ.①出版工作—文化史—图书目录—中国—1978～2009 Ⅳ.Z88:G239.297

中国版本图书馆 CIP 数据核字(2010)第 056448 号

责任编辑 程新晓 席兵
封面设计 马 龙

出 版	河南大学出版社		
	地址:河南省开封市明伦街 85 号	邮编:475001	
	电话:0378－2825001(营销部)	网址:www.hupress.com	
排 版	郑州市今日文教印制有限公司		
印 刷	河南新华印刷集团有限公司		
版 次	2011 年 1 月第 1 版	**印 次**	2011 年 1 月第 1 次印刷
开 本	787mm×1092mm 1/16	**印 张**	44
字 数	1043 千字	**定 价**	88.00 元

编撰说明

一、本书共收录1978年1月至2009年12月共32年间中国内地出版的有关出版文化史方面的论著、译作、资料集等约三千五百种。附录著录相关图书和资料约两千四百种。加上附注涉及的相关图书，总量超过六千种。编撰本着司马光史料长编“宁失之繁，毋失之略”的原则，力求全面和完备。

二、本书收录的著作属于广义的出版文化史范畴，内容包括图书、报纸、期刊等各种媒体，编辑、印刷、发行、管理等各个环节，乃至与出版相关的人物、机构、版本目录、装帧设计、文献典藏、版权保护、新闻传播、文化交流等方面。

三、本书按内容分为12个部分：出版史志类，出版史料类，编辑史类，书刊文化史类，新闻传播史类，发行史·藏书史类，印刷史类，版本史·文献学类，出版人物类，出版机构类，综合及其他类一·个人文集，综合及其他类二。有的大类应包含小类或子目，未再细分，如编辑史类含编纂史、著述史、翻译史等，书刊文化史类含书籍装帧史、版画史、禁书史等，印刷史类含造纸史。要说明的是，一些著作内容丰富而复杂，归类只是相对的；部分论著并非严格意义的出版文化史研究，因有一定的借鉴价值也适当收录。

四、本书以图书书名为辞目，释文扼要介绍著(译)者、出版时间、出版者、篇幅、字数、印数、开本、定价、主要内容及评价等。对于入选的著作一般按时间顺序编排，具体月份不清楚者，置于所在年份的最后。亦有极少数丛书套书以类相随，没有严格按时间排列。书中大部分论著为经眼所记，也有部分论著是参阅书评、书讯或有关著作，查询有关网站写就，因而著录的内容、项目不尽一致和完备。

五、本书在部分条目后面，以附注形式简录同一作者的其他相关论著，或与该条目著录图书相近相关的著作。因此全书所涉及图书数量超过条目标注。一种著作多个版本者一般只收一种，但对部分重要图书也酌情收录了不同版本。

六、正文后有五个附录，除《中国编辑资料中心成立记略》外，均按年份编排。附录一《外国出版文化史研究论著及相关资料》，收录中外作者主要以国外出版文化史为研究对象的著作和资料三百二十多种，且在目录中显示。附录二《1978年以来的相关内部出版物》，收录与出版文化史相关的内部资料和内部发行图书八百多种，因内容略杂目录页中未列细目。附录三《1978年以前大陆地区出版文化史研究论著目录》，则将19世纪末叶至1977年的关涉出版文化史的著作和资料(含内部印行)编制成目，收书近五百种。附录四《港澳台地区出版文化史研究论著目录》收录20世纪50年代以来香港、澳门、台湾地区出版的有关出版文化史方面的著作、译作目录八百三十余种。

七、本书的资料经过艰苦的搜集、寻访,同时参考了以下著作:《出版科研资料汇编》(中国出版科学研究所编辑出版研究室编,河北科学技术出版社 1993 年版);《中国图书大词典(1949～1992)》(4)(宋木文、刘杲主编,湖北人民出版社 1997 年版);《中国出版史料》"现代部分"及"补卷"(方厚枢辑注,山东教育出版社 2001 年版、2006 年版);《20 世纪中国出版研究》(张志强著,广西教育出版社 2004 年版);《中国纸和印刷文化史》(钱存训著、郑如斯编订,广西师范大学出版社 2004 年版);《中国新闻传播学图书精介》(周伟明主编,复旦大学出版社 2008 年版)。本书还充分利用了网络资源,主要查询了国家数字图书馆网、当当网和孔夫子旧书网等。

目　录

出版史志类

《中国出版史概要》 张召奎著。1985 年 8 月山西人民出版社出版。收入“编辑丛书”。本书在界定出版事业史的研究范围、研究对象、分期及现实意义的基础上，分章论述了我国殷商时期的书籍直到当代的书刊出版，初步勾勒出中国出版事业的发展轮廓，特别是对我国社会主义出版事业的成就，进行了较为详细的介绍。小 32 开本，589 页，30.7 万字，未标印数，定价 3.25 元。

《前进中的河南出版事业》 1986 年河南人民出版社出版。16 开本，定价不详。

《济南出版志》 山东省出版总社济南分社《济南出版志》编纂委员会编，曹国沛主编。1989 年 4 月济南出版社出版。本书采用志书横排门类、纵述史实的原则，全面梳理了济南从 1840 年到 1987 年出版事业发展历程，按照编辑出版、图书期刊、图书发行、书刊印刷、出版行政、人物、大事记、附录八个板块进行编排。16 开本，394 页，45 万字，精装本，定价 18.00 元。

《新时期民间文学搜集出版史略》 姚居顺、孟慧英著。1989 年 10 月辽宁大学出版社出版。本书论述了我国自 1977 年以来十多年民间文学搜集整理及作品出版的情况，内容涉及民间文学机构与队伍建设、民间文学田间作业以及民间文学搜集出版事业的发展规律等等。小 32 开本，199 页，印数 500 册，定价 3.50 元。

《奋进的河北出版界(1949～1989)》 河北省新闻出版局编。1989 年 10 月河北美术出版社出版。16 开本，定价 27.00 元。

《历代刻书考述》 李致忠著。1990 年 4 月巴蜀书社出版。本书按照时代顺序对历代刻书进行了考辨和论述，起于唐代，迄于清代，具体涉及每一朝代的时代背景、刻书机构、管理机关、刻书概况、刻本特点以及禁例等。最后两部分考辨和论述了历代活字印书和套版印书。大 32 开本，408 页，26 万字，印数 1000 册，定价 6.70 元。

《中国近代现代出版史学术讨论会文集》 中国近代现代出版史编纂组编。1990 年 8 月中国书籍出版社出版。文集收录文章 66 篇，是 1989 年 11 月在湖南大庸召开的中国近代现代出版史学术讨论会的论文选编。它包括了出版、发行、印刷各个方面的历史，反映了从清末到现在各个历史阶段的状况，包括太平天国的出版情况，清末官书局的出版活动，革命根据地、解放区及党所领导的国统区的进步新闻出版事业，查禁与反查禁的斗争，少数民族出版业的情况，等等。其中不少论题、论文是富有创见的，具有开拓性，反映了中国近现代出版史研究的新进展。大 32 开本，610 页，48.5 万字，印数 3500 册，定价7.80 元。

《上海出版十年(1979～1988)》 上海市新闻出版局办公室编。1990 年 8 月百家出版社出版。本书具有史料价值,收入相关资料、文章、照片等。16 开本,167 页,印数 5000 册,定价 16.00 元。

《内蒙古出版事业概况》 周仲德、贾来宽、张玉岭、高子俨、侯德生编著。1990 年 11 月内蒙古文化出版社出版。本书是反映内蒙古自治区出版事业的首部专著。大 32 开本,583 页,定价 9.50 元。

《北京出版史志资料选辑》(第一辑) 北京市新闻出版局党史资料征集领导小组编。1990 年 12 月北京出版社出版。收录有关北京地区的出版史志资料类文章 15 篇,包括《北平中外出版社斗争记实》、《北平地下党组织开设的北方书店》、《华北新华书店变迁始末》、《出版委员会始末》、《解放前夕的北平印刷工业》等等。大 32 开本,97 页,7.8 万字,印数 1500 册,定价 1.90 元。

《浙江出版史研究——中唐五代两宋时期》 顾志兴撰著。1991 年 5 月浙江人民出版社出版。本书分四章对中唐至宋代的浙江出版史作了勾勒和叙述,其纲目为:中唐、五代——浙江刻书事业的开端;北宋——浙江刻书和出版事业的繁荣;南宋——浙江成为全国刻书和出版业的中心;宋以前浙江出版史研究。涉及具体的书目,则依据实际情况,有的按刊刻先后,有的按刊刻者来区分。全书给读者提供了一个较为详细完备的出版书目,对于那些人们不熟悉、不常见的书籍则仿"解题"作了具体的介绍,对于一些重要的刊刻单位、刻书家也给予充分的论说。史料丰富是本书最突出的特点。马守良、胡道静、谭克分别作序,顾廷龙题签。大 32 开本,361 页,27.4 万字,印数 2000 册,定价 8.00 元。

《中央革命根据地新闻出版史》 严帆著。1991 年 6 月江西高校出版社出版。这是国内第一部系统研究中央苏区新闻出版史的学术专著。它以历史文献资料和苏区出版的革命报刊、书籍为依据,介绍和论述了中央革命根据地的新闻出版事业。全书分三编。第一编研究中央革命根据地新闻出版事业的萌芽、兴起和发展状况。第二编分别介绍中央革命根据地出版的报刊和各类书籍。第三编是《中央革命根据地出版印刷发行大事记(1929～1934)》,是对前两编的有益补充。附录为《中央革命根据地新闻出版文献史料选》,选有毛泽东、张闻天、邓颖超、李富春等人有关新闻出版的文章。本书卷首有多幅新闻出版方面的革命文物照片。大 32 开本,263 页,19 万字,印数 1500 册,精装本定价 10.00元。

《中国共产党晋察冀边区出版史》 河北省新闻出版局出版史志编委会、山西省新闻出版局出版史志编委会合编。1991 年 6 月河北人民出版社出版。晋察冀边区是抗日战争时期中国共产党创建的第一个敌后抗日根据地,历时 10 年,前后经历了抗日战争和解放战争两个历史阶段。本书概括地反映了晋察冀边区新闻出版事业发生、发展、成长、壮大的历史。通过对新闻出版史的叙写、研究,帮助人们了解和认识中国共产党在抗日战争和解放战争时期制订的有关新闻出版方面的一系列方针、政策,更清楚地看到新闻出版工作者的艰辛努力,以及新闻出版事业的重要作用。附录有:《晋察冀边区部分出版物目录》、《晋察冀边区新闻出版事业部分历史资料》。书前有书影、历史照片等近四十幅。大 32 开本,407 页,32 万字,印数 3500 册,精装本,定价 8.30 元。

《中国出版史》 宋原放、李白坚著。1991 年 6 月中国书籍出版社出版。本书以文化发展为背景，对已有的出版史料作了新的编排和考察，力图对中国出版史作宏观的描述，竭力勾勒出中国出版史的发展线索、出版事业的大致轮廓和出版事业兴衰的历史动因。从文化史的视角来宏观研究中国出版史的发生、发展，是本书的一个主要特点。全书除了“绪论”和“结语”外，主体有六章，其纲目为：雕版印刷术发明前的文字传播、雕版印刷术的发明、书籍出版的黄金时代、古典文化总结时期的书籍出版、中西文化冲突中的近代出版事业。附录《中国出版史大事年表》。大32开本，283页，22.5万字，印数4000册，定价4.70元。

《湖南省志·新闻出版志·出版》 湖南省地方志编纂委员会编纂。1991年8月湖南出版社出版。该书分为三篇：第一篇“北宋至民国以来湖南的出版事业”，记述湖南雕版书刊刻、近现代图书出版发行、期刊编辑出版、近现代书刊印刷。第二篇“中华人民共和国成立后湖南的出版事业”，记述了1950年至1986年湖南书刊编辑出版、书刊印刷、图书发行和出版管理。第三篇“宋代至1986年湖南刊刻出版图书期刊要目”。书前有书影、照片等12页。大32开本，618页，50.2万字，印数1480册，精装本，定价11.00元。

《中国出版简史》 吉少甫主编。1991年11月学林出版社出版。这部上起先秦下至现代的中国出版简明通史，分三编论述出版发展的演进历程。从横断面来看，它包括了编辑、印刷、发行和管理诸环节。作者有选择地重点叙述出版史上的重要史实，勾勒出出版历史的轨迹，并力求进行对出版规律的探讨。作为国内较早的一部中国出版通史性著作，内容完整，取舍得当，重点突出。书前有32页有关出版史的照片、书影。大32开本，523页，39.9万字，印数3000册，精装本定价14.45元，平装本定价12.45元。

《江苏出版史(民国时期)学术讨论会文集》 江苏省出版史志编辑部编。1991年12月江苏人民出版社出版。本书收录了1990年12月在江苏宜兴召开的“江苏出版史(民国时期)学术讨论会”会上交流的三十多篇会议论文，反映了当时江苏民国时期出版史的研究状况。大32开本，443页，32万字，印数2000册，定价6.00元。

《河北省出版大事记(1949～1990)》 河北出版史志编辑部编。1992年6月河北人民出版社出版。收入“河北出版史志文献丛书”。本书以编辑出版工作为中心，编写了新中国成立40年来河北省的出版大事记，具有资政、教化、存史等多方面的价值。大32开本，170页，13.5万字，印数1800册，精装本，定价5.40元。

《河北编著出版纪事(春秋～民国)》 马保超、骆志安、刘国庆编。1992年7月河北人民出版社出版。收入“河北出版史志文献丛书”。本书以年为线，系事其上，将河北省从春秋至民国时期的大量编辑出版事件，提纲挈领，按年月编次，为河北的编著出版事业勾勒了一个鲜明的轮廓。大32开本，347页，27.2万字，印数2000册，精装本，定价7.60元。

《〈毛泽东选集〉出版史珍闻》 金田、吴晓梅著。1992年北京广播学院出版社出版。

《新民主主义革命时期出版史学术讨论会文集》 中国近代现代出版史编纂组编。1993年1月中国书籍出版社出版。文集是1991年12月在太原召开的新民主主义革命时期出版史学术讨论会的论文选编。它比较集中地发掘了新中国成立之前中国共产党领导的出版事业史实。收录的64篇文章，大体按性质、时间、地区编排。文章的内容涉及边疆地区，少数民族地区，边区和根据地，解放区，军队和游击队、东北抗日联军的出版工作，还有中共诸多领导人的出版活动以及马克思列宁主义在我国的传播历史等。大32开本，636页，50万字，印数2000册，定价14.00元。

《〈毛泽东选集〉出版的前前后后》 刘金田、吴晓梅编著。1993年7月中共党史出版社出版。本书记述了1944年7月至1991年7月各种版本《毛泽东选集》的出版发行经过。大32开本，270页，印数3000册，定价6.00元。

《浙江出版史研究——元明清时期》 顾志兴撰著。1993年7月浙江人民出版社出版。本书分四章论述了浙江出版业从元代到清代的发展轨迹和地方出版史研究的情况。四章的纲目分别为：元代——浙江刻书出版业在全国的重要地位；明代——浙江出版事业仍处上游地位及湖州刻书业的崛起；清代——浙江出版事业的衰落与重兴；元、明、清时期浙江出版史研究。本书的写作继承了"中唐五代两宋时期"卷的写法，条分缕析，重视史料，同时又适当增强了理论分析。两书合起来，就是一部完整的浙江古代出版史。大32开本，339页，27.8万字，印数1500册，定价10.00元。

《中外出版史》 宋原放等著。1993年8月北京师范大学出版社出版。收入"新闻出版研究生系列教材"。本书实际是两本书——即宋原放、李白坚著《中国出版史》(中国书籍出版社1991年版)和英国G·昂温、P.S·昂温著《外国出版史》(陈生铮译，中国书籍出版社1988年版)的合刊本。中国出版史包括：雕版印刷术发明前的文字传播、雕版印刷术的发明、古典文化总结时期的书籍出版等5章。外国出版史包括：中世纪书籍、欧洲印刷术及古版书、19世纪书籍业等11章。大32开本，318页，印数1000册，25万字，定价8.50元。

《当代中国的出版事业》(全3册) 《当代中国》丛书编辑部编。1993年8月当代中国出版社出版。收入"当代中国丛书"。本书"绪论"部分简要勾勒了中国3000年书籍出版史的发展轨迹。接下来，编者以10编50章(第1、2册)的篇幅，先总后分、分门别类地叙述了当代中国出版事业的情况。10编的内容分别为：中华人民共和国出版事业发展概况；图书的出版(上、中、下)；期刊出版的发展；外文书刊的出版和国际交流与合作；书刊的编辑出版工作；书刊印刷工业的建设与发展；书刊发行工作的开展与改革；新中国出版事业的管理和建设等。本书下册内容包括：《中华人民共和国出版大事记(1949～1989年)》、《中共中央、国务院关于加强出版工作的决定(1983年6月6日)》、《中华人民共和国新闻出版署组织机构沿革(1949年10月～1988年12月)》、《中华人民共和国出版法规(部分)》、《中华人民共和国全国出版社名录》、《中华人民共和国全国期刊名录》等。全书具有系统性、全面性、资料丰富性的特点，有大量彩色插页。宋木文作序。大32开本，137.6万字，未标印数，精装本定价68.00元，平装本定价62.00元。

《吉林省志·文化艺术志·出版》 吉林省地方志编纂委员会编纂。1993年8月吉林人民出版社出版。本志所论述的时间上起1653年，下至1985年。编者采用述、记、传、图、表、录七种体裁，按出版管理机构与出版机构、出版物、书刊印刷、图书发行、出版管理、期刊目录、本版图书目录七个板块进行编排。16开本，1106页，120.8万字，印数1000册，精装本，定价95.00元。

《出版史研究》(第一辑) 叶再生主编。1993年10月中国书籍出版社出版。此辑《出世词》说创办这一出版史研究集刊的宗旨是提供研究信息，展示研究成果，开展学术讨论，交流研究心得。首辑按照“专论”、“考论”、“回顾”、“调查”、“分论”、“人物”、“书评”编排，收录文章20篇，这些文章对某一个时期，集中某一个方面，从不同的角度在出版史领域内有所创造，有所发现。如《概论马礼逊的中国语文字典、中国最早一家现代化出版社和中国近代出版史分期问题》、《解开〈抗战〉和〈抵抗〉刊名的疑团》、《“文化书社”研究新成果》等，都是内容丰富、观点新颖的好文章。大32开本，252页，20万字，印数1500册，定价7.80元。

《江苏民国时期出版史》 张宪文、穆纬铭主编。1993年12月江苏人民出版社出版。收入“出版史志丛书”。本书在大量收集出版史料的基础上，较为系统、全面地梳理了江苏地区民国时期的出版发展历史，是江苏出版史的断代工程之一。上海曾一度隶属于江苏，因此本书也涉及上海出版业的情况。全书共有七章：第一章为“晚清江苏出版业概述（清代后期～1911年前）”；从辛亥革命到五四运动前后的江苏出版事业（1911～1919年）；现代江苏出版事业的建立与发展（1919～1927年）；国民政府建立初期的江苏出版业（1928～1937年）；抗日战争时期的江苏出版业（1937～1945年）第一部分、第二部分；国民党统治大陆后期的江苏出版业（1945～1949年）。附录《1919～1925年教科书出版发行一览表》。大32开本，483页，39.5万字，印数2000册，定价10.00元。

《江苏出版大事记（1949～1992）》 俞洪帆、穆纬铭、柯光勤主编。1993年12月江苏人民出版社出版。收入“出版史志丛书”。本书与《江苏出版大事记（公元前77～1948）》构成一个整体，以大事记的形式完整地反映了江苏出版业从古至今的发展历程。基本的编辑内容、体例是大体一致的。大32开本，443页，35.7万字，印数2000册，定价9.00元。

《江苏刻书》 江澄波、杜信孚、杜永康编著。1993年12月江苏人民出版社出版。收入“出版史志丛书”。本书是一部学术性、资料性兼备的出版史著作。全书以时代为序分两大部分论述和考证了自宋代到民国时期的江苏刻书情况，比较详尽地记录了刊刻图书，以及相关的著录情况。第一部分是宋元时期，先概述这一时期江苏地区刻书概况，再分别著录宋代刻书和元代刻书。第二部分是明、清和民国（1912～1949）时期，也是先总后分，先概述，再分三个阶段著录刻书情况。附录则有：《江苏明代官刻机构名称索引》、《江苏明代刻书书坊名称索引》、《江苏明代刻书私家名称索引》。清代也是这三方面。另有《民国刻书机构及私家名称索引》。大32开本，612页，48.6万字，印数2000册，定价11.00元。

《山东省志·出版志》 洪友生主编，山东省地方史志编纂委员会编纂。1993年12月山东人民出版社出版。本书分为书刊出版、书刊印刷、图书发行、出版管理四篇，记述了山东出版事业发生发展的历史状貌和现实情况，时间上限一般定为清代顺治年间，部分内容上溯到事物发端，下限为1987年。附录《山东历代出版书刊简目》。书前有历史图片、书影等数十幅。大32开本，606页，36万字，印数3000册，精装本，定价37.50元。

【另】山东省出版总社出版志编辑室编《山东省志·出版志》（印刷部分）内部印行，16开本。印刷时间不详。

《青海出版志》 张敏克主编，青海省出版志编纂委员会编。1993年12月青海人民出版社出版。本书采用志、记、图、表、录综合体裁，记述了古代直至1987年青海地区出版情况。按书刊编辑出版、书刊印刷、图书发行、出版行政管理、人物、青海书刊出版大事记几个板块进行编排。书前有书影、照片多幅，书末附录《有关青海人民出版社和青海民族出版社的一些资料》。大 32 开本，671 页，32.1 万字，印数 1000 册，定价 15.00 元。

《北京出版史志》(第一辑) 《北京出版史志》编辑部编。1993 年 12 月北京出版社出版。编者在“卷首语”中说，编辑出版《史志》的目的是为了群策群力搜集、整理有关北京出版方面的资料，以期众志成城，最终编纂好《北京出版志》和《北京出版史》。《史志》第一辑开设栏目有“燕京出版史事”、“古今出版机构”、“出版建制沿革”、“出版管理”、“京华出版苑”、“古今书肆谈往录”、“书肆记趣”、“古今名书店”等。骨干文章有《北京方志的编纂与出版》、《辽代北京的雕版刻书》、《北京琉璃厂坊刻本考略》、《明清善本书版本考》、《清代宫廷的修书机构》、《民国时期北京地区禁书述略》等。大 32 开本，233 页，17.6 万字，印数 1000 册，定价 5.40 元。

【另】《北京出版史志》从 1993 年起分辑出版，到 2000 年底已经出版了 16 辑，出版单位均为北京出版社。其他的地方出版史料还有：《河北出版史志资料选辑》(河北省出版史志编辑部编辑出版)；《江苏出版史志》(江苏省新闻出版局江苏出版史志编辑部编辑出版)；《浙江出版史料》(浙江省出版史编委会编辑出版)；《山东出版志资料》(山东省出版总社出版志编辑部编辑出版)；《江西省出版史料》(江西省出版事业管理局党史资料征集委员会编印)；《安徽出版资料选辑》(安徽省出版总社《出版志》编辑室编，黄山书社出版)；《湖北革命出版史料》(湖北省新闻出版局党史资料征集工作领导小组编印)；《湖北出版史料》(湖北省新闻出版局出版志编辑室编印)；《广东出版史料》(广东省新闻出版局该书编辑部编印)；《广西出版史志资料》(广西新闻出版局出版志编辑室编印)；《重庆出版史志》(重庆市新闻出版局史志办公室编辑出版)；《云南出版史志资料》(云南省新闻出版局《出版志》编纂委员会编印)；《贵州出版史料》(《贵州省志·出版志》编写组等编印)；《陕西出版史志》(陕西省新闻出版局《陕西出版史志资料选编》编辑部编，陕西人民出版社出版)。

《近现代中国出版优良传统研究》 中国出版科学研究所科研办公室编。1994 年 1 月中国书籍出版社出版。这是 1992 年 5 月在广西桂林召开的“第七届全国出版科学学术讨论会”的论文集。这次学术讨论会的主题就是研讨近现代中国出版的优良传统。论文集收录论文 49 篇，涉及的编辑家、出版家有毛泽东、鲁迅、邹韬奋、张元济、陶行知、金仲华等，出版发行单位有商务印书馆、生活书店、开明书店、新华书店等。大 32 开本，490 页，35 万字，印数 1000 册，定价 13.50 元。

《甘肃省志·新闻出版志·出版》 甘肃省地方史志编纂委员会、甘肃省新闻出版志出版卷编纂委员会编纂。1994 年 2 月甘肃人民出版社出版。本书按照古代、民国、中华人民共和国三大不同时期，采取横排竖写之方法，全面完整地梳理和记述了甘肃出版事业的发展历程，对甘肃省特别是敦煌地区的古代出版有着特殊的史料价值。上限始于先秦，下限断于 1990 年底，凡此间有关甘肃著述和书刊出版、印刷、发行之重要资料，尽可能收集编入。书前有书影、相关照片等 24 页。附录《甘肃省出版大事记》。16 开本，626 页，60 万字，印数 2650 册，精装本，定价 49.00 元。

《浙江出版史研究——民国时期》 寿勤泽著。1994 年 2 月浙江大学出版社出版。本书的时间跨度实际是从近代到民国年间。作者对近现代浙江出版史作了初步的探索，在广泛收集大量资料的基础上勾勒出浙江出版事业的发展轨迹，提出了一些新的见解。

全书除"引言"外分 6 章来叙述,分别为:晚清浙江出版业的发展(1894～1911);辛亥革命至五四运动前夕的浙江出版业(1912.1～1919.4);五四运动与大革命时期的浙江出版业(1919.5～1927.4);土地革命战争时期的浙江出版业(1927.5～1937.6);抗日战争时期的浙江出版业(1937.7～1945.9);解放战争时期的浙江出版业(1945.9～1949.10)。附录《民国时期浙江出版大事记》。马守良、姜亮夫、谭克分别作序。大 32 开本,218 页,17.5 万字,印数 1000 册,定价 6.00 元。

《北京出版史志》(第二辑) 《北京出版史志》编辑部编。1994 年 3 月北京出版社出版。此辑以许力以《中宣部出版局设置沿革及人员变迁》为首篇,共收录文章 25 篇,另有资料 10 则。设立的栏目有"燕京出版史事"、"古书钩沉"、"京华出版苑"、"名人与出版"、"书肆记趣"、"图书市场管理"、"出版单位介绍"、"出版大事年表"、"答读者问"、"动态"、"资料"。其中较重要的文章有《北京地区马列著作出版概述》、《金代的北京刻书》、《北京出版系统大事记》等。大 32 开本,231 页,17.6 万字,印数 800 册,定价 5.40 元。

《中国出版史》 张煜明编著。1994 年 5 月武汉出版社出版。本书比较系统地阐述了出版活动的产生和发展,把中国出版史分为抄写出版时期、刻印出版时期和采用现代技术出版时期,着重总结了出版活动各个阶段的特征,突出介绍了中国出版史上的重要人物、重要出版机构以及重大的事件,内容丰富,材料翔实,脉络清晰,有较强的知识性和可读性。作者在编著过程中较好地运用了"寓论断于叙事之中"的方法,对人物、事件的评论比较客观公允。附录《出版大事年表》、《笔画笔顺索引》。陶德麟题写书名,彭斐章作序。大 32 开本,529 页,40 万字,印数 1200 册,定价 18.50 元。

《中国共产党江西出版史》 本书编写组编写。1994 年 8 月江西人民出版社出版。收入"江西出版史志丛书"。本书以党和党领导下的进步出版为主体,论述了从 1919 年革命团体建立到 1966 年"文革"开始为止的江西地区出版事业的发生与发展演变过程。大 32 开本,397 页,34 万字,印数 1000 册,精装本,定价 15.00 元。

《江西历代刻书》 杜信孚、漆身起编著。1994 年 8 月江西人民出版社出版。收入"江西出版史志丛书"。本书收录江西省历代(宋至中华人民共和国建国前)官、私、坊刻书共两千八百四十余种。大 32 开本,366 页,印数 1000 册,精装本,定价 14.50 元。

《北京出版史志》(第三辑) 《北京出版史志》编辑部编。1994 年 9 月北京出版社出版。收入《建国以来著作权保护》、《二十世纪世界印量最大的书——〈毛主席语录〉编发始末》、《元代的北京刻书》、《北京同文馆及其刊书目录》、《中国版权保护记事》、《北京出版系统大事记》等文章和资料。大 32 开本,227 页,17 万字,印数 800 册,定价 7.40 元。

《出版史研究》(第二辑) 叶再生主编。1994 年 11 月中国书籍出版社出版。此辑的栏目设置有:专论、概述、版本、分论、调查、探源、辨正、人物、资料、书讯。本书收录论文 14 篇,小资料、书讯等若干则。其中主要的论文有:《晚清西书中译对中国文化的影响》、《十年内战时期苏维埃区出版简史》、《晚清江苏三大官书局刻书》、《二十四史的二百五十年版本史》、《清代四堡刻书业调查报告》、《民国时期图书出版调查》、《西夏雕版印刷概况》、《杜亚泉的事迹和思想概述》等。大 32 开本,252 页,20 万字,印数 1500 册,定价8.80 元。

《江苏革命出版活动纪事》 傅义桂、曹耀芳主编。1994 年 11 月江苏人民出版社出版。收入“出版史志丛书”。时间范围为1919～1949年。大32开本,420页,印数2000册,定价10.00元。

《北京出版史志》(第四辑) 《北京出版史志》编辑部编。1994年12月北京出版社出版。收入《著作权的行政管理》、《明代的北京刻书》、《三十年代初北平的出版业》、《近代北京出版史上的三个辉煌时期》、《民国时期北京禁书要览》等23篇文章,另有资料卡片13则。大32开本,249页,19万字,印数800册,定价7.40元

《北京出版史志》(第五辑) 《北京出版史志》编辑部编。1995年3月北京出版社出版。此辑首篇为《建国43年北京科技图书出版概述》。本辑收录文章21篇,资料10则。栏目有“燕京出版史事”、“出版机构”、“书店谈往录”、“出版管理”、“获奖长廊”、“出版纪事”、“回忆录”。较重要的文章还有《明代以后的北京书肆》、《清代的内府刻书》、《民国时期北京版图书概况》、《民族出版机构在北京的出版述略》等。大32开本,235页,16万字,印数800册,定价7.40元。

《华中解放区出版事业简史》 周天泽、周岩、王仁编著。1995年6月江苏人民出版社出版。收入“出版史志丛书”。该书记述了从1937年抗日战争爆发到1945年5月南京、上海解放为止整个抗日战争和解放战争时期,新四军新老军部、一至七师、浙江纵队以及苏中、苏南、苏北、皖东、豫皖苏、浙东、皖江、淮南、淮北等抗日根据地的出版事业发展历史。大32开本,288页,定价11.00元。

《为了和平——反法西斯“三部曲”出版纪实》 沈世鸣著。1995年6月重庆出版社出版。大32开本,274页,印数2000册,定价15.00元。

《中国佛典刊刻源流考》 戴蕃豫著。1995年8月书目文献出版社出版。本书按时代和朝代顺序,考证了隋朝以至清代佛典的刊刻情况。隋朝有无雕版印刷,学界一直有不同认识。此书认为尚不能确证隋朝有雕版印刷,但存世遗物中有疑为隋朝者。唐代以后的佛典刊印,则从隆盛原因、刻经制度、刻经地点、存世实物、刻经人物等方面予以考述。该书资料可靠,论述清晰,行文古雅,手稿影印刊行(清晰度不够),别具特色。16开本,173页,未标字数,印数1600册,定价30.00元。

《青海省志·出版志》 青海省地方史志编纂委员会编。1995年8月黄山书社出版。本书全面论述了青海从古代到当代出版事业的历史与现状,具有重要的学术价值和历史文献价值。时间下限为1985年。大32开本,251页,精装本,定价50.00元。

《河南省志·出版志》 河南省地方史志编纂委员会编纂,邵文杰总纂。1995年8月河南人民出版社出版。本志时间下限为1987年。全书除了“概述”外,分为编辑出版、印刷、发行、管理几个板块,纵横结合地反映了河南出版发展的历史与成就。16开本,277页,20万字,印数3000册,精装本,定价20.00元。

《出版史研究》(第三辑) 叶再生主编。1995年9月中国书籍出版社出版。此辑按照“专论”、“概述”、“考述”、“分论”、“人物”、“探源”、“书评”、“调查”的栏目设置编排。此辑出版的时候,恰逢抗日战争胜利50周年,发表了《〈战时读本〉出版的历史价值》、《抗战时期中共桂东南出版发行事业综述》以示纪念。本辑的《略论十年内战时期苏维埃区出版物及其特点(附“苏维埃区出版物通览”)》一文,是1955年张静庐辑录的《第二次国内革命战争时期苏区出版物简目》发表后40年来第一次系统的辑录,为有志于从事这方面研究

的同志提供了一些基础资料。大32开本，252页，25万字，印数1500册，定价12.00元。

《甘肃出版史话》 白玉岱著。1995年11月甘肃人民出版社出版。本书从先秦时期甘肃有关著作的传说与记载谈起，分章节叙述了从两汉时期一直到中华人民共和国成立后的著作和图书出版情况（图书统计数截至1990年），以及书籍形式与装帧、书籍的生产方式及机构、图书发行等。对民国以前甘肃藏文图书的出版与发行专设一章论述。最后，还收录了作者近年撰写的研究敦煌遗书、左宗棠与西北的图书出版事业等有关甘肃图书史的文章。大32开本，284页，21.5万字，印数1000册，定价10.00元。

《北京出版史志》（第六辑） 《北京出版史志》编辑部编。1995年11月北京出版社出版。此辑的栏目有"燕京出版史事"、"京华出版苑"、"出版机构"、"名人与出版"、"史海拾贝"、"出版纪事"等。比较重要的文章有《回忆出版委员会》（王仿子）、《清以前京版自然科学图书举要》（爱新觉罗·常林）、《清代北京图书出版杂俎》（李致忠）、《建国初期北京的私营图书出版业》（魏玉山）等。此辑还比较集中刊发了一组介绍和研究民国时期京版图书的文章，分别梳理史地、工程技术、经济、军事、农科及社会科学图书的出版情况。大32开本，220页，15万字，印数800册，定价7.40元。

《湖北省志·新闻出版（下）》 湖北省地方志编纂委员会编纂。1995年12月湖北人民出版社出版。《湖北省志·新闻出版（上）》为新闻部分。本书（下册）分为三个部分：从古代到清代的湖北出版、民国时期的湖北出版、中华人民共和国建国后的湖北出版。上起古代楚地的竹简、木牍和帛书，下限至20世纪90年代初期。附表有《清末湖北出版刊物一览表》、《清末至五四时期武汉地区书店一览表》、《抗战初期武汉地区出版社名录》、《建国前武汉书店名录》、《建国前后湖北书业一览表》、《毛泽东著作发行一览表》、《外文书刊发行网点一览表》等。书前有关于湖北出版的题词、照片、书影等插页32页。大32开本，325页，25.5万字，印数16000册，精装本定价30.00元。

《徽州出版史叙论》 徐学林著。1995年12月安徽美术出版社出版。这是一本以研究徽州出版文化为主的论文集。全书收录14篇文章，其中包括：《徽州府印刷艺术是古代出版艺术的顶峰——试论源远流长的安徽古代出版业》、《闻名遐迩的安徽文房四宝》、《鲜为人知的安徽官书局》、《安徽丛书编审会与〈安徽丛书〉》、《抗战前的特殊出版机构——记安庆安徽省立图书馆》、《开时代风气的编辑家张潮》、《"经训克家"的编辑家毕沅》、《以书为命的古籍整理大家鲍廷博》、《美术出版家、"印痴"汪启淑》等。大32开本，189页，未标字数和印数，定价5.60元。

《走向繁荣：发展中的石家庄新闻出版业》 王国玉、张炬主编。1995年河北人民出版社出版。大32开本，357页，定价15.00元。

《民国党派社团出版史丛》 方庆秋、曹必宏、郭必强编著。1996年2月江苏人民出版社出版。收入"出版史志丛书"。本书既具有史料性、科学性和时代性的特点，又反映了民国社会百态，是国内第一部专门记述民国时期党派（国共两党以外）、社团出版活动的历史著作。其特色是以记述民国一代党派、社团的出版史事为主，将民国一代丛脞细碎的党派、社团史料，汇聚而编述之，反映了编者为"编写民国出版史志的参考需要"而编撰此书的目的。全书上编为"党派"；下编为"社团"。社团又细分为政治军事、工商实业、文化教育、科技学术、文学艺术、体育卫生、华侨、宗教、社会公益几大类别。大32开本，702页，

45 万字,印数 2000 册,定价 25.00 元。

《江西出版纪事》　龚如平编著。1996 年 3 月江西人民出版社出版。收入“江西出版史志丛书”。本书采用纪事本末体,记述江西从魏晋(三国)直到中华人民共和国的出版事项。按年、分月、逐日分列记述,一事一目,纲举目张。附《江西历代地名对照简表》。大 32 开本,438 页,37.8 万字,印数 1000 册,精装本,定价 18.00 元。

《北京出版史志》(第七辑)　《北京出版史志》编辑部编。1996 年 3 月北京出版社出版。此辑新增的栏目有“建制与沿革”、“古书钩沉”、“古今名书店”等。较重要的论文有《回忆新华书店总管理处》、《北京出版事略(1949～1976 年)》、《宋代对图书出版与流通的管理》、《近现代北京出版史上三个辉煌时期》等。接上辑,还集中登载了一组介绍民国京版图书情况的文章,研究范围涉及教育、语言文字、艺术、宗教、自然科学。大 32 开本,244 页,18.5 万字,印数 800 册,定价 7.40 元。

《出版史研究》(第四辑)　叶再生主编。1996 年 5 月中国书籍出版社出版。1995 年 12 月,在中国出版史界发生了两件具有深远意义的大事。一是在湖北英山召开了关于毕昇墓碑的学术研讨会,再次断定此碑为宋碑,并做出了此墓碑为活字版首创者毕昇的墓碑的初步结论;另一件大事是,在福建省建阳市召开了建本学术研讨会并成立了建本研究会。本辑选刊了有关这两次学术会议的若干篇论文及其他文章 18 篇。大 32 开本,252 页,20 万字,印数 1500 册,定价 14.00 元。

《贵州省志·出版志》　贵州省地方志编纂委员会编。1996 年 6 月贵州民族出版社出版。本书由图书出版、期刊出版、书刊印刷、书刊发行和出版管理五个主要部分组成,另有“贵州出版大事纪要”、“贵州出版编著人物简介”、“贵州历代图书目录(部分)”。时间上起宋代,下至 1990 年(大事纪要至 1994 年)。16 开本,406 页,60 万字,精装本,定价 60.00元。

《北京出版史志》(第八辑)　《北京出版史志》编辑部编。1996 年 7 月北京出版社出版。本辑较重要的文章有《民国时期北京的出版机构》、《中国外文出版发行事业局历史概况》、《宋代的版权意识》、《元代的刻书机构》、《清代中央政府的图书编纂》、《北京地区出版业的校对工作》、《北京古代书籍装帧形制的演变》、《新闻出版署人事机构沿革》等。大 32 开本,232 页,17 万字,印数 800 册,定价 7.40 元。

《江苏出版大事记(公元前 77～1948)》　倪波、穆纬铭、张志强主编。1996 年 8 月江苏人民出版社出版。收入“江苏出版史志丛书”。本书记载了从公元前 77 年到中华人民共和国成立前江苏地区在出版方面所发生的大事和要事,包括图书的编辑出版、印刷、发行、物质供应和出版管理、教育、科研等方面的重要活动,为深入研究江苏地区的出版发展史、指导当前的工作提供了参考和依据。大 32 开本,518 页,40 万字,印数 2000 册,定价 19.00 元。

《河北省志·出版志》　曹宗安主编,河北省新闻出版局出版史志编委会编纂。1996 年 8 月河北人民出版社出版。本书按板块结构分为 11 章,全面论述了河北从古代到当代的出版事业发生发展状况,其纲目为:图书遗存及出版(先秦至民国)、图书出版(1949～1989)、方志出版、期刊出版(1897～1989)、书刊印刷、图书发行、印刷物质供应、出版机构、出版管理、出版人物、出版大事记(932～1988)。16 开本,503 页,76 万字,印数 1000 册,精装本,定价 100.00 元。

【另】《河北省出版志》1996 年 4 月由河北人民出版社出版。基本内容与《河北省志·出版志》(列入省志第 83 卷)相同,只是不列入统一的省志丛书系列。此书加了附录《编纂纪事》、《河北出版史志丛书目录》。16 开本,555 页,80.1 万字,印数 1000 册,精装本,定价 100.00 元。

《中国出版史话》 方厚枢著。1996 年 8 月东方出版社出版。本书采用史话的笔法,介绍了我国从先秦到中华人民共和国成立为止出版事业的起源、发生和发展的历程,介绍了历代重要的书籍和编辑出版活动。全书的叙述较为全面、系统、简明,是截止到 1996 年已出版的出版史书中叙述时间跨度最长、内容最新的一本。吴道弘在为该书写的序中认为"书中关于 1949 年以后的出版史部分,在史料的权威与丰富方面,叙述的清晰与全面方面,都是首屈一指的"。书中的《中国出版史大事记》,在内容上与"史话"部分互有补充,且便于查考。书末所附《中国出版史研究书录》,提供了一份比较完备的出版史书目,很有参考价值。附录另有《从统计数字看中国的图书出版》。大 32 开本,426 页,28.6 万字,印数 2000 册,定价 22.00 元。本书的日译本 2002 年由日本新曜社出版。

《哈尔滨书业志》 赵庆骥主编。1996 年 10 月哈尔滨出版社出版。大 32 开本,145 页,印数 1000 册,定价 24.00 元。

《河南出版史话》 海继才、温新豪著。1996 年 11 月文心出版社出版。本书以专题文章的形式,简要叙述了河南从雕版之始直到民国方志出版的历史概况,收录文章 17 篇,邓质钢作序。大 32 开本,136 页,7.7 万字,印数 1000 册,定价 8.60 元。

《黑龙江省志·出版志》 黑龙江省地方志编纂委员会编。1996 年 12 月黑龙江人民出版社出版。本书除"概述"外,分为图书出版、期刊出版、书刊印刷、图书发行、出版行政与职工队伍五篇,全面反映黑龙江省出版事业发展的历史与现状。书前有书影、照片等 20 页。16 开本,467 页,52.7 万字,印数 2000 册,精装本,定价 96.80 元。

《中国编辑出版史》 肖东发主编。1996 年 12 月辽宁教育出版社出版。收入"普通高等教育编辑出版类规划教材"。它既是此套教材中唯一与"史"有关的著作,又是第一部把出版史和编辑史融为一体的、具有开创性的专著。本书重在探究历史规律,注意总结历史经验,抓住了继承中国编辑出版史上的优良传统这一主线,以丰富的资料,全面系统地讲述了每一个历史时期编辑出版活动,并且在大体上按文化背景、编纂机构、编辑活动、重要的编辑家及其成果、图书生产技术及形式制度、图书流通发行等展开阐释。整部书纵横有序,眉目清晰,简洁实用。全书除"绪论"外,另有 9 章,每章后附有复习思考题。大 32 开本,468 页,36.6 万字,印数 4000 册,定价 18.00 元。

《江苏省志·出版志》 江苏省地方志编纂委员会编。1996 年 12 月江苏人民出版社出版。本书根据出版事业的性质、特征和作用,详细记述了江苏出版事业的历史进程,资料翔实、可靠。全书除"概述"外,分为八章,分别是:出版机构、出版者,编辑,图书,期刊,图书印刷,图书发行,教育、科研与团体,出版管理。附录有《大事年表》、《重要文件辑存》。高斯、蒋迪安分别作序。16 开本,671 页,插页 20,71.9 万字,印数 2500 册,精装本,定价 98.00 元。

《北京出版史志》(第九辑) 《北京出版史志》编辑部编。1997 年 1 月北京出版社出版。本书收录《北京出版事略(下)》、《北京古代出版机构考述(上)》、《新中国北京地区出版科研述略》、《北京图书装帧艺术说略》、《新闻出版署涉外工作概要》等16篇文章。大32开本,224页,15.8万字,印数800册,定价7.40元。

《北京出版史志》(第十辑) 《北京出版史志》编辑部编。1997年1月北京出版社出版。此辑以现当代出版研究为主,兼及古近代和民国时期的北京出版。新设立的栏目有"电子出版"、"音像市场"、"印刷纪略"。较重要的文章有《清以前北京翻译图书出版举要》、《建国以来北京出版的年鉴》、《〈创业史〉出版的前前后后》、《印刷业管理大事纪略(1949～1993年)》等。大32开本,193页,15万字,印数800册,定价7.40元。

《出版史研究》(第五辑) 叶再生主编。1997年2月中国书籍出版社出版。本辑收录文章15篇,有特点的文章不少,其中《彝族古籍出版概述》是少数民族出版史研究的重要成果。"专题"栏目中的《新中国出版教育简述》、《〈辞海〉六十年》、《文人学者与现代出版业关系概观》,都是值得一读的。本辑特辟"建本研究"专栏,发表了《福建历代刻书述略》、《福建古代刻书的编辑工作》两篇文章。大32开本,252页,20万字,印数1500册,定价14.00元。

《西北大区出版史(1949～1954)》 马昌顺、于怀仁主编,本书编委会编。1997年3月陕西人民出版社出版。本书的编写由陕西省新闻出版局牵头,甘肃、新疆、青海、宁夏四省(区)新闻出版局协编。编者较为全面地介绍了1949年至1954年西北大区的出版发展历史,特别是新疆、青海、宁夏、甘肃等少数民族地区的少数民族文字的出版情况。附录《西北大区出版大事记》、《大区时期西北各新华书店和人民出版社出版书目》、《大区时期长安书店出版书目》。16开本,321页,37万字,印数2000册,精装本,定价45.00元。

《湖南革命出版史(新民主主义革命时期)》 胡昭镕编著。1997年6月湖南人民出版社出版。本书论述了从1918年新民学会的建立到1949年新中国诞生为止,这30年间湖南的革命、进步出版事业的发展历程。论述和研究的对象是:革命的进步的出版发行机构及其编辑、出版、发行的图书和期刊;未包括报纸,但各个时期的重要革命进步报纸,也略为提及。书后另有《新民主主义革命时期湖南革命出版史大事记》。附录《新民主主义革命时期湖南革命进步出版发行机构、期刊一览表》。大32开本,318页,24.2万字,印数1000册,精装本,定价16.40元。

《福建古代刻书》 谢水顺、李珽著。1997年6月福建人民出版社出版。本书除"绪论"外有五章,其纲目为:宋代福建刻书业的兴盛、元代福建刻书、明代福建刻书、清代福建刻书、西方印刷术传入与福建刻书业结束。作者对福建刻书业的形成与发展历程进行了勾勒,分析了兴衰的原因,全面客观地反映了福建古代刻书业的状况。书前的插页有数十幅书影方面的图版。大32开本,528页,37万字,2001年第2次印刷,累计印数2500册,定价30.00元。

《江苏活字刻书》 江澄波编著。1997年7月江苏人民出版社出版。收入"出版史志丛书"。该书介绍了明代、清代和民国时期江苏的铜活字、木活字、泥活字、铅活字印书的历史状况和书目资料。书前有图片8页。大32开本,325页,20万字,印数2000册,定价15.00元。

《晋绥边区出版史》 山西省出版史志编纂委员会、内蒙古《晋绥边区出版史》编委会合编。1997年8月山西人民出版社出版。晋绥边区是七七事变后由中国共产党领导的八路军和山西新军在敌后建立的根据地，由晋西北、晋西南和大青山(绥蒙区)三个大区组成，共存在了12年(1937—1949)。本书是第一部较为全面系统地研究晋绥革命根据地出版历史概貌、记述边区新闻出版工作者业绩的专著。全书除“前言”外有11章，主要涉及以下问题：晋绥边区出版事业概况、抗战初期的出版事业、《晋绥日报》及报社的书刊出版工作、吕梁文化教育出版社和《晋绥大众报》、《战斗报》及根据地部队的其他出版物、晋绥边区的其他报刊、边区图书出版事业的发展、大青山及绥蒙区的出版活动、晋绥边区的印刷事业、图书报刊的发行工作。书首有16页珍贵的照片、书影等。书末附《晋绥边区出版大事记》、《晋绥边区部分报刊简介》、《晋绥边区出版的部分书目》等。大32开本，233页，14.9万字，印数2000册，精装本，定价18.00元。

《福建出版史话》 李瑞良著。1997年8月鹭江出版社出版。本书以史话的形式，运用朴实清新的笔法，在爬梳钩稽史料的基础上，简要勾勒了福建从宋代到晚清出版发展的历史，是一部学术性和通俗性、普及性兼备的出版史著作。其内容涉及刻书、编辑、校理、流通、广告宣传和出版管理等方面。书中着重介绍福建历史上的图书编辑事迹、编辑出版人物。对于古代刻书业方面，采用宏观与微观结合的方法，既有各个时期的概说，也有重点介绍。最后一题，附带介绍商务印书馆的“福建帮”作为“余话”。吴道弘作序。大32开本，260页，19.7万字，未标印数，定价11.80元。

《古刻名抄经眼录》 江澄波编著。1997年11月江苏人民出版社出版。收入“出版史志丛书”。本书按经史子集四部分类，共收古籍提要300篇。以宋元明清所刊稀见或有特色者为主，并以名家抄本、名人稿本及批校本为副。大32开本，300页，20万字，印数2000册，定价15.00元。

《广东省志·出版志》 广东省地方史志编纂委员会编。1997年12月广东人民出版社出版。收入“广东省地方志丛书”。本书比较全面系统梳理和论述了广东省(建国前含港澳地区)从古代到当代出版事业发展的概况，时间上起唐宋，下至1987年，个别章节延伸到1990年。近代以来是论述的重点。内容涉及图书刊刻、书刊编印出版及发行、音像出版与复录、出版外贸、出版管理、出版教育与队伍建设等方面。本志设上、下两篇。上篇又按照出版手段的不同形态，分为古代刊刻、近代出版业；因建国前中共不同时期的特殊地位，另设一章专门叙述中国共产党领导及影响下的出版事业。下篇则按编辑出版、书刊印刷等横向排列，分别设章叙述。上、下篇外，另有《概述》和《大事记》。附录《广东省“八五”规划期间出版事业建设综述》等。书前有书影、各种图片资料16页。16开本，402页，56万字，印数1000册，精装本，定价78.00元。

《北京出版史志》(第十一辑) 《北京出版史志》编辑部编。1998年1月北京出版社出版。本书收录了《新中国成立以来北京图书出版述略》、《〈甲骨文合集〉出版前后》、《中国大百科全书出版社编辑工作》、《宋代刻书机构》等21篇文章。大32开本，247页，18万字，印数800册，定价9.00元。

《出版史研究》(第六辑) 叶再生主编。1998年2月中国书籍出版社出版。本书设有“专论”、“建本研究”、“考述”、“辨正”、“概述”、“分论”、“书评”等栏目。代表文章有《敦煌出土回鹘活字及其在活字印刷术西传中的意义》、《建阳古代刻书通考》、《论清代的陶活字印刷》、《中国古代地图史略》、《晋冀鲁豫边区出版概述》、《清代台湾府出版业初探》等。大32开本,252页,20万字,印数1500册,定价14.00元。

《安徽省志·出版志》　邵之申主编,金连城、徐学林等撰,安徽省地方志编纂委员会编纂。1998年5月方志出版社出版。本志分三篇分别论述了安徽古代、近现代和当代出版业的概况。时间下限大体断至1994年。"概述"和个别事例延至1995年。书前有书影、照片等24页。16开本,333页,51.7万字,印数1200册,精装本,定价55.00元。

《江苏翻译出版史略》　邹振环著。1998年5月江苏人民出版社出版。收入"出版史志丛书"。本书分为上、下两编,对江苏地区的翻译出版历史进行了勾勒与分析。上编为"佛典翻译",下编为"西学翻译",另有附录《江苏地区的汉籍西译和江苏译家的中译外活动》。而作者在"前言"中,则对20世纪以来的中国翻译史研究作了概括性的阐述。大32开本,536页,40万字,印数2000册,定价25.00元。

《中国新图书出版业的文化贡献》　王余光、吴永贵、阮阳著。1998年7月武汉大学出版社出版。该书有三个部分:一是新图书出版业的三足鼎立——商务、中华与世界书局;二是新图书出版业的文化劲旅——亚东图书馆;三是新图书出版业的世纪工程——《四库全书》的出版与研究。这中间,世界书局、亚东图书馆是以往人们没有系统全面研究过的,而从出版文化史的角度探讨《四库全书》也是富有创新性的。大32开本,334页,27.4万字,印数1000册,定价12.00元。

《北京出版史志》(第十二辑)　《北京出版史志》编辑部编。1998年8月北京出版社出版。收入《毛泽东著作在北京的出版概况》、《人民教育出版社教材编写纪实》、《〈红日〉的编辑与出版》、《北京地区的编辑学研究》、《新中国稿酬制度的变迁》、《晚清及民国时期北平查禁期刊述略》等文章。大32开本,231页,17万字,印数800册,定价9.00元。

《中国新图书出版业初探》　王余光著。1998年9月武汉大学出版社出版。作者认为,中国新图书出版业可以分为两个时期:1840～1949年,1949年以后。该书内容只涉及前一时期,旨在讨论新图书出版业的形成及其文化贡献。作者从新图书出版业的形成,译书与西学引进,古籍出版与古籍整理,教科书与教育发展,丛书、工具书与文化普及等几个方面展开讨论。书末所附《20世纪图书出版业研究论文索引》(邓咏秋编)收录国内公开和内部出版的关于20世纪中国图书出版业的报刊论文以及论文集所收论文,资料收集上起1905年,下至1997年初。该书共收录报刊论文3420篇,论文集中的论文722篇,总计4142篇。这是一个十分有价值的、迄今所见收录相关论文篇目最完整的索引。大32开本,462页,34.8万字,印数1000册,定价15.00元。

《陕西省志·出版志》　陕西省地方志编纂委员会编纂,马昌顺主编。1998年9月三秦出版社出版。论述时间上起先秦,下限为1993年底。本志以志体为主,兼用述、纪、传、录、图、表等。全书分上中下三部。上部分为古代、民国、陕甘宁边区三篇,进行纵向论述。中部含现代行政、图书、印刷、发行、音像五篇。下部含人物、大事记两篇。书后附录出版物目录、重要文献。书前有历史图片、书影等32页。16开本,839页,88.8万字,印数2000册,精装本,定价150.00元。

【另】《陕西出版四十年统计资料汇编》(焦占中编)1989年9月由三秦出版社出版。

《江西省志·江西省出版志》　江西省地方志编纂委员会编,谢军总纂。1998年12

月江西人民出版社出版。本志下限止于 1993 年。16 开本，585 页，印数 1000 册，精装本，定价 148.00 元。

《成都市志·图书出版志》 成都市地方志编纂委员会编。1998 年 12 月四川辞书出版社出版。全书按照出版、印刷、发行、出版行政管理、行会几个板块进行编排。每一篇大体按照古代、近现代、当代的时间顺序予以论述。论述时间下限为 1989 年。书前有书影、图片资料等 16 页。16 开本，276 页，28.7 万字，印数 1000 册，精装本，定价 68.00 元。

《书局旧踪》 郭汾阳、丁东著。1999 年 1 月江西教育出版社出版。老书局的故事，也可以说是现代出版家的故事。中国现代的出版家，往往是作家、学者、教授一身数任。一个人，可以在创作、研究、教学和编辑出版多个领域全面出击，纵横驰骋。这是中国现代知识分子的一个传统。本书中的一篇篇短文，讲述的就是这些现代出版家的故事，涉及的人物有：王韬、蔡元培、张元济、胡适、王云五、胡愈之、沈知方、顾颉刚、张静庐、鲁迅、巴金、郭沫若、孙寒冰等；书局有：商务印书馆、中华书局、开明书店、良友图书公司、世界书局、新潮社、美的书店、群益出版社、大时代出版社、海燕书店等。图文并茂，文笔清新，可读性强。24 开本，169 页，15.5 万字，印数 5245 册，定价 12.80 元。

《北京出版史志》(第十三辑) 《北京出版史志》编辑部编。1999 年 3 月北京出版社出版。本书收录《商务印书馆的辞书出版》、《民国以前出版的一些北京民俗图书》、《〈红旗谱〉出版的前前后后》、《中青社经营管理概述》等 20 篇文章。大 32 开本，194 页，15.1 万字，印数 800 册，定价 8.00 元。

《中国出版文化概观》 李白坚著。1999 年 4 月广西教育出版社出版。收入“20 世纪中国出版文化丛书”。本书则从横向入手，按板块结构，探讨 20 世纪中国出版文化的整体面貌。全书除“楔子”、“结语”外，主体分为 8 章。每章的正标题带点文学色彩(如“铁肩担道义妙笔著文章”)，倒是副标题比较容易看清实际内容。各章的副标题如下：中国出版文化的走向、中国出版文化的优良传统、中国出版文化人、中国出版文化的中心：上海、中国出版文化的亚文化、中国出版文化现象、中国出版法权文化、中国出版文化研究评述。大 32 开本，446 页，27.7 万字，印数 2000 册，精装本，定价 42.00 元。

《辽宁省志·出版志》 辽宁省地方志编纂委员会办公室主编。1999 年 5 月辽宁科学技术出版社出版。本志分为四篇：书刊出版、书刊印刷、图书发行、出版管理，论述了辽宁从古代到当代的出版事业状况。图书出版最早由东晋时辽西有出版物开始，重点是清代至 1985 年底。另附《大事年表》、《重要文献辑存》、《编纂始末》。16 开本，290 页，41.7 万字，印数 2000 册，精装本，定价 65.00 元。

《广西通志·出版志》 广西壮族自治区地方志编纂委员会编。1999 年 6 月广西人民出版社出版。本志首设“概述”，然后分“解放前出版业”、“图书出版”、“期刊与音像出版”、“书刊印刷”、“图书发行”、“出版管理”等六编，比较全面系统地梳理和论述了广西壮族自治区从古代到当代出版事业的发展历史。本志记事，上限为汉代，下至 1993 年止，个别内容适当下延。书末设“大事纪略”，另有附录《清及清以前广西出版图书要目》、《民国时期广西出版图书要目》、《1952 年至 1993 年广西出版图书要目》、《解放前广西出版期刊要目》、《1950 年至 1993 年广西公开发行的期刊目录》。书前有书影、照片等 32 页。16 开本，631 页，100 万字，印数 3000 册，精装本，定价 100.00 元。

《广东出版 50 年(1949～1999)》 广东省新闻出版局编。1999 年 9 月广东人民出版社出版。这是一本纪念性的画册。16 开本,290 页,全彩印刷,精装本定价 280.00 元。

《山西通志·新闻出版志·出版篇》 贾鸿鸣、谢洪涛主编,山西省史志研究院编。1999 年 9 月中华书局出版。本志设立图书出版、期刊出版、书刊印刷、书刊发行、出版管理共五章,各章下设节、目,并突出了抗日战争和解放战争时期山西境内各根据地出版事业发展的特点。16 开本,515 页,精装本,定价 100.00 元。

《新中国出版 50 年(1949～1999)》 于友先主编。1999 年 9 月人民美术出版社出版。这本大型纪念性的画册分为四个部分:第一部分总论中华人民共和国成立 50 年出版事业的发展变化及机构状况,重点反映党的十一届三中全会以来 20 年出版业的巨大变化;第二部分介绍各省、自治区、直辖市出版事业的发展状况;第三部分为新闻出版署直属及部属、高校、解放军等 50 家出版社的发展状况;第四部分附录编入了新中国出版 50 年大事记、全国出版社名录等资料。全书收图片 2400 幅,集中介绍 50 年来党中央、国务院对出版事业的关怀,中央关于出版工作的方针政策,出版事业的发展变化及机构状况,优秀图书、期刊、音像制品及电子出版物的介绍,印刷技术及规模,发行工作与图书市场管理,知识产权保护和版权贸易,出版印刷科研和教育等等。8 开本,920 页,精装本,定价 995.00 元。

【另】广西《出版广角》杂志 1999 年 10 月出版了“新中国出版 50 年特辑”,大 16 开本,208 页。

《抗日战争时期大后方出版史》 熊复主编,张定华、苏朝纲、邹光海、陈初蓉撰写。1999 年 10 月重庆出版社出版。“大后方”一词,是中国现代史特定时期、特定地区的特殊概念。它的内涵丰富,既是地区概念,又有政治含义。它实际上是专指抗日战争时期国民党国民政府所统治的地区。抗日战争时期大后方出版史是一部记述我中华民族一致奋起抗日、救亡图存这个重要阶段的出版史,也是一部记述抗日大后方出版活动全貌、反映特定时期(抗战八年)、特定地区(抗日大后方)的出版断代史。全书分五章。为了更全面地、系统地和历史地研究这八年的出版发展史,在第一章中把中国抗日战争前一段时间(1897～1936)的出版业作了一个简要的勾勒。第五章简述了大后方出版界胜利后(1945～1946)的出版状况,交代了出版业的来龙去脉。而主体部分的三章,全面记述了抗日战争时期大后方出版界艰难曲折的战斗历程,即:抗战初期(1937～1938),空前繁荣;抗战中期(1939～1941),剧烈斗争;抗战后期(1942～1945),恢复发展。最后的结束语总结抗战八年出版的经验教训。大 32 开本,526 页,插页 8,41.5 万字,印数 2000 册,定价 26.00 元。

《新中国出版五十年纪事》 刘杲、石峰主编。1999 年 12 月新华出版社出版。本书以年、月、日为序,从 1949 年 10 月 1 日中华人民共和国成立之日起,直至 1999 年 9 月 30 日止,全面系统地记载了新中国 50 年间出版事业前进的历程和发展状况,是记载新中国出版史实最为详尽的一本实录。书中载录了在全国出版系统带有全局性的、有重要影响的事件、会议、文件、图书出版以及编印发活动等。附录有“新中国出版管理机构沿革”以及反映 1949 年至 1998 年出版事业主要方面的若干统计表和阶段示意图。大 32 开本,424 页,34 万字,印数 10000 册,精装本,定价 38.00 元。

《当代河南的出版事业(1949～1990)》 《当代河南历史丛书》编委会编。1999 年 12

月河南人民出版社出版。收入“当代河南历史丛书”。本书介绍了1949～1990年河南出版事业创建与发展的过程，以及在改革开放中不断进取、不断前进的历程。大32开本，355页，精装本，定价25.00元。

《北京出版史志》(第十四辑) 《北京出版史志》编辑部编。1999年12月北京出版社出版。收入《1977～1979年北京出版界拨乱反正纪事》、《建国后京版古籍出版述略》、《二十世纪中国出版史研究鸟瞰》、《出版法规管理述略(1949～1993)》等文章。大32开本，216页，16.9万字，印数800册，定价9.00元。

《新闻出版史》(朝鲜文) 北京大学朝鲜文化研究所编。1999年民族出版社出版。本书是“中国朝鲜族文化史大系”的第八卷，分新闻史、出版史、广播史三个部分，系统论述了中国朝鲜族新闻、出版、广播事业的形成和发展的历史与现状。大32开本，563页，印数500册，定价28.00元。

《文明之光——云南新闻出版发展壮大的50年》 贺全礼等著。1999年12月云南人民出版社出版。本书分“走向辉煌的云南新闻出版业”、“领导关怀”、“历史的足音”、“机遇与成长”、“播种希望”、“挑战与回应”几个部分，回顾了云南新闻出版事业50年的发展历程。8开本，129页，印数1200册，精装本，定价150.00元。

《中国文坛大地震:贾平凹畅销书创作出版纪实》 孙见喜著。2000年1月中国广播电视出版社出版。本书以纪实文学手法，全面、生动、准确地记述了贾平凹创作《废都》、《白夜》、《高老庄》等作品的经历过程，他在这期间经历的悲欢离合故事和爱情、家庭悲剧，以及小说出版后引起的读者反响和《废都》被查禁的经过。此外，还记写了贾平凹在作品受到社会批评后的心态和遭遇，以及社会各界对作品的评论和意见，还有作品获奖的情况。本书作者是贾平凹的挚友和同乡，他在采访和研究基础上写出的这本书，内容充实，文笔流畅，情节生动，具有可读性。大32开本，455页，定价22.00元。

《明清江南私人刻书史略》 叶树声、余敏辉著。2000年5月安徽大学出版社出版。本书含“绪论”、“余论”共七章，对明清江南私人刻书的概况、兴起的背景、主要特点及文化贡献等，进行了全面的研究。附录三篇:《论清儒辑佚》、《论清儒辨伪》、《段、顾之争与校勘原则》。大32开本，225页，18万字，印数2000册，定价15.00元。该书2002年12月重印(标第2版，实际只是重印，封面是新设计的)，未标印数。

《北京出版史志》(第十五辑) 《北京出版史志》编辑部编。2000年7月北京出版社出版。其中包括北京市出版事业五十年、北京地区出版单位概貌、京华出版史事、编辑与出版、出版管理、出版机构、装帧材料等内容。大32开本，213页，印数800册，定价9.00元。

《广西的改革开放·新闻出版卷》 广西壮族自治区新闻出版局编。2000年7月中央文献出版社出版。收入“广西地方史资料丛书”。本卷比较系统地阐述了1978年到1998年改革开放20年间广西壮族自治区新闻出版业的历史进程、取得的成就、主要经验和发展前景等。16开本，382页，精装本，定价88.00元。

《出版史话》 刘俐娜著。2000年9月社会科学文献出版社出版。收入“百年中国史话丛书”。除“引言”外，分17个专题论述了百年来我国出版事业的发展历史。具体专题包括:新印刷技术的传入，太平天国的出版物，洋务时期的官书局，西学东渐与译书热，私家译书与两大翻译家,改良,革命与出版事业,夏瑞芳与商务印书馆,张元济与商务印书馆,中华书局与出版竞争,开明书店内地卖书,清末民初的出版法,新教育与出版业,新文化运动与出版,传播马克思主义,一代青年的导师,在刺刀与铁蹄之下,人民出版事业的奠基。小 32 开本,198 页,9.5 万字,未标印数,定价 8.00 元。

《明代出版史稿》 缪咏禾著。2000 年 10 月江苏人民出版社出版。这部断代出版史稿有 14 章。首章“概说”,讨论出版史研究的界定和方法、明代的政治经济和思想文化、明代出版事业概述。以下诸章,内容分别为:明代出版种数、明代出版机构和出版管理、明代出版的集中地区、毛晋汲古阁的出版事业、几类图书的编辑(包括制书、史书、地方志、大型类书、丛书、佛藏、科技图书、诗文集、小说、剧本等)、西方文化的翻译出版、明代出版物的装帧设计和印制、明代印刷技术的重大革新、明代图书的经营与流通、明代出版物在国外的流播、明代出版与明代社会、明代出版人物。附录为《明代出版大事记》。该书首次清晰地勾勒了明代出版事业的发展轨迹,史料丰富,内容广博,论证科学,纵横结合,概括较为适当,是比较严谨厚实的出版史专著。书前有彩色插页 8 张,收录书衣、版刻、插图等多幅。高斯作序。大 32 开本,547 页,45 万字,印数 2000 册,定价 30.00 元。

《中国出版年鉴(2000)》 中国出版工作者协会主办。2000 年 10 月中国年鉴出版社出版。该书具有特殊的出版史料价值,专门设立了“新中国出版 50 年”的栏目,收入于友先的《新中国出版五十年》、许力以的《回顾历史 激励向前》、阎晓宏的《新中国图书出版五十年概述》、张伯海的《新中国期刊出版五十年》、谢明清的《回眸新中国的音像电子出版业》、杨方明的《新中国书报刊印刷业五十年的巨变》、郑士德的《新中国图书发行事业五十年》、陈昭宽的《新中国著作权保护五十年》、杨正泉的《新中国外文出版发行事业五十年》等文章,对新中国 50 年来的出版成就、经验从各个方面进行了回顾与总结。16 开本,808 页,精装本,定价 150.00 元。

【另】《中国出版年鉴》是反映一个年度中我国出版事业基本情况、记录年度出版研究和出版工作的最丰富、最及时的大型资料性工具书。年鉴设有特稿、专论、纪事、概况、出版工作评述、图书评介、书摘与史料、出版规章等栏目。年鉴在不同时期栏目、内容也有所调整。1980 年以来,中国出版工作者协会、中国出版科学研究所编《中国出版年鉴》每年由中国出版年鉴社出版一册。2008 年 10 月出版年鉴 2007 年卷,大 16 开本,精装印刷,定价 298.00 元。年鉴的 2009 年卷也于 2009 年 12 月刊行。

《云南省志·出版志》 云南省地方史志编纂委员会总纂,云南省新闻出版局编撰。2000 年 10 月云南人民出版社出版。本志上限自 1911 年,下限至 1989 年,为完整反映云南出版事业变化发展过程和全貌,或使记事完整,适当上溯下延 。本志对少数民族文字图书的介绍尤其有特点和价值。附录《图书要目》等。16 开本,826 页,123.6 万字,印数 1500 册,精装本,定价 105.00 元。

《北京出版史志》(第十六辑) 《北京出版史志》编辑部编。2000 年 11 月北京出版社出版。本书收录《五十年来中国出版同海外的交流与合作》、《商务印书馆新生五十年》、《我国出版管理机构概况》、《中央刻经院考》、《乾隆与〈四库全书〉的编纂》等 15 篇文章。大 32 开本,223 页,17.2 万字,印数 800 册,定价 9.00 元。

《台湾出版史》 辛广伟著。2000 年 12 月河北教育出版社出版。这是中国第一部台湾出版史方面的研究专著，涉及的出版业范围以图书、杂志、报纸与有声出版四类为主，兼顾发行、出版研究等相关内容。由于台湾的出版事业总体上是从光复后开始发展的，所以，书中一般以光复为开端。光复以后又以解严为界，分为解严前与解严后两段。全书21章，按纵横结合的方法，分别论述如下问题：光复前的台湾出版；光复至50年代的图书出版业；60年代的图书出版业；70年代至解严前的图书出版业；解严至90年代的图书出版业；少儿图书出版业；漫画出版业；光复初及50年代的杂志出版业；60年代的杂志出版业；70年代至解严前的杂志出版业；解严至90年代的杂志出版业；光复至50年代的报纸出版业；60年代至解严前的报纸出版业；解严至90年代的报纸出版业；有声出版业；通讯业、印刷业与出版社团；台湾的书刊发行；书展；出版研究；著作权；两岸出版交流。该书涉及广泛，内容丰富，而其内在的论述也较平实严谨，重视资料的整理与运用。小16开本，461页，39.5万字，首印1000册。2001年5月再版，累计印数2000册，定价39.00元。

《20世纪上海翻译出版与文化变迁》 邹振环著。2000年12月广西教育出版社出版。收入"20世纪中国出版文化丛书"。本书将翻译出版作为学术史、文化史的一部分来加以考察，将翻译出版的风云变幻与近代中国文化变迁紧密结合起来加以分析。全书除"绪论"、"简短的结语"外的九章，纲目为：文化的挑战与应战——徐光启与上海翻译出版之源头；"求术"与"求方"——世纪初的民营翻译出版业；"窃火"者的足迹——"五四"时期的翻译出版；西书中译史上的"名著时代"——二三十年代的上海译界；"孤岛"的声音——太平洋战争爆发前的沪上翻译出版活动；为"起义的奴隶"偷运"军火"和为新世界输入健康的血液；潮起潮落——1949年至1966年的上海译坛；荒芜年代的白皮书——"文革"时期上海的翻译出版；新时期的译潮——1978年至1999年的上海翻译出版界。历史学家姜义华作序。书末附《20世纪上海重要翻译出版机构一览表》。大32开本，488页，32.6万字，精装本，未标印数，定价46.00元。2001年3月第2次印刷。

《山西古籍印刷出版史志》 李晋林、畅引婷著。2000年12月中央编译出版社出版。收入"编辑出版研究丛书"。本书首先对山西古籍印刷出版业唐宋起步和发展阶段、金元鼎盛阶段、明清至民国持续发展阶段分章进行考证论述，然后介绍了有刻版印刷以来山西历代古籍版本及其他版本种类。大32开本，497页，印数500册，定价26.00元。

《四川省志·出版志》(上、下) 四川省地方志编纂委员会编，李正培主编。2001年2月四川人民出版社出版。本书记述了唐末有雕版印刷以来四川省出版印刷事业的发展状况。全书分为上下册，上册记述史实，下册为历代四川图书目录的汇集，线索清晰，资料丰富可靠。体例上分为出版、印刷、发行、管理四篇，志前有图片，志后有附录(包括名录、文存、书刊及音像出版物简目)。各篇按照详今略古、详近略远的原则取舍材料。16开本，1334页，132.2万字，印数2800册(套)，精装本，定价200.00元。

《云南出版事略》 云南省新闻出版局编撰。2001年2月云南科学技术出版社出版。本书简要记述了云南从公元前722年到公元1998年底云南出版工作的大事、要事。全书分为三个部分：古代及近代(公元前722年至公元1911年)，主要论述图书编著及其价值；民国时期(1912年至1949年9月)，记述图书编辑出版机构、主要期刊、书店、印刷厂的建立和发展变化情况；中华人民共和国时期(1949年10月以后)，记述出版、印刷、发行、科研、教育培训、物质供应及期刊等机构的发展变化，同时记录有关出版的重大活动、重要成果,也总结存在的问题。采用编年体和记事本末体结合的方法,依年、月、日编排条目。大32开本,655页,51.8万字,未标印数,定价35.00元。

《延安时代新文化出版史》 常紫钟、林理明主编。2001年2月陕西人民出版社出版。本书主要内容包括:延安时期的报刊出版事业、延安马列著作的翻译和出版、毛泽东思想的形成和毛泽东著作的出版、延安整风运动中的编辑出版工作、延安与陕甘宁边区的出版发行事业的建设和成就、延安与陕甘宁边区的印刷事业等等。许力以作序。大32开本,536页,40.2万字,印数1000册,定价29.00元。

《上海出版志》 宋原放、孙颙主编,本书编纂委员会编。2001年3月上海社会科学院出版社出版。本书以极其丰富翔实的资料全面客观地叙述了上海出版事业的发展轨迹。上溯出版事业之肇始,下限到1998年。近千年上海出版业的兴衰、起伏,都记录在案。全志共设12编,分别是:出版机构、图书、期刊、编辑业务、书刊印刷、书刊发行、教育和科研、管理等,共有54章,198节。另有"总述"、"大事记"、"附录"等篇章。"大事记"从南宋绍熙四年(1193年)起记到1996年。"附录"刊登了《中华人民共和国著作权法》等中央和上海市的法令、法规。全书资料取自各种档案、史书、旧志、报刊和专著。史料丰富,内容充实,可称为上海出版业的百科全书。书中的彩色插页收有一批早期图书、期刊的封面,让读者可以了解早期书籍装帧设计的艺术风格和时代特点。16开本,1234页,200万字,印数1500册,精装本,定价220.00元。

《清代宫廷刻书》 翁连溪撰。2001年9月紫禁城出版社出版。收入"故宫知识丛书"。本书对故宫收藏的宫廷刻书作了系统的介绍和分析,展示了代表清朝时期的宫廷刻书。40开本,45页,定价10.00元。本书2008年再版。

《天津通志·出版志》 天津市地方志编修委员会编著。2001年10月天津人民出版社出版。本志上限始于1404年,下限止于1990年。全志除"综述"、"大事记略"外,主体部分分为两篇,即明初至民国时期的出版业,中华人民共和国建立后的出版事业。附录《津版古今图书选目》。书前有书影、历史图片等42页。16开本,661页,102万字,印数1350册,精装本,定价150.00元。

《中国编辑出版史》(全2册) 肖东发主编。《中国编辑出版史》(上)2002年1月辽海出版社出版。本书是在原《中国编辑出版史》(1996年12月辽宁教育出版社出版)基础上略作修订而成的,时间从古代到民国为止。基本内容、开本、页码、字数、定价等均不变。肖东发、方厚枢主编《中国编辑出版史》(下)2003年4月辽海出版社出版。该书与上册配套,系统阐述1949～2000年约五十年间中华人民共和国编辑出版事业的建立和发展,以及1949年以来台、港、澳的出版概况及管理模式。全书7章,具体纲目为:新中国出版事业的建立和发展;出版事业在曲折的道路上前进(1957年1月～1966年4月);"文化大革命"时期的出版事业(1966年5月～1976年10月);恢复整顿时期的出版事业(1976年10月～1979年12月);改革开放时期的出版事业(上)(下)(1979年12月～2000年);1949年以来港澳台出版业。大32开本,386页,29万字,印数3000册,定价17.00元。

《中国近代现代出版通史》(四卷本) 叶再生著。2002年1月华文出版社出版。本书系统论述自清末以至新中国成立前的出版发展历史,填补了出版史著述在这方面的空白。此书是在大量搜集与研究历史资料的基础上,结合当时的政治、经济、文化和思想史而精心撰写的。此为华文世界第一部真正意义上的中国近代现代出版通史著作。该书资料丰富,信息密集,观点鲜明,有许多新的研究成果和鲜为人知的史实。对于过去新闻出版著作很少涉及的现代出版印刷技术传入中国,战前学术和科技著述的规划与开发,抗战时期大后方、各战区、各部队、敌后以及各个历史时期苏维埃地区、抗日根据地、解放区、少数民族和边远地区以及敌伪组织的新闻出版活动,都有系统的介绍和论述。作者是从大出版观出发,把报纸、杂志、书籍三个方面结合在一起来叙述的,是第一部这样编著的大型出版史著作,意在利于人们全面地了解新闻出版历史。附录有《大清律例》、《大清报律》、《著作权章程》(宣统)等。大32开本,397.6万字,精装印制,印数2500套,定价398.00元。

《出版文化史论》 章宏伟著。2002年1月华文出版社出版。这是一本关于出版文化史研究的论文结集,收录相关文章21篇。全书分上、下两编。上编有《从原始记事到文字发明——中国出版前史研究之一》、《论毛晋》、《雕版印刷术起源问题》、《中国古代编辑发展历程》等文,而主体则是按朝代对秦汉、魏晋南北朝、隋唐五代、两宋出版业进行考述的四篇系列文章。下编是研究建国后出版问题的,有《新中国50年出版历程》、《大陆期刊出版发展轨迹》、《我国的出版专业教育》等。这本厚重的学术论集视野宏阔,内容丰富,资料翔实,多有新见。任继愈封面题签,朱家溍扉页题签。刘光裕作序。大32开本,521页,38万字,印数未标,精装本,定价48.00元。

《书于竹帛:中国古代的文字记录》(第4次增订本) (美)钱存训著。2002年4月上海书店出版社出版。本书原以英文写作,由美国芝加哥大学出版社于1962年出版,其后被译成中文、日文和韩文,并多次增订,分别以不同书名在国内外各地发行,受到国内外学术界重视。此书为研究中国古代典籍制度及铭刻起源与发展的综合之作。上溯殷商,以今日所见最早的中国文字为起始;下迄初唐,即印刷术发轫之期。论述分9章,首章综叙中国古代文字记录的价值、社会背景和学术因素。其他各章分论各个时代主要文献载体的类别,包括甲骨、青铜、陶泥、玉石、简牍、绢帛、纸卷以及书写工具,分别叙述其内容、发展、形制和特质。结论就全书内容重加分析,摘要综述。此新增订本收入截至2001年底所见之考古及其他新材料,内容及图版亦多加修订。书后附录中、英、日文本序评介及世界各国学术刊物的评介摘要。宿白题签,李学勤作序。大32开本,236页,图版28幅,18万字,印数3000册,定价25.00元。

《山西出版大事记(1949~1999)》 潘俊桐、孙琇编纂。2002年9月山西科学技术出版社出版。本书记载从1949年至1999年山西省出版方面所发生的大事,包括图书的编辑出版、印刷、发行、物资供应、出版管理、教育、科研等方面的重要活动。大32开本,395页,印数1200册,定价20.00元。

《安徽出版50年》 刘苹主编。2002年9月安徽人民出版社出版。本书是纪念安徽出版50年的大型画册,以图片的形式展现了新中国成立以来安徽出版事业的发展与成就。16开本,135页,精装本,定价168.00元。安徽人民出版社同时刊行的还有《藏书票——安徽出版社50年》,收有相关藏书票50枚。

《我与安徽出版:安徽出版50年纪念文集》 刘苹主编。2002年9月安徽文艺出版社出版。从1952年至今2002年,安徽出版已走过了50个春秋。本书分为作者篇、编者篇、读者篇三个部分，收入相关的纪念文章。大 32 开本，418 页，印数 1200 册，定价 21.00 元。

《闽蜀浙粤刻书丛考》　王国维等著。2003 年 3 月北京图书馆出版社影印出版。本书收录清末和民国时期几位著名学者撰写的关于福建、四川、浙江、广东等地宋元以来刻书史方面的著作 4 种，具体是王国维的《两浙古刊本考》、黄慈博的《广东宋元明经籍刊本记略》、佚名编辑的《福建版本志》和佚名编撰的《宋本考・蜀刻记略》。这些著作比较全面地记载和考察了我国古代几个重要刻书地的刻书源流、规模和发展历史，归纳总结了这些地方的刻书特点及图书的传播流布情况。16 开本，418 页，未标印数，精装本，定价 60.00 元。

《扬州刻书考》　王澄编著。2003 年 8 月广陵书社出版社出版。扬州雕版印刷历史悠久，据史载可追溯至唐代，宋元有所发展，至明代中后期，官、私刻书颇为兴盛。清代扬州，雕版印刷空前发展，刻书之风不但大兴于郡城，而且遍及所属州县，官刻、家刻、坊刻盛极一时，刻印之书无可胜计，与南京、苏州并列为江南三大刻书中心。民国至今，扬州雕版印刷仍继续发展。《扬州刻书考》分四章叙述和考论了宋元明时期、清代、民国和当代的扬州雕版印刷。全书按章、节、目体例编排。部分章、节首加引言，简述概况。条目以刻书者名标小题。该书实际上可看作是扬州古今刻书史料长编，作者编纂认真，取材丰富，考证精审，再三校改。书末按朝代附有《刻者(著者)条目索引》，以便查阅。大 32 开本，386 页，27.1 万字，未标印数，定价 28.00 元。

《宋代出版史研究》　周宝荣著。2003 年 8 月中州古籍出版社出版。此为断代出版文化研究中，继缪咏禾《明代出版史稿》、叶再生《中国近代现代出版通史》、王余光等《中国新图书出版业的贡献》之后的又一专著。此书虽非严格意义的断代出版史，但也自成体系，另有特点。全书按板块构架，分七章，其纲目为：社会舞台与文化背景，繁荣的图书出版，报纸新闻的兴盛与发展，党争对宋代出版的影响，汉籍、汉官与契丹文化，宋朝对出版的管理，宋代的活字印刷。另有两篇附录《宋书序文例举》、《宋代文化的特点及其在中国文化史上的地位》。末列今人论著中与宋代历史文化特别是出版文化相关的参考书 44 种。该书由宋史专家姚瀛艇、苗书梅分别作序。大 32 开本，220 页，18 万字，印数 1500 册，定价 18.00 元。

《元代出版史》　田建平著。2003 年 8 月河北人民出版社出版。这是国内第一部较为系统、全面研究元代出版历史的理论专著，具有填补中国断代出版史空白的意义。全书除“引言”外有 13 章，探讨的问题如下：元代的政府出版、元代的儒学与书院出版、元代的私家与书坊出版、元代出版的图书、元代民族语言文字图书的出版、元代的版画、元代善本书例释、元版本的风格和特点、元版本的鉴定、元代的“吴兴体”与“元押”、元代出版技术的进步与发明、元代的图书收藏、元代出版对世界的影响。这其中一些章节是很具有学术上的创新性、独特性的。附录有《元代刊工姓名首字笔画索引》。大 32 开本，416 页，33.3万字，印数 1000 册，定价 21.00 元。

《功在千秋的事业——新中国古籍整理出版成就》　全国古籍整理出版规划领导小组办公室编。2003 年 9 月中华书局出版。为了让读者了解新中国成立五十多年来的古籍整理出版成就，总结经验，面向未来，全国古籍整理出版小组组织编辑了本书。16 开本,111 页,印数 2000 册,定价 50.00 元。

《徽州刻书与藏书》 刘尚恒著。2003 年 11 月广陵书社出版社出版。作者对被誉为徽州文化双子星座的刻书和藏书,进行了较为全面、深入的研究。全书 10 章,其中第 1 章论述"徽州刻书藏书的背景";第 2～6 章分别探讨徽州刻书的起始与宋元刻书、明代刻书、清代刻书、徽州刻工以及徽州刻书的显著特点;第 7～9 章则分别论述宋元徽州藏书、明代徽州藏书、清代徽州藏书;第 10 章综论徽州藏书的特点及散佚。该书附录有《徽州刻工刻书辑目》、《清代乾隆年间徽州禁毁书考录》等。大 32 开本,380 页,印数 2000 册,定价 28.00元。

《中国编辑出版史》 黄镇伟编著。2003 年 12 月苏州大学出版社出版。收入"现代出版学丛书"。本书"绪论"叙述中国编辑出版活动的历史渊源和学科体系、中国图书制度的演变、中国的图书分类以及历代政府的编纂制度与出版机构。第 1 章讨论古代编辑出版活动的起点。第 2～8 章,则按春秋战国、秦汉、魏晋南北朝、隋唐五代、宋辽金元、明清、民国的顺序,依次叙述各阶段编辑出版事业的概貌、特点、成就、影响等。16 开本,334 页,33.3 万字,印数 8000 册,定价29.00元。

《毛泽东著作是怎样编辑出版的》 中央文献研究室科研部图书馆编。2003 年 12 月中国青年出版社出版。本书由李新芝、张鹏负责编辑。所收入的文章,大多数是参与毛泽东著作编辑出版工作的同志撰写的,还有的作者曾经在毛泽东身边工作过,有的是长期从事毛泽东思想理论研究的专家、学者,也有知名作家。这些文章,从不同侧面记录了几十年间毛泽东著作编辑出版工作的历程,记述了这些工作所取得的丰硕成果,凝聚着毛泽东著作编辑出版工作的心得体会,同时也比较集中地反映了这些著作中所包含的丰富的思想理论财富。该书视角独特,资料翔实,内容深刻,对中国现代编辑出版史的研究也具有特殊的价值。其共收录文章 47 篇,另有附录《中共十一届三中全会以来毛泽东著作编辑出版情况一览表》。大 32 开本,502 页,40 万字,印数 5000 册,定价 29.00 元。

《建阳刻书史》 方彦寿著。2003 年 4 月中国社会出版社出版。本书是第一本系统研究古代建阳刻书历史的学术专著。作者在充分发掘第一手资料的基础上,广泛汲取相关学术成果,对福建建阳地区古代刻书发展历史演进进行了全面深入的探讨。论述的时限上自五代,下迄清代。作者对建阳编书、刻书、刻工三位一体的关系的论述,对插图版画的形式、结构、线描、刀法的探寻,对官刻、私雕、坊刻三者关系的研讨,对建阳刻书地位和贡献的认识等等,都有自己的新的见解。李致忠作序。大 32 开本,531 页,40 万字,印数 1000 册,定价38.00元。

《20 世纪中国的出版研究》 张志强著。2004 年 1 月广西教育出版社出版。收入"20 世纪中国出版文化丛书"。本书对 20 世纪中国的出版研究进行了全面的评述,回顾了中国出版研究的发展历程,总结了中国出版研究的经验教训。全书以大陆地区的出版研究为主,兼及港澳台地区;以公开发行的出版研究论著为主,兼及内部发行论著;以图书出版的研究为主,兼及期刊、音像、电子出版物出版的研究。本书"20 世纪上半叶的出版研究"一章收罗尤为丰富,有不少新材料。这本著作可说是关于出版评论的评论,出版研究的研究,属于"出版研究史"或"出版学术史"的范畴。刘杲、高斯分别为该书作序。大 32 开本,380 页,25.5 万字,有书影、照片 166 帧,未标印数,精装本,定价 38.00 元。

《徽州古刻书》　方维保、汪应泽编著。2004年1月辽宁人民出版社出版。收入“中国文化遗珍·徽州卷”。从宋代到明清时代，以至近代，徽州的藏书业和刻书业可谓天下闻名。无论是官方还是私家藏书刻书皆经久不衰，长期以来形成了浓郁的刻藏书文化。本书以图文并茂的形式、通俗明快的语言描绘了徽州刻书的历程、成就、特点。其十四个标题多具文学色彩，如：两宋的刀光火色与徽刻的勃兴；版画：线条和色彩摩画的童话世界；篆刻：细微之处藏乾坤；活字印刷术：另一个世界；内容包罗万象的徽版刻；清代文字狱：徽刻的挽歌，等等。附录为《古籍版本知识简介》、《两宋元明清徽刻善本简要目录》。小16开本，195页，15.8万字，印数6000册，定价26.00元。

《福建书业史——建本发展轨迹考》　林应麟著。2004年5月鹭江出版社出版。本书立足于大文化，把书业史融入文化史之中，对各个历史时期的文化教育情况作了概括介绍，着重对书业经营进行论述，包括各个历史时期出版的重要著作及其作者、编者，同时扼要分析了福建当时的政治、经济、吏治和文化教育状况。本书论述的时限下至民国时期。附录有《福建古代书业大事年表》、《福建新华书店诞生记》。大32开本，813页，56.7万字，定价40.00元。

《云南少数民族文字图书出版的历史与现状》　云南民族出版社民族文字出版中心编。2004年5月云南民族出版社出版。本书收录有关云南民族文字图书出版的历史与现状的文章11篇，涉及有傣文、景颇文、傈僳文、佤文、彝文、哈尼文等11个民族的民族文字出版状况。大32开本，279页，17万字，定价20.00元。

《中国出版编年史》(上、下)　李瑞良编著。2004年5月福建人民出版社出版。此书以编年体的形式叙述了上起先秦下迄1949年的中国出版发展历程。全书根据中国出版史的发展脉络，分为先秦、秦汉、三国两晋南北朝、隋唐五代、宋辽夏金元、明至清前期、晚清和民国八卷。各卷先作总叙，概述该时期图书生产和流通的基本情况和特点，然后以年为纲，以事系年，由点到线，由线及面，力求叙事完整准确。记述范围包括：文字的起源与演变；直接影响图书生产和流通的历史背景和重大历史事件；历代重要典籍的编撰和整理；图书的物质载体、物质材料和制作方式；历代重要的出版机构，包括政府有关机构，重要书坊、书局和私家刻书者及其所出图书，以及历代重要的编撰家、校勘家和出版家的事迹等；图书流通，包括历代政府的图书文化政策和管理措施、图书流通方式和渠道、图书售卖发行、书价演变、版本源流、典籍聚散和公私藏书以及中外图书交流等。该书广征博引，资料丰富，释义准确，具有较高的学术价值和史料价值。戴文葆作序。大32开本，953页，74.7万字，未标印数，定价49.00元。《中国出版编年史》(增订本)2006年12月由福建人民出版社出版。大32开本，81.6万字，定价66.00元。

《基督教在华出版事业(1912～1949)》　(美)何凯立著，陈建明、王再兴译。2004年8月四川大学出版社出版。本书除“绪言”外，正文有八章：第一章展示了民国时期的文化和历史背景，说明传教士是在什么样的时代背景中开展出版工作的；第二章讨论1912年前后传教士在中国的历史角色与工作特点；第三章集中讨论传教士在华创办的主要出版与发行机构，以及它们的历史沿革、组织结构和独特的社会功能；第四、第五两章讨论一些专题出版物的策划、运作和内容；第六、第七两章讨论期刊出版物，而且是从它们的创办宗旨与题材分类来着手；最后一章总述前面各章的主要观点，并尝试对新教出版事业的特点、问题和影响提出自己的看法。资料丰富,结构合理,持论公允,是本书的主要特点。大32开本,286页,22万字,印数3000册,定价18.00元。

《这是个好事情——不列颠百科全书中文版历程》 徐慰曾著。2004年8月中国大百科全书出版社出版。作者参加了中美合作编辑出版的《简明不列颠百科全书》、《简明大英百科全书》(台湾中文繁体字版)和《不列颠百科全书》(国际中文版)三个版本的工作,时间长达25年。本书比较详细地记述了中美双方文化交流与合作出版的历程。书中有不少感人的故事和编辑出版方面的逸事。大32开本,590页,印数3300册,定价28.00元。

《认同与互动——五四新文学出版研究》 路英勇著。2004年11月安徽文艺出版社出版。本书比较完整、全面地介绍了五四时期的文学出版业,研究分析了一些新的资料,填补了这一领域的某些空白,具有重要的开创性意义。从全书立意上看,既有对五四新文学出版这一"面"上的大块研究,又抓住了"情感认同"、"现代出版体制与五四新文学的生成"这两个极为重要的"点",做到点面结合,既呼应了书名,又避免了平铺直叙,起到了画龙点睛的作用。从全书构架来说,既有历史衍变中探究新图书出版业的"现代性"特征、对"现代"出版体制与五四新文学的生成、新文学出版在五四语境中的嬗变等命题的纵向分析,又按照不同出版形式横向论述了《尝试集》与亚东版"新诗集"、五四新文学社团杂志、五四新文学丛书等相关问题。附录《五四新文学出版年表(1915~1927)》。孔令范作序。16开本,262页,14万字,未标印数,定价29.00元。

《西夏出版研究》 史金波著。2004年12月宁夏人民出版社出版。收入"西夏研究丛书"。本书主要探究了西夏出版事业的社会背景,西夏书籍的翻译和编撰,西夏书籍的出版,西夏书籍的出版机构和人物,西夏书籍的装帧和纸张,西夏出版物的流通、价值和地位等。大32开本,179页,20万字,印数1000册,丛书(全6册)定价156.00元。

《全明分省分县刻书考》 杜信孚、杜同书编著。2005年2月线装书局出版。本书记录明代洪武至崇祯共276年间的刻书总目,包括官刻、坊刻、家刻,记载了书名、作者名、刻者名及生平小传、刻书缘起、年代、地区和版式特点等,是研究我国明代出版事业的重要工具书。书末附录有《刻书者拼音索引、笔画索引》,《书名拼音索引和笔画索引》,具有历史文献价值和出版价值。16开本,1函10册,定价2800.00元。

《江阴书业百年纪实(1864~2004)》 薛福顺主编。2005年4月江苏人民出版社出版。本书是集书店志、发行志、艺文志为一体的一部史料书籍。全书分六章,抓住了江阴从古至今一向是人文荟萃之地的特点,比较精炼地谈到了出版发行事业和当地人才辈出、著作宏富形成的互相促进的关系,列举了丰富的资料。大32开本,324页,印数1000册,精装本,定价30.00元。

《徽州刻书》 徐学林著。2005年5月安徽人民出版社出版。收入"徽州文化全书"(全20册)。内容除"导言"外,另有五章,包括:唐宋元时期徽州地区刻书业、明清时期徽州府的刻书业、明代徽州府私刻代表人物、清代徽州府私刻代表人物、徽州刻书的特色与贡献。16开本,251页,彩色插页13页,21.7万字,印数3000册,精装本,定价90.00元。

《前进中的西藏新闻出版业》 西藏自治区新闻出版局编,旺堆次仁主编。2005年8月西藏人民出版社出版。本书以图文并茂的形式,介绍了西藏自治区新闻出版业半个多世纪以来的发展状况,全区新闻出版事业空前发展的同时,培养和造就了以藏族为主体的编辑、记者、印刷技术等工作者。纲目为:概述;亲切的关怀;跋涉的足迹;西藏人民出版社获奖书目;西藏自治区部分获奖期刊名录。16开本,75页,定价80.00元。

《北京志·出版志》 北京市地方志编纂委员会编,田耕卷主编。2005年10月北京出版社出版。本书是时间跨度最长、历史资料最多、统计数字最完整的北京地方出版志书。本卷主要分"出版"、"图书"、"流通"、"管理"四个部分,记述了北京古今出版业的概况。书中记载了西周至今三千多年历史长河中北京地区图书出版的兴衰起伏,用翔实、系统、全面的资料从专业方面具体反映了北京出版业的历史风貌,记录了从西周到民国北京地区图书出版业的变迁轨迹,同时还介绍了中华人民共和国北京地区出版业的发展状况。对于图书的编辑、策划、发行、古旧书流通等都有涉及。16开本,842页,99.1万字,彩色图片160幅,黑白图片95幅,印数2400册,精装本,定价190.00元。

《瑰宝生辉:〈楚雄彝族自治州旧方志全书〉整理出版纪实》 杨成彪主编。2005年云南人民出版社出版。本书收入《擦亮楚雄尘封的瑰宝》、《旧方志在当世的作用》、《写在楚雄州旧方志丛书出版之时》、《传统文化的复兴工程》等文章若干篇。大32开本,244页,定价28.00元。

《〈毛泽东评点二十四史〉线装影印本编辑出版纪实》 谢云主编。2006年1月中国书籍出版社出版。毛泽东对《二十四史》的评点批注,不但反映了他的博学,更体现了一位伟大政治家对历史人物、历史事件的真知灼见,这是一份十分珍贵的思想文化遗产。本书讲述了《毛泽东评点二十四史》线装影印本的编辑出版过程。分"编辑纪言"、"图版"、"文件资料"、"评介文章"、"出版信息报道"等几部分。16开本,156页,定价48.00元。

《党的文献是怎样编辑出版的?》 本社编。2006年3月中央文献出版社出版。本书内容包括:党的文献编辑工作的几个问题,《毛泽东著作选读》新编本的特色和意义,历史性转变的胜利和记录,电视文献记录等。16开本,585页,58万字,印数3000册,定价58.00元。

《出版与近代文明》 王建辉著。2006年4月河南大学出版社出版。这是作者的近代出版史论方面的论文集,收入文章42篇(含代自序)。其中既有学术大视野的宏观研究,如《出版与近代文明》、《思想文化史上的近代出版》等,也有近代出版史方面的微观研究,如《孙中山与近代中国出版》、《曾国藩与近代中国出版》等。文章编排中插入了若干有价值的图片。小16开本,448页,40万字,未标印数,定价58.00元。

《重建新文学秩序——1950～1957年现代文学作家选集的出版研究》 陈改玲著。2006年5月人民文学出版社出版。本书通过对1950～1957年开明书店出版的"新文学选集"和人民文学出版社出版的"现代作家选集"的研究,探寻50年代现代文学作品的出版与文艺政策、文学史写作、经典确立以及打造现代文学传统等诸多层面的联系,展现了五十年代在以解放区文学为主体的新中国文学建构中,对五四以来新文学的选择、改造和组合的过程,为"现代文学在解放后评价和承传关系"这一课题的研究做了开拓性的工作。大32开本,276页,定价18.00元。

《湖南省志·出版志(1978～2002)》 刘鸣泰主编,湖南省地方志编纂委员会编。2006年6月湖南人民出版社出版。本书上起1978年,下迄2000年,记述了改革开放以来湖南出版的发展动因、发展历程、发展状态、发展成就。全书分为图书期刊音像电子、书刊印刷物资供销、图书发行出版外贸、出版科研出版教育、产业经济基本建设等六篇。书前有书影、相关照片和图片等 16 页。大 32 开本，610 页，48 万字，印数 1000 册，精装本，定价 60.00 元。

《出版学研究进展(2001～2005)》 黄先蓉主编。2006 年 10 月武汉大学出版社出版。本书是武汉大学出版科学系教师继《出版科学》2002 年推出的《出版科学年评(第一卷)》之后的又一成果，属于出版学术史的范畴。全书分出版学基础理论、编辑学、出版经济、出版法制建设、出版发行集团、图书营销管理、出版物流、版权贸易、网络出版、数字学术出版、中国出版国际化发展、科技出版国际竞争力、出版史、编辑出版教育等 14 个方面，对五年来的学术研究进展进行了概括和评述。16 开本，553 页，45.7 万字，未标印数，定价 49.00 元。

《近代福建基督教图书出版考略》 陈林著。2006 年 11 月海洋出版社出版。本书以福建新教近百年来图书出版事业为研究对象，通过对出版机构的演变、图书内容的嬗变、作者身份的转变、发行方式的变化、读者需求的改变以及图书物质形态的转换来透视福建基督教图书出版活动的意义。本书所取材料以图书为主，兼及差会出版的报刊。书前有照片、书影等多幅。全书八章，附有《福建教会图书目录》、《福建教会报刊目录》、《福建教会出版机构名录》。大 32 开本，276 页，22.6 万字，定价 32.00 元。

《新疆通志·著述出版志》 新疆维吾尔自治区地方志编纂委员会编。2006 年 12 月新疆科技出版社出版。本书除“总序”、“序言”、“凡例”、“图片”、“概述”、“大事记”外，主体部分按照“出版”、“印刷”、“发行”、“出版管理机构”四篇进行论述。附录有《少数民族地区出版工作的有关政策摘编》等。16 开本，635 页，103 万字，印数 1000 册，精装本，定价 192.00 元。(另，《新疆通志·报业志》作为通志的第 78 卷出版，具体出版时间和出版单位待查。)

《中国古籍版刻图志》 熊小明著。2007 年 1 月湖北人民出版社出版。本书属于图文本，采用图文并茂的方式，分专题简明形象地介绍了中国古籍版刻的历史与概貌。具体专题有：版刻起源及早期应用，宋代版刻，辽、金、元版刻，明代版刻，清代版刻，写本、活字及其他。16 开本，186 页，26 万字，印数 4000 册，定价 36.00 元。

《晚清新政时期图书出版业研究》 黄林著。2007 年 3 月湖南师范大学出版社出版。收入“书山博士文丛”。本书在对中国近代图书出版业发展前景分析的基础上，对晚清新政时期图书出版业的整体状况进行了勾勒，并从出版立法的推进、图书市场的扩大以及发行环境改善等方面予以深度阐发。大 32 开本，314 页，26.6 万字，印数 2000 册，定价 25.00元。

《重庆市志·出版志(1840～1987)》 重庆市新闻出版局编。2007 年 4 月重庆出版社出版。16 开本，662 页，精装本，定价 168.00 元。

《中国古代学校、书院及其刻书研究》 赵连稳、朱耀庭著。2007 年 5 月光明日报出版社出版。收入“光明学术文库”。本书对我国古代上起原始社会下至 19 世纪初叶学校、书院的演变做了系统论述，在学校和书院的教学管理、教学内容、教学改革等问题上进行了深入的探讨，尤其是对我国古代学校和书院刻书活动的研究富有开拓性。16 开本，234 页，22 万字，定价 30.00 元。

《中国古代书坊研究》 戚福康著。2007年7月商务印书馆出版。本书是作者在博士学位论文基础上修改完善而成的。在对书坊进行概念界定、历史分期和研究价值综合探讨的基础上,作者按照时间先后顺序,分生长期(唐、北宋)、兴盛期(南宋、元)、成熟期(明)、转型期(清),比较完整地描绘了整个书坊发展历史的过程,并对书坊研究中的一些基础问题和相关问题进行了深入研究,进而对书坊与民族文化、书坊与中国文化的海外传播进行了论述。大32开本,350页,未标字数印数,定价20.00元。

《蒙古文出版史研究——以蒙古文木刻出版为中心》 宝山著。2007年10月内蒙古教育出版社出版。收入"博士论文丛书"。本书是作者在博士学位论文基础上修改完善后的学术著作。在全面总结前人研究成果、充分利用现存珍贵的第一手资料——清代蒙古文木刻本图书的基础上,主要以清代蒙古文木刻出版事业为研究对象,结合史学理论与出版学理论,对清代蒙古文图书出版的各个组成部分进行系统研究、综合分析,比较全面、客观地勾勒出了清代蒙古文出版业发展的历史轨迹,并探究其发展的主客观原因。书前有彩色书影多幅,附录有《清代蒙古文出版史大事年表》等。大32开本,275页,印数600册,定价23.00元。

《浙江省出版志》 本书编委会编。2007年12月浙江人民出版社出版。本志记述的地域范围以2000年底浙江省辖区为限,时间上限追溯至起始发端,下限除个别方面外断至2000年底。体裁以记述为主,辅以传、录、图、表。全书分为10篇,即出版者/出版机构,编辑,图书/音像制品,期刊,书刊印刷,书刊发行,教育/科研,社会团体,行政管理,人物。卷首有《综述》总领全书,末附《大事记》和《重要文献辑存》。本书内容丰富,资料翔实,首次全面、系统地反映了浙江出版业的历史与现状,成就和贡献。书前有书影、图片等42页。16开本,1118页,142万字,精装本,定价300.00元。

《中国出版文化史研究书录(1985～2006)》 范军编撰。2008年1月河南大学出版社出版发行。本书收录的著作属于广义的出版文化史范畴,内容包括书、报、刊等各种媒体,编辑、印刷、发行等各个环节,乃至与出版有关的人物、机构、版本目录、印刷发行、文献典藏、新闻传播、文化交流等方面。书中收录1985年1月至2006年共22年间中国大陆地区出版的有关出版文化史方面的著作、译作2100多种,分成12个部分,大致依时间先后编排。以图书书名为辞目,释文扼要介绍每种图书的著者、出版时间、出版者、篇幅、字数、印数、开本、定价、主要内容及评价等。对于1985年以前和2007年出版的少数相关著作,则以附注形式适当收录。附录包括《港台地区出版文化史研究论著目录》、《相关内部出版物》、《外国出版文化史研究论著》。该书收录著作约三千种,内容齐全、资料丰富,对于研究中国出版文化史具有重要参考价值。16开本,556页,55.3万字,定价80.00元。

《中国近代科技出版史研究》 冯志杰著。2008年1月中国三峡出版社出版。本书是作者在其博士论文基础上精简而成的。全书分9章,其纲目为:中国近代科技出版产生的社会背景和历史条件;中国近代科技出版的发轫及历史演进;近代科技图书出版:晚清时期;近代科技图书出版:民国时期;近代科技期刊出版;近代科技出版机构;近代科技出版人才结构与科技出版家;近代科技出版的历史作用;近代科技出版发展的历史局限与经验启示。附录有《晚清时期出版的化学图书》等6表。大32开本,294页,26万字,定价35.00元。

《现代出版与二十世纪三十年代文学》 秦艳华著。2008年1月山东大学出版社出版。本书的纲目为:总论;左翼文学出版;京派文学期刊——《骆驼草》、《文学杂志》;海派文学期刊——《现代》;开明书店的新文学出版;文化生活出版社的新文学出版;良友图书印刷公司的新文学出版。大32开本,303页,精装本,定价25.00元。

《中国雕版源流考 中国书史》(插图本) 孙毓修,陈彬龢,查猛济著。2008年2月上海古籍出版社出版。收入"古籍版本基本知识丛书"。这两种图书新中国成立前既已刊行前些年台湾也有刊本,此次属于旧籍新刊,创新之处在配了大量图版。前者用考据的方法论述了雕版印刷术的发明与发展,是较早系统讲述中国印刷史的研究专著。后者则对历代版刻的特点以及藏书家的情况都有扼要的介绍。16开本,156页,23.8万字,印数3300册,定价27.00元。

《福建省志·出版志》 福建省地方志编纂委员会编纂。2008年2月福建人民出版社出版。本书除概述、大事年表外,主体部分有8章,具体纲目为:出版机构、出版者,图书编辑,图书,期刊,书刊印刷,图书发行,出版管理,出版群体。各章循时序记述发展的历史直至现状。书前有书影、相关照片等18页,书后有附录《福建省1992年以前出版专业高级职称名录》等。本志下限为1992年。16开本,544页,82.7万字,印数1000册,精装本,定价178.00元。

《宋代刻书产业与文学》 朱迎平著。2008年3月上海古籍出版社出版。收入"中国传统文学与经济生活研究丛书"。本书分为上下两编,内容分别为:宋代刻书产业全景扫描,刻书产业对文学的影响。作者将雕版刻书作为新兴的文化产业进行整体研究,将宋代文学置于"刊本时代"展开新的考察。附录有《宋版集部书目》、《日藏汉籍集部宋版书目》等。大32开本,319页,23万字,印数2300册,定价27.00元。

《宁夏新闻出版史存》 朱昌平主编。2008年3月宁夏人民出版社出版。本书时间跨度两千多年,采用纪实手法,对宁夏新闻出版业的发展状况进行了记述。全书按照新闻出版机构、图书报刊出版、印刷发行、出版物市场与管理四篇分别叙述,纵横结合,史料丰富。16开本,343页,35万字,印数1500册,定价50.00元。

《〈四库全书〉出版研究》 李常庆著。2008年3月中州古籍出版社出版。本书对《四库全书》及其总目提要的编纂、《四库全书》的影印出版、续修《四库全书》与四库系列丛书的编纂与出版、古籍的整理和使用与《四库全书》的数字化、《四库全书》的出版与"知识积累"等问题进行了全面探讨。附录《〈四库全书〉编纂与出版研究》、《〈四库全书〉年表》。16开本,246页,定价36.00元。

《云岭撷英——云南新闻出版业改革开放30年回顾》 苏应奎著。2008年6月云南大学出版社出版。本书共7章,如实地记录了云南省新闻出版业改革开放30年方方面面的成就。书中附有许多事例,充分证实和补充了作者在各章中阐述的观点和总结的经验,以史说话,论述切实。16开本,242页,印数3000册,定价39.00元。

《新疆通志·出版志(1990~2007)》 2008年7月新疆人民出版社出版。本书上限自1990年新疆科技出版社、新疆美术摄影出版社的建立,下限截止2007年12月10日。共分4篇,包括:出版、印刷、发行、出版管理机构。16开本,718页,精装本,印数1000册,定价360.00元。

《中国出版史》(上、下) 吴永贵主编。2008年8月湖南大学出版社出版。本书系普通高等教育“十一五”国家级规划教材。作者以出版技术的变革为主要依据,将我国出版历史划分为雕版印刷术发明前的抄写复制时期、雕版印制的版印时期、采用铅活字排版印刷的近现代出版时期。上册(古代卷,李明杰编著)和下册(近现代卷,吴永贵编著)分别对我国古代、近现代的印刷技术、版式装帧、编辑活动、经营管理、出版人物、书刊流传、出版文化等方面内容作了细致阐述。大32开本,上册386页,31.8万字;下册406页,33.8万字;印数4000册(套),总定价55.00元。

《魏晋南北朝图书业与文学》 陈传万著。2008年8月合肥工业大学出版社出版。收入“文化与传播研究丛书”。全书分为总论和分论。总论从书籍编纂、搜藏和传播三个方面,对魏晋南北朝这一时期图书业繁荣与文学兴盛的关系进行了描述。本论则选取魏晋南北朝佛典翻译、南朝史籍编纂、齐梁藏书著书、南朝抄书藏书等四个方面与当时文学的关系,进行了具体探讨。附录有《建安文学两题》、《网络文本与当代文学》。16开本,214页,19.1万字,定价25.00元。

《左翼文学运动兴起与上海新书业(1928～1930)》 刘震著。2008年9月人民文学出版社出版。不同于常见的“革命史”或“纯文学”的研究范式,本书尝试在传统的“内部研究”基础上,借用文学社会学、文化研究等“外部研究”方法,在文学史、出版史、城市史和中共党史等多学科交错的背景下,为左翼文学运动的兴起提供一种新的阐释可能。本书试图指出,上海发达的现代出版业,尤其是在20世纪20年代中后期“突然”勃兴的新书业为左翼文学运动的兴起提供了直接的物质基础和难得的历史契机。这种文学与出版的密切关系,显示了整个现代文学相对于传统文学在生产方式上的根本变化,而这种文学生产方式的特殊性,恰恰构成了我们在重勘“左翼文学之现代性”时常常忽略却又极其重要的思考维度。大32开本,238页,17.6万字,定价22.00元。

《明代书坊与小说研究》 程国赋著。2008年10月中华书局出版。本书从出版文化的角度考察小说,尤其是通俗小说作为商品生产、流通的全过程。作者深入探讨了坊刻小说兴盛原因、发展阶段及其特征、稿源、编辑与广告发行、小说体制、小说选本、小说流派、小说评点、小说读者阶层等诸多方面,详细阐述了明代书坊与小说之间的密切联系,肯定了明代书坊与书坊主在小说创作与传播过程中所做的贡献,对其不足也作了必要的说明。附录有《明代坊刻小说目录》、《明代家刻小说目录》、《明代刊刻小说的部分书坊及书坊主考述》等。大32开本,525页,30万字,印数2000册,定价39.00元。

《中国共产党对私营出版业的改造(1949～1956)》 朱晋平著。2008年10月中共中央党校出版社出版。本书除绪论和结语外包括五章,内容涉及到:党领导的图书出版事业的历史回顾与国营出版体系的建立,公私兼顾原则下对私营出版业的扶植,对私营出版业的局部整顿,对私营出版业“坚决地、分别地、有步骤地整顿”,对私营发行业的整顿和改造。16开本,285页,25.2万字,定价36,00元。

《编辑之友》“改革开放30年专刊” 《编辑之友》(山西)2008年第6期,2008年11月刊出。此期刊登的论文和资料包括《中国出版集团建设的探索与实践》、《出版集团的成长历程》、《中国大学出版激荡三十年》、《少儿出版30年:成就与问题》、《文艺出版30年关键词》、《回望科技出版改革发展30年》、《中国书业三十年成长历程》、《中国传媒业三十年:

发展逻辑与现实走势》、《三十年编辑研究综述》、《改革开放30年的出版学研究》、《我国版权贸易的发展轨迹及发展取向》、《改革开放30年我国书籍装帧史回顾》、《改革开放30年出版大事记》等。这是论文从不同侧面和角度比较全面系统地总结了1978年至2008年中国编辑出版行业的发展，具有历史价值。16开本，194页，定价10.00元。

《中国新闻出版业改革开放30年》 郝振省主编。2008年12月人民出版社出版。收入"强国之路——改革开放30周年重点书系"。本书对改革开放30年来新闻出版业一系列重大史实及理论问题进行了总结性研究，充分展开了30年来我国新闻出版业改革开放所取得的巨大成就和发挥的重要作用，全面总结了我国新闻出版业改革开放积累的宝贵经验，深刻分析了新闻出版业在改革开放中所呈现出的文化特征和产业特征，全面准确地把握新闻出版业改革开放的实质和内涵，从中获得了带有规律性的认识。附录《新闻出版业改革开放30年统计数据摘要》、《新闻出版业改革开放30年大事记》。16开本，341页，定价42.00元。

《中国出版通史》(九卷本) 石宗源、柳斌杰总顾问，编辑委员会主任石峰，出版委员会主任郝振省。2008年12月中国书籍出版社出版。本书以近四百万字的宏大篇幅，第一次全面梳理了中国出版事业的源流、演变及其发展脉络，总结了中国出版事业繁荣发展的规律，展示了中华民族对世界文明所做出的巨大贡献，从而完整地搭起了一个中国出版史的总体框架，是目前唯一一部系统地叙述自古代以迄当代的中国出版历史进程的学术专著，也是迄今为止我国最大规模的中国出版通史著作。它的问世，有力地展示了我国在世界出版史和人类文明发展史上的贡献与地位，体现了目前我国出版史研究的学术水平和最新学术成果，填补了我国哲学社会科学领域的一个重要空白。全书按历史发展顺序列卷，分为《先秦两汉卷》、《魏晋南北朝卷》、《隋唐五代卷》、《宋辽夏金元卷》、《明代卷》、《清代卷(上)》、《清代卷(下)》、《中华民国卷》、《中华人民共和国卷》，共计九卷，近四百万字，包罗采辑历史图片八百余幅。该书上起商周，下迄公元2000年，以研究我国历史上出版事业的产生、发展及其规律为基本内容，在广征博引文献典籍和考古发现以及前人研究成果的基础上，钩沉稽玄，探幽发微，考镜源流，力求翔实而清晰地展现中国出版业滥觞、形成、发展的历史轨迹，体现出了包罗宏富、收录完备的特点，具有很高的学术价值和文献价值，既是国内各级图书馆必藏、专业研究者案头应备之书，又是普通读者了解中华出版文化的重要窗口，同时也是各高等院校相关专业的重要教学参考文献。下面还将分册介绍。16开本，总定价556.00元。

《中国出版通史》(先秦两汉卷) 肖东发等著。2008年12月中国书籍出版社出版。本卷分十章，其纲目为：中华文明的形成与出版活动的萌芽，原始编辑出版活动的出现与发展，春秋战国早期的编辑出版活动，秦朝的出版活动，两汉出版的历史背景与整体特征，两汉时期的图书编校与出版活动，两汉时期编辑出版的图书，两汉时期的出版物形制与文字载体，先秦两汉时期的著名编撰(辑)家，先秦两汉的出版与社会。附录有《先秦两汉出版大事记》。本卷之前有柳斌杰撰写的总序。16开本，415页，39.4万字，定价58.00元。

《中国出版通史》(魏晋南北朝卷) 周少川等著。2008年12月中国书籍出版社出版。本卷分十章，内容涉及到：魏晋南北朝出版事业的发展及时代背景，国家编撰出版机构，图书收集整理和出版，图书编撰和出版，出版事业的重要人物和事迹，出版物的材料和形制,图书出版的相关技术,图书流通和管理以及少数民族文字文献的出版,魏晋南北朝出版的意义和影响。附录《魏晋南北朝出版大事记》。16 开本,469 页,43.5 万字,定价 62.00 元。

《中国出版通史》(隋唐五代卷) 曹之著。2008 年 12 月中国书籍出版社出版。本卷分 16 章,内容涉及到:隋代出版的历史背景,隋代图书编撰,隋代图书的出版和流通,唐代出版的历史背景,唐代的官修书,唐代私人图书编撰(上、下),唐代雕版印刷术的发明,唐代图书出版,唐代佛经翻译、编撰与出版,唐代图书流通,五代十国出版的历史背景,五代十国的图书编撰,五代十国的图书出版与流通,少数民族文字图书出版的发展,隋唐五代图书出版的地位。附录《隋唐五代出版大事记》。16 开本,485 页,44.7 万字,定价 64.00 元。

《中国出版通史》(宋辽西夏金元卷) 李致忠著。2008 年 12 月中国书籍出版社出版。本卷分 20 章,内容涉及到:宋代出版事业勃兴的社会背景,宋代的官方编修与繁荣的私人撰述、出版机构与出版概况、重要出版家及其出版事迹,宋代出版图书的主要内容及出版思想,宋代出版图籍的装帧艺术,宋代出版物的发行流通概况,宋代朝廷对图籍出版流通与版权的管理,宋代雕版印刷术的高度成熟与活字印刷术的发明;辽代出版事业的概况,西夏出版事业的概况,金代出版事业的概况,元代出版事业继兴的时代背景,元代的编修机构、编修活动与私人撰述,元代出版图籍的装帧艺术,元代出版物的发行流通概况,元代朝廷对书籍出版与流通的管理,元代对出版印刷技术的推进,宋元时期少数民族文字文献出版的繁荣。附录《宋辽西夏金元出版大事记》。16 开本,575 页,52.8 万字,定价 74.00 元。

《中国出版通史》(明代卷) 缪咏禾著。2008 年 12 月中国书籍出版社出版。本卷分 12 章,内容涉及到:明代出版事业概况,官府编撰的图书,私家的编撰,书坊的编纂,明代的出版机构,明代著名出版家,明代与东西方国家的出版交流,明代出版物的装帧设计和印制,印刷技术的改进与革新,明代图书的经营、流通和收藏,明代出版和明代社会,明代少数民族文献的出版事业。附录《明代出版大事记》。16 开本,455 页,42.3 万字,定价 59.00 元。

《中国出版通史》(清代卷 上) 朱赛虹、曹凤祥、刘兰肖著。2008 年 12 月中国书籍出版社出版。本卷论述清代前期的出版事业发展历史,分九章,具体内容涉及到:清前期出版业发展的社会背景、中央官署的图书编纂、中央官署出版机构及其出版概况、民间的图书编纂与著述、民间出版活动、印刷技术的发展、图书出版管理与流通、少数民族文字书籍的出版。附录《出版大事记》。16 开本,406 页,37.4 万字,定价 54.00 元。

《中国出版通史》(清代卷 下) 汪家熔著。2008 年 12 月中国书籍出版社出版。本卷论述近代的出版事业发展历史,分 14 章,具体内容涉及到:经世之学的视角转换,太平天国的文化政策与出版,同光间地方官刻,佛学与通俗伦理书,近代印刷技术和纸,在华教会和外国人的出版活动,新出版的开始,教科书的进展,民主革命和宪政出版物,新形态出版物,小说与文学期刊,传统出版物的式微,新出版的发行,拳拳于民族解放的出版人。附录《近代出版大事记》。16 开本,409 页,37.9 万字,定价 54.00 元。

《中国出版通史》(民国卷) 王余光、吴永贵著。2008 年 12 月中国书籍出版社出版。

本卷采用纵横结合的方法，分上下编论述近代的出版事业发展历史，全书分12章，具体内容涉及到：民国出版业的形成(1912～1919)、发展(1919～1927)、兴盛(1927～1937)、艰难历程(1937～1949)；出版法律与出版管理，出版经营活动，出版家群体，出版与社会文化，教科书出版，工具书、学术著作和古籍出版，少数民族文字书籍的出版，中国共产党领导的出版事业。附录《民国出版大事记》。16开本，486页，53.8万字，定价75.00元。

《中国出版通史》(中华人民共和国卷) 方厚枢、魏玉山著。2008年12月中国书籍出版社出版。本卷分11章论述了当代中国的出版事业，具体内容包括：新中国出版事业的开端，新中国出版事业的建立和发展(上、中、下)，“文化大革命”时期的出版事业(上、下)，拨乱反正时期的出版事业，改革发展时期的出版业(上、中、下)，港澳台地区的出版业。附录《中华人民共和国出版大事记》。16开本，431页，40万字，定价56.00元。

《清代江南藏书家刻书研究》 王桂平著。2008年12月凤凰出版社出版。全书分为六章，具体纲目为：清代江南藏书家、清代江南藏书家的刻书、清代江南藏书家刻书的特点、清代江南藏书家刻书与文化、清代江南藏书家刻书的重要贡献、清代江南藏书家刻书之流传。附录《清代江南藏书家刻书知见举目》。作者全面、系统地对清代江南藏书家刻书的特点作了历史性的分析，对清代江南藏书家兴起的动因以及他们刻书的社会条件和历史功绩等作了深入的探讨。谢灼华作序。大32开本，341页，32万字，定价28.00元。

《内蒙古自治区志·出版志》 内蒙古地方志编纂委员会编。2008年内蒙古人民出版社出版。16开本，精装本，印数1000册。

《唐代编辑出版史》 肖占鹏、李广欣著。2009年1月南开大学出版社出版。本书是国内第一部唐代编辑出版方面的断代史著作。作者以编辑学、传播学理论为基础，综合考察了有唐一代编辑出版事业的发展状况，力图全面展现宫廷、士人乃至普罗大众在其中所取得的不同成就，以及相关实践活动在时间与空间两个维度上的客观影响。同时，本书还着意探讨了唐代的编辑出版思想，希冀通过反映古人关于文化建设的思考和研究，更好地以史为鉴。16开本，393页，36.9万字，定价68.00元。

《晋冀鲁豫边区出版史(山西部分)》 姚文锦、余大中等编著。2009年6月山西人民出版社出版。本书力图以辩证唯物论和历史唯物论的观点为指导，概括反映边区出版事业发生、发展、成长、壮大的历史。本书主要内容包括太行根据地的战略地位和出版事业概况；《新华日报》华北版；太行文化教育出版社；太行根据地的印刷事业；太行根据地的发行工作等。全书分为太行篇、太岳篇。附录有相关文件、文章和出版史料。书前有历史图片、书影等6页。16开本，301页，40万字，印数1500册，定价50.00元。

《从甲骨文到E－publication——跨越三千年的中国出版》(英文版) 肖东发编著。2009年9月外文出版社出版。本书主体部分分四个时期来展示中国出版历史文化和中华文明的发展全景。以造纸术、印刷术发明以及电子技术应用于出版业为标志，划分为四个时期：文字的发明和图书文献的产生——竹帛时期；造纸术的发明——纸写本时期；印刷术的发明和发展——印刷时期；数字技术的发展深刻影响了中国出版业，正在走进数字出版时期。当代中国出版呈现出多元并存的局面，纸质出版、网络出版、手机出版等多种出版形态共同构成了当今中国的出版格局。全书以时间为经，以事件为纬，分八章进行介绍和解析，娓娓道来，深入浅出。附录部分介绍了中国古代图书的装帧形式，富有中国特色的大型图书和最能代表中国文化的图书。本书5万字,有图片近320幅。20开本,89页,平装本定价59.00元,精装本定价380.00元。本书另有中文版和德文版。德文本定价320.00元。

《中国出版技术的历史变迁》 匡导球著。2009年8月湖南人民出版社出版。全书分为六章,主要内容包括:中国出版技术体系的形成及其发展,中国近代出版技术的引进与普遍应用(1840～1949年),中国现代出版技术体系的初步形成(1950～1985年),中国现代出版技术的创新与发展(1986～2000年),中国近、现代出版技术变迁的历史特征、动因、机制与路径,中国近、现代出版技术变迁的历史启示。16开本,222页,35万字,定价38.00元。

《当代出版业研究》 陈焕仁著。2009年8月四川人民出版社出版。本书大视野从广角度全面揭示我国出版业全貌,从世界、中国、改革30年的不同角度审视我国出版业,提出了一系列新观点,以体现本书出版的独特价值。16开本,309页,定价34.00元。

《中国出版业变革三十年》 本书编写组编。2009年9月人民出版社出版。本书收录反映改革开放30年来出版业发展变革的文章,有宏观研究,也有个案分析。其中一些文章具有出版史方面的价值,如《〈故事会〉与改革开放三十年》、《广州日报报业集团挺立改革开放潮头》、《改革开放30年与我国出版业发展》等等。柳斌杰作序。16开本,300页,27.5万字,定价32.00元。

《编辑之友》"新中国出版传媒六十年特辑" 《编辑之友》编辑部编。2009年9月作为该杂志的第9期刊行。这一特辑分为人物、出版、发行、传媒、史料五个板块,收录相关文章14篇,具体内容涉及:新中国60年60编辑,新中国60年出版大事中的心路之旅,60年60本书,新中国60年60种翻译图书,连环画出版60年60本精华,新年画出版60年60张精华,新中国图书发行业:从齐步走到向左转再到向右转,新中国发行业60年大事,新中国传媒业:60年历史演进的10个"片段",新中国60年新闻界60事件回眸,新中国60年60报回望与盘点,新中国60年60刊述评与回眸,新中国60年出版大事记。16开本,176页,本期零售价23.00元。

《马列著作在中国出版简史》 王东、陈有进、贾向云著。2009年9月福建人民出版社出版。本书以图文并茂的方式,梳理了马列著作的全集、文稿、选集、文选、单行本、专题汇编等在中国翻译、出版和传播的历程,填补了中国图书出版史的一个空白。作者搜集整理了马列著作的中译本书目,而且努力在翔实资料的基础上,对马列著作中译本的版本演化,作出梳理与理论概括,勾勒出版本演化的历史轨迹与发展规律。全书将马列著作出版事业分为创立(1919～1949)、曲折发展(1949～1978)、创新(1978至今)三个阶段,进行论述。16开本,236页,22.7万字,印数1000册,定价32.00元。

【另】胡永钦等编《马克思恩格斯著作在中国的传播》1983年由人民出版社出版。书末附录有《马克思恩格斯著作中译本(文)第一版书目》。

《中央苏区新闻出版印刷发行史》 严帆著。2009年9月中国社会科学出版社出版。本书是一部论述中央苏区时期中国共产党领导下的新闻出版印刷发行事业从萌芽、形成到发展壮大这一辉煌历史的专著,是作者继1991年出版的《中央革命根据地新闻出版史》之后的又一学术成果。作者系统地研究和阐述了中央苏区新闻、出版、印刷、发行的机构、人员、工作概况、系统分布、方针政策、报刊书籍种类和重要历史功绩等。主要有四大特色:一是篇幅达五十多万字,比上一部增加了近两倍;二是介绍了苏区红色报刊、书籍读物近五百种,其中新发现的近百种,对台湾地区所存中央苏区报刊也作了考证;三是从理论上加深了对中央苏区新闻出版印刷发行事业的研讨与阐述,并在占有大量翔实史料的基础上,史论结合,阐述了其历史特色、基本经验和突出贡献;四是对中央苏区新闻出版印刷发行工作的领导人、重要作者及其当时的著作、通讯作品等进行了考述,其中有许多是鲜为人知的。书前有历史图片、书影等 16 页。大 32 开本,663 页,52.6 万字,定价 56.00 元。

【另】作者另有《万里播火者——红军长征岁月中的新闻宣传》2005 年由江西高校出版社出版。

《编辑之友》2009 年第 10 期　2009 年 10 月刊行。本期纪念专题,收录 5 篇有关 60 年出版事业回顾与总结的文章,具体为:《新中国出版 60 年回顾》、《新中国中央级出版社 60 年变迁纪实》、《童书业六十正年轻——新中国少儿出版 60 年述评》、《新中国 60 年古籍整理与出版》、《新中国教育出版 60 年》。16 开本,112 页,定价 10.00 元。

《中国编辑出版史研究》(第一卷)　冯志杰、范继忠、章宏伟主编,中国编辑学会编辑出版史专业委员会编。2009 年 11 月九州出版社出版。本书收集的主要是于 2007 年 11 月 15～18 日在北京举办的“全国编辑出版史与中华文化学术研讨会”的学术论文,全书收录论文 28 篇,内容包括编辑出版史基础理论、编辑出版物、编辑出版人与编辑思想、编辑出版机构,编辑出版与文化传播、科技编辑出版发展史、少数民族语言编辑出版以及编辑出版活动对中华文化的影响等若干领域。16 开本,316 页,32 万字,定价 60.00 元。

《中国出版图史》　肖东发编著。2009 年 12 月南方日报出版社出版。本书是目前国内第一部以图为主,图文并茂再现中国出版事业的大型通史著作,其中收集了大量尚未公开发表、具有重要史料价值的历史图片。本书稿以时间为脉络,以重大事件为节点,上自先秦时期的甲骨文,下至 21 世纪的数字出版。作者以大量的珍贵配图很好地诠释了文字内容,以生动形象的方式展示了中国出版的历史,是出版史的普及和传播的一部鸿篇力作。该书具有图文并茂和通俗易懂的特点,同时又是一部传播中国出版历史的科普著作。16 开本,413 页,45 万字,精装本,定价 280.00 元。

【另】肖东发、于文主编《中外出版史》2010 年 1 月中国人民大学出版社出版。本书的框架结构和写作大纲由肖东发设计和拟定。上篇采用古代、近代和现代的大分期,以出版业自身的发展阶段为分期来展示中国出版的历史。下篇将外国出版史按照出版业的发展水平和特点划分为古代出版史、中世纪出版史、近代出版史和现代出版史四个大的历史分期。16 开本,319 页,36.5 万字,定价 32.00 元。日本学者井上进著《中国出版文化史》中译本 2010 年将由华中师范大学出版社出版。

出版史料类

《五四时期期刊介绍》(全3集) 中共中央马克思恩格斯列宁斯大林著作编译局研究室编。其中第一集上下册1978年11月、第二集上下册1979年4月(1959年4月第1版)、第三集上下册1979年8月三联书店印行(1959年12月第1版)。本书分三集出版,每集分两部分。第一部分是期刊内容的详细介绍,对每种刊物的主要言论,分析它的总的思想倾向,着重介绍有关宣传新文化新思想、十月革命的影响、马克思主义在中国的传播、先进知识分子的思想转变以及与劳动人民相结合等方面的材料。此外,还对刊物的编辑出版者、出版期数、版式、创刊与终刊年月等作了考订。第二部分是附录,其中包括所介绍的各种刊物的发刊词、目录或分类索引。

第一集介绍的刊物21种,包括《新青年》、《每周评论》、《国民》、《新潮》、《晨报副刊》等。大32开本,829页,91万字,印数20000册(套),定价3.10元。

第二集介绍的刊物70种,包括《共产党》、《先驱》、《新时代》、《少年》、《青年周刊》、《劳动界》等。大32开本,962页,93.9万字,印数20000册(套),价3.50元;

第三集介绍的刊物有《新海丰》、《珠江评论》等66种。大32开本,1121页,120.5万字,印数20000册(套),定价4.05元。

《新闻研究资料》(辑刊) 中国社会科学院新闻研究所主编。先后由新华出版社、中国社会科学出版社、展望出版社出版。第一辑1979年8月中国社会科学出版社刊行。此为不定期出版的新闻研究资料集刊。其中包含有大量的新闻史料。1993年出至第61辑停刊。总计发表了一千多篇新闻史方面的文章和资料。

《新华日报的回忆》(附"续集") 石西民、范剑涯编。1979年12月四川人民出版社出版。《新华日报》是抗战期间和解放战争初期中国共产党在国民党统治区公开出版的唯一党报。它在中共中央南方局和周恩来同志直接领导下,为抗日战争和解放战争的胜利事业作出了重大贡献,成为当时国民党统治区广大人民群众的喉舌和号角。本书中收集的文章,有的是1959年公开出版的;有的是近年收集的。这次修订,作者进行了修改补充。大32开本,470页,定价1.71元。本书"续集"1983年2月仍由四川人民出版社出版,大32开本,504页,定价1.62元。

《红军日报》 湖南省博物馆校编。1980年1月湖南人民出版社出版。收入"湖南革命史料选辑"。大32开本,226页,印数10000册,定价0.59元。

《文化史料》(丛刊) 中国人民政治协商会议全国委员会文史资料研究委员会编。文史资料出版社自1980年起出版。本丛刊是全国政协文史资料研究委员会编的一本文化资料选辑。它是以戊戌以来我国文化界重要人物、重要事件为内容，由当事人或知情人用回忆录的形式写下来的史料。其中包含一些重要的出版文化史料。第一辑，1980 年 8 月文史资料出版社出版，18.3 万字，定价 0.75 元。第八辑，1984 年 5 月出版，18.5 万字，定价 0.93 元。丛刊中与新闻出版密切相关的文章有：《谈南社》、《邹韬奋的早年生活》、《商务印书馆是怎样创办起来的》、《我在商务印书馆的四十年》、《回忆解放前的天津〈益世报〉》（第二辑）；《反对军阀的进步报人林白水》（第三辑）；《邵飘萍采访新闻轶事》、《管翼贤与〈实报〉》、《中华书局历史点滴》（第四辑）；《回忆商务印书馆》、《在艰苦战斗中建立的团结——纪念生活·读书·新知三联书店致力革命出版事业五十年》（第六辑）；《王云五与商务印书馆》《回忆韬奋同志对我的教育》、《胡愈之同志早年活动的片断回忆》（第八辑）。

【另】文化史料类书籍中或多或少包含一些编辑出版史料，此类图书公开出版或内部刊行的都不少。其中公开出版的有：《金华革命文化史料汇编》（本书编纂委员会编，杭州大学出版社 1991 年版）、《陕南苏区革命文化史料》（汉南地区文化文物局编选，陕西人民出版社 1993 年版）、《桂林抗战文化史料》（桂林市政协文史资料学习委员会编，漓江出版社 1995 年版）、《湘鄂川黔苏区革命文化史料汇编》（本书编辑小组编，中国书籍出版社 1995 年版）、《湘鄂边区革命文化史料汇编》（曹敬庄主编，湖南出版社 1996 年版）、《川陕根据地革命文化史料选编》（川陕根据地革命文化史料征集编委会编，三秦出版社 1997 年版），等等。

《中国共产党新闻工作文件汇编》（上、中、下） 中国社会科学院新闻研究所编。1980 年 12 月新华出版社出版。本书辑录了中国共产党自 1921 年成立至 1956 年间有关新闻工作的文件 359 篇，按照时间顺序进行编排。大 32 开本，1620 页，97 万字，定价 4.50 元。

《翻译出版外国古典文学著作目录（1949～1979）》 国家出版事业管理局版本图书馆编。1980 年 10 月中华书局出版。大 32 开本，287 页，印数 11000 册，定价 1.45 元。

【另】《翻译出版外国文学著作目录和提要（1980～1986）》，中国版本图书馆编，1989 年 2 月重庆出版社出版；1999 年 12 月出版增订本，大 32 开本，1268 页，印数 1000 册，精装本，定价 49.50 元。

《李伯元研究资料》 魏绍昌编。1980 年 12 月上海古籍出版社出版。李伯元（1867～1906）是我国近代谴责小说的代表性作家、通俗文学编辑家。他曾创办《指南报》，以此揭露时弊，劝善惩恶。不久，改办《游戏报》，后又改为《繁华报》，并受商务印书馆之聘，编辑出版《绣像小说》半月刊。他是晚清上海小报的创始人。小 32 开本，530 页，印数 6000 册，定价 1.55 元。

《元明清三代禁毁小说戏曲史料》（增订本） 王利器辑录。1981 年 2 月上海古籍出版社出版。本书辑录了元、明、清三代封建统治阶级禁毁小说、戏曲的重要史料，包括中央和地方的各种法令以及官箴、家训、清规、学则、乡约、会章等社会各方面的舆论，对于研究在阶级社会中小说戏曲艺术发展以及编辑出版传播的历史，具有重要参考价值。大 32 开本，430 页，印数 17000 册，定价 1.85 元。本书 1958 年作家出版社出版。

《七十六年史学书目（1900～1975）》 中国社会科学院历史研究所资料室编。1981 年 4 月中国社会科学出版社出版。16 开本，461 页，印数 8200 册，定价 2.20 元。

《北京图书馆馆藏报纸目录》 北京图书馆报纸期刊编目组编。1981 年 6 月书目文献出版社出版。本目录包括北京图书馆馆藏中文、外文报纸。中文报纸分三部分:建国以前出版的报纸,建国后出版的报纸,香港、澳门及各国华侨报纸。目录注录项目有:报纸名,出版地,馆藏年月,创刊、停刊年月,中间变动情况。16开本,285页,印数4400册,定价1.95元。

《鲁迅著译系年目录》 上海鲁迅纪念馆编。1981年8月上海文艺出版社出版。收入"中国现代文学史资料丛书(甲种)"。大32开本,560页,印数5000册,定价2.15元。

《(1833～1949)全国中文期刊联合目录》(增订本) 全国第一中心图书馆委员会图书联合目录编辑组编。1981年8月书目文献出版社出版。本书在1961年本基础上增订而成,收录全国五十多个省市级以上图书馆所收藏的中华人民共和国成立前出版的中文报刊约两万多种。每种期刊详细著录刊名、刊期、编辑者、出版地、出版者、创刊卷期、停刊卷期、创刊年月、停刊年月、注释、总藏、馆藏与馆名代号。注释是对刊物沿革的简要说明;总藏是所有参加馆所藏某一种期刊的全部卷期总数;馆藏是参加馆入藏某种期刊卷期的详细情况。书前有《参加单位名称代号和地址表》。16开本,1276页,上下册,精装本,定价15.00元。

【另】《(1833～1949)全国中文期刊联合目录》(补编本) 北京图书馆、上海图书馆编著,书目文献出版社1994年出版。本书补收了清末至民国时期的期刊一万六千四百余种,主要是珍贵的革命刊物,国民党的党、政、军刊物,抗日战争时期伪满、伪华北、汪伪政权的军政机关刊物、中小学教育刊物、儿童刊物、文艺刊物等。

《中国文言小说书目》 袁行霈、侯忠义编。1981年11月北京大学出版社出版。顾廷龙题签。大32开本,433页,印数20000册,定价1.85元。

《中国古典文学版画选集》(上、下) 傅惜华编。1981年12月上海人民美术出版社出版。16开本,1034页,印数10000册,定价8.50元。

《古小说简目》 程毅中著。1981年4月中华书局出版。大32开本,149页,定价0.70元。1986年3月第2次印刷。

《中国古代藏书与近代图书馆史料(春秋至五四前后)》 李希泌、张椒华编。1982年2月中华书局出版。本书收资料252篇(不含附件),分别编入各章节内。内容分为五章,即:古代官私藏书、藏书楼的出现及其向近代图书馆的过渡、近代图书馆的产生、近代图书馆的发展、关于图书馆史的研究。古代藏书与刻书关系密切,因此一些藏书史料也具有出版史料方面的意义。大32开本,546页,41.2万字,印数12800册,定价2.00元。

《现代作家书简》 孔另境编。1982年2月花城出版社出版。本书初版于1935年的上海生活书店。收有58位现代作家的书简,既是窥见作家创作心态的重要资料,又因其大半是作家与书店老板、杂志编辑的通信,不少作家又兼当编辑,因此这些书信也是研究现代文学出版的宝贵史料。鲁迅作序,钱君匋、柳亚子分别题写书名。重排本将原来刊印的14位作家手迹增加了16位,合计作家手迹共30帧。大32开本,222页,14万字,未标印数,定价0.85元。

《辛亥革命时期期刊介绍》(全5集) 中国社会科学院近代史研究所文化史研究室丁守和主编。人民出版社1982年至1987年出版。

第一集1982年7月人民出版社出版,介绍了辛亥革命时期的41种刊物,包括《清议报》、《新民丛报》、《中国旬报》、《民报》等。大 32 开本(下同),652 页,52.9 万字,印数 5600 册,定价 2.55 元。

第二集 1982 年出版,介绍了辛亥革命时期的 42 种刊物,包括《中国日报》、《福州口报》、《政论》等,还介绍了英文版的《林西报》,反映了美国人对义和团、日俄战争、抗美运动的态度。698 页,56.8 万字,印数 2800 册,定价 2.70 元。

第三集 1983 年 11 月出版,介绍的刊物有 59 种,其中有革命的刊物,有改良立宪派的刊物,有最早的无政府主义的刊物,还有文艺刊物、妇女刊物,以及日本人和教会办的反动刊物,包括《民呼日报》、《民吁日报》等。734 页,59.8 万字,印数 5700 册,定价 3.00 元。

第四集 1986 年 10 月出版,介绍了 60 种报刊,主要是辛亥革命以后的,也有部分较早的。其中有革命派、改良派(进步党)、无政府主义、社会党的刊物,还有妇女、学生、教育、文艺、宗教等方面的刊物。另外还有 3 篇综合性的介绍文字。712 页,58 万字,印数 3120 册,定价 4.65 元。

第五集 1987 年 11 月出版,介绍的刊物有 42 种,另有综合性介绍 8 篇。涉及的有《警钟日报》、《民主报》这样的革命派报刊,有《大中华》等与改良派有关的报刊,有《义声报》、《护国军纪事》反映云南护国起义情况的报刊,有《民铎》、《太平洋》等学术性刊物,还有周恩来在“五四”运动前主编的刊物《南开校风》、《敬业学报》,有著名文学期刊《小说月报》,另有著名报纸《大公报》;而综合性介绍涉及白话、教育、公报等类和北京、武汉、广东等地区的报刊。书前有书影、历史图片等 24 页。755 页,61.5 万字,印数 2800 册,定价 5.20 元。

《民呼、民吁、民立报资料选辑》 马鸿谟编。1982 年 8 月河南人民出版社出版。本书摘录 1909 年至 1913 年同盟会——国民党的国内机关报《民呼日报》、《民吁日报》、《民立报》中有关记事、论文、短评、广告等有参考价值的史料,按日期编排。记述了 1909～1913 年国内的政治经济形势,以及各种政治势力的主张、活动和力量对比。大 32 开本,656 页,51.7 万字,定价 2.43 元。

《中国现代作家著译书目》 北京图书馆书目编辑组编。1982 年 12 月书目文献出版社出版。收入“中国作家研究资料丛书”。小 32 开本,472 页,印数 15500 册,定价 2.20 元。另,本书的续编 1986 年 4 月由书目文献出版社出版,小 32 开本,669 页,印数 8860 册,定价 3.95 元。

《中国通俗小说书目》 孙楷第著。1982 年 12 月人民文学出版社出版。本书初版于 1933 年,新中国成立后又曾修订再版。1982 年版为重排本,补充了一些材料,并有几处地方作了补正。全书所收,以语体旧小说为主。正书七卷,分为四部编排,即宋元部,明清讲史部甲,明清小说部乙。第四部又分为四类,即烟粉、灵怪、公案、讽喻。其存疑目一卷,丛书目一卷,日本训译中国小说目录一卷,并附于后。本书对于研究中国通俗小说的创作与编辑出版都有重要参考价值。大 32 开本,361 页,24.7 万字,印数 15000 册,定价 1.40 元。

《明清小说序跋选》 大连图书馆参考部编。1983 年 5 月春风文艺出版社出版。本书共收集明清小说序、跋、题辞、自记等一百一十余篇,且对几十种孤本、罕见本作了详细的内容简介。从这些序跋类文字里,可以窥见一批孤本、善本小说的概貌,可以了解中国古代小说的创作理论,可以获得一些有关中国古代小说编辑刊刻的资料。小32开本,195页,12.7万字,印数16000册,定价0.47元。

《张元济傅增湘论书尺牍》 1983年10月商务印书馆编辑出版。张元济、傅增湘是我国现代两位重要的目录、版本和校勘学家。本书收录了他们1912年到1948年的往来书信一百多封,内容主要涉及清末民初藏书家藏书流散和《四部丛刊》、《百衲本二十四史》、《四库全书珍本》等图书的版本讨论、借书、影印等等。大32开本,492页,印数6600册,定价1.90元。

《山东出版志资料》(辑刊) 山东省出版总社出版志编辑部编。这个资料辑刊是为编纂《山东省志·出版志》积累资料、交流情况而编辑刊行的,收集、刊载自1840年至当代有关山东出版工作的史料。除第一辑山东人民出版社公开出版外,其他各辑均为内部刊行。其中,第一辑1984年1月印行,大32开本,197页,14万字,定价0.77元。第二、三辑1985年8月印行。第一、二辑各印刷1500册,第三辑印刷1000册。另,《山东出版史志》第四辑1987年刊行,235页;第五辑1988年2月印行,159页;第六辑1988年9月刊行,259页,17.5万字,印数1000册;第七辑1989年3月刊行,197页,15.6万字,印数1000册;第八辑1989年10月刊行,178页,13.5万字,印数1000册。

《抗战文艺报刊篇目汇编》 王大明等编。1984年1月四川省社会科学院出版社出版。16开本,705页,印数2000册,精装本,定价7.60元。本书之"续一"1986年4月由四川省社会科学院出版社出版。16开本,371页,印数2000册,定价3.80元。

《武林插图选集》 周芜编著。1984年3月浙江人民美术出版社出版。本书共收杭州(旧称武林)古代书籍插图268幅,分为宋元、明清两个时期,选辑自古版画书120多种。所选插图绝大多数是明末清初间的作品,其中以戏曲插图为最多。全书以图版为主,后有《武林版画史叙录》。24开本,204页,印数10000册,定价3.00元。

《藏文典籍目录》[文集类子目(上、下)] 民族图书馆编。上册1984年7月四川民族出版社出版。大32开本,520页,印数1610册,定价5.75元。

【另】《民族图书馆藏文典籍目录》(文集类子目)下册1997年3月民族出版社出版。16开本,604页,精装本,定价52.00元。

《鸳鸯蝴蝶派研究资料》(上、下) 魏绍昌、吴承惠编。1984年7月上海文艺出版社出版。大32开本,1224页,印数12500册(套),定价5.75元。本书的"史料部分"初版于1962年10月。

《鸳鸯蝴蝶派文学资料》(上、下) 芮和师、范伯群等编。1984年8月福建人民出版社出版。大32开本,903页,定价3.15元。

《与时代同行——辽宁日报老同志回忆录》 刘志忱主编。1984年8月辽宁人民出版社出版。本书是一些在《辽宁日报》工作过的老同志及他们的后代片段性的回忆。写出的都是新闻工作者生涯中记忆最深的人与事、经历、体会、经验和感悟等等。大32开本,444页。

《〈考古〉200期总目索引(1955.1～1984.5)》 《考古》编辑部编。1984年5月科学出版社出版。收录该刊创刊以来到200期的全部论著及资料。16开本,116页。

《中国文学史旧版书目提要》 陈玉堂著。1985年1月上海社会科学院出版社出版。

小 32 开本，349 页。

《中国古代戏曲插图选》 周芜编。1985 年 1 月天津人民美术出版社出版。16 开本，337 页，印数 2500 册，定价 7.00 元。

《江海激流：江苏革命印刷史料》（总 7 辑） 新四军和华中抗日根据地研究会江苏印刷印抄分会编。第一辑 1985 年 1 月编印，大 32 开本，177 页。第二辑 1985 年编印，261 页。第五辑 1988 年 10 月江苏人民出版社出版，小 32 开本，223 页。第六辑 1990 年 5 月江苏人民出版社出版，小 32 开本，225 页，定价 1.70 元。第七辑 1992 年 4 月江苏人民出版社出版，小 32 开本，178 页，定价 2.40 元。

《49～76 年古籍目录》 国家出版局版本图书馆编。1985 年 3 月中华书局出版。32 开本，498 页，印数 1900 册，定价 3.10 元。

《蜀中书影》 本社编。1985 年 7 月四川人民出版社出版。本书为读书笔记、书话、书评集子。32 开本，725 页，印数 3000 册，定价5.00元。

《刘鹗及老残游记资料》 刘德隆、朱禧、刘德平编。1985 年 7 月四川人民出版社出版。本书是刘鹗子孙两代收集的有关刘鹗及《老残游记》的重要研究资料。大 32 开本，646 页，印数 5370 册，定价 3.55 元。

《现代儿童报纸史料》 1986 年 2 月少年儿童出版社编辑、出版。本书收录 30 年代到 50 年代儿童报纸和儿童文学副刊编者的回忆文章 23 篇。书后附有解放前儿童报纸目录，著录了 75 种报纸。大 32 开本，213 页，印数 1000 册，定价 1.15 元。

《报刊题图插图选》 徐克弘、徐扣根编。1986 年 4 月北京工艺美术出版社出版。16 开本，112 页，印数 15000 册，定价 1.60 元。

《书籍封面设计选》 徐扣根等编。1986 年 4 月北京工艺美术出版社出版。16 开本，82 页，印数 10000 册，定价 5.45 元。

《民国时期总书目》（全 21 册） 田大畏总主编，北京图书馆、人民教育出版社图书馆合编。从 1986 年 8 月起按学科分卷由书目文献出版社出版。本总书目为中国回溯性国家书目。它以北京图书馆、上海图书馆、重庆市图书馆的藏书为基础，收录 1911 年至 1949 年 9 月间中国出版的中文图书约十万种（未收线装书和中小学教材）。已出版者有《语言·文学卷》（1986）、《外国文学卷》（1987）、《法律卷》（1990）、《综合性图书卷》（1995）等。16 开本，精装本，总定价 1800.00 元。

《杜集书目提要》 郑庆笃等编著。1986 年 9 月齐鲁书社出版。本书总共介绍了古今中外杜少陵集的版本和有关专著约八百九十多种，起自唐樊晃的《杜工部小集》，止于 1984 年的今人著作，是迄今搜罗得最为完备的一部杜集书目。大 32 开本，564 页，印数 1700 册，定价 3.55 元。

《上海"孤岛"文学报刊编目》 上海社会科学院文学研究所现代文学研究室、上海图书馆特藏部文献组编。1986 年 10 月上海社会科学院出版社出版。16 开本，566 页，定价 8.00 元。

《中华书局总书目（1912～1949）》 中华书局编辑部编。1987 年 3 月中华书局出版。本书收录了新中国成立前中华书局所刊行的图书、杂志目录，按照哲学、宗教，社会科学，政治、法律，军事，经济、财政、金融，文化，教育，体育，语言，文学，艺术，历史，地理，自然科学,医药、卫生,农牧林业,技术科学,综合类,儿童读物等分类编排,有重要出版史料价值。大32开本,668页,61.7万字,印数3000册,定价4.80元。

《张元济友朋书札》(全2册) 张树年辑。1987年3月上海古籍出版社出版。本书系上海古籍出版社商得先生哲嗣张树年的同意,用原件照相影印。收辑严复、傅增湘、蔡元培、梁启超、吴梅、胡适等51位名人致张先生书札,凡141通。16开本,344页,线装本,印数550部。

《安徽出版资料选辑》(第一辑) 徐学林编。1987年4月黄山书社出版。本书收录有关安徽出版史料方面的文章,包括:《陈独秀和〈安徽俗话报〉》、《〈抗敌〉杂志》、《抗战时期的淮北教育出版社》、《套版印刷法起源于徽州说》、《明代徽派版画》、《安徽古代出版史述要》、《清代文字狱安徽四案》、《翟金生的泥活字及其印本》,还收录安徽地区零星出版资料10篇。书前附安徽历史上著名版本的书影22幅。大32开本,227页,19万字,印数2000册,定价4.00元。

《川陕苏区报刊资料选编》 刘昌福、叶绪惠编。1987年4月四川省社会科学院出版社出版。第二次国内革命战争时期,中国共产党在全国建立了许多革命根据地。川陕苏区是当时仅次于中央苏区的全国第二大苏区。在当年艰苦的战争环境中,川陕苏区党政各机关克服重重困难,编辑出版了大量的报纸和刊物。本书所辑资料上起1933年2月,下迄1935年3月,共编入川陕苏区各种报刊上发表的和单行本印行的文件42件、评论文章68篇、消息报道300多条。这些资料是川陕苏区军民英勇斗争的历史记录,真实地反映了川陕革命根据地的创立和发展过程,多是第一次与读者公开见面的资料。大32开本,409页,35万字,印数2000册,定价2.60元。

《中国新闻事业史参考资料》 谷长岭等编。1987年5月中央广播电视大学出版社出版。本参考资料涉及中国报纸进化的概观、中国近代报纸的业务演变概述、《新华日报》的历史地位及其特点、新华社简史、《生活》周刊的编辑艺术等。小32开本,408页,印数24500册,定价1.85元。

《中国版刻综录》 杨绳信编著。1987年6月陕西人民出版社出版。本书是全面系统地记述中国古代主要是宋元明清各代刊刻的图书典籍的学术性工具书,也是我国古代出版家的资料综录,是研究中国出版文化史的重要资料。作者以清末叶德辉的《书林清话》为基础,以国内各图书馆所藏古籍为依据,详尽地登录了中国古代官方、私家所刊刻印制的图书的时间、书名以及作者姓名或刊刻机构名称,计13000条。16开本,568页,70万字,精装本,定价12.30元。

《第三届全国书籍装帧艺术展览插图作品选》 高同保编。1987年6月河北美术出版社出版。内有贺友直、戴敦邦、杨永青、陈全胜等人的作品,有彩色和黑白插图。12开本,100页,印数5000册,定价9.80元。此次艺术展览后还有多种作品选公开刊行。

《新民主主义革命时期影印革命期刊索引(抗日战争时期)》 中共中央党校图书馆编。1987年7月中央党校出版社出版。本书收录9种革命期刊。16开本,390页,印数2000册,定价3.45元。

《中外报纸编辑参考资料》 郑兴东、陈仁风编。1987年8月中国人民大学出版社出版。本书选录了《列宁的编辑工作》、《鲁迅先生怎样对待写作和编辑工作》、《鲁迅与编辑出版工作》、《韬奋论编辑工作》等文章。大 32 开本，520 页，40.9 万字，印数 7000 册，定价 3.80 元。

《文物出版社图书总目(1957-1987)》 本社编。1987 年 8 月文物出版社出版。书前彩色插页(书影)14 页。文物出版社成立于 1957 年 1 月，30 年出版图书一千三百余种，本总目全部收入，每种书除收录开本、页码、版次、印数、定价等，更有扼要的内容简介。大 32 开本，578 页，定价不详。

《鲁版图书序跋集》 山东省出版总社业务处编。1987 年 8 月山东人民出版社出版。收录了王力、张岱年、唐兰、程千帆、王朝闻等一大批学界名家的序跋。大 32 开本，734 页，印数 3000 册，精装本，定价 8.00 元。

《中国报刊发行史料》(第一辑) 本书编辑组编。1987 年 9 月光明日报出版社出版。全书将资料按七个部分编排：中共中央对报刊发行工作的指示、报刊发行工作的方针政策、报纸期刊"邮发合一"的文件、全国报刊发行会议文件、"邮发合一"初期报刊发行工作的论述、革命战争时期的报纸发行工作、报刊发行统计资料。大 32 开本，424 页，28.7 万字，印数 20200 册，精装本，定价 5.90 元。

《第三届全国书籍装帧艺术展览作品选》 《装帧集粹》编委会编。1987 年 10 月春风文艺出版社出版。大 16 开本，68 页，定价14.50元。

《白色恐怖下的新华日报——国民党控制新华日报的档案材料汇编》 重庆市档案馆、中国第二历史档案馆编。1987 年 10 月重庆出版社出版。本书所选材料大多为 1938～1947 年间国民党当局的往来函电和内部情报，从中可以看出国民党当局对《新华日报》的压迫摧残。大 32 开本，739 页，印数 2400 册，精装本，定价 6.10 元。

《中华书局图书要录——中华书局成立七十五周年纪念》 中华书局编辑部编。1987 年 11 月中华书局出版。本书是为纪念中华书局成立七十五周年编辑的经典图书的全彩画册，主要为 1912 年至 1987 年的重点图书书影。16 开本，112 页，精装本，定价不详。

《难忘的岁月——宁夏日报报人回忆录》 宁夏日报报史编辑室编。1988 年 4 月宁夏人民出版社出版。小 32 开本，286 页，20 万字，印数 8000 册，定价 1.70 元。

《人民日报回忆录(1948～1988)》 吴冷西等著。1988 年 6 月人民日报出版社出版。本书收录人民日报历届总编辑、副总编辑和老编辑、老记者七十多人撰写回忆人民日报社的宣传、经营、管理、党务、行政等工作的文章，展示了人民日报从 1948 年到 1988 年的发展历程和办报经验。大 32 开本，462 页，36 万字，印数 8000 册，定价 3.80 元。

《叶圣陶研究资料》 刘增人、冯光廉编。1988 年 6 月北京十月文艺出版社出版。收入"中国现代文学研究资料汇编"乙种。其中收有叶老有关编辑出版的一些文章和相关资料。大 32 开本，1138 页，平装本印数 1800 册，定价 8.65 元；精装本印数 540 册，定价 10.50元。

《云南书目》 李小缘编，云南社会科学院文献研究室校。1988 年 6 月云南人民出版社出版。作者李小缘(1897～1959)是图书馆学家、目录学家。本书写于 1937 年，汇集了 2000 多年来云南的历史、地理、政治等各类中外文资料的目录。32 开本，777 页，印数 2500 册，精装本，定价 7.65 元。

《叶氏父子图书广告集》 叶圣陶、叶至善撰。1988 年 7 月上海三联书店出版。本书收录叶圣陶、叶至善建国前在开明书店工作期间所撰写的部分广告文字。这本广告集具有阅读欣赏价值,可以作为编辑出版工作者的范例;同时也具有出版史料价值,有助于我们了解当年开明书店及整个书业的广告宣传情况。小 32 开本,156 页,7.8 万字,印数 2500 册,定价 1.85 元。

《书刊插图艺术集》 吉林美术出版社编。1988 年 7 月吉林美术出版社出版。24 开本,224 页,印数 5000 册,定价 5.00 元。

《现代文学期刊目录汇编》(上、下) 唐沅、韩之友等编。1988 年 9 月天津人民出版社出版。收入"中国现代文学史资料汇编"。16 开本,1844 页,印数 1500 册,精装本,定价 260.00 元。

《中国版画史图录》(上、下) 周芜编。1988 年 10 月上海人民美术出版社出版。收入"中国美术史图录丛书"。本书分为上下卷,共收录四百多种图书、一千二百多幅版画和木刻插图。全书按照年代和内容性质分类,选出各个时期的代表作品和各地雕刻名手的作品。尤其是明代流派林立,史料丰富,各家佳作,均有收录。各书均记卷数、板框尺寸、撰校刊刻人名、年代,对于研究我国古代印刷史和版画史都有参考价值。16 开本,914 页,印数 2000 册,精装本,定价 45.00 元。

《天津出版史料》(第一辑) 孙五川、林呐主编。1988 年 10 月百花文艺出版社出版。本书收录有关天津地区出版史料方面的文章 13 篇。作者绝大部分是天津的老出版工作者,内容以几个老出版社的简史和一些出版史专题为主。主要文章有:《天津近代出版事业的回顾》、《从部分出版物看二十至五十年代天津出版业的侧面》、《读者书店——知识书店简史(初稿)》、《天津通俗出版社简史(初稿)》、《天津人民出版社简史(初稿)》、《百花文艺出版社(1958～1966)工作回顾》、《天津人民美术出版社简史(初稿)》等等。大 32 开本,192 页,15 万字,印数 1000 册,定价 3.15 元。

《重庆出版纪实(第一辑):出版界名人、学者、老前辈回忆录》 《重庆出版志》编纂委员会编,张友渔等撰。1988 年 12 月重庆出版社出版。本书收录有关重庆出版工作的回忆文章 70 篇,其中或述一局一店一厂之兴衰,或言书业报业之艰难,或忆出版家、老报人之业绩。时间从清代至民国,范围涉及全国各大出版机构。抗战时期,大量新闻出版机构迁渝。本书这方面的回忆文章尤多,资料丰富。书前有图片资料 8 页。大 32 开本,427 页,33.6 万字,印数 3000 册,定价 5.00 元。

《中国近现代图书馆事业大事记》 邹华享、施金炎编著。1988 年 12 月湖南人民出版社出版。本书是按编年体记述中国近现代图书馆事业重要史事的资料工具书。记事上溯 1840 年,下迄 1987 年 12 月。小 32 开本,144 页,印数 7000 册,定价 6.50 元。

《二十六种影印革命期刊索引》 中国革命博物馆资料室编。1988 年 12 月人民出版社出版。本书编入 1983 年以前由人民出版社等单位影印的 26 种革命期刊的全部篇目,共计 9000 余条。具体期刊包括《星期评论》、《少年中国》、《中国军人》、《中国农民》、《人民周刊》、《红旗周报》、《解放》、《中国文化》等。16 开本,768 页,印数 800 册,精装本,定价 58.00 元。

《明清藏书家印鉴》 林申清编。1989 年 1 月上海书店出版社出版。本书收集自叶盛(1420～1474)到袁克文(1890～1931)之间的藏书家100人,选印其常用印章一至数十枚不等,并简介其姓名、字号、籍贯、藏书处名等。这是我国第一部集中保存我国藏书家印章的书籍。20开本,210页,印数3000册,定价8.00元。

《陕西出版史志资料选编》(辑刊) 《陕西出版史志资料编选》编辑部编,林理明主编。第一辑1989年12月陕西人民出版社出版。此辑内容主要是延安时期的出版发行工作,收入《关于中央出版发行部历史的回忆》、《回忆延安时期的出版发行工作》、《回忆新华书店的成立》等文章。16开本,97页,印数1000册。第三辑1992年2月三秦出版社出版。此辑内容包括1937年至1941年间我党出版发行工作的回忆等等。16开本,94页。第四辑1993年2月改为内部编印。内容包括《毛主席审定的〈马恩列斯思想方法论〉》、《八路军印刷所的筹建经过》等等。16开本,126页。第二辑待查。

《二十世纪中国小说理论资料》(七卷本) (第一卷)(1897～1916)陈平原、夏晓虹编。1989年3月北京大学出版社出版。本书是一部颇具特色的中国现代小说理论资料集,是与七卷本《二十世纪中国小说史》配套出版的《二十世纪中国小说理论资料》(七卷)之一种。收录了自1897年至1916年间新小说资料近三百篇。这一时期的中国小说,如同当时的思想、文化界一样,处在新旧交替的时代,是中国小说走向现代形态的开端,因而观念的变革无疑成为最显著的特征。本书正是基于这样的认识,选录了包括论文、序跋、发刊词、杂评、笔记、广告、书信及个别作品的片断、评语等在内的大量史料,准确、全面地反映出这一时期小说理论与创作的全貌。其中,许多资料本身就是重要的出版史料。大32开本,599页,52万字,印数4200册,定价7.90元。

【另】《二十世纪中国小说理论资料》其他已出各卷出版情况为:第二卷,严家炎编,1997年2月出版,544页,定价28.00元。第三卷,吴福辉编,1991年1月出版,定价28.50元。第四卷,钱理群主编,1997年2月出版,663页,定价33.50元。第五卷,洪子诚编,1997年2月出版,661页,定价34.00元。

《中国史志类内部书刊名录(1949～1988)》 李永璞主编。1989年3月山东人民出版社出版。收入"中国近代史史料介绍与研究丛书"。本书是介绍自1949年中华人民共和国成立起至1988年期间,由中国共产党、人民政府、中国人民解放军、中国人民政治协商会议、各民主党派、群众团体的县(旗、市、区)以上各级组织以及厂矿企业、文化机关、科研机构所编印的,主要供内部参考利用的连续出版物。所收每一种书刊,均著录其名称、编印单位、开本版型等等。大32开本,774页,印数8000册,精装本,定价13.20元。

《中国晋南戏曲版画》 王永豪编著。1989年4月山西人民出版社出版。本书收录以53出晋南传统戏曲故事为题材的92幅民间版画,形式有中堂、横披、灯画和单图、四图拂尘等。图前有编者所撰《晋南传统戏剧版画艺术刍议》及图版内容简介。16开本,75页,印数2000册,定价4.50元。

《我们同党报一起成长——回忆延安岁月》 丁济沧、苏若望主编。1989年5月人民日报出版社出版。大32开本,228页,定价2.20元。

《新闻学书目大全(1903～1987)》 林德海等编著。1989年7月新华出版社出版。本书收录自1903年至1987年我国出版发行的新闻学及相关学科方面的书籍,包括公开出版和内部印行的专著、教材、论文集、资料汇编、参考工具书等,共一千九百多种。小32

开本,273页,定价4.30元。

《明清间耶稣会士译著提要(1540～1940)》 徐宗泽编著。1989年10月中华书局出版。收入"民国丛书"。明清之际,一些天主教耶稣会士来到中国。在传经布道、与朝廷大夫切磋学术的同时,还翻译了大量著作。本书对这些译著作了提要说明并兼录序文或目录。译著提要分圣书、真教辩护、神哲学、教史、历算、科学、格言七类编排,另有绪言、译著者传略、徐家汇巴黎华谛冈图书馆书目,共十卷。后有补遗。它是为"耶稣会创立四百年纪念"所编纂,编纂体例仿照四库总目提要。小32开本,482页,定价3.00元。本书2006年9月由上海书店出版社再版,大32开本,定价32.00元。

《解放区根据地图书目录》 中国人民大学图书馆编。1989年11月中国人民大学出版社出版。本书收录1937～1949年解放区及少部分1937年以前的出版物。16开本,422页,印数2500册,定价11.65元。

《河北古代书林》 骆志安编著。1989年12月河北人民出版社出版。收入"河北出版史志资料专辑"。本书是研究整理河北古代著述及出版史料方面的著作,主要依据《畿辅通志》史料编写而成,分为经部、史部、子部、集部、方志进行编排。书中还编入了河北古代120名编著家的小传。大32开本,192页,印数5000册,定价2.40元。

《吉林省古籍善本书目》 卢光绵等主编。1989年12月学苑出版社出版。本书收录的是吉林省公共图书馆、高等院校图书馆和科学研究系统图书馆入藏古籍善本4647种。主要由凡例、正文、索引构成。大32开本,642页,48.8万字,印数1000册,定价19.00元。

《古代小说书目简论》 潘建国著。1990年1月山西人民出版社出版。收入"古代小说文献简论丛书"。本书内容分为两篇,上篇为古代文言小说书目简论,下篇为古代通俗小说书目简论。32开本,128页,印数1000册,定价8.00元。本书2005年6月再版。

《中国通俗小说总目提要》 江苏省社科院明清小说研究中心、江苏省社科院文研所编。1990年2月中国文联出版公司出版。本书较为全面地收集中国历代通俗小说,采用提要的方式加以著录。其收有清末以前历代的通俗小说书目近一千二百种,每一条目由书名、作者生平、版本状况、内容提要和回目五个部分组成。每篇提要力求以简练朴实的语言,准确、客观地概述该小说的内容大要,做到情节脉络清楚,主要人物突出,论述具有可读性。本书对于研究中国小说史和小说编辑出版史都有重要资料价值。初版精装本,定价67.50元。小16开本,1419页,317.4万字,1997年10月第3次印刷,定价116.80元。

《江苏地区期刊与方志综录》(上、下) 戴国林编。1990年4月、10月江苏教育出版社出版。大32开本,印数2000册(套)。上册,467页,定价6.30元;下册,735页,定价9.45元。

《中国兵书总目》 刘申宁编。1990年6月国防大学出版社出版。本书收录从上古到清代末年的所有兵书目录,著录相关信息。16开本,431页,印数2000册,精装本,定价19.50元。

《中国版刻图录》(增订本) 北京图书馆编。1990年6月文物出版社出版。本书初版于1960年,二版于1961年。这是一部系统反映中国雕版印刷成就的大型书影图谱,选辑中国雕版印刷术发明以后历代雕版印刷的书籍中有代表性的作品的样页,按刻版时代和刻版地区编排，展示了各个时代刻版印刷技术的发展。从中可看到同一时代在不同地区刻印的书在字体风格上的差异以及同一地区不同时代版刻风格的延续性。本书在刻版书籍之后，还增加了活字印本与版画部分，各成系统。对所选之书，每种都撰有说明，内容为该书版刻特点、版本鉴定的依据、雕版源流等。8开本，印张210.5，线装本，一函8册，定价800.00元。

《天津出版史料》（第二辑） 孙五川、林呐、李树人主编。1990年6月百花文艺出版社出版。此辑收录有关文章8篇，小资料类短文4篇。主要文章有：《天津图书出版史略（1946年5月～1966年5月部分）（初稿）》、《〈觉悟〉和〈觉邮〉》（上）、《华新印刷公司始末》、《〈历史教学〉月刊简记》、《天津新闻出版史料编目》等。书前有书影、历史图片等9幅。大32开本，129页，10万字，印数1500册，定价2.60元。

《义和团运动时期报刊资料选编》 徐绪典主编。1990年7月齐鲁书社出版。大32开本，325页，印数900册，定价4.50元。

《冀中导报史料集——创刊50周年纪念》 杜敬、肖特、展青雷编著。1990年9月河北人民出版社出版。本书第一作者杜敬（1921.12.30～2008.1.1）1938年投身革命，曾任《冀中导报》编辑、编辑部主任等职。解放后历任《新保定时报》总编，《河北日报》编辑部主任、副总编辑、总编辑，《中国社会科学》杂志第一副总编，党组书记，中国社会科学出版社社长、编审。1984年离休后搜集整理冀中报刊史料，本书就是这一工作的结晶。大32开本，435页，印数5000册。

《海源阁研究资料》 曹景英、马明琴主编，聊城师范学院图书馆编。1990年10月山东友谊书社出版。海源阁是清代杨以增、杨绍和父子的藏书楼，楼址在其故里山东聊城。本书收海源阁藏书及流散情况、有关海源阁藏书的序跋等。大32开本，317页，印数1000册，定价5.25元。

《中国蒙文图书综录（1947～1986）》 乌林西拉主编。1990年10月内蒙古大学出版社出版。16开本，306页，精装印制，定价40.00元。另，萨仁编《中国蒙文图书综录（1987～1997）》1999年3月内部刊行。

《中国音乐期刊篇目汇编（1906～1949）》 中国艺术研究院音乐研究所资料室编。1990年10月文化艺术出版社出版。16开本，244页，印数1200册。

《戏曲小说书录解题》 孙楷第著。1990年10月人民文学出版社出版。大32开本，461页，印数1580册，定价6.30元。

《难忘的岁月——察哈尔革命报史实录》 李孟贤、张贯一主编。1990年11月光明日报出版社出版。察哈尔原是北京西北介于晋蒙冀三省区的一块有着光荣革命历史的地区，张家口是其中心地域。自1937年抗战始至1952年底察哈尔省建制撤销止，这块土地上曾出现过中国共产党领导的《挺进报》、《黎明报》等革命报刊。本书就是有关这些革命报史的史料汇编。32开本，424页，29万字，精装本，定价4.90元。

《古籍宋元刊工姓名索引》 王肇文编。1990年12月上海古籍出版社出版。本书系宋元刊工姓名索引，共收录近年影刊、影印的宋元善本书370种，凡4500人。书中具体内容包括“古籍宋元刊工姓名索引”和“采用书版本简介”两大部分。前者著录刊工姓名、所刊书名、版本及其代号（系采用书编号，如欲知原书版本情况，可据此顺号查阅）四项。后者著录书名、编著者、版本、刊工及其收藏者等项。这一工具书广采博收，网罗宏富，对研究中国出版史、版本目录学史等有重要参考价值。大32开本，406页，40.6万字，印数1500册，定价6.25元。

《沧州报刊史料(1924～1990)》　李继光编。1990年12月河北人民出版社出版。本书是河北出版史志资料专辑。作者采用纪事本末体，以报刊出版先后为序，辑录了二百多种沧州地区报刊的历史情况。每一种报刊一般简介：名称、开本(版)、刊期、印数、创刊与终刊时间；铅印、石印或油印；还有报刊宗旨、主编姓名等。建国前创办的报刊，有的附了回忆文章，也有的摘录重点章节、题目，以互相印证。大32开本，157页，12.3万字，印数4000册，定价2.70元。

《河北省近现代期刊综录》　戴国林著。1990年12月河北人民出版社出版。本书收录了河北省近现代的各类重要期刊二百多种，同时收录了曾经或现在为河北省所辖的天津市、察哈尔省、热河省近现代出版的各类重要期刊四百四十余种；收录原晋察冀等边区出版的各类重要期刊七十多种。另外，还收录了在馆藏及其他收录中情况不详的原冀中、冀东、冀南地区和原晋察冀等地区出版的各类重要期刊二百二十多种，以简目的形式列于书后。大32开本，227页，19.2万字，印数2700册，定价3.55元。

《江苏水印版画三十年文集》　本书编委会编。1991年1月南京出版社出版。大32开本，308页，印数800册，精装本，定价12.00元。

《中国人民大学图书馆古籍善本书目》　中国人民大学图书馆古籍整理研究所编。1991年2月中国人民大学出版社出版。本书目是参照《中国古籍善本书总目》规定的收录范围，结合本馆馆藏实际编纂成的。全书收馆藏善本书两千四百余种，两千八百余部。16开本，371页，印数3000册，精装本，定价18.00元。

《天津出版史料》(第三辑)　孙五川、李树人主编，天津市新闻出版管理局出版史料征集工作领导小组编。1991年2月百花文艺出版社出版。本书收录相关文章12篇，小资料类短文7篇。比较重要的文章有：《天津市的出版印刷业》、《天津市新华书店简史》、《五四时期的天津学生报刊》、《〈觉悟〉和〈觉邮〉》(下)、《杨柳青木刻年画的源流及艺术特色》等。此辑还特设了“读者书店专栏”，收入《读者书店史话(1947年7月～1950年4月)》等专题文章6篇。大32开本，144页，10.1万字，印数1500册，定价3.70元。

《中国近代报刊名录》　史和、姚福申、叶翠娣编。1991年2月福建人民出版社出版。本书较完整地收录了1815年中国近代报刊创刊以来至1911年辛亥革命期间，在我国和海外出版的中文报刊1753种和国内出版的外文报刊136种。本书对每一种报刊都作了简要介绍，着重说明创刊时间、出版地点、主持人、报刊宗旨、性质及主要栏目，对其中一些重要报刊并叙述其历史沿革、社会影响以及目前各图书馆的收藏情况。这是我国第一部专门以近代报刊史料为内容的工具书，对研究近代史，特别是研究近代新闻出版史和文化史有重要价值。附录有：《中国近代中文报刊创刊年表兼索引》、《中国近代中文报刊出版地点分列表兼索引》。大32开本，455页，49.6万字，印数2613册，定价7.25元。

《明清两朝直隶书籍梓行录》　杜信孚著。1991年4月河北人民出版社出版。河北为明清两朝京畿重地，文人学士，著述较多，书坊林立，刻工聚集，刻书方便，便于梓行，使前人著述不至于湮没无闻。本书辑录了明清两朝直隶府的书坊、书院、官府、图书馆、会馆等刻印书籍的情况，具有比较重要的文献史料价值和学术研究价值。大 32 开本，82 页，印数 3000 册，定价 1.40 元。

《中国共产党晋察冀边区出版史资料选编》 河北省新闻出版局出版史志编辑部编。1991 年 4 月河北人民出版社出版。本书是在《中国共产党晋察冀边区出版史》资料征集的基础上编选而成的，收入文章 60 篇。文章作者大都是抗日战争和解放战争时期在晋察冀边区新闻出版事业中工作和战斗过的同志。他们提供的资料，或亲身经历，或耳闻目睹，既翔实具体，又生动感人，不仅是对《中国共产党晋察冀边区出版史》一书的重要补充和具体化，而且是晋察冀边区乃至整个中国革命新闻出版史的珍贵史料。大 32 开本，557 页，43.6 万字，印数 3000 册，精装本，定价 10.00 元。

《黑血·金鼓——辛亥前后湖北报刊史事长编》 刘望龄编。1991 年 4 月湖北教育出版社出版。本书辑录报刊的时限起于 1866 年 1 月湖北第一家报馆即英文《汉口时报》的创办，止于 1919 年五四运动，涵盖了资产阶级旧民主主义阶段的整个时期。辑录的湖北报刊有 191 种，其中在本地出版的为 184 种，在外地出版而由湖北籍人士主办并以湖北为主要宣传对象的为 7 种。此外，还简要辑录有湖北籍人士在国内外参与编辑的报刊 16 种。从所辑录数量来看，已大大超出此前有关论著所及之总数。所辑资料，按日叙事。以新闻出版史资料为主体，凡报刊言论、发刊停刊年月、经理编辑人氏、设馆地点、版面编排、副刊插画、栏目部类、资金设备、组织机构、稿酬刊例、广告发行，以及新闻团体、通讯机关、报律条例等，均尽量收录。此外，还注意了政治史、经济史、思想史、地方史诸学科的需要，多所引录，力求反映近代湖北社会的总体面貌。所辑录的部分资料是首次披露，有不少经过了艰苦的发掘整理，十分珍贵。大 32 开本，496 页，38.4 万字，印数 1000 册，定价 7.50 元。

《中国民间年画史图录》(上、下) 王树村编著。1991 年 5 月、8 月上海人民美术出版社分别出版。收入“中国美术史图录丛书”。本书主要收清代年画，产地从北京到少数民族地区，体裁包括：灯画、挂钱、纸马、纸牌、窗画等。16 开，精装本。上册 434 页，定价 26.00元；下册 438 页，定价 22.00 元。

《沧州新闻史料(1903～1949)》 沧州新闻志编纂委员会编。1991 年 6 月河北人民出版社出版。收入“河北出版史志资料专辑”。本书收录了沧州 1903 年南皮县张继在上海办《苏报》起至 1949 年 10 月新中国成立期间，从事新闻活动的历史人物及有关回忆文章。大 32 开本，183 页，印数 3000 册，定价 3.50 元。

《大公报人忆旧》 周雨编。1991 年 6 月中国文史出版社出版。本书收录了《大公报》报人的回忆文章 37 篇，具有文献史料价值。附录《梁厚甫与大公报》。大 32 开本，333 页，27.3 万字，印数 3000 册，定价 5.40 元。

《旧大公报坐科记》 孔昭恺著。1991 年 12 月中国文史出版社出版。本书为孔昭恺的从 1928 年至 1949 年在大公报工作的回忆录。大 32 开本，166 页，印数 2000 册，定价 3.10 元。

《出版工作文献选编》 中宣部出版局《出版工作文献选编》编辑组编。1991 年 8 月辽宁教育出版社出版。本书收录了马克思、恩格斯、列宁、斯大林、毛泽东、周恩来、刘少奇、邓小平、陈云等领袖人物有关出版的言论，以及新中国成立以后制订、颁布的有关出版工作的文件。16开本,804页,印数6000册,精装本,定价30.00元。

《历代刻书概况》 上海新四军历史研究会印刷印钞分会编。1991年9月印刷工业出版社出版。收入“中国印刷史料选辑丛书”。本书辑录了印刷术发明以来,唐、五代、宋(包括辽、金、西夏)、元、明、清、民国各代刻书的考略性文章47篇,系统汇集并比较详细地介绍了我国历史上不同朝代、不同地区,以及像建阳余氏、宁波天一阁、清朝武英殿等著名官、私、坊的刻书状况,集历代刻书史料之大全,为书史、印刷史、出版史等方面的研究提供了丰富而翔实的刻书史料。大32开本,567页,46.6万字,印数2000册,定价15.00元。

《红色号角——川陕苏区新闻、出版、印刷、发行工作》 上海市新四军历史研究会印刷印钞分会、川陕革命根据地博物馆、四川省新四军历史研究会印刷印钞分会编,洪荣华、王明渊、朱宗玉主编。1991年10月四川人民出版社出版。本书介绍了中国共产党在第二次国内革命战争时期创建的革命根据地之一——川陕苏区的新闻、出版、印刷和发行工作情况。大32开本,363页,印数1200册,定价5.20元。

《红色号角——中央苏区新闻、出版、印刷、发行工作》 洪荣华主编,《红色号角》丛书编委会编。1993年10月福建人民出版社出版。收入“红色号角丛书”。本书介绍了中国共产党在第二次国内革命战争时期创建的革命根据地之一——中央苏区的新闻、出版、印刷和发行工作情况。大32开本,394页,印数1300册,精装本定价10.90元,平装本定价8.40元。

《中华人民共和国现行新闻出版法规汇编(1949～1990)》 中华人民共和国新闻出版署政策法规司编。1991年10月人民出版社出版。本书汇集了自1949年10月1日至1990年12月31日全国人大常委会、国务院、新闻出版署和国务院有关部委的法规,包括以规定、决定、条例、办法、通知等名称发布的行政法规和部门规章;同时,还收入了中共中央、中宣部等党的领导机关与政府有关部门联合发布的法规性文件,总计190件。大32开本,895页,65.5万字,印数6000册,定价12.30元。

《德格印经院目录大全(一)——文集类细目》 德格印经院、(四川)甘孜州编译局编。1991年10月中国藏学出版社出版。16开本,679页,印数3500册,精装本,定价不详。

《中国法律图书总目》 中国政法大学图书馆编。1991年11月中国政法大学出版社出版。本书共收录中文法律图书二万八千余种。包括1911年以前法律古籍一千九百余种,香港及台湾出版的法律图书两千九百余种。16开本,1256页,印数2000册,精装本,定价59.00元。

《清代经部序跋选》 王达津主编,南开大学古籍整理研究所选编。1991年11月天津古籍出版社出版。本书选清代著名学者的序跋275篇,从中我们可以了解经学发展的历史以及该书的宗旨、目的和解决的什么问题、考证的方法、结论是怎样取得的。这也是了解清代经学编纂出版史的重要资料。大32开本,479页,38.9万字,定价6.15元。

《中国共产党历史报刊名录(1919～1949)》 李永璞、林治理编。1991年12月山东人民出版社出版。收入“中国近现代史史料介绍与研究丛书”。本书收录了从中国共产党创建到中华人民共和国成立的30年,党的各级组织、人民政府、人民军队以及党所领导的群众团体,在各个不同的历史时期创办的报刊共四千五百余种。其中党组织和人民政府报刊两千四百七十余种,人民军队报刊一千零二十余种,群众团体报刊一千零三十余种。每一种报刊均按报刊名称、编印单位、刊期、出版地点、主要负责人或主要编辑,创、停、复刊情况等项目予以著录。小32开本,139页,定价9.30元。

《清代版刻一隅》 黄裳著。1992年1月齐鲁书社出版。本书选取了上自顺治下迄宣统的195种清代版刻本,分别一一影印(每种1页),同时简要介绍图书作者、内容、刊刻、著录等方面的情况。材料主要取自编者自己的藏品,大多出自东南雕版中心地区,不乏精品,有很高的学术价值和艺术价值。作者自己说版画、活字部分比较贫弱,殿版官刻几乎没有触及,时代比重上仍有前后轻重不谐的问题。书前有"自序",书后有《清刻之美》作为"代跋"。大32开本,428页,未标字数,1996年3月第2次印刷,累计印数9000册,重印本定价18.50元。

《中华书局收藏现代名人书信手迹》 中华书局编辑部编。1992年1月中华书局影印出版。本书选辑了20世纪前半期近一百五十位文化人士写给中华书局的信。书中收集书信较多的有徐悲鸿、顾颉刚、李劼人、刘半农、朱自清、向达、茅盾等。这些都是别处或本人文集所未发表的,既是研究作家创作成就和创作思想的重要资料,也是研究中华书局史和中国现代出版史的重要资料。16开本,306页,精装本,定价46.00元。

《明代版本图录初编》 潘承弼、顾廷龙纂。1992年1月上海书店出版社出版。1996年重印,收入"民国丛书"。32开本,540页,精装印制,定价350.00元。本书1941年开明书店初版,另有台湾艺文印书馆1973年版。

《清代史部序跋选》 杨冀骧、孙兰香主编。1992年4月天津古籍出版社出版。本书选录清人撰写的清代及清代以前史部重要著作的序跋二百多篇;所选序跋,多是清代著名学者为重要的历史著作所撰写,如:《后汉书补表白序》(钱大昭)、《十国春秋序》(魏禧)等,反映了清代史学的时代特色,也是该时代史学研究成果的概括与升华。可以从这些序跋中了解这一个时代史部序跋的梗概与精要,了解其研究成果的质量与特点。大32开本,354页,29.8万字,定价9.80元。

《影印善本书目录(1911～1984)》 北京图书馆善本室编。1992年6月中华书局出版。全书按经、史、子、集、丛书五部编次。反映此一时期善本书影印的整体情况,共收1049种,书后有四角号码书名索引及索引字头笔画检字。大32开本,426页,34.6万字,印数3000册,定价8.40元。

《天津出版史料》(第四辑) 孙五川、李树人主编。1992年11月百花文艺出版社出版。大32开本,195页,15.2万字,印数1500册,定价5.30元。

《淮南抗日根据地党的喉舌》(原淮南日报史料集) 《淮南日报》史料集编纂委员会编。1992年6月中共党史出版社出版。收入"安徽省中共党史丛书"。本书作者都是老报人,抗战时期淮南区的新闻工作者以及有关领导近二十人。大32开本,162页,印数2000册,定价4.50元。

《回忆苏中报》 新四军历史丛刊社编。1992年8月百家出版社出版。收入"新四军历史丛刊"。本书是关于《苏中报》的回忆录,反映了敌后抗日根据地新闻出版事业发展的情况、办报特点以及新闻工作者的战斗生活。小32开本,211页,印数1000册,定价3.00元。

《古代小说序跋漫话》 王先霈著。1992年10月辽宁教育出版社出版。收入“古代小说评介丛书”。本书以漫话的形式,以通俗易懂的笔调对中国古代小说序跋进行了介绍与评述。小32开本,119页,印数22000册,定价2.50元。本书2000年12月再版。

《四川新闻出版史料》(1) 四川省新闻出版局史志编纂委员会编。1992年10月四川人民出版社出版。本书收录有关四川新闻出版史料类文章29篇,包括《论四川雕版印书》、《四川雕版源流考》、《清代成都木刻书业和外省书商的发展》、《重庆印刷业概况》、《一九一九年以前的成都报刊》、《抗日战争时期四川出版工作》、《四川主要报刊(1949年以前)》、《四川出版人物(1949年以前)》、《四川出版大事年表(1949年以前)》等等。大32开本,361页,24.3万字,印数1000册,定价6.30元。

《四川新闻出版史料》(2) 四川省新闻出版局史志编纂委员会编。1992年10月四川人民出版社出版。本书为抗日战争时期成都部分进步报刊介绍专辑。首篇《唤醒民众的号角——抗日战争时期成都部分进步刊物介绍》为综合性论述;接下来分别介绍了《大声》周刊、《新时代》、《散文》、《救亡周刊》、《抗战与教育》、《文艺后防》等20种刊物的情况,每种刊物介绍后附有发刊词或编后记之类的资料。书末为《吴玉章的报刊实践》一文。大32开本,239页,16万字,印数1000册,定价4.70元。

《抗日战争时期出版图书联合目录》 四川省中心图书馆委员会编。1992年10月四川大学出版社出版。本书目收录了1937年7月至1945年9月这一时期在国内出版的中文图书,分为:哲学、宗教、农业、工业、社会、政治、语言文字等17大类。16开本,1648页,印数500册,精装本,定价98.00元。

《北京图书馆馆史资料汇编(1909～1949)》(上、下) 北京图书馆业务研究委员会编。1992年10月书目文献出版社出版。本书收集了自1909年筹建京师图书馆至1949年中华人民共和国成立40年期间北京图书馆馆史方面的有关资料。大32开本,1390页,印数2000册,定价42.00元,精装本,定价88.00元。

《湘版书目40年(1951～1990)》 湖南省新闻出版局版本室编。1992年10月湖南教育出版社出版。大32开本,1732页,精装本,定价30.00元。

《河北古今书目》 雷光照、骆志安、马保超、李远杰编。1992年11月河北人民出版社出版。这是一部展示河北自先秦至当代著述、编辑、出版成果的大型资料书,收录图书20958种,上起先秦,下迄1989年底。其古代部分凡河北籍作家的著作,或存目的,或刻印的,均予收入;民国以后凡河北版的图书均予收录。全书分为“古代书目”、“民国时期书目”、“当代书目”三个部分。每个部分就其资料来源及分类方法略作说明,各类图书书目一般按其著述的年代顺序进行编排。书前有图片、书影方面的插页16页。大32开本,758页,59.8万字,印数2000册,精装本,定价11.00元。

《湖南出版史料》(第二辑) 湖南省新闻出版局党史资料征集工作领导小组编。1992年11月湖南出版社出版。本辑收录史料31篇,大体分为两个部分。第一部分,革命出版史料;第二部分,民国年间长沙书业、书刊印刷业史料。第一部分的18篇文章,是本刊第一辑(革命出版史料专辑,未公开出版)的继续,突出地反映了抗日战争时期湖南革命进步报刊和书店的情况。主要论文有:《回忆抗日战争时期湖南的几家进步报刊》、《略忆〈抗战日报〉》、《忆沅陵新路书店》、《三十年代前期长沙的文艺期刊》等。第二部分收录的13篇文章，其中有 6 篇是辑录当时长沙市报刊上有关长沙书业、刻印业的报道和调查报告。由这些资料我们可以大略了解民国长沙书业、刻印业的一般状况。小 32 开本，164 页，10.7 万字，印数 800 册，定价 2.30 元。

《近现代新闻出版法规汇编》 刘哲民编。1992 年 12 月学林出版社出版。本书收录 1906 年至 1949 年我国历届政府颁布的有关出版、新闻的法令法规，包括有法律约束力的咨文、释疑等。就至今所见到的资料而言，本书收集基本完备。编辑体例，则分清政府、中华民国临时政府、北洋政府、国民党政府四个时期。每个时期分出版、新闻等目。所收资料较多者，再分若干细目。在同一目或子目内，按时间先后排列。另有附录，收国民党地方政府单行法令和汪伪国民政府、伪华北临时政府、伪满洲国的有关法令等，以及上海公共租界、法租界当局的律、章。大 32 开本，649 页，51 万字，印数 2000 册，定价 19.80 元。

《传统语文教育教材论——暨蒙学书目和书影》 张志公著。1992 年 12 月上海教育出版社出版。这实际是两部著作的合刊。《传统语文教育教材论》探讨传统语文教育教材的实践与思想，从某种程度上有中国传统语文教材编写出版史的性质。而《蒙学书目和书影》则是具有重要出版史料价值的著作，对于研究中国传统蒙学读物的编辑与刊行有着十分重要的参考作用。大 32 开本，288 页，22.5 万字，印数 1400 册，精装本，定价 9.30 元。

《抗日战争时期的柳州日报》 中共柳州市委党史办编辑。1992 年 12 月漓江出版社出版。收入"柳州党史资料丛书"。全书内容主要有：综述与大事记；原《柳州日报》社长、编辑的回忆；资料包括抗战时期《柳州日报》社论及重要文章选登，抗战时期《柳州日报》社论及重要文章索引，原《柳州日报》工作人员的回忆文章等。小 32 开本，304 页，印数 1300 册，定价 5.70 元。

《温州报刊史存》 林白、郭易可等编著。1993 年 1 月学林出版社出版。本书是温州地区近百年报刊方面史料的汇编。小 32 开本，424 页，印数 1000 册，定价 10.00 元。

《从风雨中走来——文汇报回忆录·1》 文汇报报史研究室编。1993 年 1 月文汇出版社出版。这个集子是为纪念文汇报创办 55 周年而编辑的，是文汇报回忆录的首卷。从时间上看，大致是从 1938 年创刊至 1956 年迁址北京改为教师报，后又回上海复刊。从内容上看，大体分为四个方面：记述文汇报的创刊、被迫停刊、创办香港文汇报、大陆解放后复刊及改为教师报前后的历史，采编生活杂忆，专刊副刊的创办与特色，忆故人。这近六十篇史料丰富的回忆文章，反映了文汇报的历史传统和战斗精神以及报纸的风格与版面特色。大 32 开本，427 页，30 万字，印数 8000 册，定价 8.00 元。

《在曲折中行进——文汇报回忆录·2》 文汇报报史研究室编。1995 年 10 月文汇出版社出版。大 32 开本，599 页，印数 3000 册，定价 25.00 元。

《近现代上海出版业印象记》 朱联保编撰，曹予庭校订。1993 年 2 月学林出版社出版。作者根据可靠的文献记录以及自己的亲身经历，对自鸦片战争后上海辟为租界时起，一直到上海解放后私营出版企业进行社会主义改造为止的上海地区书业情况的发展变化进行了回忆与论述，涉及的书店、出版社有六百多家，具有重要的出版文献价值。小 32 开本，418 页，28.3 万字，印数 1500 册，定价 8.50 元。

《民族出版社图书目录(1953.1～1993.1)》 1993 年 3 月民族出版社编辑出版。16 开本，450 页，88.2 万字，印数 3500 册。该社 1983 年还出版过三十年(1953～1982)图书总目录。

《易学书目》　山东省图书馆编。1993年4月齐鲁书社出版。分“山东省图书馆馆藏易学书目”和“知见传本易学书目”两部分，著录易籍2810种。大32开本，417页，印数1800册，精装本，定价14.50元。

《中华书局图书目录(1949～1991)》　中华书局编辑部编。1993年5月中华书局编辑出版。本目录综合了中华书局1981年编印的《中华书局图书目录(第一编)》上(1949年建国起至1981年10月止)和1986年编印的《中华书局图书目录(第一编)》下(1979年至1986年)以及1987年以来历年的年度出书目录，这样建国以来到1991年中华书局的全部出书目录便荟萃一编。本书录并与1987年出版的《中华书局图书总目录(1912～1949)》相衔接，成为中华书局八十年来的出书全目。需要说明的是，原编入第一编上册的香港中华书局出版图书目录，此次未及编入。本书分为文学、语言·文学、古代史、近代史、哲学、综合等几大类。大32开本，520页，印数7000册，定价32.00元。

【另】《中华书局总书目(1992～2001)》2002年5月由中华书局出版，大32开本，定价18.00元。

《冶金工业出版社图书目录(1953～1993)》　1993年5月冶金工业出版社编辑出版。本书收录的为重工业版、冶金版、中国工业版的初版书和修订版书，分为：地质学及测绘学、矿业工程、冶金工业、工业经济、语言及其他等九部分。大32开本，552页，定价13.60元。

《出版史料》(期刊)　宋原放、赵家璧主编。1982年12月创刊，由学林出版社在上海出版，上海出版工作者协会主办。1993年7月因与《编辑学刊》合并而停刊，共出版32期，发表有关出版史研究和出版史料类文字八百多万字，另有许多书影、照片刊发。《出版史料》2001年7月以丛刊形式开始出版，至2002年底出版4辑。从2003年3月起恢复为期刊(季刊)，于每季末出版，主要栏目有：往事寻踪、名家书信、文化自述、百家书话、走进序跋、文献新读、书之史、国外出版网络、旧文重刊、随笔等。主管者为中国民主促进会中央委员会，主办者为开明出版社。

《中外版权法规汇编》　本书编写组编。1993年8月北京师范大学出版社出版。收入“新闻出版研究生系列教材”。本书内容包括：中国著作权法及有关法规；世界其他国家著作权法；有关国际著作权公约。大32开本，555页，定价14.40元。

《中国现代文学总书目(1917～1949)》　贾植芳、俞元桂主编。1993年8月福建教育出版社出版。本书辑录中国现代文学史上出版的文学书籍约一万三千五百余种。按现代文学“四分法”，分为诗歌、散文、小说、戏剧四卷，加上翻译卷，共五卷。16开本，1162页，印数3000册，精装本，定价180.00元。

《出版科研资料汇编》　中国出版科研所编辑出版研究室编。1993年9月河北科学技术出版社出版。这本资料汇编包括五个部分：(1)出版专业书录，收录了从新中国成立到1992年出版专业的书目和内容提要三百余种，各省出版论文集和地方史志一百余种。(2)国外出版专业主要书录一百多种。(3)中国出版史研究书录。(4)全国出版专业主要报刊名录，包括公开的报刊41种，内部交流的108种。(5)部分出版专业论文要目，收录1983～1990年初主要专业报刊的部分论文。小32开本，324页，20.3万字，印数1000

册，定价 6.80 元。

《大公报与现代中国：1926～1949 年大事记实录》 方蒙主编。1993 年 12 月重庆出版社出版。本书逐日摘录《大公报》社评、消息，既是大公报的重要史料，对于研究中国近代报业史也有重要参考价值。大 32 开本，708 页，印数 1000 册，定价 10.95 元。

《天津出版史料》（第五辑） 孙五川、李树人主编。1993 年 12 月百花文艺出版社出版。此辑为天津市第一届出版史志研讨会论文专辑。收入文章 31 篇，上自明清、下迄民国时期出版事业的考察，书刊出版纪实，举凡撰著、刊刻、发行，古、近、现代皆有所录。包括《明代天津出版事业考》、《浅探杨柳青木版年画的传统出版方式》、《天津最早出版的几中刊物》等等。大 32 开本，244 页，17.1 万字，印数 1500 册，定价 6.00 元。

《天津出版史料》（第六辑） 孙五川、李树人主编。1993 年 12 月百花文艺出版社出版。大 32 开本，234 页。

《山东文献书目》 王绍曾等编。1993 年 12 月齐鲁书社出版。本书目收录自先秦迄清末的山东先贤著述 10831 部，按四部分类，凡存有刻本、稿本、抄本者均在收录之例。大 32 开本，716 页 63.5 万字，印数 1300 册，精装本，定价 19.00 元。

《河北金石辑录》 石永士等编。1993 年 12 月河北人民出版社出版。收入"河北出版史志文献丛书"。本书共收金石目录 3595 条，内容分为金文、刻石、墓志等 5 部分。12 开本，504 页，印数 950 册，精装本。

《中国医学书目大全（1950～1989）》 侯家玉编。1994 年 1 月成都出版社出版。本书含 1950 年至 1989 年中国人著、译的医药卫生著作一万一千四百五十余种，上编包括医药卫生综合类、基础医学、内科学等，下编包括中医学、中药学、习题、问题解答、图谱等。16 开本，506 页，精装本，定价 38.00 元。

《历代史志书目著录医籍汇考》 李茂如等著。1994 年 3 月人民卫生出版社出版。本书收采历代史志、公私书录、诸家文集、论著、笔记等资料一百八十余种，上自汉代，下迄民国，广涉中外，一改既往诸家医学书目编纂之旧例，开循流溯源之新途，分别标目为纲，逐一著文以陈其时代、著者生平，并撮其著作旨要及其收录医籍之概况，更可贵的是间附按语说明。16 开本，1455 页，183 万字，印数 1000 册，精装本，定价 74.90 元。

《青海人民出版社四十年图书目录（1954～1994）》 吴引水编。1994 年 4 月青海人民出版社出版。大 32 开本，595 页，印数 1500 册，定价 12.00 元。

《中国学术译著总目提要》（全 3 册） 陈久仁主编。1994 年 8 月吉林教育出版社出版。本书包括社会科学类 2 册，自然科学类 1 册。大 32 开本，5692 页，印数 700 册（套），精装本，定价 160.00 元。

《新民主主义革命时期云南革命出版史料选编》 王元辅、王品三主编，云南省新闻出版局、中共云南省委党史研究室编。1994 年 9 月云南人民出版社出版。本书收录了有关云南地区新民主主义革命时期的研究性、回忆性文章及其他相关资料。编入本书的资料，以反映中国共产党直接领导的出版发行工作为主，同时也适当收入虽不是党直接领导，但属于这一历史时期革命进步出版活动范围的资料。书前有照片插图 8 页。大 32 开本，563 页，44 万字，印数 1200 册，定价 19.50 元。

《中国古代版画丛刊》（二编） 本社编。1994 年 10 月上海古籍出版社影印出版。16

开本,精装本,总9辑10册影印,分辑定价。第一辑:《梅花喜神谱》、《饮膳正要(附元刻饮膳正要)》、《山海经图》,定价79.60元;第二辑:《释氏源流》、《水陆道场鬼图像》、《牧牛图》,定价87.30元;第三辑:《孔圣家语图》、《孔门儒教列传》,定价66.50元;第四辑:《古今列女传评林》、《青楼韵语》,定价73.70元;第五辑:《闺范》,定价68.80元;第六辑:《程氏墨苑(上下)》,定价183.60元;第七辑:《唐诗画谱》、《诗余画谱》、《元曲选图》,定价73.40元;第八辑:《海内奇观》、《名山图》、《太平山水图画》、《古歙山川图》,定价85.10元;第九辑:《瑞世良英》,定价64.80元。

《连续出版物管理史料选》 刘瑞兴主编。1994年10月中国统计出版社出版。本书共收入1892～1947年发表的文献100篇及6万余字的论文摘录。大32开本,410页,印数1000册,定价23.00元。

《续修四库全书总目提要》 中国科学院图书馆整理。1993年7月、1994年10月分别由中华书局、齐鲁书社等出版。按照经部、史部、子部、集部刊行。16开本,全38册,精装本,总定价20000.00元。

【另】《续修四库全书总目、索引》,2003年5月上海古籍出版社出版。清·永瑢等撰《四库全书总目》1965年6月由中华书局出版。胡玉缙编著《四库全书总目提要补正》1998年由上海书店出版社出版。

《天津出版史料》(第七辑) 孙五川、李树人主编,天津市新闻出版管理局出版史料征集工作领导小组编。1994年百花文艺出版社出版。大32开本,248页,定价8.50元。《天津出版史料》(第八辑)已刊行,详情待查。

《中国现代文学书目汇要》(小说卷) 郭志刚主编。1994年12月书目文献出版社出版。小32开本,190页,定价10.00元。另有"诗歌卷"也同时刊行。

《冀东书报刊史料》 马建国编著。1995年1月河北人民出版社出版。本书按历史阶段设立章节和条目,辑录各个不同历史时期冀东地区的出版史料。对于每一个阶段,又按中共党组织、旧政府(如"敌占区"、"国统区"、"日伪统治区")时期分列细目。抗日战争时期的内容,尽力收集并录用了热河省和辽西部分地区的有关史料。在书中,编者以我党创办的报刊、出版的书籍为主,同时适当搜集了旧政府统治时期官办、校办、私办的报纸、期刊以及少量的书籍出版情况。为了全面反映冀东地区和解放后唐山市创办报刊的情况,编者将《冀东区撤销后唐山市报刊书的出版发行》附后。大32开本,182页,14.3万字,印数1000册,定价6.50元。

《书香巴蜀——四川图书发行史料》 四川省书刊发行协会秘书处编。1995年2月四川教育出版社出版。本书是为纪念新华书店在川创建40周年所编,收录文章64篇。集子既重视史料的收集,也从各个方面反映了新华书店在四川创建、发展的历程和取得的业绩。大32开本,392页,30万字,印数2000册,定价11.70元。

《中国馆藏和刻本汉籍书目》 王宝平、韩锡铎主编。1995年2月杭州大学出版社出版。收入"日本文化丛书"。大32开本,618页,印数1500册,定价55.00元。

《著作权研究文献目录汇编》 杜学亮主编。1995年3月中国政法大学出版社出版。该书汇集了清末至1994年间出版的著作权研究著作、1949年至1993年间发表的相关论文目录,以及清末至1994年间国内颁布的著作权法律及主要国际著作权公约,对了解这一时期的著作权研究具有极大的参考价值。大 32 开本，393 页，印数 4000 册，定价 11.00 元。

《北京图书馆普通古籍总目》(文字学门)　北京图书馆编。1995 年 4 月书目文献出版社出版。16 开本，200 页，印数 2000 册，精装本，定价 35.00 元。《北京图书馆普通古籍总目》刊行的还有“自然科学门”、“目录门”、“地志门”、“古器物门”等各卷。

《影印善本书序跋集录(1911～1994)》　北京图书馆善本组编。1995 年 4 月中华书局出版。大 32 开本，824 页，印数 2000 册，精装本，定价 36.00 元。2006 年 4 月重版。

《八桂报史文存》　张鸿慰编。1995 年 6 月广西民族出版社出版。设置的栏目有“报业综述”、“故纸寻踪”、“史志拾穗”等，收录的文章有《广西报业概述》、《新桂系报业大事记》等。小 32 开本，321 页，印数 1000 册，定价 10.00 元。

《生活・读书・新知三联书店图书总目(1932～1994)》　曹鹤龙、李雪映编。1995 年 10 月三联书店出版。本书收录了 1932 年 7 月至 1994 年 12 月由生活书店、读书出版社、新知书店以及三联书店出版的图书、连续出版物、丛书等。书后附有书名索引和著者索引，对了解和研究这几家出版单位很有参考价值。16 开本，392 页，110 万字，印数 3000 册，定价 46.00 元。

《在华耶稣会士列传及书目》(全 2 册)　(法)费赖之著，冯承钧译。1995 年 11 月中华书局出版。收入“中外关系史名著丛书”。本书 1936 年初版，1958 年商务印书馆再版。此次与“补编”同时重排刊行。大 32 开本，1215 页，印数 2500 册(套)，定价 44.00 元。

《在华耶稣会士列传及书目补编》(全 2 册)　(法)荣振华著，耿升译。1995 年 11 月中华书局出版。收入“中外关系史名著丛书”。大 32 开本，1011 页，印数 2500 册(套)，定价 36.00 元。

《回忆思考与研究:甘肃出版历史资料选辑》　于淮仁主编。1995 年 11 月甘肃人民出版社出版。大 32 开本，365 页，印数 1000 册，定价 15.00 元。

《冀中报刊史料集》　杜敬编。1995 年 12 月河北教育出版社出版。本书是为纪念抗日战争胜利五十周年编辑出版的一本抗战时期冀中地区报刊方面的史料集子。大 32 开本，577 页，印数 2000 册，定价 15.00 元。

《清代内府刻书目录解题》　故宫博物院图书馆、辽宁省图书馆编著。1995 年 9 月紫禁城出版社出版。大 16 开本，550 页，精装本，定价 210.00 元。

《北京图书馆普通古籍总目》(自然科学门)　北京图书馆普通古籍组编。1995 年书目文献出版社(后更名为北京图书馆出版社)出版。该书目分 3 大类，包括 50 多个细目，收北京图书馆藏自然科学古籍 1255 种，1901 部，5852 册，较全面地反映了我国普通古籍中自然科学类图书的状况，是研究中国科技出版史的重要资料。16 开本，精装本，《总目》全套总定价 1800.00 元。

《中外插图艺术大观》　刘辉煌编著。1996 年 2 月中国文联出版社出版。编者从自己收集的数千件插图作品中，精选出公元前 3000 年至当代的近千件佳作，并撰写出《中外插图史概述》、《插图的技法与研究》专文，编出煌煌画册。书前有画家柳成荫先生的前言、美术史家李春先生的序。16 开本，335 页，印数 5000 册，定价 58.00 元。

《中国近代文学大系・史料索引卷》(上、下)　魏绍昌主编。1996 年 8 月上海书店出版社出版。“史料索引卷”有两部,内容包括中国晚清文学大事记,中国晚清文学思潮、流派、社团简介,中国晚清文艺报刊概览,中国晚清文学研究资料篇目索引,日本及其他国家的清末民初小说研究目录。特别是晚清文艺报刊概览,收录已查知的中国晚清文艺报刊(1872 年至 1919 年)320 种,内有文艺杂志 133 种,偏重文艺的杂志(即综合性杂志)111 种,文艺报纸(主要是小型报)76 种。尚著录有 68 种迄今未能查见原作的文艺报刊。其中影响较大的 44 种,每期目录全部收编以显示报刊原貌,并有选择地摘录了部分报刊、杂志的宣言、发刊词以及重要论文,成为晚清文学报刊研究不可多得的重要史料。大 32 开本,2603 页,印数 2000 册(套),定价 48.00 元。

《江西古今书目》　张德意、李洪编著。1996 年 3 月江西人民出版社出版。收入“江西出版史志丛书”。大 32 开本,1275 页,精装本,定价 45.00 元。

《中国中学数学课程教材演变史料》　张群、张月仙编。1996 年 4 月人民教育出版社出版。本书主要纲目为:选用、改编解放区的课本和比较通用的旧课本;以苏联十年制学校数学教学大纲和课本为蓝本,制订中学数学教学大纲和编写中学数学课本;教育部决定调整中小学数学的课程和教学内容,编写中学数学暂用课本;编写十年制学校中学数学试用教材;新编全日制十二年制中学数学教材;“文化大革命”期间的中学数学教材;编写全国通用的全日制十年制中小学数学教材;修订改编全日制十年制中小学数学教材;编写九年义务教育“六·三”制数学教材。大 32 开本,399 页,定价 15.10 元。

《民国时期江苏版图书书目》　倪波主编,赵长林编著。1996 年 4 月江苏人民出版社出版。收入“出版史志丛书”。大 32 开本,870 页,定价 29.00 元。

《中国百年期刊发刊词 600 篇》(上、下)　刘宏权、刘洪泽主编。1996 年 6 月解放军出版社出版。该书从百余年来近万种期刊创刊号的众多篇发刊词中,选出了不同历史时期、不同学科,能够反映时代潮流、社会背景的,有特色、有代表性的发刊词六百余篇。这些发刊词上起 1878 年的《益闻报》,下至 1949 年的《中国儿童》,不仅在文化传播方面起过重要的作用,而且已经成为宝贵的历史文献。它们对期刊发展史的研究尤其有重要的史料价值。邵华泽题词,吴冷西作序。前面附有期刊封面照片若干帧。大 32 开本,868 页,137 万字,印数 4000 册(套),定价 59.00 元。

《中国历代小说序跋集》(上、中、下)　丁锡根编著。1996 年 7 月人民文学出版社出版。本书选编自汉代至清末我国古代小说序跋类资料,按照笔记、话本、章回、总集四大类编排。这些小说序跋既是研究中国小说史、中国文学批评史的重要参考资料,也是研究中国文学出版史的重要资料。赵景深作序。大 32 开本,1854 页,130 万字,印数 3030 册(套),定价 82.00 元。

《蒙元版刻综录》　潘国允、赵坤娟编著。1996 年 7 月内蒙古大学出版社出版。本书汇辑有元代刻印图籍的版本目录,收官、家、坊主持刻印者近四百家,刻印图籍千余种。本书以主持刻印者姓氏、斋室名号、机关名称、地区、年号为纲,书名为目,详记主持刻印者小传,尽录题名、责任者、版式、行款、刻工等事项,是一部学术性、资料性的工具书,对研究元代出版事业、印刷发展史及政治、经济、文教、科技等均有一定的价值,并开辟了蒙古学研究的新领域。书前的代序《蒙元版刻在中国印刷史上的地位》比较全面地论述了蒙元版刻的发生发展、刻书特点及历史地位与贡献。大 32 开本,305 页,24 万字,印数 500 册,定价

12.00 元。

《新编天一阁书目》 骆兆平编著。1996 年 7 月中华书局出版。宁波天一阁是我国现存最古的藏书楼，由明代兵部右侍郎范钦创建于嘉靖四十年至四十五年（1561～1566）之间。骆兆平编著的《新编天一阁书目》，是建国后第一本公开出版的天一阁书目。全书包括《天一阁遗存书目》、《天一阁访归书目》、《天一阁进呈书目校录》、《天一阁明抄本闻见录》。书目前均有自序，从各个不同的角度反映了天一阁藏书的现状和历史。金涛作序。大 32 开本，337 页，24.5 万字，印数 5000 册，定价 17.00 元。

《中国现代报史资料汇辑》 王文彬编著。1996 年 9 月重庆出版社出版。编者将 1919 年至 1949 年间全国 12 大城市、28 个省（区）、解放区、沦陷区及外国人在华的报刊史资料（如发刊词、复刊词、社论）等进行分类整理、汇编，收录了大量重要的第一手报刊史研究资料，有一定的参考价值。孙起孟题词。大 32 开本，1005 页，73.4 万字，印数 1500 册，定价 46.00 元。

《中国科学翻译史料》 黎难秋主编。1996 年 9 月中国科学技术大学出版社出版。本书所谓“科学翻译”包括自然科学、技术工程范畴的翻译，还包括除文学艺术以外的所有社会科学范畴的翻译。书中收录的有关史料分为七卷，即：卷一疏、折、片、上谕；卷二序、识语、凡例；卷三目录、提要、表、名录；卷四记叙、论述；卷五翻译机构、学馆；卷六翻译人物；卷七专文。所收资料涉及的历史，限于 1911 年辛亥革命成功之前，刊载资料的原始文献则迄于 1949 年。大 32 开本，722 页，60.1万字，印数 1000 册，定价 50.00 元。

《古本小说版画图录》 首都图书馆编，周心慧主编。1996 年 10 月线装书局出版。本书辑录中国古代小说版画 2200 幅，涉及古代小说版本 247 种。所录作品均为宋至清末雕版的木版画，一般按刊刻年代排列。每种版本都有图版释文，含图版顺序号、书名、卷数、撰著者、刊刻时代及坊肆、绘图者、镌刻者以及对图版背景的介绍，以考镜源流。8 开本，线装本，2 函 10 册，总定价 2200.00 元。本书 2006 年 11 月再版。周心慧主编的同名著作修订增补本（全 5 册）2000 年由学苑出版社出版，本图录共辑入中国古小说版画 1736 幅，涉及古小说版本 288 种，反映了元至清末时期某一流派、地域小说版画的成就。大 16 开本，定价 2180.00 元。

《北京艺术博物馆民国版书目》 北京艺术博物馆图书资料室编。1996 年 10 月北京燕山出版社出版。16 开本，151 页，印数 1000 册，定价 20.00 元。

《北京艺术博物馆善本书目》 北京艺术博物馆图书资料室编。1996 年 10 月北京燕山出版社出版。16 开本，92 页，定价 16.00 元。

《山西人民出版社 45 年图书总目（1951～1995）》 王红菊编。1996 年 10 月山西人民出版社出版。16 开本，869 页，印数 1000 册，精装本，定价 118.00 元。

《中国文言小说总目提要》 宁稼雨编撰。1996 年 12 月齐鲁书社出版。本书收中国先秦至 1919 年汉语单篇文言小说、文言小说集、文言小说丛书、文言小说类书，正文正名 2184 种，异名 516 种。另附《剔除书目》正名 292 种，异名 57 种，《伪讹书目》正名 172 种，异名 4 种。全书共收正名 2648 种，异名 577 种，总目 325 种。全书按时代顺序，共分“唐前”、“唐五代”、“宋辽金元”、“明代”、“清代至民初”五编。16 开本，590 页，印数 2000 册，精装本，定价 80.00 元。

《风雨故人情:〈华商报〉历史照片、文物专集》 南方日报社、广东《华商报》史学会编。1996年10月岭南美术出版社出版。16开本,111页,定价20.00元。

《清代目录提要》 来新夏主编。1997年1月齐鲁书社出版。本书对清代的目录学著作的作者、版本、内容进行了考证与记述,是了解清代目录学著作的实用工具书。大32开本,482页,印数1000册,精装本,定价31.50元。本书2007年1月再版,定价39.00元。

《中国馆藏日人汉文书目》 王宝平主编。1997年2月杭州大学出版社出版。收入"日本文化研究丛书"。本书收录了大量中国馆藏的由日本人所书的汉文书目,并对所有书籍的作者、成书年代、主要内容以及刻本年代均作了详细的记述。大32开本,596页,印数2000册,精装本,定价35.00元。

《清代版本图录》(全5册) 黄永年、贾二强撰集。1997年5月浙江人民出版社出版。该书选印了清代有代表性的350种图书的书影,采用线装、宣纸影印,按时间先后顺序分为5卷。卷一"顺治"、"康熙"、"雍正";卷二"乾隆";卷三"嘉庆";卷四"道光"、"咸丰";卷五"同治"、"光绪"、"宣统"。最后一卷还附有黄永年写的《清代版本述略》一文,对清代的版刻情况作了概括性的介绍。图录继承了潘景郑、顾廷龙编集的《明代版本图录初编》的特点,不单只注重善本、孤本的书影,而是力求全面,尽量注意到具有代表性的版本。书中也收录了常见通行的甚至是坊刻的并不精良的版本,集中了清代各个时期各种样式版本的代表,基本上达到了反映清代版本全貌的目的。文字说明,每幅图只有数十字,但包含有丰富的信息,内容涉及版本源流及流通情况等。16开本,全5册,线装本,定价500.00元。

《东西洋考每月统记传》 爱汉者等编、黄时鑑整理。1997年5月中华书局影印出版。收入"哈佛燕京馆藏善本影印丛书"。《东西洋考每月统记传》是基督教新教传教士郭士立(又译为郭实腊,1803～1851年)于清道光癸巳年六月十六日(1833年8月1日)在广州创办的中文月刊,也是外国传教士在中国境内创办的较早的中文期刊。该刊曾在1834年、1835年两度中断,1836年全年停刊,1838年终刊。迄今见到的共39期,其中6期卷号不同却内容相同,实际是33期。该刊内容丰富而庞杂,对中国近代社会产生过重要影响,成为开启中国大门之先声。16开,精装本,定价98.00元。本书2005年再版。

《古本戏曲版画图录》(全5册) 首都图书馆编辑。1997年5月学苑出版社出版。本书辑录了中国古代戏曲版画约二千幅,所辑作品,上起元末戏曲版画发端,下迄清末,涉及古代戏曲版本二百余种,古代戏曲版画的代表作品,基本上已灿然大备,成为研究古代戏曲史、版画艺术史最为完备的戏曲版画结集;同时也是考察中国古代服饰、建筑、宫观,苑囿、民俗等的大型图集。16开本,精装本,总定价2180.00元。本书2003年11月出版了修订增补本。

《明清传奇综录》(上、下) 郭英德著。1997年7月河北教育出版社出版。本书主要收录现有完整存本的明清传奇剧目。剧本残缺,但《曲海总目提要》著录剧情或剧情大体可考的传奇剧目,亦酌情收录。启功题写书名。大32开本,1260页,印数2000册,定价64.40元。

《古佚书辑本目录》 孙启治、陈建华编著。1997年8月中华书局出版。本书内容专收了先秦至南北朝佚书辑本及现存书。16开本,465页,印数3000册,精装本,定价41.00元。

《中华人民共和国现行新闻出版法规汇编(1991～1996)》 新闻出版署政策法规司编。1997年8月人民出版社出版。将国家有关新闻出版的法规按年进行编排。大32开本,842页,定价45.00元。

《国家重点图书选题概览(1996～2000)》 新闻出版署图书司编。1997年8月山东教育出版社出版。16开本,465页,定价50.00元。

【另】《国家重点图书选题概览(1991～1995)》1992年1月由中国社会出版社出版,1993年3月出版修订本。32开本,796页,印数4000册,定价20.00元。

《老报人忆"东南日报"》 浙江省政协文史资料委员会编。1997年10月浙江人民出版社出版。此为"浙江文史资料"第61辑。《东南日报》是中华民国时期中国国民党浙江省党部机关报。前身是杭州《民国日报》(1927年3月创刊)。1934年6月16日改名《东南日报》,并成立"东南日报股份有限公司"。行销浙江、苏南、闽北、皖南、赣东等地区,一度影响较大。1937年12月日本侵略军攻占杭州,报社迁至浙江省金华县。1942年受战局影响,金华版停刊。同年5月,分别出浙江丽水版和福建南平版。1944年丽水版迁至浙江省云和县。抗日战争胜利后,南平版停刊,云和版迁杭州。1946年6月发刊上海版。1949年4月,杭州版和上海版均停刊。有副刊"沙发"、"笔垒"、"长春"、"大都会"和体育版。大32开本,313页,印数2600册,定价18.00元。

《中国历代国家藏书机构及名家藏读叙传选》 袁咏秋、曾季光主编。1997年12月北京大学出版社出版。本书是《中国历代图书著录文选》的续编。书中收录古籍中有关藏书、读书的论例,包括许多不常见的资料,对于研究藏书史、刻书史均有参考价值。内容按性质分为四编,依时代为序编排,具体为:中国历代国家藏书机构、中国古经籍与教化、中华文化古籍之源流故实、历代名家藏读叙传选。编者从历代史志、诸家文集中辑录出繁复的资料荟萃一编,两书累计达到90万字,前者为总体框架,后者为前者之有机内涵,两书互为经纬,脉络相通,从而使得我国秦汉以来至中华民国时期的典籍及其收藏的历史源流、发展衍变、形制规章、辉煌成就大略俱在,成为学术界研究中国藏书史的重要史料渊薮。前有钱存训的《古代中国的文字传播和文化传统》为"代序"。大32开本,461页,38万字,未标印数,定价28.00元。

《中国历代图书著录文选》 袁咏秋、曾季光主编。1997年12月北京大学出版社出版。本书是作为大学教材编写的,内容分三个单元,简繁适中,不枝不蔓,钩稽隐括,甚得体要。书中首先是"官录史志及书志",选辑取自《史记》、《汉书》,直至《崇文总目》、《四库全书总目》等15种正史和官修典籍中的艺文志、经籍志和图书人物资料;其次是"历代图书著录名著论评",选辑了有关《七略》、《通志》、《经籍会通》、《澹生堂藏书目》、《校雠通义》、《书目答问》等数十种原始文献以及评述资料;第三是"私家撰述各类书目举要",选辑自《集古录》、《金石录》、《遂初堂书目》起,至《铁琴铜剑楼书目》、《皕宋楼藏书志》、《静惕堂书目序》止的34种私家书目和序跋文献。任继愈作序。大32开本,656页,52万字,未标印数,定价36.00元。

《中国藏书家印鉴》 林申清编集。1997年12月上海书店出版社出版。本书搜集了自南宋末年贾似道(1213～1275)以来300多位藏书家的印鉴3800方。编者在该书的自序中还详尽地考证了中国藏书印的起源和类别,讨论了藏书印的史料价值和艺术价值,认为通过对藏书印的搜集和研究,足以考察典籍的授受源流,了解一书的版本鉴定状况,以补充和丰富中国书籍史的资料。16开本,313页,印数4000册,精装本,定价72.00元。

《人民日报版面备要》 人民日报编辑部编。1997年12月人民日报出版社出版。16开本,379页,精装本,定价68.00元。

《百衲本二十四史校勘记》 张元济撰,王绍曾等整理。1997年起由商务印书馆陆续影印出版。至2004年已经出版了其中的《史记》、《汉书》、《后汉书》、《三国志》、《宋书》、《魏书》、《隋书》、《南齐书》、《陈书》、《新五代史》、《旧五代史》、《宋史》、《金史》、《新唐书》、《旧唐书》等校勘记。16开本,分册定价。

《中国善本书提要补编》 王重民撰。1998年1月北京图书馆出版社出版。这是作者《中国善本书提要》的续编,计有史部提要770篇,涉及纪传、编年、纪事本末、杂史、传记、政书、地理、金石、目录九类。子部近十篇。编辑体例与正编基本一致。提要的具体内容包括类目、书名、版本、册数、撰者、序跋等。16开本,176页,26.5万字,精装本,定价28.00元。

《明代版刻图释》(全4册) 周心慧编著。1998年1月学苑出版社出版。本书汇录明代版刻书籍书影千余幅,明刊版画二百余幅,按其刊行时代、地域或版刻流派排列。每种版本皆有简要释文,释文重在溯源,以介绍版刻特色,考察版本源流,是迄今为止收录明代版刻资料最为系统、完备的大型图释类书籍,较全面反映了明代版刻的成就。对研究明代版刻史、版画史,考察、鉴定版本,皆有重要参考价值。线装本,大16开本,定价1160.00元。本书2004年再版。

《中国古代佛教版画集》 周心慧主编。1998年1月学苑出版社出版。本书汇集中国古代佛教版画近五百幅,时间上起唐咸通年间,下至清朝末期。8开本,精装本,定价780.00元。

《山西文献总目提要》 刘纬毅主编。1998年3月山西人民出版社出版。收入"三晋文化研究丛书"。本书全面收集山西历代文献资料,撰写提要。凡今存者,不论在国内还是国外,均予注明。已经散佚者,尽量钩稽史料,介绍概况。古籍之外,现存碑刻也予收入。16开本,868页,精装本,定价196.00元。

《宋元书影》(全4册) 1998年3月广陵书社影印出版。本书据民国上海有正书局本影印。分为经部、史部、子部、集部进行编排。本书又称《宋元书式》,收录宋元时期书页140种,较直观地再现了宋元图书的风貌,是了解、鉴别宋元版本最直观的资料。16开本,定价298.00元。

《清殿版画汇刻》(总16辑) 刘托、孟白主编。1998年5月学苑出版社出版。本书为清殿版画结集。清内府刻书,由武英殿提调,所刻印为殿刻,其所刻版画代表了中国古版画的最高水平。其中如《避暑山庄诗图》、《圆明园四十景诗图》、《墨法集要》、《耕织图》、《棉花图》等,皆具有代表性。本汇刻全书载入,以彰清代版刻之盛。其他如《万寿盛典》、《南巡盛典》等书,仅录图版,间录与图版有关的注释文字,以全面反映清殿版画的艺术成就。大16开本,精装本,总定价4650.00元。

《湖南省古籍善本书目》 常书智、李如龙主编。1998年6月岳麓书社出版。本书属于地方性较早的善本书书目，著录湖南省现存古籍善本书约四千零四十种。大32开本，937页，印数1000册，精装本，定价42.00元。

《黑龙江省志·出版图书期刊总目》(全2册) 黑龙江省地方志编纂委员会编。1998年8月黑龙江人民出版社出版。本书收录图书期刊目录上自清末，下限为1985年。16开本，1706页，印数1000册，精装本，定价286.00元。

《生活·读书·新知三联书店留真影集》 生活·读书·新知三联书店北京联谊会编。1998年10月三联书店出版。本书是为纪念生活书店、读书出版社、新知书店建店65周年，生活·读书·新知三联书店成立50周年而编印的一本照片集，收入照片一千多张。全书分为四个部分，每一部分附有简要的历史概述。四部分分别为：为有源头活水来——在反革命文化"围剿"中办杂志、开书店；漫漫长夜兮达旦——抗日战争、解放战争、成立新中国；继往开来从头越——海外三联书店新姿；为霞尚满天，情怀似当年——各地老"三联人"的联谊活动。另外在书后附录有三店、三联机构和人员名单。大32开本，190页，印数2400册，定价18.00元。

《中国现代美术全集·书籍装帧》 邱陵、张守义主编。1998年12月人民美术出版社、北京工艺美术出版社联合出版。本书是《中国现代美术全集》中的一册，以书籍出版的年代为序，收录了1911年至1998年间376位书籍装帧艺术家设计的711件作品。有图版说明与作者简介，反映了中国现代书籍装帧艺术的成就。书中邱陵的《中国书籍装帧艺术的演进与回顾》一文，对中国现代书籍装帧历史进行了总结。12开本，284页，精装本，定价350.00元。

《太行新闻回忆选辑(1937～1949)》 萧风主编。1998年人民日报出版社出版。收入"岁月漫步文丛"。大32开本，229页，定价13.00元。

《抗战时期桂林出版史料》 桂林市政协文史资料学习委员会主编，龙谦、胡庆嘉编著。1999年1月漓江出版社出版。本书属于《桂林文史资料》的一个特辑，其主要内容包括：出版大事记(1936年10月～1944年11月)；图书出版发行；期刊出版；书刊印刷；编辑、出版家简介；国民党政府对出版业的管理、控制、迫害与出版界的反控制、反迫害斗争。另有一些出版界、文化界人士的回忆文章选登。书前有书影、照片4页。大32开本，628页，52.9万字，印数500册，定价30.00元。

《中国新闻事业史文选(724年～1995年)》 张之华编。1999年1月中国人民大学出版社出版。本书分古代近代部分、现代部分编选我国新闻事业方面的相关资料，同时还有附录《大清印刷物专律》、《大清报律》、《出版法》、《宣传品审查标准(节录)》等。大32开本，918页，定价42.00元。

《中华人民共和国出版史料》(全13卷) 中国出版科学研究所、中央档案馆编，袁亮主编。从1999年1月开始，由中国书籍出版社陆续出版，目前已出版13卷。该史料集选收史料的时间从1949年中华人民共和国成立到1991年12月止。为完整地反映出版历史，对建国前夕我党领导出版工作的重要史料适当收入。史料集视史料多少按年分卷出版。已经出版的13卷是每年或两年一卷(第1卷收入了部分以前的史料)。史料收录范围包括：(1) 中共中央、全国人大、国务院(政务院)、中央宣传部、国家文委、出版总署、文化部、国家出版局、新闻出版署、国家版权局等领导机关历年颁发的有关出版工作的重要文件、法令、法规等。(2) 中央宣传部、国家文委、出版总署、文化部、国家出版局、新闻出版署、国家版权局召开重要会议的文件及领导同志的讲话、报告等。(3) 出版总署、文化部、国家出版局、新闻出版署、国家版权局向上级的工作请示报告和上级的批示及重要的事业规划、工作计划、调查报告等。(4) 党和国家领导人(指中共中央政治局常委、国家主席、人大委员长、政府总理)有关出版工作的讲话、指示、题词等。(5)《人民日报》、《光明日报》、《红旗》杂志(后为《求是》杂志)发表的有关出版工作的社论、评论及重要文章。(6) 出版、印刷、发行等方面重要的统计资料、有价值的出版史料，出版大事等。第 1 卷(1949 年)，40 万字，1995 年 5 月出版，印数 1500 册，定价 38.00 元。第 2 卷(1950 年)，1996 年 1 月出版，定价 68.00 元。第 3 卷(1951 年)，1996 年 7 月出版，定价 38.00 元。第 4 卷(1952 年)。第 5 卷(1953 年)，40 万字，1999 年 1 月出版，印数 1000 册，定价 60.00 元。第 6 卷(1954 年)，40 万字，1999 年 9 月出版，印数 1000 册，定价 30.00 元。第 7 卷(1955 年)，432 页，35 万字，2001 年 4 月出版，定价 38.00 元。第 8 卷(1956 年)，28 万字，2001 年 10 月出版，印数 1000 册，定价 28.00 元。第 9 卷(1957～1958 年)，2004 年 9 月出版，定价 45.00 元。第 10 卷(1959～1960 年)，2005 年 11 月出版，定价 40.00 元。第 11 卷(1961 年)，2007 年 9 月出版，定价 30.00 元。第 12 卷(1962～1963 年)，2009 年 4 月出版，定价 38.00 元。第 13 卷(1964～1966)，2009 年 4 月出版，定价35.00元。

《中国丛书广录》(上、下) 阳海清编撰，陈彭璜参编。1999 年 4 月湖北人民出版社出版。本书所收，限于中国古籍丛书。凡《中国丛书综录》已收者，若无书名、版本等不同，一律不重。全书由七个部分组成，前四个部分汇编为上册，后三个部分汇编为下册。七个部分为:丛书分类简目，丛书分类详目，丛书书名索引，丛书编撰者、校注者、刊刻者索引，子目分类索引，子目书名索引，子目著者索引。张舜徽题写书名。16 开本，上册 1189 页，下册 1170 页，455.8 万字，印数 1500 套，精装本，定价 298.00 元。

【另】上海图书馆编《中国丛书综录》1982 年 12 月由上海古籍出版社出版。阳海清编撰，蒋孝达校订的《中国丛书综录补正》1984 年由江苏广陵古籍刻印社出版。

《中国当代书籍装帧艺术:第四届全国书籍装帧艺术展览优秀作品选》 中国版协装帧艺术委员会、湖南科学技术出版社主编。1999 年 4 月湖南科学技术出版社出版。16 开本，249 页，印数 3000 册，精装本，定价 260.00 元。

《中央外文局五十年史料选编》(一、二) 本书编委会编。1999 年 5 月新星出版社出版。本书分两册，按年代顺序编选了外文局的有关史料。其中第一册收录 1950～1981 年的史料，第二册则收录 1982～1999 年的史料。内容以有关外文局的书刊对外宣传为主，资料来源以外文局档案为主，也适当从其他地方录用了一部分。大 32 开本，第一册 537 页，第二册 599 页，总计 82 万字，印数 3000 册(套)，定价 66.00 元。

《北京大学图书馆馆藏善本书目》 北京大学图书馆编。1999 年 6 月北京大学出版社出版。本书比较完整地收录北京大学图书馆收藏的古籍善本书，其中不少本子是非常珍贵和稀见的。16 开本，797 页，109.5 万字，定价 150.00 元。

【另】李玉编《北京大学图书馆日本版古籍目录》1995 年 4 月由北京大学出版社出版。大 32 开本，228 页，定价 6.00 元。

《中国地市报报业史志汇编》(全3册) 张赫玲主编。1999年6月新华出版社出版。这套丛书是迄今为止中国地市报的第一套史料书。收入271家地市报纸的报业史稿。大32开本,1290页,精装本,定价80.00元。

《中国蒙文图书综录(1987～1997)》 萨仁编。1999年3月内蒙古大学出版社出版。本书是继内蒙古大学出版社1990年10月出版的《中国蒙古文图书综录(1947～1986)》之后又一部综合性、资料性、系统性的蒙古文图书目录。16开本,37.75印张,62.1万字,印数500册,平装本定价80.00元,精装本定价98.00元。

《宋元书刻牌记图录》 林申清编著。1999年7月北京图书馆出版社出版。全书计收宋元书刻牌记百余幅,为使读者得见古书原貌,所收图幅,除标明者外,悉准原大。每幅图附有题跋,或辨疑,或概述,或介绍刻书家情况;然于所不知,则存疑。本书学术性、资料性并重,对于古籍版本鉴定和图书史、出版史研究有重要参考价值。顾廷龙题写书名,潘景郑作序。另有作者的《宋元书刻牌记述略》代自序。16开本,10个印张,印数3000册,定价26.00元。

《中国古代木刻画选集》(全10册) 郑振铎编。1999年8月人民美术出版社出版。本书初版于1963年,收入作品584幅,为编者生前三十多年收集之总汇,较为全面系统地反映了中国古代从唐朝到清朝版画的发展状况和演进过程。8开本,线装本,总定价3000.00元。

《中国当代出版史料》(全8册) 宋应离、袁喜生、刘小敏编。1999年9月大象出版社出版。本书是一套全面反映、展示中华人民共和国成立至1999年50年间我国出版事业发展历程和辉煌成就的大型文献资料汇集。所收资料以本时期在国内报刊公开发表者为限,其内容真实、准确、权威。全书的内容按不同性质分为若干专题,每一专题原则上按论著发表时间先后排序。"编辑春秋——著名出版家、编辑家业绩回顾",以人物生年先后排序。8卷的具体内容分别为:党和国家主要领导人与出版工作,马克思、恩格斯、列宁的著作在中国的出版与传播;新中国的图书出版;新中国的期刊、多媒体出版物;迅速发展的中国印刷业,新中国图书发行与图书宣传,光辉的一页——著名出版社历程回顾;编辑春秋——著名出版家、编辑家业绩回顾,编坛往事录;前进中的曲折,编辑理论研究与编辑队伍建设;加强科学管理,促进出版繁荣;继往开来,深化改革,再创辉煌。大32开本,全8册,印数800套,总定价275.80元。

《北京图书馆出版社图书总目(1979～1999)》 姜红编。1999年9月北京图书馆出版社出版。16开本,293页,51.2万字,定价40.00元。

《第五届全国书籍装帧艺术展览优秀作品选》 中国版协装帧艺术委员会主编。1999年9月首都师范大学出版社出版。16开本,217页,印数3500册,精装本,定价260.00元。

《我与上海出版》 上海市出版工作者协会、上海市编辑学会编。1999年9月学林出版社出版。为了真实而生动地反映上海出版界建国50年来发生的巨大变化,上海版协和编辑学会举办了"我与上海出版"的征文活动。收入的50篇文章大多是征文来稿,也有一部分取自各出版社的纪念册和作者的文集。这些文章或是作者心中珍藏的美好回忆,或是心中酝酿多年的经验之谈。为此,编者按"编坛心曲"、"作者心语"、"前辈心忆"、"书业心迹”几个栏目进行编排,以期从不同角度展示几代上海出版人为繁荣新中国出版事业辛勤耕耘的赤诚心灵。书后附录《上海出版五十年》,介绍了新中国成立后上海出版业的发展历程。大32开本,805页,56万字,印数2000册,定价42.00元。

《20世纪上海文史资料文库》(6) 吴汉民主编。1999年9月上海书店出版社出版。本书为20世纪上海文史资料文库第六卷的新闻出版部分,内容包括:史量才与《申报》;李公朴在申报馆;陈冷血的时评等。大32开本,431页,定价28.00元。

《中国国家图书馆古籍珍品图录》 任继愈主编。1999年10月北京图书馆出版社出版。16开本,343页,印数3000册,精装本,定价520.00元。

《中国版权史研究文献》 周林、李明山主编。1999年11月中国方正出版社出版。本书辑录了从宋代直到1998年有关版权的文献资料。全书按时间的顺序分为四编:宋元明、清、中华民国成立至1949年、新中国成立至1998年。前面收有主编的两篇文章:《中国版权史研究的几条线索》、《关于中国版权历史的分期》。书末附录:《中国版权史研究论文目录》。郑成思作序。大32开本,416页,38.8万字,印数3000册,定价25.20元。

《宋人别集叙录》(全2册) 祝尚书著。1999年11月中华书局出版。本书考述现存宋人别集(诗集、诗词集、文集、诗文集、诗文词集,奏议集依宋人著录例视为文集)版本源流,并简要评述各主要传本的优劣得失。词集版本研究,因已有专著出版,故本书不录单行词集。著者对五百余家别集的数千种版本逐一进行考辨,涉及不同版本的裒辑、刊行、流传、收藏概况及沿革历程。附录有《宋人别集叙录综合索引》等。大32开本,109.5万字,印数3000套,精装本,定价98.00元。

《南开新闻出版史料(1909～1999)》 崔国良、张世甲主编。1999年11月南开大学出版社出版。大32开本,515页,印数1000册,定价30.00元。

《北京大学出版社图书目录(1979～1999)》 北京大学出版社总编室编。1999年11月北京大学出版社出版。本书将北京大学出版社20年的图书目录按照哲学、社会科学总论、经济等14类进行编排。16开本,228页,31万字,定价15.00元。

《书衣百影:中国现代书籍装帧选(1906～1949)》 姜德明编著。1999年12月三联书店出版。该书基本上是以时序发展为排列顺序,主要反映1919～1949年间书籍装帧的发展脉络。作者选取了100个老版本书刊的封面予以影印,用简约的文字介绍书的作者,封面设计者以及封面设计的特点、艺术价值等。附录22幅封面装帧,只留书影,没有解说文字。该书彩色印刷,印制精美,24开本,8.5印张,文字3万,印数7000册,定价38.00元。

【另】作者2001年7月又在三联书店推出了“续编”《书衣百影:中国现代书籍装帧选(1901～1949)》,内容和形式与正编风格一致,仍旧偏重版本的价值和装帧艺术特色。印数10000册,定价38.00元。

《山东省图书馆藏海源阁书目》 山东省图书馆编。1999年12月齐鲁书社出版。本书系“山东省图书馆馆藏古籍书目”之二。大32开本,582页,47.9万字,印数1000册,精装本,定价100.00元。

《易庐易学书目》 卢松安编。1999年12月齐鲁书社出版。大32开本,712页,印数1200册,精装本,定价120.00元。

《宋元版刻图释》(全4册) 陈坚、马文大撰集。2000年1月学苑出版社出版。宋、元时期是我国雕版印刷史上的重要阶段,历来藏书家及藏书机构莫不以保有一二宋、元版刻为荣。惜因年代远,今人所能经眼者不啻凤毛麟角。本书特广搜海内外各大藏书机构的宋、辽、西夏、金、元善本书影,以资版刻研究者欣赏利用。本书共收录宋、辽、金、元善本书影一千余幅,按其时代、刊刻机构等排列,每种版本并附以简要释文,著录版式,考镜源流,书前有宋、元版刻述略,书后附有宋元版画一百五十余幅,是迄今为止较全面反映宋、元版刻风貌的一部重要工具书,对研究宋、元版刻史、版画史,考察、鉴定宋、元版本,皆有重要参考价值。大16开本,精装本,定价1160.00元。

《新编中国版画史图录》(全11册) 周心慧主编。2000年1月学苑出版社出版。该书是一部大型的版画资料集,共分为11册,内容包括:中国古版画通史;唐、宋、元版画;明·洪武至隆庆版画;明·万历版画;明·泰昌、天启、崇祯版画;清·顺治至乾隆版画;清殿版画及中晚期版画;清中晚期版画等。全书共收录历代版画作品3000幅,涉及历代版本近两千种,并有详细的文字说明,对研究中国古代艺术史、印刷史和出版文化史均有参考价值。大8开本,总定价3860.00元。

《常熟翁氏藏书图录》 中国嘉德拍卖有限公司编。2000年1月上海科学技术文献出版社出版。本书收录了常熟翁氏六代一百六十年来世藏的善本古籍精粹,包括《邵子观物篇》六卷、《长短经》九卷、《丁卯集》二卷等八十种。16开本,印数1500册,精装本,定价360.00元。

《中国少年儿童图书插图封面作品选》(英汉对照) 侣承军主编。2000年1月未来出版社出版。本书精选了张乐平、华君武、黄永玉、程十发、张光宇等209位画家所作的267件儿童图书插图、封面,反映了儿童图书绘画的发展进程及所取得的成就。16开本,印数2000册,精装本,定价350.00元。

《大众日报回忆录(1939~1999)》(全3集) 杨源恺主编,大众日报社报史编纂委员会编。均为大32开本,印数3000册。其中第一集、第二集1998年11月山东人民出版社出版。第三集(上、下)2000年3月山东人民出版社出版。三集定价分别为36.00元、26.00元、46.00元。

《湖北日报50年版面揽要》 湖北日报编辑部编。2000年4月湖北人民出版社出版。本书精选湖北日报1949年至1999年的代表性版面,有史料价值。16开本,230页,印数2000册,精装本,定价42.00元。

《插图拾翠:中国现代文学插图选》 姜德明编著。2000年6月三联书店出版。本书以时间为序收入从五四以后至建国前夕为止的作品百余幅,其中以30年代的插图作品最多。装帧设计以及写作方式皆与《书衣百影》相近。该书彩色印刷,印制精美。24开本,5印张,3万字,首印5000册,2001年第2次印刷,累计印数12000册,定价30.00元。

《新中国书籍装帧艺术精萃》 中国出版工作者协会装帧艺术委员会编。2000年6月安徽教育出版社出版。本书收录了新中国成立50年来有代表性的224种书籍装帧设计作品。它荟萃了不同作者、不同时期、不同地域、不同风格的代表作,形象地展示了半个世纪间中国书装艺术的发展轨迹,又加上老一代大师的业绩介绍、新中国书装艺术50年的勾勒以及对书装佳作的点评,使得本书学术性、史料性和艺术性兼具。16开本,142页,精装本,定价 198.00 元。

《清人别集总目》(上、中、下) 李灵年、杨忠主编,陆林、王欲祥编。2000 年 7 月安徽教育出版社出版。本书著录了清人现存的两万名作者的四万多种作品,所列版本力求全面,且详注馆藏,并集目录版本学著作、人名辞典和传记索引为一身。16 开本,3012 页,印数 1000 册,精装本,总定价 380.00 元。

《中国蒙古文古籍总目》(全 3 册) 本书编委会编。2000 年 8 月北京图书馆出版社出版。本书收录全国 180 个藏书单位和 80 位个人收藏的 1949 年以前的我国抄写、刻印的蒙古文文献,分图书经卷、档案资料、金石拓片和期刊报纸 4 个部分,共计 13115 条,并按照国际和国家标准著录。对收录的资料,有的还做了必要的分析与考证,全面反映了蒙古文古籍的实际面貌和收藏情况,是研究少数民族出版文化史的重要资料。16 开本,3496 页,410 万字,总定价 1200.00 元。

《中国数学史大系(附卷二)·中国算术书目汇编》 吴文俊主编,刘秀兰、陶艺军编著。2000 年 8 月北京师范大学出版社出版。本书是吴文俊主编的八卷本《中国数学史大系》的附卷之一(有附卷 2 卷)。内容除算术书目汇编外,还包括:藏书处简称表、书名首字表、书名检索、著者姓名表、著者检索、中国算学书目研究论著分类文献目录、附录《明清年号及干支纪年与公历对照表》。大 32 开本,56.1 万字,精装本,定价 45.00 元。

《毛泽东诗词书目提要》 李晓航编著。2000 年 8 月中国文联出版社出版。本书收录了五百多家出版社出版的毛泽东诗词版本一千多种,并对这些版本进行了介绍。大 32 开本,295 页,印数 2000 册,定价 19.80 元。

《弢翁藏书年谱》 李国庆编著,周景良校订。2000 年 9 月黄山书社出版。收入“安徽古籍丛书·附辑”。本书是为近代著名学者、藏书家周叔弢专门编写的藏书年谱。顾廷龙题签,书前有周叔弢先生像,正文前有周钰良撰《自庄严堪藏书综述》,李国庆序并后记。内记有关周叔弢藏书的大事,并附注。书影及题跋手迹资料 56 页,并录藏书印三十二方,套红印刷。后附录书名、人名索引。大 32 开本,356 页,31 万字,印数 2000 册,精装本,定价 20.40 元。

《中国当代图书设计艺术》 张守义主编,中国出版工作者协会装帧艺术委员会、长江文艺出版社编。2000 年 9 月长江文艺出版社出版。本书收录 1995 年第四届全国装帧设计展以来的图书装帧设计作品,同时以栏目的形式对新中国 50 年来的装帧成就作了介绍,也显示了新中国书籍装帧艺术的历程。16 开本,314 页,印数 2000 册,精装本,定价 350.00 元。

《中国当代书籍插图艺术》 赵延年、张守义等主编,中国出版工作者协会装帧艺术委员会、长江文艺出版社编。2000 年 10 月长江文艺出版社出版。本书收入新中国 50 年的有代表性的书籍插图。16 开本,300 页,印数 2000 册,精装本,定价 350.00 元。

《当代中国报纸版面精粹(1990～2000)》 李孟昱主编。2000 年 10 月南方日报出版社出版。本书将近十年获奖的报纸版面汇集起来,对报纸版面各个部分的匀称与比例、和谐与变化、鲜明与新颖,形式和内容的一致性等进行了分析。16 开本,280 页,精装本,定价350.00元。

《中国古籍稿抄校本图录》(全 3 册) 陈先行等编著。2000 年 10 月上海书店出版社出版。本书收录了《史记》130卷、《王常宗集》4卷、《书法钩玄》4卷、《三国志》65卷、《毛诗注疏》20卷、《解脱道论》、《平蜀记》1卷、《明史本纪》10卷、《老子道德经》4卷、《孔子家语》10卷、《安希范游记》1卷、《王文成传》1卷、《卜居集》1卷、《蒙史》1卷等375种校本古籍内容提要。大32开本,精装本,定价1320.00元。

《徽派·武林·苏州版画集》 周心慧、王致军纂集。2000年10月学苑出版社出版。本书周备详明,是迄今为止集录最宏富的有关徽州、武林、苏州版画图录的大型工具书。本书内容包括:"徽派及武林、苏州版画综述"、"徽州刻本"、"武林刻本"、"苏州版画"、"徽派及江浙地区所刊其他版画"等。16开本,662页,精装本,定价196.00元。

《广西美术出版社十周年书影》 杨金才编。2000年10月广西美术出版社出版。16开本,288页,定价55.00元。

《人民教育出版社书目1950~1999(图书卷)》 霍雅春主编,人民教育出版社图书馆编。2000年11月人民教育出版社出版。本书目分为"人民教育出版社自1950到1999年间出版的各类图书,高等师范院校教育专业教材,教育学术专著等书目"、"丛书书目"、"获奖图书和存目"四部分。16开本,399页,印数3000册,精装本,定价68.40元。

《人民教育出版社书目1950~1999(教材卷)》 霍雅春主编,人民教育出版社图书馆编。2000年11月人民教育出版社出版。本书目收录了人民教育出版社1950~1999年间出版的各级各类教材,包括基础教育、特殊教育、师范教育、成人职业教育、学前教育、国外教材译本等内容。16开本,432页,精装本,定价72.70元。

《人民教育出版社建社50周年精品图书书标集(1950~2000)》 人民教育出版社图书馆编。2000年11月人民教育出版社出版。此册收书标共15枚。16开本,精装印制,印数3000册,定价300.00元。

《中国古代戏曲版画集》 周心慧、王致军纂集。2000年12月学苑出版社出版。本书内容包括:"中国古代戏曲版画述略"、"元末明初戏曲版画"、"明万历建安戏曲版画"、"明万历金陵戏曲版画"、"清代戏曲版画"等。16开本,680页,精装本,定价196.00元。

《云南人民出版社图书书目(1951~2000)》(上、下) 张秀玉、施建国编。2000年12月云南人民出版社出版。本书目记录了云南人民出版社50年来所出版的包括政治经济、科学技术、文化教育、文学艺术、历史地理、综合等6大类图书。大32开本,1450页,印数2000册,定价69.00元。

《雪垠世界》 陈浩增主编。2001年1月中国青年出版社出版。本书是为纪念著名作家姚雪垠(1910~1999)诞辰90周年、毛泽东对《李自成》批示25周年而编辑出版的纪念性文集,书中有近二百幅图片。本书选收纪念姚雪垠的文章二十余篇,分为"毛泽东、邓小平关注《李自成》"、"四十二年磨一剑"、"风雨坎坷岁月"、"文坛是非曲直"、"友谊地久天长"、"质疑·辩诬·订正"六部分。它对于文学史和现代出版史的研究皆有参考价值。大32开本,385页,印数6000册,定价22.00元。

《中国共产党湖南省新闻出版局版权局组织史资料》(第一册) 湖南省新闻出版局编。2001年1月湖南人民出版社出版。大32开本,377页,精装本,定价28.50元。

《中国出版史料》(现代部分) 宋原放主编,吴道弘、张立升、王建辉副主编。2001年4月山东教育出版社、湖北教育出版社联合出版。这套史料集分为3卷,计5册,其中第1

卷、第3卷都各自分为上、下册。该书收录了从1919年五四运动起到1999年12月止与出版工作相关的史料。以图书、期刊的编辑、出版、印刷、发行、科研等直接关联的史料为主,尽可能收原始材料;新闻部分早期影响较大或有重要参考价值的报纸史料也适当收录。第3卷末尾附《中国出版史研究书刊题录》。3卷的编选者分别为:陈江、吴道弘、方厚枢。这是继张静庐《中国近现代出版史料》(8册)之后最具权威性和学术性的出版史料汇编。谢冰岩题签,胡道静、王益分别作序。大32开本,精装本,印数1000套。第1卷,78.5万字,上下册定价67.00元。第2卷,40万字,单本定价45.00元。第3卷,50万字,上下册定价68.00元。

《程十发 刘旦宅 戴敦邦精绘〈红楼梦〉插图》 汪观清、李明海编集。2001年4月上海画报出版社出版。12开本,45页,印数5000册,定价28.00元。

《云南科技出版社图书总览(1985～2000)》 2001年5月云南科技出版社编辑出版。本书收录了云南科技出版社1985～2000年出版的图书书目1500种。其中社会科学、政治、军事、经济类图书171种;科技教育类195种;语言、文字、艺术、历史、地理、数理科学、化学106种;天文、地球、生物科学、环境科学类112种;医药卫生类222种;农业、林业类228种。32开本,487页,印数1000册,定价不详。

《传在史中——中国传统社会传播史料选辑》 郑学檬编著。2001年5月文化艺术出版社出版。收入"华夏传播研究丛书"。本书将相关资料分类归结到"传播的开始"、"传播的观念"、"传播的原则"、"传播的过程"、"传播的环境"、"传播的技巧"、"传播的形式"等章,还对每条资料从传播学理论的角度作了评点。大32开本,227页,18万字。本书无单册定价,全3册总定价54.00元。

【另】该套丛书的另两本为《汉字解析与信息传播》、《说服君王——中国古代的讽谏传播》。

《毛泽东著述编年索引》 王作鑫主编。2001年6月新华出版社出版。本书按文献标明的日期顺序排列,包括毛泽东在各个时期所作的署名文章、指示、批示、命令、报告、讲话提纲、书信、诗词、电文、批注、题词、笔录以及毛泽东起草或修改的各类文件,共12325条。大32开本,684页,定价46.00元。

《唐咸通年刻本〈金刚般若波罗蜜经〉》(卷轴装) 2001年6月中国书店据原件复制出版。《金刚般若波罗蜜经》是世界现存最早有明确刻印日期记载的雕版印刷品,经卷扉页刻版画一幅;系孤独园长老须菩提向释迦牟尼佛请问佛法之图,计人物十九,狮子二,莲座法器皆备。刻画颇精,刀法圆熟。经文每行约十七至十九字。首尾均附刻真言。原件于1900年在敦煌发现,1907年被西方人窃走,现藏于英国不列颠博物馆。《金刚般若波罗蜜经》对研究出版史、印刷史有重要价值。定价1880.00元。

《国家图书馆藏珍贵革命历史文献图录》 国家图书馆善本部编。2001年7月北京图书馆出版社出版。编者从国家图书馆善本特藏部的"新善本"中精选出珍贵的革命历史文献一百余件编辑而成。全书分为图书、期刊、手稿和外文珍籍四个部分编排,以图为主,辅以说明文字,是研究中国革命出版史的重要史料。16开本,206页,精装本,定价300.00元。

《文学书事——作家给编辑的信》 巴金等著,季涤尘编。2001年8月人民文学出版社出版。该书的编者是一位长期从事文学编辑工作的老编辑，与众多作家建立了良好的关系。他将五十多位作家（包括巴金、冰心、孙犁等）写给他的二百多封信整理出版，表达对这些优秀作家的感谢和敬意。这些信件，既有文学研究价值，同时也对文学编辑与出版的研究有重要的参考价值。屠岸作序。大 32 开本，248 页，18 万字，印数 2000 册，定价 13.80元。

《全国科技图书总览(2000)》 赵德明主编。2001 年 10 月科学出版社出版。本卷收录 2000 年出版的初版、修订版、重印书共计 15138 种，其中初版 13984 种，修订本 418 种，比较全面系统地反映了我国大陆地区科技出版的面貌；此外还收录了一些各出版社与科技工作相近的、相关的其他图书信息。16 开本，精装本，定价 150.00 元。

《历史的足音——新华社 70 周年回忆文选(1931～2001)》 何东君编。2001 年 11 月新华出版社出版。本书既有对新华社发展历史的回顾和回忆，更有建设世界性通讯社经验的概括和总结。这一件件大事、一篇篇文章，都是珍贵的社史资料。大 32 开本，754 页，定价48.00元。

《武汉大学出版社图书目录(1981～2001)》 武汉大学出版社编。2001 年武汉大学出版社出版。本书收录了该社 20 年来出版的图书、电子、音像出版物的目录。大 32 开本，325 页。

《安徽教育出版社精品图书书标集》 中国版协书标策划委员会编。2002 年 1 月安徽教育出版社出版。16 开本，印数 2000 册，精装本。另，鹭江出版社、南方出版社等也刊行过书标集。

《法兰西学院汉学研究所藏汉籍善本书目提要》 （法）魏丕信监修，田涛主编。2002 年 1 月中华书局出版。16 开本，182 页，印数 2000 册，定价 31.00 元。

《清人诗文集总目提要》(全 3 册) 柯愈春著。2002 年 2 月北京古籍出版社出版。将清代诗文集中有价值的部分钩稽辑录，分类编次，提供利用，这是古籍整理的一项任务。本书作者从方志艺文、公私藏书目录、清人笔记日记及诗话等书中录出清人诗文别集传世者一万九千七百多家，涉及著作四万多种。全面调查我国各地图书馆所藏的清人诗文集，注意了解港台及日本、美国等有关图书馆的收藏情况。作者比勘校对，追踪溯源，以客观叙述为主，体现出较高的学术价值和史料价值。戴逸作序。16 开本，2700 页，印数 2500 套，精装本，定价 450.00 元。

《水浒传版刻图录》 线装书局编。2002 年 3 月线装书局出版。本次出版采用广陵古籍刻印社的藏本影印。从明清多种版本中选辑出精彩之作，其人物造型、绘画艺术、木刻雕版和石印效果均代表了该时期的艺术水平，有史料研究和艺术、收藏价值。16 开本，线装 1 函 2 册，定价 180.00 元。广陵书社 1999 年 1 月编辑影印了同名著作。线装本，2 册，定价 150.00 元。

《三国演义版刻图录》 线装书局编。2002 年 3 月线装书局出版。集不同时期、不同版本的《三国演义》中的绣像部分，择其艺术性较强的汇成此书，值得一读。16 开本，线装 1 函 2 册，定价 180.00 元。广陵书社 2000 年 5 月有同名著作刊行，线装本，2 册，定价 150.00 元。

《西游记版刻图录》 线装书局编。2002 年 3 月线装书局出版。本书主要是《西游记》的人物绣像及插图,和文学作品中的情节和人物相互对应,具有很高的艺术价值。线装1函2册。16开本,线装,2册240页,定价180.00元。广陵书社2000年5月有同名著作刊行,线装本,2册,定价150.00元。

《红楼梦版刻图录》 线装书局编。2002年3月线装书局出版。本书精选清代和民国时期《红楼梦》各种版本中人物的绣像及插图,人物形象栩栩如生,具有很高的艺术欣赏价值。大16开本,线装1函2册,326页,定价162.00元。广陵书社1999年1月印行了同名著作。线装本,2册,定价150.00元。

《订补海源阁书目五种》(上、下) 王绍曾、崔国光等整理订补。2002年4月齐鲁书社出版。本书把原海源阁书目四种补充为海源阁书目五种,其中《宋存书室书目》及《海源阁书目》均赖抄本,本书的订补以《山东省图书馆馆藏海源阁书目》著录为准。大32开本,1432页,精装本,定价150.00元。

《新编增补清末民初小说目录》 (日)樽本昭雄编著。2002年4月齐鲁书社出版。本目录收录了1902年至1919年间中国的原创小说和翻译小说一万九千余种,版本包括杂志连载和单行本等各种形式,基本囊括了文学革命前夕的各类小说,是研究清末民初小说创作与出版不可或缺的工具书。16开本,1081页,印数300册,精装本,定价360.00元。

《德格印经院藏传木刻版画集》 唐拉泽旺等绘,更秋登子编,戴作民汉文翻译。2002年6月四川民族出版社出版。本书是德格印经院藏传木刻版画集,有"释佛十五神变图"、"佛与十六尊者故事图"、"八变莲花生"等。大16开本,精装本,定价320.00元。

《中国历史博物馆藏普通古籍目录》 中国历史博物馆资料研究中心编。2002年6月北京图书馆出版社出版。该书主要按照传统的四部分类法,将馆藏普通古籍按照经、史、子、集、丛、新学部六大类进行编排。每一种书注明书名、卷数、编撰者、版本、册数。书末附书名索引。16开本,423页,18万字,精装本,定价85.00元。

《北京师范大学图书馆古籍善本书目》 北京师范大学图书馆古籍部编。2002年7月北京图书馆出版社出版。该书共收录馆藏善本书目3281种,其中宋元刻本明递修本2种、元刻本及元刻明修本27种、明刻本一千二百六十多种、清刻本一千三百多种,另有明清稿本、抄本五百三十余种。除著录书名、卷数、撰述者、版本、册数、索书号外,还标明了行款格式、版刻主要特征、藏版地等,并对一些书籍的内容、作者、版本作了必要说明。书后附书名索引和著者索引。16开本,389页,40万字,精装本,定价80.00元。

《北京师范大学图书馆馆藏珍稀期刊题录(1902～2002)》 北京师范大学图书馆报刊部编。2002年9月北京图书馆出版社出版。本书是北京师范大学图书馆报刊部为庆祝北师大百年校庆而编辑的馆藏期刊目录,收录了该馆所藏的1949年以前的珍稀刊物二百八十余种,每种都详细著录了其刊名、编辑者、版本、出版发行情况、主要栏目等。大32开本,344页,定价25.00元。

《中国古代小说版画集成》(全8册) 本社编。2002年9月汉语大词典出版社出版。选编者通检了海内外各大图书馆所藏小说,选出其中有版画的小说二百余种,选录了版画近七千幅,使读者拥此一套,尽览中国古代小说版画的风采。编者在每种目录入选小说前请有关专家对小说版本、刊刻年代、收藏情况作了简要介绍。大32开本,全8册,7640页,精装本,定价480.00元。

《中华书局图书目录(1992～2001)》　中华书局编辑部编。2003年1月中华书局出版。本目录与《中华书局图书总目录(1912～1949)》,及近年重印出版的《中华书局图书目录(1949～1991)》相衔接,成为自中华书局创办九十年以来的出书全目。本目录的编排,依中华书局专业分工范围分为:古籍整理、学术著作、工具书、文化旅游、学生读物、普及读物、期刊、地方志等八类,再根据出书情况分成细目。大32开本,300页,定价18.00元。

《德格印经院藏版细目》(藏汉文对照)　2003年2月民族出版社出版。德格印经院因其藏版丰富而著称于世,现共收藏二十一万七千多块书版和四十余幅画版。大32开本,295页,印数2000册,定价16.00元。此外,四川民族出版社1994年还刊行了《德格印经院藏版细目》第一册。第二至五册2007年刊行。该书已完成11册,共计七百八十余万字的编写工作,将陆续出版。

《中国音乐理论书目大全(1949～1999)》　陈建华、陈洁编。2003年2月上海音乐出版社出版。本书收录了建国50年来有关音乐研究的著作目录,分为音乐理论、音乐史纪、音乐创作、音乐表演、音乐欣赏等进行编排。大32开本,344页,29.1万字,定价25.00元。

《中国丛书综录续编》　施廷镛编撰。2003年3月北京图书馆出版社出版。本书是在著名图书版本学家、目录学家施廷镛遗著的基础上整理而成的。书中删除了与他书重复者,又补充了许多丛书,包括不少港、台及日本等地的资料,总计收丛书一千一百多种。书末附《丛书备考》、《丛书书名索引》、《丛书著者索引》、《丛书子目著者索引》、《丛书子目分类索引》。本书的出版弥补了上海图书馆编《中国丛书综录》和阳海清编撰《中国丛书广录》所收丛书的不足,并订正了上述两种图书中的一些错误。16开本,941页,120万字,精装本,定价260.00元。

《中国农业古籍目录》　中国农业遗产研究室编。2003年3月北京图书馆出版社出版。该书是较全面地反映我国农业古籍目录的工具书,收集国内外收藏的相关文献,是进行农史研究和发掘农业遗产的宝贵资料,也是研究中国科技出版史的重要资料。16开本,366页,55万字,精装本,定价80.00元。

《稿本中国古籍善本书目书名索引》(上、中、下)　天津图书馆编。2003年4月齐鲁书社出版。本书是根据建国后第一个国家级古籍善本总目的油印稿本编辑而成。16开本,2636页,精装本,定价860.00元。

《中国近代古籍出版发行史料丛刊》(总28册)　徐蜀、宋安莉主编。2003年5月北京图书馆出版社出版。编者为国家图书馆专家,他们发挥国家图书馆的馆藏优势,收集了百余种清末至民国时期的图书销售目录、宣传册页及征订样本,编辑后影印出版。通过当时官办书局或民办书局、书坊、书店、图书馆等种类繁多的征订目录与广告,透射出这一特定时期书籍生产与流通的状况,给广大研究者提供了翔实的历史资料。任继愈署签,肖东发作序。16开本,22080页,精装本,总定价14000.00元。

《山东师范大学图书馆藏古籍书目》　张宗茹编。2003年5月齐鲁书社出版。本书载录了山东师范大学图书馆收藏的1911年前刻、抄、印各种版本的古籍,还附录了1949年以前反映中国古代学术文化、采用传统著述方式及古典装帧形式出版的书籍。16开本,741页,精装本,定价160.00元。

《新订清人诗学书目》 张寅彭辑著。2003年7月上海古籍出版社出版。清人说诗，例有诗评(说)、诗式、诗格、诗话、论诗诗、诗句图等体例，民国以来渐趋用“诗学”来统辖。本书辑录著作，以独立刊行者及诗文别集、丛书中独立成卷者为据，按时代先后顺序著录、考订。附录有《民国时期诗学书目》。大32开本，239页，19.4万字，未标印数，定价23.00元。

《中国林业出版社图书总目(1953～2003)》 2003年7月中国林业出版社编辑出版。本书是中国林业出版社1953～2003年出版的有关林业科学技术方面的图书目录，主要包括：林业与环境经济、政策、法律法规及发展战略；森林资源与经营和林产品开发利用；野生动植物资源和自然保护与利用；园林园艺与环境景观；家具与室内环境设计；自然和历史遗产与旅游；科普与生活、休闲与保健等等。16开本，957页，印数3000册，定价98.00元。该社1988年还曾出版过一册书目。

《南京文献综合目录》 杨永泉编著。2003年8月南京大学出版社出版。收入“南京文化研究丛书”。本书收录历史上记录本地域内容书籍的所有图书目录和版本，也收录了域外学者有关南京研究的书目。大32开本，539页，定价35.00元。

《百年中文体育图书总目》 刘彩霞编。2003年8月北京体育大学出版社出版。这本工具性、资料性著作收录了1903～2002一百年间出版的体育图书书目16645条，其中包括部分非正式出版物及部分港台地区的体育图书。这些书目按照体育基础理论、体育事业和体育运动项目三个部分进行编排。16开本，566页，定价80.00元。

《中国连环画目录汇编(1949～1994)》 王玉兴汇编。2003年9月上海画报出版社出版。本书收录了约三万六千余种连环画目录，涉及九千余作者、近四百家出版单位。目录以年代为序，以一年作为间隔期，从1949年开始到1994年底止。1949年以前则附以《民国时期总书目》连环画书目部分，同时附有各出版单位全称及其所在地。大32开本，969页，印数3000册，精装本，定价80.00元。

《书影：中国新文学作品系列》(上、下) 姚志敏、王忠明、张振华、卞强生编。2003年9月上海远东出版社出版。该书采用以图为主、图文结合的方式，选取民国版的部分文学书籍，每面一书(有书影，有简介)，试图对“新文学”作品有一个扼要的、全程式的表述。编写的风格、创意类似姜德明的《书衣百影》，但无论是内容还是形式，都有明显差距，一些书籍的版本介绍得也不清楚。大32开本，312页，铜版纸彩色印刷，书影312幅，印数5000册，定价88.00元。

《中国丛书题识》(全2册) 施廷镛编著。2003年9月北京图书馆出版社出版。本书为作者亲睹宋、元、明、清及近代千余种丛书后，为每种丛书所写的题识。每一种丛书编辑者还增加了其生平及主要著作介绍。书末附《丛书书名索引》和《丛书著者索引》。16开本，精装本，定价760.00元。

《美国俄亥俄州立大学图书馆中文古籍书录》 李国庆编著。2003年9月广西师范大学出版社出版。本书是美国俄亥俄州立大学图书馆馆长李国庆先生根据其馆藏的中文古籍所作的书录。书以清宣统年间为下限，收录其所藏中文普通古籍252种266部，以“经、史、子、集、丛”分类编排，提供书名、卷数、著者、版本、版式等。16开本，172页，精装本，定价120.00元。

《近代译书目》(影印本) 王韬、顾燮光等著。2003年10月北京图书馆出版社出版。本书辑录近代译书目6种,包括王韬的《泰西著述考》,光绪十六年(1890年)刊本;清代徐惟则辑、顾燮光补辑《增版东西学书录》,光绪二十八年(1902)石印本;顾燮光撰《译书经眼录》,民国二十三年(1934)石印本;广学会编《广学会译著新书总目》,清末铅印本;民国间铅印本《上海制造局译印图书目录》以及佚名编民国间打印本《冯承钧翻译著译目录》。以上6种基本按版本时间先后排列。本书提供了中国近代译本图书目录,针对天文、地理、史类、传记、医学、算法等书籍给出了册数、译者、提要、价格等。这些书目是研究中国近代翻译出版的重要资料。16开本,733页,精装本,定价105.00元。

《中国文学专史书目提要》(上、下) 陈飞等著。2004年7月大象出版社出版。本书首次对百年来的文学专史进行了全面的汇集提要。主要特点是收罗广泛。所收文学专史上起20世纪初,下迄2000年底(2000年以后亦酌加收入),正目共得各种专题文学史著作710部,存目250部、外目1127部,另有附目798部,总计2885部。16开本,2168页,精装本,定价260.00元。

《香港所藏古籍书目》 贾晋华编。2003年12月上海古籍出版社出版。该书收录香港中文大学、香港大学、香港浸会大学、香港岭南大学、香港科技大学、香港城市大学等11家图书馆所藏中文古籍书目,总计7386种及丛书子目18718种。16开本,880页,盒装,定价160.00元。

《道藏书目提要》 潘雨廷编著。2003年12月上海古籍出版社出版。该书收录道藏书籍1473种,其中有一书二收者,也有同书异名,同名异书。对所录书籍以介绍文献的史实内容为主,其间多阐明有关史籍的价值和意义。大32开本,369页,精装本,定价36.00元。本书2007年1月刊行第2版。

《中国近现代出版史料》(全8册) 张静庐辑注。2003年12月上海书店出版社影印出版。这套出版史料集共7编8册,其中近代部分分为2编2册(初编,上杂出版社1953年出版;二编,群联出版社1954年出版),现代部分分为4编5册(甲、乙、丙、丁编,中华书局1954至1959年出版),外加补编1册(中华书局1957年出版)。全书约250万字,收录了自1862年京师同文馆创立至1949年中华人民共和国成立78年间我国出版事业的重要资料,包括图书、报刊、教科书、印订技术、出版法令等,还有三四百幅图片和书影,保存了大量丰富的第一手资料,有的辑录于当时的图书期刊,有的是未经公开发表的,还有的资料是特约编写和专门调查的,极为难得,对于中国近现代出版史的研究具有重要参考价值。此次重印再版,考虑到张静庐先生在编纂时,是随着史料征集陆续增补的,读者查找资料很不方便,为此,另行编制了全书的分类总目录置于卷首,编制了作者和篇目的综合索引置于卷末。王元化为该书的重版题写了书名。大32开本,全套书116.5印张,精装本,印数1000套,每套定价600.00元。

《古典文学版画》(戏曲) 张满弓编著。2004年1月河南大学出版社出版。本书为"中国古版画"丛书之一种,收录版画发展成熟、鼎盛时期的元、明、清三代数百年间优秀古典文学版画作品。"戏曲"(一、二)分为两卷刊行,收录诸宫调、(元)杂剧、南戏、(明清)传奇、戏曲总集等戏曲类古版画三百余幅。选录标准除注重艺术性外,还特别留意收入较直观反映古代社会、生活、文化、风俗、游艺等场景画幅,于有限篇幅内,给读者以较大的信息量,具代表性的中国古版画地域流派皆已收录。书末附《戏曲著者简索》、《戏曲作品和名词简索》、《元明清帝王年号与公元纪年对照简索》,以备查检。16开本,印数3000册,定价28.00元。

《古典文学版画》(小说·杂著)　张满弓编著。2004年1月河南大学出版社出版。本书为“中国古版画”丛书之一种,收录版画发展成熟、鼎盛时期的元、明、清三代数百年间优秀古典文学版画作品。此为“小说·杂著”卷,收录各类古小说及宗教、故事、文学杂著、日用俗书等各种古版画一百五十余幅。16开本,印数3000册,定价28.00元。

《古典文学版画》(人物像传)　张满弓编著。2004年1月河南大学出版社出版。本书为“中国古版画”丛书之一种,收录版画发展成熟、鼎盛时期的元、明、清三代数百年间优秀古典文学版画作品。此为“人物像传”卷,收录明清时期陈洪绶、任熊人物版画优秀作品及其他代表性人物像传类作品二十余种,计一百五十余幅。16开本,印数3000册,定价28.00元。

《唐诗画谱》　明·黄凤池原编,张宏宇整理。2004年1月河南大学出版社出版。本书为“中国古版画”丛书之一种,是晚明黄凤池编选的一部配以版画插图的唐诗绝句选本,刊于明万历间,是晚明徽派版画的代表作品。今重编是书,选其中诗图八十余幅,风格多样,一诗一画,宜咏宜赏。16开本,印数3000册,定价28.00元。

《诗馀画谱》　明·汪氏原编,张宏宇整理。2004年1月河南大学出版社出版。本书为“中国古版画”丛书之一种,是晚明汪氏辑印的一部配以版画插图的唐宋词选本,刊于明万历间,是晚明徽派版画的代表作品。今重编是书,选其中词图八十余幅,风格多样,一词一画,宜咏宜赏。16开本,印数3000册,定价28.00元。

《留真谱》　清·杨守敬编。2004年4月北京图书馆出版社出版。此为出版社推出的“珍稀古籍书影”丛刊之五。该书系复刻部分宋元本及日本森立之影摩古抄本而成,计二十卷,收书影499种,为我国最早的书影之一。16开本,精装本,定价590.00元。

《爱看书的广告》　范用编。2004年4月三联书店出版。该书内容分为三部分,即“广告文字”、“广告式样”和“书籍广告谈”。“广告文字”主要收入鲁迅、叶圣陶、巴金、胡风等名家作品,以及20世纪三四十年代文化生活出版社、北新书局、新月书店、良友图书公司等的广告文字。“广告式样”亦主要收入三四十年代的作品,设计美观,又很实用,处处表现出设计者的才华与苦心。“书籍广告谈”部分收入16篇文章,主要介绍中国现代书籍广告的史实掌故,并表达出作者对书籍广告的见解。16开本,231页,16.4万字,2004年8月第2次印刷,累计印数8000册,定价24.00元。

《中国出版工作者协会四届五次常务理事(扩大)会议暨颁奖大会文件汇编》　中国出版工作者协会办公室编。2004年4月线装书局出版。本书为中国版协四届六次理事会及第五届全国百佳出版工作者颁奖会议资料汇编,内容主要包括领导讲话、协会工作报告、2005年协会工作计划、“第五届全国百佳出版工作者”的评奖经过、获奖者名单、大会照片等。16开本,37页,印数1200册,定价12.00元。

《清代内府刻书图录》　翁连溪撰集。2004年4月北京出版社出版。清代内府刻书当属内府刻书之最。本书依托故宫旧藏,又广采诸馆珍稀藏本,撰集而成。全书分为三个部分:图录部分共收清代内府刻书书影三百多幅,弥补了以往清内府刻书著作有目无图的不足。总论部分对清代内府刻书的特点与成就做了全面的评价，具有一定的开创性。总目录部分收录清代内府刻书七百多种，是目前最为翔实、完备的清内府刻书目录，具有重要的学术文献价值。大16开本，398页，印数1100册，精装本定价500.00元，豪华装定价950.00元。

《清代禁毁书目题注/外一种》 施廷镛著。2004年4月北京图书馆出版社出版。作者对清代两千多种禁毁书作了内容、著者、版本、行款、纸墨、传承等方面的题跋、注解和阐释。卷首有《清代禁毁书详目》。外一种为《古今书目提要》。16开本，326页，印数2000册，定价65.00元。

《中华百年报刊大系》（上、下） 中国报业协会、中国期刊协会主编。2004年5月华夏出版社出版。本书辑录1815年以来现代华文报纸刊物的报头刊头、报徽刊徽、历史沿革、历任主编、主要栏目、风格特色、重大报道等图文资料。16开本，1864页，精装本，定价960.00元。本书曾于2002年内部印行。

《生活·读书·新知三联书店文献史料集》（上、下） 生活·读书·新知三联书店文献史料集编委会编选。三联书店2004年5月出版。生活·读书·新知三联书店，是由生活书店、读书出版社、新知书店三店在中国共产党领导下，于1948年10月合并组成的。生活、读书、新知三店的店史，已在此前分别编成出版。本书收录的是三联书店在合并前后的四个历史时期的文献和资料：一是抗日战争时期三店在部分地区合作经营的文献、史料；二是解放战争时期三店从局部合并到全面合并的文献、史料；三是从三联书店成立到1951年结束业务期间的文献、史料；四是1985年恢复独立建制的文献、史料。其共收录史料216篇，分10大类25小类排列。书前有黑白照片、书影等23帧。大32开本，1385页，标注字数284.1万（显然计算有误，实际应为一百万字多一点），印数1500册，全套定价118.00元。

【另】有关三联书店的资料还出版有：《生活·读书·新知三联书店工作概况》（三联书店1949年编印）；《生活·读书·新知三联书店成立三十周年纪念集》（三联书店香港分店1978年出版）；《生活书店·读书出版社·新知书店革命出版工作五十年》（1932～1982）（生活书店·读书出版社·新知书店革命出版工作50年纪念会编刊组编，中国出版工作者协会1982年印行）；《生活书店·读书出版社·新知书店革命出版工作五十年纪念集》（中国出版工作者协会1984年编印）。

《宋人总集叙录》 祝尚书著。2004年5月中华书局出版。本书著录并考述现存宋人总集（包括残本）的版本源流，评述主要传本之优劣得失。宋人总集指宋人所编、收有宋人作品的总集，包括诗总集、文总集、诗文总集、词总集，书末另附《四角号码综合索引》。大32开本，繁体竖排，651页，44.7万字，印数2000册，精装本，定价56.00元。

《苏州图书馆藏善本提要（经部）》 苏州图书馆编。2004年5月凤凰出版社出版。该书馆藏的两万多册善本书和地方文献中选取近两千册善本古籍做提要，依《中国古籍善本书目》的体例，按四部分类法进行编排，每书做五百字左右的提要，附一幅书影，少量的有多幅。提要内容大体包括书名、卷数、编著者、册数、版本、行格、原序跋、印章、著录情况、编著者生平、图书的主要内容和特色等。本书为经部，收书173种。16开本，179页，精装本，定价150.00元。

《中国现代戏剧总目提要》　董健编著。2004年5月南京大学出版社出版。本书共收剧目提要4492篇。这些剧目提要对我国现代戏剧史上公开出版、发表的所有戏剧作品作了全景式的存目扫描，汇集了自1901年到现在的所有戏剧作品，囊括了从文明戏到现代剧的所有戏剧作品形式，是研究中国现代戏剧史和戏剧出版史的重要资料书。16开本，1935页，精装本，定价368.00元。

《上海图书馆馆藏近现代中文期刊总目》　上海图书馆编。2004年6月上海科学技术文献出版社出版。本书收录上海图书馆收藏的自1868年到1949年之间出版的中文期刊18485种。主体目录采用刊名字顺排检法，按有关规定著录，分为题名与责任者、卷期年月标识项、出版发行项、文献细节描述项、附注项等。《后记》对近现代中文期刊发展脉络、特色及概况进行了宏观论述。16开本，1603页，308万字，精装本，定价300.00元。

《中国建筑工业出版社1994～2003图书纵览》　中国建筑工业出版社编。2004年6月中国建筑工业出版社出版。本书为中国建筑工业出版社50周年社庆用书，记录了该社1994～2003年出版的图书4709种，包括每册书的版权页信息以及内容简介、获奖情况等。16开本，952页，精装本，定价88.00元。

《内蒙古大学蒙古学书目》　包祥主编。2004年6月内蒙古大学出版社出版。这是一本多种语言典籍单位关于内蒙古大学蒙古学书目的文献资料，有着特殊的编辑出版史料价值。16开本，970页，4页图版，精装本，定价120.00元。

《顾廷龙书题留影》　顾诵芬、沈津、高桥智辑　。2004年10月上海古籍出版社出版。顾廷龙先生是现代著名版本目录学家、书法家，他曾为众多书刊题签。16开本，134页，印数1500册，精装本，定价150.00元。

《中国古代小说总目提要》(全3册)　石昌渝主编。2004年10月山西教育出版社出版。本书分索引、白话、文言三卷，由国内十多位学者撰写，具有较高学术权威性。本书搜求范围远至欧洲、日本及我国港台地区，小说目录包括作品尚存、只有存目直至以“小说”分类的非小说作品，提要撰写除吸纳前人成果外，对作者、版本源流等均有考证。16开本，2148页，定价292.00元。

《西谛书目》　北京图书馆编。2004年10月北京图书馆出版社出版。本书是著名学者、作家、藏书家郑振铎藏书(捐赠给了国家图书馆)的书目。全书按照经、史、子、集分类编排。主要类别有诗文总集、别集、词曲、小说、弹词、宝卷、版画和各种政治经济史料。所收范围广泛，善本颇多，总计7740种。其中明清版最多，写本次之，也还有少量宋元版本的。16开本，850页，43.8万字，印数5000册，精装本，定价120.00元。

《中国国家图书馆古籍藏书印选编》(全10册)　清室善后委员会编。孙学雷、董光和编选。2004年10月线装书局出版。国家图书馆分馆从馆藏的170多万册古籍中，选出书影3千多幅、藏书印5千方，分为10册，编成此书，内容可谓丰富。书中既有机构藏书印，如国子监、编译图书局、国学书院第二院等，又有私人藏书印，如著名藏书家钱曾、孙星衍、杨守敬等。本书最大的特点就是将书影与印章完美结合。这对于从事印章鉴赏、版本鉴定、藏书史图书史研究工作者来说，都是不可多得的。16开本，精装本，定价6600.00元。

《中国出版史料(古代部分)》(全2卷)　宋原放主编，宋原放、王有朋辑注。2004年

10 月湖北教育出版社、山东教育出版社出版。本书所选收的史料论及春秋(公元前 770 年)简帛时期到 20 世纪初(1910 年)这么一个历史阶段的出版活动。本书所收史料包括历史文献，以及有较重要参考价值的文章、资料，旨在较完整地反映中国古代图书编纂、出版、印刷、发行的概貌。全书分一二两卷，共收史料、文章 62 篇。卷首有图片 61 幅。书末附《中国古代出版大事记》、《中国古代出版史料有关论著要目》。胡道静、王益分别作序。大 32 开本，87.9 万字，印数 1000 套，精装本，定价 80.00 元。

《中国出版史料(近代部分)》(全 3 卷) 宋原放主编，汪家熔辑注。2004 年 10 月湖北教育出版社、山东教育出版社出版。本书收录从 1815 年起到五四运动前这一百余年间新形态出版的史料，传统形态的出版一般不涉及。本书所收史料范围以具有影响的图书、期刊的编辑、翻译、出版、印刷、发行及有关背景史料，不收一般著作的历史。史料尽可能收录档案等原始资料，有些时间暂缺原始材料的，选收亲历其事，或具有较大参考价值和史料线索的当代署名文章。全书共 22 个题目，分 3 卷：第一卷收录背景和公费出版活动的材料，第二卷收录翻译、期刊、教科书等重要出版物材料，第三卷收录民营出版活动和印刷、发行等材料。每个题目先录一般文字，再收具体个案，最后是概括性文字。卷首有图片三十多幅。胡道静、王益分别作序。大 32 开本，145.2 万字，印数 1000 套，精装本，定价 135.00 元。

《成都图书馆馆藏善本书目》 成都图书馆编。2004 年 10 月四川大学出版社出版。本书目收录了成都图书馆馆藏善本书共 281 种 3711 册，具有比较重要的历史文物性、学术资料性和艺术代表性。大 32 开本，120 页，6.2 万字，定价 10.00 元。

《中山大学图书馆古籍善本书目》 中山大学图书馆编。2004 年 10 月广西师范大学出版社出版。本书收录中山大学图书馆古籍善本两千多种，主要是产生于 1911 年以前的线装等古典装订形式之书。16 开本，精装本，定价 480.00 元。

《第六届全国书籍装帧艺术展览优秀作品选》 中国出版工作者协会装帧艺术工作委员会编。2004 年 12 月中国农业出版社出版。本书收集了第六届全国书籍装帧艺术展览优秀作品，充分展现了当代书籍设计的风貌。大 16 开本，281 页，精装本，定价 280.00 元。

【另】第三、四、五届全国书籍装帧艺术展优秀作品选分别由春风文艺出版社(1987)、湖南科技出版社(1999)、首都师范大学出版社(1999)出版。

《湖北省图书馆藏古籍善本图录》(全 4 册) 万群华、胡银仿主编。2004 年北京图书馆出版社出版。本书依照传统、通行的排列方式，以书影和文字相结合的形式，收录了湖北省图书馆馆藏古籍善本图录 180 种。重在反映我国雕版印刷、活字印刷、彩色套印技术，以及名家手迹、海内外刻本之一斑。大 16 开本，181 页，精装本，定价595.00元。

《中国编辑出版文献题录选辑》 《中国科技期刊研究》编委会编。2005 年 1 月地震出版社出版。这本学术资料性著作收录有关编辑出版的图书 1200 种，论文 8000 篇。资料来源以图书、期刊和相关论文集为主，同时兼收有少量报纸上的文献。全书按照图书和学术论文两部分编排。16 开本，285 页，55.2 万字，印数 800 册，定价 80.00 元。

《柏克莱加州大学东亚图书馆中文古籍善本书志》 柏克莱加州大学东亚图书馆编。2005 年 3 月上海古籍出版社出版。本书收录美国柏克莱加州大学所藏清乾隆六十年以前所有中文刻本及稿、抄、校本,按经、史、子、集、丛5部分类,每种图书著录书名、卷数、版本、册数、行款、牌记、刻工、写工、原书序跋、内容提要等。附《书名笔画索引》、《版本索引》等。16开本,520页,印数1300册,精装本,定价158.00元。

《晚清营业书目》 周振鹤编。2005年4月上海书店出版社出版。所谓晚清营业书目主要指清末书店的营业书目、档案馆保存的书业公会档案以及报纸上的售书广告等。本书作者将个人陆续收藏的营业书目二十多种,以19世纪80年代的《申报馆书目》、《续书目》为始,到1904年商务印书馆教科书目录为止,包括上海、宁波一些书店的售书目录,湖北、浙江官书处书目,以及天主教堂印售书目录等,加上上海档案馆藏1903年上海书业公会数十家成员的书号留底,登载商务印书馆以外许多书店的印书与售书目录,一并合编成册,公开出版。这是近代出版史、图书发行史研究的宝贵资料。书的最前面有作者写的《晚清西学流行程度的一个视角》一文作为"代前言"。大32开本,644页,50.9万字,未标印数,定价45.00元。

《访书余录》 (日)和田维四郎著。2005年4月北京图书馆出版社出版。本书为出版社推出的"珍稀古籍书影"丛刊之六。该书曾于日本大正七年(1918)由东京精艺出版合资会社印行。我国著名学者郑振铎藏。此书是作者依日本正仓院、内府、社寺、图书馆及缙绅所藏书精编而成。所收书分为四类:一为中国古籍日本旧抄本及其日本标本,收书影42种;二为古写经及其标本,收书影41种;三为古刊本及其标本,收书影68种;四为活字本及其标本,收书影37种。于每一类,作者先总述此类书的特点,其次附以书影。每种书收书影一帧或数帧不等。本书是研究日本刊刻汉籍版本的重要参考资料。16开本,735页,精装本,定价290.00元。

《有关出版的法律法规选编》 全国出版专业职业资格考试办公室编。2005年5月中国大百科全书出版社出版。本书是在2003年初版本的基础上增订而成,收录我国公布的有关出版的法律法规和规范性文件54个,收录时限截止到2005年。大32开本,定价26.00元。

《中国近代史论著目录(1979～2000)》 张海鹏编。2005年6月上海人民出版社出版。本书为史学研究者提供了二十多年来国内近代史研究领域较为完整、系统的专题研究的目录索引,分论文、著作两部分,共五万多条著作和论文题录。16开本,1089页,精装本,定价210.00元。

【另】复旦大学历史系资料室编《中国近代史论著目录(1949～1979)》1980年10月由上海人民出版社出版。

《〈永乐大典〉研究资料辑刊》 张升编。2005年7月北京图书馆出版社出版。本书收集了民国及以前关于《永乐大典》存目、辑佚及研究方面的最有代表性的著述与资料,其中有的属孤本秘籍等。16开本,1023页,精装本,定价290.00元。

《中国古籍善本总目》(全7册) 翁连溪编校。2005年7月线装书局出版。本书详尽介绍了中国古籍善本各书的著者、版本、行款以及收藏地。其主要特点是集古籍善本全,共收录了善本书目6024种,比上海古籍出版社1983年出版的《中国古籍善本书目》所收目录增加了15%左右。大16开本,精装本,总定价2100.00元。

《20世纪中国著名编辑出版家研究资料汇辑》(全10辑) 宋应离、袁喜生、刘小敏编。2005 年 9 月河南大学出版社出版。本书系以 20 世纪杰出出版人物为主题的大型出版史研究资料汇辑。书中所收 54 位编辑出版家,皆创办或主持过在国内外有重大影响的出版机构,在出版理念或某些重要出版领域有独到建树,一生大部分时间从事专职或兼职出版工作,并且目前已经辞世者。每个人物的研究资料,按本人著述、亲属回忆、研究著作三类依次排列;同类文章,按发表(或写作)时间排列。限于篇幅不能照载原文者收入存目。大 32 开本,425 万字,印数 1000 套,10 册总定价 350.00 元。

《书道——中国书业职业精神培训必读》 汪耀华编。2005 年 9 月上海文化出版社出版。这是一本选录我国近现代编辑出版家谈职业精神等方面文章集子,收录的文章有:《我为什么献身书业》(陆费逵)、《书业商之修养》(陆费逵)、《率先采行科学管理(节选)》(王云五)、《关于服务态度(节选)》(邹韬奋)、《本店同人的做人问题》、《我们对外应有的态度》、《旁观的态度与参加的态度》、《事业性与商业性的问题》、《生活与服务》(邹韬奋)、《中国书业的新途径》(夏丏尊)、《分支店管理上的几个原则》(徐伯昕)、《我在商务印书馆的四十年》(黄警顽)、《我在生活书店邮购课当练习生》(王益)、《开明书店的经营方式和作风》(钟达轩)、《书林逸话(节选)》(谢兴尧)、《旧书之收买与作法》、《书业人才及其技巧》、《杂志发行经验谈》(张静庐)、《回忆〈开明活页文选〉》(章锡珊)、《门市工作七十二条》(王仿子)、《门市工作六十条》(汪耀华)。附录《出版商业同业公会章程》、《书店印刷店管理规则》。小 32 开本,137 页,定价 12.00 元。

《韬奋手迹》 上海韬奋纪念馆编。2005 年 10 月上海古籍出版社出版。本书除全部收入香港三联书店出版的《韬奋手迹》中的手迹之外,另外增加了新发现的和原来已有但未收入的韬奋手迹 24 件,其中 12 件是南京中国第二历史档案馆收藏的韬奋送检时被扣押的文章和答复读者来信的手稿。大 16 开本,428 页,印数 3000 册,精装本,定价 110.00 元。

《清代版刻一隅》(增订本) 黄裳著。2005 年 11 月复旦大学出版社出版。原书采用一图一文方式,说明往往失之过简,且多从雕版精粗着眼。新版有所增改,稍及书籍内容、书林掌故等,同时略增新品,偶加评议。小 16 开本,430 页,30 万字,印数 5100 册,定价 48.00 元。

《历代别集序跋综录》(全 3 册) 钱仲联编著。2005 年 10 月江苏教育出版社出版。本书汇集自汉迄民国初年间近千种别集,约一千四百余篇序及跋,凡二百万字,对于研究中国文学史、文学出版史,弘扬民族文化,具有重要意义。钱仲联先生是海内外公认的国学大师,2003 年以 96 岁高龄仙逝。该书堪称一代国学大师收官巨著。8 开本,1840 页,精装本,定价 180.00 元。

《中国丛书知见录》 施廷镛著。2005 年 11 月北京图书馆出版社出版。本书依据作者《丛书综录目录》手稿影印而成。书中对 2000 种丛书的编者、版本、刊刻及子目的著者、籍贯、字号等一一注明。与《中国丛书综录》比,有 700 种增加者,另有 400 种著录内容不同者。16 开本,6 册,精装本,定价 2700.00 元。

《头版头条中国创刊词》 古敏编著。2005 年 11 月时事出版社出版。本书收集了中国近现代到当代一些有代表性报刊创刊号的发刊词,介绍创刊背景及创办人情况,对发刊词予以评析,并辅以大量的书影、图片、人物照片。这些是研究中国新闻传播史和报刊编辑出版史的重要资料。16开本,414页,49.5万字,未标印数,定价46.00元。

《嘉业堂善本书影·北京图书馆善本书影》 刘承干等编。2005年11月北京图书馆出版社出版。收入"珍稀古籍书影丛刊"。其中,《嘉业堂善本书影》五卷,收宋、元本书影162种。《故宫善本书影》三种:《故宫善本书影初编》,收书影85种;《故宫善本书影》,收书影30种;《重整内阁大库残本书影》,收书影38种。16开本,540页,精装本,定价320.00元。

《中国高校出版社发展报告(2001～2004)》 教育部社政司编。2005年11月中国人民大学出版社出版。本书是教育部社政司根据各高校出版社报送的有关数据,经过汇总编印出版的。本书反映了2001年至2004年全国各高校出版社的基本情况、分布情况、人员情况、图书出版情况、经营情况和获奖情况,并配有光盘。书中提供了大量详尽、准确的数据,对于了解和研究高校出版社的发展具有参考价值。16开本,93页,17.2万字,定价35.00元。

《中国比较文学百年书目》 唐建清、詹悦兰编著。2005年12月群言出版社出版。本书收录679种比较文学图书的书名、版本和主要内容介绍。大32开本,387页,定价42.80元。

《中国古代小说总目提要》 朱一玄、宁稼雨、陈桂声编。2005年12月人民文学出版社出版。本书所收古代小说,上起先秦,下迄清末。民国以降,原则上不予收录。但始撰于清而终于民国者,则在收录范围之内。内容上既考虑历代文言、白话小说发展过程的基本事实,又以今人的小说观念对其加以厘定,力求全面、允当。本书分为上下两编。上编为文言,下编为白话,均按作品产生的时代先后排列。作者佚名或生卒年无考,其作品年代难以遽定者,则置于编年作品之后。现存作品匀撰写提要;亡佚作品亦根据有关材料尽力予以介绍。所有书目皆入正文,不作另编或附录处理。每一条目大致包括作者概况、书名的来源依据和异名情况、版本简况、内容简介与故事源流、艺术特点及在小说发展史上的地位影响诸方面内容。16开本,890页,印数3000册,精装本,定价150.00元。

《插图艺术博览》 白云工作室编。2005年12月上海科学普及出版社出版。收入"创意设计丛书"。本书收录了插图艺术设计图片作品若干,分为日常生活、流行时尚、社交活动、健身美容、题图装饰、科学技术、各类人物和综合几大部分。大16开本,104页,定价38.00元。

《新中国版本图书藏品集粹》 新闻出版总署信息中心、中国版本图书馆编。2006年1月人民出版社出版。本书是第一次以出版物形式对中国版本图书馆建馆55年来馆藏图书版本的综合展示,以大量珍稀的图书藏品在版本的名号下第一次汇聚一册。素雅大方的版本、鲜活清晰的书影、周到细致的编排、朴实无华的注解,一股清新的文化气息跃然纸上,开卷便觉眼睛一亮。另外,中英文对照的形式,便于向世界展示新中国出版业的巨大成就和中华文化的独特魅力,体现出该书设计者的宽广视野和良苦追求。16开本,259页,盒装,定价580.00元。

《东北书店书刊收藏与鉴赏》 张树东、吕品编著。2006年1月黑龙江教育出版社出版。东北书店是中共中央东北局宣传部领导的出版发行机构。1945年11月7日在沈阳成立。1949年7月,改名东北新华书店。从成立到1950年底共计出书一千余种。还出版发行《知识》、《翻身乐》(后改名《新农村》)、《东北文学》、《东北教育》、《东北画报》等期刊。1951 年 1 月,东北新华书店改组,编辑出版部门改制为东北人民出版社,印刷部门改为长春、沈阳新华印刷厂(哈尔滨厂并入沈阳厂),发行部门改为新华书店东北总分店。以总经理室为基础,成立东北人民政府出版局。本书主要内容包括:东北书店印行的书籍精品选、期刊精品选;东北书店出版的书刊目录;东北书店出版的期刊;东北书店轶闻轶事;东北书店大事记等。大 32 开本,207 页,定价36.00元。

《中国古籍插图精鉴》 周心慧主编。2006 年 4 月中国青年出版社出版。本书精选中国古籍中的经典插图约一千幅。其中年代最早的图版选自咸通年间的佛经。古籍插图的历史经五代、宋、元、明始盛,至清转衰。本书所选图版完整全面地反映了我国图书插图的发展历史、风格流派及技法传承。每幅图版均配有说明文字,介绍图版出处、图版内容、图版的作者情况及技巧技法等。书前有一总论性质的文章——《艺苑珍赏——谈中国古籍版刻插图艺术》。本书由众多专家共同完成,资料珍贵,装帧精美,是古典图书艺术方面的重要工具性图书。大 16 开本,977 页,未标印数,定价 188.00 元。

《祁阳陈澄中旧藏善本古籍图录》(全 12 册) 中国国家图书馆、上海图书馆、嘉德拍卖公司合编。2006 年 5 月上海古籍出版社出版。民国年间古籍善本收藏大家有"南陈北周"之称,北为天津周叔弢,南为上海陈清华。陈清华,字澄中,祖籍湖南祁阳,20 世纪 30 年代开始收藏中国古籍善本书,藏有宋版台州本《荀子》,由此起室名为"郇斋"。陈清华先生先后得到韩氏读有用书斋、袁氏后百宋一廛、瞿氏铁琴铜剑楼、傅氏双鉴楼等旧藏秘笈,宋元善本、明清抄校稿本、碑帖善拓,逾五百部,其藏书质量高,数量大,江南无有匹敌者。解放后,陈氏藏书一部分被中国国家图书馆收购入藏,一部分捐赠给上海图书馆,本书将国家图书馆和上海图书馆所藏陈清华旧藏善本古籍五百多种加以整理,撰写解题,配以彩色图版,宣纸精印。本书是目前对古籍善本书影利用现代高科技以宣纸彩色精印的第一部留真谱,颇具研究和使用价值。本图录分解题和图版两大部分,依照古籍刻本年代分类排序,按宋刻本、金蒙刻本、元刻本、明刻本、清刻本、明清活字本、明抄本、清抄稿本、碑帖分类编排。8 开本,精装本,定价 4200.00 元。

《明代闵凌刻套印本图录》 王荣国、王筱云、王清原编。2006 年 5 月广陵书社出版。本书是迄今最完整的闵凌刻本集成;迄今首部明代书坊刻书集成;中国印刷史重要史料集成。这些图把明代版画、笺谱和套印的成就结合起来,不论是在创意上,还是在设计上、印刷上,都达到了中国古代版画史上的高峰。大 16 开本,294 页,精装本,定价 500.00 元。

《中国出版史料》(现代部分·补卷) 宋原放主编。2006 年 5 月山东教育出版社出版。本书《中国出版史料(现代部分)》出版后陆续收集到的出版史料的汇编,分为上、中、下册,各册所包括的时间,与正编三卷的时间大致相同(下册史料下限截至 2005 年 12 月),分别由陈江、吴道弘、方厚枢按照各自原先担负的部分辑注。具体内容涉及"新潮社的始末"、"一·二八后出版界的倾向"、"民国初的新闻事业"等。各册前有书影、照片等多幅。大 32 开本,1132 页,78.5 万字,精装本,印数 1000 册(套),总定价 75.00 元。

【另】上海市档案馆编《中华民国史档案资料汇编》第五辑第一编"文化"(一)1994 年由江苏古籍出版社出版。其中有一些关于新闻出版方面的历史资料。

《中国农学书录》 王毓瑚编著。2006 年 6 月中华书局出版。本书 1964 年农业出版社初版。作者王毓瑚(1907～1980)是我国著名的农史学家、经济学家。本书是其代表作之一,对中国农学遗产的整理有开拓意义。目录全面系统介绍了我国古农书的源流、分类、著录、存佚及价值情况。全书条分缕析,资料丰富,考订翔实。附录有《关于中国农书》一文。大32开本,359页,25万字,印数4000册,定价26.00元。

《中国近代古籍出版发行史料丛刊补编》(全24册) 韦力等编。2006年6月北京图书馆出版社出版。补编收录近代民办书局书目和私刻书目。其中,清末两种,民国97种,包括铅印本、石印本和油印本等。16开本,精装本,总定价11800.00元。

《梵蒂冈图书馆所藏汉籍目录》 (法)伯希和编,(日)高田时雄校订、补编,郭可译。2006年6月中华书局出版。本书由《梵蒂冈图书馆所藏汉方本和印本写书籍简明目录》和《梵蒂冈图书馆所藏汉籍目录写编》组成,使我们了解到梵帝冈藏汉籍和基督教或天主教傅教士的中西方著作的基本情况,是基督教入华史和明清时期中国文化西渐史的重要参考文献。16开本,254页,15万字,印数2000册,定价36.00元。

《中国少数民族古籍总目提要》(东乡族卷、裕固族卷、保安族卷)国家民族事务委员会全国少数民族古籍整理研究室编。2006年6月中国大百科全书出版社出版。本书收录东乡族、裕固族、保安族三个民族的古籍条目。内容包括历史、宗教、政治、经济、文学、艺术等诸多方面,真实记录了这三个民族的历史发展进程和文化发展轨迹。16开本,284页,精装本,定价180.00元。

《大连图书馆藏少数民族古籍图书综录》 杨丰陌、张本义主编。2006年7月辽宁民族出版社出版。本书收录满族、蒙古族、朝鲜族、藏族、维吾尔族,以及西夏、女真、梵、阿拉伯文古籍504种。全书按照经、史、子、集、丛几类进行编排,每部书前配有书影。大32开本,556页,定价48.00元。

《民国书业经营规章》 汪耀华选编。2006年8月上海书店出版社出版。本书收录了商务印书馆、生活书店、北新书店、开明书店以及上海书业同业公会的规则、章程,重庆市出版商业同业公会、总管理处暂行章程等。这些内容对于研究现代书业发展有重要价值。大32开本,481页,39.4万字,未标印数,定价40.00元。

《回族近现代报刊目录提要》(全2册) 雷晓静主编。2006年8月宁夏人民出版社出版。本书在检索翻阅大量回族伊斯兰历史报刊或复印件基础上,辑录出1908～1948年间国内知名回族报刊52种,涉及100多卷约1500期报刊内容的详细目录,并提供了50种报刊的相关图片和简要介绍。小16开本,981页,定价220.00元。

《中国新诗书刊总目》 刘福满编。2006年9月作家出版社出版。本书收录1920年1月至2006年1月出版的汉语新诗集、诗论集一万七千八百余种。无论对新诗集还是诗论集的编排均按照著者姓名依照汉语拼音字母次序排列,并且对著者的生(卒)年、曾用笔名、出生地都一一作了介绍。大16开本,精装印制,定价450.00元。

《思考出版:人心即市场的彼岸——广西师范大学出版社20年营销案例》 广西师范大学出版社编。2006年11月广西师范大学出版社出版。所录文章涉及选题运作、市场开拓、品牌建设等方面,是研究一家出版社发展历史的重要资料。16开本,284页,25万字,印数2000册,定价37.00元。

《上海古籍出版社五十年图书总目(1956～2006)》 本社编。2006年11月上海古籍出版社出版。本书收该社(包括该社前身古典文学出版社、中华书局上海编辑所)1956～2006年间出版的所有图书相关信息,包括作者、内容提要、初版年月和最新一次重印年月及开本、页码、装帧规格和定价等,另有2006年已出版图书目录和将出版图书预告。大16开本,579页,精装本,定价200.00元。上海古籍出版社1986年、1996年分别出版过30年总书目、40年总书目。

《古今图书集成图集》(全8册) 陈梦雷、蒋廷锡编撰。2006年12月齐鲁书社出版。本书是以国家图书馆所藏清雍正铜活字本《钦定古今图书集成》为底本,影印编撰而成。《古今图书集成图集》汇总了有“大清百科全书”之称的《钦定古今图书集成》的全部图像5209幅,以“图片博物馆”的形式,生动再现了我国古代社会的生产、生活与文化形态。16开本,精装本,定价12800.00元。

《潍坊古籍书目》 栗祥忠、戴维政主编。2006年12月北京图书馆出版社出版。本书收录潍坊市图书馆、潍坊市博物馆、潍坊学院图书馆及各县(市、区)图书馆、博物馆收藏的古籍三千六百多种。16开本,669页,精装本,定价90.00元。

《山东大学图书馆古籍善本书目》 山东大学图书馆编。2007年1月齐鲁书社出版。本书收录山东大学图书馆历年入藏的宋元明旧刊本、批校题跋本、稿本、抄本、清代精刻本、日本朝鲜本等,及存放于院系资料室的古籍善本两千余种,依《中国古籍善本书目》分为经、史、子、集、丛五部四十余类;著录项目一般包括:书名、卷数、著者、朝代、版本、册数、行字、书口、边栏、牌记、刻工、藏印等,遇有模糊难辨之字以方框表示。附有《书名四角号码索引》、《书名索引》、《著者索引》等。大32开本,732页,60.3万字,精装本,定价120.00元。

《新中国古籍整理图书总目录》 全国古籍整理出版规划领导小组办公室编。2007年1月岳麓书社出版。本书在尊重古典目录学传统的前提下,根据现代学术精神,重新设置类目,对入编诸书实行分类编次。第一步,先将哲学、社会科学和自然科学分开。第二步,哲学、社会科学大抵以文、史、哲三大学科为主干,细分为文学、语言文字、文化艺术、历史、地理、哲学、宗教7大门类;自然科学在这里实际上指科学技术的发展史,今则单独设置为科学技术类。第三步,将综括哲学、社会科学和自然科学各类学科的丛书、类书、书目之类,统归于综合参考类;再为肩负着古籍普及工作重任的今人选注本,特别设置普及读物类。总体上说,共分为10大门类。16开本,768页,精装本,定价150.00元。

《二十世纪〈俗文学〉周刊总目》 关家铮编著。2007年1月齐鲁书社出版。20世纪三四十年代,上海、北京、香港等地的重要报纸上先后创办了6种“俗文学”研究周刊。这些报纸有上海的《大晚报》、《神州日报》,香港的《星岛日报》,北平的《华北日报》等。本书就是上述“俗文学”周刊的总目录。它对于俗文学的学术研究和编辑出版研究,都有参考价值。书前有相关报刊的影印照片多帧。大32开本,379页,27.6万字,定价25.00元。

《中国公安图书总目》 戴文殿编。2007年1月中国人民公安大学出版社出版。16开本,1169页,精装本,定价180.00元。

《〈新文学史料〉百期索引》 许馨编著。2007年3月合肥工业大学出版社出版。本书是一部资料性工具书,将《新文学史料》杂志从1978年创刊号到2003年总第100期所发表的全部文章和文物图片等,分类进行编排。《新文学史料》刊发了大量的文学出版方面的文章，本索引的“社团·期刊·流派”类，以及“史料”类中的“出版史话”栏等，都提供了比较重要的出版资料线索。大32开本，280页，15.6万字，定价19.00元。

《日藏汉籍善本书录》(全3册)　严绍璗著。2007年3月中华书局出版。作者以二十余年时间，往返日本三十余次，调查日本各个藏书机构及私人收藏的中国上古至明末的图书，著录各书的书名、著者及编校者、版本、藏所；并加按语，说明该书的版框大小、行格及字数、版心形式及文字、刻工姓名、序跋及牌记、细目及分卷、藏章印记等；凡中、日藏书目录的著录情况及书内题识文字、图书流入日本的记载及售价、该书在日本的影响及刊刻情况等，则入附录，列在其后。全书共著录日藏汉籍一万余条目，资料详备，是世界上第一部全面著录现今保存在日本的中国历代古籍的大型工具书。16开本，精装本，定价580.00元。

《1927～1949年禁书[刊]史料汇编》(全4册)　王熙华、朱一冰合辑。2007年5月北京图书馆出版社出版。本书汇集1927～1949年间国民党查禁革命书刊及共产党反禁书斗争存留下来的历史资料。作者竭力搜罗，基本网罗殆尽这一时期禁书与反禁书相关史料。既是研究民国文网史的重要材料，也是研究近代革命史的重要参考工具。大32开本，精装本，定价870.00元。

《古代小说续书序跋释论》　高玉海著。2007年5月中国社会科学出版社出版。本书是作者《明清小说续书研究》的“后续”成果。作者将百余篇明清时期小说续书序跋文章核实其原始出处，注释疑难词语典故，辨析考论每篇文章。大32开本，354页，28万字，定价27.00元。

《中国少数民族古籍总目提要》(锡伯族卷)　贺忠德主编，国家民族事务委员会全国少数民族古籍整理研究室编。2007年5月中国大百科全书出版社出版。16开本，375页，精装本，定价180.00元。

《鲁迅书衣百影》　刘运峰编著。2007年7月人民文学出版社出版。本书仿姜德民先生《书衣百影》及其续编(三联书店出版)体例，编选了这本图文并茂的著作。24开本，101页，5.8万字，印数4000册，定价19.00元。

《清代版刻牌记图录》(全14册)　国家图书馆古籍馆编。2007年7月学苑出版社出版。收录清代版本两千多种，书影约四千幅。所选每一种古籍除扫描牌记页外，另附录卷端页一页，以为参考。本书对于研究清代刻书史和书业广告有重要参考价值。16开本，精装印制，定价5600.00元。

《〈店务通讯〉排印本》(上、中、下)　北京印刷学院、(上海)韬奋纪念馆编。2007年8月学林出版社出版。这是生活书店内部刊物《店务通讯》的排印本。这个内部刊物1938年1月22日在汉口出版第1期，至1941年1月31日在重庆停刊，共出版108期。此刊为油印16开本，刊期前后有所变化。排印本以馆藏的原本(缺第5、10、15～18期)为底本，重新进行排印。本书的刊行对于研究生活书店史乃至中国现代出版史都有着重要参考价值。大32开本，1770页，印数800套，精装本，总定价200.00元。

《叶圣陶书影》　周春良等编。2007年10月古吴轩出版社出版。本书收录中国著名文学家、教育家、编辑出版家叶圣陶先生出版的各类著作的封面书影，并配有收藏者的文字介绍与评述，对深入研究叶圣陶各个时期的著作，提供了翔实的资料。彩色印刷。大

32开本，155页，定价25.00元。

《红楼书影——华东政法大学图书馆藏法律旧籍提要》（民国部分） 殷啸虎主编。2007年10月北京大学出版社出版。本书载录了华东政法大学图书馆藏民国时期出版的法律图书近800种，分10类进行编排。“提要”对于研究民国时期我国法律图书出版状况有重要的文献价值。大32开本，371页，精装本，定价38.00元。

《清内府刻书档案史料汇编》（上、下） 翁连溪编著。2007年11月广陵书社刊行。本书是翁连溪先生经过多年搜集整理，较为系统地揭示清代内府出版印刷事业的第一手资料，这批档案资料大都选自清宫旧藏档案，是了解研究清代内府出版印刷事业的宝贵资料。上编是按编年体辑录的档案史料，起自顺治六年正月八日至宣统年间，以具奏折时间或以朱批时间为题，以顺治、康熙、雍正、乾隆、嘉庆、道光、咸丰、同治、光绪、宣统年号及年月日为序，档案史料有年号及年月而无具体日期者排在该月之末，有年号及年而无月日者排在该年末；下编按薄册奏折时间编次的档案史料，最末一件是民国二十四年后的，以薄册内容重新拟题。大16开本，805页，精装本，定价800.00元。

《清代文字狱史料汇编》 北京图书馆古籍影印部编。2007年12月北京图书馆出版社出版。本史料汇编收录清代文字狱史料16种，包括《清代文字狱档》、《庄氏史案本末》、《沈归愚诗文全集》、《谢梅庄先生遗集》、《戴南山先生全集》、《读书堂西征随笔》等珍贵文献，内容涉及康、雍、乾三朝七十余件文字狱案，对研究清代文字狱及整个清代学术文化史有重要价值。大32开本，8600页，精装本，定价2900.00元。

《晚清新学书目提要》 熊月之编。2007年12月上海书店出版社出版。本书收入《增版东西学书录》（徐维则辑，顾燮光补辑）、《译书经眼录》（顾燮光撰）和《新学书目提要》（通雅斋同人撰）三部书目提要之作，收罗宏富、体例精审，除依次列具著者、译者、版本、卷次、内容提要、得失评骘之外，尚有相关读物介绍等其他可资参考的线索提供。大32开本，947页，印数2000册，精装本，定价75.00元。

《书坊 书斋——广西民族出版社五十年重点图书介绍（1957～2007）》 本社编。2007年12月广西民族出版社编辑出版。本书分壮文、民族文化、文化教育、医学、文学、艺术、综合等类别介绍广西民族出版社50年来出版的图书精品。16开本，136页，定价80.00元。

《贵州苗族古籍总目提要》 李锦平、李天翼编著。2008年1月贵州民族出版社出版。大32开本，199页，定价20.00元。

《山东省回族古籍辑录》 本书编委会编。2008年1月宁夏人民出版社出版。本书是山东省首次将山东回族古籍收集、整理、编纂的情况汇集成书。全书把山东1100多个回族人口较集中的村庄、居委会、424个清真寺的一手资料汇集起来，分四大部分：山东回族古籍提要、山东回族古籍研究、古籍编纂的体会及相关文件。16开本，296页，印数1000册，定价38.00元。

《北京地区满文图书总目》 北京市民族古籍整理出版规划小组编。2008年2月辽宁民族出版社出版。收入“北京地区少数民族古籍目录丛书”。16开本，575页，精装本，定价180.00元。

《楚雄彝族自治州图书馆馆藏彝族文献书目提要》（第一卷） 姜荣文等编。2008年3

月云南民族出版社出版。本书收录彝族文献提要书目2240种。提要内容包括书名、作者、卷数、藏者、出版年代、出版者、主要内容和篇目等。16开本,615页,定价98.00元。

《辽宁老期刊图录》 李天光、初国卿主编。2008年3月辽宁人民出版社出版。收入"辽宁期刊史书系"。该书收录了从上个世纪初到中华人民共和国成立之前近50年间的辽宁各类老期刊159种,并以文图并茂的形式做了概要的介绍和评介。从中可以清楚地看出,辽宁不但是一个当代的期刊大省,而且在期刊发展史也是发端较早,经历曲折,历史话题丰富的省份。同时这部书也是一个回望历史的富有特点的窗口,透过这个窗口可以观察到上个世纪前半叶辽宁政治、经济、文化、社会状态的一些有价值的侧面。16开本,230页,印数1000册,精装本,定价150.00元。

【另】"书系"另外三种待出版的著作为:《辽宁百年期刊史》、《辽宁当代刊社史选编》、《辽宁当代期刊人传略》。

《中国中医古籍总目》 薛清录主编。2008年5月上海辞书出版社出版。本书收录151个图书馆藏中医书目13000多种,其中古籍新增品种达到1000多种。"总目"重点收录了1911年以前历代流传下来的中医古籍及这些古籍在民国时期的重刊本、影印本、复制本。在编纂上扩大了中医古籍资源调查范围,在增补新的书目数据方面有较大的进展和突破,对过去一些著录不准确的书目数据做了订正。16开本,1346页,精装本,定价480.00元。

《书的记忆》 俞子林主编。2008年5月上海书店出版社出版。本书从长达十余年的《古旧书讯》中编选而成,主要收录一些老辈著作家、编辑家、出版家对过去所著、所编、所出版书刊的回忆。也有一部分是古旧书从业者对某些珍贵典籍搜集与发现经过的记述,以及本出版社部分重要图书编辑出版过程的回顾总结。16开本,378页,30万字,定价30.00元。

《那时文坛》 俞子林主编。2008年5月上海书店出版社出版。本书从长达十余年的《古旧书讯》中编选而成。本集所收文章,主要是有关文艺社团史料,三四十年代发生在上海文化出版界的几宗事件,以及对文化界人士的回忆等。作者大多是当事人或亲历亲闻者,因而内容真实感人,可以见到那时文坛的风雨,老一辈文化人的风貌,有许多值得后人纪念和学习的地方。内容还包括20世纪20至40年代活跃在上海的文学巨匠以及知名文人如鲁迅、俞平伯、郁达夫等人与出版有关的一些逸文趣事,颇具可读性。本书史料丰富、翔实,反映了上海上个世纪20～40年代文化出版业的兴旺与繁荣。16开本,380页,30万字,定价30.00元。

《百年书业》 俞子林主编。2008年5月上海书店出版社出版。本书从长达十余年的《古旧书讯》中编选而成,主要回顾了20世纪20至40年代上海众多知名书店的经营及出版情况,不乏史料价值,其中还有很多不为人知的故事。书中一篇篇浓缩的回忆、简史,让我们看到了文化街上一幕幕新与旧的交织,进步与落后的较量,为后人提供了很多可供说道的题材和历史的经验。16开本,434页,35万字,定价34.00元。

《故宫图书及内务档案史料》(全5册) 煮雨山房编。2008年6月广陵书社影印出版。本书收录的故宫图书及内务档案史料种类19种,其中图书7种,如《天禄琳琅四库荟要排架图》、《国立北平图书馆故宫博物馆满文书籍联合目录》、《北平故宫博物院图书馆南迁书籍满册》等;内务档案12种,如《故宫博物院章制汇编》、《文献论丛》、《故宫博物院古物馆概览》等,均为罕见资料之汇编。16开本,精装本,定价2500.00元。

《民国出版发行史料汇编》(全20册) 本书编委会编。2008年7月北京图书馆出版社出版。本书收录了民国时期官办书局、民办书局、书坊、书店的古籍、方志、学术机关刊物、满蒙文书籍等的出版发行目录、征订样本等八十余种。每部分书目按书目名称的音序排列,然后再依书目的性质及出版时间排序,尽可能全面地反映这一时期的书籍出版与流通情况,共计20册。16开本,精装本,定价9800.00元。

《二十世纪中国古旧书业资料丛刊》(全12册) 上海图书公司编。2008年7月广陵书社出版。本书细目:一、古籍书讯(1979～1980年);古籍书讯(1981年);古籍书讯(1982年);古籍书讯(1983年);古籍书讯(1984年);古籍书讯(1985年);古籍书讯(1986年);古籍书讯(1987年);古籍书讯(1988年);古籍书讯(1989年)。二、古籍标价目录(0010～1060);古籍标价目录(1060～2998);古籍标价目录(2998～3010);古籍标价目录(4000～4995);古籍标价目录(5000～6000);古籍标价目录(7010～8050);古籍标价目录(4040～9990);古籍标价目录(7922～8912)。三、历届组织章程,共计254页。四、古籍刻印业务资料。五、北京市处理反动、淫秽、荒诞图书第一批书目(草案)甲、文字图书;北京市处理反动、淫秽、荒诞图书第三批书目(草案)甲、文字图书;北京市处理反动、淫秽、荒诞图书第三批书目(草案)乙、连环画。六、图书书目(第一辑);图书书目(第二辑)。七、卡片 。八、古旧书刊介绍;中国书店30年所收善本书目;中国书店30年所收善本书目补编;金陵刻经处流通经典目录;解放后图书收集价格目录 北京市中国书店善本书目。九、古籍报价单;1964年3月泰州市古旧书店图书目录;1963年12月泰州市古旧书店图书目录;1964年7月合肥古旧书店古籍书目;1964年7月合肥古旧书店旧书,杂志,画册,报纸简目;1964年10月合肥古旧书店古籍书目;1964年3月济南古旧书店古旧书简目,上海古籍书店古籍简目;1964年7月济南古旧书店古旧书简目;1964年安庆古旧书店古旧书目;1964年11月南宁市古旧书店古旧书目录;1964年6月成都市新华书店古籍门市部古旧图书目录(文学艺术);1964年7月成都市新华书店古籍门市部古旧图书目录(社会科学);1964年7月成都市新华书店古籍门市部古旧图书目录(史地、文化、教育、综合参考);1964年11月成都市新华书店古籍门市部古旧图书目录(线装古书)。8开本,7288页,精装本,定价10000.00元。

《相遇历史——老报人访谈录》 李清川主编。2008年7月文汇出版社出版。随着胡正之、张季鸾、史量才、戈公振、范长江、徐铸成等一代新闻大家花果飘落,马达、束纫秋、冯英子、张之江、郑重等一代职业报人渐行渐远,张启承、丁法章、石俊升、金福安等一代报业掌门人温婉转身,中国报业发展历经的二十世纪上半叶、新旧政权交替、改革开放三十年等历史潮流的波澜壮阔,都成为了现实生活的过往。本书由对马达、束纫秋、刘庆泗、郑重等数十位报人的访谈汇编而成。16开本,391页,40万字,定价38.00元。

《中国近代古籍出版发行史料丛刊续编》(全24册) 殷梦霞、李莎莎编。2008年9月国家图书馆出版社出版。本书收录了民国时期官办书局、民办书局、书坊、书店的古籍、方志、学术机关刊物等的出版发行目录、征订样本等一百余种。每部分书目按书目名称的音序排列,然后再依书目的性质及出版时间排序,尽可能全面地反映这一时期的书籍出版与流通情况。16开本,15800页,精装本,定价12000.00元。

《明代版刻图典》 赵前编著。2008年10月文物出版社出版。本书遴选明代刻书的精品,分内府、官刻、藩刻、私刻、坊刻、活字印本、版画等七个方面予以介绍,内容翔实,条分缕析、梳理有序,为研究和收藏古籍的学者和爱好者提供了珍贵资料。16开本,569页,精装本,定价175.00元。

《生活·读书·新知三联书店书衣500帧(1931～2008)》 宁春成、汪家明编。2008年10月三联书店出版。编者从人民出版社和三联书店资料室的书库里查找并拍摄了2000多件书衣的书影,然后精选500帧编成此书。翻阅这些书衣,能体会到设计者精心的创作态度和细腻的艺术风格;而不同时代的书衣,反映着不同时代设计师的精神风貌和文化追求,也反映了三联书店历史的不同阶段。16开本,153页,彩色印刷,定价68.00元。

《生活·读书·新知三联书店图书总目(1932～2007)》(增订版) 曹鹤龙等编。2008年11月三联书店出版。本书记录76年来三联书店从事进步出版事业的历史足迹,在第1版的基础上增补了1995至2007年的出版物。本书目分三编:收录新中国成立以前(1932.7～1949.9)、新中国成立以后(1949.10～1994.12)、1995年1月至2007年12月由三联书店出版的图书。为方便检索,根据本次增订版列出的书目,重新编制了出版年表、丛书目录、书名索引和著者索引。大32开本,1006页,定价98.00元。

《中国出版标记大观》 张泽贤著。2008年11月上海远东出版社出版。本书是一本以民国版本书籍封底上的出版标记为契入点而撰写的著作。本书除了介绍"商务"、"中华"、"世界"、"大东"、"开明"等有较大名气的书局,或有着自身明显特色的书局的出版标记外,还顾及到其他中小书局。16开本,722页,97.6万字,印数3250册,定价118.00元。

《中国少数民族古籍总目提要》(哈尼族卷) 国家民委全国少数民族古籍整理研究室组织编写。2008年11月中国大百科全书出版社出版。哈尼族是中国56个兄弟民族中的一员,在漫长的历史时空中创造了堪称世界之最的梯田文化。本书内容涉及书籍类、讲唱类、宗教祭词类、家族谱系类、神话传说类、音乐舞蹈类、铭刻类和文书类等。16开本,346页,精装本,定价180.00元。

《晚清小说目录》 刘永文编撰。2008年11月上海古籍出版社出版。本书是对现存晚清日报小说、期刊小说以及单行本小说做的一个较全面的搜集与汇编,其中期刊小说1141种,日报小说1239种,利用各大图书馆原件和缩微胶卷编制,单行本小说2593种则多利用前人成果,是对日本学者樽本照雄《新编增补清末民初小说目录》的极好的补充。大32开本,853页,67.7万字,定价68.00元。

《浙江历代版刻书目》 浙江省出版志编纂委员会编。2008年12月浙江人民出版社出版。本书分为宋代书目、元代书目、明代书目、清代书目、地方志五部分,著录浙江地区历代版刻图书目录。大32开本,424页,定价58.00元。

《天津图书馆活字本书目》 天津图书馆编。2008年12月国家图书馆出版社出版。本书目收录自建馆以来(1908～2008)入藏的古籍活字本1116部,其中原版891部,影印本225部,另收少数外国人刻印的中国古籍活字本。本书目按照经、史、子、集、丛五部分类编排。各部类图书,按其不同内容,再细分子目。编排方法原则上悉遵《天津图书馆古籍善本书目》。本书目条目按书名项、著者项、版本项、稽核项、附注项顺序著录。凡属丛书、合刻、汇印本均列于目。16开本，245页，精装本，定价80.00元。

《湖北省出版资料选编（1970－2006）》（第一辑） 湖北省出版工作者协会编。2009年1月湖北人民出版社出版。本书收录文章和资料44篇，内容丰富，既有全景式的大叙述，也有关于一本书编辑策划过程的小回顾；既有湖北省新华书店集团成立的大胆实践，也有湖北出版业在集团化道路上的前期探索；既有湖北省新闻出版局大楼、湖北出版文化城的建设过程，也有湖北教育出版社办公、住宅楼建设中的许多不为人知的故事；既回忆了创业时的火红岁月，也有对同事、对朋友的深情回忆。湖北出版事业三十多年的发展，经历的重大事件、出版的重要图书，在本书中都得到了较为全面的反映。具体篇目有《落实干部政策琐忆》、《关于出版集团组建工作的回顾》、《往事钩沉》、《永不磨灭的记忆》、《案件·事件》、《浅淡我省出版经济政策演变》、《艰难的跨越》、《关于湖北辞书出版社独立经营的几点回忆》、《难忘的科技社1984》、《新闻出版大事记（1991～2006）》等。张儒芝序，王建辉跋。16开本，471页，51.5万字，印数1120册，定价60.00元。

《湘西土家族苗族自治州苗族古籍总目提要》 张应和、田仁利编。2009年1月中央民族大学出版社出版。收入"湘西民族民俗文化丛书"。大32开本，288页，24.9万字，印数1000册，定价30.10元。

《〈新唐书·艺文志〉著录小说集解》 王齐洲、毕彩霞编著。2009年1月岳麓书社出版。本书以《新唐书·艺文志》著录小说为依据，广泛收集与这些小说相关的各种文献资料，并附以编撰者对每一部作品的认识。本书分"唐前小说集解"和"唐代小说集解"两编。每编均按《新唐志》著录顺序排列，先列作者，后列书名，再收录小说作者生平、历代官私书目、序跋、评论、研究等资料。既是小说史的重要资料书，又有助于出版史的研究。20开本，779页，55万字，精装本，定价168.00元。

《中国现代电影期刊全目书志》 上海图书馆编。2009年1月上海科技文献出版社出版。本书志共收录1949年前出版的电影杂志376种，是迄今为止有关电影史志收录现代影刊品种最多的一种。所收每种期刊均有内容列举、特色分析、出版经过的考证，且每种都附相关书影，是填补空白的工程。它具有以下特点：一、数量上，它收录的影刊要比以前学界估计的二百余种多出近百分之三十；二、地域上，除了中国大陆和香港出版的影刊以外，还收录了在印度尼西亚、泰国、新加坡等国出版的以往人们不很熟悉的国外华文影刊；三、种类上，收录了一些长期被人遗忘和忽略的品种，如综合性杂志中的"电影专号"、"电影特辑"和一些不计卷期的公司特刊；四、它厘清了一些以前一直难以搞清的模糊问题，并纠正了以往一些史书和相关工具书的错误；五、所收影刊，绝大部分都经过充分调查，亲眼过目，做到了心中有数，下笔有据。16开本，270页，精装本，定价168.00元。

《歌德汉译与研究总目（1878～2008）》 顾正祥编著。2009年1月中央编译出版社出版。本书分上下卷。上卷为译文目，分为译诗、散文小说、戏剧、书信四编；下卷为研究目，分为辞书、文学史、合集、专著、论文五编。16开本，519页，精装本，定价298.00元。

《齐鲁书社30年图书要目（1979～2009）》 宫晓卫主编。2009年3月齐鲁书社出版。本目选收齐鲁书社建社30年来所出版的主要图书的基本信息和内容简介，时间为1979年2月至2009年1月。16开本，320页，定价60.00元。

《山东省图书馆馆藏珍品图录》 山东省图书馆编。2009年4月齐鲁书社出版。本书收山东省图书馆百年来所藏的古籍善本为主的各类珍品近三百种,内容包括:唐人写经、宋元旧刻、明清刻本、活字本、套印本、朱印本、蓝印本等。16开本,254页,精装本,定价200.00元。

《印痕:解放日报创刊60周年版面集粹》 尹明华、裘新编。2009年5月上海三联书店出版。本书从60年来解放日报中的数十万个版面中精选出约120个(组),并配以记者采写的版面背后的故事。8开本,232页,定价280.00元。

《抗战时期期刊介绍》 丁守和等主编。2009年6月社会科学文献出版社出版。收入"中国社会科学院中日历史研究中心文库"。编者对全国各地目前收藏的抗战时期重要期刊进行了一次大规模的调查,收集并整理了大批珍贵的第一手期刊资料,填补抗战史和中国近代报刊史上的一些空白。依据这些第一手资料,弄清每种期刊创刊的经过、旨趣、主要内容、总体思想倾向,将最大限度地为研究者提供有价值的资料线索。全书汇录1937年7月至1945年8月间比较重要且易获得的中文期刊篇目。收录的期刊总计6000余种;其中汇录其篇目的共351种,约7800期。汇录篇目各刊主要著录内容有刊名、创刊及停刊时间、刊期、编辑者、发行者、出版地点、卷次、期次及出版具体时间、分栏标题、篇名、著者、译者或其他责任者,等等。大32开本,993页,85万字,精装本,附光盘(光盘字数约582万字),总定价168.00元。

《书简情——欧阳文彬藏信选》 钦鸿选编。2009年7月百家出版社出版。欧阳文彬是我国现代有影响的女作家,也是出色的编辑家。她早年曾参加新知书店、开明书店的工作,在编辑生涯中有不少卓越的成绩。本书收录了叶圣陶、许杰、章克标、张天翼、吕叔湘、楼适夷、施蛰存、徐雪寒、叶至善、宋原放、陈原、丁景唐等一大批著名学者、文学家、编辑出版家的信函,保存了大量有价值的文学和出版史料。大32开本,488页,定价32.00元。

《国家图书馆出版社古籍影印图书序跋精选》 2009年9月国家图书馆出版社编辑、出版。本书精选了国家图书馆出版社古籍影印类图书序跋七十多篇,基本梳理出了国图社影印图书的发展脉络。序跋均为相关专家撰写,既有对读者的导引作用,也有极高的学术价值。作者包括任继愈、启功、朱家溍、黄永年、周绍良、来新夏等,可谓名家毕集。16开本,271页,定价69.00元。

《青岛图书馆古籍书目》 冷秀云主编。2009年9月国家图书馆出版社出版。青岛市图书馆所收藏的古籍主要有三大来源:一是青岛解放时由军管会所移交,该部分古籍大都是家世显赫的名门望族和官宦人家所藏;二是由当时的名人学者所捐赠,如山东著名藏书家张镜夫先生,把他毕生收藏的明清两代山东人著作悉数赠予了图书馆;三是民间收购,在青岛的民间也私藏着大量的古籍,通过购买的方式也收集到了为数可观的古籍。本书目按经、史、子、集、丛对这些古籍进行了著录。16开本,573页,50万字,精装本,定价150.00元。

《亲历新中国出版六十年》 宋应离、刘小敏编。2009年10月河南大学出版社出版。本书是49位老出版人根据60年亲历、亲见、亲闻而撰写的回忆文章的结集,收录文章52篇。该书作者当中,享受国务院颁发的政府特殊津贴的有20人,获得"韬奋出版奖"的有

9 人，还有 6 位曾先后担任过新闻出版署的正副署长。他们站在历史的高度，就出版工作某一方面进行了梳理与总结，从不同侧面、不同角度记录了新中国 60 年出版工作发展的光辉历程，描绘了新中国出版事业发展的轨迹，有较强的现实感和史料价值。16 开本，851 页，77.4 万字，印数 1500 册，精装本，定价 138.00 元。

《国家图书馆出版社三十年图书总目》 2009 年 11 月国家图书馆出版社编辑、出版。本书收录该社 1979～2009 年(截至 2009 年 9 月底)正式出版的图书三千八百余种。根据出书具体情况，结合《中国图书馆分类法》，将所收图书分为图书馆学情报学、古籍影印(含民国文献)、人文社会科学及其他四大类，大类下再细分若干小类。16 开本，768 页，60 万字，精装本，定价 180.00 元。

《庆祝新中国成立六十周年 中国出版集团公司图书总目(1949～2009)》 2009 年三联书店出版。中国出版集团数字传媒有限公司于 2009 年 3 月开始整理制作《庆祝新中国成立六十周年中国出版集团公司图书总目 1949～2009》(简称《总目》)，以各出版社提供的书目信息和国家图书馆书目数据库为基础，共整理出集团公司以及 15 家出版单位的 15 万余种书目信息，并最终遴选出其中的 77121 种书目整理出版，汇成《总目》。《总目》涉及经典著作、哲学、社会科学、人文科学、文学、艺术、历史、古籍、自然科学、工程技术和百科全书等众多门类，全面展示了中国出版集团 60 年的出版成就。《总目》还重点介绍了《中国文库》、《鲁迅全集》、《中国大百科全书》、汉译世界学术名著等大型重点图书，展示了中国出版集团对中国文化和出版事业的突出贡献。

【另】《新中国六十年中医图书总目(1949～2008)》(裘俭编)2009 年由人民卫生出版社出版。16 开本，精装印制。

《民国新闻教育史料选辑》 龙伟等编。2010 年 1 月北京大学出版社出版。本书选编了 1926～1949 年间我国新闻界、教育界关于新闻教育的部分文章资料，供研究者参考。其中大多数文章是第一次按专题汇编出版。16 开本，299 页，31.3 万字，定价 40.00 元。

【附】《山西革命根据地出版史》齐峰、李雪枫著。2010 年 4 月山西教育出版社出版。《晋察冀抗日根据地新闻出版史研究》田建平、张金凤著。2010 年 6 月人民出版社出版。

编辑史类

《〈册府元龟〉新探》 刘乃和主编。1983 年 4 月中州书画社出版。本书是一本专题性的论文集，收录了 14 篇文章。作者分别对《册府元龟》编纂的历史背景、编纂宗旨、编纂者的政治学术观点，以及该书的主要内容、史学价值及其对后代史学的影响等，作了简明扼要的介绍和评述。小 32 开本，264 页，16.5 万字，印数 5400 册，定价 0.79 元。

《中国翻译简史(五四以前部分)》 马祖毅著。1984 年 7 月中国对外翻译出版公司出版。本书为自周朝到五四以前翻译史之回顾。作者系统探讨了我国历史上各种翻译活动，如诗歌、宗教经典、医书、文学，乃至各少数民族文学之间的翻译。大 32 开本，333 页，印数 10000 册，定价 1.50 元。本书 1998 年出版增订本。

《两浙著述考》(上、下) 宋慈抱原著，项士元审订。1985 年 3 月浙江人民出版社出版。全书内分 22 门，38 类，上起西汉，下及当代，包罗两浙，纵贯古今，它对于我们了解浙江古今的学术成就与历史文献，研究浙江文化史的发展，有极为重要的参考价值。大 32 开本，1779 页，129.7 万字，印数 2600 册(套)，精装本，定价 12.50 元。

《我的第一本书》 上海书讯报编辑部编。1985 年 8 月湖南人民出版社出版。本书为名家谈自己的第一本书。小 32 开本，293 页，印数 6400 册，定价 1.10 元。

《中国现代文学名著创作始末》 李标晶著。1986 年 2 月四川文艺出版社出版。本书收 69 篇短文，谈中国现代文学名著的创作始末，涉及到小说、戏剧、诗歌等文学样式，共 70 余篇(部)。小 32 开本，303 页，印数 10000 册，定价 1.59 元。

【另】黎宇等著《世界文学名著创作始末》1983 年 11 月由福建人民出版社出版，大 32 开本，印数 22000 册。

《永乐大典史话》 张忱石著。1986 年 3 月中华书局出版。本书分六篇，对《永乐大典》的修纂起因及经过、组织机构及主要人员、重录、厄运、收集和影印、价值与利用等进行了简明论述。附录有《〈永乐大典〉中辑出的佚书书目》、《现存〈永乐大典〉卷目表》。小 32 开本，165 页，10.3 万字，印数 9300 册，定价 0.92 元。

【另】相关著作：郭伯恭著《永乐大典考》1938 年由商务印书馆出版。栾贵明编著《永乐大典索引》1997 年由作家出版社出版。中国国家图书馆编《〈永乐大典〉编纂 600 周年国际研讨会论文集》2003 年 7 月由北京图书馆出版社出版。

《实用编辑学概要》 俞润生编著。1987 年 12 月天津人民出版社出版。全书分三编，第一编为“编辑学基础理论及其实践”，第二编为“研究和继承历史经验”，第三编为“未来编辑工作展望——简短的结语”。其中第二编分 9 章论述了中国现代编辑出版史，特别是论述了一些著名编辑出版家的编辑理论与实践经验。书中用一章的篇幅作“中国编辑出版史鸟瞰”，接下来分别探讨鲁迅、茅盾、叶圣陶、郑振铎、邹韬奋、巴金、赵家璧等人的编辑出版工作情况。大32开本，437页，30.7万字，印数3400册，定价3.30元。

《编辑学概论》 朱显文、邓星盈主编。1988年3月四川省社会科学院出版社出版。本书用了三章的篇幅论述中国编辑史。大32开本，548页，印数8000册，定价3.80元。

【另】萧汉森等主编的《编辑学概论》(华中师范大学出版社1989年版)，宗贤钧、郭少波著《编辑学教程》(广西教育出版社1992年版)均设有专章论述中国编辑史。

《中国书籍编纂史稿》 韩仲民著。1988年5月中国书籍出版社出版。本书从编纂工作的角度，将考古出土的文物和文献资料的记载结合起来，加以概括地叙述。全书按照古代书籍的形式分作简册篇、写本篇和刊本篇，从最初的文字记载到清代中叶纂修《四库全书》，介绍了各个历史时期一些重要书籍的编纂情况和成书经过，力求将其放在一定的历史背景下考察。大32开本，344页，25.7万字，印数5500册，定价3.10元。

《四库全书纂修研究》 黄爱平著。1989年1月中国人民大学出版社出版。收入“清史研究丛书”。本书分为14章，对《四库全书》纂修的时代背景、具体缘起、机构组成、书籍征集、编纂校勘、禁毁删改、刊刻补遗、缮写典藏、分类编目、编写提要、评价等方面进行了论述和考证。书中引用尚未公开发表的《纂修四库全书档案》，对许多问题的分析论证立论较客观、全面，且有说服力。大32开本，436页，30.5万字，印数3000册，定价20.00元。

《中国翻译文学史稿》 陈玉刚主编。1989年8月中国对外翻译出版公司出版。本书对中国翻译文学和新文学的关系，各时期翻译文学的特点，重要文学翻译家的翻译主张及其贡献，相互关系和影响，以及作为翻译文学的最基本的特点等诸多问题，均有研究探讨，并提出了观点鲜明的意见。大32开本，405页，印数3000册，定价4.20元。

《中国编辑史》 姚福申著。1990年1月复旦大学出版社出版。本书分上下两编。上编着重探讨编辑工作的起源，历代典籍体制的演进，著名编辑家的业绩以及社会政治、经济、文化等因素对古代编辑出版工作的影响。下编主要阐述自鸦片战争以来到新中国成立之前的编辑出版活动，评述编辑业务在半殖民地半封建社会形态下的发展，介绍为进步文化事业作出重大贡献的近代编辑家。这部著作是国内较早的中国编辑通史类专著，资料丰富，表述深入浅出，简明扼要，对中国古今有关编辑方面的文史知识作了较为全面系统的介绍。大32开本，440页，37.4万字，1992年第2次印刷，累计印数6500册，定价6.70元。

【另】本书修订本2004年6月出版。此次修订，作者增补了新中国成立以后的三个章节，力求将中国编辑工作的发展与逐步成熟的历史阐述得尽可能完整。同时根据当前出版工作的要求，增加了许多有关的图片和书后索引，使该书图文并茂，具有可读性，也得以在一定程度上具有辞书的便于检索的功能，使书籍显得更加美观，也更加实用。新版前面有4页彩色的插图和书影。丁景唐、宁树藩分别作序。16开本，578页，45万字，印数3100册，定价49.00元。

《毛泽东选集一至四卷第二版编辑纪实》 逄先知等著。1991年7月中央文献出版社出版。中共中央文献编辑委员会修订出版的《毛泽东选集》一至四卷第二版，向广大读者提供了一部更完善的《毛选》版本。《毛选》一至四卷的修订工作,经毛泽东同意,从1962年就开始进行。当时主要进行注释的校订工作,后因“文化大革命”而中断。1990年5月,中共中央决定在建党70周年出版《毛选》一至四卷第二版。本书对《毛选》四卷第二版正文、题解、注释等方面的修订、编辑情况进行了翔实的记述。大32开本,155页,印数20000册,定价1.90元。

《中国翻译史话》 臧仲伦编著。1991年12月山东教育出版社出版。收入“中国文化史知识丛书”。本书分专题简明扼要地叙述了中国翻译的历史。小32开本,127页,印数14000册,定价2.05元。

《中国古代编辑史论稿》 靳青万著。1992年1月河南大学出版社出版。本书采用以论带史、史论结合的方法,从中国编辑的萌芽、形成、发展、繁荣等五个方面,对中国古代编辑史作了较为系统的论述,从而详略得当地勾勒出了中国古代编辑史的发展轮廓。其中,对编辑的定义、编辑的起源、编辑的形成,以及古今编辑的异同等问题,都提出了自己的见解。附录有《编辑的产生与发展——世界编辑史论纲》、《中国古代的两大发明与编辑活动之关系》等。小32开本,194页,11.9万字,印数2000册,精装本,定价6.80元。

《中国辞书编纂史略》 林玉山著。1992年5月中州古籍出版社出版。本书是第一本系统全面的中国辞书编纂史专著。分为古代、近现代、当代三大部分七个阶段,分别介绍各个时期辞书编纂概况、特点和发展线索,对重要辞书进行评介。小32开本,253页,印数3000册,定价4.20元。

《编辑规律探论》 高斯著。1992年8月江苏教育出版社出版。本书实际是一本中国编辑史方面的论著,分为六篇,即:“前提与概论”、“古代图书编辑事业的历史轨迹”、“近代图书编辑事业的大轨迹”、“革命图书编辑事业的发展壮大”、“社会主义图书编辑事业的曲折与成就”、“新形势下的图书编辑意识”。作者按时代演进的顺序,梳理和探讨了中国图书编辑发展的历史经验,总结和归纳了图书编辑活动的理论规律。大32开本,850页,64.26万字,印数1200册,精装本,定价10.40元。

《中国译学理论史稿》 陈福康著。1992年11月上海外语教育出版社出版。由中国古代译学理论、中国近代译学理论、中国现代译学理论、中国当代译学理论4章组成。大32开本,521页,印数1000册,精装本,定价14.00元。本书2000年修订再版。

《四库全书纂修考》 郭伯恭著。1992年12月上海书店出版社影印出版。收入“民国丛书”。本书全面地论述了《四库全书》的纂修,包括纂修的缘起、寓禁于征的实际情形、四库全书馆的组织、《四库全书》的编辑、《四库全书》的容量、四库七阁之典藏、《四库全书》的增改、四库七阁之今昔、《四库全书》荟要、《四库全书总目提要》、《四库全书》评议等内容。史料丰富翔实,论证严谨中肯,对《四库全书》的利弊得失、功过是非皆有比较恰当的论析。小32开本,295页,印数2000册,定价4.00元。

《中国科学文献翻译史稿》 黎难秋著。1993年7月中国科学技术大学出版社出版。本书比较系统全面地叙述了从汉代直到清末中国科学文献翻译的发展历史,重点论述了近代科学的一些主要学科,如数学、物理学、化学、天文学、地球科学、医学以及马克思主义学说,通过译书的出版而在中国得到传播,并论述了科学翻译对中国语言学、近代教育、图书馆事业及科学情报工作等领域的影响。大32开本,315页,印数2500册,定价6.50

元。

《江苏报刊编辑史》 倪波、穆纬铭主编，刘光祖、汪晓园著。1993年12江苏人民出版社出版。收入“出版史志丛书”。本书在概述中国报刊发展简史的基础上，分上下两编，分别论述了江苏地区期刊、报纸从清代至到民国时期的发展历史，侧重从编辑角度切入。大32开本，484页，39.5万字，印数2000册，定价10.00元。

《江苏艺文志》 南京师范大学古文献整理研究所编。1993年至1996年江苏人民出版社分卷出版。收入“出版史志丛书”。具体分卷为《南京卷》、《苏州卷》、《扬州卷》、《镇江卷》、《常州卷》、《无锡卷》、《南通卷》、《徐州卷、连云港卷》、《盐城卷、淮阴卷》等。均为大32开本，分卷定价。

《江苏图书编辑史》 倪波、穆纬铭主编，钱文华著。1994年6月江苏人民出版社出版。收入“出版史志丛书”。本书除“绪论”外有四章，依时代先后论述江苏图书编辑业的萌芽和初兴、壮大与兴盛、应时与改革、转变和斗争。附录《江苏图书编辑大事记》等。大32开，348页，28.7万字，印数2000册，定价8.00元。

《编辑史概要》 申非著。1994年12月中国农业出版社出版。本书分为综述与专题两个部分，比较简洁地论述了我国从孔子到现代图书编辑的发展历史。作者从历史的角度考察了编辑与文化、编辑与出版业的关系，编辑工作的基本性质，以及我国图书编辑事业的继承和发展。小32开本，195页，13.7万字，印数1000册，定价5.80元。

《中国新文学史编纂史》 黄修己著。1995年5月北京大学出版社出版。这是国内第一本总结中国新文学研究史的专著，对文学史的编辑出版研究也有一定的参考价值。作者所论起于20年代初期的胡适论著，迄止当前最新成果，将前后七十多年总计百余部新文学史类著作，进行检视、评判，按发展阶段描述了新文学史编纂的艰辛、曲折的过程，展现几代新文学史家的业绩和学术风貌。大32开本，565页，46万字，印数2000册，定价28.00元。本书第二版2007年10月北京大学出版社出版，16开本，345页，定价32.00元。

《西域翻译史》 热扎克·买提尼牙孜主编，马维汉著。1996年12月新疆大学出版社出版。收入“西域研究丛书”。西域地处东西文化交汇的地段，自古以来这里就生活过不同种族的人群，他们的语言各异，文化类型也不相同，具有不同的文化传统。持用不同语言的人们互相交往时，首先需要在语言方面沟通，于是产生了众多的译者及其翻译活动。本书从语言交流和翻译事业的角度，比较详细地说明了西域各民族的历史是西域各族人民共同创造的。大32开本，269页，24万字，印数4000册，精装本，定价16.00元。

《中国英美文学翻译概论(1949～1966)》 孙致礼编著。1996年12月译林出版社出版。本书是一部研究我国从建国初期到文革之前英美文学翻译历程的学术著作，对17年来的英美文学翻译重要作品、著名翻译家等都有详细的论述。大32开本，239页，18.7万字，印数2000册，定价12.00元。

《翻译文化史论》 王克非编著。1996年12月上海外语教育出版社出版。本书共四部分，主要论述翻译文化史研究的意义、特点、研究对象、研究课题，以及中国古代、近代和外国的翻译研究及相关文化问题。大32开本，372页，定价17.00元。

《陕西著述志》 李正德主撰。1996年三秦出版社出版。论述的范围从公元前1066

年直到1911年。大32开本,精装本,定价26.80元。

《河南省志·著述志》 邵文杰总纂,河南省地方志编纂委员会编纂。1997年3月河南人民出版社出版。16开本,630页,印数3000册,精装本,定价45.00元。

《汉籍外译史》 马祖毅、任荣珍著。1997年10月湖北教育出版社出版。本书是国内第一本系统论述汉籍外译的学术专著。作者分六章论述了中国哲学、社会科学著作翻译到国外,中国自然科学著作的外译,中国国内外译汉籍情况等方面的内容。全书资料翔实,论述充分。大32开本,720页,52.5万字,印数2500册,定价30.00元。

《胶州历代著述考略》 李淑芹主编。1997年12月山东友谊书社出版。大32开本,207页,印数800册。

《中国近代翻译文学概论》 郭延礼著。1998年3月湖北教育出版社出版。作者认为,所谓"中国翻译文学",是指中国人在国内和国外用中文翻译的外国文学作品,它始于19世纪70年代。本书的"上篇"是从宏观上概括论述中国近代翻译文学的发展脉络、主要特点、翻译文学理论以及诗歌、小说、戏曲、寓言的有关情况;"下篇"则对梁启超、严复、林纾、苏曼殊、马君武、伍光建、周氏兄弟、胡适、陈独秀、刘半农等人的翻译活动及成就进行了论述。大32开本,606页,44.2万字,2001年第2次印刷,累计印数4500册,定价30.00元。

《古代图书编辑》 吴文祥编著。1998年5月蓝天出版社出版。收入"中华文史集萃丛书"。本书的内容涉及:类书的起源与发展,类书的作用及其价值,类书的种类 ,丛书的起源与发展,丛书的作用 ,丛书的种类,丛书的种类等等。32开本,丛书总定价286.00元。

《中国古代书籍编纂与出版》 许尔兵著。1998年12月江苏古籍出版社出版。这部比较系统研究中国古代编纂史与出版史的专著,分成"编纂篇"和"出版篇"。"编纂篇"主要按板块横向组构,设立章目,在每章之内,再兼及时代、朝代顺序。除"导论"外的6章,分别论述了五经、史书、类书、丛书、文集、目录书的编纂,涉及它们的概况、体例、方法、特点,以及重要的代表性作品。"出版篇"则大体按时代先后将古代出版事业分为萌芽(早期书籍出版)、起步(写本书的出版)、兴盛(刻本书的出版)、衍化(活字本书的出版)来予以研究。章宏伟作序。大32开本,243页,17.4万字,印数1000册,定价12.00元。

《翻译史话》 王晓舟著。1999年3月社会科学文献出版社出版。收入"百年中国史话丛书"。本书是向青少年朋友讲述中国翻译历史的。内容涉及:西方近代科技书刊的翻译,西方哲学社会科学书刊的翻译,马克思主义著作在中国的翻译和传播,外国文学作品的翻译,西学东渐之影响,重要翻译作品著译者及刊行年代。小32开本,200页,定价8.00元。

《新疆现代翻译史》 陈世明著。1999年4月新疆大学出版社出版。本书较全面系统地论述了现代新疆的翻译活动和翻译事业的总体发展水平,首次对新疆现代翻译史进行了开拓性研究。大32开本,272页,25万字,定价18.00元。

《河北省志·著述志》 许明辉主编,河北省新闻出版局出版史志编委会编纂。1999年6月中国对外翻译出版公司出版。本志论述时间下限为1995年。16开,670页,印数1000册,精装本,定价89.00元。

《中国翻译史》(上卷) 马祖毅著。1999 年 9 月湖北教育出版社出版。本书详细论述了从周代到清代中国翻译历史。在“概说”部分,作者简要勾勒了中国古代翻译活动的发展脉络、特点等。随后分六章按纵横结合的方式,叙述翻译机构、各类翻译活动。具体六章的纲目为:从周到清各朝外事机构之沿革与口译活动、宗教文献的翻译、中国境内各民族语言文字的互译、明代以前及明末清初的科学翻译、从鸦片战争到清末的西学翻译、从东汉到清代的文学翻译。大 32 开本,798 页,62.6 万字,印数 3000 册,定价 34.00 元。

【另】作者的《中国翻译简史》1984 年由中国对外翻译出版公司出版。修订本 2004 年作为“中国文库”中的一种再版。基本内容与上面一书相同,只是时间下限延至 1919 年五四运动前夕。大 32 开本,798 页,定价 22.30 元。

《中国档案文献编纂史略》 曹喜琛、韩宝华著。1999 年 10 月高等教育出版社出版。本书按时代顺序,对中国历代档案文献的编纂历史进行了梳理和研究。小 16 开本,202 页,24 万字,定价 11.70 元。

《中国古籍编撰史》 曹之著。1999 年 11 月武汉大学出版社出版。该书分上下两编:上编从纵的方面论述了自先秦两汉直到清代的图书编撰;下编从横的方面对四部、著者、编撰方法论、古籍编撰特点等予以探讨。内容涉及古籍编撰学理论的发展历史、古籍编撰者、古代图书编撰的内容、古代图书编撰的形式等。这是一部资料翔实、论证严谨、体例完整的厚重的学术专著。大 32 开本,636 页,52.7 万字,印数 2000 册,精装本,定价 28.00 元。

《20 世纪中国的编辑学研究》 邵益文著。2000 年 1 月河北教育出版社出版。这是作者继《编辑学研究在中国》、《出版学编辑学漫议》之后的又一本编辑出版研究论集,收录了作者 1995 年至 1998 年 4 年间写作和发表的编辑理论与实践研究的论文 48 篇(其中有少数写于 1995 年前)。本书的特点是重视编辑学研究的总结与推进,以《20 世纪中国的编辑学研究》、《编辑学研究的回顾与展望》、《编辑》等为代表,对一个时期以来的编辑学研究,从纵横两方面进行叙述和比较,既做资料工作,学术史的梳理工作,又做研究工作,促进问题的探讨。刘杲作序。大 32 开本,431 页,28 万字,印数未标,定价 18.20 元。

《标点符号学习与应用》 林穗芳著。2000 年 1 月人民出版社出版。本书分三篇,分别为:标点概况、中外标点的历史和比较、标点符号的用法。从书名看,此书没有“史”字;从内容看,“史”约占 30%,近 10 万字,成为全书的重要组成部分,也是全书的精华所在。书中作为专题史的标点史,是由中外标点通史、语种标点史和点别史构成的立体多维框架。有研究者称本书中的标点史部分是一部用汉语写成的世界标点符号史发轫之作。大 32 开本,430 页,30 万字,印数 5000 册,定价 24.00 元。

《中国科学翻译史》 李亚舒、黎难秋主编。2000 年 2 月湖南人民出版社出版。本书分为五编全面系统论述了我国科学翻译的发展历史,其具体纲目为:总论、汉至明初的科学翻译、明清两代的科学翻译、民国时期的科学翻译、新中国成立以后的科学翻译。书中不仅论述了中国科学翻译史的研究对象、科学翻译的发展及基本理论,而且对各个不同历史时期科学翻译的内容、形式、机构、活动、代表人物和译作进行了重点介绍。严济慈、叶笃庄分别作序。大 32 开本,764 页,62 万字,印数 1500 册,精装本,定价 35.50 元。

《翻译与创作——中国近代翻译小说论》 王志宏编。2000 年 3 月北京大学出版社出版。本书收录有关中国近代翻译小说研究方面的论文 14 篇,包括《略论近代的翻译小说》、《中国近代翻译文学史的分期及其主要特点》、《清末民初的翻译小说——经日本传到中国的翻译小说》、《试论近代翻译小说对言情小说的影响》等。翻译史本身是出版文化史的一部分,这些论文中有丰富的出版史资料,研究的视角和方法对出版史、编辑史研究也富有启发意义。大 32 开本,307 页,25.3 万字,未标印数,定价 20.00 元。

《陕西省志·著述志(古代部分)》 陕西省地方志编纂委员会编。2000 年 5 月三秦出版社出版。收入"中华人民共和国地方志丛书"。本册分为:"哲学宗教"、"政治经济法律军事"、"语言文学艺术"、"历史地理"、"自然科学综合类杂撰"六编。16 开本,504 页,印数 2500 册,精装本,定价 80.00 元。

《阿坝藏族羌族自治州藏文编译志》 四川阿坝藏族羌族自治州藏文编译局编。2000 年 6 月甘肃民族出版社出版。大 32 开本,364 页,图版 18 页,印数 550 册,精装本,定价 40.00 元。

《译林旧踪》 邹振环著。2000 年 9 月江西教育出版社出版。本书讲述了晚清以来近百年间西学翻译译林中的译家、译作、译业的"故事",通俗浅近,图文并茂。24 开本,206 页,20 万字,印数 2600 册,定价 15.70 元。

《〈西游记〉成书研究》 蔡铁鹰著。2001 年 12 月中国文联出版社出版。本书分五个专题进行论述,其纲目为:纵横话题说成书,孙悟空形象探源,内外结构的形成,作者确为吴承恩,纸面与纸背上的两种历史。大 32 开本,284 页,定价 18.50 元。

《二十世纪中国的日本翻译文学史》 王向远著。2001 年 3 月北京师范大学出版社出版。本书是国内外第一部研究中国的日本翻译文学史的专门著作。它将中国的日本翻译文学置于 20 世纪中国文学的大背景下,以翻译文本为中心,把近百年来中国的日本翻译文学划分为五个时期,围绕着各时期翻译文学的选题背景与动机、翻译家的翻译观、译作风格及其成败得失、译本的读者反应及译本对中国文学的影响等问题,展开论述,学术性与可读性有机结合,资料翔实,论述精辟。本书对于丰富 20 世纪中国文学史的内容,对于深化中国翻译文学史和比较文学的研究,都有重要参考价值。附录有《台湾及香港地区的日本文学翻译概述》、《二十世纪中国的日本文学译本目录(1898～1999)》等。大 32 开本,514 页,46.6 万字,印数 2000 册,定价 23.00 元。

《中国口译史》 黎难秋主编。2002 年 3 月青岛出版社出版。本书的内容涉及外交领域中的口译、对外贸易中的口译、军事战争中的口译、翻译科学书籍时的口译、翻译文学作品时的口译等。书籍与作品翻译同编辑出版关系密切,口译史对出版史也有一定的参考价值。大 32 开本,466 页,定价 21.00 元。

《汉语标点符号流变史》 袁晖、管锡华、岳方遂著。2002 年 9 月湖北教育出版社出版。本书分为旧式标点符号和新式标点符号两编。内容包括"旧式标点符号的萌芽期——先秦时期"、"新式标点符号的诞生期——五四时期"等。大 32 开本,497 页,印数 3000 册,定价27.00元。

《中国古代标点符号发展史》 管锡华著。2002 年 10 月巴蜀书社出版。本书详细地描述了中国古代标点符号的发展历史,分阶段说明标点符号在各个历史时期的使用状况。大 32 开本,748 页,印数 2000 册,定价 35.00 元。

《五四以来我国英美文学作品译介史(1919～1949)》 王建开著。2002年12月上海外语教育出版社出版。本书对五四以来我国英美文学翻译进行了系统的论述。作者将译介工作放在我国现代社会的历史进程、社会变革和文学发展的坐标上,对文学翻译现象发生的历史背景、形成原因、当事人的态度等给予了尽可能详尽的叙述。书中涉及文学翻译史中一些深层次的问题,如早期翻译内容的争论、文学期刊对文学翻译所起的推动作用、文学翻译与时代的关系,以及文学翻译对文学创作的反拨作用等。除了文学翻译中的单行本外,本书特别重视文学期刊中的英美文学翻译,这是以往的研究比较忽视的。此外,作者还将读者反应纳入文学翻译的研究视野,把翻译文学在读者中的传播情况、发行数量等,也视作重要信息予以关注。大32开本,344页,印数3500册,精装本,定价25.00元。

《湖南省志·著述志》(全2册) 卢凯旋等编纂,湖南省地方志编纂委员会编。2003年11月湖南人民出版社出版。本书主要收录湘籍人士的著述,同时也注意收录长时间在湘工作的客籍人士的著述,收录时间上起先秦,下至20世纪90年代。上册为古代著述,下册为近、现代著述。大32开本,1271页,精装本,定价80.00元。

《外国文学翻译在中国》 罗选民著。2003年12月安徽文艺出版社出版。本书探讨了中国的外国文学翻译史,分别论述了美国文学、英国文学、法国文学、日本文学、俄苏文学的各种文体、风格以及在中国的翻译状况。大32开本,365页,定价21.00元。

《20世纪中国翻译思想史》 王秉钦著。2004年3月南开大学出版社出版。这是我国第一部系统论述当代中国译学思想发展史的专著。本书以20世纪中国翻译学术思想为经,以学者为纬,贯穿百年翻译思想史发展主线,首次划分并论述中国传统翻译思想的形成、转折、发展、鼎盛四个时期,并概括总结了自近代学者严复的“信达雅说”至当代学者辜正坤的“多元互补说”等一系列有影响和有价值的思想学说。这对于认识中国近百年来翻译学学术思想的演进历程,有重要的价值。大32开本,319页,印数3000册,定价20.00元。

《红楼梦成书研究》 沈治钧著。2004年3月上海书店出版社出版。本书是作者在其博士论文的基础上,第一次将版本研究、作者生平研究、文本研究融于一体,系统、全面、深入地探讨了《红楼梦》的成书问题。作者围绕着“一稿多改”这一观点,从体例、时空、情节人物、文献史料等四个方面,就《风月宝鉴》到《红楼梦》的发展演变过程展开了全面的论证。本书直面文面矛盾,重视文献史料考证,注重文本诠释,在诸多方面提出了独到的见解。大32开本,603页,43.7万字,定价38.00元。

《孔子故里著述考》 周洪才著。2004年5月齐鲁书社出版。本书是一部全面考证著录历代曲阜人士(包括孔子、颜子后裔移居他邑、外籍人士寓居本邑见于曲阜《志》者)著述情况的文献学专著。书中共收录先秦至新中国成立前490位作者的1700多种著述,按经、史、子、集、丛五部分类进行编排。各书注以书名、卷数、存佚情况、作者简历、所处朝代、著述形式、考释文字(提要)、各种版本等。大32开本,797页,83.8万字,定价60.00元。

《中国古籍编辑提要简史》 王超明著。2004年8月天津古籍出版社出版。本书探讨了中国古代图书编辑提要问题,涉及了图书编辑问题,特别是中国古代图书的编辑分类问题,对古代图书的七分法、五分法等都做了详细的阐述。大32开本,218页,印数1000册,定价18.00元。

《〈现代汉语词典〉编纂学术论文集》　韩敬体编。2004年8月商务印书馆出版。本书收录了有关《现代汉语词典》编纂出版的文献、论文等,纪念该词典出版发行三十周年。大32开本,653页,定价33.00元。

《中国现代翻译文学史(1898～1949)》　谢天振、查明建主编。2004年9月上海外语教育出版社出版。本书是一部系统研究20世纪上半期外国文学在中国的译介、接受、影响的专著,对这一时期的主要翻译家、文学社团、文学期刊的译介贡献作了详细的评述,对翻译文学在中国现代文学史上的地位和意义作了精当的分析。书的上编历时性地叙述了各个时期主要翻译家、文学团体对外国文学的译介贡献。下编则以作家、作品为主线,按国别和语种设立专章,对俄苏、英、美、法、德、日等国文学及其代表性作家作品在中国的译介情况,作了系统的介绍和评述。写作上采用史论结合的方式,资料翔实,条理清晰,评论允当,对文学史研究和出版史都有重要的参考价值。大32开本,669页,54.5万字,印数3100册,定价33.00元。

《〈红楼梦〉是怎样写成的》　蔡义江著。2004年10月北京图书馆出版社出版。本书为著名红学家蔡义江先生之新作。作者从曹雪芹生卒年,曹家及曹雪芹个人际遇,《红楼梦》的虚与实,《红楼梦》的批评人,《红楼梦》后四十回续作者诸问题入手,全面、深入地辨析考证了《红楼梦》的成书问题。16开本,298页,定价28.00元。

《中国编辑学研究述评(1983～2003)》　丛林主编。2004年12月齐鲁书社出版。本书以20年的中国编辑学研究成果为考察对象,对几乎所有的相关重要理论争论和学术论题都进行了综合介绍与分类评述,形式上以述为主,辅以点评,具有一定的学术价值和文献资料价值。其主要章目有:20年研究成果概述、对编辑学学科几个基本问题的认识、对编辑规律的探索、围绕编辑实质的几次争鸣、编辑主体研究、编辑史研究、编辑过程和编辑实务研究、分支编辑学研究、编辑学理论的交叉研究、部分知名研究者(27位)介绍等。书后附录了1949～2003年间国内出版的编辑学著作263种,按照普通编辑学、分支编辑学、编辑史、译著、会议文集、编辑实务以及漫议、杂谈、词典、经验集等分类列表,为研究者提供了检索的方便。附录有《中国编辑学会十年活动纪事(1992年6月～2002年8月)》、《国内出版的编辑学专著和论文集一览表(263种)》。邵益文作序。本书亦有资料不精、不全、不准等不足。16开本,511页,68万字,印数未标,精装本,定价80.00元。

《历代诗经著述考(先秦—元代)》　刘毓庆等著。2005年1月中华书局出版。本书是研究《诗经》的工具书。作者根据历代文献记载,对明清以前的《诗经》研究著作做了著录。其中著录先秦两汉著述54种,三国南北朝著述110种,隋唐五代著述24种,宋代著述299种,元代著述77种,共564种。大32开本,398页,定价36.00元。

《一本书和一个世界——翻译家笔谈世界文学名著"到中国"》　郑鲁南编,杨绛等著。2005年2月昆仑出版社出版。本书采用一人一书的方式,由六十多位翻译家将各自的译书经历娓娓道来,从一个侧面集中展现了我国文学翻译的成就。每一翻译家都结合自己翻译的一本外国文学名著,谈翻译过程中的感受、出版过程中的坎坷,或再版时的补正,以及对文学翻译的独到认识。16开本,287页,40万字,印数5000册,定价28.00元。

《20世纪中国翻译史》 方华文著。2005年2月西北大学出版社出版。本书包括清末民初时期的翻译活动、民国时期的翻译活动、建国后的翻译活动三部分，对许多优秀翻译家的译学观点予以详细陈述，勾勒出我国译论建设的发展线索。大32开本，652页，定价35.00元。

《中国近代翻译史》 李伟著。2005年8月齐鲁书社出版。本书按照时间的先后顺序，分五个阶段对鸦片战争前后至五四新文化运动百年来的翻译史进行了系统而有重点的论述。郭延礼作序。大32开本，334页，24.6万字，印数未标，定价25.00元。

《〈四库全书总目〉编纂考》 司马朝军著。2005年11月武汉大学出版社出版。这部七十多万字的著作发掘了很多编纂学者在《总目》成书过程中的功绩，揭示了《总目》成书的历史真相，对一些学术公案、重大学术问题提出了自己的见解。史料具体翔实，论证严密，观点新颖。小16开本，773页，印数1000册，定价82.00元。

《苏州民国艺文志》(全2册) 张耘田、陈巍主编，苏州图书馆编。2005年11月广陵书社出版。本书以人名笔画为序，收录民国时期籍贯苏州或学于苏州、生活在苏州的诸多作者的著作目录。每一词条包括人物小传、著作目录两部分，书目详列版本源流、存佚状况及收藏单位。大32开本，848页，未标字数和印数，定价120.00元。

《五四翻译文学史》 平保兴著。2005年12月中国文史出版社出版。本书分别研究了五四时期印度文学、日本文学、英国文学、美国文学、俄罗斯文学、法国文学、德国文学等三十多个国家的文学在我国翻译传播的情况。大32开本，360页，定价30.00元。

《中国科学翻译史》 黎难秋著。2006年4月中国科技大学出版社出版。本书比较系统地论述了中华人民共和国成立前我国科学翻译的发展历史。全书分为四编，首编为科学口译史，二三编为外国科技文献笔译为中文的历史，第四编则为中国科学文献译为外文的历史。16开本，651页，精装本，定价160.00元。本书作者与李亚舒联合主编的同名著作2000年2月由湖南人民出版社出版。

《中国翻译史研究百年回眸(1880～2005)》 文军主编。2006年7月北京航空航天大学出版社出版。本书收录了1880～2005年中国出版物中有关翻译史的论文和论著的相关信息九百余条，每条按照序号、作品名、作者、刊名、刊期、摘要等顺序编写。小16开本，252页，定价38.00元。

《语文词典编纂史》 杨正业著。2006年8月中国文联出版社出版。作者将我国语文词典分为源头、成型、成熟、发展四个时期进行了全面的梳理。大32开本，印数800册，定价25.00元。

《中国翻译通史》(五卷本) 马祖毅等著。2006年11月湖北教育出版社出版。本书对中国三千多年的翻译历史进行了系统全面的总结，时间上起公元前481年(西周共和元年)，下迄公元2000年。本书分为古代卷和现当代卷两大部分，计古代卷1册，现当代卷4册。大16开本，415万字，印数4000套，精装本，定价480.00元。

《中国佛典翻译史稿》 王铁钧著。2006年12月中央编译出版社出版。本书系统论述了我国从汉代直到清朝佛教典籍翻译的历史状况。大32开本，293页，25万字，定价25.00元。

《新时期高校文学理论教材编写调查报告》 童庆炳主编。2006年12月春风文艺出版社出版。主要内容包括:关于调查工作的简要说明,文学理论教材建设情况历史回顾(1949～1978),新时期以来文学理论教材编写情况调查(1978～2004),几点结论。16开本,364页,定价33.00元。

《20世纪法国文学在中国的译介与接受》 许钧、宋学智著。2007年1月湖北教育出版社出版。本书包括绪论、上篇和下篇三个部分,将20世纪法国文学的译介放在文学、文化交流的背景下加以考察,并结合20世纪中国不同阶段的政治、经济、社会等因素,给20世纪法国文学在中国的翻译工作及翻译家们对我国文学和文化交流所作的贡献进行了客观定位,做出了恰当的评价。资料翔实,旁征博引,史论结合,是本书的主要特点。大32开本,482页,精装本,定价42.50元。

《大型综合性百科全书编纂的理论与运作》 胡人瑞、朱杰军主编。2007年1月中国大百科全书出版社出版。本书收录的论文,对百科全书的性质和功能、百科全书与时代、大型综合性百科全书的总体设计等问题进行了探讨。16开本,464页,定价62.00元。

《20世纪外国文学翻译史》(上、下) 查明建、谢天振著。2007年2月湖北教育出版社出版。收入"中华翻译研究丛书"。本书重点描述和分析了不同时期的翻译状况、翻译选择特点等。它以翻译事件为核心,关注的是翻译事件和文学翻译的历时性发展线索,阐释各个时期文学翻译的不同特征及其文化、文学原因。它是翻译文学史撰写的基础,为翻译文学史的撰写提供基本的史料和发展线索,在文学翻译事实的基础上,展开了文学关系、文学影响、翻译文学意义等方面的讨论。本书在每个时期文学翻译的"概述"中,一般都描述当时的文化语境,指出该时期文学翻译的特征,分析意识形态、文学观念等因素对文学翻译选择的影响,总结该时期文学翻译的得失。大32开本,1713页,精装本,定价156.00元。

《二十世纪中国通史编纂研究》 赵梅春著。2007年3月中国社会科学出版社出版。内容涉及到:20世纪中国通史编纂的历程,历史观的变化与中国通史编纂,中国通史撰述内容的变化,通史编纂的多样性表现形式,一家之言与群体智慧,建立中国通史编纂学的初步设想。附录《20世纪中国通史著作一览表》。大32开本,332页,定价28.00元。

《广西方志编纂史》 雷坚编著。2007年12月广西人民出版社出版。本书是首部研究广西方志历史的专著。16开本,406页,印数1000册,定价45.00元。

《中原文化大典·著述典》(全6册) 中原文化大典编纂委员会编纂。2008年4月中州古籍出版社出版。《著述典》由正编经部、史部、子部、集部,外编河南方志总目,附编中原出版等6册组成,收录了历代河南人、外省人所编撰的有关中原的专录文献,总计九千余种。8开本,精装本,定价1890.00元。

《越界与想象:晚清新教传教士译介史论》 何绍斌著。2008年5月上海三联书店出版。本书论述的主要内容有:新教传教士译介活动的不同阶段及主要内容,影响传教士译介活动的因素,传教士译介活动的具体策略,传教士译介活动的影响与反响等等。大32开本,318页,定价29.00元。

《历代诗经著述考(明代)》 刘毓庆等著。2008年6月中华书局出版。本书是《历代诗经著述考(先秦——元代)》的续编。作者用十数年之功,先后到北京、上海、南京、西安、杭州、台湾以及日本东京、大阪、京都等数十家图书馆搜集资料,查阅数十种书目著作及上千种方志，去重别异，考订时代，钩沉索隐，始得此编。本书共收录明代《诗》学著作七百四十余种，其中尚存者二百二十余种。大32开本，517页，精装本，定价42.00元。

《中国档案文献编纂史》 梁继红著。2009年5月国家图书馆出版社出版。本书根据档案文献编纂史内在规律和自身发展脉络，结合不同时代学术、政治等制约因素的影响，分为古代档案文献编纂史和近代档案文献编纂史上、下两编展开论述。大32开本，303页，定价28.00元。

《中西翻译简史》 谢天振主编。2009年10月外语教学与研究出版社出版。本书十五章，既有对中西翻译史三大发展阶段的宏观描述，又有对中西翻译史上重大翻译事件、主要代表人物的具体阐释。作者勾勒了中西翻译史的发展脉络，同时还能对中西译学观念的演变、建立翻译学学科的历史必然性等问题进行了深入论述。16开本，356页，定价38.90元。

书刊文化史类

《书的历史》 孙宝林、唐乃兴编写。1979 年 2 月山东人民出版社出版。收入"中学课外读物丛书"。本书简明通俗地叙述了汉字的由来，书的祖先，最早的正式书籍，帛书与纸的发明，写本书，刻版印制，活字印制，印本书籍，印刷的前景和未来的书籍等有关中国书史的问题。小 32 开本，106 页，5.3 万字，印数 50000 册，定价 0.27 元。

《太平天国印书》(上、下) 韩品峥、李武纬编。1979 年 5 月江苏人民出版社出版。大 32 开本，805 页，印数 5500 册(套)，定价 3.20 元。

《河北医籍考》 李蔼春、李紫溪编。1979 年 6 月河北人民出版社出版。小 32 开本，87 页，印数 37000 册，定价 0.30 元。

《中国书的故事》 刘国钧、郑如斯著。1979 年 8 月中国青年出版社出版第 3 版。本书初版于 1955 年 7 月，1958 年由外文出版社出版了英文版。全书分为八章，简要论述有关中国书史的下列问题：文字和图书的起源，甲骨的书、青铜的书、石头的书，竹木的书——简策，帛书和初期纸写本书——卷轴，雕版印刷术的发明与发展，活字印刷术的发明与发展，印刷术发明后的书籍，近代和现代的书籍。小 32 开本，115 页，6.5 万字，累计印数 106500 册，定价 0.28 元。

《类书简说》 刘叶秋著。1980 年 2 月上海古籍出版社出版。收入"中国古典文学基本知识丛书"。本书简要介绍了类书的性质和范围、起源与发展、体例与作用，同时还对《北堂书钞》、《艺文类聚》、《初学记》、《古今图书集成》等 13 种古代类书作了简介。小 32 开本，70 页，4 万字，印数 75000 册，定价 0.22 元。

《中国书的历史》 庄葳编著。1980 年 2 月上海人民出版社出版。本书从"开卷有益"谈起，分二十个专题简明通俗地介绍了中国历史上各个时期的书籍形态，同时介绍了印刷术的发展和图书的分类知识。小 32 开本，106 页，7.2 万字，印数 40000 册，定价0.24 元。

《古书同名异称举要》 张雪庵著。1980 年 5 月山东人民出版社出版。收入"中学教师进修丛书"。本书收集了先秦至清末文史古籍书名五千六百多种，对作品、作者、成书时代等一一辨别；对书名与语词、书名与人名加以区分，并对书名中生僻字、词加了注音。小 32 开本，272 页，18 万字，印数 11000 册，定价 0.71 元。

《文史哲工具书简介》 南京大学图书馆等编。1980 年 9 月天津人民出版社出版。全书 9 章，除第一章绪论，概括说明工具书的性质和作用，工具书的源流、类型、内容、编排方法等外，其余 8 章，根据工具书的内容大略分为"查文字"、"查词语"、"查篇目"、"查书刊"、"查年代"、"查地名"、"查人物"、"查事物",然后分别介绍。涉及哲学、社会科学和综合性工具书1300多种。大32开本,794页,52.2万字,定价3.09元。

《文史工具书的源流和使用》 王明根等著。1980年10月上海人民出版社出版。本书介绍了较为重要的中文工具书八百多种,按照"查考书籍的工具书"、"查考字词的工具书"、"查考人物的工具书"、"查考地名的工具书"、"查考古代典章制度的工具书"等类进行编排。每章分为源流和使用两部分,其中"源流"部分具有工具书史的功用。小32开本,389页,24.3万字,印数4200册,定价1.20元。

《〈四库全书〉史话》 刘汉屏著。1980年10月中华书局出版。收入"历史知识小丛书"。《四库全书》是中国古代最大的一部官修书,也是中国古代最大的一部丛书。本书对《四库全书》的编纂、刊刻、收藏、流传、价值与局限等进行了简明扼要的论述。小32开本,46页,印数17000册,定价0.13元。

《清代文字狱》 孔立著。1980年10月中华书局出版。收入"中国历史小丛书"。本书叙述了清代厉行文字狱的经过,指出文字狱起了禁锢思想、阻碍文化发展等反动作用。小32开本,41页,印数16500册,定价0.12元。

《百科全书》 常政、吕千飞译。1980年5月知识出版社出版。本书选译自《不列颠百科全书》、《美国百科全书》中的"百科全书"条目。这两个条目详细介绍了百科全书的性质和作用,用丰富的资料系统地叙述了东西方百科全书的历史发展,分别列举了世界著名的综合性百科全书、专业性百科全书、特殊内容的百科全书、地域性百科全书和儿童通俗百科全书。前一个条目还扼要谈到百科全书编辑与出版方面的一些问题。小32开本,104页,定价0.30元。此外,1994年4月金常政在奥林匹克出版社出版了同名著作。

【另】金常政著《百科全书及其编辑研究》1987年12月由知识出版社出版,32开本,198页,印数3000册。

《红楼梦书录》 一粟编著。1981年7月上海古籍出版社出版。本书1959年由古典文学出版社初版。它搜集了从《红楼梦》问世直到1954年10月以前为止的有关作品约900种,酌加提要或摘录。大32开本,438页,印数11500册,定价1.60元。

《书的故事》 钟宝良编著。1981年9月黑龙江人民出版社出版。收入"小学生文库"。本书通俗简明地介绍了以下图书方面的知识,包括文字是怎样产生的,没有纸的时候书是什么样的,在纸和印刷术发明以后书又是怎么样的,今天世界上还有哪些新式样的书等等。小32开本,75页,印数325000册,定价0.22元。

《中国文学古籍选介》 魏凯等著。1981年12月山西人民出版社出版。本书是一本介绍我国古代文学著名典籍的普及读物。它对我国先秦至清代历朝170部重要文学名著做了简明扼要的分析和介绍。此外,每篇对古籍的版本源流,作家生平及其在文学史上的地位和对后世的影响等,也作了简要介绍。小32开本,515页,印数31800册,定价1.80元。

《中国图书史话》 章柳泉著。1981年教育科学出版社出版。小32开本,156页,定价0.63元。

《书海漫游》 程亚男、彭庆元编著。1981年贵州人民出版社出版。本书以讲故事的形式,系统地介绍了书籍从古至今的历史演变过程,阐明了书籍在人类历史发展上的重要作用。小32开本,76页,定价0.21元。

【另】王盛茂的同名著作(图书馆学文集)2001年2月由中央文献出版社出版。32开本,404页,印数1000册。

《三百种医籍录》 贾维诚编著。1982年2月黑龙江科技出版社出版。16开本,415页,印数9900册,定价2.85元。

《中国古代的类书》 胡道静著。1982年2月中华书局出版。本书分6章,既阐述了类书的性质、起源及类型,类书的作用、反作用和特殊作用,又分别介绍了魏晋、南北朝、隋朝、唐朝、北宋等各个时期的重要类书。小32开本,154页,11.6万字,印数20000册,定价0.60元。本书2005年5月再版,收入"国学入门"丛书,定价14.00元。

《中国文史工具资料书举要》 吴小如、吴同宾编著。1982年3月中华书局出版。本书着重介绍了有关文史范围内常用工具书的内容和使用方法。大32开本,333页,25万字,印数50600册,定价2.15元。

《论严复与严译名著》 商务印书馆编辑部编。1982年6月商务印书馆出版。大32开本,171页,印数13500册,定价0.80元。

《八百种古典文学著作介绍》 黄立振编著。1982年8月中州书画社出版。大32开本,665页,精装本,定价3.12元。本书的续编1987年8月由中州古籍出版社出版,大32开本,730页,印数9000册,精装本,定价6.50元。

《中国漫画史话》 毕克官著。1982年8月山东人民出版社出版。本书内容包括:古代有没有漫画、民间的漫画、义和团的漫画、什么时候形成漫画画种、漫画名称的始用和普及、最早的漫画选集等。小32开本,137页,印数13000册,定价0.57元。本书1984年山东美术出版社再版。2005年百花文艺出版社刊行修订本,定价32.00元。

《中国书史简编》 刘国钧著,郑如斯订补。1982年10月书目文献出版社出版。本书初版于1958年3月,由高等教育出版社刊行。此次为订补本,全书分为八章,在论述图书的社会意义的基础上,按照时间顺序分别探讨了从文字发生到公元一世纪的中国书,直至中华人民共和国的图书和出版事业,勾勒出了一个以历史发展为背景的中国图书发展史的体系,从图书的思想和物质形态两个方面比较全面辩证地阐述了我国图书的产生、发展及其社会作用。大32开本,164页,14万字,印数35000册,定价0.80元。

《〈尚书〉史话》 马雍著。1982年11月中华书局出版。本书用通俗的直述方式介绍我国最早的一部历史文献——《尚书》版本流传等方面的情况。具体内容包括:《尚书》的前身和今古文讼案的兴起,今古文《尚书》的并行与演变,今古文《尚书》的相继失传和伪《孔传古文尚书》的代兴,《尚书》的辨伪工作,今天所见到的《尚书》。小32开本,84页,5.4万字,印数3700册,定价0.26元。

《中国图书知识》 何卜吉编著。1982年12月广西人民出版社出版。本书是为中南五省区六所省级公共图书馆"业务研究讨论会"编写的图书馆专业进修教材。全书共10章,从文字的产生和我国早期图书的出现谈起,直到古代、近代、现代的书籍,介绍了图书发展历史的有关知识。小32开本,150页,印数30000册,定价0.43元。

《中国字典史略》 刘叶秋著。1983年6月中华书局出版。本书上起战国、秦汉,下至近代,共分七章,既依时代先后为顺序,又辅之以体例相近为类别,纵横交错,以见中国历代字典的演进轨迹。小 32 开本,259 页,16.8 万字,印数 31000 册,定价 0.80 元。

《我国古籍之最》 张文玲编著。1983 年 6 月福建人民出版社出版。本书介绍最具特色的古书 238 种,对每种书的时代、作者、篇目、内容、版本流传及其影响等进行了论述。这些古籍在记述我国古代各门类、各学科的知识中,具有首创、鼻祖、立滥觞、开先河的特点。因此,它对于了解、认识各种古籍的源流关系,并借以认识中国各家学说、流派的因袭与发展,提供了有帮助的线索。书中配有古籍方面的书影六十多幅。小 32 开本,258 页,19 万字,印数 18550 册,定价 0.90 元。

《中国古代兵书杂谈》 王显臣、许保林著。1983 年 12 月解放军出版社出版。收入"中国古代兵法通俗读物丛书"。本书分 12 个专题简明扼要介绍了古代兵书的作用、著录、分类、作者、版本、命运以及在国外的传播等状况。书前有书影 4 页。小 32 开本,204 页,14 万字,定价 1.10 元。

《徽派版画史论集》 周芜编著。1984 年 1 月安徽人民出版社出版。本书比较详尽地反映了徽派版画艺术的历史状况。书中附有图版 136 幅,并一一作了介绍。16 开本,136 页,印数 1100 册,定价 3.15 元。

《中国地图史话》 金应春、丘富科著。1984 年 4 月科学出版社出版。小 32 开本,177 页,印数 13000 册,定价 0.75 元。

《中国古代版画百图》 周芜编著。1984 年 5 月人民美术出版社出版。本书收有 100 幅从唐到清代的经典版画。小 32 开本,100 页,印数 10000 册,定价 1.65 元。另有王琪编著的《外国版画百图》,1984 年 10 月由人民美术出版社出版。

《史籍浅说》 吕涛等著。1984 年 6 月广东人民出版社出版。小 32 开本,257 页,印数 11000 册,定价 1.40 元。

《中国古代科技要籍简介》 麦群忠、魏以成编写。1984 年 8 月山西人民出版社出版。本书介绍了 150 部古代科技典籍。小 32 开本,182 页,印数 5000 册,定价 0.89 元。

《简牍概述》 林剑鸣编译。1984 年 9 月陕西人民出版社出版。收入"秦汉史研究丛书"。大 32 开本,181 页,印数 4000 册,定价 1.20 元。

《书籍装帧艺术简史》 邱陵编著。1984 年 11 月黑龙江人民出版社出版。本书是高等工艺美术院校书籍装帧专业的教材,是国内较早的此类著作。全书分为四章,具体内容包括:书籍的产生与书籍美术,中国古籍的装帧艺术及其发展(公元 4 世纪初至 20 世纪初),五四运动后至抗日战争前的装帧艺术(1917～1937 年),抗日战争后至新中国成立前的装帧艺术(1937～1949 年)。书后附录有《书籍版本分类与名词百解》,另附有相关图片 116 幅。大 32 开本,115 页,另附图片 48 页,8.7 万字,印数 4100 册,精装本,定价 3.25 元。

《新中国画报纪程》 本书编辑组编写。1984 年 12 月长征出版社出版。内有多页图片。大 32 开本,259 页,印数 3000 册。

《书的故事》 方厚枢、章尔扬、沈荣骧改编。1985 年 3 月四川少年儿童出版社出版。本书为电影连环画,是根据峨眉电影制片厂 1980 年摄制的科教影片《书的故事》(方厚枢、章尔扬编剧)改编的。该书通过一位图书馆馆长讲故事的方式,通俗而生动地介绍了中国古代书籍的发展历史。60 开本,86 页,印数 84500 册,定价不详。

【另】书名为《书的故事》的普及性读本还有多种版本，如：北京女三中语文组编写，中华书局1961年版；钟宝良编著，黑龙江人民出版社1981年版；曹殿举等编，吉林教育出版社1991年版；范若丁编著，新世纪出版社1998年版；李录志、李石编著，陕西人民出版社1998年版等。

《小学语文教材简史》 李伯棠编著。1985年3月山东教育出版社出版。大32开本，291页，定价2.45元。

《辞书概要》 陈炳迢著。1985年3月福建人民出版社出版。本书分四章，运用古今中外著名辞书的具体材料，分别介绍了辞书的性质、功用、结构、准则、类型以及我国辞书的发展简况。小32开本，280页，印数14000册，定价1.05元。

《共进社和〈共进〉杂志》 中共陕西省委党史资料征集研究委员会编。1985年6月陕西人民出版社出版。收入"陕西党史专题资料集"。收入与共进社和《共进》杂志相关的一些重要历史资料和回忆文章。大32开本，508页。

《中国书的故事》 刘国钧等著。1985年7月至1989年5月外文出版社出版了英、法、德文版。本书是中国书史的通俗读物，除了"导言"和"结束语"外分8章，介绍了三千多年来中国最早的正式书籍简册经帛书、写本书到印刷书的发展过程，伴随文字、书籍产生、发展，纸和印刷术的相应产生和发展；还阐述了各个时期有关著作的情况。

【另】刘国钧著《可爱的中国书》1952年建业书局出版。从20世纪50年代开始，刘国钧在中国少年儿童出版社、中国青年出版社、外文出版社出版了多种版本的中外文《中国书的故事》。

《古代诗文总集选介》 张涤华著。1985年7月上海古籍出版社出版。收入"中国古典文学基本知识丛书"。本书介绍了《文选》、《玉台新咏》、《文苑英华》、《全唐诗》、《骈体文钞》等11种中国古典诗文总集。小32开本，143页，7.9万字，印数22000册，定价0.47元。

《访书见闻录》 路工著。1985年8月上海古籍出版社出版。本书收集了自1954年到1982年期间作者在各地访书中陆续写下的部分文章。这些文章记录了作者所见到的、新发现的古代书籍，介绍了一些国内外罕见的珍本书的内容，并对古代一些有重要贡献的历史人物和优秀著作进行了评价。为保存原始资料，本书还附录了《王魁》等话本三种、魏良辅《曲品》等原著。书中还有书影三十多页。大32开本，531页，38.4万字，印数8500册，定价2.85元。

《类书流别》(修订本) 张涤华著。1985年9月商务印书馆出版。本书分为义界、缘起、体制、盛衰、利病、存佚六篇。书末附录《书名音序索引》、《书名笔画索引》、《作者索引》。小32开本，156页，印数7100册，定价0.92元。本书初版于1943年，1958年重印。

【另】唐光荣著《唐代类书与文学》2008年由巴蜀书社出版。

《中国古代书籍史》 李致忠著。1985年12月文物出版社出版。收入"文物考古知识丛书"。本书是在讲义的基础上修订而成的，条理清晰，论述简明。全书分为5个部分，具体纲目为：绪论、文字的起源与书籍的产生、书籍的生产、中国古代书籍的装帧艺术、中国古代对书籍生产和流通的管理。小32开本，197页，定价1.00元。

《中国古代字典辞典概论》 钱剑夫著。1986年1月商务印书馆出版。本书分为部首分类检字的字典、韵目分类检字的字典、语义分类的辞典、专门性辞典对中国古代字典辞典进行了分门别类的论述，勾勒了古代字典辞典的历史发展，具有字典辞典史和编纂出版史的价值。大32开本，291页，22.3万字，印数10500册，定价2.10元。

《文史工具书评介》 张旭光编著。1986年5月齐鲁书社出版。本书分为四章，分别介绍字书、字典与辞典，目录与索引，表谱与图绘，类书。列入本书正式评介的文史工具书计180种。作者从学术史的角度，论述字书、目录学、表谱和类书的发生、发展的历史沿革，按类逐次介绍各种工具书的作者、体例、概况、使用方法、相关知识，并评价其学术价值。大32开本，479页，33.7万字，印数7000册，精装本，定价4.20元。

《水浒书录》 马蹄疾编。1986年7月上海古籍出版社出版。本书收录《水浒传》的各种版本，包括“文简事繁本”、“文繁事简本”、“繁简综合本”、“腰斩断刻本”、“其它文种翻译本”等。附33页图版。启功题写书名。小32开本，681页，印数6000册，定价4.05元。

《中国年画史》 薄松年著。1986年7月辽宁美术出版社出版。本书为年画史研究专著，由“年画艺术形式的萌发和形成”、“明清年画艺术的繁荣”、“明清木版年画的艺术成就”、“近代年画”、“新年画运动的发展和成就”等章节构成。书内有黑白插图177幅，书前有彩色图片26幅。小32开本，7.5印张，232页，印数3000册，定价2.50元。

《现代文学期刊漫话》 应国靖著。1986年9月花城出版社出版。收入“随笔丛书”。本书收录了作者写作的一百五十多篇有关五四到新中国成立的文学期刊的短篇漫话。这些文章是在查阅了一百六十多种文学期刊后，结合当时的历史背景、文坛动态，从各种不同角度，对每种期刊进行介绍、分析和评论。有写创刊和演变过程的，有写如何在白色恐怖下挣扎图存终遭查禁的，有写历任编辑的办刊方针的，有写今天的名人名作当时如何最早发表在哪家刊物的，等等。文字清新可读，资料丰富，各篇重点突出。全书富有知识性、史料性，是有关现代文学期刊史的有价值的著作。小32开本，495页，印数1500册，定价3.10元。

《文史工具书200种》 梁信义、李钟诚编。1986年9月黑龙江人民出版社出版。本书在绪论中对文史工具书的综合知识作了简要论述，然后分类介绍了常见、常用的文史类工具书200种，对于每一种工具书的源流、现状等都有简明介绍。32开本，377页，25万字，印数14000册，定价2.35元。

《国内工具书指南》(全2册) 上海交通大学辞典编辑部编。上海交通大学出版社出版。本书第一册为“辞书部分”，1986年9月出版，大32开本，450页，印数17000册，定价3.20元。第二册为“手册部分”，1986年12月出版，602页。前者主要介绍新中国成立以来国内出版的各类辞书，包括台湾、香港地区出版的部分辞书，另含部分新中国成立前的辞书以及翻译的国外辞书，共计两千四百多种。后者则收录手册、指南、指导等类书籍两千五百多种。大32开本，602页，120万字，定价4.95元。

《金瓶梅书录》 胡文彬编著。1986年10月辽宁人民出版社出版。本书内容包括上自明代万历年间，下至1985年7月15日的全部有关《金瓶梅》研究与考证的书面资料：分为“版本类”、“续书类”、“评论类”、“文献类”、“书目类”、“改编类”、“绘图类”几大部分，以刊载时间的先后为序。小32开本，293页，印数11500册，定价2.35元。

《古代辞书史话》 赵振铎著。1986年11月四川人民出版社出版。小32开本，196

页,印数3550册,定价1.15元。

【另】有关辞书研究类论著还有:胡明扬等著《词典学概论》,中国人民大学出版社1982年版;陈炳迢著《辞书概要》,福建人民出版社1985年版;黄建华著《词典论》,上海辞书出版社1987年版;杨祖希著《辞书论集》,知识出版社1987年版;曹先擢、杨润陆著《中国辞书讲话》,上海教育出版社1990年版;曹先擢、陈秉才主编《八千种中文辞书类编提要》,北京大学出版社1992年版;赵振铎著《字典论》,上海辞书出版社2001年版;李尔钢著《现代辞书学导论》,汉语大词典出版社2002年版。

《杜集书录》(上、下) 周采泉编。1986年12月上海古籍出版社出版。此书仿经义考及小学考之例,对历代有关杜诗著作进行系统性簿录,分内外篇,内篇以存书之书录解题为主,外篇以存目及参考资料为主。小32开本,1079页,印数1800册,定价8.50元。

《中外插图艺术》 陈若晖编。1987年2月福建美术出版社出版。小32开本,171页,印数10000册,定价3.50元。

《中国大学学报研究》 宋应离编。1987年5月河南大学出版社出版。本书选编国内刊物上发表的研究大学学报的文章51篇,按文章内容分为7部分,其中两个部分是:著名教育家论学报,收录文章7篇;学报的产生与发展变化,收录文章2篇。大32开本,396页,32万字,印数1500册,定价3.00元。

《中国书史》 郑如斯、肖东发编著。1987年6月书目文献出版社出版。本书是"中央广播电视大学图书馆学专业用书"中的一种。全书8章,"绪论"部分论述了图书的社会意义、中国书史的学科体系及历史分期。接下来的7章,按照时代顺序梳理了从公元前21世纪直到20世纪80年代中国图书事业的发展历程。小32开本,312页,21万字,印数46000册,定价1.50元。

《中国书史教学参考文选》 郑如斯、肖东发编。1987年6月书目文献出版社出版。本书是为配合中央广播电视大学图书馆学专业学习中国书史课程而选编的参考资料。书中选入了有关中国文字起源、甲骨金石刻辞、简帛、纸卷及印刷术发明后图书出版事业发展情况的著述或资料,共22篇。本书大体上是按中国书史课程的内容体系为序组织编排的。所选文章,除个别的作了节选外,大部分原文全文排印。小32开本,284页,19万字,印数30000册,定价1.40元。

《中国书史教学指导书》 郑如斯、肖东发编。1987年6月书目文献出版社出版。本书是《中国书史》教材的教师参考用书,列有各章的内容要点、教学要求、阅读范围,并有复习参考题。小32开本,49页,印数37000册,定价0.35元。

《中国古代的编年体史书》 陈秉才、高德著。1987年6月人民出版社出版。本书属于通俗性的小册子,以介绍中国古代历史遗产为出发点,专门论述了编年体史书产生、发展的历史。小32开本,172页,10.3万字,印数16700册,定价0.88元。

《中国现代版画史》 陆地编著。1987年7月人民美术出版社出版。有附图114幅。大32开本,359页,精装本,定价2.65元。

《尚书源流及传本考》 刘起釪著。1987年8月辽宁大学出版社出版。本书对于我国第一部史籍并为《十三经》中重要一经的《尚书》的源流,作了系统简明的阐述,并用图表列明了许多复杂的问题。32开本,325页,印数2000册,定价2.60元。

《中国图书和图书馆史》 谢灼华主编。1987年9月武汉大学出版社出版。收入“图书馆学自学丛书”,曾于1985年内部印行。全书共分为4编13章,勾勒了中国图书和图书馆的历史发展过程。作者将这个历史演进过程分为简帛书时期、写本书时期、印本时期和机械印刷时期。时间上自商代,下至1949年。小32开本,345页,28万字,印数5000册,定价2.25元。本书2005年10月修订再版,大32开本,454页,41.3万字,定价24.00元。

《古代要籍概述》 马雍等著。1987年9月中华书局出版。1997年第2次印刷。本书为“中国历史小丛书”合订本,内容包括马雍的《〈尚书〉史话》、吴树平的《〈二十四史〉简介》、冯惠民的《司马光和〈资治通鉴〉》、张忱石的《〈永乐大典〉史话》、刘汉屏的《〈四库全书〉史话》。读者可以从中了解到编纂这些书的来龙去脉、历史背景、治学方法以及在历史文化上的贡献和价值。大32开本,264页,17.2万字,印数6600册,定价1.40元。

《中国典籍之最》 徐状华著。1987年9月甘肃教育出版社出版。本书是一部兼具知识性、资料性和学术性的历史典籍读物,分为15部分,按照现代图书分类方法,再依据成书的年代先后,选取了近二百种历史典籍予以介绍,具体内容包括书名、卷次、篇目、作者生平、成书时间、基本内容、有关著作评论、不同版本、流传情况、史料价值及其对后世的影响。小32开本,300页,20万字,印数5100册,定价2.05元。

《中国古代图书事业史概要》 来新夏著。1987年10月天津古籍出版社出版。本书以图书和图书事业为中心线索,纵向勾勒和论述了中国古代图书及图书事业的历史发展,全书分为图书事业的创始阶段、兴起阶段、发展阶段、兴盛阶段和全盛阶段。书中附有较多图片资料。顾廷龙题写书名。小32开本,71页,4.9万字,印数3000册,定价1.90元。

《中国古代农学家和农书》 章楷著。1987年10月上海人民出版社出版。收入“祖国丛书”。小32开本,202页,印数2500册,定价1.65元。

《笔祸史谈丛》 黄裳著。1988年1月人民日报出版社出版。作者平日读书留心有关历代文字狱的材料,并随时记下自己的读书感受。本书是作者对这类笔记文的汇编,收录短文十多篇。小32开本,104页,7万字,印数4000册,定价0.90元。本书收入“大家小书”丛书,2004年1月由北京出版社再版。小32开本,132页,印数10000册,定价8.00元。

《印刷发明前的中国书和文字记录》 (美)钱存训著,郑如斯增订。1988年1月印刷工业出版社出版。本书对公元前14世纪出现最早中国文字起到公元七百年左右印刷术发轫时期的中国书和文字记录方式进行了研究,是考察中国书籍起源的重要著作。附图版29张。大32开本,181页,13.5万字,印数3500册,精装本,定价3.60元。本书在大陆和港台还刊行了多个版本,书名亦有所变化。

《四库全书纵横谈》 华立著。1988年2月上海古籍出版社出版。在这本普及性的小册子中,作者对《四库全书》的纂修缘起、经过、体例、特点以及藏书及其命运等分专题进行了论述。小32开本,101页,5.8万字,印数15000册,定价0.89元。

《中外禁书》 蔡国良编著。1988年3月上海文化出版社出版。收入“五角丛书”。本书介绍了部分中外禁书,如《金瓶梅》、《玉娇梨》和《查泰莱夫人的情人》等32部。小32开本,103页,印数50000册,定价0.50元。

《中国史籍概论》 张志哲著。1988年5月江苏古籍出版社出版。本书是按照史籍的体裁,分为古史(先秦的史籍)、正史(纪传体的二十六史)、别史(正史以外的各体史书)和杂史(非正式史籍)四大部分,有条理和有系统地进行介绍和评述,是学习和研究中国史籍的一部工具书。大32开本,625页,50.8万字,印数4000册,定价5.40元。

《中外装帧艺术论集》 郭振华、余秉楠、章桂征编。1988年8月时代文艺出版社出版。本书收录书籍装帧艺术方面的研究文章91篇,既有对书籍装帧历史的研究,也有对书籍装帧现状的探讨,以及对国外书籍装帧历史的介绍。大32开本,701页,53.5万字,印数4500册,精装本7.30元,平装本5.80元。

《浙江方志源流》 魏桥等著。1988年8月浙江人民出版社出版。收入"浙江文化丛书"。本书论述了从两汉至民国时期浙江方志的起源与发展历程。大32开本,234页,印数3100册,定价2.45元。

《中国兵书知见录》 许保超编著。1988年9月解放军出版社出版。本目录共著录兵书3380部,23503卷,其中存世兵书2308部,18567卷,存目兵书1072部,4936卷。本书目为知见书目,凡中国历史上出现的兵书,不问存佚;存者,不论是藏在国内还是藏在国外,均在收录之列。大32开本,446页,印数5000册,定价3.80元。

《唐诗书录》 陈伯海、朱易安编撰。1988年12月齐鲁书社出版。本书对唐诗著述文献进行了一次全面的汇总。大32开本,740页,35.5万字,印数1000册,精装本,定价2.35元。

《中国图书知识》 谢俊贵著。1988年12月广西教育出版社出版。收入"全国图书馆学中专系列教材"。大32开本,220页,定价2.05元。

《中国大学学报简史》 宋应离编著。1988年12月中州古籍出版社出版。本书初步勾勒了从19世纪末期直到当代中国大学学报产生和发展的历史轨迹,并探讨了我国大学学报的地位、作用及编辑出版工作的经验。书前有中国大学学报方面的书影、照片等6页,书末附录有《建国以来研究大学学报的论文目录索引(部分)》、《中国当代大学学报名录(部分)》。大32开本,394页,31万字,印数1500册,定价4.60元。

《书的世界》 李南友编著。1989年3月四川少儿出版社出版。这本普及性的小册子,简明、通俗、生动地介绍了书对人类社会的贡献、书与现代文明的关系、书的历史发展过程、书的现状和未来等。小32开本,137页,8.6万字,印数9300册,定价1.63元。

《清代各省禁书汇考》 雷梦辰编著。1989年5月书目文献出版社出版。该书所辑清代各省查办禁毁书目单,均来源于乾隆年间各省汇刻的《禁毁书目》所列各省咨禁书目单,以及故宫博物院文献馆编印的《文献丛编》、《掌故丛编》等。作者对所禁之书作了细致的考证。大32开本,263页,1997年9月第2次印刷,累计印数8000册,定价9.80元。

《中国图书之最》 常仲哲编著。1989年5月中国旅游出版社出版。本书选取古今堪称"之最"的图书500部,按时代先后逐一介绍每一种图书的体裁、版本、装帧、内容、印刷工艺,同时简要论述其特点、作者与收藏情况。大32开本,278页,印数10000册,定价3.60元。

《南方民族古史书录》 吕名中主编。1989年6月四川民族出版社出版。本书收录广博,包括正史类、编年类、政书、大型类书等及官修地方志书等等。大32开本,652页,印数1300册，定价7.10元。

《中国简牍学综论》 郑有国编著。1989年9月华东师范大学出版社出版。本书的内容涉及简牍的出土及整理，简册制度，简牍的内容，简牍的整理及考释，简牍研究的初始时期、酝酿时期、新时期，秦简的出土及研究，简牍学与诸学科的关系，简牍研究的回顾与展望等。大32开本，258页，21万字，印数3500册，定价2.25元。

《人间天书——宗教典籍举要》 本社编。1989年11月知识出版社出版。本书选取各种宗教现存的一部分主要典籍，着重介绍其内容概要、产生的历史以及作者、版本和注疏等。32开本，275页，印数11000册，定价4.00元。

《皖人书录》 蒋元卿著。1989年12月黄山书社出版。这部大型工具书，收录安徽作家六千七百余人的一万七千多种著作，从中可一窥安徽文化发展的历史面貌。大32开本，1221页，147万字，印数1000册，精装本，定价28.00元。

《中国古代图书》 鲁海、鲁军著。1989年12月山东教育出版社出版。收入"中国文化史知识丛书"。本书从图书的定义谈起，分20节具体介绍了中国古代各个历史时期的图书形态，直至报刊的产生与发展。内容丰富，简明通俗。小32开本，123页，7.7万字，印数1240册，定价1.20元。

《古籍丛书概说》 刘尚恒著。1989年12月上海古籍出版社出版。本书对我国古籍丛书的概念、起源、发展、类别以及丛书的价值等进行了较为全面系统的阐述。附录为《七十五种综合性古籍丛书简介》。吴孟复作序。小32开本，136页，8.8万字，印数3500册，定价1.85元。

《影响中国历史的三十本书》 王余光主编。1990年1月武汉大学出版社出版。收入"珞珈青年丛书"。本书从中国历史文献中提选出一批最能代表中国文化特色，并对中国历史进程产生过重大影响的图书加以评价。所选图书分别编入"根源篇"(《尚书》、《周易》、《诗经》、《老子》、《论语》等)、"创变篇"(《史记》、《论衡》、《太平经》、《坛经》等)、"维新篇"(《海国图志》、《新学伪经考》、《天演论》、《新民主主义论》等)。在前面的"引论"中编者论述了书的属性和构成、知识的源泉、知识体系与书的类别、书与人类文化的创造、书与中国历史等问题。小32开本，276页，19.4万字，印数9300册，定价3.70元。本书的修订本2007年4月由武汉大学出版社刊行，大32开本，242页，定价33.00元。

【另】王余光、宁浩主编的《塑造中华文明的200本书》1997年由武汉大学出版社出版。

《中国禁书大观》 安平秋、章培恒主编。1990年3月上海文化出版社出版。本书全面介绍中国各个历史时期的"禁书"，分三个部分展示其全部面貌：简史部分，以"禁书"为经线作一全景式的历史之旅；总目部分，铺陈各类"禁书"三千余种；解题部分，以现代观点剖析颇具影响的"禁书"二百余种，包括内容、观点及其特色与得失。作为国内第一部总括历代"禁书"的专著，资料完备，信息特殊。其范围上下数千年，纵横文史哲诸领域，兼收具有文物价值的"禁书"版本、书影、插图照片二百余幅，立体地再现了中国文化发展过程中的一个重要、复杂的侧面。大32开本，715页，87.8万字，至1997年2月，精装本印行132000册，平装本印行24500册，精装本定价26.00元，平装本定价22.30元。

《中国古代图书事业史》 来新夏等著。1990年4月上海人民出版社出版。收入"中国文化史丛书”。本书是以图书为中心,涉及与图书有关的各种事业,是书史、目录学史、图书馆史的结合,包括搜求、典藏、管理、整理和编纂等。本书既非学术发展史,也不是历代著述史,而是在有关史料基础上考辨研究,论述成文,力求自成体系。作者以中国古代历史发展顺序为基本脉络,以图书形态发展特点为主要标志,论述了中国古代图书事业在各阶段的历史。书前有书影等多幅。大32开本,380页,26万字,印数3500册,定价9.20元。

《杨家埠木版年画》　张殿英编。1990年5月人民美术出版社出版。山东潍坊杨家埠木版年画兴起于明代,全以手工操作并用传统方式制作,发展初期受到杨柳青年画的影响,清代达到鼎盛期。杨家埠曾一度出现“画店百家,画种过千,画版上万”的盛景,产品流布全国各地。其中最大的东大顺画店拥有画版三百多套,年制画百万余张。杨家埠年画体裁广泛,想象丰富,重用原色,线条粗犷,风格纯朴。本书介绍了杨家埠木版年画的源流、题材内容和代表作品、形式分类和艺术特色、制作工艺和销售经营等。书前有图版24页。大32开本,201页。上海人民美术出版社、中国美术学院出版社还出版过有关杨家埠木版画的本子。

《民间木版画》　张道一编。1990年6月江苏美术出版社出版。大32开本,238页,印数2000册,定价18.50元。

【另】《民间美术——民间木版画专辑》1992年8月江苏美术出版社出版。16开本,52页。

《中国民间木刻版画》　吕胜中编著。1990年6月湖南美术出版社出版。本书对以年画为主的民间木刻艺术做了一次梳理。书中包含论文《民间木刻版画概说》,图版有山东、山西、河北、河南、陕西、甘肃、天津、北京、安徽、江苏、四川、湖南、贵州、广东、广西、福建、台湾、云南、西藏等地的作品以及民间读本的书籍插图,约有五百余幅。形式包括神像、年画、花样绣谱、游戏道具、冥币纸马、书籍插图等。12开本,227页,印数15000册,定价22.00元。

《秦汉魏晋出土文献散见简牍合辑》　李均明、何双全辑。1990年7月文物出版社出版。大32开本,159页,定价6.90元。

《睡虎地秦墓竹简》　睡虎地秦简整理小组编。1990年9月文物出版社出版。本书包括云梦睡虎地秦墓出土竹简的全部照片、释文、注释,其中六种附有语译。大16开本,255页,精装本,定价80.00元。

《清朝文字狱》　郭成康、林铁钧著。1990年10月群众出版社出版。本书是一部具有史料性、可读性的著作,作者采用通俗简明的手法,分专题对清朝文字狱的有关历史情况进行了介绍。主要内容分为三个部分,即:清朝文字狱纵横谈、清朝文字狱要案始末、清朝文字狱大事记。大32开本,404页,31.6万字,印数7000册,定价6.90元。

《中国近代书籍装帧》　罗小华编著。1990年10月人民美术出版社出版。本书对五四以来到新中国成立30年间的书刊装帧艺术史进行了勾勒。全书文字不多,主要介绍一些有代表性的书刊封面设计艺术和著名设计家,并附有1919年到新中国成立前的五百多幅封面和插图的照片。小32开本,200页,未标字数和印数,定价4.90元。

《中国兵书通览》　许保林著。1990年10月解放军出版社出版。2002年1月刊行第2版。全书由上编"通论"、中编"分论"和下编"现存兵书简目"三个部分组成。书中对历代兵书的源流、作用、种类、数量、内容、价值、发展分期、特点、厄运、影响，以及研究现状等进行了系统论述；对近百部有代表性的兵书要籍进行了简介，对现存的历代兵书按照时代顺序予以编纂，介绍每种兵书的卷篇数、作者、版本及收藏等。大32开本，694页，印数10000册，精装本，定价39.50元。

《中国古代的禁书》 平夫、黎之编著。1990年12月中国青年出版社出版。本书分为上下两篇。上篇"中国古代禁书史与禁书学"，简要地论述了中国封建社会禁书的时代背景、形式和特点等，勾勒了历代禁书发展的轨迹。下篇"中国古代禁书一瞥"，重点介绍了《红楼梦》、《金瓶梅》、《绿野仙踪》等几十部禁书（主要是文学作品）的内容梗概和有关情况。小32开本，112页，7万字，印数15000册，定价1.45元。

《内蒙古期刊事业》 戈夫、团英主编。1990年12月内蒙古文化出版社出版。本书对内蒙古期刊事业的发生、发展进行了全面介绍。附建国前期刊简况，建国后创办后又停刊、内部准印期刊情况。32开本，479页，定价5.40元。

《书籍装帧艺术史》(增订本) 邱陵编著。1990年5月重庆出版社出版。本书初版于1984年11月，书名《书籍装帧艺术简史》。增订本内容增至11章，新增了新中国成立后装帧艺术的发展及书籍艺术界的各项活动等，对西藏、新疆、青海、内蒙古等少数民族地区的书籍装帧艺术作了专章介绍。书前有书籍封面设计图等彩色、黑白插页16面。大32开本，248页，印数1000册，定价5.00元。

《潍坊年画研究》 郑金兰主编。1991年2月学林出版社出版。本书共收理论文章34篇，对杨家埠木版年画、高密扑灰年画以及临朐手绘年画的历史渊源、风格特点、文化价值和发展走向等作了分析和阐述。32开本，222页，印数3000册，定价4.85元。

《佛教大藏经史(八至十世纪)》 方广锠著。1991年3月中国社会科学出版社出版。作者以敦煌千佛洞所藏佛经为基础，将敦煌资料与传世资料、金石资料结合起来，系统地考察了汉文大藏经的形成、发展过程，为中国大藏经的形成和演变勾画出了一个基本的轮廓。从佛学、敦煌学的角度看，有不少新的开拓和见解。而从编辑学的角度看，它也是一部特殊的编辑史，内容涉及佛经的流通、传布、保管，大藏经编辑的特点，佛教目录学以及佛教结构体系等。任继愈作序。大32开本，518页，37万字，印数3000册，定价9.00元。

【另】有关佛教著作刊刻方面的著作还有《中国大藏经雕印史》(道安著，佛教寺院刊行，具体时间不详)、《历代刻印大藏经略史》(游有为编，弘化社1954年刊行)、《径山寺刻藏述》(陈豪楚著，浙江省立图书馆民国年间刊刻)。

《钦定四库全书考证》(全3册) 清·王太岳等编。1991年5月书目文献出版社出版。本书在修订《四库全书》时所接触的大量资料的基础上编辑而成。全书100卷，分经、史、子、集四部，对《四库全书》中1000多种书进行考证。编者吸收当时的研究成果，利用各种版木和资料对这些书的字词、内容等辨误订正，较为系统、翔实，有很高的学术价值。全书据清内府抄本影印。16开本，2478页，200万字，精装本，定价295.00元。

《清代文字狱案》 张书才、杜景华主编。1991年5月紫禁城出版社出版。本书是根据现存清朝历史档案及清人笔记编写的。书中共概述了清朝文字狱86起，对每一个案件的发生、发展、株连情况及处理结果都进行了介绍和分析。引证资料翔实，行文通俗简洁，史料性和可读性结合较好。小32开本,296页,20万字,未标印数,定价6.80元。

《书的知识》 贲炜著。1991年5月湖南文艺出版社出版。本书试图沿着人类历史的长河,追踪图书运行的轨迹,叙起源,说演变,话兴衰,大幅度跨越时空,勾勒总体轮廓。同时,围绕图书本身,剖析结构,讲述编校,介绍印刷,阐释工艺,揭示规律。此外,还介绍图书类别的划分,典籍的使用,版权知识与版权贸易等。大32开本,315页,23.8万字,印数10000册,定价5.00元。

《〈今古传奇〉创刊十周年纪念文集》 《今古传奇》编辑部编。1991年6月长江文艺出版社出版。《今古传奇》是20世纪80年代初中国内地创办的通俗文学期刊,在我国通俗文学领域有着重要影响和举足轻重的地位。大32开本,376页,定价5.50元。

《书的故事》 曹殿举等编著。1991年7月吉林教育出版社出版。收入“小书包套书”。小32开本,118页。

《中外当代名书奇书介绍》 安朝中主编。1991年9月北京广播学院出版社出版。本书介绍了1940年至1989年间出版的当代中外名书奇书,其中中国的390部,外国的687部。小32开本,316页,30万字,印数4000册,定价5.20元。

《中国书籍之最》 张召奎编著。1991年10月安徽少儿出版社出版。收入“小学生精品书库”。1996年4月重印。该书是一本普及性的小册子,共分为3大类(人文社会科学类、自然科学类、工具书类),11个部分,256条,选出最早、最大、最完备、最杰出的图书进行介绍,其中讲最早的书籍的内容占了90%。小32开本,203页,约10万字,印数5000册,定价3.20元。

《中国民间年画史论集》 王树村著。1991年10月天津杨柳青画社出版。书中附彩色年画插图近百幅。大32开本,322页,印数5000册,精装本,定价16.50元。

《安徽图书馆系统馆藏工具书书目纵览》 胡家柱、赵允若主编。1991年10月南京大学出版社出版。16开本,391页,印数1000册,定价12.00元。

《泰山历代著述提要》 1991年10月青岛海洋大学出版社出版。本书著录了泰山地区历代著述的内容、版本、作者等项目,是第一本泰山简明书录。32开本,158页。

《中国古代兵书》 柳玲著。1991年11月天津教育出版社出版。收入“中国文化史知识丛书”。本书介绍了中国古代兵书的知识,重点介绍了部分著名兵书及其作者的情况,阐述了兵书在政治、军事、外交,以及经济、体育、医药等领域的作用。小32开本,132页,印数24000册,定价2.25元。

《中国蒙古文期刊概况》(蒙古文) 李格登、海青、哈·纳仁朝克图著。1991年11月内蒙古人民出版社出版。32开本,395页。

《五经四书说略》 李思敬著。1991年11月商务印书馆出版。本书是任继愈主编的“中国文化史知识丛书”中的一种。小32开本,147页,印数21000册,定价2.50元。本书1996年再版。

《中国图书》 肖东发著。1991年12月新华出版社出版。收入“神州文化集成”。在《绪论》中,作者对图书的概念、构成要素,图书对文化的作用以及中国图书的特点进行了论述。然后分10章,对中国图书的起源、载体、装帧、类型、书目、典藏(含书厄)、印刷术、刻书、版本、校勘、大型类书等作了概括性论述。最后,以《最能体现中国文化的图书》作为

"结语"。内容全面,论析简明,是了解中国图书文化的入门书。小32开本,160页,11.6万字,印数6000册,定价3.20元。

《三千年文祸》 谢苍霖、万芳珍著。1991年12月江西高校出版社出版。本书是对中国历史上三千年来文字狱的研究,具体包括:秦始皇焚书坑儒考述、两汉外戚宦官专权与谏谤之祸、隋唐五代谏祸、隋唐五代诗文祸、明初文祸等。大32开本,557页,印数6000册,定价9.50元。本书2002年再版。

《中国古代书籍史话》 李致忠著。1991年12月商务印书馆出版。收入"中国文化史知识丛书"。作者以通俗简明的笔调介绍了我国书籍发生发展的历史。小32开本,133页,印数15000册,定价2.30元。

《中国古代著名科学典籍》 吴洪印、湛穗丰编著。1991年12月山东教育出版社出版。收入"中国文化史知识丛书"。作者通俗简明地论述了我国古代的著名科学典籍,采用先总后分的方法,在概述古代科学著作成就、特点的基础上,分天文、数学、农学、中医药学、炼丹术、地理学等予以介绍。小32开本,104页,印数14700册,定价1.85元。

《中国古代的字典词典》 张明华、张耕夫编著。1991年12月山东教育出版社出版。收入"中国文化史知识丛书"。本书重点介绍历代重要字书的编纂者,以及其内容、体例、用途和查检方法等。小32开本,119页,印数14000册,定价1.90元。

《中国书文化要览(古代部分)》 施金炎编著。1992年2月湖南教育出版社出版。本书收录我国自上古至近代(1840年)以来有关书文化的各种资料,包括文字的产生,纸、笔、墨及印刷术的发明,图书的形成过程及其著述、印制、装帧、出版、发行、收藏整理、流通等重要史实,对著名的藏书楼、藏书家、书坊、书肆等亦有收罗。本书的内容涉及图书馆学、目录学、版本学、出版学等领域。篇目按年代先后编排。大32开本,420页,34万字,印数1000册,定价6.20元。

《中国字典史略》 刘叶秋著。1992年2月中华书局出版。该书初版于1983年,此次重新出版改繁体为简体字排版,同时对原书中的一些疏漏作了修正。本书内容上起战国、秦汉直到近代,共分七章,既以时代先后为次第,复以体例相近为类别,纵横交错,比较全面地勾勒了我国字典发展演进的历史。其见解独到,阐释精辟,资料丰富。它的编辑出版对于研究中国字典编辑出版史也是有重要意义的。小32开本,264页,17.1万字,印数5000册,定价5.20元。本书2003年10月再版。

《清代名人千家著作举要》 盛代儒编著。1992年2月华夏出版社出版。为便于研究清代学术源流起见,作者博稽典籍,将经、史、子、集、丛书分别著录,收作者千人,著作六千多种,是研究清代学术文化和出版的重要参考书。小32开本,172页,11.6万字,印数2500册,定价2.95元。

《中外文艺禁书大观》 孙中田、关德富主编。1992年3月吉林文史出版社出版。本书共收禁书条目417条,按中外、古今排序,中国古代部分分诗文、小说、戏曲剧本。全书着意于查禁的因由、过程和书的面世的艰辛。对书的介绍和品评也立意于和查禁相联系相对照。小32开本,506页,印数3260册,精装本,定价10.80元。

《中英文工具书举要》 闻梁等编著。1992年4月北京燕山出版社出版。本书以北京大学图书馆藏书为主,收录古今中外各种工具书784种,对每种书的作者、出版社、版次一一注明，并简要介绍全书内容、特色、用途、使用方法。大32开本，476页，27.7万字，印数5000册，定价9.80元。

《中国古代龟卜文化》 刘玉健著。1992年4月广西师范大学出版社出版。本书对中国古代文献典籍中有关龟卜的记载进行了系统收录与整理。大32开本，431页，印数5000册，定价8.50元。

《淫书界说》 韩进康著。1992年4月中国广播电视出版社出版。小32开本，327页，印数1000册，定价5.80元。

《长长的列车——〈小朋友〉七十年(1922～1992)》 《小朋友》编辑部编。1992年4月少年儿童出版社出版。《小朋友》由文学研究会成员黎锦晖创办于1922年，它是中国第一本儿童杂志。本书是为纪念该刊创办70周年所编的史料集，内多书影和历史图片。大32开本，555页，印数1500册，精装本。

《两朝御览图书》 朱家溍主编。1992年6月紫禁城出版社出版。本书是关于古籍善本版本与装帧的综合性彩色图集，收录故宫博物院现存明清皇家藏书精品二百多种，兼顾版本体系、不同文种、各样装帧形式，分门别类，以文引图，择要留真，附以解题。全书分为6卷，分别为：两朝御览图书、明清内府写本、明清内府刻本、清内府翻译图书、明清内府书籍的装帧、故宫图书馆68年。16开本，8万字，270幅彩图，精装本，定价280.00元。

《中国美术期刊过眼录(1911～1949)》 许志浩著。1992年6月上海书画出版社出版。本书收集有我国1911～1949年的近四百种美术期刊资料。大32开本，330页，附图32页，印数3100册，定价10.20元。

【另】许志浩著《中国美术社团漫录》1994年由上海书画出版社出版。

《中国古籍知识启蒙》 彭邦炯编著。1992年7月知识出版社出版。该书分为“晚近发现的早期书籍”、“古代的类书”、“古代的丛书”三大系列介绍中国的古籍，同时还介绍了中外学者对中国古籍研究的成果及动态。大32开本，180页，印数3300册，定价3.00元。

《中国古农书考》 (日)天野元之助著，彭世奖、林广信译。1992年7月农业出版社出版。全书共考证了三百余种古农书，这对于中国经济史、农业史、目录学和版本学的研究均有重要参考价值。32开本，400页，印数1140册，定价13.60元。

《文字狱·禁书》 王彬著。1992年9月中国工人出版社出版。本书对中国古代的文字狱以及与之相关的禁书问题进行了较全面的叙述。主要章目有：绪论，清以前的禁书，清代的禁书，清及清以前的文字狱，儒、道、法的禁书观。附录有：《〈清代文字狱档〉查禁书目》、《清代禁毁小说、戏曲、唱片书目》、《〈四库全书〉著录、存目禁书研究》、《治禁琐记》、《清代文字狱记略》、《清代文字狱中的心态》等。小32开本，403页，27万字，印数10105册，定价5.70元。

《影响历史进程的100本书》 苏浙生编著。1992年9月文汇出版社出版。收入“影响历史进程丛书”。作者精选介绍世界各国自然科学、社会科学和文学艺术领域对历史发展产生过重大影响的100本书籍。既有对书籍内容的概括介绍，又有对时代背景和产生影响的分析。小32开本，207页，15万字，印数31000册，定价3.50元。

《古代小说续书漫话》 李忠昌著。1992年10月辽宁教育出版社出版。收入“古代小说评介丛书”辑。本书虽是通俗性普及性的著作,体例所限,篇幅较小,但却具有学术价值,涉及续书分类、续书探因、续书价值三个问题,所论具有开拓性。小 32 开本,151 页,印数 22000 册,定价 2.50 元。本书 2000 年 12 月再版。

《古代小说禁书漫话》 欧阳健著。1992 年 10 月辽宁教育出版社出版。收入“古代小说评价丛书”。本书以漫话的形式对我国古代小说禁书问题进行了评介。2000 年 12 月再版。小 32 开本,149 页,印数 22000 册,定价 4.50 元。

《中国禁毁小说大全》 李时人主编。1992 年 10 月黄山书社出版。本书原名《中国禁毁小说书目提要》,介绍了中国历代被当时中央和地方政权明令禁毁的小说,包括《国色天香》、《情史》、《子不语》等,对其作者、版本、内容提要及被禁毁情况均加以说明。附录《历代禁毁小说法令汇编》。大 32 开本,426 页,52 万字,印数 5000 册,平装本定价 6.50 元,精装本定价 8.80 元。

《中国图书文史论集》 马秦来等著。1992 年 10 月现代出版社出版。这本集子是 34 位对中国图书文史有专门研究的中美专家教授,就有关中国图书的各个方面做出研究的学术论文,有研究中国古代印刷术的,有研究中国古代印刷版权的,有研究中国古代泥活字印刷的,有研究造纸术发明的,有研究中国古代版本鉴定的,有研究《四库全书总目提要》的出版和编纂的,有讨论“图书资讯学”的,有讨论一些地区的汉学研究的,有研究中文文献对推广图书馆利用的,有研究铜器铭文的,有研究中国古代的科技、宗教、文史的等。这许多论文是为了祝贺钱存训先生为中国图书事业辛勤劳瘁工作 50 年,作出了杰出的贡献而作。顾廷龙题写书名。书前有钱存训先生的照片、画像 5 幅。附录有《坐拥书城五十年》、《钱存训教授著述目录》、《作者简介》。大 32 开本,489 页,35 万字,印数 500 册,精装本,定价 35.00 元。

《中外名书奇书趣书禁书博览》 舒诚主编。1992 年 10 月北京燕山出版社出版。本书汇集了近三千种中外书籍的简要介绍。16 开本,657 页,印数 4400 册,精装本,定价 49.00 元。

《中国书名趣谈》 李煜昆著。1992 年 10 月西南交通大学出版社出版。小 32 开本,382 页,印数 4000 册,定价 5.30 元。

《山西农书》 郭裕怀、刘贯文主编。1992 年 10 月山西经济出版社出版。16 开本,750 页,精装本,定价 68.00 元。

《书的基本知识 300 题》 王鼎吉编著。1992 年 11 月人民体育出版社出版。本书以问题的形式介绍书的各种基本知识。这里的“书”,包括了甲骨的书、青铜器的书、石头的书、装订成册的书和电子类的书。全书分为“书的历史知识”、“书的版本知识”和“书的其它知识”三个部分,皆以我国古今各类书籍为主进行论述,间或也涉及外国书籍。小 32 开本,240 页,16 万字,印数 20000 册,定价 5.00 元。

《帛易说略》 韩仲民著。1992 年 12 月北京师范大学出版社出版。本书是根据马王堆出土的帛书以及文物考古中发现的新资料,从《周易》的编纂成书来研究《周易》的哲学思想,对易卦起源等提出了独特的见解。小 32 开本,230 页,定价 5.50 元。

《中国连环画发展图史》 白纯熙等著。1993 年 6 月中国连环画出版社出版。收入“连环画史料丛书”。本书收集大量和连环画有关的珍贵史料图片,反映从古老原始时代到20世纪初连环画这一形式孕育、演变、形成和大发展的情况。大32开本,176页,印数1000册。

《中外名书介绍》 贺志坚著。1993年3月世界图书出版公司出版。本书对古今中外《红楼梦》、《西厢记》、《诗经》、《简·爱》、《老人与海》等40种名著作了介绍,侧重于每部作品的背景、写作技巧、表现方法等。小32开本,107页,定价5.90元。

《影响中国的100本书》 张秀平、王晓明主编。1993年4月广西人民出版社出版。收入"中国100系列丛书"。本书有选择地介绍了上起先秦下迄清末的哲学和思想类著作,历史学类著作,科学医药类著作,地理、军事类著作,语言文字类著作。其中既有儒家的经典《易经》、《春秋》、《论语》、《孟子》等等,又有诸子百家的代表作《管子》、《老子》、《庄子》、《荀子》、《墨子》等等。既有记叙中国绵延2000年之久历史的所谓传统的正史——二十四史,又有开创新的史书体裁的《通典》、《文史通义》、《新史学》等等。既有哲学战线上的两军对垒的代表论著,又有军事、医药、科技、地理方面的开山之作。编者从其成书的经过、主要理论主张及影响诸方面予以缕述。大32开本,491页,印数6000册,定价11.10元。本书2004年再版。

《禁书详解(中国古代小说卷)》 梁山子编著。1993年5月天津社会科学院出版社出版。本书搜集了清代以前被中央与地方政府明令禁毁的小说作品一百余本,并对其内容、作者、价值作了介绍。小32开本,317页,印数10000册,定价5.60元。

《现代连环画寻踪》 林敏、赵素行编。1993年6月中国连环画出版社出版。收入"连环画史料丛书"。本书论述了20世纪20～40年代连环画的编辑、创作和出版情况,另收有连环画书目。大32开本,208页,印数1000册,定价6.40元。

《中国现代版画史》 范梦著。1993年6月中国青年出版社出版。小32开本,421页,印数2000册,定价19.40元。

《金陵古版画》 周芜编著。1993年6月江苏美术出版社出版。本书内容包括金陵古版画概述、金陵早期版画、富春堂版画、世德堂版画、环翠堂版画、金陵诸家版画(一)、金陵诸家版画(二)、文林阁版画、广庆堂版画、继志斋版画、金陵诸家版画(三)、清代金陵版画。收入金陵古代版刻四百余幅。16开本,463页,印数5000册,精装本,定价135.00元。

《中外禁书50部——禁书大曝光》(第一辑) 顾伯岭主编。1993年8月东南大学出版社出版。本书从作者档案、故事梗概、原作片断、查禁揭秘四个方面,介绍28部中外小说禁书的故事情节,评析其社会背景,优劣所在。大32开本,353页,29.6万字,印数20000册,定价8.20元。

《中国大百科全书纪念册(1978～1993)》 1993年8月中国大百科全书出版社编辑出版。本书包括"领导题词"、"《中国大百科全书》简介"、"重大决策"、"知识荟萃"、"饮誉内外"、"《中国大百科全书》编纂出版大事记"等内容。16开本,147页,印数7000册,定价60.00元。

《中国文祸史》 胡奇光著。1993年10月上海人民出版社出版。本书勾勒了从周秦直到清代文祸悲剧的开端、发展以至高潮的历史过程。大32开本,252页,19.8万字,印数5000册,平装本定价7.60元,精装本定价10.35元。本书2006年10月增订再版,收入“专题史系列”丛书，大 32 开本，271 页，21.6 万字，印数 5100 册，定价 21.00 元。

《曾经沧海难为水——〈曼哈顿的中国女人〉出版前后》 林锋编。1993 年 10 月同济大学出版社出版。本书分为：《曼》书评论选、读者来信摘编、周励近作等部分，反映了《曼哈顿的中国女人》一书出版的前后过程与反响。大 32 开本，289 页，定价 9.00 元。

《中外禁毁小说一百部》 李新、吴夏著。1993 年 11 月中国大百科全书出版社出版。本书介绍了《水浒传》、《情史》、《金瓶梅》等中国小说 50 部和《色情狂》、《查泰莱夫人的情人》、《包法利夫人》等 50 部外国小说。大 32 开本，296 页，印数 30500 册，定价 6.00 元。

《文字狱纪实》(全 3 册) 周宗奇著。1993 年 11 月中国友谊出版公司出版。本书共 77 篇，85 个案例，内容主要是介绍清代文字狱情况、各类秘档翻译等，并论述了有关案件发生地的山川风物、地理沿革、风土人情等。黄裳、何西来作序。大 32 开本，1217 页，定价 35.00 元。

《中国古代兵器与兵书》 杨泓等著。1993 年 12 月新华出版社出版。收入“神州文化集成”。小 32 开本，124 页，印数 10000 册，平装本定价 2.50 元，精装本定价 6.80 元。

《中国图书分类学史》 尹恺德、宋传山主编。1993 年 12 月西南师范大学出版社出版。大 32 开本，217 页，印数 1000 册，定价 10.00 元。

《泉贤著作述评》 泉州历史文化中心编，傅金星著。1993 年 12 月鹭江出版社出版。收入“泉州历史文化丛书”。本书所收录的著作，只限于唐代至清末。一千多年的文化长河中，泉贤著作多达两千四百多部，《述评》提到的书目约 300 多部，专篇评述的约 50 多部。大 32 开本，178 页。

《中国高等农业院校学报发展史》 王春林、何锡源主编。1993 年西北大学出版社出版。大 32 开本，313 页，定价 8.00 元。

《中国大书典》 黄卓越、桑思奋主编。1994 年 2 月中国书店出版社出版。本书是一部汇总我国自进入有文字记载的文明时代以来，评介历朝历代书籍的大型工具书。共辑选了上迄先秦下到民国这段期间最能体现中华民族文化特征的 2000 余部图书。本书 13 大门类，300 余万言。所有录选图书典籍，均以对中华文化的形成，具有相当的影响作为入编标准。16 开本，1317 页，精装本，定价 140.00 元。

《书文化大观》 李广宇编著。1994 年 4 月中国广播电视出版社出版。这是一本全面介绍有关图书版本、目录、出版、藏书、卖书、读书等方面知识的普及性读物，内容十分丰富，叙述简明通俗。具体内容包括图书史、历代出版机构、历代藏书、版本目录学、书名面面观、古代藏书家、藏书楼、伪书纵横、书店览胜、书厄、藏书票、藏书印、出版标记等，其中多为出版文化史方面的知识。设计的类目多达 44 个。黄裳、姜德明作序。大 32 开本，656 页，40 万字，印数 5000 册，定价 16.50 元。

《书的出版知识 170 题》 王鼎吉编著。1994 年 5 月书目文献出版社出版。本书编写的目的是为从事出版、发行工作的人员，以及喜欢和希望了解出版业务知识的人们，提供一些必要的出版知识。全书 13 个部分，列了 170 个题目，以问答的形式，简明扼要、通俗易懂地介绍了图书的历史知识、版本知识及其它相关知识。小 32 开本，330 页，25 万字，印数 7000 册，定价 8.80 元。

《宋版书叙录》 李致忠著。1994 年 6 月书目文献出版社出版。宋版书无论在学津讨源上，在版本探始上，还是在书史坐标、装帧艺术、书品风格上，都具有较高的文物价值和学术价值。本书以北京图书馆(今国家图书馆)所藏为主，兼及他馆所藏，选取61种宋版书籍，一一著录。大32开本，365页，29.5万字，1997年11月第2次印刷，累计印数5500册，定价16.00元。

《浩博典籍》　冯天瑜、王忠才编著。1994年6月北京语言学院出版社出版。收入“中华文化书系”。它以评介中国图书的古典形态为使命，对我国古代各类图书进行了简要介绍和评述。全书8章，具体纲目为：从原始文字到典册书籍、中华文化元典、伦理文化的正宗代表——儒家经典、载录着五千年文明进程的史籍、诸子百家书、灿烂辉煌的古代科技典籍、异彩纷呈的文艺著作、类书和丛书的修纂。大32开本，170页，12.1万字，印数3000册，定价5.50元。

《中国图书论集》　程焕文编。1994年8月商务印书馆出版。这是一部有关中国图书史的资料参考书，选录了与中国图书和文化密切相关的论文37篇，按以下类目编排：绪论、简帛文化、写本文化、印本文化、近代图书文化、现代图书文化、中国图书的数量与装帧技术。最前面有作者本人的《中国图书文化的演变及其意义》代自序。所选论文的作者主要是近代以来的一些知名专家，如查启森、王国维、潘吉星、王重民、赵万里、张秀民、戈公振、钱存训等。大32开本，561页，42.7万字，印数2000册，定价15.80元。

《江西期刊综录》　黄日星、张德意编著。1994年8月江西人民出版社出。收入“江西出版史志丛书”。该书收录了1890年至1993年约一百年间江西地区所办期刊，按清末、中华民国、中华人民共和国三个阶段编排。分段记录前，有《刊名索引表》方便查阅。编者对这些期刊编制目录，撰写简介，史料丰富、翔实，具有重要的学术价值。大32开本，131页，15万字，印数1000册，精装本，定价8.00元。

《彝族典籍文化》　朱崇先著。1994年8月中央民族大学出版社出版。小32开本，182页，印数2000册，定价5.50元。

【另】朱崇先著《彝族典籍文化研究》1996年6月中央民族大学出版社出版。小32开本，326页，印数1000册，定价12.80元。

《丛书综览——新编文史笔记丛书索引》　萧干主编，俞子林、刘华庭编。1994年10月上海书店出版社出版。小32开本，245页，印数6000册，定价7.10元。

《中国禁毁小说百话》(修订本)　李梦生著。1994年12月上海古籍出版社出版，1998年12月修订再版。该书将历代禁书目中(包括最近所禁的)，现在知道还存于世的小说都收了进去，每书写成一篇，介绍书的内容、作者、所禁缘由等，探讨禁毁小说的方方面面及一些规律性的东西。篇目正好一百零几篇，取其整曰“百话”，是目前国内介绍禁毁小说最完备、详细的。修订本对原作做了订正，另外将徐朔方先生的讨论《素娥篇》的文章作为附录收入。修订本大32开，554页，累计印数25500册，精装本，定价28.30元。本书2006年4月出版增订本，16开本，40万字，印数4000册，定价39.00元。

《中国古今书籍纵横》　操时杰、刘慧华编著。1995年4月中国物质出版社出版。小32开本，319页，印数2000册，定价9.50元。

《中国图书与图书馆》　(日)松见弘道著，黄宗忠等译。1995年5月书目文献出版社出版。本书原名《图书馆与汉籍——图书、图书馆研究》。它系统论述了中国图书、图书馆的产生与发展，内容丰富，取材广泛，文字简练，体例新颖。全书7章，具体包括：汉字文化的黎明、上古时期的图书、中国图书的材料及其状况、中国图书的书写用具——文房四宝、各时期的中国图书与图书馆、中国图书与图书馆的发展过程、美国图书馆与中国图书。通过该书，不仅可以获得系统的知识，而且可以了解外国学者是怎样认识和研究中国图书与图书馆的。小32开本，213页，17.9万字，印数4500册，定价9.60元。

《现存宋人著述总录》 刘琳、沈治宏著。1995年8月巴蜀书社出版。本书收录现存宋人著述4855种，其中经部416种、史部889种、子部2180种、集部1370种、丛部92种。各书著录有现存主要版本，书后有书名和著者索引。大32开本，530页，精装本，定价94.00元。

《中国现代文学期刊史略》 黄志雄著。1995年8月百花洲文艺出版社出版。本书分10章，初步勾勒了中国现代文学期刊的发展轮廓，并从文学期刊这个窗口观照文学的发展面貌，阐述文学期刊对文学发展的影响。大32开本，268页，22万字，印数2000册，定价12.00元。

《中国的日本研究杂志历史回顾与展望》 马兴国、崔新京主编。1995年9月辽宁大学出版社出版。大32开本，322页，印数500册。

《中国图书文化导论》 程焕文著。1995年10月中山大学出版社出版。这是一本从文化学角度探讨图书文化的理论专著，总计11章，其纲目为：图书和图书文化、图书的文化意义、中国图书的文化特征、中国图书文化的历史分期、中国图书文化研究概况、前图书文化、简帛文化、卷轴文化、雕版文化、近代图书文化、现代图书文化。该书从建构中国图书文化学新体系的目标出发，对图书文化的一些基本知识做出了新的认识和概括，体现出一定的理论深度。同时，注意史论结合来论说中国图书文化，资料充实，说理透彻。谢灼华作序。大32开本，414页，33.8万字，印数3000册，定价19.80元。

《中国古代蒙学书大观》 陆养涛编著。1995年12月同济大学出版社出版。大32开本，534页，精装本，定价38.00元。

《影响中国近代社会的一百种译作》 邹振环著。1996年1月中国对外翻译出版公司出版。本书从翻译出版的角度，对明末清初至新中国成立前三百余年的西书中译历程进行了比较系统的探讨。作者采用翻译作品为主线，以这三百余年中影响较大的一百种译作的出版先后为经，展现了这一时期西书中译的历史以及西书中译与社会文化之间的关系，从大量资料中勾勒出译本的流传和时人及后人对译作的感悟与评论。这部论著从一个侧面反映了中外文化交流的情况，以具体资料说明了近代中国面向世界的特点和趋势。其涉及的著作上起《交友论》，下至《苏联共产党（布）历史简要读本》。顾廷龙题写书名。大32开本，442页，未标字数和印数，定价12.00元。

【另】本书2008年3月江苏教育出版社修订再版。此次修订重版，除了为适应图书市场的趣味而增加了书影和图版外，所有选书均没有任何改动，仅仅只是对书中若干明显史实错误的叙述和若干错字进行了改正，核对了部分引文，对部分篇章作若干增删。16开本，402页，47.5万字，定价46.00元。

《徽派版画艺术》 张国标编纂。1996年1月安徽美术出版社出版。本书主要收录明、清时期徽派版画六百多幅，铜版纸彩色精印。12开本，310页，精装本，定价120.00

元。

《中国古代学校教材研究》 熊承涤著。1996 年 8 月人民教育出版社出版。作者是我国现代著名教育史专家,曾经担任人民教育出版社总编辑。大 32 开本,378 页,印数 1690 册,定价 14.00 元。

《中国近代传奇杂剧经眼录》 梁淑安、姚柯夫著。1996 年 9 月书目文献出版社出版。大 32 开本,200 页,印数 1000 册,定价 10.00 元。

《中华典籍与传统文化》 周少川著。1996 年 9 月广西师范大学出版社出版。收入"国学丛书"。大 32 开本,294 页,印数 2000 册,定价 13.00 元。

《中国现代版画史》 李允经编著。1996 年 10 月山西人民出版社出版。在本书的"概说"部分,作者对版画的一些基本概念进行了讨论,对中国古代版画发展作了简要勾勒,同时介绍了欧洲版画发展概况。而书的主体部分,作者按时间先后,分五编论述了中国现代版画的萌芽期(1929～1937)、成长期(1937～1949)、发展期(1949～1966)、非常期(1966～1976)、繁荣期(1976～1994)的有关情况。书末附版画插页 32 页。力群作序。大 32 开本,578 页,48 万字,精装印制,印数 1000 册,定价 128.00 元。

《中国古今书名大观》 张成德主编。1996 年 10 月山西人民出版社出版。16 开本,2024 页,精装本,定价 220.00 元。

《中国近代教科书发展研究》 王建军著。1996 年 11 月广东教育出版社出版。收入"中国教育近代化研究丛书"。本书从宏观角度来把握近代教科书的发展脉络,着重从近代西方教科书的传入、清末自编教科书的发展、民国初期教科书的进步等方面,考察近代教科书演变的状况,揭示这一演变的社会背景和文化意义,展示教科书近代化的内在动因。书末附《中国近代教科书大事记》。教科书的编辑与出版是出版业的大事,因此,此书虽说是教育史研究专著,但对于近现代出版文化史的研究是有重要参考价值的。大 32 开本,325 页,27 万字,印数 5000 册,精装本,定价 21.30 元。

《中国武侠小说名著大观》 周清霖主编。1996 年 11 月上海书店出版社出版。大 32 开本,1259 页,印数 5000 册,精装本,定价 55.00 元。

《现代文坛灾祸录》 倪墨炎著。1996 年 12 月上海书店出版社出版。研究中国文祸史或文网史或文化统治史是中国出版文化的一个重要内容。本书作者从大量第一手现代文祸史料出发,片断地反映了中国现代文网的史实,总计收录相关文章 29 篇,其中有《左联等团体被密令取缔的内幕》、《创造社被封》、《鲁迅著译被禁概述》、《民国时期图书审查制度的演变》等。大 32 开本,255 页,20 万字,印数 3000 册,定价 18.50 元。

《中国的类书、政书和丛书》 戚志芬著。1996 年 12 月商务印书馆出版。收入"中国文化史知识丛书"。在中国古籍中,有不少大部头的书,本身不是工具书,但因部头很大,人们往往利用它来翻检资料,成为介于"阅读"和"翻检"之间的"资料书"。现在人们将这些书称为"广义的工具书"。本书就是选择了我国古籍中这类比较典型的几类"广义的工具书"——类书、政书和丛书,对其编纂、特点、功用以及历史发展等进行论述。小 32 开本,181 页,8.1 万字,印数 5000 册,定价 11.00 元。

《中国历代兵书》 王兆春著。1996 年 12 月商务印书馆出版。收入"中国文化史知识丛书"。本书分为发展源流篇、历代兵书集粹篇、中国兵书通览篇,对中国历代兵书的总体面貌、发展变化和代表性著作等进行了简明同时也是比较全面的介绍。小32开本，209页，9.4万字，印数5000册，定价12.10元。

《上海高校学报发展史研究》 王春林主编，上海高校学报研究会编。1996年中国纺织大学出版社出版。大32开本，380页，定价25.00元。

《中外名书》 李志天主编。1996年广西民族出版社出版，收入“中外名胜系列丛书”。小32开本，122页，定价4.00元。

《河北武强年画》 张春峰主编。1996年6月河北人民出版社出版。收入“河北出版史志文献丛书”。河北武强年画是传统民间木刻版画一种，以木刻版，套色印刷。构图饱满，线条刚强有力，设色浓郁，艳而不媚，色彩以红、黄、绿为主，是人们喜闻乐见的一种民间艺术。武强年画至今已有五百多年的历史。本书为精美画册。12开本，345页，印数2000册，精装本，定价200.00元。

《塑造中华文明的200本书》 王余光、宁浩主编。1997年2月武汉大学出版社出版。本书将所选200本书分为8篇进行编排，即文明的初始与华夏文明的形成时期，华夏文明的变异与中部地域文明的成长时期，中华文明的形成时期，中华文明的变异和周边地域文明的成长时期，中华文明的兴盛时期，中华文明的融会与大中华文明圈的形成时期，中华文明的成熟与停滞时期，中华文明的再变异时期。大32开本，1482页，印数3000册，精装本，定价56.00元。

《中国古代著名史籍》 毕素娟、熊国祯著。1997年4月商务印书馆出版。收入“中国文化史知识丛书”。本书比较简明通俗地介绍了中国古代数千年的著名史籍，具体涉及：《史记》与“前四史”，《晋书》和“八书”、“二史”，唐以后纪传体各史的特点与短长，中国早期的编年史——《春秋》、《左传》及其它，编年体通史《资治通鉴》，纪事本末体史书的诞生与发展，政书的产生和发展，其它史学名著。小32开本，201页，9.1万字，印数3000册，定价12.90元。

《木版年画》 徐艺乙、陈键著。1997年4月山东科技出版社出版。收入“中国收藏小百科丛书”。小32开本，140页，定价16.00元。

《插图艺术欣赏》 张守义、刘丰杰著。1997年5月山西教育出版社出版。本书内容涉及：插图艺术史说，书籍插图及其艺术形态，书籍插图及其艺术属性，插图艺术是形象的艺术，插图艺术欣赏与审美。插图艺术名作欣赏。欣赏部分包括众多图书插图，图文并茂。32开本，280页，印数8000册，定价10.20元。

《中国佛典通论》 刘保金著。1997年5月河北教育出版社出版。本书从佛典的汪洋大海中，抉取东汉至清代著作五百余种，凡重要的翻译著作，都摄取在内；各家各派有名的解释，大致齐备；各宗的典籍，择要收录；史地名著，也有所捃拾。大32开本，745页，印数8000册，精装本，定价39.60元。

《中国图书史话》 钱万里、吴玲芳著。1997年6月黄山书社出版。收入“中华文化宝库丛书”。本书是介绍中国图书发展演变历史的普及性知识读本。小32开本，129页，印数5000册，定价5.00元。

《古代帝王文祸要论》 陈开科著。1997年6月岳麓书社出版。收入“古代帝王文化”丛书。大32开本，218页，印数3000册，定价8.00元。

《株州市志·杂志》 株州市地方志编纂委员会编。1997 年 6 月湖南出版社出版。大 32 开本,883 页,印数 5000 册,精装本,定价60.00元。

《版画》 徐小蛮著。1997 年 8 月上海古籍出版社出版。收入"文物鉴赏丛书"。本书从现存古代版画中挑选出来一百余幅有代表性的版画,并加以介绍,以文释图,以图征史,帮助读者对古代版画及版画史有所了解。书前附 4 页彩色版画图版。小 32 开本,202 页,14.4万字,印数 5000 册,定价 9.00 元。

《中国图书文化概论》 胡新蓉等著。1997 年 8 月青岛出版社出版。本书从图书文化的历史谈起,详细介绍了中国图书文化的产生和发展、中国近代出版业的形成与改革,以及图书出版的全过程。大 32 开本,277 页,19.6 万字,印数 2000 册,定价 12.60 元。

《中国大学科技期刊史》 姚远著。1997 年 9 月陕西师范大学出版社出版。本书将我国科技期刊发展放在世界科技期刊文化和中国传统文化的大背景下进行探讨。作者对二百年间中国两千一百多种大学科技期刊作了系统全面的梳理,初步勾勒出了我国大学科技期刊文化的立体形貌,以较为丰富的史料论述了期刊学科的发展与演进,提出了"报刊同源说"等有见地的看法,对期刊编辑学和期刊发展史的研究都有重要的促进作用。大 32 开本,592 页,印数 1000 册,定价 28.00 元。

《红楼梦续书研究》 赵建忠著。1997 年 9 月天津古籍出版社出版。该书是作者在硕士学位论文基础上修改补充而成的,是一部认真研究《红楼梦》续书的学术理论专著,全面而又详细地研究了有关《红楼梦》许多续书以及有关的种种问题。大 32 开本,337 页,印数 1000 册,定价 18.00 元。

《年画史》 王树村著。1997 年 11 月上海文艺出版社出版。收入"中国社会民俗史丛书"。本书分 11 个专题论述了年画的历史发展及相关问题,具体内容包括:年字的形成与年画、年画与文人画之分、年画创始于门神画、明代年画题材增多、清代年画体裁渐完备、年画主要产区分布、年画精品赏析、反帝战争的历史画、民国前后的战事图等。小 32 开本,199 页,13.7 万字,印数 5000 册,精装本,定价 13.00 元。

《金华图书概况》 王少杰、李也红编著。1997 年 12 月大连出版社出版。32 开本,537 页,印数 2000 册。

《中国历代禁书》(全 3 册) 雒启坤、王德明主编。1998 年 1 月九州岛图书出版社出版。本书介绍了从古至今历朝历代的禁书四百余种。勾勒数千年图书禁毁历史,剖析文化领域代表著作,选录代表著作之主要内容。大 16 开本,3073 页,精装本,定价 698.00 元。

《现代装帧艺术》 刘丰杰著。1998 年 4 月中国书籍出版社出版。内容涉及书籍装帧概念论析、书籍型态的演变暨我国现代装帧艺术、设计的涵义、装帧设计构思辨义等等。12 开本,269 页,印数 3000 册,精装本,定价 180.00 元。

《文学遗产纪念文集——创刊四十周年暨复刊十五周年(1954～1963,1980～1995)》 中国社会科学院文学研究所文学遗产编辑部编。1998 年 5 月文化艺术出版社出版。本书分纪念庆典、学术报告论文、纪念文汇三部分。主要内容包括:中国社会科学院汝信副院长致辞、亲切的回忆,衷心的祝愿、中国古代散文发展的两个规律、关于上古中古文学研究的几个问题等。16 开本,222 页,定价 22.00 元。

《〈中国林业年鉴〉出版10周年文集(1986～1996)》 《中国林业年鉴》编辑部编。1998年6月中国林业出版社出版。大32开本,320页,定价20.00元。

《中国人读书透视(1978－1998大众阅读生活变迁调查)》 康晓光等著。1998年8月广西教育出版社出版。这是一本对大众读书生活进行调查研究的书。书中对抽样调查和专题访谈的信息资料和数据进行分析,展示了读书人与写书人、出书人、卖书人的多重关系,描述了改革开放二十年来人们的读书生活及其变迁,分析了影响读书生活的外部因素及其作用机制,以及读书生活对个人和社会的影响。大32开本,171页,13.4万字,印数5000册,定价12.00元。

《血光之灾——清代文字狱纪实》 周宗奇著。1998年9月中国青年出版社出版。清代文字狱主要集中在前期,历顺治、康熙、雍正、乾隆四代君王,绵延一百三十余年。无论就时间之长、花样之翻新、手段之残忍来看,都是没有先例的,其目的在于淡化汉民族的民族意识,摧毁其民族气节,打垮其独立人格,起到杀一儆百的作用。本书分专题对清代的文字狱进行了论述和探讨。大32开本,593页,印数5000册,定价25.00元。

《中国学校教材史》(全3册) 吴洪成著。1998年9月西南师范大学出版社出版。本书探讨了中国古代学校创立至中华人民共和国成立的历史岁月中,学校教材演变的历史过程、阶段特点,在清理纷繁复杂的学校教材历史基本线索的前提下,注重了学校教材自身所涵盖的文化、教育、教学、民族、伦理等问题的研究,既有宏观的历史审视,又有典型教材教学论、教学方法的具体剖析。书中熔历史风云、学术与思想的嬗变、学校教育栩栩如生的画面于一炉,而突出地阐述了教育材料即教材在学校教育发展中的地位及其扮演的重要角色,深入地分析了汉唐经学、魏晋玄学、宋明理学、明清心学和汉学朴学、近代的中学和西学及旧学与新学、马克思主义的输入及主流地位确立后,对各个历史阶段的影响;并且,又透过教材清晰地显现出我国学术思想的演进历程。学校教材是中国教育史的重要领域,也是中国出版文化史的重要领域,因此,本书对于中国出版史来说,也是重要的收获。大32开本,85万字,印数3000套,总定价49.50元。

《中国古代版刻版画史论集》 周心慧著。1998年10月学苑出版社出版。本书收录论文12篇,大致包括三个方面:一是对中国古籍的辑录、印制、版本、流通情况的研究,如《明代版刻述略》;二是对中国古版画史有关专题的探讨和论证,如《中国古小说版画史略》;三是为新印古籍写的序言,如《影印〈北堂书钞〉序》。这些文章都是谈古书的,且都是围绕中国书史、古籍雕印史进行研究。肖东发在为该书写的序中,认为其确有较高的学术价值。大32开本,324页,25万字,印数1000册,定价28.00元。本书2001年8月再版。

《中国字典词典史话》 张明华著。1998年11月商务印书馆出版。收入“中国文化史知识丛书”。本书分六个专题,分别论述了中国古代字书、古代字书的雏形、古代字书的产生、古代字书的演变、古典字书的兴盛和近现代字典词典的演变和革新等问题。小32开木,186页,定价12.10元。木书2007年再版。

《中国期刊》 张伯海主编。1998年11月甘肃人民出版社出版。本书的内容包括重点期刊介绍、全国期刊名录、期刊史话等。16开本,490页,印数10000册,精装本,定价198.00元。

【另】蔡健光主编《中国期刊大全》1996年由改革出版社出版,16开本,689页,印数

4000册,定价88.00元。

《中外最具有影响的书 畅销书 禁书 名人荐书书目》　成锐编著。1998年12月远方出版社出版。32开本,290页,印数1000册,定价15.00元。

《中国书籍简史》　丁琴海编写。1998年中国少年儿童出版社出版。收入"爱国主义文库"。该书以简洁通俗的笔调介绍了中国书籍的发生发展的历史。小32开,120页。套书统一定价,无单册定价。

《清代禁书总述》　王彬主编。1999年1月中国书店出版。本书分为五个部分,即"清代禁书概述"、"清代文字狱纪略"、"清代禁书解题"、"清代禁书著者检索"和"清代禁书参考书目"。作者对清代禁书从多角度、多方位进行了探讨。全书的主干是"清代禁书解题",将清代查禁的3236种图书以解题形式逐一介绍,包括作者生平、内容简介、所见版本、禁毁原因、禁毁出处等内容。小32开本,657页,58.6万字,印数3000册,定价39.00元。

《中国近现代文化期刊史》　周葱秀、涂明著。1999年3月山西教育出版社出版。本书按时间顺序,分五章论述了从1840年到1949年我国文化期刊(含报纸副刊)的发展历程,并探寻其演进规律,具有开拓性意义。张思和作序。大32开本,576页,45.5万字,印数2000册,定价25.00元。

《中国古代禁毁小说漫话》　李时人、魏崇新、周志明、关四平著。1999年4月汉语大词典出版社出版。该书从一百余种古代禁毁小说中精选出有代表性的作品46部,从文化史的角度进行分析和论述。这些作品基本涵盖了禁毁小说各个方面的内容,具有一定的代表意义。为了帮助读者更全面了解禁毁小说的全貌,书中还附录有清代道光到同治间的数种禁毁书目。大32开本,424页,印数6000册,精装本,定价21.00元。

《中国古代文字狱》　杨乾坤著。1999年4月陕西人民出版社出版。本书依据文字狱性质,将中国古代文字狱分为华夷狱、反对本朝狱、冒犯皇帝狱、朋党狱、妄议朝政狱、离经叛道狱等十三大类进行论述,史论结合,资料丰富。郭兴文作序。大32开本,417页,30万字,印数5000册,定价16.00元。

《中国书》　郑敏、葛培岭著。1999年9月海燕出版社出版。本书为普及性读本,内容涉及书籍形式源流、古代图书分类、书的出版与传布、书的搜集与典藏、书的禁毁与散失书的编撰与校勘等等。小32开本,138页,印数3000册,定价7.50元。

《日本藏中国古版画珍品》　周芜等编著。1999年9月江苏美术出版社出版。本书收入了大量的收藏于日本图书馆、博物馆、民俗馆及浮世绘的各地纪念馆的中国古版画珍品,其中有许多国内早已绝迹的珍品。16开本,655页,印数4000册,精装本,定价98.00元。

《刊苑竞秀——甘肃期刊十年纪念》　甘肃省出版工作者协会期刊研究会编。1999年9月甘肃人民美术出版社出版。本书以大量的图片,回顾了1989年至1999年甘肃期刊业发展、演变,总结了甘肃期刊工作者在这十年里取得的成绩和经验。16开本,165页,精装本,定价188.00元。

《中国农书概说》　惠富平、牛文智著。1999年10月西安地图出版社出版。大32开本,233页,印数1000册,定价18.00元。

《上海50年精品图书500种》 上海市出版工作者协会、上海市编辑学会编。1999年10月学林出版社出版。配有精美书影。大32开本,271页,印数2000册,精装本,定价65.00元。

《平阳木版画选》 临汾地区三晋文化研究会丛书编委会编,赵大勇等编著。1999年11月天津人民美术出版社出版。本书荟萃了山西省晋南(临汾、运城)地区民间木版画精品,具有鲜明的地域特点,尽现了黄土高原民俗风情,是一部难得的民间艺术珍品集。16开本,160页,印数1000册,定价76.00元。

《中共中央党刊史稿》(上、下) 方克主编。1999年11月红旗出版社出版。本书分为上、下两卷,分别论述了民主革命时期的16种党刊和社会主义时期的2种党刊。内容涉及刊物的创办、编辑、出版、发行情况,刊物的作用和影响,以及办刊经验和规律。大32开本,1010页,印数2000册,定价76.00元。

《千年文祸》(全3册) 高文元主编。1999年12月延边大学出版社出版。大32开本,1728页,定价不详。

《建安古版画》 周芜、周路、周亮编。1999年12月福建美术出版社出版。福建为古代中国重要的刻书地,建安尤其有名。建安版本统称建本,所附图画即为建安版画。本书精选了从宋元至清代一百多种版本的五百多幅版画,具有一定的代表性,基本上反映了建安版画的基本状况和发展脉络。16开本,494页,印数1000册,精装本,定价180.00元。

《辞海纪事》 李春平著。2000年1月上海辞书出版社出版。本书记述了《辞海》从20世纪初期到世纪末约85年的成书过程,从一个侧面记录了中国出版文化史特别是辞书编纂出版史的发展历程。大32开本,264页,印数3000册,定价15.00元。

【另】徐庆凯、周明鉴、秦振庭合著的《辞书编纂纪事》(论文集)2006年由商务印书馆出版。

《帛书史话》 陈松长著。2000年1月中国大百科全书出版社出版。收入“中国文明史话丛书”。本书对帛书原物的出土、流传、整理、研究的历史作了简要的回顾和描述,介绍了帛书的名义、撰抄年代、形制、内容、性质,其中以马王堆帛书的内容介绍为重点。还讲述了楚帛书的发现与流传始末以及对帛书研究的综述。小32开本,179页,定价10.00元。

《影响历史的百部经典》 余树森、张海英主编。2000年1月文汇出版社出版。这是一本介绍书籍的书。作者所介绍的都是自有文字以来至今百余部产生过巨大影响的经典著作。每一部书的介绍有两部分:一是著作的作者、书的基本内容、产生的背景和影响;二是从原著中摘录一些精彩的片断。大32开本,691页,55.6万字,精装印制,印数3000册,定价32.00元。

《同名异书汇录》(上、下) 杜信孚、赵敏元、毛俊义编著。2000年1月江苏古籍出版社出版。本书将历代同书异名的图书,分别著录其著者、籍贯、卷数、版本,共计四千多条。大32开本,221页,定价11.00元。

《读古指南——五百要籍简介》(第二版) 马子华、温功义著。2000年3月重庆出版社出版。本书初版于1988年7月。作者从先秦到近代,介绍了502部重要古籍,包括散文、小说、诗词、戏曲、笔记等多种体裁;作者分属三教九流、士工农商等社会各阶层;涉及政治、历史、文化、艺术、军事、地理等各个领域。本书在简介每部古籍的内容及版本时，注意从时代和社会背景上来介绍作者生平及著作；文中还以活泼流畅的语言穿插记叙了有关人、书的趣闻轶事。大32开本，645页，定价28.00元。

《宋元明清的版画艺术》　李茂增著，叶朗审定。2000年3月大象出版社出版。收入“中国历史文化知识丛书”。本书具有学术性、知识性和可读性并重的特点。大体按照时代顺序勾勒从殷周直到清代中国版画艺术的发展历程，另外还设专题介绍了木版年画。小32开本，223页，14万字，印数3325册，定价10.10元。

《中国古版画通史》　周心慧著。2000年5月学苑出版社出版。作者按时代先后顺序，论述了中国古版画的起源，分朝代探讨了先秦直到清代版画的发展历史。16开本，8页彩色图版，印数1000册，精装本，定价128.00元。

《漫话老杂志》　谢其章著。2000年5月山东友谊出版社出版。作者认为，在人们都关注老照片、老漫画、老连环画时，也应该关注只有一百来年历史的老杂志。本书收录的几十篇文章既是作者个人的收藏史，同时又具有保存现代文化出版史料的价值。集子中涉及的杂志包括少人关心的画报、侦探小说期刊、沦陷时期南北出版的文史杂志等，有自己的特点。因此，作者的这些“刊话”，对于现代出版文化史研究是有参考作用的。文章采用“漫话”的笔法，具有可读性。姜德明作序。大32开本，288页，14万字，印数4000册，定价15.00元。

《全国林业图书综录》　北京林业大学图书馆编撰。2000年5月中国林业出版社出版。新中国建立以来，我国林业科学技术取得了辉煌成就，积累了内容丰富的林业科技文献，林业科技图书便是其中一个重要的组成部分。林业科技图书在促进学术交流，发挥科学技术的进步作用，提高林业生产力等方面都起着重要的桥梁作用。《综录》的出版是我国科技图书出版界的一件大事，它不仅为广大读者利用林业科技图书提供了一部重要的工具书，也为今后对林业科技图书开展科学研究提供了依据。

《传奇如歌——〈中国青年〉的故事》　彭波主编。2000年10月上海人民出版社出版。《中国青年》是在全国颇有影响的刊物。从1923年创刊以来，四起四落，发表了许多很有影响的文章。本书共分两部分：新闻内幕和精彩回放，大部分是该杂志的编辑、记者撰写的，其中有五六十年代工作过的老同志，也有现在的年轻人。他们用生动的文笔，满怀激情，叙述了《中国青年》走过的风雨历程，介绍了在当时引起极大震动的文章发表的前前后后，如《一复刊就向“凡是派”开仗》、《“潘晓讨论”始末》、《写进政府工作报告的“呼吁”》、《将雷锋推向全国》以及《一个“老娱记”的自述》、《我与名人打交道》等。大32开本，278页，印数2000册，精装本，定价18.00元。

《中国期刊发展史》　宋应离主编。2000年11月河南大学出版社出版。本书是国内第一部具有期刊通史性质的专著。“绪论”论述期刊的界定、特征和功能等问题。从第一章到第十章，作者按历史发展的顺序，采用点线结合的方法，提纲挈领地描述中国期刊发展的历史。张伯海作序。大32开本，376页，有彩色插图3页，30万字，印数1500册，定价22.00元。本书2006年再版。本书于2006年11月第3次印刷，收入“编辑出版学丛书”，定价24.50元。

《中国高等医(药)学院校学报发展史》　黄万武主编。2000年11月北京医科大学出版社出版。这是一部史料性很强的学术专著，也是首部中国医药学院校学报史。它比较全面、系统地反映和总结了我国高等医药学院校学报一百多年来萌芽、演变和发展的历史。上限时间追溯至我国最早医学学报萌芽的1897年，下限到1999年。结构上按领导人题词、总论和各论三部分编排。总论部分包括：我国医（药）学院校早期学报的诞生及其背景、我国医（药）学院校学报发展及其不同阶段的特点和规律、学会主要工作及其大事记、我国医（药）学院校学报未来发展趋势。各论部分按部属院校、地方院校、地方专科学校、中医院校、军队院校、港澳台院校的学报进行分类，汇编了110所医（药）学院校学报发展史。钱忠信作序、题词和题写书名。大32开本，485页，42万字，印数1100册，定价35.00元。

《精品图书的诞生》 上海市出版工作者协会、上海市编辑学会编。2000年11月学林出版社出版。本书选取上海地区改革开放以来一批精品图书的选题策划、编辑创意、审校加工进行个案解剖，如涉及《中华文化通志》的编辑出版过程、《中国通史》的编辑出版纪实、《中国近代文学大系》的编纂体会等等。大32开本，542页，41.4万字，印数2000册，定价27.00元。

《中国近代图书事业史》 来新夏等著。2000年12月上海人民出版社出版。本书采取书史、目录学史和图书馆史"三史合一"的方法与构架，对中国近代图书事业进行了总括性论述。全书除"绪论"外的9章，按时代顺序分为鸦片战争时期、太平天国时期、洋务运动时期、戊戌变法时期、辛亥革命以前十年、北洋军阀统治时期、十年内战时期、抗日战争时期、解放战争时期，来叙述图书馆事业的发展、图书范围的扩展、新编目录书的编制、图书制作技术的改进以及图书的厄运等问题。大32开本，416页，30.5万字，印数5100册，定价24.00元。

【另】作者还著有《且去填词》的学人随笔集（天津古籍出版社2002年版），其中有《中国图书文化的历史价值》、《中国古代的编辑事业》等关涉编辑出版研究的文章。

《中国古代工具书举要》 李峰著。2000年12月中州古籍出版社出版。本书共分两编，上编从纵的方面集中介绍字书、辞典、韵书、石书等工具书的产生渊源、发展过程以及各朝代的代表著作。下编从横的方面分成辞书篇、类书篇、书目篇、综合篇，介绍书的成书过程、编制体例等。大32开本，245页，印数3000册，定价15.00元。

《中国辞书排检史》 福建省辞书学会编，林玉山主编。2000年12月远方出版社出版。本书论述了中国辞书排检的发展历史、存在问题及发展方向，是一部全面论述中国辞书排检历史的专著。32开本，120页，定价9.80元。

《古老的记忆——云南民族古籍》 李国文等著。2000年12月云南教育出版社出版。收入"云南民族文化知识丛书"。本书从民族文字古籍、民族口传古籍、汉文民族古籍三个方面，向人们展示云南民族古籍的概貌。大32开本，164页，印数1000册，定价10.00元。

《简牍史话》 王子今著。2001年1月中国大百科全书出版社出版。收入"中国文明史话丛书"。本书简要勾勒和论述了简牍的发现与研究的历史，阐述了简牍所包含的丰富的文化内涵，尤其是它具有的政治、经济、社会、军事等方面的史料价值和学术价值。小32开本，181页，印数3000册，定价10.00元。

《展示与追求——湖北期刊纵览》　湖北省新闻出版局报刊处编。2001年1月湖北美术出版社出版。大16开本,205页,定价168.00元。1993年,编者和出版者还刊行过另外一本《湖北期刊纵览》。

《与人民军队一起前进——〈解放军画报〉创刊五十周年纪念文集》　解放军画报社编。2001年2月长城出版社出版。大32开本,723页,印数5000册,精装本。

《中国图书世界之最》　包和平、王学艳著。2001年4月内蒙古科学技术出版社出版。本书整理汇集了二百多条中国图书世界之最,内容涉及:哲学、政治、法律、军事、文化、生物、工艺、冶炼、建筑等。32开本,179页,印数1500册,定价18.80元。

【另】郑竹青编著的《中国图书世界之最》1996年1月由中国华侨出版社出版。

《读者时代——一本杂志和它所影响的生活》　师永刚著。2001年5月上海人民出版社出版。本书以文学的笔调描述了我国甘肃的《读者》杂志的成长故事。贾平凹、余秋雨、胡亚权分别作序。大32开本,398页,32.2万字,印数4000册,定价25.00元。

【另】齐文健著《放大镜下看〈读者〉》2006年1月由甘肃教育出版社出版。32开本,194页,定价12.00元。

《一本刊物与一个时代——〈装饰〉纪程》　张夫也、孙健君主编。2001年5月北京工艺美术出版社出版。本书汇集了《装饰》杂志百期的重要文章及总目录。全书共分四部分:理论之树、《装饰》纪程、编读心语、百期目录。它生动地再现了《装饰》杂志的发展与时代的进程。大32开本,509页,印数2500册,定价48.00元。

《中国书评史初探》　赵晓梅著。2001年6月中国工人出版社出版。本书作为国内第一部书评史理论专著,通过对我国不同时期书评传媒、作者和特点等的研究,对19世纪末20世纪初开始的中国书评事业进行了总结,对书评在各个时期的发展规模进行了探讨。书后附有《40年代中国书评大事简记》、《40年代中国部分报刊中的书评作品简目》、《40年代中国书评作品选读》。大32开本,235页,18.5万字,印数3000册,定价17.00元。

《清代宫廷版画》　翁连溪编。2001年6月文物出版社出版。本书是一本有关清代宫廷版画的书籍,介绍了清代宫廷版画概述、铜版版画等内容,共选图42种,并附有较详细的图版说明。12开本,294页,精装本,定价80.00元。

【另】同名图书2006年9月由紫禁城出版社再版,编者署名故宫博物院。12开本,129页,定价36.00元。

《武威西夏木版画》　张宝玺编。2001年7月甘肃人民美术出版社出版。16开本,24页,印数1000册,定价18.00元。

《庐山典籍史》　徐效钢著。2001年8月江西高校出版社出版。本书是一部地方文献史,再现了庐山典籍史的产生、发展和变化。作者广泛收集了庐山历代典籍资料,对晋朝至民国时期一百九十多种庐山著作进行科学整理和著录,从典籍史的角度解析了庐山文化在中国文化史上的独特地位。书中配有几十幅有历史价值的图片。大32开本,384页,印数2000册,精装本,定价26.00元。

《四库全书闽人著作提要》　朱维干纂辑。2001年8月福建人民出版社出版。本书收录范围包括历代闽人的著作和闽人编纂的书籍。全书按《四库总目》的体例,分经、史、子、集四部编排。闽人著作包括单篇作品，也在收录之列。大32开本，515页，印数1000册，精装本，定价45.00元。

《〈新潮〉的历史回响》 张用蓬、齐成民著。2001年8月中国文联出版社出版。研究者以实事求是的态度，广泛占有资料，不盲从既成的结论，所以往往能道人所未道，新见迭出。如对《新青年》和《新潮》异同的辨析，就是如此。另外，本书还将史、论、传有机结合起来，再现了新潮社学人的文化历史风貌，丰富了五四文化研究的内容。

《中国的日本研究杂志史》 林昶著。2001年9月世界知识出版社出版。收入"中国的日本研究史丛书"。本书分两编：第一编对中国的日本研究杂志的历史与现状作了概括性的叙述；第二编按时间发展顺序，具体从各个分期对中国日本研究杂志的肇始、发展、兴盛的历史加以详述。大32开本，373页，25万字，定价18.00元。

《文化视野下的〈四库全书总目〉》 周积明著。2001年10月中国青年出版社出版。本书曾在90年代初由广西人民出版社刊行，此次为修订本。作者从文化史的角度来研究《四库全书总目》，内容包括《四库全书总目》的经世价值观念、理学批判、西学观、学术论、批评方法和批评风格、文化价值重估等。附录有《"四库学"通论》、《关于乾嘉"新义理学"的通信》。大32开本，295页，21.7万字，印数3000册，定价15.00元。

【另】有关《四库全书》的研究著作还有：杨家骆著《四库大辞典》，中国图书大辞典编辑馆1931年刊行；清·王太岳等纂辑《四库全书考证》，1941年商务印书馆出版；杨家骆著《四库全书学典》，世界书局1946年出版；胡玉缙撰、王欣夫辑《四库全书总目提要补正》，中华书局1964年出版；吴哲夫著《四库全书荟要纂修考》，1976年台北故宫博物院刊行；余嘉锡著《四库提要辨证》，1980年中华书局出版；刘汉屏著《四库全书史话》，中华书局1980年出版；任松如著《四库全书答问》，1992年巴蜀书社出版。

《中国百年畅销书》 徐丽芳、吴永贵等编著。2001年12月陕西师范大学出版社出版。全书分两个部分：一是百年畅销书回眸，包括"关于畅销书"、"1900年～1949年畅销书概述"和"1949年～1999年畅销书概述"三篇；二是"百年畅销书选介"，涉及的图书正好是100部。王余光为本书写了《畅销书断想》的序言。大32开本，410页，25.9万字，未标印数，定价21.00元。

《古今图书集成研究》 裴芹著。2001年12月北京图书馆出版社出版。本书由12篇文章组成，既各自独立，又密切联系，形成一个有机整体。具体篇目有：《〈古今图书集成〉与古代类书发展》、《〈古今图书集成〉与清代编书之风》、《规模宏大分类细密纵横交错次序井然——谈〈古今图书集成〉的结构体系》、《〈古今图书集成〉的按注研究》、《〈古今图书集成〉与方志》、《〈古今图书集成〉方志书目辑录》、《〈古今图书集成〉的版本及流传》、《〈古今图书集成〉研究论著目录》、《〈古今图书集成·序〉注译》、《〈古今图书集成·凡例〉简注》、《点石斋与同文书局竞印〈古今图书集成〉广告拾零》。大32开本，203页，13.7万字，印数3000册，定价10.00元。

《类书通论》 夏南强著。2001年12月湖北人民出版社出版。类书是我国文化史包括出版史上一种较为特殊的文献。类书研究是文化史、出版史研究中的一个重要方面。本书从宏观与微观结合的角度，探讨了类书的性质、类书的起源、类书发展演变的过程，以及对中国封建文化的影响。朱天俊作序。大32开本，191页，14.4万字，未标印数，定价

26.00元。

《话本叙录》 陈桂声著。2001年12月珠海出版社出版。本书是一部吸收、总结了上个世纪话本、拟话本研究成果，加上著者的新发现、新观点，多有发明与创见的学术专著。作者分为宋前编、宋元编和明清编，叙录今古话本、拟话本，内容含书(篇)名、存佚、卷数、著者、版本、本事、故事梗概、流传、影响及评价等。大32开本，661页，定价32.00元。

《中国漫画五十年》 英韬主编。2001年12月长江文艺出版社出版。本书内容丰富，图文并茂，资料翔实，读者从中可对中国漫画50年来所走过的艰辛历程有一个全面的了解。收录作品以年代划分；为了阐明我国漫画的传统，收入少量建国以前的漫画作品；挑选作品尽量精，容纳作者尽量广。本书就肖像画、科普漫画、国际参展作品等分专题编录。16开本，261页，定价36.00元。

《漫话漫画》 石鹏飞文，鲁瑛画。2001年云南人民出版社出版。本书收入"超越生命"、"人的一个定义"、"人是会包装的动物"、"人生就是悲剧"、"动物告人"、"文明社会"等160多幅漫画作品。小32开本，167页，定价10.00元。

《良友忆旧/一家画报与一个时代》 马国亮著。2002年1月三联书店出版。本书是良友图书公司资深编辑、《良友》画报第四任总编辑马国亮先生92岁高龄时撰写的回忆录。作为唯一健在的"良友老人"，作者为我们提供了弥足珍贵的历史文献和文化掌故。书中精选了近四百幅画报中较具代表性的图片，借以体现其内容、趣味和风格，与文字参照阅读，更能见出当年的时事、政治、体育、电影、戏剧等诸多社会侧面。这样一本用人物和故事串起来的历史，对于研究当时的出版文化也是极有价值的。李辉作序。16开本，302页，25万字，印数10000册，定价58.00元。

《趣味奇书大观》 刘荣编著。2002年1月武汉大学出版社出版。本书由"奇书异本万花筒"、"撰余轶闻说书场"、"书厨珍馐吉利斯"、"图书知识谐趣园"等部分构成，汇历代名家名人写书、购书、抄书、用书之珍闻，集世界各国各民族泥书、木书、石书、金书、铜书、巨书、微书之奇观。大32开本，286页，23.6万字，定价13.80元。

《历朝皇宫宝籍》 向斯著。2002年2月中国文史出版社出版。收入"中国皇宫精品书系"。本书主要纲目为：皇帝的文化品位，宫禁文化盛事，从金匮石室到天禄琳琅，走进宝籍四库，宫廷典籍的命运，历朝宫廷典籍鉴赏，明宫典籍、清宫典籍。大32开本，416页，印数3000册，定价20.00元。

《中国辞书发展史引论》 徐金法著。2002年3月中国文联出版社出版。大32开本，208页，印数1000册，定价22.80元。

《辽宁省图书馆满文古籍图书综录》 卢秀丽、阎向东编著。2002年5月辽宁民族出版社出版。本书把辽宁省馆藏满文古籍图书按经史子集四部进行分类编排，逐一著录书名、著者、版本、解题等。时间上起清代顺治七年(1650年)，下至民国二十四年(1935年)。大32开本，595页，印数1000册，定价45.00元。

《中国钱币图书纂要》 司理、司小娟、孙燕新编。2002年5月中国金融出版社出版。本书收录资料历史时间跨度很长，上自晋、南北朝，下至当代(2000年)，前后长达千余年，内容较为丰富。为便于查阅，分上、中、下三编辑成。上编为古代钱币图书，上始自晋、南北朝，下至清末，按作者生平年代或出书时间顺序而编。中编为近代以后钱币图书，其中近现代部分收录了从1911年辛亥革命成功到1949年新中国成立前夕。当代部分收集了从新中国成立到2000年4月期间,全国百余家出版社出版的钱币图书。下编为世界钱币图书,均按出版时间顺序编排。大32开本,337页,定价29.80元。

《中国版画史》 王伯敏著。2002年6月河北美术出版社出版。这是一部上起商周下迄民国的跨度很大、内容丰富的中国版画发展史。全书以时间和时代为序,分章论述商周、秦汉魏晋南北朝、隋唐五代、宋元、明代、清代、民国的版画发展状况、特点与成就。其间穿插有大量版画插图,图文配合,生动丰富。它不仅是版画史著作,而且对中国出版印刷史研究也是有积极意义的。大32开本,240页,印数2000册,定价35.00元。

【另】王伯敏著《中国版画史》1961年由上海人民美术出版社出版。作者另著《中国版画通史》(上、下)2000年由三联书店出版,介绍了自原始时代至民国时期这段时间内的中国绘画发展史,着重于对绘画艺术自身发展规律的探索,阐释民族形式的形成在东方以至世界的影响。16开本,定价136.00元。王伯敏主编的《中国美术全集·版画》1988年由上海人民出版社出版。

《中国年画史》 王树村著。2002年7月北京工艺美术出版社出版。年画是中国民间传统绘画中一门独立的画种,本书追述了年画的宗教起源,阐述了年画的形成过程,对从先秦到汉唐、明清时期年画的不断发展和不同特点进行了研究。16开本,296页,印数2000册,精装本,定价260.00元。

《中国书文化》 屈义华、荀昌荣主编。2002年9月湖南大学出版社出版。本书将图书形式、图书内容、图书收藏、图书利用,古代图书、近代图书、现代图书,统一于文化的视角下进行审视。全书三编,上、下编关于图书形式、图书收藏的论述,资料较丰富,有一定学术性和知识性。中编关于图书内容介绍,作者有选择地列举了从古到今重要的文献典籍。大32开本,436页,33.6万字,印数3000册,定价32.00元。

《晚清小说期刊史论》 王燕著。2002年11月吉林人民出版社出版。本书对晚清期刊进行了系统、深入的研究,其出发点是通过梳理小说期刊的发展来切入晚清小说创作研究,因此,本书围绕着两条线索展开:一是晚清小说期刊的发展史,作者将晚清小说期刊分为探索期、勃兴期、调整期和转型期。另一条线索则是在对小说期刊研究的基础上,努力揭示晚清小说发展的轨迹及其原因。作者从芜杂的资料堆里,爬梳剔抉,探本清源,力求把握晚清小说的"原生态环境"。进而广泛涉猎新闻传播学、版本目录学,且涉及广告发行、编辑出版等具体领域,从广告营销、装帧设计、办刊宗旨、栏目设置乃至创作主体的构成等多重角度,对各个阶段的晚清小说期刊进行认真梳理。还对每一时期的代表性小说期刊进行细致的个案分析,从小说期刊的因袭、创变中,揭示时代要求、社会审美心理的变化。大32开本,449页,印数1000册,定价22.00元。

《中国书源流》 奚椿年著。2002年12月江苏古籍出版社出版。收入"中国版本文化丛书"。本书是按时代顺序与专题结合的方式,撰写的一部简明中国书史。全书的内容主要包括:从中国文字的创造谈到书的产生、文字的载体及书的源头,直到《四库全书》、清代的藏书机构、清代几种私家著述、风云变幻的清代印刷等等。其中还收录图版84幅。18开本,245页,26.2万字,印数3000册,定价25.00元。

《中国版画史丛稿》 周心慧著。2002年12月学苑出版社出版。本书收录作者近年来撰写的有关中国版画史方面的论文16篇，既有对某一时期、某一地域、某一流派版画源流的综合论述，也有对古版画作品的专题性考证和提要钩沉。16开本，270页，印数1000册，精装本，定价80.00元。

《敦煌蒙书研究》 郑阿财、朱凤玉著。2002年12月甘肃教育出版社出版发行。收入"敦煌学研究丛书"。内容涉及：蒙书的名义与发展、敦煌蒙书的分类、敦煌蒙书的认定、敦煌写本识字类蒙书、杂字类蒙书、习字类蒙书、敦煌写本知识类蒙书、历史知识类蒙书、敦煌写本德行类蒙书、敦煌蒙书的特质与价值等等。大32开本，461页，印数2000册，定价38.00元。

《中国近代小说编年》 陈大康著。2002年12月华东师范大学出版社出版。本编年史著录道光二十年(1840)至宣统三年(1911)共72年有关小说创作的重要事件，其中包括作品问世、已有作品再版、作家概况、重要理论著作、清政府关于小说的政策及小说出版机构等。以农历纪时，按时序著录各与小说有关之事件，据资料可准确到月或日，则按月或日排列，于该日后附以公历。将上述资料按时序汇总，勾勒出了近代小说和小说出版的发展里程。书末附录有《近代小说作者及其作品一览表》、《近代小说出版状况一览表》、《近代小说篇名索引》。大32开本，500页，44.4万字，印数3100册，精装本，定价30.00元。

《鸡尾酒时代的记录者——〈现代〉杂志》 张永胜著。2003年1月上海人民出版社出版。收入"老上海文化生活丛书"。《现代》是一本20世纪30年代享有盛誉的文学杂志。该书作者分别从杂志主编的编辑理念、创作取向及其代表性栏目，如诗歌、外国小说译介的特点和代表性作家、代表性批评家的作品的分析，还有《现代》作家群的形成等角度来探讨和研究《现代》这本文学期刊的各个方面，以尝试对《现代》和与此相关联的作家及其作品作出新的阐释和理解。书中收有老照片、书影等59幅。小32开本，161页，10.3万字，印数5100册，定价11.20元。

《中国近代期刊50年创刊号大观》 冯建忠编著。2003年1月上海画报出版社出版。作者系沪上著名收藏家，有"创刊号大王"的美誉。本书精选1898～1949年间300种老期刊创刊号，对其发刊词、期刊小史进行文化整理，并配以彩色封面。是一本不可多得的期刊史、近代文化史研究的参考书，对装帧学研究和老期刊收藏也颇多贡献，为填补空白的专作。

《中国上古图书源流》 刘国进著。2003年1月新华出版社出版。本书的研究定位于东汉造纸术发明前我国图书事业研究这一薄弱环节，对上古图书从文字的产生到甲骨文献、青铜文献、石刻文书、简牍书的脉络源流进行了追溯和探讨。作者将上古图书事业溶于上古社会历史大背景中，以时间为经、事实为纬，从不同历史阶段探讨政治、经济、文化、技术等各个方面的因素对图书事业造成的影响，并且大量涉及载体演变、重大编辑活动、图书整理、书禁政策，因而也可作为上古文化史的一部分来阅读。另外，本书引用资料翔实充分，并注意到用考古实物进行论证，将学术性、思想性和知识性有机结合起来，雅俗共赏；同时对部分重要图书的内容、成书背景和年代也作了认真考证。大32开本，493页，45.3万字，未标印数，定价36.00元。

《生机——新时期著名人文期刊素描》 靳大成著。2003年1月中国文联出版社出版。本书分文学篇、综合评论篇、学术篇、民间篇四部分，收录了三十多家大型期刊编者独特的个人化的叙述，展现了八九十年代中国文坛的风采。大32开本，554页，定价27.60元。

《历代笔记概述》 刘叶秋著。2003年1月北京出版社出版。收入“大家小书系列”。本书概述了魏晋南北朝、唐、宋、金、元、明、清等朝代笔记小说的发展、种类和作品，是一部具备知识性和导读性的著作。大32开本，248页，未标印数，定价13.00元。本书1980年中华书局初版。

《17世纪中国通俗小说编年史》 李忠明编。2003年3月安徽大学出版社出版。本书以编年体的形式，排列17世纪创作、传抄、刊刻的通俗小说作品，重点是刊刻。尤其注意刊刻者、刊刻地区、作者队伍的变化，力图梳理小说发展与地区、作者、刊刻者、读者的相互关系，从更高层次把握小说史的内涵。大32开本，300页，22.6万字，定价19.80元。

《古代简牍》 李均明著。2003年4月文物出版社出版。收入“20世纪中国文物考古发现与研究丛书”。大32开本，214页，定价28.00元。

《中国近代四大小说杂志研究》 郭浩帆著。2003年5月当代中国出版社出版。本书对近代著名的四种小说杂志《新小说》、《绣像小说》、《月月小说》、《小说林》进行了比较系统的研究。大32开本，305页，印数1000册，定价22.00元。

【另】范伯群著《礼拜六的蝴蝶梦》1989年由人民文学出版社出版。“鸳鸯蝴蝶派”是近现代通俗文学史上有出版文化研究价值的现象，值得关注。

《纪念〈改革内参〉创刊20周年》 郭戌华编。2003年7月中国经济出版社出版。16开本，86页。

《刻写逝去的场景——版画》 顾音海编著。2003年8月上海书店出版社出版。本书比较简要地介绍了中国古代版画艺术，包括中国老版画，形形色色的版画收藏品，版画的收藏等内容。铜版纸全彩印，图文并茂。大32开本，124页，印数4000册，定价35.00元。

《大众期刊运作》 李频著。2003年8月中国大百科全书出版社出版。本书“上编”为“市场品牌打造·期刊评论丛稿”，论及“市场导入基础——理论研究”、“市场环境监测——多维视角”、“市场价值形态——文本”、“市场运作关键——创刊词”、“市场运作背景——全球化”。“下编”为“成功个案剖析·中国近现代期刊史札记”。“下编”原拟单独刊行，有戴文葆的序言。本书作者对期刊研究强调“两个背景”：中国期刊的历史背景和外国期刊的发展背景；“两个结合”：期刊文本研究与期刊市场研究结合，数据统计分析与名社名刊研究结合。大32开本，462页，36万字，另外收录丰富的图片资料，印数4000册，定价36.00元。

【另】李频著《共和国期刊60年》图文本将于2010年由中国大百科全书出版社出版。

《书香旧影》 刘新著。2003年8月湖南美术出版社出版。本书展示了一百多幅老书衣，并配以一百多则的新书话和老插图。大32开本，201页，印数3000册，定价39.80元。

《红色时尚——一本杂志的传奇》 彭明榜、李海波编。2003年9月中国青年出版社出版。本书是具有史料价值的纪念性画册，反映了《中国青年》从1923年创刊到2003年走过的历程。编者结合史料，以画册形式展示创刊号，收录发刊词，提供各家回忆文章，并精选历史上该刊具有重要影响的文章和图片。12开本,284页,精装印制,印数3000册。

《卜和克什克与〈丙寅〉杂志研究》 巴·苏和著。2003年10月内蒙古文化出版社出版。卜和克什克(1902～1943)创办的《丙寅》(蒙古文)杂志是我国蒙古族现代文化发展史上占有重要地位的连续出版物。该刊创办于1926年,停办于20世纪40年代初,共出版十余期近一百号。本书从文化史的角度对《丙寅》杂志及其编辑者进行了综合研究,在少数民族期刊研究中有开拓性意义。

《解读故事会——一本中国期刊的神话》 沈国凡著。2003年12月上海社会科学院出版社出版。本书对上海文艺出版社的《故事会》一刊进行了历史的梳理和理性的分析,探讨了故事期刊的成长历程和理论意义,讲述了《故事会》背后的精彩故事。16开本,378页,33.7万字,印数8000册,定价34.00元。

《看图说书——小说绣像阅读札记》 陈平原著。2003年12月三联书店出版。本书以中国古典小说《红楼梦》、《金瓶梅》、《聊斋志异》、《剑侠传》、《淞隐漫录》为考察对象,尤其以出版史上名家木刻版画插图,亦即小说绣像为讨论重点。作者以随笔风格,糅合小说史、美术史、文化史的综合眼光,引领读者巡视古典小说及其精美绣像,深入浅出,笔调轻松,充分调动了图像与文字两种不同媒介的潜力,图文结合,颇多新见。该书对古典小说出版史的研究也是很有参考价值的。16开本,136页,13.5万字,图100幅,印数10600册,定价20.00元。

《中国年鉴概览》 李维民、肖东发主编,北京志鉴书刊研究院编。2003年12月华艺出版社出版。本书提供了从1909年我国出版的第一本中文年鉴到2003年我国改革开放以来的六百多种年鉴的名录和一百多种年鉴的介绍。大32开本,463页,精装本,定价58.00元。

《中国禁书简史》 陈正宏、谈蓓芳著。2004年1月学林出版社出版。本书除"绪论"外另有6章,分别论述了上起先秦下迄清末的禁书历史。此书曾作为安平秋和章培恒主编的《中国禁书大观》的一个部分于1990年由上海文化出版社印行。此次单行重刊,做了三个方面的修改:一是恢复了初稿中原有、收入《中国禁书大观》时因故删去的部分文字,二是为全书新配了一百余幅插图,三是纠正了《中国禁书大观》文中的一些明显错误,并对部分文字作了删改。章培恒作序。大32开本,275页,20.2万字,印数6000册,定价17.00元。

《福建古书之最》 方彦寿著。2004年1月中国社会出版社出版。本书分专题对福建刻印的古书之最进行了梳理,包括《〈九经〉现存的最早刻本》,《王注〈周易〉现存的最早刻本》,《建本〈史记〉之最》等等。大32开本,396页,印数1000册,定价35.00元。

《明清小说续书研究》 高玉海著。2004年2月中国社会科学出版社出版。本书从明清小说续书的发展概况、艺术得失、文化成因、创作理论、鉴赏与批评等五个方面对文学史上小说名著的续书进行了较为全面而深入的探讨。郭豫适作序。大32开本,353页,27.5万字,未标印数,定价25.00元。

《启迪民智的钥匙——商务印书馆前期中学英语教科书》 张英著。2004年3月中国福利会出版社出版。商务印书馆从1898年开始,在五十多年的岁月中为我国的英语教学编辑出版了一百多种教科书,对我国的英语教学、英语普及作出了贡献。本书将商务印书馆前期的英语教科书出版分为五个时期，即：初期、最新教科书时代、共和国教科书时代、新学制教科书时代和新时代教科书时代。对于从《华英初阶》、《华英进阶》到《循序英文读本》等有代表性的教科书的发展情况、内容特点、分类状况等进行了深入研究。大32开本，132页，定价18.00元。

《中国小说续书研究》 王旭川著。2004年5月学林出版社出版。本书分上、下两编，对中国古代小说续书进行了系统研究。上编“概论”讨论中国小说续书的形态、发展、文化审视等问题；下编“小说续书研究”则对《世说新语》、《三国演义》、《西游记》、《金瓶梅》、《红楼梦》以及评书类小说等续书进行了逐一研究。作为一种特殊的出版现象，作者的这一成果对出版文化史也是有借鉴意义的。大32开本，361页，28万字，印数3000册，定价20.00元。

《褪色的记忆——连环画》 介子平著。2004年5月山西古籍出版社出版。本书从前连环画时代、盛衰荣枯的连环画出版、名画家的连环画作品、连环画的版本及各种形态等方面介绍了连环画从产生、成熟到衰落的过程。书中配有四百多幅彩色图片资料，对于研究连环画出版史有参考价值。大32开本，124页，印数4000册，精装本，定价18.00元。

《消逝的民艺——年画》 介子平著。2004年5月山西古籍出版社出版。本书勾勒了中国民间艺术的年画形成、发展历程，对于年画的流派、代表画家以及新年画的内容等进行了梳理和介绍。书中配有二百多幅彩色图片资料。大32开本，124页，印数4000册，精装本，定价18.00元。

《中国古典诗歌要籍丛谈》(上、下) 王学泰编著。2004年7月天津古籍出版社出版。本书仿《四库全书总目提要》的体例，录古代诗歌要籍一千一百余种，成百万言。全书分为历代诗歌总集、历代诗歌别集、词曲总集别集、诗词曲论四个部分。对每一部作品，介绍作品集的大致状况，作者或编者的状况，作品集的主要内容，作品的特色，集子的版本流传和存佚状况。大32开本，1215页，114万字，印数3000套，定价68.00元。

《〈现代汉语词典〉五十年》 中国社会科学院语言研究所词典编辑室编。2004年8月商务印书馆出版。本书是一本纪念集，收录了反映《现代汉语词典》近半个世纪历程的文献和有关资料，正文前收录有关的史料照片，附录《〈现代汉语词典〉工作大事记》。大32开本，206页，定价18.00元。

《中国典籍史》 李致忠、周少川、张木早著。2004年9月上海人民出版社出版。收入“专题史系列丛书”。本书曾作为百卷本《中华文化通志》中的《典籍志》于1998年10月出版。它是一部志书体例的专著，依中国文化学术传统而致典籍的迭兴，依中国典籍的物质构成而致典籍的制作材料、制作方法和装帧艺术，依中国典籍的皮藏而致典籍的整理、分类与编目，依中国典籍的厄运而致典籍的劫难、散佚进行编撰。全书除“绪论”外有八章，前三章所述，乃文明初肇至东学西渐历史长河中以典籍迭兴而贯穿的中国文化传统；第四至第八章，虽分述典籍的制作、装帧、整理、分类、编目、劫难、散佚等，但无一不与特定历史时期政治、经济、文化、学术、军事、科学技术等密切联系。大32开本，475页，37.3万字，印数3100册，定价35.00元。

《蒙古人的文字与书籍》 (匈)卫·卡拉著，范丽君译。2004年9月内蒙古人民出版社出版。作者是匈牙利著名蒙古学家，精通多种语言文字。本书由两部分组成，一是“蒙古文字的历史概况”,二是“蒙古人的书籍”。在第二部分中,作者对蒙古文献进行了全面论述,对于研究蒙古地区的出版文化史有着重要参考价值。书中有26幅图表,还有不少附有文字说明的插图。大32开本,241页,18.8万字,印数3000册,定价15.00元。

《中国古代史籍举要》 张舜徽著。2004年10月云南人民出版社出版。收入“二十世纪学术要籍重刊”。本书是著名历史文献学家张舜徽早期名著《中国历史要籍介绍》的增订本。本书是建国后第一本史籍举要的著作,分门别类对多种史籍作了提要钩玄的点评,同时指出了读史门径和研究方法,多有独到见解。大32开本,218页,印数4000册,定价30.00元。

《岁月留香——〈儿童文学〉创刊四十周年纪念》 儿童文学杂志社编,徐德霞主编。2004年10月中国少年儿童出版社出版。收录作家、编辑、读者对《儿童文学》的回忆。大32开本,282页,精装本,定价15.00元。

《中国图书学》 卢贤中著。2004年10月安徽大学出版社出版。本书对图书的性质、载体材料、形制、版本、编辑整体设计、印刷、发行等问题进行了全面深入的论述。其中,对图书史等方面的纵向内容多有涉及。大32开本,327页,22.5万字,印数3000册,定价15.80元。

《在历史缝隙间挣扎——1910～1920年间〈小说月报〉研究》 柳珊著。2004年12月百花洲文艺出版社出版。收入“灯下学术文丛”。本书主要研究的内容包括五章:《小说月报》与商务印书馆、《小说月报》的编辑、《小说月报》的文学理论探索、短篇小说崛起中的生力军、《小说月报》中的小说类型研究。大32开本,241页,定价18.00元。

《古代帛书》 刘国忠著。2004年12月文物出版社出版。收入“20世纪中国文物考古发现与研究丛书”。本书在概述了中国古代帛书的发现及研究状况的基础上,集中探讨了长沙楚帛书和马王堆帛书的发现、整理与研究情况。大32开本,206页,定价28.00元。

《简牍》 何双全著。2004年12月敦煌文艺出版社出版。收入“甘肃考古文化丛书”。本书内容涉及中国简牍发现史、甘肃简牍的特征和研究价值、天水秦简、甘谷汉简、武威(凉州)汉简与晋简、居延(张掖)汉简等等。16开本,245页,定价41.50元。

《云南高校人文社会科学学报发展史》 云南高校人文社会科学学报学会编。2004年云南大学出版社出版。本书记载了各种人文社会科学学报的创办和发展历程,也记载了各种学报各个历史阶段的重大选题和获得的成绩。大32开本,566页,定价45.00元。

《读者故事(1981～2005)》 师永刚著。2005年1月新世纪出版社出版。本书分为《读者》传说、我们尝试、公民《读者》三卷共14章。叙述了《读者》如何经历风雨成为发行量近千万、出版四个版本、年收入超过亿元杂志的传奇故事。16开本,124页,定价15.00元。

《书香三千年》(全彩本) 罗树宝著。2005年1月湖南文艺出版社出版。本书分史卷、赏卷两个部分,以图文结合的形式讲述了中国书籍三千年的辉煌历史,从最早的书籍形式甲骨书算起,直到19世纪西洋机械化铅印术的传入为止。史卷以时间为序,从物质技术的角度,讲述了中国书籍的发展史;赏卷则介绍了中国书籍欣赏、鉴定等。小16开本,199页,印数4000册,定价42.00元。

《书赞》 侯焕闳、张祖武编译。2005年1月辽宁教育出版社出版。收入“人·书·情丛书”。本书分为书赞、书籍和知识、书籍和作者、造书的人及书与读者五部分,均为各个时代、各国文人或政治家有关书的格言警句。小32开本,160页,定价14.80元。

《书装百年》 张潇编著。2005年1月湖南美术出版社出版。装帧百年是与时俱进的百年,是社会、文化、观念和科技发展的缩影,研究装帧百年发展的目的主要在于通过剖析这段历程找到艺术发展的规律和脉动,从而推动装帧艺术的飞跃。本书作者用辛勤的劳作表述和分析直至深入心灵的透视,展示了装帧走过的百年历程。大32开本,205页,定价36.00元。

《中国佛教史籍概论》 陈垣著。2005年4月上海书店出版社出版。本书属于旧籍新刊,1962年中华书局初版。作者将六朝以来研究历史所常参考的佛教史籍,按成书年代,分类介绍。关于每书的名目、略名、异名、撰人略历、卷数异同、版本源流和各书的内容体制,以及与历史有关的其它问题,都作了深入的分析和严谨的考辨。大32开本,144页,8.5万字,定价12.50元。

《徽派版画》 张国标著。2005年5月安徽人民出版社出版。收入“徽州文化全书”。全书分为八章,主要内容包括:徽派版画概述、书画刻坊与出版家、为徽派版画作图稿的主要画家、徽派版画主要刻工、徽派版画的形成与技法、徽商中两大出版家——汪廷讷与胡正言对徽派版画的贡献、徽派版画的主要代表作、徽派版画的继承与发展。本书还收录明清徽派版画作品彩色版与黑白版一百余幅,包括宋、元、明、清四朝著名的杂剧、传奇、戏曲、说唱、小说、传记、诗词插图,方志风景画、画谱、课徒稿、民间组画、木版年画及独幅画等。16开本,302页,25.1万字,精装本,定价140.00元。

《中国类书》 赵含坤编著。2005年5月河北人民出版社出版。本书汇编了一千六百余种类书,包括综合性类书和专科性类书。这些类书涵盖了我国古代文献典籍的百科内容。作者将所辑类书,一书一条,基本按历史年代进行编排,对每种类书的内容、特点、编纂者等进行扼要介绍。伍杰作序。大32开本,356页,42.6万字,印数2000册,定价29.00元。

《插图的文化史》 余凤高著。2005年5月新星出版社出版。这是一本介绍插图的发展历史的书。论述了从古代手抄本、印刷本开始,直到现代主义的书籍插图,并从多角度进行探究。小16开本,240页,定价28.00元。

《简牍帛书发现与研究》 赵超著。2005年6月福建人民出版社出版。主要内容包括:中国古代简牍帛书的考古发现;简帛的考古发掘、科学保护与对古代简帛制度的研究;出土简牍帛书与有关考古学研究;简牍帛书的古代文书整理与研究;简帛中的古代经籍、佚书与古代思想史、学术史的研究;古代简帛文字的研究与收获。大32开本,257页,21.7万字,印数3000册,定价16.00元。

《畅销书》 叶轻舟编著。2005年6月北京工业大学出版社出版。本书记录了中国进入新世纪五年来的最畅销书,并对其内容加以点评和详介。16开本,253页,30万字,定价29.80元。

《明清内府书籍装帧艺术》 故宫博物院编。2005年6月北京出版社出版。本书是故宫所藏书籍装帧实物照片与手绘线描的结合。16开本,320页,精装本,定价400.00

元。

《五百种明清小说博览》(上、下) 张兵主编。2005年7月上海辞书出版社出版。本书为体现明清小说之原貌,从数量众多的明清小说中精心编选出500种,遍及公私庋藏,囊括各种流派。所编小说上自洪武元年(1368),下迄1911年阴历辛亥年底。明清小说中各类题材、各种文体,均予以收录。所收的每部作品均交代版本流传情况,撰写故事情节梗概,以便读者了解小说的整体面貌和风格特征。章培恒作序。大32开本,1790页,印数4250册,精装本,定价148.00元。

《古诗文要籍叙录》 金开诚、葛兆光著。2005年8月中华书局出版。本书以文献学方法考述120种古代文学基本典籍,梳理诗文要籍的成书、刊刻和流传,考察文献的内容缺失和真伪,讨论选本、注本的优劣,引导原典文本的深度阅读。该书曾于1988年由北京出版社出版,书名为《历代诗文要籍详解》。此次再版,对原书略作修改。以附注的形式对新近出版的相关整理本作了提示,以方便读者。小16开本,579页,56.4万字,印数4000册,定价68.00元。

《插图本中国图书史》 肖东发、杨虎著。2005年8月广西师范大学出版社出版。本书对中国古代图书文化进行了深入的考察,讲述了中国书籍产生和发展的具体历史过程,并讨论书籍与中国文化的发展、形成与转化的关系和影响。全书除"绪论"和"结语"外共有十个部分,分别论述了书籍的起源、载体形式、印刷技术、装帧艺术、印刷出版系统、图书的特有类型、图书中的鸿篇巨制、图书的厄运与典藏、书目之学等,讨论了中国古代图书的突出成就,总结了中国古人制作和保存书籍的经验,对治书之学也加以概括的介绍。从而,理清了书籍发展的脉络,使读者对中国书文化有了全貌性的认识,可谓一部简单的中国古代文化史。全书图文并茂,叙述简洁。附录有《一个最低限度的国学书目》、《国学入门书要目及其读法》。小16开本,317页,24万字,印数7000册,定价32.00元。

《盛世文治——清宫典籍文化》 朱赛虹主编,故宫博物院编。2005年8月紫禁城出版社出版。本书图文并茂,依照武英各殿的布局,分为皇室藏书、清帝读书、官府编书、御书装潢、宗教典籍及内府刻书六部分。8开本,259页,精装本,定价350.00元。

《书斋与书坊之间——清代子弟书研究》 崔蕴华著。2005年8月北京大学出版社出版。子弟书是清代北方曲艺之一种,流传时间从清乾隆年间至民国初年。本书在概述子弟书的基础上,对子弟书文本、艺术活动进行了研究,而关于子弟书版本及流传的探讨则更具有出版文化史的价值。小16开本,175页,15.6万字,未标印数,定价20.00元。

《储安平与〈观察〉》 谢泳著。2005年9月中国社会出版社出版。《观察》周刊是1946年9月1日在上海创办的,在40年代后期产生了巨大的社会影响。本书勾勒了40年代后期知识分子言论与政府、社会、执政党之间关系的互动图,再现了40年代后期的言论氛围和那一代自由主义知识分子的议政风范,对于现代政治史、思想史、报刊史的研究均有重要价值。小16开本,218页,15万字,未标印数,定价25.00元。

《明人著作与生平发微》 朱鸿林撰。2005年9月广西师范大学出版社出版。本书包含了钱谦益《国初群雄事略》撰写经过与成书年代、《永乐大典》纂修人考补等内容。大32开本,285页,未标印数,定价25.00元。

《明清安徽典籍研究》 中国历史文献研究会、安徽省古籍整理出版办公室编,张红一著。2005 年 9 月黄山书社出版。本书收录有关安徽明清时期典籍研究的论文数十篇。大 32 开本,411 页,印数 1500 册,定价 23.60 元。

《2005 中国装帧艺术年鉴(历史卷)》 张守义主编,中国出版工作者协会装帧艺术工作委员会、中国美术家协会装帧艺术委员会编。2005 年 10 月中国统计出版社出版。本书全面记录了新中国装帧艺术的发展历程和成就,汇集了全国书籍装帧艺术展的获奖作品,选编了和书籍装帧有关的政策法规,记载了著名的老装帧艺术家和他们的作品,反映了蓬勃发展的书籍装帧工作室、丰富多彩的书籍艺术出版物、装帧艺术教育科研和国际交流的情况,介绍了我国最新的装帧材料和工艺。16 开本,594 页,精装本,定价 380.00 元。

《中国插图艺术史话》 祝重寿编著。2005 年 10 月清华大学出版社出版。本书是国内第一本插图艺术史方面的专著,论述了我国从战国时期到 20 世纪插图艺术的发展历程。张守义作序。16 开本,208 页,定价 46.00 元。

《现代性的流变——〈新青年〉个人、社会与国家关系聚焦》 张宝明著。2005 年 10 月社会科学文献出版社出版。作者以《新青年》杂志为蓝本,选择一个关乎现代性的关口——个人、社会与国家的关系,将现代性寻根的历史图景给予了富有知识考古意义的爬梳。本书是研究《新青年》思想理路的专著,对于探讨其编辑出版思想也有一定启发。大 32 开本,319 页,21.9 万字,定价 23.00 元。

《光影春秋——纪念〈民族画报〉创刊五十周年》 民族画报社编。2005 年 10 月摄影艺术出版社出版。12 开本,135 页。

《百年书影:普希金作品中译本(1903～2000)》 戴天恩编著。2005 年 11 月天地出版社出版。本书用简练的文字,概述了俄罗斯伟大诗人普希金作品近百年在我国翻译出版的年代、时代背景和译者小传,并附有精美的彩色封面图。24 开本,190 页,印数 1000 册,定价 50.00 元。

《中国丛书知见录》(全 6 册) 施廷镛编撰。2005 年 11 月北京图书馆出版社出版。本书系根据施廷镛先生《丛书综合目录》手稿影印而成。书中对 2000 种丛书的编者、版本、刊刻及子目的著者、籍贯、字号等一一注明。和《中国丛书综录》相比,有 700 种未收者,有 400 种著录不同者。可以补充、订正其著录内容。为方便使用,编者在出版时特做《丛书分类细目》和《丛书书名索引》。16 开本,4101 页,精装本,定价 2700.00 元。

《绵竹年画之旅:寻找逝去的年画》 沈泓编著。2006 年 1 月中国画报出版社出版。本书在序言中介绍了年画的相关知识,然后分 11 章介绍了绵竹年画的一些代表性人物,包括胡光葵、毛建华、侯世武、宁志奇、李方福、陈兴才、刘竹梅、金定平等。大 32 开本,236 页,定价 38.00 元。

【另】中国画报出版社同时出版的沈泓编著的“年画之旅”丛书总计 9 种。除了“绵竹”卷外,还有高密、杨柳青、滩头、桃花坞、佛山、朱仙镇、武强、杨家埠各分卷。四川人民出版社 2010 也刊行了《绵竹木版年画》一书。

《中国古代木刻画史略》 郑振铎编著。2006 年 1 月上海书店出版社出版。本书介绍了最早的木刻画、宋金的木刻画、明初的木刻画、徽派的木刻画、明末的木刻画、彩色木刻画、清代早期的木刻画、年画等。附录有《关于版画》、《〈中国版画史图录〉自序》等。16

开本,248页,印数5000册,定价35.00元。本书有1985年2月人民美术出版社初版本,收入九册本的《中国古代木刻画选集》。

《中国武强年画艺术》 薄松年著。2006年1月河北美术出版社出版。收入"燕赵艺术集成丛书"。本书分民间年画的渊源、武强年画发展史、武强年画的艺术特色和作品赏析等部分,梳理了武强年画的起源,分析和论证了武强年画与京都文化、杨柳青、山西雕版的文化关系。大16开本,363页,精装本,定价688.00元。

《解放军文艺600期纪念文集·插图卷》 《解放军文艺》编辑部编。2006年1月解放军文艺出版社出版。收入"战士文库"。小16开本,373页,印数1000册,定价35.00元。该纪念文集还出版了小说卷、散文卷、剧本卷、报告文学卷、诗歌卷等。

《中国现代文学期刊史论》 刘增人等纂著。2006年2月新华出版社出版。全书由两个部分组成:一是关于中国现代文学期刊的10篇专论,包括宏观研究和个案考察;二是囊括了从1919年到1949年的3000多种文学期刊的资料。编者采用史论结合的构架,内外结合的探究,丰富翔实的史料,对中国现代文学期刊作了比较深入细致的研究,填补了中国文学期刊研究的空白。在期刊研究资料目录中,辑录了二百五十余部著作、四百六十多篇论文,对于从事中国现代文学期刊研究者提供了可资借鉴与参考的线索,具有学术上的开创性,同时兼具资料性和工具性。16开本,116万字,674页,定价150.00元。

《墨香集——〈山东工艺美院报〉创刊20周年纪念文集》 牛序茜编。2006年2月山东友谊出版社出版。本书为《山东工艺美院报》创刊20年以来精华文集。所选作品既反映了山东工艺美术学院优秀教师及研究人员的教学及创作、研究风貌,同时又是院报编辑部辛勤编采工作的结晶。大32开本,350页,定价30.00元。

《书海沧桑——扬州名书》 曾学文著。2006年3月广陵书社出版。收入"扬州历史文化丛书"。内容包括:扬州学术与扬州著述、扬州藏书与刻书等等。大32开本,200页,定价17.00元。

《中国古代书籍装帧》 杨永德著。2006年4月人民美术出版社出版。本书介绍了书籍装帧的初期形态、书籍装帧的正规形态、书籍装帧的册页形态、古代书籍装帧与文化、古代书籍装帧与审美文化、古籍的插图版画、版本简述等内容。书前有16页彩色插页。石宗源、张守义分别作序。16开本,424页,16页图版,印数3000册,定价69.00元。另,本书杨永德、杨宁修订后作为大学教材2008年6月再版。

《传统媒介与典籍文化》 于翠玲著。2006年5月中国传媒大学出版社出版。收入"文化与传播研究丛书"。本书以中国典籍为研究对象,考察中国典籍作为一种传统媒介的特征及其在编辑出版与传播史上的意义,探讨中国典籍作为传统文化的载体,其所形成的独特的知识结构体系、阅读方式和传播现象。全书分为三编,即传统媒介、典籍文化、阅读视野,其中"传播史料的价值与整理利用"、"古代图书编辑与出版概念"、"古代出版格局与传统文化"、"印刷媒介演变与文化转型"、"西书东渐与文化融合"等章尤其具有出版文化史的价值。大32开本,226页,定价22.00元。

《典籍源流》 闻明、张林著。2006年5月中国环境科学出版社出版。收入"中国历史百科丛书"。大32开本,226页,定价29.00元。

《20世纪中国文学期刊与思潮(1897～1949)》 杨联芬等著。2006年5月百花洲文艺出版社出版。收入《二十世纪中国学术论辩书系·文学卷》。本书是以期刊为对象展示中国现代文学思潮史的一种尝试。本书的结构,以时间为经、以思潮为纬,以期刊为对象,呈现和总结20世纪上半期中国现代文学思潮与论辩的客观情形。大32开本,487页,印数5000册,定价33.00元。

《20世纪中国文学期刊与思潮(1949～2000)》 杨聚臣等著。2006年12月由百花洲文艺出版社出版,本卷仅仅收录了中国当代文学论争的一小部分内容,包括部分文学理论和小说方面的论争,而事实上,中国当代文学论争涉及当代文学思潮的各个领域,可以说覆盖了整个当代文学史。巡视中国当代文学论争的步履可以看出,当代文学论争经历了一个从单调到丰富、从刻板到开放的过程,而贯穿其间的是社会进步、思想解放的红线。大32开本,490页,定价34.00元。

《书文化的传承》(插图本) 来新夏著。2006年6月山西古籍出版社出版。本书是作者在讲义的基础上撰写的关于中国图书文化历史的著作,全书分为十篇,具体内容包括:口传与记事,简牍与帛书,纸和纸张,雕版·活字·套印,典藏与整理,流通与传播,幼学教育,经、史、子、集,图书的再编纂,结语。各篇内容,皆有所据,而语言浅近,通俗易懂。16开本,149页,15万字,印数2500册,定价38.00元。

《中国辞书学史概略》 邹酆著。2006年6月湖北人民出版社出版。本书共分十三章,内容包括:中国辞书学的孕育期——先秦、开创期——两汉、成长期——魏晋南北朝、开拓期——隋唐、扩展期——宋元、成熟期——明清、转型期——近代;中国现代辞书学的萌芽期——"五四"时期、生长期——建国前三十年、形成期——建国后三十年等。大32开本,297页,定价25.00元。

《无政府主义与五四新文化——围绕〈新青年〉同人所作的考察》 孟庆澍著。2006年6月河南大学出版社出版。收入"明伦学术书系"。本书是由作者的博士论文修改而来的,阐述了五四那一代人与无政府主义思潮的关系。大32开本,320页,定价26.00元。

《文化传播与文学想象——〈新青年〉杂志研究》 李永中著。2006年7月武汉出版社出版。本书以《新青年》为研究对象,通过考察《新青年》的编辑、出版、接受、历史评价以及内在思想文化涵蕴,重新审视"现代文学的发生"这一历史命题。大32开本,190页,印数1000册,定价12.00元。

《想象现代性——革新时期的〈小说月报〉研究》 董丽敏著。2006年8月广西师范大学出版社出版。本书以20世纪早期中国社会文化格局为背景,以革新前后的《小说月报》为切入口,从文学生产机制的角度来系统分析作为第一个"现代文学期刊"的生成过程,探讨中国"现代文学"及"现代文学期刊"衍生、传播与演变的基本规律,梳理《小说月报》在译介外国文学、塑造现代学术规范、塑造新文学创作范式等方面的得失。大32开本,243页,定价30.00元。

《清末小说研究集稿》 (日)樽本照雄著,陈薇监译。2006年8月齐鲁书社出版。本书收录作者有关清朝末期的作者、作品、杂志以及出版社等方面的论文24篇,其中多数篇章都是从编辑出版角度展开研究的,因此具有文学出版史的价值和功用。如《〈老残游记〉写作刊行的两个问题》、《谁是〈绣像小说〉的编辑人》、《〈绣像小说〉出版迟延问题简论》、《〈新小说〉的出版日期和印刷地点》、《辛亥革命时期的商务印书馆和金港堂之合资经营》

等，都是很重要的小说出版史论文。史料扎实、论从史出是本书的主要特点。大32开本，240页，21万字，定价25.00元。

《集成十年》 《东方文化集成》编委会编。2006年10月北京图书馆出版社出版。本书是为纪念《东方文化集成》创办十周年而出版的一部纪念文献专集。全书分四个部分，包括：十年回顾，收录了学界及社会知名人士对《东方文化集成》工程的回顾文章；学术反响，收录了各大报刊杂志对《东方文化集成》工程的评价及已出版的部分图书的评论；百部图书介绍，主要介绍了工程已出版的近百卷、八十余种图书的书名、作者及内容提要；大事记中主要记录了《东方文化集成》工程自启动至今的重大事件。该书是对《东方文化集成》工程一次全面的总结和回顾，能让更多的人全面了解这项工程的宗旨、意义、阶段性成果和今后的规划，兼具资料性和可读性。大32开本，定价98.00元。

《宽容与理性——〈东方杂志〉的公共舆论研究》 洪九来著。2006年11月上海人民出版社出版。收入"都市空间与知识群体研究书系"。《东方杂志》创刊于1904年，终刊于1948年，是20世纪前半叶中国寿命最长的一份综合性期刊，在近代中国媒体或公共舆论史中具有非常重要的地位。本书是作者在博士论文基础上修改完善而成，对1904～1932年这一阶段的《东方杂志》的考察，涉及办刊人员及办刊理念流变、刊物作者群体的构成和基本倾向，从政治秩序转换中的理性主义、社会变革进程中的渐进主义、纳入世界格局中的民族主义、中西文化冲突中的调和主义、新旧文学嬗变中的现实主义、古今学术流变中的进步主义等不同角度，展示了《东方杂志》如何依靠一批固守着理性、宽容、多元、渐进、调和等基本价值观念的知识分子，构造了温和的自由主义公共空间。本书在系统梳理《东方杂志》独特的思想资源方面具有填补空白的意义。姜义华作序。大32开本，367页，29.9万字，印数4250册，定价25.00元。

《〈小说月报〉1910～1920：商业、文化与未完成的现代性》 谢晓霞著。2006年11月上海三联书店出版。本书运用传播学的理论和方法，研究1910～1920年间的《小说月报》，具有现代文学史和编辑出版史的双重价值。王富仁作序。大32开本，241页，20万字，未标印数，定价20.00元。

《中国辞典史论》 雍和明、罗振跃、张相明著。2006年11月中华书局出版。本书对古今中外辞典的产生、发展情况进行全面论述。本书将汉语辞书置于世界辞书演进的大环境加以考察，论述了我国从古代直到20世纪的各类辞书，探寻中国辞书演进的轨迹和规律。全书篇幅宏大、内容详尽，堪称这一领域的巨著。大32开本，629页，52万字，印数2000册，精装本，定价48.00元。

《明代通俗类书研究》 刘天振著。2006年12月齐鲁书社出版。本书从名目繁多的明代通俗类书中择取三种作为考察中心，重点探讨了如下问题：比较科学地界定了通俗类书的特性、内涵、功能和价值，辨析了其与正宗类书在性质、功能乃至文化品格上的差异。书中关于道德教育类书和娱乐性类书的讨论，颇有新意。勾画、剖析了宋、元、明时代通俗类书产生的历史文化背景，追溯、探寻了明代通俗类书发展、衍变的历史轨迹，考证、梳理了所论主要类书版本的递衍与流变，对三种通俗类书题材内容进行了科学归类，对于其思想内涵进行了抽绎和提炼，对其文化价值进行了评估，并论述了其体例上的创新。大32开，29万字，定价28.00元。

《建本和建安版画》 陈铎著。2006 年 12 月福建美术出版社出版。本书共分“书坊”、“建本”、“图文并茂——古代的读书方式”、“建安版画——无书不图的叙事”、“刻工与坊肆”、“建安版画与外地版画的关系”、“建安版画的始末”、“历史文化视野中的建安版画”等八个章节,书中配有大量的建本插图版画。16 开本,267 页,定价 35.00 元。

《北京志·期刊志》 北京市地方志编纂委员会编。2006 年 12 月北京出版社出版。本书是第一部北京地方期刊志,在全国也是少见的。书中用较多的篇章介绍期刊的内容,而概述部分则简要、系统地叙述了北京地区期刊从 1872 年发端直到 1993 年底约 120 年的发展历程,涉及刊物一万多种。全书分为五篇,即社会科学与综合类期刊、自然科学与工程技术类期刊、期刊编辑、期刊管理、已停或更名期刊名录。书前有历史图片、书影等数十幅。16 开本,790 页,99 万字,印数 3000 册,精装本,定价 180.00 元。

《〈独立评论〉与 20 世纪 30 年代的政治思潮》 张太原著。2006 年 12 月社会科学文献出版社出版。收入“东方历史学术文库”。本书以《独立评论》为个案,从大处着眼,从小处着笔,然后再以小观大,深入探讨了自由知识分子的社会角色及其作用:自由知识分子如何介入社会;自由知识分子如何应对外敌侵略;自由知识分子如何对待专制政府;自由知识分子如何看待暴力革命。通过这些具体的实例,还原思想为历史,透过历史来看思想,从一个侧面反映了自由主义与民族主义、三民主义、马克思主义的关系。大 32 开本,325 页,25.4 万字,定价 25.00 元。

《〈中国林业年鉴〉创办 20 周年纪念文集》 《中国林业年鉴》编辑部编。2007 年 1 月中国林业出版社出版。这本 10 万余字的文集中共收纳了 22 篇纪念稿件,其中既有当年的创刊人,现在已经退休的老编辑、老出版人的纪念稿件,还有几十张记载了林业年鉴创刊历程的宝贵照片,以及历任中国林业年鉴编委会主任的题词。16 开本,131 页,印数 600 册,定价 36.00 元。

《一部机械制造技术的长卷——〈机械工人〉杂志创刊 50 周年纪念文集》 机械工人杂志社编。2007 年 1 月机械工业出版社出版。本书收有“我们会做得更好”、“一本小册子影响我人生的道路”、“我与《机械工人》”、“知识的宝库 成才的阶梯”、“我的好老师——《机械工人》”等文章。大 32 开本,362 页,印数 5000 册,定价 20.00 元。

《黑马奔腾——〈特别关注〉杂志 6 周年历程》 《特别关注》杂志社编,朱玉祥主编。2007 年 1 月湖北人民出版社出版。本书是为纪念《特别关注》杂志创办六周年而编选的纪念性集子。书中收入回忆文章及相关研究论文 25 篇,另有《贺信》,《〈特别关注〉大事记》及相关图片资料。大 32 开本,206 页,16.3 万字,印数 2000 册,定价 28.00 元。

《寻找逝去的年画——高密年画之旅》 沈泓著。2007 年 2 月吉林人民出版社出版。本书收录了高密的年画作品,并附有每幅作品的解释文字。书中同时讲述了作者寻访年画的过程。16 开本,245 页,定价 35.00 元。

《“仿像与超越”:当代文化语境中的文学期刊》 李明德著。2007 年 2 月中国社会科学出版社出版。全书三个部分十章,具体内容涉及到文学期刊本体论、审美理想的概括与回归、社会主义现实主义审美风格等,特别是第二部分“文学期刊流变论”,具有当代文学期刊史的价值。附录有《当代主要文学期刊创办年份》等。16 开本,350 页,30.9万字,印数 5000 册,定价 28.00 元。

【另】韩敏著《当代文学杂志研究》2007年中央文献出版社出版。32开本,212页。

《图说中国古代兵器与兵书》(彩图本) 杜文玉等编著。2007年2月世界图书出版公司(西安)出版。本书共分为中国古代兵器与兵书总述、防护类装备、冷兵器时代的各类兵器、战车、骑兵与战船、古代各类兵器、历代兵书概说等6章,系统介绍了我国古代兵器和兵书知识,配五百余幅精美的插图。16开本,238页,定价63.00元。

《清代唐诗选本研究》 贺严著。2007年3月人民文学出版社出版。本书的内容主要涉及:唐诗选本的历史发展、唐诗选本与清代社会、清代的唐诗选本与诗学思潮、清代独具特色的唐诗评点选本等。附录《清代唐诗选本经眼录》。大32开本,347页,定价24.00元。

《〈良友〉画报与上海都市文化》 吴果中著。2007年3月湖南师范大学出版社出版。收入"书山博士文丛"。本书除绪论外主体部分有三章,具体纲目为:现代都市里的文化衍生物——《良友》画报的本体研究,都市文化语境中的空间生产——民国《良友》画报与上海,中国新闻史上的开山之举——多维文化视域中的《良友》画报。大32开本,387页,32.8万字,定价28.00元。

《〈中国新文学大系〉研究》 徐鹏绪、李广著。2007年5月社会科学文献出版社出版。赵家璧主编的《中国新文学大系》于20世纪30年代出版,现已成为中国新文学的经典文献。本书便是对它所进行的文献学个案研究,包括《大系》编辑出版背景与过程的考察与研究,对《大系》编写体例、编辑思想的研究,对《大系》所涉及的文学运动和文学争论的研究,对《大系》所涉及的现代文体理论研究,对《大系》所产生的影响的研究等。大32开本,392页,33.3万字,定价35.00元。

《畅销书风貌》 陈幼华主编。2007年5月武汉大学出版社出版。本书介绍了1900～1999年间畅销书风貌,涉及到张恨水、郭沫若、奥斯特洛夫斯基、琼瑶、三毛、金庸、王朔等作家的作品。作者从政治运动、经济体制、社会风尚变迁、文化教育的普及以及出版技术的发展,还有读者的接受与反馈等角度,对中国百年畅销书这一文化现象进行了纵向的勾勒和分析。大32开本,230页,21.3万字,定价27.00元。

《中国文字狱》 王业霖著。2007年5月花城出版社出版。收入"花城谭丛"。文字狱,作为一种特别的"牢狱",在中国蔓延了两千年,为害甚烈,影响深远。本书通过系列文字冤案的演义和分析,揭露了从先秦至民初历代帝王、佞臣以及知识分子的政治文化心理。论从史出,时作褒贬,别具风味。大32开本,224页,印数1000册,定价16.00元。

《清代文字狱档》 北平故宫博物院编。2007年6月上海书店出版社出版。本书初版于1986年4月。此次为重版。本书系在原故宫博物院文献馆刊印之《清代文字狱档》的基础上,充实内容、校读整理、并加新式标点而成。全书共分十辑,举清朝军机处档案、朱批奏折、雍干实录及其它出处,依专题分别辑录清代前期近七十宗文字狱的原始文献,举凡立案经过、审讯供录、结案文件,以及办案过程中的上谕朱批、枢垣廷寄、督抚奏折,一应俱全,为今人研究清代思想文化史以及政治、司法、教育、出版等各种相关专题,提供了丰富翔实的第一手资料。大32开本,957页,精装本,定价75.00元。

《多维视野下的〈新青年〉研究》 张宝明著。2007年6月商务印书馆出版。该书将《新青年》作为一个整体进行研究,对20世纪思想史的发展演进作了深度的挖掘和梳理。

作者主要围绕《新青年》上发生的启蒙的演变以及与现代性的关系展开论述，从而解释了现代性在20世纪中国的发展历程。16开本，321页，定价20.00元。

《先秦兵书研究》 鲜文超著。2007年7月上海古籍出版社出版。收入"文史哲研究丛刊"。作者广泛征引学界成果，对存世最完整的《孙子》、《吴子》、《司马法》、《孙膑兵法》、《六韬》、《尉缭子》等先秦六部兵书存在的有关问题进行了系统深入的梳理和考证，时有独见。16开本，275页，定价49.00元。

《明代唐诗选本研究》 金生奎著。2007年7月合肥工业大学出版社出版。收入"文化与传播研究丛书"。作者广泛查阅明清诸家书目二百余部，遍检《四库全书》、《续修四库》、《四库存目》、《四库禁毁》等大型国书所收明清人别集中有关的诗文序跋，辑录明代唐诗选本323种，分成10类，考索版本源流，剖析社会背景、诗学风尚与明人唐诗选刻活动之关系。16开本，228页，定价22.00元。

《读书人家》 吴永贵、徐丽芳著。2007年7月武汉大学出版社出版。本书分为"经典书架"、"女性书"、"文化生活书系"、"实用生活书系"、"工具书架"五大类。推荐的图书皆有作者介绍、成书过程、时代背景以及图书本身的思想内容、学术价值和社会评价等。涉及到中外古今的众多优秀图书。大32开本，259页，定价28.00元。

《中国近代期刊装帧艺术概览》 边靖编著。2007年8月北京图书馆出版社出版。本书共收近代期刊一百三十多种，图版五百多幅，时间自清末至1949年，从中可较全面地窥见近代期刊艺术与其内容之间密不可分的关系，以及整个期刊装帧艺术发展的轨迹，书中所收期刊的图字主要为封面、扉页、目录页、正文的题花、插图等。16开本，329页，定价120.00元。

《现代文学书影新编》 张泽贤编著。2007年8月上海远东出版社出版。收入"远东收藏系列"。本书所收的著作版本书影252幅，以图为主，占有较大的篇幅，文字基本掌握在300字左右，主要交代著作版本的作者、编者、出版发行者、所藏书的版次，有的还加上了印数和价格，同时交代了与版本有关的信息，在文末继续保留版本的五元素及版本的样式，附有《民国版本的传承》、《版本收藏中的影印本现象》等。16开本，236页，定价98.00元。

《书写历史——战国秦汉简牍》 湖北省博物馆编。2007年9月文物出版社出版。在纸张发明之前，我们的先民使用甲骨、金石、简牍和绢帛等作为文字记录的载体。其中，简牍在中国古代充当了非常重要的记录和传播工具。湖北是出土战国秦汉简牍批次和数量最多的地区之一，本书可以使读者对古代先民的"书籍"有一个直观的感受，同时也可领略汉字早期的形态之美。16开本，81页，定价98.00元。

《近代中国的百科辞书》 陈平原、米列娜主编。2007年9月北京大学出版社出版。本书收录海内外学者研究近代中国百科辞书方面的论文(含"代序")共篇，具体篇目为《作为"文化工程"与"启蒙生意"的百科全书》、《从"尚友录"到"名人传略"——晚清世界人名辞典研究》、《晚清新政与西学百科全书》、《晚清百科辞书条目特色研究》、《"纠缠知识"的范本——〈记闻类编〉研究》、《晚清百科全书、〈新学备纂〉及其与科举制度的关系》、《未完成的中西文化之桥——一部近代中国的百科全书(1911)》、《晚清辞书与教科书视野中的"文学"——以黄人的编纂活动为中心》、《"为人人所必需的有用新知"？——商务印书馆及其〈新文化辞书〉》。16开本，213页，21.8万字，定价24.00元。

《看，这一本杂志——〈中国民族〉杂志创刊50周年纪念典藏》 民族团结杂志社编。2007年10月民族出版社出版。16开本，314页。

《中国古代插图史》 徐小蛮、王福康著。2007年12月上海古籍出版社出版。本书系统地介绍了中国古代插图的历史，从简牍、帛书上的绘画，佛教经书催生出雕版印刷插图的出现，至宋元明清插图艺术的兴旺时期；从雕版刻印到彩色套印等。作者精选大量珍贵插图，形象地反映了插图文化的演变过程。16开本，388页，印数3000册，定价68.00元。

《晚清主要小说期刊译作研究(1901～1911)》 杜慧敏著。2007年12月上海书店出版。本书通过《新小说》、《绣像小说》、《新新小说》、《月月小说》和《小说林》的分析研究，讨论了译介观念、译介类型、译介方式等一系列翻译问题。16开本，516页，定价65.00元。

《蒙古古代书籍史》 乌·托亚著。2008年1月内蒙古人民出版史出版。本书为蒙文版。16开本，488页，40万字，定价46.00元。

《中国现代长篇小说编年(1922.2～1949.9)》 陈思广编著。2008年1月四川大学出版社出版。本书收录1922年2月15日至1949年9月30日期间正式公开出版的中国现代新体长篇小说(原则上不包括长篇章回小说)。条目按照长篇小说初版先后为序编年。作者关于该创作的言论置首，相应的评论文章随后，广告等文字置末。其中，初版时间、收入丛书情况、序跋、广告等均有重要出版史料价值。大32开本，324页，26.1万字，印数1000册，定价26.00元。

《简明中国古代书籍史》(修订本) 李致忠著。2008年11月国家图书馆出版社出版。本书是作者在其已出版的《中国古代书籍史话》基础上修订增补而成的。此次修订，保持了原书作为通俗读物的特点，重点加强了引文核对和标点的处理，有些地方适当加进了必要的内容，图片也有所增加。大32开本，186页，定价18.00元。

《近代笔记过眼录》 徐一士著。2008年2月中华书局出版。本书山西古籍出版社1996年初版。作者徐一士，近代掌故大家，他所撰掌故小品，保存了不少珍贵的历史资料，曾誉为“晚近掌故史料之巨擘”。《近代笔记过眼录》介绍评述了近代11位学者所著的笔记原著、版本、流变，这些笔记包括毓盈的《述德笔记》、卓从干的《杏轩偶录》、高照煦的《闲谈笔记》、江庸的《趋庭随笔》、史念祖的《弢园随笔》等。大32开本，260页，15万字，定价19.00元。

《泉州古代著述》 陈笃彬、苏黎明著。2008年2月齐鲁书社出版。收入“桐江学术丛书”。本书对唐五代到清代的泉州著述及其特点进行了全面论述，最后还对泉州古代著述的主要特点及启示作了综合性探讨。大32开本，472页，39万字，定价35.00元。

《中国年画艺术史》(增订本) 薄松年著。2008年2月湖南美术出版社出版。本书从艺术史的角度，重新审视了中国年画艺术形式的萌发和形成，明清以来年画艺术的繁荣和艺术成就，近代以来年画的变迁以及新年画运动的发展和巨大成就等，同时还分析了各个时期年画的艺术特点，并增添了新时期以来年画艺术的新作品介绍。16开本，209页，定价128.00元。

《民族魂——教科书变迁》 汪家熔著。2008年3月商务印书馆出版。本书撷取了自晚清教科书起到民国各科教科书为研究课题，通过大量发掘文献资料，进行爬梳整理，加以研究，颇多新的发现与创获。作为第一部从出版史角度研究中国近现代教科书的专著，有着十分重要的创新价值。吴道弘作序。大32开本，228页，定价16.00元。

《小人书的历史:漫谈中国连环画百年兴衰》 一可、未名、王军著。2008年4月重庆出版社出版。“小人书”，学名连环画，是深具中国特色的文化产物。在其最为鼎盛的年代，一年最高发行总量超过八亿册，红遍祖国的大江南北。它的发展历程正好见证了中国历史动荡变革、翻天覆地的一百年。它从侧面映照出这百年里中国社会变迁中耐人寻味的点点滴滴，从而成为中国出版史上一枝分外艳丽的奇葩。16开本，237页，定价45.00元。

《〈新青年〉翻译与近代中国知识分子的身份认同》 潘艳慧著。2008年4月齐鲁书社出版。收入“文史哲博士文丛”。本书以《新青年》翻译现象为案例，着重探讨了《新青年》翻译与现代中国分子身份认同与建构之间的各种逻辑关联和表现形态，并以图举一反三，探究了现代中国文化文学的发生与知识分子的现代身份认同之间的互动关系。大32开本，342页，定价26.00元。

《红色的追忆——纪念〈布尔赛维克〉创刊80周年》 中共上海市长宁区委组织部等编。2008年4月中国福利会出版社出版。24开本，139页，12万字。

《上海沦陷时期〈万象〉杂志研究》 王军著。2008年5月吉林人民出版社出版。本书以1941～1945年期间支撑时间最长、地位最显赫的文学期刊《万象》杂志为研究对象，运用历史与审美相结合的方法，参之以文献学与文化研究的方法，予以呈现。大32开本，261页，印数1000册，定价25.00元。

《让笑声飞翔:庆祝〈米老鼠〉在中国出版15周年》 童趣出版公司编。2008年5月人民邮电出版社出版。本书内容包括:《米老鼠》杂志——从过去到现在，欢乐大家庭——《米老鼠》人物谱，创造快乐的人们，鸭家族之父——卡尔·巴克斯，等等。16开本，144页，定价26.00元。另，《米老鼠》在中国出版10周年时也刊行过类似的纪念文集。

《沪上名刊〈论语〉谈往》 林达祖、林锡旦著。2008年6月上海书店出版社出版。20世纪三四十年代，以幽默小品文著称的《论语》半月刊风靡一时，成为现代文学史著名杂志。本书第一作者作为《论语》主要编辑之一，用散文的笔调，回忆杂志由创办到畅销的点滴往事，再现当年各位主创人员和撰稿作家的性情与才华。该书对于现代期刊史研究有重要参考价值。书前有照片、手迹、书影等多幅。大32开本，270页，20万字，定价20.00元。

《解密〈读者〉(1981～2008)——一本感动中国的杂志》 师永刚著。2008年6月华夏出版社出版。本书是在2001年5月上海人民出版社出版的《读者时代》一书基础上修改增补而成。作家师永刚历时十年，采访了与《读者》杂志相关的几乎所有的人，试图站在人文的立场上揭示这本杂志的真相。书中首次客观地纪录了《读者》杂志从创刊之初到现在的每个令人无法置信而又奇特的发展历程。这本书将告诉你一个如何由两个理科生在中国西北角创办的一本杂志，历经数代人而成就为发行量达到近千万，出版四个不同版本、年收入过亿元杂志的传奇史。同时披露了许多关于《读者》杂志的独家档案，如《读者》杂志与美国读者文摘官司内幕，三次遭遇停刊的政治故障、《读者》杂志如何成为中国最畅销杂志的隐秘过程等。16 开本,308 页,定价 45.00 元。

《中国近代科技期刊源流(1792～1949)》(全 3 册) 姚远等著。2008 年 6 月山东教育出版社出版。16 开本,388 页,定价 105.00 元。本书中、下册 2009 年 12 月刊出。这部近百万字的著作,运用历史文献考证方法,以个案分析为主,全面考察了上起清乾隆五十七年(1792),下迄 1949 年中国科技期刊的起源和发展,并将其划分为文理综合性期刊、综合性自然科学期刊、基础科学期刊、农学期刊、医学期刊和工程技术期刊六大类别。全书收录约 2800 种期刊,并对其中 369 余种刊物作了详细的介绍。另设《1792—1949 年中国科技期刊分区名录》,记录 2845 种期刊的信息。同时,澄清了中国科技期刊史上的一些模糊问题。

【另】姚远著《晚清民初期刊演化与科学传播》(50 万字)即将出版。

《旧平装书》 翁长松著。2008 年 7 月上海文化出版社出版。本书是一部专门介绍旧平装书收藏的专著,也是当代中国第一本系统研究和揭示旧平装书价值的专著。全书包括"旧平装书概况"、"旧平装书版本"、"收藏知识要点"、"名家书衣设计"、"经典名著览胜"、"旧平装藏书家"六个部分,是一部融知识性与趣味性,学术性与可读性为一体的读物。16 开本,131 页,定价 48.00 元。

《新中国连环画艺术简史》 魏华著。2008 年 7 月中国传媒大学出版社出版。本书对新中国连环画艺术的发展史进行了系统的梳理,按时间顺序,分门别类对比归纳,探寻新中国连环画艺术的发展演变轨迹,试图理出它的兴衰变化规律,以期给当今艺术的发展提供有益的借鉴。大 32 开本,231 页,定价 25.00 元。

《历代妇女著作考》(增订本) 胡文楷等编著,张宏生增订。2008 年 8 月上海古籍出版社出版。本书是专门著录中国历代妇女著作的目录书。它以朝代为序,共著录从汉代至近代共四千余种妇女作品。每种著作列书名、作者、出处、亲见否,再列作者小传。《历代妇女著作考》初版于 1957 年,嗣后又加增订,1985 年由上海古籍出版社出版。此次重予影印,特邀南京大学张宏生教授再加修订和增补。大 32 开本,1300 页,印数 1000 册,精装本,定价 98.00 元。

《"科学时代的人文主义"——〈思想与时代〉月刊(1941～1948)研究》 何方昱著。2008 年 8 月上海书店出版社出版。这是一部研究近代思想学术谱系的专门著作。以张其昀、张荫麟、钱穆等一批近代学者在 1940 年代创办的《思想与时代》月刊(1941～1948)为研究对象,从时代意义、媒介意义和学术思想意义三个层面上进行探讨。展现了这批学人在传统与现代、中学与西学、人文与科学、通人与专家之学、政治与学术之间寻求贯通与融合所作的艰苦努力,非常有力地说明了这批常常被人们目为文化保守主义者的学人,对于科学其实持有非常积极的态度,与他们交往密切的自然科学家们也同样对于人文持有非常积极的态度。16 开本,367 页,定价 55.00 元。

《现代都市未成型时期的市民文学——〈礼拜六〉杂志研究》 刘铁群著。2008 年 8 月中国社会科学出版社出版。收入"五色石丛书"。本书从《礼拜六》杂志的基本情况、评价史、创刊背景、创作主体以及《礼拜六》中小说的文化风貌和文体特征等方面对《礼拜六》杂志进行全面、深入的探讨。并在此基础上对《礼拜六》杂志做出新的评价。本书的研究成果是对民初文学研究的有益补充。另外,在本书的写作过程中,作者查阅了大量的民国初年的期刊和报纸，掌握了第一手资料，因此本书还具有一定的史料价值。大32开本，293页，定价24.00元。

《书籍的历史》 吴简易著。2008年9月希望出版社出版。收入"彩色人文历史丛书"。全书分为12章，采用图文结合的方法，描述了人类图书演进的历史。12章的纲目为：书籍史前史，卷轴时代，中世纪册子本，从抄写到铅字印刷，文艺复兴时代的图书，书籍与宗教改革，成长期的出版业，流水线上的书籍，进入消费品时代，特殊的书籍，现代图书馆，历史上的禁书。16开本，191页，12万字，定价35.00元。

《在"场"的印刷——历史视域下的版画与艺术》 孔国桥著。2008年11月中国美术学院出版社出版。本书试图考察的，是那些建构着版画处身其中的我们今天艺术意义的诸多因素：从中国古代"版画"的性质到中国艺术传统的本义，从西方版画及其艺术的意义流变到图像泛滥的艺术"终结"年代的当下境遇——艺术曾经是一个可以定义的概念，艺术在如今又是这么一个不可定义的概念中国的传统、西方的传统、中国的现实、西方的当下，所有的这些却直接地发生在了作为个体的我们创作者的身上。全书分为"有关版画的历史回溯"和"在场的印刷"两个部分。16开本，196页，定价45.00元。

《〈独立评论〉研究》 沈毅著。2008年11月辽宁美术出版社出版。本书以20世纪30年代胡适等人创办的《独立评论》(周刊)为研究对象，介绍和分析了刊物创办的历史背景和刊物成长的道路，研究了刊物的理念、编辑方针、作者与读者结构，以及栏目、文体、文风和题材，分析了刊物所关注的主要领域特别是所发表的重要文章，并从文人从政和社会反响等方面探讨了刊物在中国近代历史上的地位。大32开本，301页，22.7万字，印数1000册，定价38.00元。

《中国美术的现代化：美术期刊与美展活动的分析(1911～1937)》 刘瑞宽著。2008年12月三联书店出版。收入"近代中国的知识与制度转型丛书"。本书通过回顾1911至1937年间，北京、上海、广州出现的美术社团，以及他们创办期刊、筹划展览的美术活动，探讨了20世纪前半期中国画家群体对于美术现代化课题的理解与实践。大32开本，418页，定价35.00元。

《封面中国三十年》 SMG时尚传媒编著。2008年12月上海人民出版社出版。收入"风尚书系"。本书从一个独特的视角，解读30年来中国社会百姓在物质、精神、生活形态的巨变。该书选择从1978年至2008年间众多杂志中，每年选择一期最能代表当年社会生活形态、人物精神状态特征的杂志封面，构成30个中国杂志封面精品画廊，从每个封面切入，解读，点评当年产生过重要影响的历史节点，把握社会发展趋势。16开本，138页，定价40.00元。

《中国木版年画集成·绵竹卷》 冯骥才主编。2008年12月中华书局出版。绵竹年画历史悠久，以产自绵竹而得名，是我国著名木版年画之一，与天津杨柳青年画、山东潍坊年画和苏州桃花坞年画齐名。本卷由四川省绵竹年画博物馆组织编纂。因汶川大地震，绵竹年画博物馆遭破坏，大量年画原件不复存世，故而此卷更具收藏价值。16开本，311页，精装本，定价680.00元。

《遨游书海话书名》 韩振铁著。2008年12月江西高校出版社出版。本书分上下两篇，上篇是横向说书名，26个小标题各成篇章，分别说明选取书名的多种角度，书名艺术的内涵和“好”、“坏”书名辨析等丰富内容;下篇是纵向说书名,以5个小标题概述,主要从文化史的角度考察书名,带给我们一个色彩斑斓的世界。大32开本,268页,定价19.80元。

《书的历史——古今书里书外的故事》 王鼎吉编著。2009年1月中国时代经济出版社出版。本书采用了层层相套、环环相扣、步步深入、引人入胜的讲述方法,介绍了我国历史上一些重要著作的编纂过程以及这些书籍所遭受的各种不同命运的故事;也讲述了这些书籍作者自身的悲欢离合;既讲述了我国历史上纸张和印刷术发明的故事,也讲述了发明人的人生和命运等等。中国五千年文明史中的图书出版简史暗含其中。于友先作序。16开本,628页,71.6万字,定价60.00元。

《30年中国畅销书史》 伍旭升主编。2009年1月中国对外翻译出版公司、江西教育出版社出版。收入“中国书业书系．聚焦书业30年”(孙月沐总主编)。本书勾画了改革开放30年来中国大陆畅销书现象的产生、发展、演进历程。立足畅销书的出版运作与市场营销攻略的进步,剖析30年来经典畅销书案例。同时注重对中国大陆和同期台港、国外畅销书潮流的对比,解读30年来特别是近几年来图书市场上的类型畅销书。16开本,248页,27万字,定价35.00元。

《30年中国最具影响力的300本书》 伍旭升、岛石主编。2009年1月中国对外翻译出版公司、江西教育出版社出版。收入“中国书业书系．聚焦书业30年”。本书提供的300种入选书目和500种提名书目,从海量图书中披沙拣金,提供了一份权威的理想藏书书目和纵览30年知识精华的入门捷径。16开本,266页,28万字,定价33.00元。

《30年中国人的阅读心灵史》 张维特主编。2009年1月中国对外翻译出版公司、江西教育出版社出版。收入“中国书业书系．聚焦书业30年”。本书系统地介绍了30年中国最大的变化,表面上看是外部物质环境发生了巨大的变化,实质上更为隐秘更为深刻的变化,发生在我们的心灵。阅读的变迁史,更接近这个深刻的变化。16开本,303页,29万字,定价42.00元。

《中国古代长篇小说续书研究》 段春旭著。2009年1月上海三联书店出版。本书从续书对原著的解读、继承、发展的角度,进行探讨研究,剖析作家作品,从中把握和总结续书现象中所蕴涵的民族审美观念和文化心理。还依据原作的分类方法,将续书分为神魔小说的续书、人情小说的续书、历史小说的续书及侠义公案小说的续书四大类,分别对这些续书进行整理。大32开本,335页,定价28.00元。

《漳州木版年画艺术》 王晓弋、龚晓田编著。2009年1月福建人民出版社出版。漳州木版年画具有浓郁的闽南传统文化特色,是亟待抢救、整理和研究的重要历史文化遗存,2006年列为第一批国家级非物质文化遗产项目。本书对漳州木版年画的相关历史资料、艺术风格、发展脉络以及历史传承谱系等作了全面、系统的介绍和整理,是介绍和研究漳州木版年画的第一部著作。书中还附有大量的年画精品。16开本,175页,定价38.00元。

《倾听书海——好书背后的故事》 《编辑学刊》编辑部编,郝铭鉴、孙欢主编。2009年2月上海锦绣文章出版社出版。收入“编辑学刊丛书”。许多年来,从《新华字典》、《红旗谱》这样的经典,到《牛虻》、《尤利西斯》这样的名著,每一部知名作品的出版背后,都有很多有趣的内幕。本书由知悉详情的人撰文，讲述了那些事关文学、政治、文化差异等鲜为人知的细节。16 开本，338 页，定价 30.00 元。

【另】“编辑学刊丛书”的另外一种为《刊林好个秋：名刊背后的故事》即将出版。

《出版与文化政治：晚清的“卫生”书籍研究》 张仲民著。2009 年 2 月上海书店出版社出版。作者参考西方书籍史/阅读史的研究成果，借用当今西方流行的新文化史典范，以大量资料为依据，叙述晚清“卫生”书籍出版的时代脉络，特别注意到当时关于“卫生”的讨论如何化身为民族主义与种族观念的“派生论述”，以及“卫生”和种族是如何勾连起来的情形。该书对以下问题进行了探讨：晚清“卫生”书籍出版的数量、书籍价格、出版目的以及当时人如何看待这些书籍。作者还结合其它的相关文类，分析了文化市场上的“卫生”书籍在当时的被阅读情况及其造成的社会影响。16 开本，410 页，定价 40.00 元。

《〈读者〉的品牌及审美分析》 梅红著。2009 年 3 月西南交通大学出版社出版。本书对《读者》杂志的基本情况、封面视觉传播、品牌栏目、角色形象传播、品牌建设与维护等问题进行了比较全面的研究，同时介绍了《读者》整合营销传播的成功案例。大 32 开本，281 页，22.6万字，定价 20.00 元。

《中国图书事业史》 来新夏等著。2009 年 4 月上海人民出版社出版。收入“专题史系列丛书”。本书是在作者编纂的《中国古代图书事业史》（上海人民社 1990 年版）和《中国近代图书事业史》（上海人民 2000 年版）的基础上，经过删订整合，用以反映自古代至中华人民共和国建国以前中国图书事业悠久历史进程的一部通史。它并不是前两书的简单重合，而是在体例的统一、内容的精练方面下了很大工夫的。书前有 6 页图版。大 32 开本，498 页，39 万字，印数 3250 册，定价42.00元。

【另】《书前书后——来新夏书话续编》2009 年 8 月三晋出版社出版。

《上海沦陷时期文学期刊研究》 李相银著。2009 年 4 月上海三联书店出版。本书运用布迪厄“文学场”的理论，拓展了文学期刊研究的视野。将亲汪文人、左翼文人、通俗文人以及其它文人在此时的文学活动放在同一文学层面予以论述，突破了以往单一的政治视角与新文学视角，从而完整地呈现出了上海沦陷时期文学生动而丰富的面貌。在翔实的资料、细致的梳理、深入的论析中，作者拓展与推进了对于上海沦陷区文学的研究，显示了它独特的学术价值。大 32 开本，258 页，定价 20.00 元。

《中国木版年画集成·滑县卷》 冯骥才主编。2009 年 6 月中华书局出版。滑县是全国年画普查中新发现的中原地区重要的年画产地，核心地区主要集中在慈周寨乡李方屯村一带。滑县木版年画从题材内容、绘画风格、制作技艺、张贴习俗到传播方式，都是一个完整而独立的文化体系。而且，至今依旧还是一个保持着活态的年画产地，是中国民间文化遗产抢救工程与中国木版年画普查的重要发现与成果。本卷内容包括滑县木版年画产生的背景、起源和流变，年画的题材内容与本地人的文化心理、年画的艺术特征、制作工艺，以及年画的现状等多个方面。书中录有图片数百幅，保存了大量珍贵的年画和画版，具有极其重要的历史文化价值。16 开本，245 页，5 万字，印数 1500 册，盒装本，定价 600.00元。

《长江文艺志(1949.6～2009.6)》 刘益善主编，罗维扬编撰。2009 年 6 月长江文艺出版社出版。收入“长江文艺六十年丛书”。本书是为《长江文艺》杂志创办六十年编写的一部志书，属于文艺期刊史的范畴。全书按六个板块进行编撰，即期刊沿革：版本与版权；杂志编年：容纳与蕴涵；刊社本纪：文艺与时代；编辑世家：担当与传承；作者列传：创造与奉献；三者之间：纽带与桥梁。编者注重一手资料，论述客观全面。16开本，288页，36万字，印数1000册，全套书(5册)总定价240.00元。

《新中国连环画60年》(上、下) 姜维朴著。2009年7月人民美术出版社出版。本书收入217篇文稿，分20世纪50～60年代、20世纪80年代、20世纪90年代、2002～2005年和2006～2008年六个阶段。内容涉及文化艺术界和出版界的领导人对连环画的支持，对连环画卓有成就的老画家的评介，对连环画发展史中重大创建的技术，对连藏活动的评价，中国连环画访日、瑞士从事交流的文章等。正文选入近千余幅连环画作品图录。黑白插图本。16开本，1452页，定价180.00元。

《百年中文文学期刊图典》(上) 陈建功主编。2009年8月文化艺术出版社出版。本书分正文和附录两部分。馆藏中有创刊号者入正文，无创刊号者进附录。正文中一刊设一条目。条目名称以刊物封面所印文字为据；刊名有演变者，取其有影响者设为条目，余者另设参见条目。每条配创刊号封面图片一帧，刊名有变化时增收图片。图片原则上以初版本封面为标本。封面缺失者，用目录页版面；馆藏无初版本者，用重版本、影印本或合订本封面。本书共收正文条目1033个、参见条目63个、附录条目341个；收刊物封面图片1091帧。正文(包括参见条目)与附录中的条目均以刊名之汉语拼音为序。正文中刊名相同者，按创刊时间先后排列；附录中刊名相同者，按馆藏首期出版时间先后排列。16开本，593页，精装本，定价360.00元。

《杂志民国——刊物里的时代风云》 周为筠著。2009年8月金城出版社出版。本书作者利用自己在历史与文学这两方面的积淀，用优美而不失简练的笔调全面而系统地描述了《新青年》、《良友》、《语丝》、《新月》、《生活》、《独立评论》、《观察》、《东方杂志》等八本民国时期著名杂志的创办和荣辱兴衰。作者的笔触并没停留在介绍的层面上，而是通过这几本杂志的兴衰淋漓尽致地演绎了民国这个时代的起起伏伏和万象斑斓，并概括性地呈现了鲁迅、胡适、邹韬奋、张元济等人的轶事，阐述了"杂志如戏"的哲理。同时，作者的笔触还在朝着更深处挺进——我们从大量丰润真切的历史细节中不仅感受到民国的种种情境，也清晰地了解了作者对民国世态的独特审视和理解。16开本，264页，28万字，定价29.80元。

《汉语文学期刊影响下的中国当代少数民族文学》 陈祖君著。2009年8月中国社会科学出版社出版。这是我国第一部从传播媒介的角度深入研究中国当代少数民族文学的发生、发展及演变的专著。全书在实证基础上综合运用传播学、民族学和文学研究的方法，细致探析了汉语文学期刊对中国少数民族文学的现代转型、当代少数民族文学传播空间的生成和演变、当代少数民族文学中的族群。大32开本，276页，定价23.00元。

《纸润墨香话古籍》 孟宪钧、陈品高著。2009年8月学苑出版社出版。

《六十年与六十部——共和国文学档案(1949～2009)》 中国社会科学院文学研究所当代室编，杨匡汉、杨早主编。2009年9月三联书店出版。本书为社科院文学所的重点研究规划项目。14位专家学者集体策划讨论选目，并在相关研究领域广泛征求意见，最后综合权衡取舍，形成小说、诗歌、散文及报告文学、话剧四大文学体裁门类下的六十部作品名单，以年代顺序，借以展现共和国文学六十年(1949～2009)的整体风貌。区别于传统学术研究专著和教科书的设计框架，本书特创以点带面、述论兼顾的风格体例，以问题意识为中心、取个案分析的方法，同时也融合了作品论、作家论、文学史的专长。所选择、叙述、品评的六十部作品，兼顾各个历史时段、各种风格流派、不同作家类别，既注重作品的社会影响力、争议聚焦性、读者关注度，又平衡考量其艺术价值、个性独创和文学史经典意义。选目和述评较有权威性，又不乏争议性。16 开本，442 页，定价 39.80 元。

《东方红 太阳升——最精彩的开国老书刊》 何季民编著。2009 年 9 月中共党史出版社出版。本书搜集借鉴了近百种"开国老书刊"，包括开国会刊、开国画页、开国文献等。全书共 10 章 50 节，用老书刊这种特殊的形式回眸共和国成立时期的精彩一页。16 开本，246 页，定价 38.00 元。

《百年中国教科书图说·上卷(1897～1949)》 石鸥、吴晓鸥编著。2009 年 9 月湖南教育出版社出版。内容包括：自编新式教科书的开端；现代教科书的成型；官编教科书的强化；蓬勃发展的教科书时期；教科书迅速变化和模式化共同演进的时期等。16 开本，精装印刷，414 页，定价 108.00 元。

《百年中国教科书图说·下卷(1949～2009)》 石鸥、吴小鸥编著。2009 年 9 曰湖南教育出版社出版。内容包括：新中国 60 年教科书发展概述；过渡时期的教科书；全面探索时期的教科书；新课程改革时期的教科书；少数民族教科书，等等。16 开本，精装印制，464 页，定价 220.00 元。

《历代书籍装帧艺术》 李明君著。2009 年 9 月文物出版社出版。本书以 20 世纪考古发现新材料为佐证，将中国古代三千多年来非书籍形式及先秦以后的简帛、卷轴、册页形式书籍进行梳理，以通俗明了的语言，配以大量的彩图，为读者讲述一个清晰、直观的书籍装帧艺术史。16 开本，275 页，定价 149.00 元。

《60 年中国最具影响力的 600 本书》 伍旭升、岛石主编。2009 年 10 月中国书籍出版社出版。本书分为上、下编。上编包括：《"60 年中国最具影响力的 600 本书"入选书目》、《"60 年中国最具影响力的 600 本书"提名书目》。下编对入选的 600 本书分类逐一进行介绍。后附"推选背后的故事"、"60 年阅读变迁观察"等。16 开本，333 页，28.4 万字，定价 38.00 元。

《60 年中国人的阅读心灵史》 岛石主编。2009 年 10 月中国书籍出版社出版。本书从阅读变迁的角度，找寻中国 60 年别样的演进轨迹。全书分为上、中、下三编。上编为"60 年个人阅读心灵史"，收录众多作者撰写的有关个人阅读体会的文章。中编"60 年阅读文化变迁"，则分 8 章宏观论述了各类出版物如儿童文学、古典文学、俄苏文学、红色经典、"小人书"等的阅读文化状况及演变。下编"60 年阅读调查切片"，收入 4 个有关阅读的调查报告。16 开本，305 页，30.1 万字，定价 36.00 元。

《〈人民文学〉十七年(1949～1966)》 李红强著。2009 年 10 月当代中国出版社出版。本书以回首前尘、发掘原貌的学理姿态，论证了一个刊物如何折射了一个时代，描述了前辈文学编者们在被动坚守与主动探索过程中的种种艰辛，总结了活生生的当代文学史中成功的与不成功的经验。16 开本，212 页，定价 28.00 元。

《天津民国的那些书报刊》 侯福志著。2009 年 11 月上海远东出版社出版。本书分报海觅踪、书刊旧影及津沽旧话三部分，共计 66 篇文章，另配发图片 150 幅(均为作者藏品)，内容包括:《大公报》百年风云、《益世报》五迁馆址、叶庸方与《天津商报》、《庸报》沧桑二十年等。大 32 开本，250 页，18.9 万字，印数 3250 册，定价 38.00 元。

《〈特别关注〉文本解读》 刘九洲、张德华等著。2009 年 12 月华中师范大学出版社出版。本书从独特的读者、市场、编辑理念定位，文本建构，叙事策略，人力资源管理模式，营销战略，品牌竞争力等五个角度，对新近崛起的文摘大刊《特别关注》进行了深入研究。大 32 开本，253 页，22.8 万字，定价 20.00 元。

《名著的故事》 郝振省主编。2009 年 12 月中国书籍出版社出版。收入“出版六十年系列图书”。本书遴选了 60 年新中国出版史上那些有影响力、有生命力而成为名著的 34 部图书出版过程中鲜为人知的故事，介绍这些图书的出版发行流程，在某种程度呈现出新中国国民阅读发展的脉络，折射出 60 年思想文化的演进轨迹和大众时尚的变迁路径。编者选择的图书包括《雍正王朝》、《高山下的花环》、《情爱论》、《平凡的世界》、《文化苦旅》、《于丹〈论语〉心得》，等等。16 开本，426 页，32.1 万字，定价 40.00 元。

《中国党刊 60 年》 中国期刊协会策划、全国党刊研究会组稿。2009 年 12 月中国期刊年鉴杂志社出版。本书是《中国期刊年鉴》的增刊，汇集了目前全国 47 家党刊的珍贵资料，是新中国成立以来对党刊发展历程进行的首次完整搜集和整理，全面总结了新中国 60 年来党刊的发展变化。

《书籍的社会史——中华帝国晚期的书籍与士人文化》 (美)周绍明著，何朝晖译。2009 年 11 月北京大学出版社出版。本书以广阔的视野全景式地展现从宋代到清中叶中国书籍的生产、发行、阅读、流传，而重在探究书籍与士人文化之间的关系，是近年来西方学者研究中国书籍史和书文化的一部力作。书中对印本与手抄本的兴替、中国古代藏书文化与“知识共同体”，以及中西书史比较的论述，尤为精彩。本书反映了近年来西方中国史学界兴起的书籍史研究热的最新成果，是读者了解西方学者以社会史、文化史方法研治中国书籍史的理论、方法、动态的一个极佳窗口。本书是一部体例严谨、取材广泛、创见迭出的学术著作，同时文笔生动、细腻，深入浅出，娓娓道来，雅俗共赏，引人入胜。16 开本，280 页，24 万字，定价 35.00 元。

《毛泽东自传珍稀书影图录》 程宸编。2009 年 12 月国家图书馆出版社出版。本书选用了新中国成立前和建国初期的近六十种《毛泽东自传》的封面书影；还选收了“文革”时期 160 种《毛泽东自传》或《毛泽东回忆录》中具有代表性的典型版本。16 开本，248 页，精装本，定价 298.00 元。

《书籍之路与文化交流》 王勇主编。2009 年 12 月上海辞书出版社出版。

【附】《中国古代书籍》李致忠著。2010 年 1 月中国国际广播出版社出版。《古籍杂谈》穆衡伯著。2010 年 4 月凤凰出版社出版。《民国书影》李守义编著。2010 年 4 月中国书店出版。

新闻传播史类

《报刊史话》 方汉奇编著。1979年9月中华书局出版。收入“中国历史小丛书”。本书比较简要地勾勒了我国报刊发生发展的历史，具体内容包括：早期的报纸，外国侵略者在我国的办报活动，鼓吹变法的讲坛，民主革命的号角，辛亥革命以后的报刊。小32开本，39页，印数20000册，定价0.11元。

《中国近代报刊史》(上、下) 方汉奇著。1981年6月山西人民出版社出版。本书是一部填补空白的新闻史专著，史料扎实，立论公允，颇多新见。全书概括了1815年到1915年间的新闻报刊史，包括戊戌维新、辛亥革命、军阀混战等时期的中国报刊情况，帝国主义、封建主义将中国沦为半封建、半殖民地的舆论活动，清末仁人志士们的不断反抗，资产阶级的救亡宣传和变法维新的议论，以及20世纪资产阶级革命派的反封建、反殖民地的舆论活动等。书前有图片16页。萨空了作序。大32开本，761页，57.5万字，印数5100册，定价2.55元。本书1991年11月由山西教育出版社再版，全1册，大32开本，847页，63.5万字，精装本，定价13.50元。

《世界日报兴衰史》 张友鸾等著。1982年12月重庆出版社出版。收入“新闻丛书”。本书主要回忆追述北平《世界日报》和重庆《世界日报》的历史情况，包括张友鸾《报人成舍我》，吴范寰《成舍我与北平世界日报》，贺逸飞等《北平世界日报史稿》，毕群《成舍我与重庆世界日报》和陈云阁《重庆世界日报记实》等5篇文章。这些文章对于了解报人成舍我、了解《世界日报》的兴衰历程，都有重要价值。大32开本，275页，20.7万字，印数6500册，定价0.98元。

《挺进报纪事》 林彦编著。1982年四川人民出版社出版。本书详细记述了《挺进报》创办的时代背景和工作情况。小32开本，144页，定价0.37元。作者另著有《〈挺进报〉与〈反攻〉纪事》1997年由重庆出版社出版。

《中国古代报纸探源》 黄卓明著。1983年6月人民日报出版社出版。作者新中国成立前曾在北平《道报》、《益世报》(北平版)、国民党的中央通讯社工作过，在《报学杂志》等发表过《京报起源于明季》。新中国成立后参加了《光明日报》的筹办。本书是他对古代报纸进行追根寻源的一部专著。小32开本，184页，12.5万字，印数10000册，定价0.70元。

《中国新闻事业简史》 方汉奇、陈业劭、张之华编著。1983年8月中国人民大学出版社出版。本书是中国人民大学新闻系1965年刊印的《中国近代报刊简史》和《中国新闻事业史(新民主主义革命时期)》两部校内讲义合并而成，并加以修改完善的。这是一部内容丰富、观点新颖、篇幅适中、注意突出新闻事业的特点与规律的中国新闻史教材。主要内容包括:中国古代的新闻传播事业、近代新闻事业的传入、民族近代新闻事业的产生、清末民初新闻事业的发展、新民主新闻事业的初步形成、大革命时期的新闻事业、十年内政时期的新闻事业、抗日战争时期的新闻事业、人民解放战争时期的新闻事业、中华人民共和国成立初期的新闻事业、曲折发展中的社会主义新闻事业、“文化大革命”时期的新闻事业、社会主义现代化建设中的新闻事业、台港澳新闻事业发展的历史。大 32 开本,270 页,21 万字,印数 78000 册,定价 1.10 元。

【另】本书 1995 年 11 月中国人民大学出版社出版修订版。修订的内容主要是补充、完善早期、当代及现代部分,同时,又增加了港澳台部分,字数比初版增加了一倍多。大 32 开本,544 页,43.8 万字,印数 11000 册,定价 19.00 元。

《中国新闻业史(古代至一九四九年)》 梁家禄、钟紫、赵玉明、韩松著。1984 年 8 月广西人民出版社出版。本书 20 章,以报刊史为主,兼及通讯社史和广播事业史。在有关报刊史的论述中,以革命报刊为主,兼及各个时期的不同类型和倾向的报刊。在编写体例上,既有面上的综合概括,也有对新闻事业史上的重要报刊、重要人物、重要变革、重大事件的详细论述与分析。附录《中国新闻业史大事年表》等。大 32 开本,549 页,43.3 万字,1987 年 3 月第 2 次印刷,累计印数 20000 册,定价 3.35 元。

《光明日报创刊三十五周年纪念(1949～1984)》 光明日报社编。1984 年光明日报出版社出版。纪念性画册。16 开本,63 页。

《中国新闻事业史稿》 李龙牧著。1985 年 1 月上海人民出版社出版。本书大略勾画了中国近代以来新闻事业的发展脉络,从政治与新闻关系的视角来探讨中国新闻事业发展的规律。全书六章的纲目为:近代报刊的产生与发展、旧民主主义革命与报刊、新民主与新型报刊、新闻事业和大革命、十年内战中的新闻斗争、新闻事业在抗战中的发展、新闻事业和人民革命的胜利。本书的特点是结构严谨,重点突出,观点鲜明,注重新闻战线的思想论战。大 32 开本,359 页,26.2 万字,印数 11200 册,定价 2.60 元。

《〈资本论〉在中国的传播》 胡培兆、林圃著。1985 年 2 月山东人民出版社出版。收入“《资本论》研究丛书”。本书分为八个部分,分别论述了以下问题:马克思对中国人民命运的关注,中国留学生在海外求学《资本论》的足迹,19 世纪末 20 世纪初《资本论》在中国传播的先声,俄国十月革命后《资本论》才真正在中国传播,以及《资本论》在中国的翻译出版过程,《资本论》在延安、在新中国的翻译与出版、传播的情况。书后附录有建国以来有关《资本论》传播的主要文章篇名索引。小 32 开本,223 页,印数 4700 册,定价 1.80 元。

《中国报纸文体发展概要》 李良荣著。1985 年 6 月福建人民出版社出版。收入“新闻大学丛书”。本书分四章,简要地阐述了从 1815 年产生第一张近代中文报纸到新中国成立前一百三十余年间中国报纸文体发展的基本过程。大 32 开本,231 页,17.3 万字,定价 1.85 元。本书 2002 年再版。

【另】《中国古代新闻体裁史》(徐道钤著)2009 年刊行(出版机构待查)。本书勾勒了一条上起甲骨文时期、下迄封建社会终结的新闻体裁发展脉络历史链条。

《新闻学基础》 余家宏、宁树藩、叶春华主编。1985 年 9 月安徽人民出版社出版。本书分为三编,前两编为新闻理论和新闻业务,第三编是中国新闻史。第三编分 12 章叙述了从中国古代报纸直到1949年建国前的中国新闻事业发展历史。大32开本,441页,印数10000册,定价2.85元。

《中国报学史》 戈公振著。1985年11月中国新闻出版社出版。本书写成于1926年6月,商务印书馆初版于1927年11月,是我国第一部系统叙述中国报刊历史的专著,首次确立了报刊史的研究是一门学问,并为后人的继续深入研究提供了大量第一手资料和重要线索。本书新中国成立前四次再版,1955年又由三联书店出版过。此次为重新出版,将原来的繁体竖排改为简体横排,并纠正了旧版本的排印错误。作者的侄子戈宝权为该书撰写了前言,介绍了戈公振其人和《中国报学史》的成书经过。书末附杨瑾琤、宁树藩等人撰写的《〈中国报学史〉史实订误》。大32开本,332页,33万字,印数10000册,定价2.95元。

《中国人民军队报刊史》 黄河、张之华编著。1986年1月解放军出版社出版。本书分四编,勾勒了从土地革命战争时期(1927～1937),直到新中国成立初期(1949～1956)人民军队报刊的发展历程,对一些重要的有代表性的报刊进行了重点介绍。书前有报刊书影6页。小32开本,324页,22.5万字,未标印数,定价1.60元。

《简明中国新闻史》 复旦大学新闻系新闻史教研室编写。1986年2月福建人民出版社出版。收入"新闻学基础教材丛书"。本书分为9章,较为简略而系统地论述了我国新闻事业产生和发展的历史。小32开本,397页,27.9万字,印数15600册,定价2.05元。

《晋察冀日报大事记(1937.12～1948.6)》 本书编写组编写。1986年5月群众出版社出版。本书内容包括晋察冀边区报刊简介及书刊出版概况。主要依据《晋察冀日报》(含《抗敌报》)的新闻报道、社论、重要文章、内部刊物、报社发展史的资料和一些老同志写的回忆材料编写而成。大32开本,321页,25.2万字,印数10000册,定价2.50元。

《中国近代报刊发展概况》 杨光辉、熊尚厚、吕良海编。1986年9月新华出版社出版。本书以记述中国近代报刊史事综合性资料为主,辑录了上起1840年下至1919年五四前后发表的有关中国近代报业发展状况的文章38篇,其中有《中国各报馆始末》、《中国报馆之沿革及其价值》、《晚清小报录》、《辛亥革命前后的上海新闻界》、《七十年来之香港报业》等。小32开本,601页,37.5万字,印数6000册,定价3.25元。

《文汇报大事记(1938.1～1939.5,1945.8～1947.5)》 文汇报报史研究室编写。1986年9月文汇出版社出版。本书是解放前文汇报大事记,主要是报纸的社论、专论、新闻报道、副刊和读者来信的重要内容摘录等。小32开本,196页,定价1.35元。

《白首记者话华商:香港〈华商报〉创刊四十五周年纪念文集(1941～1986)》 南方日报社、广东《华商报》研究会编。1987年3月广东人民出版社出版。16开本,97页,印数3000册,定价4.00元。

《中国新闻事业史》 谷长岭、俞家庆编。1987年3月中央广播电视大学出版社出版。本书是应中央广播电视大学的教学需要,在方汉奇《中国古代报纸》、《中国近代报刊史》和中国人民大学新闻系教材《中国新闻事业简史》的基础上编写的。全书分为10章,论述了从古代直到解放战争时期我国新闻事业的发展历程。小32开本,348页,25万字,印数31000册,定价1.60元。

《中国近代新闻思想史》 胡太春著。1987年7月山西人民出版社出版。本书分四章,勾勒了近代中国从1840年到1919年间新闻思想的发生、发展和演变过程,对这一时期具有代表性的资产阶级社会活动家、报刊家们所办报刊及种种论说进行了深入剖析。大32开本,333页,26.3万字,印数4300册,定价2.75元。

《救亡日报的风雨岁月》 广西日报新闻研究室编。1987年7月新华出版社出版。本书收录了夏衍、郁风、胡愈之、田汉等人回忆《救亡日报》的文章。书末附《〈救亡日报〉大事记》。小32开本,311页,19.4万字,印数2000册,定价1.85元。

《抗日战争时期的中国新闻界》 中国社会科学院新闻研究所编。1987年7月重庆出版社出版。本书收录《〈抗敌报(江北版)〉出版前后》、《抗日战争时期的〈淮南日报〉》、《〈前进报〉的战斗历程》、《以中间姿态出现的〈大学新闻〉》等文章。大32开本,467页,印数2600册,定价3.10元。

《新闻事业概论》 刘志筠、童兵著。1987年10月山西教育出版社出版。本书比较系统地介绍了当代新闻事业的历史沿革、特点、生产过程等,是新闻专业教科书。大32开本,308页,24万字,印数2400册,平装本定价5.80元,精装本定价8.10元。

《群众周刊大事记》 马秋海等编写。1987年10月红旗出版社出版。《群众》周刊是第二次国共合作期间中共中央在国民党统治区出版的机关刊物,本书收入其12年办刊中的许多重要史料。大32开本,388页,定价4.20元。

《中国新闻史文集》 复旦大学新闻系新闻史教研室编。1987年11月上海人民出版社出版。本书按时代先后,编选了中国新闻史上具有代表性和研究价值的第一手资料,收录相关文章101篇;时间上起唐代,下至1949年6月。大32开本,389页,28.4万字,印数4000册,定价2.35元。

《〈新民报〉春秋》 陈铭德、邓季惺等编著。1987年12月重庆出版社出版。收入"新闻丛书"。本书收录的文章包括:《〈新民报〉二十年》、《抗日战争前的南京〈新民报〉》、《周总理在重庆和我们的几次见面》、《重庆〈新民报〉史话》、《解放前夕重庆〈新民报〉的"改组"》、《回顾成都〈新民报〉》、《北平〈新民报〉回忆》等。大32开本,430页,32.8万字,印数1600册,定价3.40元。

《拂晓报史话》 杨居人执笔。1987年12月新华出版社出版。《拂晓报》创办于抗日战争时期,曾经是战争年代一个重要地区中共淮北区党委的机关报。本书重点是反映战争年代,特别是抗日战争时期的报纸情况。全书按问题分类,按编年纪实,有史有话,清新可读。小32开本,268页,16.7万字,未标印数,定价3.00元。

《古今新闻逸趣》 陈华编。1987年12月广州文化出版社出版。这本普及性、知识性的小册子运用漫谈的方式,叙述了古今中外新闻界众多的传奇人物、趣闻逸事以及其他一些新闻史方面的知识。小32开本,184页,11万字,印数7000册,定价1.72元。

《中国新闻史话》 关世申、丁军辉编著。1987年辽宁大学出版社出版。本书共10章,分别阐述了新闻事业的起源,近代报刊的产生,辛亥革命时期的资产阶级革命派的报纸,以及民国初年、五四时期、第一次国内革命战争时期、第二次国内革命战争时抗日战争时期和解放战争时期的新闻事业。小32开本,185页,定价1.05元。

《烽火年代的呼唤:〈救亡日报〉史话》 高宁著。1988年1月重庆出版社出版。本书内容包括“血与火的八十五天”、“广州十月”、“在文化城的氛围中”、“最后的岁月”、“夏衍与《救报》”五章，全面介绍了中共领导的《救亡日报》1937年在上海创刊后，所经历的烽火洗礼。小32开本，204页，13.6万字，定价1.60元。

《新华社史话》 刘云莱著。1988年3月新华出版社出版。本书采用史话的形式，对新华社历史发展的侧面进行通俗灵活的叙述。以叙述历史为主，史论结合，寓观点于史实之中。所用史料，大都来自文字档案资料，有一部分老同志的回忆。书前有书影、题词、照片等8页。大32开本，193页，14.1万字，印数5000册，定价2.30元。

《当代中外新闻事业史》 十一院校编写组编，刘树田等编写。1988年4月兰州大学出版社出版。本书内容分为：总论、报刊、广播电视、三大媒介的特征、通讯社、新闻工作者、新闻业管理与经营、建立世界新闻新秩序、当代新闻事业的发展趋势9章。16开本，362页，定价3.20元。

《中国现代新闻史简编》 许焕隆著。1988年5月河南人民出版社出版。本书较详细地记载了中国共产党报刊产生与发展的历史，中国国民党报刊产生与发展的历史和其他著名报刊的产生与发展历史。时间断限在1919年至1949年。书中还涉及广播事业、通讯事业、新闻教育、新闻法制等内容。大32开本，500页，36.6万字，印数3000册，定价4.10元。

《中国新闻事业史百题问答》 孙文铄、陈华编著。1988年5月中国新闻出版社出版。收入“新闻学自学辅导丛书”。本书以问答的形式将中国新闻史课程的内容知识、人物与事件、重要观点、试题范围及答题规范归纳为100个条目进行深入浅出的解答。小32开本，148页，10.6万字，印数5000册，定价1.45元。

《中国马克思主义哲学传播史》 庄福龄著。1988年6月中国人民大学出版社出版。本书是新中国第一部研究马克思主义哲学在中国传播历程的著作。大32开本，576页，定价4.00元。

《中国古典小说戏曲名著在国外》 王丽娜编著。1988年8月学林出版社出版。作者多年来致力于对中国古典小说戏曲名著在国外流布与传播情况的研究，语种涉及英语、日语、俄语等重要语言。这部书能让我们对中国古典小说戏曲名著在国外的流传有一个大致的了解。小32开本，577页，定价7.05元。

《中国报纸的副刊》 王文彬编。1988年6月中国文史出版社出版。作者建国前长期在《大公报》等新闻单位从事报业工作，积累了四五百种各类报纸。本书收集了众多著名老报人对副刊性质、任务、特点等方面的论述。书中对各地各种报纸的副刊内容多有采集，从中不仅可以了解我国报纸副刊产生、发展的概貌，而且能够见出不同时期、不同地区社会生活面貌的特点。辑录的内容分为三编：名家论报纸副刊，各地报纸的副刊，革命报纸和进步报纸的副刊。大32开本，268页，22万字，印数5000册，定价2.40元。

《文汇报史略(1938.1～1939.5，1945.8～1947.5)》 文汇报报史研究室编写。1988年9月文汇出版社出版。本书主要根据《文汇报大事记》编写，以实事求是为编写方针，以报上发表的材料为主要依据，参阅有关回忆文章和资料，厘清了《文汇报》的历史轨迹，叙述了当时报纸的立场、观点及办报方法等。书中有多幅资料性图片。大32开本，187页，14.7万字，印数10000册，定价2.00元。

《徐州报业春秋》 李大坤主编。1988年11月中国矿业大学出版社出版。书前有黑白照片6页11幅。小32开本,308页,定价2.80元。

《襄樊报业志》 孙东海、戴叔尧主编。1988年11月湖北人民出版社出版。本书论述上起1919年,下至1985年。小32开本,367页,印数3000册,定价4.00元。

《中国的报刊》 王凤超编著。1988年12月人民出版社出版。在这本普及性的著作中,作者按照中国报刊历史的发展轨迹,以报纸为重点,粗线条地勾勒了从古代到当代中国报刊的概貌,并对每个时期最具代表性的各类报刊作了简明的介绍和评价。书的最后一部分,扼要介绍了台、港、澳的报刊简况。小32开本,322页,19.3万字,印数5500册,定价3.50元。

《中国新闻史(古近代部分)》 王洪祥主编。1988年12月中央民族学院出版社出版。本书分5章,内容分别为:中国古代的新闻传播,资本主义的入侵和我国新闻传播的变化,维新变法与新闻传播的发展,辛亥革命与新闻传播发展的新阶段,北洋军阀初期的新闻传播和名记者的出现。编者力求融新闻事业史、思想史、文体史于一体。方汉奇作序。小32开本,351页,26万字,定价2.10元。

《肇庆报业史话》 范步遥著。1988年12月广东人民出版社出版。本书分为三篇,分别为:解放前的肇庆报业,解放前共产党的报刊,解放后的肇庆报业。附录《关于〈民族日报〉史料的争鸣文章》。小32开本,146页,定价1.30元。

《党的喉舌抗日号角——武汉时期的〈新华日报〉》 《新华日报》暨《群众》周刊史学会、华中师范大学编写组编写。1989年1月华中师范大学出版社出版。《新华日报》1938年1月创办于武汉,同年10月迁至重庆。本书全面记述了这一时期报纸的概况,总结了《新华日报》抗日战争时在武汉期间的历史经验,填补了中国现代报刊史研究的一个空白。附录《武汉时期〈新华日报〉大事记》。章开沅作序。书前有题词、照片、书影等多幅。小32开本,291页,21.1万字,印数1500册,定价3.15元。

《当代广西新闻事业》 周中仁主编。1989年3月广西教育出版社出版。本书全面系统地反映了广西从1949年到1987年间新闻事业的发展过程,对广西当代报纸、广播、电视的发展,各个时期的宣传工作情况,进行了介绍和评价。小32开本,348页,24.4万字,定价3.05元。

《新疆日报大事记(1949～1989)》 本书编写组编。1989年5月新疆摄影艺术出版社出版。32开本,436页。

《光明日报四十年(1949～1989)》 该书编辑小组编。1989年5月光明日报出版社出版。这本纪念性文集收入文章五十多篇,除《四十年报纸工作概述》一文和《大事简记》以外,其他全是个人的回忆文章。它反映了《光明日报》从创办到1989年各个历史时期的情况。书前有照片、题词、书影等24页,书后附录有报社历届负责人名单、曾在报社工作过的人员名单等。大32开本,380页,28万字,印数10000册,定价5.50元。

《杭州报刊史概述》 徐运嘉、杨萍萍著。1989年6月浙江大学出版社出版。本书概述了杭州地区自清末以来报刊的发展历程和基本情况。对杭州地区一些重要历史报刊的创始人,一些报刊创刊、停刊时间进行了考证。附图16页。小32开本,318页,23万字,印数4000册,定价3.20元。

《四川近代报刊三十家》 何承朴著。1989 年 6 月四川人民出版社出版。本书熔文史于一炉，详细介绍了解放前四川地区各界人士创办的报刊 30 种。32 开本，197 页，14 万字，印数 1500 册，定价 2.40 元。

《内蒙古新闻事业概况》 贾来宽等编。1989 年 8 月内蒙古大学出版社出版。本书是为纪念中华人民共和国成立 40 周年编写，概括论述了内蒙古新闻事业的发展进程和现状。大 32 开本，387 页，定价 3.30 元。

《中国新闻史事溯源》 姚建红著。1989 年 11 月中国新闻出版社出版。全书分为七编，包括：初创报刊，新闻业务，广播、电影、电视、通讯社，新闻教育，新闻界人物，新闻活动，报刊印刷排版。对各类新闻史事予以探寻根源，如"我国最早的报纸"、"我国第一家晚报"、"我国最早的报纸标题雏形"、"我国第一部报刊史"、"我国第一家采用石印的报纸"、"我国第一个女报人"、"我国最早的新闻检查制度"等。小 32 开本，174 页，12 万字，定价 2.60 元。

《当代中外新闻事业史》 刘树田主编。1989 年兰州大学出版社出版。本书内容包括总论、报刊、广播电视、三大媒介特征、通讯社、新闻工作者、新闻业管理与经营、建立世界新闻新秩序、当代新闻事业发展趋势等九章。16 开本，362 页，定价 3.20 元。

《楚天号角——抗日战争和解放战争时期鄂豫边区革命报刊》 鄂豫边区革命史编辑部、湖北日报社编。1990 年 3 月武汉大学出版社出版。32 开本，190 页，印数 3600 册。

《新华日报史(1938～1947)》 韩辛茹著。1990 年 3 月重庆出版社出版。《新华日报》1938 年 1 月 11 日在汉口创刊，同年 10 月迁往重庆，1947 年 2 月被国民党政府封闭。它是抗日战争初期到解放战争初期在国民党统治区公开出版的唯一的中国共产党机关报。本书以翔实的史料记述了《新华日报》从创办到发展直至停刊的完整历程，对其历史功绩给予了高度评价。作者是以事件为主体，以时间为顺序，照顾前后联系，单独成篇写成的。全书共分为 74 篇，最后附有新华人物录。书中着重记载了老一辈革命家周恩来、董必武、叶剑英、吴玉章、王若飞等领导《新华日报》的生动事迹。张友渔作序。大 32 开本，496 页，40.5 万字，印数 1100 册，定价 7.05 元。本书上卷曾于 1987 年 7 月由中国展望出版社出版。

《台湾新闻事业概观》 方积根、唐润华、李秀萍编著。1990 年 5 月新华出版社出版。本书首次比较全面地介绍了台湾的新闻事业现状，具体包括：台湾的报业(上)：发展概况及主要报纸；台湾的报业(下)："报禁"解除前后；台湾的通讯社；台湾的广播业；台湾的电视业；台湾的新闻管理机构与法规；台湾的新闻教育；台湾新闻界名人小传。小 32 开本，179 页，11.2 万字，未标印数，定价 1.85 元。

《陕西省报刊简史》 王澄、郭斌著。1990 年 6 月陕西人民出版社出版。32 开本。

《中国新闻事业史》 丁淦林主编。1990 年 7 月武汉大学出版社出版。本书是全国高等教育自学考试教材，共 10 章，具体内容包括：中国早期的新闻事业、19 世纪外国人在中国的办报活动、戊戌变法前后资产阶级改良派的办报活动、辛亥革命时期的新闻事业、民国初期和北洋军阀统治初期的报刊、五四时期的新闻事业、中国共产党的成立和第一次国内革命战争时期的新闻事业、第二次国内革命战争时期的新闻事业、抗日战争时期的新闻事业、第三次国内革命战争时期的新闻事业。大 32 开本，367 页，29.8 万字，印数 8000

册,定价 3.85 元。

《中国少数民族文字报纸概略》 马树勋编著。1990 年 7 月内蒙古大学出版社出版。本书内容包括各省市民族文字报纸简介等等。大 32 开本,287 页,印数 3000 册,定价 4.30元。

《中国新闻业历史纲要》 吴廷俊编著。1990 年 8 月华中理工大学出版社出版。本书按照时代先后分 10 章叙述了从古代到 1949 年我国新闻业的历史发展,作者特别重视对一些重要的有代表性的新闻人的新闻活动和思想的探讨。小 32 开本,311 页,21.2 万字,印数 1500 册,定价 1.84 元。

《中国明代新闻传播史》 尹韵公著。1990 年 8 月重庆出版社出版。本书旨在勾画明代新闻传播事业总的轮廓,并揭示明代新闻传播事业的各个方面,揭示它在各个方面具备的各自不同的内容、性质及其特征,增进人们对明代新闻传播事业的了解和认识。全书除"绪论"、"结语"外,分五章论述明代的新闻传播,具体是:明代新闻传播事业的生长点与环境范围、明代邸报、明代塘报、明代告示、明代社会舆论。大 32 开本,284 页,22 万字,精装本,印数 1200 册,定价 5.90 元。

《北京妇女报刊考(1905～1949)》 姜纬堂、刘宁元主编,北京市妇联编。1990 年 8 月光明日报出版社出版。本书介绍了 1905 年至 1949 年出版于北京的 107 种妇女报刊,从多个侧面展示了近现代北京妇女运动的发展脉络,是第一部系统研究北京地区妇女报刊发生发展历史的专著。大 32 开本,814 页,68 万字,定价 11.05 元。

《人民代表报创刊两周年纪念(1988.10～1990.10)》 人民代表报社编,张宗标主编。1990 年 11 月山西人民出版社出版。《人民代表报》是全国人大系统唯一公开发行的报纸,创刊于 1988 年,报名由彭真同志题写,报纸由山西省人大常委会主管。16 开本,90 页,精装本。

《新疆新闻界纪事(1910～1989)》 兰凌编。1990 年 11 月新疆摄影艺术出版社出版。本书记录了 1910 年至 1989 年新疆新闻界发生的重要事件近千条。小 32 开本,282 页。

《中国典籍在日本的流传与影响》 陆坚、王勇主编。1990 年 12 月杭州大学出版社出版。本书是"日本文化研究"丛书中的一种,对中国历代名著东传日本的时间、形式与规模,以及对日本的伦理道德、哲学思想、语言及艺术产生的种种影响,进行了开拓性研究。全书共收论文 17 篇,其中 3 篇为综合性研究,主要论述中国文化的世界性意义、东传汉籍研究的方法与资料,以及日本成为汉字文化圈成员的种种考证。另 14 篇为专题性研究,分别探讨了《庄子》、《易经》、《世说新语》、唐诗、中国讲史小说、汉文佛典、《水浒传》、《海国图志》、《文馆词林》等在日本的流传与影响。小 32 开本,347 页,27 万字,印数 3000 册,精装本定价 8.50 元,平装本定价 6.00 元。

《中国近现代妇女报刊通览(1898～1989)》 田景昆、郑晓燕著。1990 年 12 月海洋出版社出版。本书收录了 1898～1989 年间的 146 种中国妇女报刊介绍,其中辛亥革命时期 11 种,五四运动时期 8 种,建党和大革命时期 18 种,土地革命时期 18 种,抗日战争时期 21 种,解放战争时期 7 种,社会主义建设时期 63 种。对于收录报刊,分别著录创刊时间、地点、创办人(主编)、主要内容、作用和影响,以及停刊的时间和原因等。附录有 1898

～1989年的620种中国妇女报刊年录。小32开本，295页，21.4万字，印数3000册，定价5.00元。

《武汉市志·新闻志》 武汉市地方志编纂委员会主编。1991年3月武汉大学出版社出版。本书反映了武汉近现代和当代新闻事业发展的面貌，所记传播媒介包括报刊、通讯社、广播、电视，不含图书出版。图书出版在《武汉市志·文化志》中立目介绍，但篇幅不是太大。大32开本，429页，33.6万字，印数5000册，精装本，定价15.50元。

《新华日报成都营业分处史稿》 《新华日报》史学会成都分会编写小组编。1991年6月成都出版社出版，收入"中共成都地方党史资料丛书"。小32开本，234页，印数1000册，定价2.90元。

《太岳新闻事业史略(1940～1949)》 太岳新闻史编委会、山西日报新闻研究所编。1991年6月书海出版社出版。本书介绍太岳根据地报纸、通讯社、出版发行方面的史料。薄一波题写书名。大32开本，382页，28万字，印数2000册，定价6.00元。

《香港报业春秋》 钟紫主编，广东政协文史资料研究委员会编。1991年8月广东人民出版社出版。收入"广东文史丛书"。本书主要介绍近现代香港新闻传播事业的历史，跨度从1841年到1990年，涉及的领域包括报刊、通讯社、广播、电视、新闻教育等各个方面。内容考订翔实，纠正了不少以讹传讹的旧说；既有综合论述，也有个人回忆，其中有不少是名家的回忆录。大32开本，324页，23万字，定价3.80元。

《旧上海报刊史话》 曹正文、张国瀛著。1991年8月华东师范大学出版社出版。本书以时代为经，以人物为纬，分专题勾勒了旧上海的报刊发展历史。作者一方面选择一些在近现代史上有影响的报纸，如《申报》、《新闻报》、《时报》作具体介绍，另一方面又通过介绍报刊简述著名的报人和出版家。同时，还用横的方式，把同类的报刊作以归纳，串联起来介绍，有利于读者的了解和比较。书中史料丰富，涉笔成趣，资料性与可读性兼备。郑逸梅、汤志钧、魏绍昌分别作序。顾廷龙、苏渊雷、周志高分别题签。附录有《上海解放前的大报目录》、《上海解放前的小报目录》、《上海解放前的晚报目录》、《上海解放前的期刊杂志目录》。小32开本，223页，12万字，印数4000册，定价2.45元。

《新华社六十年(1931～1991)》 冯健主编。1991年10月新华出版社出版。这本画册收照片六百九十多幅，记录自1931年11月7日新华通讯社的前身红色中华通讯社诞生至1991年新华社成为初具规模的社会主义现代化的世界性通讯社的历程。全书包括三部分："今日新华"，反映新华社现时的风貌；"前进足迹"，反映第二次国内革命战争、抗日战争和解放战争时期及中华人民共和国建立后艰苦创业和发展的历史；"走向世界"，反映为把新华社建成世界性通讯社而做出的努力。穆青作序。书末附《新华社60年大事记》。16开本，264页，精装本。

《海外华文报业研究》 杨力著。1991年10月北京燕山出版社出版。本书以研究海外华文报业为主，兼及期刊，重点又放在那些出版时间较长，在当时起过较大作用，有较大影响的报刊和报人上。小32开本，336页，21.8万字，印数2000册，定价7.35元。

《吉林省志·新闻事业志·广播电视志》 吉林省地方志编纂委员会编纂，朱文才、姜兴坤主编。1991年10月吉林人民出版社出版。本志下限止于1985年。16开本，282页，印数1000册，精装本，定价35.00元。

《报史与报人》 方汉奇著。1991年12月新华出版社出版。本书收录文章41篇，是作者三十多年从事新闻史研究的一些成果，有一些公开发表过，也有部分为教学用的内部讲义。文章主要是对中国新闻史上一些重要报刊、重要人物、重要事件的考证和论述，包括《新闻史是历史的科学》、《关于新闻史研究的几点体会和建议》、《中国历史上的周刊》、《早期的新闻电讯》、《于右任主持时期的〈神州日报〉》、《王韬——中国历史上的第一个报刊政论家》等。大32开本，485页，33.9万字，未标印数，定价7.50元。

《中国报刊史话》 王凤超著。1991年12月商务印书馆出版。收入"中国文化史知识丛书"。本书有5章，包括：古代报纸，近代报纸，现代报纸，当代报纸，台港澳的报刊。小32开本，148页，6.6万字，印数1500册，定价2.20元。

《中国新闻事业》 黄天鹏著。1991年12月上海书店出版社出版。本书与《中国新闻发达史》(蒋国珍著)、《新闻史上的新时代》(胡道静著)、《中国的新闻记者与新闻纸》(张静庐著)合订，依次据上海联合书店1930年版、世界书局1927年版、世界书局1946年版、现代书局1932年版影印。小32开本，830页，精装本，定价不详。

《广州报业(1827～1990)》 梁群球主编，广州市新闻工作者协会、广州日报编。1992年3月中山大学出版社出版。本书介绍了自1827年广州第一张报纸问世以来至1990年5月广州报业的发展状况与历史沿革。在收集和整理史料的基础上，作者按各个历史时期描述了当时广州地区报业的历史风貌及与社会背景的关系。大32开本，452页，34.5万字，定价7.50元。

《中外报刊奇闻》 方陆玉、杨惠丽编著。1992年5月百花文艺出版社出版。小32开本，240页，定价3.40元。

《重庆日报创刊四十周年纪念》 重庆日报社编。1992年5月重庆出版社出版。纪念性画册。内含大量名家书画作品。16开本，66页。

《汉籍在日本的流布研究》 严绍璗著。1992年6月江苏古籍出版社出版。本书试图探讨中国文献典籍向日本流布的轨迹与形式，研究日本对汉籍的保存与吸收，评价汉籍对日本社会生活发展在各个层面上的作用和影响。全书分上下两编。上编"汉籍流布概论编"五章，总论汉籍作为中国文化的主要媒体自古以来传入日本的轨迹与形式，日本保藏汉籍的方式与特征等。下编"汉籍流布特藏编"五章，是在对流传于日本的汉籍作总体考察的基础上，择其有价值者，进行属于微观形态的研讨。书中不少内容涉及图书的编撰、刊刻、传播，属于出版史的范围，如"日本古代版刻的起始"、"和刻外典汉籍的发生"、"元人刻工俞良甫与汉籍'博多版'"等等。大32开本，340页，24万字，2000年1月第2次印刷，累计印数4000册，定价14.50元。

《中华人民共和国新闻史》 张涛著。1992年6月经济日报出版社出版。本书分7章，比较系统地介绍了新中国成立以来新闻事业的发展历史。作者通过翔实的资料叙述新中国成立40年来中国报业、通讯社、广播电视、新闻摄影、新闻教育事业发展变化的过程，介绍新闻宣传工作取得的重大成就，对建国初期、反右斗争、大跃进、"文化大革命"以及改革开放等各个历史阶段有影响的新闻作品均作了深入的分析和论述，并对新闻宣传中的得失进行总结。书中还简要介绍了台湾、香港地区的有关情况。大32开本，375页，30万字，印数5000册，定价5.20元。本书的修订本1996年由经济日报出版社出版；作者将方汉奇为初版写的书评《新中国新闻史的开拓之作》作为新版序言。大32开本，374页，30万字，印数5000册，定价15.00元。

《港澳新闻事业概观》 方枳根、王光明编著。1992年7月新华出版社出版。本书比较全面地介绍了香港、澳门地区新闻事业的发展历史、现实状况及各种新闻机构的情况。小32开本，210页，13万字，定价3.80元。

《抗日烽火中的中国报业》 穆欣著。1992年8月重庆出版社出版。本书共30篇文章，反映了中国共产党党报发展及我党和国民党反动派在新闻战线上的斗争，具体内容还包括抗战时期中国新闻界大事记(1937～1945)，有关晋绥解放区新闻工作者情况和新闻事业概况等。大32开本，497页，36万字，定价6.55元。

《北京报刊史话》 黄河编著。1992年10月文化艺术出版社出版。本书分辛亥革命以前和辛亥革命以后两篇来梳理和介绍了北京地区报刊的历史发展。书中有一些较重要的新闻出版史料。小32开本，212页，12.7万字，印数1000册，定价3.00元。

《贵阳市志·文化新闻志》 贵阳市志编纂委员会编。1992年11月贵州人民出版社出版。16开本，317页，印数1000册，精装本，定价25.00元。

《晋绥日报简史》 本书编委会编著，杨效农等执笔。1992年12月重庆出版社出版。本书回顾和审视了《晋绥日报》从创办到终刊的艰苦历程和所坚持的正确方向。它从一个侧面反映出中国共产党在建立抗日民族统一战线的斗争中，如何重视和运用新闻舆论对民众进行革命教育和形势教育的深远谋略，从而达到团结民众、共同对敌的最终目的。书中记录的办报史实，表现了我党新闻工作者坚定的党性原则。大32开本，176页，13.7万字，印数700册，定价3.55元。

《中国当代新闻事业史(1949～1988)》 方汉奇、陈业劭主编。1992年12月新华出版社出版。这部填补中国新闻史研究空白的大学教材，分5章23节，对建国40年来我国新闻事业的发展作了勾勒与分析，线索清晰，叙述简要，内容全面。主要内容包括：基本完成社会主义改造时期的新闻事业，开始全面建设社会主义时期的新闻事业，"文化大革命"时期的新闻事业，社会主义现代化建设新时期的新闻事业，1949年以来台湾、香港、澳门的新闻事业。大32开本，346页，25.2万字，未标印数，定价6.80元。

《中日汉籍交流史论》 王勇主编。1992年12月杭州大学出版社出版。本书系"汉籍与中外文化交流"国际研讨会论文选集，分4编，计收论文28篇，其中中方19篇(1篇为台湾学者所撰)，日方9篇。甲编为"中国典籍流传日本之研究"，收录论文8篇，对有关汉籍东传日本作了宏观透视和精审考证。乙编为"日本汉籍及其流播中国之研究"，收录论文8篇，既有对日本汉籍的西渐研究，亦有对日本典籍本身及其与中国典籍关系的研究。丙编为"中日佚存书之研究"，收录论文4篇，其中3篇是就某种佚书的个案研究，另1篇是对整套佚存丛书的综合评述。丁编为"中日文化比较之研究"，收录论文8篇。大32开本，408页，32.5万字，印数5000册，定价7.00元。

《新华之光——〈新华日报〉、〈群众〉周刊史学术研讨会论文集》 重庆成都《新华日报》《群众》周刊史学会编。1993年1月重庆出版社出版。本书共选收论文35篇。文章从各个不同角度反映了重庆《新华日报》在党的领导下在国统区时期创建的业绩。大32开本，419页，印数1000册，定价6.75元。

《中国新闻界之最》 孙文铄、谢国明编。1993年4月社会科学文献出版社出版。本书汇集了我国新闻界的三百多个“之最”。按报刊、通讯社、广播电台、电视台、新闻团体、新闻教育与研究、新闻人物、新闻业务等十个方面进行编排。小32开本,192页,14.7万字,定价4.40元。

《中国文学在世界的传播与影响》 施建业著。1993年4月黄河出版社出版。本书介绍了中国文学在国外的出版、研究、得奖情况以及国外有关人士对中国文学的评价。大32开本,193页,印数5000册,定价4.00元。

《湖北省志·新闻出版(上)》 湖北省地方志编纂委员会编纂。1993年4月湖北人民出版社出版。本书分为报纸和广播电视两个部分。报纸部分又分成晚清时期、民国时期、中华人民共和国成立之后三个阶段论述,每一个阶段按综述、业务、经营管理几个方面编排。广播电视部分又分为综述、广播、电视、管理与机构设置、经营、外事往来几个方面进行论述。大32开,380页,30.6万字,印数1500册,定价30.00元。

《晋察冀日报史》 晋察冀日报史研究会编,陈春森著。1993年4月人民出版社出版。《晋察冀日报》是在敌后抗日游击战争极端困难的环境中创刊,伴随着晋察冀边区一起发展壮大起来的。它1937年12月创办,到1946年6月终刊。本书就是一本记述《晋察冀日报》上千名战地报人克服千难万险坚持游击办报的史书,是洋溢着老一辈新闻工作者革命精神的报史。编者以史为主,史论结合,对晋察冀的重大事件和报社的多数大事,都有较翔实的记述。书的大部分内容,反映了编辑思想、宣传报道内容、艰苦的历史进程和拼搏战斗的办报精神,集中表现了《晋察冀日报》的特色。书的后一部分是报社统管的各方面工作的专题史,比较详细地从不同侧面反映了报社的战斗历程和英雄事迹。全书16章101节,是根据抗日战争和解放战争期间《晋察冀日报》的发展历程进行分阶段编写的。聂荣臻作序。大32开本,624页,47.4万字,印数3000册,定价15.00元。

《湖南省志·新闻出版志·报业》 湖南省地方志编纂委员会编纂。1993年5月湖南出版社出版。上起1897年的《湘学报》,下限止于1988年。大32开本,512页,39.4万字,印数2000册,精装本,定价16.00元。

《扬州报刊志》 王庆云、费昌华主编。1993年6月人民日报出版社出版。本书下限止于1988年。大32开本,337页,28.9万字,印数3000册,定价7.90元。

《自贡市报业志》 自贡日报社、自贡市新闻出版局编。1993年6月四川人民出版社出版。本书反映自贡报业的历史和现状,上限为1924年,下限断至1990年。16开本,244页,精装本,定价28.50元。

《中国副刊史略》 罗贤梁著。1993年6月长江文艺出版社出版。本书分为六章,分别为:中国报纸副刊的孕育与形成、中国近代报纸副刊的勃兴、在反帝反封建斗争中发展、为民主革命鼓与呼、表现民族斗争的主旋律、迈进历史发展的新阶段。作者简要论述了从《察世俗每月统纪传》到新中国成立我国报纸副刊发生发展的历史。小32开本,220页,印数2000册,定价6.00元。

《大公报史》 周雨著。1993年7月江苏古籍出版社出版。本书介绍了《大公报》历史、特点和发展规律,包括:《大公报》和新记公司《大公报》的创建、具有特色的新闻报道、《大公报》人物谱等。大32开本,448页,印数2000册,定价8.40元。

《上海近代报刊史论》 秦绍德著。1993 年 7 月复旦大学出版社出版。收入“复旦大学博士丛书”。本书除序言外共 7 章 19 节，主要纲目为：上海近代报刊的诞生，维新运动和报刊的勃兴，政党报刊活动的大舞台，资产阶级商业报纸的发展道路，十里洋场和小报，上海租界和报刊。全书史料翔实，分析精到，富有新见。作者对上海成为近代中国新闻中心的原因、对百年报史的分期、对上海新闻史中的一些“空白”，都作了具有创新性的探讨。大 32 开本，119 页，16.9 万字，定价 6.00 元。

《中外新闻掌故》 解国记编著。1993 年 9 月河南教育出版社出版。本书收录了作者编写的 378 个新闻掌故。小 32 开本，382 页，印数 4000 册，定价 4.50 元。

《常德地区志·报刊志》 崔季英主编。1993 年 10 月中国文史出版社出版。大 32 开本，131 页，印数 500 册，13 万字，精装本，定价 14.00 元。

《大众日报五十年(1939～1989)》 朱民编著。1993 年 10 月山东人民出版社出版。本书记述了《大众日报》1939 年 1 月 1 日创刊至 1988 年底 50 年的历史过程。邓小平题写书名。大 32 开本，714 页，印数 5000 册，定价 18.00 元。本书初稿 1988 年内部刊行。

《中国文化在海外的传播》 武斌著。1993 年 11 月辽宁教育出版社出版。大 32 开本，366 页，印数 20000 册，定价 10.30 元。

《冀鲁豫日报史》 本书编辑委员会编。1993 年 12 月贵州人民出版社出版。收入“中共冀鲁豫边区党史丛书”。大 32 开本，360 页，印数 2000 册，精装本。

《中国现代报刊发展史》 倪延年、吴强著。1993 年 12 月南京大学出版社出版。本书与《中国古代报刊发展史》(2001 年版)是姊妹篇著作。两书的内容跨度覆盖了中国报刊从起源、发展到形成，又从古代报刊、近代报刊到现代报刊的发展历程。大 32 开本，587 页，印数 1000 册，定价 14.30 元。

《山东省志·报业志》 山东省地方史志编纂委员会编纂，杨源恺主编。1993 年 12 月山东人民出版社出版。本志论述时间下限为 1990 年。大 32 开本，477 页，印数 3000 册，精装本，定价 37.00 元。本志的续修工作也已于 2006 年启动。

《黑龙江省志·报业志》 黑龙江省地方志编纂委员会编纂，邢世良主编。1993 年 12 月黑龙江人民出版社出版。全书分近代报纸、现代报纸、当代报纸、外文报纸、报业管理、新闻机构 6 编。16 开本，357 页，精装本，定价 45.00 元。

《烟台报业志》 刘少白主编。1993 年科学普及出版社出版。本书论述的时间上起 1894 年，下至 1990 年。大 32 开本，208 页，定价 12.00 元。

《主体与喉舌——共和国新闻传播轨迹审视》 童兵著。1994 年 2 月河南人民出版社出版。收入“当代中国国是反思丛书”。本书记叙了我国新闻业在创立与发展过程中取得的重要成就以及对政治、经济、文化社会生活各方面产生的积极影响。小 32 开本，266 页，18.8 万字，印数 3000 册，定价 6.80 元。

《江西苏区新闻史》 程沄著。1994 年 2 月江西人民出版社出版。全书分五章，具体纲目为：报刊发展阶段、报刊系统和通讯社、报刊宣传系统、报刊宣传艺术、江西苏区新闻事业的历史地位。附录有《苏区报刊简表》等。大 32 开本，224 页，15 万字，印数 2000 册，定价 4.00 元。

《中国新闻传播学说史》 徐培汀、裘正义著。1994 年 3 月重庆出版社出版。这是一部从大文化角度分析、研究中国新闻传播思想的起源和发展的专著，也是一部为"新闻有学"立论、着眼于学科建设、填补空白的史学著作。全书主体部分共有3编19章80节269个论题，主要内容包括：先秦传播思想、秦汉传播思想、隋唐传播事业与官报体系、宋代传播事业与传播思想、明清新闻传播思想、中国新闻学术思想的孕育期、西方近代新闻思想的最初传入、国人最初的办报思想、维新派政治办报思想、辛亥革命前后政治报刊思想、清末民初的新闻控制思想、大众化报纸业务思想、西方新闻学的演变及其对中国的影响、马克思主义新闻学的诞生及其对中国的影响、五四运动前后的新闻学术研究、30年代新闻学术思想的演变、40年代新闻学术思想的发展、中国新闻学术思想的形成期。钱辛波、余家宏、方汉奇作序。大32开本，343页，34.2万字，定价10.20元。本书的续编《中国新闻传播学说史(1949～2005)》2006年重庆出版社出版。

《中国少数民族文字报刊史纲》 白润生著。1994年8月中央民族大学出版社出版。这是一部有关我国少数民族新闻史的奠基性著作。全书主体部分分成上中下3编8章。各章的纲目依次为：中国少数民族报刊及民族文字报刊的兴起(1898～1919)；五四时期到第一次国内革命战争时期的少数民族文字报业(1919～1927)；第二次国内革命战争时期的少数民族文字报刊(1927～1937)；抗日战争和解放战争时期的少数民族文字报刊(1937～1949)；建国初期的少数民族报业(1949～1957)；社会主义事业全面发展时期民族新闻事业(1977～1966.4)；十年动乱中的民族新闻事业(1966.5～1976.10)；新时期的民族新闻事业(1976.10～1990.10)。全书内容丰富具体，线索清晰，体例完整，充分揭示了民族新闻传播事业的发展轨迹，开创了中国民族新闻史研究的新领域。大32开本，376页，25万字，印数2000册，定价6.30元。

《中国新闻史教程》 刘亚编著。1994年10月八一出版社出版。收入"军事新闻学教学丛书"。大32开本，308页，印数4000册，定价7.50元。

《风雨征程四十载(1954～1994)(常州日报史略)》 王汝金主编。1994年10月中国文联出版社出版。大32开本，356页，印数1000册，精装本，定价18.00元。

《中国新闻事业史》 陈扬著。1994年11月人民日报出版社出版。大32开本，145页，印数5000册，定价5.50元。本书1988年曾由人民日报社新闻函授部内部印行。

《新华日报纪事》 廖永祥编著。1994年11月四川大学出版社出版。作者廖永祥(1922～2003)同志1945年至1947年曾在《新华日报》工作。大32开本，391页，印数300册，定价12.00元。

《绍兴新闻事业九十年》 邵梦龙主编。1994年12月海天出版社出版。内容主要有：概述，绍兴新闻事业大事记，新闻机构，新闻团体，新闻界人物，新闻事业管理与经营。附录《建国前绍兴报纸一览表》、《建国前绍兴刊物一览表》等。方汉奇作序。大32开本，350页，印数2000册，定价13.50元。

《河南新闻事业简史》 陈承铮编著，河南日报新闻研究所编。1994年12月河南人民出版社出版。大32开本，114页，定价4.20元。

《中国报刊揽胜》(上、下) 顾永高编。1994年12月中国书籍出版社出版。本书是为中国报刊业发展成就博览会而编写的。16开本，93.75印张，印数6000册，精装本，定价150.00元。

《哈尔滨市志·报业/广播/电视》 哈尔滨市地方志编纂委员会编。1994年12月黑龙江人民出版社出版。本志时间下限为1990年。16开本,386页,印数1000册,精装本,定价68.00元。

《新记〈大公报〉史稿》 吴廷俊著。1994年12月武汉出版社出版。本书是一部多方收集、核实材料,言必有证的报学史专著,也是一部如实评价得失、还历史以本来面目的新闻史佳作。全书除绪论、后记外分4篇17章,篇题分别为:创业篇、发展篇、鼎盛篇、转折篇。各篇的内容大体包括事业发展、新闻与言论、副刊和专刊、办报主张、社会服务等。方汉奇作序,指出该书"订正了不少前人的文章和专著中的史实差错",对《大公报》的评价"不掩过,不溢美",实事求是,"具有较高的学术价值,它标志着有关《大公报》的研究,已经达到了新的高度"。大32开本,472页,37.6万字,定价15.00元。本书2002年再版。

《中国近代的报刊》 王东全著。1995年1月北京科学技术出版社出版。收入"中国历史知识全书"。本书介绍了中国近代报刊的创办发展的历史,以及在各个历史时期所起的作用。中国近代报刊发展经历的道路,即反映帝国主义列强侵华史的一个侧面,又标志着中国人民前仆后继,不屈不挠地争取民族解放和反帝反封建革命斗争的一个篇章。小32开本,115页,印数1000册,定价3.90元。本书2006年5月再版,定价12.50元。

《中国早期现代化中的传播媒介》 闾小波著。1995年2月上海三联书店出版。本书将自鸦片战争以来朝野所推行的社会变革称之为中国早期的现代化运动。作者以《时务报》为研究对象,将其视为中国早期现代化进程中一个较为显赫的大众传播媒介,探讨其对社会变革所产生的影响。作者目的不在写报刊史或新闻史,但有关《时务报》创办历史、传播内容、出版发行、受众概况、传播效果等方面的研究,不仅丰富了人们对这份重要报刊的认识,而且充实了对变法维新及近代报刊史的研究。全书征引广博,史料翔实,立论有据,多有新见。大32开本,264页,20万字,印数2000册,定价16.80元。

《列宁著作在中国:1919～1992年文献调研报告》 曹鹤龙主编,北京图书馆编。1995年5月书目文献出版社出版。内容主要是:一、列宁著作中译文篇目综录;二、列宁著作中译文汇编本目录;三、列宁著作中译文年表(1919～1992);四、列宁著作中译文主要文献数据。16开本,338页,定价36.00元。

《华商报之路》 南方日报社、广东《华商报》史学会编。1995年5月广东人民出版社出版。纪念性画册。16开本,118页,定价不详。

《大众日报史话》 陈鲁华著。1995年5月山东人民出版社出版。《大众日报》创刊于1939年1月,先后为中共山东分局机关报、华东局机关报。本书叙述的是《大众日报》从创办到1949年10月建国前的史实。全书22章,比较详尽地记述了《大众日报》在这一时期宣传报道各项事业的成就和经验,记述了新闻采访、编辑、通讯、印刷、管理、发行各方面的改革、创造与经验。写作为叙事体,按时间顺序,以革命形势、斗争任务、重要转折分章,章内按同一时期重大事件、重要故事或同类问题分节。大32开本,598页,印数2000册,定价20.00元。

《河南省志·新闻报刊志·广播电视志》 河南省地方史志编纂委员会编纂。1995年8月河南人民出版社出版。本志下限止于1987年。大32开本,319页,印数3000册,精装本,定价34.00元。

《中国新闻报刊史简论》　马艺著。1995年8月新华出版社出版。这本论文集收录作者中国新闻报刊方面的研究论文76篇,以对著名报人和重要报刊的论析,以新闻思想、办报经验等为具体内容。大32开本,254页,印数2000册,定价9.80元。

《河北省志·新闻志》　河北省地方志编纂委员会编纂。1995年8月中华书局出版。本志下限止于1992年。16开本,449页,印数1000册,精装本,定价76.00元。本志初稿1992年内部印行。

《抗日民族统一战线的号角——战斗在国统区的〈新华日报〉》　黄淑君、杨淑珍编著,重庆市《新华日报》暨《群众》周刊史学会编。1995年8月重庆出版社出版。收入"《新华日报》史研究丛书"。32开本,465页,36.7万字,定价16.30元。

《抗日战争时期的重庆新闻界》　重庆抗战丛书编纂委员会编。1995年8月重庆出版社出版。收入"重庆抗战丛书"。本书内容有:抗战时期重庆新闻界概述,抗战前夕的重庆报业,大轰炸中诞生的十报联合版,外国记者和外国通讯社,等等。大32开本,238页,18.8万字,定价10.75元。

《梦断巴蜀——竹川藤太郎和他的〈重庆日报〉》　(日)加藤雅彦著,向蜀珍、罗军、罗江龙译。1995年8月四川人民出版社出版。大32开本,270页,印数1000册,定价9.80元。

《西南新华日报简史》　彭雨等主编,《西南新华日报》报史编委会编。1995年10月重庆出版社出版。本书介绍西南新华日报的发展史,以及它在革命斗争中所起的作用。小32开本,213页,14.8万字,印数1700册,定价12.90元。

《中国新闻通史》(上、下)　刘家林著。1995年12月武汉大学出版社出版。全书除绪论外,分为3编14章。第一编是"中国古代的新闻传播活动"(713～1815);第二编为"中国近代的新闻事业"(1815～1915);第三编为"中国现代新闻事业"(1915～1949)。该著作史料翔实,观点平实,视野开阔,特别重视中国新闻思潮演变、新闻观念的变化。同时,对典型报刊、新闻业界学界重要人物和事件,均有精详考证。大32开本,上册373页,30.4万字,定价10.50元。下册387页,31.5万字,定价11.80元。1996年第2次印刷,累计印数5000套。本书2005年修订再版,16开本,563页,定价48.00元。

《中国新闻史纲》　董秦、蒋含平著。1995年12月黄山书社出版。收入"新闻与传播学丛书"。32开本,395页,印数2000册,定价10.00元。

《中国新闻事业史教程》　袁军、哈艳秋著。1996年4月中国广播电视出版社出版。收入"广播电视新闻系列教材"。本书的主要纲目为:中国古代的新闻事业,中国近代报业的产生与初步发展,国人办报历史的开端与维新派的办报活动,辛亥革命前后的新闻事业,五四时期的新闻事业,中国共产党成立初期和大革命时期的新闻事业,十年内战时期的新闻事业,抗日战争时期的新闻事业,人民解放战争时期的新闻事业,基本完成社会主义改造时期的新闻事业,全面建设社会主义时期的新闻事业,"文化大革命"时期的新闻事业,社会主义现代化建设新时期的新闻事业,台湾、香港、澳门的新闻事业。大32开本,341页,23.6万字,定价11.00元。本书2001年再版,大32开本,27万字,定价21.00元。

《中国新闻评论发展史(近代部分)》　曾建雄著。1996年5月广西师范大学出版社出版。作为国内第一部此类专著，该书以1815年至1914年的中国报刊评论作为研究对象，全面考察了中国近代报刊评论产生和发展的百年历史，廓清了各主要评论文体形成和演变的基本脉络，对其每一重要发展阶段的历史原因和社会作用作了综合的分析，对一些在评论文体的形成演变过程中发生过重大影响的报刊和评论家进行了必要的介绍与评析，并且从总体上深入探讨了中国近代报刊评论发展的一般规律。大32开本，303页，印数1500册，精装本，定价18.00元。

《哲里木盟报业志(1929～1994)》 李淑芬、包栓柱编著。1996年6月辽宁民族出版社出版。本书论述了哲里木盟1929年至1994年报业发展情况。大32开本，704页，印数800册，定价25.00元。

《四川报业大事记(1897～1995)》 四川省报业志编辑部编。1996年7月四川人民出版社出版。收入"四川新闻史丛书"。大32开本，412页，26万字，印数1500册，定价15.00元。

《四川省志·报业志》 颜义先主编，四川省地方志编纂委员会编纂。1996年10月四川人民出版社出版。本志下限止于1990年。16开本，455页，印数2000册，精装本，定价56.00元。本书1994年曾内部印行。

《中日文化交流史大系·典籍卷》 王勇、(日)大庭修主编。1996年11月浙江人民出版社出版。本书对中日数千年来在文化典籍方面的交流进行了全面的描述和深入的分析。主要内容包括：汉籍与汉字文化圈、中国典籍在日本的传播与影响、江户时代的中日奠基交流、日本汉籍西传中国的历程、佚存书与"华刻本"。大32开本，405页，29万字，印数2000册，精装本，定价26.00元。

《上海新闻史(1850～1949)》 马光仁主编。1996年11月复旦大学出版社出版。这是一部全面系统地研究上海近现代新闻事业产生、发展、变化历史的学术著作，也是一部厚重的地方新闻史佳作。全书主体部分共11章，其纲目分别是：近代报业的创世纪、政治家走上报坛、庚子后士商报界互补、辛亥报坛的风云变幻、民初报坛的艰难步履、现代新闻事业格局的初步形成、相对稳定的发展时期、抗日救亡高潮中的变化、"孤岛"前后、最屈辱的一页、两极新闻事业的最后决战。作者以扎实的史料为基础，开拓创新，突出国际大都市新闻事业特色，探索新闻事业的发展规律，揭示上海报业演变的趋势。附录有《上海新闻史大事纪要》。书前有书影、照片等6页。大32开本，586页，79.1万字，印数2000册，精装本，定价50.00元。

《〈申报〉的兴衰》 宋军著。1996年11月上海社会科学出版社出版。《申报》1872年4月创办于上海，1949年5月停办。它是我国近代历史悠久、影响广泛的商业性报纸，刊载的内容涉及社会、政治、经济、文化各个方面，有人称其为研究中国近代史的"百科全书"。本书就是一部《申报》发展史，较具体地叙述了该报创办、发展、起落的兴衰历程。大32开本，237页，定价12.00元。

《中国传播史》(先秦两汉卷) 李敬一著。1996年12月武汉大学出版社出版。本书运用传播学、新闻学的基本原理，借鉴社会学、历史学、文化学等相关学科的理论知识，对中华民族传播的起源及先秦两汉的传播历史和传播方式进行了综合考察，对古代传播观念、传播思想作了系统研究，进而阐明了这一时期的传播与中华民族文化传统的关系，传播对这一时期中国社会发展的影响等。书中的一些章节如“文字传播”、“采诗观风”、“著书立说”、“焚书坑儒”、“传播工具的伟大革命——蔡侯纸”等,都与出版有着密切的关系。大32开本,257页,22.4万字,印数2500册,定价16.80元。

《湖北省报业志》 湖北省报业志编纂委员会编。1996年12月新华出版社出版。本志是以湖北日报为主,联合各报组成编辑纂委会主持编纂的报纸专业志书,上限1866年,下限1990年,个别史料是记述适当下延。采用条目体,分概述、大事记、报纸名录、人物等部分,附录有新闻团体。记述了湖北全境125年报业的大事,1400余家报纸名录,300多位著名报人。大32开本,766页,印数1100册,精装本,定价68.00元。

《中国新闻简史》 方晓红著。1996年12月南京师范大学出版社出版。本书是为学生掌握中国新闻史大体的线索、把握大致的纲领、了解中国新闻史上最主要的新闻活动与新闻经验而写;为学生把握上述现象,从而有所得有所悟而写。线索清晰简明、评价中肯简要,是本书的主要特点。大32开本,245页,印数11000册,定价16.00元。本书2006年再版。

《纪念〈南宁晚报〉创刊40周年论文集》 南宁晚报社编。1996年广西民族出版社出版。大32开本,318页,精装本。

《中国现代新闻史》 王洪祥主编。1997年1月新华出版社出版。这是一部由21所高等院校合编的新闻史教材,是《中国新闻史(古近代部分)》的续编。全书除序言、编后记外,共5章30节。5章的安排按时代顺序而展开,具体将新闻事业的发展分为几个阶段,即:五四时期、中国共产党建立和大革命时期、第二次国内革命战争时期、抗日战争时期、解放战争时期。该书有自己的特点和创新,主要表现为:新闻界人物以左为主,兼顾中、右;新闻思想和编写方法方面,论从史出,以史带论,史论结合;增加了新闻摄影、新闻电影、新闻漫画等以前新闻史忽略的内容,同时还将少数民族的新闻事业列入必写内容。方汉奇作序,认为这部教材“在一定程度上弥补了新闻史研究的空白”。大32开本,458页,36.4万字,36.4万字,印数3000册,定价22.50元。

《中国新闻事业史》 龚德才编著。1997年1月湖南师范大学出版社出版。收入“新闻学教育丛书”。本书共十章,包括中国早期的新闻事业、19世纪的在华外报、民族近代新闻事业的产生、辛亥革命时期的新闻事业等。大32开本,284页,23.3万字,印数2000册,定价11.50元。本书2004年再版。

《新加坡华文报业与中国》 吴庆棠著。1997年1月上海社会科学院出版社出版。全书主体部分有6章,其纲目分别为:《东西洋考每月统记传》从中国到新加坡,新加坡华人创办的第一张华文报纸——《叻报》,辛亥革命与新加坡华文报业,抗日救亡与新加坡华文报业,陈嘉庚、胡文虎与中国报业,中国变革与新加坡华文报业。作为一部分国别研究华文报纸的专著,它以历史演进为线索,史论结合,对新加坡华文报业与中国的关系进行了全面系统的论述,是新闻史研究中填补空白、富有开拓性的成果。附录有《中国图书馆藏新加坡华文报刊》。大32开本,312页,25万字,印数1500册,定价15.00元。

《云南省志·报业志》 云南省地方志编纂委员会编,祝崇实等主编。1997年1月云南人民出版社出版。本志下限止于1992年。16开本,222页,印数1000册,精装本,定价35.00元。本志的征求意见本1995年内部印行。

《华夏传播论——中国传统文化中的传播》 孙旭培著。1997年1月人民出版社出版。本书较为全面地探讨了中国古代文化中的传播概念和传播特性,各种传播媒介和传播方式.传播艺术,各种不同领域的传播以及中外文化的交流,熔知识性、学术性和趣味性于一体。大32开本,508页,36.7万字,印数5000册,定价22.00元。

《当代中国的新闻事业》(上、下) 《当代中国》丛书编委会编。1997年2月当代中国出版社出版。全卷包括有关报纸历史的记载以及中央和地方的报纸、广播电视和通讯社的有关情况。新闻摄影、新闻电影、新闻期刊、新闻漫画、新闻教育、新闻研究、新闻团体、对外报道和新闻干部队伍等,都有专章叙述。书中出现的人物约两千余人。附录的《大事记》有十万余字,记载了中华人民共和国四十多年来新闻事业发展史上的大事,其中有毛泽东、刘少奇、周恩来、邓小平、江泽民等关于新闻工作的重要论述。大32开本,精装印制。上册690页,下册665页。

《中国广播电视报简史》 本书编写组编。1997年3月中国广播电视出版社出版。本书叙述了中国广播电视报自1953年创办至1995年的发展历史。大32开本,122页,定价6.00元。

《香港报业纵横》 陈昌凤著。1997年6月法律出版社出版。本书为当代香港报业发展史。作者对香港报业的发展历史、现实问题进行了全面论述。全书分为5章:香港报业回顾,复苏与发展,战后二十五年的香港报业,异军突起:市场化报纸的兴盛,竞争与繁荣:过渡时期的香港报业,跨越九七:香港的报业管理和新闻自由。大32开本,275页,24万字,印数3000册,定价14.00元。

《福州新闻志·报业志》 王植伦主编。1997年6月福建人民出版社出版。本书论述了晚清以来直到1993年福州地区一百三十多年间,四百多家报纸、通讯社的概貌、历史沿革、重大事件和经验教训等。16开本,465页,印数1000册,精装本,定价20.00元。

《传播观念的历史考察》 张昆著。1997年6月武汉大学出版社出版。这是一部具有开创性的传播思想史专著。作者根据马克思主义的新闻原理,运用政治学、历史学、文化学和传播学的研究方法,借鉴相关学科的研究成果,在大量第一手材料的基础上,对于在传播史上产生过重大影响的人物的传播思想进行了深入分析,涉及的人物有柏拉图、弥尔顿、罗伯斯庇尔、梁启超、小野秀雄、列宁、毛泽东等,其中有些是在国内外学术界第一次正面论及,不仅发掘了一批鲜见的史料,而且提出了自己独到的见解。大32开本,311页,25.6万字,印数2000册,定价19.80元。

《中国新闻史话》 黄秀文著。1997年8月黄山书社出版。收入"中华文化宝库丛书"。小32开本,126页,印数5500册,定价5.00元。

《钱江晚报研究》 吴永祚编。1997年8月浙江人民出版社出版。32开本,274页,印数5100册,定价14.00元。

《海南省志·报业志》 海南省地方史志办公室编。1997年10月南海出版公司出版。收入"海南史志丛书"。本志下限止于1991年。大32开本,374页,印数1500册,精装本,定价35.00元。

《乐山报业志》 姚章雨主编,乐山日报社编。1997年10月天地出版社出版。本书勾勒了四川乐山市近80年报业发展的历史。上限起于1911年,下限止于1995年。16

开本,350 页,精装本,定价 40.00 元。

《〈文汇报〉史略(1949.6～1966.5)》　文汇报报史研究室编写。1997 年 12 月文汇出版社出版。第一本《文汇报史略》于 10 年前报纸创刊 50 周年时面世,是《文汇报》在新中国成立前历史(1938～1949)的记录。这一本是续编,记述的《文汇报》1949 年 6 月到 1966 年 5 月共 17 年的发展历史。大 32 开本,330 页,25 万字,印数 3500 册,精装本,定价 25.00元。

《蒙古族报刊简史》(蒙古文)　特古斯朝格图、王秀兰编著。1997 年内蒙古大学出版社出版。大 32 开本,467 页。

《延边日报 50 年史(1948～1998)》　吴泰镐著,朱玉斌、雷子金译。1998 年 1 月延边人民出版社出版。大 32 开本,418 页,印数 1500 册,精装本。

《〈金瓶梅〉传播史话——一部奇书在全世界的奇遇》　何香久著。1998 年 1 月中国文联出版公司出版。作者在"导言"中说,这部书"不是一部纯学术专著,但是却吸取了诸多专家的研究成果"。作者"试图从传播学的角度,运用传播学的系统方法,写一本通俗易懂的小册子"。书中涉及《金瓶梅》的作者、版本、流传、禁刊、续书等。附录是《〈金瓶梅〉传播史料》,主要收录明清作家、理论家有关论述。大 32 开本,518 页,35 万字,印数 6000 册,定价 25.20 元。

《中国新闻事业史新编》　丁淦林主编。1998 年 2 月四川人民出版社出版。全书分为 15 章,主要内容包括:中国古代的新闻传播活动,中国近代报刊的产生和初步发展,国人办报的开端与维新派的办报活动,辛亥革命时期的新闻事业,民国初期的新闻事业,五四时期的新闻事业,中国共产党成立和大革命时期的新闻事业,十年内战时期的新闻事业,抗日战争时期的新闻事业,人民解放战争时期的新闻事业,基本完成社会主义改造时期的新闻事业,全面建设社会主义时期的新闻事业,"文化大革命"时期的新闻事业,社会主义现代化建设中的新闻事业,台湾、香港、澳门的新闻事业。论述的范围从古代的传播活动直到 1992 年,对古近代、现代、当代三个部分,作了合理的安排;同时,加强了有关新闻业务发展历史和人物、新闻史上优秀作品等的评述。大 32 开本,284 页,40 万字,印数 10000 册,定价 28.00 元。

《维新派与近代报刊》　徐松荣著。1998 年 2 月山西古籍出版社出版。本书着重介绍了维新派报刊兴起与发展的过程,既勾勒了近代报刊,特别是主要报刊的发展历程,又从新的角度,全面系统地评介维新派在倡导和宣传维新、改革、民权、宪政等方面,在介绍和传播西方新文化、新思想方面所产生的巨大社会影响。对近代维新派及报刊的研究史料运用翔实,详略得当,评价公允。大 32 开本,391 页,31.5 万字,未标印数,定价 19.50 元。

《江户时代中国典籍流播日本之研究》　(日)大庭修著,王勇等译。1998 年 3 月杭州大学出版社出版。收入"日本文化研究丛书"。本书综述了汉籍输入日本的概况,挖掘了众多有关持渡书方面的鲜为人知的资料,考证了日本最高层输入《大明律》、《古今图书集成》等汉籍的史实。在附篇中,著者对赴日清商的事迹和船舶作了研究。全书的特点是在广征博引浩翰的文献的基础上,进行细密的考据。书中揭示的史实和人物以及披露的资料学术价值极高。大 32 开本,602 页,印数 3000 册,定价 36.00 元。

《延安〈解放日报〉史》 王敬主编。1998年4月新华出版社出版。本书是一本通过数年间走访老报人、查阅大量历史档案史料写成的报纸史专著。它通过丰富的史实,介绍《解放日报》的发展历程和宣传成就,特别是改版以来的革新面貌与优良传统。全书分上下两编共12章,上编是"《解放日报》的战斗历程",下编是"《解放日报》的主要宣传内容",一纵一横,史论结合。吴冷西题写书名,穆青作序。大32开本,367页,29万字,定价20.00元。

《黄山市报业志》 本书编纂委员会编。1998年4月黄山书社出版。本书论述时间上起1912年,下至1995年。大32开本,306页,定价18.00元。

《海外华文新闻史研究》 王士谷著。1998年5月新华出版社出版。这是作者多年研究海外华文新闻史的论文集,收录相关论文多篇。全书除前言外分为三个部分:第一部分为历史与现状,内容涉及华侨华人新闻事业的发展、从华侨报刊到华人报刊、美国华人传媒发展史上的转型期、海外中文电子报刊等;第二部分为报刊与报人,内容有最早的中文报纸的产生、早期海外华文报刊重要史实辨析、胡文虎所办报刊、曹聚仁与台海风云等;第三部分为体会与思考,内容有关于海外华文报刊史研究之我见、关于"华文报刊"的释义问题、海外华文报刊史著述中的史实问题等。方汉奇、周南京作序。大32开本,260页,20.4万字,定价14.00元。

《中国新闻通史纲要》 白润生编著。1998年7月新华出版社出版。本书的内容有其特点,方汉奇在序言中归纳为三条:以研究和总结汉语文新闻传播工具的历史为主,兼及少数民族语言文字报刊,内容上有所拓展;按新闻和新闻传播活动自身发展的规律划分阶段,突破了传统的以政治历史分期划分章节的方法,改变了单一的党报史模式,增加了一些著名的非党报刊和报人的篇幅;以历史上各个时期的新闻作品、新闻事件、新闻业务改革为主要内容,把中国新闻事业史、新闻人物史、新闻思想史、新闻文体发展史、报刊广告发展史等熔于一炉。全书分上、中、下三编,分别论述古近代、现代、当代新闻事业的发展。大32开本,580页,45.4万字,未标印数,定价28.00元。

【另】本书的修订版2004年9月由中央民族大学出版社出版。大32开本,670页,52万字,印数2000册,定价44.00元。

《马克思主义在华传播史》 李国钧主编。1998年8月内蒙古大学出版社出版。大32开本,562页,印数1000册,定价不详。

《新华日报史新著——纪念周恩来诞辰100周年》 廖永祥执笔,重庆市《新华日报》暨《群众》周刊史学会、四川省《新华日报》暨《群众》周刊史学会编。1998年8月重庆出版社出版。本书围绕抗日战争和解放战争时期中国共产党在国民党统治区唯一公开出版的机关报《新华日报》的创办和发展,多层次、多侧面地反映了新华人在周恩来等老一辈无产阶级革命家和中共南方局的领导下,不屈不挠、艰苦奋斗的全过程。大32开本,382页,30.5万字,印数1200册,定价20.00元。

《中国国民党党报历史研究(1927~1949)》 蔡铭泽著。1998年9月团结出版社出版。本书主体部分有6章20节,各章标题为:中国国民党党报源流及其传统、中国国民党党报的建立、中国国民党党报经营管理体制及其时代特色、十年内战时期的《中央日报》、抗日战争时期国民党党报的发展、抗日战争胜利后中国国民党党报的扩展和在大陆的消失。这部资料翔实、论述精当的学术专著,填补了中国新闻史研究的空白,是中国内地新闻学术界第一本专门系统研究中国国民党党报历史发展的著作,也是一项目前海内外这方面研究比较客观公正的成果。方汉奇作序。大32开本,320页,25万字,定价25.00元。

《广西新闻事业史(1897～1949)》 彭继良主编。1998年9月广西人民出版社出版。本书分为上、下两编。上编介绍了戊戌变法时期、辛亥革命时期和五四运动时期在广西出版的报纸和近代新闻理论、实践与人物。下编介绍第一次国内革命战争到解放战争时期广西出版的报纸、通讯社、广播电台等。大32开本,602页,47.2万字,精装本,定价45.00元。

《大连市志・报业志》 大连市史志办公室编。1998年10月大连出版社出版。本志下限为1990年。16开本,280页,印数1000册,精装本,定价80.00元。

《中华文化通志・新闻志》 谷长岭著。1998年10月上海人民出版社出版。本书是出版社推出的大型的百卷本"中国文化通志"丛书中的一种,以丰富的资料详细地记述了中国古代新闻活动的发展情况,梳理了官报的发展轨迹,揭示了民办报纸的萌芽,详尽介绍了中国从鸦片战争到新中国成立中国报业的发展脉络与状况。本书还介绍了近代通讯社和广播事业的发展、新闻法规的建设和历代有代表性的报案,近代以来新闻学研究的学术成果和新闻教育的开拓。对新闻业中有影响的重要人物,书中有专章评述。大32开本,275页,22.1万字,精装本,未标字数和印数。套书《通志》百卷统一定价。

《中国古典小说在韩国之传播》 (韩)闵东宽著。1998年10月学林出版社出版。本书向读者详细介绍了中国古典小说在韩国流传的经过、时期以及对韩国早期中国古典小说译本的介绍,反映出中国文化对韩国深远的影响。大32开本,437页,定价24.00元。

《徐州日报志略(1948.12～1998.8)》 本书编委会编。1998年11月中国矿业大学出版社出版。本书反映了徐州日报社50年来走过的路程。编者辑录了从《新徐日报》创刊至1998年8月,各个历史时期报纸宣传的主要内容、报社的沿革变迁及报业发展。全书分报纸、报道、编辑、经营及管理五篇。有大量图片资料。大32开本,585页,印数1000册,精装本,定价39.00元。

《中国报业经营管理史》 胡太春、李之杰著。1998年12月山西教育出版社出版。全书除导言和结语外,共分为4章25节,其主要内容包括:19世纪初叶至20世纪初叶中国近代报业的经营管理,20世纪初叶到40年代末期中国资产阶级报业的经营管理,20世纪30年代至90年代中国无产阶级报业经营管理的特点和结局,台湾、香港、澳门地区报业的经营管理。作者按时代先后顺序,勾勒了中国报业经营管理的历史发展轨迹,对中国报业结构的类型、经营管理的特点等进行了深入的探讨,在中国新闻史的研究上具有开拓性意义。方汉奇作序。大32开本,260页,20.6万字,定价13.60元。

《岭南近代报刊史》 邓毅、李祖勃编著。1998年12月广东人民出版社出版。收入"岭南文丛"。全书分为8章,以充实的史料,科学而全面地阐述了岭南近代报刊的发展历程,充分肯定了岭南报刊在中国近代报刊史上的特殊历史地位。大32开本,399页,27万字,印数2000册,定价23.00元。

《永远和人民大众在一起——大众日报六十年(1939～1999)》 《大众日报六十年》

编委会编。1998 年 12 月山东画报出版社出版。本书为纪念性画册。大 16 开本,145 页,彩色印刷,印数 1000 册,定价 100.00 元。

《内蒙古日报五十年(1948—1998)》 《内蒙古日报五十年》编委会编,傅克家主编。1998 年 12 月内蒙古人民出版社出版。大 32 开本,386 页,32 万字,印数 2500 册,定价 18.00 元。

《厦门报业》 胡立新、杨恩溥编撰。1998 年 12 月鹭江出版社出版。收入"厦门文化丛书"。本书实为厦门报业发展史。全书分为 4 章,具体纲目为:百年沧桑话报业,晚清时期的厦门报业,民国时期的厦门报业,中华人民共和国成立后的厦门报业。三四章后另有资料性附录多种。大 32 开本,267 页,定价 13.50 元。

《安徽省志·新闻志》 安徽省地方志编纂委员会编纂,王成礼总纂。1999 年 1 月方志出版社出版。本志记载了安徽新闻事业近代、现代、当代三个历史时期的概况,涉及近现代报纸、广播电视、通讯社和通讯网、新闻业务、新闻群众团体、学术研究与新闻教育等。16 开本,473 页,71.6 万字,精装本,定价 170.00 元。

《中国新闻传播史稿》 吴廷俊著。1999 年 1 月华中理工大学出版社出版。本书是在原《中国新闻事业历史纲要》(1990 年出版)基础上增删、改写而成的新闻史教材。它较为完整地论述了中国新闻传播的发展历史,研究了著名新闻工作者的新闻传播活动和新闻传播思想,史料丰富,条理清晰,文字精练,富有创见。全书除"绪论"外,共有 11 章,依时代为序探讨了中国古代、近代、现代(到 1949 年为止)的新闻传播历程。大 32 开本,324 页,26 万字,定价 10.60 元。

《报馆旧踪》 郭汾阳、丁东著。1999 年 1 月江西教育出版社出版。本书是由一个个小故事组成,不是系统的专史。它只是钩沉一些有趣的历史掌故,通过这些零星的掌故,让读者感受到一点老报人为争取民族解放、争取民主自由的风采。24 开本,166 页,印数 5245 册,定价 12.60 元。

《华南抗战号角〈新华南〉》 中共广东省委党史研究室编,李森祥,官丽珍主编。1999 年 2 月广东人民出版社出版。《新华南》是抗战时期广东省委创办的刊物。本书分为综述、回忆与纪念、《新华南》文选、专题研究、历史文献和附录(《新华南》目录)等六个部分。大 32 开本,336 页,21.5 万字,定价 20.00 元。

《中国新闻事业通史》(全 3 卷) 方汉奇主编。中国人民大学出版社出版。本书是一部全面评述中国新闻事业历史的专著。全书 25 章,时间跨度从公元前 2 世纪到 20 世纪 90 年代,历时两千余年。内容涉及报纸、期刊、通讯社、广播、电视、新闻摄影、新闻记录电影、新闻漫画、新闻法制、新闻教育、报业经营管理、新闻思想,以及各时期的名记者、名报人活动等新闻事业的各个方面,订正了大量已出版新闻史专著中的错误,填补了新闻史研究中的不少空白,为读者勾勒了一幅有关中国新闻事业发展的绚丽多彩的历史画卷。附录包括:《中国新闻事业史论文、文章篇目选录》、《有关中国新闻事业史的博士、硕士论文篇目选录》、《中国新闻大事记》等。第 1 卷 1115 页,79.1 万字,1992 年 5 月版,定价 60.00 元;第 2 卷,1276 页,90.9 万字,1996 年 5 月版,定价 41.00 元;第 3 卷,1999 年 2 月版,1237 页,95.3 万字,定价 66.00 元。全套 2000 年 10 月重印,大 32 开本,未标印数,每套定价 188.00 元。

《长江日报50年》 长江日报报史编委会编。1999年4月武汉出版社出版。收入“武汉新闻史丛书”。大32开本,32万字,精装本,定价30.00元。

《大刚报史》 大刚报史编写组编,王淮冰、黄邦和主编。1999年5月中国文史出版社出版。《大刚报》1937年11月9日创刊于郑州。最初由国民党第一战区副司令兼河南省主席刘峙出资,国民党中宣部给予津贴。毛健吾任社长。1938年11月迁至衡阳后,由官办转为同人报经营。编辑方针是坚持抗战,反对投降。杨潮、俞颂华、叶启芳、王淮冰等先后任总编辑。范长江、胡愈之、张友渔、金仲华、穆欣、唐海等曾为其撰写星期评论和战地通讯。该报在西南后方较有影响。1945年底、1946年初,先后办汉口版和南京版。南京版后为国民党控制,汉口版积极宣传中共各项政策。1952年更名为《新武汉报》,为中共武汉市委机关报,后改为《长江日报》。本书全面记述了《大刚报》的发展历史。大32开本,294页,印数900册,定价16.00元。

《中国行业报发展之路》 汪大绶、戴仁杰主编。1999年6月中国建材工业出版社出版。这本文集的主题是回顾、探索、展望社会主义市场经济条件下,中国行业报改革发展之路,迎接新的世纪。全书分为“探讨与交流”、“考察与思考”、“行业报风采”、“行业报之家”四部分。全国性行业报一百多位社长、总编辑及其他报业同仁,以满腔的热情,精心为文集撰稿,论述行业报改革发展历程的文稿收入书中。大32开本,577页,45万字,定价30.00元。

《唐代文明与新闻传播》 李彬著。1999年6月新华出版社出版。本书是在作者博士论文基础上充实完善而成的。作者对唐代的邸院与驿传、传播方式、新闻传播思想、士人传播、民间传播等进行了系统深入的论述,提出了一些新的见解。大32开本,390页,31万字,未标印数,定价24.00元。

《中西文献交流史》 潘玉田、陈永刚著。1999年7月北京图书馆出版社出版。本书分十章分别叙述了从汉代到1919年五四运动以前的中国和西方文献交流历史,以及国内文献对马克思主义的传播情况,揭示了中西文明之间的相互影响。大32开本,283页,定价15.00元。

《工人日报五十年(1949～1999)》 工人日报社编。1999年7月中国工人出版社出版。大32开本,248页,16.9万字,印数2000册,定价15.00元。

《探索——新民晚报研究文集》 丁贤才编。1999年7月文汇出版社出版。收入“新民晚报创刊70周年丛书”。本书是为纪念《新民晚报》创刊70周年而编辑出版的,内容包括:有关领导和社会贤达对新民晚报的关怀与支持;解放后17年探索办社会主义晚报的初步实践;赵超构办报思想的学习研究;1982年新民晚报复刊后的成功运作。大32开本,787页,62.7万字,印数2000册,定价75.00元。

【另】《新民晚报》社编辑、出版的“新民晚报创刊70周年丛书”,计有《新民报——新民晚报史略》、《赵超构文集》(6卷)、《赵超构传》、《探索——新民晚报研究文集》、《生逢其时——新民晚报复刊16年纪实》、《新民晚报报人作品选》、《夜光杯文粹》(4册)、《浦熙修记者生涯寻踪》、《新民晚报书画珍藏集》等共9种17本,逾500万字。

《襄樊日报五十年(1949～1999)》(全9卷) 李怀福主编。1999年8月新华出版社出版。本丛书收集了办报人员撰写的经验体会和对新闻规律的探讨,有社领导成员对报纸面向未来的客观思考及中观分析，有编辑记者的新闻精品，有报业经营管理的经验等。全套共 9 卷，书目为《新闻论文选》、《报苑心态》、《索径集》、《报海飞舟》、《岁月有痕》、《开拓者的叫声》、《事业如根》、《风雨写春秋》、《留住精品一片情》。大 32 开本，2700 页，总定价 198.00 元。

《中国近代新闻法制史论》 黄瑚著。1999 年 8 月复旦大学出版社出版。本书既是我国第一篇以新闻法制史为研究对象的博士论文，也是建国后第一部系统、全面研究中国新闻法制史的专著。全书除序言和后记外共 6 章，主要内容为：新闻法制史与新闻法制史研究、中国近代新闻法制史概述，中国近代新闻法制的历史渊源，中国近代新闻法制的初步实践，自由新闻法制的确立与扭曲——中华民国初年的新闻法律制度，新闻统制制度的形成与发展——中华民国南京国民政府时期的新闻法律制度，日伪殖民新闻体制的出现与覆灭。作者以丰富翔实的史料为基础，对近代新闻法制史的一些重要问题提出了富有新意的观点。大 32 开本，228 页，18.3 万字，定价 14.00 元。

《江苏省志·报业志》 江苏省地方志编纂委员会编纂。1999 年 8 月江苏古籍出版社出版。全书除概述和附录外，主体部分包括十章，具体纲目为：报社，晚清官报，民间报纸，民国时期官方报纸，共产党与人民政府报纸，《新华日报》，通讯社，新闻团体与对外交往，新闻教育和新闻研究，报业管理。16 开本，513 页，印数 1050 册，精装本，定价 200.00 元。

《风吹枷锁：中国新闻史著名报案》 李文绚编著。1999 年 9 月福建人民出版社出版。收入“报界档案”丛书。本书内容涉及：何遇恩、邵南山因报道雍正游园事件而身首异处的案件，惊天动地的“苏报案”，清政府湖北当局在辛亥革命前夕制造的“大江报案”等等。大 32 开本，145 页，印数 3000 册，定价 9.00 元。

《蜂飞蝶舞：旧中国著名报纸副刊》 陈昌凤著。1999 年 9 月福建人民出版社出版。收入“报界档案丛书”。本书涉及近现代著名报纸副刊有《自由谈》、《快活林》、《夜光》、《明珠》、《小茶馆》、《公园》、《新园地》、《世纪风》、《新华副刊》等等。大 32 开本，188 页，定价 11.00 元。

【另】《报业档案系列》丛书 方汉奇、李彬主编。1999 年福建人民出版社出版。这套丛书共 10 册，其他 8 册书名和作者分别是：《报章血痕——中国新闻史上被残杀的报人》(李文绚)、《出奇制胜——旧中国的民间报业经营》(陈彤旭)、《满城风雨——旧中国轰动的社会新闻》(宁文茹、张敏)、《水落石出——历史事件采访实录》(李岚)、《名士风流——文化名人的报刊生涯》(焦国栋)、《凌云健笔——中国记者中的大手笔》(薛飞)、《石破天惊——震撼中国的报刊文章》(杨雪梅)、《东方寻梦——旧中国的洋记者》(张功臣)。这 10 种著作各自独立，以专题史话的形式论述中国现代报刊史的方方面面，从多角度、多侧面展示了中国新闻历史发展的多姿多彩的画卷。它或写中国历史上受到反动统治者摧残的报人，或写中国历史上的著名报案，或写中国近现代的报业明星，或介绍中国历史上有影响的重大报导，或介绍中国历史上有影响的报刊政论，或介绍中国历史上有影响的报纸和报纸的副刊，或介绍曾经活跃在中国这片土地上的外国记者，一书一题，不求全面，但联缀起来，就是一幅曲折尽情，铺张闳丽的描绘中国新闻事业历史的长幅画卷。

《中华文化海外传播史》(全 3 册) 武斌著。1999 年 9 月陕西人民出版社出版。本书对中华文化的开放性质以及中华文化走向世界的历史轨迹作了全面的描述,时间上起文化的发生时期,中经汉唐的文化盛世、宋元明清的文化激荡,直到近代以降,展示了中华文化对外传播的完整的历史画卷。大32开本,2493页,印数3000册(套),精装本,定价130.00元。

《贵州日报五十年》 高宗文、刘学洙著。1999年10月贵州人民出版社出版。内多史料和有关报纸的历史图片。大32开本,398页,26.9万字,印数3000册,精装本,定价26.20元。

《文艺报创刊五十周年纪念图集(1949～1999)》 吴泰昌主编。1999年10月作家出版社出版。纪念性画册。16开本,123页,印数3000册,精装本,定价188.00元。

《山西通志·新闻出版志·报业篇》 温幸、康溥泉主编,山西省史志研究院编。1999年12月中华书局出版。本志内容涉及晚清和民国时期报纸、革命根据地报纸、中共山西省委机关报《山西日报》、地市党委机关报、专业报纸、县级报纸、企业报纸等。16开本,593页,印数1700册,精装本,定价120.00元。

《青海省志·报业志》 青海省地方志编纂委员会编纂,赵多年主编。1999年12月青海人民出版社出版。本志下限止于1985年。内容包括:概述,报纸,报纸宣传,新闻业务,管理机构与队伍,报业经营,驻青新闻机构、新闻团体。大32开本,456页,印数1500册,精装本,定价58.00元。

《安徽新闻百年大事(1898～1998)》 《安徽省志·新闻志》编委会办公室编。1999年黄山书社出版。本书以编年体形式,一事一记,简明扼要,多角度地展示了安徽百年来新闻发展的历史轨迹,也是新中国成立50年安徽新闻事业光辉成就的展现。大32开本,234页,18.5万字,精装本,定价35.00元。

《搏击风雨五十年——〈厦门日报〉史略》 纪念《厦门日报》创刊50周年丛书编委会编。1999年鹭江出版社出版。大32开本,124页,定价13.00元。

《中国企业报发展史》 范垦程著。1999年上海三联书店出版。本书勾勒了从1906年到中共十五大召开前夕约一百年我国企业报发生发展的历程,总结其历史的经验教训,并对一些有代表性的企业报进行了个案分析。

《成都市志·报业志》 成都市地方志编纂委员会编。2000年1月四川辞书出版社出版。本志上限起于1840年,下限止于1989年。16开本,283页,印数1500册,精装本,定价50.00元。

《重庆市志·报业志》 重庆市报业志编纂委员会编。2000年1月重庆出版社出版。本志上限起于1897年,下限止于1997年。16开本,303页,印数2200册,精装本,定价58.00元。本书1993年曾内部印行征求意见本。

《中国古代文化传播史》 周月亮著。2000年1月北京广播学院出版社出版。本书内容包括:符号传播、“术”传播、中国文化的向外扩散、文化人的传播时代、哲学级别的传播以及各朝代的文化传播等内容。大32开本,335页,26万字,印数3000册,定价19.80元。

《报刊·市场·小说——晚清报刊与晚清小说发展关系研究》 方晓红著。2000年1月南京师范大学出版社出版。本书叙述了晚清小说的摇篮——中国报刊的产生,正是这一种传播媒体，影响了晚清时代的小说，作者从晚清小说的产生、发展、兴盛、衰亡的过程及原因作了逐一介绍与分析。大32开本，279页，定价15.00元。

《中国百年报业掌故》 刘小清、刘晓滇编著。2000年1月江苏人民出版社出版。本书围绕中国报业的轶文趣事、人物故实及秘闻要案等娓娓道来，熔系统性、知识性和趣味性于一炉。全书分为"名人与报"、"报人春秋"、"报业史话"、"报坛杂记"、"报案撷录"、"报史秘闻"几个板块。大32开本，313页，25万字，印数4125册，定价18.00元。

《光明日报50年历程》 马馨麟、马宝珠主编。2000年2月光明日报出版社出版。收入"光明日报50年丛书"。大32开本，590页，印数3000册，定价38.00元。

【另】《光明日报50年丛书》共有5册，分别是：《光明日报50年历程》、《名人与光明日报》、《光明日报历任总编辑文选》、《光明日报与真理标准讨论》、《光明日报新闻内情》，内容各具特色。有的介绍了许多鲜为人知的历史资料，显现出50年来报社各方面发展的脉络和概貌；有的通过全面翔实的档案资料和亲历者与见证人的回忆阐述，揭示了关于真理标准讨论前后内外的详情与真情；有的从作者或知情者的角度，解开了一些新闻背后封存已久的故事。丛书记述了党和国家领导人对光明日报成长发展的关心与支持；记述了郭沫若、茅盾、巴金、萧乾、邓拓、钱钟书、臧克家、华君武、费孝通、钱伟长、周培源、周谷城、翦伯赞、邓广铭等四十多位文化界、学术界、知识界知名人士与光明日报的文事交往，以及留下的许多佳话轶闻。《光明日报历任总编辑文选》汇集了胡愈之、章伯钧、邵宗汉、常芝青、储安平、杨明轩、陈此生、穆欣、莫艾、刘西尧、杨西光、杜导正、张常海、徐光春、王晨等光明日报历任社长、总编辑的代表作品和小传，从中可以看到他们的人生经历和奋斗业绩，是中国现当代思想文化史上一份有特殊价值的资料。

《新闻史的奇情壮彩》 方汉奇著。2000年3月华文出版社出版。这是一部新闻史方面的研究文集。收入这部文集的文章共21篇，是从作者有关中国新闻传播史的100多篇文章中筛选出来的。其中，除个别篇目外，大部分都曾经在海峡两岸的《新闻战线》、《中国记者》、《新闻传播与研究》、《新闻研究资料》、《报学》、《新闻论坛》等新闻传播学专业刊物和报刊上发表过。大32开本，393页，印数3000册，定价23.50元。

《西学东渐——科学在中国的传播》 樊洪业、王扬宗著。2000年3月湖南科学技术出版社出版。收入"当代青年科普文库"。内容主要包括：西学随着西教传来、历法改革、康熙时代的西学引进、西学在雍乾盛世里沉寂、新教士带来新"格致"、洋务运动与科技引进等内容。大32开本，192页，印数5000册，定价9.80元。

《五十春秋》 陕西政报社编。2000年4月陕西人民出版社出版。本书是纪念陕西省人民政府主办的《陕西政报》创刊50周年编纂的一部图文并茂的大型文献。大16开本，597页，精装本，定价260.00元。

《中国新闻事业五十年》 郑梦熊主编。2000年6月中国青年出版社出版。本书为大型史料画册。按照以下板块编排：党的三代领导集体亲切关怀和高度重视新闻工作，蓬勃发展的社会主义新闻事业，坚持正确舆论导向 不断提高引导水平，努力建设一支高素质的新闻队伍，广泛开展同世界新闻界的交流与合作。16开本，395页，印数1000册，精装本，定价220.00元。

《中国公安报刊概览》 余雷等编著。2000年6月中国人民公安大学出版社出版。

本书收录了从抗日战争时期至20世纪末六十余年来近四百种公安报刊及个别与公安专业密切相关的期刊,内容包括报刊名称、刊期、编辑单位、刊物宗旨、主要栏目或主要内容以及创刊、停刊、复刊等刊物演变情况。16开本,158页,定价14.00元。

《足迹——〈大河报〉大事记(1995～2000)》 王继兴主编。2000年7月河南人民出版社出版。本书用大事记的形式,记载了河南省省级综合性晚报《大河报》从1995年的创刊到2000年的发展历程。大32开本,163页,定价29.80元。

《中国报业史话》 朱锦翔、吕凌柯著。2000年8月大象出版社出版。收入"中国历史文化知识丛书"。这是一部从历史文化的角度介绍新闻传播活动历史的学术性、知识性、可读性并重的通俗著作。介绍了早期的新闻传播方式、古代的报纸、民间报房、中国近代报刊的起源、《申报》、妇女报刊、民国初期的记者等。本书资料翔实,结构清晰,雅俗共赏。大32开本,228页,印数1500册,定价8.80元。

《陕西省志·报刊志》 张光主编,陕西省地方志编辑委员会编。2000年8月陕西人民出版社出版。本卷记述了陕西省从清末以来至1989年报刊事业发展的基本状况、基本经验与教训,以编年体记述了陕西报刊在各个历史时期的主要活动。全书分六篇,内容分别为:大事记,晚清时期,中华民国时期,中华人民共和国成立后报刊(1949～1989),未列条目的部分报刊名录,新闻团体与陕西籍知名报人。本志以记述陕西报刊事业为主,对于陕西人士在外省及国外办的报刊,其他省市人士杂陕西出版发行的报刊,也作了简要记述。对陕甘宁边区时期的报刊作了专门记述。所涉及报刊以公开出版的为主,但对内部发行的部分企业报、大学报和个别重要的内刊也作了简要记述。书前有书影、历史图片等10页。附录有《陕西的新闻事业》、《回忆边区〈群众报〉》等等。16开本,614页,印数1000册,平装本定价55.00元,精装本定价118.00元。

《中国新闻事业史》 丁淦林主编。2000年9月武汉大学出版社出版。本书是高等教育自学考试教材。内容包括:中国古代的新闻传播活动、中国近代报刊的产生与发展、辛亥革命时期的新闻事业、民国初期的新闻事业、十年内战时期的新闻事业、抗日战争时期的新闻事业等内容。大32开本,498页,45.7万字,定价21.00元。

《中国新闻事业编年史》(上、中、下) 方汉奇主编。2000年9月福建人民出版社出版。本书是第一部全面记述中国新闻事业历史的编年史专著。它所记述的时间,起始于公元713年(唐玄宗开元元年),即中国最古老的报纸同时也是世界上最古老的报纸"开元杂报"问世的一年,截止于1997年,长达1285年。所记述的史实,则涉及新闻事业的各个方面:从报纸、刊物、通讯社、广播、电视到电子报刊;从新闻摄影、新闻图片、新闻记录电影、新闻事业经营管理、新闻法、新闻社团、新闻界人物到新闻教育;从编辑、采访、出版、印刷、发行等一般新闻业务活动到新闻传播学研究。为读者勾勒出一幅有关中国新闻事业发展历史的漫长画卷,具有重要的学术价值和文献参考价值。附录有《报刊名索引》。大32开本,2830页,214.2万字,印数1000册(套),精装本,定价155.00元。

《中国当代新闻传播史论稿》 马艺著。2000年9月天津古籍出版社出版。本书包括《中国新闻传播史研究的历史与现状》、《中国新闻传播史的发展特点》、《1956年我国新闻传播事业的改革》等18篇文章。大32开本,334页,印数2000册,定价21.80元。

《报刊史话》 李仲民著。2000年9月社会科学文献出版社出版。收入"百年中国史话丛书”。本书分专题全面、系统地介绍了自1840年鸦片战争以来直到1949年新中国成立110年间我国报刊发展的简要历程。在论述百年报刊史前,作者还用一个专题梳理“中国古代报刊源流”。小32开本,189页,9.1万字,未标印数,定价8.00元。

《新疆生产建设兵团新闻志》 本书编辑组编。2000年9月新疆人民出版社出版。收入“新疆生产建设兵团史志丛书”。本书按以下板块编排:报纸、广播电视、采编业务、经营管理、机构队伍、新闻团体驻兵团新闻机构、新闻管理、新闻成果。大32开本,633页,印数500册,精装本,定价100.00元。

《广东省志·新闻志》 万炜明主编,广东省地方史志编纂委员会编。2000年11月广东人民出版社出版。本志全面系统地记述广东的自然与社会的历史与现状。新闻志主要介绍了从清代到1999年新闻工作的概况,重点介绍新中国成立以后的新闻工作。16开本,466页,印数1000册,精装本,定价95.00元。

《血与火的斗争——〈新华日报〉营业部纪实(1938~1947)》 左明德著。2000年11月重庆出版社出版。本书编写以时间为序,务重史实,分上中下三篇,反映、总结《新华日报》营业部在经营管理和发行工作中的历史经验,以及实录发行工作中在国民党当局封锁下我们进行反封锁的坚苦卓绝的斗争情景。小32开本,177页,定价10.50元。

《上海新闻志》 本书编委会编,贾树枚主编。2000年12月上海社会科学院出版社出版。本书全面反映上海新闻事业的源起、发展和现状。涉及报纸、新闻期刊、人物、通讯社和业务等方面内容。16开本,805页,精装本,定价200.00元。

《太原新闻史》 陶厚敏主编。2000年12月山西人民出版社出版。本书忠实的记录了近百年来太原市新闻媒体从无到有,以及建国以来特别是改革开放以来,新闻媒体的全面发展。16开本,423页,印数2000册,精装本,定价90.00元。

《新中国传媒50年》 中国新闻年鉴社、中国新闻学院编。2000年中国新闻年鉴社刊行。本书是《中国新闻年鉴》增刊,是一本大型文献性画册。它通过五十多万字的文字资料和一千余幅图片,记述了新中国的新闻传媒事业50年艰辛而光辉的历程。16开本,50万字,定价380.00元。

《21世纪的中国报业》 邱沛篁、唐小强主编。2000年四川人民出版社出版。本书对我国党委机关报、都市生活报、行业专业报、企业报、高校校报等各类报纸的现状、历史、存在问题及今后发展对策与思路,二十一世纪中国报业的经营管理、人才培养、报纸广告等方面都进行了细致的分析和研究。32开本,331页,定价22.00元。

《西方文学思潮在现代中国的传播史》 张大明编著。2001年1月四川教育出版社出版。本书内容包括:新浪漫主义在中国的命运、象征主义在中国的曲折历程、唯美主义在中国的枝枝叶叶、20世纪的现代主义中国等。大32开本,802页,印数1000册,精装本,定价58.00元。

《新闻纵横谈——纪念〈桂林日报〉创刊五十周年论文集(1951~2001)》 桂林日报社编。2001年1月漓江出版社出版。大32开本,335页。

《中国新闻事业发展史》 黄瑚著。2001年3月复旦大学出版社出版。本书以崭新的视角,即以中国新闻事业自身发展的历史规律为脉络,阐述了中国新闻事业的发展,将中国新闻史的研究水平提升到了一个新的层次。作者在本书中继承了前辈学者的研究成果,又以其开放性的视野和国内外新闻传播文化的底蕴,形成了这部教材兼专著。小16开本,364页,35.5万字,定价30.00元。本书第2版2009年1月复旦大学出版社刊行。

《中国文艺副刊史》 冯并著。2001年5月华文出版社出版。这是国内第一部全面系统研究我国报纸文艺副刊发展历史的学术专著。作者重视第一手材料,采取史论结合的方法,对副刊的报学意义、文学意义及其历史地位和发展脉络作了较系统的论述,内容翔实,条理清晰,论述精辟。全书12章,具体内容包括:副刊概论、副刊的起源与早期形式、"谐部"的产生及辛亥革命前副刊的初步发展、辛亥革命后报纸副刊的发展、五四新文化运动中的副刊改革、五四后副刊的发展变化、左翼文化运动与报纸副刊、20世纪30年代民营报纸副刊的变化与发展、抗日救亡运动中的报纸副刊、报纸副刊上的抗战文艺、解放区报纸副刊的新变化、建国前的报纸副刊。方汉奇作序。大32开本,561页,47万字,未标印数,定价35.00元。

《中国古代报刊发展史》 倪延年著。2001年6月东南大学出版社出版。全书7章,首论"中国古代报刊的起源和萌芽";2～7章,分别论述秦汉时期、魏晋隋唐时期、五代与两宋时期、元明时期、清初到清中叶、清中叶至清末各个阶段的报刊发展历史。方汉奇在致作者信(见该书)中说"先秦两汉魏晋南北朝的部分,论述古代报纸的起源,不囿于旧说,颇有新意,而且自成一家言"。江乃武作序。大32开,375页,33万字,印数1000册,定价25.00元。

《海外华文传媒研究》 程曼丽著。2001年6月新华出版社出版。本书按照历史的顺序,对海外华文传媒发展的各个阶段,作了全面的概括和总结,对现阶段华文传媒在全世界五大洲五十多个国家的发展情况,作了系统的介绍和分析,对海外华文传媒的界说、海外华文传媒在世界传媒体系中的地位、作用和影响以及海外华文传媒的发展前景,作了深入的探讨。这是迄今为止,以全景式的手法论述海外华文传媒的第一部专著。方汉奇作序。大32开本,339页,26.8万字,定价22.00元。

《南京报业志》 南京市地方志编纂委员会编。2001年6月学林出版社出版。收入"南京市志丛书"。本志记述了南京报业的历史与现状,以市级报业情况为主,兼及省与县区。史实辑录的时间上起1898年,下至1998年,重点记述新中国成立后南京报业的发展变化,以求详今略古。大32开本,536页,印数1000册,精装本,定价40.00元。

《北平〈解放〉报始末》 中共北京市委党史研究室编,沈建霞主编。2001年7月中国书店出版。本书收录了曾在报社工作、战斗过的老同志分别撰写的回忆录和回忆文章,并将报社开办时的有关档案和背景材料集中汇编,完整地讲述了北平《解放报》从创刊到结束三个多月的丰富、传奇的历程。大32开本,328页,印数1000册,定价20.00元。

《大河出新图——全息透视〈大河报〉》 王振铎、曾兆军编。2001年7月河南大学出版社出版。本书对河南《大河报》创办五年来的报业活动进行了全面总结与分析。大32开本,314页,27.2万字,印数2200册,定价19.80元。

《近代文学与传播》 包礼祥著。2001年9月江西人民出版社出版。本书从近代传播情况考察近代文学的发生,分析近代文学的特点,讨论其得失,进而探讨近代文学与传播的关系。大32开本,218页,印数3000册,定价15.00元。

《中国晚报学》 中国晚报工作者协会学术委员会主编。2001年9月上海辞书出版社出版。本书记述了我国晚报的兴起和曲折发展的历史轨迹，说明了中国晚报学的形成基础、框架和内容，对晚报队伍、晚报编辑部的运筹与谋略、晚报的采访报道等专项工作基本经验进行了总结。大32开本，574页，49.45万字，精装本，定价40.00元。

《上海当代新闻史》 马光仁主编。2001年10月复旦大学出版社出版。本书是全面系统地研究上海解放后50年新闻事业发展变化历史的学术著作。它以上海整个新闻事业为考察视野，对各个时期的重要报刊、广播电视、通讯社、新闻教育、队伍建设、新闻人物、新闻法制、重要事件、学术思想、对外交流、经营管理、业务革新、新闻团体、重要活动，以及近几年兴起的新闻网络等，作了详尽的评述。并对社会主义新闻事业发展过程中的经验教训，提出了自己的见解。特别是对在以阶级斗争为纲时代对新闻界一些问题所作的结论，重新作了评价。本书史料翔实丰富，有大量鲜为人知的第一手材料，弥补了以往研究的疏漏，纠正了一些差错。大32开本，940页，62.7万字，精装本，定价45.00元。

《菏泽日报十周年·十年回眸》 菏泽日报社编。2001年9月新华出版社出版。大32开本，印数1500册。本书是"菏泽日报十周年"丛书(5册)中的一种。另外4册为菏泽日报刊登过的各类作品选。5册总定价100.00元。

《20世纪中国新闻学与传播学·新闻史学史卷》 徐培汀著。2001年10月复旦大学出版社出版。收入"20世纪中国新闻学与传播学丛书(7种)"。本书全面系统地总结、评介了关于一百多年来中国新闻史研究发展诸多问题的研究成果。内容包括：新闻史发展的分期，各时期新闻史的研究特点，各时期的代表性著作，有代表性的新闻史学者以及他们的成就、贡献和影响，他们的局限或不足等。探讨领域涵盖整个新闻学与传播学，读者可以从中了解百年来我国新闻史发展演变的基本历程，从而在一定程度上理解新闻史学发展的一般规律。方汉奇作序。16开本，465页，48.7万字，未标印数，定价58.00元。

《20世纪中国新闻学与传播学·应用新闻学卷》 单波著。2001年10月复旦大学出版社出版。收入"20世纪中国新闻学与传播学丛书"。本书依次分析了：新闻观念启蒙时代的办报思想、新闻观念的现代化与系统化、新闻观念的纵深发展、新闻观念的曲折演进等内容。16开本，300页，32.2万字，定价38.00元。

《20世纪中国新闻学与传播学·理论新闻学卷》 童兵、林涵著。2001年10月复旦大学出版社出版。收入"20世纪中国新闻学与传播学丛书"。本书依次分析了：中国新闻学研究在20世纪初所面临的时代背景与学科背景、20～40年代理论新闻学著作的出版高潮、马克思主义新闻思想的传入和发展、"文化大革命"对新闻科学的扼杀等，以清晰的线条论述了20世纪百年中国理论新闻学的发展历程。16开本，419页，44.8万字，定价52.00元。

《广东革命报刊史(1919～1949)》 叶文益著。2001年11月中央党史出版社出版。本书主要记述从1919年五四运动至1949年中华人民共和国成立这30年当中，中共广东地下组织、共青团广东地方组织、各民主党派、群众进步团体等所进行的报刊革命宣传活动。由于地缘和其他因素，港澳地区的革命报刊活动也列入了叙述范围。大32开本，389页，30万字，印数1000册，定价28.00元。

《传播史上的结构与变革》 陈力菲著。2001年11月江苏文艺出版社出版。本书勾勒了中国现代新闻史的起源和发展的大致历程，融思辨性、知识性与趣味性于一体，并对新闻业的地理观流变、时空观转型及知识化传播特征作了精当的论述。大32开本,367页,定价19.80元。

《沧州新闻志》 李继光等主编,本书编辑委员会编。2001年12月河北人民出版社出版。本书共有7编,包括:报纸刊物、广播电视、对外宣传、新闻团体与通讯报道机构、新闻宣传管理、新闻成果等。大32开本,312页,印数1000册,精装本,定价36.00元。

《山西新闻史:新闻传播与山西社会发展》 王醒著。2001年山西人民出版社出版。本书是我国第一部分析论证山西新闻传播活动的学术著作。从山西古人类的原始传播活动,直到现今的科学化传播活动,概括了山西5000年新闻传播的发展历程。大32开本,407页,32万字,定价30.00元。

《东北新闻史(1899～1949)》 黑龙江日报社新闻志编辑室编著。2001年黑龙江人民出版社出版。本书包括清朝末年东北报刊,民国年间东北新闻事业,东北沦陷时期新闻事业,东北解放战争时期新闻事业四部分内容。论述时间上起1899年,下止1949年。大32开本,474页,36万字,定价45.00元。

《中国新闻图史》 丁淦林主编。2002年1月南方日报出版社出版。本书采用以图带论、图文结合的方式,描绘了中国从先秦直到20世纪90年代新闻事业的发展历史。图片量多、质高,文字表述完整、准确。特别重视选用有重要价值但尚未面世的照片,如《遐迩贯珍》的上海地图、《劳动界》第13期封面等。对于最新的网络新闻和报业集团,本书用文字和图片及时地跟踪记载其历史进程。关于少数民族新闻事业,也有专门的图片和文字予以论述。8开本,274页,图片数百幅,30万字,印数1500册,定价228.00元。

《1949年以前的大公报》 王芝琛、刘自立编。2002年2月山东画报出版社出版。本书力求真实地再现昔日《大公报》的风貌,在图片的征集上做了大量工作,是迄今为止介绍《大公报》的书籍里面刊载照片最多的。此外,在编辑过程中尤其注重了原始文本的呈现,较多地选载了《大公报》不同时期的社评,反映了该报对一些重大历史事件和社会问题的立场与观点。大32开本,284页,45幅图,16万字,印数4000册,2002年5月第2次印刷,累计印数7000册,定价16.00元。

《报业中国》 孙燕君著。2002年2月中国三峡出版社出版。本书全面描述了中国报业的现状和趋势,公开披露中国报业鲜为人知的竞争内幕,深入研究和思考中国报业发展战略。大32开本,408页,35万字,定价25.00元。

《百年传媒变迁(1900～2000)》 闻小波等编著。2002年3月江苏美术出版社出版。收入"告别二十世纪丛书"。本书介绍从1900年到2000年中国传媒变迁,包括筚路开山(晚清11年)、鸡鸣不已(北洋16年)、热血迸发(国民政府)、革故鼎新(新中国成立后17年)等六章。大32开本,219页,印数6000册,定价17.00元。

《唐前新闻传播史论》 赵振祥著。2002年3月中国文联出版社出版。

《〈大公报〉新论——20世纪30年代〈大公报〉与中国现代化》 贾晓慧著。2002年4月天津人民出版社出版。本书从国人为现代化奋斗的历史主题中去研究《大公报》,探讨该报与中国现代化的关系,具有较大的开拓性和创新意义。附录有《〈大公报〉20世纪30年代"星期论文"索引》、《〈大公报〉"养聪明健全舆论"的例证》等。大32开本,268页,21万字,印数2000册,定价20.00元。

《我与〈大公报〉》 2002年5月复旦大学出版社出版。收入“大公报一百周年报庆丛书”。本书结集了百篇大公同人、作者、读者和报史研究者的回忆文章。内中有人有史、有事有情，多方展示这份“中国人民的报纸”的历史影响和新闻建树。本书文笔朴实，感情诚挚，其中不乏鲜为人知的报业史料。大32开本，462页，定价23.00元。

《从书海到网络——科技传播的演进》 林坚著。2002年5月江西高校出版社出版。本书分析了传播的主要特征、结构、模式和功能，勾勒了从印刷媒体、音像电子媒体到网络媒体的发展历程，特别是对书籍和报刊发展的历程作了简要的梳理，重点分析了科技出版的状况，并总结了我国科普出版的特色和存在的问题。作者还分析了科技传播的主体以及受众的接受和选择，对科技传播的不同模式和传播效果也进行了分析。全书视野开阔，把握住了以信息化、知识化、生态化、全球化为特征的时代脉搏，材料丰富，观点新颖，具有一定的开拓性。大32开本，380页，定价20.00元。

《〈文心雕龙〉的传播和影响》 汪春泓著。2002年6月学苑出版社出版。本书的主要内容有：刘勰略传与《文心雕龙》的产生、《文心雕龙》问世以来的版本流传情况、折中意识与《文心雕龙》的文章学体系、《文心雕龙》对历代文学发展进程之影响、刘勰与佛教关系的考辨等。其中关于《文心雕龙》的版本及流传与编辑出版关系密切，对出版史研究有一定参考价值。大32开本，470页，35.6万字，印数1000册，定价30.00元。

《中国现代文化的发生与传播——关于五四新文化运动的传播学研究》 郝雨著。2002年7月上海大学出版社出版。本书主要内容包括：20世纪之初的开拓者与播种者、陈独秀及《新青年》在新文化传播中的历史贡献、胡适在新文化传播实践上的革命性及其传播思想的保守性等。大32开本，274页，定价18.00元。

《中国新闻传播史新编》 胥亚著。2002年8月湖南人民出版社出版。收入“大众传媒文库教材系列”。本书以中国新闻传播的发展为线索，重点介绍了中国新闻史上的重要事件和人物。全书分15章，具体包括：中国古代的新闻传播、外国人在华办报和中国近代报业的开端等。大32开本，319页，定价25.00元。

《中国现当代新闻业务史导论》 刘海贵主编。2002年8月复旦大学出版社出版。这是我国第一本现当代新闻业务史方面的专著和教材。作者依据各个历史时期中的新闻采访、写作、编辑、评论业务，进行了深刻、独到、精辟的分析和论述，比较客观、全面地反映了我国现当代新闻业务的发展特点、规律及其走向，构建了一个较完整的中国现当代新闻业务史体系。本书许多观点和见解颇具创新意义，在这一领域中具开拓的性质，对于我国的新闻教育和新闻媒体的业务发展都会起到十分有益的作用。16开本，410页，58.9万字，印数5100册，定价36.00元。

《汉字传播史》 陆锡兴著。2002年9月语文出版社出版。汉字传播史属于汉字史的内容，也是世界文字史的组成部分。本书作为第一部研究汉字传播史的专著，比较系统地探讨了汉字向其他民族传播的历史。作者分七章展开论述，即：汉字的形成与发展、西方标音文字东传的影响、(汉字)向西南传播史、(汉字)向南传播史、(汉字)向北传播史、(汉字)向东北传播史、(汉字)向东传播史。大32开本，432页，40万字，印数3000册，定价20.00元。

《超越时空——媒介科技史论》 陈燕主编。2002年9月河北大学出版社出版。人类从语言传播到文字传播,从印刷传播到电子传播,从电子传播再到网络传播,无一不是随着历史的发展而发展,随着科学技术的进步而进步。本书就是从科技演进的角度探讨媒介的发展与变化的。大 32 开本,294 页,定价 18.00 元。

《中国近代报业发展史:1815～1874》(增订版) (新加坡)卓南生著。2002 年 9 月中国社会科学出版社出版。本书追溯中文近代报刊的起源和发展轨迹,挖掘了大量散佚于英、美、日和香港等地珍贵报刊原件、翻版和抄本,去伪存真,纠正了自 1927 年戈公振《中国报学史》问世以来,报史专著不少错误的记载和"定论"。内容论及 1815～1874 年间中文报刊的变化,清晰地勾勒了中国近代报业萌芽与成长期的特征,为这一领域的厚重而又颇具突破意义的著作。书末附录有《早期主要中文报刊一览表(1815～1874 年)》、《早期主要中文报刊序文及重要启事(影印件)》、《〈香港船头货价纸〉影印件(79 份)》等。小 16 开本,422 页,49.2 万字,印数 2000 册,定价 48.00 元。

《正在发生的历史:中国当代新闻事业》(上、下) 方汉奇、陈昌凤主编。2002 年 9 月福建人民出版社出版。本书分 6 编 30 章,以诙谐生动的笔调,用故事化的写法,再现了我国自 1950 年以来新闻事业的发展历程和多姿多彩的状貌。大 32 开本,945 页,71.7 万字,印数 1000 册,定价 50.00 元。

《〈万国公报〉与晚清中西文化交流》 杨代春著。2002 年 9 月湖南人民出版社出版。本书以晚清时期外国传教士所办的最有影响的报刊——《万国公报》为对象,采用历史学、传播学和统计学的理论与方法,比较系统而具体考察了作为文化载体和媒介《万国公报》的缘起与变化、稿源、编辑、发行以及它的作者群和读者群等问题,全面而深入地研究了晚清时期中西文化交流的状况。作为博士论文的修订稿,作者在资料收集、内容展开和观点提炼方面都下了很大工夫。大 32 开本,248 页,20.8 万字,未标印数,定价 16.00 元。

《南充日报社志(1952～2001)》 南充日报社编。2002 年 9 月天地出版社出版。本书以文字结合新闻图片的形式,分为五个章节叙述了新闻业务、经营管理、机构、队伍建设等内容,实事求是地记述南充日报社的历史与现状。16 开本,458 页。

《台湾新闻事业史》 陈扬明编著。2002 年 9 月中国财政经济出版社出版。本书分析台湾新闻事业各个发展时期的特点,研究台湾新闻事业的演变规律,让祖国大陆了解台湾大众传播媒体——报纸、广播、电视、通讯社的历史和现状。大 32 开本,364 页,25 万字,定价23.50元。

《述报研究——对近代国人第一批自办报刊的个案研究》 李磊著。2002 年 10 月兰州大学出版社出版。《述报》是 1884 年初在广州出版的一份报纸,日出四版一小张,寿命不长,存世不到一年。但是,在中国近代新闻史上,这是一份不能被忽视的报纸。它在中国新闻史上的重要地位,表现在以下几个方面。即:一、它是中国人自己主办的创办时间较早的一份近代化报纸;二、它是同时期在编辑出版业务上,包括版面、标题、插图、印刷等方面,远远超过同辈,表现十分突出的一份报纸;三、它是中法战争时期,报道中法交战情况和省港地区人民群众抗法斗争情况最详尽的,信息量最大,评论最及时的一份报纸。本书为作者的博士论文,较为系统、深入、全面地研究了《述报》,是对中国近代新闻史所做的重要微观研究。大 32 开本,330 页,27.4 万字,定价 20.00 元。

《送你一个太阳——纪念〈山东邮电报〉创刊 10 周年(1992～2002)》 山东邮电报社

编。2002年10月新华出版社出版。大32开本,536页。

《报业风云——南方都市报经营实录》 东方源著。2002年10月中国财政经济出版社出版。本书属于个案研究,分为“操作”和“理念”两篇。具体涉及到《南方都市报》的几个方面:少年期的广告运作格局,四岁的孩子做明星(2000年),五岁进入青春期(2001年),经营与运作的基本原则,人才的培养与运用。大32开本,420页,定价28.00元。

《报业经营论——〈北京青年报〉发展的轨迹》 崔恩卿著。2002年11月中国财政经济出版社出版。本书主要内容包括:上篇观念与战略;中篇经营与管理;下篇规则与总结。全书勾勒出了《北京青年报》发展的轨迹。大32开本,489页,39万字,定价50.00元。

《中国新闻传播史》 方汉奇主编。2002年11月中国人民大学出版社出版。收入“21世纪新闻传播学系列教材”。作者融会和吸收了20世纪新闻传播史研究成果,特别是改革开放以来新闻传播史研究的最新成果。全书16章,涵盖了自先秦两汉以迄当代的各种新闻传播活动的历史,涉及报刊、广播、电视、网络等新闻媒体和新闻传播学教育、新闻传播学研究等各个方面。所记述的史实和统计材料下限为2000年底,网络传播等新兴新闻传播活动也被纳入作者视野。16开本,530页,61.9万字,未标印数,定价35.00元。本书第2版2009年6月刊行。

《中国新闻评论发展研究》 胡文龙主编。2002年11月中国人民大学出版社出版。本书分3个部分26章,全面而系统地论述了我国从古代到当代新闻评论发展的历史,侧重我国新闻评论最近百余年来沿革发展的基本脉络,特别是新中国成立以来新闻评论发展的基本状况和经验教训;同时对我国百余年来各个历史时期有代表性的报刊等新闻媒体的新闻评论作了较为深入具体的研究;此外,还对新时期我国诸种新闻传媒的新闻评论多方面的改革、创新和发展的现状以及未来趋势进行了探讨。大32开本,430页,39.4万字,未标印数,定价25.00元。

《自由的历险——中国自由主义新闻思想史》 张育仁著。2002年11月云南人民出版社出版。收入“21世纪新闻传播知行丛书”。这是国内第一部研究自由主义新闻思想史的学术专著。作者将中国自由主义新闻思想及实践的产生和发展,直至走向悲剧结局的历史,放在世界范围内的自由主义思潮和中国百年来现代化进程的宏阔背景下,从多角度进行细致的描绘和阐释,资料翔实,论证深入。王康作序。大32开本,623页,45万字,2003年8月第2次印刷,累计印数8000册,定价39.50元。

《世界三大宗教在云贵川地区传播史》 林建曾等著。2002年11月中国文史出版社出版。全书共70万字,按世界三大宗教在云贵川初传、普传(盛传)流变,分为三大编。每一编有佛教、伊斯兰教、基督教(包括天主教和基督教新教)各一章;每一章又分四川、云南、贵州各一节。时间、地域纵横交错,把有关宗教事件、人物的活动基本网罗其中。其时限上溯佛教传入中国之时的东汉,下迄1949年新中国成立前夕。大32开本,758页,印数1000册,定价30.00元。

【另】宗教在华传播史方面的著作还有《基督教在西南民族地区的传播史》(秦和平著,四川民族出版社2003年版)等。

《中国新闻事业史》 丁淦林主编。2002年11月高等教育出版社出版。本书时间上起口头传播时期,下至2000年。对古近代、现代、当代三部分作了合理的安排。加强了有关新闻业务发展历史、著名记者、主笔的人物介绍以及对新闻思想、优秀作品的评述。大32开本,590页,48万字,定价21.40元。本书2007年12月高等教育出版社出版修订版,16开本,定价25.90元。

《福建省志·新闻志》 福建省地方志编纂委员会编。2002年11月方志出版社出版。本书记述范围包括报纸、通讯社、广播、电视,时间上限始于17世纪40年代,下限至1994年底。新闻志重点记述了晚清以来福建新闻事业的发展进程,并对新中国成立后的福建新闻主体单位福建日报、福建人民广播电台、福建电视台、新华通讯社福建分社等单独设章记述。16开本,468页,精装本,定价98.00元。

《岁月如歌——广州日报50周年社庆文集》 广州日报社编。2002年11月广州出版社出版。本书收入《从〈广州日报〉三伏三起看"国运兴报业兴"》、《广州日报报业集团创办前后》、《坚持理论创新服务中心工作》等70余篇文章,回顾了《广州日报》创建50周年所走过的历程。大32开本,319页,定价29.80元。

《福建日报社史》(全2卷) 福建日报社史编辑委员会编,福建人民出版社出版。第一卷(1949～1978),2002年刊行,大32开本,15.8万字,定价13.50元。第二卷(1979～2000),2005年1月刊行,大32开本,685页,定价47.20元。

《文化传播与现代中国文学》 马永强著。2003年1月安徽大学出版社出版。本书从文化传播的角度对新文学发生的背景作了富有创见的实证研究,论从史出,理论深稳,史料翔实,逻辑清晰,在已有的研究基础上有新的突破。全书分为七章,具体内容为:现代传媒的登场和参与;人的解放:现代知识分子的形成;公共舆论:文学变革的策源地;文化传播的效果之一:文学生态的现代变革;文化传播的效果之二:传播符号和文学话语的现代变革;文化传播的效果之三:文学观念的现代性;文化传播的必然选择:"五四"新文学。大32开本,283页,20万字,未标印数,定价18.00元。

《晚清报业史》 陈玉申著。2003年1月山东画报出版社出版。该书共有七章,以报业发展为经,以时代背景为纬,对晚清报业的创兴、演进与影响,作了全面的考察与研讨,重在阐明报业与政治、社会和文化潮流之间的关系,揭示报业在晚清大变局中的作用与贡献,展现报人言论救国之精神。大32开本,310页,23万字,印数4000册,定价16.50元。

《天津报海钩沉》 天津市政协文史资料委员会编。这是天津文史资料选辑的总第96期。2003年1月天津人民出版社出版。本书包括序和正文:近代天津报业概述;近代天津报刊一览;天津报刊史料选辑,分为辛亥革命以前、北洋政府时期、国民党政府时期、沦陷时期、解放战争时期;近代天津报人小志。大32开本,287页,印数3000册。

《钱江晚报:21世纪主流报》 李丹主编。2003年1月新华出版社出版。本书介绍了浙江省发行量最大的报纸钱江晚报,结合资料与照片记录了晚报近两年来争取向主流媒体和一流实力迈进的奋斗足迹。8开本,151页,精装本,定价150.00元。

《中国传播史论》 李敬一著。2003年3月武汉大学出版社出版。本书采取史论结合的方法,在中国传播史的整体框架下,以专论的形式展开叙述和论证,其纵向大体勾勒出中国古代社会传播发展的历史线索,横向又以点带面,对某一历史时期的传播实践作出历史总结。文化传播是其中重要的内容之一。结构上分为五论:史实论、人物论、思想论、技术论、发展论。小16开本,301页,25.7万字,未标印数,定价25.00元。

《中西方新闻传播:冲突·交融·共存》 顾潜著。2003年3月复旦大学出版社出版。该书以独特的视角对全球新闻传媒发展过程中的冲突、交融、共存进行了科学的梳理、剖析、凝聚和升华,为正确认识中西方传媒及新闻的价值取向、适用原则和历史走向提供了多层面、令人信服的比照与借鉴。大32开本,446页,定价21.00元。

《盐阜大众报60年》 本书编辑委员会编。2003年4月人民日报出版社出版。16开本,632页,精装本,印数6000册。

《流亡者的精神家园:〈上海犹太纪事报〉研究》 饶立华著。2003年5月新华出版社出版。《上海犹太纪事报》是二战时期上海隔离区中唯一的日报,作者为了解这份难民报纸真实生动地记录二战期间犹太难民流亡上海的历史和隔离区内外的情形,提供了一把钥匙。大32开本,311页,26万字,定价26.00元。

《中国新闻教育史论》 李建新著。2003年6月新华出版社出版。本书对中国新闻教育的历史,进行全面深入的概括和总结。从时间看,起始于1918年北京大学开始设置新闻学课程,止于2001年中国加入世贸组织以后,近八十余年。从地域看,兼及祖国大陆和港澳台。从内容看,既对"萌芽与创立时期"、"初步发展时期"、"调整与发展时期"等各时期的中国新闻教育自身的发展变化作了细致的描写和勾画,也对各时期中国新闻教育的基本特点,各时期有代表性的新闻教育家的教育思想,作了精湛的论述和剖析。大32开本,428页,31万字,未标印数,定价28.00元。

《新闻春秋——中国新闻改革学术研讨会暨中国新闻史学会年会论文集》 方汉奇主编。2003年6月四川大学出版社出版。本书将2002年中国新闻改革学术研讨会暨中国新闻史学会年会发表的论文汇集成册。全书分为"报刊报人研究"、"新闻史方法论"、"新闻理论研究"、"媒介经营管理研究"等几个部分。16开本,565页,定价68.00元。

《中国报学史》(插图整理本) 戈公振著。2003年8月上海古籍出版社出版。对中国报学的研究,此书当为开山之作。它的最大特点是图文互证,史料翔实,不少报刊资料赖本书得以传播。作者态度严谨,广泛收集也报学史相关的材料,精研覃思,用力弥深,使本书成为中国报学史的权威著作,成为学者和报刊文献工作者案头必备的读物。16开本,240页,定价30.00元。本书1935年初版,以后有多种版本。

《中国传媒》 王传寿著。2003年10月安徽教育出版社出版。收入"中国文化精要丛书"。本书分为3编论述了我国古代、近现代和当代的传媒业,其中有专门的章节讨论古今图书、期刊的出版。大32开本,214页,初版印刷2000册,2003年12月重印,累计印数4000册,定价16.00元。

《中日"书籍之路"研究》 王勇等著。2003年10月北京图书馆出版社出版。作者提出相对"丝绸之路"的中日"书籍之路"的概念,探讨中日两国图书文化的双向交流和影响。该书收集这方面的论文,分成三辑进行编排,即:汉籍东传、佚书回归、书籍环流。大32开本,308页,23.4万字,定价18.00元。

《临沂日报五十年(1953.9～2003.9)》 本书编委会编,冯增田主编。2003年11月齐鲁书社出版。本书系统地总结了山东临沂日报社50年的发展历程,展示其经验性成果,阐述其报纸宣传、行政管理等,并收录其代表新闻作品。大32开本,395页,定价20.00元。

《大连百年报纸》 张挺编著。2003年12月国际文化出版公司出版。大连所出报纸的图册,大连百年的报纸印样。编者从1906年7月5日的日文《辽东新报》开始至今,对书中选用的报纸均作了分析和说明,是本难得的报史资料。16开本,570页,印数1000册,精装本,定价120.00元。

《贵州省志·报纸志》 刘学洙等主编,贵州省地方志编纂委员会编。2003年贵州人民出版社出版。本志上溯至1906年,下限至2000年,真实地记载了贵州省800多家报纸、通讯社和有关新闻团体的情况,展现其报纸事业发展的史实。除文字叙述外,还精选了100余幅照片,展示了400多种报纸的版样,辑录了不同历史时期报纸工作的主要文献、资料,介绍了159位报界人物,汇聚了贵州报界获中国新闻奖、贵州新闻奖的篇目。16开本,560页,印数1500册,精装本,定价100.00元。

《湖南媒体大观》 蒋显礼主编。2003年湖南大学出版社出版。本书介绍了改革开放20多年来湖南省媒体改革、发展的辉煌成就,所载媒体包括:通讯社、报纸、广播电视、网络、期刊、新闻协会、记者站等。16开本,165页,定价100.00元。

《记忆:〈人才〉报创刊十周年纪念文集》 蒋蕊娟主编。2003年中国人事出版社出版。本书是《人才》报刊创刊十周年的纪念文集,选录的文章展现的名人、骄子风采,及凡人的闪光点,展示了当代名人英才的业绩,给人以丰富的人才启示。16开本,214页。

《惊天动地的〈大公周报〉》 强剑衷编著。2004年1月中国广播电视出版社出版。《大公周报》是抗战时期在敌伪统治下的南京由中国农工民主党所主办的一份报纸。本书详细内容待查。大32开本,537页,印数2000册,定价36.00元。

《西学与变法——〈万国公报〉研究》 王林著。2004年4月齐鲁书社出版。《万国公报》的前身是《教会新报》,创办于1868年,1874年改为《万国公报》,至1907年终刊。它办刊时间长,内容广泛,在报道中外时事新闻、介绍西学、鼓吹变法维新等方面有重要的影响。本书是目前有关这个刊物较为系统深入的研究成果,涉及的内容包括创办与经营、西学传播、变法主张、宣教与护教、中西文化观、对妇女问题的关注、在近代中国的影响。附表有《林乐知与华人编辑合作主要文章一览表》、《〈万国公报〉华人作者主要文章一览表》、《〈万国公报〉主要西学文章一览表》等8种。龚书铎作序。大32开本,357页,25.3万字,印数2000册,定价23.00元。

《中国古代传播史》 王醒著。2004年4月山西人民出版社出版。本书包括六章:古代文学与新闻传播、古代文化与新闻传播、古代舆论与新闻传播、古代文体与新闻传播、古代军事与新闻传播、古代邮驿与新闻传播。马艺作序。大32开本,387页,29.9万字,印数1000册,定价25.00元。

《中国新闻文学史》 李白坚主编。2004年4月上海大学出版社出版。本书内容包括:新闻文学的产生、发展、走向的历史背景与大致轮廓,作家创作与新闻传播习惯的影响,新闻界人物的文学评价,文学界人物的新闻评价等。16开本,436页,定价36.00元。

《中国对外新闻传播史》(上、下) 甘险峰著。2004年5月福建人民出版社出版。本书是国内第一部研究我国对外新闻传播的学术专著。它全面系统地评述了我国对外新闻传播的历史,时间跨度长达一千多年,涉及报刊、通讯社、广播电视和网络等多种媒体,脉络清晰,材料丰富。在历史分期、重要事件和重要媒体的评价等方面,作者有自己的独到见解。丁淦林作序。附录有《中国对外新闻传播大事记》等。大32开本,403页,29.6万字,定价20.30元。

《中国当代报业发展研究》 王秋和著。2004年4月人民日报出版社出版。本书记录了近年来中国报业改革与创新的重大变化与发展,对主流报、都市报、财经报、国际新闻报等各类报纸的现状进行了专题研究,还对中国当代报业面临的组建报业集团、资本运营、人才竞争、品牌战略等问题进行了阐述。大32开本,341页,定价26.00元。

《徘徊于民本与民主之间:《大公报》政治改良言论述评(1927~1937)》 任桐著。2004年5月三联书店出版。本书考察了1927~1937年间《大公报》的言论导向和发展概貌,并以此为切入点,探讨这一时期中国政治改良思潮的脉动、社会时局的走向以及民间舆论的潜变等。大32开本,280页,21.2万字,定价18.00元。

《沧州日报社志》 李春生主编。2004年5月河北人民出版社出版。本书主要介绍了建国前的沧州报刊,《沧州日报》《沧州市日报》及《沧州晚报》的创刊和经营情况,报人简介,报人著作等。大32开本,710页,印数1000册,定价50.00元。

《文学空间的裂变与转型:大众传播与20世纪90年代中国大陆文学》 陈霖著。2004年5月安徽大学出版社出版。本书从大众传播与文学的关系入手,对20世纪90年代中国大陆的文学状况进行了研究。全书六章,具体内容包括:大众传播与作家身份、大众传播与文学批评、文学期刊与图书出版、新闻传播与文学、影视与文学、互联网与文学。大32开本,278页,定价18.00元。

《中国古代报刊法制史》 倪延年著。2004年6月南京师范大学出版社出版。本书是比较系统论述中国古代报刊法制发展历史的学术专著。作者对先秦至清末报刊法制的主要内容、形式和时代特点进行了比较系统的梳理,揭示出我国报刊法制的演变轨迹和发展趋势,充实了我国出版史的研究领域,也为当前出版实践提供了有益的借鉴。大32开本,361页,29.6万字,精装本定价34.00元,平装本定价24.00元。

《明清时期的小说传播》 宋莉华著。2004年7月中国社会科学出版社出版。本书借助传播学的研究方法和手段,考察明清时期的小说传播状况;结合传播学理论,确定从明清社会状况与小说传播的大致分期、小说流传方式与印刷技术的演进、影响小说传播的几种符号、明清小说的流通渠道、小说传播的文化增殖效应这几个方面着手加以研究;选取最能体现明清时代特征以及当时最能代表通俗小说和文言小说各自特点的传播要素展开论述,拓展了中国古典小说研究领域。从小说出版史、发行史的角度看,该书也是很有参考价值的。附录为《明清时期说部书价述略》、《近代石印术的普及与通俗小说的传播》。大32开本,398页,30.8万字,未标印数,定价29.00元。

【另】相关的研究著作还有:《中国文学在法国》,钱林森著,花城出版社1990年出版;《中国古典文学在国外》,宋柏年著,山东文艺出版社1994年出版;《英语世界中国古典文学之传播》,学林出版社1997年出版;《中国古典小说在韩国之传播》,(韩)闵宽东著,学林出版社1998年出版;《中国文学在德国》,曹卫东著,花城出版社2002年出版。

《苏联文学图书在我国1949~1991年的出版和传播》 王迎胜著。2004年7月黑龙江教育出版社出版。本书阐明我国各历史阶段出版苏联文学图书的科学论据;研究我国出版社翻译、出版苏联文学图书工作中的特点;分析苏联文学图书发行单位的工作特点;

对所有苏联文学出版物进行数量和质量的鉴定。书末附《1949～1991年我国出版的苏联文学图书一览表》。大32开本,364页,印数1000册,定价15.00元。

《〈大公报〉百年史(1902.6.17～2002.6.17)》 方汉奇等著。2004年7月中国人民大学出版社出版。本书一改以往新闻史按政治史分期的做法,以时代为经,以《大公报》自身的活动为纬,分四个时期展开论述。作者把《大公报》放在近现代中国社会的大背景下,系统地评介了从1902年6月17日《大公报》创刊到2002年6月17日《大公报》津、沪、汉、港、渝、桂等六个版整整一百年的历史,对各个不同历史时期《大公报》的政治倾向、办报方针、业务活动、新闻与言论的特点、经营管理特色、办报经验及其功过是非等,作了精当的分析和总结,揭示了百年《大公报》发展变化的轨迹和内在规律及其与社会政治、经济、文化间的互动关系,全景式地勾勒出上至晚清下至当代一百年间这家报纸的发展画图。从写作上看,该书融思想性、知识性、可读性于一体,观点鲜明,结构合理,语言流畅,史论结合,既有继承,又有创新,是一部研究《大公报》历史的集大成之作。大32开本,536页,48.9万字,未标印数,定价30.00元。

《中国现代文化的发生与传播:关于五四新文化运动的传播学研究》 郝雨著。2004年7月上海大学出版社出版。本书的内容包括:梁启超文化传播思想与实践,陈独秀及《新青年》新文化传播中历史贡献,胡适新文化传播实践上革命性及其传播思想保守性,鲁迅传播思想体系与实践,郭沫若及创造社文化传播意义,几位著名的文学家编辑家出版家及教育家的重要贡献及传播学意义,等等。大32开本,274页,定价18.00元。

《〈向导〉周报研究》 蔡铭泽著。2004年8月福建人民出版社出版。本书对《向导》周报做了全面而系统的研究,在考察该报办报情况的基础上全面阐述了《向导》周报对中国大革命运动、北伐战争的推动与指导作用,对中国革命的理论贡献。该书还收录了与此有关的7篇专论文章。大32开本,160页,定价15.00元。

《飞入寻常百姓家:新民报——新民晚报七十年史》 新民晚报史编纂委员会主编。2004年8月文汇出版社出版。《新民报》是《新民晚报》的前身,创办于1929年的南京。这份报纸从创办到1999年走过了70年的风雨历程。本书分三个阶段,即1919～1949、1949～1966、1978～1999,对从《新民报》到《新民晚报》的完整发展过程进行了全面的论述。16开本,537页,50万字,印数3000册,精装本,定价45.00元。

《辽宁日报50年(1954～2004)》 崔中文主编。2004年8月辽宁人民出版社出版。本书记录了辽宁日报50年的历史,全书按分九个时期划分,包括:创刊初期;反右派、大跃进、困难时期;国民经济调整时期;"文化大革命"时期;粉碎和揭批"四人帮"时期;党的十一届三中全会后实现历史转折时期;改革开放起步到全面展开时期;深入改革开放时期;从《辽宁日报》到辽宁日报报业集团。16开本,478页,印数4000册,定价60.00元。

《新中国晚报五十年鉴(1949～1999)》 中国晚报工作者协会编,丁法章主编。2004年8月文汇出版社出版。本年鉴包括:新中国晚报50年概述、新中国晚报50年大事记、新中国各家晚报简况、新中国晚报人物、新中国晚报获奖目录、新中国晚报论文选等六个部分,反映了中国50年晚报事业的历史和现状、经验与特色。16开本,581页,印数1500册,精装本,定价150.00元。

《萧山日报志》 萧山日报志编纂委员会编,孙焕林主编。2004年8月方志出版社出版。本志上限起于1954年，下限止于2003年。本报志由概述、大事记、正文章节、附录，以及表和照片组成。概述叙议结合，综叙该报自1954年12月创刊以来史略，总摄全志。各章节横列门类、纵述史实，共设版面设置、宣传报道、宣传管理、队伍建设、行政管理、经营管理、发行、广告、事业建设、人物、历年获奖作品、重要文献选编等12章。16开本，461页，精装本，定价80.00元。

《简明中外新闻事业史》 蒋含平、谢鼎新编著。2004年8月合肥工业大学出版社出版。本书分中国新闻事业史和外国新闻事业史两编。概括了从古代到当代的中外新闻事业发展、变化的历史。小16开本，460页，定价36.00元。

《中国新闻传播事业史纲》 赵中颉著。2004年9月法律出版社出版。全书9章，纲目为：中国古代的信息和新闻传播，国外近代报业的传入中国，中国民族近代报业的产生和第一次国人办报高潮，辛亥革命前后中国新闻传播事业的发展，五四时期新闻事业的发展，第一次国内革命战争时期的新闻事业，第二次国内革命战争时期的新闻事业，抗日战争时期的新闻事业，第三次国内革命战争时期的新闻事业。大32开本，430页，34万字，定价22.00元。

《日本文化在中国的传播与影响(1972～2002)》 李文著。2004年9月中国社会科学出版社出版。本书较为全面、系统地总结了1972～2002年间日本文化在中国传播的主要途径和内容，客观评价了日本文化对中国现代化所起的积极作用和历史意义，科学地揭示了全球化背景文化传播的一些新的规律和特点。大32开本，349页，29.5万字，定价25.00元。

《南方日报与广东55年(1949～2004)》 南方日报报业集团编，范以锦、杨兴锋、钟广明主编。2004年10月南方日报出版社出版。书中记录了55年来广东发生的所有大事件。16开本，489页，印数1000册，精装本，定价300.00元。

《贵州传播史》 蓝东兴等编著。2004年10月贵州人民出版社出版。全书分“贵州建省前传播的缓慢发展”、“明清时期的贵州传播”、“民国时期的贵州传播”、“新中国成立后的贵州传播”、“贵州开放的传播格局的形成”共5章，是一部全面介绍和论述贵州传播学的著作。大32开本，381页。

《追寻失去的传统》 傅国涌著。2004年10月湖南文艺出版社出版。本书以充满激情的笔墨，研究20世纪上半叶中国知识分子争取言论自由，研究“文人论政”的传统及中国百年言论史。早在上个世纪之初，自由、民主、宪政就已成为中国志士仁人不倦追求的目标。为了这一理想，宋教仁、邵飘萍、林白水、史量才、杨杏佛等奉献了宝贵的生命，梁启超、张季鸾、胡政之、成舍我、陈铭德、徐铸成等奉献了智慧、心血和毕生的精力。本书不是一般的叙述历史人物的遭遇，而是从历史人物的经历中看一个时代的言论空间，看在那样的空间里，一个文人所能做的是什么，已经做出的是什么。大32开本，302页，定价23.90元。

《〈大公报〉与中国现代文学》 刘淑玲著。2004年11月河北教育出版社出版。本书选择《大公报》最辉煌、最鼎盛时期，即1926～1949年“新记”《大公报》时期的几个重要文学副刊作为对象，通过对这些文学舆论空间系统的考察与分析，动态而历史地展现了《大公报》的文学副刊对于中国现代文学发展的贡献，以及两者之间相互依存的关系。小16

开本,212页,定价33.00元。

《中国新闻史》 方晓红著。2004年12月南京师范大学出版社出版。本书介绍了我国古代新闻传播的产生与演进,勾勒了近代以来报刊事业的发展历程。附录《中国新闻简史大事年表》。大32开本,307页,24万字,定价19.00元。

《中国共产党新闻思想史》 郑保卫主编。2004年12月福建人民出版社出版。这部著作是我国第一本系统、全面研究中国共产党新闻思想发展历程及主要观点的理论专著。它系统地梳理了中国共产党新闻思想形成和发展的历史脉络,全面地论述了党在各个不同历史时期新闻思想的基本内容,并且对党的新闻思想的知识框架和理论体系作了总体的概括和评述,对于深入了解和研究中国共产党的新闻思想具有重要学术和史料价值。本书注重从正反两个方面,全面总结党的新闻工作的经验教训。特别注意对党的新闻事业发展历史过程中一些关键时期的新闻事件、新闻人物、新闻媒体的真实情况,尤其是其中的失误和教训,按照中央有关精神进行实事求是的描述、概括和评价,体现了科学求实的科学精神。16开本,579页,63.8万字,2005年6月第2次印刷,累计印数5000册,定价50.00元。

《中国新闻学术史(1834～1949)》 李秀云著。2004年12月新华出版社出版。本书对新闻学的萌芽、建立与发展过程进行了系统的研究,将新闻学术史从新闻思想史、新闻事业史的研究中独立出来,具有填补空白的意义。作者不囿于陈说,突破学术界一般按照政治史分期研究中国新闻学发展过程的现有理论格局,突破阶级分析的传统理论框架,而是以新闻学自身发展过程中的重大转变为标志,以新闻学特有的概念、范畴、原理为分析框架,揭示新闻学发展的内在规律。大32开本,449页,定价29.00元。

《嘉兴日报社成立20周年纪念文集》(全5册) 嘉兴日报社编。2004年12月人民日报出版社出版。嘉兴日报社1985年2月成立。这套文集是为纪念报社成立20周年而编辑的。邵华泽作序。大32开本,总定价128.00元。

《遵义地区志·广播电视志·报业志》 贵州省遵义市地方志编纂委员会编。2004年12月贵州人民出版社出版。本志分篇、章、节、目层次编写,辅以图片照片,重在介绍了本地区发生的政治、经济、文化、自然等方面的重要史实,突出地方特点。16开本,180页,24万字,精装本,定价68.00元。

《辽宁省志·报业志》 辽宁省地方志编纂委员会办公室编。2005年1月辽宁人民出版社出版。本卷介绍了1899～1985年辽宁报业方面的情况,主要内容包括报纸、办报业务及新闻研究与教育、报业管理与报业经营、新闻机构与团体。16开本,299页,印数1000册,精装本,定价120.00元。

《梅州报刊志(1906～2002)》 梅州日报社报刊志编纂委员会编。2005年1月广东人民出版社出版。本书收录了1906年至2002年间梅州报刊业的概况、大事记。记述了近百年梅州地区范围内报刊的历史和现状。16开本,413页,精装本,定价50.00元。

《中国新闻学之旅》 方汉奇、李矗主编。2005年1月新华出版社出版。这是一部具有百科全书性质的工具书,收录有关词条一千多条。它按古代、近代、现代、当代几个部分,对中国新闻史上有开创意义的人物、事件、著作、观点、案件、文献等作了详尽的收集和介绍,时间上起远古,下至2002年底。16开本,685页,91万字,定价78.00元。

《鹤影清声:〈鹤城晚报〉创刊二十周年纪念文集(1985～2005)》 王伟主编。2005年1月黑龙江人民出版社出版。本书包括深情关注、往事追忆、编读感言、佳篇妙笔、论苑精华等五个部分,收入了纪念《鹤城晚报》创刊二十周年的文章。大32开本,403页,精装本,定价48.00元。

《中国新闻传播史研究》 哈艳秋编。2005年1月中国广播电视出版社出版。本书收录中国新闻传播史教学参考资料,分为广播电视研究、新闻传播史研究、新闻传播教育史研究、文化传播史研究等。大32开本,427页,定价24.00元。

《古代文化传播与出版》 李怀科、王静著。2005年1月北京燕山出版社出版。本书共有八章,内容包括夏商周的原始传播、文化人的传播时代、秦汉一统——史记流芳、魏晋南北朝、隋唐——古代文化传播的高峰、宋朝——近代化形态的传播、元代——杂剧与科技的传播、明清——集大成的传播与医学图书的大发展。大32开本,110页,定价18.00元。

《聚焦与扫描:20世纪中国新闻学与传播学研究》 丁淦林、商娜红主编。2005年1月新华出版社出版。本书为国家教育部规划课题"20世纪中国新闻传播学研究回顾"的研究成果。其内容分为两个部分,第一部分为"著名人物及其新闻观点";第二部分为"学术研究综述",分别对20世纪中国新闻学研究(主要是1949年以前的新闻学研究)、20世纪中国传播学研究、20世纪中国军事新闻学研究做较为全面、系统的评述。大32开本,544页,49万字,定价28.00元。

《苏报及苏报案(1903年上海新闻事件)》 周佳荣著。2005年1月上海社会科学院出版社出版。在中国近代史上,1903年是关键性的一年。学潮兴趣和政治变化,与这一年上海《苏报》的言论转变息息相关;同一年"苏报案"发生,清朝皇帝在外国人的法庭控告自己的人民,不但中外瞩目,并且造成巨大的影响。此书探讨《苏报》的内容,论述"苏报案"的前因后果,从而展现20世纪初年中国思想界的面貌,是唯一有关《苏报》和"苏报案"的专书。附录《〈苏报〉关系大事年表》、《〈苏报〉存见论说目录一览》。大32开本,123页,印数5000册,定价12.80元。

《网络传播文化 历史与未来》 殷晓蓉著。2005年1月清华大学出版社出版。本书以当代信息传播的发展为主线,在社会与媒介互动的背景下,探索网络文化发展的历史经过与未来走向。书中分析了网络传媒与若干重大历史事件的关联挖掘其思想渊源,多角度地探讨了新技术和新经济对社会、文化及心理的重要影响,展现了网络文化面向未来的深远意义。大32开本,249页,25.3万字,定价28.00元。

《二十世纪中国社会科学:新闻学卷》 上海社会科学联合会编。2005年1月上海人民出版社出版。收入"东方学术文库"。全书以翔实的资料,综述了中国新闻学在二十世纪百年的发展历程,分述了中国新闻学各分支学科在这一时期的发展状况及重要成就,概述了中国新闻学在这一时期的重大学术论争,介绍了这一时期中国新闻学的教育研究机构、学术社团、著述出版及中外学术交流。书末附有二十世纪中国新闻学发展大事记。本书是一部全面系统总结二十世纪中国新闻学百年发展历程的学术性著述。16开本,361页,定价41.00元。

《安阳新闻志(1911～2003)》 尹平、马沛云著。2005年3月中国戏剧出版社出版。

本书是安阳市第一部新闻志书,记录了安阳新闻事业93年(1911～2003)的发生、发展历史。16开本,513页,印数1000册,定价90.00元。

《〈三联生活周刊〉十年——一本杂志和他倡导的生活》 《三联生活周刊》编辑部编。2005年3月三联书店出版。本书力图展示《三联生活周刊》所走过的十年历程,以及周刊生活理念和文化观念的改变。它是由《三联生活周刊》曾经和现在的参与者们提供的回忆文字,还有一些珍贵的创刊史料所组成。附录有《创刊时期的笔记(1992～1993)》、《编辑部纪事》、《〈三联生活周刊〉编辑部人员名单(1992～2004)》等。16开本,430页,27万字,印数20000册,定价28.00元。

《〈西厢记〉传播研究》 赵春宁著。2005年3月厦门大学出版社出版。本书借鉴西方传播学的理论和研究方法,对《西厢记》这部不朽的文学名著进行了别开生面的探讨,研究了《西厢记》在元明清和近代的传播,包括演出、出版、翻译、改编、(剧种)移植等。大32开本,327页,26.4万字,定价18.00元。

《浙江报业志》 浙江省报业协会编著。2005年4月浙江人民出版社出版。本书包括报业集团篇、省市党报篇、城市报篇、专业报篇、区域报篇及报业之友篇六部分,展现了浙江报业发展的情况。书中所有资料和编著工作截至2004年12月。24开本,460页,定价56.00元。

《中国报刊图史》 李焱胜著。2005年4月湖北人民出版社出版。本书以图文结合的方式,较为系统地介绍了中国报刊的发展史,上自古代报刊的萌芽,下至当代,港澳台地区亦有专章介绍。具体内容分为八个版块,即:报刊溯源、清末报刊、北洋军阀统治时期的报刊、第二次国内革命战争时期的报刊、抗日战争时期的报刊、第三次国内革命战争时期的报刊、新中国的报刊、台港澳报刊。书中配有丰富的图片,其中不少是很难见的。16开本,226页,未标字数和印数,定价36.00元。

【另】《中国报纸创刊号图史》(哈尔滨市城博文化传播公司编)由中国时代经济出版社出版。这是一部涵括中国近三千种报纸创刊号珍藏本图书,以图说形式分4册刊行,16开本,预约定价1180.00元。《集邮报刊图录》(伊林、郑军著)2008年刊行,该书16开150页,介绍了80年代以后的报纸型邮刊507种,总印量为500本(用双胶纸印刷350本,用105克铜版纸印刷150本,两种印刷封面也不同)。为配合新书的发行,还设计制作了新书藏书票一枚随书赠送。

《20世纪中国新闻学与传播学·台湾新闻传播事业卷》 郑贞铭主编。2005年4月复旦大学出版社出版。本书一方面从纵向上探讨了台湾地区20世纪各个时期的时代背景、政策变迁与新闻传播生态演进的相互关系和影响,另一方面从横向上分门别类论述了报纸、杂志、广播、电视、电影、网络、广告及公共关系诸业的历史发展与现实状况。16开本,188页,15.5万字,定价24.00元。

《20世纪中国学术大典——新闻学 传播学 出版学》 丁淦林、方厚枢主编。2005年4月福建教育出版社出版。本册以学科研究、专题研究、学术人物、学术名著名篇、学术机构团体等形式介绍了新闻传播学和出版学的概况。16开本,371页,印数1000册,定价75.00元。

《晨报十年:中国都市早报的标本》 胡伟文著。2005年4月人民日报出版社出版。

作者为重庆晨报编辑中心主任兼要闻部部主任，首席评论员。本书以中国第一家都市早报《重庆晨报》为剖析蓝本，展现了国内市场化媒体的十年历程。16开本，229页，定价30.00元。

《实现梦想——从北京法制报到法制晚报》 晋化著。2005年4月华龄出版社出版。本书以作者亲身经历和大量准确、详实的第一手资料，真实的记录了北京法制报2000年第一次全国报刊治理整顿后在市场竞争中求生存、谋发展的艰苦历程。大32开本，225页，定价19.80元。

《新时期新闻周刊的生存与发展》 齐爱军著。2005年5月山东人民出版社出版。本书内容涉及新闻周刊与精神传统、社会转型与新时期新闻周刊、新闻周刊的基本策略与叙事风格、复合型赢利模式、新闻周刊的生存之道、存在的问题与发展趋势等。16开本，223页，19万字，印数5100册，定价25.00元。

《媒体时代的传奇:〈每日新报〉五周年成长史》 张建星主编，《每日新报》编委会编著。2005年5月文汇出版社出版。本书不仅是新报5年的成长史、奋斗史和成功史，更是一种对新锐新闻理念的汇总，一份成功报纸的实用操作手册。新报正是因为贯彻这些办报理念，并不断将之实践才取得了如此巨大的成功。近千张珍贵的新闻图片，数万字的金石之言，这本画册凝结了新报人的无数心血，浓缩了5年来新报发展历程中的光辉时刻。16开本，968页，定价85.00元。

《天津新闻传播史纲要》 马艺主编。2005年6月新华出版社出版。本书以历史发展轨迹为线索，系统地再现了1880年至1949年间天津新闻出版事业发生、发展变化的全过程，并揭示了其发展规律与基本特征。作者以大量的图表与适量的图片介绍天津历史上出现的新闻机构，简明直观，利于检索，并在吸收了前人研究成果广泛占有史料的基础上，对天津新闻传播事业的诸多史实进行了考证与订正，具有重大史料价值和学术价值。大32开本，380页，8页图版，定价26.00元。

《革命战争年代的〈大众日报〉(解放战争时期)》 杨林染、孙伟杰主编。2005年6月中共党史出版社出版。收入"山东革命文化丛书"。大32开本，175页，印数5000册，定价15.70元。

《中国近代大众传播媒介与中国近代文学》 蒋晓丽著。2005年6月巴蜀书社出版。收入"比较文学与文艺学丛书"。本书系统研究中国近代大众传媒对中国近代文学的重要作用及相互关系，通过近代大众传媒的兴起与中国近代文学发展的关系，揭示出从前学术界所没有充分认识到的一个重要学术问题。大32开本，322页，25万字，精装本，定价24.00元。

《中国古代白话小说戏曲传播论》 李玉莲著。2005年6月山西教育出版社出版。许多优秀的白话小说戏曲作品在传播中散失淹没，是谁用什么方式将这些白话小说戏曲作品保存传播至今？本书作者运用现代传播理论，对这一问题作了较为科学、系统的探索和剖析。大32开本，342页，印数2000册，定价18.80元。

《东南亚华文报纸研究》 彭伟步著。2005年7月社会科学文献出版社出版。作者历经八年，深入、细致、系统地研究东南亚华文报纸与华人的关系，资料翔实，论述平实，既有历史的考察，又有理论的探讨。作者采用多学科的视角与方法，从东南亚各国的地理环境、民族构成、宗教信仰以及长期形成的政治、经济等条件入手，对这些因素对华人生存及心理状态的影响，以至对华文报刊的影响进行了深入探讨，并从中国政府的角度出发，就如何有效地进行对外(东盟)传播提出了意见和建议。大32开本，470页，36.9万字，未标印数，定价29.00元。

《应用传播学史纲》 周鸿铎主编。2005年7月中国纺织出版社出版。本书采用史论结合的方式，论述了早期应用传播理论的创立过程以及20世纪应用传播学理论的发展、20世纪中期传播效果理论架构形成的背景、西方主要传播学派的理论形成、中国应用传播学流派的形成与发展等问题。16开本，289页，31.8万字，定价32.00元。

《17世纪白话小说的创作与传播:以苏州地区为中心的研究》 许振东著。2005年7月中国社会科学出版社出版。本书在论述“以17世纪苏州地区白话小说创作为中心的意义”的基础上，分五章分别展开探讨，具体纲目为:17世纪白话小说发展的整体风貌，苏州地区的文学新变与白话小说的繁兴，白话小说的文人化进程，在苏州地区文人之间、案头之外，白话小说在苏州的大众化传播，17世纪的苏州刻书业与白话小说的发展。大32开本，352页，29万字，未标印数，定价25.00元。

《中国传播思想史》(全4册) 金冠军、戴元光主编。2005年7月上海交通大学出版社出版。本书对中国五千多年来传播思想进行了全面的、多学科视角的、立体的扫描，比较系统和完整地提出了中国传播思想史的理论框架，具有深广的历史视野，并对各个时期的传播学成果进行了重新评价，其中不乏创新的见解。方汉奇作序。全书共分为古代卷(上、下)、近代卷和现当代卷4卷，16开本，194.3万字，精装本，全套书定价200.00元。

《福州新闻史略(1858～1949)》 潘群主编。2005年7月福建人民出版社出版。本书论述了从清末到民国时期(1858～1949)近百年福州新闻史，反映了近百年福州新闻事业(包括报社、通讯社和广播电台)发展与变化，陈述福州近代主要报刊发展概况、特点等，对新闻界重大事件、轶闻趣事做了介绍。末附老报人回忆录19篇。大32开本，236页，印数900册，定价20.00元。

《现代报纸副刊专刊透视——三十年代〈申报〉副刊研究》 王灿发著。2005年7月远方出版社出版。本书分析20世纪30年代《申报》副刊变革的社会背景;从微观上研究30年代《申报》的几个重要副刊、专刊;探讨了30年代《申报》副刊的历史方位、所传承的精神以及新时期报纸副刊传承的特征及存在的问题。大32开本，326页，印数1000册，定价28.60元。

《中国网络媒体第一个十年》 彭兰著。2005年7月清华大学出版社出版。本书是第一部从宏观上系统研究我国网络媒体发展的专著，全景式、全程式地勾勒了网络媒体在中国从诞生、发展到现在的整个历史进程。16开本，420页，41.7万字，定价35.00元。

《中国当代新闻传播法制史论》 陈建云著。2005年7月山东人民出版社出版。本书共分六章，内容包括导论、新中国新闻传播法制的历史渊源、新中国新闻传播法制建设的有益尝试与基本停顿、新闻传播法制建设历程回顾与立法前瞻等。16开本，338页，29万字，定价36.00元，

《简明中国新闻事业史》 黄瑚、李新丽著。2005年8月中南大学出版社出版。收入“21世纪新闻与传播学专业系列教材”。本书阐述了中国新闻事业演变历程，内容包括:

中国近代报刊的诞生与初步发展、外报在华垄断局面的形成与国人办报的初步实践、国民党新闻统治的建立与国统区新闻事业的发展态势等。小 16 开本，246 页，27.6 万字，定价 25.00 元。

《前进中的西藏新闻出版业》 西藏自治区新闻出版局编。2005 年 8 月西藏人民出版社出版。主要纲目有：概述，亲切的关怀，跋涉的足迹，发展中的西藏人民出版社，西藏藏文古籍出版社，新兴的西藏音像影视出版业，正在崛起的西藏现代印刷业，不断发展的图书发行业，报刊事业稳步前进，等等。收录有《西藏人民出版社获奖书目》、《西藏自治区部分获奖期刊名录》。16 开本，75 页，定价 80.00 元。

【另】《西藏自治区志・新闻出版志》(复审稿)于 2002 年 1 月完成。该志论述的时间上自公元前 633 年吐蕃王朝，下至 2000 年 12 月。此书一直未见正式刊行。

《周恩来与新华日报研究文集》 廖永祥著。2005 年 8 月国际港澳出版社出版。收入相关文章 22 篇，附录《周恩来与〈新华日报〉大事记》、《纪念周恩来诗十一首》、《陈舜尧来信》等。大 32 开本，438 页，定价 25.00 元。

《晚清、民国时期上海小报研究——一种综合的文学、文化考察》 李楠著。2005 年 9 月人民文学出版社出版。本书从多维视野、多重角度对晚清至民国时期的上海小报进行了深入研究，是第一部完整、系统地梳理晚清至民国的上海小报的学术著作。作者认为小报是现代都市中以消闲趣味为主、拥有广大中下层市民的小型报纸，是近现代市民文化变迁的典型文本。借助于小报，可对鸳蝴文化和海派文化做一整体性的思考。大 32 开本，382 页，印数 4000 册，定价 22.00 元。

《西藏新闻传播史》 周德仓著。2005 年 9 月中央民族大学出版社出版。本书内容涉及西藏原始的信息传播现象、吐蕃时期的信息传播、元明时期西藏的信息传播、西藏古代信息传播的基本评价等。大 32 开本，392 页，32 万字，印数 1500 册，定价 22.00 元。

【另】周德仓撰写的《中国藏语报刊发展史》(30 万字)作为国家社会科学基金项目已于 2009 年 1 月结项，且被评为“优秀”，即将公开出版。

《中国近代小报史》 孟兆臣著。2005 年 10 月社会科学文献出版社出版。中国近代小报指的是 1840～1949 年间，产生于上海、北京、天津等大中城市的小型报纸。与大报不同，小报以消闲娱乐为主，熔新闻、评论、文艺、知识、娱乐地方掌故于一炉，是中国近代文化历史、风俗文学研究的资料宝库。小报研究对中国近代城市研究、风俗研究和文学研究都有重要意义，但小报没有引起学术界的重视。小报有多少种？收藏情况怎样？各种小报有什么价值？这些基本问题都没有解决。此书勾勒出小报发展脉络，研究小报报人和小报作家，并收录小报登载小说数千种的书目。齐裕焜作序。16 开本，676 页，72.1万字，未标印数，定价 79.00 元。

【另】《地方小报概论》(鱼雁著)1994 年 3 月由未来出版社出版。

《香港中文报业发展史》 李谷城著。2005 年 10 月上海古籍出版社出版。本书从新闻思想的角度切入，在几个相互联系的重要历史时期，各选取一位与香港关系密切的晚清至民国的先进人物的代表——洪仁玕、王韬、康有为、孙中山，系统论述他们往来香港的经过，所受到的影响以及思想上的变化，特别是集中从他们的新闻实践中分析其新闻思想。在这两条主线的交叉点上，进一步讨论香港近代报业对晚清先进人物的影响；反过来，又详细探讨晚清先进人物如何利用报刊表达政治理念，以报业为武器，推动各种救国救民方案在晚清的历次社会变革中发挥重要作用。大32开本，370页，28.1万字，印数1500册，定价36.00元。

《南方报业战略:解密中国一流报业传媒集团》　范以锦著。2005年10月南方日报出版社出版。本书由南方报业传媒集团社长范以锦亲自撰写，首次详尽披露这家中国一流报业传媒集团成功运营的最高秘密。他站在领导者的高度，围绕"成长战略"、"品牌战略"、"整合战略"和"人才战略"，系统总结南方报业的战略选择和战略谋划；同时，结合《南方日报》、《南方周末》、《南方都市报》和《21世纪经济报道》等媒体的具体操作，提炼出打造强势媒体的带规律性的战术措施。16开本，413页，46万字，定价56.00元。

《中华人民共和国科技传播史》　司有和主编。2005年11月重庆出版社出版。本书系国家社会科学基金资助研究项目的成果，是中华人民共和国成立以来第一部关于科技传播的专题史。全书分10章。前9章是科技传播实务史，包括：科技报纸史、科技图书出版史、音像电子网络出版史、科技期刊史、科技广播电视史、科技电影史、科技普及史、科技写作史、科技翻译史。第10章是科技传播研究史，介绍了我国科技传播理论研究发展的情况，并有大事记。大32开本，590页，53.6万字，印数3000册，定价48.00元。

《大众媒介与中国现当代文学》　程光炜主编。2005年11月人民文学出版社出版。本书收录有关大众媒介与中国现当代文学方面的文章26篇，包括《思想史视野中的文学——〈新青年〉研究》、《一份杂志和一个"社团"——重识"五四"传统》、《王进珊与〈申报〉文艺副刊》、《作为文学(商品)的海派期刊》、《民族主义文艺运动社团与报刊考辨》等。这些文章既有文学研究价值，也有出版文化研究价值。16开本，301页，26万字，印数5000册，定价31.00元。

《黑龙江日报史〈黑龙江日报60年(1945～2005)〉卷一》　本书编委会编。2005年12月黑龙江人民出版社出版。60年的《黑龙江日报》就是60年黑龙江省的一部"日志"，就是黑龙江省60年的一部《史记》。本书记述了黑龙江报人推动报业发展和报人自身成长的历史。16开本，474页，定价60.00元。

【另】《黑龙江日报60年(1945～2005)》　卷二《历史的篇章》、卷三《难忘的回忆》、卷四《放歌的岁月》2005年12月黑龙江人民出版社出版。

《中国传播史论》　郝朴宁等著。2005年12月云南大学出版社出版。本书内容包括传播理念新内涵，从先秦到晚清的传播历史演进，国民党新闻统治的构成与分析等。16开本，432页，49万字，未标印数，定价49.00元。

《〈泉州晚报〉创刊20周年纪念文集——创新年代·报史卷》　施能泉主编，泉州晚报社编。2005年人民日报出版社出版。本书以改革开放的创新年代为背景，以报社20年发展轨迹为脉络，从泉州晚报社"三报一刊一网站"多媒体发展、队伍建设、基本建设、技术进步、广告经营、发行工作、文明建设等多个侧面，分为4个篇章，全面回顾泉州晚报社20年发展历程及辉煌成就。大32开本，299页，定价18.00元。

【另】泉州晚报庆祝创办20周年之际，由泉州晚报编辑部选编，人民日报出版社出版的《泉州晚报创刊20周年文丛》，包括：《创新年代·报史卷》、《感受报业·论文卷》、《影印历史·获奖作品卷》、《守望社会·杂文卷》、《笔说风情·散文卷》、《话语传媒·施能泉论文集》、《直面大师·金庸泉州行》、《庆祝泉州晚报创办20周年纪念画册》。文集从不同侧面反映了20周年来该报取得的成就及报人辛勤耕耘的成果，具有学术价值、收藏价值及纪念意义。

《吉报往事》 赵培光主编。2005年吉林人民出版社出版。收入"吉林日报60周年纪念丛书"。大32开本，270页，21.4万字，印数2000册，定价17.00元。

《中国报刊法制发展史》(四卷本) 倪延年著。2006年1月南京师范大学出版社出版。本书分为古代卷、现代卷、当代卷、史料卷，比较全面系统地梳理和论述了中国报刊法制发展演进的历史过程，搜集了上古至当代的报刊法制史料。方汉奇作全书总序。16开本，160.9万字，印数1500套，总定价180.00元。

《中国古代报刊概论》 金伟著。2006年1月沈阳出版社出版。全书分五章介绍了中国古代报刊在秦汉时代时期的孕育、中国古代报刊在唐宋时期的萌芽、中国古代报刊业在元朝时期的中断、中国报刊业在明清时期的进一步发展、中国近代报刊的产生和中国原始报刊的没落。32开本，202页，定价20.00元。

《赣南日报社志》 张秀峰、幸跃凌主编。2006年1月新华出版社出版。收入"江西省专业志丛书"。本志是当代赣南主要报业的资料性著述。上限从1949年8月《赣州日报》创刊起，下限截止2000年底。全书由篇首、专志、篇末组成，记述了赣南日报社的历史和现状。16开本，486页，精装本，定价160.00元。

《中国新闻事业图史》 方汉奇、史媛媛主编。2006年1月福建人民出版社出版。本书分6章，内容包括：古代新闻传播活动、近代报刊的移植与发展、民国初的新闻事业等。16开本，454页，60.6万字，印数2500册，精装本，定价60.00元。

《中国对外传播》 张桂珍等著。2006年1月中国传媒大学出版社出版。本书援引国内外大量的新鲜事例，就对外传播的性质、任务、方针、原则、传播内容与方法等基本内容做了有益的探讨，具有广泛性、实证性、通俗性的特点。大32开本，287页，未标字数和印数，定价23.00元。

《新闻传播史论研究》 谢骏著。2006年1月福建人民出版社出版。本书是作者二十多年的学术成果精编而成的论文选集。共分香港新闻传播研究、新闻界人物研究、新闻媒体研究、新闻心理学研究、新闻教学研究五个专辑。大32开本，546页，定价26.00元。

《新闻学在北大》 肖东发主编。2006年1月北京大学出版社出版。本书论述了老北大时期、燕京大学时期以及新中国成立后的北大各个阶段新闻学建设和发展的状况。16开本，228页，25万字，未标印数，定价25.00元。

《中国晚报文化研究——作为个案的〈北京晚报〉文化》 操慧著。2006年1月四川人民出版社出版。本书的主要纲目包括：中国晚报文化的衍生性，中国晚报文化的独立性，作为个案的《北京晚报》文化，中国晚报文化的发展走向。附录《〈北京晚报〉大事记》、《〈北京晚报〉的版面流变》等。大32开本，433页，印数1000册，定价39.00元。

《〈新周刊〉口述史》 《新周刊》社编。2006年1月漓江出版社出版。收录《主创十话十说十年新锐史》、《来龙去脉〈新周刊〉》、《〈新周刊〉十年大事记》等文章。大32开本，299页，定价20.00元。

《建国前中国共产党新闻管理思想研究》 刘江船著。2006年1月吉林大学出版社出版。本书系统地阐述了在国民政府的新闻统制政策背景下,中共新闻管理思想对中国革命、对新闻事业、对新闻理论的影响作用,揭示了党的新闻管理思想的历史地位和现实影响。大32开本,265页,定价25.00元。

《中美新闻教育传承与流变》　陈昌凤著。2006年2月中国广播电视出版社出版。作者力图将中美新闻教育放在新闻业与社会变迁的框架下加以论述,概论其历史传承和走向,探讨其理念与潮流的发展。具体纲目包括:美国新闻与传播教育流变;中国新闻教育的发端:沿承美国模式;中国新闻与传播教育的变迁与发展等。16开本,257页,定价34.00元。

《太行太岳根据地报刊》　杨宏伟编著。2006年3月中国文史出版社出版。收入"根据地文史丛书"。本书收录有太行太岳根据地二百多种报纸目录和一百张报刊照片图片,对所收报刊有文字介绍,并辅以书影、历史图片。附录有《日伪政权报》、《未收集到的太行太岳根据地报刊(112种)》。大32开本,210页。

《〈大公报〉与近代中国社会》　侯杰著。2006年4月南开大学出版社出版。收入"近代中国研究丛书"。本书将研究时间限于《大公报》英敛之时期,即《大公报》创办至1916年英敛之等人将所有股份卖出。这就大大加强了《大公报》的早期研究。全书主要论述了英敛之的生平事迹和办报理念,以及《大公报》的文人论政、开启民智、妇女解放、开拓公共空间、近代的防疫赈灾事业等。书中还发掘了一位长期被人忽视的美国传教士丁义华在《大公报》上的禁烟言论,还从创办人的宗教背景出发探讨《大公报》对中西民间信仰、宗教习俗的态度。大32开本,403页,36.4万字,未标印数,定价28.00元。

《现代中国的大众书写:都市报的生成、发展与转折》　孙玮著。2006年4月复旦大学出版社出版。本书从现代性、公共性、生活政治、消费文化等角度论述了都市报的生成与发展过程,并预测其未来走势。大32开本,264页,22万字,定价18.00元。

《十四大以来〈人民日报〉版面研究》　王武录主编。2006年4月中国传媒大学出版社出版。主要内容包括:党和国家重要会议、重要外事,党和国家领导人国内重要活动、重要文稿新闻版面研究,重大节庆、重要事件、重要人物纪念活动,大型体育文艺活动新闻版面研究,重大专题、重大典型、重大建设成就、重大案件报道版面研究,重大突发事件新闻版面研究,台港澳新闻版面研究。16开本,175页,定价29.00元。

《佛教文化传播论》　张晓华著。2006年4月人民出版社出版。收入"地域文明重点问题研究丛书"。本书全面阐释了印度佛教文化系统、南传上座部佛教文化系统、北传大乘藏佛教文化系统、欧美佛教文化系统、佛教在异质文化间传播文化选择与社会的稳定启示等内容。大32开本,244页,印数3000册,定价20.00元。

《中国剪报20年》　王荣泰主编。2006年5月世界图书出版公司出版。《中国剪报》是北京的一份文摘类小报。本书是为纪念这份报纸编辑的纪念性文集,收录了相关的纪念文章和文字及图片资料。16开本,301页,印数3000册,定价50.00元。

《当代报纸副刊研究》　田建平著。2006年5月河北大学出版社出版。本书采用纵横结合的方法,对当代报纸副刊进行了全面的论述,其中辟专章勾勒了当代报纸副刊的发展历史进程。大32开本,327页,印数3000册,定价19.00元。

《烟台日报社志(1945～2005)》　本书编委会编。2006年6月新华出版社出版。《烟台日报》1945 年 9 月 18 日创刊，是中国共产党创办最早的解放区沿海城市党委机关报。本书为全面记述烟台日报社 60 年历史的资料性著作，设 12 章 63 节，前有概述、大事记，后有专记、附录，刊有历史图片 189 幅，述、记、志、传、图、表、录等志书体裁应有尽有，报社工作的各个方面门类齐全，记述准确，图表丰富，装帧精美。16 开本，373 页，44.6 万字，精装本，定价 60.00 元。

《中国新闻传播学说史(1949～2005)》 徐培汀主编。2006 年 6 月重庆出版社出版。本书主要论述新中国的新闻研究及新闻教育的发展过程，以及学术思想的演变、学术成就。对于台港澳的新闻学说发展也有两章进行专门论述。16 开本，525 页，55.2 万字，印数 5000 册，定价 53.00 元。

《中国古代文化传播概要》 扆晓红著。2006 年 6 月中国社会出版社出版。收入“太岳学人丛书”。本书内容包括：中国古代文明的起源与最初传播、古代文化传播的制度基础、古代文化传播基础的形成、魏晋时期的文化思潮等。大 32 开本，382 页。

《明清小说传播研究》 王平主编。2006 年 7 月山东大学出版社出版。本书分 10 章论述了《三国演义》、《水浒传》、《东周列国志》、杨家将系列小说、《西游记》、《封神演义》、《金瓶梅》、“三言”“二拍”、《聊斋志异》、《儒林外史》的传播状况。大 32 开本，859 页，67.8 万字，未标印数，定价 54.00 元。

《改革开放以来中国共产党新闻思想研究》 丁柏铨等著。2006 年 8 月新华出版社出版。全书共分九章，论述了改革开放以来中共新闻思想发展的社会背景、三个阶段、发展思想的理论来源、主要内容、鲜明特色、历史方位等问题。大 32 开本，365 页，定价 25.00元。

《女性传媒:历史与传统》 宋索红著。2006 年 8 月中国传媒大学出版社出版。全书 6 章，内容主要有：中国女新闻工作者与妇女报刊的滥觞、妇女报刊与女新闻工作者的第一次发展高潮、妇女报刊与女新闻工作者的转型等。大 32 开本，337 页，定价 28.00 元。

《北京志·报业·通讯社志》 王相、满运来、徐文珍主编，北京市地方志编纂委员会编。2006 年 8 月北京出版社出版。本书分“报业”、“通讯社”、“新闻研究·教育”、“新闻交往”四篇。内容包括：报纸沿革、报纸内容、报纸形式、中国人办的通讯社等。16 开本，448 页，精装本，定价 105.00 元。

《明清之际藏传佛教在蒙古地区的传播》 (韩)金成修著。2006 年 9 月社会科学文献出版社出版。收入“东方历史学文库”。本书广泛利用汉文、蒙古文、藏文以及英文、日文、满文的原始资料，借鉴前贤的研究成果，综合运用民族学、历史学、语言学等多学科的研究理论和方法，全面研讨了蒙元灭亡二百多年后的 17 世纪蒙古地区与西藏地区藏传佛教的关系，以及蒙古各部(土默特、喀尔喀、准噶尔)在藏传佛教问题上的相互关系，以便了解藏传佛教在蒙古和清朝政治历史中的地位和意义。作者特别针对为什么 16 世纪末蒙古人再度接受藏传佛教，藏传佛教对于清朝在藏传佛教地区建立牢固政权的关系，提出了许多前所未有的观点，很值得学术界的重视。大 32 开本，341 页，定价 35.00 元。

《中国国际新闻传播史》 童之侠著。2006 年 10 月中国传媒大学出版社出版。大学专业课教材。本书对国际新闻传播史进行了多角度、多层次的综合研究和探索，着重论述国际新闻传播发展的历史和现状。史论结合，论从史出。将学术性、思想性、可读性有机地融为一体。大32开本，384页，定价26.00元。

《基督教在四川传播史稿》　龚和平著。2006年10月四川人民出版社出版。本书包括天主教在四川的传播及其特点、基督教在四川的传播及其特点、道光以前清政府对天主教的认识及禁教措施、清季基督宗教的活动及官绅士民对其认识、四川基督宗教的教育及医药事业等。大32开本，448页，定价29.00元。

《吐哈油田新闻志》　本书编写组编。2006年10月石油工业出版社出版。本书设有总述、大事记及吐哈石油报、吐哈石油电视、《中国石油报》吐哈记者站、对外宣传、期刊、采编业务、新闻团体、新闻培训与研究、专业人员、党群工作、机构、管理与经营、人物、文献选编等14编，60多张图片，记述了15年来油田新闻记录油田变化、促进企业发展的历程。16开本，459页，54.7万字，印数1000册，精装本，定价60.00元。

《在华俄文新闻传播活动史(1898～1956)》　庄福龄著。2006年11月中国人民大学出版社出版。本书介绍了在华俄文新闻传播活动的历史背景、渊源，在华俄文新闻传播活动的初创期、繁荣期，20世纪30年代在华俄文新闻传播重心南移等内容。大32开本，315页，27.8万字，定价20.00元。

《宽容与理性:〈东方杂志〉的公共舆论研究(1904～1932)》　洪九来著。2006年11月上海人民出版社出版。收入“都市空间与知识分子群体研究书系”。作者对1904年到1932年《东方杂志》的考察，涉及办刊人员及办刊理念流变、刊物作者群体的构成和基本倾向，从政治秩序中的理性主义、社会变革进程中的渐进主义、纳入世界格局中的民族主义、中西文化冲突中的调和主义、新旧文学嬗变中的现实主义、古今学术流变中的进步主义等不同角度，展示了《东方杂志》如何依靠一批固守着理性、宽容、多元、渐进、调和等基本价值观念的知识分子，构造了一个温和的自由主义公共空间。大32开本，367页，29.9万字，印数4250册，定价25.00元。

《三言二拍传播研究》　陈国赋著。2006年12月中国社会科学出版社出版。本书选取三言二拍的传播作为考察对象，探讨三言二拍自明末至晚清的传播情况。具体而言，主要勾勒三言二拍的版本流传，分析其选本现象及改编现象，并从传播主体、传播地域、传播环境等方面，联系明清时期的社会背景、文化政策、文学思潮、文学流派，总结了三言二拍的传播规律及嬗变特征。大32开，309页，27.2万字，定价25.00元。

《国统区文学传播形态》　赵凌河主编。2006年12月辽宁人民出版社出版。收入“中国文学与传播丛书”。本书从现代性理论视域出发，以国统区文学创作为具体文本背景，在文化政治学、传播学与文艺学的跨学科扫描中，探视文艺生产与现代传媒之间所构成的内在互动关系，从而揭示中国现代文学在现代社会建构进程中所具有的文化功能。大32开本，307页，24万字，定价20.00元。

《中外新闻传播思想史导论》　张昆著。2006年12月复旦大学出版社出版。收入“新闻传播学前沿丛书”。本书分17章论述了中外上自古代下迄当代最具代表性的政治思想历史人物的传播或新闻、宣传思想，勾勒了中外新闻传播思想史的基本状貌，揭示了新闻传播思想演进的历程。16开本，442页，44.4万字，印数5100册，定价40.00元。

《〈团结报〉五十周年纪念文集(1956～2006)》　本书编辑委员会编。2006年12月团结出版社出版。本书为纪念团结报创刊50周年出版，书中收录了何鲁丽、周铁农等人在团结报创刊50周年纪念座谈会上的讲话。16开本,334页,定价48.00元。

《东莞日报志》 本书编委会编。2006年1月广东教育出版社出版。本书记事,上起《东莞市报》创办的1986年,下至2003年;大事记延伸至2005年。由概述、大事记、专志、附录四部分组成。16开本,218页,定价55.00元。

《当代台湾传媒》 陈飞宝著。2007年1月九州出版社出版。本书对台湾报纸、杂志、出版、广播、电视、广告、新闻传播教育的转型、变革和发展水平,作一个系统的梳理。内容包括台湾报业的发展、台湾杂志的发展、台湾广播事业的发展等。16开本,499页,定价55.00元。

《中外新闻传播史》 刘笑盈著。2007年1月中国传媒大学出版社出版。本书系"21世纪新闻传播学基础教材"之一。本书将三种新闻史进行综合和统一,即将新闻本体的发展史、新闻传播的发展史和新闻社会功能的发展史有机结合,并从中外比较的角度深入探讨新闻的发展特色和统一的发展规律。大32开本,499页,定价32.00元。

《中国新闻传播史:媒介社会学的视角》 陈昌凤著。2007年2月北京大学出版社出版。本书在传媒与社会的宏观框架里布局谋篇,从现代化的视角考察传媒的社会功能。全书抓住了新闻事业的特点和规律,论述了新闻事业对中国社会形态的维护,分析了政治力量对传统的利用和控制等问题。16开本,233页,27.4万字,定价28.00元。

《中国当代新闻学研究的演变——学术环境与思路的考察》 谢鼎新著。2007年3月中国传媒大学出版社出版。收入"求是传媒文库"。本书分三个历史阶段,比较全面系统地梳理了新中国成立的半个世纪以来的新闻学研究的演变史,重点分析了新闻学术环境、观念和方法,探讨了新闻学研究变化的特点和规律。16开本,238页,定价25.00元。

《清末政论报刊与民众动员:一种政治文化的视角》 唐海江著。2007年4月清华大学出版社出版。本书以政治文化为分析视角,深入分析清末政治文化与政论报刊之间的历史联系,揭示了清末政论报刊社会动员功能的发生机制和基本性质。大32开本,375页,定价28.00元。

《浙江省新闻志》 本书编委会编。2007年5月浙江人民出版社出版。收入"浙江省志丛书"。本志书翔实、全面地记述了浙江省自1854年以来一个半世纪新闻事业的发展历史,首次详尽地披露了诸多浙江新闻界的大事、要事,以及一千四百多位新闻界人物的传略、简介或名录,具有很高的"存史、资治、教化"价值,填补了浙江志书的一个空白。本书带光盘。16开本,1111页,162万字,印数2000册,精装本,定价320.00元。

《报界旧闻——旧广州的报纸与新闻》 蒋建国著。2007年5月南方日报出版社出版。收入"旧时广州丛书"。作者在收集了四十余种近代广州报刊影印件的基础上,对旧广州的报纸与新闻进行探讨。本书融史料性与通俗性于一体,既重视引用具有趣味性和可读性的一手新闻史料,又注意从宏观上介绍报刊发展与社会变迁之间的关系。方汉奇作序。大32开本,277页,20万字,定价20.00元。

《新闻历史与理论》 宫承波等主编。2007年5月中国广播电视出版社出版。本书比较通俗简明地讲述了中外新闻史的基本常识、新闻学的基本观念和新闻业务的当下视野、基本技能以及新闻业发展走势等。16开本,372页,49.8万字,定价44.00元。

《中国报纸副刊学》 姚福申、管志华著。2007年6月上海人民出版社出版。这是国内第一部论述报纸副刊学的专著，阐述了中国报纸副刊的创办与发展，并对副刊的现状和前景作了描述。小16开本，321页，25.1万字，印数5000册，定价28.00元。

《中国新闻社会史(1815～2005)》 李彬著。2007年6月上海交通大学出版社出版。收入“明天文库传学跋涉者丛书”。本书是一部中国新闻传播史的课堂讲录。主要讲述中国新闻传播的历史演进，特别是勾勒鸦片战争以来新闻业的历史轨迹，同时透视其间纷繁的社会背景与历史动因。通过这些讲述和勾勒，不仅揭示中国新闻业的发展历程及其规律，同时也探讨新闻传播与社会变迁的互动关系。16开本，281页，35.4万字，定价32.00元。

《中国近代新闻法制史》 马光仁著。2007年6月上海社会科学院出版社出版。本书凡7章19节，先以时间为经，讨论清末近代新闻法制的萌芽、初步形成，民国初年新闻法制建设的曲折进程，南京国民政府时期新闻法制的形成与发展，然后从不同区域切入，分别讨论殖民地(包括租界、日伪占领区、台湾港澳地区)、革命根据地的新闻法制特点，这样条块结合，比较系统地、完整地梳理了近代中国新闻法制状况，研究了不同时期、不同区域新闻法制的内容和特点。全书资料翔实，引证广博，结构谨严，且不乏新见。丁淦林、熊月之分别作序。16开本，440页，41万字，定价58.00元。

《四川近代新闻史》 王绿萍著。2007年6月四川大学出版社出版。本书共分九章，内容包括：四川早期的新闻传播和农民运动中的宣传活动、四川近代报刊的产生、传教士在四川的办报活动、清末新政中的官报及新闻法规等。大32开本，455页，印数3000册，定价29.00元。

《广西通志·报业志》 广西壮族自治区地方志编纂委员会编。2007年6月广西人民出版社出版。本该书记述广西自1897年至1997年百年间报业发展和现状，跨越报业史的三个历史时期：清末报业、民国报业和中华人民共和国报业，分概述、清末报业、民国报业、解放后报纸、解放后新闻机构和队伍、解放后通讯社、新闻业务、解放后报业经营、新闻事业管理、大事纪略、附录和图片等篇章，约一百万字。16开本，571页，精装本，定价120.00元。

《报纸副刊与中国知识分子的现代转型：以〈晨报副刊〉为例》 张甫涛著。2007年7月广西师范大学出版社出版。本书以中国现代著名的《晨报副刊》为典型个案，考察大众传媒与中国知识分子现代转型的关系。16开本，234页，20万字，定价30.00元。

《山西日报史(1949～2004)》 本书编纂委员会编。2007年7月山西人民出版社出版。本书共分15章，约50万字，书内收集了156幅珍贵图片，比较规范、详实、准确、客观地记述了《山西日报》55年的历史，勾画出了《山西日报》所走过的道路、积累的丰富经验、取得的辉煌成绩。报史材料详实、脉络清晰、详略得当、特色鲜明，既有史料价值，也有传统教育价值。小16开本，460页，定价49.80元。

《中国新闻传播史》 杨师群著。2007年8月北京大学出版社出版。本书系“新闻传播学系列教材”之一。本书分16章，论述了中国古代直到改革开放初期的新闻传播事业的发生和发展，并对台湾、香港、澳门地区的新闻业进行了专门介绍。16开本，348页，41.6万字，定价30.00元。

《中国古代汉传佛教传播史论》 陈文英著。2007年8月天津古籍出版社出版。本书以史为经、以论为纬，按照学术界公认的历史分期，用大量详实丰富的史料，从纵横两方面全面系统阐述印度佛教在中国汉地的传播历史、传播方式及传播策略。大32开本，316页，印数1000册，定价28.00元。

《近代上海小报与市民文化研究(1897～1937)》 洪煜著。2007年8月上海书店出版社出版。本书是在作者博士学位论文基础上修改完善而成的。作者从社会史的角度系统梳理了1897年到1937年间上海小报的历史由来、生存环境、小报特殊的产权经营发行销售状态、从事该报业的文人群体特征、小报的各类品位及其所反映的社会文化内涵等。资料翔实，脉络清晰，注重实证，且多有自己的独到见解。唐力行作序。附录有《近代上海小报一览表(1897～1937)》、《近代上海部分小报发刊词》、《有关小报的律令》。16开本，488页，42万字，定价49.00元。

《常熟老报刊》 沈秋农主编。2007年8月广陵书社出版。本书分报刊概览、报坛忆述、报人介绍三个部分，另附录有文献辑目、大事纪要，共收录常熟市档案馆藏常熟一地所办报刊110种，发刊辞及休刊、复刊辞35篇，以简要文字介绍各报刊创办人、创办时间、馆址及所设栏目等，并附有各报刊书影，图文并茂，是了解常熟地方办报情形的珍贵读本。邵华泽题写书名。16开本，270页，印数1200册，定价70.00元。

《打开历史的尘封——民国报纸文艺副刊研究》 郭武群著。2007年9月百花文艺出版社出版。本书分五章对民国时期报纸的文艺副刊进行了比较全面系统的研究，具体内容包括：文学与报纸联姻，精彩纷呈的民国报纸文艺副刊，民国报纸文艺副刊的基本特性，民国报纸文艺副刊对文学的变革和改造，民国报纸文艺副刊与文学社团、文学流派。大32开本，210页，15.7万字，印数3000册，定价16.00元。

《中国新闻官司二十年(1987～2007)》 刘海涛等著。2007年10月中国广播电视出版社出版。本书堪称中国新闻侵权诉讼第一部“断代史”，是中国新闻侵权诉讼实证研究的一次尝试，涉及的案件事实，全部来自法院的卷宗，在法律规定的范围内，以档案记录式风格，保留了所有事实的原始面貌和信息的真实完整。编者精选了50个最具典型意义的案件，涉及的案件事实全部来自法院案卷，以档案记录式风格，保留了所有事实的原始面貌和信息的真实完整。16开本，830页，印数1000册，定价99.00元。

《中国现代新闻思想史》 李秀云著。2007年11月中国社会科学出版社出版。本书围绕现代新闻思想发展的学术特征，首先梳理了中国现代新闻思想的演变规律，勾勒中国现代新闻思想的演变进程，在对中国现代新闻思想进行宏观考察的基础上，具体研究了采访、编辑、媒介经营与管理、自由、报刊舆论、伦理、教育、学术的发展阶段及其主要内容与特征，从八个侧面分别透视中国现代新闻思想的发展特点与规律，实现了中国现代新闻思想研究的宏观概括与微观分析的有机结合。大32开本，321页，25.3万字，定价23.00元。

《中国传媒与文学互动研究》 路善全著。2007年11月中国社会科学出版社出版。本书从中国新闻传播史、文学史的互动进程入手，力图从中国新闻传播史、文学史的“外部”研究着眼，通过多角度、全景式、全程式地系统展示20世纪的中国传媒与中国文学的联系，从一个侧面窥探中国传媒与中国文学的生成机制。这在一定程度上打破了20世纪的中国传媒与中国文学各自为政的研究局面，为今后传媒文学学或文学传媒学的研究提供了重要的学术参考。大32开本,273页,定价22.00元。

《追忆——石家庄日报六十年》 “石家庄日报六十年丛书”编委会编。2007年11月人民出版社出版。16开本,207页。该套丛书全5卷6册,其他各册主要为各种题材、体裁的作品汇编。

《〈大公报〉专刊研究(1927～1937)》 李秀云著。2007年12月新华出版社出版。《大公报》从1902年6月17日到2002年6月17日,这家报纸经历了津、沪、汉、港、渝、桂等六个版整整一百年的历史。本书是对这家报纸历史的一个全面的个案研究。作者从社会文化史与学术思想史的理论视角,系统研究天津《大公报》专门性副刊的十年发展历程,具有填补空白的意义。大32开本,273页,22万字,定价20.00元。

《二十世纪影响中国的媒体》 谭云明著。2007年12月当代中国出版社出版。本书以20世纪中国的新闻人物或事件为圆点,按历史发展的顺序,选择每一个历史时期重要的、有影响力的新闻媒体,以点带面式地对20世纪影响中国社会进程和大众生活的媒体展开细致的描述和深沉的反思。16开本,247页,定价28.00元。

《西方传教士与晚清西史东渐——以1815年至1900年西方历史译著的传播与影响为中心》 邹振环著。2007年12月上海古籍出版社出版。本书立足于第一手资料,将晚清西方史学的传播看作一个动态过程,仔细考察了1815年到1900年西方历史译著的门类、体例以及史学观念等等,将问题的解读建立在一定的量化基础上,并力图给予恰如其分的评价,同时也试图在若干传播与影响研究的层面上来回应和修正前人研究的不足。大32开本,463页,印数3500册,定价32.00元。

《基督教在华传播系年》(河北卷) 解成编著。2008年1月天津古籍出版社出版。本书收集了有关自唐代至公元1941年基督宗教在河北传播的公开出版资料。作者爬梳十余年,清理了六七十种资料,按公元纪年编排整理了这部百万字的文献汇编,令许多湮没尘封于书库的文献重见天日,展示了中西文明冲突互动的一个重要侧面。16开,561页,定价98.00元。

《风雨文汇(1938～1947)》 郑重著。2008年1月东方出版中心出版。本书是作者的“文汇三部曲”之一。作者用通俗简明的笔调,故事专题的写法,图文并茂的方式,勾勒了1938年1月到1947年5月《文汇报》所走过的风雨历程。大32开本,436页,35.1万字,定价36.00元。

《中国地方志流播日本研究》 巴兆祥著。2008年2月上海人民出版社出版。收入“复旦大学亚洲研究中心学术系列”。本书通过中日文献资料和实地调查相结合的方法,探讨了方志流播日本的历史过程及其影响。上编详尽论述了日本收集、掠夺方志的主要途径、方法与规模,揭示了日本对方志掠夺的景象以及方志在日的状况、影响。下编为1949年以前编刊的在日方志总目,揭示在日方志总量及收藏状况。16开本,698页,定价80.00元。

《晚明文人的文化传播研究》 聂付生著。2008年2月中国戏剧出版社出版。本文的内容主要包括:文化传播与晚明文人的文化理念,晚明文化传播文本叙事,晚明文化传媒及其机制,世界视野与传统习惯:两种文化传播的心路扫描,晚明文化传播个案研究,晚明文化的文化传播效果评估。大32开本,296页,定价24.00元。

《我们同行——北京晚报50周年纪念文集》 北京晚报编辑部编。2008年2月北京出版社出版。全书分为两册,第一册是由创刊时期、复刊时期和目前在北京晚报工作的编辑记者撰写的"我与北京晚报"的采访经历、心得体会、学术论文,以亲历者、见证者的身份展示了许多不为人知的"新闻背后的"史实,比如:邓拓与北京晚报、新星音乐会是如何举办的、中国"入世槌"是怎样敲响的等。第二册主要由50年来一直关爱着北京晚报的各界读者的"北京晚报与我"的故事、回忆文章组成,既有吴冠中、柳传志等艺术大家和企业领袖的回忆,也有更多感人至深的晚报故事。16开本,精装印制。

《作为他者的欧洲:欧洲文学在20世纪三十年代中国的传播》 梅启波著。2008年3月华中师范大学出版社出版。收入"华大博雅·比较文学研究丛书"。本书是在作者博士论文基础上修订完善而成的,在充分占有资料的基础上,借鉴、吸收传播学理论与方法,从文学传播的角度考察欧洲文学在中国20世纪30年代的流传和变异,具体包括传播主体、传播媒介、传播过程特别是传播结果的研究。大32开本,282页,20万字,印数1500册,定价20.00元。

《现代中国的法国文学接受:革新的时代、人、期刊、出版社》 彭建华著。2008年3月中国书籍出版社出版。本书论述了1870~1950年中国社会在变革中开始法语教育和法语学习,法国文学传入中国,一些留法学人和法语的学习者接受法国文学,并在法国文学的影响下尝试革新的创作等方面的问题,重点考察法国文学的翻译评介与中国现代文学创作之关系,即译介法国文学的作家(主体)研究,考察现代中国学习过法语的作家对法国文学的翻译、批评、传播,尤其是在翻译批评基础上的创作。大32开本,377页,印数5000册,定价48.00元。

《中国少数民族新闻传播通史》(上、下) 白润生主编。2008年3月中央民族大学出版社出版。本书12章71节约90万字,对中国少数民族新闻传播事业(报刊、广播、电视、网络、新闻教育与研究、队伍建设)的兴起、发展、繁荣的历史进行了全景式记录。珍贵翔实的史料和浓郁的民族风情是其鲜明特色。范敬宜题写书名,丹珠昂奔、方汉奇分别作序。大32开本,1120页,定价68.00元。

《〈新新新闻〉报史研究》 王伊洛著。2008年4月巴蜀书社出版。收入"晚清民国四川学术文化系列"。本书详尽地考查了《新新新闻》日报在特定历史条件下的发展历程,在充分吸收前人成果的基础上,追溯《新新新闻》日报产生的缘由,揭示其显著的地域特征,探讨其组织结构、管理特色和编辑观念,重点研究了《新新新闻》日报的发行、广告等报业经营情况,分析了《新新新闻》日报向集团化方向发展的趋势;同时也分析了《新新新闻》日报的发展误区和必然的历史结局,为利用《新新新闻》研究民国时期成都社会生活的学者提供了重要的背景资料。大32开本,228页,定价17.00元。

《日照日报社志(1958~2008)》 胡全峰主编。2008年6月黄河出版社出版。16开本,465页,50万字,印数3000册,精装本,定价98.00元。

《中国少数民族新闻传播史》 白润生主编。2008年4月民族出版社出版。本书对中国少数民族新闻传播事业(报刊、广播、电视、网络、新闻教育与研究、队伍建设)兴起、发展、繁荣的历史进行了全景式的记录,并试图深入浅出、全面系统地挖掘和阐发其中的新闻传播规律。16开本,423页,定价58.00元。

《中国早期报纸副刊编辑形态的演变》 谢庆立著。2008年5月学苑出版社出版。本书从社会变迁与大众传播的视角,以早期报纸副刊发育与现代城市的发展、城市的职能转换作为切入点,把早期报纸副刊放在中国近代社会文化转型的背景下进行观照。不仅考察了中国社会转型与报纸副刊文化传播方式的建构之间的关系,而且深入副刊编辑形态的内部,分析了早期报纸副刊编辑形态孕育、演变和发展的过程。大32开本,276页,定价26.00元。

《清代前中期新闻传播史》 史媛媛著。2008年5月福建人民出版社出版。这是一部填补中国新闻史研究空白的学术专著,也是一部全面、系统展示我国古代新闻事业巅峰期的著作。本书在全面揭示清代新闻传播内容的基础上,运用史论结合的方法揭示了清代新闻传播活动发展的规律与趋势。大32开本,219页,16.6万字,定价17.00元。

《中国新闻舆论史》 林语堂著,王海、何洪亮主译。2008年6月中国人民大学出版社出版。收入"新闻与传播学译丛"。本书集中体现了一代大师林语堂的新闻传播思想。作为我国现代早期为数不多的新闻学、舆论学、宣传学的英文著作之一,该书精辟地阐释了在中国古代媒介缺失的社会环境下,舆论是如何生成和表达的。书中还介绍了我国古代几次舆论高潮的特点,剖析了舆论自由的权利是构筑民主社会基础这一观点。16开本,163页,17.3万字,定价28.00元。

【另】本书的另一个译本(刘小磊译)2008年12月由上海人民出版社出版。16开本,191页,定价25.00元。

《制度变迁与新时期广东报业发展研究》 游梦华著。2008年6月暨南大学出版社出版。本书作者以制度变迁视角分析、研究广东报业的广告经营、发行、集团化、资本运营、跨行业、跨媒体、跨区域、跨形态发展、拓展农村市场和专业镇,以及人才制度改革等诸多发展关节点。大32开本,303页,定价25元。

《中国新闻社会史文选》 李彬主编。2008年6月清华大学出版社出版。本书既是一部中国新闻社会史的经典文献,具有学术研究和教学参考价值;又是一部优秀作品的集萃,内容生动,体裁多样,写作上乘,具有新闻传播与写作方面的借鉴意义。其中涉及古代典籍中有关新闻与评论的精彩篇章、近代新闻史上具有里程碑意义的重要文章以及堪称新闻典范的杰出作品。16开本,557页,74.8万字,定价49.80元。

《聚缘——南昌日报成立50周年纪念文集》 马健主编。2008年6月百花文艺出版社出版。16开本,356页,定价44.00元。

《分解与重构:清季民初的报界团体》 赵建国著。2008年7月三联书店出版。收入"近代中国的知识分子与制度转型丛书"。本书沟通新闻学与历史学,扩展视角,重现1905年至1921年报界活动的史实。在用力搜集各类史料的基础上,关注报界的结社和参与社会政治活动,维护行业公益等组织行为,着重探察报界群体自我认同和国民意识提升两个层面的发展进程,拓展了近代中国新兴社会群体史研究。大32开本,322页,21.8万字,印数5000册,定价28.00元。

《中国新闻社会史》(插图本) 李彬主编。2008年7月清华大学出版社出版。本书是一部中国新闻传播史的课堂讲录,主要讲述中国新闻传播的历史演进,特别是勾勒鸦片战争以来新闻事业的历史轨迹,同时透视其间纷繁复杂的社会背景与历史动因。16开本,458 页,53.7 万字,定价 49.80 元。

《中国新闻摄影史》 甘险峰著。2008 年 7 月中国摄影出版社出版。本书以四十余万文字、近二百幅新闻照片和十余幅图表,通过图文并茂、图文互证的形式,系统梳理了中国新闻摄影百余年的历史,并对中国新闻摄影史上的重要人物、重要作品、重要事件、重要媒体、重要摄影机构、重要理论探讨进行了较为翔实的介绍,并初步探讨了中国新闻摄影的发展规律。16 开本,210 页,定价 58.00 元。

《中国经济新闻史》 沈毅主编。2008 年 7 月北京大学出版社出版。收入"专业新闻系列教程"。本书以时间为基本线索,阐释中国历史上各典型时期经济新闻报道与传播的规律。主要研究对象是中国历史上报刊等纸质媒体的经济报道,同时也对改革开放以来电视媒体的经济新闻报道予以必要关注。16 开本,328 页,37.4 万字,定价 36.00 元。

《云南新闻史话》 王作舟著。2008 年 7 月云南大学出版社出版。本书记述了云南新闻媒体对历史上一些重大事件的报道活动,记述了从清末到解放前夕新闻业遭受的种种限制、迫害和摧残,也记述了解放后新闻事业走过的曲折发展道路。16 开本,222 页,定价 36.00 元。

《闽南新闻事业》 许清茂、林念生著。2008 年 8 月福建人民出版社出版。收入"闽南文化丛书"。具体内容包括:晚清时期的闽南报业,民国时期的闽南报刊,中华人民共和国成立后的闽南报刊,闽南电子传媒业,闽南通讯社、记者站和新闻教育。大 32 开本,442 页,定价 32.00 元。

《战火中诞生的人民日报》 钱江著。2008 年 8 月人民日报出版社出版。本书叙述了 1948 年 6 月至 1949 年 10 月《人民日报》的创建及发展过程。附录有《早期〈人民日报〉版面发展沿革》等。16 开本,418 页,印数 5000 册,定价 56.00 元。

《晋冀鲁豫人民日报纪实》 钱江著。2008 年 8 月人民日报出版社出版。本书记录了晋冀鲁豫中央局机关报人民日报从 1946 年 5 月 15 日创刊,到 1948 年 6 月 14 日终刊的办报历程,刻画了一群经历抗战烽火洗礼的新闻工作者,填补了中央机关报人民日报前身的一段史实。16 开本,348 页,定价 46.00 元。

《中国戏曲传播接受史》 赵山林著。2008 年 8 月上海人民出版社出版。本书阐述了中国戏曲传播接受的历史脉络,使读者看到从宋、元、明、清直至近代戏曲的传播接受的承继关系和时代差异。作者还从中国戏曲史的复杂关系中,概括出"观众与作者"、"演员与作者"、"观众与演员"、"演员与演员"、"观众与观众"五条主要线索,对戏曲传播接受的诸多方面进行了深入的描述和研究。16 开本,593 页,定价 52.00 元。

《中国新闻传播史新编》 白润生主编。2008 年 9 月郑州大学出版社出版。本书以全新的视角,即以新闻和新闻传播活动自身发展规律为脉络,阐述了中国新闻与传播事业的发展,归纳和总结了此前为数众多的最新科研成果,并补充和订正了一些历史事实,纠正了某些论证的不实之处,同时也填补了学术研究领域的某些空白。16 开本,443 页,定价 49.50 元。

《中国新闻史》 许正林著。2008 年 9 月上海交通大学出版社出版。收入"明天文库"。本书采用纵横交错的结构,分别对中国古代传播、近代传教士报刊、民族报业、期刊业、通讯社、广播电视、新闻教育、新闻制度和新闻思想等进行了系统论述,勾勒出中国新闻传播发展的历史全貌。16 开本，464 页，55.7 万字，印数 3050 册，定价 49.00 元。

《〈太平广记〉的传播与影响》 牛景丽著。2008 年 9 月南开大学出版社出版。本书的基本内容是探讨《太平广记》在其传播过程中对于古代小说所产生的影响。考察了《太平广记》对小说文体观念、小说的功能与地位、小说的分类等方面的贡献与影响。大 32 开本，297 页，定价 25.00 元。

《女性的声音——民国时期上海知识女性与大众传媒》 李晓红著。2008 年 9 月学林出版社出版。收入"媒体与文艺丛书"。本书运用西方哈贝马斯的"公共空间"等西方理论，透视民国时期上海大众传媒与知识女性的关系，涉及丁玲、苏青、关露、张爱玲等人和《新女性》、《妇女杂志》、《北斗》、《天地》、《女声》等报刊。大 32 开本，390 页，31 万字，印数 3300 册，定价 29.00 元。

《突破视角:新京报版式(2003.11.11～2008.11.11)》 书红、金秋主编。2008 年 11 月中国民主法制出版社出版。收入"新京报丛书"。本书全面总结了 5 年来震撼国内媒体界的新京报视觉革命。该书参考借鉴性强，毫无保留地总结了新京报版式理念和设计技巧，所选优秀版面还附有传达美编设计思路的"版面看点"。16 开本，263 页，定价 180.00 元。同时刊行的还有《突破视角:新京报摄影(2003.11.11～2008.11.11)》。

《新文学与现代传媒》 王烨著。2008 年 11 月学林出版社出版。收入"媒体与文艺丛书"。本书着重研究了 19 世纪以来媒体与文学的互动。全书共分五章，内容包括:新文学与现代杂志;现代文学副刊与初期革命文学运动;鲁迅文集的出版与传播;新文学作家与现代传媒;新文学的社会传播。大 32 开本，234 页，定价 19.00 元。

《解放区文艺转折的历史见证:延安〈解放日报·文艺〉研究》 李军著。2008 年 11 月齐鲁书社出版。本书共分六章，第一章论述《解放日报·文艺》的生成语境，该副刊不是凭空产生，而是立足于延安现实的文化土壤，在初创期解放区文艺有了很大发展的生态语境中诞生，历史发展的外在条件为其存在、发展造就了有利的时机;第二章结合丁玲的文艺思想认识其主编《解放日报·文艺》时的编辑思想;第三章分析《解放日报·文艺》作为党报副刊如何反映了解放区物质与精神生活的现实;第四章是论文用力最多的部分，分别从批评与建构，知识分子的革命抒写，人性的限制与期待三个方面解读另类作品的具体内涵;第五章从理论维度考察《解放日报·文艺》的文艺思想;第六章论述《解放日报·文艺》停刊的内在轨迹，以及停刊后革命文艺家的文艺转向。大 32 开本，286 页，定价 25.00 元。

《文人论政——知识分子与报刊》 李英铨著。2008 年 11 月广西师范大学出版社出版。本书以现代中国著名报刊为主体，结合历史与新闻、文化研究的新成果，追索并烛照一系列思想史、政治史、新闻史问题。大 32 开本，350 页，定价 35.00 元。

《时代之印——中国媒介三十年(1978～2008)》 胡正荣、王磊主编。2008 年 11 月陕西人民出版社出版。本书通过描绘和剖析作为社会镜像、舆论公器、经济助力的中国媒介 1978～2008 年间的沧桑巨变，探寻中国媒介改革前景与发展道路，折射出中国政治、产业和思想体系的变迁。注重思想性和可读性的统一，事实与学理的相互映照。通过"全景描绘＋学理剖析＋亲历者口述"的方式，对中国媒介三十年变革做全景式的梳理。16 开本，357 页，36.4 万字，定价 39.00 元。

《晚清报刊与维新舆论建构》 王天根著。2008 年 12 月合肥工业大学出版社出版。本书是作者撰写的《中国近代报刊探索》的第一卷，从宏观上论述了晚清媒介"通中外"与政治建构或解构的关系，从历史时段上论述了清代中央集权与官方舆论控制功能的关系、列强侵略加深与西方在华媒介殖民功能关系、晚清政治与媒介对维新的舆论建构。作者就媒介与晚清政治转型关系展开论述，以揭示媒介功能在政党利益纷争中嬗变历程及由此呈现的规律性。探究晚清媒介功能既要关注中国媒体自身运动的历史轨迹，又要观察外报刊对中国所起的样板作用及其对维新舆论的影响。研究报刊对近代中国政治舆论建构或解构，尤其要关注社会转型中报人、报业与政治变革的关系。在救亡图存的社会语境下揭示媒介功能的拓展与政治舆论转向的关系，是本书探索的重点所在。16 开本，251 页，定价 28.00 元。

《大变局中的民间报人与报刊》 陈建云著。2008 年 12 月福建教育出版社出版。本书选取徐铸成、王芸生、储安平这三位民间报人，及其所主持的《文汇报》、《大公报》、《观察》周刊，铺排史实，索隐钩沉，感受他们在 1945～1957 年这一历史大变局中的憧憬与彷徨，欣喜与迷惘，奋发与无奈，坚持与哀愁。16 开本，255 页，定价 29.80 元。

《敦煌变文传播研究》 胡连利著。2008 年 12 月人民出版社出版。本书对敦煌变文传播的背景，传播过程个要素，变文的影响与消亡等问题进行了翔实的考证和深入独到的分析。大 32 开本，270 页，定价 20.00 元。

《清末小说的生产与传播》 李彦东著。2008 年 12 月中国文史出版社出版。本书将清末小说当做一个研究范畴，探讨其生成的外部环境，并将其生产和传播当做本书研究的重点，本书分别从新闻史、印刷史、小说批评等多个方面探讨清末小说在一个动荡时代出现的新变化，以及这一现象所昭示的各种可能性。大 32 开本，204 页，定价 23.00 元。

《社会良知——厦门晚报十五周年新闻志》 林水圳主编。2008 年 12 月福建教育出版社出版。16 开本，162 页，印数 2100 册，定价 28.00 元。

《月涌大江流——武汉晚报发展纪实》 武汉晚报社编，魏锋总纂。2008 年 12 月武汉出版社出版。收入"武汉新闻史丛书"。本书将 1961 年创刊至今被百姓誉为"百灵鸟"、"堂前燕"的《武汉晚报》在巨大发展变迁中的重大事件，逐一胪列，细腻勾勒，展现一曲曲动人心弦的时代壮歌和一湾湾沁人肺腑的生活潺流。大 32 开本，473 页，定价 50.00 元。

《广东报业竞争 30 年》 林如鹏著。2008 年 12 月暨南大学出版社出版。本书对广东报业的发展进行了一次全景式的扫描。以 1978 年为起点，总结、梳理了广东报业发展的历史轨迹和特点，时空跨度大，脉络清晰，具有较强的史料价值。除此之外，分析了广东四大报业集团在激烈的竞争中采用的竞争战略及成效，阐述了广东报业发展领先全国的竞争优势，探讨了广东报业的实践对全国报业的启示，并对国外报业集团的发展进行了经验借鉴。16 开本，185 页，定价 28.00 元。

《民国新闻史》 胡小平著。2008 年青海人民出版社出版。本书介绍了北洋时期新闻业的成长、国民政府时期的新闻业、抗战时期的新闻业、内战时期的新闻业等内容。大 32 开本，339 页，定价 28.00 元。

《连云港日报五十年(1958.2～2008.3)——连云港日报创刊 50 周年纪念文丛》 颜士友主编。2008 年中国文史出版社出版。32 开本，300 页，印数 1000 册。

《唐宋词传播方式研究》 钱锡生著。2009年1月复旦大学出版社出版。本书采取史料收集整理的传统研究方法,将研究建立在扎实的文献基础上。通过对各类材料的合理分类、归纳总结,通过定量分析和定性分析相结合的论述,提供客观、具体、翔实的唐宋词传播的真实图景,避免主观武断,增强论述的科学性。大32开本,283页,定价22.00元。

《鲁迅域外百年传播史(1909～2008)》 王家平著。2009年2月北京大学出版社出版。本书以美国和苏联两大阵营"冷战"局面的形成为界,把百年来国外鲁迅译介和研究的历史分作"冷战前时期"、"冷战时期"和"冷战后时期"来叙述;同时,根据20世纪国际地缘政治的基本格局,把译介、研究鲁迅的国家分作"日本及其他远东国家"、"苏联及其他东欧国家"、"美国、西欧等国家",以及这3大国家体系之外的"亚、非、拉国家"4个群落来考察。这样,就在纵的历史(时间)维度和横的空间维度内,建构起了一个阐释国外鲁迅译介、研究历史和现状的整体框架。16开本,449页,定价48.00元。

《福建新闻史(1645～1949)》 徐明新编著。2009年3月海峡文艺出版社出版。本书以出现在福建境内的新闻活动为考察及写作对象,不论其社会性质、所属类别、发生地点、表现形式等情况,都一视同仁,认真对待;凡是参与福建新闻活动的中国人士,或为在福建办报的中国人,或为在国内外进行新闻活动的闽籍同胞,都在本书关注之列。书中各类统计史料,遍及各章和大部分节、目。论述时间跨度长,对1950年以前福建新闻事业发展的全过程,对所兴办的报纸、期刊、通讯社和无线广播电台的总数都分别说明。16开本,208页,定价35.00元。

《宋集传播考论》 巩本栋著。2009年4月中华书局出版。收入"文献传承与文化认同研究丛书"。本书内容包括:宋人别集的编纂、刊刻与流传,明人整理宋人别集的成绩,清人整理宋人别集的贡献,域外所存的宋代文学史料,朝鲜时代的宋人诗文选本,宋人撰述流传高丽、朝鲜两朝考略,等等。16开本,272页,定价45.00元。

《〈益世报〉与中国现代文学》 杨爱芹著。2009年4月中国文史出版社出版。全书分五章,主要纲目为:《益世报》——现代文学研究尚未全面开拓的沃土;20年代《益世报》对现代文学的特殊贡献;30年代《益世报》与自由主义文学的繁荣;40年代《益世报》与自由主义文学的复兴;《益世报》文学专题研究。大32开本,300页,定价38.00元。

《社论串起来的历史》 袁晞著。2009年4月人民出版社出版。书中重点记录了《人民日报》原副总编辑范荣康的口述回忆。他既是历史的参与者,也是历史的见证者和记述者。该书作者也写下了自己对于时代、历史的思考。本书从上世纪五六十年代《人民日报》社论中选取较有代表性的篇什,书中所选社论涵盖"建设武汉长江大桥"、"修筑川藏和青藏公路"、"五十多年前的春运"、"高产卫星和大炼钢铁"、"批判彭德怀"、"攀登珠峰"等当年标志性事件,每篇社论原文前后均有范荣康口述、社论发表后的社会反响及有关史料。作者袁晞为每篇社论所写的"回望历史"则从口述内容及社论原文延伸开去,对口述内容加以考证,与大量文献档案互相印证,回顾历史,比照当下,不乏引人深思之处。16开本,335页,定价40.00元。

《在盛衰的背后——明代建阳书坊传播生态研究》 路善全著。2009年5月中国传媒大学出版社出版。本书运用传播生态学理论,对明代传播生态以及起于五代、兴于两宋、盛于明代末期的建阳书坊进行了较全面的梳理,并从一个新角度探讨了明代传播生态背景下建阳书坊盛衰演变的过程和原因,对出版史的研究有一定参考和补充价值。大32开本,261页,21.2万字,定价28.00元。

《留学生与中国新闻学》 李秀云著。2009年5月南开大学出版社出版。收入"中国学科现代转型丛书"。本书将中国近代新闻学术史作为一种文化现象加以考察,以留学生为切入点,从中西学术文化交流的视角再现中国近代新闻学从萌芽到独立的发展过程。本书力求突破以新闻人物及其作品内容介绍作为行文线索的现有研究格局,而代之以专题研究的形式,分别厘清留学生在中国新闻学的建立、外国新闻理论的引介、新闻学术交流平台的建构等方面对中国近代新闻学术发展所作出的重要贡献,从而做到历时态考察与共时态分析的有机结合。大32开本,255页,定价22.00元。

《六盘水志·报业志》 六盘水市地方志编纂委员会编。2009年6月贵州人民出版社出版。16开本,268页,21.4万字,印数1000册,精装本,定价120.00元。

《趣味报刊:中国著名报刊趣谈》 暴士明编著。2009年6月科学普及出版社出版。收入"趣味收藏丛书"。本书共分六章,内容包括:报刊形式趣谈;中国历史的著名报刊;中国当代知名报刊;报刊轶事;报刊人与报刊;收藏报刊的历史脚印。16开本,185页,定价43.00元。

《中外新闻传播教育发展研究》 辛欣、雷跃捷等著。2009年6月中国传媒大学出版社出版。本书系统地论述了中、美、英、德、法、俄、日等国新闻传播教育的发展轨迹,指明了新闻传播教育的历史使命,明确了新闻传播教育的理念、目标与模式,提出当代新闻传播教育应弘扬人文主义精神,以高等教育为主体,以复式专才教育为途径,以社会责任为专业理念,以国际化为发展目标,以高素质的师资和雄厚的资金投入为保障。16开本,258页,定价46.00元。

《近现代报刊文人论政传统研究》 袁新洁著。2009年6月江西人民出版社出版。近代以来,中国的知识分子感于国势的威迫,积极入世,勇敢担当,热切地借助报刊这种新载体,抒发言论,评议时政,以文章来为国家扶善除恶、激浊扬清,对政府进行舆论监督,实现他们共同的理想和追求。本书是对这一问题的系统研究。大32开本,294页,定价30.00元。

《抗战时期的四川新闻界研究》 黄九清著。2009年8月四川大学出版社出版。全书6章,具体纲目为:抗战前四川新闻界概述,抗战时期四川新闻界的社会生存环境,抗战时期四川新闻界的构成,抗战时期四川新闻事业的发展,四川新闻界与抗日战争的互动,抗战时期四川新闻界的联合与斗争。大32开本,268页,定价22.00元。

《新闻事业与新闻传播学》 宋超主编。2009年9月上海人民出版社出版。收入"辉煌60年·社会发展与学术成长丛书"。主要内容包括:社会主义改造时期新闻事业与新闻学的初步发展(1949~1956),全面建设社会主义时期新闻事业与新闻学在曲折中发展(1957~1966),"文革"时期新闻事业与新闻学的劫难(1966~1976),从拨乱反正到改革开放:新闻事业与新闻学的走向繁荣(1976~1992),建设社会主义市场经济时期新闻事业与新闻传播学的空前发展(1992~2009)。16开本,168页,定价25.00元。

《建国前中国共产党报刊研究》 钱承军著。2009年9月中国文联出版社出版。本书在体例上,可以说是集史论、人物列传、报刊目录提要为一体,深得中国传统史书体例之精华。既具有很高的理论价值,也具有很高的史料价值。书中所涉及的资料来源,上及国家级档案馆、图书馆,下及各地市、县乃至私人收藏,无及海外,可谓搜罗备至。全书共分五章,内容包括:中国共产党早期报刊;第一次国共合作与北伐时期的中国共产党报刊;土地革命战争时期的中国共产党报刊;抗日战争时期的中国共产党报刊等。大32开本,342页,定价33.00元。

《清代广西汉文化传播研究》 黄海云著。2009年9月民族出版社出版。本书主要论述了清代时广西地区汉文化的传播情况,内容包括:清代广西汉文化传播的背景和条件,清代广西汉文化传播的主体,清代广西汉文化传播的方式等。大32开本,392页,定价38.00元。

《中国新闻事业史》 吴廷俊主编。2009年9月武汉大学出版社出版。以往出版的中国新闻史专著和教材,一般都是按革命斗争史为标准划分时期、建构编写框架的。本书则是按媒体为单位建构编写框架的。这是本书的特色和亮点之一。本书分五编介绍了中国新闻事业发生发展的历史,这五编的内容分别是:报刊史、广播电视史、通讯社史、新媒体史和新闻教育与学术史。在报刊史下,再分为官报史、民报史和党报史三部分。本书的每一编均可单独成书,便于不同专业教学使用。16开本,59.3万字,定价39.00元。

《南方报业之路》 杨兴锋主编。2009年10月南方日报出版社出版。本书从纵横结合上对南方日报报业集团的发展进行了全面深入的探讨,分为"总论"、"新闻采编改革"、"经营管理"、"品牌管理"、"战略管理"几篇。16开本,377页,50万字,定价68.00元。

《新闻春秋(第九辑)——第三次地方新闻史志研讨会论文集》 黄瑚主编。2009年10月复旦大学出版社出版。本书收录有关地方新闻史志方面的研究论文四十多篇,按报人研究,报刊研究,新闻通讯、广播电视业研究,多重视野下的新闻史研究几个板块进行编排。收录的论文包括《章太炎的报人品格》、《李大钊与〈晨报〉》、《北京白话报与阅报社》、《近代上海体育新闻传播发展略论 》等等。16开本,423页,50.8万字,定价45.00元。

《中国新时期新闻传播学术史研究》 张振亭著。2009年10月江西人民出版社出版。本书的内容包括:绪论;发展阶段论;研究主体论;研究内容论;研究方法论;研究效果论;结语。大32开本,254页,定价32.00元。

《六安新闻志》 本书编委会编。2009年11月出版。全书采用述、记、志、传、图表录,以志为主,横排门类、纵述史实。概述、大事记、附录不列编序;专志平列设篇章,按篇、章、节、目层次记述,辅以图表,记录了安徽省六安市1902年到2005年里的新闻事业发展史。

《这三年》 长江商报社编。2009年湖北人民出版社出版。出版长江商报创刊3周年纪念丛书,包括画册《这三年》、评论作品集《长江评论》、副刊作品集《城市公社》、论文作品集《向上的力量》。

《东北老报纸图录》 张挺与编著。2009年中国文史出版社出版。本书收集了新中国成立以前,东北各个历史时期的老报纸551份。其中有老报纸创刊号近百种,特别是有记录东北地区重要历史事件的国内外报纸号外200种。这些老报纸和号外,见证了东北地区近现代沧桑曲折的历史。按照老报纸的出版年代时间,《东北老报纸图录》共分为4个时期加以编辑:流传在东北的国内外早期报纸;清末民国初期东北地区创刊的报纸;东北地区沦陷时期的报纸；解放战争时期东北地区的报纸。

《孤岛时期的〈文汇报〉研究》 周立华著。2009 年 12 月江西人民出版社出版。

【附】《新中国书刊海外发行传播 60 年(1949～2009)》何明星编著。2010 年 3 月中国书籍出版社出版。《中国对外新闻传播史》陈日农著。2010 年 4 月外文出版社出版。

发行史·藏书史类

《古代藏书史话》 许碚生编写。1982年12月中华书局出版。收入“中国历史小丛书”。本书对我国古代藏书历史进行了简明通俗的介绍。小32开本,48页,印数17000册,定价0.13元。

《你和你的书》 林春红、王靖元编著。1985年11月书目文献出版社出版。本书是介绍个人藏书方法的普及读物。作者用通俗简洁的语言告诉读者如何收藏图书、如何对书籍分类以及如何读书等。小32开本,36页,印数15300册,定价0.25元。

《1927～1937年中国工农红军发行史简编》 佚名编。1986年10月解放军出版社出版。32开本,482页,印数8000册,定价3.00元。

《王古鲁日本访书记》 王古鲁著。1986年11月海峡文艺出版社出版。本书系王古鲁先生在日本从事文学生涯时,到东京的一些图书馆中翻阅了大量的中国古小说后编撰而成的。大32开本,5.2万字,131页,印数1410册,精装本,定价3.05元。

《续补藏书纪事诗》 王謇著,李希泌点注。1987年9月书目文献出版社出版。王謇(1888～1969)的《续补藏书纪事诗》记录、品评了近现代以江浙沪为中心的一百三十余位藏书家的藏书事迹。虽然此书篇幅不大,但由于所记多为近现代藏书中心地区的藏书家,且书中保留了大量为他书所未见的第一手资料,故颇为人看重。小32开本,81页,5万字,印数3300册,定价0.60元。

《浙江藏书家藏书楼》 顾志兴著。1987年11月浙江人民出版社出版。藏书和刻书如文化史上的双子星座,交相辉映,二者又互为因果,互相促进。因此,作者关于藏书和出版的著作《浙江出版史研究》可以互相参阅。本书介绍了自宋朝以来浙江的藏书家和藏书楼的发展沿革。大32开本,328页,印数3000册,定价3.00元。

《清代藏书楼发展史·续补藏书纪事诗传》 谭卓垣、伦明等著,徐雁等整理。1988年6月辽宁人民出版社出版。《续补藏书纪事诗传》,汇集伦明、王謇、吴则虞等所作的续补藏书纪事诗351篇,传记清代和近代以来藏书家277人,内容涉及300多年来历史文献的传播、藏书事业的发展、书业活动的兴衰等。本书同近人谭卓垣的英文译本《清代藏书楼发展史》合刊出版。小32开本,465页,33万字,印数3000册,定价5.20元。

《东北解放区出版发行工作的回顾》 周保昌著。1988年9月辽宁人民出版社出版。本书是作者根据亲身经历撰写的回忆录,回顾了东北解放区的出版发行工作在解放战争时期艰苦奋斗、不断发展的过程。小32开本,271页,15万字,定价3.00元。

《新华书店诞生在延安》 赵生明编著。1989年7月华岳文艺出版社出版。本书系统介绍了新华书店1937年在延安诞生直到1949年十多年艰苦创业、不断发展的历史，特别是对新华书店在延安的诞生经过作了详细的研究。附录有《1937～1948年新华书店在延安发行书目》。小32开本，278页，印数4400册，定价4.50元。

《北京市新华书店四十历程(1949～1989)》 本书编辑组编。1990年2月北京科学技术出版社出版。本书如实记录了北京市新华书店及各区、县店艰苦创业、发展壮大的历程。大32开本，167页，印数3500册，定价2.90元。

【另】北京市新华书店编撰的《改革·发展·繁荣——前进中的北京市新华书店》2004年由中国书店出版社出版。本画册从不同侧面记录了北京市新华书店在各个时期的真实情况。16开本，87页，定价60.00元。

《中国历史藏书论著读本》 徐雁、王燕均主编。1990年7月四川大学出版社出版。本书从古今藏书史论著中，撷取了富有学术性和资料价值的文献汇编成册，每种之首均写有"导读"文章，以便读者步入中国藏书史的学术门径；每种之末均有"参读"文献，以便读者能由此进一步深入原典，去做更高深的研究。该书内容涉及历代典籍的流传、皇家藏书事业的发展、江南私家藏书的兴替和中国历史藏书学的建立等。大32开本，751页，60万字，印数3000册，定价5.10元。

《战争年代的山东新华书店》 王益、周保昌等著。1990年9月山东人民出版社出版。本书是一本关于抗日战争和解放战争时期山东解放区出版工作的回忆录，时间起自40年代初期，止于全国解放前夕。书中对党领导下的编辑、出版、印制、发行工作的方针任务，机构沿革，人事变更，业务活动及其在革命战争和建设中所起的重要作用等方面进行了概括的叙述和典型事例的介绍，着重反映了当年出版工作者的艰苦奋斗、全心全意为人民服务的精神。附录有《山东(华东)新华书店组织机构表》、《建国前山东新华书店出版图书简目》。小32开本，275页，16.8万字，印数3000册，定价3.50元。

《中原—中南新华书店史(1948～1954)》 钱藩主编，本书编辑委员会编写。1991年2月湖北人民出版社出版。本书详细记载了中华人民共和国建立前后和社会主义经济建设开始初期，中原、中南新解放区出版发行事业的全部过程。全书分为概述、大事记、分店简况几个部分。书前有历史图片、书影等18页。大32开本，375页，30万字，印数12620册，精装本定价9.00元，平装本定价7.00元。

《中国图书馆学史》 吴仲强等著。1991年12月湖南出版社出版。全书共计9章。第一章为"绪论"，对中国图书馆学史的研究对象、研究内容及研究的意义、原则和方法作了概括性的论述。接下来的8章，作者分别按照从先秦到当代的顺序，系统地论述了中国图书馆学史、中国图书学史、中国藏书学史、中国图书分类学史、中国目录学史、中国版本学史、中国文献学史、中国图书馆学教育史等各个分支学科的历史。对从中国古代到当代的图书馆学进行了系统的总结，对中国当代的图书馆学家进行了系统研究和客观评价。大32开本，348页，27.3万字，印数3000册，定价10.00元。

《中国图书馆发展史》 王酉梅著。1991年12月吉林教育出版社出版。本书运用马克思主义基本理论，探索中国图书馆发生发展的进程与社会政治、经济、文化的相互关系，着重研究中国历代图书馆文献的利用对文化学术发展的影响，并进行了中西对比研究，探寻其发展的异同。书中对古代编书、刻书、印书以及图书的典藏和传播多有论及。小32

开本,361页,25.3万字,印数1635册,定价4.15元。

【另】李朝先、殷克强著《中国图书馆史》1992年由贵州教育出版社出版。刘少泉编著《中国图书馆事业史》1993年6月四川大学出版社出版。

《鲁迅藏书研究》 北京鲁迅博物馆鲁迅研究室编。1991年12月中国文联出版公司出版。本书为纪念鲁迅先生诞辰一百一十周年而编。大32开本,450页,印数2000册,定价7.15元。

《黑龙江图书发行志》 韩有谟编写。1992年6月黑龙江人民出版社出版。16开本,250页,印数1000册,精装本,定价38.00元。

《天一阁史话》 邱嗣斌、汪卫兴著。1992年9月文化艺术出版社出版。本书主要内容有:天一阁来历,范钦传奇,乾隆皇帝与天一阁,稀世奇珍地方志,登科录拾趣,天一阁中的孤本、善本和书画精品,天一阁五次浩劫,周恩来总理和其他中央领导关心天一阁,天一阁与名流学者,天一阁额联,等等。小32开本,98页,印数1000册,定价2.80元。

《南充地区图书发行志》 南充地区新华书店编。1993年2月重庆出版社出版。大32开本,383页,印数1000册,精装本。

《天一阁丛谈》 骆兆平著。1993年3月中华书局出版。作者系天一阁研究员,既熟悉天一阁之藏书,又熟悉天一阁之历史,了然天一阁盛衰之迹。本书以史话的形式,介绍了著名藏书楼天一阁的藏书及历史演变。顾廷龙作序。大32开本,137页,印数4000册,定价17.00元。

《中国图书发行简史与发行刍议》 吴柏龄著。1993年3月黄山书社出版。本书分为"图书发行简史"、"图书发行刍议"两部分,收入作者所写的图书发行史和图书发行现状方面的研究文章。"图书发行简史"部分收录了作者有关图书发行史的论文,分"绪论"、"我国古代图书发行事业的产生"、"我国古代图书发行事业的发展"、"我国近代图书发行事业的兴盛"、"我国现代图书发行事业的巨变"五个部分,对中国图书发行史进行了初步的探讨。书后附有《安徽图书发行史料》,收录了有关安徽省新华书店、图书发行工作等方面的史料。大32开本,190页,定价4.20元。

《北京各类型图书馆志》 张树华编著。1993年3月北京燕山出版社出版。内容包括:历史沿革、公共图书馆、高等院校图书馆、中国科学院北京地区图书情报系统、工厂图书馆、中学图书馆(室)等。大32开本,813页,印数1000册,定价15.00元。

《上海近代藏书纪事诗》 周退密、宋路霞著。1993年4月华东师范大学出版社出版。本书共录传自清末丁日昌起至现代丁景唐为止的藏书家60人。写法上学习《藏书纪事诗》和《辛亥以来藏书纪事诗》。小32开本,160页,11万字,印数2500册,定价4.95元。

《四川省图书馆事业志》 本书编纂委员会编。1993年10月四川大学出版社出版。本书总结和论述了四川从清末直到1990年图书馆事业的发生与发展状况。大32开本,300页,印数1500册,精装本,定价16.00元。

《风雨砥砺四十春秋:上海新华书店简史(1949～1989)》 张泽民、任俊达主编。1993年12月上海交通大学出版社出版。本书记述上海新华书店初创时期、发展壮大时期、调整时期和"文革"时期等各个历史时期的轨迹和某些重大事件的始末,从各个侧面反映上海新华书店的精神风貌。大 32 开本,307 页,印数 1000 册,定价 7.00 元。

《书香心怡:中国藏书文化》 曹正文著。1993 年 12 月上海古籍出版社出版。收入"中国古代生活文化丛书"。本书分访书之趣、藏书之乐、玩书之境、读书之法 4 部分。小 32 开本,201 页,定价 7.10 元。

《中国图书发行的昨天与今天》 汪轶千著。1994 年 11 月中国大百科全书出版社出版。作者长期在书店系统工作。他根据工作实践和经验,自 20 世纪 50 年代以来陆续在有关的报纸杂志和会议发表了一些关于图书发行的文章和讲话,约一百多篇。这部文集将它们收集整理,归类编排,分成 5 辑,分别为:改革与探索、渠道与效益、市场与管理、回忆与纪念、教育与队伍、境外与国外。内容涉及发行工作的方方面面,时间上起 50 年代,下到 1993 年。大 32 开本,456 页,33 万字,印数 5500 册,定价 15.80 元。

《浙江省图书馆志》 浙江省图书馆编。1994 年 11 月中国书籍出版社出版。收入"浙江省志丛书"。本书记述了浙江省图书馆事业有史料记载以来至 1990 年的历史与现状。16 开本,511 页,印数 3500 册,精装本,定价 50.00 元。

《新疆图书发行志》 该志编辑委员会编。1994 年 12 月新疆人民出版社出版。16 开本,223 页,印数 800 册,精装本,定价 40.00 元。

《书林丛考》 郑伟章著。1995 年 7 月广东人民出版社出版。本书是一部有关中国藏书史、刻书史的专题性著作。本书分为"古文献丛考"和"《四库全书》献书人丛考"两个部分,其中内容涉及唐集贤院、郑氏二老阁、莫芝友、方功惠、鲍廷博、徐友兰、陶湘以及《四库全书》献呈藏本者的刻书藏书事迹的考证。著者所编撰的叶昌炽的"年谱",具有填补学术研究空白的意义。大 32 开本,429 页,印数 1000 册,定价 16.50 元。本书 2008 年 7 月岳麓书社出版增补本大 32 开本,578 页,58 万字,印数 4000 册,定价 40.00 元。

《重庆市新华书店志》 龚伟群主编,本书编委会编。1995 年 7 月重庆出版社出版。本志上限起于 1949 年,下限止于 1990 年。大 32 开本,490 页,印数 1550 册,精装本,定价 29.00 元。

《世纪之交的文化选择——鲁迅藏书研究》 陈漱渝著。1995 年 12 月湖南人民出版社出版。大 32 开本,481 页,印数 1000 册,精装本,定价 13.70 元。

《爱日精庐藏书志》 清·张金吾撰。续修四库全书本。1995 年上海古籍出版社出版。全志三十六卷,《续志》四卷,有清道光七年(1827)刻本。张金吾(1787～1892),字慎海,又字月霄。清江苏昭文(今常熟)人。清代藏书大家。该书为清代一部十分重要的私藏解题书目,著录善本书 765 种;是研究张金吾藏书以及清代藏书史的不可多得的文献。16 开本,700 页,精装本,定价 54.30 元。本书还有中华书局 1990 年版等多个版本。

《新华书店总店史(1951～1992)》 本书编辑委员会编。1996 年 1 月人民出版社出版。本书记载了新华书店总店从 1951 年至 1992 年期间 42 年的发展历史。人物篇所收人物的下限时间,考虑到该书编辑出版的实际时间,定为 1995 年。全书有以下几个部分:《新华书店总店史》、《专题论述》(19 篇)、《回忆录》(22 篇)、《人物篇》、《新华书店总店大事记》。内容丰富,资料翔实可靠,是该书的主要特点。于友先作序。16 开本,488 页,插页 64,78.6 万字,印数 3000 册,精装本,定价 120.00 元。

《书城挹翠录》 沈津著。1996 年 3 月上海社会科学院出版社出版。作者系美国哈佛大学燕京图书馆善本书室主任。本书收录书志300篇,所选之书,主要为上海图书馆、香港中文大学以及美国一些主要大学的藏书。该书最大的特点是,每篇书志既有全貌,也有主题揭示,不仅记录书名、作者、规格、出版年代等基本资料,还作了比较研究,包括书的存藏、流传状况等。大32开本,403页,33万字,印数1000册,定价18.00元。

《天一阁论丛》 虞浩旭主编。1996年11月宁波出版社出版。本书系论文结集,为纪念天一阁建阁430周年而编。书中收录老中青学人的论文41篇,紧紧围绕“天一阁及中国藏书文化”这一主题,内容丰富,资料翔实,观点新颖,反映了学术界对天一阁及中国藏书文化研究的最新成果。大32开本,397页,定价18.00元。

《上海图书馆事业志》 1996年11月上海社会科学院出版社出版。收入“上海市专志系列丛刊”。全书除“总述”外有10篇,其纲目为:清末民国图书馆、公共图书馆、高等学校图书馆、中等专业学校图书馆、专业图书馆、工会图书馆/机关图书馆、文献收藏等等。16开本,543页,精装本,定价80.00元。

《从藏书楼到图书馆》 吴晞著。1996年11月书目文献出版社出版。本书论述了中国近代图书馆的产生和发展,主要着眼于中国图书馆从无到有、从萌芽到成熟的过程,以及在这个过程中起关键作用的人和事。小32开本,160页,印数3000册,定价6.80元。

《南京的书香》 徐雁、谭华军著。1996年12月南京出版社出版。收入“可爱的南京”丛书。该书凡58篇,对南京地区自六朝以来,尤其是从明代“金陵藏书四大家”以来的藏书史作了全面的概述,焦竑、黄虞稷、袁枚、甘熙、邓邦述、卢前、王瀣、汪辟疆等著名藏书家均设有专篇叙述,还涉及刻书、访书、读书方面的史实。大32开本,215页,印数6000册,定价7.50元。

《情吻新华——献给新华书店60华诞》 刘彦生主编。1996年12月华文出版社出版。大32开本,329页,印数4000册,定价15.00元。

《书香满神州——新华书店60周年纪念》 本书编委会编。1997年3月北京出版社出版。本书是《新华书店五十年》的续编,侧重反映改革开放以来尤其是1987年以来的十年间全国新华书店继承传统、改革发展、开拓奋进的历史画面。大16开本,206页,精装本,定价120.00元。

《铁琴铜剑楼研究文献集》 仲伟行、吴雍安、曾康合编。1997年7月上海古籍出版社出版。铁琴铜剑楼是清末著名四大藏书楼中唯一至今还保存完好的私家藏书楼,楼始建于1796年,因收藏有铁琴一张、铜剑一柄而得名。所藏书籍十多万册,多为宋元善本,在近代藏书史上,享有极高的地位,饮誉海内外。建国后,楼主后人将所藏书籍全部捐献给国家。本书是研究有关铁琴铜剑楼的综合性著作。为国内首次编撰之有关铁琴铜剑楼文献专集,同时也是国内第一部研究藏书家的专著。大32开本,321页,印数3000册,定价28.00元。

《四川新华书店志(1949～1995)》 该志编纂委员会编纂。1997年8月四川人民出版社出版。16开本,591页,印数3200册,精装本,定价130.00元。

《中国藏书史话》 焦树安著。1997年9月商务印书馆出版。本书的主要内容包括:中国古代藏书概论、中国古代藏书起源、秦代的藏书与焚书、汉代藏书制度的确立、魏晋南北朝藏书旋聚旋失、隋唐盛世藏书大增、宋元官私藏书发展空前、明清一统藏书规模恢弘、近代图书馆的出现。小32开本,186页,印数3000册,定价13.00元。

《北京琉璃厂》 叶祖孚著。1997年12月北京燕山出版社出版。收入"京华博览丛书"。大32开本,180页,印数5000册,定价12.00元。

《华东新华书店简史(1949～1954)》 本书编委会编。1998年3月文汇出版社出版。本书记述了从1949年到1954年,原编、印、发一体的华东新华书店总店和分工专业化后专营书刊发行工作的新华书店华东总分店的历史情况。大32开本,275页,印数3000册,精装本,定价32.00元。

《藏书四记》 王余光主编。1998年5月湖北辞书出版社出版。收入"古籍精华今读系列"。本书是宋至明清时期历代文人关于藏书的文章的选编,分为"宋代藏书记"、"明代藏书记"和"清代藏书记",末附徐雁编撰的《中国历史世故书常识录》。从中可以窥见中国历史上自宋代以来历代官府与私家对藏书的重视和图书聚散,看见文人们对书的那种挥之不去的永无止境的依恋。大32开本,418页,印数6000册,定价16.80元。

《藏书》 钱军著。1998年6月辽宁教育出版社出版。收入"收藏知识小丛书"。本书分七章,从"选书与环境"、"鉴赏与品评"、"书房与环境"、"保管与收藏"、"藏书票与藏书印"、"图书史话"、"藏书史话"几个方面较为全面系统地介绍了有关藏书的知识,内容丰富,简洁通俗,集知识性、趣味性于一体。小32开本,163页,印数8000册,定价8.00元。

《中外图书交流史》 彭斐章主编。1998年6月湖南教育出版社出版。收入"中外文化交流史"丛书。全书分7章论述了从汉魏直到民国时期的中外图书交流。大32开本,346页,30万字,1997年第2次印刷,累计印数2000册,精装本,定价19.30元。

《陕甘宁边区的图书馆事业》 赖伯年主编。1998年9月西安出版社出版。作者通过对两千多万字的书报杂志和档案文献的翻阅梳理,以及对当年建于陕甘宁边区的各个图书馆史料的征集,发掘了大量湮没在历史长河中的珍贵史料,如毛泽东先后向边区四个图书馆捐款的情况,周恩来、林伯渠向北平图书馆赠书的函件与清单,延安工农学校1945年的图书目录簿等。更为可贵的是,作者通过对几十位有亲身经历的同志的采访,使许多不为人知的史实首次得以披露。书中还登载了边区十多个图书馆当年的藏书印鉴和近三十幅历史照片。大32开本,355页,29万字,印数1500册,定价25.00元。

《齐鲁书香:山东新华书店店史(1944～1997)》 本书编写组编。1998年12月山东友谊出版社出版。16开本,192页,印数1200册,精装本,定价180.00元。

《成都市志・图书发行志》 成都市地方志编纂委员会编。1998年四川辞书出版社出版。16开本,276页,印数1000册,精装本,定价68.00元。

《中国近代藏书文化》 李雪梅著。1999年1月现代出版社出版。作者将近代藏书文化与近代社会的变迁密切联系起来考察,揭示社会变迁对藏书文化的影响。书中着重以从传统藏书的私密性转变为近代藏书的公开、公用性为主线,论述了公共藏书意识,图书馆运动的兴起、发展和完善,以及公藏与私藏的并存等问题,大致反映了近代藏书的面貌。近代藏书与出版的关系不及古代密切,但二者仍有不可分割的内在联系。书中不少地方直接讨论出版问题。如第三章第三节,专门讨论了近代刻书情况,涉及太平天国刻书、清末官刻、藏书家刻书、书肆刻书,还论及近代刻书特点、刻书兴盛的原因等。龚书铎作序。大32开本,377页,未标字数,印数5000册,定价19.00元。

《中国读者理想藏书》 王余光主编。1999年1月光明日报出版社出版。本书依据中外推荐书目80种(其中中国人的54种,外国人的26种),通过对它们所推荐的图书进行统计,以各书被推荐的次数多少为序,形成《中国读者理想藏书》的基本书目,然后对首次推荐的与二次推荐的图书以内容提要的方式予以介绍,对三次推荐的图书则列出书名介绍。全书分为"中国小说"、"英国小说"、"美国小说"等36个专题,首次推荐书289本,二次推荐书532本,三次推荐书1691本。内容涉及政治、经济、法律、文学、历史、哲学、科技等众多领域。大32开本,542页,印数8000册,精装本,定价38.00元。

《书店风云——漫议读者书店》 任希儒主编。1999年3月天津人民出版社出版。本书回忆了当时天津地下党组织创建于1947年的天津读书书店的历史。回忆者均系当年与读书书店有关的人员。大32开本,220页,定价10.00元。

《藏书与文化——古代私家藏书文化研究》 周少川著。1999年4月北京师范大学出版社出版。作者从文化的视角来研究中国古代私家藏书,富有新意。"绪论"对于私家藏书与私家藏书文化、古代私家藏书文化在中国文化史上的地位、从文化视角研究私家藏书的意义等进行了宏观性的论述。随后的五章则分专题对古代私家藏书文化的各个方面予以探讨,具体内容有:古代私家藏书发展源流、古代私家藏书与社会历史环境、古代私家藏书的基本模式、古代私家藏书的文化意蕴、古代私家藏书的文化成就。附录有《藏书楼号一览表》等。大32开本,378页,29.6万字,印数3000册,定价18.00元。

《书林尽知音——新华书店60周年书画集》 新华书店60周年店庆组委会办公室编。1999年5月人民美术出版社出版。8开本,148页,精装本,定价160.00元。

《中国古代藏书楼研究》 黄建国、高跃新主编。1999年7月中华书局出版。这是1997年在杭州大学召开的"中国古代藏书楼国际学术研讨会"的论文结集,共收录论文35篇,有宏观的论述,也有微观的考辨。作者主要是中国的,也有韩国学者。在中国古代,藏书家往往又是刻书家,藏书和刻书常常是一并讨论的,因此,对藏书楼的研究于古代出版史研究是有直接参考价值的。大32开本,445页,32.4万字,印数3000册,定价22.00元。

《江苏图书发行志》 穆纬铭主编。1999年7月江苏人民出版社出版。本书上溯江苏图书发行业源头,下限1996年,有些大事记述到1997年。采用述、志、录、图、表等并用的综合体裁,梳理和总结了江苏图书发行的发展历史。全志的概述,述议结合;大事年表,以编年体为主,辅以纪事本末体;志的主要部分用记述体。除"概述"外,全书设11章,具体内容为:建国前民营和官营图书发行业;建国前党的图书发行工作;建国后图书发行机构之一——华东新华书店;建国后图书发行机构之二——江苏省新华书店;建国后图书发行机构之三——市、县新华书店;图书购销;图书营销服务方式;发货、储运;各类图书发行;外文图书发行和图书进出口;发行管理。附录有《大事年表》、《重要文件辑存》。16开本,407页,彩色插页58,50万字,印数2000册,精装本,定价108.00元。

《内蒙古自治区新华书店志(1947～1995)》 要力行主编,本志编纂委员会编。1999年8月内蒙古人民出版社出版。本书记述了1947～1995年间,在中国共产党领导下内蒙古自治区新华书店从无到有,从小到大,茁壮成长的历史。16开本,508页,印数2000册,精装本,定价125.00元。

《河南省新华书店史(1949～1999)》 王英民主编,河南省新华书店史编委会编。1999年10月河南人民出版社出版。16开本,611页,印数5000册,精装本,定价67.00元。另《新华书店创建五十周年1937～1987》(河南省新华书店庆祝专辑)1987年10月河南省新华书店印行。多题词、图片等。16开本,79页。

《藏书纪事诗》(七卷) 清·叶昌炽撰,王锷、伏亚鹏点校。1999年12月北京燕山出版社出版。收入"书目书话"丛书。本书是我国第一部以纪事诗体为古代藏书家立传的著作,收录丰富,广征博引,为后人研究中国古代藏书家及藏书史提供了丰富的资料和线索。古代藏书家往往又是刻书家,因此,该书也是研究出版史的重要参考书。此次出版的点校本对叶氏原书收录的七百三十多位藏书家和书贾等加写了小传,另于书末附相关人名索。大32开本,595页,44.2万字,印数5000册,定价30.00元。

【另】《藏书纪事诗》古典文学出版社1958年曾经刊行。本书是据1909年清刻本断句排印。王謇(1888～1969)撰《续补藏书纪事诗》,书目文献出版社1987年出版了李希泌的点注本,凡5万字。

《藏书纪事诗 附补正》 清·叶昌炽撰,王欣夫补正。1999年12月上海古籍出版社出版。大32开本,962页,印数3000册,精装本,定价42.00元。

《辛亥以来藏书纪事诗》(外二种) 伦明等撰,杨琥点校。1999年12月北京燕山出版社出版。收入"书目书话丛书"。这本集子除了伦明《辛亥以来藏书纪事诗》外,还有徐信符《广东藏书纪事诗》和王謇《续补藏书纪事诗》。这三种叶昌炽《藏书纪事诗》的续作,体例相同,所记藏书家既是对叶氏的补充,三者又互为补充,对于研究近现代藏书家及藏书史,研究近现代出版文化变迁,都具有重要价值。大32开本,324页,24万字,印数5000册,定价16.00元。

【另】上海古籍出版社1990年重排出版了原中国书店雷梦水的补校本《辛亥以来藏书纪事诗》,凡十余万字。1999年又合刊了《藏书纪事诗》、《辛亥以来藏书纪事诗》,精装一卷本,共计64万字。

《中国藏书票史话》 李允经著。2000年1月湖南美术出版社出版。本书主要内容包括:漫话藏书票、藏书票的源流、藏书票的零星试作、藏书票的传入和早期倡导、早期藏书票作家作品简介等。大32开本,301页,彩图64页,精装本,定价65.00元。

《中国古代图书流通史》 李瑞良著。2000年5月上海人民出版社出版。这是国内第一部比较系统全面研究中国古代图书流通历史的专著。作者以时代为序,在头两章探讨了周秦时期和两汉时期图书的生产与流通;3～6章分别论述三国两晋南北朝、隋唐五代、宋元、明清各阶段的图书流通。全书反映了我国图书生产和流通的发展脉络与演进轨迹,显示其历史发展的连续性和阶段性。作者把图书流通史放在中国文化史的总体中来考察,把它看作文化史的一部分进行研究。同时又把图书流通放在商品运动之中,作为生产和消费的中间环节予以论述。图书生产与流通的特殊性成为该书叙事立论的重点。论点鲜明新颖,立论稳妥可靠,论证周详严密,史料丰富可信。大32开本,435页,33.2万字,印数4100册,定价28.00元。

《嘉业堂藏书楼——二十世纪藏书文化史上的丰碑》 李性忠著。2000年5月西安地图出版社出版。32开本,150页,印数1000册。

《中国书刊发行协会第三届全国会员代表大会会刊——中国书刊发行协会十年纪事(1989～1999)》 中国书刊发行协会编。2000年6月商务印书馆出版。大32开本,168页,定价18.00元。

《广西壮族自治区新华书店史》 陆宝琪编。2000年8月广西民族出版社出版。本书记述1949～1998年间,广西壮族自治区新华书店史,内容包括综合叙述、编年简史、大事记和主要情况统计四个部分。大32开本,588页,印数2000册,定价39.00元。

《中国图书发行史》 郑士德著。2000年10月高等教育出版社出版。本书是国内第一部以"图书发行史"命名的著作,也是目前规模最大的一部研究图书发行历史的研究论著。全书13章,论述了自先秦开始中国两千多年的图书发行历史。全书按照朝代分章,本着详今略古的原则,对近代、现代图书发行业,特别是新中国50年来的图书发行业进行了较多的叙述。对总结两千多年来的图书发行业历史而言,具有开拓性的意义。大32开本,961页,71万字,印数7000册,定价45.00元。

《明清著名藏书家·藏书印》 林申清编。2000年10月北京图书馆出版社出版。本书是一部有关藏书家事迹、藏书史料以及藏书印的资料汇编,共收明清两代近60位著名藏书家传记及藏书印鉴数百枚(藏书印鉴皆有识文)。双色套印,朱墨灿然,学术性、资料性、可读性、鉴赏性四美并具。16开本,255页,定价39.00元。

《近代江苏藏书研究》 江庆柏著。2000年10月安徽文艺出版社出版。收入"随园积薪"丛书。主要内容包括:近代江苏藏书概说、近代南京地区藏书、近代镇江地区藏书、近代常州地区藏书、近代无锡地区藏书等。本书是近年来我国区域藏书史研究的重要成果。大32开本,403页,28万字,定价20.00元。

《华北新华书店编年纪事(1937～1954)》 曹国辉、李俊杰编。2000年10月中国盲文出版社出版。本书全面记述华北地区新华书店建立、发展的历史过程,有助于读者了解华北地区新华书店成长的轨迹。大32开本,255页,印数1000册,定价16.60元。

《书城琐记》 骆兆平著。2000年12月上海古籍出版社出版。本书是关于浙东藏书文化研究的专著,记述的范围包括宁波市及所属诸县。书中作者首先对宁波藏书与刻书的情况作了概述,然后重点记述了著名的藏书家和藏书楼。全书引述资料丰富,考证详明。作者是天一阁研究员,书中仍以较多篇幅记述天一阁的历史与现状。大32开本,272页,印数5000册,定价21.00元。

《中国藏书楼》(全3册) 任继愈主编。2001年1月辽宁人民出版社出版。本书专以中国藏书楼为论说对象,采用史、论、表等体例形式,全景式地展现历代藏书楼面貌。全书分为上、中、下三编。上编为藏书论。首先按官府、私家、寺观、书院四大系统概论藏书楼的产生、藏书活动的兴衰、各藏书系统的特点及其历史贡献。然后从不同角度,剖析藏书的来源、私家藏书观、藏书与借书、藏书与刻书、藏书家与目录学、藏书与书厄、藏书与书籍保护、藏书家与版本学、藏书家与书商、藏书与藏书印等,探讨藏书活动和民族文化形成与发展之间的规律。中编是藏书楼发展史。按朝代分期,先概说各时期不同历史背景下的藏书活动,然后分系统介绍重点藏书楼的名称、建筑格局及藏书楼主人的家世、生平、收书、求书、读书、鉴书、校书、著书、刻书、编目等活动和其他学术成果,以及藏书的流传存佚等情况,直至近现代藏书楼向图书馆的嬗变过程。下编为"中国藏书大事年表",以中国帝王(或民国)年号为序,以藏书事件与人物事迹为纲,展示几千年的藏书历史。附录《中国藏书楼索引》、《中国藏书家索引》。大32开本,2225页,书前另有8页彩色插页,150万字,精装本,印数4000套,定价218.00元。

《中国藏书通史》(上、下) 傅璇琮、谢灼华主编。2001年2月宁波出版社出版。这套大型藏书通史在厘清藏书和藏书史概念的基础上,将中国藏书分为官府藏书、私家藏书、寺观藏书、书院藏书四大系统,并把中国藏书史分为起源、兴起、发展、繁荣、鼎盛、转型六个阶段。全书以时代和朝代为序,分八编分别论述了先秦至20世纪的藏书历史,其中有丰富的出版史内容和资料。书首有62页的彩色和黑白插图、书影、照片等。顾廷龙题签。大32开本,1384页,112万字,未标印数,精装本,定价150.00元。

《琉璃厂史画》 沈念乐编著。2001年5月文化艺术出版社出版。本书以图文并茂的方式反映北京琉璃厂以及其附近地区的文化历史状况。全书分6个部分,即:名衢溯源、书业春秋、古玩藏宝、九市精华、梨园觅踪等。其中"书业春秋"是北京古旧书流通史的重要组成部分。20开本,120页,精装本,铜版纸彩色印刷,定价38.00元。

《藏书故事》 余章瑞编著。2001年5月北京出版社出版。本书讲述了自古以来中国藏书家们倾财求书、舍命护书、勤苦读书的故事,讲述了中国文化典籍时盛时衰的命运。大32开本,383页,印数4000册,定价18.00元。

《苏州藏书史》 叶瑞宝等著。2001年6月江苏古籍出版社出版。本书比较详细系统地梳理和论述了苏州地区的藏书历史,内容涉及学校藏书、寺观藏书和私家藏书。书中特别注重对学校藏书、寺观藏书这两个以前人们重视不够的领域作了资料搜集整理和理论探索等方面的工作,有一定的开拓性。大32开本,499页,定价38.00元。

《中国私家藏书史》 范凤书编著。2001年7月大象出版社出版。本书依据书籍制作的演变和发展,逐代论述了中国私家藏书的发展,重点介绍了历代著名大藏书家、藏书世家的收藏活动、藏书思想和学术成就,又以整体或专题的形式论列了与私家藏书有关的藏书楼、藏书章、藏书家的功绩、藏书家的区域分布、私家藏书文献探考等。大32开本,736页,57.7万字,印数3000册,精装本定价40.00元,平装本定价32.00元。本书修订本2009年2月刊行,大32开本,定价49.00元。

《中国国家图书馆藏书票(中华体育文化珍藏集)》 孙蓓欣、陈力、李致忠主编。2001年7月北京图书馆出版社出版。本集藏书票遴选国家图书馆珍藏的中华体育文化方面的古代版画、彩绘、插图等善本真迹。由著名画家精心设计21枚藏书票,制作精良、内涵丰富,极具史料价值、艺术价值和永久收藏价值。大16开本,43页,经折装,定价480.00元。

《藏书票之旅》 吴兴文著。2001年8月三联书店出版。藏书票的世界可以说是一座名人的殿堂。他们因为追求知识,请人或自己设计藏书票,作为爱书的一种标志。本书展示了数十帧西方文化名人的藏书票,并以散文的笔调讲述蕴藏其中的掌故和趣闻。附录有《藏书票入门书简介》、《藏书票制作要点》。大32开本,278页,定价42.00元。

《文化人藏书票》 邓明主编。2001年11月上海画报出版社出版。24开本,92页,定价48.00元。

《历代名人与天一阁》 虞浩旭编著。2001年11月宁波出版社出版。本书主要介绍了黄宗羲、全祖望、赵万里、王世贞、徐乾学等历代名人对中国古代藏书楼——天一阁所做出的贡献。大32开本，201页，印数3500册，定价18.00元。

《新华书店六十年纪事(1937～1997)》　本书编委会编，许起盈总撰稿。2001年12月海洋出版社出版。本书记录了新华书店从成立到1997年6月60年间的重大事件、全国和各地发行方面的主要业绩，刊载各省级店历届主要领导人名录，记载省级店成长与发展的历程。16开本，716页，精装本，定价200.00元。

《常熟藏书印鉴录》(全3册)　李烨、吴恺、苏醒著。2002年4月中央美术学院出版社出版。收入"常熟地方历史文献丛书"。本书收集了华宝斋所藏的常熟藏书印鉴数百枚，具有较高的艺术欣赏价值。16开本，线装，定价580.00元。

《藏书票鉴赏》　沈泓著。2002年7月辽宁画报出版社出版。本书通过作者大量精美、珍贵的中外书票藏品，以精湛并赋有文学性的语言全面介绍藏书票的诞生、发展、特点及价值等相关知识。32开本，126页，印数3000册，定价36.00元。

《现代家庭藏书文化》　黄显功、张伟主编，计宏伟等编著。2002年7月上海科学技术文献出版社出版。本书简要介绍了图书的基础知识与历史，对家庭藏书的组织与利用提出了基本方法、原则。同时，作者还结合当前书业动态，介绍了藏书投资的知识。最后，根据家庭特点，作者对藏书环境的设计提供了一些参考实例。大32开本，236页，4页图版，定价16.80元。

《中国古旧书报刊收藏交流指南》　钟福之、刘爱平编著。2002年8月上海古籍出版社出版。这是国内古旧书业首部大型工具书，以介绍古旧书收藏交流历史、知识和信息为主，包括我国古旧书业收藏交流史，古籍旧书、连环画、报刊创刊号等收藏鉴定办法，全国各地旧书店、连环画、报刊藏品及书法绘画的市场行情，部分近现代及当代古旧书业专家、藏书集报家的成功事例，中外古旧书业概览，全国各地古旧书店、旧书市场、古旧书报刊交流媒体名录以及上万名藏书、连藏、集报爱好者名录。大32开本，784页，印数3100册，精装本，定价60.00元。

《中国藏书文化》　桑良志著。2002年8月中国财政经济出版社出版。本书对中国古代、近代、现代的藏书活动进行了深入的研究，特别介绍了藏书文化的源和流，藏书对中国传统文化及现代文化发展所起作用、地位，历代藏书家及其思想，官方藏书、私人藏书活动、藏书楼、藏书室到现代图书馆。甚至藏书的轶文趣事、诗词赋都有介绍。大32开本，378页，定价20.00元。

《常熟藏书家藏书楼研究》　曹培根编著。2002年8月上海文化出版社出版。收入"虞山文化研究丛书"。本书收录有关常熟藏书家藏书楼研究的论文14篇，内容涉及常熟藏书流派及代表人物，常熟藏书家藏书楼与浙江、山东藏书家藏书楼的比较，同时还讲述了中国藏书之乡——常熟的崛起及其文化、历史掌故等。大32开本，249页，印数2600册，定价18.00元。

《天命——西安市新华书店50年奋斗史》　蒋平均主编。2003年3月陕西旅游出版社出版。大32开本，254页，印数2000册，定价16.00元。

《谈古论今话书业——书商趣话》　邱瑞中著。2003年6月广西师范大学出版社出版。收入"百业趣话丛书"。本书是一本介绍古今书业知识、趣闻的普及性小册子。32开本,定价 7.00 元。

《趣谈中国藏书楼》 黄玉淑、于铁丘编。2003 年 8 月百花文艺出版社出版。本书主要趣谈中国的藏书楼。藏书楼在很多人眼里是一个有些神秘色彩的地方,一般人对这个话题似乎很少系统涉及。实际上,藏书楼是泛指我国古代官方机构、民间团体和私人收藏图书文献的建筑物。书中主要详细介绍了藏书楼的种类与官私藏书、藏书楼的功能和藏书家的贡献、藏书楼的历史局限、两汉至魏晋南北朝的藏书事业、蔡邕赠书传佳话、“开门接宾,诱纳后进”的向朗、隋唐五代的藏书事业、号称“良史”的藏书家吴兢、邺侯插架三万轴——李泌藏书典故等。大 32 开本,285 页,定价 16.00 元。

《张掖新华书店志》 赵玺、张培铭主编,本书编纂委员会编。2003 年 9 月甘肃人民出版社出版。收入“中华人民共和国专业志丛书”。本书介绍了甘肃省张掖地区新华书店的发展沿革,突出地域特点,如实记录全系统事业发展、网点建设、图书发行、企业改革、经营管理等。16 开本,363 页,印数 550 册,精装本,定价 88.00 元。

《中国藏书票经典》 郁田编。2003 年 9 月海峡文艺出版社出版。本书荟萃中国藏书票先辈及当代艺术家的 180 帧作品,试图别出心裁地概括这一艺术在中国的发展大略,真实反映中国藏书票创作水平,预示其未来发展的趋向。书中许多佳作,融合中西,博采众长,中国特色浓郁,个人风格鲜明。大 32 开本,182 页,定价 50.00 元。

《中国人的理想藏书》 王懋昌、党圣元主编。2003 年 10 月新华出版社出版。本书以文史哲为主,分 34 个专题,介绍了 1467 部中外名著,每本书都以词条式的精当语言准确地概括出观点或核心内容,便于读者迅速掌握该书的突出性成就,同时标明作者、成书年代及推荐版本等相关信息。大 32 开本,646 页,定价 39.00 元。

《天一阁画史》 童介眉绘画,王宏星撰文。2003 年 10 月宁波出版社出版。本书以连环画的形式形象生动地展示了宁波天一阁发展的主要史实,及其藏书久而不散的文化脉络,使读者能对天一阁有一个全面而概括的了解。大 32 开本,156 页,印数 1000 册,定价 10.00 元。

《中国藏书文化研究》 本书编委会编,徐良雄主编。2003 年 10 月宁波出版社出版。收入“天一文化丛书”。本书收录了论文 55 篇,有关藏书文化的 19 篇,有关天一阁的 16 篇,有关藏书楼个案研究的 20 篇。大 32 开本,546 页,丛书(4 册)总定价 120.00 元。

《山西新华书店志》 张斌主编,本书编纂委员会编。2003 年 12 月山西人民出版社出版。本志上限从 1940 年 3 月在山西兴县创建晋西北新华书店起,下限至 2000 年 12 月底。记述范围为抗日战争及解放战争中在晋绥边区、晋冀鲁豫边区、晋察冀边区建立的新华书店和 1949 年 4 月山西全省解放后先后建立起来的各级新华书店。16 开本,524 页,印数 1500 册,精装本,定价 186.00 元。

《江浙访书记》 谢国桢著。2004 年 1 月上海书店出版社出版。本书曾在 1985 年 12 月由三联书店印行,2008 年再版。书中著录作者在各地,主要是江浙地区图书馆阅读的珍稀古籍,涉及政治经济、考据辞章以及科学技术、文艺美术各种罕见图书。全书分为以下部分:《江、浙、成都访书观感》、《南京图书馆藏书》、《扬州图书馆藏书》、《苏州图书馆、苏州博物馆、苏州元和顾鹤逸藏书》、《常熟图书馆藏书》、《上海图书馆藏书》、《浙江省图书馆藏书》、《宁波天一阁文物保存所藏书》、《四川省图书馆藏书》、《瓜蒂庵自藏书》。附录有作者的女儿谢纪青写的《怀念我的父亲》。大32开本，250页，23万字，印数3000册，定价23.00元。

《故纸遗音——早期报刊收藏》 李润波著。2004年3月浙江大学出版社出版。收入"收藏与文化丛书"。本书分专题探讨了北京早期报刊、中国新闻出版史上的明珠——《申报》、抗日根据地的报刊等，图文结合，其中包含有一百八十余件报刊的影印件。大32开本，175页，14.1万字，铜版纸精印，未标印数，定价46.00元。

《嫏嬛福地天一阁》 虞浩旭著。2004年3月漓江出版社出版。本书分七节论述了范氏天一阁的创建与地位、天一阁藏书的管理与保护、天一阁与历代名人的关系、天一阁对公私藏书的影响等问题。

《晚清图书馆学术思想史》 程焕文著。2004年4月北京图书馆出版社出版。作者以西学东渐对晚清图书馆学术思想的影响为考察对象，充分利用国内外现有资料，并进一步搜集了大量报刊、文集、日记、奏报等文献资料，进行了系统的梳理。作者立足于晚清图书馆学术思想的产生和发展始终是伴随着西学东渐的发展而产生和发展的，同时，抓住晚清图书馆学术思想是伴随着中国古代藏书楼的衰落和近代图书馆的兴起而产生和发展这一主线，从西方传教士对西方图书馆和图书馆观念的宣传介绍对中国近代图书馆学术的产生和发展的影响，中国人对西方图书馆的考察，中国人创办近代图书馆三个基本途径，对中国近代图书馆学术思想的产生发展及其相互关系，进行了全新的、全方位深入细致又清晰的阐述，理清了中国近代图书馆学术思想产生发展的过程。大32开本，349页，27万字，定价25.00元。

《海宁藏书文化研究》 张建崙主编。2004年4月西泠印社出版。收入"海宁图书馆百年诞辰丛书"。本书收入了11篇文章，包括《海宁藏书史述略》、《清代海宁州私家藏书文化特征》、《海宁藏书家之传承及其婚亲关系初探》等。16开本，121页，丛书(4册)总定价220.00元。

《衣带书香——藏书票与版权票收藏》 贾俊学著。2004年5月浙江大学出版社出版。本书除了选印部分藏书票，还收录了相关文章，包括《藏书票概说》、《藏书票札记》、《史料集珍》、《藏书票欣赏》、《边缘散记》、《关于版权票》、《版权票欣赏》等。大32开本，143页，定价35.00元。

《中国历代藏书史》 徐凌云主编。2004年7月江西人民出版社出版。本书按照藏书活动的继承特性，以历史朝代为经，除"绪论"外，另设先秦两汉魏晋南北朝藏书、隋唐五代藏书、宋辽金时期藏书、元代藏书、明代藏书、清代藏书、民国时期藏书七章。全书简明表述历史上不同时期的藏书概况，从其所经历的萌芽、雏形、成熟的发展过程，阐明藏书活动的地域性、阶段性、继承性和多样性的基本特征。大32开本，487页，定价28.60元。

《嘉业堂藏书楼》 浙江省图书馆编。2004年8月浙江人民美术出版社出版。画册。16开本，101页，印数1200册，精装本，定价120.00元。

《中国国家图书馆古籍藏书印选编》(全10册) 国家图书馆古籍分馆编。2004年11月线装书局出版。本书选出书影三千多幅，藏书印五千多方，分为10册，编成此书。书中既有国子监、编译图书局、国学书院第二院等机构藏书印，又有如钱曾、孙星衍、杨守敬等私人藏书印。该书的特点之一就是将书影和印章完美结合。这对于印章鉴赏、版本鉴定、藏书史研究都有重要价值。16开本，总定价6600.00元。

《足迹深深——大众日报集团(大众日报社)发行十周年(1994～2004)》 刘洪昌主编。2004年11月泰山出版社出版。

《故纸堆金:旧书报刊的收藏投资》 沈泓著。2004年12月上海科技教育出版社出版。本书是一部全面介绍旧书报刊收藏知识和投资指南的通俗读物。具体内容包括:古旧书收藏史话，琉璃厂见证中国藏书史，旧书报刊的收藏功能，旧书报刊收藏的相关知识，古籍、报纸、刊物的收藏投资，旧书报刊的辨伪，等等。小16开，246页，定价82.00元。

《光辉的六十年:山东省新华书店六十年店庆纪念文集》 山东省新华书店编。2004年山东文艺出版社出版。本书以大量翔实的史料记述了山东新华书店60年发展的历程，总结了60年来取得的基本经验和成就，是山东省新华书店的创业史、发展史。大32开本，288页，定价16.00元。

《古今图书收藏指南》 蔺德生、赵萍著。2005年1月天津古籍出版社出版。这是一本为藏书爱好者指点门径的书，内容分为史略、常识、利器、购求、赏鉴、保护、雅趣、致用8篇，主要内容涉及书籍的起源和发展、书籍的收藏和研究、古籍版本的概念、版本类型与版本称谓举要，等等。另有附录《近年来部分图书拍卖价格一览》。大32开本，357页，8页图版，定价22.00元。

《纸上宝石:藏书票的收藏投资》 沈泓著。2005年2月上海科技教育出版社出版。作为中国第一部熔鉴赏、投资于一炉的藏书票收藏著作，本书通过作者珍藏的部分中外藏书票追根溯源，为收藏投资者指点迷津，带您轻松走进这个绚丽多彩的神奇世界。本书内容包括:藏书票收藏市场浮出海面、藏书票的功能和特点、藏书票源流、藏书票的版别种类、鉴赏情趣与专题鉴赏。小16开本，166页，定价58.00元。

《天一阁藏书史志》 骆兆平编纂。2005年3月上海古籍出版社出版。本书记述天一阁藏书楼和藏书活动的历史。编者本着“述而略作”的原则，重在录存有关文献，适当增写了部分介绍性文字。编者撰文在前，相关文献在后。全书分为书楼志、藏书志、碑帖志、书画志、人物志、艺文志六卷。本志所记时间上起明嘉靖四十年(1561年)，下至2000年12月。文体为史实记录语体，文言白话相间，以白话为主。引用史料时，实录原文，并注明出处。大32开本，419页，32万字，印数2300册，定价40.00元。

《古旧书报刊收藏》 种福元著。2005年3月新华出版社出版。大32开本，160页，印数2000册，定价12.00元。

《清宫藏书》 齐秀梅、杨玉良等著。2005年4月紫禁城出版社出版。本书比较系统地介绍了清宫藏书源流、清宫藏书概况、清宫藏书的装帧与维护、清宫藏书的典度与利用等。大32开本，548页，6页图版，43万字，印数2000册，定价40.00元。

《中国旧书业百年》 徐雁著。2005年5月科学出版社出版。作者历时三年多，走访南北各地的古旧(籍)书店，并爬梳近万种文献典籍，运用中国文献学方法研史求实，寓心得创见于征文考献之中。全书分九个单元，以中国古旧书业史为背景，依次叙述了近百年来燕京旧书业和江南旧书业的风貌，揭示了北京、南京、扬州、苏州、上海等历史文化名城的旧书业风情和旧书市场，记述了近现代读书人与旧书行业的因缘，为昔日著名书坊、书铺和坊间书友存史，对其兴衰变迁之历、嘉惠士林之功进行了学理上的系统总结，并探讨了挽救、保护和复兴中国旧书业的可能之策。16 开本,853 页,107.5 万字,印数 3000 册,定价 98.00 元。

《旧书业的郁闷》　胡应麟等著。2005 年 5 月河北教育出版社出版。收入“书林清话文库”。本书收入了胡应麟等四五十位作者的文章,分为三部分:劫中的书与人、劫后的书与人、旧书业的郁闷。作者绝大部分为现代及当代人,为中国的古旧书业畅所欲言。小 16 开本,284 页,定价 31.00 元。

【另】“书林清话文库”还出版有徐雁《苍茫书城》(29.80 元)、来新夏《邃谷书缘》(25.00元)、虎闱《旧书鬼闲话》(28.00 元)、林公武《夜趣斋读书录》(31.00 元)、范笑我《笑我贩书续编》(31.00 元)。

《藏书家》(1～10 辑合订本)　本社编。2005 年 5 月齐鲁书社出版。《藏书家》的宗旨是联系世间所有爱书的朋友,记载他们访书的甘苦、读书的痴情和藏书的乐趣,从而展现其思想境界和生活追求。本辑刊诞生于上个世纪末,现已出版十余辑。大 32 开本,1800 页,定价 88.00 元。另,《藏书家》第 13 辑、14 辑、15 辑、16 辑分别于 2008 年 1 月、2008 年 6 月、2009 年 1 月、2009 年 6 月刊行。

《山东省新华书店图片史(1944～2004)》　山东省新华书店编。2005 年 9 月山东友谊出版社出版。本书是为庆祝山东省新华书店建店 60 周年出版的。编者以两千余幅照片反映书店从 1944 年建店到 2003 年 60 年间的发展变化和取得的成绩。内容既包括省店也包括 17 个市店。该书为编年体,资料详实丰富,有重要的历史价值。16 开本,603 页,精装本,定价 253.00 元。

《图书鉴赏及收藏》　倪洪林编。2005 年 10 月北方文艺出版社出版。收入“中国民间收藏实用全书”。本书内容包括:图书概述、印本图书以前的典籍、图书的主体——线装书、平装书、图书的用纸及制作结构、图书的鉴赏与保护、图书的收藏热点等八章。大 32 开本,266 页,定价 30.00 元。

《中国图书发行史》　高信成著。2005 年 12 月复旦大学出版社出版。作者长期从事书店工作,前后累计近四十年。该书本意是作为中专教材而编写的,然而从现有的规模和内容看,其水准已经大大超越原来的预期,而得以跻身大学教材和个人著述之林。全书贯通古今,体大虑周,资料翔实宏富。书中按时代线索分为三编,分别是:中国古代图书发行史、中国近代图书发行史、中国现代图书发行史。作者以浓缩的笔墨对中国图书的出版发行史做了较为详尽的梳理和描述,对各个时期书肆、书坊、书店的发生、发展、繁荣、衰落的境况予以记述,并具体介绍了相关出版物在发行方法和发行网络上的特点及效果,从而揭示出不同历史时期图书发行工作的地位、功能和规律。书前有姚福申先生撰写的《绪论——关于中国图书发行史的一些思考》。16 开本,452 页,41.3 万字,印数 4500 册,定价 45.00 元。

《琉璃厂》(中英文对照)　朱冬虎撰文,项玫、卢伟英文翻译。2005 年北京出版社出版。收入“历史文化名城北京系列丛书”。本书讲述了琉璃厂的历史。内容包括:京华书肆何处盛 首推宣南海王村、书贾分南北 同祀文昌君、新春庙会闹厂甸 空竹声里放风筝等。16 开本,93 页,丛书(9 册)总定价 450.00 元。

《上海市书刊发行协会——发行纪程》　张金福主编。2006 年 1 月复旦大学出版社出版。本书内容包括上海市书刊发行协会成立 15 年来大事记、获奖纪要、论文选刊等。大 32 开本，311 页，25 万字，印数 2000 册，定价 18.00 元。

《书街》 汪耀华主编。2006 年 1 月上海文化出版社出版。本书以十米长卷的方式记录了上海书业的百年历史，记录一段尘封的记忆。新旧门面的对比，使读者徜徉在历史与现实之间；平面简图的设置，记载着上海福州路曾经的辉煌。16 开本，48 页，印张 6，精装彩版，定价 50.00 元。

《老期刊收藏——民国珍刊百影》 张惠民、李润波编著。2006 年 2 月浙江大学出版社出版。收入"收藏与文化丛书"。本书简述了中国期刊的发展历史，各个时期的著名期刊以及收藏期刊的基本知识。具体纲目包括：期刊收藏概说、政治类期刊欣赏、社会类期刊欣赏、文化教育类期刊欣赏、美术类期刊欣赏等等。大 32 开本，158 页，定价 42.00 元。

《老报纸收藏》 张惠民、李润波编著。2006 年 2 月浙江大学出版社出版。收入"收藏与文化丛书"。本书以图文的形式介绍了新闻画报的起源，对中国社会由封建走向文明、由专制走向民主起到的推动作用，将报纸在我国的诞生与发展过程作了简述。大 32 开本，168 页，15.5 万字，定价 46.00 元。

《智者之香——宁波藏书家藏书楼》 虞旭浩著。2006 年 3 月宁波出版社出版。本书介绍了宋代藏书的崛起、元代藏书的低落、明代藏书的复振、清代藏书的鼎盛、民国藏书的发达和宁波藏书的精神。大 32 开本，153 页，印数 2000 册，定价 25.00 元。

《琉璃厂》 马建农著。2006 年 4 月北京出版社出版。收入"北京地方志·风物图志丛书"。本书从北京历史的整体环境和文化背景的大视角来研究北京琉璃厂，一方面记述琉璃厂文化街的演变过程，另一方面也总结这个文化经营行业的行业传统和经营特点。16 开本，232 页，印数 7000 册，定价 34.00 元。

《百年琉璃厂》 胡兆金著。2006 年 8 月当代中国出版社出版。收入"百年文化中国丛书"。本书共包括：古旧书、古玩业、新书业、南纸业、笔墨乐器、历史风情等内容。书中穿插大量黑白照片、插图。16 开本，332 页，27 万字，定价 34.00 元。

《天一阁文丛》(四辑) 虞旭浩主编，天一阁博物馆编。2006 年 11 月宁波出版社出版第四辑。本书为中外藏书文化国际学术讨论会专辑。本书设有访谈、探索、论说、关注、发现、交流、人物、考证等栏目，收录有关藏书文化形成与演化规律、藏书文化的现状、藏书楼的保护和管理、古籍整理与修复、藏书文化研究的理论与方法等内容的学术论文与研究成果。16 开本，390 页，定价 30.00 元。

【另】《天一阁文丛》第一辑 2004 年 11 月出版，第二辑 2005 年出版，第三辑 2006 年 11 月出版。出版者均为宁波出版社。

《浙江藏书史》(上、下) 顾志兴著。2006 年 10 月杭州出版社出版。收入"浙江文化专门史研究丛书"。本书以时代为主线，起自东汉三国，迄于民国时期，以私家藏书为主，又搜集丰富材料，记述宫廷官府、书院、寺观藏书，对浙江长达 2000 年藏书事业作了系统的论述。书前有彩色图片、书影等 29 页。傅璇琮作序。大 32 开本，927 页，66.8 万字，定价 90.00 元。

《明清宫廷藏书》 张升著。2006 年 12 月商务印书馆出版。本书分上下两编，分别论述明清两代宫廷藏书的收集、藏书目录、藏书处所、藏书的利用以及藏书的流散等问题。

附录有《明紫禁城图》、《清紫禁城图》等。大32开本,303页,定价18.00元。

《福建图书馆事业志》 刘德城、刘煦赞纂,福建省文史研究馆编。2006年方志出版社出版。收入"福建文史丛书"。本书下限止于2000年。16开本,266页,精装本,定价70.00元。

《风雨长三角:长三角出版物市场成立15周年(1992～2007)》 施正东主编。2007年1月南京出版社出版。本书内容包括:"闪闪航标"、"书人百味"、"风雨之路"、"行商之道"、"慧眼独具"、"肺腑之言"等。16开本,307页,定价40.00元。

《徽州藏书文化》 薛贞芳著。2007年3月安徽大学出版社出版。收入"安徽大学徽学研究中心学术丛刊"。作者查阅了大量的地方志、家谱与有关历史文献,借鉴了有关的研究成果,力求做到言而有据和补缺拾遗。研究思路是试图从藏书史和文化史的双重视角去进行分析与探讨。在第三章"徽州公藏之构成"的内容中单列了一节"徽州宗族藏书",突出徽州藏书文化的主要特色之一。第四章"徽州藏书文化解读"则比较系统地阐释了徽州藏书绚丽多彩的文化内涵,这是本书的重要特点。书前有多幅精美而珍贵的文物图片;书后附录《徽学研究论著目录》(1932～2005)。大32开本,338页,定价25.00元。

《新华书店七十纪事(1937～2006)》 哈九如编著。2007年4月上海人民出版社出版。内有大量图片资料。本纪事以编年体为主,以年月日为次。刊出范围为新华书店纪事以新华书店初创,总管理处、总店以及相关的重要会议、文件、人、事为范围。上海新华书店纪事以市级及相关组织机构的建立和演变、区级店的机构变动,重要著作的发行,重大活动或有重要意义的活动,全市性的重要会议以及与国外的交流等为范围。同人录收录范围以新华书店华东总分店(上海总店)、上海分店、上海市店、上海发行所、上海新华发行集团、上海新华传媒股份有限公司及所辖企业,包括近年以资本形式投资并控股50%以上的企业的员工为主体,分两部分组成,以拼音顺序排列。第一部分收录2006年12月31日在编在册的同人名录;第二部分收录自1949年6月5日华东新华书店在上海开出临时第一门市部至2006年12月31日期间曾在上海新华书店工作,后因各种原因离职的同人名录。16开本,228页,精装本,定价50.00元。

《老版本书收藏》 李润波、张惠民编著。2007年5月浙江大学出版社出版。收入"收藏与文化丛书"。作者2006年2月在该社刊行有同样风格的《老期刊收藏》、《老报纸收藏》。三书可谓姊妹篇。本书是作者在自己的藏品中遴选出来的从中华民国元年到中华人民共和国成立(1912～1949)37年间,二百多种民国书籍的书影图录,每图配有相应的文字介绍。如《中国历史研究法》、《现代散文学》、《世界文学名著讲话》、《科学的新闻学概论》、《货币学概论》等。大32开本,162页,定价45.00元。

《沈阳市新华书店志(1949～2007)》 沈阳市新华书店编纂。2007年沈阳出版社出版。本书较翔实地记述了沈阳市新华书店自1949年4月20日成立以来艰辛而又光辉的历程,是一部沈阳图书发行业的发展史。12开本,553页,精装本,定价180.00元。

《瞿氏铁琴铜剑楼研究》 曹培根著。2008年9月苏州大学出版社出版。本书共15章,论述瞿氏铁琴铜剑楼在中国藏书史上的地位,铁琴铜剑搂藏书形成的背景,瞿氏五代楼主藏书事迹与读书成果,铁琴铜剑楼藏书目录、藏书精品、文物收藏、交往人物,琴铜剑楼建筑与现状,铁琴铜剑楼研究与大事纪要。这是国内第一本瞿氏铁琴铜剑楼研究专著和志书。大32开本,323页,29万字,定价35.00元。

《嘉业堂志》 应长兴、李性忠主编。2008年10月北京图书馆出版社出版。这是迄今为止最全面、系统地反映1910年至2007年嘉业堂历史的一部专门志书。本书秉持并坚守"志属信史"、"巨细毕收"的纂述原则,不仅尽可能全面地吸收已公开发表的史料和研究成果,更着意从尘封已久、鲜为人知的各类档案及刘承干日记、友朋书札中发掘原始文献,在史实和史识两方面都有新的发现和大的突破,为人们进一步认识与研究嘉业堂以及它存续的时代提供了可资利用的史实和思考。全书语言平易,图文并茂,可读性强。16开本,368页,定价260.00元。

《中国私家藏书》(全2册) 刘大军编著。2009年1月贵州人民出版社出版。收入"藏书中国丛书"(肖东发主编)。本书的主要纲目有:先秦秦汉私家藏书,魏晋南北朝私家藏书,隋唐五代私家藏书,宋代私家藏书,元代私家藏书,明代私家藏书,清前期的私家藏书,近现代的私家藏书。16开本,654页,定价96.00元。

《中国宗教藏书》 徐建华、陈林编著。2009年1月贵州人民出版社出版。收入"藏书中国丛书"。本书分三篇,分别论述了佛教、道教、基督教的藏书历史,具体纲目有:佛教藏书的起源,手写大藏时期的佛教藏书,雕版大藏时期的佛教藏书,近现代佛教藏书;道教藏书的起源,雕版道藏之前的道教藏书,雕版道藏之后的道教藏书;明末清初基督教藏书之肇发,鸦片战争前后基督教藏书之兴起,20世纪上半叶基督教藏书之发展。16开本,214页,定价36.00元。

《中国官府藏书》 朱赛虹编著。2009年1月贵州人民出版社出版。收入"藏书中国丛书"。本书的主要纲目有:发轫之初的商周官府藏书,成型定制的秦汉官府藏书,承前启后的魏晋南北朝官府藏书,飞速发展的隋唐五代官府藏书,灿烂夺目的宋辽金夏元官府藏书,繁荣昌盛的明代官府藏书,盛极转衰的清代官府藏书,转型变制的近代政府藏书。16开本,245页,定价39.80元。

《中国书院藏书》 赵连稳编著。2009年1月贵州人民出版社出版。收入"藏书中国丛书"。本书在对中国书院藏书进行概述以后,分省介绍了甘肃、陕西、贵州、四川、云南、河北、山西、辽宁、河南、湖南、广东、安徽、江苏、江西、浙江和福建近40家书院的藏书历史及现状。16开本,203页,15万字,印数3000册,定价33.80元。

《中国图书发行史》(增订本) 郑士德著。2009年2月中国时代经济出版社出版。本书1999年高等教育出版社初版。作者曾任新华书店总店副总经理、《中国图书商报》首任总编辑。此次增订,补充了许多珍稀史料。全书按朝代分章,上至先秦下迄20世纪末,全面系统地反映了我国书业的产生、发展和演变转型的历史。包括历朝历代发展书业的决策、书业事件、书业机构、书业人物、书林掌故与趣闻,还包括历代的图书市场与管理、历代的代表著作等。柳斌杰作序。16开本,715页,75万字,精装本,定价99.00元。

《中国国家图书馆馆史(1909～2009)》 李致忠主编。2009年8月国家图书馆出版社出版。本书是分时段记述中国国家图书馆百年发展轨迹的章节体馆史。全书分为十二时段,每个时段各自成章,彼此衔接。16开本,522页,定价98.00元。

【另】李致忠主编《中国国家图书馆馆史资料长编(1909～2008)》全3册 2009年8月国家图书馆出版社出版。

《江南藏书史话》 王绍仁主编。2009 年 6 月上海古籍出版社出版。“皕宋楼暨江南藏书文化国际研讨会”于 2007 年 10 月 29 日至 30 日在湖州师范学院召开。会议由湖州市人民政府与复旦大学联合主办,湖州师范学院与复旦大学图书馆承办。来自中国大陆、美国、日本、韩国和我国台湾地区的 90 多位代表出席了会议,有 66 篇论文在会上作了交流。本书是这次国际学术会议的论文结集。大 32 开本,752 页,精装本,定价 68.00 元。

《中国共产党报刊发行史》 王晓岚著。2009 年 6 月中国社会科学出版社出版。全书的主体部分分为五章,论述的内容包括:建党初期与第一次大革命时期的党报发行,土地革命时期的党报发行,抗战时期中共党报的发行,解放战争时期中共报刊发行工作的发展,新中国报刊发行工作的发展。16 开本,268 页,定价 36.00 元。

《书店的故事》 2009 年 12 月中国书籍出版社出版。收入“出版六十年”系列图书。本书从不同角度立体地呈现出新中国成立至今书业发展的脉络,勾勒出 60 年来我国图书销售领域的风云变幻。其中,涉及到新华书店的历史变迁,民营书店的崛起与发展,网上书店的成长历程等等。16 开本,382 页,28.3 万字,定价 38.00 元。

【附】《民国书刊鉴藏录续集》沈文冲著。2010 年 3 月上海远东出版社出版。

印刷史类

《中国印刷术的发明及其影响》 张秀民著。1978 年 5 月人民出版社版。这是本书 1958 年 2 月三联书店版的再版本。它是我国著名印刷史家张秀民先生系统研究印刷术发明及其影响的一部重要论著。全书分为"印刷术的起源"和"对亚洲各国与非洲、欧洲的影响"两个部分。附录有《世界印刷术发展年表》、《朝鲜金属活字史料》等。书前有图片 26 页。大 32 开本,208 页,12 万字,定价 0.98 元。

【另】本书 2009 年 1 月由上海人民出版社收入"世纪文库"再版,16 开本,261 页,定价 30.00 元。本书还曾由日本学者广山秀译为日文在日本京都出版发行。

《中国造纸史话》 刘仁庆编著。1978 年 7 月轻工业出版社出版。本书简明通俗地介绍了我国古代造纸术诞生的过程、历代造纸技术的演进、成就以及向世界各地的传播和影响等。小 32 开本,86 页,印数 44500 册,定价0.25元。

《中国造纸技术史稿》 潘吉星著。1979 年 3 月文物出版社出版。本书将考古发现、文献考证、古纸化验、模拟实验、土法调查和技术探讨等六个方面有机结合起来,对我国造纸技术的发明和发展进行综合研究。全书除"导言"外分为上下两编,上编为造纸史通论,分 8 章论述造纸术的起源,从两汉到清代造纸术的发展,我国少数民族的造纸技术,中国造纸术在国外的传播;下编 10 章,是有关造纸的专题论文和调查报告。16 开本,252 页,印数 5500 册,精装本,定价 6.00 元。

《中国的印刷》(新 1 版) 刘国钧著。1979 年 6 月上海人民出版社出版。本书初版于 1960 年 6 月。全书分六个专题简要论述了中国印刷术的诞生、雕版印刷术的发展、版画的发生和发展、彩印和套印的发生和发展、中国印刷术向国外的传播、机械化印刷术的采用与发展。小 32 开本,63 页,4.3 万字,累计印数 25000 册,定价 0.16 元。

《活字印刷史话》(第 2 版) 张秀民、龙顺宜编著。1979 年 7 月中华书局出版。收入"中国历史小丛书"。本书初版于 1963 年 4 月。作者简明通俗地介绍了我国活字印刷的发明和发展情况以及在历史上的成就和影响。小 32 开本,28 页,累计印数 71050 册,定价 0.09 元。

《造纸史话》 黄河编著。1979 年 9 月中华书局出版。此为本书的第 2 版。收入"中国历史小丛书"。内容主要是叙述植物纤维纸出现以前书写材料的沿革,植物纤维纸的发明,历代造纸术的发展,以及造纸技术的外传和影响,并回顾了我国机械造纸工业的萌芽和发展状况,展望了我国造纸工业的发展前景。小 32 开本,29 页,印数 20300 册,定价 0.09元。

《中国古籍装订修补技术》 肖振棠、丁瑜编著。1980年1月书目文献出版社出版。本书分为五章,主要内容涉及:书籍装订技术的起源与发展,装修古旧书籍常用的名词,装修古旧书籍应有的设备及常用材料,古旧书的修补与装订,毛装、线装、包背装等各种不同形制书籍的装修方法。小32开本,100页,7万字,印数15000册,定价0.87元。

《蔡伦和纸》(插图本) 刘仁庆著。1982年4月四川少儿出版社出版。收入"科学家的故事丛书"。小32开本,86页,印数13220册,定价2.50元。

《造纸史话》 本书编写组编写。1983年11月上海科学技术出版社出版。收入"中国科技史话丛书"。小32开本,195页,印数6400册,定价2.00元。

《中国古籍印刷史》 魏隐儒编著。1984年5月印刷工业出版社出版。本书分为三编,从雕版印刷发明前的古籍图书,古籍雕版印刷发展史,活字印刷术的发明和活字印书的发展等三个方面,对中国古籍印刷史作了详细论述。慕湘作序。大32开本,245页,20.9万字,印数8000册,定价1.20元。

《纸的发明、发展和外传》 刘仁庆著。1986年7月中国青年出版社出版。收入"祖国丛书"。作者以简明通俗的语言介绍了我国纸的发明、发展与外传的历史。小32开本,146页,印数6500册,定价0.90元。

《烽火年代的印刷战线(1941)》 新四军暨华中抗日根据地研究会北京印刷联络组编。1987年4月解放军出版社出版。收录有关抗战时期新四军印刷战线的斗争史料,包括一些回忆文章和图片资料。小32开本,204页,15万字,印数5000册,定价1.00元。

《中国的印刷术》 柳毅编著。1987年6月科学普及出版社出版。本书对印刷术在我国发明和发展情况以及近代印刷术的现状都做了比较全面系统的论述。书中引用了大量的印刷出版文献史料,详细地介绍了我国的雕版、活字、织物、纸币、邮票、套印等印刷技术和独具我国民族特色的木版水印、年画印刷。同时对近百年来我国印刷的概况、战争年代解放区的印刷情况、现代印刷的基本知识以及印刷术今后的发展方向都进行了论述。大32开本,356页,29万字,印数3200册,定价2.50元。

《印刷史话》 魏隐儒、王金雨编著。1988年9月上海科学技术出版社出版。收入"中国科技史话丛书"。在这本普及性的读物中,作者以简明通俗的表述,分专题对我国印刷术的发展过程以及它在各方面的创造发明进行了介绍。书末有《印刷史大事年表》。小32开本,175页,12.4万字,印数1600册,定价2.05元。

《延安中央印刷厂编年纪事》 张彦平编。1988年9月陕西人民出版社出版。延安中央印刷厂是中国共产党在战争年代建立的规模最大、生产时间最长的一所重要的印刷机构。本书运用当时的文献、报刊和一百多位老同志的回忆,以及作者采访记录,将延安中央印刷厂的历史按照年、月、日的顺序(从1935年初到1948年4月21日)加以记载,保存了不少珍贵的出版印刷史料。小32开本,229页,印数2000册,定价2.60元。

《张秀民印刷史论文集》 张秀民著,张树栋编。1988年11月印刷工业出版社出版。本书收录了作者1931年至1987年发表的印刷史方面的论文34篇,内容涉及我国传统的雕版印刷、活字印刷、套版印刷的发明与发展情况,不同历史时期的刻书概况,著名刻工、书坊、刻书地域考略,历代印刷精品,以及印刷术的发明对世界各国的影响,西方印刷术传入我国的情况等。书中还收录了《中国印刷大事年表》。大32开本,334页,印数2000

册，精装本，定价7.15元。

《中国印刷史》 张秀民著。1989年9月上海人民出版社出版。这是国内第一部最全面、详尽和系统的中国印刷史专著，内容广泛，体大思精。本书包罗了自印刷术发明以来一千多年间全部刻书和印书的历史，详细地讨论了各个时代的刻书地点、刻本内容、版本特色、刻工印工的生活和事迹，以及各种刻印的方法。其他在书籍以外的各种印刷品，如版画、年画、报纸、纸币，以至印刷所用的各种物料如纸、墨等文房工具，也都提供了新鲜的资料和独特的见解。顾廷龙题写书名。钱存训、李希泌分别作序。书前有有关印刷史的图版、照片等25页。附录有《中国印刷史大事年表》、《北宋至清年号简表》等。大32开本，861页，64.2万字，印数2500册，精装本，定价18.00元。

《中国近代造纸工业史》 上海社会科学院经济研究所轻工业发展战略研究中心编。1989年12月上海社会科学院出版社出版。本书以近代机器造纸工业从1884到1949年的发生发展及其消长变化过程为主，兼及手工制纸业概况。大32开本，310页，印数1300册，定价5.00元。

《丹东报社印刷厂史(1945～1989)》 郭远主编。1989年12月辽宁大学出版社出版。大32开本，434页，印数1000册。

《当代北京印刷工业》 "当代北京工业丛书"编辑部编，周贵主编。1990年4月北京日报出版社印行。大32开本，331页，印数6000册，定价13.00元。

《中国科学技术史·纸和印刷》 (美)钱存训著，刘祖慰译。1990年7月科学出版社、上海古籍出版社联合出版。本书是李约瑟博士主编的《中国科学技术史》第五卷"化学及相关技术"的第一分册。全书的内容是研究中国文化中造纸与印刷术的起源与发展，从所能知道的最初阶段，写到19世纪末两项手工艺逐步为现代技术替代为止。本书按通史规模写作，涉及全部历史的各个时期，以及工艺、美学、用途、对全世界的传播和影响等各个方面。写作的根据是：对文献的广泛研究、考古发现、科学报告和对可能见到的产品实物的考查。书中有不少新的材料、新的论据和新的观点。16开本，472页，61.4万字，印数2000册，精装本，定价27.00元。

《活字印刷源流》 上海新四军历史研究会印刷印钞分会编。1990年8月印刷工业出版社出版。收入"中国印刷史料选辑丛书"。该书选辑了活字印刷术的发明、发展，以及后世对毕昇活字印刷术的研究、实验等文章33篇，基本上汇集了印刷发展史上我国传统的活字印刷方面的史料和有代表性的各家之言，展现了迄今在活字印刷术领域的研究成果与争鸣概况。大32开本，276页，22.9万字，印数5000册，精装本，定价7.90元。

《雕版印刷源流》 上海新四军历史研究会印刷印钞分会编。1990年9月印刷工业出版社出版。收入"中国印刷史料选辑丛书"。该书选录了雕版印刷术的发明、发展、传播等方面的史料及争鸣性文章61篇，基本上汇集了印刷术发明、发展史上雕版印刷范畴的史料和有代表性的各家之言，展现了迄今在中国雕版印刷发展史领域的研究成果和争鸣概貌。大32开本，500页，40.6万字，印数5000册，定价8.70元。

【另】上海新四军历史研究会印刷印钞分会80年代还曾编印过《印刷职工运动资料》(1～3辑)、《中国革命印刷史资料》、《中国印刷史资料汇编》(1～3辑，其中第3辑为中国版刻专辑)。孙毓修著《中国雕版源流考》1918年由商务印书馆出版。

《中国印刷史简编》 张树栋、张耀崑著。1991年1月百家出版社出版。本书分为八章,主要介绍印刷术发明的前因,雕版印刷术和活字印刷术的发明、发展及沿革,书籍装订形式的演变,印刷术的传播,近代印刷术的传入和我国民族印刷业的崛起等概况。大32开本,176页,约14万字,印数5000册,定价1.65元。

《中国古代造纸术起源史研究》 许鸣歧著。1991年2月上海交通大学出版社出版。本书用大量历史文献和西汉古纸分析鉴定结构充分论证了纸发明于蔡伦以前的西汉,否定了国外首先发明纸的谬论。16开本,98页,平装本定价5.50元,精装本定价7.50元。

《中国造纸史话》 潘吉星著。1991年9月山东教育出版社出版。收入"中国文化史知识丛书"。本书主要介绍了中国造纸史的基本知识。内容包括:造纸术的起源及汉代的造纸技术;魏晋南北朝时期的造纸技术;明清时期的造纸技术;少数民族地区的造纸技术;中国古代造纸技术典籍等。小32开本,119页,印数14700册,定价1.95元。本书商务印书馆1998年修订再版。

《中国印刷之最》 张树栋、张耀崑编著。1992年1月百家出版社出版。印刷术是我国古代四大发明之一,对文化的传播和人类的文明有过重大的贡献。在印刷术发明后的近千年时间里,我国的印刷术和印刷事业一直处于世界领先地位,有不少堪称"世界之最"的发明和创造。本书从中选取典型事例59个,按年代顺序进行编写,汇集成册。附录有《印刷术与印刷活动》、《试论中国印刷历史上存在的几个问题》、《中国印刷源流大事年表》。小32开本,129页,10.1万字,印数5000册,定价2.50元。

《拂晓的军号声——印刷战线革命斗争故事》 燕平著。1992年5月百家出版社出版。收入"印刷天地丛书"。本书反映了战争年代和解放初期中国印刷工人的革命斗争业绩。小32开本,169页,定价3.50元。

《中国近代纸币——1840～1949年中国近代官银钱号、省、市银行纸币简史》 戴建兵著。1993年2月中国金融出版社出版。大32开本,535页,印数4000册。

《中国古代印刷史》 罗树宝编著。1993年3月印刷工业出版社出版。本书以简要、通俗的语言,全面、系统地介绍了我国古代四大发明之一的印刷术的发明与发展的概况。其中,除雕版印刷、活字印刷、套版印刷作为我国古代印刷史上的重大发明,加以重点记述外,还对印刷术的准备时期及内容、发明印刷术的历史意义及不同时期的特点、印刷工匠和印刷工艺技术的发展,作了比较详细的阐述。大32开本,452页,38万字,印数4000册,定价13.50元。

《汉阳造纸厂厂志(1950～1991)》 (湖北)汉阳造纸厂厂志编辑委员会编。1993年6月中国轻工业出版社出版。本书记述了汉阳造纸厂1950年至1991年的发展历史。16开本,513页,印数5000册,精装本,定价70.00元。

《宋金纸币史》 刘森著。1993年6月中国金融出版社出版。本书是我国第一部纸币史专著,所论涉及11至13世纪中国纸币产生、发展、消亡的原因和作用,以及纸币的版(票)式、印制、防伪、发行量、流通区域、币值、纸币管理制度和思想、纸币与他种货币(铜、铁钱和银)的关系等,开立新说,颇多独见。作者运用钱币学与货币史、经济史、印刷史、文化史等其他学科相结合的研究方法,对探索古代货币的发展规律,纸币与社会经济、政治、军事等的相互作用与影响,进行了有益的尝试。大32开本,272页,26万字,印数4000

册,定价 9.80 元。

【另】相关的著作还有:铁军编《纸币图录》,1993 年 9 月华龄出版社出版,32 开本,374 页,定价 16.80 元。高文、袁愈高编《四川近现代纸币图录》,1994 年 9 月四川大学出版社出版,16 开本,90 页,彩色印刷,印数 5000 册,定价 34.00 元。杭州市钱币学会编《浙江纸币》,1995 年 10 月西泠印社刊行。16 开本,125 页,印数 2000 册,定价 32.00 元。张志中编《中国纸币》,1996 年 8 月天津古籍出版社出版,内附"中国纸币简史"。32 开本,758 页,印数 1300 册,定价 39.80 元。吴筹中著《中国纸币研究》1998 年 4 月由上海古籍出版社出版。李志华等著《山西纸币》,1998 年 7 月山西经济出版社出版,16 开本,593 页,印数 5000 册,精装本,定价 288.00 元。中国银行编《中国银行纸币图集》,2001 年 4 月中国金融出版社出版,610 页,精装本,定价 560.00 元。戴建兵、陈晓荣著《中国纸币史话》,2006 年百花文艺出版社出版,定价 31.00 元。富阳市政协文饰委员会编《中国富阳纸业》,2005 年 10 月人民出版社出版。16 开本,442 页。许光主编《中国纸币图录》2006 年黑龙江人民出版社出版,大 32 开本,154 页,定价 35.00 元。

《中国宣纸》 曹天生著。1993 年 7 月中国轻工业出版社出版。本书是一本比较通俗的读物,介绍了中国宣纸的历史沿革及发展,对宣纸制造的原料工艺也有介绍。2000 年 9 月再版,大 32 开本,332 页,定价 35.00 元。

《装订源流和补遗》 上海新四军历史研究会印刷印钞分会编。1993 年 9 月中国书籍出版社出版。收入"中国印刷史料选辑丛书"。本书选辑了装订方面以及前三辑中未曾选入而又有价值的史料性文章 49 篇,阐述了中国书籍装订形式演变的概貌,并在雕版印刷、活字印刷、套版印刷、历代刻书和近代印刷方面对前三辑进行了补充。大 32 开本,483 页,印数 2000 册,定价 20.00 元。

《文明宠儿:印刷术的进程》 冯古编著。1993 年 10 月海南出版社出版。收入"中小学科技知识文库"。小 32 开本,239 页,定价 4.15 元。

《北京印钞厂志》 本书编辑委员会编。1993 年 11 月中国金融出版社出版。收入"中国印钞造币志丛书"。16 开本,598 页,精装本,定价 54.00 元。《北京印钞厂志(1991～2000)》2002 年 8 月由中国金融出版社出版。

【另】《上海印钞厂志》、《西安印钞厂志》、《南昌印钞厂志》、《石家庄印钞厂志》等列入"中国印钞造币志丛书"(总计 15 册),1993 年均由中国金融出版社出版。部分厂志 2002 年出版了增订本。

《呼和浩特印刷业》 呼和浩特市印刷技术协会编。1994 年 4 月内蒙古文化出版社出版。大 32 开本,482 页。

《中国印刷术的起源》 曹之著。1994 年 7 月武汉大学出版社出版。这是一部从多维视角、以扎实史料来论证印刷术起源于唐代的学术专著。史料的丰富、坚实是本书的一个重要特点。作者查考了二十四史中有关著书、读书、藏书、抄书的资料,还把《全唐文》、《全唐诗》中有关诗文勾画出来,同时也从杂史、笔记中寻找资料。作者既重视理论推导,更重视实际例证。在论证中,则从造纸史、制笔史、制墨史、藏书史、目录学史、题壁史、教育史、抄书史、借书史、书业贸易史、佛教史、外交史、石刻史、赐书史、拓印史、装订史、货币史、文字演变史等众多方面加以论述。这样,从多方面、多角度说明印刷术发明和推广的原因,得出较为平实、充分的结论。本书方法论上的意义是十分突出的。书后附录《印刷术起源大事记》、《中国印刷术起源论著索引》。谢灼华作序。大32开本,527页,43.5万字,印数1000册,平装本定价17.00元,精装本定价22.00元。

《内蒙古印刷事业》 本书编辑委员会编。1994年10月内蒙古文化出版社出版。大32开本,582页,定价28.00元。

《革命战争年代的洪涛印刷厂》 常德魁编著。1994年10月陕西人民出版社出版。收入"陕西出版史志丛书"。洪涛印刷厂是陕西省印刷厂的前身。16开本,134页,印数2000册,精装本,定价17.65元。

《中国造纸技术简史》 戴家璋主编。1994年12月中国轻工业出版社出版。大32开本,339页,印数2500册,定价28.50元。

《上海印刷工人运动史》 本书编写组编。1994年中共党史出版社出版。收入"上海工业企业党史工运史丛书"。大32开本。本书初稿1987年7月内部印行。

《中国印刷近代史》(初稿) 范慕韩主编。1995年11月印刷工业出版社出版。本书分"绪论"、"中国传统印刷工业的发展与更替"、"近代印刷术的传入与发展"、"民族近代印刷工业的兴起和发展"、"抗日战争及解放战争时期的印刷业"、"近代印刷的进一步普及与提高"、"近代印刷工艺技术的发展与沿革"、"新兴的印刷设备及器材工业"、"印刷的教育、科研、管理和出版"等9章,对19世纪初西方铅活字印刷术传入后至以计算机用于印刷为标志的现代印刷术高速发展的1980年前后的中国印刷发展历史进行了全面、详细的论述。大32开本,729页,60.4万字,印数1000册,精装本,定价60.00元。

《抗币风云录:新四军暨华东解放区印钞史话》 燕平编著。1995年1月学林出版社出版。大32开本,405页,印数5000册,定价14.00元。

《古籍修复与装帧》 潘美娣著。1995年5月上海人民出版社出版。本书内容主要包括:古籍的源流和种类,古籍装帧形式的演变,古籍装订形式的重大改革——线装书,古籍修复的材料、工具和设备,做好古籍修复工作的思想准备,古籍损坏的原因和症状,古籍修复技术操作的基本程序,古籍书页的修复,古籍装帧的基本技术,善本、珍本古籍的修复,线装书的一种精致装帧形式——金镶玉,特殊装帧古籍的修复,出土古籍的修复,中国古代论述装帧的五种著作。大32开本,252页,印数6000册,定价15.00元。

《晋察冀边区印刷局简史》 傅发永主编。1995年6月中国金融出版社出版。这是一本了解晋察冀边区印刷历史的极好的参考资料。内容从边区印刷局成立为始,上限始于1937年,下限截止于1949年。本书表述体裁由述、记、录、图、表等部分组成,以史为主体。附图为58种边区钞票的票版图样和其它银行的票样11种。大32开本,245页,印数5080册,定价11.85元。

《江苏图书印刷史》 倪波、穆纬铭主编,张志强著。1995年12月江苏人民出版社出版。收入"出版史志丛书"。本书以江苏图书印刷事业发展史为纲,历数江苏历代著名的刻书家、印刷机构和有代表性的印本,对江苏图书印刷事业作了系统的概括和总结。大32开本,389页,定价14.00元。

《五二三厂厂志》 王吉昌等编著。1996年4月陕西人民出版社出版。收入"陕西出版史志丛书"。16开本,414页,印数1000册,精装本,定价48.00元。

《中国印刷史学术讨论会文集》 第二届中国印刷史学术研讨会筹备委员会编。1996年5月印刷工业出版社出版。本书收录第一届中国印刷史学术研讨会(1993)和第二届中国印刷史学术研讨会(1996)的论文64篇,包括印刷术探源、印刷史研究、历代刻书、工艺技术研究、少数民族印刷、印刷术的向外传播和影响等,内容丰富,资料翔实,其中一部分文章有较高的史料、学术价值。附录收录和研讨会有关的文章、贺电、毕昇墓探讨会资料等。大32开本,621页,50万字,印数2000册,精装本,定价30.00元。

《上海造纸志》 上海市造纸公司史志编纂委员会编。1996年6月上海社会科学院出版社出版。收入"上海市专志系列丛刊"。16开本,418页,印数3000册,精装本,定价50.00元。

《中国革命根据地印钞造币简史》 本书编纂委员会编。1996年8月中国金融出版社出版。收入"中国印钞造币史志丛书"。16开本,543页,印数2500册,精装本,定价78.00元。

《印刷术——中国古代的伟大发明》 孙机著。1997年1月新星出版社出版。本书为通俗性小册子。小32开本,38页,印数1000册,定价1.00元。

《中华造纸2000年》 杨润平著。1997年3月人民教育出版社出版。收入"华夏青年文化丛书"。这本普及性、知识性读物,以简洁朴实的文字,简略介绍了我国两千年来的造纸历史。小32开本,210页,11.2万字,印数2330册,定价7.00元。

《中国印刷史话》 张绍勋著。1997年4月商务印书馆出版。收入"中国文化史知识丛书"。该书用简明通俗的语言,扼要介绍了中国印刷术发明发展的历史,以及对世界文明的贡献。全书四个部分,其纲目分别为:在印刷术发明以前、雕版印刷术的发明与兴衰、活字印刷术的发明与发展、中国印刷术对世界文明的贡献。书前有8页有关古代印刷的图版。小32开本,208页,9.3万字,印数3000册,定价12.90元。作者的同名著作1991年8月由山东教育出版社出版,定价2.05元。

《中国古代印刷术》 李万健著。1997年4月大象出版社出版。收入"中国历史文化知识丛书"。本书内容主要包括:中国古代的文明孕育并诞生了印刷术,雕版印刷术的发明及发展,活字印刷术的发明及应用,中国印刷术的外传及其重要影响。小32开本,138页,印数3000册,定价6.50元。

《香港印刷业的发展历程和现状》 叶裕彬、余鸿建、刘吉良、须汉兴编著。1997年6月印刷工业出版社出版。本书简要回顾了鸦片战争以来香港印刷业的发展历史,详尽地介绍了香港印刷业的现状。书中附有多幅香港早期印刷品的照片。大32开本,202页,精装本,定价45.00元。

《江苏活字印书》 江澄波编著。1997年7月江苏人民出版社出版。收入"出版史志丛书"。本书介绍了从明代到民国时期江苏地区的活字印书(包括铜活字、木活字、泥活字、铅活字印书)的历史状况和书目资料。编排顺序为明代、清代、民国。大32开本,325页,20万字,印数2000册,定价15.00元。

《中国、韩国和欧洲早期印刷术的比较》 潘吉星著。1997年9月科学出版社出版。本书分"中国早期印刷术"、"韩国早期印刷术"、"欧洲早期印刷术"、"专题研究"四编,通过大量的文献资料和考古发现,对中国、韩国、欧洲早期的印刷术进行了深入的比较研究,说明了印刷术起源于中国是无可置疑的,其他国家的雕版印刷和活字印刷都是在中国发明的影响下发展起来的。大32开本,295页,25.5万字,印数2000册,定价24.00元。

【另】曹炯镇著《中韩两国古活字印刷技术之比较研究》1986年由学海出版社出版。

《中国印刷史学术讨论会文集(1997)》 魏志刚、尹铁虎编辑。1997年印刷工业出版社出版。大32开本,223页,定价20.00元。

《中国活字印刷史》 张秀民、韩琦著。1998年4月中国书籍出版社出版。全书6章,其纲目为:活字印刷的发明与宋元活字印刷的发展、明代木活字的发展与金属活字的盛行、清代活字印刷的继续发展、活字本的形式与内容、活字印刷术的影响、西方人的中文活字研制及近代印刷术之传入。另有"结语",论述明末清初金属活字衰落的原因,以及活字印刷对传播中国文化的作用等。附录有《中国活字印刷史大事年表》等。全书纵横结合,内容丰富,论证严密,重视海内外新发现史料的运用。顾廷龙题写书名,张秀民自序。大32开本,231页,20万字,印数2000册,定价20.00元。

《中国古代印刷史图册》 中国印刷博物馆编,罗树宝主编、陈善伟译。1998年6月文物出版社、香港城市出版社出版。本书分"序言"、"印刷术的起源"、"雕版印刷术的发明及唐五代印刷"、"宋代印刷"、"辽、西夏、金印刷"、"元代印刷"、"明代印刷"、"清代印刷"、"纸币及商标印刷"、"活字版的发明和发展"、"书籍装帧的演变"等专题,收入了印刷术的起源、发明、发展过程中有代表性的实物、史料、印刷品、人物等图片,并附以简要的文字说明(中英文对照),形象地展示了中国古代印刷术发明和发展的基本情况。大16开本,120页,定价120.00元。

《中国科学技术史·造纸与印刷卷》 潘吉星著。1998年8月科学出版社出版。本书利用最新考古发掘资料,对出土文物的检验、传统工艺的调查研究和中外文献的考证,系统论述中国造纸及印刷技术的起源、发展以及外传的历史,从而揭示出中国"四大发明"中两项发明的系统历史。全书共3编17章,内容丰富,深入浅出,资料翔实,别具特色。书末附有详细的参考文献和综合索引。16开本,654页,105万字,印数2000册,精装本,定价96.00元。

《中国造纸史话》 潘吉星著。1998年12月商务印书馆出版。收入"中国文化史知识丛书"。全书分10个专题,介绍了造纸术的起源以及在中国古代的发展,造纸术的外传,记录古代造纸技术的典籍等。小32开本,165页,印数3000册,定价12.50元。

《唐宋时期的雕版印刷》 宿白著。1999年3月文物出版社出版。本书选辑了作者有关唐宋雕版印刷研究的文章5篇,另有附录2篇。5篇论文为:《唐五代时期雕版印刷手工业的发展》、《北宋汴梁雕版印刷考略》、《北宋的版画》、《南宋的雕版印刷》、《南宋刻本书的激增和刊书地点的扩展》。此外有《唐宋时期雕版印刷书影选辑》,收录书影122幅。2篇附录是《北京大学图书馆藏朝鲜、日本善本书录》、《北京大学图书馆善本书影选辑拟目》。《索引》(书名、人名、论文和印刷品名称)附于后。这是一部学术性、资料性并重,且印制精美的高水平雕版印刷研究论集。16开本,16.25印张,未标印数,精装本,定价88.00元。

《西安新华印刷厂厂史(1949～1996)》 司志强主编。1999年4月陕西人民出版社出版。收入"陕西出版史志丛书"。16开本,374页,插页56,印数2000册,精装本,定价

72.00元。

《四川新华印刷厂志》 本书编纂委员会编。1999年9月四川人民出版社出版。大16开本,513页,印数1000册,精装本,定价120.00元。

《中华印刷通史》 张树栋、庞多益、郑如斯等著。1999年9月印刷工业出版社出版。本书是中国印刷术与印刷事业的源流史,是按大印刷史观撰写的中华印刷通史。上溯作为雕版印刷之源的手工雕刻技术萌芽中的新石器晚期,下迄印刷技术高速发展的今天,时跨五千多年,对印刷术萌芽、雏形、演进、成熟、兴盛、普及、提高等进行了全方位的叙述。内容上,它兼收源头、古代、近代和现代四个历史时期印刷术的全部发明、发展史;史料上,以现有文献、文物为据,集前人和今人之研究成果大成;写法上,从印刷角度出发,以印刷工艺技术的发展为主线,兼容书刊、报纸、证券、织物、商业等各种印刷,设备器械、科研教育、工艺技术等相关领域,台、港、澳和少数民族地区,是按时间和朝代的先后顺序,分专题系列,全面、通俗、翔实地记述中华印刷发展史的综合之作。高占祥、李守仁、李兴才分别作序。16开本,1118页,141.6万字,印数2000册,精装本,定价150.00元。

《中国木版水印概说》 冯鹏生著。1999年9月北京大学出版社出版。本书是一部立足史料兼及雕版技艺评述版画发展梗要的学术著作。全书三编:一是沿革篇,主要论述隋唐以降至近现代一千三百多年来历代版画技艺的成就与发展,以翔实的资料阐述了版画发展史研究中的一些问题,并提出自己的见解。二是技艺篇,作者就木版水印工艺流程从技术方面首次作了全面系统的总结。三是图录篇,从上千幅古代版画和五千多幅近现代木版水印作品中,精选出来的三百多幅具有代表性的版画图谱,附以图目和说明文字。此书堪称目前版画研究集大成之作,内容丰富,图文并茂。李一氓题写书名,杨仁恺、王子野分别作序。16开本,295页,29万字,未标印数,三种包装的单册定价分别为:软精装80.00元,精装120.00元,锦盒精装150.00元。

《新四军印刷史集》 上海市新四军历史研究会印刷印钞委员会及丛刊社编。1999年9月学林出版社出版。本书分为三个部分:“新四军及华中抗日根据地印刷事业概述”、“新四军军部及各师、地区印刷事业大事记”、“回忆录”。书中文章对新四军及华中根据地的出版、印刷情况作了有价值的整理。书前有首长题词、新四军军歌、新四军印刷厂厂歌。大32开本,325页,22万字,印数3000册,精装本,定价25.00元。

《造纸史话》 张大伟、曹江红编著。2000年1月中国大百科全书出版社出版。收入“中华文明史话丛书”。作者从先民对纸的渴求说起,对中国造纸术的产生、纸的生产及其在各朝代的发展、纸在对外交流中的作用都作了较为详尽的介绍。小32开本,177页,印数3000册,定价10.00元。

《印刷史话》 罗仲辉著。2000年1月中国大百科全书出版社出版。收入“中华文明史话丛书”。本书对唐代到清末各个历史时期印刷技术的特点和印刷出版业的巨大成就作了较为详细的介绍,也叙述了各代封建政权对印刷出版业的控制和利用,具有代表性的出版物和主要的印书家等。小32开本,209页,印数3000册,定价10.00元。

《中国活字印刷术的发明和早期传播——西夏与回鹘活字印刷术研究》 史金波、雅森·吾守儿著。2000年1月社会科学文献出版社出版。这部研究中国早期活字印刷及传播的专著分为四章,即:中国活字印刷术的发明、活字印刷术在西夏的传播、活字印刷术在回鹘的传播、中国活字印刷术向东西方的传播。书中以大量图片向世人展示了12世纪中国泥活字印版和木活字版印刷品的风貌，以文献资料和实物论证了活字印刷术是中国发明的，中国少数民族在活字印刷的早期实践和传播方面做出了巨大的贡献，中国活字印刷术向东西方的传播，促进了中外文化的交流，推进了世界文明的发展。作者注意运用大文化、大印刷史观来分析问题，集科学研究论证和实物图片于一体，资料翔实可靠，论证充分有力。16开本，146页，精装本，定价150.00元。

《西夏书籍业》 (俄)捷连提耶夫—卡坦斯基著，王克孝、景永时译。2000年4月宁夏人民出版社出版。作者以圣彼得堡收藏丰富的西夏藏书为基础，对西夏图书的印刷技术、装帧艺术(包括版画)等进行了深入的研究，同时把西夏印刷文化列入中央亚细亚研究的一部分，旁涉与西夏毗邻的各民族印刷文化。全书除“导言”、“结论”外的6章，纲目为：西夏书籍的制作技术、黑城所出注明年月的西夏书籍和写本、西夏书籍的装帧艺术、写本书、印本书、11～13世纪的西夏文献——黑城遗书、书籍和人。附录收西夏版画等图片13幅。大32开本，203页，16万字，印数1000册，定价18.00元。

《古代版印通论》 李致忠著。2000年11月紫禁城出版社出版。收入“中国考古文物通论丛书”。该书对我国古代的雕版印刷进行了全面的论述和研究，主要内容有：雕版印刷术的发明；唐代以至清代的版印概况；套印技术的出现与发展；铜版、蜡版、磁版及泥版印刷；版本类型释名。其中有理论上的探讨，实践上的描述，事实上的考辨，科技上的分析。16开本，400页，47万字，印数1500册，定价62.00元。

【另】“中国考古文物通论丛书”中有李学勤著《先秦至汉初竹简帛书通论》也由紫禁城出版社出版。

《印刷之光——光明来自东方(中国印刷博物馆)》 《印刷之光》编辑委员会编，罗树宝、魏志刚、郑瑞君主编。2000年12月浙江人民美术出版社出版。本书以图文结合的方式，形象直观地再现了中国印刷术的起源、发展及贡献。全书分为八个专题，即：印刷术的起源，雕版印刷术的发明，雕版印刷的盛世，活字版的问世，兴旺发达、异彩纷呈的元明清印刷，古籍版本的艺术鉴赏，藏书与印书，光明来自东方。内容多为选自国家图书馆、北京大学图书馆、中国历史博物馆、上海图书馆、天一阁藏书楼、浙江省博物馆所藏的善本书影，从有关出版物中选取了部分图片。16开本，156页，印数3000册，精装本，定价136.00元。

《中国图书出版印刷史论》 肖东发著。2001年4月北京大学出版社出版。本书以中国图书出版印刷史为题，共分4个部分。导论：对20世纪中国出版史研究分阶段加以评述。源流篇：在考证出版印刷产生的几个必要条件之后，重点讨论雕版印刷、活字印刷和套版印刷的起源及发展脉络。系统篇：突破以往只讲官刻、私刻、坊刻三大系统的成说，对发明印刷术做出重要贡献的佛教寺院刻书、与教育密切相关的书院刻书，也列出专章做必要的叙述和论证。流布篇：对中国印刷术的外传，包括东传朝鲜半岛、日本，西传西亚、北非、欧洲两条路线理出线索，最后用辩证思维对中国图书文化的总体特点及其对现代化的影响加以分析和论证。本书结构宏大，立论新颖，材料丰富，论证严谨，印制精良，具有较高的学术价值和审美价值。书前附彩色插图27幅，黑白插图69幅。白化文有“弁言”刊于书首。大32开本，406页，30万字，未标印数，定价28.00元。

《中国金属活字印刷技术史》 潘吉星著。2001年4月辽宁科学技术出版社出版。本书分为上下两编共计10章。上编是"金属活字印刷在中国的发明和发展",就中国金属活字印刷的技术源头、中国金属活字的发明与发展、中国传统金属活字铸造技术源头及排版与印刷技术等问题进行了探讨。下编是"中国金属活字印刷技术在世界上的传播",就中国活字印刷技术在朝鲜半岛、越南、日本、非洲等地方的传播,以及欧洲活字印刷技术发明的中国背景等问题进行了研究。作者将中外原始文献考证、出土实物研究、模拟实验、有关手工作坊现场考察等多种研究方法结合起来,提出了一系列新的观点。全书各章节目录、插图均以中英文形式写成,另外还有各章节的英文提要。16开本,318页,28万字,精装本,定价48.00元。

《北京工业志·印刷志》 陈升贵主编,《北京工业志》编委会编。2001年4月中国科学技术出版社出版。本书以生产和行业的发展为主线,以新中国成立后近五十年的发展历程为重点,记述有实物和文献资料可考的一千余年来北京地区印刷业发展的历史。16开本,594页,印数2500册,精装本,定价140.00元。

《中国古代造纸史渊源》 杨巨中著。2001年10月三秦出版社出版。本书关于春秋战国茧絮纸、西汉麻絮纸、东汉蔡侯纸等主要问题的研究,都将考古资料和文献资料进行深入比较,从而得出东汉才有钢器产生,蔡伦才把钢器利刃用于造纸术中的"捣浆"的前提性工序"切料"环节。这就是说,从蔡伦起才由自然絮利用进入人工制絮时期,使得纸业进入批量性的社会化生产,由此确定蔡伦发明了造纸术。书末附有关中国造纸术研究的著作和论文。张岂之作序。大32开本,249页,15万字,印数5000册,定价16.00元。

《中国近代纸币史》 江苏省钱币学会主编。2001年10月中国金融出版社出版。本书涉及发行机构660多个,纸币7000余种,全书另附纸币图版346种。16开本,1208页,166万字,精装本,定价395.00元。

【另】邱东联编著《中国近代纸币赏玩》2006年5月湖南美术出版社出版。大32开本,166页,定价49.00元。

《古籍修复技艺》 朱赛虹著。2001年11月文物出版社出版。本书主要讲解古籍修复技艺。这里有作者学习的传统技法,也有作者个人的点滴心得和所作的探讨,以及多年来跟踪收集的有关古今文献资料。小32开本,265页,定价20.00元。

《中华书局印制的纸币》 刘森、于倩编著。2002年5月中华书局出版。本书收录和介绍了中华书局在新中国成立前印制的各种纸币,其中包括:中央银行纸币、广东银行(银圆)券、大洋辅币券和大洋券、安徽地方银行国币辅币券。16开本,104页,印数4000册,定价48.00元。

《古文献的形制和装修技法》 童芷珍著。2002年6月上海科学技术出版社出版。本书理论结合实际,采用图文相辅的方法,简明扼要地介绍以书籍为主的常用古文献修复的方法、原理与操作过程。大32开本,108页,10万字,印数3500册,定价14.80元。

《中国古代书籍纸墨及印刷术》(修订本) (美)钱存训著。2002年12月北京图书馆出版社出版。本书选录作者过去所发表有关中国书籍、纸墨及印刷术的论文、序跋、书评以及读者评介等结集而成。全书分为前后两编:前编4章分论典籍、纸墨、印刷及其影响等论文共20篇;后编四章收录题跋、书评、写作缘起、读者评介等杂文亦计20篇;附录报道1篇。每篇文后皆附有关插图约五十幅,以助阅读兴趣。本书所收论文,大部分皆为作者写作《书于竹帛》及《纸和印刷》两部专著的副产品。其中如有关封泥、书刀、纸的起源、印刷定义、雕版技术、明代活字等各篇,皆可补充作者专书中讨论之不足。书中论文大部分皆原以英文写作,经译成中文在国内各地的学术刊物发表,部分曾收入作者的专著,但译文与专书内容不尽相同。大32开本,361页,30万字,定价26.00元。

《宋代雕版楷书构形系统研究》 王立军著。2003年7月上海教育出版社出版。收入“汉字构形史丛书”。其内容包括宋代雕版楷书的字样分析、宋代雕版楷书的书写特征等。16开本,304页,印数1500册,定价38.00元。

《中国古籍修复与装裱技术图解》 杜伟生著。2003年8月北京图书馆出版社出版。本书分为“古籍修复”和“字画装裱”两个部分。作者以图解方式详细介绍了古书复制和书画装裱的技术、方法及质量要求,书中有各种图片上千幅。16开本,466页,35万字,精装本,定价120.00元。

《走近造纸坊》 吴勇等著。2003年10月江苏少年儿童出版社出版。收入“中华传统老作坊丛书”。本书采用简明通俗的笔调介绍了我国造纸术的发明与发展,具体内容为:纸的发明,纸发明以前的载体,古造纸术,古纸的加工,古代名纸,纸与文化。20开本,197页,全彩制作,定价39.80元。

《中国造纸年鉴(2003)》 黄润斌主编。2003年11月中国轻工业出版社出版。16开本,724页,精装本,定价260.00元。本年鉴能查寻到的有1986年到2008年的各册。

《中国纸和印刷文化史》 (美)钱存训著,郑如斯编订。2004年5月广西师范大学出版社出版。这本有关中国纸和印刷史的著述,是作者为李约瑟博士所编著的《中国科技史》中《纸和印刷》分册英文本的第三部中文译本,但是书中的某些部分作者已加以修改和增订,文字也尽可能通俗而简明,使读者开卷时能对中国这两大发明及其在世界文化史中的地位增强认识。全书的范围包括历史上的每一个时代,上至二者最早出现,下迄19世纪末期,即手工业时代结束为止。十章的安排是:首章的绪论为全书的提要;纸和印刷(包括制墨和装订)各占三章;传播和影响也占三章,其中最后一章以纸和印刷对中国和世界文明的功能和影响作为结论。全书结构简明而有系统,内容分配平均,资料包括实物和文献,另有插图174幅,附录《中国印刷史书目》千余条。16开本,442页,33.6万字,印数6000册,定价58.00元。

【另】作者的另一部有关中国书史的著作《书于竹帛》,断代为公元七百年左右印刷发明前的初唐时期。这本《中国纸和印刷文化史》与它构成姊妹书。

《简明中华印刷通史》 张树栋、庞多益、郑如斯等著。2004年8月广西师范大学出版社出版。本书作为《中华印刷通史》的修订普及版,秉承其特点,以大量文献、文物为依据,集前人和今人之研究成果,从大印刷史观出发,在纵向时间上及横向与印刷技术和印刷工业相关的各领域均作了延伸,从而扩大了印刷研究领域,全面、系统地记述了中国印刷术的发明及印刷工业的发展历程;同时,以专题论述为核心,突出纵向演进脉络,落脚于简明、通俗,面向普通读者概要了解的需要。魏志刚作序。16开本,465页,40万字,印数5000册,定价58.00元。

《西夏活字印刷研究》 牛达生著。2004年12月宁夏人民出版社出版。收入“西夏研究丛书”(6册)。本书收录了《我国最早的木活字印刷品——西夏文佛经〈吉祥遍至口和本续〉》、《西夏文佛经〈本续〉是现存世界最早的木活字印刷》、《西夏刻书印刷事业概述》等专题研究文章。大32开本,246页,印数1000册,丛书总定价150.00元。

《创新历程:中国印刷新型工业化道路的探索与实践》 沈忠康编著。2004年经济日报出版社出版。本书反映了我国第二次印刷技术革命的历程,收入《历史的机遇》、《对欧洲、美国、日本和香港印刷业的考察》、《中国印刷及设备器材工业协会的成立》等20篇文章。大32开本,401页,定价27.00元。

《中国宣纸史》 曹天生著。2005年3月中国科学技术出版社出版。本书分10章,内容包括:宣纸的起源、小岭曹氏与宣纸真纸的诞生、宣纸源于徽纸、新中国成立后宣纸的新生与繁荣、近代宣纸工艺的革新历程等。大32开本,234页,印数1000册,定价30.00元。

《中国传统工艺全集·造纸与印刷》 张秉伦、万晓阳、樊嘉禄著。2005年4月大象出版社出版。本书是路甬祥主编“中国传统工艺全集”的一个分卷,由造纸和印刷两部分组成,对中国印刷工艺、传统手工纸生产工艺作了全面、深入、系统的研究。造纸部分在广泛吸收前人研究成果的同时,采用文献考辨、实地考察与工艺模拟实验复原相结合的研究方法。作者对文献资料进行了认真的核对、考证,纠正了现有纸史专著中文献使用方面的一些错误。16开本,448页,精装本,定价461.10元。

《印刷术》 李晓红著,计伟绘画。2006年1月中国盲文出版社出版。收入“中国古代四大发明”系列。这套儿童读物共4册,以彩绘的卡通图案及文字向孩子展示中国古代四大发明,了解中国古代四大发明的发展和广泛用途,有益于让孩子从一个侧面更好地了解中华民族的历史,更加珍视祖国优秀的文化遗产,从而增强民族自信心和自豪感。24开本,94页,定价15.00元。

《造纸术》 李晓红著,计伟绘画。2006年1月中国盲文出版社出版。收入“中国古代四大发明”系列。24开本,94页,定价15.00元。

《宁夏印刷业的开拓者》 朱昌平主编。2006年1月宁夏人民出版社出版。本书以纪实文学或特写的形式,对宁夏印刷业的开拓者们的贡献作出记录,并记述了宁夏印刷业的发展过程、发展脉络和发展轨迹。16开本,456页,定价50.00元。

《中国古代造纸工程技术史》 王菊华主编。2006年2月山西教育出版社出版。收入“中国古代工程技术史大系”。本书以时间为纵轴,概述了自原始社会至东汉发明造纸术前的图文载体及造纸术发明前后的相关事件,详述了各历史朝代对造纸术的贡献,介绍了直至近代仍保留下来的传统造纸工艺。16开本,510页,印数5000册,精装本,定价128.00元。

《南山论学集——钱存训先生九五生日纪念》 庆祝钱存训教授九五华诞学术论文集编辑委员会编。2006年5月北京图书馆出版社出版。本书是钱存训先生的弟子们为老师祝寿所编写的论文集。内容包括文史·美术、图书·目录、传记·著述等篇章。16开本,185页,11.875印张,印数3000册,定价25.00元。

《明代闵凌刻套印本图录》 王荣国、王筱雯、王清原主编。2006年5月广陵书社出版社出版。本书是迄今为止最完整的闵凌刻本集成,也是明代书坊刻书的重要资料,共收闵、凌刻套印本书130种(包括子目)。每部书影的选择是以卷端首页为准,并酌情选收书中相关信息及版本图录等。这些图将明代版画、笺谱和套印的成就结合起来,具有重要的出版印刷史价值。书前有王清原写的“代序”——《武进陶氏藏闵凌刻套版书源流考》。书末附录有范景中的《套印本和闵刻本及其〈会真记〉》。大4开本,293页,精装本定价500.00元,豪华装定价800.00元。

《中国古代印刷图志》 徐忆农著。2006年6月广陵书社出版社出版。本书结合我国古代丰富的版本资料,对古代印刷的源流逐一进行介绍,辅以大量图片资料。全书分上、下、附编三部分,后附有大事年表、图版目次、主要参考文献。其主要内容有:中国传统印刷术的演进历程、中国传统印刷术的工艺流程、扬州与中国传统印刷术。16开本,156页,印数4000册,定价25.00元。

《金华印刷史》 金华市印刷协会编。2006年6月方志出版社出版。本书以时序为经,事件为纬;纵写始末,横编门类。首列大事记,以概述金华全市印刷业发展历程之大要;次列印刷技术、印刷企业、行业组织、行业教学、行业标准、行业竞赛、行业荣誉等七章,章下设节、目。16开本,343页,精装本,定价120.00元。

《浙江印刷文化》 邵海忠、周以成、朱锦东编著。2006年9月中国文联出版社出版。收入“浙江文化丛书”。本书在论述中国古代印刷术发明的基础上,分肇始、初兴、兴盛和鼎盛四个阶段对浙江印刷业的发展演进作了勾勒,进而对浙江印刷史上重大事件与重要人物,浙江古代印刷的贡献与启示,以及现代浙江印刷的布局与地位等,进行了全面探讨。16开本,338页,定价106.00元。

《中国印刷史》(插图珍藏增订本)(上、下) 张秀民、韩琦增补修订。2006年10月浙江古籍出版社出版。新版增补了关于近代西方印刷技术传入中国的论述、北宋末年邓肃文集中关于毕昇活字印刷的记载,补充了宋代刻工表、印刷史论著目录等最新研究成果二十余万字,书内增配了三百多幅宋元明清珍稀善本书影,版面字数从原书的六十多万字增加近一半,使得该书从全文字著作一变而为开本宏朗、插图精美、印制精良的一部巨著。16开本,854页,110万字,定价180.00元。

《古今印刷术》 钟永诚主编。2007年4月山东科技出版社出版。收入“自然科学向导丛书”。本书围绕大印刷这一主题,以概述、印刷工艺,印刷设备与材料为主线,从印前、印中、印后几个方面选取比较重要的内容,试图给出一个印刷的大致轮廓,使读者对印刷形成一个初步了解。16开本,203页,定价18.00元。

《木简竹简述说的古代中国——书写材料的文化史》 (日)富谷至著,刘恒武译。2007年5月人民出版社出版。原版于2003年7月由日本岩波书店刊行。本书共分为6章,对秦汉时代确立和实行的文书行政,做了别开生面的考察,围绕上起战国下至魏晋书写材料演变的主线,着重探讨了这种变化与国家行政的互动关系。配多幅精美的插图。16开本,156页,16万字,印数3000册,定价30.00元。

《典藏文明:古代造纸印刷术》 佟春燕著。2007年7月文物出版社出版。收入“中国古代发明创造丛书”系列。本书是一本介绍中国古代造纸工业技术史的图文并茂的通俗读物。主要内容包括:无纸时代、化腐朽为神奇的造纸术、古老的印刷术等。大32开本,115页,印数5000册,定价46.00元。

《纸》 李佳行著。2008年1月中国华侨出版社出版。收入"文房四宝丛书"。本书内容包括:纸的历史、纸的故事、纸的鉴赏、诗文中的纸。附录《与纸有关的其他文房用具》。16开本,181页,定价25.00元。

《文房四宝与印刷术》 张树栋等编著。2008年4月未来出版社出版。这是一本面向青少年朋友和中等文化水平读者的普及读物,主要介绍了我国的文房四宝与印刷术文化。全书图文并茂,融知识性、通俗性和可读性为一体。大32开本,228页,定价21.80元。

《北京印刷史图鉴》 曲德森主编。2008年5月北京艺术与科技电子出版社出版。本书带光盘。编者全方位、多角度地展示北京印刷业的历史和现状,着重以图文资料和多媒体等读者喜闻乐见的形式,中英文对照,反映北京在辽、金、元、明、清时期的印刷业发展历史以及首都近代印刷业蓬勃发展的盛况。有助于填补北京印刷史研究方面的空白,以无可辩驳的历史事实,充分论证和说明世界印刷术的最早发明在中国,彰显中国印刷术对世界印刷业的贡献。16开本,349页,定价128.00元。

《中国印刷博物馆创始记》 陈春生著。2008年9月作家出版社出版。本书内容包括:中国印刷博物馆创始大系、最淡的墨水也胜过最强的记忆、印刷故乡欲圆建馆梦、众人拾柴火焰高、世界大背景下的中国印刷术、中国印刷术诞生发明于中国印染术之中等。大32开本,225页,定价28.00元。

《中国欧洲印刷术与书籍史》 韩琦、(意)米盖拉编。2008年12月商务印书馆出版。本书是一次国际学术研讨会的论文结集。收录的文章包括《佛道教印像符咒对雕版印刷术起源的影响》、《中国金属活字印刷技术的起源及其在东亚各国的传播》、《宋明时期的图书贸易与书商的利益追求》、《中国书籍史及阅读史论略——以徽州为例》、《晚清西方印刷术在中国的早期传播——以石印术的传入为例》、《文化转移和书籍的历史》等等。书前有彩色图片6页。16开本,323页,定价40.00元。

《中国古代图书印刷史》(彩图本) 罗树宝著。2008年12月岳麓书社出版。本书旨在通过简明通俗的文字,配以较多的古籍印本图录,使读者能够看到各时代有代表性的刻本和活字本的风貌。内容涉及印刷术的源头、雕版印刷术的发明、印本书的时代特征、活字版印刷的发明与发展等。16开本,319页,精装本,定价90.00元。

《文化西游——印刷术》 吴伟著。2009年1月华文出版社出版。本书以图文并茂的形式详细介绍了中国印刷术的产生和发展过程,并以充分证据证明,在经历"铅、火时代"之前,西方所使用的印刷术,其来源地是东方的中国。具体纲目有:人类的胎记,中国制造,印刷东渐,印刷西游,印刷术的回归,印刷术在中国的发展,印刷史上的名人。16开本,180页,定价34.80元。

《中国古代印刷术》 李万健著。2009年9月大象出版社出版。收入"中国历史文化知识丛书"。本书从中国古文明着手,简要分析了印刷术诞生的政治、经济和文化背景,详尽叙述了雕版印刷术和活字印刷术的发明、发展、应用,以及中国印刷术的外传和重要影响。32开本,134页,9.3万字,定价11.00元。

《中国印刷史》(英文版) 张秀民、韩琦增补修订。2009年浙江古籍出版社、美国海马出版公司联合出版。《中国印刷史》是迄今研究中国印刷史专著中最具权威的著作,可以让读者更系统的了解我国印刷行业的发展历程。

《中国印刷年鉴》 中国印刷技术协会、中国印刷及设备器材工业协会编辑。中国印刷年鉴社出版。《中国印刷年鉴》作为我国印刷行业唯一的大型资料性工具书，自 1981 年创刊以来，伴随着中国印刷业的发展，已连续出版 22 卷，2009 年卷为第 22 卷，收编的主要内容为记录 2008 年行业发展的资料。

《光辉印迹——新中国60周年印刷业发展历程》 本书编委会编。2009 年 10 月印刷工业出版社出版。本书是印刷业为新中国建国 60 周年献上的一份印刷行业文集。该书编委会由新闻出版总署、行业协会以及行业教育、科研机构的领导、专家、学者组成，涵盖面广、权威性强。本书主要分“辉煌历程”、“技术成就”、“区域印刷”、“60 年企业”、“60 年人物”、“60 年数字”、“60 年大事记”、“图说 60 年”、“厂商信息”等主要栏目，从各个侧面梳理了新中国成立以来印刷行业从弱到强、由落后到复兴的伟大历程，具有较高的史料和珍藏价值。16 开本，323 页，精装本，定价 160.00 元。

【另】《中国彩印二千年》(李英著)2010 年 1 月由江西科技出版社出版。

版本史·文献学类

《版本通论》 吴则虞著。1978年起连载于《四川图书馆》和《四川图书馆学报》杂志上。本书是作者解放初期在西南师范学院任教时给图博科学生讲授时的教材。原是油印本。该书主要取材于叶德辉《书林清话》和陈彬和、查猛济著《中国书史》，从版本学角度加以条理。

《敦煌古籍叙录》 王重民编著。1979年9月中华书局出版。作者30年代到法国国家图书馆研究文献，收集敦煌遗书资料，将伯希和劫去敦煌文献编制一份目录，编为《巴黎敦煌残卷叙录》第一、二辑，1957年作者将自己撰写的关于敦煌遗书中四部古籍的题记，以及罗振玉、王国维、刘师培、陈寅恪等学者撰写的题跋，按四库分类汇为一编，有关论文亦予摘录或提供题目。这部书对研究者利用关于敦煌四部古籍的既有成果颇为方便。大32开本，384页，定价1.44元。

《中国古代史籍校读法》 张舜徽著。1980年2月上海古籍出版社出版。本书初版于1962年的中华书局上海编辑所，分为通论、分论、附论三个部分。通论谈校读古书的基本条件，从识字谈起，以至于辨识版本等问题。分论谈校书和读书方面的问题。附论则谈辨伪和辑佚方面的问题。小32开本，310页，印数20000册，定价1.35元。本书2004年云南人民出版社、华中师范大学出版社分别再版。

《古今伪书考补证》 黄云眉著。1980年6月齐鲁书社出版。本书1950年山东人民出版社初版，1959年重印。作者在清代学者姚际恒《古今伪书考》的基础上，搜罗清人及近代学者的辨伪文章，以自己的观点疏通各说。32开本，332页，16.3万字。本书1929年金陵大学中国文化研究所刊行。

《古代文献知识》 赵振铎著。1980年8月四川人民出版社出版。收入"汉语基础知识丛书"。本书分为8章，内容涉及古籍的部类、书籍制度、古书体例、古书的注释、版本概述、文字校雠、伪书鉴别、搜辑阙佚等。大32开本，223页，印数20000册，定价0.52元。

《贩书偶记续编》 孙殿起撰，雷梦水整理。1980年9月上海古籍出版社出版。本书共收录六千余种清代图书，是《贩书偶记》的补充。《贩书偶记》初刻于1936年，著者在初版刊印以后，又积得资料六千余条，并由他的助手雷梦水先生对这些资料进行了整理，现以《贩书偶记续编》名义出版。大32开本，541页，印数8000册，精装本，定价2.10元。

《唐集叙录》 万曼著。1980年11月中华书局出版。本书著录有传本的唐人诗集、文集、诗文合集108家。作为唐代诗文别集的专题目录书，对于研治唐代文学史、目录版本学以及从事文学古籍整理的读者来书说，是一部资料丰富，使用方便的参考书。大32

开本,390 页,印数 19300 册,定价 1.40 元。本书 2008 年河南大学出版社再版,收入“百年河大国学旧著新刊”。此书另有台湾明文书局本。

《古典目录学浅说》 来新夏著。1981 年 10 月中华书局出版。收入“中华史学丛书”。本书分 4 章,探讨的内容包括:目录和目录学的定义,目录和目录学的发生与发展,各种不同类型的书目,古典目录书的体制及特点;我国从两汉到清代目录学的发展概貌,图书分类的形成与发展,具有代表性的书目;与古典目录学相关的图书分类学、版本学和校勘学的知识;古典目录学的研究趋势。小 32 开本,240 页,15.6 万字,印数 13000 册,定价 0.74 元。本书 2003 年中华书局再版,收入“国学入门丛书”,定价 14.00 元。

《目录学概论》 武汉大学、北京大学《目录学概论》编写组编写。1982 年 3 月中华书局出版。本书是高校文科教材,分为上下两编。上编为我国目录学史及国内外目录学理论研究;下编介绍各种书目的特点与编制方法。大 32 开本,275 页,16.5 万字,印数 40000 册,定价 1.00 元。

《红楼梦版本小考》 魏绍昌著。1982 年 9 月中国社会科学出版社出版。小 32 开本,90 页,5.9 万字,印数 26000 册,定价 0.40 元。

《中国古典文献学》 吴枫著。1982 年 10 月齐鲁书社出版。本书分为 8 章,对中国古典文献知识及应用进行了系统论述,具体内容主要有:中国古典文献概述,古典文献源流、类别、体式,四部书的构成及其演变,类书、丛书与辑佚书,古典文献目录与题解,版本、校勘与辨伪,古典文献收藏与阅读。大 32 开本,258 页,18.2 万字,印数 12800 册,定价 1.60 元。

《中国文献学》 张舜徽著。1982 年 12 月中州书画社出版。本书分为 12 编,除论述文献学的范围、任务和古代文献的流传及类别外,对版本、目录、校勘等有关整理文献的基本知识,论述得也很详细。此外,作者还对前人整理文献的具体工作和丰硕成果、历代校雠家整理文献的辉煌业绩进行了总结性的论述。大 32 开本,388 页,定价 1.56 元。另,本书有上海古籍出版社、华中师范大学出版社再版本。

《中国丛书综录》(全 3 册) 上海图书馆编。1982 年 12 月上海古籍出版社出版。本书为新 1 版,初版于 1959～1962 年分册刊行。全书收录丛书 2797 种,均系古典文献,分《总目》、《子目》、《索引》3 册,其中《总目》分《汇编》、《类编》2 部分,《汇编》分杂纂、辑佚、郡邑、氏族、独撰 5 类,《类编》分经、史、子、集 4 类;所收丛书为北京图书馆等 41 个图书馆收收藏,除《四库全书》、《宛委别藏》系录自前人目录外,余均按原书著录;《子目》收子目共七万多条,《索引》包括《子目书名索引》和《子目著者索引》等。横排繁体字。16 开本,3729 页,印数 7000 册(套),精装本,定价 17.65 元。本书 2007 年 3 月再版,定价 360.00 元。

《伦敦所见中国小说书目提要》 柳存仁编著。1982 年 12 月书目文献出版社出版。收入“文史哲研究资料丛书”。1957 年的夏天,作者曾在伦敦英国博物院的东方书籍及珍本部看了两个月的书。他把阅书的对象集中在旧刻本的中国小说方面。其间还曾去英国皇家亚洲学会阅看同样性质的收藏,发现了若干孤本和珍本。多所见中国小说,作者当时都作有提要性的札记。这里依序发表的书目提要,便是把当年所作的札记经过整理和考订写成的文字。大 32 开本,269 页,印数 10400 册,定价 1.25 元。

《学点目录学》 徐召勋著。1983年5月安徽教育出版社出版。本书是一本比较通俗又带有学术性的目录学著作,取材新颖,文字流畅,深入浅出。主要内容是关于目录学基本理论方面的。于光远题写书名,钱亚新作序。小32开本,202页,13.5万字,印数14000册,定价0.53元。

《古书读校法》 吴孟复著。1983年5月安徽教育出版社出版。本书分为5章,就目录、版本、校雠、训诂、辨伪、辑佚各种方法分别择要介绍,并就丛书、类书和经史诸古籍作了一些提示性介绍。小32开本,201页,14万字,印数13000册,定价0.50元。同类著作还有胡朴安、宋子然等人编写的。

《明代版刻综录》(线装铅排本) 杜信孚纂辑。1983年5月江苏广陵古籍刊印社出版。线装一函八册。本书为考证明代书籍版本的工具书,共收集明代版刻八千余种,几乎集中了所有国内现存的明版图籍,并参照采用各大藏书家的有关著录,还有部分海外藏本。全书以刻书者为纲,按笔画排列,以书名为目,逐条胪列刻书者小传、作者姓名、出书年月、版式行款、牌记、考证等等。附录书名索引及书影图片10幅。16开本,印数2000册(套),线装本,定价52.00元。

《校勘学史略》 赵仲邑编。1983年7月由岳麓书社出版。本书是一部高校教材,在论述校勘的基本概念以及校勘的必要性和对象的基础上,按时代先后梳理了我国从汉代到民国时期校勘事业的建立、衰落、复兴到全盛发展过程,最后对校勘的目的要求、需要的条件以及校勘的方法等进行了进一步的讨论。商承祚题签。大32开本,162页,11.8万字,印数6100册,定价0.73元。

《鲁迅著作版本丛谈》 唐弢等著。1983年8月书目文献出版社出版。本书是为中国现代文学家著作版本作介绍的初次尝试的集子,是在鲁迅诞生一百周年纪念活动中所举办的"鲁迅著作版本展览"的基础上,组织鲁迅研究者和有关专家分别撰写的有关鲁迅著作版本的文章汇编而成,涉及鲁迅著作版本风格、概貌等,一些重要著译版本的考证,不同种类、地区、年代版本的特点及其影响,以及建立鲁迅著作版本目录学的设想。书中谈到不少新发现的史料,书后附录了至今较为完备的鲁迅著作版本书目。文前有鲁迅著作书影15种。大32开本,282页,印数10000册,定价1.20元。

《中国善本书目提要》 王重民撰。1983年8月上海古籍出版社出版。王重民(1903～1975)是我国现代著名的目录版本学专家。本书是他的主要学术著作之一,规模巨大,价值极高。全书共收录他所经眼的古籍善本书书目四千二百余种(另补遗一百余种),除了记述各书的版刻特征外,更撰著了内容丰富的提要,考校版本源流,介绍作者情况及各书研究价值等。书后附有索引数种,以便读者用以检索书目和人名。附录《中国善本书题跋》。16开本,正文部分707页,另有补遗、附录、索引等100多页,191.2万字,1986年4月第2次印刷,累计印数19000册,精装本,定价11.80元。

《藏园群书经眼录》(全5册) 傅增湘撰。1983年9月中华书局出版。本书是作者根据他的祖父傅诚生平所见善本图书的记录和有关撰著,整理编纂而成的一部善本书录,按照经、史、子、集、丛进行编排。全书收录各种善本约四千五百种,共一百余万字,近代流传的重要善本基本包括在内,是了解近代所存善本概貌和流传、佚存情况的重要史料。对于今天鉴别和整理善本古籍很有参考价值。大32开本,1620页,印数9000册(套),分册定价。2009年4月再版,新版分为4册,总定价130.00元。

《中国古代目录学简编》 罗孟祯著。1983年11月重庆出版社出版。本书在叙述目录与目录学、目录学的功用的基础上,探讨了中国目录学的发展历史,同时对版本学与校勘学的基本知识也作了简要介绍。小32开本,236页,15.6万字,印数8200册,定价0.78元。

《古今典籍聚散考》 陈登原著。1983年11月上海书店影印再版。本书商务印书馆1936年初版。这是一本综述我国古今典籍聚散的原由和经过的专著。作者从政治、兵燹、藏弃、人事等四个方面叙述了聚散的原因。小32开本,544页,印数10000册,定价2.00元。

《中国文献学概要》 郑鹤声、郑鹤春著。1983年11月上海书店依据民国版影印。本书初版于1930年,由商务印书馆印行。全书除导言外,分结集、审订、讲学、翻译、编纂、刻书等章,分别论述了古文献学的有关知识。小32开本,240页,印数10000册,定价0.90元。本书2001年1月上海古籍出版社出版重排本,大32开本,定价9.90元。

《中国医籍考》 (日)丹波元胤著。1983年11月人民卫生出版社出版。这是一本中医目录学著作。又名《医籍考》。八十卷。成书于1819年。中文本1956年初版。本书根据各种有关文献广泛收录中国历代医籍三千几百种,全部著作分为医经、本草等九类,书名之下记有出处,并根据所掌握的资料,注明卷数、存佚,列述序跋、有关考证提要敷陈大意并附评论以及作者所加的按语。对了解中国古代医学文献有重要的参考价值。大32开本,1174页,精装本,定价6.80元。

《明清稀见史籍叙录》 武新立编著。1983年12月金陵书画社出版。本书依四部顺序,著录各种稀见史籍137种。其中明人著作71种,明末清初人著作17种,清人著作49种。内有刻本、抄本、稿本和其他版本。对每一种书,既介绍作者、版本情况,又介绍书的主要内容。大32开本,303页,24万字,印数7000册,定价1.40元。

《古籍版本鉴定丛谈》 魏隐儒、王金雨编著。1984年4月印刷工业出版社出版。本书分为十章,从古籍版本史略、分类、术语、用纸、印刷和鉴定方法等方面,对古籍版本鉴定作了详细论述;对版本学、目录学等相关内容及版本鉴定中应注意的问题作了简要介绍。内容丰富、通俗易懂、实用性强是本书的主要特点。慕湘作序,李苦禅封面题字。大32开本,196页,16.5万字,印数10000册,定价2.00元。

《中国历史书籍目录学》 陈秉才、王锦贵著。1984年5月书目文献出版社出版。本书重点讲述中国史籍发展史、中国史部目录的产生和发展过程,史部类目源流、史籍分类思想史及其目前趋向;并结合史籍体裁源流的介绍,论述了一些古今重要史籍。小32开本,263页,19万字,印数21500册,定价0.90元。

《中国目录学史》 姚明达著。1984年6月上海书店出版社出版。收入"中国文化史丛书"。本书是根据民国版(1936年初版)再版的,是近代以来第一部以《中国目录学史》命名,全面、系统研究中国目录学发展历史的学术著作,是了解、研究中国目录学史的必读参考书。小32开本,425页,定价1.40元。

《古书经眼录》 雷梦水著。1984年6月齐鲁书社出版。小32开本,174页,11.9万字,印数4000册,定价0.86元。

《中国丛书综录补正》 阳海清编撰,蒋孝达校订。1984年8月江苏广陵古籍刊印社出版。本书是湖北图书馆杨海清先生对《中国丛书综录》的补正之作。对于原书中著录不全、异名等作了详尽的改正。16开本,310页,印数7000册,精装本,定价18.00元。

《中国目录学史稿》 吕绍虞著。1984年10月安徽教育出版社出版。本书分5章,按照时代顺序勾勒了我国目录学发生发展的历史轮廓,具体讨论的内容有:我国目录学的初期阶段和《别录》、《七略》、《汉书·艺文志》的诞生;从公元3世纪到公元7世纪我国目录学的发展;从公元7世纪到公元14世纪我国目录学的发展;从公元14世纪到公元19世纪中叶我国目录学的发展;我国近代目录学(从鸦片战争到1949年)。大32开本,231页,17万字,印数3000册,定价1.40元。

《古籍基础知识问答》 倪波、程德璋编著。1984年12月书目文献出版社出版。收入"图书馆业务知识问答丛书"。本书采用问答的形式,对涉及我国古籍知识方面的42个问题进行了简明扼要的介绍。小32开本,89页,6.8万字,印数34500册,定价0.40元。

《中国目录学史论丛》 王重民著。1984年12月中华书局出版。本书是著名目录学家王重民有关目录学史的著作和论文结集,是他1975年去世后由他的学生朱天俊所编。所收主要是1962年他为北京大学中文系古典文献专业学生讲授《中国目录学史》的讲义。由于讲义只写到宋末元初,故编者又收录了他的6篇论文,主要是讨论明清目录学史的。这样就大致勾勒了我国古典目录学史的发展概貌。顾廷龙跋。大32开本,342页,25.9万字,印数10000册,定价1.65元。

《目录学与工具书》 蒋礼鸿编著。1985年1月浙江古籍出版社出版。收入"青年文史丛书"。小32开本,78页,印数11400册,定价0.36元。

《菉竹堂书目》 明·叶盛编撰。1985年1月中华书局出版。丛书集成初编本。本书是明代前期藏书家叶盛的藏书目录,大约编成于成化七年(1471年)。共收书4238部,合20576册。每书仅著书名及卷册数,无解题。叶盛之书居昆山之首,在藏书家称极富,故于旧书著录为多,其中颇多世所罕见之笈,深为世人所重。本书明清以至民国有多个版本。

《文禄堂访书记》(全5卷) 王文进著。1985年4月江苏广陵古籍刊印社影印出版。据文禄堂1942年印本影印。王文进是民国时期著名书商,自1906年就学于京师文昌会馆,始与书籍结下不解之缘,后自设书肆名为"文禄堂",数十年间,广搜珍本书籍,孜孜以求,收获颇丰。择其中之精要者,考其源流,别其真伪,辑成《文禄堂访书记》一书。本书收南宋至清代珍本凡七百五十余种。前有董康序、徐乃昌序;凡例;后有李劭昕后记;作者自跋。16开本,线装本,定价23.00元。本书上海古籍出版社2007年6月重排再版。

《古籍整理概论》 黄永年著。1985年7月陕西人民出版社出版。2001年1月上海书店出版社再版。本书是关于古籍整理方面一部非常实用的教材。作者根据自已多年从事古籍整理的经验以及古籍整理自身在方法、工序、相关知识上的特点,将全书分为八章阐述,包括:底本、影印、校勘、辑佚、标点、注译、索引、其他,涵盖了古籍整理的各个方面。全书在注重实践的基础上,也有一些理论上的总结,系统性强,重点突出,详略得当。再版本大32开本,179页,11万字,定价16.00元。

【另】黄永年著《学苑与书林》2006年1月由上海书店出版社出版。16开本,317页,

31.2万字,印数3000册,定价35.00元。

《古书通例》 余嘉锡撰。1985年7月上海古籍出版社出版。本书就汉魏以上的古书举出一般通例,详加诠释,以为学者读古书之助。全书分为四卷:一、案著录;二、明体例;三、论编次;四、辨附益。书中对古书的真伪、古书的命名和编定、诸子书中造作故事的缘由、古书分别内外篇的性质,以及古书中的附录等都援引例证,分别解说,使读者知读汉魏以上古书的体例与后代著述有不同。大32开本,130页,7.7万字,印数13500册,定价0.91元。

《自庄严龛善本书目》 冀淑英编。1985年7月天津古籍出版社出版。自庄严龛为近代著名学者、藏书家周叔弢的书斋名。本书所列宋元刻本,不是海内无二孤行之帙,就是素有盛名不可多得的佳本。大32开本,141页,定价1.45元。

《目录学论文选》 李万健、赖茂生编。1985年8月书目文献出版社出版。本书收集20世纪50年代到80年代近三十年间发表的目录学论文36篇。内容包括:目录学的意义、对象和任务的讨论研究,专科目录学的研究,历代重要的目录学著作及目录学家的分析研究和各时代目录学史的研究,以及目录学研究方法方面的研究等。大32开本,454页,36.6万字,印数18000册,定价2.30元。

《木樨轩藏书题记及书录》 李盛铎著,张玉范辑。1985年12月北京大学出版社出版。李盛铎(1859～1934)在清季和民初历任要职,是著名的藏书家,收藏古籍善本和日本刻本(和刻本)甚多。他精于藏鉴之学,所写藏书题记很多,经北京大学张玉范辑为此书刊行。大32开本,433页,30.5万字,印数8000册,定价3.50元。

《中国古籍善本书目》(全9册) 顾廷龙主编,中国古籍善本书目编辑委员会编。1985年起由上海古籍出版社陆续出版,1998年4月出齐,共5部9册36卷。这部大型古籍目录以具有历史文物性、学术资料性和艺术代表性并且流传较少的古籍为善本,共收录中国除台湾省以外各省、市、自治区图书馆、大专院校图书馆、科学院系统图书馆、中等学校及寺庙等781个单位的藏书6万种,约13万部。全书分经、史、子、集、丛书5大部,大体按四部书目分类体系分类排列。每条款目包括编号、书名、卷数、编著注释者姓名、版本、批校题跋者姓名等。卷末附藏书单位代号及检索表,并另编书名、作者、版本、批校题跋者索引。本书目2002年3月重版。大32开本,精装本,全9册总定价475.00元。

《嘉业堂钞校本目录 天一阁藏书经见录》 周子美编。1986年3月华东师范大学出版社出版。作者早年曾在嘉业堂工作八年,并与人合作编校过全部藏书,编出目录十多册。而《天一阁藏书经见录》则为罗振常原著,周子美编。大32开本,204页,印数2500册,定价1.70元。本书2003年8月再版,大32开本,222页,印数1200册,定价13.00元。

《文献学讲义》 王欣夫述,徐鹏整理。1986年4月上海古籍出版社出版。全书分为4章,分别讲述了文献学的涵义和学习文献学的目的、目录知识、版本知识、校雠知识。小32开本,489页,38万字,印数5000册,定价2.80元。本书2005年4月再版,收入"世纪文库"。

《校勘学概论》 戴南海著。1986年5月陕西人民出版社出版。全书七章,对校勘的基本原理、方式、内容,标准化校勘的依据和条件,校勘的态度、方法和应该注意的问题,如体裁、序跋、辑佚、辨伪等，进行了较为全面、系统的论述。小 32 开本，252 页，印数 3000 册，定价 1.40 元。

《中国文学目录学》 谢灼华编著。1986 年 5 月书目文献出版社出版。高等学校图书馆学专业教材。全书分为 11 章，论述了中国文学目录的产生、发展和价值，分析了文学目录的编制原理、方法和特点，重点介绍了我国古典文学书籍的出版和流传情况。书中著录古典文学的书目索引 863 种，有选择地评介了 227 种。大 32 开本，409 页，32 万字，印数 11200 册，定价 2.20 元。

《金瓶梅成书与版本研究》 刘辉著。1986 年 6 月辽宁人民出版社出版。本书收录相关文章 9 篇，附录 1 篇。具体包括：《〈金瓶梅〉成书过程与作者问题研究》、《〈金瓶梅〉版本考》、《〈金瓶梅〉版本所见录》等等。大 32 开本，279 页，印数 9600 册，定价 2.60 元。

《古典小说版本资料选编》(上、下) 朱一玄编。1986 年 8 月山西人民出版社出版。大 32 开本，611 页，印数 2900 册，定价 8.10 元。

《新文学资料引论》 朱金顺著。1986 年 10 月北京语言学院出版社出版。本书对新文学版本、文学出版方面的内容多有涉及。大 32 开本，199 页，定价 1.50 元。另，作者 1990 年 12 月在中国文史出版社出版有《新文学考据举隅》。

《中国文学文献学》 张君炎著。1986 年 12 月江西人民出版社出版。全书分为 14 章，概括性地论述了文献工作的沿革与中国文学文献学的主要内容、任务与特点，系统分析了中国文学文献的种类、体裁和类型，介绍了古典文学文献的版本与目录的演变知识，分别对古代诗歌、散文、小说、戏曲和文学批评方面的文献择要进行分析、说明，同时还介绍了文学文献的检索理论与基本方法，以及常用的文学工具书和与文学有关的类书、方志和索引等。大 32 开本，582 页，50 万字，印数 4000 册，定价 3.90 元。

《经典医籍版本考》 马继兴著。1987 年 1 月中医古籍出版社出版。小 32 开本，97 页，8.2 万字，印数 5000 册，定价 0.95 元。

《版刻质疑》 瞿冕良著。1987 年 3 月齐鲁书社出版。作者研习版本目录之学，涉猎前人、今人成果，计书目、题跋、论著等，凡三百多种。其间亦有可疑者。作者于各家著录纠讹批谬，条分缕析，汇而成帙，并于版本之学多所发明。大 32 开本，140 页，7.8 万字，印数 2000 册，定价 1.15 元。

《校勘学大纲》 倪其心著。1987 年 7 月北京大学出版社出版。本书分为 8 章，分别论述了校勘学的基本问题，包括：校勘学的任务，校勘与校雠、校对的区别，校勘的历史发展和校勘学的形成建立，古籍的基本构成和校勘的基本原理，校勘的一般方法和考证的科学依据，致误原因的分析和校勘通例的归纳，校勘实践的具体方法步骤，出校的原则与校记的要求，辑佚、辨伪与校勘。大 32 开本，300 页，26 万字，印数 5000 册，定价 1.75 元。

《中国古籍版本概要》 施廷镛著，张秀民校。1987 年 8 月天津古籍出版社出版。作者施廷镛(1893～1983)是我国老一辈的图书馆学专家。本书分 4 章对中国古籍版本知识进行了较系统论述，内容包括：版本及写本的起源及其发展、雕版印书的起源及其发展、各种版本、古籍版本的鉴别。张秀民作序。大 32 开本，142 页，10.8 万字，印数 3100 册，定价 1.30 元。

《尚书源流及传本考》 刘起釪著。1987 年 8 月辽宁大学出版社出版。本书对《尚书》的源流，作了系统的、简明的阐述，并用醒目的图表列明了许多复杂的问题。大32开本，325页，印数2000册，定价2.60元。

《校雠通义通解》 清·章学诚著，王重民通释。1987年9月上海古籍出版社出版。章学诚《校雠通义》是我国古典目录学中的一部非常重要的著作，对于我国近百年来目录学的理论与方法都有很大影响。本书是一本通解式的读本，著名目录学家王重民先生用现代的语言，解说书中所讨论的目录学理论与方法问题。除了原著三卷外，王重民先生还辑录了章氏目录学论文5篇，并编写了章学诚大事年表，附于书后。大32开本，207页，18万字，定价2.95元。

《直斋书录解题》 宋·陈振孙著，徐小蛮、顾美华点校。1987年11月上海古籍出版社出版。本书为中国古代著名的目录专籍，对于研究古代出版文化有重要价值。有关《直斋书录解题》的评论文字及作者陈振孙的事迹等，作为附录分三部分附在书后。2005年8月第2次印刷，大32开本，26.75印张，54.5万字，累计印数4300册，精装本，定价78.00元。

《中国历代书目丛刊》(第一辑) 许逸民、常振国编。1987年11月现代出版社出版。收入崇文总目五卷补遗一卷附录一卷、崇文总目辑释补正四卷、秘书省续编到四库阙书目二卷、中兴馆阁书目辑考五卷、中兴续馆阁书目辑考一卷，以上是上册；衢本郡斋读书志二十卷附志二卷、昭德先生郡斋读书志四卷后志二卷考异一卷附志二卷、遂初堂书目一卷、直斋书录解题二十二卷，以上是下册。16开本，全2册，1017页，印数2000册(套)，上册定价16.00元，下册定价24.00元。

《书林琐记》 雷梦水著。1988年1月人民日报出版社出版。这是一本谈书人书事的随笔集。作者为著名版本学家孙殿起的外甥，长期在古旧书店工作，并钻研版本目录之学。本书内容广泛涉及版本、目录、藏书及藏书家等方面。末附《古书常用名词术语浅说》。大32开本，179页，12.1万字，印数4000册，定价1.20元。

《苏轼著作版本论丛》 刘尚荣著。1988年3月巴蜀书社出版。本书是作者多年来研究苏轼著作版本方面的论文汇编。大32开本，232页，印数1690册，定价2.77元。

《校勘学》 钱玄编。1988年5月江苏古籍出版社出版。本书结合当今整理古籍的实际，引用一些古今学者校勘古书的实例以及前人的经验，对校勘的各种对象以及各种校勘方法的运用，进行了较为细致的论述。小32开本，175页，印数3000册，定价2.35元。

《校勘述略》 王云海、裴汝诚著。1988年6月河南大学出版社出版。本书11章，论述的内容包括：古书的传播，古籍在流传中发生的抄刻问题举例，校勘学的产生，东汉至南北朝时期校勘学的发展，隋至明代的校勘学，清代校勘学的发展，校勘古籍的基本知识和技能，校勘应注意的问题，校勘方法，古籍的真伪、搜集阙佚等。内容兼及校勘学基本知识和校勘学史，具有知识性、实用性和学术性结合的特点。大32开本，6.125印张，180页，定价1.70元。

《目录学纲要》 曹慕樊著。1988年9月西南师范大学出版社出版。本书分为6章，具体内容有：界说目录学与校勘学、文献学的关系，论述目录学的对象和范围及书目种类，比较中外目录学，梳理中国目录学史，介绍版本知识，论述中国书籍制度、纸及刻本和版本学的内容及意义，论说校勘学，阐明目录学的校勘学范围和校勘依据、方法，介绍辨伪和辑佚的有关内容。小 32 开本,240 页,17.1 万字,印数 3500 册,定价 2.00 元。

《中医文献学》 薛凤奎主编。1989 年 3 月湖南科学技术出版社出版。本书全面分为上下两篇,论述了中医文献学基础,内容包括中医文献学的源流、体式、分类、目录、版本、校勘、辑佚和辨伪;论述了中医文献的研究内容和方法等。16 开本,196 页,31.4 万字,印数 10000 册,定价 4.10 元。

《版本学概论》 戴南海著。1989 年 6 月巴蜀书社出版。本书是一本内容丰富、涉及面广的版本学著作,具体内容包括:我国书籍的产生和雕版印刷术发明前的古籍图书,雕版印刷术的起源,古籍雕版印刷发展史略,中国书籍装订简史,版本的名词术语,鉴别版本的方法,佛藏、道藏版本的雕刻和鉴别,活字印本,印刷术发明后的抄写本书,批校本,历代刻书的优劣及如何保护古籍版本。大 32 开本,542 页,40 万字,印数 2890 册,定价 5.80 元。

《古典文献学》 罗孟祯编著。1989 年 6 月重庆出版社出版。本书包括谈书、目录学、版本学、校勘学四篇,较全面系统地论述了古典文献学方面的有关知识。小 32 开本,501 页,31.9 万字,印数 3000 册,定价 4.80 元。

《中国历史文献学》 张家璠、黄宝权主编。1989 年 6 月广西师范大学出版社出版。本书分为 10 章,系统地论述了历史文献的产生与聚散,表现形式与类别,历史文献目录、版本、校勘、考证、辨伪、辑佚、标点、注释、今译、典藏与阅读、检索,历史文献学研究回顾与展望等。大 32 开本,362 页,29.5 万字,平装本定价 4.50 元,精装本定价 6.50 元。

《藏园群书题记》 傅增湘撰。1989 年 6 月上海古籍出版社出版。本书辑录了作者 20 世纪 20~40 年代所撰写的古籍善本书题记 580 篇,依照传统的经、史、子、集四部分类法,分为 4 部 46 类 20 卷编排。作者广为搜集版本,比较异同,所叙述者以其家藏或所经眼的宋元善本古籍为主,叙说学术渊源,版刻与收藏源流,以及作者的校勘心得等。此书在 1949 年以前已有初、续两集刻本,又有三集未刊稿二百多篇,此次出版,由作者后人傅熹年在以上三集的基础上重新审订、校刊、编辑而成。大 32 开本,1105 页,85 万字,印数 3000 册,精装本,定价 19.80 元。

【另】本书 2008 年再版。另有 1933 年大公报本,台湾广文出版社本。

《古籍版本学概论》 严佐之著。1989 年 10 月华东师范大学出版社出版。本书比较全面、系统地论述了古籍版本学的有关问题,内容包括对古籍版本的认识、版本的历史、版本的鉴定、版本的考订等。大 32 开本,204 页,定价 1.75 元。本书 2008 年 10 月再版。

《校雠目录学纂要》 蒋伯潜著。1990 年 5 月北京大学出版社出版。本书 1944 年由正中书局出版,是作者 1941 年应朱自清先生之邀拟赴西南联大任教前所写的讲义。作者将校雠学和目录学合在一起阐述。书中介绍了校雠学和目录学的历史和内容、方法,材料丰富,叙述简明,对一些重要问题常能博采众长而加以裁定。此次为简体重排本,改正了原版排印中的讹误和脱落,较长的引文与通行本作了核对。附录有作者之子所写《先严蒋伯潜传略》。大 32 开本,181 页,13.7 万字,印数 3500 册,定价 2.55 元。

《清人书目题跋丛刊》(十种) 1990~1995 年中华书局影印出版。16 开精装本。(1)《皕宋楼藏书志·皕宋楼藏书续志》(全 2 册),陆心源撰,1990 年 3 月出版,1421+36 页,定价 109.20 元。《皕宋楼藏书志》为中国清代末期“四大藏书家”之一——归安陆心源

(1834～1894)与其门人李宗莲合编的藏书目录,120卷,《续志》4卷。皕宋楼为陆心源藏书楼之一。收录陆氏所藏宋、元、明三代旧刻精钞并为世所罕见者六百余种。每书除记书名、卷数、版刻及撰人姓名外,并详录书中序跋,间录藏章印记;宋、元两代刊本则备载行款缺笔,以便考核。(2)《仪顾堂题跋·续跋·善本书室藏书志》,分别由陆心源、丁丙撰,1990年3月出版,935+46页,定价72.20元。(3)《铁琴铜剑楼藏书目录·楹书隅录·滂喜斋藏书记》,分别由瞿镛、杨绍和、潘祖荫撰,1990年3月出版,730+28页,定价52.80元。《铁琴铜剑楼藏书目录》24卷,清·瞿镛撰,镛父素喜藏书,创铁琴铜剑楼,镛克承父业,肆力搜求,富至十万余卷。《楹书隅录》初编5卷,续编4卷,清·杨绍和撰,杨氏藏书楼名曰海源阁,藏书颇富,时有"南瞿北杨"之称。上述两书,所录均系善本,并详记各书序跋,间加按语,评骘得失,是目录学中的佳作。《滂喜斋藏书记》3卷,著录多系宋、明刻本,清·潘荫祖撰。(4)《钱遵王读书敏求记校证·爱日精庐藏书志》,分别由钱曾撰,管庭芬、章钰校证,张金吾撰,1990年4月出版,700+24页,定价54.30元。包括《读书敏求记》4卷,清·钱曾撰。著录各书多系宋元善本及旧钞本,为钱氏藏书中之精萃。每书之下,既叙版本,又兼考订,被视为目录书中的名著。不过,该书分类编排不尽得体,内容也间有疏误,前人不无微词。《钱遵王读书敏求记校证》,补阙订讹数千条,四倍于钱氏原书,使人一编在手,诸说俱见。《爱日精庐藏书志》36卷、《续志》4卷,清·张金吾撰。该书著录宋元旧本及罕见本,于经、史两部所载较备。凡《四库全书总目》未曾著录者,辄撰提要,并附录有关序跋。顾广圻称此书"开聚书之门径","标读书之脉络","欲藏书、读书者,苟循是而求焉,不事半功倍欤"。(5)《抱经楼藏书志》,沈德寿撰,1990年4月出版,767+26页,定价59.00元。《抱经楼藏书志》64卷,清·沈德寿撰。沈德寿系清末著名藏书家,自谓"弱冠时好古人书画及历朝诸家尺牍,遇有所获,必详其姓氏,识其真赝,曾谒观陆心源藏书,后更潜心遍访书肆,唯书是求,富至数万卷。"于是仿前辈书志,载旧抄之罕见者,并注意著录清代之书,收录诸书序跋,以明古书之源流。(6)《黄丕烈书目题跋·顾广圻书目题跋》,分别由黄丕烈、顾广圻撰,1993年1月出版,688+24页,定价68.00元。收荛圃题跋五种、百宋一廛赋注、百宋一廛书录和思适斋集、补遗、思适斋书跋及补遗。(7)《开有益斋读书志·续志·艺风藏书记·续记·再续记》,分别由朱绪曾、缪荃孙撰,1993年1月出版,384+29页,定价41.00元。包括《开有益斋读书志》6卷、《金石文字记》1卷、《读书续志》1卷,清·朱绪曾撰,"为征文考献之资,旁涉校雠,亦多精审"。《艺风藏书记》8卷,《艺风藏书续记》8卷、《艺风藏书再续记》系清·缪荃孙撰,是其藏书的总汇,"有此三记长存天壤间,其毕生所藏之书,展卷俱在,若指诸掌,即谓之书存可也"。朱氏著录古籍二百余种,缪氏著录一千四百余种。本书将朱、缪二氏的上述著作汇编起来,对读者了解有关古籍的著述大旨、著者仕履、刊刻源流以及版本特征,均会有所帮助。(8)《郑堂读书记》,周中孚撰,1993年1月出版,539+18页,定价54.00元。本书共著录书籍四千余种,是一本考辑古籍的书录。(9)《万卷精华楼藏书记》,耿文光撰,1993年1月出版,1225+37页,定价115.00元。《万卷精华楼藏书记》146卷,由清末著名藏书家、目录学家耿文光(1833～1908)撰,书名采自所藏万卷中精华之意。全书分经史子集四部46类,共著录书籍两千余种,是一部大型综合性提要书目。书中对所著录书籍的版本源流、篇章分合、义理旨趣、得失利弊等,提纲挈领,条分缕析,了然具备,颇资参考。为方便查检利用,正文后附有四角号码篇名索引。(10)《天禄琳琅书目·天禄琳琅书目后编·绛云楼题跋·绣谷亭熏习录·拜经楼藏书题跋记》,分别由于敏中、彭元瑞、吴焯 、吴寿旸等撰,1995 年 8 月出版,692 +26 页,定价 106.00 元。

《中国版本目录学题解》 (日)长泽规矩也编著,梅宪华、郭宝林译。1990 年 6 月书目文献出版社出版。此书是作者在中国古版本目录学研究的代表性著作之一。它通过对 500 余部中国版本目录学书籍的介绍和评价,使读者可粗知中国目录学的源流,明了古典书目的分类方法及其沿革,了解各种书目版本的优劣,知晓中国古代尤其是明清以来私家藏书的源流。全书体例得当,内容颇具学术价值。小 32 开本,271 页,18.59 万字,印数 2700 册,定价 4.55 元。

《现存宋人别集版本目录》 四川大学古籍整理研究所编。1990 年 6 月巴蜀书社出版。收入"全宋文研究资料丛刊"。本书收入个人诗文词集共 741 家。16 开本,430 页,印数 1110 册,定价 10.60 元。

《中国历史文献简明教程》 张传玺主编。1990 年 7 月北京大学出版社出版。本书综合介绍目录学、文献学和古代汉语三方面的基本知识。全书分六章,第一至第四章分别论述经、史、子、集四部。第五章介绍类书与丛书。第六章为文物与考古。每章一般包括"概述"、"简介和范文"、"注释"三个部分。第二章史部除上述三部分外,还有对各种史体的介绍。大 32 开本,462 页,37 万字,定价 6.00 元。

《古书版本学概论》 李致忠著。1990 年 8 月北京图书馆出版社出版。本书十章。第一章"导论",介绍古书版本学的起源与演变以及善本书简介。从第二章到第十章,纲目分别为:版本鉴定的经验与知识、造纸术的发展与古书用纸的演变、印刷术的发明与发展、历代刻书的特点、古书的装帧、古书版本的鉴定、古书版本造伪与鉴别、校勘在古书版本学中的地位、古籍版本著录与编目。笔者所藏为 2003 年 11 月第 3 次印刷本,大 32 开本,250 页,另有书影 32 幅,20 万字,累计印数 1300 册,定价 18.00 元。

《郡斋读书志校证》 宋·晁公武撰,孙猛校证。1990 年 10 月上海古籍出版社出版,2006 年 6 月第 3 次印刷。《郡斋读书志》是宋代著名的目录学著作,是我国现存最早的私家藏书目录。该书前有总序,四部各有总论,各类小序在每类第一种书的提要中,叙述学术源流。每书撰有提要,或介绍作者生平,或讨论书中要旨,或论学派渊源,或述篇章次第,或偏重于考订。南宋以来有多种刊本,收入《四部丛刊》三编。大 32 开本,上、下册,53.32 印张,累计印数 4000 册,精装本,2006 年重印本定价 128.00 元。

《中医文献学》 马继兴著。1990 年 10 月上海科学技术出版社出版。本书系统地反映了古代医学典籍的发掘、整理、鉴别、考证的方法,是中医文献研究的大型专著。它注重收集大量古今中外文献资料,对重要医籍及版本的源流关系、演变体系均附图表。16 开本,560 页,86.1 万字,精装本,定价 29.40 元。

【另】秦玉龙编著的《实用中医文献学》1987 年 10 月由南开大学出版社出版,28 万字。邱纪凤编著《应用中医文献学》1990 年 1 月中医古籍出版社出版。徐国仟主编《中医文献学概论》1994 年中国医药科技出版社出版。赵法新等主编《中医文献学辞典》2000 年中医古籍出版社出版。严季澜、顾植山主编《中医文献学》2002 年中国中医药出版社出版。

《文献学概论》 倪波主编。1990 年 11 月江苏教育出版社出版。这本高校文科教材用较多的篇幅,从定义、社会功能、框架结构、文献信息、文献载体、文献族系、文献类型等多种角度,对文献的内容、形式和特征,做了全面的论述和较深的剖析;它的另一方面内容,是对文献工作的描述和理论的探讨,包括文献的生产、文献的交流、文献流的规律、文献工作标准化和文献工作现代化等基本问题。本书通过对文献和文献工作的讨论,力求勾勒出一个不局限于目录、版本和校雠为核心内容的新的文献学体系。附录有《我国出版社简况》。周文骏作序。大32开本,405页,31.7万字,印数3470册,定价4.05元。

《社会科学文献学》 郭星寿编著。1990年12月武汉大学出版社出版。本书分为上、下两编,对现代文献学的基本理论、基本内容和基本方法进行了全面的探讨。上编为"社会科学文献学通论",主要是关于社会科学文献情报工作的理论、方法与技术等方面的内容。下编"社会科学文献情报源",主要是关于马克思主义文献和社会学、政治学、法学、经济学与管理学等学科的文献情报的源流、重要学派、流派及其代表人物与著作,以及专科文献检索与咨询等方面的内容。大32开本,487页,38.7万字,定价3.50元。

《中国历史文献学》 张大可等主编。1991年2月陕西人民教育出版社出版。本书除导论外由4编18章组成,内容主要包括:历史文献的载体和印刷技术、历史文献类别概述、历史文献的整理与检索、中国历史文献学的发展与成就。大32开本,617页,48.7万字,印数2000册,定价8.60元。

《古典目录学》 来新夏著。1991年3月中华书局出版。本书是在作者《古典目录学浅说》(中华书局1981年版)的基础上重新编写的高校文科教材。本书结构严谨,以时序为经,从史的角度勾勒了我国古代目录学发生、发展的概貌,并对我国古典目录学"辨章学术,考镜源流"作了精辟的分析。大32开本,327页,19.6万字,定价3.10元。

《民族文献提要(1949～1989)》 本书编写组编。1991年4月云南教育出版社出版。本书收录1949.10～1989.10期间在中国面世的汉文版图书,重点选收了关于中国各个少数民族和全国各地方民族情况的文献,共计两千余种。大32开本,661页,印数5500册,精装本,定价8.95元。此外,《民族文献提要续编(1990～1999)》(李国文主编)2003年11月由云南大学出版社出版。

《古籍版本概要》 陈宏天著。1991年5月辽宁教育出版社出版。这是一本概述古籍版本学基本知识的专著。全书由浅入深、循序渐进地介绍了古籍版本学的内容、形成和发展以及版本鉴定等知识,并重点阐述了宋、金、元、明、清历代刻本的特征以及活字本、抄本、稿本的区分与鉴别等。大32开本,130页,12万字,印数1000册,定价2.05元。

《古籍版本题记索引》 罗伟国、胡平编。1991年6月上海书店出版社出版。编者将历代102种古籍版本题跋记、读书志、书影,分别编为"书名索引"和"著者索引",并收录了近5万种书的版刻情况,囊括了所有重要的古籍版本之作。16开本,941页,205万字,定价58.00元。

《校勘学》 管锡华著。1991年7月安徽教育出版社出版。本书从理论上对校勘进行了总结,详细论述了校勘学的方法和应注意的问题,还交代了校勘的整个工作步骤。大32开本,512页,印数5000册,定价6.70元。

《校雠学史》 蒋元卿著。1991年12月上海书店出版社影印出版。本书属于"民国丛书"选印中的一种,原由商务印书馆1934年刊行。全书六章,在第一章"绪论"中,作者对校雠学、校雠学史予以界定，在此基础上将校雠学分为发轫时期、建立时期、衰落时期、复兴时期、鼎盛时期逐章进行讨论。小 32 开本，繁体竖排，312 页，印数 1200 册，定价 5.20元。本书还有黄山书社 1985 年刊本。

《〈荀子〉版本源流考》 高正著。1992 年 4 月中国社会科学出版社出版。本书对历代所传的《荀子》各种版本的优劣、真伪、各自的特点进行了阐述。小 32 开本，156 页，定价 2.80 元。

《中国古籍版本学》 曹之著。1992 年 5 月武汉大学出版社出版。本书分概论、源流和鉴定三编，初步建立了中国古籍版本学的完整体系，全面论述了中国古籍版本学的基本理论。其中，古籍版本学史、写本源流、雕版起源、考订一书版本源流等内容尤富新意。与出版文化史密切关联的是第二编“中国古籍版本源流”，分九章论述了写本源流和刻书演变，特别是从雕版起源一直到清代的刻书情况等内容。大 32 开本，554 页，45.1 万字，1993 年 10 月第 2 次印刷，累计印数 5050 册，定价 7.50 元。

《中国目录学史》 乔好勤编著。1992 年 6 月武汉大学出版社出版。本书对中国目录学史进行了从古到今的综合研究，清晰地勾勒出了从殷商直到当代目录学的发展历史。作者采用史论结合的方法，从思想史和学科发展史的角度出发，引用大量史料，对众多目录学家的思想成果及其在中国目录学史上的地位进行了评述，总结了各个时期目录学理论研究的主要成就。彭斐章作序。大 32 开本，442 页，36.2 万字，印数 2000 册，定价4.20 元。

《中国文学史著版本概览》 吉平平、黄晓静著。1992 年 6 月辽宁大学出版社出版。本书收史著 578 部，著录了 1949～1991 年间国内外出版的各类中国文学史著作版本和内容简介，编例分文学思想史、古代文学史、现代文学史、当代文学史等 6 编，另及文学史著作编著名录。大 32 开本，774 页，印数 800 册，平装本定价 14.50 元，精装本定价 25.00 元。

《古代小说版本漫话》 欧阳健著。1992 年 10 月辽宁教育出版社出版。收入“古代小说评介丛书”。本书以漫话的形式对中国古代小说中的《红楼梦》和《水浒传》等从版本考证的角度提出了新的独到见解，并从古代小说的写作、刻印、流传三个方面对版本学作了深入浅出的阐发。该书 2001 年 1 月再版。小 32 开本，151 页，8.2 万字，定价 4.50 元。

《天禄琳琅书目》(上、下) 清·于敏中、彭元瑞等编。1992 年 11 月江苏广陵古籍刻印社据光绪甲申本影印。天禄琳琅是乾隆时期内府宋元明善本书所藏之处乾清宫昭仁殿的别称。集乾隆朝各藏书家精华，宋、辽、金、元、明俱全。该书是研究古籍版本不可多得的工具书。大 32 开本，1170 页，印数 250 册(套)，精装本，定价 88.00 元。本书另有中华书局等多种本子。

《中国文献史》(第一卷) 王余光著。1993 年 3 月武汉大学出版社出版。这是作者打算撰写的多卷本《中国文献史》的第一卷，分两编论述了中国文献的有关理论问题以及先秦文献的基本情况。“绪论”部分分了五章，其纲目为：文献综论、中国文献、中国文献学与文献史、中国文献发展过程中的文献整理、古今学者论中国文献。“先秦文献”部分，则分六章讨论以下问题：汉字的发明与汉文献的起源，商代文献，周代甲骨文献与铭文材料，盟书、简牍与帛书，典籍，文献的编纂、整理与收藏。书末另有《先秦文献大事记》。大 32

开本,284 页,21.4 万字,印数 2500 册(其中精装本 500 册),平装本定价 2.85 元,精装本定价 8.70 元。

《藏园订补郘亭知见传本书目》(全 4 册) 清・莫之友著,傅增湘订补,傅熹年整理。1993 年 6 月中华书局出版影印本。本书是傅增湘先生以莫友芝《藏园订补郘亭知见传本书目》为底本,补入自己数十年观书记录和自藏善本,并增补《四库全书简明目录》成书之后新出的主要著作,内容上补进版本特征、行款、序跋等,是一部很重要的版本目录学工具书。现由傅熹年先生整理后影响出版,并附书名索引,便于查检。大 32 开本,1908 页,定价 180.00 元。本书 2009 年 4 月再版。

《以正史为中心的宋元版本研究》 (日)尾崎康著,陈捷译。1993 年 7 月北京大学出版社出版。作者是日本著名的版本学家。本书以北京各图书馆、台北各图书馆及日本各图书馆所藏史籍版本,考订宋元版本的真伪,同时兼及宋元版本的特点和考订方法。大 32 开本,128 页,定价 4.80 元。

《中国法制古籍目录学》 高潮、刘斌著。1993 年 11 月北京古籍出版社出版。本书分为九章,在阐述一般目录学和法制古籍目录学理论及历史沿革的基础上,按中国历史断代,分综合、法律思想、典制、法规律令、狱政等部类,评介从商周到清末有关法制的古籍一千五百多种。大 32 开本,340 页,25.7 万字,印数 10000 册,定价 10.00 元。

《版本学》 姚伯岳著。1993 年 12 月北京大学出版社出版。本书系统论述了版本学的理论、历史、方法和版本现象,将古今图书贯通论之,构筑了一个较为严密的版本学学科体系。全书分为 9 章,具体内容包括:版本与版本学、版本学史、版本分析、版本类型、版本评价、版本鉴定、版本源流、版本对勘、版本目录。书中论述版本学理论周详缜密,总结版本学研究方法恰当切用,分析版本现象透辟深入。大 32 开本,270 页,22 万字,印数 3000 册,定价 7.50 元。

《彝族古籍文献概要》 黄建明著。1993 年 12 月云南民族出版社出版。本书系统地介绍了彝族古籍文献的材料种类、制作方式、语文特点、文献分类及其收藏与传播等。小 32 开本,188 页,14.7 万字,印数 2000 册,定价 7.00 元。

《明代书目题跋丛刊》(全 2 册) 冯惠民、李万健选编。1994 年 1 月书目文献出版社影印出版。本丛刊包括明代公私藏书的题跋、书目的影印本《文渊阁书目》、《国史经籍志》、《内阁藏书目录》、《秘阁书目》、《汲古阁校刻书目》、《澹生堂藏书目》、《万卷堂书目》、《古今书刻》、《近古堂书目》、《百川书志》、《脉望馆书目》、《赵定宇书目》、《隐湖题跋》、《重编红雨楼题跋》等 30 种。16 开本,2099 页,定价 264.00 元。

《中国古文献学史》(全 2 册) 孙钦善著。1994 年 2 月中华书局出版。本书包括先秦、两汉、元、明、清等 7 章,介绍了各时代本章所含古文献学的概况和有代表性的古文献学家。大 32 开本,1268 页,定价 42.00 元。

【另】孙钦善著《中国文献学史简编》2001 年 9 月由高等教育出版社出版。16 开本,定价 58.00 元。

《中国文献学新编》 洪湛侯著。1994 年 5 月杭州大学出版社出版。全书分形体、方法、历史、理论 4 编,对中国文献学的基本问题进行了系统论述。大 32 开本,462 页,印数 6000 册,定价 15.00 元。

《古籍整理散论》 来新夏著。1994年6月书目文献出版社出版。本书分八篇，对古籍整理的一些基本技能问题进行了简明扼要的探讨，具体内容涉及分类、目录、版本、句读、工具书、校勘、考证、传注。小32开本，197页，13.5万字，印数800册，定价6.00元。

《蒙古历史文献概述》 包文汉、乔吉编著。1994年8月内蒙古人民出版社出版。小32开本，175页，定价4.10元。

《版本学研究论文选集》 阳海清主编。1994年8月书目文献出版社出版。这本选集收录1949年以来顾廷龙、吴虞则、李致忠等版本研究专家的有代表性的研究论文，内容涉及书籍制度、雕版印刷的起源、坊间刻书、书院刻书等诸多方面。大32开本，399页，印数2100册，定价15.60元。

《近三百年古籍目录举要》 严佐之著。1994年9月华东师范大学出版社出版。本书以清代私家藏书目录为介绍和研究重点，采用目录之目录的传统形式编写，各篇内容基本按照藏撰者传略、书目编例特点和学术价值的格局编排。作者着力从目录学发展的角度去考察各书目纵向和横向之间的联系，探寻清代与近代私家藏书目录的学术发展轨迹。顾廷龙、潘景郑分别题写书名。大32开本，225页，20万字，印数3000册，定价8.10元。

《民族古籍学》 乌谷著。1994年9月云南民族出版社出版。内容涉及到民族古籍的载体，民族古籍学与其他学科的关系，民族古籍学的方法论等等。大32开本，471页，35万字，印数1000册，定价15.00元。

《中国历史文献目录学》 王锦贵主编。1994年12月北京大学出版社出版。全书内容分为三个部分：概要编，阐述历史文献及历史文献目录学的有关理论；旧体编和新体编，介绍古今各类文献，并剖析典型范例，旨在加强感性理解；检索编，属于方法论，分别介绍史部类目、历史文献书目类型、中国历史文献信息源。大32开本，317页，25.5万字，未标印数，定价10.25元。

《贩书经眼录》 严宝善编录。1994年浙江古籍出版社出版。这是一部内涵丰富的版本目录学方面的专著。它叙述了历年所见的善本、稀见书和文献资料的研究心得。它详记书名、卷册、全或缺、编著人姓氏和里籍，以及版刻年代、纸张、行格等，并旁征博引，对版本及有关人物详加考订，撰写提要。大32开本，580页，精装本，定价33.00元。

《中国的古籍》 邓瑞全、任宝菊编著。1995年3月北京科学技术出版社出版。收入“中国历史知识全书——灿烂文化”。本书系统的介绍了从我国早期文字记录到书籍产生和发展的全过程，对书籍发展的各个阶段——简牍、帛书、纸写本、雕版印刷和活字印刷书籍的基本概况等做了概要讲述。小32开本，93页，定价3.90元。本书2005年收入“中国历史知识全书”修订再版。

《毛泽东著作版本述录与考订》 施金炎主编。1995年5月海南国际新闻出版中心出版。本书是现今收录毛泽东著作版本最多的工具书，涉及八千三百多个版本。大32开本，781页，精装本，定价49.80元。

《中国少数民族古籍概论》 吴肃民著。1995年6月天津古籍出版社出版。本书在界定民族古籍内涵的基础上，对我国东北地区、西北地区、西南地区、中东南地区的民族古籍分不同民族进行了全面论述，同时，对民族古籍的收集、整理、研究等也进行了探讨。大32开本，223页，18万字，印数1000册，定价9.80元。

【另】李晋有等编著的《中国少数民族古籍概论》(4卷)分别于1997、1998、1999、2001年由巴蜀书社刊行。

《燕都古籍考》 王灿炽著。1995年8月京华出版社出版。大32开本,387页,印数3000册,定价28.00元。

《古代刻书与古籍版本》 卢贤中著。1995年12月安徽大学出版社出版。本书论述了我国雕版印刷术、活字印刷术的起源和发展,各个时代版本的类别和特点,重要古籍的编纂、刊刻及流传,古籍的版式、结构和类别,鉴定古籍版本、辨别古籍真伪的基本知识。大32开本,236页,19万字,印数2000册,定价7.00元。

《校勘学》 田代华主编。1995年中国医药科技出版社出版。本书为高等中医院校(试用)教材,供中医文献专业使用。16开本,178页,定价8.00元。

《古籍目录学》 周少川著。1996年1月中州古籍出版社出版。大32开本,243页,印数1300册,定价15.00元。

《版本古籍鉴赏与收藏》 黄燕生、林岩编著。1996年1月吉林科学技术出版社出版。收入"古董收藏鉴赏丛书"。全书分为六章,具体内容包括:从金石到简书,汉魏竹帛与晋唐写本,发达的印刷业与图书收藏,中国古籍的版本构成,古籍版本识别与鉴赏,古籍收藏与市场前景。小32开本,236页,印数7000册,定价18.00元。

《〈三国演义〉版本考》 (英)魏安著。1996年6月上海古籍出版社出版。本书是作者在博士论文基础上,补充以新发现的资料和最新研究成果写成的。内容包括《三国演义》现存版本目录、版本的分类法、版本系统及支点的特点等。大32开本,15.6万字,精装本,定价20.00元。

《彝族文献学概论》 中央民族学院彝文文献编译室编。1996年10月中央民族学院出版社出版。本书对彝族文献的产生发展、语文特点、分类、散佚收藏等进行了全面论述。附录《彝族文献名著举要》。大32开本,292页,24.5万字,定价15.00元。

《鲁迅著译版本研究编目》 周国伟编著。1996年10月上海文艺出版社出版。该书将鲁迅著译305种分为9个部分,即总类,著作,翻译,艺术介绍,辑录、校勘,手稿集,鲁迅、瞿秋白合作集,汇编本,外文汇编本,并以每一版书为实体进行版本的编目和研究。这一资料性、学术性的基础工作对现代文学史、现代出版史的研究均有重要价值。书前8页为鲁迅照片以及手迹、书影、预约广告等。丁景唐作序。大32开本,463页,34.2万字,印数1000册,定价20.00元。

《日本藏宋人文集善本钩沉》 严绍璗著。1996年12月杭州大学出版社出版。收入"日本文化研究丛书"。大32开本,376页,30万字,印数3000册,定价25.00元。

《中医文献学纲要》 张如青等编著。1996年12月上海中医大学出版社出版。本书分为十章,包括:中医文献载体概述;中医文献的分类、体例与命名;中医文献目录概述;中医文献版本概述等内容。大32开本,409页,印数2500册,定价29.00元。

《古书版本鉴定》 李致忠著。1997年2月文物出版社出版。这是一本关于古书版本鉴定的书,分为史证编、版本编和鉴定编三个部分,版本鉴定则是本书的主题,也是古书版本鉴定的落脚点。这一编围绕中国古书的雕版印制、活字排版印制、抄写复制等不同生产方式,以及由这些生产方式所赋予书籍的不同特点等,展开叙述。这些叙述既有前人的经验,也有作者自己的体会和见解,值得一读。本书 2007 年 8 月北京图书馆出版社修订版。16 开本,188 页,定价 48.00 元。

《古籍版本鉴赏》 魏隐儒著。1997 年 4 月北京燕山出版社出版。本书系统全面地介绍古籍版本的鉴别技巧和欣赏方法,内容系统完整,图文并茂,文字简明流畅,对从事该领域研究的人员有重要的参考价值。大 32 开本,148 页,定价 9.80 元。本书 2009 年再版。

《古籍版本》 朱学波著。1997 年 4 月山东科学技术出版社出版。收入"中国收藏小百科丛书"。附图版 16 页。32 开本,137 页,10 万字,定价 16.00 元。

《中国文献学综说》 王燕玉著。1997 年 6 月贵州人民出版社出版。本书内容的主要纲目为:文献学义界,文献记载的形质,文献主体的书籍,文献学的基础学科,文献学的提高学科,文献学的工作分类。大 32 开本,299 页,定价 15.00 元。

《维吾尔古文字与古文献导论》 牛汝极著。1997 年 8 月新疆人民出版社出版。本书是新疆大学阿尔泰学研究所"维吾尔学"课题组的子课题成果,是维吾尔学系列丛书的一部重要论著。大 32 开本,320 页,29 万字,定价 27.00 元。

《民族古文献概览》 张公瑾主编。1997 年 11 月民族出版社出版。大 32 开本,629 页,印数 1300 册,定价 37.50 元。

《古书鉴赏入门》 陈正宏、梁颖著。1997 年 12 月上海书画出版社出版。本书由若干篇谈古书鉴赏的文章组成,篇目有《古书鉴赏漫话》、《宋元刻本鉴赏杂谈》、《明刻本的类例与鉴赏》、《清代丛书述略》、《和刻本浅说》、《民国图书收藏小识》、《明清藏书家择要》等。书中有古籍善本书影数十幅。大 32 开本,191 页,印数 3000 册,定价 18.00 元。

《嘉业堂藏书志》 缪荃孙、吴昌绶、董康撰,吴格整理点校。1997 年 12 月复旦大学出版社出版。浙江湖州南寻镇嘉业堂为近世私家著名藏书楼。该书由缪荃孙、吴昌绶、董康等赓续修撰成书,计著录嘉业堂所藏善本古籍一千七百多种。各书均记其书名、卷数、著者、版本及藏印等,或录原书序跋题识,附以提要。此为稽考古籍、辨章学术之重要工具书,对研究中国出版文化史、近代图书事业史都有重要参考价值。顾廷龙题签。大 32 开本,1466 页,另有索引 56 页,124.5 万字,印数 2000 册,精装本,定价 80.00 元。

《万卷精华楼藏书记》(全 6 册) 清·耿文光撰。1998 年 1 月北京图书馆出版社出版。本书是一部精心编撰的目录体著作。作者用 14 年的时间将所收善本按经史子集再细分为 45 类,146 卷,先标书名、卷数,后依次为案语、出典、撰人、版本、解题,采书中要语、诸家论说。此外,或明书之纯杂,或辨版之精粗,或疏通其纠葛,或考证其谬讹,或书所见,或记所得,内容十分丰富。大 32 开本,4700 页,精装本,全套定价 600.00 元。

《书舶庸谭》 董康著,傅杰校。1998 年 3 月辽宁教育出版社出版。作者董康为光绪进士,抗战时期曾出任伪职,但作为著名学者,他以藏书刻书著称,在文化史上却有重要贡献。这本书是作者几次赴日寻访中国古籍的日记,最初刊行于 1928 年。作者勤访旧椠孤本,记其版式,存其题识,具有很高的学术价值。书前有胡适的序言,对该书的内容、价值有精要的提示。小 32 开本,135 页,10.5 万字,印数 10000 册,定价 5.70 元。

《云南书林史话》 李孝友著。1998 年 4 月云南人民出版社出版。本书作者是文献学家,书中收录了有关云南藏书和文献典籍研究的论文多篇。大 32 开本,327 页,24 万字,印数1200册,定价18.00元。

《中国古代目录学史》 倪士毅著。1998年5月杭州大学出版社出版。本书分10章介绍和评述了中国鸦片战争以前目录学发展的历史。具体内容包括:目录学的研究对象及研究意义,中国目录学的起源,汉代、魏晋南北朝、隋唐五代、两宋、元朝、明朝、清鸦片战争以前的目录学史,古代特种目录和专科目录,等等。附录有《中国古代书目分类表》、《宋元明清私家藏书目录表》。姜亮夫题签。大32开本,260页,印数2000册,定价15.00元。

《中国伪书综考》 邓瑞全、王冠英主编。1998年7月黄山书社出版。本书共收录我国古代至近代有伪作疑问的书籍1200种,是目前收伪书最多的目录著作。它依经、史、子、集、佛、道六类编排,近代伪书作第七类放在最后,分别介绍其作伪程度或类型、作伪者及作伪原因、辨伪经过、书的主要内容及学术价值、存佚及现存版本等情况。大32开本,1024页,印数2500册,精装本,定价68.00元。

《文献目录学》 柯平编著。1998年8月河南大学出版社出版。本书分12章对文献目录学的有关知识进行了概括性的论述,具体内容包括:书目情报理论、文献信息揭示的基本原理、文献导读与书评、提要、综述与述评、文摘理论与技术、索引理论与技术、书目控制、文献数据库、书目情报系统、书目情报需求与服务、专科文献目录学、文献目录学研究与发展。大32开本,378页,32万字,印数3000册,定价11.00元。

《图书收藏与鉴赏》 石洪运、陈琦编著。1998年10月湖北人民出版社出版。收入"收藏系列丛书"。本书作为一本关于图书收藏的指南性读物,采取了图书、收藏、鉴赏"三足鼎立"的基本框架,意在比较全面系统地向读者介绍与藏书相关的知识。大32开本,533页,39.4万字,定价22.00元。

《伪书通考》 张心澂编著。1998年10月上海书店出版社出版。1939年商务印书馆初版。本书是作者编撰的集古今考辨伪书之大成的带有工具性色彩的辨伪学著作。分总论、经部、子部、集部、道藏部、佛藏部六个部分。作者对每一部在历史上被考辨的古书,都按照时代的顺序清理罗列历代学者的考辨之说,说明了古籍辨伪的源流,使读者能清晰地了解历代学者对该书的考辨情况,从古至今的贯通性考察,使之俨然成为一部辨伪学史。大32开本,1142页,印数2000册(套),精装本,定价45.00元。

《中国伪书大观》 俞兆鹏主编。1998年10月江西教育出版社出版。伪书是中国文化史、学术史和编辑出版史上的一个特殊现象,是值得出版文化史学者认真研究的。该书汇集了有关专家在历代重要辨伪著作的基础上,对伪书所作的研究成果,有助于完整追复古书的本来面目。全书三编,分别为:中国伪书概论、中国伪书解题、中国伪书简明题识。附有伪书书影。大32开本,508页,印数3000册,精装本,定价36.00元。

《书海拾贝——杜甫草堂博物馆馆藏精品(版本卷)》 丁浩编著。1998年12月四川文艺出版社出版。收入"杜甫草堂历史文化丛书"。成都杜甫草堂是唐代诗人杜甫流寓成都时的故居,是中国规模最大、保存最完好、知名度最高且最具特色的杜甫行踪遗迹地,被后世誉为中国文学史上的"圣地"。杜甫草堂博物馆在建馆之初,便将搜集杜集版本作为主要任务之一。经过数十年的努力,迄今为止,已收藏宋元明清杜集版本万余册,馆藏杜集版本无论在种类上和数量上,皆可称得上是国内收藏历代杜集版本最为集中的地方。

现收藏各类古籍总数已达 2.2 万余册(件),其中善本古籍 0.6 万余册(件)。本书对馆藏杜集善本进行了重点评介。大 32 开本,146 页,印数 2000 册,定价 5.00 元。

《校雠广义》(4 卷) 程千帆、徐有富著。1988 年至 1991 年先后出版,1998 年第 2 版,2001 年 9 月第 4 次印刷。该书由《版本编》、《校勘编》、《目录编》、《典藏编》四部著作组成。作者在本书《序录》中说:“根据我国民族传统文化而建立的包括版本、校勘、目录、典藏四个部分的校雠学,也许这是第一次得到全面的表述。我们将重点放在这门科学的实际应用的论述部分,而省略其历史发展的记载。因为,照我们的理解,校雠学与校雠学史属于两个不同的范畴。”四册分别定价,印数不尽相同。

《中国古籍辑佚学论稿》 曹书杰著。1998 年 9 月东北师范大学出版社出版。收入“东北师范大学文库”。辑佚学是中国古文献学的分支学科,被视为古文献领域的考古学。本书是国内是第一部辑佚学专著。大 32 开本,443 页,精装本,定价 20.00 元。

《新安医籍考》 王乐丏著。1999 年 1 月安徽科学技术出版社出版。大 32 开本,691 页,印数 1000 册,精装本,定价 38.00 元。

《毛泽东著作版本导论》 刘跃进著。1999 年 1 月北京燕山出版社出版。本书在论述毛泽东著作版本研究的意义、现状和问题的基础上,分别研究了毛泽东著作的选集版本,专集版本,汇编本和单行本,特殊版本,国内非汉文版本,境外版本;另外还设专章对《实践论》、《矛盾论》的版本进行了探讨。大 32 开本,532 页,45.6 万字,定价 26.00 元。

《古典文献学丛稿》 刘跃进著。1999 年 1 月学苑出版社出版。作者从发表的古典文献学论文中,择要编为三辑:第一辑以《文选》、《玉台新咏》作为研究对象;第二辑涉及的范围较宽,但主要还是以汉魏六朝文学为中心;第三辑主要是读书札记,涉及到一些古籍整理与研究方面的具体问题。大 32 开本,416 页,印数 4000 册,定价 23.00 元。

《中国古籍版刻辞典》 瞿冕良编著。1999 年 2 月齐鲁书社刊行。本辞典着重选编古籍善本方面的相关词汇。作为一种版刻研究的参考书,收录的范围主要包括四个部分:一是版刻名词,包括各种版本名称(地区、时代、出版机构等)、印纸、款式、装帧以及一些习见的书业用语;二是刻字工人,范围一般至清代乾隆年间为限,记录他们的劳动成果(所雕刻的图书),数量超过万条,最为完备;三是刻、抄书家,时间方面着重于宋元及明代,也包括清代前中期的优秀者;四是参考书,收录了部分版本方面的专著、书目、题跋,并简介其内容和使用价值。钱仲联题词,杨殿珣作序。16 开本,664 页,156 万字,精装本,至 2003 年 10 月已是第 4 次印刷,未标印数,定价 168.00 元。

《中国辨伪学史》 杨绪敏著。1999 年 3 月天津人民出版社出版。本书分为三章,具体纲目为:疑古思想的萌芽及辨伪学初起时期——先秦汉魏南北朝;辨伪学的发展时期——唐宋;辨伪学的成熟时期——明清近代。大 32 开本,323 页,印数 1000 册,定价 18.50 元。本书修订本 2007 年 6 月天津人民出版社出版,收入“历史大视野丛书”,大 32 开本,344 页,25 万字,印数 3000 册,定价 26.00 元。

《贩书偶记》(附续编) 孙殿起撰。1999 年 5 月上海古籍出版社出版。《贩书偶记》及《贩书偶记续编》是一部清代以来的著述总目,其作用相当于《四库全书总目》的补编。著者孙殿起先生,在北京开设通学斋书店,经营古籍历数十年之久,将他目睹经手的书册逐一做了详细的记录,一般包括书名、卷数,作者的姓名、籍贯,刻版的年代等项目。如卷数、版刻、作者有异同或需要考订的，也偶有备注。《贩书偶记》初刻于1936年；《贩书偶记续编》于1980年初版。这次重印，将上海古籍出版社1982年新1版《贩书偶记》、1980年第1版《贩书偶记续编》合二为一，分上下册刊行。大32开本，上册860页，下册541页，总字数109.2万，精装印制，印数5000册，定价51.80元。

《经籍会通》(外四种) 胡应麟等撰，王岚、陈晓兰点校。1999年8月北京燕山出版社出版。收入"书目书话丛书"。本书收录明代胡应麟《经籍会通》、祁承㸁《澹生堂藏书训约》、清代孙从添《藏书记要》、周永年《儒藏说》、郑元庆《吴兴藏书录》、丁申《武林藏书录》等五种有关图书收集、保藏的著作。这几种图书中，《经籍会通》尤其具有出版文化史价值。该书从有关古代图籍的源流、类例、遗轶、见闻等四个方面，阐述了他对古籍聚散存亡、古代目录书分类的演变发展、古逸书的钩沉辨伪、书册制度的演变以及明代各地刻书优劣比较等的认识。大32开本，224页，17万字，印数5000册，定价11.00元。

《中国历史文献学》 谢玉杰、王继光主编。1999年9月民族出版社出版。全书内容分四部分：概要编阐述历史文献及历史文献目录学的有关理论；旧体编和新体编，介绍古今各类历史文献，并剖析典型范例，旨在加强感性理解；检索编，属于方法论。大32开本，436页，定价24.00元。

《历代中州名人存书版本录》 郎焕文主编。1999年10月中州古籍出版社出版。本书收录中州从先秦到清末的文学家、史学家、政治家、哲学家、艺术家、科学家的著述。收作者1277人，作品8216部。对所收录作者及著作版本的情况等皆有记述和考辨。16开本，645页，88.8万字，精装本，定价120.00元。

《荛圃藏书题识》 清·黄丕烈著，屠友祥校注。1999年10月上海远东出版社出版，收入"宋明清小品文集辑注丛书"。清代藏书家黄丕烈(1763～1825)，号荛圃，是清代最著名的藏书家之一。凡经过其收藏之善本古书，多撰有题记，录于书之前后，叙述得书来源或版本源流等，后人非常重视，收集成《荛圃藏书题识》一书，为清代重要的私人藏书记录。本书10卷，80余万字，卷首有校注者长序，对黄丕烈的藏书学术及其藏书题跋进行了全方位的探讨。大32开本，1055页，定价38.00元。

《书林清话》(外二种) 叶德辉撰，紫石点校。1999年12月北京燕山出版社出版。收入"书目书话丛书"。本书收录清末学者叶德辉在版本学、目录学方面的代表之作《书林清话》10卷、《书林余话》2卷和《藏书十约》1卷，其中《书林清话》影响尤大。叶氏著作中有大量丰富的中国古代出版史资料，一向为研究出版史学者所重视。大32开本，343页，25.7万字，印数5000册，定价20.00元。

【另】《书林清话》(附《书林余话》)有刘发、王申、王之江点校本，辽宁教育出版社1998年3月出版。书中有李洣《书林清话校补》和(日)长泽规矩也《书林清话纠谬并补遗(摘要)》作为"附录"。该书长沙观古堂1911年刊行，古籍出版社1957年刊行，中华书局1959、1986年也曾出版。岳麓书社1999年4月、广陵书社2007年12月、复旦大学出版社2008年9月、国家图书馆出版社2009年1月也出版了《书林清话 书林余话》。上海古籍出版社2008年2月则刊行了《书林清话》的插图本。

《古籍旧书》 顾音海编。1999年12月上海科学普及出版社出版。本书以图文兼备的形式，分别介绍了宋本、明本、清本、活字本、稿本、抄本、雕刻本图书的鉴别要义，及古旧书籍的伪作揭秘、集藏等。并附有1998年沪市春、秋两季的拍卖行情。16开本,76页,印数4000册,精装本,定价70.00元。

《中国古代文献浅谈》 崔文印著。1999年12月四川人民出版社出版。本书的主要纲目为:文献与我国古代文献概说,甲骨文献,青铜文献,石刻文献,竹帛文献,纸质文献等等。小32开本,155页,印数1000册,定价8.00元。

《法藏敦煌藏文文献解题目录》 王尧主编。1999年民族出版社出版。本目录完整反映了法藏敦煌藏文材料的详细情况,对推动研究敦煌古藏文写本、全面了解西藏历史、诠释藏族文化、认知藏汉文化的双向交流,具有决定性的意义。16开本,300页,定价55.00元。

《书目丛刊》 陶湘编、窦水勇校点。2000年1月辽宁教育出版社出版。收入"新世纪万有文库"。本书包括陶湘编辑的《书目丛刊》和五种记载书籍收藏和刻印的资料,也涉及清内府旧藏的一些书画名品的流散踪迹。这些书都有很高的资料价值,无论是考古证史,还是收藏鉴赏,都有必要参考这些资料。这些资料原来各自刊行,有的收在丛书之中,没有单行本,有的原版印数很少,后来没有重印,久已难觅。现在经过校理,汇印成两册。具体内容包括:《明吴兴闵板书目》、《明毛氏汲古阁刻书目录》、《明代内府经厂本书目》、《清代殿板书目》、《武英殿聚珍板书目》、《武英殿袖珍板书目》、《钦定校正补刻通志堂经解目录》、《钦定石经目录》、《昭仁殿天禄琳琅目录》、《钦定文渊阁四库全书目录》、《摛藻堂四库全书荟要目录》、《内府写本书目》、《武英殿造办写刻刷印工价并颜料纸张定例》、《汲古阁校刻书目》、《闽刻武英殿聚珍板书目录及价单》、《故宫所藏殿本书目》、《故宫已佚书籍书画目录四种》、《钦定武英殿袖珍版程式》(影印)。小32开本,501页,43.7万字,印数3000册,定价22.60元。

《中医古籍版本学》 吉文辉、王大妹著。2000年5月上海科学技术出版社出版。本书在参考古籍版本学和中医文献学的基础上,结合中医古籍版本研究的最新成果和编者长期从事古籍管理工作的实践经验编撰而成。全书系统地论述了中医古籍版本学的功能和作用,版本鉴定的各种方法和途径,简要地介绍了中医古籍版本沿革与重要医籍版本系统。书前有彩色的图片8页。大32开本,196页,16.6万字,印数5000册,精装本,定价15.20元。

《宋元旧本书经眼录》 清·莫友之编撰。2000年6月中华书局影印再版。16开本,线装本,1函2册,定价160.00元。本书在内地和台湾还有多个版本。

《铁琴铜剑楼藏书目录》 瞿镛编,瞿果行标点。2000年9月上海古籍出版社出版。铁琴铜剑楼是晚清四大藏书楼之一,它所收藏的数以万计的古代善本图书具有极高的文献价值和文物价值。楼主瞿氏祖孙三代,历五十年辛勤努力编纂的《铁琴铜剑楼藏书目录》是古籍版本目录研究不可或缺的重要著作。大32开本,714页,印数2000册,定价35.50元。本书还有1985年江苏广陵古籍刻印社本。

《伤寒论版本大全》 李顺保编。2000年9月学苑出版社出版。本书将《伤寒论》各种版本汇编成册,包括:《唐本伤寒论》(唐·孙思邈)、《宋本伤寒论》(宋·高继冲)、《金本注解伤寒论》(金·成无已)《宋本伤寒论》(明·赵开美)、《康治本伤寒论》(日本)、《康平本伤寒论》(日本)、《桂林本伤寒论》、《敦煌本伤寒论》(残卷)等。各版本后附详尽考证及数十本伤寒论研究名著简介。这些版本对于研究我国古代医学出版史和传播史有重要参考价值。16 开本,721 页,定价 65.00 元。该书于 2006 年 8 月修订出版,收入“温病学现代研究丛刊”,大 32 开本,888 页,78.1 万字,定价 58.00 元。

《文选版本研究》 傅刚著。2000 年 9 月北京大学出版社出版。本书分为三篇。上篇为“历代《文选》版本著录汇考”,收录相关文章 4 篇。中篇“《文选》版本叙录”分写本、抄本、刻本进行研究与论述。下篇“《文选》版本考论”,则收入《论李善著〈文选〉版本》等 9 篇文章。“附录”有《论〈文选〉所收陆机〈挽歌〉三首》、《主要参考文献》、《人名、书名、重要词语索引》。大 32 开本,410 页,34.8 万字,定价 24.00 元。

《朱熹著作版本源流考》 徐德明等著。2000 年 10 月中国文联出版社出版。大 32 开本,198 页,印数 1000 册,定价 19.80 元。

《中国古典文献学》 熊笃、许廷桂编著。2000 年 11 月重庆出版社出版。本书系统而详尽地阐述了古籍文献的载体形态、古籍编纂的体类和古籍文献的目录学、版本学、校勘学、注释学。与国内已经出版的同类著作相比,该书不仅吸收了一般文献学著作在目录学、版本学、校勘学方面的优秀成果,并有所创新,而且增设了文献的载体形态和古籍文献注释学等内容,并对我国古籍的编纂进行了新的分类。大 32 开本,328 页,印数 3000 册,定价 15.00 元。

《文献学导论》 倪波、张志强主编。2000 年 12 月贵州科技出版社出版。本书对文献学的知识进行了全面的介绍,涉及文献的生产、文献结构与文献载体、文献类型、文献整理工作、文献利用、文献交流及其规律、文献工作标准化与现代化等多方面的知识。大 32 开本,307 页,定价 26.00 元。

《书海珠尘——漫话老版本书刊》 宋庆森著。2001 年 1 月新华出版社出版。本书主要是谈 1911 年至 1949 年出版的老版本书刊。集子收录文章 17 篇,主要有:《手稿的魅力》、《初版本小识》、《鲁迅著作版本小考》、《红色经典版本》、《老期刊话旧》、《一鳞半爪说书局》、《漫话书目和图录》等。姜德明作序。大 32 开本,234 页,18 万字,未标印数,定价 14.00 元。

《中国文献学概要导读》 郑鹤声、郑鹤春撰,郑一奇导读。2001 年 1 月上海古籍出版社出版。《中国文献学概要》由郑鹤声(1901～1989)、郑鹤春(1892～1957)合著,写于 1928 年,1930 年由商务印书馆出版,1933 年重版印行。上海书店 1983 年影印。这是一部中国文献学的开山之作,也是在中西文化冲撞之下,对中国文献学的世界价值、地位重新审视的创新之作。全书分为七章,即导言、结集、审订、讲习、翻译、编纂、刻印。此次重版,前有郑一奇的“导读”文字。大 32 开本,177 页,13.2 万字,印数 6000 册,定价 9.90 元。

《古籍版本知识 500 问》 李致忠著。2001 年 3 月北京图书馆出版社出版。作者是著名的版本学家和目录学家。该书采用一问一答的形式,简明、通俗、全面地介绍了我国古籍版本方面的知识,深入浅出,内容丰富。其中很多内容是与中国古代出版史、编辑史、印刷史密切相关的。大 32 开本,397 页,28.6 万字,印数 4000 册,定价 24.00 元。

《中国历史文献学》 曾贻芬、崔文印著。2001 年 6 月学苑出版社出版。本书主要探讨了历史文献与历史文献学、文献的著录、文献的版本、文献的注释以及文献的辨伪等内容。大 32 开本，243 页，印数 3000 册，定价 16.00 元。

【另】曾贻芬、崔文印著《中国历史文献学史述要》2000 年 4 月商务印书馆出版。大 32 开本，定价 27.00 元。

《〈史记〉版本研究》 张玉春著。2001 年 7 月商务印书馆出版。本书以历代史志、公私书目为线索，以现存写本、刻本为依据，在考察多种文本的基础上，根据校勘各本所得异文，对《史记》版本系统展开研究，首次勾勒出《史记》版本系统框架。大 32 开本，346 页，定价 22.00 元。

【另】《〈史记〉编纂学导论》（赵生群著）2006 年 11 月凤凰出版社出版。32 开本，277 页。

《书目答问补正》 清·张之洞撰，范希曾补正，徐鹏导读。2001 年 7 月上海古籍出版社出版。张之洞的《书目答问》，是一部指导治学门径的举要目录。该书按经、史、子、集、丛书、别录和国朝著述诸家姓名略来编排。它的出现，得到了当代学者的普遍重视，从而为我国目录著作开辟了一个新的领域。一般认为，张撰写本书时得到曾为张之洞幕僚的校勘目录学家缪荃孙的帮助。而范希曾的《补正》，丰富了《答问》的原有内容，在扩大读者知识面和进一步提供更多研究线索等方面作出了它应有的贡献。这部著作对于中国古代编辑史、出版史研究也有一定的参考价值。小 32 开本，271 页，20 万字，印数 5100 册，定价 13.10 元。

【另】《书目答问补正》（插图本）张之洞撰，范希曾补正。2008 年 2 月上海古籍出版社出版。收入"古籍版本基本知识丛书"。16 开本，249 页，定价 33.00 元。此外还有广陵书社 2007 年的版本。

《千顷堂书目》 清·黄虞稷撰，瞿起凤、潘景郑整理。2001 年 7 月上海古籍出版社再版。本书 32 卷，所录以明代著作为主，按经、史、子、集四部排列，集部又按科第序次排列。16 开本，1737 页，印数 2100 册，精装本，定价 150.00 元。此书该出版社曾于 1990 年 5 月印行过。

《玉函山房藏书簿录》 清·马国翰著。2001 年 9 月北京图书馆出版社出版。这本私家藏书目录提要共有 25 卷，卷 1 为清帝御纂敕修之书，以下 24 卷依次著录经、史、子、集四部 50 多类书籍，计 4381 部，57000 多卷。每书之下，先录其卷帙多少、撰者姓名，次品题其内容，再对每书的版本源流及优劣、卷数增减及内容整合等予以介绍。书末附《书名索引》。16 开，精装本，定价 980.00 元。

《文献学概要》 杜泽逊著。2001 年 9 月中华书局出版。2003 年 9 月再版。本书是大学文科本科生和研究生用教材，深入浅出地介绍了文献学的特点，论述了文献整理的原则与方法等。其主要内容包括：文献与文献学、文献的载体、文献形成与流布、文献的收藏与散佚、文献的版本、文献的校勘、文献目录等。大 32 开本，517 页，定价 28.00 元。

《中国文学目录学通论》 何新文著。2001 年 11 月江苏教育出版社出版。本书内容包括：古代文学文献的类型与文学目录的形成及特点、古代文学文献综合目录、文学目录学的相关学科等。大 32 开本，331 页，定价 21.90 元。

《涉园所见宋版书影》（上、下） 陶湘编著。2001 年 12 月广陵书社出版。本书收录编者所见的宋版书影 40 种，书前编有目录，详细记载了各书的刊刻年代、残存情况、收藏者、藏处及本书收录的页数。其中,不少版本极为珍贵罕见。16 开本,100 页,定价250.00 元。

《收藏贾平凹:贾平凹著作版本集录》　朱文鑫编著。2002 年 2 月三秦出版社出版。本书收录了中国当代著名作家贾平凹自 1977 年 6 月出版第 1 部著作至 2001 年底期间出版的全部著作版本共 89 种 100 余部,对每种著作作了简要介绍。大 32 开本,309 页,定价 28.00 元。

《文献学研究》　徐有富、徐昕著。2002 年 3 月江苏古籍出版社出版。这是一本文献学研究的论文结集,内容大致包括两部分,一部分介绍文献学基础知识,另一部分是文献学专题研究论文。分六个专题编排,其中"文献出版"部分有论文 9 篇,分别为:《先唐别集考述》、《辽代文献的发现与书史研究》、《论南京国子监刻本》、《论毛晋的出版事业》、《论黄丕烈的出版成就》、《办理〈四库全书〉组织管理工作述要》、《论李光明庄的出版事业》、《论古代贩书目录》、《金陵大学中国文化研究所出版的学术著作》。大 32 开本,367 页,28.1 万字,印数 1500 册,定价 21.00 元。

《古籍整理出版的宏伟工程——〈续修四库全书〉》　上海古籍出版社编。2002 年 4 月上海古籍出版社出版。《续修四库全书》是经国家新闻出版署和国家古籍整理规划小组批准的国家重点出版项目。从 1994 年开始,历时 8 年。《续修四库全书》沿袭了《四库全书》的体例,按经、史、子、集四部分类,完成了 1800 册的编纂出版。它与《四库全书》配套,构筑起一座中华基本典籍的大型书库,对保存和弘扬中华民族优秀传统文化有着重大意义。本书收录每册的详细目录。小 16 开本,205 页,印数 1000 册,定价 68.00 元。

《红楼梦的版本及校勘》　郑庆山著。2002 年 5 月北京图书馆出版社出版。这是一本专题性论文集,收录作者研究《红楼梦》版本、校勘等方面内容的文章 35 篇,分为上下两编。上编是对《红楼梦》十几种版本的考辨、评论;下编总论《红楼梦》版本源流与校勘文章考镜源流,阐述各种版本之关系、优劣及校订文字,观点鲜明,论述清楚,有重要学术价值。大 32 开本,706 页,58 万字,定价 45.00 元。

《国家图书馆馆藏古籍题跋丛刊》(全 30 册)　国家图书馆编。2002 年 5 月北京图书馆出版社出版。该丛刊收录国家图书馆藏题跋类古籍 67 种,多为明清及民国时期著名藏书家、目录学家或学者的著作。丛刊所影印版本包括大量的刻本及少数抄本和稿本。书后附《题跋篇名索引》。这套丛刊的影印出版对于研究古代文献、古籍刊刻源流和书籍校勘等均有重要意义。16 开,精装本,总定价 15000.00 元。

《南京大学百年学术精品·图书馆学卷》　叶继元、徐雁主编。2002 年 5 月南京大学出版社出版。本书是"南京大学百年学术精品"中的一种,精选了 1920 年前出生的南京大学图书馆学(包括目录学、版本学、校雠学)学者的代表性论文 76 篇。编排以作者的生年先后为序。大 32 开本,990 页,精装本,定价 80.00 元。

《中国目录学史导读》　姚明达撰,严佐之导读。2002 年 6 月上海古籍出版社出版。本书撰作于 20 世纪 30 年代,曾作为"中国文化史丛书"中的一种,由商务印书馆出版,1957 年再版重印。本书是近代西学东渐以来第一部以《中国目录学史》命名,全面、系统研究中国目录学发展历史的学术专著。它的写作,显然受到了西方现代科学理论建构的影响。全书分为以下诸篇:叙论篇、源流篇、分类篇、体质篇、校雠篇、史志篇、宗教目录篇、专科目录篇、特种目录篇、结论篇。书前有严佐之的长篇“导读”。大32开本,348页,26.5万字,印数4100册,定价22.00元。

《格萨尔版本研究》(上) 曼秀·仁青道吉著。2002年6月甘肃人民出版社出版。本书为藏文版。大32开本,524页,印数1000册,定价28.00元。

《闲话藏书》 陆昕著。2002年8月学苑出版社出版。本书收录作者有关藏书、版本的文章,分为“访谈记”、“古书”、“新文学”、“旧书”、“书话”几个板块。较重要的篇目有《家世和藏书》、《历代刻书概貌》、《官刻本、家刻本与坊刻本》、《初印和写刻》、《新文学书的大致范围》、《新文学其他版本书的收藏》、《旧书的界定、门类及专题》、《市场经济中的古旧书收藏》、《谈善本》、《说书价》、《书品与版次》等。书的最前面有图版16页。大32开本,359页,17万字,2004年3月第2次印刷,累计印数4000册,定价22.00元。

《影印珍本古籍文献举要》 姜亚沙编。2002年8月北京图书馆出版社出版。作者长期从事古籍影印工作,本书就是在已影印出版的上百种古籍中精选出具有代表性的73种加以介绍而编写成书的。这73种影印古籍中,有首次影印鲜为人知的手稿本,有首次影印的未刊的抄校本,有珍稀刻本,有罕见的重要工具书,有罕见的外国刻印的中国古籍,还有经过整理或汇辑的典籍。本书以每种书的成书年代顺序排列,综合类排在最后。对于每一种书,著录其书名、略名、异名、卷、种,成书年代,原书收藏者,影印书序作者,撰者生平、著述,版本源流,内容体例,版本价值,在历史上的地位,现实意义,其他版本的正误,影印编辑说明等。大32开本,267页,18万字,印数2000册,定价16.00元。

《三目类序释评》 李致忠释评。2002年8月北京图书馆出版社出版。所谓“三目”是指《汉书·艺文志》、《隋书·经籍志》和《四库全书总目》。这三目在中国古典目录学史上带有航标性质。本书著者将三目总序、部序、类序分别对应展开,无对应者则独立铺陈。而将每篇序文加以规范标点,对有关文句加以注疏。对有些比较难的文句,还作了通释。将上述综合起来,有三目,有类序,有笺注通释,有按断评论,故名之曰《三目类序释评》。大32开本,533页,47万字,印数3000册,定价35.00元。

《中国古典文献学概要》 刘青松著。2002年8月湖南大学出版社出版。本书将中国古典文献学的内容概括为两个大的方面:一是文献本身,包括文献的载体、体裁、体例以及体式;二是围绕文献展开的各项工作,如文献编目、版本的鉴别、古籍校勘和古书辑佚与辨伪等。作者对上述问题进行了系统的论述,行文简要,图文并茂,既有抽象的理论阐释,又有具体形象的实物图片,可增强读者的感性认识。大32开本,230页,19.2万字,印数3100册,定价20.00元。

《古籍整理出版十讲》 全国古籍整理出版规划领导小组办公室编。2002年10月岳麓书社出版。本书就当前古籍整理出版工作的十项任务、古籍编辑的基本素养等十个方面做了详细的阐述,具有很高的学术价值。大32开本,314页,23万字,定价20.00元。

《汉籍善本考》 (日)岛田翰著。2002年10月北京图书馆出版社出版。该书考察了中国经史子集各部丛书的源流、抄印刊刻及传播状况等,同时对日本藏汉籍的旧抄本、旧刊本、元明清及韩刊本均有精细考证和校核,是研究日藏汉籍和传统典籍的重要版本目录学方面的著作。16开本,740页,精装本,定价90.00元。

《佛经版本》 李际宁著。2002年12月江苏古籍出版社出版。收入“中国版本文化丛书”(任继愈主编)。全书分两编。上编“中国佛典”,介绍了“传统文化土壤中的中国佛典”、“写本时代的佛典”、“早期刻印本佛典”、“佛典装帧”等相关知识。下编“历代大藏经”,则对什么是大藏经、历代大藏经的刊刻流传等情况进行了论述。书中有图版 74 帧。18 开本,182 页,18.7 万字,印数 3000 册,定价 19.00 元。

《坊刻本》 黄镇伟著。2002 年 12 月江苏古籍出版社出版。收入“中国版本文化丛书”。本书分上中下三编。上编“历史文化视野中的坊刻本”,从宏观上对坊刻本的发展状况、演进轨迹、文化影响等进行了全面叙述。具体内容有:古代书坊、坊本源流、琳琅满目的南宋坊刻本、重枝繁花的金元坊刻本、由盛转衰的明清坊刻本、坊刻本的历史风貌、坊刻本的文化影响。中编为“坊本菁华谱”,选择介绍了 16 种宋元和蒙古坊刻本。下编“书坊春秋录”选择了 10 家著名的书坊予以评介,包括陈宅书籍铺、余氏勤有堂、毛氏汲古阁等。书中有图版 91 帧。18 开本,184 页,18.7 万字,印数 3000 册,定价 19.00 元。

《家刻本》 王桂平著。2002 年 12 月江苏古籍出版社出版。收入“中国版本文化丛书”。本书上编对家刻本的起源、中心、目的、特点、地位、贡献以及历代家刻情况进行了论述。下编则对五代以来一些有名的、重要的刻书家的刻书状况予以介绍,涉及刻书家近 60 家。收录图版 50 幅。18 开本,200 页,20 万字,印数 3000 册,定价 20.00 元。

《活字本》 徐忆农著。2002 年 12 月江苏古籍出版社出版。收入“中国版本文化丛书”。本书分概说和上下两编。在“概说”中,作者对活字印刷术的发明、发展以及在中国古代出版史的地位作了扼要论述。上编“文献记载的活字印刷术”则把宋元以降的活字印刷分为三个阶段进行论述,它们分别是:宋元——活字印刷术的发明与传播时代;明朝至清朝前期——活字印刷术的发展时代;清朝后期至民国——东西方活字印刷术的交替时代。下编“活字与活字印本传世之作”,则对上起北宋印本《佛说观无量寿佛经》,下迄现代的商务印书馆出版的《新华字典》,进行了介绍。另有《活字印刷史大事年表》。收录图版 81 幅。18 开本,198 页,21 万字,印数 3000 册,定价 23.00 元。

《稿本》 江庆柏等著。2002 年 12 月江苏古籍出版社出版。收入“中国版本文化丛书”。本书分两编。上编“稿本概说”,介绍稿本的类型、形式,历朝稿本存世的概况,稿本与抄本,稿本与印本,稿本的鉴定,稿本的编辑功能,稿本的影印出版等等。下编“稿本撷英”,选取了明清(主要是清代)的 25 种稿本,对作者概况、稿本内容和特点、稿本的形式等予以介绍。最后三节,分别对我国古代的地理书稿本、日记稿本、年谱稿本分类各选取几种进行叙述。收录图版 88 幅。18 开本,186 页,18.7 万字,印数 3000 册,定价 19.00 元。

《插图本》 薛冰著。2002 年 12 月江苏古籍出版社出版。收入“中国版本文化丛书”。本书分两编。上编“小史”,大体按时代先后分专题简要论述了插图本的发展历程。具体纲目有:从帛书到纸书,版画的产生和早期版刻插图,承前启后的宋、元版刻插图,版刻插图的黄金时代,版刻插图的衰落,中西版刻插图技艺发展的比较,新式印刷时期的书籍插图。下编“撷英”则选取了上自南宋下迄晚清的插图本 33 种予以介绍,特别注重从版画艺术的角度进行分析评论。收录图版 116 幅。18 开本,204 页,21 万字,印数 3000 册,定价 20.00 元。

《宋本》 张丽娟、程有庆著。2002 年 12 月江苏古籍出版社出版。收入“中国版本文化丛书”。本书分两编。上编“宋本概览”包括的内容有:宋代印刷事业的繁荣发展、宋代的官府刻书与民间刻书、宋本的版刻特征、宋代四部书刻管窥、宋代刻书家举隅。下编“宋本撷珍”，选择了10种宋代珍品刻本进行介绍，包括《后村居士集》、《花间集》、《三苏先生文粹》、《乐府诗集》等。附录有《金代刻本知见录》。收录图版89幅。18开本，165页，17万字，印数3000册，定价19.00元。

《元本》 陈红彦著。2002年12月江苏古籍出版社出版。收入“中国版本文化丛书”。本书有两编。上编“承上启下的元代刻书业”，概括叙述元代刻书业的情况，涉及元代刻书的社会背景、元代中央的刻书机构及其刻书情况、元代的地方刻书机构及其刻书、元代的书院刻书、元代刻书的私宅坊肆刻书分布概况、元代刻书的特点、元代的宗教印刷、元代印刷术的发展、元代刻书的牌记、元代对刻书的严格管理、元代的东西文化交流。下编“元刻菁华选编”，则选取了元代刻书中的精品予以介绍，包括《梦溪笔谈》、《稼轩长短句》、《元丰类稿》、《古今杂剧》等。收录图版74幅。18开本，192页，20.4万字，印数3000册，定价19.00元。

《清刻本》 黄裳著。2002年12月江苏古籍出版社出版。收入“中国版本文化丛书”。本书仍然是分为两编，上编简，下编繁。上编为“版刻光荣的结束”，有两节，即：清代版刻丛谈、清刻之美。下编为“清刻经眼举隅”，介绍了近130种清刻本。有图版87幅。18开本，207页，21万字，印数3000册，定价21.00元。

《少数民族古籍版本——民族文字古籍》 黄润华、史金波著。2002年12月江苏古籍出版社出版。收入“中国版本文化丛书”。本书就我国主要少数民族文字的古籍版本作了重点介绍，涉及的古今少数民族文字有佉卢字、焉耆龟兹文、于阗文、粟特文、突厥文、回鹘文、察合台文、契丹文、女真文、八思巴字、蒙古文、托忒蒙古文、满文、西夏文、藏文、纳西东巴文、哥巴文、彝文、方块壮字、傣文、白文、水书、苏沙巴文。收录图版100幅。18开本，169页，17.2万字，印数3000册，定价17.00元。

《新文学版本》 姜德明著。2002年12月江苏古籍出版社出版。收入“中国版本文化丛书”。本书有两编。上编“诱人的新文学版本”分九个专题介绍了新文学版本的一些基本情况，包括：逐渐消遁的雕版线装书、新文学版本的诞生、最先关注新文学版本的藏书家、初版本的可贵及其他、新文学版本校勘工作的必要性、白纸黑字有时也不足为据、书籍装帧的艺术魅力、土纸书的特殊价值、新文学版本中的善本书。下编“书叶小集”，分72个小节对新文学的图书、刊物以及其他一些相关内容进行了生动而又丰富的描述，具有资料性、学术性和可读性兼备的特点。收录上起1903年下至1956年的新文学图版113幅。18开本，193页，19万字，印数4000册，定价20.00元。

《元代文学文献学》 查洪德、李军著。2002年12月中国社会科学出版社出版。本书11章，首先对元代文学与元代文学文献学进行了概括性论述，随后分别讨论元代的诗文、词曲、戏曲、小说笔记、诗学词曲学及文学研究相关文献。同时，分专章探讨以下课题：20世纪元代文学史著提要、文学研究论著提要、元代文学史料的考订与钩稽、元代文学书目与工具书。大32开本，331页，25.5万字，印数3000册，定价24.00元。

《蛾术轩箧存善本书录》(上、下) 王欣夫著，鲍正鹄、徐鹏标点整理。2002年12月上海古籍出版社出版。收入“古典文学论丛”。王欣夫先生是现代著名的版本目录学家，藏书极富。本书为其所藏的善本书提要，共收书约一千余种，其中稿本约为一百多种，大多为清代学者著作;抄本约四百多种;其中最有价值的当推经过名家手校或录有学者校语的批校本,约九百种,十分难得。这些提要对书的传授源流、版本异同、内容得失以及作者、批校者、收藏者的生平事迹作了较为详尽的考索。大32开本,1750页,精装本,定价198.00元。

《古书版本常谈》(插图增订本) 毛春翔著。2003年1月上海古籍出版社出版。本书1965年由中华书局上海编辑所刊行。上海人民出版社1977年11月重印。这本书的最大特点是深入浅出,言简意赅,材料准确,时至今日仍不失为一本极有参考价值的古籍版本入门之书。此次重版,特增补《近三百年版刻述略》一文及附录若干,又配入大量版刻书影,印证、扩展原著内容,是对已经去世多年的作者的最好纪念。小16开本,182页,21万字,2003年1月即印刷2次,累计印数8200册,定价20.00元。

《古籍整理教程》 时永乐主编。2003年2月河北大学出版社出版。主要内容包括:古籍概说、古籍版本、校勘、古书的标点、古籍的注释、辨伪与辑佚、古籍整理的其他工作。大32开本,350页,定价14.00元。本书1997年初版。

《中国古典文献学》 张三夕主编。2003年3月华中师范大学出版社出版。本书是为大学生和研究生编写的教材,具有简明性、实践性和时代性的特点。全书除"导论"外,总计10章,具体内容包括:古典文献的载体与类型、古典文献的目录、古典文献的版本、古典文献的校勘、古典文献的辨伪、古典文献的辑佚、古典文献的标点、古典文献的注释、古典文献的检索、出土文献的整理。大32开本,430页,35.2万字,印数5000册,定价17.00元。本书2007年出版了第2版。

《日本访书志 日本访书志补》 清·杨守敬著,张雷校点。2003年3月辽宁教育出版社出版。收入"新世纪万有文库"。杨守敬(1839～1915)是清末民初著名的学者,1880～1884年作为中国驻日大使随员,在日本致力于搜集国内散佚的古籍,撰成《日本访书志》,并影印摹刻成《留真谱》和《古逸丛书》。小32开本,331页,印数3000册,定价17.00元。本书还有广陵古籍刻印社1991年版。

《宋版书考录》 黄丕烈、王国维等撰。2003年4月北京图书馆出版社影印出版。本书收录有关宋版书的题录(跋)、通考等专门著作7种,包括清代黄丕烈《百宋一廛书录》、陈鳣《经籍跋文》、瞿中溶《古泉山馆题跋》、近现代王国维《五代两宋监本考》、曹元忠《笺经室所见宋元书题跋》、袁克文《寒云手写所藏宋本提要二十九种》,还有日本汉籍版本学家岛田翰的《宋椠本考》。这些著作涉及宋版书的版刻、形制、刊时、刊地、存轶、传承流布、后人校勘等情况。书末附《书名笔画拼音索引》。16开本,708页,精装本,未标印数,定价96.00元。

《版本目录学研究》 袁庆述著。2003年4月湖南师范大学出版社出版。本书内容包括,在版本学方面对叶德辉功绩的推崇,以及随处可见的精审的考证;在目录学方面刘向父子对目录学贡献的精确定位,私修目录学的多角度的评价,《校雠通义》的意蕴的全面发掘。本书主要论述版本名称的出现和版本学的形成、目录与目录学以及版本的鉴别。大32开本,338页,定价20.00元。

《宋人文集编刻流传丛考》 王岚著。2003年5月江苏古籍出版社出版。这是一本古籍版本学方面的研究专著。考察版本流传源流,已经成为版本学主要研究方向。该书从传世的七百多种宋人文集中，选取了三十多家进行版本源流的考证，资料翔实、广博，论证正确、缜密，其所考或发前人所未发，或补前人所未备，或正前人之误说，创获良多。这一研究成果对于中国古代出版史特别是宋代出版史的研究也是有参考价值的。孙钦善作序。大32开本，324页，28.6万字，印数3000册，定价21.00元。

《稿抄本明清藏书目三种》 2003年5月北京图书馆出版社出版。本书收录明代王道明所著《笠泽堂书目》，清代钱谦益所著《绛云堂书目》和姚际恒所撰《好古堂书目》。三种书目皆为稿本及抄本，版本价值很高。16开本，精装本，定价360.00元。

《铁琴铜剑楼善本书影》 瞿启甲编。2003年5月北京图书馆出版社出版。收入“珍稀古籍书影丛刊”。本书收录著名的藏书楼铁琴铜剑楼的善本书书影325种，按经、史、子、集编排，每一种另有识语和勘误。16开本，990页，精装本，360.00元。

《盋山书影》 南京国学图书馆编。2003年5月北京图书馆出版社出版。收入“珍稀古籍书影丛刊”。该书曾于民国十七年(1928)初版。全书收珍稀古籍书影125种，分为两辑：宋本，收书影34种；元本，收书影91种。每种书择取一至五页不等，均附有盋山图书馆馆长、国学大师柳诒征撰写的识语，详尽介绍原书的编纂、版刻、流传及页数、版式、行款等。16开本，622页，精装本，定价270.00元。

《涉园所见宋版书影·文禄堂书影·宋元书式》 陶湘等编。2003年5月北京图书馆出版社出版。收入“珍稀古籍书影丛刊”。本书是三种书的合刊本，收珍稀古籍书影近240种。每一种都按照经、史、子、集进行编排。16开本，655页，精装本，定价290.00元。

《宋元版书目题跋辑刊》(全4册) 贾贵荣、王冠辑。2003年5月北京图书馆出版社影印出版。本辑刊收录明清以来著名藏书家、文献学家编写的有关宋元版书的目录、题跋、通考，包括《汲古阁珍藏秘本书目》、《述古堂宋版书目》、《好古堂收藏宋元版书目》、《古泉山馆题跋》、《五代两宋监本考》等专门著作28种，并分类编排。16开本，714页，精装本，定价1600.00元。

《嘉业堂善本书影·故宫善本书影》 刘承干等编。2003年6月北京图书馆出版社出版。收入“珍稀古籍书影丛刊”。《嘉业堂善本书影》收宋元本书影162种。《故宫善本书影》包括三种著作，其中《故宫善本书影初编》收书影85种，《故宫善本书影》收书影30种，《重整内阁大库残本书影》收书影38种。16开本，898页，精装本，定价320.00元。

《日本藏汉籍善本书志书目集成》(全10册) 贾贵荣等辑。2003年6月北京图书馆出版社出版。本书收录清末民初藏书家、学者和日本汉学家编撰的日藏汉籍善本书志、书目8种，详细介绍每种书的刊刻、行款、卷数、名家题校及著者、藏书者等，全面反映了我国一千多年来古籍流传日本列岛的总体状况。16开本，精装本，总定价4800.00元。

《琵琶记版本流变研究》 (韩)金淑英著。2003年6月中华书局出版。作者在中国攻读了硕士学位和博士学位，热心研究中国文化。本书比较全面系统地研究了我国古代戏曲《琵琶记》的版本情况，主体内容包括：《琵琶记》古本系统、通行本系统、选本系统。大32开本，252页，18.3万字，印数2000册，定价14.00元。

《古籍编辑工作漫谈》 全国古籍整理出版领导小组办公室编。2003年6月齐鲁书社出版。本书收录文章有：中国古代通俗小说的整理和出版、古籍的市场营销、古代史书的整理与审读、古籍和电子文化等。大32开本，228页，印数2000册，定价16.00元。

《古籍整理学》 刘琳、吴洪泽著。2003年7月四川大学出版社出版。本书对古籍整理学的理论进行了精要的阐述,第一次提出了"古籍整理学"这一概念,明确地划分了古文献学内部的学科体系,详论了古籍整理的各种方式,并专辟《古籍整理手段之现代化》一章。大32开本,368页,28.3万字,定价22.00元。

《中国古籍整理体式研究》(修订本) 冯浩菲著。2003年7月高等教育出版社出版。本书1997年2月由北京图书馆出版社出版;此次为修订本。书中首次将中国历代所出现的众多原无系统的各式各样的古籍整理著作体式归纳为编辑类、校释类、目录类、类书类四大类。每大类为一编。各大类之下,根据实际情况,又层层划分出若干二级、三级、四级乃至五级、六级小类目。每一级类目都代表一类特定的古籍整理体式。这样,就形成了一个比较全面、系统、科学的古籍整理体式体系。对每一类体式,都从有关方面作了必要的论证和介绍,创立了成套的相应的专门术语和用语。16开本,345页,印数1000册,定价31.00元。

《明本》 赵前著。2003年8月江苏古籍出版社出版。收入"中国版本文化丛书"。本书不仅概述了明代的刻书机构及刻书情况,还对明代的活字印刷、套版印刷、抄本、彩绘本等作了介绍。全书分为上下两编。上编为"明本春秋",分专题介绍明代版刻的有关情况。下编为"明本撷英",选择有代表性的明刊本予以介绍。18开本,170页,17.8万字,印数6000册,定价22.00元。

《批校本》 韦力著。2003年8月江苏古籍出版社出版。收入"中国版本文化丛书"。本书上编为"批校本总论",内容涉及批校本的概念和起源、校书的方法、批校本的种类、批校本的价值、如何鉴定批校本、批校本的作伪及其方式等。下编为"著名批校家及其批校本",选取明清以来的著名批校家和他们的批校本予以介绍和分析。18开本,225页,23万字,印数6000册,定价28.00元。

《打开金匮石室之门——古籍善本》 陈先行著。2003年8月上海文艺出版社出版。收入"走进珍宝世界丛书"。作者精选我国古籍中最具经典性,代表各个历史时期、各个门类的善本100种,以个案解析方式,通过实物、实图及生动翔实的解剖分析,回答了人们在古籍收藏中遇到的问题。书中荟萃了270幅珍贵罕见、细腻直观的原书原拍照片,以及大量有趣有用的逸闻,丰富多彩地展示了中国古籍善本的面貌。大32开本,284页,25万字,定价75.00元。

《中文善本古籍保存保护国际研讨会论文集》 国家图书馆编。2003年9月北京图书馆出版社出版。本书共收录大陆首次举办的关于中文善本古籍保存保护国际研讨会的交流论文37篇,作者遍及海外各国及中国内地和港澳台地区。内容包括古籍保存保护的技术、发展趋势以及古籍的开发和数字化问题,不仅有实践经验的总结,而且有理论性的探讨与研究,集中反映了该领域的发展现状与研究水平。大32开本,312页,26.7万字,印数1000册,定价20.00元。

《蒙古〈格斯尔〉版本研究》 斯钦孟和著。2003年9月辽宁民族出版社出版。本书对收藏于世界各地的十多种版本蒙古《格斯尔》的产生年代、写作地点及相互关系进行了研究考证,并把其与藏文《格萨尔王传》的相互关系进行对照论述。大32开本,230页,定价15.00元。

《文选版本论稿》 范志新著。2003 年 9 月江西人民出版社出版。本书按“版刻编”和“写本编”编排，收录作者关于《文选》版本研究的文章 27 篇（系列短文如《〈文选〉版本之最》按 1 篇计），主要论文有《说广都裴氏原刊本》、《赣州本与明州本》、《赣州本与宋建本》、《李善注〈文选〉尤刻本传承考辨》、《论茶陵本》、《汲古阁毛本散论》、《〈文选〉伪本漫谈》等。大 32 开本，272 页，26 万字，印数 3000 册，定价 30.00 元。

《期刊版本研究》 聂家昱、高波编著。2003 年 9 月中国科学技术出版社出版。本书分析了期刊版本研究的范围和内容，论述了期刊版本在我国发展变化的历程，列举了期刊版本本身所具有的种种类型，阐述了对期刊版本进行评价的原则和方法，还提出了期刊善本评价标准。书中对期刊版本鉴定和欣赏方法进行了探讨，对期刊源流及期刊版本搜集、收藏与保护等进行了论述。大 32 开本，179 页，16 万字，印数 3000 册，定价 15.00 元。

《历代珍稀版本经眼图录》 吴希贤辑汇。2003 年 10 月中国书店出版。吴希贤先生系国家文物鉴定委员会成员。他将自己日常工作中所见宋元珍本及明清善本，复制拍照书影，排序分类，辑成此书。皇皇巨册，收录宋、元、明、清历代精粹书影 500 余幅，300 多种。其中有宋、元罕见本 51 种，明代刻本、抄本、活字本、彩绘本、套印本、贝叶写本 179 种，清代善本 60 种，明清珍本医书 26 种。每一种书印制书影一至三幅不等。附有简要说明，著录书名、卷数、撰人、版本类别及收藏印鉴等。16 开本，520 页，4 页图版，精装本，定价 140.00 元。

《目录学》 彭斐章、乔好勤、陈传夫著。2003 年 11 月武汉大学出版社出版。本书是在 1986 年版《目录学》的基础上修订而成。本修订版紧跟时代节拍，致力于探讨现代化进程中目录学这门学科面临的新的变化。本书吸纳了国内近年来的新观点、新方法，删去了不适应现实发展需求的有关章节，增加了诸如“网络环境下书目情报服务的发展趋势”等相关内容，使得本书更适合 21 世纪目录学学科的发展趋势，更适应时代的需要。本书既有理论深度，又有实用性。大 32 开本，325 页，定价 15.00 元。

《古籍整理讲义》 来新夏著。2003 年 11 月鹭江出版社出版。分类、目录、版本、句读、工具书、校勘、考证、传注等都是整理古籍的基本技能。它们虽不能置于学术极致的地位上，但应熟练掌握，善于运用。为了让初学者对古籍能有所涉猎，作者在对以上八个方面进行论述之外尚举出几类古籍为例，如经史子集、类书丛书、地方志和佛藏道藏等七类，各立一章，使读者对主要古籍的总貌有所了解。二者相合共得十五章。32 开本，356 页，定价 20.50 元。

《汉语古籍校勘学》 管锡华著。2003 年 12 月巴蜀书社出版。本书内容主要包括：绪论、校勘简史、校勘的先导工作、校勘的方法、校勘应注意的几个问题、校勘记的写法，等等。大 32 开本，644 页，精装本，定价 45.00 元。

《毛泽东著作版本编年纪事》（上、下） 蒋建农、边彦军、刘敏、张素华著。2003 年 12 月湖南人民出版社出版。本书以毛泽东发表的单篇著作为线索，以编年形式反映毛泽东著作版本的演变情况。全书收录了毛泽东 1912 年至 1976 年撰写的、公开发表的文章 7500 篇。这部《编年纪事》是大型工具书，书前有龚育之、张静如写的两篇序；书中分目录、正文、附录、后记几个部分。附录有《毛泽东著作集简介》、《毛泽东单篇著作版本索引》、《毛泽东著作篇目索引》。全书资料丰富，结构合理，查阅方便。小 16 开本，2134 页，

346 万字，精装本，定价 360.00 元。

《毛泽东诗词版本丛谈》 陈安吉著。2003 年 12 月中央文献出版社、南京出版社联合出版。本书是国内第一部研究毛泽东诗词版本的专著。全书 50 篇文章分为五辑。第一辑考证 1957 年 1 月以前 7 首毛泽东诗词的各种版本；第二辑评述 1957 年至 1976 年约 20 年间毛泽东手定发表的 39 首诗词的主要版本；第三辑评述毛泽东逝世后出版的两本重要的毛泽东诗词集，考证未经毛泽东手定发表的诗词的版本；第四辑介绍毛泽东诗词的手迹版本和中国出版的毛泽东诗词外文版本，论述研究毛泽东诗词版本的意义；第五辑是作者在研究毛泽东诗词版本过程中利用搜集的相关资料写成的。书中有二百余幅版本资料图片，许多是鲜为人知的。16 开本，418 页，42 万字，印数 3000 册，定价 45.00 元。

【另】《解密〈毛泽东自传〉》丁晓平著。2008 年 5 月中国青年出版社出版。本书以史说书，以书说事，围绕《毛泽东自传》的写作、翻译、出版的前前后后，从版本学角度对《毛泽东自传》进行了系统研究。16 开本，301 页，定价 35.00 元。

《中国宫廷善本》 向斯著。2003 年 12 月文物出版社出版。内容涉及皇帝御笔写经，臣工抄写经书，宫廷特藏，内府精写本、抄本，历朝珍稀手写本、底本等。作者还较为全面地介绍了研究中国历代宫廷善本书的历史与现状及其重要的文化价值。16 开本，317 页，定价 100.00 元。

《维吾尔古代文献研究》 耿世民著。2003 年 12 月中央民族大学出版社出版。收入“中央民族大学学术文库”。耿世民教授为我国著名的突厥学家和维吾尔学家。书中收入他近二十年用汉、英、德文在国内外发表的三十余篇论文。这些论著都是吐鲁番、敦煌出土的关于回鹘(古代维吾尔)语言、文字、文献和宗教(佛教、摩尼教、景教)的专门研究，具有较高的学术价值，并受到国际学术界的好评。大 32 开本，546 页，定价 32.00 元。

《中国文献学纲要》 王以宪著。2003 年江西高校出版社出版。本书讲述了文献与文献学，文献记录的载体形式，文献的体裁，文献的体例与体式，以及文献的目录，版本，校勘，翻译和编纂等内容。大 32 开本，223 页，印数 1000 册，定价 15.00 元。

《民国书影过眼录》 张泽贤编著。2004 年 1 月上海远东出版社出版。作者依据自己丰富的民国版藏书，较详细地介绍民国版本书籍一百五十多种，以图文结合的方式谈论版本之优劣，价格之贵贱，淘书之甘苦，融知识性、史料性和淘书技巧于一体。作者还是按封面设计、书籍插图、出版标记、书籍广告、版权之页归纳，形成民国书籍版本研究的一种形态。其中书籍插图是版本中的亮点，画家云集，珍品时现。大 32 开本，300 页，24.5 万字，印数 3000 册，定价 20.00 元。

《清代文献学简论》 叶树声、许有才著。2004 年 1 月安徽大学出版社出版。全书分为 8 章，首章“总论”对清儒整理图书进行了系统论述，随后各章分别从校勘学、辑佚学、辨伪学、目录学、分类学、编辑学、翻译学几个方面对清代文献进行了探讨。尤其是最后两章富有新意。大 32 开本，254 页，21 万字，未标印数，定价 14.00 元。

《尘封的珍书异刊》 张伟著。2004 年 1 月百花文艺出版社出版。作者长期在上海图书馆工作，有得天独厚的条件接触清末民初的书报期刊。本书收录的就是作者依据这些旧书刊写作的有关书人书事、版本考辨类的书话文章。所收作品按“书叶散记”、“刊边絮语”、“名家心迹”、“版本漫话”、“影刊沧桑”几个部分进行编排。书的前面和中间有大量清末民初版书刊的书影，有插页 52。大 32 开本，365 页，27 万字，印数 7000 册，定价 28.00元。

《古书收藏》 韦力著。2004 年 6 月万卷出版公司(原辽宁画报出版社)出版。收入“中国民间个人收藏丛书”。这是有关古书收藏的入门指导书。书中介绍有关古书收藏的一些专门知识，如版本名词、书界用语、古籍用纸、古籍的装帧形式、古籍的作伪、藏书的类别、藏书印和收藏古书的参考书，以及作者的经验体会。大 32 开本，127 页，印数 3000 册，定价 30.00 元。

《清人文集别录》 张舜徽著。2004 年 3 月华中师范大学出版社出版。这是该社出版的《张舜徽集》中的一种，1963 年 11 月曾由中华书局分上、下两册出版，此次采用繁体横排全一册重印。本书录存清人文集 600 家，考作者行事，记书中要旨，究其论证之得失，核其学识之浅深，每集一篇叙录，300 年间文苑之选多在其中。大 32 开本，634 页，49.2 万字，印数 3000 册，定价 45.00 元。

《北京文物精粹大系·古籍善本卷》 《北京文物精粹大系》编委会、北京市文物局编。2004 年 4 月北京出版社出版。本书选入的古籍善本和碑帖以北京文物局资料信息中心的收藏为主，其中古籍善本部分一级文物 43 件(套)、其余为二三级文物藏品，碑帖部分一级文物 15 件(套)，其余为二三级文物藏品。本书是《北京文物精粹大系》中的古籍善本卷、全书包括善本和碑帖两部分。以精美的照片展示了 150 件(套)善本和 81 件(套)碑帖。本书内容全面，印刷精美，可供广大文物工作者及爱好收藏者欣赏、收藏、参考。大 16 开本，272 页，精装本，定价 286.00 元。

《中国现代长篇小说名著版本校评》 金宏宇著。2004 年 5 月人民文学出版社出版，收入“猫头鹰学术文丛”。本书通过对八部中国现代长篇小说名著，即《倪焕之》、《家》、《子夜》、《骆驼祥子》、《围城》、《太阳照在桑干河上》、《青春之歌》、《创业史》重要版本的“校”与“评”，总结了这些名作各自版本变迁的内容、特点和规律。大 32 开本，331 页，印数 3000 册，定价 19.00 元。

《太平广记版本考述》 张国风著。2004 年 5 月中华书局出版。收入“中华文史新刊”。本书结合文献资料和海内外现有研究成果，就《太平广记》版本和引书进行深入研究，充分认识到台湾收藏的清人校宋本、国家图书馆陈檀校宋本等重要版本的价值。大 32 开本，479 页，定价 33.00 元。

《中国古代典籍十讲》 胡道静著。2004 年 5 月复旦大学出版社出版。本书所收各组文章，均为作者毕生研究中国古典典籍的精粹之论。其中，有关于中国古代典籍的概述，从系统调查海内外公私所藏古籍入手，全面详尽地展示出中国古代典籍流存的历史和现状，具有重大学术价值。而对古代类书典籍、农学典籍、科技典籍和道教典籍的专题论述，更具独创的非凡功力和真知灼见。这些内容也对出版史的研究有重要的参考价值。大 32 开本，454 页，37.3 万字，印数 6000 册，定价 25.00 元。

《校勘学释例》 陈垣著。2004 年 7 月中华书局出版。本书原名《元典章校勘释例》，是国学大师陈垣在校勘《元典章》的基础上，分条陈列旧刻致误的类例。作者总结概括了校勘学中的一些带有普遍性的现象和校勘方法，是校勘学史上带有总结性的重要论著。小 32 开本，160 页，15 万字，定价 12.00 元。

《校勘学大纲》(第二版)　倪其心著。2004年7月北京大学出版社出版。收入“北京大学文献学教材系列丛书”。本书由校勘和校勘学的历史、校勘学的基本理论以及校勘实践的方法和技能三部分内容组成,意在通过这三个部分的讲授,大体能完整地介绍校勘学的历史、理论、实践的基本知识和技能。大32开本,357页,定价18.00元。

《目录学教程》　彭斐章主编。2004年7月高等教育出版社出版。本书阐述了目录学基础理论,中国目录学发展史,书目、索引、文摘与综述的编制原则,书目情报服务,书目工具组织与管理,国外目录学理论,等等。作者还介绍了目录学的分支学科,论述了国内外目录学的发展趋势。16开本,288页,定价22.00元。

《先秦伪书辨正》　刘建国著。2004年7月陕西人民出版社出版。本书对先秦49部所谓伪书作了详细周全的考辨,是我国辨伪学史上有重要价值的著作。16开本,387页,印数3000册,定价36.00元。

《古籍整理出版漫谈》　全国古籍整理出版规划领导小组办公室编。2004年8月上海古籍出版社出版。2003年10月,全国古籍整理出版规划领导小组办公室在北京举办了第三期全国古籍社编辑培训班。这一期的授课内容主要是从出版理论和古籍整理实际状况相结合的角度出发,给广大古籍社编辑,尤其是参加工作不久的年轻编辑以专业知识和技术的指点。该书就是这次培训班专家讲稿的汇编,具体内容包括《新中国古籍整理出版工作回顾与展望》、《古籍图书的结构调整与市场扩容》、《现代信息技术在古籍整理出版中的应用》、《新印古籍的发行工作》等。大32开本,168页,12.7万字,印数2100册,每本定价18.00元。

《古籍典故》　陈鸿彝、汪玉川著。2004年8月太白文艺出版社出版。收入“老古董丛书”。作者选取一些有学术趣味的、与古籍收藏有关的知识进行介绍。具体的内容分为三个部分,“书品源流”介绍中国古代书籍制作史和书籍制度史,使读者对不同时期的不同书品的形成过程与基本特征有所了解;“收藏佳话”讲述历代收藏家的珍闻逸事;而“要籍珍闻”则介绍历代学人创制的各学科的一些名著珍品。全书的重点在讲述有关古籍的史实、典故,具有学术性、知识性、可读性结合的特点。32开本,370页,23.9万字,印数5000册,定价28.00元。

《中国古书校读法》　宋子然编著。2004年8月巴蜀书社出版。本书归纳了一些具体的古书校读方法,包括文字辨证、审度声音、训解词义、分析语法等等。大32开本,495页,36万字,定价32.00元。

《〈蒙古秘史〉文献版本研究》　白·特木尔巴根著。2004年8月内蒙古教育出版社出版。蒙文本。大32开本,印数300册,定价23.00元。

《目录学发微》　余嘉锡著。2004年9月中国人民大学出版社出版。余嘉锡认为目录学的根本意义在于“辨章学术,考镜源流”。在此思想指导下,这本书对目录学的发展源流各种体制的利弊得失、历代书目的类例沿革都作了详尽的探讨,被杨树达先生誉为“透辟精审”之作。《目录学发微》与《古书通例》互相呼应,最好合读,故本书将《古书通例》附于后,以资参阅。《古书通例》亦是余嘉锡先生重要的学术著作,周祖谟先生认为此书虽篇章不多,“而探微索隐,足以解疑释惑。读者据此举一反三,所知自多”。小16开本,277页,定价17.80元。

《中国的多种民族文字及文献》 魏忠著。2004年10月民族出版社出版。本书是一本普及性的著作,旨在向读者介绍我国古今少数民族文字及文献的情况,以便读者能更加方便地了解我们伟大祖国源远流长、丰富多彩的多民族文化。据统计,我国56个民族使用的语言达100多种,现行的民族文字有39种。本书除介绍了我国一般少数民族文字知识外,还兼及一些文化学、历史学、宗教学、民族学的知识。大32开本,285页,定价18.00元。

《简帛文献学通论》 张显成著。2004年10月中华书局出版。本书对百余年来我国古代简帛文献的发现与研究作了概要的总结,内容涉及简帛出土历史、简帛制度、简帛类别、简帛研究价值、简帛研究的回顾与展望等,理论性与实用性并重,又有较强的可读性。大32开本,繁体横排,491页,35.7万字,印数3000册,定价35.00元。

《鲁迅版本书话》(上、下) 陈漱渝主编。2004年10月北京图书馆出版社出版。收入"现代版本与文献收藏丛刊"。该书收鲁迅著作的各种版本,一版一图,用图说的形式展现了鲁迅著作的出版史。具体内容编排为8辑,分别为:鲁迅著译版本概说、鲁迅著作版本丛谈、译作版本丛谈、鲁迅辑校古籍与编辑版本丛谈、鲁迅与报刊丛谈、鲁迅序跋著作拾穗、境外鲁迅著作版本巡礼。附录《建国前鲁迅著作版本目录》。丁景唐作序。18开本,412页,43万字,彩图精装印制,定价86.00元。

《简牍检署考校注》 王国维原著,胡平生、马月华校注。2004年11月上海古籍出版社出版。《简牍检署考》与罗振玉、王国维合著的《流沙坠简》互为表里。它针对简牍实物的新发现,广征博引,就文献所见简牍制度做了系统的梳理,为简牍发现的整理研究准备了前提。《简牍检署考校注》原文以通行的上海古籍书店1983年9月出版的《王国维遗书》第九册所载《简牍检署考》为依据,参考其他版本进行校勘注释。校注者对王国维原著进行了详尽准确的校雠和注释,使之成为一个最完善的本子。开首的前言,则是一篇内容丰富的学术论文,对《简牍检署考》著作背景作了叙述,对原书的内容根据近年新发现的大量简牍作了重要补充。李学勤作序。大32开本,121页,15万字,印数3100册,定价13.00元。

《四库提要辨证》(上、下) 余嘉锡著。2004年11月云南人民出版社出版。收入"二十世纪学术要籍重刊"。作为近代学术大师,作者以一人之力遍读《四库全书》,并与《四库全书总目提要》相关内容逐篇考核,写成皇皇巨著,订正了《四库提要》有问题的篇目达500篇之多,是阅读使用《四库提要》时必备的参考书。大32开本,1365页,印数5000册,定价82.00元。

《〈四库全书总目〉研究》 司马朝军著。2004年12月社会科学文献出版社出版。本书是海内外第一部从文献整理角度系统研究《四库全书总目》的著作。作者着力于总结《总目》的学术方法与学术贡献,分别从分类学、目录学、版本学、辨伪学、辑佚学、考据学等方面对传统学术方法进行总体性发掘。本书内容丰富,创见甚多,为构建详赡的古文献学史做了富有开拓意义的贡献,对于开展当代的文献整理工作,也具有重要的借鉴意义。大32开本,510页,35.4万字,未标印数,定价35.00元。

《中国图书版本学》 姚伯岳著。2004年12月北京大学出版社出版。本书讲述了中国图书版本源流及鉴别方法,系统论述了版本学的理论、历史和各种版本现象,完整阐明了版本鉴别的系列方法，对古今各种类型的中国图书版本做了分门别类的介绍，并一一讲解各类型版本的具体鉴别方法，既有理论高度，又具实际指导作用。大 32 开本，396 页，定价 20.00 元。

《文选版本撷英》 范志新编撰。2004 年 12 月贵州人民出版社出版。本书以《文选》版刻为搜集、研究对象，合书影与书录解题为一体，旨在使读者窥《文选》诸本源流、选学正变之迹，借此鉴赏各时期雕版风貌。编者取各时期《文选》版本，包括白文、全注、节注、选赋选诗、补遗广续之属。取舍原则，清以前从宽，清以来从严。编次以时代为经，以注释形式为纬。附录有《日本朝鲜刻文献举隅》。书前除有编者自序外，另有曹道衡先生序言。大 32 开本，325 页，23 万字，印数 1000 册，定价 25.00 元。

《目录版本校勘学论集》 王绍曾著。2005 年 1 月上海古籍出版社出版。本书收录作者有关目录学、版本学、校勘学、藏书史研究的论文，内容丰富全面。全书收录论文 64 篇，其中撰于 20 世纪 30 年代的 8 篇，其余 56 篇都撰写于 1979 年后，包括《试论敢为天下先的张元济》、《为什么要整理出版〈百衲本二十四史校勘记〉》等。16 开本，1068 页，12 页图版，108 万字，精装本，印数 1500 册，定价 108.00 元。

《书之五叶——民国版本知见录》 张泽贤著。2005 年 1 月上海远东出版社出版。作者形象地把封面设计、书籍插图、出版标记、书籍广告、版权之页比作图书版本之树上的五片叶子。在本书中，作者就是以大量的民国版原版书籍为基础，从上述五个方面入手探讨民国书籍的版本问题。每一个大的版块下有若干篇短小的文章，辅以封面、插图、广告等书影或照片，以图文并茂的方式，生动有趣地展开论述，既有知识性、史料性，又有可读性。另有《民国版本价格浅见》一章，对于民国版本研究和书籍收藏皆有参考价值。大 32 开本，345 页，30 万字，印数 3100 册，定价 35.00 元。

《古籍珍稀版本知见录》 施廷镛编著，李雄飞校订。2005 年 1 月北京图书馆出版社出版。本书是作者知见珍稀版本的考订，内容涉及版本知见、雕版印刷史、金石碑铭、甲骨简册、版本鉴定、工具书介绍等。大 32 开本，330 页，25 万字，5 页图版，印数 3000 册，定价 25.00 元。

《古籍善本》 史树青主编，黄燕生著。2005 年 1 月中国水利水电出版社出版。收入“中国艺术品投资与鉴宝丛书”。本书以近年流通于艺术品市场的古籍为对象，全面叙述了古籍的流通现状和价格变迁，并选择了具有代表性的 200 种古籍善本予以点评。同时介绍有关我国古籍善本的基本常识、古籍鉴定工具书、古籍拍卖的精品赏析等内容。16 开本，240 页，12 万字，精装本，定价 116.00 元。

《中国历史文献学》(修订本) 杨燕起等编著。2005 年 2 月北京图书馆出版社出版。本书是 1989 年版的修订增补本。作者全面介绍和论述了历史文献学的基本常识、基本材料，反映了学术界研究的最新成果，注重理论指导实践，对于读者了解和掌握文献整理工作的基本方法和步骤也有帮助。大 32 开本，459 页，定价 27.00 元。

《中国古典文献学》 吴枫著。2005 年 3 月齐鲁书社出版。本书曾于 20 世纪 80 年代印行。此次为再版。本书内容包括：古典文献导论、古典文献的源流与分类、古典文献的类别与体式、四部书的构成及其演变、文献目录与解题、古典文献的收藏与阅读等。大 32 开本，261 页，18.2 万字，定价 19.00 元。

《中国古典文献学研究》 赵晓岚主编。2005年3月湖南师范大学出版社出版。本书分为佛经与敦煌文献研究、古典文学文献研究、古籍整理与研究三部分内容。16开本,434页,定价45.00元。

《古代小说版本简论》 欧阳健著。2005年6月山西人民出版社出版。收入"古代小说文献简论丛书"。本书介绍了古代小说文本与版本、搜访与鉴定、书名与分卷、祖本与别本、简本与繁本、原本与补本、抄本与印本、版本与数字化等内容。大32开本,128页,7页图版,8.6万字,定价8.00元。

《古籍版本鉴定概论》 陈正宏、梁颖编。2005年6月上海辞书出版社出版。全书分为4编,即通行印本的鉴定、特殊印本的鉴定、印本鉴定专题和印本鉴定的辅助工具。这些涵盖了古籍印本的各种基础知识和鉴定技能。具体内容包括:宋元刻本的鉴定与辨伪,明刻本的类别与鉴定,清刻本的鉴定,活字本的源流与鉴定,汉文佛经的版本鉴定,域外汉籍及其印本鉴定,刊语、牌记与古籍印本鉴定,书版的断修补拼与古籍印本鉴定,剜版现象与古籍印本鉴定,古籍书影概说,古籍印本鉴定常用书目提要,古籍版本学专著纵横谈。其中,有关汉文佛经与域外汉籍的版本鉴定、书版的断修补拼等内容,填补了研究空白。附录有《古籍印本常用术语汇释》和《民国图书印本鉴藏小识》。16开本,247页,17万字,印数5100册,定价59.00元。

《二十世纪戏曲文献学述略》 苗怀明著。2005年6月中华书局出版。全书除"引言"和"结语"外,分6章,分别论述了如下问题:二十世纪戏曲文献学的创建与演进、二十世纪港台海外戏曲文献研究述略、二十世纪新发现戏曲文献述略、二十世纪戏曲曲文辑佚述略、二十世纪戏曲目录学述略。大32开本,370页,29万字,印数3000册,定价28.00元。

《古籍整理出版丛谈》 全国古籍整理出版领导小组办公室编。2005年7月广陵书社出版社出版。本书收有《出版改革与古籍整理出版工作》、《古籍编辑与图书成本核算》、《经学研究的热点与出版契机》、《文学研究与古籍整理杂说》等论文。大32开本,190页,定价16.00元。

《历史文献学丛稿》(上、下) 刘进宝、施和金主编。2005年7月吉林人民出版社出版。收入"随园史学研究丛书"。本书收录历史文献学方面的论文30篇。大32开本,473页,定价38.00元。

《消逝的风景——新文学版本录》 唐文一、沐定胜著。2005年8月山东画报出版社出版。本书中所收录介绍的一百多部新文学著作,基本上是20世纪能代表中国现代文学发展历史的珍贵初版本,多是作家的处女作或是在当时产生一定影响的著作。本书围绕着图书,讲述了与其写作出版有关的历史背景、人物、事件、逸事,或者其他,既是随笔,又是故事。本书选配了近三百幅图书封面、版权页及插图的照片,使读者更直接地感受到这些版本历史的沧桑,也为现代文学研究者提供了更直观的客体。舒乙作序。小16开本,342页,25万字,印数8000册,定价49.00元。

《中国古典文献学》 牟玉亭主编。2005年8月社会科学文献出版社出版。本书对我国古典文献的源流、特点、处理原则、应用范畴等理论问题,做了清晰阐释,又对古典文献的类别、体式、目录、版本、校勘、辨伪、辑佚等应当厘清的基本问题和操作方法,做了尽可能详明而又通俗的介绍。大 32 开本,298 页,20.1 万字,未标印数,定价 23.00 元。

《中国古代文献学》 赵荣蔚著。2005 年 8 月中国文史出版社出版。收入“当代学者人文论丛”。本书内容包括:古代文献的形式、古代文献的类型、古代文献目录学、古代文献版本学、古代文献校勘学、古代文献注释学等。大 32 开本,305 页,印数 5000 册,定价 27.80 元。

《中国文献学》 张大可、俞樟华著。2005 年 9 月福建人民出版社出版。本书对涉及文献学的诸如记录文献的载体,文献的体裁,文献的体例以及文献的收藏与检索,中国文献学的理论建构等等作了详细的阐述。书后还附有关于中国文献学研究成果的论文。全书内容丰实,具有较强的理论性、科学性、系统性及知识性。16 开本,310 页,定价 26.80 元。

《中国少数民族古典文献学》 朱崇先主编。2005 年 11 月民族出版社出版。本书对我国少数民族与古文献的起源和特点,少数民族古典文献的聚散、载体种类及特点、文献分类、版本与装帧、校勘、翻译与注释、保护与开发利用等问题,进行了全面的论述,涉及 30 个文种的少数民族文字,反映了我国少数民族古典文献的基本面貌。大 32 开本,320 页,26 万字,定价 28.00 元。

《百川书志 古今书刻》 明·高儒、周弘祖撰。2005 年 11 月上海古籍出版社出版。收入“中国历代书目题跋丛书”。“丛书”所选书目均为 20 世纪 50 年代古典文学出版社和中华书局上海编辑所曾刊行的著作。《百川书志》为明人高儒撰写,是私人藏书目录;《古今书刻》则是明代周弘祖的作品,记录明代各公私机构所刻印的书籍及各地所存的石刻。大 32 开本,印张 16.375,插页 5,28.4 万字,印数 1500 册,定价 40.00 元。

《汲古阁书跋 重辑渔洋书跋》 明·毛晋、清·王士祯撰。2005 年 11 月上海古籍出版社出版。收入“中国历代书目题跋丛书”。《汲古阁书跋》为明代毛晋所撰,今人潘景郑校订;《重辑渔洋书跋》为清代王士祯撰,今人陈乃乾校订。这两部书跋作品对于研究中国古代藏书史、出版史均有重要参考价值。大 32 开本,印张 9,插页 5,14.4 万字,印数 1500 册,定价 23.00 元。

《赵定宇书目》 明·赵用贤撰。2005 年 11 月上海古籍出版社出版。收入“中国历代书目题跋丛书”。本书记录的赵定宇所藏的书目,编写形式实际上是账簿式的,虽然也分了类,但类列极不精密。本书在影印时没有更动原文,只是把正确的放在后边的括号里。书后附有四角号码索引。大 32 开本,208 页,印数 1500 册,定价 20.00 元。本书有 1957 年 12 月古典文学出版社版。

《澹生堂藏书约》(外八种) 明·祁承㸁等撰。2005 年 11 月上海古籍出版社出版。收入“中国历代书目题跋丛书”。本册收入《澹生堂藏书约》、《藏书纪要》、《藏书绝句》、《流通古书约》、《古欢社约》、《藏书十约》、《武林藏书录》、《吴兴藏书录》等九种著作。大 32 开本,138 页,印数 1500 册,定价 21.00 元。

《绛云楼题跋》 清·钱谦益撰,潘景郑辑校。2005 年 11 月上海古籍出版社出版。收入“中国历代书目题跋丛书”。大 32 开本,195 页,印数 1500 册,定价 18.00 元。

《虞山钱遵王藏书目录汇编》 清·钱曾撰。2005 年 11 月上海古籍出版社出版。收入“中国历代书目题跋丛书”。大 32 开本,323 页,印数 1500 册,定价 30.00 元。

《铁琴铜剑楼藏书题跋集录》 清·瞿良士撰。2005年11月上海古籍出版社出版。收入“中国历代书目题跋丛书”。铁琴铜剑楼是清代瞿氏藏书楼，是清代后期四大著名藏书楼之一。本书集录铁琴铜剑楼藏书题跋共三百八十余种。此书曾于1985年刊行过。大32开本，365页，印数1500册，定价30.00元。

《鸣野山房书目》 清·沈复粲撰，潘景郑校订。2005年11月上海古籍出版社出版。收入“中国历代书目题跋丛书”。本书按经、史、子、集四部排列，各部又分小类收录书目。书后还附有《鸣野山房书目综合索引》。大32开本，174页，印数1500册，定价20.00元。

《唫香仙馆书目 旧山楼书目》 清·赵宗建撰。2005年11月上海古籍出版社出版。收入“中国历代书目题跋丛书”。大32开本，88页，印数1500册，定价18.00元。

《晁氏宝文堂书目 徐氏红雨楼书目》 明·晁瑮、徐氏分别撰写。2005年11月上海古籍出版社出版。收入“中国历代书目题跋丛书”。本书著录了很多的小说、戏曲目录，书名下边多注明版刻，足以考见明代版本源流。大32开本，426页，印数1500册，定价45.00元。

《古籍版本学》 黄永年著。2005年12月江苏教育出版社出版。收入“古文献学基础知识丛书”。本书为繁体毛边本，内容涉及版本史和版本鉴别、版本目录等。大32开本，248页，印数3000册，定价22.00元。

《书韵悠悠一脉香:沈津书目文献论集》 沈津著。2006年1月广西师范大学出版社出版。沈津先生是美国哈佛大学燕京图书馆中文善本部主任，主要从事版本目录学研究。本书由三部分组成:其一是古籍版本的考证，其二是为书籍出版所写序跋及叙论，其三是对中国国家图书馆、上海图书馆和美国哈佛燕京图书馆特色及善本图书的介绍。16开本，407页，43万字，印数2000册，定价49.80元。

《民国书影过眼录续集》 张泽贤编著。2006年1月上海远东出版社出版。本书介绍民国版本图书一百多种，按照作家专著、合集·翻译·论丛、艺术、杂著四部分编排。大32开本，575页，49.7万字，印数3250册，定价45.00元。

《宋代文献学研究》 张富祥著。2006年3月上海书店出版社出版。本书从目录学、注释学、校勘学等几个方面比较全面地论述了宋代文献学的特点与成就。大32开本，854页，75万字，印数1800册，精装本，定价78.00元。

《宋代馆阁校勘研究》 李更著。2006年3月凤凰出版社出版。收入“中国典籍与文化研究丛书”。内容涉及馆阁制度溯源、宋代馆阁制度、图书校理运作分析、宋代馆阁校勘的学术发展、南宋馆阁校勘的衰微与学术文化重心的转移等等。大32开本，272页，定价25.00元。

《中国古文献学》 孙钦善著。2006年5月北京大学出版社出版。本书分为11章，内容除“绪论”外，主要包括目录、版本、校勘、辨伪、辑佚、古文献的语言解读、古文献的内容考释、古文献的义理辨析等等。16开本，423页，定价58.00元。

《中国民族历史文献学》 赵令志编著。2006年7月中央民族大学出版社出版。本书仍以汉文文献为主，同时也涉及我国历代民族文字文献。全书依目录学、版本学、校雠学分为三编。大32开本，628页，50.8万字，定价40.00元。

《明别集版本志》 崔建英辑订，贾卫民、李晓亚参订。2006年7月中华书局出版。

这本版本志采用规范化的、程序式的方式,依照版本的顺序,依次为版本描述、版本考订、特征记载。附录有著者简介和珍稀品现藏处所。本志收书目3669条,按第一著者姓名首字之四角号码顺序排列,另在书后附著者姓名、书名四角号码索引和著者姓氏、书名首字字头笔画与四角号码对照表。16开本,954页,130万字,精装本,定价180.00元。

《著砚楼书跋》　潘景郑著。2006年7月上海古籍出版社影印出版。收入"中国历代书目题跋丛书"。大32开本,340页,20.1万字,印数2300册,定价28.00元。

《宋元明清书目题跋丛刊》(全4卷)　2006年8月中华书局影印出版。大16开本,4卷19册,精装本,总定价4600.00元。这套丛书收入了自宋至清末的著名书目题跋近百种,这些书目题跋不仅对考察某一典籍的流传存佚,内容得失,刊钞先后,校雠优劣,有重要参考作用,对于从事中国传统学术,尤其是古籍目录、版本、校勘及藏书史研究者和工作者,更是一部不可或缺的工具书,对图书馆、资料室而言,也是必备的开放检索用书。每册前均有《影印说明》,对所收书的作者、内容、版本作了简要介绍。

《宋元明清书目题跋丛刊》从选目到出书,凝聚了众多著名专家学者的心血,先后参与拟目和提出宝贵意见的专家有王绍曾、来新夏、傅熹年、张长华、郑伟章、冯惠民、许逸民、杜泽逊等诸位先生,全国古籍整理出版规划领导小组也对该套丛刊给予高度重视和支持。

(一)"宋代卷",第1、2册,收入:《崇文总目》5卷,《补遗》1卷,《附录》1卷,宋·王尧臣等撰,清·钱东垣等辑释;《崇文总目辑释补正》4卷,宋·陈汉章撰;《秘书省续编到四库阙书目》2卷,宋绍兴中改定,叶德辉考证;《中兴馆阁书目辑考》5卷,宋·陈骙等撰,赵士炜辑考;《中兴馆阁续书目辑考》1卷,宋·张攀等撰,赵士炜辑考;《遂初堂书目》1卷,宋·尤袤撰;《直斋书录解题》22卷,宋·陈振孙撰;《袁本昭德先生郡斋读书志》4卷,《附志》1卷,《后志》2卷,《考异》1卷,宋·晁公武撰,宋·赵希弁附志考异;《艺芸书舍本郡斋读书志》20卷,宋·晁公武撰,宋·姚应绩编;《衢本郡斋读书志》20卷,《附志》2卷,宋·晁公武撰,宋·姚应绩编,清·王先谦校。

(二)"元代卷",第3册,收入《元西湖书院重整书目》1卷,元·胡师安等撰;《录鬼簿》2卷,元·钟嗣成撰;《文献通考·经籍考》76卷,元·马端临撰。

(三)"明代卷",第4～6册,收入《文渊阁书目》20卷,明·杨士奇等撰;《秘阁书目》,明·钱溥录;《内阁藏书目录》8卷,明·张萱等撰;《行人司重刻书目》,明·徐图等撰;《南雍志经籍考》2卷,明·梅鷟撰;《明太学经籍志》,明·郭磐撰;《濮阳蒲汀李先生家藏目录》,明·李廷相撰;《四明天一阁藏书目录》,清·佚名录;《万卷堂书目》4卷,明·朱睦撰;《晁氏宝文堂书目》3卷,明·晁瑮撰;《百川书志》20卷,明·高儒撰;《赵定宇书目》,明·赵用贤撰;《脉望馆书目》,明·赵琦美撰;《世善堂藏书目录》2卷,明·陈第撰;《玄赏斋书目》8卷,明·董其昌撰;《江阴李氏得月楼书目摘录》,明·李鹗翀撰;《澹生堂藏书目》14卷,明·祁承㸁撰;《徐氏家藏书目》7卷,明,徐撰;《笠泽堂书目》,明·王道明撰;《续文献通考·经籍考》12卷,明·王圻撰;《国史经籍志》6卷,明·焦竑撰;《(嘉靖)浙江通志·艺文志》3卷,明·胡宗宪等纂修;《蜀中广记·著作记》10卷,明·曹学佺撰;《(成化)杭州府志·书籍目》1卷,明·陈让等纂修;《古今书刻》2卷,明·周弘祖撰;《内板经书纪略》1卷,明·刘若愚撰;《(景泰)建阳县志续集·典籍》,明·赵文等纂修,袁铦续修;《(嘉靖)建阳县志·书坊书目》,明·冯继科等纂修;《汲古阁校刻书目》1卷,《补遗》1卷,

《刻板存亡考》1卷，明·毛晋原本，清·郑德懋辑；《少室山房笔丛·四部正讹》3卷，清·胡应麟撰；《南濠居士文跋》4卷，明·都穆撰；《读书后》8卷，明·王世贞撰；《重编红雨楼题跋》2卷，明·徐𤊹撰，清·缪荃孙重编；《隐湖题跋》2卷，明·毛晋撰；《授经图义例》20卷，明·朱睦㮮撰；《医藏书目》，明·殷仲春撰；《录鬼簿续编》1卷，明·贾仲明撰；《太和正音谱·群英所编杂剧》，明·朱权撰；《南词叙录》1卷，明·徐渭撰；《旧编南九宫目录》1卷，明·徐渭撰；《曲品》2卷，明·吕天成撰；《金陵梵刹志·南藏目录》1卷，明·葛寅亮撰；《大明三藏圣教北藏目录》4卷，明·佚名撰；《藏逸经书》1卷，明·释道开撰；《道藏经目录》4卷，明·佚名撰；《道藏阙经目录》2卷，明·佚名撰；《道藏目录详注》4卷，附《续道藏目录》，明·白云霁撰，李杰注。

（四）"清代卷"，第7～19册，收入《皕宋楼藏书志》120卷，《续志》4卷，《仪顾堂题跋》16卷，《仪顾堂续跋》16卷，清·陆心源撰；《善本书室藏书志》40卷，清·丁丙撰；《铁琴铜剑楼藏书目录》24卷，清·瞿镛撰；《楹书隅录初编》5卷，《续编》4卷，清·杨绍和撰；《滂喜斋藏书记》3卷，清·潘祖荫撰；《钱遵王读书敏求记校证》4卷，清·钱曾撰，清·管庭芬、章钰校证；《爱日精庐藏书志》36卷，《续志》4卷，清·张金吾撰；《抱经楼藏书志》64卷，清·沈德寿撰；《黄丕烈书目题跋七种》，《荛圃藏书题识》10卷附《补遗》，《荛圃刻书题识》1卷附《补遗》，《荛圃藏书题识续录》4卷《杂著》1卷，《荛圃藏书题识再续录》3卷，《士礼居藏书题跋补录》，《百宋一廛赋注》，《百宋一廛书录》1卷，清·黄丕烈撰；《顾广圻书目题跋三种》，《思适斋集》18卷，《思适斋书跋》4卷附补遗，《思适斋集补遗》2卷，清·顾广圻撰；《开有益斋读书志》6卷，《金石文字记》1卷，《读书续志》1卷，清·朱绪曾撰；《艺风藏书记》8卷，《续记》8卷，《再续记》1卷，清·缪荃孙撰；《郑堂读书记》71卷，《郑堂读书记补逸》30卷，清·周中孚撰；《万卷精华楼藏书记》146卷，清·耿文光撰；《天禄琳琅书目》10卷，清·于敏中等撰；《天禄琳琅书目后编》20卷，清·彭元瑞等撰；《绛云楼题跋》1卷，清·钱谦益撰；《绣谷亭熏习录》3卷，清·吴焯撰；《拜经楼藏书题跋记》5卷，清·吴寿旸纂；《玉函山房藏书簿录》25卷，清·马国翰撰；《日本访书志》16卷，清·杨守敬撰；《日本访书志补》1卷，清·杨守敬撰王重民辑；附《经籍访古志》6卷，《补遗》1卷，（日）涩江全善、（日）森立之撰；《古文旧书考》4卷，附《访余录》1卷，（日）岛田翰撰。

《古籍影印出版丛谈》 全国古籍整理出版领导小组办公室编。2006年8月天津古籍出版社出版。本书主要收录了《古籍影印的理念与实践》、《一名图书馆员眼中之古籍影印本》、《海外敦煌西域文献的编辑出版》、《古籍图录整理编辑漫谈》、《浅谈古籍书画复制与摄影》等五篇文章。大32开本，126页，印数1000册，定价9.80元。

《古典文献学》 陈广忠、徐志林等著。2006年8月黄山书社出版。本书由"九论"即文献论、载体论、目录论、版本论、校勘论、辨伪论、辑佚论、专题论等组成。16开本，480页，定价32.00元。

《红楼梦的版本及其校勘续编》 郑庆山著。2006年9月北京图书馆出版社出版。本书的正编2002年出版。"续编"收录作者撰写的有关红楼梦版本和校勘研究方面的新的论文。大32开本，326页，印数3000册，定价22.00元。

《书城风弦录——沈津读书笔记》 沈津著。2006年10月广西师范大学出版社出版。本书为沈津自选的历年为学所积而成，以版本目录学的探讨为特色。全书分为六个部分:古旧善本之属、新善本之属、书林逸闻、读书偶得、图书馆巡礼、其他。小16开本,372页,39.2万字,印数2500册,定价46.00元。

《王子霖古籍版本学文集》(全3册) 王雨著,王书燕编纂。2006年10月上海古籍出版社出版。第一册为古籍版本学,第二册为古籍版本经眼录,第三册是日记、信札及其他。20开本,32.4印张,定价98.00元。

《古籍善本》(上、下) 吕济民著。2006年10月线装书局出版。本卷按中国古籍善本收藏的发展史、时代特征、辨伪、版本分为四大章节,其中又以历代书籍刊刻的发展为主体章节,按历史时期进行叙述,辅之鉴藏辨伪知识,又收集近年艺术品市场拍卖咨询附诸卷尾,以资参考。铜版纸彩色印刷。大32开本,199页,定价160.00元。

《中国古典文献学概论》 王俊杰著。2006年11月齐鲁书社出版。本书介绍了古典文献的起源、产生、发展,古典文献载体材料的生产技术和工艺流变,古典文献管理制度的演变、发展,古典文献与古代科技、文化、教育的相互作用等内容。大32开本,23.9万字,定价22.00元。

《宋代版本学研究——中国版本学的发源及形成》 李明杰著。2006年12月齐鲁书社出版。本书以宋代版本学为研究重点,考察了中国版本学的发源与形成。书中有多幅珍贵的宋版书书影。附录有《宋代版本学家知见名录》、《中国古籍版本学论文索引(1949～2005)》。大32开本,423页,31.6万字,定价33.00元。

《胡应麟文献学研究》 吕斌著。2006年12月中国社会科学出版社出版发行。本书分上下两编:上编为胡应麟对文献学的研究,涉及典藏学、目录学、辑佚学方面的成就,下编为《胡应麟年谱补正》。大32开本,377页,33万字,定价26.00元。

《中国古籍珍稀善本书录》 沈津著。2006年12月广西师范大学出版社出版。本书为文献类工具书,遴选旅美学者沈津经眼的存世罕见中文古籍,著录版本、著者、内容,介绍递藏源流、形成过程,评价内容得失。16开本,740页,90万字,定价198.00元。

《红楼梦版本辨源》 杨传镛著、于鹏整理。2007年1月北京图书馆出版社出版。本书系杨传镛先生多年研究《红楼梦》版本问题的论著汇集。作者厚积薄发,对《红楼梦》流传过程中形成的各种版本渊源进行了深入的考证和精辟的论述。本书对版本的深入研究和作者原作文字的确定,有着重要的参考价值。大32开本,227页,定价22.00元。

《红楼梦版本论》 林冠夫著。2007年1月文化艺术出版社出版。本书分为10章,对《红楼梦》现存的11个版本分别从其收藏始末、研究状况、文字特点等方面加以阐述,并对每一种版本作出深入分析。16开本,478页,50万字,定价55.00元。

《古籍整理概论》 曹林娣著。2007年1月北京大学出版社出版。本书主要讲授古代文献典籍的形式内容和整理古籍的各个环节,如校勘、标点、注释、辨伪、辑佚、编纂等及其相关知识,如古代语言文字、古籍目录版本、古代历史文化等,还有运用这些知识解决实际问题的方法。16开本,285页,36.8万字,定价30.00元。

《美术版本过眼录(1949～1965)》 吴忠良、陈寒川编著。2007年2月上海远东出版社出版。本书一页介绍一个版本的图书,每页从上至下分成两半,上半部分印着美术书籍的封面和书中的美术代表作品,下半部分是该版本书籍的简评和出版单位等。整部书对收录的不同版本的图书按出版时间顺序编辑,其中大部分版本的图书在市场上已难得一见。16开本,247页,定价88.00元。

《中国古籍善本赏玩》 邱东联编著。2007年3月湖南美术出版社出版。内有大量古籍书影。本书收录多幅古籍善本、佛经、拓印本照片,供收藏爱好者学习参考及研究。大部分照片加以文字说明,并标注了尺寸大小、市场参考价等。16开本,167页,定价49.00元。

《寒山诗集版本研究》 陈耀东著。2007年5月世界知识出版社出版。收入"浙江文化研究工程成果文库"。本书分研究、版本、资料三编,收寒山诗结集新探、《寒山子诗集》传本研究、《寒山诗集》诸版本比照序次表、《永乐大典》中的《寒山诗集》、寒山拾得佚诗考释、黄庭坚论杜甫与寒山子等学术论文十余篇。横排繁体字。16开本,650页,定价68.00元。

《拜经楼藏书题跋记》 清·吴寿阳著,郭立暄校点。2007年6月上海古籍出版社出版。收入"中国历代书目题跋丛书"。大32开本,229页,印数2000册,定价20.00元。

《艺风藏书记》 清·缪荃孙著,黄明、黄同甫标点。2007年6月上海古籍出版社出版。收入"中国历代书目题跋丛书"。作者是近代著名藏书家、版本目录学家,所藏珍本秘籍有十余万卷。作者依据个人收藏撰写的藏书记,收书627种,10962卷。每种书记载其卷数、行款、序跋、书牌等,并详加校勘。作者后来有写作了《藏书记》的"续记"(八卷)和"再续记",总计收载图书861种,15000卷。现在这个本子是三记合一的全本。大32开本,547页,39.5万字,定价48.00元。

《文禄堂访书记》 清·王文进著,柳相春校点。2007年6月上海古籍出版社出版。收入"中国历代书目题跋丛书"。大32开本,440页,印数2000册,定价38.00元。

《红楼梦版本与文本》 曹立波著。2007年7月中华书局出版。收入"中华文史新刊"。本书收录作者有关红学方面的论文22篇,归纳成三个部分,即文本研究篇、版本研究篇(上、下)。16开本,266页,22万字,定价35.00元。

《域外汉籍丛考》 金程宇著。2007年7月中华书局出版。本书为作者近年有关域外汉籍的论文结集。作者以东亚汉文文献为背景,对一批保存在日本、韩国以及中国的域外文献进行了细致的考察,涉及域外汉籍的文本研究、传播研究等多方面课题。书前有黑白书影多幅。大32开本,342页,33万字,印数2500册,定价27.00元。

《新文学的版本批评》 金宏宇著。2007年7月武汉大学出版社出版。本书收入"武汉大学学术丛书"。本书分为通论篇和校评篇。"通论篇"探讨了新文学的版本本性、异本的形成与修改、版本研究的角度与方法、版(文)本谱系及原则等有关新文学版本批评的基础问题。"校评篇"则对《雷雨》、《屈原》、《天国春秋》、《风雪夜归人》、《蚀》、《八月的乡村》、《无望村的馆主》、《冤女》等新文学作品进行版本方面的个案分析。附录有《〈围城〉的版本与修改》、《〈在延安文艺座谈会上的讲话〉的六个版本》、《新文学版本之"九页"》等。小16开本,330页,30万字,定价34.00元。

《中国古籍版本学》(第二版) 曹之著。2007年8月武汉大学出版社出版。本书初版于1992年5月。此次修订再版,对"古籍版本学史略"一章重新撰写了。因作者另有《中国印刷术起源》已出版,且准备修订重版,故本书将相关章节删去。此外,关于古籍数量、历代抄书、历代刻书、西夏刻书、毛晋刻书、四堡刻书、新安刻书、版本鉴定、历代避讳、历代字体、版本作伪、古籍善本等,都增补了新的内容。插图由原来的 34 幅增加到 133 幅。16 开本,550 页,56.4 万字,定价 59.00 元。

《宋代文献研究》 黄权才著。2007 年 8 月广西民族出版社出版。大 32 开本,412 页,定价 38.00 元。

《天禄琳琅书目 天禄琳琅书目后编》 清·于敏中、彭元瑞等著,徐德明校点。2007 年 8 月上海古籍出版社出版。收入"中国历代书目题跋丛书"。大 32 开本,854 页,印数 2000 册,定价 68.00 元。

《思适斋书跋》 清·顾广圻著,黄明校点。2007 年 8 月上海古籍出版社出版。收入"中国历代书目题跋丛书"。大 32 开本,236 页,印数 2000 册,定价 22.00 元。

《滂喜斋藏书记 宝礼堂宋本书录》 清·潘祖荫著,潘宗周编,佘彦焱、柳向春校点。2007 年 8 月上海古籍出版社出版。收入"中国历代书目题跋丛书"。大 32 开本,243 页,印数 2000 册,定价 28.00 元。

《读书敏求记校证》 清·钱曾著,管庭芬等校证。2007 年 8 月上海古籍出版社出版。收入"中国历代书目题跋丛书"。大 32 开本,印数 2000 册,定价 49.00 元。

《版本通义》 钱基博著,严佐之、毛文鳌注,严佐之导读。2007 年 9 月上海古籍出版社出版。收入"大学经典丛书"。本书为著名学者钱基博撰写的我国现代第一部版本学专著。特点有二:一是"会通古今"的"义例",二是"重在校勘"的"义理"。16 开本,84 页,定价 12.00 元。

【另】《钱基博讲古籍版本》,钱基博著。2009 年 5 月凤凰出版社出版。收入"近代学术名家大讲堂"。本书实际内容即《版本通义》。16 开本,173 页,定价 18.00 元。

《农业古籍版本丛谈》 肖克之著。2007 年 12 月中国农业出版社出版。本书共收录了作者对四十余种农业古籍的版本研究,还有一些综合性的研究。书后有附录,共收版本论著、古籍目录书略、宋元明清刻书等。大 32 开本,338 页,定价 30.00 元。

《中国古代文献学》 万刚著。2007 年 12 月北京大学出版社出版。本书是为教学编写的高校教材,共分八章,基本涵盖了中国古代文献学方面的知识要点,诸如文献的源流、特征,文献的积聚与散失、古籍制度、分类、校勘、收藏等。作者在编写过程中,既注意了文献学基础理论的阐述,又注意基础知识的介绍。同时,又尽量突出其指导性、实用性和可读性。16 开本,159 页,定价 24.00 元。

《文献学专题史略》 高尚榘主编。2007 年 12 月齐鲁书社出版。本书分十个专题,具体内容包括:目录学史略,版本学史略,校勘学史略,辨伪学史略,辑佚学史略,注释学史略,丛书史略,类书史略,典籍收藏史略,典籍遭厄史略。大 32 开本,442 页,35.8 万字,印数 1000 册,定价 28.00 元。

《杜诗版本及作品研究》 蔡锦芳著。2007 年 12 月上海大学出版社出版。本书分为上、下两编。上编是关于杜甫诗歌版本及注家方面的研究;下编是关于杜甫诗歌作品的专题研究。16 开本,264 页,26 万字,印数 2100 册,定价 32.00 元。

《〈黄金史纲〉版本研究》 宝音巴特尔著。2007 年 12 月内蒙古人民出版社出版。本书对《黄金史纲》展开全面深入的论述,对其版本源流进行了科学探讨,提出了蒙文历史文献版本研究类型及系统的研究方法。大 32 开本,336 页。

《美术版本过眼录续编(1949～1965)》 吴良忠编著。2008年1月上海远东出版社出版。本书为《美术版本过眼录》的姐妹篇。编者精排细选二百多种发行量较少、出版时间较长、作者名声较大、作品颇见时代特征的美术图书汇编成册。主要展示了国画、油画、速写、漫画、水彩画、宣传画、版画、剪纸、外国作品集及其他等。16开本,254页,彩色印刷,定价98.00元。

《民国书影过眼录》(第三集) 张泽贤著。2008年1月上海远东出版社出版。收入"远东收藏系列"。本书与《民国书影过眼录》和续集的结构相同,仍分为作家专著、合集.翻译.论丛、芸术、杂著等4部分,在版面安排上,除书影外,旧版本中只要有版权页的,都一并刊登。共有书影、版权页以及插图393幅。大32开本,611页,定价55.00元。

《宋元旧本书经眼录 郘亭书画经眼录》 清·莫友芝著,张剑点校。2008年1月中华书局出版。收入"书目题跋丛书"。莫友芝(1811～1871)是晚清宋诗派的代表诗人,同时也是集文学、文字学、音韵学、训诂学、书画学、金石学、版本目录学等于一身的著名学者。关于他的目录学著作,最为人熟知的便是《郘亭知见传本书目》和《宋元旧本书经眼录》,前者经傅增湘先生订补、傅熹年先生整理为《藏园订补郘亭知见传本书目》,1993年由中华书局出版;《宋元旧本书经眼录》三卷,系莫友芝对平生所见的多种宋元精刊本或抄本、手稿所作的记录,或释题概要,或考订源流,或品评优劣,或录写其序跋、印鉴,凡一百三十余种,深受藏书家重视。该书附录两卷,一卷为书衣题识,系莫友芝对家藏的部分古籍所作的题识,一卷为《金石题识》,系莫友芝对所见所藏的历代金石拓片的题识,都颇有价值。本书没有点校本行世,学者利用颇为不便,此次予以专门点校整理。莫友芝的目录学著作,还有一部重要的手稿经常为人提及,但下落不明,被疑已散佚人间,那就是《书画经眼录》,本次在广采版本的基础上,予以点校整理。大32开本,449页,32万字,印数3000册,定价35.00元。

【另】《平津馆鉴藏书籍记 廉石居藏书记》(清·孙星衍撰)、《持静斋书目》(清·丁日昌撰)2008年12月上海古籍出版社出版。

《古籍整理与出版专家论古籍整理与出版》 杨牧之主编。2008年2月凤凰出版社出版。本书收入136篇文章,分为4篇:是从近五十年刊物中刊载的几千篇文章中挑选出来的,为尊重历史,作者在编选时,坚持了不做改动,原汁原味地介绍给大家的原则。只是个别的篇章因为原来是讲话稿,没有题目,为使目录更有实用性,根据内容重新加了一个题目。为了阅读方便,将这些文章分成几类。具体内容包括古籍整理与出版的重大意义;古籍整理与出版的情况与问题;古籍整理与出版业务探讨与建议;古籍整理与出版的人才培养等等。16开本,768页,印数1100册,定价110.00元。

《古籍收藏问答》 龚笃清编著。2008年5月湖南美术出版社出版。内容涉及古籍基本知识、古籍收藏者的素养、古籍鉴别方法、宋至清刻印本鉴赏知识等。16开本,154页,定价29.80元。

《中国现代文学翻译版本闻见录(1905～1933)》 2008年6月上海远东出版社出版。本书收录各时期500种翻译文学版本的书影和版权页,有的还附有与版本有关的插图插照。这些作品包括《鲁滨孙漂流记》、《犹太灯》、《鲁森堡之一夜》、《忏悔》、《人世地狱》、《饥饿》、《我们的一团与他》、《邻人之爱》、《劳苦世界》、《流冰》、《现代日本小说》、《少女日记》、

《一夜之爱》、《父与子》、《母亲》等。大32开本，615页，56万字，印数3250册，定价66.00元。

《近思录版本与传播研究》 程水龙著。2008年6月上海古籍出版社出版。收入“文史哲研究丛刊”。《近思录》是理学大师朱熹和吕祖谦共同编纂并承载和反映宋代理学思想的重要文献，历来注解、改编不断，刻本、写本亦繁多。本书通过细密的考订梳理，对《近思录》白文本、注释本、改编本的版刻源流作了全面而详明的揭示和鉴别。在此基础上，作者还进一步考察了《近思录》的整理与朱子学研究之间、《近思录》的刻印与现实政治和学术风气之间的相互影响。作者搜罗宏富，特别是对一般读者难得一见的版本，不仅提供了书影，还辑录了丰富的题跋文字，颇有助于考索与研究。16开本，368页，定价59.00元。

《古籍收藏与鉴赏》 陈鸿彝著。2008年6月陕西人民出版社出版。本书的主要纲目为：从金石到简书，汉魏竹帛与晋唐写本，发达的印刷业与图书收藏，中国古籍的版本构成，古籍版本的识别与欣赏，古籍收藏与市场前景。附录《历代著名藏书家所撰(举例)》、《古籍版本研究参考书目》。16开本，174页，定价50.00元。

《古典文献学基础》 董洪利主编。2008年7月北京大学出版社出版。收入“普通高校中文学科基础教材系列”。全书分为总论、古籍版本学、古籍目录学、校勘学、训诂学、辑佚与辨伪六章。本书“古籍版本学”部分，对“何谓‘善本’”、“书册制度”、“雕版印刷与活字印刷”、“历代刻书状况及特点”均有专节论述。16开本，391页，35.5万字，定价36.00元。

《旧平装书》 翁长松著。2008年7月上海文化出版社出版。收入“收藏起步丛书”。本书是一部专门介绍旧平装书收藏的专著，也是当代中国第一本系统研究和揭示旧平装书价值的专著，还是作者本世纪以来有关书的话题而出版的第五部著作。全书包括“旧平装书概况”、“旧平装书版本”、“收藏知识要点”、“名家书衣设计”、“经典名著览胜”、“旧平装藏书家”六个部分，是一部融知识性与趣味性，学术性与可读性为一体的读物。16开本，131页，定价48.00元。

《中国古典文献学理论与方法》 郭英德、于雪棠编著。2008年8月北京师范大学出版社出版。本书是高校教材，特点有以下几点：高度切合中国语言文学学科研究生培养的教学实际，充分体现编著者对中国古典文献学学科体系的基本构想，在“中国古典文献学”的整体构架中偏重于文学文献学的内容，重视传授具体而实用的研究方法，有意识地引导研究生进行科研实践。16开本，464页，定价43.00元。

《百年毛边书刊鉴藏录》 沈文冲著。2008年8月上海远东出版社出版。所谓毛边书就是鲁迅先生说的“三面任其本然，不施切削”的那种。本书从近一百年来出版的大量毛边书中，辑录遴选出二百七十多种有代表性的毛边书进行逐一介绍。每种书都附有书影及对书的内容的描述，并有搜得时间、参考时价、版本来源、装帧品相、实际尺寸等。是一部内容翔实的集中国百年毛边书之大成之作，有好多只是听说而无缘目睹的老版本集中展现在了爱书人面前，为爱书人提供了精美的视觉盛宴。16开本，341页，定价78.00元。

《古籍善本》 顾音海、陈宁著。2008年8月上海书画出版社出版。收入“收藏起步丛书”。内容涉及“探源谈史”、“技艺观赏”、“古籍版本”、“善本赏析”、“辨伪技巧”、“藏家知识”、“古籍修复”等等。图文并茂，文字简明通俗。16开本，132页，定价48.00元。

《古籍善本》 《古董速查手册》编委会编，2008年8月湖南美术出版社出版。本书内容涉及“明以前善本”、“明善本”、“清善本”、“民国及以后善本”等。大32开本，254页，定价55.00元。

《文献学与文献学家》 王余光著。2008年10月国家图书馆出版社出版。本书收录作者1984年以来发表的论文近二十篇，内容涉及文献学与目录学方面，详细总结了近百年来中国文献学的发端、发展及所取得的成绩，论证了现代文献学的建立、内容和学科体系，对一些重要文献学家、文献学史及史志书目等专题也作了较为深入的研究。16开本，215页，22万字，定价48.00元。

《中国目录学:理论、传统与发展》 王新才著。2008年10月国家图书馆出版社出版。本书收录作者目录学方面的论文二十余篇，内容主要涉及目录学基本理论、中国目录学的发展历程以及目录学传统等方面。16开本，220页，22万字，定价48.00元。

《中国现代文学诗歌版本闻见录(1920～1949)》 张泽贤编著。2008年10月上海远东出版社出版。本书收录了各时期诗歌版本近二百种，基本囊括了所有重要诗歌版本。所收的版本与以往刊登过的完全不同，有较强的新鲜感。有的还附有与版本有关的插图插照。涉及的新诗集包括《女神》、《真结》、《草儿》、《旧梦》、《良夜》、《微雨》、《春水》等。大32开本，625页，定价68.00元。

《八千卷楼书目》(全3册) 清·丁立中编。2008年12月国家图书馆出版社出版。本书共12卷，是晚清钱塘著名藏书家丁申、丁丙兄弟的藏书目录，是清代为数不多的普通本书目之一，其收书数量远远超过其他普通本书目。本书是《清史稿·艺文志》的重要来源，在编写体例、丛书子目的著录等方面也很有特色。本书对了解丁氏藏书及清代目录学史都具有重要意义。16开本，精装本，定价540.00元。

《美术版本过眼录(1949～1965)》(第三集) 吴良忠编著。2009年1月上海远东出版社出版。编者精选100本美术图书予以介绍，按国画、油画、版画、年画、连环画、水彩画、漫画、素描8种分类。所选取可能并非顶尖名家名作，但所收内容有分量，能基本反映17年绘画发展轨迹和成就，如同展示一幅艳丽的锦绣，让读者不只看到局部，同时也能欣赏到全幅美景，领略到画家画种的丰富性与多样性。16开本，246页，印数5000册，彩色印刷，定价98.00元。

《中国现代文学翻译版本闻见录(1934～1949)》 张泽贤著。2009年1月上海远东出版社出版。本书收录各时期500种翻译文学版本的书影和版权页，有的还附有与版本有关的插图插照。这些作品包括《鲁滨孙漂流记》、《犹太灯》、《鲁森堡之一夜》、《忏悔》、《人世地狱》、《饥饿》、《我们的一团与他》、《邻人之爱》、《劳苦世界》、《流冰》、《现代日本小说》、《少女日记》、《一夜之爱》、《父与子》、《母亲》等。大32开本，637页，定价68.00元。

《版本杂谈》 薛冰著。2009年1月山东画报出版社出版。本书以版本学的基本概念为经，以图书实证为纬，编织近现代中国出版的宏观图景。作者力图从实例出发，说清近现代时期大致产生了哪些版本形态，各有什么特点，与此前此后的同类版本有什么联系与差异，在鉴赏、评判时应掌握什么标准，注意哪些问题。全书行文流畅，图文并茂。本书定名为《版本杂谈》，准确地说，应为《近现代版本杂谈》。小16开本，306页，18万字，印数

5000册,定价25.00元。

《古籍常识丛谈》 崔文印著。2009年1月中华书局出版。本书是关于古籍版本领域内常识问题的知识读物,收录相关文章81篇。其内容大致分四部分:一是对古籍版本形式、行款、装订的介绍,以及用纸、字体、避讳等的说明;二是古籍版本中重要图书的介绍,如今古文经、十三经、二十四史、会要、九通、十通、丛书等;三是对历代藏书的统计,主要介绍了古代皇家藏书的情况;四是对古代禁书与文字狱的介绍,重要的如乌台诗案、陈起诗案与戴名世《南山集》案以及吕留良案等。16开本,223页,20万字,印数5000册,定价28.00元。

《古籍版本鉴赏》 魏隐儒著。2009年1月北京燕山出版社出版。本书主要内容包括:什么是版本学;鉴赏古籍版本的意义;中国古籍雕印发生发展概况等。大32开本,148页,定价19.80元。

《清末民初古籍书目题跋七种》(全8册) 程仁桃编。2009年1月北京图书馆出版社出版。收录的著作为:第一册《廉石居藏书记》(清孙星衍撰)、《持静斋藏书纪要》(清莫友芝撰)《墨海楼书目补提要》(清周郇撰)、《适园藏书志》(卷一——卷二)(清张均衡清缪荃孙编);第二册:《适园藏书志》(卷三——卷十六)(清张均衡清缪荃孙编);第三册:《郎园读书志》(卷一——卷五)(叶德辉撰);第四册:《郎园读书志》(卷六——卷十)(叶德辉撰);第五册:《郎园读书志》(卷十一——卷十六)(叶德辉撰);第六册:《群碧楼善本书录附寒瘦山房鬻存善本书目》(邓邦述撰),《群目》(卷一——卷六)、《寒目》(卷一——卷二);第七册:《群碧楼善本书录附寒瘦山房鬻存善本书目》(邓邦述撰),《寒目》(卷三——卷七);第八册:《文禄堂访书记》(王文进 撰)。16开本,4848页,精装本,定价3800.00元。

《中国古籍版刻辞典》(增订本) 瞿冕良编著。2009年2月苏州大学出版社出版。本书初版于1999年。此次修订,作者新增了初版后收集到的许多国内版刻新资料,同时参考了大量海外汉学书志,内容上有较大扩展。全书收入词目21500条,其中新增词目2600条、40万字,时间断限上起唐代下及清乾隆前后。收录的内容包括四个方面:版刻名词、刻字工人、历代刻书家、抄书家以及参考书目。16开本,974页,189.1万字,精装本,定价180.00元。

《中国现代文学戏剧版本闻见录(1912~1949)》 张泽贤著。2009年2月上海远东出版社出版。本书以时间分篇章,划分为3个时期:1912~1937,1938~1944,1945~1949,在附录中添加了《戏剧理论版本简目》,其中收有戏剧理论著作书目101种。书中文字以版本为依托,记录诸如封面、扉页、版式、版权页、尺寸等情况以及与版本有关的插图插照等。大32开本,681页,定价72.00元。

《宋元旧本书经眼录 持静斋藏书记要》 清·莫友芝撰,柏杨标点整理。2009年4月上海古籍出版社出版。收入"中国历代书目题跋丛书"。《宋元旧本书经眼录》是莫友芝于同治四至八年间客游上海等地所见宋、金、元、明椠本及稿本、钞本的记录,共收书一百三十余种,每书皆撰有解题,详录各书行款版式、评断版本异同优劣、订正前贤讹误、迻录藏家跋语印记等。《持静斋藏书记要》乃莫友芝为丁日昌持静斋藏书所作的编目,收宋、金、元、明及钞本、稿本七百七十余种,多系丁氏藏书中的精华,其中于宋元本详细著录版式、序跋及内容大要,对《四库》的误说及部分书籍的真伪亦进行考辨。莫友芝是晚清著名学者，治学范围甚广，然最能代表其学术成就者，还是版本目录之学，此二书标点整理出版，足资后学者参考利用。大32开本，253页，定价28.00元。

《藏书题识 华诞年年室题跋 雁斋题跋》 清·汪璐辑，清·傅以礼、李希圣撰，李慧等标点。2009年4月上海古籍出版社出版。收入“中国历代书目题跋丛书”。《藏书题识》为清汪璐辑，收汉至清珍本秘籍216种，摘引前人题跋，其中以朱文藻之《振绮堂书录》为主，又有姚咨、吴绰、朱彝尊、丁敬身等人题跋，分五卷，今只存二卷经、史、子三部，收书101种。各家题跋多记版本之优劣，校勘之精粗，间及书籍流传、书林掌故等。本书据民国间一箫一剑馆绿丝栏钞本点校。《华延年室题跋》为清傅以礼撰，所录题跋凡一百七十余篇，涉及经史子集各部，大多敍述有次，考辨精详。特别是作者熟悉明季掌故，其为明季诸书所做题跋，多有订正其书讹误失考之处。本书同刊者有傅以礼所撰《残明大统历》、《残明宰辅年表》，以及其子傅栻所撰《莈卢题跋》二十余篇，此次点校一仍其旧，附刊于后。本书据宣统元年俞人蔚铅印本点校。《雁影斋题跋》为清李希圣撰，其所记为方功惠碧琳琅馆藏书。方功惠藏书多珍本精本，多经名人递藏。《雁影斋题跋》记方氏藏书66种，其中宋刻本24种，元刻本33种。每书均记版刻行款，收藏印监，于古书源流得失、版本异同考证颇详，间亦指出《四库》收录与否，并对《四库》所收该书之版本和内容进行评价，颇具价值。本书据民国二十四年湘乡李氏铅印本点校。大32开本，390页，定价35.00元。

《中国少数民族文献学研究》 包和平编著。2009年5月国家图书馆出版社出版。本书分三章分别对少数民族文献、少数民族文献目录和少数民族古籍管理进行了研究。大32开本，310页，印数3000册，定价28.00元。

【另】作者的相关著作还有《中国少数民族文献学概论》(民族出版社2004年版)和《中国少数民族古籍管理学概论》(民族出版社2006年版)。

《中国古佚书辑本目录解题》 孙启治、陈建华编撰。2009年5月上海古籍出版社出版。本书是我国第一部辑佚书的专题目录著作，专收先秦至南北朝佚书辑本及现存书佚文辑本，凡属1949年之前版本都予以著录。它依据经史子集分部。每部佚书又按科目或体裁分类，并以作者年代先后排序。其中经部排次考虑经学学派、师承，史部则兼顾所记史事。本书的学术价值非常高，可以帮助学人了解很多佚书及其作者的相关情况、已有的辑本的优劣等。16开本，29.75印张，印数1300册，精装本，定价88.00元。

《浦东古旧书经眼录》 柴志光主编。2009年5月上海远东出版社出版。收入“浦东文化丛书”。本书主要是谈古旧书的，分为明代刻本、清代刻本、民国线装本、民国平装本和历代稿本抄本五类，以线装版本为主。全书共收各类版本160多种，基本涵盖了在浦东区域曾经出现过的版本。这些版本包括明代刻本13种，清代刻本56种，民国线装本34种，民国平装本46种，历代稿本抄本13种，清刻本是此书的“重头戏”。附录《〈艺文志〉著录历代浦东人著作目录》。16开本，382页，67.4万字，定价88.00元。

《中国现代文学小说版本闻见录(1909～1933)》 张泽贤著。2009年6月上海远东出版社出版。本书收有1909～1933年间的小说版本，书中文字仍以版本为依托，记录诸如封面、扉页、版式、版权页、尺寸等情况。大32开本，748页，66.8万字，印数3250册，定价72.00元。

《中国现代文学散文版本闻见录(1921～1936)》 张泽贤著。2009年6月上海远东出版社出版。本书分为1921～1932和1933～1936这两个部分，收录了《吴虞文录》、《广州纪游》、《蔷薇之路》、《荷心》、《景山之东》、《笑的历史》等散文版本。作者采用图文结合的方法，对这些散文集的版本进行研究与鉴赏。大32开本，680页，60.9万字，印数3250册，定价72.00元。

《小说版本过眼录(1949～1965)》 吴良忠编著。2009年7月上海远东出版社出版。本书涉及《人民的声音》、《拆砲楼子》、《土地底儿女们》、《双龙河》、《保卫延安》、《三里湾》、《红旗谱》等小说版本。16开本，261页，定价98.00元。

《冀淑英古籍善本十五讲》 冀淑英著，李文洁绘。2009年7月国家图书馆出版社出版。本书是著名版本学家冀淑英讲述国家图书馆古籍善本源流，配图整理编排而成，内容包括：北京图书馆善本藏书的基本情况、傅增湘与北京图书馆的善本书、郑振铎与北京图书馆珍藏等。16开本，241页，定价48.00元。

《民国书信版本经眼录》 张泽贤编著。2009年8月上海远东出版社出版。本书为远东收藏系列又一新的开拓，主要以书信、书简、家书、情书、书札·手札·函件、书牍·尺牍·文牍等几部分分类介绍，所收版本达一百几十种，基本涵盖了民国时期书信版本的全部。具体内容包括《三叶集》、《沫若书信集》、《西桥小孩创造记》、《学生书信指导》、《历代名媛书简》等。16开本，356页，50.4万字，定价88.00元。

《中国现代文学诗歌版本闻见录续集(1923～1949)》 张泽贤编著。2009年8月上海远东出版社出版。本书补充收录了各时期诗歌版本近二百种，诗歌理论著作版本25种。大32开本，645页，58.1万字，定价70.00元。

《古籍春秋——中国古籍善本鉴赏与收藏》 翁连溪、袁理著。2009年8月新世界出版社出版。本书以1997～2009年中国古籍拍卖市场上具有代表性的古籍善本作为个案进行分析、讲解，实用性强，资料翔实，信息准确，配有大量珍贵的古籍善本书影，给人耳目一新之感。本书是一部实用性很强的古籍善本投资与收藏书籍，对古籍善本收藏者和爱好者有很好的参考价值。16开本，158页，定价42.00元。

《纸润墨香话古籍》 孟宪钧、陈品高著。2009年8月学苑出版社出版。本书在形式上采用问答的方式，用通俗的语言讲述了有关于古籍的专门性知识。内容上，则为读者详细讲解了古籍、古籍善本的标准、古籍版本学、古籍的分类、古籍辨伪、市场价格等等，既有学术价值，又兼具很高的实用价值。16开本，319页，定价48.00元。

《毛泽东著作版本鉴赏》 柏钦水主编。2009年9月山东人民出版社出版。毛泽东著作版本系列不仅为当代人及后来者提供了丰富多彩的纪念品、工艺品，还是研究中国现当代史特别是出版史的丰富资料和实物佐证。本书收集并鉴赏了毛泽东著作各类版本，包括汉文版、少数民族文字版、外文版、盲文版和特殊版本。16开本，483页，定价258.00元。

《仪顾堂书目题跋汇编》 清·陸心源著，冯惠民整理。2009年9月中华书局出版。收入“书目题跋丛书”。这套“书目题跋丛书”与其它丛刊不同，以收集晚清以来重要、实用而又稀见的，尤其是不曾刊行的书目题跋为主，同时适当兼收晚清以前重要题跋专书的整理本或名家增订本、批注本；以提要式书目和题跋专著为主，同时适当兼收重要学者和著名藏书家所撰题跋的辑录本；以图书题跋为主，同时适当兼收书画题跋及金石、碑传题跋。

在出版方式上，不采用影印形式，而是按照古籍整理的规范，标点排印，以方便广大的文史研究者、工作者、爱好者，尤其是年轻的读者阅读和使用。本书是这套丛书中的一种。大32开本，740页，40万字，定价58.00元。

《文选楼藏书记》 清·阮元撰，王爱亭、赵嫄点校。2009年9月上海古籍出版社出版。收入“书目题跋丛书”。本书收书约两千六百种。每条目依书名、卷数或册数、著作者及籍贯、版本次序记录。除集部外，每书之下均撰有简明提要，多概述本书的内容、背景、价值、序跋、存佚等。阮氏藏书，不以珍秘为准，而是着眼于学术之用，考其藏书四部要籍具备，颇见系统性，可视为文献资料库，亦因是之故，其藏书中多抄本，时有罕见之书。大32开本，522页，定价49.00元。

《版本目录学研究》(第一辑) 沈乃文主编。2009年10月国家图书馆出版社出版。本辑设“理论研讨”、“版本考订”、“目录与收藏”、“修复与保护”、“人物事略”等栏目，收录《撰写公藏善本书志的一个尝试——漫谈〈柏克莱加州大学东亚图书馆中文古籍善本书志〉》、《民族文字古籍版本学刍议》、《略论苏州本和杭州本“外聚珍”》、《满文古籍珍稀版本经眼录》等文章。16开本，732页，定价75.00元。

出版人物类

《韬奋的流亡生活》 胡耐秋编。1979年12月三联书店出版。本书作者曾经用“杨明”的笔名写了《韬奋先生的流亡生活》，1951年由三联书店刊行，此次为修订再版。小32开本，160页，8.1万字，印数60000册，定价0.39元。

《鲁迅先生与未名社》 李霁野著。1980年7月湖南人民出版社出版。小32开本，257页，印数24000册，定价0.76元。本书1984年7月由人民文学出版社再版，小32开本，270页，印数8100册，定价1.05元。

《江浙藏书家史略》 吴晗著。1981年1月中华书局出版。本书包括“两浙藏书家史略”和“江苏藏书家史略”两个部分。前者收藏书家399人，后者收藏书家490人。这些藏书家传记，大都辑自方志、墓志及有关藏书和藏书家的专门著述。全书按人物姓氏笔画排列。小32开本，234页，14万字，印数8600册，定价0.82元。

《邹韬奋》 穆欣编著。1981年6月湖北人民出版社出版。本书写于50年代，1958年三联书店初版，1978年香港三联书店再版，此次为修订本。本书介绍了韬奋一生的经历，特别着重介绍了他从资产阶级民主主义者转变为共产主义者所经过的曲折历程。书前有照片、手迹、书影多幅。附录有《邹韬奋生平和著作年表》。大32开本，392页，30.7万字，印数6000册，精装本定价2.14元，平装本定价1.64元。1995年该书又由首都师范大学出版社刊行了新的修订本。

《鲁迅与书籍装帧》 上海鲁迅纪念馆、中国美术家协会上海分会编。1981年8月上海人民美术出版社出版。本书选辑鲁迅亲自设计的、参与设计的和表示赞赏的书籍装帧图版计正图64幅，以不同特色的书籍装帧，按原书设色予以复印。另将鲁迅的著作、译作以及辑录和编校的书籍、画册、刊物等的封面扉页图版96幅，列为附录。鲁迅对书籍装帧的有关论述，从著作和书信中选辑29则，刊于正图前面。这些对于了解作为编辑家、美术家的鲁迅有重要的资料价值。16开本，10.75印张，印数1000册，精装本，定价25.00元。

《编辑生涯忆鲁迅》 赵家璧著。1981年9月人民文学出版社出版。本书收录著名编辑家赵家璧回忆编辑生涯的10篇文章，且都与鲁迅先生有着或直接或间接的关系，具有重要的出版史料价值。主要篇目有《给“良友”出版的第一部书——关于〈苏联作家二十人集〉》、《鲁迅与连环图画——关于〈一个人的受难〉》、《编选〈中国新文学大系·小说二集〉》、《编选〈苏联版画集〉——病中口述序文》等。书前有照片、书影16页。小32开本，153页，印数8500册，定价0.53元。

《叶圣陶评传》 陈辽著。1981年10月百花文艺出版社出版。叶圣陶(1894～1988)

既是现代著名作家、教育家，也是杰出的编辑出版家。本书为叶老的生平的评述、纪传。小 32 开本，261 页，印数 8000 册，定价 0.80 元。本书 1984 年再版。

《鲁迅传》 林非、刘再复著。1981 年 12 月中国社会科学出版社出版。鲁迅先生既是伟大的思想家、文学家，也是著名的编辑家。他的传记对于出版史编辑史研究有着重要的参考价值。大 32 开本，378 页，印数 32000 册，定价 1.20 元。

【另】鲁迅传记还有多种版本：《鲁迅传》（王士菁著），1959 年中国青年出版社初版，1981 年第 2 版；《鲁迅传》（林志浩著），1981 年北京出版社出版；《鲁迅传略》（朱正著），1982 年人民文学出版社出版；《鲁迅传》（林辰著），福建人民出版社 2004 年版。另有茅盾、巴金等著《忆鲁迅》一书 1981 年由人民文学出版社出版。

《邹韬奋年谱》 复旦大学新闻研究室编。1982 年 4 月复旦大学出版社出版。这是第一部关于邹韬奋的年谱。小 32 开本，172 页，印数 8500 册，定价 0.62 元。

《韬奋画传》 上海韬奋纪念馆供稿，曹辛之编。1982 年 8 月三联书店出版。16 开本，94 页，定价 3.00 元。

《曾朴研究》 时萌著。1982 年 8 月上海古籍出版社出版。曾朴（1872～1935）是近代著名文学家，著有《孽海花》等小说。他也是编辑家出版家，编刊物，办书店，在文学出版领域有一定影响。本书是论文结集，主要研究曾朴的文学思想，但其中的《曾朴生平系年》、《曾朴著译考》等有一定的出版史料价值。小 32 开本，203 页，13.7 万字，印数 9000 册，定价 0.64 元。

《韬奋与出版》 钱小柏、雷群明编著。1983 年 6 月学林出版社出版。本书比较系统完整地论述了邹韬奋从事出版工作的情况，梳理了他的编辑出版思想。全书主体五个部分，其纲目为："出版事业模范"邹韬奋，韬奋关于出版的基本思想，韬奋与编辑工作，韬奋与印刷发行，韬奋与经营管理。附录有《韬奋从事出版工作大事编年》、《韬奋著、译及编辑的书籍》、《生活周刊社及生活书店出版刊物一览》、《生活周刊社及生活书店出版的图书目录》。王子野作序。书前有照片、书影、题词手迹等多幅。大 32 开本，246 页，19.7 万字，印数 14000 册，定价 0.88 元。

《李公朴纪念文集》 方仲伯编。1983 年 6 月云南人民出版社出版。李公朴（1902～1946）是著名的教育家、社会活动家，也是编辑家。他在 1934 年创办了《读书生活》杂志，是读书生活出版社的创始人之一；1942 年创立北门书店，经销进步书刊，后发展为北门出版社，三年多出版图书数十种；1946 年还主编过《民主教育》杂志。小 32 开本，403 页，定价 1.75 元。

【另】《李公朴文集》（方仲伯编）1987 年 7 月云南人民出版社出版。小 32 开本，1081 页，印数 5000 册，定价 6.30 元。《公朴颂——纪念李公朴殉难六十周年》2007 年 4 月中国大地出版社刊行，大 32 开本，定价 20.00 元。

《林纾研究资料》 薛绥之、张俊才编。1983 年 6 月福建人民出版社出版。收入"中国现代文学史资料汇编（乙种）"。大 32 开本，632 页，定价 2.10 元。

《谢觉哉与新闻工作》 丁浪著。1983 年 11 月重庆出版社出版。收入"新闻丛书"。本书分为两部分，一是谢觉哉新中国成立前的新闻生活和办报经验，以及新中国成立后对新闻事业的关怀与支持；二是谢觉哉的革命风貌和道德情操，以及他关于编辑记者的许多精辟论述和真知灼见。大32开本,236页,17.7万字,印数6000册,定价0.89元。

《他人集》 本社编。1984年1月山西人民出版社出版。收入“编辑丛书”。我国现代文坛上一些知名作家往往又是杰出的编辑家。本书选取了鲁迅、茅盾、邹韬奋、郑振铎、叶圣陶、巴金、靳以、魏金枝、孙犁、韦君宜共计10位作家兼编辑,着重叙述他们的编辑生涯,他们的高尚情操、严谨学风和奉献精神。黄苗子题写书名。小32开本,254页,13.3万字,1986年7月第2次印刷,累计印数7900册,定价1.20元。

《鲁迅出版系年(1906～1936)》 秦川编。1984年2月黑龙江人民出版社出版。本书是辑录整理鲁迅编辑出版活动及言论的史料长编,是研究鲁迅与出版问题的重要资料。全书起自1906年夏,止于1936年10月鲁迅去世;内容是以鲁迅的日记和书信所载编辑出版活动的资料为主,按照年月日顺序编入;凡鲁迅日记与书信未载的编辑出版活动,则根据鲁迅自己的著作和其他第一手资料,按顺序编入。编入资料包括有关编辑出版的活动、言论、书简、论文及同时代人有关的回忆,鲁迅为整理出版我国古代典籍的主要活动资料也适当编入。书前有长篇前言——鲁迅对中国革命出版事业的伟大贡献。大32开本,231页,17.5万字,印数3200册,定价0.88元。

《鲁迅与书》 倪墨炎著。1984年2月天津人民出版社出版。本书分三辑,第一辑介绍鲁迅如何办出版机构、编辑刊物、做编辑工作、培养人才以及为自己或别人写序跋的情况,也谈到鲁迅对书刊评介及装帧艺术的关心和重视;第二辑介绍了鲁迅作序跋的十多种图书;第三辑考定了鲁迅手书字幅的背景及用意。附录评述了建国前后鲁迅研究著作的出版情况。书前有相关照片、手迹、书影等多幅。小32开本,297页,19.4万字,印数7000册,定价0.84元。

《韬奋著译系年目录》 邹嘉骊辑。1984年7月学林出版社出版。本书是邹嘉骊为父亲邹韬奋所编辑的著译系年目录。时间起于1914年,止于1944年。收录比较齐全,重视第一手资料,是本书的特点。附录有《韬奋备考篇目和笔名》、《韬奋编著、翻译书目一览》、《韬奋手迹目录》等。胡愈之题写书名,胡绳作序。大32开本,329页,31.2万字,印数6000册,定价1.70元。

《近代出版家张元济》 王绍曾著。1984年11月商务印书馆出版。本书记述了我国现代著名出版家张元济先生的生平事迹,特别是对他主持商务印书馆的出版工作后在整理古籍方面的活动及其贡献进行了论述。大32开本,141页,印数5700册,定价0.73元。本书的增订本1995年8月出版。

《茅盾年谱》 查国华撰。1985年3月长江文艺出版社出版。茅盾是现代著名作家、编辑家。大32开本,508页,印数6500册,定价3.95元。

《大变动时代的建设者——张元济传》 汪家熔著。1985年4月四川人民出版社出版。收入“走向未来丛书”。这是国内较早的一本有关著名出版家张元济的传记,以资料见长,收录了一些张元济的日记、书札以及介绍他的事迹的传记材料,对一些流传的逸闻有所辨正。书前有照片、书影等8页。小32开本,300页,14.7万字,印数54300册,定价1.50元。

《张元济的生平与事业》(英文版) (新西兰)叶宋曼瑛著。1985年4月商务印书馆出版。全书分10章,对张元济先生的思想和事业进行了系统的研究。作者对张元济的评价客观公允,代表了海外对张元济的认识。大 32 开本,358 页,印数 2000 册,定价 2.80 元。

《无名集》 1985 年 4 月山西人民出版社编辑出版。收入“编辑丛书”。这是 本为现代编辑家立传的小册子,入选的编辑家有赵家璧、周振甫、刘叶秋、王仰晨、何家栋、蓝思聪、晏明、张羽、龙世辉、梅朵。作者以文学的笔调、生动的材料论述了这些编辑家的编辑工作事迹及人格魅力。小 32 开本,184 页,9.6 万字,印数 4600 册,定价 0.88 元。

《韬奋》 穆欣著。1985 年 6 月人民出版社出版。收入“祖国丛书”。本书用通俗易懂的语言、生动丰富的故事展现了著名的新闻工作者、杰出的进步出版家邹韬奋同志战斗的一生。小 32 开本,164 页,印数 20000 册,定价 0.96 元。

《雪峰年谱》 包子衍著。1985 年 7 月上海文艺出版社出版。收入“中国现代文学史资料丛书(甲种)”。冯雪峰(1903～1976)浙江人,中共优秀党员,诗人,作家,翻译家,马克思主义文艺理论家,鲁迅研究专家,同时也是著名的编辑出版家。大 32 开本,253 页,印数 2300 册,定价 1.70 元。

《编辑记者一百人》 1985 年 8 月学林出版社编辑出版。本书选取五四以来的 100 位在中国新闻出版史上有影响、有代表性的编辑记者,介绍其生平事迹,勾画其新闻与编辑工作业绩,总结其新闻与编辑经验和思想,描述其在中国新闻出版史上的光辉足迹,有着重要的史料和学术价值。小 32 开本,458 页,29.8 万字,印数 32500 册,定价 1.90 元。

《杨贤江纪念集》 楼适夷、郑振铎等著,杨贤江教育思想研究会编。1985 年 10 月商务印书馆出版。杨贤江(1895～1930)是我国现代著名教育家、编辑家。20 世纪 20 年代上半叶,曾在商务印书馆从事编辑工作多年,主编过《教育杂志》。大 32 开本,203 页,印数 3000 册,定价 1.95 元。

《曹辛之装帧艺术》 曹辛之作。1985 年 10 月岭南美术出版社出版。作者是我国现代著名的书籍装帧艺术家,本书收入他四十多年主要的装帧艺术作品 133 件,并附上作者的竹刻、砚刻、篆刻、印刷字体设计等。20 开本,168 页,定价 25.00 元。

《忆韬奋》 邹嘉骊编著。1985 年 11 月学林出版社出版。本书是为纪念韬奋诞辰九十周年而编辑的纪念集。选入本书的文章以有史料保存价值的为主,适当选少量纪念文章。选编的文章分为三个部分:(一)文件、文献,(二)回忆、纪念文章,(三)题词、挽歌、诗词。附录为《韬奋研究资料目录索引》。大 32 开本,582 页,42.5 万字,印数 4000 册,定价 3.75 元。

《叶德辉评传》 杜迈之、张承宗著。1986 年 2 月岳麓书社出版。叶德辉(1864～1927)字奂彬,号直山,清湖南湘潭人。光绪十八年(1892)进士,与张元济、李希圣为同年。他是著名的版本目录学家,也是有影响的刻书家。小 32 开本,140 页,印数 2000 册,定价 0.85 元。

《中国著名藏书家传略》 郑伟章、李万健著。1986 年 9 月书目文献出版社出版。本书选取中国历代 60 位藏书家的生平事迹、学术思想、藏书活动、藏书思想及成就、藏书流传的情况,以及他们在版本、目录、校勘等方面的成就和贡献,进行了深入浅出的介绍。大 32 开本,277 页,印数 9000 册,定价 1.60 元。

《茅盾年谱》 万树玉著。1986 年 10 月浙江文艺出版社出版。本书的作者以丰富、翔实的资料按年、月、日次序记述了伟大的文学家茅盾一生的生活道路、文学道路和革命道路,系年编谱准确、真实、系统。本书综合记述了茅盾的生活、政治、文学和创作、著译等各个方面的情况,并且对重要的学术性专著、文学创作(主要是小说)和文论,从内容提要、写作背景、特点影响、作用等方面加以评价。本书后附有每年的"重要纪事",包括国内外大事、文艺动态等时代背景材料。正文中还有亲属事略,这些对于深入地了解茅盾的生平、思想发展过程和文学道路有重要作用。本书的引文都注明来源,便于读者查对。大32开本,483页,印数1800册,定价2.65元。

《叶圣陶年谱》 商金林编。1986年12月江苏教育出版社出版。叶圣陶(1894～1988)为现代著名教育家、编辑出版家和文学家。与国内近年来各种作家年谱相比,此谱主要的特色是翔实。关于谱主的生平多摘录其自述、他人回忆和其他重要记载。小32开本,597页,37.38万字,印数5000册,定价3.95元。

【另】商金林编《叶圣陶年谱长编》四卷本2004、2005年由人民教育出版社出版。内容更加丰富,资料更为翔实。

《叶圣陶传记》 陈辽著。1986年12月江苏教育出版社出版。大32开本,249页,19.52万字,印数5000册,定价1.85元。

《报人张季鸾先生传》 徐铸成著。1986年12月三联书店出版。作者和传主均为著名报人。张季鸾(1888～1941)陕西榆林人,近代中国最富自由独立色彩的报纸《大公报》首任总编辑和主笔,民国时期最具声望的报人之一。书前有黑白照片8幅。大32开本,190页,9.6万字,印数5000册,定价1.10元。本书的修订版2009年12月仍由三联书店刊行。

《人民新闻家邓拓》 晋察冀日报史研究会编。1987年3月人民出版社出版。本书收录了回忆和论述邓拓生平与思想的文章六十多篇。大32开本,406页,印数5000册,定价2.80元。

《中国藏书家考略》 杨立诚、金步瀛合编,俞运之校补。1987年4月上海古籍出版社出版。杨立诚(1888～1931)是现代目录学家、图书馆学者。1927年任浙江省立图书馆馆长。1929年与金步瀛合撰《中国藏书家考略》,收秦汉以迄清末有藏书事迹者七百余人。金步瀛(1898～1966)也是图书馆学家。1929年供职于暨南大学图书馆,后到清华大学图书馆,勤于著述。书末附《中国藏书家考略》等。小32开本,420页,印数4000册,定价2.50元。本书于1929年初版。

《中国目录学家传略》 申畅著。1987年7月中州古籍出版社出版。本书论述了古今110位目录学家的生平事迹、思想、著述和成就。大32开本,275页,印数3000册,定价1.80元。

《丁玲纪念集》 《中国》编辑部编。1987年11月湖南人民出版社出版。丁玲(1904～1986)是我国现代著名作家,也是有贡献的文学编辑家。曾经担任《北斗》、《解放日报》文艺副刊、《文艺报》、《人民文学》、《中国》等报刊主编。本书辑录了丁玲逝世时的悼念诗文、唁电、唁函、挽联辞以及丁玲年谱。小32开本,279页,定价4.50元。

《郭沫若与报刊宣传工作》 邱沛篁编著。1988年1月四川大学出版社出版。本书分为两编,第一编为郭沫若报刊宣传活动综述,第二编为郭沫若报刊宣传活动年表。附录

《郭沫若谈报刊宣传工作》。小 32 开本,261 页,18.3 万字,印数 1500 册,定价 1.65 元。

《军事翻译家刘伯承》 陈石平、成英著。1988 年 1 月书海出版社出版。书末附《刘伯承军事翻译活动大事记》等。大 32 开本,504 页,印数 5400 册,定价 4.90 元。

《黄丕烈年谱》 清·江标著,王大隆补,冯惠民点校。1988 年 2 月中华书局出版。收入“年谱丛刊”。黄丕烈(1763～1825)是清代知名文献家。他将自己丰富的藏书以及对版本、校勘的卓识应用到图书刻印出版上,成为有成就的刻书家。年谱较全面反映了黄丕烈一生多方面的成就。附录有《藏书纪事诗》、《中国藏书家考略》、《吴中先哲藏书考略》等。大 32 开本,172 页,印数 2000 册,定价 1.50 元。

《怀念出版家徐伯昕》 中国民主促进会、中国出版工作者协会编。1988 年 3 月书海出版社出版。这本纪念性的文集主要包括两个方面的内容:一是出版家徐伯昕的生前好友和同事的回忆文字;二是徐伯昕本人的一些侧重于编辑出版的文章。这些文章有助于我们了解出版家徐伯昕的出版经历、贡献与出版思想。该书收录回忆徐伯昕的文章以及他本人有关出版的文章共计 29 篇。大 32 开本,168 页,印数 3850 册,精装本,定价 3.60 元。

《郑振铎年谱》 陈福康编著。1988 年 3 月书目文献出版社出版。本书记录了郑振铎先生在文化工作各领域,诸如在文学、考古、史学、编辑出版方面所作出的众多的贡献。大 32 开本,683 页,印数 2480 册,定价 4.60 元。

《回忆郑振铎(纪念郑振铎诞辰 90 周年逝世 30 周年)》 陈福康编选。1988 年 9 月学林出版社出版。本书所收都是郑振铎先生逝世以后他的友人与学生公开发表过的[illegible]诗文,情真意挚,以自己的亲身感受写出了郑公的人格,文笔生动,极富[illegible]开本,380 页,印数 2600 册,定价 4.45 元。

《中国古代编辑家小传》 伍杰著。1988 年 11 月中国展望出版社出版。本书选取了我国历代一百多名有成就、有影响的编辑家,上自孔子下至叶昌炽,以出生年代为序,编撰了他们的传记。通过对一部或数部所编书籍内容、编辑思想、编辑方法的分析,总结编辑家在编辑工作中的成就,突出其编辑家的形象。小 32 开本,288 页,20 万字,印数 3000 册,定价 3.55 元。

《编辑家列传》(全 3 册) 中共中央宣传部出版局编。(一)、(二)两册分别于 1986 年 8 月、1988 年 11 月由中国展望出版社出版。《列传》(一)收录了 144 位编辑家的传略,《列传》(二)收录了 133 位编辑工作者的传略,其中包括一部分从事书刊编辑工作的著名老前辈,也包括现在在第一线从事编辑工作的同志,还有部分作书籍装帧艺术设计的美术编辑。篇目顺序按收入列传者的出生年月编排,并附有照片。均为小 32 开本,精装本。《列传》(一)定价 4.25 元,《列传》(二)定价 5.90 元。《编辑家列传》(三)1994 年 4 月北京大学出版社出版。本集收录 127 位有影响、有成就的编辑,其中有我国现代著名的老编辑家的生平和编辑工作业绩评述,也有部分优秀的中青年编辑工作者的事迹介绍。这些编辑家有艾思奇、周沙尘、林辰等人。陈云题写书名。小 32 开本,648 页,精装本,定价 16.70 元。

《发行家列传》(全 4 卷) 中共中央宣传部出版局编。辽宁人民出版社出版。其中,第一卷出版于 1988 年,第二、三两卷出版于 1989 年。三卷共收录 245 位发行家的传略,其中包括一部分从事出版发行工作卓有成就的老前辈。篇目顺序按收入列传者的出生年月编排,并附有照片。均为大32开本,第一卷,482页,定价5.35元;第二卷,533页,定价6.90元;第三卷,561页,定价8.30元;第四卷,署名钟选初编,1993年11月出版,603页,定价14.80元。

《胡愈之印象记》　费孝通、夏衍等著。1989年2月中国友谊出版公司出版。本书介绍了胡老从事政治活动的事迹、胡老对新闻出版事业的贡献、胡老在南洋七年的活动、胡老倡导世界语的业绩及胡老的为人和生活作风等。大32开本,308页,定价4.10元。

《我的父亲林白水》　林慰君著。1989年3月时事出版社出版。林白水为我国清末民初时期著名报人。先后办过《俄事警闻》、《警钟日报》、《杭州白话报》、《中国白话报》等,都是爱国反清的进步报纸。大32开本,146页,印数3500册,定价2.25元。

《黎庶昌评传》　黄万机著。1989年5月贵州人民出版社出版。黎庶昌(1837～1896)是我国晚清时著名的外交家和散文家,也是有贡献的刻书家。他在文化方面的贡献,主要是编印了《古逸丛书》。这部书共26种计200卷,系黎庶昌在日本于外交事务之余,将我国早已散佚而流存日本的唐、宋、元、明珍贵古籍,以高级纸张影印编辑而成。本书对黎庶昌先生的政治、外交、学术与文学活动作了较全面的介绍和公允的评价。大32开本,280页,定价4.85元。本书1992年5月重印。

《顾千里研究》　李庆著。1989年7月上海古籍出版社出版。顾广圻(1766～1835),字千里,清代著名校勘学家、版本学家。他一生校刻了《说文苑》、《唐律义疏》、《国语》、《战国策》、《文选》、《资治通鉴》等多种图书。本书内容包括顾千里年谱、校书考、题跋书目考[illegible]佚文辑录。大32开本,484页,印数2000册,定价7.60元。

[illegible]词典》　中国出版科学研究所、河北省新闻出版局编。1989年12月中国书籍出版社出版。本书以当代出版界人物为主,适当选收了一些近现代的著名出版人物,共收入出版界人物10954位,是收录较全面的出版人物辞书。16开本,948页,232万字,印数1000册,精装本,定价30.00元。

《孙犁评传》　周申明、杨振喜著。1990年1月百花文艺出版社出版。孙犁(1913～2002)是我国现代著名的文学家和编辑家。作为孙犁文学业绩的重要组成部分,他长期从事党报文艺副刊编辑工作,为解放区文学和天津文学的繁荣,为天津业余作者特别是工人作者的成长付出了极大的心血。他开创了天津日报文艺副刊热心扶植青年作者的优秀传统,几十年来为天津和全国文坛培养了一批批知名作家和业余创作骨干。他是我国报刊史上一代编辑典范。大32开本,392页,定价5.35元。

《中国现代著名编辑家编辑生涯》　丁景唐主编。1990年2月中国展望出版社出版。收入"编辑与出版丛书"。本书介绍了五四以来31位中国现代著名编辑家的编辑生涯,重点论述其编辑活动和主要业绩,梳理其编辑思想和出版理念。介绍的编辑家有张元济、夏丏尊、叶圣陶、邹韬奋、胡愈之、田汉、郑振铎、巴金、赵家璧、周振甫、姜椿芳、王子野等等。小32开本,521页,定价7.50元。

《章桂征书籍装帧艺术》　章桂征编。1990年2月时代文艺出版社出版。编者为我国当代书籍设计艺术家,本书收录了他几十年的书籍封面设计。24开本,84页,全彩印刷,印数2200册,定价15.00元。

《新闻巨子:羊枣传记》 吴德才著。1990 年 3 月中央党史资料出版社出版。杨枣(1900～1946)是中国共产党优秀的革命活动家、著名的国际问题专家和军事评论家、杰出的新闻记者。本书是为这位作为新闻巨子的革命烈士所撰写的传记。附录《杨枣部分著译目录》。陆定一题词。大 32 开本,238 页,21.5 万字,印数 6500 册,定价 4.05 元。

《王韬评传》 忻平著。1990 年 4 月华东师范大学出版社出版。王韬(1828～1897)是中国近代著名思想家,我国历史上第一位报刊政论家。他曾参与或主持《六合丛报》、《循环日报》、上海墨海书馆等出版机构的编辑出版工作。大 32 开本,251 页,定价 4.20 元。

《文化灵苗播种人——姜椿芳》 王式斌等著。1990 年 5 月中国文史出版社出版。这是一本有关文化出版界名人姜椿芳的纪念文集。书中通过姜椿芳的同事、亲属的回忆,从不同角度记述了他为中国文化事业的发展所做出的突出贡献,特别是介绍了他在中国现代百科全书事业上的业绩。其中,有不少生动的、鲜活的材料。大 32 开本,219 页,定价 3.70 元。

《何炳松纪念文集》 刘寅生等编。1990 年 6 月华东师范大学出版社出版。何炳松(1890～1946)是我国现代有影响的学者、教育家和编辑家。1924 年夏,他应聘任商务印书馆百科全书委员会历史部主任;1927 年进商务编译所任所长,主管《教育杂志》;1934 年被推选为中华学艺社社长。1935 年受聘任国立暨南大学校长,后期曾兼任东南联合大学筹委会主任;抗战胜利后不久,受命改任国立英士大学校长。大 32 开本,601 页,印数 1000 册,定价 8.95 元。

《历代蒙古族著作家述略》 赵相璧著。1990 年 6 月内蒙古人民出版社出版。本书收入元代至近代的 300 位蒙古族著作家,就他们在历史、哲学、文学、艺术、语言、教学、医学、天文、地理等各领域的建树和他们的生平逐一介绍,并作出较为公正、准确的评价。大 32 开本,266 页,印数 1000 册,定价 3.75 元。

《郑振铎》 郑尔康著。1990 年 7 月文物出版社出版。收入"转变中的中国(1840～1949)丛书"。本书编著者是郑振铎之子,书中收集了 200 帧珍贵照片,辅以文字说明及大事年表,形象地介绍了作为编辑出版家、藏书家、新中国文物事业的奠基人之一和社会活动家的郑振铎的一生。16 开本,171 页,定价 9.00 元。

《报人出版家陈翰伯》 高崧、胡邦秀编。1990 年 8 月人民日报出版社出版。本书收录《陈翰伯自传》1 篇,陈翰伯谈新闻出版的文章 3 篇,另外还选录了陈原、唐琼、冯亦代等人回忆陈翰伯的文章 9 篇。大 32 开本,160 页,10.6 万字,印数 2000 册,定价 2.35 元。

《以笔代剑的英雄邹韬奋》 邹华义著。1990 年 8 月花山文艺出版社出版。本书以文学传记的形式,用 105 个既独立成章又相互连贯的故事,形象生动地再现了我国现代史上的文化巨人、杰出的新闻记者、政论家、编辑家、出版家邹韬奋的一生,展示了他以笔代剑,为民族解放、为民主政治和进步文化事业奋斗不息的革命精神,以至真至诚为人民服务、为大众谋利益的高贵品质。大 32 开本,367 页,印数 10000 册,定价 5.00 元。

《邹韬奋的故事》 邹华义著。1990 年 10 月二十一世纪出版社出版。小 32 开本,158 页,定价 1.50 元。

《戈公振年谱》 洪惟杰编著。1990 年 10 月江苏人民出版社出版。戈公振(1890～

1935)是一位在新闻事业各个方面,都有过突出贡献的、杰出的新闻工作者。他是一位杰出的编辑,优秀的记者,同时又是一位学识渊博的新闻学者和新闻教育家。他利用业余时间从事新闻学理论和历史的研究,所著《新闻学撮要》、《新闻学》、《中国报学史》等书,是中国最早的一批新闻学著作,为新闻学这门新兴学科在中国的发展,作了大量的开拓性的工作。其中,以对中国新闻史的研究最为精深。小 32 开本,142 页,定价 5.80 元。

《安今生装帧艺术》 安今生编。1990 年 11 月辽宁教育出版社出版。作者从 20 世纪 50 年代起从事美术编辑工作,成绩显著。本书收录了他的书籍装帧方面的代表性作品。20 开本,183 页,印数 20000 册,精装本,定价 20.00 元。

《张菊生先生七十生日纪念论文集·蔡柳二先生寿辰纪念集》 胡适、蔡元培、王云五、徐蔚南等编著。1990 年 12 月上海书店出版社影印出版。本书属于旧籍重刊,依次据商务印书馆 1937 年版、中华书局 1936 年版影印。收入"民国丛书"第二编。小 32 开本,分别为 650 页、322 页,精装本,定价不详。

《中华之光——王选传》 郭洪波、刘堂江著。1990 年 12 月广西科技出版社出版。收入"当代中华科学英才丛书"。王选是当代著名科学家,尤其在激光照排技术创新方面成就卓著。大 32 开本,137 页,定价 2.45 元。

《周建人评传》 谢德铣著。1991 年 1 月重庆出版社出版。周建人(1888～1984)是我国现代著名的社会活动家、生物学家、鲁迅研究专家,也是著名的编辑家。建国前他曾在商务印书馆从事编译工作二十多年,后又担任过生活书店、新知书店的编辑。建国后又在华北人民政府教科书编审委员会、国家出版总署任职。本书比较全面客观地叙述和评价了传主的生平、著作及业绩。书前有黑白照片及题词多幅。许杰作序。小 32 开本,412 页,22.1 万字,印数 2000 册,定价 5.10 元。

《叶圣陶新论》 万嵩著。1991 年 1 月兰州大学出版社出版。本书通过对叶圣陶思想发展与文学道路的评论,确定和描述其在不同历史时期的创作特色,解释产生这些特色的原因,进而总结其作为一位著名的现实主义作家、人民文学家应具有的条件及其为后人所提供的经验教训,以促进社会主义新时期文学事业的发展。本书从给叶圣陶在文学史上定位的角度,提出了一系列新观点,为叶圣陶在新文学史上的定位做了贡献。大 32 开本,306 页,定价 4.49 元。

《河北古今编著人物小传》 马保超著。1991 年 2 月河北人民出版社出版。收入"河北出版史志资料专辑"。本书收词目 2821 条,均按其朝代、人物生年以及主要活动年代编排。为便于检索,书后附有词目笔画索引。通过本书,可以概观河北从古到今著述、编辑、出版等发展情况的端倪。所收人物,上起先秦,下迄 1989 年底已逝者。大 32 开本,423 页,33.3 万字,印数 3000 册,精装本,定价 8.30 元。

《马克思主义理论家翻译家张仲实》 张积玉、王钜春著。1991 年 6 月陕西人民出版社出版。本书收集了原中共中央马恩列斯著作编译局顾问张仲实(1903～1987)的自述,以及对张仲实同志的纪念和研究文章。张仲实同时又是著名出版家,入选"新中国 60 年百名优秀出版人物"。大 32 开本,475 页,定价 7.60 元。

《名记者的脚印》 于友著。1991 年 6 月江苏人民出版社出版。作者 1935 年进入新闻界,在长期的新闻工作中结识了范长江、胡愈之、孟秋江、萨空了、羊枣等二十多位名记者。本书通过作者耳闻目睹的史实，反映了名记者们的人格风范及工作业绩。大 32 开本，189 页，16 万字，印数 2000 册，定价 3.50 元。

【另】《新闻界人物》(本书编委会编)1983 年新华出版社出版。

《郑振铎论》 陈福康著。1991 年 6 月商务印书馆出版。郑振铎是我国现代著名作家、文学评论家、文学史家、翻译家、编辑出版家、文物收藏家，对我国现代文化事业有多方面的贡献。大 32 开本，633 页，印数 2000 册，定价 8.15 元。

【另】陈福康著《郑振铎传》2009 年由上海教育出版社出版。

《叶圣陶研究论文集》 叶圣陶研究会编。1991 年 8 月由开明出版社出版。收入的论文包括《编辑家叶圣陶》、《叶老和〈中学生〉》、《于平凡处见精神——回忆编辑工作中的叶圣陶老人》、《俯仰两无愧——叶圣陶编辑思想和编辑作风对我的启示》等。大 32 开本，359 页，27 万字，印数 2000 册，定价 6.00 元。

《张季鸾先生纪念文集》 中国人民政治协商会议陕西省榆林市委员会编。1991 年 8 月陕西人民教育出版社出版。张季鸾(1888～1941)是我国近代新闻事业的奠基者，著名的报刊政论家和爱国人士，本书编收评赞、忆念和研究他的文章。全书分为评赞篇、忆念篇、荣哀篇、文选篇、研究篇几部分。大 32 开本，210 页，印数 500 册，精装本，定价 4.20 元。

《出版家黄洛峰》 马仲扬、苏克尘著。1991 年 9 月光明日报出版社出版。黄洛峰是我党杰出的出版家，从 1934 年开始从事革命出版工作，后来主持读书生活出版社，出版《资本论》、《大众哲学》等。20 世纪 40 年代后，从事党的出版事业管理，为改进和发展新中国的出版事业作出了贡献。建国后，长期从事党和政府出版管理部门的领导工作。本书在搜集、查阅大量资料的基础上，运用传记体的形式记述了传主一生的经历、贡献。楚图南题词，张友渔作《回忆黄洛峰同志》代序。大 32 开本，268 页，22.8 万字，印数 5100 册，定价5.00元。

【另】《黄洛峰诗词存稿》(非卖品)1997 年 7 月由范用先生集印。

《亭子间·一群文化人和他们的事业》 章清著。1991 年 9 月上海人民出版社出版，收入“大上海丛书”(5 册)。本书描写了 20 世纪 30 年代居住于上海亭子间的文人在中国现代史上的心路历程，其间对这些文人办报刊、办书店等方面的情形多有涉及。小 32 开本，144 页，印数 4000 册，丛书统一定价。

《韬奋论》 俞月亭编著。1991 年 10 月河北教育出版社出版。本书收入研究邹韬奋报刊活动的论文 20 篇，分专题对邹韬奋的报刊活动、思想的转变、趣味观和价值观、采访之道等进行了论述，同时也梳理和介绍了邹韬奋论办报的有关意见，并对其编辑工作经验、成功的秘诀等进行了探讨。大 32 开本，386 页，30.3 万字，印数 3300 册，定价 5.10 元。

《中国十大出版家》 王震、贺越明著。1991 年 11 月书海出版社出版。作者从中国近现代出版史上选取了十位有重大影响的出版家，详细梳理其生平业绩，总结其出版理念和工作经验，进而探寻出版活动的规律。所选的十位出版家是商务印书馆的夏瑞芳、张元济、王云五，中华书局的陆费逵、舒新城、金兆梓，世界书局的沈知方，开明书店的章锡琛，生活书店的邹韬奋，上海杂志公司的张静庐。徐铸成作序。小 32 开本，257 页，14.6 万字,印数500册,定价4.70元。

《张元济年谱》 张树年主编。1991年12月商务印书馆出版。本书的材料以张元济先生的著述和信札为主,对涉及其生平、思想及社会交往方面的内容均予以采录。编者还在谱主本事前,采录与其活动相关的国内政治、经济、文化大事的背景材料;此外还择专条选录商务印书馆的大事、主要出版动态。附录有《张元济著述、编校、辑印书刊目录》、《〈百衲本二十四史〉各书初版日期及所用版本情况一览》等。书前张元济的照片、手迹等12页。另有陈原"代序",顾廷龙、王绍曾、宋原放分别撰写的序。顾廷龙题写书名。大32开本,647页,71.8万字,印数2500册,定价10.30元。

《胡愈之传》 朱顺佐、金普森著。1991年12月杭州大学出版社出版。本书对胡愈之的一生进行了详细的论述与评价。书末附《胡愈之大事年表》。大32开本,370页,定价5.60元。

《山东藏书家史略》 王绍曾、沙嘉孙著。1991年12月齐鲁书社出版。本书大量利用明清山东地方志及近代以来有关的藏书史著述、目录学著作、正史、文集等资料,辑出自孔子始迄现代王献唐止凡藏书家559人,介绍其生平、藏书聚散经过、重要藏本藏印、刻书著书情况,有的还评价其学术成就。篇末列注文献出处。正文按时代先后排列,可见山东地方私家藏书的发展脉络。许多藏书家事迹系首次考证所得,十分珍贵。附有索引,检索方便。大32开本,411页,定价14.50元。

《章桂征论装帧 论章桂征装帧》 1991年12月吉林美术出版社出版。章桂征(1939～)山东即墨人。擅长书籍装帧。1957年入鲁迅美院附中学习。1959年后到吉林出版社工作,吉林时代文艺出版社编审。封面设计有《北方》、《祭红》、《中外装帧艺术论集》等。多次获全国书籍装帧艺术展一等奖、全国装帧艺术论文与研究成果一等奖。大32开本,333页,印数1000册。

《中国出版人名词典补正录》 中国出版科学研究所、河北省新闻出版局编。1992年3月中国书籍出版社出版。《中国出版人名词典》共收录全国出版界人物10954人,释文截稿时间大部分为1988年12月,小部分为1989年7月底。本补正录共收人物465人,资料时间截止于1992年3月20日。16开本,50页,定价2.80元。

《林纾评传》 张俊才著。1992年3月南开大学出版社出版。林纾(1852～1924)是我国近代著名文学家、翻译家,他的文学翻译与早期的商务印书馆有不解之缘。其评传对出版史研究有特殊价值。16开本,326页,印数2500册,定价9.40元。本书中华书局2007年4月修订再版,16开本,301页,25万字,定价38.00元。

《文希装帧艺术》 翁文希绘,广西出版工作者协会编。1992年4月广西人民出版社出版。本书介绍了广西书籍装帧艺术家翁文希的作品及他的生平事迹。书中收录了翁文希设计的有代表性的书籍封面。大32开本,200页,全铜版纸印刷,精装本,定价25.00元。

《一代名人张元济》 王英编著。1992年4月济南出版社出版。这是一本有关著名出版家张元济的专题性研究文集,收录文章28篇。内容主要是张元济在各个时期与各方面人士交往的史实,从而探索他的学术活动、进步思想及出版理念。书中涉及张元济与光绪帝、梁启超、周恩来、陈毅、李宗仁、黄炎培、蔡元培、郭沫若、胡适、沈雁冰、邹韬奋、陈叔通、柯师太福、丁文江、伍光建等人的交往和友谊。大32开本，137页，8.5万字，印数3000册，定价4.50元。

《莫友芝评传》 黄万机著。1992年9月贵州人民出版社出版。莫友芝为清代"西南巨儒"，精研经学，旁及金石文字书画，对版本目录学有精湛研究，在藏书刻书方面也有贡献。大32开本，421页，定价7.48元。

《钱君匋的艺术世界》 司马陋夫、晓云编。1992年9月上海书店出版社出版。收入"君匋艺术院丛书"。钱君匋(1906～1998)是中国当代"一身精三艺，九十臻高峰"的著名篆刻家、书画家、装帧艺术家。曾任开明书店编辑、万叶书店经理、西泠印社副社长、人民音乐出版社副总编、上海文艺出版社编审等职。本书全面反映了他多方面的艺术成就。内页附较多钱氏篆刻作品等。大32开本，543页，印数2000册，定价20.00元。

《钱震之书籍装帧与装饰画》 钱震之著。1992年9月上海远东出版社出版。钱震之(1920～1999)是当代著名装帧艺术家。曾任上海科学技术出版社美术编辑，装帧设计组组长，上海市印刷技术研究所编审，高级美术设计顾问，上海现代美术设计研究所所长，上海翻译出版公司高级美术顾问等。长期从事书籍装帧和装饰绘画工作。书装作品《中国果树修剪技术》、《鱼类分类学》等参加1960年莱比锡国际书籍艺术展览会，装饰画有《暮色中的小树》等。12开本，59页，印数2000册，精装本，定价45.00元。

《林白水》 王植伦著。1992年9月福建教育出版社出版。收入"福建近代名人传记丛书"。林白水(1874～1926)是我国现代有影响的报人。1916年起从事新闻事业，创办《杭州白话报》、《中国白话报》、北京《公言报》、《新社会日报》(后改《社会日报》)、《平和日报》等。本书全面系统地记述林白水从事新闻事业的历程，并给予了客观的评价。大32开本，338页，印数4300册，定价5.50元。

【另】《纪念林白水文集》1985年11月由福建历史名人研究会林白水分会编印。《林白水文集》(上、下)2005年1月由福建省新闻出版局编印。《报业先驱林白水研究论文集》(林立新主编)2008年1月福建人民出版社出版。

《翻译家严复传论》 高惠群、乌传衮著。1992年10月上海外语教育出版社出版。严复(1853～1921)中国近代启蒙思想家、翻译家。他系统地将西方的社会学、政治学、政治经济学、哲学和自然科学介绍到中国，翻译了《天演论》、《原富》、《群学肄言》、《群己权界论》、《社会通诠》、《法意》、《名学浅说》、《穆勒名学》等著作。他的译著在当时影响巨大，是中国20世纪最重要启蒙译著。附录《严复翻译言论选录》、《严复年谱》。大32开本，146页，印数3000册，定价4.00元。

《龙世辉的编辑生涯——从〈林海雪原〉到〈芙蓉镇〉的编审历程》 李频著。1992年10月河南大学出版社出版。该书是国内第一部有关文学编辑家的评传。以原作家出版社副总编辑龙世辉为主体，旁涉韦君宜、秦兆阳等著名文学编辑家。以分章记叙《林海雪原》、《将军吟》、《芙蓉镇》等当代文学名著的编辑出版过程为基本框架，首次披露了大量鲜为人知的材料。同时，作者还注重从文学史、编辑学等角度反思中国当代编坛的历史风云，在浓郁的纪实色彩中渗透着理性的思索。附录有《龙世辉著作简目》和《龙世辉审发稿篇目》。秦兆阳作序。大32开本，222页，16.6万字，印数2500册，定价3.80元。

《胡愈之传》 于友著。1993年4月新华出版社出版。本书从胡愈之的家庭和幼年生活写起,一直写到1986年1月4日以高龄90岁逝世为止。书中写了他一生经历的重要事迹,包括他从事编辑出版工作的情况,以及他对中国出版文化事业所作出的杰出贡献。大32开本,440页,定价7.80元。

《中国当代著名编辑记者传集》(全3部) 胡小宣主编。成都科技大学出版社出版。均为16开本,精装印制。第一部1993年4月刊行,655页,印数4000册。第二部1994年7月出版,649页。第三部1994年12月刊行,764页。均为16开本,精装印制。

《河北古代人物综录》 骆志安主编。1993年6月河北人民出版社出版。收入"河北出版史志文献丛书"。本书收录河北上古至清末的河北历史人物生平和主要事迹。大32开本,886页,印数1000册,精装本,定价15.00元。

《张明养同志纪念集》 戴文葆、张之一编。1993年6月开明出版社出版。张明养(1906～1992)是著名教授和研究国际问题的专家、社会活动家,也是杰出的编辑出版家。解放前历任商务印书馆《东方杂志》编辑,《学生杂志》编辑,《世界知识》、香港国际新闻社、《华商报》编委会委员。新中国成立后曾任世界知识出版社副社长兼总编辑,人民出版社副总编辑,《国际问题研究》主编等。本书收录有关张明养同志的资料及回忆性、研究性文章。书前有相关照片、题词等。大32开本,116页,9.1万字,定价5.90元。

《中国近代编辑家评传》 李明山著。1993年7月河南大学出版社出版。作者从历史实际出发,选取若干个近代著名的编辑家进行逐个分析和研究,梳理其编辑实践、编辑事业成就,总结其编辑理念、编辑思想与方法。涉及的人物主要有:王韬、梁启超、严复、章太炎、张元济、蔡元培、王国维、李伯元、吴趼人。附录有:《广学会传教士的编辑思想》、《广学会传教士的编辑策略》、《近代中国早期的版权倡导者——严复》、《陶保霖的著作权主张述评》。大32开本,210页,16.9万字,印数1500册,定价4.00元。本书于2006年11月第2次印刷,收入"编辑出版学丛书",大32开本,定价14.50元。

《中国印刷工业人物志》(全6卷) 范慕韩等编著。前4卷皆由印刷工业出版社出版。后2卷内部印行。均为大32开本。具体情况为:第一卷,1993年7月出版,297页,印数2000册,定价10.00元;第二卷,1994年10月出版,422页,印数2000册,定价18.50元;第三卷,1998年10月出版,392页,印数2000册,定价20.00元;第四卷,2001年4月出版,527页,印数2000册,定价30.00元。第五、第六两卷分别于2003年12月、2005年10月内部刊行。

《鲁迅与编辑》 张永江著。1993年9月河南大学出版社出版。这是国内比较系统全面研究鲁迅编辑活动与编辑思想的专著。该书除导言外,共有八章,其纲目分别为:鲁迅留日前夕的中国出版界;鲁迅在留日至五四期间的编辑思想与实践活动;培育文艺嫩苗,造就精神界战士;充分发挥文艺副刊的战斗作用;文学期刊要有坚定的政治方向和独具的风格;广采百花酿纯蜜;编辑与美学;面向社会,正视人生。任访秋作序。小32开本,14万字,印数1000册,定价4.00元。

《王韬评传》 张海林著。1993年11月南京大学出版社出版。收入"中国思想家评传丛书"。后附《容闳评传》。大32开本,534页,印数4500册,精装本,定价23.00元。

《安徽历代著作家小传》 胡家柱等主编。1993年11月南京大学出版社出版。小32开本,326页,印数3000册,定价6.50元。

《现代杰出的编辑出版家——叶圣陶》 任天石、卢文一著。1993年南京出版社出版。本书是国内第一本系统研究作为编辑出版家的叶圣陶先生的学术专著,作者从“叶圣陶编辑出版生涯概观”、“叶圣陶编辑思想和编辑作风”、“叶圣陶出版思想和经营作风”、“学习叶圣陶编辑出版思想的启示”四个方面展开论述,对叶圣陶的编辑出版生涯进行了梳理,对其编辑出版思想进行了评析。书末附录有《叶圣陶编辑出版年表》、《叶圣陶序跋索引》、《叶圣陶图书广告要目》、《叶圣陶编辑刊物书籍要目》、《叶圣陶编辑或参加编辑的各级学校语文课本的例言和序言》等。全书资料丰富,论证清晰,集学术性和史料性于一体。大32开本,136页,定价3.00元。

《邹韬奋》 孙山编著。1994年1月中国青年出版社出版。收入“青年革命传统教育系列丛书”。小32开本,166页,定价3.50元。

《新文化出版家徐伯昕》 江苏省政协文史资料委员会、常州市政协文史资料委员会合编。1994年2月中国文史出版社出版。本书运用多种形式反映了新文化出版家徐伯昕的生平事迹与出版业绩。其主要内容包括:徐伯昕生平、徐伯昕传略,另外收录有徐伯昕出版业务文选(29篇),还有对徐伯昕回忆和研究的文章(31篇)。书末附有《徐伯昕年谱》。另有书影、照片等插页16页。张友渔、胡绳分别作序。大32开本,515页,37万字,印数5000册,定价18.00元。

《黄虞稷和千顷堂书目》 张明华著。1994年5月国际文化出版公司出版。黄虞稷(1629年～1691年)是明末清初藏书家和刻书家。千顷堂是黄虞稷藏书处,故址在今南京白下区马路街。为使当时历劫幸存的珍贵版本书籍得以广泛流传,黄虞稷还会同藏书家周在浚,共同发起征刻唐宋秘本藏书。他们从各自家藏中精心挑选出唐、宋秘本96种,详加校订,编成《征刻唐宋秘本书目》一卷,刊刻发布,广泛征求有财力的有识之士刊印出版,希望以此带动海内藏书家,共出所藏珍本。大32开本,262页,印数1000册,定价12.00元。

《刘承干与嘉业堂》 李性忠著。1994年6月文物出版社出版。刘承干(1882～1963),中国近代著名藏书家和刻书家。其藏书楼嘉业堂1925～1932年间,共藏有宋刻本77种、元刻本78种、地方志书1200种、丛书220多种,以及不少明版、清版图书。他还花费大量人力、物力、财力抄书、刻书。在嘉业堂所抄之书中,以《清实录》、《清史列传》最为珍贵。他刻印了大量书籍,即使孤本,也从不自秘,而是拣有价值者刻板印刷,广为流传。前后刻印的书有《嘉业堂丛书》、《吴兴丛书》、《求恕斋丛书》、《留余草堂丛书》、《希古楼金石丛书》、《影宋四史》、《旧五代史注》、《晋史散注》、《八琼室金石补正》等。小32开本,75页,定价3.00元。

《记胡愈之》 陈原著。1994年6月三联书店出版。本书封二勒口有这么一段文字:“本书作者同胡愈之笃交数十载:他追怀往事,以其感情充沛之笔墨,一气呵成三十有四篇,篇篇都朴实无华,感人肺腑。许多第一手资料,益以若干鲜为人知的史实,不仅刻画出一个爱国智者的生动形象,对广大读者深有启发,且亦记录了这个时代的足音。”而作者和被怀念者又都是编辑出版家,因此,书中就少不了关于编辑出版的史料。全书收录文章34篇,附录《胡愈老关于出版工作的三次谈话》。大32开本,220页,12.4万字,1995年10月第2次印刷,累计印数8100册,定价9.80元。

《卖假药起家的黄楚九 出版大家张元济》 杨明、郑享清、何剑锋编著。1994年7月山西经济出版社出版。收入"民国大亨发家招数大暴光丛书"。这里将大出版家张元济与卖假药发家的黄楚九编在一起,显得不伦不类。大32开本,全套书统一定价。

《报业大王胡政之 橡胶大王陈嘉庚》 刘贵芹、张越等编著。1994年7月山西经济出版社出版。收入"民国大亨发家招数大暴光丛书"。大32开本,全套书统一定价。

《不朽的忠诚——刘尊棋纪念文集》 吴冷西、萧乾等著。1994年8月中国大百科全书出版社出版。刘尊棋为已故民国老报人、《光明日报》创办人之一。本书的文章篇目包括:刘尊棋小传,30年代以来,从国新社到美联社,在上海办报,百科全书事业,支持《中国日报》,等等。大32开本,352页,印数3000册,定价12.00元。

【另】李辉著《监狱阴影下的人生》(湖南文艺出版社1989年版)是关于刘尊棋的一部传记,于友著《刘尊棋》(人民日报出版社1996年版),可以参阅。

《郑振铎传》 陈福康著。1994年8月北京十月文艺出版社出版。收入"中国现代作家传记丛书",前有照片及手迹8页。大32开本,673页,印数2000册,精装本定价29.50元,平装本定价16.00元。

《江西编著人物传略》 黄日星、姜钦云编著。1994年8月江西人民出版社出版。收入"江西出版史志丛书"。大32开本,451页,精装本,定价20.00元。

《编辑出版家叶圣陶》 徐登明著。1994年10月中国书籍出版社出版。全书分上中下三篇。上篇探讨叶圣陶编辑出版思想,分五章进行论述,分别是"叶圣陶编辑出版活动与思想的滥觞"、"走向成熟——在商务印书馆的八年"、"开明人开明风"、"为新中国的编辑出版事业建立功勋"、"杰出的编辑出版家"。中篇为"叶圣陶编辑出版活动纪事"。下篇则是"叶圣陶编辑出版论著篇目"。这三篇并不对称,其实后两篇可作附录安排更好。胡绳题签,叶至善给作者的信作"代序",另有陈焕仁序。大32开本,234页,19万字,印数2000册,定价6.50元。

《书山有路——韬奋奖获得者余德槐》 赖正和等著。1994年10月四川人民出版社出版。余德槐,1935年生,四川人。1958年在四川省眉山县新华书店任农村发行员,1966年为县店副经理,1983年为经理,1984年辞去经理职务,在一线卖书至今。从1960年起,他四次获地区、省、全国三级新华书店系统先进工作者称号,四次获乐山地区党政领导部门所授予的先进称号,1989年获四川省劳动模范称号,1991年获中共乐山市委授予的乐山市优秀共产党员称号。《人民日报》、《工人日报》、《四川日报》等报刊,都报道过余德槐的先进事迹。小32开本,178页,印数1200册,定价6.50元。

《仁智的山水——张元济传》 吴方著。1994年12月上海文艺出版社出版。收入"世纪回眸·人物系列丛书"。本书分九章,大体按时间先后顺序描述了传主的一生。其九章的纲目为:从南方到北方、冠盖京华、在南洋公学、清季十年、出版家、仁智山水、落日楼台、沧海又沉浮、尘世缘。末有"后记",题为《张元济与中国近代文化变迁》。附录有《张元济年表》。大32开本,276页,17.9万字,印数5500册,定价8.90元。

【另】吴方著《斜阳系缆》("书趣文丛"第四辑之二)1996年8月由辽宁教育出版社出版。文集中有一些篇章与近现代出版相关,如《吴宓与〈学衡〉》、《张元济与商务印书馆》、《万山不许一溪奔——杜亚泉及其前进与保守》、《林琴南》等等。

《邹韬奋传》 俞润生著。1994年12月天津教育出版社出版。本书从政治、历史、文化、编辑出版等多个角度，对韬奋的一生进行了评述。书前有历史照片和毛泽东、朱德、周恩来的题词等。大32开本，521页，印数1500册，精装本，定价16.50元。

《河北古今编著人物小传续》 马保超、李梅、徐立群、魏丽编。1994年12月河北人民出版社出版。收入“河北出版史志文献丛书”。收上起先秦，下迄1989年底已逝世者，共1948位。大32开本，262页，印数1000册，定价6.80元。

《现代出版楷模张元济》 董进泉、陈梦熊著。1994年时代文艺出版社出版。收入“中国大资本家传丛书”(十卷本)。张元济收在丛书的第九卷。大32开本，499页，丛书总定价248.00元(无单册定价)。

《中国图书发行工作者传》 1994年起由中共中央党校出版社出版。本书按省及类型分卷，已出版山西、黑龙江、广东、甘肃、湖南、陕西等省卷及外文书店卷等。其中“广东卷”1994年8月出版，大32开本，254页，定价9.80元；“湖南卷”1994年12月出版，大32开本，380页，印数3700册，定价13.50元；“新疆卷”1994年出版，大32开本，435页，定价15.50元；“陕西卷”1994年出版，大32开本，332页，定价15.00元；“山西黑龙江卷”1994年出版，大32开本，441页，定价15.50元；“甘肃卷”1995年3月出版，大32开本，252页，印数1000册，定价9.80元；“外文书店卷”1995年出版，大32开本，300页，定价15.00元。

《章桂征插图集》 章桂征编著。1995年1月时代文艺出版社出版。内收章桂征插图670幅。24开本，158页，印数2500册，定价19.80元。

《润物细无声——社科学报编辑家耕耘录》 潘国琪、胡梅娜主编。1995年1月河南大学出版社出版。收入“编辑学丛书”。本书选取了全国大学社会科学学报的40位编辑专家，每人一篇，总结其编辑经验，归纳其学术成就，探讨其编辑思想和业绩。大32开本，258页，印数1000册，定价11.00元。

【另】此书“续编”，1998年1月仍由河南大学出版社出版(龙协涛、胡梅娜主编)，大32开本，262页，定价12.00元。

《编辑家茅盾评传》 李频著。1995年2月河南大学出版社出版。作者以敏锐的学术眼光和默默的辛勤劳作，从编辑学这一学科研究的角度，对茅盾一生的编辑活动作了较系统、全面的梳理和研究，首次为作为编辑家的茅盾立传。该书注意到从20世纪上半叶中国现代期刊编辑的历史演进轨迹的大背景上，来重新审视、总结茅盾的编辑思想与实践活动的经验得失，因而它对于当前市场经济条件下的编辑出版工作，也具有较强的现实意义和借鉴作用。这一填补空白的研究著作，观点新颖，材料充实，行文流畅，既有学术性，又有可读性。叶子铭作序。大32开本，306页，22.7万字，印数3500册，定价7.00元。本书于2006年11月第2次印刷，收入“编辑出版学丛书”。此次重印，作者除修正错讹外，还增加了多篇文章，包括关于茅盾和茅盾研究未收入的文章、写作的点滴体会以及关于本书的评论。大32开本，33.1万字，定价25.50元。

《叶圣陶传》 刘增人著。1995年6月江苏文艺出版社出版。这本传记完整系统地叙述了叶圣陶一生所走过的道路，所取得的成就。全书十章，其中的章节如第六章“商务·立达·开明”是主要写传主编辑出版工作的；有的章节如第五章“文学研究会的中坚”

旁涉其编辑出版工作。附录有《叶圣陶年表简编》、《叶圣陶著作目录》、《叶圣陶研究资料目录索引》。大32开本,317页,21.5万字,1996年3月第2次印刷,累计印数13365册,定价14.00元。

《冯雪峰评传》 吴长华著。1995年6月上海书店出版。全书分为21章,系统全面论述了传主的人生历程,客观评价了他的文学各个领域的成就和贡献。书中设有专章评析作为出版家的冯雪峰。大32开本,248页,19.6万字,印数2000册,定价8.80元。

【另】陈早春、万家骥著《冯雪峰评传》1993年10月重庆出版社出版,此书2003年6月人民文学出版社再版。

《潘小庆书装艺术》 潘小庆著。1995年7月江苏人民出版社出版。潘小庆(1941～)江苏无锡人。擅长中国画、书籍装帧设计。50年代末曾就读于苏州艺专学习机械设计,先后任江苏人民出版社美编室主任、江苏少年儿童出版社副社长。作品入选《中国出版年鉴》、《中国现代美术全集》等。全彩印刷。20开本,96页,印数2000册,定价48.00元。

《智民之梦——张元济传》 陈建民著。1995年7月四川人民出版社出版。收入"强国之梦系列丛书"。这本人物传记吸取和借鉴了已有的研究成果,其特点是在"智民之梦"上着墨较多。大32开本,312页,20.6万字,印数10000册,定价14.20元。

《孙犁评传》 郭志刚著。1995年8月重庆出版社出版。收入"中国现代作家评传丛书"。孙犁是我国当代著名的文学家,也是杰出的文学编辑家。他长期从事报纸的文学副刊编辑工作,具有独特的编辑思想和丰富的编辑经验。这部评传对于我们深入了解孙犁的编辑思想、编辑业绩有一定的参考价值。大32开本,276页,印数4000册,定价8.55元。

《近代出版家张元济》(增订本) 王绍曾著。1995年8月商务印书馆出版。这是作者同名著作1984年11月版的修订、增补本。主体部分仍保留原书面貌,除前言、结束语外,主要纲目为:张元济先生的家世和生平、近代出版事业的开拓者、从戊戌新文化运动到五四前后、整理出版古籍的重大贡献。除此之外,本书新增补了《张元济先生校史始末及其在史学上的贡献》的长文。这部传记第一版以其材料确凿,文笔凝练,评价公正,而受到学界好评。新版除改正原书的讹、衍、颠、脱外,还补充了不少资料,又增补了新的内容,是更加完善的本子。大32开本,219页,15.8万字,印数2000册,定价10.80元。

《烛照篇——黄伊和当代作家》 王立道著。1995年9月青海人民出版社出版。黄伊是建国以后我国著名的文学编辑家,长期在中国青年出版社和人民文学出版社从事文学编辑工作,时间长达半个多世纪。作者认为,黄伊的编辑历程已不是个人的事,而是一部当代文学的剪影。本书以黄伊自20世纪50年代到90年代漫长的编辑生涯为主线,以开阔的视角描述了主人公和他的同事如何发现人才、奖掖后进、扶持作品的感人事迹,记叙了黄伊与当代作家的交往,评述了他文学编辑的成就、贡献以及编辑思想。大32开本,281页,印数5000册,定价11.50元。

《叶圣陶传论》 商金林著。1995年10月安徽教育出版社出版。大32开本,786页,印数3000册,平装本定价22.00元,精装本定价27.00元。

《邹韬奋》 穆欣编著。1995年10月首都师范大学出版社出版。大32开本,443

页,14.5印张,印数2000册,精装本,定价26.00元。

《毛泽东邓小平出版实践出版思想探论》 袁亮主编。1995年11月江苏教育出版社出版。这本论文集收录有关毛泽东、邓小平出版思想与出版实践研究的文章40篇。文集按两个部分编排,第一部分是有关毛泽东的文章31篇;第二部分是有关邓小平的文章9篇。较重要的论文有:《认真学习毛泽东的编辑出版思想》、《学习毛泽东出版工作重要论述努力做好当前的出版工作》、《毛泽东编辑思想初探》、《繁荣我国出版事业的指导原则》、《认真学习〈邓小平文选〉第3卷推动编辑学研究的新发展》、《邓小平的出版实践与理论初探》等。大32开本,340页,26.6万字,印数1000册,定价15.00元。

《毛泽东邓小平与中国出版》 袁亮著。1995年11月中国书籍出版社出版。本书分为两个部分,分别对毛泽东、邓小平的出版思想进行了整理、归纳和总结。其中"毛泽东与中国出版"有10章,内容包括:出版在社会中的地位和作用,出版的社会属性和指导思想,出版的方向和基本任务,出版工作与百花齐放、百家争鸣的方针,出版工作与古为今用、洋为中用的方针,编辑工作,出版物的评论工作,出版自由,编辑出版队伍的培养与建设,出版工作的领导与管理。"邓小平与中国出版"也是10章,内容是:出版工作的地位和作用,出版工作的性质和指导思想,出版工作的方向和任务,出版工作的最高准则,出版工作对待学术与艺术的基本方针,出版工作对待我国传统文化和外国文化的基本方针,编辑工作,出版物的评论工作,出版自由,出版体制改革。大32开本,171页,12.4万字,印数2000册,定价7.00元。

《江苏出版人物志》 俞洪帆、穆纬铭主编。1995年12月江苏人民出版社出版。收入"出版史志丛书"。本书收录出版人物以江苏籍人士为限,对于曾在江苏出版业工作过的外籍人士也酌情收录,共计436名出版人物,跨古代、近现代和当代。大32开本,882页,定价30.00元。

《报业豪门——胡文虎、胡仙传》 寄丹著。1995年12月广州出版社出版。胡文虎(1882～1954)是一个头戴两顶王冠的旷世奇商——"万金油大王"和"报业大王"。可以说,在他那个时代没有人比他更精于生意与宣传。而胡文虎的掌上明珠胡仙小姐(1931～)身不由己被命运掷入商界,竟成为亚洲最有财势的出版家和女强人。大32开本,373页,印数5000册,定价18.90元。

《潜园遗事:藏书家陆心源生平及其他》 徐桢基著。1996年1月上海三联书店出版。本书作者是皕宋楼主陆心源的玄外孙。本书以陆心源一生学术及事业的业绩为主,兼及其收藏品的收集和变迁、皕宋楼事件,其族人及子孙情况以及潜园住主的演变等。在"一生简况"、"宦海沉浮"、"学术成就"、"故旧好友"、"潜园与戴季陶"、"家族简史"、"潜园及珍藏品之变迁"等专题外,著者还着意于在"建潜园与古物收藏"和"皕宋楼事件"中,重点叙述了陆家藏品的聚散过程。卷首有若干插页(陆心源遗像和手札影印件),附录有文献10则。大32开本,203页,定价13.30元。

《王芸生》 周雨著。1996年1月人民日报出版社出版。收入"中外名记者丛书"。王芸生(1901～1980),现代著名报人。五卅运动中组织工会,编辑报刊,进行反帝宣传。1926年至上海参加报刊编辑工作。1928年任天津《商报》总编辑。1929年入《大公报》,历任该报天津、上海、重庆等版编辑、主笔、总编辑。1941年成为该报言论的主要撰稿人和该报评论委员会主任委员。抗战胜利后任《大公报》上海版总编辑。大 32 开本，246 页，印数 7000 册，定价 10.90 元。

《维新志士·爱国报人彭翼仲》 姜纬堂等著。1996 年 2 月大连出版社出版。本书介绍了清末著名报人彭翼仲的一生。大 32 开本，277 页，定价 17.00 元。

《中国著名目录学家传略》 李万健著。1996 年 3 月书目文献出版社出版。本书从我国历史上众多的目录学家中遴选出三十余人，写成传略。书中对这些目录学家的生平事迹，从事书目工作的实践及其目录学著作、思想、成就和贡献，作了详细的论述。作者力求写出不同目录学家之间的学术联系、相互继承和发展的关系，从而体现整个目录学史的发展脉络。涉及的目录学家上起汉代刘歆父子，下至当代的王重民先生。顾廷龙题写书名。大 32 开本，249 页，17.7 万字，印数 3500 册，定价 6.20 元。

《出版家列传》 中共中央宣传部出版局编。1996 年 4 月重庆出版社出版。本书收录出版人物 151 位，主要是从事出版管理工作的领导干部和出版社、杂志社的社长、总编辑等负责人。他们是出版活动的组织者、领导者和开拓者，是奋斗在出版战线的一支中坚力量。这些人物中有：恽逸群、黄洛峰、罗竹风、王子野、王仿子、王益、陈原、胡真、许力以、高斯、边春光、章锡琛、徐雪寒、华应申、宋原放、王耀先、袁亮、薛德震、林尔蔚，等等。大 32 开本，1019 页，80 万字，印数 1000 册，精装本，定价 44.00 元。

《优秀中青年编辑小传/选题设计方案·审读报告》 中国出版工作者协会编。1996 年 5 月中国青年出版社出版。由中国出版工作者协会和中国编辑学会共同主办的首届全国优秀中青年图书编辑评选活动，于 1994 年 11 月揭晓。这个小传的传主就是这些优秀中青年编辑，而收录的选题设计方案和审读报告也是出自他们之手。书前有伍杰《关于评奖过程的发言》和刘杲《在首届全国优秀中青年图书编辑发奖大会上的讲话》。大 32 开本，527 页，35 万字，印数 3000 册，定价 30.00 元。

【另】中国出版工作者协会编《优秀中青年编辑小传/选题设计方案·审读报告》(第 2 辑)1997 年 1 月由中国青年出版社出版。

《茅盾年谱》(全 2 册) 唐金海、刘长鼎主编。1996 年 6 月山西高校联合出版社出版。本年谱严格按年、季、月、旬、日顺序编列，分正谱和副谱两部分，将茅盾至今可确定的著译全部列目，对茅盾改题、改写、改译、重译或转载和重新发表的文章及再版的著作尽量清晰简括。大 32 开本，1674 页，印数 2000 册，精装本，定价 118.00 元。

《茅盾传》 钟桂松著。1996 年 7 月东方出版社出版。大 32 开本，357 页，定价 20.00元。本书 2008 年再版。

【另】有关茅盾的传记著作还有：李标晶著《茅盾传》，1990 年 11 月团结出版社出版。钟桂松著《茅盾传——坎坷与辉煌》，1998 年 12 月河南文艺出版社出版。余连祥著《逃墨馆主——茅盾传》，2006 年 4 月浙江人民出版社出版。

《严复》 徐立亭著。1996 年 8 月哈尔滨出版社出版。收入“晚清巨人传丛书”。大 32 开本，666 页，印数 10000 册，精装本，定价 29.80 元。

《胡愈之印象记》(增补本) 费孝通、夏衍等著。1996 年 8 月中国友谊出版公司出版。此书是在该公司 1988 年出版的同名书的基础上增补而成。胡愈之在中国现代新闻出版史上有着重要的地位。书中收录了纪念、回忆胡愈之的各类文章等 105 篇，分为：“光辉的一生”、“新闻出版工作的先驱”、“战斗在南洋”、“倡导世界语”、“不尽的思念”;增补部分为:“难忘的印象”、“从抗日救亡到改革开放”、“出版史上几件大事”、“亲属的回忆”、“一九四五年‘噩耗’引起的怀念”。附录有《胡愈之同志生平》等。书首端有照片、手迹等6页。大32开本,510页,37.6万字,印数3000册,定价22.00元。

《山西藏书家传略》 薛愈编著。1996年8月山西古籍出版社出版。本书十三万余字,较为全面论述了山西地区藏书家的情况。作者遍搜当地文献,陆续得到190位藏书家资料。自南朝后魏时人李业兴起,至民国年间刘有兰止,资料丰富,掌故生动,足资参考。小32开本,205页,印数1000册,定价9.00元。

《中国古代编辑家评传》 阎现章主编。1996年9月河南大学出版社出版。本书从我国古代众多的编辑家中遴选出30位著名的编辑家,分别对每一位编辑家的编辑学术活动、编辑理论、编辑思想、编辑成就、取得成就的原因,以及在中国编辑史、文化史上的地位和影响等进行全面的探讨。论述的编辑家有:孔子、刘向、刘歆、刘知几、郑樵、章学诚;司马迁、班固、杜佑、朱熹、袁枢、黄宗羲;贾思勰、王祯、朱橚、李时珍、徐光启、宋应星;萧统、欧阳询、李昉、司马光、王应麟、马端临、解缙、冯梦龙、朱彝尊、陈梦雷、纪昀、董诰、严可均。(以上按四编分类)该书对中国编辑史研究具有理论与史料上的双重价值。王振铎作序。大32开本,398页,32万字,印数1500册,定价15.00元。

【另】本书于2007年5月修订,列入“编辑出版学丛书”。这次修订除了对原文适度修改外(其中对杜佑和宋应星的内容重写),还增加了一些人物。新增的人物包括:魏晋南北朝时期的针灸学典籍编辑家皇甫谧和佛典目录编辑家道安,宋代的医学典籍编辑家王怀隐、唐慎微,以及书目文献编辑家晁公武、尤袤、陈振孙,明代的编辑出版家毛晋、图书辨伪学的奠基人胡应麟、书目文献编辑家祁承㸁和编辑治国制度型经世文编的编辑家陈子龙,清代的辑佚大家马国翰。同时,作者还编制了中国编辑传播史大事年表,以加强全书的联系性。全书62.2万字,上下两册,定价48.00元。

《张元济传》 柳和城著。1996年9月南京大学出版社出版。本书分15章,对张元济的生平、业绩、思想进行了全面的叙述。前4章,主要介绍传主早年的生活经历,包括他的身世、参加科举考试、参与戊戌变法、南下入南洋公学。后面的11章,则叙述张元济在商务印书馆的经历,重点放在他为商务的兴盛、复兴和为中华教育文化贡献的才智上。全书以时间为经,以事件为纬,严格以史实为依据来设置情节,材料可靠,观点客观,同时文笔清新明快,具有可读性。大32开本,429页,印数3000册,定价20.00元。

《奇才奇闻奇案——恽逸群传》 顾雪雍著。1996年10月上海人民出版社出版。恽逸群(1905～1978)原名钥勋,字长安,20世纪30年代进入新闻界当记者后改名逸群,并以翊勋为笔名。他是著名记者,中共情报工作者。新中国成立后历任《解放日报》社长、华东新闻学院院长、华东新闻出版局局长等职,50年代后蒙冤近三十年,1978年后平反。大32开本,400页,31.6万字,印数5000册,定价19.00元。

《古籍刻工名录》 张振铎编著。1996年10月上海书店出版社出版。本书搜集上起唐代下迄清季的部分古籍,既录刻工姓名,也录书铺之名。全书分三部分:一、唐五代及宋元刻本(包括辽、金刻本);二、明刻本;三、清刻本。每一部分均由索引与名录两个部分组成。名录部分著录收入古籍的书名、卷数、编著者、刊刻年代及刻工姓名。大32开本,275

页,22.1万字,印数1500册,定价18.00元。

《一代才华郑振铎》 陈福康著。1996年11月上海人民出版社出版。本书是郑振铎先生的传记,从中读者可以领略到郑先生海阔天空般的襟怀,崇岭深渊般的学问和为祖国作出的极重大的贡献,同时更能明白作者为何将郑振铎称之为“真正的民族英雄”。大32开本,265页,印数5000册,定价14.20元。

《俯仰之间——石西民纪念文集》 姚北桦、王淮冰主编。1996年12月江苏人民出版社出版。石西民(1912～1987),早年参与编辑《中国经济情报》杂志,从事抗日救亡活动。1936年1月,受聘担任《申报月刊》编辑。1937年11月,在武汉参加《新华日报》创刊工作,任要闻版编辑。《新华日报》迁重庆后,1939年9月任编委、编辑部主任。1946年10月,抵延安,任新华通讯社社委和《解放日报》副总编辑。1949年,随军南下,先后担任新华社南京分社社长,《新华日报》社社长等职。新中国成立后任中共中央宣传部副秘书长,中共上海市委宣传部长,上海市政协副主席,主管《辞海》修订工作。1965年,调北京任国家文化部副部长、党组副书记。“文化大革命”中遭迫害,被非法监禁9年。1975年10月,任国家出版局局长。1980年出任中国社会科学院副秘书长、郭沫若著作编委会副主任、中国社会科学院新闻研究所名誉所长。本书是为纪念石西民逝世10周年所编,收录相关回忆文章和资料。大32开本,264页,精装本,定价14.00元。

《邹韬奋》 姚眉平等编著。1996年中国国际广播出版社出版。收入“爱国主义教育丛书”。小32开本,45页,丛书总定价198.00元(无单册定价)。

《张元济评传》 张荣华著。1997年3月百花洲文艺出版社出版。收入“国学大师丛书”。作者不是采用传统的叙事式的写法,而是依时间顺序选择传主生平思想和实践中若干问题进行评析,试图通过几个不同侧面的描写来凸显传主的独特贡献和精神风貌。书中对于维新运动张元济兴办新式教育时西学认识程度的分析,以及对他在辛亥革命前十年间办《外交报》的意义和社会影响的评估,对他在清末至五四新文化运动时有关语言文字改良的言行所作的论述,对新式出版事业对中国的文化转型及社会变迁所产生的深刻影响和作用的探讨等,都是有所开拓和深化的。书末附《张元济学术行年简表》。姜义华、张树年分别作序。大32开本,220页,19万字,印数8000册,精装本,定价15.00元。

《我的父亲张元济》 张树年著。1997年4月东方出版中心出版。本书是张元济的儿子张树年对父亲的回忆录。张树年与父亲共同生活了52年,掌握了父亲生活、工作、与亲友交往中许多有价值,却不见于日记、书信和同时代人回忆录中的宝贵材料。全书分19章,通过儿子深情的笔墨,介绍了张元济与家人的生活细节、与亲友交往的趣闻轶事,重现了一个既严厉又充满温情的父亲形象,从家庭生活的一个侧面反映出一代大家在推动20世纪中国文化产业化进程中的艰辛与努力。全书资料翔实,内容丰富,不仅为我们了解和研究张元济提供了广阔的背景资料,也为研究中国近代文化发展提供了珍贵的史料。附录有张元济的其他亲属张祥保、张人凤等人撰写的回忆文章及编纂的年谱四篇。宋原放作序。大32开本,268页,19万字,印数4000册,定价19.00元。《我的父亲张元济》2006年6月由百花文艺出版社再版,大32开本,292页,21万字,印数5000册,定价16.00元。

《郑振铎》 陈福康著。1997年4月中国华侨出版社出版。收入“名家简传书系”。

大32开本,217页,定价10.40元。

《出版工作者的楷模——一至四届"韬奋出版奖获得者"介绍》 中国出版工作者协会编,方厚枢主编。1997年4月知识出版社出版。从1987年到1995年,中国版协已举办了四届"韬奋出版奖"的评选,共有38位同志获此殊荣。这些出版人都不同程度地体现了韬奋的精神风貌和工作态度。本书就是他们主要事迹的汇编,这些出版工作者是:王仰晨、陈元直、周振甫、戴文葆、许仲、范志民、姚佩文、鲁兵、沈肇熙、皇甫束玉、赵家璧、蒋路、林穗芳、索特纳穆卓玛绰、张业汉、黄涛、许旭、黄腊荣、申非、吴莹、姚岁寒、曹辛之、佘德槐、钟叔河、徐诚、何承纪、吴道弘、孙绳武、莎阿达提·伊敏、黎章民、马守良、王为珍、鲍克怡、刘强、沈世鸣、蔡盛林、杨坚、徐柏容。大32开本,335页,23.5万字,印数2000册,定价22.50元。

《谢六逸评传》 秋阳著。1997年5月贵州民族出版社出版。谢六逸(1898~1945),著名的作家、学者、翻译家、编辑家。1922年入商务印书馆工作。后历任神州女校教务主任及暨南、复旦、大夏等大学教授。1930年任复旦大学中文系主任,又创设后来闻名于海内的新闻系,任主任。"七七"事变后,先后任大夏大学文学院院长、贵州大学中文系讲座,贵阳师院国文系主任。与蹇先艾等人发起组织"每周文艺社",出版《每周文艺》。又联合文艺界爱国同胞成立"中华文艺界抗敌协会贵州分会",主编《抗战文艺》半月刊。尤值一提的是,1942年,他应华问渠之邀,与马宗荣教授一同在贵阳创办的"文通书局编辑所",在京、津、沪、汉相继沦陷,出版机构尽毁的背景下,聘请了苏步青、竺可桢、张奚若、张孝骞、白寿彝等112人为编审委员,汇聚了抗战后方学术界的重要学者;一改文通出版旧貌,计出版各类书籍百余种。不仅为贵州地方文化教育事业的发展,亦为发展抗战文艺做出了积极贡献,后来他还一度主持过《中央日报》贵阳版的编辑工作。大32开本,468页,印数1000册,定价28.00元。

《韬奋研究论文集》(第一辑) 中国韬奋基金会韬奋著作编辑部编。1997年6月上海人民出版社出版。本书由两部分组成:1995年11月5日,邹韬奋诞辰一百周年,首都北京举行了隆重的纪念会,会上的五篇发言为本书的第一部分;1990年11月、1995年11月先后举行过两次韬奋思想研讨会,从两次研讨会上选编的论文为本书的第二部分。大32开本,274页,印数1000册,定价15.00元。

《胡愈之》 于友著。1997年8月人民出版社出版。大32开本,15万字,印数7000册,定价10.60元。

《邹韬奋传记》 马仲扬、苏克尘著。1997年9月重庆出版社出版。作者是一对夫妇,年轻时都曾在韬奋创办的书店工作过。为写好这本传记,他们曾四下江南,沿着韬奋工作和生活过的路线采访、搜集资料,先后访问过与韬奋共同工作过的老同志近百人,从历史档案馆和各地图书馆查阅原始资料上千万字,经过7年努力方完成这部50万字的传记。该书对邹韬奋的评价客观准确,坚持了历史唯物主义的观点和方法;同时,对邹韬奋的个性特点的刻画生动细致,有血有肉。大32开本,589页,印数2000册,精装本,定价33.50元。

《福建藏书家传略》 王长英、黄兆郸编著。1997年9月福建教育出版社出版。本书分上、下卷。上卷为"福建知名藏书家传略",下卷为"福建藏书四百家"。16开本,23印张,印数1000册,精装本,定价58.00元。

《罗竹风纪念文集》 上海市社会科学联合会编。1997年11月上海辞书出版社出版。罗竹风(1911～1996)是当代语言学家、宗教学家、编辑出版家。新中国成立后曾先后任上海市出版局代局长,上海市社联主席,《辞海》常务副主编等职,主编《汉语大词典》,他还是《中国大百科全书》总编委兼宗教卷主编。本书收录有关回忆他的纪念性文章七十多篇,另有唁函唁电等资料。赵朴初题写书名。大32开本,423页,35.3万字,印数2000册,定价26.00元。

《郑振铎传》 陆荣椿著。1998年1月海峡文艺出版社出版。收入"福建现代作家传记丛书"。大32开本,320页,印数3000册,定价16.80元。

《韬奋〈读者信箱〉》 关东生编。1998年2月中国城市出版社出版。本书是以20世纪三四十年代的《该走那条路》、《莫迟疑不决》、《迷途的羔羊》等几本"信箱汇集"和"外集"作为底本进行筛选整理的,现分为《该走那条路》、《莫迟疑不决》和《我们的意思》三大部分。第一部分主要是关于工作、学习和思想,第二部分的内容主要是 关于恋爱、婚姻、家庭,第三部分是韬奋先生的手记,主要是关于创办几家大型报刊及三联书店的一些宗旨、经验和教训。大32开本,278页,印数3100册,定价16.80元。

《毛泽东编辑思想与实践》 陈其相、覃汉池、袁作兴主编。1998年3月广西师范大学出版社出版。本书分为五编,对毛泽东编辑思想的含义及其形成与发展、毛泽东编辑思想的内涵等进行了比较系统深入的论述。五编的纲目分别为:毛泽东的编辑思想的形成与发展、毛泽东的编辑思想、毛泽东的编辑实践、毛泽东的编辑艺术、毛泽东与编辑工作者。大32开本,319页,定价18.50元。

《中国近代报刊活动家传论》 朱健华著。1998年4月贵州民族出版社出版。本书将中国近代报刊活动家进行集中介绍,并给予恰当评价。列选的人物,主要是从他们在中国近代报刊事业中的贡献考虑。论述的46个报刊活动家中有林则徐、王韬、伍廷芳、郑观应、严复、康有为、梁启超、陈天华、章士钊、宋教仁、刘师培、鲁迅、史量才、柳亚子、邵飘萍、李大钊、陈独秀等等。大32开本,416页,33万字,印数1100册,定价19.50元。

《活字神毕昇》 马大泉著。1998年4月印刷工业出版社出版。本书根据国内权威专家学者近年来的考证资料,以历史史实为主线,用传记的方式记录了毕昇花费了毕生的心血,研制活字印刷术的主要经过和业绩。大32开本,152页,定价12.50元。

《邹韬奋传》 沈谦芳著。1998年4月山东人民出版社出版。收入"20世纪中国思想家传记丛书"。大32开本,486页,印数8000册,定价26.00元。

《韬奋人格发展的轨迹》 潘大明著。1998年5月上海文艺出版社出版。本书多角度、多方位地论述了邹韬奋人格发展的演变轨迹。书中有13个专题,主要论述的是:现实和儒学对韬奋一生的影响以及对韬奋的重新认识;传统伦理的危机和韬奋这一代知识分子的历史使命;儒学对韬奋人格雏形形成的深刻影响;韬奋对中西文化的兼收并蓄和自我更新;抨击旧道德制约下形成的社会腐败现象和对新道德的宣传;五四以后韬奋人格的特征和理想人格的诞生;政治观的形成促进人格思想的发展;抗战思想的形成与对原有伦理思想的怀疑;韬奋对抗战人格的宣传。大32开本,214页,15万字,印数2000册,定价15.00元。

《艺术之子曹辛之——曹辛之(杭约赫)纪念文集》 中国出版工作者协会书籍装帧艺术委员会编。1998年5月天津教育出版社出版。本书是为纪念我国现代著名的篆刻家、诗人、编辑出版家、装帧设计家曹辛之(1917～1995)而编辑的文集。这本纪念文集选入者,都是曹先生多年来的同事和至交亲朋。他们从各个方面和角度,以敬重、怀念的衷情,表叙了自己的缅想和哀思。集子中不少文章涉及他编辑出版、装帧设计方面的特色和成就。书前有黑白照片12页。大32开本,448页,33.1万字,印数2000册,定价24.50元。

《钱君匋及其师友别传》 程天良著。1998年5月湖南文艺出版社出版。大32开本,264页,印数4000册,定价14.00元。

《民间的回声——新民报创始人陈铭德邓季惺伉俪传》 蒋丽萍、林伟平著。1998年6月上海文艺出版社出版。本书对现代中国最大的民营报系《新民报》的创始人陈铭德(1897～1989)、邓季惺(1907～1995)夫妇进行介绍,记述老一辈知识分子建设中国文化事业的曲折历程。大32开本,337页,印数5000册,定价18.00元。本书的增订本2004年8月由新世界出版社出版。

《报海生涯——成舍我百年诞辰纪念文集》 中国人民大学港奥台新闻研究所编。1998年8月新华出版社出版。成舍我(1898～1991年)是我国现代新闻出版界知名人士。10岁时即与新闻活动结缘,早年曾任上海《民国日报》主编,北京《益世报》总编辑。1924年起,先后创办《世界晚报》(北京)、《民主报》(南京)、《立报》(上海)、《香港立报》等,在新闻界影响强烈,成舍我打响名号的就是他第一份报纸《世界晚报》。1945年在重庆创办《世界日报》。1952年由香港去台湾,晚年执教于政治大学、台湾师范大学、东海大学。大32开本,323页,定价25.00元。

《曹靖华:百年翻译家传略》 丁言模著。1998年9月上海外语教育出版社出版。曹靖华(1897～1987),我国现代著名翻译家、散文家、教育家和编辑家,北京大学教授。早年与鲁迅交往甚密,曾主编《苏联文学丛书》。1959～1964年,任《世界文学》主编。他的第一部译作是契诃夫的独幕剧《蠢货》,经瞿秋白推荐,在杂志《新青年》上发表。此后陆续翻译近三十种苏联文学作品。本书侧重记述了作为翻译家的曹靖华的经历与业绩。大32开本,199页,定价11.00元。

《胡愈之画传》 盛永华、王健编。1998年9月三联书店出版。这是纪念胡愈之诞辰100周年的画册。画传从1896年到1986年分为7个阶段,收有胡愈之各个时期的照片和有关史料的照片。书前有夏衍所作的《中华民族的脊梁——胡愈之》的代序,胡愈之的生平;书末有胡愈之生平大事记。16开本,147页,印数5000册,定价42.00元。

《调适的智慧——杜亚泉思想研究》 高力克著。1998年9月浙江人民出版社出版。杜亚泉(1873～1933),曾创办了中国最早的科学刊物——《亚泉杂志》半月刊。又编辑《文学初阶》,为中国最早的国文教科书。1904年秋人商务印书馆编译所,历时28年。早年又攻理科,商务早期理化书、博物教科书大多出自他手。主编《东方杂志》,使其成为当时很有影响的学术杂志。他发表的译著论文达三百多篇。始终坚持科学的立场,于人生观和社会观,于理智支配欲望为最高理想,以使西方科学与东方传统文化结合为最后目的,实为中国启蒙时期的著名爱国学者、编辑家。1920年辞去《东方杂志》主编兼职,专任理化部主任，编辑建树颇多。杜亚泉调适思想是中国近代思想史研究的新论域。本书即针对其思想进行了全面的研究。从中读者可以看到杜亚泉及其温和渐进的调适思想，使我们重新认识世纪初一位被冷落的智者及其被湮没的思想智慧。大32开本，262页，印数3000册，定价13.50元。

《智民之师——张元济》 张人凤著。1998年9月山东画报出版社出版。作者系张元济先生的嫡孙。本书以大量第一手资料，评述了张元济从仕途转向商务印书馆、执掌商务印书馆、影响商务印书馆的一生。书中披露了不少家藏张元济的照片，具有很重要的历史文献价值。本书第2版2001年9月由山东画报出版社出版，书末有《张元济年表》。大32开本，255页，16万字，未标印数，定价10.00元。

《人淡如菊/张元济》 李西宁著。1998年10月山东画报出版社出版。收入"20世纪华人名人小传丛书"。这本小册子用通俗流畅的语言，简明生动的故事，描述了伟大的出版家张元济的一生。64开本，164页，18幅图，印数10000册，定价6.00元。

《赵家璧先生纪念集》 上海鲁迅纪念馆、上海文艺出版社合编。1998年10月上海文艺出版社出版。本书分为"回忆·哀思·研究"、"挽联·唁电·唁函"、"自传·年谱"三个部分，对现代著名编辑出版家赵家璧先生的一生进行了总结。"回忆·哀思·研究"中有赵家璧同时代人，如黄源、马国亮、冯亦代等人和赵先生的一些忘年交，如倪墨炎、陈子善、曹正文、舒乙等人的回忆文章，以及张志强、李频、赵敬立等人研究赵家璧编辑出版思想的文章。而"自传·年谱"部分收录了赵家璧1954、1986年分别写作的《生平小传(1908～1953)》、《编辑生涯自述》，周国伟编写的《赵家璧年谱》。附录有《赵家璧主持编辑、出版的图书目录》。书前有赵家璧各个年龄段的照片和他策划编辑的图书的书影。大32开本，378页，印数1000册，定价21.00元。

《黄丕烈评传》 姚伯岳著。1998年12月南京大学出版社出版。收入"中国思想家评传丛书"。本书系统研究了清代乾嘉时期的著名藏书家、刻书家黄丕烈的成就、思想及影响。本评传分十章，对黄丕烈的生平成就，精神境界，生活志趣，学术交游，藏书、刻书、抄书活动，版本学、目录学、校勘学思想方法和有关活动，及其学术地位、文化影响等进行了系统全面的研究考察。大32开本，337页，25万字，印数1000册，精装本，定价22.00元。

《石榴又红了——回忆我的父亲郑振铎》 郑尔康著。1998年12月中国人民大学出版社出版。收入"追忆文丛"。本书作者是郑振铎先生之子，书中运用大量第一手资料，描述了郑振铎的生活与工作。大32开本，393页，定价23.00元。

《郑樵评传》 徐有富著。1998年12月南京大学出版社出版。收入"中国思想家评传丛书"。郑樵(1104～1162)，中国宋代史学家、目录学家、编辑家。他一生专心著述，据统计达84种，但大部分已佚亡。今存仅《通志》、《夹漈遗稿》、《尔雅注》、《诗辨妄》及一些零散遗文。他所撰《校雠略》和《艺文略》是研究中国目录学、校雠学的重要文献。大32开本，336页，精装本，定价22.00元。

《明代刊工姓名索引》 李国庆编纂。1998年12月上海古籍出版社出版。本书专门收录明代雕版印本中的刻工姓名资料，对研究明代的雕版印刷具有参考价值。大32开本，617页，印数1000册，精装本，定价38.50元。

《邹韬奋的故事》 庞晓恩编著。1998年汕头大学出版社出版。收入“中外英雄人物故事丛书”。小32开本，127页，丛书全套总定价650.00元(无单册价格)。

《幽默大师林语堂》 施建伟著。1999年2月上海书店出版社出版。收入“中国文化名人传记丛书”。林语堂(1895～1976)是我国现代著名学者、作家，也是编辑家。本书的内容涉及他参与编辑和担任主编的《语丝》、《论语》、《人间世》时期的情事，还涉及他编写出版的《开明英文读本》及其引发的版权纠纷等，具有出版史方面的价值。大32开本，274页，19.7万字，印数5000册，定价14.80元。

《通俗文学之王包天笑》 栾梅建著。1999年2月上海书店出版社出版。收入“中国文化名人传记丛书”。包天笑(1876～1973)是我国清末民初的著名作家，又是翻译界前驱，新闻界耆宿，鸳鸯蝴蝶派代表人物之一。他的一生著述相当可观。作为作家和编辑，他的出版活动频繁，成就显赫，在近代文学史上留下了引人注目的一页。本书是从通俗文学创作和编辑的角度为包天笑撰写的传记。附录《包天笑生平大事年表》。大32开本，248页，印数5000册，定价14.80元。

《艺海双桨——名作家与名编辑》 陈思和、虞静主编。1999年3月上海科技教育出版社出版。本书收录巴金、陆文夫、王蒙、李国文、冯骥才等人的文章，对引导或帮助过他们的编辑表达了深深的谢意。这本书的出版有助于人们对这些作家的深入认识，同时也有助于当代文学编辑史的研究。大32开本，411页，印数5000册，定价16.70元。

《名士风流：文化名人的报刊生涯》 焦国标著。1999年10月福建人民出版社出版。收入“报界档案丛书”。本书选取梁启超、胡适、严复、林纾、章太炎、于佑任、傅斯年、曹聚仁、苏曼殊、李叔同、郁达夫等文化界名人，论述了他们从事报刊工作的经历、理念和成就。大32开本，134页，定价8.70元。

《叶圣陶编辑思想研究》 中国出版工作者协会学术工作委员会、叶圣陶思想研究会编。1999年5月开明出版社出版。本书分两个部分。第一部分是叶圣陶编辑思想研究论文，收录吴道弘、张志公、周振甫等人的相关文章15篇。第二部分为叶圣陶有关编辑工作言论选辑，包括题词、文章、讲话书信、编辑辅文、图书广告等91篇(书信、广告每一封或一则，算一篇)。前面有叶至善的《叶圣陶和编辑工作》作为“代序”。大32开本，335页，23万字，未标印数，定价20.00元。

《张元济：书卷人生》 周武著。1999年5月上海教育出版社出版。收入“20世纪文化名人与上海丛书”。书前收张元济的照片、手迹等多幅。大32开本，280页，16.4万字，定价17.80元。

《叶圣陶：一代师表》 金洁、邓帅萍著。1999年5月上海教育出版社出版。收入“20世纪文化名人与上海丛书”。大32开本，249页，14.6万字，印数3200册，定价16.70元。

《文献家通考(清代—现代)》(全3册) 郑伟章著。1999年6月中华书局出版。这部著作，收录自清初钱谦益(1582～1664)以来，共一千五百多位对中国古籍整理和藏书事业作出贡献的人物，每人一传，记其生平事迹、文献活动、收藏的要籍，以及读、校、刻书的状况，编印的书目题跋，文献散佚传递源流等，蔚为大观。作者重视第一手资料，大量搜集阅读了古人文集、丛书、方志、日记、笔记、年谱、书目、题跋及其他各类书籍多达一千四百六十多种。启功题写书名。大32开本，1787页，130万字，印数3000套，平装本定价

120.00 元,精装本定价 145.00 元。

《出版群星——首届“全国百佳出版工作者”事迹介绍》 中国出版工作者协会编。1999 年 6 月金盾出版社出版。本书是首届全国百佳出版工作者称号获得者 100 人的事迹汇编。前面收录相关的领导讲话,包括:龚心翰《建设跨世纪的合格出版队伍》、于友先《开创更新局面争取更大繁荣》、卢玉忆《关于首届“全国百佳出版工作者”的评选经过》。宋木文作序。大 32 开本,368 页,27.5 万字,印数 1000 册,未标定价。

《邹韬奋:大众文化的先驱》 陈挥著。1999 年 7 月上海教育出版社出版。收入“20 世纪文化名人与上海丛书”。书前有黑白、彩色照片 8 页。大 32 开本,274 页,16.1 万字,印数 3200 册,定价 17.90 元。

《翻译名家研究》 郭著章等编著。1999 年 7 月湖北教育出版社出版。本书集中研究了当代中国在翻译业绩方面有突出贡献的 16 位著名译家。他们是:鲁迅、周作人、胡适、郭沫若、林语堂、徐志摩、茅盾、梁实秋、钱歌川、张谷若、巴金、傅雷、萧乾、戈宝权、王佐良、许渊冲。本书对每一位译家与翻译的探讨,比较全面和深入,内容既包括其翻译实践,也包括其翻译见解。大 32 开本,265 页,33.9 万字,印数 3000 册,定价 26.00 元。

《钱君匋艺术论》 晓云、司马陋夫编。1999 年 8 月线装书局出版。收入“君匋艺术院丛书”。本书收文有:《读印随想录》、《关于赵之谦》、《赵之谦的书法》、《忆弘一大师》、《泪向杭州洒》、《北欧各国的音乐》、《音乐的学习》等。大 32 开本,493 页,印数 1000 册,定价 30.00 元。

《赵超构传》 张林岚著。1999 年 8 月文汇出版社出版。我国杰出老报人赵超构(林放)先生有“三不朽”:1944 年访问延安,写出了媲美爱德加·斯诺《西行漫记》的《延安一月》;创办新中国第一张晚报《新民晚报》取得成功经验;60 年间手不停笔死而后已,作新闻性杂文万余篇,脍炙人口妇孺皆知。本传记叙述赵氏生平包括与毛泽东交往成为中国共产党诤友的经历。大 32 开本,345 页,25 万字,印数 2000 册,定价 36.00 元。

【另】《赵超构》(晁鸥、则玲著)1999 年人民日报出版社出版。32 开本,18 万字,定价 14.80 元。

《一溪集/杜亚泉的生平与思想》 许纪霖、田建业编。1999 年 8 月三联书店出版。本书共分四个部分,第一部分是杜亚泉同时代的挚友、学生和家人的回忆、悼念性文字;第二部分是 20 世纪 90 年代以来对杜亚泉文化思想的研究论文;第三部分是对杜亚泉生平、事业的考证和研究性文章;最后一部分是杜亚泉的学术年谱及著译一览表。杜亚泉是建国前著名的编辑家,长期在商务印书馆供职。这本集子中相当多的材料都是重要的编辑出版史料,具有重要的历史文献价值。大 32 开本,324 页,22.3 万字,印数 5000 册,每本 15.00 元。

《王云五评传》 郭太风著。1999 年 9 月上海书店出版社出版。这是中国内地第一本较为全面系统叙述和研究出版家王云五生平事迹的著作,资料翔实,评价较为公允。全书 13 章,大体按时间先后进行叙述,其纲目分别为:从启蒙到学贯中西、跨入政门半只脚、出任编译所长、图书统一分类法与四角号码、多重色彩的企业家、重振商务事业、商务出书又出人、八年转战苦维持、从参政员到“政治花瓶”、在金圆券风潮中、孤岛附政、重操旧业生辉煌、“学界奇人”的最后岁月。作者比较客观地描述了王云五的一生,对其一生中的出版经历，如执掌商务印书馆、在台湾重振商务印书馆等活动给予了公正的评述。大32开本，476页，未标字数，印数5000册，定价25.00元。

《胡愈之》 朱顺佐著。1999年9月花山文艺出版社出版。收入"著名民主人士传记丛书"。胡愈之(1896～1986)是我国现代文化史、新闻出版史上一位集社会活动家、新闻出版家、国际问题研究专家于一身，融杰出的编辑、记者、评论家于一体的著名人物。本书以传记体的形式向读者展示了胡愈之丰富多彩的人生。书前有相关的图片、照片等16个插页。费孝通作序。大32开本，347页，27.8万字，印数3000册，定价16.00元。

《史量才:现代报业巨子》 庞荣棣著。1999年10月上海教育出版社出版。收入"20世纪文化名人与上海丛书"。史量才(1880～1934)是我国现代著名的报业家，曾任《时报》主笔、《申报》总经理，还出版《申报月刊》、《申报年鉴》、《申报丛书》等，为进步的新闻、文化事业作出了贡献。1934年11月，他在上海被国民党特务刺杀。本书比较全面地记述了史量才新闻出版业的经历及其在中国报业史上的地位和作用。大32开本，240页，14.4万字，印数3300册，定价15.40元。

《郑振铎:狂胪文献耗中年》 陈福康、南治国著。1999年10月上海教育出版社出版。收入"20世纪文化名人与上海丛书"。本书主要记述了郑振铎20世纪20年代初至40年代末在上海的生活情况，特别是为保护文物和古籍所作的贡献。大32开本，242页，定价16.40元。

《毛泽东新闻活动》(增订本) 谭一著。1999年10月当代中国出版社出版。本书是在1993年11月初版(新中国成立前部分)的基础上增补新中国成立后部分而成书的。全面系统地论述了毛泽东的新闻思想和新闻实践活动。大32开本，414页，定价25.00元。

《凌濛初研究》 徐定宝著。1999年1月黄山书社出版。凌濛初(1578～1644)明代小说家、刻书家。所编著刊刻的短篇小说初刻、二刻《拍案惊奇》，后人称为"二拍"。又编有《南音三籁》。本书内容涉及凌濛初的生平与时代、《二拍》与晚明文化语境、《二拍》的美感效应、《二拍》与相关小说之比较、戏曲创作成就揽要、曲论与曲选等。附录《有关凌濛初生平的部分史料》、《有关凌濛初著述的部分史料》等。大32开本，印数2000册，定价19.80元。

《从远天的冰雪中走来——靳以纪传》 南南著。2000年1月山西人民出版社出版。收入"著名作家纪传丛书"。靳以(1909～1959)是现代著名作家和文学编辑家。本书是他女儿撰写的回忆文章的结集。书末附录《靳以传略》、《靳以著作书目》。大32开本，304页，定价16.00元。

《心灵与形象——张慈中书籍装帧设计》 张慈中作。2000年4月商务印书馆出版。本书选收了张慈中(1924～)设计的《中华人民共和国宪法》、《中华人民共和国发展国民经济的第一个五年计划》、《马克思画传》、《中国大百科全书》等66部书籍的装帧作品等。大32开本，161页，精装本，定价40.00元。

《敬人书籍设计》 吕敬人作。2000年4月吉林美术出版社出版。收入"中国当代著名设计师丛书"。吕敬人(1947～)是我国当代著名装帧设计家。本书是他多年书籍设计的作品集萃，收集了他设计的有代表性的书籍装帧作品，从一个侧面反映了我国书籍装帧的发展。文字部分主要内容包括:书缘、现代书籍形态学与吕氏风格、混沌与秩序、书籍的形态、更新书籍设计观念、新设计论、书籍内容的整体结构等。16 开本,99 页,印数 3000 册,定价 56.00 元。

《文化的商务/王云五专题研究》 王建辉著。2000 年 7 月商务印书馆出版。这是中国内地第一本比较系统地研究王云五出版思想与实践的论著。全书计有 8 章,其纲目为:商务印书馆的新人、出版近代化的探索者、国难之下的文化奋斗、新式丛书的出版者、王氏出版的文化符号、商务两代主政者、与思想文化界的联系、是是非非王云五。该书为作者博士论文的修改本,是对王云五的专题研究,而不是出版家传记。在论述中,既注意史实的钩沉、事实的叙述,更注重商务史与出版史、文化史和思想史的联系,从广阔的社会政治文化背景下对其作出新的阐释。章开沅作序。书前有黑白照片 4 页。后附《王云五与商务印书馆年表简编》、《王云五新式丛书章程与书目选刊》。大 32 开本,299 页,未标字数和印数,定价 19.00 元。

《广西图书发行工作者传》 张昌华主编。2000 年 8 月广西民族出版社出版。本书收录了 85 位图书发行工作者的传记。大 32 开本,266 页,印数 2000 册,定价 18.00 元。

《中西科学交流的功臣——伟烈亚力》 汪晓勤著。2000 年 9 月科学出版社出版。收入"西学东传人物丛书"。伟烈亚力是清末来华的英国传教士。他在华 30 年,曾经在墨海书馆、江南制造局翻译馆、格致书院等处从事翻译著述和编辑出版工作,还创办了有重要影响的刊物《六合丛谈》。他与中国学者李善兰等合作,翻译出版了大量西方科学著作,同时注意向西方介绍中国科学。本书全面描述他的在华活动,材料丰富,生动感人。大 32 开本,161 页,13.4 万字,定价 11.00 元。

《众说韬奋》 胡愈之等著。2000 年 10 月学林出版社出版。收入"走近韬奋丛书"。它选录了四十多篇文章,主要是回忆和研究邹韬奋的,涉及他的新闻出版思想与实践,作者有周恩来、沈钧儒、沙千里、胡绳、张友渔、寒松、陈毅、郑振铎、胡愈之等。小 32 开本,183 页,13.5 万字,印数 3000 册,定价 11.00 元。

《吴朗西先生纪念集》 上海鲁迅纪念馆编。2000 年 10 月上海文化出版社出版。吴朗西(1904～1992),现代著名编辑家、出版家和翻译家。本书分为"回忆·哀思·研究"、"自传·年谱"、"吴朗西旧作小辑"三个部分。第一部分收录巴金、黄源、丰子恺、柳静等人回忆吴朗西的文章,以及陈思和、李辉、孙晶、赵敬立等人研究吴朗西或文化生活出版社的文章;第二部分收录吴朗西自己所写的《我的前半生》、史伯英编的《吴朗西年谱》,以及从鲁迅日记中辑录的《鲁迅与吴朗西来往录》;第三部分收录吴朗西的一些译后记、回忆录等文章。本书对于了解吴朗西和文化生活出版社有着重要的参考价值。大 32 开本,367 页,24.8 万字,印数 1050 册,定价 21.00 元。

《张友鸾纪念文集》 本书编辑组编。2000 年 10 月文汇出版社出版。本书为纪念著名报人、作家张友鸾(1904～1990)逝世十周年而编辑的。文集包含张友鸾年谱、纪念文章、生平轶事等部分,收录文章五十多篇,照片二十多幅,生动记录了这位报人、作家为发展中国的新闻事业、文学事业在半个多世纪中走过的艰辛道路,开创的不凡业绩,以及他对事业的执著追求和高尚的人格修养。方汉奇作序。大 32 开本,342 页,定价 22.00 元。

《范泉纪念集》 钦鸿、潘颂德编。2000 年 12 月中国三峡出版社出版。范泉(1906～2000)本名徐炜,是我国现代著名作家、编辑家。该书收入他的同事、朋友、作者等有关的纪念性诗文和研究他编辑出版思想与贡献的论文,另有一些历史资料,包括照片等。周而复题写书名。大32开本,498页,18.6万字,印数1000册,定价25.00元。

【另】钦鸿编《范泉书信集》即将出版。

《编辑生涯忆鲁迅》 赵家璧等著。2000年12月河北教育出版社出版。收入"回望鲁迅丛书"。本书编选了赵家璧、黄源、周作人、李霁野等16位作者关于鲁迅与编辑工作的回忆文章36篇,对于研究鲁迅的编辑思想与实践有着重要的史料价值,同时对今天的编辑出版工作也有多方面的启示。大32开本,284页,26.9万字,初印1000册,2001年5月第2次印刷,累计印数2000册,定价23.90元。

《韬奋经营管理方略》 武志勇著。2000年12月中央编译出版社出版。本书分八章,对韬奋的经营方针、管理艺术、管理方法、"生活"精神、管理成功的人格基础等问题进行了专题研究。附录有《韬奋自述》、《韬奋遗嘱》、《韬奋主编的刊物和日报》、《韬奋新闻出版工作大事系年》。大32开本,335页,26万字,印数1000册,定价17.60元。

《柳溥庆纪念文集》 本书编委会编。2000年12月中国金融出版社出版。柳溥庆(1900~1974)是我国现代著名印刷技术专家。建国后曾任中国人民银行总工程师兼印刷技术研究所所长,在印刷理论和印刷技术创新方面有突出的贡献。本书为柳溥庆诞辰一百周年纪念集,分为纪念文章、历史回眸、柳溥庆遗稿选登三个部分。大32开本,243页,印数2000册,定价32.00元。

《报坛苍松——怀念罗妙同志》 吴松营编。2000年中国青年出版社出版。收入"深圳特区报丛书"。罗妙(1942~1999)曾经担任《深圳特区报》社长。本书是一本纪念罗妙同志的文集,内容丰富,包括领导同志、老战友、同事及亲属们的缅怀文章和诗画。大32开本,452页。

《钱君匋传》 吴光华著。2001年6月北京美术摄影出版社出版。钱君匋是我国现代著名的书籍装帧家、书画家、篆刻家,尤其是在书籍装帧艺术方面成就显著。作者以真实、形象、生动的笔触,不仅全面地展示了这位世纪老人的风雨人生,而且也叙述和评价了他多方面的成就。书前有关于传主的照片等21幅。大32开本,466页,35万字,印数6000册,定价25.00元。

【另】《钱君匋书籍装帧艺术选》1963年由人民美术出版社出版。《钱君匋论艺》1990年7月西泠印社出版。《钱君匋艺谭》(韦君琳编)1997年9月安徽文艺出版社出版。

《韬奋传》 陈挥著。2001年9月江西人民出版社出版。关于邹韬奋的传记已经有多个版本,此书是比较新的一个本子。作者还是按传主人生的若干阶段展开叙述的。大32开本,375页,29万字,印数2000册,定价22.00元。

《巴人先生纪念集》 上海鲁迅纪念馆编。2001年9月人民文学出版社出版。巴人(1901~1972)是我国现代著名的文学理论家和文学编辑家。本书收有《梦的追求——忆任叔》、《在巴人的故乡》、《我和王任叔老师相处的日子》、《论巴人的文艺思想》、《论巴人的戏剧创作》等纪念文章。大32开本,525页,印数1000册,定价26.00元。

《百年沧桑:王芸生与〈大公报〉》 王芝琛著。2001年9月中国工人出版社出版。本书收录了有关《大公报》的讨论文章40篇,并根据其内容分为"评论篇"、"人物篇"、"事件篇"、"花絮篇"四部分。大32开本,285页,印数5000册,定价18.00元。本书2006年再版。

《鲁迅装帧系年》 上海鲁迅纪念馆等编,杨永德编著。2001年9月人民美术出版社出版。本系年起自1924年2月2日至1936年10月19日,是鲁迅有关装帧(包括美术)活动的史料长编,根据《鲁迅日记》将鲁迅先生的装帧活动及书信等资料按日期编入,同时插入其他人的回忆、评述等。书的前面是10幅有关鲁迅先生的黑白图片;书后附书影数十页。大32开本,451页,印数1500册,定价66.00元。

《柯灵传》 姚芳藻著。2001年11月上海教育出版社出版。本书详尽地记述了柯灵光辉曲折的一生,读者能感受到百年沧桑,尤其能看到那一代爱国的、正直的知识分子荣辱浮沉、上下求索、九死不悔的人生道路。大32开本,440页,定价25.50元。

《郑振铎》 郑尔康编著。2001年11月河北教育出版社出版。收入"文化人影记丛书"。本书为图文本。大32开本,86页,定价18.00元。

《邱陵的装帧艺术》 邱陵编著。2001年12月三联书店出版。本书分为文字部分和书影、图片部分。文字部分收录作者有关装帧艺术的文章,分成6个板块:书籍装帧艺术简史、书籍装帧设计知识、装帧论稿、装帧杂谈、装帧话旧、装帧教育。图片、书影部分包括设计作品、临摹作品、写生作品和影存。8开本,318页,印数2000册,精装本,定价120.00元。

《文心雕虫——郭天民书籍设计作品》 郭天民设计。2001年12月湖南美术出版社出版。本书收入作者的书籍设计作品以及随笔、杂感、序跋、演讲等共43篇。24开本,147页,印数1000册,精装本,定价80.00元。

《夏丏尊传》 夏弘宁著。2002年1月中国青年出版社出版。作者系传主的孙子。本书以翔实的资料,记录了教育家、文学家、编辑家夏丏尊(1886～1946)60年的人生历程,充分反映了他醇朴、谦逊而又切实的品格。大32开本,284页,定价14.50元。

《陆费逵与中华书局》 俞筱尧、刘彦捷编。2002年1月中华书局出版。主要内容为:记叙陆费逵生平思想和创办中华书局的经历,以及叙述陆费逵主持工作期间,中华书局重要书刊的编辑出版情况和业务经营方面的重大措施。同时也收录了几篇介绍其教育方面成就的文章。新组织和收集到的文章,编为"怀念与研究";陆费逵逝世时亲友们的怀念文章和传略,编为"六十年前的悼文"。这两编共收文31篇。另外还选录了陆费逵本人有关教育改革、汉字改革、提倡普通话和白话文问题,以及从事出版事业的旨趣,创办中华书局的宗旨,编印《辞海》和《四部备要》等书籍的缘起等文章,计29篇,编为"陆费逵著作选载"。书前有照片、手迹、书影等多帧。后有附录,为沈芝盈《陆费伯鸿行年纪略》。王益为该书作序。大32开本,535页,38.9万字,印数3000册,定价33.00元。

【另】郑子展编《陆费伯鸿先生年谱》1946年内部印行;中华书局成立70周年时编辑出版了《中华书局成立七十周年纪念(1912～1982)》(1983年7月刊行);成立80周年时还曾出版了纪念文集《中华文化的过去现在和未来》(1992年),《中华书局收藏现代名人书信手迹》(1992年)。

《藏书世家》 柳和城、宋路霞、郑宁著。2002年2月上海人民出版社出版。本书力图通过对著名藏书家生活及其家庭生活的回顾,揭示传统中国文化所特有的家庭文化环境,说明"诗书传家久"的道理。这些藏书家,或古代,或当代,或书香门第,或官宦人家,他们大多经历过乱世灾年，饱经世事沧桑，然而却以对藏书文化的负责精神和探索毅力，赢得了生前身后的名望，同时营造出几代人的“读书”风尚，使他们的家庭人才辈出，代代兴旺。大32开本，262页，28.5万字，定价24.00元。

《海上才子邵洵美传》 林淇著。2002年2月上海人民出版社出版。本书的传主邵洵美(1906～1968)是我国现代有一定影响的文学家、翻译家、编辑家和出版家。这也是国内第一部有关邵洵美的传记。本书包括煊赫家史·富贵公子、留学英伦·结友巴黎、海天归程·燕尔新婚、“新月”开幕·南京赴任、开办“金屋”·出版诗集等29章。附录《邵洵美年表》。大32开本，296页，印数1000册，定价18.00元。

《星陨高秋——郑振铎传》 郑尔康著。2002年3月京华出版社出版。大32开本，458页，印数3000册，定价28.00元。

《报王黄世仲》 申友良著。2002年3月中国社会科学出版社出版。一代报王黄世仲一生创办了多种报纸，为资产阶级民主革命的宣传作出了杰出的贡献。《报王黄世仲》以史实再现的手法，将一代报王的传奇一生展现在读者面前。本书是为黄世仲诞辰130周年暨被冤杀90周年之际而编撰的。大32开本，304页，23.8万字，定价20.00元。

《韬奋新论——邹韬奋思想发展历程研究》 郝丹立著。2002年5月当代中国出版社出版。本书的“绪论”中，作者对韬奋研究的历史走向进行了深入探讨。随后的6章，分别是：青年韬奋的教育背景及其思想特征、职业教育思想、《生活》周刊时期的思想(上、下)、民主观研究、最后的归宿。论述重点是邹韬奋思想的发展变化，有新的见解。大32开本，341页，21.2万字，未标印数，定价22.00元。

《周文纪念集》 上海鲁迅纪念馆编。2002年6月上海文艺出版社出版。周文(1907～1952)曾从事革命工作和文学创作，在文艺大众化实践以及报纸编辑出版等方面都取得了令人瞩目的成绩。20世纪30年代创办《安庆晚报》副刊，主持文协成都分会会刊《笔阵》，兼《四川日报》、《新民报》副刊编辑。1940年奉调至延安，筹办大众读物社，出刊《边区群众报》、《大众习作》，做文艺普及工作。1942年任晋绥分局秘书长等职。1946年出任重庆《新华日报》副社长。本书包括“亲友回忆”、“业绩评述”、“遗文小辑”、“资料二则”四部分内容，收录了对周文纪念的文章和他的部分遗作。大32开本，345页，定价19.00元。

《张元济：书卷中岁月悠长》 汪凌著。2002年9月大象出版社出版。收入“大象人物聚焦书系”。这套书系突出历史照片和图片资料。本书作者以传主的一生为背景，来扫描和透视自己最感兴趣，也最能凸显人物性格和命运的某些片段，多层次、多侧面地表现人物的一生。有传主的自述、他人的评点、图片说明等。16开本，93页，印数6000册，定价21.00元。

《蒲熙修：此生苍茫无限》 张泽贤编著。2002年9月大象出版社出版。收入“大象人物聚焦书系”。本书以简练的文字、丰富的图片为我们展现了著名女报人浦熙修(1910～1970)辉煌而又坎坷的一生。除了正文外，还选摘了传主的自述、他人的评点，图片说明力求改变通常的模式，从而较为活泼，也更具内涵。使一个人的一生多层次、多侧面而又生动地呈现出来。16开本，93页，印数6000册，定价21.00元。

《民主斗士李公朴》 张则孙著。2002年10月中央文献出版社出版。李公朴(1900

～1946)是中国现代伟大的爱国主义者，坚定的民主战士，中国民主同盟早期领导人，杰出的社会教育家、编辑出版家。大32开本，316页，印数3000册，定价25.00元。三联书店贵阳联谊会2001年6月曾经内部刊行过同名著作，作为“三联贵阳联谊丛书”之一。

《李公朴纪念文集——纪念李公朴一百周年诞辰》 徐缨、毛建东主编。2002年11月江苏古籍出版社出版。本书是江苏省武进区李公朴研究会成立一周年来研究成果的汇编，内有15页彩页，62篇纪念文章，并附《李公朴年表》。大32开本，357页，定价20.00元。

《黎昔非与〈独立评论〉》 黎虎著。2002年10月学苑出版社出版。本书揭示了在中国现代历史上产生过重要影响的刊物《独立评论》后面深藏70年的历史内幕，展现了《独立评论》“忠心的看护妇”——黎昔非先生(1902～1970)非同寻常的人生和伟大的人格。作者以历史事实说话，这些丰富的历史资料和照片，大多是首次公诸于世的第一手资料。书中既有各专业领域的大家、新秀的客观、公允、深刻的评论，又有亲友故旧的回忆，融学术性与可读性于一炉。本书为研究《独立评论》及其主编胡适鲜为人知的另一侧面提供了新资料，填补了这方面的学术空白。大32开本，721页，印数1000册，精装本，定价80.00元。

《报刊情缘——沈从文投稿与编辑活动探迹》 李端生著。2002年4月中国文联出版社出版。32开本，144页，印数3000册，定价15.00元。

《巴金图传》 陈思和著。2002年12月广西教育出版社出版。本书是作者《人格的发展——巴金传》的简写本，并辅以较多的图片资料。作者以“人格的发展”为线索勾勒巴金前半生人格形成、发展及高扬的历程，凸显出经过五四风雨洗礼的一代知识分子在20世纪上半期中国风云变幻的背景下，探寻真理、寻找道路的艰难历程。12开本，143页，印数5000册，精装本，定价80.00元。

《于无声处听惊雷——鲁迅与文网》 散木著。2002年12月百花洲文艺出版社出版。本书是从现代文祸史的角度来研究鲁迅的思想、创作及其与出版的关系的。作者分11个专题展开论述，具体包括：国民党文网中不屈的鲁迅、文网下的中国出版界和鲁迅、鲁迅与北新书局、苍凉回眸说禁书、《鲁迅全集》出版的前前后后，等等。大32开本，529页，38万字，印数3000册，定价28.00元。

《叶昌炽研究》 金振华著。2003年1月吉林人民出版社出版。本书为研究晚清著名金石家、藏书家、史学家、编辑出版家叶昌炽(1849～1931)的学术专著。大32开本，240页，18万字，印数1000册，定价15.00元。本书2005年4月再版。

《潮声：孟玉兔与〈钱江晚报〉现象》 宋建武主编。2003年1月新华出版社出版。全书分序言篇、“钱江晚报现象”概观、孟玉兔其人以及《钱江晚报》知名栏目解读与重要社会活动评析四篇内容。大32开本，215页，定价50.00元。

《叶圣陶画传》 叶陶君、吕达主编。2003年2月人民教育出版社出版。16开本，213页，精装本，定价26.00元。

《韬奋挚友毕云程》 江苏省海盐县政协文史资料委员会编。2003年3月学林出版社出版。毕云程(1891～1971)，早年曾在上海商务印书馆工作。与邹韬奋关系密切，为韬奋主编的《生活周刊》最早的赞助人和撰稿人。1934年至1935年间，先后担任生活书店经理和《世界知识》半月刊主编兼发行人，并与沈钧儒、邹韬奋、杜重远、金仲华等并肩战斗，出任香港《生活日报》社经理，宣传抗日民族统一战线，投身抗日救国事业。1949年后，曾任中国福利会主任秘书、上海韬奋纪念馆馆长等职。大32开本，257页，印数3000册，定价20.00元。

《老出版人肖像》 王建辉著。2003年3月江苏教育出版社出版。作者以人物为纲，选取了五十多位已经谢世的老出版人(上起王韬，下迄陈翰伯)进行缅怀与探究，注重从出版史与思想史、文化史相结合的角度来研究出版人的思想与行为。他在"后记"中说："为了透视得更专业更清晰一些，我所关注的历史人物尽可能地以图书编辑为主，也写了几位有代表性的报刊编辑，且尽可能地是人们说之不多知之未详，而在出版史又应有一席之地的人物。"此书装帧雅致，图文并茂。大32开本，322页，21万字，印数1180册，定价23.80元。

《余纪忠办报思想与实践研究(1988～2001)》 左成慈编著。2003年5月南京大学出版社出版。本书以台湾一代报业巨子余纪忠为对象，系统、全面地研究了他在台湾报禁解除后的办报实践以及办报思想，考察了中西文化对其办报思想的影响，从政治层面、社会层面剖析了他办报思想的宗旨、理念，揭示其办报思想对台湾社会开放与民主化变革所起的作用。书后附有办报思想的口述材料，具有重要的存史价值。大32开本，330页，印数2000册，定价20.00元。

《近代出版人的文化追求——张元济、陆费逵、王云五的文化贡献》 汪家熔著。2003年6月广西教育出版社出版。收入"20世纪中国出版文化丛书"。本书从文化的层面来研究出版史，从文化贡献的角度来评说历史上的出版家。全书除"小引"外分11章，其纲目分别为：古代出版主体的局限、近代出版人的先驱、近代出版第一交椅、商务的成功——敬业·创新、商务中华相竞相长、质量是出版的立身之本、文化积累千秋功业、引领潮流、百折不回的探索与追求、深刻的烙印、近代文化的源头。重视第一手资料，在严谨的考证中观点出新，是本书的特点。大32开本，434页，30万字，未标印数，精装本，定价38.00元。

《冯雪峰评传》 陈早春、万家骥著。2003年6月人民文学出版社出版。冯雪峰是现代著名作家、文艺理论家和文学编辑出版家，曾担任首任人民文学出版社社长。大32开本，573页，印数2000册，定价32.00元。本书重庆出版社1993年10月初版。

《中国百年报人之路(1815～1949)》 曾宪明著。2003年6月远方出版社出版。大32开本，371页，29万字，印数2000册，定价25.00元。

【另】曾宪明著《中国近现代报人与报业》即将由武汉出版社出版。

《走近贾祖璋》 吴世灯著。2003年7月福建教育出版社出版。贾祖璋是我国科学小品的开拓者和奠基人之一，是著名的科普作家、生物学家和编辑出版家。几十年来，他长期在商务印书馆、开明书店、中国青年出版社、科学普及出版社工作。这本书的作者曾在贾祖璋直接指导下从事科普编辑和科普创作。该书就是怀念和研究贾祖璋的文章结集。全书分为三辑，其中第二辑收录了专门探讨贾祖璋编辑实践、编辑思想、编辑风格、编辑生涯的系列论文。而第一辑和第三辑中的一些文章，也间接与编辑出版工作相关。俞月亭作序。大32开本，219页，17.8万字，未标印数，定价14.80元。

《冯雪峰纪念集》 包子衍等编。2003年8月人民文学出版社出版。大32开本,560页,40.8万字,印数2000册,定价30.00元。本书是1986年7月中国文史出版社出版的《回忆雪峰》的修订本。

《严复年谱》 孙应祥著。2003年8月福建人民出版社出版。本书史料宏富,不仅征引严复各类已版著译,更荟萃大量佚文、手稿、书信等稀见资料,至于相关国内外档案、大型资料汇编、近代报刊、近代人物的文集、日记、年谱、杂记、碑传、家谱,以及研究论著等,无不旁征博引,各类资料共计二百余种。较诸前贤著编,本书对严复各时代生平活动均有翔实记载,尤其是对严复留学英国、创办《国闻报》、出版发行《天演论》、担任开平矿局华部总办、抵制美货运动、出任安徽高等学堂监督、参与南北和谈、执掌北京大学、民初依附袁世凯等方面提供了厚实材料,其中部分至今为学界闻所未闻。本书对相关资料均有详细考订,有关人、报章、事件也有简注,为学者研究检索提供了便利。大32开本,578页,44.6万字,定价29.50元。

【另】罗耀九主编的《严复年谱新编》2004年2月由鹭江出版社出版,大32开本,428页,印数1000册,定价29.00元。

《严复大传》 皮后锋著。2003年10月福建人民出版社出版。大32开本,617页,印数1000册,精装本,定价31.00元。

《巴金全传》 陈丹晨著。2003年10月中国青年出版社出版。这部长篇传记以翔实的史料、平易率真的文字真实生动地再现了世纪老人巴金和他生活的时代。本书以革命的梦、文学的梦、炼狱的梦和人间的梦,贯穿和涵盖了巴金百年人生的心灵跋涉历程,折射出一位文学大师的文化创造精神。传主的梦与文学的编辑与出版也是联系在一起的,因此本书对了解巴金的编辑出版思想与实践也是有帮助的。16开本,598页,定价60.00元。

【另】关于巴金的传记,还有陈思和、李辉、徐开垒、李存光等人的多个版本。

《出版巨擘——张元济传》 张学继著。2003年11月浙江人民出版社出版。收入"浙江文化名人传记丛书"。全书按照时间顺序为主兼及横断面的工作,分10章介绍和评述了传主的生平事迹,特别是在出版事业上的杰出贡献。书末附"参考文献",有"年谱类"4种、"日记书信类"9种、"文集类"17种、"回忆录类"7种、"专著类"11种、"传记类"7种、"论文类"14种。大32开本,305页,22.5万字,未标印数,定价20.00元。

《巴金与文化生活出版社》 李济生编著。2003年11月上海文艺出版社出版。全书主要有4个部分:一是"当事人忆谈",收录了吴朗西、巴金、郭安仁(丽尼)谈论或回忆"文生社"的文字;二是"文化生活出版社始末",其实就是一部文化生活出版社简史,另有附录《十年耕耘——记文化生活出版社重庆办事处》;三是"文化生活出版社图书目录(1935～1954)";四是"独具风格的装帧和广告",介绍文化生活出版社的图书装帧和图书广告。书的前面有照片、书影、广告等插页10页,另以巴金的《上海文艺出版社三十年》作代序。大32开本,114页,8.1万字,印数3100册,定价15.00元。

《上海出版人》 上海市出版工作者协会、上海市编辑学会编。2003年11月学林出版社出版。本书将64位上海出版界优秀人士的事迹汇编成册,以弘扬上海出版精神,促进出版事业发展。收录的对象为中国韬奋出版奖、全国百佳出版工作者、"上海出版人"奖获得者，以及享受国务院特殊津贴的出版界专家。大32开本，461页，39万字，印数4100册，定价30.00元。

《周恩来刘少奇朱德陈云与新闻出版》 袁亮编著。2003年11月中国书籍出版社出版。这是作者《毛泽东邓小平与中国出版》(1995年版)的姊妹篇。本书仍然是按人分专题论述，其中《周恩来与新闻出版》17章、《刘少奇与新闻出版》11章、《朱德与新闻出版》4章、《陈云与新闻出版》9章。史料丰富可靠、论析深入透彻是本书的重要特点。此书既是史料长编，又是学术专著。大32开本，372页，28.1万字，未标印数，定价22.00元。

《清代民国藏书家年谱》(全6册) 张爱芳、贾贵荣选编。2003年11月北京图书馆出版社出版。本书收录清代钱谦益、查慎行、黄丕烈、阮元、潘祖荫、缪荃孙，民国陶湘、丁福保等17位著名藏书家的年谱。大32开本，2600页，总定价1500.00元。

《自由报人——曹聚仁传》 卢敦基、周静著。2003年11月浙江人民出版社出版。收入“浙江文化名人传记丛书”。曹聚仁(1900～1972)一生为学者、作家、报人、曾主编《涛声》，与鲁迅交往密切；后入蒋经国幕，入主《正气日报》总编。其一生的写作高峰是上世纪的50年代前期，在现代中国文化史上具有较高地位。大32开本，363页，定价20.00元。

《范钦评传》 袁慧著。2003年12月宁波出版社出版。收入“天一文化研究丛书”。范钦(1506～1585)字尧卿，浙江鄞县(今宁波)人。嘉靖十一年(1532)进士，官至兵部右侍郎。范钦性喜藏书，游宦期间，每到一地，都特别留心搜访当地的文献。范钦藏书处原名东明草堂，随着藏书的增加，原来的书库已不堪容纳，范钦遂决定在住宅的东面重建一书楼，即后来著名于世的天一阁。本书是范钦的传记，特别突出了他在藏书上的贡献。大32开本，197页，印数3000册，定价30.00元。

《中国现代报刊活动家思想评传》 胡正强著。2003年12月新华出版社出版。本书根据马克思主义的新闻原理，运用历史学、传播学的研究方法，借鉴相关学科的研究成果，在大量第一手材料的基础上，对于在中国现代报刊史上产生过重大影响的18位政治领袖和文化精英的报刊思想进行了研究。“上编”涉及的人物有：陈独秀、毛泽东、恽代英、周恩来、刘少奇、瞿秋白、张闻天、陈毅、邓小平。“下编”涉及的人物有：蔡元培、张恨水、郁达夫、朱光潜、谢六逸、胡风、沈从文、臧克家、王进珊。书前有吴道弘、尹韵公分别撰写的序言。大32开本，472页，42.5万字，未标印数，定价30.00元。

《韦君宜纪念集》 于光远等著。2003年12月人民文学出版社出版。韦君宜(1917～2002)在新中国成立前曾任新华社、《中国青年》杂志编辑，晋绥《中国青年》分版主编。建国后，历任《中国青年》总编辑，《文艺学习》主编，作家出版社总编辑，《文艺学习》主编，作家出版社总编辑，人民文学出版社副社长、总编辑、社长，中国文联第四届委员，中国作协文学期刊工作委员会主任。本书收录了七十多位作者撰写的八十多篇文章，记述了我国现代著名作家、编辑家、出版家韦君宜的革命生涯、创作成就，以及她长期从事编辑出版工作对新中国文学出版的突出贡献。8页图版，于光远题写书名。大32开本，643页，45.3万字，印数2000册，定价36.00元。

《胡适与〈自由中国〉》 汪幸福著。2004年2月湖北人民出版社出版。1949年11月《自由中国》在台北创刊。该刊是胡适晚年的主要业绩之一。本书以文学传记的笔调论述了胡适与《自由中国》及雷震的关系，披露了鲜为人知的内情。大32开本，416页，36.5

万字,印数5000册,定价28.00元。

《中国古代文献学家论考》 徐传武著。2004年2月中国文史出版社。大32开本,360页,印数1000册,定价25.00元。

《沿着韬奋的足迹——中国韬奋出版奖获奖者风采录》(上、下) 中国出版工作者协会编。2004年5月线装书局出版。本书收录荣获中国韬奋出版奖荣誉奖(2004年2月)的五位老出版家王益、许力以、陈原、王仿子、叶至善和获得第一届至第五届(1987～2003)中国韬奋奖的87位著名出版人的先进事迹介绍。大32开本,769页,印数2500册,定价27.00元。

《蔡伦传奇》 陈寿群著。2004年5月湖南文艺出版社出版。本书是长篇历史小说,对我们了解作为发明家的蔡伦有一定帮助。大32开本,340页,平装本定价30.00元,精装本定价42.00元。

《韬奋:韬奋画传·经历·患难余生记》 三联书店编。2004年6月三联书店出版。本书由三部著作合刊而成。1936年11月,邹韬奋因参与领导救国会而被捕入狱。在243天的牢狱生活中,他在坚持斗争之余,埋头著译,自传性质的《经历》便是其中成果之一。《患难余生记》是韬奋1944年春病中所写。这既是作者回顾数次流亡的颠沛生涯的自传,也是抗议当局文化统治举措的历史文献。《韬奋画传》收录上海韬奋纪念馆珍藏的264幅图片资料,由曹辛之先生编著并设计完成,三联书店于1982年刊印,此次纳入本集重印。16开本,372页,22万字,图片264幅,印数4000册,定价39.50元。

《盛氏家族·邵洵美与我》 盛佩玉著。2004年6月人民文学出版社出版。本书作者是晚清名臣盛宣怀的孙女,现代著名文学家、翻译家、编辑家和出版家邵洵美的妻子。书中的回忆文字,从祖父盛宣怀到夫君邵洵美,从康有为、宋子文到徐悲鸿、徐志摩……真实地记录了一个女子跌宕起伏的人生,一代名士风流倜傥的瞬间。书中涉及的有关邵洵美的内容,对于我们研究这位现代著名的文学编辑家、出版家是很有参考价值的。大32开本,340页,20万字,印数5000册,定价20.00元。

【另】王璞著《项美丽在上海》2005年1月人民文学出版社出版。项美丽曾出版过《宋氏三姐妹》等书,这位美国女子建国前曾经与邵洵美有过一段轰动一时的恋情。大32开本,293页,定价21.00元。

《王康乐书籍装帧艺术》 王康乐编。2004年7月山东人民出版社出版。王康乐(1907.10～)是现代装帧设计家、画家。他1924至1932年在上海商务印书馆图画部设计工作,1940至1949年任上海新华电影制片厂布景师,1952至1959年供职于上海人民出版社美术科,1960至1972年上海工艺美校任国画教师。该书收录王康乐书籍设计作品179幅。大32开本,168页,精装本,定价45.00元。

《一代报人王芸生》 王芝琛著。2004年9月长江文艺出版社出版。本书由王芸生(1901～1980)之子根据翔实的史料和传主晚年的回忆录等写成,并汇集了大量的珍贵历史图片,全面展示了王芸生与《大公报》荣辱与共的风雨历程。16开本,257页,定价26.00元。

《吴朗西画传》 乔丽华编。2004年10月中国福利会出版社出版。收入上海鲁迅纪念馆"朝华文库丛书"。吴朗西(1904～1992)是文化生活出版社的创始人之一。从1935

年到1954年，文化生活出版社先后出版了“文化生活丛刊”、“文学丛刊”和“译文丛书”等多种大型丛书，写就了现代文学史上光辉的一页。本书以图文并茂的形式展示了吴朗西这位现代杰出出版家丰富多彩的一生，是近年来研究吴朗西的成果结晶。16开本，175页，定价50.00元。

《郑振铎：狂胪文献铸书魂》 王炳根著。2004年10月大象出版社出版。收入“大象人物聚焦书系”。本书以郑振铎一生为背景，凸现了人物的性格和命运的某些片断。书中特意以“补白”方式选摘了传主的自述、他人的评点等文字。小16开本，95页，定价21.00元。

《叶圣陶年谱长编》(四卷本) 商金林撰著。2004年10月起人民教育出版社出版。本书通过大量珍贵的第一手资料全面详尽地反映了圣陶先生长长的一生奋进的历程，包括谱文和附录两部分。谱文是谱主从1894年10月28日出生至1988年2月16日逝世为止的正谱。附录则记载了谱主逝世以后有关其著作的出版和纪念活动。全书分为四卷，第一卷为1894～1935年的谱文，第二卷为1936～1949年的谱文，第三卷为1950～1965年的谱文，第四卷为1966～1988年的谱文和附录。均为大32开本，精装印制。其中，第一卷2004年10月刊行，557页，定价55.80元。第二卷2004年10月刊行，561页，定价54.50元。第三卷2005年12月刊行，745页，定价69.50元。第四卷2005年12月刊行，746页，定价69.50元。

《山东著名藏书家》 杜泽逊、陈远芬著。2004年10月山东文艺出版社出版。收入“齐鲁历史文化丛书”。本书重点介绍山东历史上著名的16个藏书家。其中包括注重书籍内容方面的著名藏书家王粲、任昉、晁公武、周永年、马国翰，讲究书籍义物价值及鉴赏价值的赵明诚李清照夫妇、李开先、杨以增、徐坊，还有二者兼而有之的王士祯、李文藻、刘嘉海、孔继涵等人。从以上人士的收藏情况，可以看出山东藏书史在中国藏书史上的重要地位及鲜明特色。大32开本，178页，定价15.00元。

《邹韬奋研究》(第一辑) 韬奋纪念馆编。2004年11月学林出版社出版。《邹韬奋研究》辑刊主要刊登新发现的韬奋佚文及手迹和照片，国内外作者研究韬奋的论文及研究动态，国内外已在其他报刊发表的有新观点、新思想、新材料的研究文章的摘要，有关韬奋纪念活动的大事记和活动照片等，是研究韬奋的年鉴性的资料书。第一辑刊载的主要内容有：编辑《韬奋全集》时新发现的韬奋手迹、2003年在上海召开的“韬奋新闻出版思想研讨会”及会后收到的论文、2004年上海纪念韬奋逝世60周年活动的有关文章。此外，还选登了发表过的有关文章和资料，并请有关人士编制了1985年以来的韬奋研究资料目录索引。书的前面有24页韬奋手迹影印件、有关题词、活动照片等。邹家华题写书名。大32开本，392页，30万字，印数2000册，定价28.00元。

《茅盾画传》 钟桂松著。2005年1月复旦大学出版社出版。茅盾先生是享誉中外的一代文豪，创作有《子夜》、《林家铺子》等经典名作，同时，他又是著名的编辑出版家与社会活动家，一生跌宕起伏，多姿多彩，充满故事与传奇。本书以图文并茂的形式，翔实而生动地记述了茅盾不平凡的人生历程。书末附有《茅盾年谱》。小16开本，184页，20.8万字，精装本，定价30.00元。

《穆青传》 张严平著。2005年1月新华出版社出版。本书是全面记录我国当代著名新闻记者穆青(1921～2003)生平事迹的传记。作者以大量第一手材料,优美的文笔,写出了一个真实丰满的穆青。16开本,538页,29万字,未标印数,定价46.00元。

【另】新华出版社2005年还出版了郑德金、穆晓枫合编的《难忘穆青》一书。

《报人浦熙修》 朱正著。2005年1月湖北人民出版社出版。浦熙修(1910～1970)是20世纪中国知识分子的一个典型,建国前后曾在《新民报》和《文汇报》从事记者工作,20世纪50年代被错划为右派。本书是浦熙修的传记,图文并茂,勾勒了这位著名报人坎坷的不平凡的一生。附录有《两个展览》、《1957年》等文章6篇。大32开本,262页,15万字,印数5000册,定价20.00元。

【另】《忆浦熙修》(本书编辑组编)1999年由文汇出版社出版。32开本,22万字。

《恽逸群同志纪念文集》 《恽逸群同志纪念文集》编辑组编,陆炳炎主编。2005年1月上海三联书店出版。本书辑录了有关恽逸群同志生平事迹的文章和许多篇怀念文章,另有恽逸群文选。大32开本,715页,定价40.00元。

《透视崔恩卿:崔恩卿报业实践探秘》 赵俊宏著。2005年1月台海出版社出版。在中国报业走向市场的起步阶段,《北京青年报》的崛起是一个典型的成功案例,在《北京青年报》的改革和上升阶段,崔恩卿是其灵魂人物,是改革的倡导者和实际操作者。到了2000年,国内纷纷兴起创办都市报热潮时,崔恩卿再次整合办报团队和资本,成功创办了一张新的综合性报纸《北京娱乐信报》。从崔恩卿的两次报业之旅,可以看出在市场化过程中崔恩卿及中国报人的成长和成熟,中国传媒管理经验的积累与突破。本书选择一个报业实践的成功者,报业改革转型时期的代表性人物作为研究对象,为报界实践者提供一套相对系统的、可供借鉴的报业经营观念与方法。大32开本,234页,定价22.00元。

《林辰纪念集》 鲁迅博物馆编。2005年2月人民文学出版社出版。林辰(1912～2003)为著名的鲁迅研究专家、编辑家。他曾经担任人民文学出版社编审。1938年开始发表作品。著有专著《鲁迅事迹考》、《鲁迅述林》,编辑《许寿裳文录》,参与编辑、注释《鲁迅全集》(10卷、16卷两种版本)等。本书内容包括:林辰生平事略、林辰先生的鲁迅研究、林辰的书、怀念林辰同志、回忆林辰先生、给天国里的林辰先生写封信、林辰书信选等。大32开本,378页,印数1000册,定价21.00元。

《八十年来家国——梅益纪念文集》 杨兆麟主编。2005年2月社会科学文献出版社出版。梅益(1913～2003)是中国共产党的优秀党员,是新闻广播、社会科学、百科出版战线上的杰出战士和组织者,是著名的文学翻译家和学者。他担任中国大百科全书出版社总编辑、社长多年;早年所翻译的《钢铁是怎样炼成的》曾经影响了几代人。本书由梅益同志生前的部分照片和他在不同时期的文章讲话,以及他生前战友、同志、亲属的回忆性文字组成。书前有题词、照片等44页。大32开本,481页,33.9万字,定价43.00元。

《回望雪峰——第三届冯雪峰学术研讨会论文集》 上海鲁迅纪念馆编。2005年3月上海文艺出版社出版。本书是一本有关著名文学家、文学理论家和编辑出版家冯雪峰的纪念性集子。大32开本,495页,定价35.00元。

《魅力常青——出版事业模范邹韬奋》 马仲扬著。2005年4月红旗出版社出版。本书主要从出版的角度展示了邹韬奋的光辉业绩和可贵品质。各章的标题分别为:清贫的家庭、路是怎样踏出来的、半工半读的学生生活、"要认真要负责"、到宜兴做家庭教师,等等。16 开本,121 页,6 页图版,定价 26.00 元。

《邹韬奋》(修订本) 张之华著。2005 年 5 月人民日报出版社出版。收入"中外名记者丛书"。正文分为两部分,即人物评传、作品选编。后附《生平及著作年表》。大 32 开本,200 页,定价 25.80 元。本书有 1998 年初版本。

《刘向评传》(附刘歆) 徐无兴著。2005 年 5 月南京大学出版社出版。收入"中国思想家评传丛书"。刘向、刘歆父子是西汉著名的校雠学家、目录学家,也是我国古代杰出的编辑学家,他们曾主持校理经传诸子诗赋等书。本评传比较系统地论述和评价了刘向和刘歆的生平事迹与学术思想及学术成就。大 32 开本,544 页,44.2 万字,印数 1500 册,精装本,定价 40.00 元。

《邹韬奋思想研究》 唐森树著。2005 年 5 月吉林大学出版社出版。本书就韬奋思想进行了较为全面和具体的研析,从其思想体系中概分出民主政治思想、职业教育思想、社会解放思想、新闻出版思想和抗战救国思想五部分来加以论述。大 32 开本,305 页,印数 2000 册,定价 22.00 元。

《楼适宜同志纪念集》 上海鲁迅纪念馆、人民文学出版社编。2005 年 5 月人民文学出版社出版。楼适宜(1905～2001)作家、出版家,早年参加太阳社,曾留学日本,1931 年回国,从事左联和文总的党团工作,任《前哨》编辑,后参加反帝同盟,在中共江苏省委工作。历任新华日报社副刊编辑、中华全国文艺界抗敌协会理事、《抗战文艺》及《文艺阵地》编辑、代理主编、《新华日报》编委、《时代日报》编辑、出版总署编审局副处长、人民文学出版社副社长、副总编辑、顾问、《译文》编委。本书收录了《胡风和我共同的朋友楼适夷同志》、《生无所息——怀念适夷同志》、《和适夷同志在朝鲜战场》等对楼适夷先生进行纪念和追忆的文章。大 32 开本,420 页,定价 28.00 元。

【另】《黄源楼适夷通信集》(上、下)(巴一熔、黄炜编)2006 年 8 月由浙江人民出版社出版,大 32 开本,935 页。

《我的爸爸邵洵美》 邵绡红著。2005 年 6 月上海书店出版社出版。邵洵美(1906～1968)是我国 20 世纪一位具有独特风格的诗人、作家、评论家、翻译家、编辑家和出版家。本书是邵洵美的女儿撰写的,它比较真切地反映了邵洵美所处的时代、所走过的道路、所作出的贡献和所存在的局限。作者花费了二十余载的时间和精力,查阅了一百多种中英文报刊,采访几乎所有尚健在的邵洵美的亲朋好友,披露了许多新的发现,澄清了不少误传和谜团。书中资料翔实可信,评论较为客观。书末附录《邵洵美的文学道路和出版事业》。陈子善作序。大 32 开本,405 页,31.5 万字,印数 5000 册,定价 28.00 元。

《嘉业堂主——刘承干传》 项文惠著。2005 年 7 月浙江人民出版社出版。收入"浙江文化名人传记丛书"。刘承干(1882～1963)是我国现代著名的藏书家和刻书家。他的藏书楼嘉业堂藏书以明刻本 2000 种和地方志 1200 种名于世,但也不乏宋元善本。刘承干还热心于将所藏善本刻印流传,刻有《嘉业堂丛书》、《吴兴丛书》、《求恕斋丛书》等计 177 种 3000 余卷。在近代中国出版史上有相当影响。本书通过对传主一生的叙述、刻画,为 20 世纪中国知识分子的困苦和思索、探求和贡献,提供了一个鲜明的个案,以增添历史的注脚和说明。大 32 开本,272 页,20.5 万字,未标印数,定价 20.00 元。

《平屋主人——夏丏尊传》 王利民著。2005 年 7 月浙江人民出版社出版。收入"浙江文化名人传记丛书”。夏先生是现代著名教育家、美术家、文学家，也是编辑出版家。大32开本，24.2万字，定价25.00元。

《翻译家鲁迅》　王友贵著。2005年7月南开大学出版社出版。本书从翻译家鲁迅入手，从他的翻译活动、翻译作品、翻译思想、翻译路线、翻译实绩在中国翻译史上的地位来研究鲁迅，别开生面，富有新意。大32开本，323页，定价25.00元。

《缘定今生辙——丁玲与她的编辑生涯》　石潇纯著。2005年7月湖南人民出版社出版。本书是从编辑家的角度为丁玲立传。全书以丁玲一生的编辑活动为线索，追忆了丁玲成长的主要经历；围绕丁玲早期办《红黑》、《人间》月刊的事实，分析红黑出版社解体，丁玲、胡也频与沈从文的友谊产生裂痕的根本原因；丁玲与刊物《北斗》；以及丁玲与解放区的文学出版等。附录有《丁玲编辑工作年表》、《〈北斗〉总目录》等。小16开本，270页，25.3万字，定价28.00元。

《雪之歌——冯雪峰评传》　孙琴安著。2005年7月浙江人民出版社出版。收入“浙江文化名人传记丛书”。大32开本，338页，定价25.00元。

《叶昌炽研究》　金振华著。2005年7月吉林人民出版社出版。叶昌炽为清末金石目录学家、藏书家、编辑出版家。大32开本，252页，印数1000册，定价25.80元。

《郭沫若与群益出版社》　吉少甫主编。2005年8月百家出版社出版。收入“出版博物馆文库”。群益出版社1942年8月成立于重庆，由郭沫若和夫人于立群参与集资。抗战胜利后，该出版社经历了上海、香港又再度返回上海的辗转。新中国成立以后，群益出版社与海燕书店、大孚出版公司等合并为上海新文艺出版社，即上海文艺出版社的前身。本书的编写出版，既是对有关史料的抢救，也是对抗战文化作出贡献的郭沫若，以及曾经在群益出版社奉献过青春和生命的同志的最好的缅怀和纪念。本书收录有关于群益出版社的回忆文章及该社出版的书目资料和历史图片。本书主编吉少甫曾经主持过群益出版社的工作。大32开本，306页，定价38.00元。

《他还活着:臧克家纪念集》　运河、运隆编。2005年8月作家出版社出版。臧克家(1905～2004)是著名的文学家，也是著名的文学编辑家。本书收悼文、消息、特写、悼诗、挽联等，都是他的亲人、友人和晚辈后学饱蘸绵绵深情写下的怀念文字。小16开本，817页，定价80.00元。

《战士·学者·诗人:臧克家先生百年诞辰纪念文集》　赵明顺、刘培平主编。2005年9月山东大学出版社出版。本书共分七大部分，收录了臧克家先生的精选诗文，社会各界人士对他的作品的赏评，以及先生的朋友、学生对他人格缅怀的作品。16开本，746页，精装本，定价198.00元。

《忆周雁》　冯其庸、李学勤等著，寻根杂志社编。2005年9月中州古籍出版社出版。周雁(1963～2004)是一个普通但又不平凡的职业编辑，曾在河南人民出版社、杭州出版社等出版机构工作，尤其是在河南教育出版社(现大象出版社)参与创办《寻根》杂志，并担任编辑部主任多年。这本纪念性文集收录了学者专家、同事朋友、亲人家属回忆、缅怀这位受人尊重的女编辑的文章数十篇。小16开本，296页，定价38.00元。

《少年邹韬奋》　邹华义著。2005年10月少年儿童出版社出版。本书以通俗浅近的语言、生动有趣的故事，向少年朋友介绍了我国著名的新闻记者、编辑出版家邹韬奋同志小时候的事迹。这对于研究邹韬奋的生平、新闻出版思想等也是有帮助的。大32开本，150页，4万字，定价10.00元。

《大道之行——胡愈之传》 万斌著。2005年10月浙江人民出版社出版。收入"浙江文化名人传记丛书"。本书包括受泽故乡、发愤商务、搏击风暴、励志救国、致力抗日、奋战孤岛、转战南洋、流亡印尼等15章，讲述了著名民主人士、社会政治活动家胡愈之的一生。大32开本，349页，印数1000册，定价25.00元。

《浩气长存:纪念韬奋诞生110周年画集》 上海韬奋纪念馆、上海海上书画院编。2005年10月上海人民美术出版社出版。大16开本，164页，印数2000册，精装本，定价380.00元。

《中国近代十大出版家》 冯春龙著。2005年11月广陵书社出版社出版。作者选取了近现代十个著名的编辑出版家进行论述。具体包括:张元济——中国现代出版业的先驱;陆费逵——雄才大略创"中华";王云五——商务出版巨匠;章锡琛——开明出版第一人;叶圣陶——教育出版家;邹韬奋——拓展进步新"生活";胡愈之——新中国出版事业的奠基人;张静庐——出版家兼出版史家;徐调孚——作者的知音;赵家璧——独具慧眼的文学编辑。大32开本，290页，20万字，定价18.00元。

《邹韬奋研究》(第二辑) 韬奋纪念馆编。2005年11月学林出版社出版。此辑以韬奋故乡江西召开的"韬奋思想研讨会"收到的论文为主，同时刊登了一组纪念韬奋诞辰110周年诗文书画及其他有关文字，包括"《韬奋全集》未收文章选登"、"韬奋纪念馆记事"等。书前有彩色插页32面。大32开本，421页，32万字，印数2300册，定价30.00元。

《韬奋年谱》(上、中、下) 邹嘉骊编著。2005年11月上海文艺出版社出版。本书按编年的形式系统全面地介绍了韬奋一生的社会活动和创作、新闻出版活动。全书共分三个板块。第一板块:1895～1932年，包括邹韬奋的出生地，大家庭，童年，苦读生涯，初出茅庐，走上新闻出版之路;第二板块:1933～1937年，被迫流亡，寻找出路，以笔为武器，高举抗日大旗，为抵御反抗日本国的疯狂侵略摇旗呐喊;第三板块:1938～1944年，配合共产党，在国统区，对国民党蒋介石的投降、倒退、分裂作不懈的斗争。16开本，1355页，139.7万字，印数800册，定价105.00元。

《纸祖千秋》 许焕杰主编。2005年11月岳麓书社出版。本书是为纪念蔡伦编辑的论文集。湖南耒阳是蔡伦的故乡，该市2001年举办了中国(耒阳)蔡伦学术研讨会，京、沪、闽、陕、湘三十来位研究蔡伦的专家学者和新华社、人民日报、科技日报、中国文化报等新闻单位的记者云集耒阳，共话造纸始祖蔡伦的丰功伟绩。在全国造纸界、史学界同仁的支持下，耒阳将最近四十年来专家学者研究蔡伦的学术成果汇编成册，取名《纸祖千秋》。16开本，475页，印数3000册，定价68.00元。

《名家走书城》 伍杰著。2005年12月人民出版社出版。本书研究了近代以来严复、蔡元培、梁启超、鲁迅等和当代吴道弘、王大路、王建辉等31位文化名人与图书评论的关系。大32开本，261页，印数3000册，定价20.00元。

《一代报王史量才》 方舟著。2005年中国文联出版社出版。收入"金马车诗文库"。本书通过诗歌的形式，介绍了一代中国报业大王史量才从出生，到办报，到被蒋介石暗杀的正义的一生，爱国的一生。大32开本，100页，文库(全10册)总定价180.00元。

《贾祖璋传略》 贾柏松著。2006年1月福建人民出版社出版。贾祖璋(1901～1988)是我国科普界的一位先驱,科学文艺的一代宗师,"贾体"科学小品的开创者,也是我国编辑出版界一位深受同人和后辈景仰的先贤,建国前后曾经就职于开明书店、商务印书馆、中国青年出版社和科学普及出版社。作者贾柏松系作者长子,他在继与人合编《贾祖璋全集》、《贾祖璋的故事》之后,又写作了此书,全面反映了传主在科普和编辑出版领域的业绩。附录有传主的《年谱》。书前有传主照片、手迹、书影等图片多幅。大32开本,202页,12.5万字,印数1200册,定价15.80元。

《出版大家张元济——张元济研究论文集》 海盐县政协文史资料委员会、张元济图书馆编。2006年1月学林出版社出版。本论文集收录了1987年、1992年召开的两次张元济学术思想讨论会的论文,同时还选录了近年张元济研究的一些论文,共收文章80篇。内容涉及张元济生平、思想和业绩的诸多方面。书前有照片、手迹四幅。大32开本,797页,66万字,印数2000册,定价45.00元。

《无声的语言——梅家强书籍设计》 梅家强著。2006年1月百花洲文艺出版社出版。梅家强(1956～)是百花洲文艺出版社编审,中国美术家协会会员。本书是一本书籍设计作品集。全书图文并茂的展示作者的书籍设计作品二百余幅,并用文字阐述了书籍设计的新观念。16开本,58页,印数5000册,定价30.00元。

《柳成荫装帧艺术:封面 插图 肖像》 柳成荫作。2006年3月人民文学出版社出版。柳成荫(1930～)别名柳荣祥,江苏苏州人。擅长插图、书籍装帧设计。1950年毕业于苏州美专。历任人民出版社、作家出版社美术编辑,人民文学出版社、外国文学出版社美术编审。本书精选了作者八十余帧中外文学作品的封面设计和九十余幅插图。大32开本,181页,定价32.00元。

《铁肩辣手——邵飘萍传》 郭汾阳著。2006年4月由浙江人民出版社出版。收入"浙江文化名人传记丛书"。邵飘萍(1886～1926)为现代著名进步报人,曾任担任《申报》、《时报》、《时事新报》主笔,创办了现代有重要影响的《京报》。大32开本,380页,28.2万字,定价25.00元。

【另】有关邵飘萍的研究著作还有:《邵飘萍》(孙晓阳著),人民日报出版社1996年版;《邵飘萍:报业巨子、新闻导师》(华德韩著),杭州出版社1998年版,等等。

《天一阁主——范钦传》 戴光中著。2006年4月浙江人民出版社出版。收入"浙江文化名人丛书"。本书内容共18章,包括:藏书人从耕读来、一朝解袂守随郡、平生义分明秋霜、清廉有术起苍生、友人期许喻砥柱、石破天惊赖"四库"、天下藏书只一家等。大32开本,304页,22.7万字,印数1000册,定价20.00元。

《百年黄源——黄源先生诞辰100周年纪念文集》 浙江省海盐县文学艺术界联合会编。2006年4月学林出版社出版。大32开本,205页,印数2000册,定价28.00元。

《黄源纪念集》 上海鲁迅纪念馆编。2006年4月中国福利会出版社出版。黄源是现代著名编辑家,与鲁迅交往甚深。本书编者邀约黄源生前好友及亲属撰写有关回忆文章,同时收集部分曾在报刊上发表过的纪念文章,编成这本纪念文集。书前有图片6页。大32开本,479页,39.6万字,定价33.00元。

《陈学昭纪念集》 上海鲁迅纪念馆编。2006年4月上海文艺出版社出版。陈学昭

(1906～1991)，女，现代作家、编辑家。曾参加浅草社、语丝社等文学团体，1927年赴法国留学，兼任天津《大公报》驻欧特派记者，上海《生活周报》特约撰稿人，1935年获法国克莱蒙大学文学博士学位，回国后历任延安《解放日报》副刊编辑，《东北日报》副刊编辑，浙江大学教授，浙江省文联副主席等职。大32开本，428页，定价30.00元。

《漫画范用——我很丑也不温柔》 范用编。2006年4月三联书店出版。范用(1923～)，1938年开始从事出版工作，曾任人民出版社副社长、副总编辑兼生活·读书·新知三联书店总经理。本书收录丁聪、叶浅予、贺友直等画范用漫画像。16开本，101页，印数4000册，定价19.00元。

《大众媒体打造的神话——论张恨水的报人生活与报纸化文本》 刘少文著。2006年5月中国社会科学出版社出版。本书从一个新的视角——报人职业对作家生活创作的影响来研究张恨水及其小说文本。16开本，241页，27万字，未标印数，定价25.00元。

《沈从文与〈大公报〉》 杜素娟著。2006年5月山东画报出版社出版。《大公报·文艺副刊》在20世纪30年代是中国文坛举足轻重的文学重镇，有着重要的影响。沈从文曾经担任副刊的主编。本书以流畅的文笔、丰富的细节和鲜活的形象，生动地描述、评点了副刊背后的文坛与人生。它对于研究现代文学及文学出版都有积极价值。书中有照片、书影等一百六多幅。大32开本，191页，13万字，印数6000册，定价16.00元。

《陈伯吹》 中共上海市宝山区委党史研究室等编。2006年5月中共党史出版社出版。陈伯吹(1906～1997)是我国现代著名儿童文学作家和编辑出版家。生前曾担任过的编辑出版工作职务有：儿童书局编辑部主任，编译馆编辑，中华书局、人民教育出版社编审，上海少年儿童出版社副社长等。本书叙述了作为作家、编辑出版家陈伯吹的人生经历和主要成就与贡献。全书分为“自述与论述”、“回忆与评价”、“传记”、“生平与作品目录”几个部分。16开本，376页，29万字，印数5500册，定价39.80元。

【另】张黛芬、文秀明编《陈伯吹研究专集》1990年5月少年儿童出版社出版。王宜清著《陈伯吹论》2006年6月由少年儿童出版社出版。陈佳洱等著《陈伯吹先生纪念文集》2008年9月少年儿童出版社出版。

《话说姜维朴》 王素著。2006年5月江西美术出版社出版。姜维朴(1926～)山东黄县人。擅连环画编辑、理论。长期从事连环画编辑工作。曾在新四军任美术记者、《华东画报》主编 。1949年后历任人民美术出版社《连环画报》编辑室主任、副主编、中国连环画出版社总编辑、编审、中国连环画研究会会长、中国美协理事、《美术》编委等职。姜维朴是我国连环画事业的开拓者，对连环画事业的发展作出了杰出贡献。本书真实记录了他不平凡的一生，这对于研究中国连环画发展史、编辑出版史有重要的参考价值。16开本，418页，印数2000册，定价80.00元。

《我所认识的爱泼斯坦》 刘保全著。2006年5月新世界出版社出版。爱泼斯坦是著名的国际主义战士，长期担任《今日中国》杂志主编。本书中收录了40位作者的55篇文章，每位作者都饱含深情从不同的角度回忆了与爱老的交往和友谊。通过阅读此书你会更加了解这位德高望重的老人，更加爱戴把毕生献给中国的爱泼斯坦。大32开本，定价46.00元。另有《伊斯雷尔·爱泼斯坦》画册刊行。

《钱君匋：钟声送尽流光》 钟桂松著。2006年6月大象出版社出版。收入“大象人物聚焦书系”。钱君匋是艺术家兼诗人,同时又是著名的装帧设计家、编辑出版家。本书是利用大量历史照片和图片资料详细向读者讲述了这个人物。小16开本,95页,定价21.00元。

《我的父亲郑振铎》 郑尔康著。2006年6月团结出版社出版。收入“目击历史系列”。16开本,279页,定价32.80元。本书1994年接力出版社初版,收入“名人子女写名人丛书”,定价7.00元。

《蔡和森与〈向导〉周报》 徐方平著。2006年7月中国社会科学出版社出版。本书以中国共产党早期卓越领导人蔡和森(1895～1931)与《向导》周刊的关系为研究对象,从新闻史的角度考察了蔡和森在党的领导下创办《向导》周刊的发展过程和历史贡献,从政治史的角度论述了蔡和森及其《向导》对新民主主义革命理论和实践的探索。大32开本,272页,定价22.00元。

《严复评传》 皮后锋著。2006年7月南京大学出版社出版。收入“中国思想家评传丛书”。大32开本,精装本,定价42.00元。

【另】欧阳哲生著《严复评传》1994年8月百花文艺出版社出版。杨正典著《严复评传》1997年10月中国社会科学出版社出版。郭良玉著《严复评传》2000年6月河南大学出版社出版。

《文化奇人王云五》 金炳亮著。2006年8月广东人民出版社出版。收入“广东历史文化名人丛书”。本书描述了传主王云五复杂而充满了传奇性的一生,重点在记述其文化活动和文化贡献。书中有照片多幅。另附有《王云五著作简目》、《大事年表》等。大32开本,190页,13.8万字,印数5000册,定价15.00元。

《晁公武 陈振孙评传》 郝润华、武秀成著。2006年8月南京大学出版社出版。收入“中国思想家评传丛书”。本书分晁公武评传和陈振孙评传两部分,其中前一评传对晁公武的生平行迹、晁氏家族在宋代的情况、晁公武的学术成就及其学术渊源等进行了探讨;后一评传对传主的籍贯、仕履及藏书著述活动进行了详细考索钩稽等。大32开本,514页,精装本,定价34.00元。

《忆丽尼》 郭梅尼编,巴金等著。2006年9月人民文学出版社出版。这部纪念文集记录了我国著名翻译家、编辑家、诗人丽尼一生的步履。有他20世纪30年代在上海亭子间艰难的写作生活,也有他抗日战争时期颠沛流离的悲惨遭遇;有新中国成立后他的欣喜和压抑,也有他“文革”中惨遭迫害的辛酸场景。这些回忆文章,让人看到一位中国老知识分子苦难的历程,特别是经巴金、荒煤、王西彦这些大作家的大手笔刻画,丽尼的形象真是栩栩如生,动人心魄。大32开本,212页,17.5万字,定价17.00元。

《乱世飘萍:邵飘萍和他的时代》 散木著。2006年9月南方日报出版社出版。本书是民国著名报人邵飘萍的评传。作者致力于将传主与中国近代历史和中国新闻史紧密衔接和打通,从个案叙述到宏大叙事彼此穿梭,使读者对传主及其时代有深入的理解。16开本,527页,57万字,定价55.00元。

《姜寻书籍装帧艺术》 张守义、卫水山主编。2006年9月紫禁城出版社出版。姜寻是现代著名画家、诗人、收藏家和书籍设计家,现在煮雨山房文化艺术有限公司任职艺术总监,成立了自己的工作室。他的作品以浓郁的中国本土文化审美意识传递着对民族文化的厚爱。在他的书籍设计作品中，图书馆藏品是一个突出的系列。其中他参与设计的《国家图书馆藏古籍题跋丛刊》、《国家图书馆藏金文研究资料丛刊》、《明清内府书籍装帧艺术》、《清代内府刻书图录》、《唐弢藏书》、《中国新诗书刊总目》等一大批图书，都是业内公认的精品。16 开本，240 页，精装本，定价 390.00 元。

《巴金纪念集》 上海巴金文学研究会编辑。2006 年 10 月上海文艺出版社出版。本书近七十万字，全方位地搜集了巴金逝世之后各媒体、广大读者和巴金生前好友表达哀思的文章以及对巴老一生的评说文字，并配有多幅珍贵的图片，极具文献史料价值。16 开本，441 页，印数 3000 册，定价 75.00 元。

《他仍在路上——严文井纪念集》 人民文学出版社编。2006 年 10 月人民文学出版社出版。严文井(1915～2005)是著名儿童文学作家，又是文学编辑家、出版家。1945 年以后历任《东北日报》副总编兼副刊部主任、中央宣传部文艺处副处长、中国作家协会党组副书记兼书记处书记、《人民文学》主编，作家出版社、人民文学出版社社长等职。大 32 开本，525 页，印数 3000 册，定价 32.00 元。

《徐乃昌刻书文化研究》 张慧敏著。2006 年 12 月安徽人民出版社出版。徐乃昌(1866～1946)为清末民初的刻书大家，在安徽乃至全国近现代出版史上占有重要地位。本书分上下篇。上篇以徐氏藏书刻书为研究重心，涉及其生平、收藏、编纂、出版及其出版文化活动的价值、意义；下篇是整理的徐氏所编《皖词纪胜》一书。大 32 开本，298 页，23.8万字，定价 20.00 元。

《中国现代百科全书奠基人——姜椿芳传》 杨哲、宋敏著。2007 年 1 月中国文联出版社出版。姜椿芳(1912～1987)曾任马恩列斯编译局副局长，长期负责马克思、恩格斯、列宁、斯大林三大全集翻译工程和《毛泽东选集》外文版出版工作。后任中国大百科全书总编委副主任、中国大百科全书出版社总编辑。本书讲述了被誉为“沙漠中的骆驼”、中国现代百科全书事业的奠基人——姜椿芳真实而传奇的一生。16 开本，357 页，定价 39.00 元。

《百年中国新闻人》(上、下) 李彬、涂鸣华主编。2007 年 1 月福建人民出版社出版。本书以史话的形式、散文的笔调，生动描述了从 19 世纪末到当代我国有影响的新闻人的事迹，再现了中国新闻史的丰富多彩。大 32 开本，947 页，定价 60.00 元。

《叶雨书衣自选集》 范用编著。2007 年 4 月三联书店出版。叶雨是出版家范用先生设计书衣时用的笔名，是“业余”的谐音。16 开本，220 页，定价 39.00 元。

《钱君匋纪念集》 上海鲁迅纪念馆编。2007 年 4 月中国福利会出版社出版。本书是为了纪念钱君匋(1907～1998)诞辰 100 周年而编选的。集子分为六个部分：“文缘艺缘”收入与钱先生有过交往者的纪念文章；“师恩难忘”专收学生、弟子的回忆文章；“含英咀华”收入有关钱先生的艺术探讨论文；“家人思忆”收入家属所写回忆文字；“史料”收入钱君匋自传年表、钱君匋艺术简史、钱君匋生平著作目录；“哀思录”收入钱先生去世时的挽联、挽幛、讣告等。大 32 开本，433 页，37 万字，定价 35.00 元。

《拍案惊奇——凌濛初传》 赵红娟著。2007 年 8 月浙江人民出版社出版。收入“浙江文化名人传记丛书”。凌濛初是晚明著名的小说家、戏曲家、批评家，也是杰出的出版家。他一生刊刻了众多书籍，影响深远。本书全面叙述了传主的生平事迹，评价了他的文化贡献。附录《凌濛初大事年表》。大32开本,251页,18.8万字,定价20.00元。

【另】有关凌濛初的研究著作还有《凌濛初与两拍》(张兵著,辽宁教育出版社1992年版),《凌濛初与两拍》(马美信著,上海古籍出版社1994年版),《凌濛初研究》(徐定宝著,黄山书社1999年版),《凌濛初》(马宝善著,春风文艺出版社1999年版),《凌濛初考论》(赵红娟著,黄山书社2001年版)等。

《金庸与〈明报〉》 张圭阳著。2007年9月湖北人民出版社出版。本书是作者在博士论文基础上修改而成的。作为武侠小说大家的金庸(1924～)广为人知,而作为把"毕生事业与声誉"押在报业上的著名报人金庸人们却知之不多。本书突出金庸在报业所扮演的角色,同时客观地讨论了各种社会因素对报业成长所起的关键作用。附录有《香港报业的环境》、《香港报业史的研究》、《〈明报〉历年销售表》等。16开本,293页,28.9万字,印数6000册,定价28.00元。

《张元济研究文集》 张人凤著。2007年9月上海辞书出版社出版。本书作者是张元济的嫡孙,书的内容分为四个方面:一是张元济在我国近现代几个不同历史时期,如戊戌维新、新中国成立等时期的经历;二是与商务印书馆史相关的文章;三是张元济主持编辑、出版的几部大型古籍丛书的介绍;四是与张元济研究相关的资料。附录《张人凤著、译、编辑及未辑入本书的论文、译作、辑注资料目录》。吴孟庆作序。16开本,352页,30.5万字,定价45.00元。

《书戏——当代中国书籍设计家40人》 吕敬人编。2007年9月南方日报出版社出版。本书介绍了当代中国有影响、有特色的40位书籍设计家,包括吴勇、赵健、宋协伟、朱锷、速泰熙等。16开本,256页,定价99.00元。

《藏书家陆心源》 徐桢基著。2007年10月陕西人民教育出版社出版。本书是在1996年上海三联书店版《潜园遗事——藏书家陆心源生平及其他》基础上增补而成的。内容比原书增加了一倍多,同时还添加了许多照片、图片。陆心源(1838～1894),清季著名的四大藏书家之一,所建皕宋楼是当时全国四大藏书楼之一。本书作者为陆心源之长房玄外孙,对陆心源的生平、业绩及学术,做了广泛的搜集、考证和研究,写出了这本传记。大32开本,26万字,定价26.00元。

《王仰晨编辑人生》 王仰晨等著。2007年11月人民文学出版社出版。王仰晨(1921～2005)是我国现代著名的文学编辑家。他八十四年的人生历程,大部分时间都从事新闻出版工作。他在人民文学出版社工作近五十年,编辑了《鲁迅全集》、《茅盾全集》、《巴金全集》、《瞿秋白文集》等许多具有重要价值和意义的书籍。这本书是他去世一年后人民文学出版社编辑部组织编选的,内容包括他本人的文章、工作或私人信函,以及他人的怀念和评价文章,另外也收入了部分能说明他身世的材料。附录《王仰晨生平年表》。大32开本,625页,45.7万字,印数3000册,定价38.00元。

《风范长存——怀念王选院士》 本书编委会编。2008年1月北京大学出版社出版。王选(1937～2006)是当代著名科学家,有"激光照排之父"、"当代毕昇"之称。入选"新中国60年百名优秀出版人物"。本书为各界人士怀念著名学者王选的文集。16开本,515页,55.6万字,精装本,定价99.00元。

《胡愈之》 于友著。2008年1月群言出版社出版。本书是作者在20世纪90年代出版的《胡愈之传》基础上补充和修改而成的。新著增加了一些新的资料和感悟。第30章"巨人晚年新思维"是新写的，反映了胡愈之作为一代巨人思想上与时俱进的特点。书前还分别以夏衍、费孝通先生的回忆文章作为"导读"。大32开本，411页，32万字，定价39.00元。

《得失塞翁马 襟怀孺子牛——怀念叶至善先生》 吴道弘、商金林主编。2008年3月开明出版社出版。叶至善(1918～2006)是现代著名的编辑家、出版家和科普作家。本书主要收录他生前好友所写的纪念文字，收入文章59篇。分为"怀念文辑"和"追悼与唁电"两个部分。许嘉璐作序。书前有照片、手迹、书影等8页。书末附《叶至善部分单行本著作目录》。大32开本，352页，30万字，定价20.00元。

《中国新闻界人物》 翟惠生主编。2008年3月光明日报出版社出版。收入"中国记者丛书"。本书从生平简介、新闻工作者的名言、重要作品、珍贵照片等方面对邹韬奋、王芸生、华君武、史量才等四十多位中国新闻人物做了详细介绍。大32开本，296页，定价38.00元。

《清代报人研究》 程丽红著。2008年4月社会科学文献出版社出版。收入"清史研究系列"。作者以清代的新闻传播主体——报人为研究对象，将清代报人置于社会变迁的主题中进行系统梳理与观照，在揭示传播主体从专职皇权掌控下解放的过程，以及从封建伦理观中游离，走向近代化的心灵轨迹的同时，对清代报人在中国报业近代化的构建和开拓作用，对其在中国社会发展史上的作为、贡献及应有的地位等做出了准确的评判。小16开本，337页，30.6万字，定价45.00元。

《章桂征书籍装帧艺术》 章桂征作。2008年4月时代文艺出版社出版。本书荟萃了他的书刊设计、连环画代表作、新颖别致的诗歌插图、多次获奖的专业论文及全国专家同仁的评价。书中还收录了华君武、王子野、蔡若虹、臧克家、曹辛之等人的题词。大16开本，194页，定价72.00元。作者1990年曾出版过一本同名著作。

《丁聪插图集》 丁聪作。2008年6月三联书店出版。半个多世纪以来，丁聪先生在漫画之外，为鲁迅、茅盾、老舍等众多作家的文学名著创作了大量插图作品，以形象概括、线条洗练、富于神韵而享有盛誉。本书精选其各个时期的代表作，从上世纪40年代的《阿Q正传》插画、60年代的《北京小事记》，至70年代后期以来第二个创作高峰时期的多种作品，计205幅，配合以原著片段并附名家的推介文章数篇，集中展示了丁聪在插图艺术领域的成就。24开本，184页，定价25.00元。

《报人风骨——徐铸成传》 李伟著。2008年7月广西师范大学出版社出版。本书真实地再现了20世纪中国杰出的报人徐铸成八十余年丰富而坎坷的人生经历，记述了他的报人生涯以及所参加的政治活动，涉及到中国现代史上许多重要的历史事件和人物，着重突现出徐铸成所具有的"对人民负责，也对历史负责，富贵不淫、威武不屈，不颠倒是非，不哗众取宠"的报人品德和特点。他刚正不阿、铮铮铁骨的报人风范使人敬仰与赞颂。作者与传主既有乡谊又亲聆謦欬，且系记者出身，故掌握翔实的第一手和第二手资料，感性叙述与理性评价相得益彰。传主之子徐复仑认为"作者笔下的徐铸成与生活中的父亲最为贴近"。16开本，331页，31万字，定价38.00元。

《申报魂:中国报业泰斗史量才图文珍集》 庞荣棣编著。2008年7月上海远东出版社出版。史量才(1880～1934),原名家修,祖籍江苏江宁人。《申报》掌门人,中国现代著名报业家。本书约16万字,200多幅图片,以图文并茂的形式,尽可能再现历史,全方位补充、记载主人公史量才不平凡的一生,又为与史量才关系较大并在新闻业及其他领域有重大贡献的人物提供了重要资料。16开本,209页,定价38.00元。

《报界先驱林白水研究文集》 林立新主编。2008年7月福建人民出版社出版。16开本,359页,印数3000册,定价39.00元。

《邹韬奋研究》(第三辑) 韬奋纪念馆编。2008年7月学林出版社出版。这一辑的重点是材料的提供和研究的深入。在材料方面,本书刊登了纪念馆同人辑录的《韬奋全集》补之一,即《抗战》和《全民抗战》中《全集》未收的韬奋文字。其中,比较多的是信箱中的"简复"和全文答复读者的"编者附言",也有一些是没有署名的编辑部文字和补白文字。这些文字对于了解、学习和研究韬奋,有着很重要的价值。研究方面,择要刊登了2007年在北京和上海分别举办的纪念韬奋诞生112周年和生活书店成立75周年的活动会上谈话和文章,既作为一种历史的记录,也可以给韬奋研究者以参考和启示。大32开本,656页,48万字,定价40.00元。

《陈铭德邓季惺与〈新民报〉》 杨雪梅著。2008年8月中华书局出版。收入"报人时代丛书"。本书论述了陈铭德、邓季惺这对报人夫妻与《新民报》的传奇故事。主要内容分为"报人夫妻"、"《新民报》生命簿"、"笔底波澜"等几个部分。附录《陈铭德生平年表》、《邓季惺生平年表》。16开本,244页,15万字,印数6000册,定价28.00元。

《张季鸾与〈大公报〉》 王润泽著。2008年8月中华书局出版。收入"报人时代丛书"。本书内容包括以下几个部分:1926年前张季鸾和《大公报》、张季鸾与新记《大公报》、张季鸾后的《大公报》。附录《张季鸾生平年表》。16开本,216页,印数6000册,定价26.00元。

《邵飘萍与〈京报〉》 林溪声、张耐冬著。2008年8月中华书局出版。收入"报人时代丛书"。主要内容包括三个部分,即邵飘萍:报界巨子新闻导师;《京报》:茫茫黑夜里的曙光;乱世悲歌:书生报国一枝笔。附录《邵飘萍与〈京报〉大事年表》。16开本,246页,15万字,印数6000册,定价28.00元。

《军旅编辑家黄涛宣传资料汇编》 刘翎主编。2008年8月解放军出版社出版。黄涛(1920～2008)历任解放军总政治部秘书处资料科科长、新闻处副处长、宣传处副处长、新闻广播处处长、干部教育处处长、宣传处处长等职。1975年任战士出版社副社长,1983年任解放军出版社顾问。主持《星火燎原》丛书(10卷)编辑工作,负责《革命烈士传》(10卷)和《解放军烈士传》编辑工作,主编《红军英雄传》《抗日战争英雄传》《志愿军英雄传》等丛书。精通党史、军史,在组织编辑出版史书、纪实图书,宣传革命英雄事迹,宣传我军优良传统方面有突出成就,对我军出版工作建设做出了重要贡献。1990年获"韬奋出版奖"。具体内容包括七个部分:事迹简介,领导关怀,媒体报道,音像辑录,黄涛锦言,黄涛故事,黄涛年谱。附录《黄涛所编书目》等。16开本,298页,定价98.00元。

《姜椿芳纪念文集》 姚以恩等编。2008年11月中国大百科全书出版社出版。本书是为纪念著名翻译家、出版家、中国翻译协会的奠基人、中国大百科全书原总编辑姜椿芳(1912～1987)而编选的纪念性文集,主要收录姜椿芳的老战友、百科全书的参与者及他的学生们的回忆文章。书中汇集了一些不同时期的珍贵历史照片。姜椿芳已去世20年，生前曾参与创建上海外国语大学、中央编译局、中国大百科全书出版社、筹建中国翻译协会、主编中国第一部大百科全书等，为新中国的出版事业、翻译事业和百科全书事业做出了卓越贡献。16开本，366页，印数1000册，定价48.00元。

《缪荃孙研究》 杨洪升著。2008年12月上海古籍出版社出版。缪荃孙(1844～1919)是晚清民初目录学、版本学、金石学领域的一代宗师，又是方志家、藏书家。本书对作为晚清文化、学术向近现代转型的关键人物之一，作者首次对缪荃孙的生平、交游、著述、藏书、建立公共图书馆、目录学、版本学、校勘学、编纂与出版、金石学、方志学做了全面的清理，对其学术渊源及传承进行了系统考察。16开本，492页，45.7万字，定价58.00元。

《上海报人社会生活(1872～1949)》 王敏著。2008年12月上海辞书出版社出版。收入"上海城市社会生活史丛书"。本书对上海报人群体的来源、规模，有代表性的报人的生平及其对报业发展的贡献做了全面的介绍；对上海报人社会生活展开的空间，诸如上海报业与上海租界、上海报业与中国政府的关系以及报馆的规模、机构设置和管理制度等等也有深入研究。本书的核心是报人的社会生活，因此书中对报人的工作、收入、衣食住行、社会交往和婚姻家庭以及情感世界等方面也有细致的研究。大32开本，330页，定价40.00元。

《出版家黄洛峰》 范用、刘大明主编。2008年百家出版社出版。收入"出版博物馆文库"。本书分"黄洛峰传"、"黄洛峰遗稿"、"黄洛峰诗"、"怀黄洛峰"等部分，记述了出版家黄洛峰的一生，并附有黄洛峰的工作报告等内容。大32开本，602页。

《金沙纪念集》 万慧芬主编，中共山西省委宣传部，中共西藏自治区党委宣传部，山西省史志研究院编。2009年2月出版(出版单位待查)。金沙(1916～1998)是我国现代新闻出版家，20世纪30年代，在上海参加"左联"、"反帝大同盟"，参与创办进步刊物《铁流》、《跳跃》等，参与主办和编著进步书刊《儿童文艺》、《少年世界》、《新儿童故事》等。40年代先后担任新华社太岳分社社长，《新华日报》(太岳版)特派员、副总编辑、总编辑。新中国成立后，曾在人民日报社、《西藏日报》任职，后任中华书局、商务印书馆联合党委书记、总编辑等职。本书分为金沙传略和纪念回忆文章两部分。大32开本，659页，定价39.80元。

《韬奋论新闻出版》 雷群明编著。2009年3月学林出版社出版。本书的内容包括：纪念韬奋的题词，名人论韬奋，韬奋论新闻出版，韬奋的新闻出版经历。附录有《韬奋的编辑思想》、《韬奋对新闻出版事业的贡献》等6篇文章。大32开本，373页，29万字，印数2000册，定价30.00元。

《近代藏书三十家》(增订本) 苏精著。2009年4月中华书局出版。本书1983年初版于台湾。所论藏书家上自盛宣怀愚斋、叶昌炽治廧室，下至蒋汝藻传书堂、刘承干嘉业堂。附录《抗日战争时期秘密搜购沦陷区古籍始末》。书中多历史图片和书影。16开本，289页，24万字，印数4000册，定价38.00元。

《凌濛初研究》 冯保善著。2009年5月人民文学出版社出版。收入"博雅文丛"。全书共分四章。首章对凌濛初的家世、生平、交游等基本史实进行了考证，补充了一些新的材料,澄清了一些问题。第二章研究凌濛初的思想及其与晚明哲学、文艺思潮的因缘,和他关于小说、戏曲的理论主张,既是对他的理论建树在文艺批评史上的具体定位,同时也为研究其创作,进行了一种探源的工作。第三、四两章,分别探讨了其小说、戏曲创作的思想文化底蕴及其艺术审美建构。凌濛初是文学家,同时也是编辑出版家。本书对于研究其编辑出版活动也有一定参考价值。大 32 开本,342 页,定价 24.00 元。

《邹韬奋评传》 陈辉编著。2009 年 7 月上海交通大学出版社出版。本书通过介绍韬奋曲折的求学经历、艰苦的创业过程和为我国新闻出版事业所做出的突出贡献,体现出近代知识分子朴实无华的人格魅力和强烈的服务人民、报效祖国的爱国之心。邹家华题写书名。书前有照片、手迹等 10 页。小 16 开本,400 页,47.7 万字,印数 3030 册,定价 48.00 元。

《回忆胡政之》 胡玫、王瑾编。2009 年 6 月天津人民出版社出版。2002 年胡政之孙女胡玫和外孙女王瑾编写了《胡政之先生纪念文集》,收入胡政之生前的朋友和同事所写的回忆、纪念文章 20 多篇,但该书只能以内部文集的形式出版。而此次出版的《回忆胡政之》是在《胡政之先生纪念文集》的基础上,又增添了新发现的一些回忆文章,并增补了不少与纪念胡政之有关的新内容。所收文章,不少出自与胡政之有过师谊之情的人之手,这些人日后又成为报界乃至政界学界的名流,如查良镛(金庸)、杨历樵、萧乾、曹聚仁……文集记录了胡政之逝世后后人的思念,也保存了大量与胡政之立身行事有关的文献资料,能给读者还原一个真实的胡政之。16 开本,289 页,定价 40.00 元。

【另】赵则玲著《报界宗师——赵超构评传》2009 年 8 月由浙江大学出版社出版。书前有照片、书影等 8 页。16 开本,297 页,31.4 万字,定价 38.00 元。

《他与书同寿 · 赵家璧》 赵修慧著。2009 年 8 月东方出版中心出版。收入“女儿眼中的名人父亲丛书”。本书主要向我们展示了著名编辑出版家赵家璧的人生传奇。收录作者《与书同寿——父亲的编辑生涯》、《与〈良友画报〉的一世情缘》、《现代文学的“万里长城”——父亲与〈中国新文学大系〉》、《与老舍合力办“晨光”》、《一个爱好摄影的编辑家》等 31 篇回忆文章。大 32 开本,220 页,16.8 万字,印数 3250 册,定价 24.00 元。

《曲终人未散 章靳以》 章洁思著。2009 年 8 月东方出版中心出版。收入“女儿眼中的名人父亲丛书”。靳以(1909～1959),著名作家,编辑家,教授。1928 年在鲁迅所编《语丝》杂志上发表处女诗作,次年开始在《小说月报》发表短篇小说。大学毕业后即以写作与编辑为生。编辑了 10 种以上大型文学刊物和文艺副刊。主要有:《文学季刊》(与郑振铎共同主编)、《水星月刊》、《文季月刊》(与巴金共同主编)、《文丛》月刊、《国民公报》文艺副刊《文群》、《现代文艺》、《中国作家》、《小说》月刊,以及《收获》(与巴金共同主编)等。作者通过自己独特的视角(靳以的女儿)叙说英年早逝的父亲——文学家、编辑家靳以的生平经历,以及与众多友人如巴金、曹禺等的共同追求和友谊。大 32 开本,276 页,20.8 万字,印数 3250 册,定价 26.00 元。作者还编著有《靳以影像》由上海文化出版社出版。

【另】这套“女儿眼中的名人父亲”书系第一辑选择了上海地区若干已故文化名人作为追忆对象,他们是丰子恺、孔另境、赵家璧、章靳以、王辛笛(按出生年月先后排序)等,由其女儿撰写父亲和父辈的故事,配以大量的珍贵照片,通过女儿细腻的笔触和丰富的情感,真实地书写过去,捕捉其父亲闪烁光芒的瞬间,使读者对曾为 20 世纪上海文化做出贡献的一代老人的历史有更多的关注和了解，这也可为提升上海文化的形象、保留真实的过去留下一份珍贵的史料。这些文化名人多有编辑出版经历或者是编辑出版家，特别是在文艺编辑出版方面有一定成就。

《百年靳以纪念集》 上海市作家协会编。2009 年 9 月文汇出版社出版。本书由靳以生前好友、同学、学生和专家学者的回忆、纪念及研究文章集结而成。大 32 开本。

《春风时节忆王匡》 虎门镇人民政府编。2009 年 9 月广东人民出版社出版。王匡是当代著名新闻出版家，曾担任国家出版事业管理局负责人，是《羊城晚报》的创办者，入选"新中国 60 年百名优秀出版人物"。本书收入了 43 篇回故王匡同志生平的文章，吴冷西、张汉青、许力以、关相生、黎辛、金敬迈、陶斯亮、紫风、路平、曾敏之、严秀、林江、郑锦滔等领导和作家则是王匡同志一生的客观评价者。在这些真诚、客观而又充满感情的文字中，王匡同志的人生轨迹真实地展现出来，一个具有真实性情，血肉丰满的革命者形象在他们的回忆中复活，栩栩如生。

《忆郭钧》 希苓、子舜编。2009 年 10 月天津人民美术出版社出版。收入"纪念天津人民美术出版社成立 55 周年丛书"。郭钧(1920～1978)现代版画家、出版家。四川富顺人。1939 年在延安鲁迅艺术文学院美术系学习。1945 年后在中共中央党校文艺研究室、晋冀鲁豫边区文联、石家庄市文联及华北人民出版社、通俗读物出版社工作。1958 年任天津人民美术出版社社长、中国美术家协会天津分会副主席。曾创作反映解放区生活的木刻作品多幅。16 开本，定价 25.00 元。

《王云五的出版经营管理思想与实践》 朱永刚著。2009 年华东师范大学出版社出版。本书采用史论结合的方式，探讨了王云五的出版经营管理思想和实践，不仅涉及王云五出版生涯的上海时期、重庆时期，也涉及他晚年的台湾商务时期。王建辉作序。

《编辑的故事》 2009 年 12 月中国书籍出版社出版。收入"出版六十年"系列图书。本书描述了新中国成立以来几代编辑的成长历程，反映了不同时期的优秀编辑理念。编者选取的优秀编辑有陈原、罗竹风、张守义、周百义、金丽红、聂震宁、李朋义，等等。这些优秀编辑讲述的或平凡或传奇的故事，让我们领略到新时期编辑大家的智慧和胆识，感受到编辑生涯的丰富内涵与独特魅力。16 开本，442 页，34.2 万字，定价 45.00 元。

【附】《出版生涯七十年》王仿子著。2010 年百家出版社出版。

出版机构类

《德格印经院》 四川民族出版社编。1981年8月四川民族出版社出版。素有“藏文化大百科全书”、“藏族地区璀璨的文化明珠”、“雪山下的宝库”盛名的德格印经院，全名“西藏文化宝藏德格印经院大法库吉祥多门”，又称“德格吉祥聚慧院”，始建于1729年，1996年由中华人民共和国国务院列为全国重点文物保护单位。它是藏区重要的刻经机构、藏族木版印刷的圣地。小32开本，41页，定价0.32元。

《三十年纪程——民族出版社三十周年文集》 1982年12月民族出版社出版。萨空了题签。小32开本，289页，印数3000册。

《江苏人民出版社成立30周年纪念册(1953～1983)》 1983年2月江苏人民出版社编辑出版。内有多幅书画大家作品和大量书影。16开本，140页，彩色印刷，印数5000册，定价1.00元。该社同时还编印了30年图书选目。

《回忆亚东图书馆》 汪原放著。1983年11月学林出版社出版。上海亚东图书馆是我国现代新兴出版业中起过相当影响的一家出版机构，由本书作者的叔叔汪孟周先生创办。它的前身是芜湖科学图书社，从1903年到1953年共有50年的历史。作者汪原放(1897～1980)是出版界的老前辈，也是当年亚东图书馆的核心成员(汪孟周侄子)。他根据亲身经历和有关日记、书信、文件等撰写的这本回忆录，提供了大量有关亚东图书馆和当时上海出版业的出版史料，对研究中国革命史、出版文化史有着重要的价值。小32开本，245页，印数8000册，定价0.79元。

《科学出版社三十年(1954～1984)》 谭北生等编。1983年12月科学出版社出版。纪念性册子，多图片、书影等。大32开本，189页，精装印制。

《我与开明》 中国出版工作者协会编。1985年8月中国青年出版社出版。本书是开明书店创建六十周年的纪念文集，收录文章62篇，或追忆与开明的深厚情谊，或缅怀已经作古的开明人物，或总结在开明书店的工作经验。另附开明出版物、重印后记等4篇，以及唐锡光《开明的历程》一文。书前有书影、历史照片、手迹影印等6页，文中附刊文章作者图照。大32开本，316页，23.5万字，印数6200册，定价1.90元。

《开明书店二十周年纪念论文集》 叶圣陶编。1985年8月中华书局影印再版。本书为开明书店1946年出版的论文集的再版。大32开本，403页，印数4000册，定价2.55元。

《中国青年出版社的三十五年》 1985年10月中国青年出版社编辑出版。大32开本，206页。

《甘肃人民出版社成立三十五周年纪念册(1951～1986)》 本社编。1986年3月甘肃人民出版社出版。主要是一些名人题词和发展历程照片。20开本,134页。

《延边人民出版社简史(1951～1986)——开拓前进的三十五年》 本书编写组编。1986年11月延边人民出版社出版。大32开本,66页,精装印制。

《商务印书馆九十年——我和商务印书馆》 高崧等编纂。1987年1月商务印书馆出版。本书是商务印书馆馆庆90周年的纪念集,也是从商务出版史的角度编辑的史料集,共收录文章78篇,另附"商务印书馆大事记",主要内容有记述商务创业人和一些知名编辑家的业绩材料,还有该馆以"我和商务印书馆"为题,向一些与该馆关系比较密切的著译界和读书界知名人士征集的文稿。文稿目次,基本上按记述的人物在商务工作或与商务往还的时间先后排列。陈云题写书名。大32开本,639页,43.5万字,印数7500册,定价4.15元。

《商务印书馆大事记》 陈原等编纂。1987年1月商务印书馆出版。本书按编年体的形式,记载了商务从1897年2月11日创办到1987年90年间的重要活动。每年排成2页,左页为大事记录,右页刊有关资料。16开本,印数3000册,精装本,定价3.50元。

《回忆中华书局》(上、下) 中华书局编辑部编。分别于1982年、1987年由中华书局编辑出版。上编是为纪念中华书局70周年而编,所收42篇文章的作者,绝大多数是曾经在书局工作过的老领导、老专家、老职工以及与书局关系密切的学者。这些文字,从不同侧面勾画出书局自1912年成立到新中国成立前夕的概貌。下编成书于书局成立75周年时,收文37篇,回顾解放后直到1987年这段历史。作者既有离退休的老同志,也有在职的领导、专家和职工,还有热心中华书局事业的学界名流。上、下编2001年11月合为一册出版,大32开本,290页,43万字,定价26.00元。

【另】《书林漫录》(四集)1981年10月由中华书局编辑出版。此为中华书局成立七十周年纪念专辑,刊发了多篇有关中华书局的回忆性文章。

《回忆与展望(纪念上海人民美术出版社建社三十五周年)》 1987年上海人民美术出版社编辑出版。内容包括:出版的图书目录,精美画册介绍、职工名录等等。16开本,96页。

《我与百花(1958～1988)——百花文艺出版社建社三十周年纪念》 1988年4月天津百花文艺出版社编辑出版。大32开本,236页,定价2.50元。

《为国防现代化服务四十年——解放军出版社成立四十周年纪念(1948～1988)》 1988年5月解放军出版社出版。16开本,126页,印数1000册,精装印刷。

《上海辞书出版社30年(1958～1988)》 1988年11月上海辞书出版社编印。12开本,96页,定价23.00元。

《中国出版社概述》 伍杰主编。1989年8月辽宁教育出版社出版。本书收入我国出版单位118家。包括中央级43家,大学出版社22家,地方出版社53家,并有社史、现状、出书范围、特色等内容。16开本,412页,精装本,定价80.00元。

《国防工业出版社三十五年(1954～1989)》 1989年12月国防工业出版社编辑出版。16开本,116页,印数3000册。

《甘肃人民出版社志》 甘肃人民出版社社志编纂领导小组编。1990年1月甘肃人民出版社出版。16 开本,238 页,印数 2000 册,精装本,定价不详。

《人民出版社成立四十周年纪念文集》 1990 年 10 月人民出版社编辑出版。本书收入由人民出版社工作人员撰写的文章几十篇,其中包括《毛泽东选集》等著名出版物的出版经过,后附有人民出版社大事记。照片插图多幅,近二十页。28 开本,445 页,精装印刷。

《文化书社——中国早期传播马克思主义的书刊发行机构》 湖南省新闻出版局出版志编写组编。1991 年 5 月湖南出版社出版。收入"湖南革命史料选辑"。文化书社是中国早期传播马克思主义的书刊发行机构,1920 年 8 月由毛泽东创办于长沙。该书分四个部分:第一部分为文化书社当时见诸报刊的文件、资料;第二部分为文化书社九个分社的介绍;第三部分为目前找到的有关文化书社的回忆文章;第四部分为论述、研究文化书社的文章。大 32 开本,126 页,9.2 万字,印数 1000 册,定价 2.10 元。

《上海商务印书馆职工运动史》 上海市新闻出版局、上海商务印书馆职工运动史编写组编。1991 年 6 月中共党史出版社出版。收入"上海工厂企业党史工运史丛书"。本书分四编,包括:商务印书馆的沿革和职工队伍基本情况;上海商务印书馆职工运动史;中国共产党商务印书馆组织史;回忆录,人物小传,史料照片等。书后的史料照片多达 64 页,内容涉及早期的商务印书馆、历次重大斗争、职工运动先驱、商务印书馆创办人、今日之上海商务。大 32 开本,258 页,15.8 万字,印数 7000 册,定价 5.00 元。

《龙门联合书局简史》 周汝鼎编。1991 年 6 月科学出版社出版。龙门书局 1930 年创建于上海,1938 年组成龙门联合书局。1954 年实行公私合营,与中国科学院编译局合并组成科学出版社。该书对这家书局的创立、发展和最后融合于科学出版社的历史进行了翔实的论述,具有比较重要的史料价值和学术价值。附录《严幼芝传略》、《龙门职工话龙门》、《有关龙门的文件资料》。书前有照片 5 幅。大 32 开本,102 页,7 万字,印数 1200 册,未标定价。

《中华书局总厂职工运动史》 上海市新闻出版局、上海商务印书馆职工运动史编写组编。1991 年 6 月中共党史出版社出版。收入"上海工厂企业党史工运史丛书"。本书介绍中华书局概况和沿革,叙述自五四运动到新中国成立前夕中华书局总厂职工革命斗争史,编收中国共产党中华书局组织史资料和革命回忆录、烈士传等。书前有图片资料 20 页。大 32 开本,175 页,13.5 万字,印数 7000 册,定价 3.50 元。

《开明书店纪事》 王知伊著。1991 年 9 月书海出版社出版。作者是开明书店的老编辑。该书收录有关开明书店的回忆文章 24 篇,按"开明风"、"开明人"、"开明事"、"开明书"四类进行编排。文中有丰富的第一手材料,有可贵的编辑出版经验的总结。附录收有与开明书店相关的出版史料以及老开明人章锡琛、章锡珊、范洗人等人文章。叶至善、吴岩分别作序。小 32 开本,238 页,16.6 万字,印数 740 册,定价 4.00 元。

《中国出版社概述续集》 伍杰主编。1991 年 12 月辽宁教育出版社出版。本书收入我国出版单位 105 家,包括中央级出版社 23 家,大学出版社 20 家,地方出版社 62 家,并介绍了各社有关社史、现状、出书范围、特色以及出版改革等方面的内容。16 开本,431 页,精装本。

《档案出版社建社十周年(1982～1992)》 邹步英主编。1991 年 12 月档案出版社出版。本书分为领导题词、纪念文章、工作图片、大事记、主要获奖书目五个部分,记述了档案出版社自1982年1月成立以来建设和发展情况。20开本,3.25印张,12万字。

《广东人民出版社四十周年(1951～1991)》 廖小勉主编。1991年广东人民出版社出版。纪念性画册。16开本,95页,精装本。

《商务印书馆九十五年——我和商务印书馆》 1992年1月商务印书馆编辑出版。本书收录八十多篇文章,大致按照四个部分编排。(1)上个世纪末以来商务创办人、业务领导人和老编辑、老同人所写的回忆及文稿,加上部分学者名流为商务出版物所写的序、跋和书评。(2)最近几年馆史室及"我和商务印书馆"为题征集的纪念文章或回忆文稿、重点出版物的评述等。(3)港台商务有关人士写的纪念文章。(4)商务编辑部或部分研究者对商务各时期人物、著译者业绩的研究和探讨文章。书后的四个附录,都是不同时期写作的馆史综述和大事记。大32开本,775页,55万字,印数4000册,定价10.70元。

《书海知音》 巴金等著。1992年5月上海文艺出版社出版。本书是上海文艺出版社组织编选的有关出版社纪念的文集,分为"作家篇"、"编辑篇"、"社史篇"三部分。所收文章,或忆旧,或叙事,或言志,或抒情。书末附录有《上海文艺出版社十年来获奖书目》、《书籍装帧设计获奖书目》、《上海文艺出版社历年工作人员名录》。大32开本,书前有彩照64面,558页,39.3万字,定价12.00元。

《江苏人民出版社成立四十周年纪念册》 1993年1月江苏人民出版社编辑出版。本纪念册内容分为:祝贺与回顾、工作与活动、历史与未来三部分。16开本,93页。

【另】江苏人民出版社1983年曾经出版过30周年的纪念画册。地方人民出版社出版四十周年纪念画册的还有:廖小勉主编《广东人民出版社四十年(1951～1991)》,1991年广东人民出版社出版。西天锡、晁世新主编《劲翠浓芳映书林——云南人民出版社四十周年》,1992年云南人民出版社出版。青海人民出版社1993年编辑出版了《团结开拓奋进——青海人民出版社四十周年(1954～1994)》,等等。

《志在潮头——北京青年报社史(1949～1993)》 孙伟主编。1993年6月北京出版社出版。16开本,198页,印数3000册,定价25.00元。

《中国大学出版社概览(1955～1991)》 中国大学出版社协会编。1993年10月上海交通大学出版社出版。本书分为专文、重要工作会议、出版文件、高校出版工作大事记、图书评介、国际出版交流、图书目录等12部分。16开本,766页,精装本,定价150.00元。

【另】《中国大学出版社概览(1992～1996)》1999年南京大学出版社出版;《中国大学出版社概览(1997～2005)》2007年8月广西师范大学出版社出版。

《四川民族出版社40年(1953～1993)》 四川民族出版社社史编写组编。1993年11月四川民族出版社出版。本书分为诞生篇、分合篇、发展篇、创业篇、册录篇全面记述了出版社的发展历程和取得的成绩。大32开本,109页,印数2000册,定价5.80元。

《近代外国在华文化机构综录》 郭卫东主编。1993年12月上海人民出版社出版。本书属于工具书性质,共收录近代外国在华文化机构有关条目2627条,包括宗教类、教育类、新闻出版类、医疗慈善类、社会文化类。对于这些外国文化机构不进行全面的阐释,重点介绍其在华的情况。大32开本,503页,65.9万字,印数2000册,精装本,定价21.50元。

《新知书店的战斗历程》 本书编辑委员会编。1994年5月三联书店出版。新知书店是中国共产党创办和直接领导的宣传出版机构，1935年8月成立于上海。该书以1935年在上海酝酿创办前后为上限，1948年在香港和生活书店、读书出版社全面合并，建立生活·读书·新知三联书店为下限。本书共收入回忆文章82篇，分为9个部分。这9个部分的标题为：新知书店概况和创办时期；在抗日救亡高潮中的武汉；在桂林文化城；雾重庆的艰苦奋斗；和生活书店、读书出版社联合，在根据地开拓新天地；皖南事变后在大后方；在"孤岛"时期的上海；解放战争时期在上海和香港等地的出版活动；怀念死难战友。书前有徐雪寒的《五十年后的反思——我对新知书店的思考》作为代序。前面还有黑白人物照片、书影、题词等20面。大32开本，609页，47.7万字，印数2500册，定价18.00元。

《中国地图出版社四十年(1954～1994)》 1994年12月中国地图出版社编辑出版。16开本，142页，精装本，印数1500册。

《天津人民美术出版社建社四十周年纪念画册(1954～1994)》 1994年天津人民美术出版社编辑出版。16开本，62页，精装本。

《中国国际广播出版社十年创业路(1985～1995)》 1995年3月中国国际广播出版社编辑出版。16开本，182页，精装本。

《十度春秋——华南理工大学出版社十周年纪念(1985～1995)》 周绍华、廖冠南编。1995年10月华南理工大学出版社出版。16开本，56页。

《生活书店史稿》 生活书店史稿编辑委员会编。1995年10月三联书店出版。本书作者都是在生活书店创办时或以后各个时期参加书店工作的。全书分五编，以翔实可信的史料叙述了生活书店的历史发展，具体是：生活书店的前身——《生活》周刊社(1925.10～1932.6)；生活书店成立到抗战爆发(1932.7～1937.7)；抗日战争前期的大发展和国民党当局的迫害(1937.7～1940.12)；"皖南事变"后的战斗历程(1941.1～1945.10)；与读书出版社、新知书店合并组成的三联书店，迎接历史新任务。大32开本，540页，40.8万字，印数3000册，定价22.00元。本书2007年7月出版第2版，定价39.00元。

《人民出版社大事记(1950～1995)》 人民出版社社长总编办公室编。1995年人民出版社出版。本书记录了人民出版社成立45年来的重要活动及重点图书出版情况。时间上限为1950年12月1日人民出版社成立，下限为1995年8月16日。书后附录有该社历届主要负责人名单及专业技术职务人员名单。大32开本，290页。

《山西人民出版社45周年画册(1951～1996)》 1996年10月山西人民出版社编辑出版。本书是山西人民出版社创建以来第一部关于社史社情的画册，有薄一波、胡富国、孙文盛等众多领导人题词。全彩铜版纸印刷。16开本，95页。

《上海古籍出版社四十年(1956～1996)》 1996年11月上海古籍出版社编辑出版。内含图书目录。24开本，395页，66万字，定价80.00元。

《书味三品——广西教育出版社十年书评集》 郑妙昌主编。1996年12月广西师范大学出版社出版。大32开本，411页，29万字，印数1000册，精装本，定价18.00元。

《书香三瓣——广西教育出版社十年论文集》 江淳主编。1996年12月广西师范大学出版社出版。大32开本，362页，印数1000册，精装本，定价15.00元。

《海事书香浓：大连海事大学出版社成立十周年纪念文集》 袁林新主编。1997年1月由大连海事大学出版社出版。大32开本，122页，定价9.80元。

《文物出版社四十年(1957～1997)》 本书编辑小组编。1997年1月文物出版社出版。这是一本纪念性的画册，收录照片等七十多幅和大量书影，文字部分主要为图书目录。16开本，115页，定价不详。文物出版社1986年12月还出版过30年的纪念性集子。

《闻思——金陵刻经处130周年纪念专辑》 南京金陵刻经处编。1997年3月华文出版社出版。大32开本，306页，印数2000册，定价18.00元。

《商务印书馆百年大事记(1897～1997)》 1997年4月商务印书馆编辑出版。本书是在1987年出版的《商务印书馆大事记》的基础上编成的，增加了1987～1996年10年间馆内重要活动、重点图书及其他有关照片等资料。全书用可靠资料反映商务一个世纪的发展历程，反映商务与文化、教育、学术界的密切交往和各界人士对商务的支持。编排方式与90年大事记相同。书的最前面有人物照片、历代出版物的书影等共计20页。16开本，14印张，不标页码，30万字，印数5000册，精装本定价41.00元，平装本定价35.00元。

【另】王学哲、方鹏程著《商务印书馆百年经营史》2010年将由华中师范大学出版社出版简体字版本。

《商务印书馆百年纪念书画集》 本书编委会编。1997年4月商务印书馆出版。内有156名著名书画家的作品，包括潘鸿海、潘公凯、颜梅华、谢冰岩、曹简楼、钱行健、欧阳中石、吴青霞、吴山明、刘文西、孙克纲、孙其峰、刘炳森、尹瘦石、刘江、亚明、田世光、王冬龄等书画家。8开本，191页，印数8000册。

《十年纪事》 中国高等学校自然科学学报研究会编。1997年8月清华大学出版社出版。本书记载了中国高等学校自然科学学报研究会自1987年成立以来所发生的事件，反映了研究会十年来的创造、进步和成果。内容包括：研究会十年总结；1987～1997十年纪事；部分会员的回忆录；各届理事会成员、在各次评比中获奖的优秀学报、优秀编辑工作者和优秀编辑学论著(题录)。大32开本，242页，定价12.00元。

《商务印书馆一百年(1897～1997)》 1998年5月商务印书馆编辑出版。1997年2月是商务印书馆的百年诞辰。馆庆期间，全国数十家报纸杂志刊载了有关商务印书馆创立一百周年的纪念文章约200余篇。这本集子就是从中选录118篇，加上一些尚未发表的文稿，共计132篇，编辑而成。纪念集分为六个部分：第一部分是中央领导同志为商务印书馆创立一百周年题词。第二部分为一百周年大会上领导同志的贺信和讲话。第三部分是刊载在《中华读书报》上的《商务印书馆百年》专栏文章。第四部分是在商务百年庆典期间有关报刊上发表的专稿。第五部分是发表在《博览群书》、《编辑学刊》、《东方文化》等杂志及有关文集上的纪念文章。第六部分是少数未曾发表过的文稿。文章的编排以公开发表的时间为序。大32开本，742页，插页5，49.8万字，印数5000册，定价45.60元。

《陕西人民出版社大事记(1951～1995)》 文炎编。1998年6月陕西人民出版社出版。小32开本，352页，印数1000册，定价17.00元。

《商务印书馆史及其他——汪家熔出版史研究文集》 汪家熔著。1998年10月中国书籍出版社出版。本书是作者多年从事出版史研究的文章汇编，其中三分之二的内容是关于商务印书馆馆史方面的，史料翔实，考辨严谨；书中也有对于商务印书馆书和人的评价，是一部比较厚重的学术文集。王益作序。大 32 开本，512 页，42 万字，未标印数，定价 35.00 元。

《中央外文局五十年回忆录》 本书编写组编。1999 年 3 月新星出版社出版。本书收录有关外文局及对外宣传出版事业的回忆文章 89 篇。作者有冯亦代、罗俊、萧乾、爱泼斯坦、陈原等人。附录有《中央外文局历史概况》。大 32 开本，647 页，47 万字，印数 3000 册，定价 30.00 元。

《对外书刊宣传的理论与实践》 中央外文局编写。1999 年 3 月新星出版社出版。本书是中央外文局纪念性文集中的一种，收录有关文章八十多篇，内容涉及对外宣传、对外传播的基本原则和一般情况，但主要还是围绕对外宣传的理论与实践。外文书刊的出版发行事业包括许多工作环节，因此为了尽可能全面地总结经验，文集编选了方方面面的文章。文章大致分成几类：对外宣传的基本原则；图书及外宣品；翻译、设计和出版；发行、市场与通联。大 32 开本，735 页，51 万字，印数 3000 册，定价 34.00 元。

《中央外文局五十年大事记(1949～1999)》(全 2 册) 本书编写组编写。1999 年 5 月新星出版社出版。中央外文出版发行事业局是中共中央所属事业单位，是承担党和国家书刊对外宣传任务的新闻出版机构。该书以大事记的形式扼要反映了 1949 年到 1999 年外文局的发展概况。编写方式以编年体为主，纪事本末体为辅，如实地记录了 50 年间我国对外宣传出版的历史情况。大 32 开本，上册 465 页，下册 439 页，总计 63.5 万字，印数 3000 册(套)，定价 62.00 元。

《商务印书馆 天一阁》 王为、郭开宇著。1999 年 6 月吉林人民出版社出版。收入“中国传统文化知识小丛书”。本书分别对商务印书馆、天一阁的发展历史进行了简要介绍。小 32 开本，82 页。全套丛书 50 册，总定价 240.00 元。

《文化生活出版社与现代文学》 孙晶著。1999 年 7 月广西教育出版社出版。收入“文学与出版丛书”。全书分上、下两编，上编为“文化生活出版社与现代作家”，涉及的与文化生活出版社有密切关系的作家有巴金、鲁迅、曹禺、李健吾、靳以、陆蠡、何其芳、“九叶派”及其他青年作家。下编为“文化生活出版社出版物研究”，重点研究了巴金主编的《文学丛刊》，还有文学翻译类丛书、抗战时期的出版物。本书对于作为长期任文化生活出版社总编辑的编辑家巴金的研究是较深入细致的。附录有：《文化生活出版社的其他出版物》、《文化生活出版社重要丛书作品目录》。陈思和作序。大 32 开本，280 页，19.3 万字，印数 2000 册，定价 25.50 元。

【另】《新文学史料》1982 年第 3 期刊发有两篇文章：《记文化生活出版社》(陈思和、李辉)，《文化生活出版社的资金来源》(吴朗西)。而陈思和的《现代出版与知识分子的人文精神》一文(见《犬耕集》，上海远东出版社 1996 年版)值得一读，其中涉及巴金等著名编辑家。

《波涛上的足迹——译林编辑生涯二十年》 李景端著。1999 年 8 月重庆出版社出版。本书从一个编辑的角度，通过《译林》杂志和译林出版社崛起与发展的历程，以及作者的亲身经历与感受，折射出中国改革开放以来外国文学特别是西方通俗小说翻译出版发展的波折。大 32 开本，365 页，印数 3000 册，定价 18.00 元。

《从印刷作坊到出版重镇》 吴相著。1999 年 9 月广西教育出版社出版。收入“20

世纪中国出版文化丛书”。这是一部叙述和研究商务印书馆前五十余年(1897～1949)历史的专著。小引为“商务印书馆在历史上的地位”,以下8章的标题分别为:在世纪的转捩点上、最初的奋斗、引进西学开启民智、传统文化的承继者、吾辈当以扶助教育为己任、出版家的立场、现代企业的经营管理、衰落:与民族共患难。结语为“又在世纪转捩点上”。此书视野开阔,但一手资料利用和挖掘略显不足。大32开本,384页,22.7万字,印数2000册,精装本,定价35.00元。

《创造社与泰东图书局》 刘纳著。1999年10月广西教育出版社出版。收入“文学与出版丛书”。作者在“前言”中说,本书“本来只是希望按照主编的意图,以创造社与泰东图书局的合作,探讨文学社团与出版社的关系。但进入这个题目之后,所引发的问题就不仅限于‘出版’了。从社团与出版引发开去,我们可以从更多的角度去理解五四新文学以及五四以后中国现代文学的发展过程”。作为文学史家的研究,本书在文学社团与出版社关系的探讨中,更侧重文学的意义,但对出版提供的启示往往有业内研究者所不及之处。大32开本,236页,15.2万字,印数2000册,定价20.00元。

《开创未来——未来出版社社史(1984～1999)》 1999年11月未来出版社编辑出版。大32开本,235页,精装印制。

《中国版协二十年(1979～1999)》 宋木文主编。1999年12月高等教育出版社出版。这本纪念册收录了中国出版工作者协会成立20年来一些文字、图片资料,内容有中国版协的,也包括地方版协的。分为“中国版协专版”、“中国版协专业委员会及直属单位专版”、“省、自治区、直辖市版协专版”几个板块。末附《中国版协二十年纪事》。16开本,166页,精装印刷,未标印数,定价100.00元。

《德格印经院》(中英藏文本) 杨嘉铭著。2000年4月四川人民出版社出版。收入“西南人文”书系。本画册介绍了德格印经院的概况,对于研究藏族历史、政治、经济、宗教、医学、科技、文学、艺术、出版、印刷等具有极高的学术价值。8开本,137页,精装本,定价146.00元。

《〈女友〉编辑部的故事》 周德东著。2000年6月民族出版社出版。本书收入《选择》、《最后一招儿》、《文人的面子》、《跨世纪虚构》、《寻找封面女郎》、《出师毕盛》、《定时尴尬》等作品114篇。大32开本,223页,印数10000册,定价16.00元。

《天津人民出版社五十年(1950～2000)》 2000年6月天津人民出版社编辑出版。纪念性画册。本书主要以图片的形式,介绍了全国成立最早的地方人民出版社之一——天津人民出版社自创建之日(1950年)起至2000年50年间所走过的风雨历程。16开本,105页,印数1500册,精装本,定价98.00元。

【另】《天津人民美术出版社社庆50周年书画作品集》2005年1月出版。

《上海商务印书馆(1897～1949)》 (法)戴仁著,李桐实译。2000年8月商务印书馆出版。本书作者戴仁是法国著名汉学家、任法兰西远东学院院长。原作出版于1978年,书中有一些说法与我们的不尽相同,但作为以商务印书馆为题的第一部专著,此书仍具有相当的参考价值。全书除“引论”、“结语”外,主体部分有4章,分别论述商务印书馆的诞生和成长(1897～1919)、从1919年五四运动至1932年1月28日被炸的商务印书馆、商务印书馆的兴盛与衰落(1932～1949)、商务印书馆的产量。“附录”有《商务印书馆出版发行的期刊》、《商务印书馆出版的丛书和词典》等。本书注重学术规范,运用大量文献资料,特别是运用了一些台湾和海外出版的相关著作作参考。大32开本,156页,印张5.25,未标字数和印数,定价9.00元。

《书海争流:清华大学出版社成立20周年纪念文集》 舒怀主编。2000年9月清华大学出版社出版。在庆祝清华大学出版社建社20周年之际,出版社组织汇编了这本纪念文集。所选文章有的在报刊上发表过,有的是新作,作者都是在出版社各部门工作的人员。大32开本,定价5.50元。

《商务印书馆:民间出版业的兴衰》 杨扬著。2000年11月上海教育出版社出版。收入"中国现代知识分子群体研究丛书"。作者用简洁的叙述语言描述了商务由兴到衰的历史过程,前半部分围绕张元济,后半部分围绕王云五,重点介绍了现代中国所遭遇的各种战争灾难与文化的致命摧残以及知识分子不屈不挠抗争的过程。应该说,这是把商务的历史与精神两面都写了出来,成为一本了解商务印书馆、研究商务印书馆的重要读物。作者是研究中国近现代文学的学者,其学养的深厚、思路的开阔、观点的新颖等,在一般出版史研究者之上。因此,出版界外的学者研究出版史是值得特别关注的。书末附录《商务印书馆大事记》。陈思和作序。大32开本,180页,15.1万字,印数3150册,定价15.80元。

【另】作者在《上海文化》1995年第1期上发表有《商务印书馆与20年代新文学中心的南移》,值得一读。

《创业·求索·奉献:河北人民出版社建社五十年(1950～2000)》 2000年11月河北人民出版社编辑出版。本书为河北人民出版社建社50周年纪念专辑,收入了河北人民出版社建社50年来的大量重要资料,反映了河北人民出版社50年来的主要成就和业绩,具有重要的出版价值,包括领导贺词、作者贺词、名家珍迹、语重心长、获奖图书、勉励关怀、重要活动、业务交往、机构设置、图书要目等。16开本,189页,印数1000册,精装本,定价200.00元。

《黑龙江朝鲜民族出版社社志(1976～2000)》 林永万编。2000年11月黑龙江朝鲜民族出版社出版。大32开本,124页。

《新湖南第一家出版社/湖南通俗读物出版社纪念集》 2000年12月湖南人民出版社出版。湖南通俗读物出版社是湖南人民出版社的前身,这本纪念性集子收录了一些纪念文章和资料,包括湖南通俗读物出版社的图书目录。32开本,230页,定价不详。

《陕西人民出版社建社五十周年纪念文集(1951～2001)》 本社编,傅璇琮、王子今等撰。2000年12月陕西人民出版社出版。本书共收录为纪念陕西人民出版社建社五十周年的文章约五十篇,其中包括《平淡是真》、《我的读书生活琐忆》等。大32开本,231页,印数1000册,精装本,定价22.00元。

《世纪之路:陕西人民出版社建社五十周年画册(1951～2001)》 吴秉辉、王敏主编。2000年12月陕西人民出版社出版。16开本,162页,精装本,定价160.00元。

《团结奋斗再创辉煌——北京理工大学出版社建社十五周年(1985～2000)》 庞海芍主编。2000年北京理工大学出版社出版。本书包括社名与社标、社庆题词、领导关怀、回顾与展望、组织机构、团结向上的集体、图书长廊、历年获奖图书、图书营销、版权贸易、友好往来等部分。16 开本,46 页,定价 18.00 元。

《人民出版社 50 年(1950～2000)》 人民出版社编。2000 年 12 月人民出版社出版。纪念性画册。16 开本,170 页。

《人民出版社 50 年大事记(1950～2000)》 人民出版社办公室编。2000 年 10 月人民出版社出版。大 32 开本,430 页。

《广东人民出版社 50 周年》 2001 年 1 月广东人民出版社编辑出版。纪念性画册。16 开本,185 页,精装本,定价 128.00 元。

《成长·成就·奋进——山东省出版总社暨山东人民出版社建社五十周年(1951～2001)》 2001 年 1 月山东人民出版社编辑出版。本书通过大量照片展现了山东省出版总社暨山东人民出版社 50 年来宣传党的基本路线、坚持为人民服务、传播科学文化知识的历史和成果。16 开本,143 页,印数 3000 册,精装本,定价 158.00 元。

《贵州人民出版社五十年(1951～2001)》 孙若芹主编。2001 年 2 月贵州民族出版社出版。本书内容有:历程、闪光的足迹、成就的喜悦、往事的回眸、好书流连、大事记、重要书目、职工名录。16 开本,132 页,精装本,定价 128.00 元。

《新疆人民出版社 50 年》 吴文龄主编。2001 年 2 月新疆人民出版社出版。本书是为庆祝新疆人民出版社成立 50 周年而编辑出版的画册,介绍出版社发展历史、现实状况及各部门的概况。

《重庆出版社 50 周年纪念文集》(1) 李书敏主编。2001 年 3 月由重庆出版社出版。本书以"求实、存真、团结"的基本原则,共收文章八十余篇。按文章内容分为"记事篇"、"忆人篇"、"名家与我社图书"、"综合篇"。文末附有历年获奖书目。大 32 开本,646 页,印数 1000 册,定价 33.00 元。

《我与人民文学出版社(1951～2001)——人民文学出版社建社五十周年纪念文集》 丁景唐等著。2001 年 3 月人民文学出版社出版。本书收入有王蒙的《这是我的幸运》、邓贤的《我喜欢和我不喜欢人民文学出版社的几个理由》、冯骥才的《记韦君宜》、季羡林的《我和人民文学出版社》、周而复的《相期一步一层楼》等文章,从不同侧面描述了人民文学出版社 50 年的足迹。大 32 开本,329 页,23.2 万字,印数 2000 册,定价 18.00 元。

《人民文学出版社建社五十周年纪念(1951～2001)》 2001 年 3 月人民文学出版社编辑出版。纪念性画册。24 开本,75 页,定价不详。

《解放军文艺(昆仑)出版社建社五十周年纪念(1951～2001)》 2001 年 5 月解放军文艺出版社编辑出版。这是一本纪念性画册,包括大量的书影,另有图书总目录。大 16 开本,163 页,定价不详。

《长河掬浪——1951～2001 年解放军文艺出版社(建社五十周年纪念)书刊插图选》 许向群编。2001 年 5 月解放军文艺出版社出版。24 开本,213 页,定价不详。

《理性的翅膀:内蒙古人民出版社 50 周年出版业务文集》 2001 年 6 月内蒙古人民出版社出版。本书收入蒙汉文作品六十余篇。全书分为综述、编务研究、编辑素质等六部分。作者以全方位的视角,对出版工作面临的问题、经验、发展前景及实践的体会作了多元的探讨与分析。

《福州路文化街》 胡远杰主编。2001 年 7 月文汇出版社出版。近现代上海的福州路文化街是一条奇特的大街，一方面因青楼业众多而闻名于世，另一方面因云集了数百家书店、报馆、出版社、文具店而闻名遐迩。150年的风风雨雨，造就了无数个中国文化名人。这里堪称旧式文化的熔炉和新式文化的发祥地。本书主要是描述作为文化街的福州路，具体内容包括：概述、福州路报馆业、福州路书业、福州路文化用品业、福州路文化娱乐业、福州路商业(饮服业)、福州路风化区、人物、杂视。另有附录《1947年福州路行号路图录》、《福州路文化街商业网点示意图》、《1948年福州路附近上海商业同业公会一览表》、《1865～1886年福州路两侧外语培训班(学校)一览表》、《上海福州路“药房街”药房分布示意图》等。大32开本，513页，精装本，定价50.00元。

《战斗在白区——读书出版社(1934～1948)》　范用编。2001年10月三联书店出版。本书分为三个部分，即：读书出版社工作人员和读书出版社朋友们的文章，对读书出版社的历史、出版物等进行介绍；回忆读书出版社的创始人以及回忆黄洛峰等主要领导人的文章；有关读书出版社的征股说明、刊物的发刊词等资料性文字。大32开本，605页，46.1万字，印数2000册，定价35.00元。

《江西人民出版社50周年(1951～2001)》　林学勤主编。2001年11月江西人民出版社出版。纪念性画册。大16开本，106页，精装本，定价128.00元。

《当代书画家作品 纪念人民美术出版社建社50周年，荣宝斋新记50周年》　中国美术出版总社编。2001年12月人民美术出版社出版。本书是为庆祝人民美术出版社建社50周年，荣宝斋新记50周年而征集的国内知名书画作品集。收录书画作品一百八十余幅，包括于希宁的《红梅》、崔子范的《春风》、罗工柳的书法、谢云的书法及金默如的《菊花》等。大16开本，183页，精装本，定价200.00元。

《20年回眸：湖北少年儿童出版社建社20周年画册》　本社编。2002年1月湖北少年儿童出版社出版。本书为湖北少年儿童出版社建社20周年社庆彩色画册，收有各种社史的资料、照片、数据、题词等。

《人民交通出版社出版工作研究暨50周年社庆纪念文集》　2002年1月人民交通出版社编辑出版。本书为人民交通出版社50周年社庆纪念文集，共有论文五十余篇，全面论述了新形势下出版工作的特点及出版的发展方向。

《商务印书馆：求新应变的轨迹》　久宣著。2002年1月西南财经大学出版社出版。收入“中国近代企业点石成金系列”。本书分为沿革、经营、启示三篇，用一篇篇短文讲述了商务印书馆的沿革变化、经营情况，以及给予现代企业、现代人的启示，向读者展示了商务印书馆的百年辉煌。大32开本，192页，14.3万字，定价16.00元。

《小说书坊录》　王清原、牟仁隆、韩锡铎编纂。2002年4月北京图书馆出版社出版。此为1986年春风文艺版的修订本。本书是国内第一部辑录历代小说书坊的专著。林辰在为本书写的序中说它是孙楷第《中国通俗小说书目》的姊妹书，“以其首创性而填补了小说工具书的空白”。它对于研究中国小说编辑出版史也是很有参考价值的。全书辑录小说书坊上起宋代，下迄1930年。出版者按其出版小说最早的出版年代排列，以宋、元、明、清、民国为序。另有《书坊索引》和《书名索引》。大32开本，330页，25万字，印数3000册，定价20.00元。

《我与中华书局》　中华书局编辑部编。2002年5月中华书局出版。为迎接中华书局90周年诞辰，书局于2001年上半年在《光明日报》上刊登了“我与中华书局”征文启事，请各界人士就与中华书局有关的书、人、事撰写回忆文章。随后，又分别向学术界、教育界与中华书局联系密切的知名人士和书局离退休人员发出约稿函，先后收到稿件百余件。书局从中选择62篇结集为《我与中华书局》出版。文集大致分为四类：一是专家学者与中华书局的密切交往；二是作者与中华书局版图书的文字因缘；三是一般读者与中华书局的书缘；四是怀念逝去的中华书局同仁。书末附录5篇，有《陆费逵创办中华书局》、《建国五十年中华书局的古籍出版成就》、《郑重推荐〈陆费逵与中华书局〉》等。大32开本，407页，28.5万字，印数2000册，定价20.00元。

《中华书局大事纪要(1912～1954)》 钱炳寰编。2002年5月中华书局出版。本书的资料来源主要有三：一是十几大木箱的中华书局档案材料，其中最多的是董事会记录和来往信函；二是一百八十余册《申报》(1912～1949)的影印合订本，凡有关中华书局的重要新闻、书刊宣传广告等，均据实扼要摘录；三是近现代出版史料及舒新城的《狂顾录》。有关的个人回忆录只作参考。这部大事纪要，既是前人奋斗足迹的忠实记录，也是后人借鉴取法的宝库。前有陆费逵、中华书局总店和分店黑白照片6幅。大32开本，271页，19.7万字，印数3000册，定价18.00元。

《中华书局九十周年纪念(1912～2002)》 中华书局编辑部编。2002年6月中华书局出版。本书是一本纪念画册，分“中华书局简介”、“名家题词、绘画”、“开创伟业”、“承前启后”、“继往开来”、“改革发展”、“与时俱进”七部分，全面记录了中华书局90年的发展历程。16开本，185页，13印张，印数2000册，精装本，定价180.00元。

《贵阳文通书局》 何长凤编著。2002年10月贵州教育出版社出版。贵阳文通书局是由华之鸿、华问渠父子创办的民营出版企业，是旧中国七大书局之一。此书对文通书局从创办、坚持，到发展近半个世纪的历史进行了梳理和研究，总结了它的历史经验与教训。全书三个部分。第一编为“贵阳文通书局”，是本书的主体部分。第二编为“原著选编”，选录与文通书局相关的材料。第三编则是“贵阳文通书局书刊目录”。附录有：《贵阳文通书局纪事》、《贵阳文通书局资料目录》、《贵阳文通书局索引》。全书注意历史的分析和研究，同时也注重史料的爬梳和整理，使得其学术性、史料性兼具。书的前端收录老照片、书影等若干幅。大32开本，416页，33.5万字，印数1120册，精装本，定价32.00元。

《难忘年华——电子工业出版社创业20年》 高平、王颖、赵晨阳编。2002年10月电子工业出版社出版。收入《20年巨变——从社址变迁看我社的发展历程》等文章和资料。大32开本，474页。

《老上海文化奇葩——上海佛学书局》 孟令兵著。2003年1月上海人民出版社出版。收入“老上海文化生活丛书”。上海佛学书局是近现代我国最有影响的佛学书局，创造了佛教出版业的辉煌。作者在《后记》中说，本书原定的书名是《上海佛学书局与近代佛教出版业》，因为要符合丛书体例才改为现名。全书五个部分，分别论述了上海佛学书局创立的背景，佛学书局的主营业绩，其他十项事业成就，近代《大藏经》及佛典要集的刊行，佛学书局出版、发行、流通的佛学通籍。本书选题新颖，材料丰富，论析深入，图文并茂，是很有特点的出版史研究著作。小32开本，192页，12万字，印数5100册，定价13.40元。

《躬耕收获：人民邮电出版社50周年纪念文集》 2003年1月人民邮电出版社编辑

出版。16开本,195页。

《民族出版社朝鲜文编辑室成立50周年纪念文集》 民族出版社朝鲜文编辑室编。2003年3月民族出版社出版。

《中国林业出版社建社50周年文集》 2003年7月由中国林业出版社编辑出版。文集收录了中国林业出版社建社50周年来广大员工对林业科技出版工作规律的经验总结和理性思考,客观记载了一些重大出版项目的选题策划、组稿和出版管理工作等各方面的经历。大32开本,定价50.00元。

《书香一片——江苏人民出版社建社50周年论文书评集》 蒋德群、高晔主编。2003年8月江苏人民出版社出版。大32开本,570页。

《民族出版50年》 黄忠彩主编。2003年9月民族出版社出版。本书以图片为主,充分展示了民族出版社成立50年来的发展历程、出版成就和业务活动,具有重要的史料价值,对于研究我国民族出版史尤其有重要意义。12开本,95页,印数1500册,精装本,定价108.00元。

《民族出版社50年大事记(1953～2003)》 2003年9月民族出版社编辑出版。16开本,182页,定价不详。

《中国编辑学会成立十周年庆祝大会纪念册》 中国编辑学会秘书处编。2003年9月商务印书馆出版。本书收录了庆祝大会的照片及会议材料,附录有《中国编辑学会大事记(1992～2002)》。大32开本,93页,定价25.00元。

《中国编辑学会第三次全国代表大会纪念册》 中国编辑学会秘书处编。2003年9月商务印书馆出版。本书收录了大会的有关照片和资料。大32开本,200页,定价22.00元。

《四川民族出版社50年》 2003年11月四川民族出版社编辑出版。本书以画册形式反映四川民族出版社50载春秋创业的过程,再现了四川民族出版人服务民族地区、出版民族精品图书的风采。12开本,119页,印数1000册,精装本,定价118.00元。

《文史新澜——浙江古籍出版社建社二十周年纪念论文集》 汤一介等著。2003年11月浙江古籍出版社出版。本书主要收录文史方面的专业文章。大32开本,475页,定价20.00元。

《中国百科事业25年·纪念集》 本书编委会编。2003年11月中国大百科全书出版社出版。收录《百科庆典忆乔木》、《姜椿芳与中国百科全书事业》、《怀念梅益》等文章,另外还辑录了中国大百科全书出版社大事记、职工名录等资料。大32开本,202页,印数2000册,定价60.00元。

《巴蜀书社二十年(1983～2003)》 2003年巴蜀书社编辑出版。内容除一些历史图片外,还包括获奖书目、书评、出版要目等。16开本,172页。

《人民卫生出版社五十年历程》 2003年人民卫生出版社编辑出版。纪念性画册。16开本,100页。

《创新之路——山东省报业协会成立十五周年纪念(1989～2004)》 山东省报业协会编。2004年2月山东友谊出版社出版。内附山东省报业协会15年活动情况要目等。16开本,468页。

《天下第一名社西泠印社》 林乾良著。2004年4月西泠印社出版社出版。这是一本具有出版社社史性质的著作，叙述了西泠印社的成立与发展、社约与印文化、社员名单、社员概况、领导机构、学术活动、出版事业、印社藏品、印学博物馆、印社文献、西泠胜迹与诗书画印等，资料十分丰富。大32开本，208页，定价18.80元。

《青海人民出版社建社50年》 2004年5月青海人民出版社编辑出版。本书以画册形式介绍青海人民出版社自1954年建社以来50年的发展历程，记述了编辑业务、交流合作、及其获奖图书情况等。16开本，66页。

《岁月如歌——中国建筑工业出版社50周年(1954～2004)》 2004年5月中国建筑工业出版社编辑出版。12开本，190页。

《亲历与见证——高等教育出版社成立50周年纪念文集》 本书编辑组编。2004年5月高等教育出版社编辑出版。16开本，278页。

《临风集：同济大学出版社20周年社庆论文集》 郭超主编。2004年5月同济大学出版社出版。本文集围绕同济大学出版社的改革思路、发展规划、出版管理、选题开发、市场调研、发行机制，质量控制，业务提高等课题进行研究分析。大32开本，定价15.00元。

《书·社·人——中国工人出版社建社55周年纪念文集(1949.7.15～2004.7.15)》 本书编辑组编。2004年7月中国工人出版社出版。16开本，295页。

《科学出版社五十年(1954～2004)》 汪继祥主编。2004年7月科学出版社编辑出版。本书主要叙述了科学出版社50年发展的历程，其中蕴含着困难与艰辛，成功与喜悦，更充满了拼搏与进取，奋发与图强；陈述了科学出版社不同时期的发展方针任务、主要成就、重大事件等。8开本，245页，印数3000册，定价180.00元。

《创业·开拓·发展——黑龙江人民出版社50年(1954～2004)》 2004年8月黑龙江人民出版社编辑出版。内容包括50年代以来的书影书目等。16开本，205页。

《人民音乐出版社成立50周年(1954～2004)》 2004年10月人民音乐出版社编辑出版。纪念性画册。内多历史图片和相关的社史资料。16开本，132页。

《中国地图出版社五十年(1954～2004)》 中国地图出版社社庆办公室编。2004年11月中国地图出版社出版。本书分为特邀嘉宾篇、人物回顾篇、历史回眸篇、激情岁月篇、母社赞歌篇、业务点滴篇、开拓进取篇，从地图编辑业务到地图制印工艺技术，从地图收藏到地名翻译，从财务管理到后勤服务，收录的文集浓缩了中国地图出版社50年的历程。16开本，275页，印数2000册，精装本，定价95.00元。

《中国地图出版社50年社庆文集》 2004年11月中国地图出版社编辑出版。本书分为特邀嘉宾篇、人物回顾篇、历史回眸篇、激情岁月篇、母社赞歌篇、业务点滴篇、开拓进取篇，从地图编辑业务到地图制印工艺技术，从地图收藏到地名翻译，从财务管理到后勤服务，收录的文集浓缩了中国地图出版社50年的历程。16开本，275页，印数2000册，精装本，定价88.00元。

《成长——明天出版社建社20周年画册(1984～2004)》 本社编。2004年11月(山东)明天出版社出版。12开本，149页，精装本。

《世界知识出版社70年(1934～2004)》 2004年世界知识出版社编辑出版。本书内容包括：历史的回顾、新中国成立后的历程、改革中的步伐、珍藏的社庆剪影、前进中的六大期刊、新形势下的图书出版、高效的职能部门、丰富多彩的社庆活动等等。16 开本,160页。

《商务印书馆与近代知识文化的传播》 李家驹著。2005 年 2 月商务印书馆出版。这部由香港学者撰写的研究商务印书馆的专著,跳出一般书籍出版史的范畴,借用西方理论,以文化知识传播的社会功能作为切入点,把“商务史”放置在更为宽大和重要的知识和文化史层面上进行探索和讨论,从大视野和新角度去审视商务印书馆的历史,更深入地透视商务印书馆与 19、20 世纪之交近代中国社会文化和教育递变的关系;量化分析商务出版资料,追踪曾经与商务发生关联的人物,具体而有效地了解到商务在传播与塑造文化方面产生的积极作用和贡献;同时,书中所深入阐释的商务印书馆的企业文化宗旨和企业精神,对当前图书出版业、中国文化企业的发展以及社会文化的发展,都富有启发和参照意义。本书共分为“近代文化史的新视角:书籍出版史”、“机构:商务的发展与起落”、“商务人:知识分子群体的形成”、“书籍出版:商务的产量统计”、“迎合与塑造:近代图书市场”、“制造文化影响:广告效应”、“总结:出版家的文化职能”等 7 章。大 32 开本,325 页,26 万字,定价 20.00 元。

《辉煌的交响——中国人民大学出版社 50 周年(1955~2005)》 王宏霞等编。2005 年 3 月中国人民大学出版社出版。纪念性画册,8 开本,221 页。

《书香缘——中国人民大学出版社 50 华诞纪念文集(1955~2005)》 2005 年 3 月中国人民大学出版社编辑出版。小 16 开本,430 页。

《自强不息 追求卓越——清华大学出版社成立 25 周年纪念文集》 宏巍编。2005 年 6 月由清华大学出版社出版。本文集收录了 56 篇文章,从不同侧面记述了清华大学出版社成立 25 年来的发展历程。大 32 开本,定价 28.00 元。

《先锋书店——大地上的异乡者》 钱晓华等著。2005 年 10 月广西师范大学出版社出版。这是一部文集,主题是先锋书店。其中有店主钱晓华所写书店创业的艰辛;有文化名人苏童、叶兆言、许钧、吴炫等从各个角度讲述的对先锋书店的喜爱;更有许多受惠于书店的普通读者讲述自己在书店的所感所得。大 32 开本,223 页,印数 6000 册,定价 28.00 元。

《我们一起走过——湖北美术出版社 20 年纪念册(1985~2005)》 2005 年 10 月湖北美术出版社编辑出版。内有大量名家书画和书影。16 开本,139 页。

《影踪——广东教育出版社成立 20 周年画册》 普泥沙编。2005 年 12 月广东教育出版社出版。12 开本,94 页,精装本,定价 50.00 元。该社另有《飞:广东教育出版社成立 20 周年》(摄影集)同时刊行。

《一路同行——吉林文史出版社 20 年》 2005 年吉林文史出版社编辑出版。大 32 开本,141 页,印数 1000 册,定价 20.00 元。

《商务印书馆与中国近代文化》 史春风著。2006 年 1 月北京大学出版社出版。本书是作者在博士学位论文基础上修改完善而成的,内容包括:商务印书馆的崛起与发展、商务印书馆与近代政治思潮、商务印书馆与近代中西文化、商务印书馆与近代教育、商务印书馆与近代文化名人。郑思渠作序。大 32 开本,225 页,21.2 万字,印数未标,定价 16.00 元。

《边陲书香——德宏民族出版社建社二十五周年纪念文集(1981～2006)》 本书编委会编。2006年1月德宏民族出版社出版。收录《艰苦创业步履维艰》、《我与图书发行有情缘》等史料性、纪念性文章。大32开本，123页，定价16.00元。

《亚东图书馆与陈独秀》(修订本) 汪原放著。2006年2月学林出版社出版。本书原名《回忆亚东图书馆》，1983年11月由学林出版社出版。它主要叙述了亚东图书馆的出版活动，陈独秀与亚东的关系，同时也还涉及当时和后来的一些出版史料。修订本附录有《亚东图书馆简史》、《亚东图书馆同人名录》等，另有吉少甫、郑超麟、陈旭麓的有关文章各一篇。此外正文部分补充了第十一章的最后一节"金粉泪五十六首"。照片、书影、注释等均有较大幅度的增加。王子野作序。大32开本，299页，20万字，印数4000册，定价20.00元。

《金融书香——中国金融出版社50年(1956～2006)》 林铁钢主编。2006年5月中国金融出版社出版。内容包括"半世纪奋斗"、"出版社简介"、"致辞、寄语与题词"等，用大量的照片，记录了中国金融出版社50年磨砺、50年奋斗的发展历程。12开本，137页，6页图版，精装本，定价218.00元。

《新疆教育出版社50年》 本书编委会编。2006年8月新疆教育出版社出版。大32开本，359页，25万字，印数2000册，定价25.00元。

《书之旅——一个出版社20年的故事》 王建周等著。2006年11月广西师范大学出版社出版。这是广西师范大学出版社成立20周年的纪念文集，主要收录出版社新老领导和员工的回忆性文章，讲述20年来的书人书事。16开本，348页，34.6万字，印数2000册，定价39.00元。

《中国编辑学会第四次全国代表大会纪念册》 中国编辑学会秘书处编。2006年12月人民美术出版社出版。纪念册收录了代表大会的照片及主要文字资料。大32开本，145页，印数1000册，定价22.00元。

《中国少年儿童出版社50周年纪念集(1956～2006)》 2006年中国少年儿童出版社出版。内有大量历史图片。16开本，215页。

《青岛出版社志(1975～2005)》 本书编委会编，陈国先主笔。2007年3月青岛出版社出版。本书介绍了青岛出版社1975年到2005年的发展历史。包括发展概述、编审程序、编辑队伍、图书质量保障体系、营销理念的形成及方法、品牌形象和品牌战略等内容。另附出版社大事记。16开本，235页，精装本，定价58.00元。

《中华书局与近代文化》 周其厚著。2007年4月中华书局出版。本书是作者博士学位论文修改而成。作者将中华书局放在近代社会剧变和文化发展这个大背景下，围绕着政治变革、教育转型、中西文化冲突和交流、社会思潮的变迁等问题，深入研究中华书局与近代文化思潮的辩证关系。具体纲目为：中华书局的创立与发展，中华书局与近代教育(上、下)，中华书局与中西文化的继承和传播。书前有照片、书影、手迹等28页。16开本，251页，22万字，印数3000册，定价36.00元。

《商务印书馆110年大事记(1897～2007)》 商务印书馆总编室编。2007年5月商务印书馆出版。本书在1997年出版的100周年大事记本子的基础上增补而成。16开本，292页，精装本，定价110.00元。

《春风秋水翰墨缘——纪念文物出版社成立五十周年书画作品集》 本社编。2007年6月文物出版社出版。本书系为祝贺文物出版社成立50周年,由全国著名书画家创作的书画作品之结集。一百四十余件作品,情真感实,设计精美,具有特殊的纪念价值。大16开,310页,定价180.00元。

《文物出版社50年(1957～2007)》 本书编辑小组编。2007年6月文物出版社出版。有大量珍贵图片和资料。全书按关怀与鼓励、特色与精品、爱护与支持、合作与交流、沿革与发展、机构与运营、大事记(1997～2007)、人名录等几个板块全面记述了文物出版社50年来走过的道路和取得的成绩。16开本,163页,定价98.00元。

《生活书店史稿》(第二版) 本书编辑委员会编。2007年7月三联书店出版。本书是为纪念生活书店成立75周年而修订完成的。原五编基本格局不变,适当作了修订。附录有《生活书店大事记编年》、《生活书店图书目录》、《生活书店总管理处、分支机构及化名、副牌单位一览表》、《生活书店与人合作经营单位一览表 》。16开本,445页,定价39.00元。

《中国大学出版社概览(1997～2005)》 中国大学出版社协会编。2007年8月广西师范大学出版社出版。《概览》是大型的全国大学出版社(含教育部直属出版社,下同)行业通鉴,以翔实的资料、权威的数据,全面地记录一个时期全国大学出版社的发展,反映这一时期全国大学出版社的概貌。《中国大学出版社概览(1997～2005)》,接续1955～1991年卷和1992～1996年卷,是中国大学出版社协会编纂的记录我国大学出版社(含教育部直属出版社)在此期间的发展、成就和基本情况的大型资料性工具书。16开本,856页,精装本,定价218.00元。

《足迹——浙江报业协会各专业委员会纪实》 浙江省报业协会编。2007年9月浙江人民出版社出版。24开本,212页。

《春华秋实——纪念华东师范大学出版社50华诞》 朱杰人等著。2007年10月华东师范大学出版社出版。本书是为纪念华东师范大学出版社建社50周年而作。通过图表、随笔等多种形式记录了华东师范大学出版社从1957年到2007年的50年发展历程。16开本,433页,定价68.00元。

《踵事增华——电子工业出版社建社25周年纪念文集》 本社编。2007年10月电子工业出版社出版。内容包括:出版社大事记、创业回顾、发展壮大足迹等等。大32开本,230页。

《在主流与边缘之间》 施惟达主编。2008年6月云南大学出版社出版。本书是为庆祝云南大学出版社成立20周年而编辑出版的纪念性文集,收录文章37篇,其中多篇史料价值丰富。16开本,191页,23.6万字,定价60.00元。

《生活·读书·新知三联书店大事记·稿本(上册1932～1951)》 2008年10月三联书店出版。本书记录了三联书店从1932至1951年间发生的大事,所依据的资料主要来自《生活书店史稿》、《战斗在白区一读书出版社1934～1948》,《新知书店的战斗历程》和《生活·读书·新知三联书店文献史料集》。16开本,144页。

《我与三联:生活·读书·新知三联书店成立六十周年纪念集(1948～2008)》 王世襄等著。2008年11月三联书店出版。现在印行的这个集子,就是以征文为主体,辅佐以部分三联30、50周年店庆等特殊时点征约的旧稿，分类辑编而成。全集共收文章98篇。内分三辑：第一辑56题，为三联部分骨干作者应约撰稿，可视为自外而内看三联；第二辑16题，为老三联人和部分出版界同人的文章，属于入乎其中的工作感受和历史探讨；第三辑26题，则是三联书店成立30周年(1987年)之际，与三联书店前身的老三家书店，即生活书店、读书生活出版社、新知书店渊源较深的作者、编者等的回忆或纪念文章。当年的纪念集由香港三联书店刊行，大陆甚为罕见，加上为纪念集撰稿的作者大多已去世，所以编者特意从那本集中精选了这组文章，既为纪念这些前辈，也为这本纪念集补充一段不可或缺的历史记忆。16开本，416页，37.8万字，印数4000册，定价39.80元。

《我在百花——百花文艺出版社同仁忆旧(1958～2008)》 本社编。2008年12月百花文艺出版社出版。大32开本，342页，定价26.00元。

《北新书局与中国现代文学》 陈树萍著。2008年12月上海三联书店出版。本书是作者在博士论文基础上修订而成的。全书分为五章，附录《北新书局大事记》。大32开本，265页，21万字，定价21.00元。

《守望家园——生活·读书·新知三联书店》 邹凯编写。2008年12月三联书店出版。收入“名社30年书系”。本书选取了三联书店近三十年来较有代表性的十种图书和两种刊物，通过对当事人的采访，对回忆文章和档案资料的爬梳，描述鲜为人知的人物活动和幕后故事，重现了这些出版物策划、编辑、印制、销售的具体过程，以及当时的社会反响和评论。书稿较为集中地反映出新时期三联书店出版物的社会贡献，大致勾勒出三联书店在改革开放方针指引下不断开拓创新的历程。16开本，214页，20.7万字，印数5000册，定价29.00元。

《拓荒与飞跃——中国大百科全书出版社》 本书编委会编。2008年12月中国大百科全书出版社出版。收入“名社30年书系”。中国大百科全书出版社成立于1978年11月，到2008年正好30年。本书分五章，以平实的文字和珍贵的图片记述了《中国大百科全书》第一版、《中国大百科全书(简明版)》、《中国大百科全书》第二版、《不列颠百科全书》中文版系列、中国地区百科全书系列、专业百科全书系列、《中国儿童百科全书》系列、《中国中学生百科全书》以及其他重点图书和电子出版物的出版历程，展示了一代代百科人为了中国现代百科事业，付出的艰辛努力及取得的骄人成绩。16开本，244页，22.1万字，印数3000册，定价36.00元。

《品牌之道——商务印书馆》 于殿利等编著。2008年12月商务印书馆出版。收入“名社30年书系”。商务印书馆是迄今为止中国出版业唯一的百年品牌，被称为中国近现代文化史上的奇迹。本书透过《辞源》、《汉译世界学术名著丛书》、《新华字典》、《现代汉语词典》和《牛津高阶英汉双解词典》等中国著名图书品牌的实例，以及商务印书馆顺应时代潮流，在改革开放的新形势下，从计划走向市场的进程，生动地讲述了许多鲜为人知的感人的品牌的故事，从某一视角深刻地揭示出商务印书馆百余年尤其是改革开放30年来的品牌经营之道。16开本，410页，定价69.80元。

《荣名为宝——荣宝斋》 张伟涛、李晓冬编著。2008年12月荣宝斋出版社出版。收入“名社30年书系”。本书分九章以生动活泼的语言、图文并茂的形式、情趣盎然的内容，展现了荣宝斋这一出版百年老店30年间重新焕发的青春活力，描绘了其随着新中国诞生的出版机构30年间取得的非凡进步,刻画了它在改革开放的直接推动下诞生、成长和发展的历程。附录《荣宝斋历年获奖情况一览表》、《荣宝斋历年举办展览一览表》。16开本,212页,定价50.00元。

《光荣与梦想——人民文学出版社》 何启治等著。2008年12月人民文学出版社出版。本书以大量翔实的史料,生动地记述了人民文学出版社在改革开放之初,面对十年浩劫造成的文化沙漠,毅然承担起自己的历史使命,重印中外文学名著,解救书荒;推翻"两个估计",冲破极"左"樊篱,率先召开全国中长篇小说作者座谈会;创办《当代》、《新文学史料》等刊物,催生文学新作,沟通新文学源流;从《将军吟》、《沉重的翅膀》到《古船》,一批反映中国改革开放进程的优质原创新作陆续出版;凝结了几代人心血的1981年版《鲁迅全集》问世,成为中国文化出版史上的丰碑。在改革开放的时代大潮中,人民文学出版社以自己不懈的努力,促进了整个社会文学观念的转变,推动了中国文学出版事业的发展。本书还回顾了1951年人民文学出版社建社之初,新中国文学出版事业从这里开始的一段光荣历史。16开本,158页,定价20.00元。

《弦动华章——人民音乐出版社》 岳洪治著。2008年12月人民音乐出版社出版。收入"名社30年书系"。人民音乐出版社前身为万叶书店,由钱君匋先生于1938年7月创建于上海。1954年10月,以万叶书店为主体,与中国音乐家协会出版部合并组建音乐出版社。1974年8月,更名为人民音乐出版社。出版社以"忠诚、敬业、创新、卓越"为企业文化。以创建"中国第一、世界一流"的出版社为目标。已出版《中国古代音乐史稿》、《音乐百科辞典》等音乐、舞蹈、戏曲类图书一万多种。出版了《中华大家唱曲库》、《快乐阳光》等一批优秀电子音像出版物。主办的《音乐研究》、《中国音乐教育》、《钢琴艺术》及与中国音协合办的《人民音乐》等杂志,均在国内外享有重要学术地位和影响力。由出版社主编并出版的中小学音乐教材,无论在质量和数量上均在国内占有绝对优势,很好地实现了两个效益的统一。本书勾勒了人民音乐出版社改革开放30年来的发展历程,总结了取得的巨大成就和宝贵经验。书中有专章对音乐出版家钱君匋进行论述。16开本,167页,定价58.00元。

《滋兰树蕙——人民美术出版社》 2008年12月人民音乐出版社编辑出版。收入"名社30年书系"。本书重点记录了人民美术出版社在改革开放的春风中留下的点滴印记,大部分文字出自当事人之手,没有华丽的词藻,却不乏真挚的感情。透过这些文字和图片,读者了解到的不仅是出版社,还有一批优秀的书画家,以及很多背后的动人故事,感受到了人美的精神与文化。16开本,206页,印数3100册,定价38.80元。

《译道与文化——中国对外翻译出版公司》 赵晏彪等著。2008年12月中国对外翻译出版公司出版。收入"名社30年书系"。中国对外翻译出版公司始建于1973年,积35年的努力,创立了"中译翻译"和"中译出版"两大品牌。中译翻译服务遍及全球。中译出版在工具书与辞书、双语学习图书、学术译著、高校外语教材、社科文艺类图书、助学读物等出版领域均有令人瞩目的建树。本书追寻中译公司改革开放30年来艰辛创业、追求卓越的历程,塑造了中译公司独树一帜的企业形象。16开本,218页,定价32.00元。

《守正出新——中华书局》 中华书局编辑部编。2008年12月中华书局出版。收入"名社30年书系"。改革开放的30年,是中华书局这一文化企业恢复、发展、探索、壮大的

30年，是中华书局“向全社会提供中国传统文化优质出版物”这一品牌核心得以继承、确立并发扬光大的30年。本书围绕中华书局品牌建设与创新这一核心，收录了改革开放30年来中华书局出版的古籍、学术及大众普及类精品著作的书评、编撰体会，以及具有代表性的作者和编辑的回忆与访谈文章，清晰记录了中华书局30年来的发展历程和不俗业绩，图文并茂，相得益彰。16开本，240页，20万字，印数3000册，定价48.00元。

《阳光与彩虹——世界图书出版公司》 世界图书出版公司编。2008年12月世界图书出版公司出版。收入“名社30年书系”。16开本。

《日出东方——东方出版中心》 东方出版中心编。2008年12月东方出版中心出版。收入“名社30年书系”。16开本，218页，印数2000册，定价39.00元。

《与改革开放同行——中国社会科学出版社30年足迹(1978～2008)》 本社编。2008年10月中国社会科学出版社出版。16开本，235页，精装本。

《天下良友》 臧杰著。2009年5月青岛出版社出版。始于1926年，创办过《良友》画报、出版过《中国新文学大系》的上海良友图书印刷公司是一间什么性质的公司？它的创办群体只是一个“次精英”群体？它与商业有过怎样的媾和？它的兴起与瓦解隐藏了什么秘密？它的经营网络与人事网络是如何构建的？本书以重述历史的姿态，梳理了老“良友”公司的发展肌理，重新评价了决定和影响“良友”命运的核心人物。论述的人物主要有伍联德、周瘦鹃、梁得所、马国亮、张元恒、张元吉、赵家璧、郑伯奇、孙师毅、余汉生、陈炳洪、袁仰安、伍福强等。书中隐含着诸多鲜为人知的史料，迥异于主流新闻史和期刊史的结论。附录《良友图书印刷公司大事记》。16开本，199页，14万字，印数5000册，定价29.00元。

《与共和国同行——中国工人出版社六十周年纪念文集》 李庆堂、张帆主编。2009年7月中国工人出版社出版。本书收录诸多出版人回忆出版社书人书事的文章，基本勾勒出了中国工人出版社从1949年7月成立到2009年7月整整60年的发展历程。大32开本，定价28.00元。

《中国版协成立30周年纪念文选》 2009年12月出版。2009年12月20日是中国出版工作者协会成立30周年。中国版协伴随我国改革开放的步伐，走过了30年历程，它沐浴着我国改革开放的阳光成长，也见证了我国的出版改革进程。中国版协组织了《我与中国版协》的征文活动。本书就是从这些征文中编选而成的。于友先作序。

综合及其他类一·个人文集

《经历》　韬奋著。1978 年 6 月三联书店出版第 2 版，本书初版于 1958 年 5 月。书中收录邹韬奋(1895～1944)所著的《经历》、《抗战以来》、《患难余生记》三部著作，收入照片 17 幅。书前有《韬奋的思想发展》，书后附录有《韬奋最后遗作〈对国事的呼吁〉》、《韬奋遗嘱》、《中共中央唁电》、《韬奋年表》等。大 32 开本，420 页，定价 1.25 元。

《韬奋文集》(全 3 卷)　韬奋著。1978 年 10 月三联书店再版。本书 1955、1956 年初版。邹韬奋是我国现代著名的新闻记者、政论家和编辑出版家。他的著作在 50 年代和 60 年代多有刊行。大 32 开本，印数 3000 册(套)，精装本，定价 7.00 元。

《书林漫步》　陈原著。1979 年 4 月三联书店出版。本书 1962 年 12 月初版，收录著名出版家陈原先生写作的各类文章 49 篇，其中上辑所收为新中国成立前的，主要反映了那个时代书和人的遭遇，下辑主要是 80 年代发表的一些札记或随感录一类文字。小 32 开本，254 页，印数 16000 册，定价 0.57 元。本书的续编 1984 年 4 月由三联书店刊行。

《人民的喉舌——韬奋论报刊》　复旦大学新闻系编。1980 年 11 月福建人民出版社出版。本书依照年序，系统地辑录了韬奋自 1926 年主编《生活》周刊始到 1949 年写作《患难余生记》止 18 年间关于怎样办好报刊的一系列文章 120 篇，生动体现了韬奋的报刊思想和丰富的报刊工作经验。书前附录有历史照片、书影等多幅。大 32 开本，256 页，19.9 万字，印数 28000 册，定价 1.02 元。

《报海旧闻》　徐铸成著。1981 年 2 月上海人民出版社出版。本书是老报人徐铸成的个人回忆录。作者曾经长期主持《大公报》、《文汇报》的编辑工作，他以自己的亲身经历和耳闻目睹的事实，记述了旧中国报界的种种逸闻掌故，具有丰富的新闻出版史料价值。大 32 开本，318 页，25.2 万字，印数 100000 册，定价 1.00 元。本书的修订版 2010 年 1 月由三联书店刊行。

《书叶集》　姜德明著。1981 年 5 月花城出版社出版。这是一本同鲁迅有关的书籍、人物知识的随笔集。作者独具匠心，搜罗颇细，特别是介绍了一些不经见的版本，以及很少人道及的鲁迅同时代的人。小 32 开本，266 页，15 万字，定价 0.66 元。作者出版的书话作品有多种。

《张元济书札》　张元济撰。1981 年 6 月商务印书馆出版。本书内收张元济致缪荃孙、沈曾桐、汪康年、梁启超、熊希龄、孙宝琦、张謇、岑春煊、伍廷芳、傅增湘、朱希祖、胡适、顾廷龙等信札数百通。书札内容丰富，既有昌言时政，力图自强，广开民智，致力于文化教育事业的，也有讨论古籍版本、校勘、影印等事，还涉及拥护华侨在国内投资及为营救反饥饿而被捕学生一事等等。大32开本,278页,定价2.25元。本书1997年12月出版增订本三册。

《旧闻杂忆》(附"续编"、"补编") 徐铸成著。1981年6月四川人民出版社出版。本书是老报人徐铸成先生的一些回忆性文字,有一定的新闻史价值。大32开本,215页,印数20000册,定价0.73元。该书的"续编"、"补编"仍由四川人民出版社于1982年、1984年出版。2000年辽宁教育出版社将三书合并刊行,大32开本,定价35.00元。

【另】该作者撰写的《新闻丛谈》1983年由浙江人民出版社出版,32开本,15万字,定价0.59元。

《张元济日记》(上、下) 陆廷珏、汪家熔、金云峰、朱蔚伯校点。1981年9月商务印书馆出版。本书是张元济先生1912至1926年的馆事日记。当时张先生任商务印书馆编译所所长(至1918年9月止)和经理(至1924年止)。本书为保持原貌,不作改动和增删,原样收录。大32开本,870页,73.5万字,不标定价。

《我走过的道路》(上、中、下) 茅盾著。三册分别于1981年10月、1984年5月、1988年9月由人民文学出版社出版。本书是茅盾(1896～1981)撰写的回忆录。其中涉及他在商务印书馆八年的经历及以后编辑刊物的史料等。大32开本,三册分别为342页、381、472页。定价:上册1.00元,中册1.25元,下册3.60元。本书1997年整合为上下册再版。

《序跋集》 巴金著。1982年3月花城出版社出版。收入"花城文库"。本书是作者自己写的和别人写的书上发表过的前言、后记等的结集,有一定的出版史料价值。小32开本,452页,精装本,定价1.60元。本书2006年再版。

《事业管理与职业修养》 韬奋著。1982年8月三联书店出版。本书是由作者为生活书店的内部刊物《店务通讯》每周写的一篇讲话式的文章选编而成。文章的目的在于教育全体同人热爱进步文化事业,共同把生活书店办好,鼓励每一个职工在实践中认真学习,提高修养,把自己锻炼成优秀的出版工作者。小32开本,178页,定价0.56元。本书有1940、1948、1950、1998、2008年的多个版本。

《报人生涯三十年》 张友渔著。1982年12月重庆出版社出版。收入"新闻丛书"。本书内容包括两部分,一是老报人张友渔的个人回忆录,收录5篇文章;二是作者在20世纪30年代写作的新闻学方面的文章。大32开本,172页,12.9万字,印数12000册,定价0.66元。

《书报话旧》 郑逸梅著。1983年8月学林出版社出版。本书反映了上海出版业、新闻界的一些历史情况,如商务印书馆和中华书局成立的经过,晚清几本著名小说的写作,以及清末民初上海一些报纸的概况等等。大32开本,264页,印数1500册,定价0.62元。本书2005年4月中华书局出版重排本,大32开本,283页,定价17.00元。

《书梦录》 姜德明著。1983年9月安徽人民出版社出版。本书介绍了一批现代文学书籍的知识和现代作家的作品、掌故,其中不乏具有编辑出版史料价值的文章,包括《茅盾的编辑艺术》、《两本禁书》、《书上的广告》等。大32开本,16万字,定价0.75元。

《西谛书话》(上、下) 郑振铎著。1983年10月三联书店出版。本书辑自我国现代著名作家、编辑家、社会活动家郑振铎的遗著。全书包括280篇文章,谈及元明清刊本、刻本和抄本,唐代至清代的文学艺术古籍等。本书尤其重视版本的考证。此外,本书还包括作者在国内外访书、谈书的随笔札记,及六十多幅珍本古籍书影和作者题跋手迹等。小32开本,724页,印数16000册,定价2.40元。

《叶圣陶序跋集》 叶圣陶著,叶至善、叶至诚编。1983年12月三联书店出版。本书收录叶圣陶序、跋、前言、后记一类文字,分为四辑:第一辑是叶老为自己的书写的,第二辑是为别人的书写的,第三辑是为几种刊物写的发刊词,第四辑是几篇回忆往事的与序跋性质相似的题记。这些文字,对于了解一些书籍是如何写成、如何编辑和出版的,了解一些刊物和出版机构的情形,了解一些作者、编辑的状况,都有很大的帮助,具有一定的出版史料价值。小32开本,370页,18.3万字,印数14000册,定价1.00元。

《郑振铎书简》 刘哲民编注。1984年2月学林出版社出版。本书汇集了著名文学家、学者、编辑家郑振铎(1898～1958)于1947年2月到1958年5月致原上海出版公司负责人刘哲民的书信,共167封。信件内容广泛,涉及文化出版工作,对历代艺术作品的研究以及思想修养等方面,特别是其中涉及《中国版画史》和《中国古代版画丛刊》的编辑方面的资料,是很宝贵的出版史料。书中附有与信件内容相关的几篇序跋和编辑出版计划等。大32开本,256页,印数8100册,定价1.20元。

《编辑忆旧》 赵家璧著。1984年8月三联书店出版。本书是我国现代著名的编辑出版家赵家璧撰写的回忆文章的结集;收录的二十多篇文章依主要事件发生的时间先后,分为三个时期编排,即20世纪30年代,40年代前期(也就是上海"孤岛"时期),40年代后期直到新中国成立。其中正文20篇,附录8篇,包括《我是怎样爱上文艺编辑工作的》、《鲁迅为〈良友文学丛书〉开了路》、《话说〈中国新文学大系〉》、《追忆未完成的〈世界短篇小说大系〉》、《记郑伯奇在良友图书公司》、《出版〈美国文学丛书〉的前前后后》等。作者写作态度严谨认真,文章资料丰富可靠,具有重要的参考价值。书前有书影、手迹等8页。小32开本,517页,26.2万字,印数11100册,定价1.95元。本书2008年8月中华书局出版重排本。编者酌作校订。书前有照片、书影、手迹等多幅。16开本,334页,定价28.50元。

《在出版界二十年/张静庐自传》 张静庐著。1984年9月上海书店根据上海杂志公司1938年版影印出版。这本著作是著名出版家张静庐的自传,主要回忆他在出版界风风雨雨二十年的经历,对于了解当时上海出版业的情况也有重要参考价值。附录《杂志发行经验谈》。小32开本,印张7,印数10000册,定价0.85元。本书2005年7月江苏教育出版社出版重排本。附有《张静庐先生生平简介》。小16开本,149页,印数6100册,定价14.80元。

《老编辑手记》 韦君宜著。1985年1月四川人民出版社出版。本书是老作家、编辑出版家韦君宜(1917～2002)有关编辑工作的文章汇集,辑录她在编审工作中关于编辑职业道德、专业素养、选稿标准、作者培养等方面的讲话和文章。大32开本,96页,定价0.50元。

《戴伯韬教育文选》 本书编选组编。1985年2月人民教育出版社出版。戴伯韬(1907～1981)是现代著名编辑出版家、教育专家。新中国成立前曾经担任《生活教育》、《战时教育》等杂志编辑,参与"儿童科学丛书"编辑工作。1949年后,长期在人民教育出版社工作,担任副社长、副总编辑等职务,具体负责中小学教材编辑工作。他的文集与教育出版关系密切，有一定出版史料价值。大 32 开本，557 页，定价 3.20 元。

《走到出版界》 长虹著。1985 年 3 月上海书店影印出版。收入"中国现代文学参考资料丛书"。本书民国时期由泰东图书局印行，收录高长虹有关出版和文学方面的文章若干篇。小 32 开本，274 页，印数 10000 册，定价 1.20 元。

《鲁迅序跋》 陈漱渝编。1985 年 5 月百花文艺出版社出版。收入"百花青年小文库"。小 32 开本，188 页，印数 8700 册，定价 0.95 元。

《郑振铎文集》(第四卷) 1985 年 6 月人民文学出版社出版。这一卷中编选了作为编辑家的郑振铎的一些文章，其中有《〈新社会〉发刊词》、《〈编辑者〉发刊词》、《本刊改革宣言》、《一九一九年的中国出版界》、《本刊的回顾与我们今后的希望》、《明年的〈小说月报〉》、《〈中国新文学大系·文学论争集〉导言》等等。大 32 开本，554 页，38.5 万字，印数 4200 册，定价 3.55 元。

《编辑笔记》 孙犁著。1985 年 8 月山西人民出版社出版。收入"编辑丛书"。作为著名作家的孙犁，同时也是杰出的编辑家。他在进行创作活动的同时，曾长期从事报刊编辑工作。本书收入他 1946 年到 1983 年间发表的有关编辑工作的文章，共 24 篇。这些对于研究作者的编辑实践与编辑思想，对于指导今天的编辑工作，均有一定参考价值。小 32 开本，94 页，4.5 万字，印数 6300 册，定价 0.55 元。

《邹韬奋新闻工作文集》 穆欣编。1985 年 8 月新华出版社出版。本书收录邹韬奋有关新闻工作的文章 36 篇，分专论、评论和回顾三部分编排。附录为穆欣撰写的《杰出的新闻战士邹韬奋》，全面评述了韬奋的生平事迹。大 32 开本，388 页，28 万字，印数 6350 册，定价 1.95 元。

《沧州后集》 孙楷第著。1985 年 8 月中华书局出版。本书收录作者《沧州集》(1965 年中华书局版)以外的有关古典小说、古籍文献研究方面的论文 27 篇，包括《汉魏晋南北朝乐府诗选序例》、《清内府书与北京西什库北堂图书馆所藏汉籍》、《重印今古奇观序》等。大 32 开本，455 页，印数 8300 册，定价 2.95 元。本书 2009 年 1 月再版，收入《孙楷第文集》，定价 48.00 元。

《文坛回忆》 赵景深著。1985 年 12 月重庆出版社出版。作者赵景深(1902～1985)是现代著名的学者、作家，新中国成立前也曾在开明书店、北新书局担任过编辑。本书的三编"文人回忆"、"文人印象"、"文人剪影"均由短文组成，其中很多篇目涉及现代文学的编辑出版，包括一些书人书事。小 32 开本，288 页，17.7 万字，印数 3000 册，定价 1.16 元。

《韬奋论编辑工作》 俞月亭编。1986 年 1 月山西人民出版社出版。收入"编辑丛书"。书中收录了韬奋有关编辑工作的论述文字，是其长期从事编辑工作的经验总结和规律探索。小 32 开本，145 页，定价 0.70 元。

《四十年编余忆往》 尚丁著。1986 年 2 月重庆出版社出版。收入"新闻丛书"。这本文集是一位老编辑几十年生活和战斗经历的回顾与总结。无论是"拼将热血争民主"的历程，还是"国讯书店史话"中的回忆，都是作者的亲身经历。书中还追忆了与郭沫若、茅盾、叶圣陶、丰子恺等人的交往。大 32 开本，212 页，定价 1.10 元。

《作嫁篇》 黄伊著。1986 年 3 月山西人民出版社出版。收入"编辑丛书"。作者从事文学编辑工作数十年,这里收集的是他撰写的与编辑工作有关的部分文章。其中,有对书稿的审读意见,对编辑工作的感受,与作家的往来信件,还有对50年代编辑出版工作的回忆。小32开本,253页,13.3万字,印数1400册,定价1.30元。

《恽逸群文集》 江苏省社会科学院《恽逸群文集》编选组编。1986年3月江苏人民出版社出版。胡乔木题写书名。大32开本,442页,印数3400册,定价3.15元。

《报海杂忆》 顾执中著。1986年5月中国文史出版社出版。大32开本,119页,印数5000册,定价0.85元。

《书衣集》 钱君匋著。1986年7月山西人民出版社出版。收入"编辑丛书"。作者是我国现代著名的书籍装帧艺术家和编辑家,这部个人文集收录的主要是他有关书籍装帧设计、出版史料方面的论述,也有部分怀念出版界、文艺界故人和老朋友的文章。其中有《陶元庆论》、《纪念鲁迅先生》、《回忆初期的开明书店》、《我在开明的七年》、《略谈万叶书店》等篇目。小32开本,147页,6.8万字,印数2150册,定价0.84元。

《回顾与展望》 赵家璧著。1986年7月山西人民出版社出版。收入"编辑丛书"。本书收录的文章按四辑编排。第一辑,两篇回忆,写作者是怎样走上编辑道路的。第二辑,访日观感,也是从编辑出版人的角度来写的。第三辑,是有关编辑出版方面的发言和短文。第四辑,序跋后记一类文字。小32开本,216页,10万字,印数1400册,定价1.15元。

《书味集》 姜德明著。1986年7月三联书店出版。这本书话类的集子收录了不少与编辑出版有关的文章,例如《〈幻洲〉周刊》、《新的〈战线〉》、《创造社的"小伙计"》、《创造社的广告》、《朴社的广告》、《开明书店的广告》、《想起徐调孚》等。小32开本,268页,印数8000册,定价1.70元。

【另】作者的书话类作品还有《文林枝叶》(山东画报出版社,1997年9月)、《书坊归来》(山东画报出版社,1999年3月)、《闲人闲文》(湖南文艺出版社,2000年8月)、《书边梦忆》(中华书局,2009年)。

《煮字生涯》 柯灵著。1986年7月山西人民出版社出版。收入"编辑丛书"。本书是老编辑家柯灵的杂文集,其中既有抗日战争和解放战争时期初投编辑工作的钩沉稽往之作,也有作者和几位前辈、友人文字交往留下的尘影梦痕,还有几种刊物的发刊词及编者告白。这些文字皆有一定的编辑出版史料价值。小32开本,326页,14.9万字,印数14500册,定价1.60元。

《张元济诗文》 张元济著。1986年10月商务印书馆出版。本集辑集张元济先生的诗词文章,其中很多篇过去没有发表过,或虽发表现在已很难找到。除有关商务印书馆七件外,诗文都按照体裁约略分类,同类按写作先后次序,无法查考的殿后。顾廷龙题签。大32开本,388页,29.8万字,印数2300册,定价2.65元。

《杂家和编辑》 罗竹风著。1986年10月山西人民出版社出版。收入"编辑丛书"。本书是老出版人罗竹风的杂文选集,收录文章65篇。所收文章既有与编辑、出版有关的论述,也有悼念出版界故人的文字。小32开本,497页,23万字,印数2200册,定价2.45元。

《书趣》 奚椿年著。1987年1月广西人民出版社出版。本书分为书史、藏书、著书、读书四篇,介绍了与书有关的知识及轶闻趣事、人物掌故等。小32开本,187页,13.3万字,印数5800册,定价0.96元。本书新1版,奚椿年著、刘心明图文编纂。2005年1月山东画报出版社出版。书中收录的68篇文章既独立成篇,又相映成趣,记述了与书有关的诸多史实与逸闻掌故。诸如最早的做书材料为竹简木版;孔子读易,韦编三绝;读书人为求名利而做伪书;藏书家视宋版如黄金等。此外,遴选多幅与书有关的插图酌配行文之间,以明示读者。18开本,192页,118幅图,12万字,印数7000册,定价15.00元。

【另】作者的另一本风格类似的随笔集《书香小品》2007年3月由北京图书馆出版社出版。小16开本,279页,18万字,定价25.00元。

《胡适书评序跋集》 黄保定、季维龙选编。1987年10月岳麓书社出版。本书共收入作者66篇书评序跋类文章。大32开本,526页,印数9000册,定价3.85元。

《读书随笔》(全3集) 叶灵凤著。1988年1月三联书店出版。叶灵凤是现代画家、作家,也是藏书家、编辑家。他的读书随笔很杂,内容广博,其中有些文字与编辑出版、书业相关,如《被禁的书》、《回忆〈幻洲〉及其他》、《旧书店》、《琉璃厂的光荣传统》、《为书籍的一生》、《气氛不同的书店》、《记〈洪水〉和出版部的诞生》、《书店街之忆》等。均为小32开本,多次印刷。一集22.2万字,定价9.60元;二集22万字,定价9.60元;三集20.5万字,定价13.70元。

《人和书》 朱正著。1988年7月书海出版社出版。本书收入作者有关人物和书籍的文章48篇。作者是一个老编辑家,所写回忆文章涉及的冯雪峰、叶圣陶、钟叔河等人都是著名的编辑出版大家,有关鲁迅著作等编辑出版的考辨也多史料价值。小32开本,280页,19万字,印数3000册,定价2.35元。

《林语堂书评序跋集》 季维龙、黄保定选编。1988年12月岳麓书社出版。本书由作者的书评文章、自序和对部分报纸、刊物的杂评组成。大32开本,381页,印数1700册,定价4.25元。

《徐雪寒文集》 徐雪寒著。1989年9月中国财政经济出版社出版。本书收录作者的文章59篇,分三个部分:第一部分是建国前写的,共26篇;第二部分是建国后写的,共21篇,主要都是财政经济方面的文章;第三部分为回忆、纪念性文章,12篇。作者在建国前曾担任三联书店前身之一的新知书店经理,是书店的创始人。文集中第三部分收录有关于出版史料方面的文章:《怀念出版战线的老战友——华应申》、《韬奋同志对中国出版事业的伟大贡献》、《新知书店的战斗历程》。薛暮桥作序。大32开本,440页,33.8万字,印数1000册,定价11.80元。

《现代文坛随录》 倪墨炎著。1989年10月上海人民出版社出版。这是一本书话类的集子,内容分为三部分:第一部分45篇文章,谈及五十几位现代作家的六十多种著作和一些现代文坛的史事。第二部分11篇文章都是关于鲁迅著作的介绍及一些新资料。第三部分是一篇长文《小说家张资平的一生》。其中不少篇章具有出版史料价值。姜德明作序。小32开本,306页,17.9万字,印数5000册,定价3.20元。

《我在人民日报四十年》 李庄著。1990年1月人民日报出版社出版。作者长期在人民日报社工作,曾任总编辑、社长等职。本书收入30篇短文,记述了作者在《人民日报》最初几年经历的一些要"事",工作中的经验教训以及议论新闻工作的文章和谈话。大32

开本,205 页,印数 2000 册,定价 2.60 元。

【另】《李庄文集》(3 编 4 册)2009 年由人民日报出版社、宁夏人民出版社出版。包括《新闻作品集》、《散文论文集》、《回忆录编》(上、下)。

《何炳松论文集》 刘寅生等编校。1990 年 2 月商务印书馆出版。何炳松是现代著名的史学家、教育家和出版家。他曾担任过浙江第一省立师范学校校长、暨南大学校长、北京大学教授等职。1924 年至 1935 年供职于商务印书馆,先后任史地部主任、国文部主任、编译所副所长、编译所所长等职务,主持编辑出版了"中国历史丛书"、"中国史学丛书"、"西洋史学丛书"等。这本论文集对于研究他的史学思想、教育思想和编辑出版思想都是有参考价值的。大 32 开本,585 页,印数 1500 册,定价 7.35 元。

《我的回忆》 胡愈之著。1990 年 7 月江苏人民出版社出版。本书是胡愈之所写回忆文章的汇集,主要内容是作者的生平自述和他怀念战友的文章。其中《我的回忆》一文是作者去世前不久整党期间写的一篇汇报材料,较为详细地回顾了自己 90 年的经历,是当代革命历史和新闻出版历史的重要资料。书的第二部分则是作者生前写的关于商务印书馆、生活书店、《世界知识》、开明书店、国新社等的回忆文章,具有出版史料价值。第三部分为作者所写的怀念战友的文章,其中也有一些是革命出版家和编辑家。大 32 开本,379页,29 万字,印数 4250 册,定价 6.00 元。

《从类书到百科全书》 姜椿芳著。1990 年 12 月中国书籍出版社出版。书中收录作者探讨百科全书编辑与出版的文章、讲话数十篇,有一定的史料价值。大 32 开本,149 页,11.5 万字,印数 5000 册,定价 3.00 元。

《人类文明与出版》 许力以著。1990 年 12 月三联书店出版。收录在本书中的文章,都是关于出版与人类文明方面的。文中议论到出版的历史,并且追溯到文字的起源。全书收入文章 61 篇,按照"出版与时代步伐"、"编辑出版工作者"、"印刷与传播"和"奋读·知识和追求"几个专题编排。大 32 开本,363 页,27.1 万字,印数 3000 册,定价 6.15 元。

《校史随笔》 张元济著。1991 年 1 月商务印书馆出版。本书是据 1938 年老商务版影印的。大 32 开本,116 页,7.3 万字,印数 1500 册,定价 3.60 元。本书 1998 年 12 月上海古籍出版社再版,收入"蓬莱阁丛书";大 32 开本,148 页,印数 8000 册,定价 9.60 元。

《报海忆旧》 冯英子著。1991 年 3 月书海出版社出版。作者系 1932 年参加新闻工作的老报人。这本集子收录 76 篇文章。前面 60 篇是短文,记作者在新闻工作岗位上所历、所见、所闻、所知之事,每人一篇或每事一篇。后面 16 篇是悼念和怀人的文章,所写之人也大都是新闻界的先行者。顾廷龙题写书名。小 32 开本,244 页,13.1 万字,印数 1000 册,定价 3.80 元。

《八秩回顾》 萧风著。1991 年 1 月人民日报出版社出版。本书介绍了 1940 年至 1949 年十年间,作者在太行山从事新闻、广播宣传工作的回忆录及在《胜利报》、《晋冀豫日报》、《太行新华日报》以及在邯郸广播电台工作期间的亲身经历。大 32 开本,336 页,定价 4.90 元。

《文坛故旧录——编辑忆旧续集》 赵家璧著。1991 年 6 月三联书店出版。本书记录作者继《良友》之后在《晨光》时期的编辑生涯。书中《老舍和我》、《编辑生涯忆茅盾》、

《和靳以在一起的日子》、《哀胡愈老》等文章，记录了这位著名编辑家的成长轨迹，以及编辑与作者间亦师亦友的动人情谊，内含许多鲜为人知的文坛掌故。小32开本，485页，24.6万字，印数2500册，定价8.20元。本书2008年7月中华书局出版重排本。内容酌作校订。书前有照片、书影、手迹等多幅。16开本，313页，23万字，印数6000册，定价38.00元。

《镇江书话》 王玉国编著。1991年6月南京大学出版社出版。本书沿着历史的足迹，向我们展示了名城镇江悠远久长的文化渊源，绘出了名人在名城读书、藏书的灿烂画卷。小32开本，218页，印数5000册，定价3.00元。

《和风堂文集》(全3册) 柳存仁撰。1991年10月上海古籍出版社出版。作者对中国古代小说文献有精深研究，刊行过《伦敦所见中国小说书目提要》等著作。大32开本，1804页，印数1000册(套)，定价28.40元。

《寻觅与审视》 戴文葆著。1991年10月中国华侨出版公司出版。本书是老编辑家戴文葆先生的一本文史方面的文集，其中收有部分研究中国编辑史和古代编辑家的文章。大32开本，650页，定价11.30元。

《号角与火种——〈中国学生导报〉回忆录》 杜子才等著，戴文葆编。1991年10月中国华侨出版社出版。1944年12月，中共南方局领导下的《中国学生导报》创刊了，四开四版。从创刊起就把宣传的根本任务定为将正在兴起的学校民主运动迅速推向高潮，使它成为学运的火种与号角。1946年5月，《中国学生导报》从38期开始，分别编辑出版上海版("沪版")和重庆版("渝版")。沪版出了四期休刊，后因政治形势急剧变化而未曾复刊。渝版在抗暴运动中仍继续出版，一直坚持到1947年6月才停刊，共出版56期。本书是一些当事人关于这份报纸的回忆。大32开本，402页，印数1000册，定价6.10元。

《书缘》 欧阳文彬著。1991年11月学林出版社出版。这里收录的是一个老编辑家的回忆文章和图书评论。作者在半个世纪的书业生涯中，当过营业员、广告员、校对、编辑。作为一个职业编辑，她说自己大半辈子就是读书、编书和写书。文集中的第一辑"回忆与怀念"，主要是回忆作者曾经工作过的开明书店的人和事，也兼及其他书人书事，具有重要的出版史料价值。第二辑"编书与评书"则收录作者的编后记、学习札记、书评文字十余篇。小32开本，199页，13.6万字，印数1200册，定价2.75元。

【另】欧阳文彬、费三金编著《在密密的书林里》1981年4月由上海文艺出版社刊行。本书讲述以抗战时期的书店为背景的革命斗争故事。

《朱语今文集》 朱语今著。1991年12月中国青年出版社出版。朱语今(1916～1988)曾经担任中国青年出版社副社长、社长兼总编辑多年，是著名的编辑出版家。大32开本，522页，定价7.50元。

《现代文坛散记》 倪墨炎著。1992年1月三联书店上海分店出版。本书收录64篇文章，第一部分是一些书话类作品；第二部分是书评，着重介绍书的内容，且都带有史料价值；第三部分是介绍作家作品的略带分析评论性质的文字，包括几篇论文。三部分都是围绕中国现代文坛展开的，具有文学版本史的价值。大32开本，278页，20.9万字，印数4500册，定价5.70元。

《书前书后》 钟叔河著。1992年10月海南出版社出版。这是一本以序跋和书话为主的散文集子。作者数十年一直从事编辑出版工作,从他经手编定的书和写下的序跋中,很可以看出一种特色。这里面有反映近代中国人西方观的"走向世界丛书",有重印久已绝版的文史丛著的"凤凰丛书",而数量最大、用力最多的则是重刊周作人的遗著,除了散文集的单行本外,还辑有《知堂书话》等六七种。这本书中的序跋多谈的是作者策划、编辑的一些书籍。这实际上也是重要的编辑史、出版史的一手资料。黄裳、张中行分别作序。小32开本,340页,13.1万字,1996年5月第2次印刷,累计印数8500册,定价15.00元。

《不倦地追求——王益印刷文集》 1992年10月印刷工业出版社出版。本书辑录了作者1978年以来发表在印刷专业报刊上有关印刷的论文、回忆录和国外印刷工业情况介绍等文章,总计45篇。作者是长期主管印刷、发行工作的老同志,对我国印刷事业作出了很大贡献。辑录在本书中的文章,都是作者心血的结晶。大32开本,210页,17.3万字,印数3000册,定价4.50元。

《王益出版发行文集》 1993年2月中国书籍出版社出版。收入"中国出版论丛"。作者曾经担任文化部出版事业管理局局长、国家出版局副局长等职。这本文集收录他有关出版发行与出版史研究等方面的讲话、报告、文章60篇,按照"出版"、"图书发行"、"出版史研究·回忆录"、"国外出版情况和研究四辑"编排。前面另有一篇"代序"——《做发扬革命传统的老兵》。大32开本,461页,35万字,印数2000册,定价8.50元。

《寸心集》 吴道弘著。1993年7月三联书店出版。这本论文集收录了作者有关编辑出版的文章42篇(含"题记"、"代跋")。文集主要分成三辑。第一辑"编辑学论述",内容涉及建立编辑学学科的设想、编辑学的基本概念和理论体系、编辑学的研究方法等。第二辑"图书面面观",内容较广,涉及图书质量、书名、封面设计、图书序跋、书籍广告、图书评论、书展等方面。第三辑"出版与人物",主要收录几篇介绍马恩列经典著作和有关传记的出版综述,以及记述出版界几位前辈和同辈的有关文章。小32开本,394页,18.2万字,印数1500册,定价12.80元。

《人民日报风雨四十年》 李庄著。1993年9月人民日报出版社出版。这本集子中的文章记述了他1946～1986年在人民日报工作期间处理和接触的一些大事,包括作者对这些事情的看法。大32开本,416页,33万字,印数5000册,定价8.80元。

《从学徒到总经理——书店生涯回忆》 邵公文著。1993年9月朝华出版社出版。作者1931年在邹韬奋主办的上海生活周刊社工作,1933年任生活书店批发科长,1937年加入中国共产党,同年赴延安参加筹建光华书店。1938年后历任贵阳、重庆、桂林、香港等地生活书店分店经理、东北光华书店总经理、生活·读书·新知三联书店总经理,公私合营的中国图书发行公司总经理。1953年任国际书店总经理,主持该店工作24年。1977年起,他成为外文出版发行事业局领导成员、顾问。本书是作者撰写的回忆录。大32开本,264页,印数1500册,定价5.00元。

《杜亚泉文选》 田建业、姚铭尧、任元彪选编。1993年10月华东师范大学出版社出版。杜亚泉(1873～1933),曾任商务印书馆理化部主任、《东方杂志》主编,现代著名学者。本书收入《政党论》、《精神救国论》、《家庭与国家》、《劳动主义》等文章约八十篇。大32开本,452页,定价20.00元。

《许力以出版文集》 1993年11月中国书籍出版社出版。收入"中国出版论丛"。本书将收录的论文、报告、讲话、书评、序跋等分为四个部分。第一部分为“社会主义的出版事业”,所收文章属于理论研究性质的,如《出版和出版学》、《中国图书出版的国际交流》、《中国对外合作出版》等。第二部分,是在国外访问时随手写下的笔记和文章,作为沟通海内外的关系,了解世界各地的出版面貌,并联系中国实际进行比较、思考,有一定的理论和实际价值。第三、四部分是作者写作的图书评论和序跋文字。大 32 开本,476 页,36 万字,印数 2000 册,定价 9.00 元。

《巴金全集》(18) 1993 年 11 月人民文学出版社出版。《巴金全集》的第 18、19 两卷是收录的作者“佚文”,为“集外编”。巴金不仅是著名的文学家,也是杰出的编辑出版家,曾长期担任文化生活出版社总编辑。在《全集》的第 18 卷中,就收录了与编辑出版工作有关的不少文章,特别是较完整地收录了他 1929 年到 1949 年间写作的图书广告 27 篇。大 32 开本,712 页,印数未标,精装本,定价 22.50 元。

《书缘》 弘征著。1993 年 12 月中国书籍出版社出版。本书是一部序跋及书评作品集,作者弘征曾任湖南文艺出版社社长。中国出版工作者协会名誉主席王子野在序中称:“每篇都能做到言之有物,没有空话废话,且以短小精悍,清丽洗畅见称。”作者在《书缘》一文中叙述了与巴金、秦牧、丁玲、沈从文、钱君匋、曹辛之、柏杨、龙应台等著名作家、艺术家的交往,及得到这些作家、艺术家签名赠书的经过等等。大 32 开本,254 页,印数 4000 册,定价 7.80 元。

《边春光出版文集》 1994 年 1 月中国书籍出版社出版。收入“中国出版论丛”。本书收录作者有关编辑出版工作等方面的文章、报告、讲话等共计 87 篇,按照“出版总论”、“出版改革”、“编辑工作”、“印刷发行”、“出版科研”、“队伍建设”、“读书·评书”、“序·函·其他”八类来编排。大 32 开本,456 页,34.1 万字,印数 2000 册,定价 8.50 元。

《王仿子出版文集》 1994 年 2 月中国书籍出版社出版。收入“中国出版论丛”。本书分为上、下两编,收录作者 1949～1993 年间关于出版工作的论文、讲话、报告、回忆文章等。其中上编收录 1976～1993 年的文章,分量较重,按照“出版篇”、“印刷篇”、“发行篇”、“纪念与回忆篇”编排;下编收录 1949～1963 年的文章。大 32 开本,485 页,35 万字,印数 2000 册,定价 9.00 元。

《六十年出版风云散记》 赵晓恩著。1994 年 4 月中国书籍出版社出版。这是作者根据亲身的经历和见闻,结合有关文史资料的整理研究编著的回忆录。对 30 年代以来在出版战线的一些重要人物和重要事件以及新中国出版事业的建设等,进行了实事求是的记述和评论。书前有黑白照片 4 幅。夏衍题写书名。大 32 开本,210 页,15 万字,印数 2000 册,定价 7.00 元。

《办〈光明日报〉十年自述(1957～1967)》 穆欣著。1994 年 4 月中共党史出版社出版。作者是著名记者,曾经主持《光明日报》工作达十年之久。这本自述根据作者亲身经历,着眼于办报的实际工作,记述了当年意识形态领域的风风雨雨,具有一定的史料价值。大 32 开本,395 页,32 万字,印数 5000 册,定价 8.90 元。

《理想、事业、追求——我的编辑生涯》 林辰著。1994 年 4 月辽宁教育出版社出版。林辰长期从事图书编辑工作,曾任春风文艺出版社编辑、编审,离休后被聘为沈阳市文史研究馆馆员。大 32 开本,278 页,精装本,定价 9.80 元。

【另】董延梅著《编辑生涯四十年》1991年由天津教育出版社出版。

《为英雄歌唱——史传写作的回忆》 黄涛著。1994年5月解放军出版社出版。作者是一位军旅作家,同时又是一个部队的编辑出版家,长期从事出版工作。本书收录了27篇文章,是作者从事革命回忆录、烈士传记写作与出版的经验总结。大32开本,222页,定价7.20元。

《叶圣陶集》(全25卷) 江苏教育出版社出版。第1～4卷于1987年出版,第5卷1988年出版,25卷是1994年5月出齐的。文集虽未标全集,其实是按照全集的格局设计的。叶老是现代著名的编辑家、出版家,集子的第17、18两卷收录的就是他有关编辑、出版的文章、讲话、书刊广告等。这些都是弥足珍贵的出版史料。每一卷的末尾都有一篇"编后记",由叶圣陶先生的长子叶至善撰写。大32开本,印数1200套,分册定价。

《韬奋选集》 吉少甫、陈敏芝、欧阳文彬编。1994年6月上海三联书店出版。书中收录了韬奋各个历史时期的一些代表性文章,共计53篇。选录作品的标准是符合当代青年读者的需要,内容涉及工作、学习、思想和恋爱、婚姻、家庭等各个方面。附录有《韬奋生平简介》。大32开本,597页,4页图版,38.5万字,印数1000册,精装本,定价29.50元。

《茅盾序跋集》 丁尔纲编。1994年6月三联书店出版。茅盾所写的序跋和属于序跋性质的后记、附记等文章三百多篇。本书所收,约占总篇数的一半。其中的多数篇章如《小说新潮栏宣言》、《〈小说月报〉改革宣言》、《〈中国新文学大系·小说一集〉导言》、《重印〈小说月报〉序》等,有一定的出版史料价值。附录有《本书未收入的茅盾序跋目录》。小32开本,520页,26.8万字,印数3000册,定价15.80元。

《书和人和我》 陈原著。1994年7月三联书店出版。作者在《前记》中说"这部小书可以说是《书林漫步》(正编1979,续编1984)跟《书和人》(1988)的补卷"。书中收录的散文、随感、读书札记百余篇,按"书"、"人"、"我"分三辑编排,以书为主线谈书、谈人、谈我。谈书,讲书的长短得失;谈人,也是讲的"书人"、"书事";谈我,自然是忆书怀人的见闻经历。书中有一些与编辑出版直接相关的篇章,如《开明书店和我》、《三联书店的杂志和我》、《〈世界知识〉和我》、《我看商务印书馆》、《在编辑室里》、《在"企鹅"书店》等等。小32开本,403页,24.5万字,1996年第3次印刷,累计印数25300册,定价15.60元。

《书海经筹记》 李乃扬著。1994年8月文津出版社出版。本书是作者在日本经营书店时所见图书馆版本的记载及其他与书刊出版、版本相关的文章,包括《和刻本溯源》、《和王云老谈书生意经》、《重编影印正统道藏叙录》等。大32开本,192页,印数500册,定价5.50元。

《逛旧书店淘旧书》 王晓建编。1994年9月中国文史出版社出版。书话集。本书收录了关于逛旧书店的散文,包括:《旧书店》、《买旧书》、《三家书店》、《东京的书店》等六十余篇。作者有董桥、姜德明等人。小32开本,242页,印数6000册,定价12.80元。2001年再版。

《范慕韩文集》 范慕韩著。1994年10月印刷工业出版社出版。范慕韩(1917～1996)长期担任国家工业行业的领导干部,同时也是印刷管理方面的专家,主编过《印刷近代史》等著作。本书是他的个人文集。大32开本,399页,印数2000册,精装本。《范慕韩文集》(续篇)2005年5月中国大百科全书出版社出版。大32开本,310页,定价18.00

元。

《秋禾书话》 徐雁著。1994年10月书目文献出版社出版。本书收作者书话类文章七十余篇,分"书山零岩"和"书城札记"两辑。小32开本,584页,印数3000册,定价19.00元。

【另】作者1998年9月由陕西师范大学出版社出版了《雁斋书灯录》。

《谢六逸文集》 陈江、陈庚初编。1995年1月商务印书馆出版。谢六逸(1898～1945)20世纪20年代曾在商务印书馆短暂供职,后来编辑过多种报刊,具有代表性的是《立报》"言林"副刊和《国民》周刊。抗战时期,他又在贵阳文通书局任职,相当于现在的出版社总编辑。这部文集收录了作者有关文学、新闻、编辑出版等方面的一百二十多篇文章,分为随笔、文学、新闻学3编,有重要的史料价值。大32开本,482页,印数1000册,定价20.00元。

《沙上的脚迹》 施蛰存著。1995年3月辽宁教育出版社出版。收入"书趣文丛"第一辑。本书收录作者的散文27篇,计"忆事"10篇、"怀人"13篇、"答问"4篇,另有"浮生杂咏"一组。作者是现代著名的学者、文学家和编辑家。这本集子中的许多回忆文章具有出版史料价值,如《我们经营过的三个书店》、《〈现代〉杂忆》、《我和现代书局》、《怀开明书店》等。大32开本,219页,17.1万字,首印10500册,1996年4月第2次印刷,累计印数18500册,定价8.80元。

《陈原出版文集》 陈原著。1995年5月中国书籍出版社出版。收入"中国出版论丛"。本书收录了陈原关于编辑出版工作的文章、讲话等共计56篇,按照"前十七年(1949～1966)"和"后十七年(1976～1993)"编排。前一部分的各篇文章,都冠以或长或短的"解题与反思"。后一部分的文字比较多一些,又分为五辑,分别是:(1)关于词典工作;(2)关于出版规划;(3)关于商务印书馆;(4)我对人对事的回忆;(5)关于编辑工作。大32开本,524页,38万字,印数2000册,定价15.00元。

《陈翰伯出版文集》 陈翰伯著。1995年6月中国书籍出版社出版。收入"中国出版论丛"。作者曾经在国家出版管理部门担任领导职务。本书收集的主要是作者有关出版工作的文稿,因作者已于1988年去世,大量资料散失,因此收集得不算完备,但仍然能为研究新中国出版史,特别是粉碎"四人帮"不久那段拨乱反正的工作,提供有价值的研究资料。全书收录文章、讲话等32篇,按"出版工作"、"评论・杂感"、"自传・回忆录"编排。大32开本,191页,14.5万字,印数1000册,定价8.00元。

《编余随笔》 龙世辉著。1995年8月人民文学出版社出版。这是著名文学编辑家写作的编辑札记、图书评论等文章的汇集。全书收录文章70篇,其中不少篇章有着重要的出版史料价值,是研究当代文学出版史的宝贵资料,还有一些是研究作者编辑活动和编辑思想的最直接、最珍贵的材料,如《试论文学编辑》、《文学编辑的基本素质》、《文学编辑工作中的几个具体问题》、《略谈〈林海雪原〉》、《关于古华和〈芙蓉镇〉》等。杨匡满作序。大32开本,283页,21.2万字,印数2000册,定价11.80元。

《叶籁士文集》 中华全国世界语协会编。1995年9月中国世界语出版社出版。叶籁士(1911～1994)是我国现代文字改革专家和活动家、世界语专家、著名编辑出版家。曾经担任上海世界语者协会机关刊物《世界》的编辑,华东新闻出版处副处长,华东新华书店编辑部主任,华东人民出版社社长,人民出版社副社长兼副总编辑,中国科学院语言研究所副所长,中国文字改革委员会秘书长等职务。大32开本,502页,印数2000册,定价16.00元。

《堪隐斋随笔》　谢兴尧著。1995年10月辽宁教育出版社出版。收入“书趣文丛”第二辑。该书将收录的长短文章按“谈书”、“说梦”、“札记”三类编排,其中“谈书”编中有一些有关编辑出版方面的文章,如《我编专刊》、《书林逸话》、《宋朝对书报的管理》、《内阁大库藏书源流考》、《麻沙本》。大32开本,324页,27万字,1996年6月第2次印刷,累计印数20500册,定价13.60元。

《韬奋全集》(全14卷)　中国韬奋基金会韬奋著作编辑部编。1995年10月上海人民出版社出版。邹韬奋(1895～1944)是我国现代著名的新闻记者、政论家、编辑出版家,也是杰出的爱国主义者和共产主义者。中国现代出版史上有重大影响的《生活》周刊、生活书店与他紧密相连。这套全集展示了韬奋一生的写作成就,收录了包括《生活史话》、《事业管理与职业修养》、《经历》等与编辑出版相关的论著和众多论新闻出版的文章。这是研究韬奋编辑出版经历和思想的最宝贵、最完整的第一手资料。大32开本,印数2000套,精装本,定价600.00元。

《我的出版观》　胡真著。1996年1月湖南出版社出版。胡真(1921～),江苏无锡人,曾担任湖南省新闻出版局局长等职。本书是他有关出版工作的文章汇集。大32开本,344页,印数1000册,精装本,定价15.20元。本书的增补本1997年7月刊行。

《黄昏人语》　陈原著。1996年3月上海远东出版社出版。作者在《前记》中说“这本集子所收各篇,如过去的集子一样,说散文不像散文,说杂文不像杂文,说论文不像论文,三不像。全是一些不三不四的随感文字,不过没说假话,所抒发的感情或见解,都出自心底”。集子中有长短96篇文章,有相当一部分是涉及编辑出版的,如《梁启超与共学社丛书》、《张元济“下海”》、《一份古老的书目》、《大国出小字典 小国出大字典》等。另外,书中辑录的作者过去8本集子的序跋,也是重要的编辑出版史料。大32开本,266页,24万字,印数10000册,每本定价17.00元。

《叶圣陶出版文集》　叶圣陶著。1996年3月中国书籍出版社出版。收入“中国出版论丛”。叶圣陶是著名的编辑家、出版家,建国后又曾担任新闻出版署副署长,任教育部副部长期间也曾负责教材建设工作。这本文集收录作者有关出版工作的讲话、报告和文章20篇,另外收录有他1949年10月至1954年11月的日记选编。书前有作者长子叶至善《叶圣陶和编辑工作》一文,类似“代序”。大32开本,350页,26.3万字,印数2000册,定价12.00元。

《茅盾杂文集》　茅盾著。1996年5月三联书店出版。本书收录了作者1919年到1981年的杂文作品,按年代先后编排。他论编辑出版方面的文字,如《〈小说月报〉改革宣言》、《最近出版界的大活跃》、《论儿童读物》、《〈文艺阵地〉发刊辞》等,皆收录其中。小32开本,972页,58.7万字,印数10000册,精装本,定价39.00元。

《何炳松文集》(五卷本)　何炳松著,刘寅生等编。1996年6月至1997年商务印书馆出版。大32开本,印数1000册,精装本,定价248.00元。

《刘杲出版文集》　刘杲著。1996年7月中国书籍出版社出版。收入“中国出版论丛”。本书收录作者担任党和国家新闻出版管理部门领导时的文章、报告、讲话等共计 63 篇。从内容来说,主要是关于出版工作的,也有关于版权工作的。从时间上说,以 1981 年至 1993 年的为主,也适当收录了 1994 年后的部分文章。大 32 开本,577 页,44 万字,印数 2000 册,定价 18.00 元。

《编辑论编辑》 胡光清著。1996 年 7 月奥林匹克出版社出版。收入“中青年编辑论丛”(9 种),刘杲撰写总序。作者时任湖北人民出版社副总编辑。他比较重视编辑学基本理论和中国编辑思想史的研究,收录的论文反映了这些方面的成果。大 32 开本,277 页,定价 20.00 元。

《梦书怀人录》 姜德明著。1996 年 8 月汉语大词典出版社出版。收入“书友文丛”。这本文章汇集、收录的主要是作者的一些书话与人物小记。以前作者出版过类似的集子有好几种。此书的写作体现了一个藏书家的特色。他从藏书中掌握了许多文艺史料和掌故。书中有事实,有掌故,有观点,还有抒情的味道。其中的不少篇目是具有编辑出版史料价值的。其实,在古代,藏书就是与出版有紧密联系的。因此,从藏书家的书话中“淘”出版史料是会有收获的。大 32 开本,245 页,17.93 万字,印数 10000 册,定价 12.00 元。

《瓜蒂庵文集》 谢国桢著。1996 年 9 月辽宁教育出版社出版。收入“书趣文丛”第三辑。该书将收录的文章分为论述、序跋、散文、游记、旧诗五个部分。前三个部分有些文章与出版、版本、藏书等相关,例如《〈营造法式〉版本源流考》、《鲁迅与中国版画》、《〈中国善本书提要〉序》、《北京书市琉璃厂》、《怀念版本学家赵万里先生》等。大 32 开本,432 页,33.9 万字,印数 10000 册,定价 18.00 元。

《宋木文出版文集》 宋木文著。1996 年 9 月中国书籍出版社出版。收入“中国出版论丛”。这本集子收录宋木文关于出版工作的文章、报告等 112 篇,分成 10 个部分,即:继往开来、拨乱反正、改革与发展、整顿与繁荣、市场经济与出版工作、坚持“扫黄”“打非”、出版交流与合作、人物与纪念、版权立法与管理、机构改革。作者曾任新闻出版总署副署长、署长等职,他的这些报告、文章,是反映我国出版历史进程的宝贵财富,是研究当代出版事业发展的可贵资料。李瑞环以《要关心和支持出版工作》作“代序”。书的最前面有相关彩色照片 34 页。大 32 开本,808 页,60.8 万字,印数 2000 册,定价 30.00 元。

《鲁迅书话》 孙郁编。1996 年 10 月北京出版社出版。收入“现代书话丛书”。本书分七辑辑录了鲁迅先生的书话类作品,有谈论图书版本的,有论述出版物价值的,有关涉书籍装帧的,还有专门的书籍广告文字,等等。这些对于研究作为编辑家的鲁迅有着重要价值。大 32 开本,388 页,25 万字,印数 10000 册,定价 16.00 元。

《巴金书话》 纪申选编。1996 年 10 月北京出版社出版。收入“现代书话丛书”。巴金是著名的文学家,也是著名的编辑出版家。他一生读书、爱书、买书、赠书、写书、译书、编书,可说是为书籍的一生。这本书话分六辑,或从整体上谈书,或评说自己的作品,或为他人的作品置论,而一些书刊的发刊词、编后记,为书刊撰写的广告文字,都更显示出编辑出版的史料价值。大 32 开本,324 页,21.5 万字,印数 10000 册,定价 16.00 元。

《黄裳书话》 黄裳选编。1996 年 10 月北京出版社出版。收入“现代书话丛书”。作者钟情版本目录之学,特别是对于明清典籍有研究。他的书话中谈“善本”、“孤本”,多真知灼见;言及现代文坛,则洗练冲淡,多文人逸趣。本书中,《书的故事》、《插图》、《谈禁书》、《清刻之美》、《四库全书的老账》等篇什，对于出版文化史研究都有重要价值。大32开本，362页，23.5万字，印数10000册，定价16.00元。

《唐弢书话》 杨义选编。1996年10月北京出版社出版。收入"现代书话丛书"。本书编选作者的书话精华，广搜逸文，贯通其60年间著述。全书按品书会心、考镜源流、书坛掌故、序跋甘苦、装帧学问、书城纵横六辑进行编排。其中的篇目如《杂志话旧》、《忆〈太白〉》、《鲁迅与版画》、《在国外出版的书》、《借书与刻书》、《版本》、《书林即事》等，皆有一定的编辑出版史价值。大32开本，366页，24万字，印数10000册，定价16.00元。

《韬奋散文》 徐行、章镇选编。1997年1月中国广播电视出版社出版。本书选取韬奋一生中写作的随笔、杂感、回忆录、自传体散文和人物述评、人物访问记等方面的优秀名篇，分类编辑，每类又按时间先后为序编排。大32开本，728页，57.1万字，印数3000册，定价29.50元。

《王子野出版文集》 王子野著。1997年3月中国书籍出版社出版。收入"中国出版论丛"。书中收录文章、讲话、报告等共计67篇，主要是关于编辑出版工作的论述。作者是著名的出版家、编辑家，也是一位学者，对中外文学、艺术、哲学、美学都有较深造诣，撰写有不少这方面的论文，本书也选录了几篇附录在后面。吴道弘《编辑家、学者和评论家王子野》作为本书"代序"。大32开本，280页，22万字，印数2000册，定价10.00元。

《文坛五十年》 曹聚仁著。1997年6月东方出版中心出版。作者认为"中国的文坛和报坛是表姊妹，血缘是很密切的"。因此，他对文坛的回顾与探讨也较多地涉及到报刊的情况。大32开本，386页，印数11000册，定价19.00元。本书2006年再版。另，此书的香港新文化出版社版本1970年刊行。

《曙庵文史杂著》 王树民著。1997年8月中华书局出版。大32开本，482页，印数2000册，定价23.00元。《曙庵文史续录》2004年7月中华书局出版，大32开本，565页，定价36.00元。

《怀念集:革命·事业·友情》 姜椿芳著。1997年9月奥林匹克出版社出版。这部回忆录性质的个人文集中收录了一些具有编辑出版史料价值的文章，包括《解放前东北地下党怎样利用公开报纸阵地》、《我与时代出版社》、《〈苏联文艺〉始末》、《〈中国大百科全书〉及其出版社在草创阶段的一些情况》等等。大32开本，397页，定价35.00元。

《流水集》 姜德明著。1997年9月上海远东出版社出版。收入"火凤凰文库"。作为《人民日报》副刊的资深编辑，作者与书和书人结下了不解之缘。本书共分三辑：一是怀人之作，既有叶圣陶、茅盾、巴金等大师风采，也有普通作家的生活琐事；二是题书之作，讲的都是如今很难得的现代文学书籍版本；三是访书店记，介绍了作者每到一处访寻书店的故事。大32开本，273页，19万字，印数5100册，定价16.00元。

《旧书笔谭》 薛冰著。1997年9月浙江摄影出版社出版。收入"锦瑟文丛"。本书是一本书话类集子，收录文章六十多篇。书中不少篇目涉及中国近现代出版编辑史，具有重要的史料价值。相关的文章如:《晚清的版权保护例证》、《中国近现代出版事业的史料》、《选家的眼光》、《宣统年间的木活字印本》、《世纪初的一种百科全书》、《〈三国演义〉的一种绣像》等。书中收录不少图片，图文并茂，文字清新，可读性强。大32开本，201页，15万字，印数3000册，定价16.00元。

《郑振铎书话》 郑尔康选编。1997年10月北京出版社出版。收入“现代书话丛书”。郑振铎是现代著名的藏书家、版本学家,他的书话中有丰富的与编辑出版相关的古今资料。该书按六辑编排,具体是“读书随笔”、“关于古版小说”、“书林杂记”、“序·跋”、“西谛题跋”、“劫中得书记”。大32开本,346页,23万字,印数10000册,定价16.00元。

《阿英书话》 钱瓔、钱小惠选编。1997年10月北京出版社出版。收入“现代书话丛书”。本书分为四辑。第一辑主要是对明、清两代作者、作品的研究。第二辑是对近代一些著作的论述。第三辑是有关现代名人、作家创作的评价。第四辑是关于买书、写书的专论、札记。此外,还集录了作者日记中有关图书的部分内容。大32开本,338页,22万字,印数10000册,定价16.00元。

《不倦地追求——王益出版印刷发行文集续编》 王益著。1997年11月印刷工业出版社、中国书籍出版社联合出版。本书实际上是《王益出版发行文集》和《不倦地追求——王益印刷文集》两本书的续编。它主要收录作者1991年以后的相关论文,也补充有1991年前的应收入“正编”而漏收的文章。收录的文章、讲话、报告等按“出版”、“书刊印刷”、“图书发行”、“出版史研究·回忆录”、“国外出版情况和研究”进行编排。胡真作序。作者另有《缅怀和感谢》作“代自序”。大32开本,600页,51.4万字,未标印数,定价46.00元。

《砥砺集》 韩仲民著。1997年12月国际文化出版公司出版。作者是当代著名的编辑家,本书是他去世八年后由他妻子陶膺为其编辑的论文集。书中收录了作者1973年从五七干校回来重新工作后写的一些有关编辑出版工作及古文献研究方面的文章。此外,集子中还收录了作者的老领导、老朋友写的有关纪念文章十多篇。作者曾出版有《中国古籍编纂史稿》,本书中也有不少文章涉及古籍的编撰与出版等内容。大32开本,423页,27.7万字,印数2000册,定价23.50元。

《张元济书札》(增订本) 张元济著,张树年、张人凤编。1997年12月商务印书馆出版。本书初版于1981年1月。增订本经过张元济后人张树年、张人凤的增补,从一册扩充为三册,补收了大量书信,对研究张元济的出版理论和实践以及他与同时代人的交往,有着十分重要的意义。大32开本,1348页,印数1000册(套),定价64.00元。

《李伯元全集》(全5册) 薛正兴主编。1997年12月江苏古籍出版社出版。末附《李伯元年谱》、《李伯元研究资料篇目索引》。大32开本,印数2500册(套),定价140.00元。

《巴金书简——致王仰晨》 巴金著,王仰晨编。1997年12月文汇出版社出版。本书收录著名作家巴金先生自20世纪60年代至1995年几十年间写给编辑家王仰晨(1921～2005)的近四百通书信,以及巴金以书信形式为自己两部全集各卷写的“代跋”。这些信函在一定程度上反映了若干年间巴金的生活,记录了一位作家和一名编辑数十年的友谊与长期合作。大32开本,507页,印数10000册,定价26.00元。

【另】巴金还编选有多种书简出版,也有一定的编辑出版史料价值。其中有四川文艺出版社和三联书店1987年出的两个本子。

《叶圣陶日记》 乐齐编。1998年1月山西教育出版社出版。叶圣陶是我国现代著名作家、教育家、编辑家,也是名副其实的日记大家。他生前自己编定的日记集有《圣陶日记》、《西行日记》、《东归日记》和《北游日记》。这些日记文字简洁平淡,记述朴实无华,是研究他思想、生平的重要资料，也是研究他的编辑思想与实践的重要资料。本书就是从上述几种日记中精选摘编而成的。大32开本，364页，29.2万字，印数5000册，定价15.00元。

《曹聚仁书话》 曹雷选编。1998年1月北京出版社出版。收入“现代书话丛书”。编者是作者曹聚仁先生的女儿。本书收录作者的书话类作品，或论史谈文，或话版本源流，或道书坊沧桑、文坛掌故，其中第三辑中的23篇文章，侧重谈民国时期的出版业、期刊界情况，涉及一些出版机构、重要著作的编辑出版，有重要的出版文化史料价值。大32开本，372页，24万字，印数10000册，定价16.00元。

《陈原书话》 陈原选编。1998年1月北京出版社出版。收入“现代书话丛书”。作者是从事革命工作的老同志，办文化，搞出版，致力于语言学研究，经历丰富，著作等身。这本书话分为三编，上编讲的是自己的“书缘”：得书、失书、焚书等，一个读书人的酸甜苦辣尽在其中。中编的几十篇文章，是融介绍、评点和抒情于一体的读书札记。下编中的文字，有记人的，其中一些为著名的编辑家、出版家；有图书的前记、后记、译后记等，多与出版相关；至于《开明书店和我》、《三联书店的杂志和我》等篇，更是重要的一手出版资料。大32开本，394页，25万字，印数10000册，定价16.00元。

《姜德明书话》 姜德明选编。1998年1月北京出版社出版。收入“现代书话丛书”。作者是一位热心收藏新文学版本和撰写书话的作家。他围绕一书一事，由小见大，无所不谈，行文自如，富有情趣，版本知识十分丰富。他的书话以谈新文学书刊为主，同时涉及戏曲、美术、民俗等领域。本书按六辑编排，即：鲁迅之什、书边杂话、杂志拾遗、译林枝叶、燕城零札、书苑风景。本书的内容对研究中国现代文学出版史尤其有参考价值。大32开本，392页，25万字，印数10000册，定价16.00元。

《倪墨炎书话》 倪墨炎选编。1998年1月北京出版社出版。收入“现代书话丛书”。作者原是中国古典文学编辑，同时对中国现代文学有着浓厚的兴趣。他的书话所写的书、人、事，选材严谨，观点富有创新性。本书包括六辑，分别为：书坛偶拾、书苑纪事、书界掌故、书丛散记、书人随录、书林杂言。其内容多与中国现代出版相关涉。大32开本，400页，25万字，印数10000册，定价16.00元。

《胡风书话》 张晓风选编。1998年1月北京出版社出版。收入“现代书话丛书”。胡风是著名的文艺理论家、诗人、编辑家，但命运坎坷。这本书话主要收录他建国之前和恢复自由之后的作品，分为四辑，或谈文论艺，或为著作序跋，至于《编者、作者和读者》及《〈七月诗丛〉介绍十一则》、《〈七月文丛〉介绍九则》等，是从未收入集子的独特短文，更是现代文学编辑出版的宝贵资料。大32开本，390页，25万字，印数10000册，定价16.00元。

《郑振铎日记》 卢今、李华龙编。1998年1月山西教育出版社出版。收入“中国现代作家日记丛书”。大32开本，304页，印数5000册，定价13.00元。

《胡愈之出版文集》 戴文葆编。1998年1月中国书籍出版社出版。收入“中国出版论丛”。作者建国以后曾担任《光明日报》总编辑、新闻出版总署署长等重要职务。本书收录了他有关出版工作的讲话、报告、文章82篇，分两辑编排。第一辑从1949年6月到1968年8月，第二辑从1977年11月到1985年12月。各辑均以时间先后为序，先按正式发表的日期，辅以确知的撰写年月，加以编排。各篇加注原载的报刊或专著，并酌情说明一些相关情况。书的前面有两篇“代序”，分别为张明养的《中国新文化出版事业的开拓者胡愈之》，胡序介的《回忆伯父在出版总署的工作》。大32开本，580页，40万字，未标印数，定价30.00元。

《刘杲出版论集》 刘杲著。1998年2月湖北人民出版社出版。此前《刘杲出版文集》由中国书籍出版社1996年出版。由于“论丛”体例、字数的限制，作者当时已经编就的将近一半的稿件没有用上，现在收录在这本《论集》中。另外，《出版文集》出版后，作者陆续又有一些讲话和文章，都是与编辑、出版、版权相关的，故收入《论集》。全书分为六个部分编排，即：出版工作、发行工作、版权和出版立法、出版科研工作、对外交流、书评和忆念。另有“附录”若干篇。大32开本，608页，44.3万字，精装本，定价19.80元。

《观景楼杂著》 钱伯城著。1998年3月辽宁教育出版社出版。收入“书趣文丛”第五辑。这本杂著收录了作者1978至1995年间写作的各类文章78篇，分为三辑编排：第一辑是杂文或近于杂文者，还有一小部分是政论或时评性质的；第二辑是一些读书札记、书评和几篇序跋；第三辑是怀念旧友和回忆往事（主要关于“文革”）。作者是著名编辑家，长期从事编辑出版工作，因此文集中的不少文章都是谈出版的，或者与此有密切关系。例如《编辑的地位》、《出书难之我见》、《三十年代书籍广告》、《漫谈书刊广告》、《记黄嘉音并谈〈西风〉》、《老报人徐铸成》、《忆陆澹安先生》等。大32开本，443页，32.4万字，印数6000册，定价20.00元。

《印刷思考与回忆》 王仿子著。1998年3月印刷工业出版社出版。本书收录作者1978年以来有关印刷的通信、论文、回忆录和海外印刷业介绍等文章，计56篇。作者是长期主管出版、印刷工作的老同志，对我国出版、印刷事业作出了很大的贡献。收入该书的文章，是作者多年心血的结晶。阅读此书，对于我国印刷业的历史、现状和发展历程，可以有一个较为深入的了解。32开本，390页，28.9万字，印数1500册，定价25.00元。

《我是编辑》 叶至善著。1998年4月中国少年儿童出版社出版。作者在本书的“跋”中说，这本集子“专收近二十年来，我从事编编写写的有关文字，数一数，恰好一百篇，虽说不是全部，相差也不远了。因为内容杂、形式杂，没法分门别类，只好按写作或发表的先后排列”。因作者是著名编辑家，所以文集中的许多文章是谈编辑出版工作的，如《我做广告》、《开明书店的装帧》、《胡愈之先生和开明书店》、《我编〈中学生〉的那些年》、《叶圣陶和编辑工作》，等等。大32开本，450页，29.2万字，印数2000册，定价24.80元。

《徐铸成回忆录》 徐铸成著。1998年4月三联书店出版。作者系著名新闻记者、报纸主编、新闻学家，建国前后曾担任《文汇报》总主笔、总编辑，《大公报》总编辑等。大32开本，427页，印数1500册，定价19.80元。本书的修订版2010年1月三联书店刊行。

《实斋笔记》 章开沅著。1998年5月东方出版中心出版。收入“现代中华学人笔记丛书”。作者系著名的历史学家，长于辛亥革命史和中国教会大学史的研究。这本笔记体著作，收录作者的短文84篇，分为7卷编排。其中卷五“辛亥期刊”，以一题一刊的形式，介绍了《旧学》、《东浙杂志》、《新世纪丛书》、《女报》增刊等16种刊物，对研究近代出版史有一定价值。此外其他卷中还有《〈革命评论〉因缘》、《宫崎滔天〈三十三年之梦〉版本问题》、《〈盛世危言〉版本补遗》等文，也与编辑出版有着直接的关系。大32开本，342页，

26.8万字，印数8000册，定价18.00元。

《文海硝烟》 范泉著。1998年5月黑龙江人民出版社出版。收入“文坛漫忆丛书”。作者系现代著名的文学编辑家。本书收录的文坛回忆文章，记述了他与鲁迅、茅盾、郭沫若、巴金、叶圣陶、朱自清、赵家璧、耿济之、林放等作家交往的片断，具有文学史料和出版史料的双重价值。大32开本，372页，印数5000册，定价19.70元。

《书林一枝》 黄裳著。1998年8月山西古籍出版社出版。收入“当代学者文史丛谈”。大32开本，201页，印数5000册，定价9.00元。

《胡愈之文集》(六卷本) 胡愈之著。1998年8月三联书店出版。这套大型文集收录了著名社会活动家、新闻出版家和国际问题研究专家从1915年到1986年约七十年间撰写的著作和文章，以时间先后编为六卷。收录的文章等，除了对明显的因原先编排造成的错漏予以更正外，其他一律不做修改，保留了历史的原貌，是研究胡愈之思想和生平的最直接的资料。每卷前面选有胡愈之各个历史时期的照片以及其他相关的图片。大32开本，精装印刷，印数2000册(套)，分册定价。

《书林漫步》 陈原著。1998年8月三联书店出版。本书提要这样说：“陈原是语言学家、出版家、翻译家。其《书林漫步》及其续编绝版已久，此次由作者细加修订，精选合编为一册，重新出版。这些写作时间延续数十年的书话随笔，长短不一，风格各殊，记录了作者在不同时期读书、读史、读社会、读人生的感受，既有从书里看书外，也兼谈书人和书事。显示了作者丰富的学识和智慧。细览闲翻，不失为精神‘漫步’。”全书收文75篇，有一部分是与编辑出版有密切关系的，具有出版史料价值和理论研究价值。如：《关于〈中学生〉杂志》、《图书审查种种》、《中国的书籍艺术》、《关于裨治文和〈中国丛报〉》、《驳所谓“三十年代黑店”论》、《写在〈汉译世界学术名著丛书〉刊行之际》等。大32开本，333页，23.7万字，印数7000册，定价15.80元。

《赵守俨文存》 赵守俨著。1998年8月中华书局出版。赵守俨长期从事于中国古籍整理研究和出版工作。他在中华书局工作多年，曾任中华书局副总编辑，于1994年4月13日去世。入选“新中国60年百名优秀出版人物”。为纪念赵守俨在古籍整理研究和在中华书局工作中所作的贡献，中华书局请赵珩和吴丽娱将守俨同志的论著编辑结集。赵守俨工作之余从事隋唐史研究。他文史兼通，治学谨严，见识通达，熟谙史料，在已发表的数十篇专题论文中，无论是理论探讨，还是资料考证，在隋唐史研究中至今仍有较高的学术价值。本书对研究作者的学术思想、编辑出版思想都有参考价值。大32开本，定价21.00元。

《出版纵横》 宋原放著。1998年9月上海人民出版社出版。作者是著名出版家和出版史家。本书内容分为“出版学与出版工作研究”、“革命战争年代出版生涯回忆”、“近现代上海出版家百人名录”、“近现代中国出版大事年表”几个部分。前两个部分收录文章26篇，后两个部分近20万字，是完全可以独立成书的。因此，本书实际是三部书的合集。王益、陈原分别作序。大32开本，507页，37.1万字，印数2000册，定价38.00元。

《闪闪的群星》 黄伊著。1998年9月大众文艺出版社出版。作者是著名的编辑。他长期从事文学艺术书籍的编辑出版工作，也编辑过《文学故事报》之类的专业报纸。这本集子就是他写与自己交往的一些知名人物(也有极少数古人)的文章的汇集，按照“文学家之星"、"艺术家之星"、"翻译家之星"、"编辑家、出版家之星"、"革命家教育家之星"、"中华之星"进行编排。其中撰写的编辑家、出版家有叶至善、韦君宜、周振甫、林穗芳、龙世辉、张羽、王久安等。大32开本,431页,33.7万字,未标印数,定价20.00元。

《事业管理与职业修养/生活史话》 邹韬奋著。三联书店1998年9月出版。本书体现了邹韬奋在管理、经营、服务诸方面的理念与精神。而《史话》记述生活书店及其前身《生活周刊》社的许多生动而有趣的历史事件与成功历程,可以说是"事业管理与职业修养"的具体结果。小32开本,162页,9万字,1999年8月第3次印刷,累计印行17200册,定价7.80元。

【另】邹韬奋著《事业管理与职业修养》由学林出版社于2004年7月重印。该书在每篇文章后面括注了原载《店务通讯》的期数,另外增加了若干幅插图。附录也有《生活史话》。

《书装书话》 洪帆、黎东著。1998年9月江苏教育出版社出版。内容主要是谈书刊装帧艺术的。大32开本,236页,印数1000册,定价9.90元。

《肩朴集》 李致忠著。1998年9月北京图书馆出版社出版。本书是著名版本学家李致忠的论文集。作者供职于国家图书馆,长期从事古籍整理、版本鉴定、目录编制、书史研究和业务管理工作。先后发表论文一百七十余篇,出版《中国古代书籍史》、《古代版印通论》等专著,在海内外本领域内有较大影响。大32开本,547页,印数1000册,定价28.00元。

《徐召勋论著选集》 徐召勋著。1998年10月黄山书社出版。本书将作者的论著分为目录学、文体分类学、书评学、图书宣传学、图书出版发行学几个部分。大32开本,535页,定价28.00元。

《郑振铎全集》(全20册) 郑振铎著。1998年11月花山文艺出版社出版。大32开本,382印张,印数3000册(套),定价980.00元。

《西谛书跋》(上、下) 郑振铎著,吴晓铃整理。1998年12月文物出版社出版。本书共分七卷,前四卷依四部分类编排,另析诗余及散曲为卷五,小说及讲唱文学为卷六,杂剧及传奇为卷七。大32开本,648页,精装本,定价110.00元。

《胡风全集》(十卷本) 胡风著。1999年1月湖北人民出版社出版。胡风(1902～1985)是现代著名的文艺理论家、诗人,也是颇有建树的文艺报刊编辑。他主编的《七月》、《希望》等文艺刊物,在20世纪的三四十年代产生了巨大影响。全集中收录有作者与编辑出版工作相关的若干文字,包括精彩的书刊广告等。大32开本,442.1万字,印数6000套,精装本,定价460.00元。

《施蛰存散文》 施蛰存著。1999年1月浙江文艺出版社出版。书中有一些文章与编辑出版有关。大32开本,431页,定价21.80元。

《报人六十年》 徐铸成著。1999年1月学林出版社出版。收入"笔会文丛"。大32开本,443页,印数5000册,定价23.00元。

《离不开这片热土——我的编辑出版理念》 蔡学俭著。1999年1月湖北教育出版社出版。本书收录作者十一届三中全会后所写的编辑出版方面的论文,反映了作者对出版理论和实践问题的思考。其中有部分文章直接关涉编辑出版史,如《编辑工作回顾》、

《出版的历史、现状和前景》、《关于活字印刷版发明者毕昇的研究》等。大32开本，277页，19.4万字，印数2000册，定价15.00元。

《杜敬文稿》 杜敬著。1999年1月华文出版社出版。内容涉及到土地改革、冀中报刊262种史料等。大32开本，607页，印数500册。《杜敬文稿续集》2000年4月华文出版社出版，大32开本，362页，定价18.00元。

《书坊归来》 姜德明著。1999年3月山东画报出版社出版。这是作者的一本书话集子。大32开本，209页，10万字，印数5000册，定价13.80元。

《弢园老民自传》 王韬著，孙邦华编选。1999年3月江苏人民出版社出版。本书第一部分“综述”，概括了王韬大半生的经历。第二部分至第五部分用王韬自己的文字语言描绘其生平、家世、活动、思想。编选者以时间为经，以事件为纬，将王韬的生平与活动有序组合。王韬长期从事新闻出版工作，是中国近代新闻传播史、编辑出版史上的重要人物，因此其自传文字具有一定的编辑出版史料价值。书末附录为《王韬年谱》。大32开本223页，16.5万字，印数3000册，定价13.50元。

《韬奋:我的出版主张》 徐诚、王一方选编。1999年4月广西教育出版社出版。收入“20世纪中国出版文化丛书”。本书收录邹韬奋1927年至1941年间谈论办杂志、办报、出版图书与办出版社的文章94篇，其中有许多可贵的经验之谈，是研究韬奋出版理论与实践的宝贵资料。大32开本，238页，精装本，定价32.00元。

《钱君匋散文》 钱君匋著。1999年4月花城出版社出版。钱君匋(1906～1998)是著名的书籍装帧家、篆刻家、画家，曾在开明书店、万叶书店任编辑多年，长期从事新文学书刊的封面设计，为中国现代装帧艺术之优秀代表。因此，他的散文中，不少篇章是与编辑出版有密切关系的，如《忆鲁迅先生》、《忆章锡琛先生》、《陶元庆论》、《忆初期的开明书店》、《我在开明的七年》、《略谈万叶书店》、《书籍装帧生活五十年》等。大32开本，362页，26.7万字，印数5000册，定价18.40元。

《书脉集》 徐祥明著。1999年8月作家出版社出版。收入“久久文丛”。书话类作品。本书包括“潜庐书话”、“临风随笔”、“潜庐书简”、“静夜心音”四辑，收入有《毛主席诗词讲解》、《乡愁的理念》、《南京的书香》、《惰与傲》、《名片的幽默》、《关于写作文的思考》等百余篇散文。大32开本，319页，定价18.90元。

《名流随笔》 王建辉著。1999年8月辽宁教育出版社出版。其中多篇与出版文化史相关涉，如《名家如何做编辑》、《名人与校对》、《文人学者自印书》、《图书广告谈屑》、《鲁迅自印书》、《王云五这个人》等。大32开本，506页，36.7万字，定价22.00元。

《王建辉自选集》 王建辉著。1999年9月华中科技大学出版社出版。本书分为三个部分:第一部分是关于中外关系史研究的;第二部分是学术批评，尤其是关于史学批评的;第三部分是出版文化研究。出版文化研究方面的论文有13篇，多为宏观研究，视野开阔，立足高远，多有新见。其中有《出版与近代文明》、《思想文化史上的近代出版》、《近代出版的群体研究》、《“五四”和新出版》、《十一届三中全会和当代中国出版》等。大32开本，407页，30万字，精装本，印数3000册，定价26.00元。

《胡乔木谈新闻出版》 《胡乔木传》编写组编。1999年9月人民出版社出版。本书分为“谈新闻”和“谈出版”两个部分，收录了胡乔木不同时期有关新闻出版工作的文章、文稿、讲话、谈话、书信，共计 90 篇。这些材料对于了解和研究胡乔木新闻出版思想、对于研究中国现当代新闻史、出版史都有重要的价值。大 32 开本，504 页，印数 3000 册，定价 41.00 元。

《书林又话》 曹聚仁著。1999 年 9 月上海书店出版社出版。本书所收评书论艺忆人之作皆为首次结集出版，原发表于香港等地各种报刊，很具独特的知识性、欣赏性及史料参考价值。收录的文章充分表现了一个杰出的文学家、史学家的文化内蕴。大 32 开本，631 页，定价 30.00 元。作者的另两部著作《书林新话》(修订版)、《书林三话》2010 年 1 月三联书店刊行。

《钏影楼回忆录》《钏影楼回忆录续编》 包天笑著。1999 年 9 月山西古籍出版社、山西教育出版社出版。收入“民国笔记小说大观”。本书是包天笑的晚年回忆。包天笑是近代著名作家，“鸳鸯蝴蝶派”小说的圣手。他 1906 年初加入《时报》馆后，始终在文坛与报界驰骋，著有《留芳记》、《春江梦》、《上海春秋》，译有《馨儿流浪记》、《迦因小传》等，在当时都脍炙人口。这部回忆录，是他移居香港后完成的。包天笑生活的时代，是社会民情激荡，沧桑巨变的时代。他以作家兼做报人，一生交游广阔，上至官僚政客，下至妓女流氓，品类不一，阅历十分丰富，对社会的政情、世情与民情，都有深入的体察和了解。他写这本回忆录时，已经是九十多岁的高龄，但记忆力恒逾常人，对苏州风物与民初人物的描绘，尤其楚楚有致，亲切感人，令人有历历在目之感。为社会文化史与地方风俗史，保留了十分珍贵的资料。而文笔的随心所欲，摇曳多姿，也令人叹为观止。大 32 开本，印张 31.625，精装本，定价 48.00 元。

《沧桑书城》 徐雁著。1999 年 11 月岳麓书社出版。这部二十多万字的著作，分为“书城札记”、“藏书故人”、“文翰沧桑”3 辑，共收文 48 篇。内容涉及历代私家藏书的聚散史实、典籍保护、藏书流通和江南藏书家的生平事迹，并评介了《藏书记要》、《藏书十约》、《藏书纪事诗》、《近代藏书三十家》等藏书史著作。大 32 开本，344 页，印数 5000 册，定价 16.50 元。

《陆费逵教育论著选》 吕达主编。2000 年 1 月人民教育出版社出版。本书收录陆费逵有关教育的文章近百篇，起自 1905 年，迄于 1940 年。内容涉及教育方针、教育功能、学制建设、教学改革、教材编写与出版、职业道德教育、人格修养方法、子女教育、国语教育、语言文字改革等各个方面。另附《陆费逵主编的报刊和著作年表》、《陆费逵大事年表》、《陆费逵编著、校订的中小学教材一览表》等。作为职业出版家陆费逵的教育论著中，有许多篇直接论编辑出版，如：《中国书业发达预算表》、《中华书局宣言书》、《我国书业之大概》、《我为什么献身书业》、《校印〈四部备要〉缘起》、《〈辞海〉编印缘起》等。书前有照片、书影等 14 帧，另有“前言”与“出版说明”。大 32 开本，412 页，35 万字，印数 2000 册，定价 35.40 元。

《父亲的希望》 叶至善著。2000 年 1 月中国青年出版社出版。这是作者继《我是编辑》后的又一本自选集。集子中不少文章是作者回忆父亲叶圣陶先生的，也有其他内容。文集中一些篇章直接或间接谈编辑出版工作，如《顾均正先生的〈少年化学实验手册〉》、《〈文心〉重版后记》、《怀念王伯祥先生》、《〈中学生杂志〉的〈文章病院〉》、《开明书店的“活页文选”和“国文讲义”》等。大 32 开本，388 页，23.4 万字，印数 2500 册，定价 19.00 元。

《文人文事辨》 倪墨炎著。2000年3月武汉出版社出版。作者在“小引”中说:“这是我近年写的文字的结集。其中相当一部分是考辨性的文字。有人把现代文坛中的一些人或事写歪了,我来辨正。”“除了考辨性的文字外,本集还有另外一些文字,相信读者是会喜欢的。”我们注意到,在入选的48篇文章中,有相当一部分是具有现代出版史料价值的。如关于鲁迅的系列文章(《鲁迅和书刊装帧艺术》、《鲁迅编杂志及其特色》、《鲁迅怎样做编辑工作》、《鲁迅的稿酬和当今的稿酬》等),还有《钱君匋和他编辑的书》、《〈游仙窟〉的回归和出版》等。大32开本,318页,24.6万字,印数4000册,定价16.00元。

《历史与文化的穿梭》 陈万雄著。2000年9月中国社会科学出版社出版。作者是商务印书馆(香港)有限公司董事、总经理兼总编辑,香港联合出版集团副总裁,香港出版学会会长。他对中文编辑出版事业研究多年,既有历史经验的总结,更有发展路向的前瞻,其创获在中文出版界影响甚巨。这本综合性的学术随笔文丛,除了关于历史研究、文史杂谈和师友风采之类的文章,专门有一辑是有关华文编辑出版研究的,包括《书籍的编辑出版与世界市场》、《90年代中文出版的一个趋向》、《90年代海外出版趋势》、《新变局与沪港出版业》、《商务印书馆香港分馆简史》、《对日本当前出版的观察和思考》等,共计16篇。大32开本,447页,34.7万字,印数3000册,定价25.00元。

《过去随谈》 叶圣陶著。2000年10月大众文艺出版社出版。这是一本散文随笔集,分为“记人篇”、“记事篇”、“读书篇”、“随笔篇”、“教育篇”、“教学篇”。由于作者在新中国成立前后长期从事编辑出版工作,因此其回忆文章有大量篇幅都具有出版史料的价值。此书中这类文章有《胡愈之先生的长处》、《悼念愈之兄》、《追怀调孚》、《邵力子先生和开明书店》、《追念金仲华兄》、《追念陶元庆先生》、《我和商务印书馆》、《〈二十五史补编〉刊行缘起》、《中学生课外读物的商讨》、《荣宝斋的彩色木刻画》、《我们永不要图书杂志审查制度》、《关于编教材》、《课文的编选》、《谈识字课本的编辑》,等等。大32开本,399页,30.1万字,印数5000册,定价19.80元。

《韬奋新闻出版文选》 雷群明选编。2000年10月学林出版社出版。收入“走近韬奋丛书”。编者将韬奋的有关文章作了归类,分为“关于新闻”、“关于《生活日报》”、“海外新闻出版业述评”、“关于出版”、“关于《生活》周刊与生活书店”五个部分,每个部分基本按照发表时间先后排序,以体现韬奋新闻出版思想的发展脉络。小32开本,355页,25.2万字,印数3000册,定价18.00元。

《韬奋书话》 邹韬奋著。2000年10月学林出版社出版。收入“走近韬奋丛书”。本书分为:书的评论、书的随笔、书的序跋三部分,内容有读《论思想统一》、学问与人生、略谈读书的方法、《事业与修养》弁言、《革命文豪高尔基》编译后记等。小32开本,231页,定价12.50元。

《陈翰伯文集》 本书编辑组编。2000年12月商务印书馆出版。本书是一本比较完整地反映出版家陈翰伯编辑出版理论与实践的文集。全书共收录文章九十多篇,其中正文部分按照“出版工作”、“学习与研究”、“评论·杂说”和“自传·回忆录”等四栏进行编排;余列附录“怀念陈翰伯同志”栏。书前有黑白及彩色照片、书影、手迹等20面。大32开本,633页,未标字数和印数,定价40.00元。

《界外人语》 陈原著。2000年12月商务印书馆出版。作者是资深出版家。他在本书《前记》中说：书中“收录的几十篇文章，都是不合规范之作，大部分写于近两三年”。选录的文章分为三辑编排，即“思想录”、“书志”、“人物志”。这三部分中，相当的篇幅是有关编辑出版的人和事的。如：《第一推动力丛书》、《〈汉译世界学术名著丛书简介〉前言》、《〈读书〉起步那几年》、《商务印书馆创业百年》、《三联书店五十年：回忆与思考》、《张元济的理想与商务印书馆的现实》、《记忆中的胡愈之》等。小32开本，312页，未标字数，定价17.00元。

《我的编辑生涯》 丁志强著。2000年中国文联出版社出版。收入“遵义文艺丛书”。本书分裁剪留痕、忆人记事、序言小辑、杂感偶拾、公社史选、文友写我、编辑须知七部分，记叙了作者从事编辑工作50年的艰苦历程，有心得体会、经验教训，更有对生活、人生、命运的感悟与思考。大32开本，481页，丛书总定价256.00元。

《郑逸梅选集》(全6册) 郑逸梅著。2001年1月黑龙江人民出版社出版。作者是我国现代著名的文史掌故专家，在世时已结集出版的著作有几十种。6卷本选集收录了作者的代表性著作，有《南社丛谈》、《书报话旧》、《清末民初文坛轶事》、《文苑花絮》、《艺林散叶》、《梅庵谈荟》、《掌故小札》、《民国旧派文艺期刊丛话》，等等。这其中的一些著作，对于研究现代编辑史、出版史都是有参考价值的。顾廷龙封面题签。大32开本，700万字(书上标成了70万字，有误)，精装本，印数2000册(套)，定价320.00元。

《书林初探》(增订本) 吉少甫著。2001年1月上海三联书店出版。本书是有关出版理论与实践研究的论文结集。《书林初探》1995年8月印行，印了1000册。此次增订加了8篇文章。全书内容一部分是对中国出版史和中外文化交流史的研究，一部分是对抗日战争、解放战争和建国时期革命出版工作的回忆，另一部分是对几位著名出版家革命出版活动的介绍。大32开本，439页，31.2万字，未标印数，定价26.00元。书末版权页仍标“1995年8月第1版”似与实际不符，应为“2001年1月新1版”。

《刘国钧文集》(全6册) 刘国钧著，李文瑞主编。2001年3月南京师范大学出版社出版。包括卷首、传记卷、论著卷、讲演卷、函电与其他、附录。16开本，印数3000册(套)，定价288.00元。

《严复书评》 伍杰编著。2001年5月河北人民出版社出版。本书搜集了严复各个时期对各种图书的评论，其中有序言、按语、例言等，共约三十万字，篇目编排以发表时间先后为序。大32开本，417页，定价23.00元。

《文学编辑四十年》 何启治著。2001年5月人民文学出版社出版。作者系当代资深的文学编辑。本书通过对《白鹿原》、《尘埃落定》、《鲁迅全集》等图书编辑出版情况的介绍，揭示了人民文学出版社在当代文学史上的地位。大32开本，491页，35万字，定价25.00元。

《张元济日记》(上、下) 张人凤整理。2001年7月河北教育出版社出版。本书除更正商务印书馆1981年版《张元济日记》的一些错误外，还增加了《一九三七年日记残木》和《一九四九年赴会日记》，并编制了人名索引和书名索引，为读者的使用提供了方便。大32开本，1429页，定价67.30元。

《淘书随录》 薛冰著。2001年8月江苏教育出版社出版。收入“读书台笔丛”。作者为藏书家。本书全部为书话和淘书文章，介绍作者淘书经验及珍贵图书。小16开本，

320 页,定价 22.30 元。

《老期刊收藏》　谢其章编著。2001 年 8 月辽宁画报出版社出版。收入“中国民间个人收藏丛书”。在本书中,作者把自己收藏的或经眼的老期刊进行研究,写成文章,并配以书影等图片出版。大 32 开本,128 页,印数 2000 册,精装本,定价 36.00 元。

《贾祖璋全集》(全 5 册)　贾祖璋著。2001 年 9 月福建科技出版社出版。作者为著名科普作家、编辑家。大 32 开本,印数 2000 册(套),精装本,定价 226.00 元。

《黄源回忆录》　黄源著。2001 年 9 月浙江人民出版社出版。作者早年追随鲁迅先生从事进步的文学出版事业,在现代文学出版史上占有一定地位。书前有照片、书影等 18 页。大 32 开本,381 页,30 万字,印数 2000 册,定价 23.50 元。

《面壁斋研书录》　张志强著。2001 年 9 月江苏教育出版社出版。收入“读书台笔丛”。这是一本书话类的著作,因作者多年致力于编辑出版研究,故而集子中也有一些有关书业研究的论文。其中有《中国书业,离世界水平还有多远?》、《出版社如何防盗版?》、《呼唤新世纪的书业文明》、《1996 年书界回眸》、《民国时期影印〈四库全书〉的曲折历程》、《〈中国新文学大系〉及其宣传攻势》、《作为出版家的鲁迅》,等等。小 16 开本,396 页,29.7万字,2002 年 1 月第 2 次印刷,累计印数 3530 册,定价 27.20 元。

《书海夜泊》　徐雁平著。2001 年 9 月江苏教育出版社出版。收入“读书台笔丛”。本书将收录的文章 54 篇分为三辑进行编排,内容大多与现当代的文人学者有关。第三辑“纸润墨香”则多谈编辑出版、图书版本之类的问题。这类文章主要有《晚年曾朴与真善美书店》、《胡适和上海亚东图书馆》、《顾颉刚:从商务印书馆到朴社》、《王云五与〈中国文化史丛书〉》、《赵家璧和“良友版”》、《文人与中国现代书籍装帧艺术》、《一九二一年的文人与图书出版业》,等等。小 16 开本,328 页,24.6 万字,2002 年 1 月第 2 次印刷,累计印数 3530 册,定价 22.50 元。

【另】“读书台笔丛”中还有多种也与编辑出版和图书文化相关涉,如陈学海著《浅酌书海》、韦明铧著《醒堂书品》、徐雁著《书房文影》、周维强著《书林意境》、王振羽著《漫卷诗书》、李福眠著《天钥书屋散记》、董健著《跬步斋读思录》。

《书藏·书奇·书话》　泽熙著。2001 年 11 月四川人民出版社出版。本书分为:“书藏”、“书奇”、“书市”、“书话”四部分。内容有:莎纸与羊皮上的记忆,图书馆数字化的旋流,免费的百科全书,科学沉浮中的手稿与珍本等。大 32 开本,296 页,印数 5000 册,定价 16.00 元。

《张文虎日记》　陈大康整理。2001 年 12 月上海书店出版社出版。张文虎(1808～1885)是清代咸丰至光绪年间的著名学者、校勘家、刻书家。同治二年(1863 年),他应曾国藩之邀入金陵书局。这本日记起于同治三年九月十五日(1864 年 10 月 15 日),止于同治十一年十二月二日(1872 年 1 月 28 日),记载了作者在金陵书局八年校勘、出版书籍的活动,而且还描述了诸如“天津教案”、“张文祥刺马案”等同治间的重大事件。大 32 开本,292 页,21.4 万字,印数 3000 册,定价 23.00 元。

《书旅集》　吴道弘著。2002 年 1 月河北教育出版社出版。收录作者近十年写作的文章、书评、书信、序跋等,其中不少涉及编辑史和出版文化。大 32 开本,377 页,29 万字,定价 15.90 元。

《书痴闲话》 吴兴文著。2002 年 1 月云南人民出版社出版。作者是台湾当代著名的作家、藏书家、编辑出版家。本书收录的是他谈书的一些篇章，包括：《书痴闲话》、《谈“书痴”及其他》、《书海无涯》、《祭书、守岁与 7——Eleven》、《冯梦龙编〈山歌〉》、《徽派版画〈养正图解〉》、《〈书林清话〉边外》、《天津曹氏刊藏〈孝经〉》、《毛边本与〈伏园游记〉》、《两本〈初期白话诗稿〉》、《莎乐美、比亚兹莱与 20 至 30 年代作家》、《一经签名书价百倍》、《藏书票世界》、《台湾文学观察》等。大 32 开本，324 页，25.80 元。

《装帧的话与画》 张守义作。2002 年 1 月中国文史出版社出版。收入“全国政协委员画家美文丛书”。张守义长期担任人民文学出版社美术编辑，是我国当代著名的书籍装帧家。本书收录了他关于书籍装帧的文章，如《我为什么画人少画脸》、《漫画贺卡》、《视察日记》、《漫说红与黑》、《树立个性形象》、《插图创作杂谈》等，同时收录了他的代表性设计作品。大 32 开本，330 页，定价 19.00 元。

《延安出版的光辉——〈六十年出版风云散记〉续编》 赵晓恩著。2002 年 1 月中国书籍出版社出版。作者是一位离休的老出版人，1994 年曾在该社出版了《六十年出版风云散记》一书。本书收录作者回忆文章 12 篇，内容主要有三个方面：一是记叙抗日战争和解放战争时期，党中央驻在延安领导和指导根据地、国统区、敌占区开展出版宣教工作；二是探究有国统区出版模范之称的邹韬奋及其主持下的生活书店的经营之道和斗争艺术；三是记述一些革命文化战士的感人事迹。大 32 开本，221 页，17.3 万字，未标印数，定价 20.00 元。

《红尘冷眼/一个文化名人笔下的中国三十年》 宋云彬著。2002 年 3 月山西人民出版社出版。宋云彬（1898～1979）是我国现代著名的文史专家、作家、民主人士，也是资深的编辑家。他长期在开明书店、文化生活供应社、中华书局、人民教育出版社等出版单位和一些报刊从事编辑出版工作。这部著作是作者 30 年的日记全编，起讫时间自抗战中期到“文革”初期。内容包括《桂林日记》、《昆明日记》、《北游日记》、《北京日记》、《杭州日记》、《甲午日记》、《乙未日记》等，其间包含有重要的、丰富的编辑出版史料。16 开本，728 页，68 万字，2002 年 9 月第 2 次印刷，累计印数 5000 册，定价 68.00 元。

《笔耕岁月——副刊编辑杂忆》 陈诏著。2002 年 3 月上海书店出版社出版。作者陈诏长期担任《解放日报·朝花》副刊编辑，在工作中结识了大量海内外作家、学者，同时他本人对于古典小说、饮食文化等有一定的研究。本书主要是两个方面的文章，“自叙篇”写个人的各种业余爱好，“师友篇”则是对编辑工作中交往的友人的回忆。大 32 开本，286 页，23 万字，定价 20.00 元。

《猎书偶记》 姜德明著。2002 年 3 月大象出版社出版。收入“大象漫步书系”。这本不到九万字的小册子，都是一千多字的小文章，涉及到作者收藏新文学、新文化的书，文坛轶事等等。40 开本，208 页，印数 3000 册，定价 8.00 元。

《潘天桢文集》 2002 年 4 月北京图书馆出版社、上海科学技术文献出版社联合出版。收入“芸香阁丛书”。文集收录了著名版本学家、目录学家潘天桢（1919～2004）20 世纪 80 年代以来写作、发表的文章 24 篇，按上下两编进行编排。上编杂考有关古书报的一些问题，其中有《唐、五代江苏印刷史料校释》、《明代无锡会通馆印书是锡活字本》（另有再谈、三谈、四谈几篇文章）、《扬州诗局杂考》、《谈中国近代第一份女报——〈女学报〉》、《汲古阁主人毛晋诸子生卒年试考》等。下编属讨论明代著名出版家汲古阁毛晋后人毛扆的资料,作者希望这有助于对汲古阁后期事业的深入研究。作者重视从第一手材料出发,对于出版印刷史、藏书史上的一些人物和问题,提出了许多新的见解,且史料可靠扎实,论证严密。任继愈、王世伟和作者本人分别作序。大 32 开本,333 页,29.5 万字,印数 1100 册,精装本,定价 38.00 元。

《顾廷龙文集》 顾廷龙著。2002 年 7 月北京图书馆出版社、上海科学技术文献出版社联合出版。收入"芸香阁丛书"。文集收录古籍版本目录学家顾廷龙文稿,原作大多散见于书刊报端,其中不少为首次公开发表的作品。大 32 开本,844 页,精装本,定价 68.00 元。

《冀淑英文集》 冀淑英著。2004 年 9 月北京图书馆出版社、上海科学技术文献出版社联合出版。收入"芸香阁丛书"。文集收录作者有关古籍版本、目录研究方面的论文数十篇,与古代编辑出版史密切相关的文章有《中国古代书籍的发展》、《源远流长的馆藏善本》、《关于古籍善本的范围》、《关汉卿剧作的版本》、《谈版刻中的刻工问题》、《北宋刻书漫论》等。大 32 开本,435 页,36 万字,精装本,定价 45.00 元。

《赵万里文集》 赵万里著。2002 年 9 月北京图书馆出版社、上海科学技术文献出版社联合出版。收入"芸香阁丛书"。文集收录著名古籍版本目录学家赵万里的代表性论著。大 32 开本,精装本。

《风雨故旧录》 许觉民著。2002 年 4 月上海教育出版社出版,收入"学人文丛"。作者在出版界工作过许多年,认识许多作家,书中记录了这些名人在"文革"中的遭际,此外,还收入了作者近年来的随笔以及对往事的若干记述。大 32 开本,318 页,印数 3150 册,定价 20.00 元。

《书林随缘录》 俞晓尧著、沈芝盈编。2002 年 5 月中华书局出版。这是一本关于现代出版史实和人物研究的文集。收录的 39 篇文章,大致按出版企业的历史先后为序加以编排,如辛亥革命时期诞生的中华书局、"九一八"事变后建立的新知书店、解放战争后期的生活·新知·读书三联书店以及在新中国建立以后成立的文物出版社。作者在这些单位都工作过,其论文写作依据亲身经历,再加辛勤采访,查阅第一手档案文献,因而文章材料丰富可信,论述严密。通过对一些人和事的回忆与研究,大致反映了辛亥革命以后我国编辑出版界的概貌,勾勒了这一时期编辑出版业发展线索。金冲及作序。大 32 开本,690 页,44.8 万字,精装本,印数 1500 册,定价 46.00 元。本书的增订本 2007 年 10 月刊行,大 32 开本,618 页,精装本,定价 48.00 元。

《萨空了文集》 萨空了著,祝均宙、萧斌如编。2002 年 5 月上海科学技术文献出版社出版。萨空了是我国现代著名报人,新中国成立后曾经担任国家新闻总署和出版总署副署长。大 32 开本,435 页,印数 1600 册,定价 28.60 元。

《郑逸梅笔下的文坛逸事》 郑逸梅著,朱孔芬编。2002 年 6 月上海书店出版社出版。本书中所提供的许多珍贵的文坛史料,足以补充官修"正史"之缺漏,纠正某些"传记"之偏差,对研究探讨民国时期中国各类知识分子特别是深受传统文化熏陶的一群人的思想、情操、爱好和成就以及局限,均不无裨益。书中多文学出版方面的论述。大 32 开本,261 页,22 万字,定价 18.00 元。上海书店出版社同时刊行的还有《郑逸梅笔下的文化名人》和《郑逸梅笔下的书画名家》。

《耕耘足迹》 遇衍滨著。2002年12月中国少年儿童出版社出版。作者系前中国少年儿童出版社社长兼总编,获得韬奋奖的老出版工作者。本书内容分为:回顾与展望、方针的把握、质量的保证、改革的探索、书刊的评介、理论和理论研究的思考、它山之石、忆人与怀旧、科普小品、随感与杂感等章节,尤其是后几个章节,涉及作者与叶圣陶等多位名人大家交往,可读性很强。大32开本,366页,印数1000册,定价15.00元。

《清风阅览故纸堆》 鲍传江著。2003年1月北京图书馆出版社出版。本书是一部杂文集。与众不同的是,作者是根据其收藏的几十件"前朝字纸"有感而发,创作而成。这些藏品中,有清代的地契、广告、当票、列车时刻表,有民国的小学生课本、婚书、布告、著作权转让合同、罚款单,也有日伪时期的良民证和50年代的报纸,涉及社会生活的各个方面。本书基础上采用一文一图、图文并茂的形式,阅读起来轻松直观,且具有一定的出版史料价值。大32开本,220页,印数5000册,定价18.00元。

《出版论稿》 杨牧之著。2003年4月大象出版社出版。作者编辑这部书稿,目的一是总结作者16年的编辑出版工作的成败得失,甘苦荣辱;第二,这16年,特别是后半段,作者作为国家新闻出版署领导主要分管出版和发行两块业务,所写文章、讲话等可以帮助出版史研究者了解一些举措的来龙去脉。一些重要丛书或文库的序跋文字,一些带总结性的文章如"古籍出版40年概论"等本身就具有出版史价值。16开本,528页,39.9万字,印数2000册,精装本,定价48.00元。

《杜亚泉文存》 许纪霖、田建业编。2003年5月上海教育出版社出版。这本《文存》是在《文选》基础上修改充实而成。杜亚泉是我国上个世纪初期的著名学者和编辑家,长期供职于商务印书馆。因此,《文存》中的许多文章就不仅有思想文化史的价值,也有编辑出版史的功用。其中部分文章更是直接关涉编辑与出版,如《〈亚泉杂志〉序》、《〈工艺杂志〉序》、《答〈新青年〉杂志记者之质问》、《中西验方新编叙言》等。附录有《杜亚泉生平著作、译著及编著目录》、《杜亚泉生平大事年表》。王元化题写书名,并以《杜亚泉与东西文化问题论战》作为"代序"。许纪霖以《杜亚泉与多元的五四启蒙》作为"代跋"。大32开本,500页,42万字,印数5000册,定价30.00元。

《编辑的故事》 黄伊著。2003年5月金城出版社出版。收入"快乐人生故事丛书"。作者从事新闻出版工作五十多年,本书是他的生活工作故事,其中有在中国青年出版社和人民出版社的所见所闻,以及编辑出版《红岩》、《红旗飘飘》、《李自成》等中外名著的逸闻趣事。大32开本,333页,定价20.00元。

《钟叔河序跋》 钟叔河著。2003年3月东南大学出版社出版。收入"书人文丛"。作者为作家、著名出版家。本书包括《走向世界丛书》总序、《传统蒙学丛书》序、《过去的学校》编者序、《曾国藩与弟书》序、《走向世界》后记、《知堂书话》序、《知堂谈书》序、《周易大辞典》序等序跋文字。小32开本,141页,定价18.00元。

《王稼句序跋》 王稼句著。2003年3月东南大学出版社出版。收入"书人文丛"。收录作者的序跋34篇,具体包括:《笔桨集》题记、《枕书集》后记、《谈书小笺》题记、《苏州旧梦》引言、《典藏插图本浮生六记》编后记,等等。小32开本,141页,印数3000册,定价18.00元。

《姜德明序跋》 姜德明著。2003年6月东南大学出版社出版。收入“书人文丛”。本书收录了姜先生自著及编辑他人作品时写的序跋42篇,其中29篇是为自己作品集写的序跋,另外13篇是为他所编选的书写的序跋。每篇文章都配有书影,中间还插了部分名人书赠姜先生的作品及姜先生各时期的照片。小32开本,141页,印数3000册,定价18.00元。

《徐雁序跋》 徐雁著。2003年6月东南大学出版社出版。收入“书人文丛”。本书收录作者的自序自跋及策划记、编后记等凡17篇,编为三辑。实际上,将这些著述的书名排列出来,是揭示作者十余年来著述风貌的最好方法。具体包括“读书随笔四步曲”(《秋禾书话》、《雁斋书灯录》、《书房文影》、《开卷余怀》)的序跋及其策划并主编的《华夏书香丛书》、《读书台笔丛》、《六朝松随笔文库》的总序和策划记等等。小32开本,140页,印数3000册,定价18.00元。

《施蛰存序跋》 施蛰存著。2003年6月东南大学出版社出版。收入“书人文丛”。内收《现代》创刊宣言 、重印全份《现代》引言、《中学生文艺月刊》创刊的话、《文艺风景》创刊之告白、《文饭小品》发行人言、《活时代》发刊辞、《词学》第一辑编辑后记等。小32开本,136页,印数3000册,定价18.00元。

《舒芜序跋》 舒芜著。2003年6月东南大学出版社出版。收入“书人文丛”。收录《挂剑集》题记、《说梦录》自序、《挂剑新集》自序、《书与现实》题记等等。小32开本,141页,印数3000册,定价18.00元。

《陈平原序跋》 陈平原著。2003年6月东南大学出版社出版。收入“书人文丛”。收录的序跋有:《书里书外》代序、《书里书外》后记、《大书小书》代序、《大书小书》后记、《学者的人间情怀》自序、《书生意气》小引、《书生意气》后记、《阅读日本》后记、《陈平原书话》自序、《游心与游目》小引,等等。小32开本,142页,印数3000册,定价18.00元。

《陈子善序跋》 陈子善著。2003年6月东南大学出版社出版。收入“书人文丛”。本书是作者这些年来为自己著作和为他人编订集子所作序跋的选集,大致已可窥见作者的研究经过及其心路历程,并附有作者各个时期的照片数十幅。具体内容包括:《遗落的明珠》跋、《中国现代文学侧影》自序、《回忆郁达夫》编辑说明、《知堂杂诗钞》编后记等等。小32开本,印数3000册,定价18.00元。

《黄裳序跋》 黄裳著。2003年6月东南大学出版社出版。收入“书人文丛”。收录《锦帆集》后记、《珠还记幸》小引、《前坐梦影新录》前记、《黄裳书话》选编后记、《来燕谢书跋》后记等等。小32开本,印数3000册,定价18.00元。

《创刊号风景》 谢其章编著。2003年6月北京图书馆出版社出版。编著者收藏有三万多本旧期刊,又将封面都拍成图片,自己赏玩。作者采用图文结合的方式,编著了这本既有艺术审美价值,又有出版史料价值的书籍。本书收录民国旧杂志“创刊号”七十多种,以清新流畅的笔触介绍它们的创刊经过、历史沿革、办刊方向及相关的文坛趣事和作者生平等。写法上注重史料线索性,一图一文,或者两图一文,四色彩印。小16开本,211页,10万字,定价35.00元。

《岁月传真》 王维玲著。2003年7月中国青年出版社出版。作者从20世纪50年代起,便在文学编辑岗位上默默耕耘,与众多知名作家结下了深厚友谊。本书记述了柳青、梁斌、姚雪垠、刘白羽、沙汀、管桦、韶华、路遥、周克芹9位作家和朱今语、边春光两位出版家的创作历程、文学活动、出版工作等，是作者与他们交往的实录，具有重要的文学史料和出版史料价值。大32开本，455页，30万字，未标印数，定价25.00元。

《张元济古籍书目序跋汇编》(上、中、下) 张人凤编。2003年9月商务印书馆出版。本书辑录了目前除《百衲本二十四史校勘记》、《四部丛刊校勘记》之外所有能收集到的张元济古籍研究论著，包括古籍书目、校勘学专著、序跋、古籍影印技术规范及其他有关文字。这些著作是研究张元济学术思想、出版思想的重要资料，也是研究商务印书馆古籍出版成绩的重要资料。大32开本，1273页，80万字，未标印数，全套定价66.00元。

《泥土脚印》 范用著。2003年10月凤凰出版社出版。在《作者的话》中范用说："我不善于写作。偶尔写点怀旧的文字，怀念故乡，怀念母校，怀念同学师友。我是用真情实感写的。"文集收录了51篇回忆性的文章。因作者是一位老出版人，曾长期担任人民出版社副社长兼三联书店总经理等职，故而他的回忆文字就往往具有出版史料价值。集子中的一些篇什如《琐忆抗战时期党领导的出版事业》、《相约在书店》、《办杂志起家》、《记筹办〈生活〉半月刊》、《忘不了愈之先生》等，都属于书人书事，文学价值与史料价值兼备。小32开本，270页，17.2万字，印数3500册，定价16.00元。

《方汉奇文集》 2003年10月汕头大学出版社出版。收入"长江新闻传播系列丛书"。方汉奇是我国当代著名新闻史学家。本书收录了作者《新闻史是历史的科学》、《中国新闻史研究的历史与现状》、《七十年来的中国新闻教育》等论文。16开本，704页，定价68.00元。

《宁树藩文集》 2003年10月汕头大学出版社出版。收入"长江新闻传播系列丛书"。作者系国内著名的新闻史学家。书中收录了作者1956年至2003年间撰写的53篇文章，尤其以新闻史料的收集和考订。文章有《马克思主义在中国的传播与党报的改造》、《中国近代报刊业务变革初探》、《信息观念与新闻学研究》等。16开本，559页，36.9万字，印数3000册，定价58.00元。

【另】宁树藩主编的大型项目《中国地区比较新闻史》列入规划，即将刊行。

《阁楼人语——〈读书〉的知识分子记忆》 沈昌文著。2003年11月作家出版社出版。本书的封四有这样类似广告的语言介绍作者："在出版界，他是一个灵魂般的人物；在读书界，他是一个旗帜性的人物；他主编的《读书》杂志，曾是中国读书类杂志的范例，延续了一代人的精神追求和文化梦想。"这个评价其实是很恰当的。这本书收录的是作者编辑《读书》杂志时写作和发表在刊物的《编后絮语》(后一律叫《阁楼人语》)，文字精练，篇幅短小，但蕴涵深厚。这样的文字汇编无论是对中国20世纪八九十年代思想史研究，还是对期刊编辑史的研究，都是很有意义的。书前有作家王蒙的序言《有无之间》和作者的自序《出于无能》。大32开本，280页，15万字，印数10000册，定价22.00元。

《昨夜群星灿烂——石湾编辑漫记》 石湾著。2004年1月作家出版社出版。作者系作家出版社的老编辑，从事了近二十年的新闻、出版编辑工作。20年来，新闻界的诸多大事，文学界造就的群星灿烂，作者是亲历者和参与者。这本集子就是他长期从事编辑工作的经验总结和心血结晶，有他与一些著名作家交往的回忆，有对一些新闻事件、文学事件的叙述，还有一些鲜为人知的作家逸闻趣事的追记。书中还记录了作家出版社的创业与发展过程以及作者担任《作家文摘》主编的种种事情。大32开本,403页,25万字,定价23.00元。

《六十年文集:犹恋风流纸墨香》 丁景唐著。2004年1月上海文艺出版社出版。作者既是现代文学史研究专家,又是编辑出版界的前辈。文集分为上、下两编:上编收入20世纪三四十年代作者创作的诗歌、散文和鲁迅作品的研究文字;下编主要反映作者转入研究编纂文学史料以后的成果,同时反映了作者在编辑出版工作上的重要贡献。书中有大量出版史的第一手资料及富有价值的文坛往事和逸闻掌故。附录有陈思和、丁言昭的《希望之孕——记丁景唐编辑生涯五十年(1938～1988)》一文,史料丰富。许觉民、袁鹰分别作序。大32开本,1006页,75万字,精装本,定价58.00元。

《旧书收藏》 谢其章著。2004年1月万卷出版公司出版。收入"中国民间个人收藏丛书"。本书是一本图文并茂的谈旧书收藏的个人文集,围绕着旧书收藏而叙述、介绍了旧书的概念、藏书票、丛书、全集、文集和选集、毛边书、参考书、绣像与插图、线装书等。在叙述知识中融合了作者的经验、体会和心得,还有对书的痴爱之情,令人深受感染。本书是有关旧书收藏的入门书,多彩色书影。大32开本,127页,印数4000册,定价30.00元。

《故纸犹香》 徐雁著。2004年4月书海出版社出版。收入"古玩家说丛书"。书中收录了作者的25篇文章,分为三辑进行编排,即"读旧书的心得"、"访书的小风景"和"高高的故纸堆",主要内容是关于中国书文化的。其中,《扫叶山房书目》、《来青阁庄书目》、《李光明书庄价目》、《汉文渊书目》、《志古堂校刊书目录》、《关于"毛边书"种种》、《线装书现代传奇七章回》、《中国文献资源与知识传播纲要》、《我国当代古旧书刊的收藏与拍卖》、《廿年来中国藏书文化著述补遗录》等,具有重要的出版文化史价值。16开本,210页,印数6000册,定价38.00元。

《出版文化散论》 范军著。2004年5月湖北教育出版社出版。这是作者关于编辑出版理论与实务研究的论文结集。全书收录文章58篇,分为"出版文化论"、"期刊艺术论"、"编辑出版史论"、"书刊广告论"4辑。其中关于中国古代诗歌编辑史的系列论文、关于中国现代出版家编辑家的书刊广告艺术研究系列论文、关于期刊编辑艺术研究的系列文章等,都是有特点的。前有蔡学俭撰写的序言。大32开本,507页,38万字,未标印数,定价28.00元。

《范泉编辑手记》 范泉著,钦鸿编。2004年5月中国文联出版社出版。范泉(1916～2000)是我国现代著名的编辑家兼作家。他长期从事图书和报刊的编辑工作,新中国成立前曾主编过《文艺春秋》等报刊,新时期以来主编的30卷本《中国近代文学大系》等享有盛誉。本书辑录了范泉散见于各种报刊上的"编辑自述"和相关报刊上的"编辑附语"(包括"编者按"、"编后")、"广告信息",使我们得以学习他的编辑思想、编辑理念和编辑风格。该书资料翔实,是研究中国现代文学史和编辑史的珍贵参考资料。大32开本,595页,定价30.00元。

《陈力丹自选集(新闻观念:从传统到现代)》 陈力丹著。2004年5月复旦大学出版社出版。收入"新闻传播学名家自选本丛书"。作者是我国当代著名新闻史学家。本书收录了他的论文四十多篇。大32开本,435页,定价36.00元。

《创刊号剪影》 谢其章编著。2004年5月北京图书馆出版社出版。本书是《创刊号风景》的姊妹篇,收文近七十篇。作者在他那些精美、短小的文章中介绍了收藏杂志创刊号中有意思的故事及有关杂志的情况。涉及的杂志主要是民国时期的,包括著名的《文艺季刊》、《白露》、《小说月报》、《文苑》、《万象》、《中国文学季刊》、《自由谭》等。小16开本,精装本,218页,16.5万字,定价35.00元。

《求真集》 商金林著。2004年6月安徽教育出版社出版。作者是研究中国现代文学的专家,集子中的论文也都是研究现代作家作品的,其中有相当的篇幅涉及现代文学的编辑和出版问题,涉及一些著名的文学编辑家,包括:《文学研究会创办的书店——上海朴社始末》、《"荒歉"年代文坛的丰碑——叶圣陶主编〈小说月报〉述评》、《叶圣陶"读"出来的沈从文》、《夏丏尊先生的生平》等。大32开本,316页,26万字,印数2000册,定价19.00元。

《出版和出版学丛谈》 袁亮著。2004年6月人民教育出版社出版。这本自选集收录作者1979年至2003年期间撰写或发表的文章和讲话,共计100篇。全书按内容分为13类:老一辈领导人的出版论述;出版的性质、地位和作用;出版工作的方针、原则和任务;出版事业的发展和现代化;出版体制的改革与开放;出版管理体制的改革和管理工作的加强;发行体制的改革和发行事业的发展;图书评论工作;版权立法和版权工作;出版队伍建设;出版学的创建和发展;回忆、书评和序言;外国出版工作几点情况。因作者长期在出版领导机关工作,这些文章从一个或几个侧面反映了我国新时期出版事业新的变化和进程。在一定意义上,这本集子也可说是改革开放以来若干出版史料的汇编。许力以作序。大32开本,831页,56.3万字,印数2000册,定价44.40元。

《鲁迅序跋集》(上、下) 刘运峰编。2004年6月山东画报出版社出版。本书收录鲁迅序跋近二百篇,按类别分为六辑:第一辑为创作序跋,第二辑为翻译序跋,第三辑为辑校古籍序跋,第四辑为他人著作序跋,第五辑为编校书刊序跋和广告,第六辑为藏书题跋和赠书题记等。这些序跋文字始于1901年,终于1936年,反映了鲁迅先生在创作、翻译、古籍整理、编辑出版等方面的成就。书前有书影9幅。小16开本,653页,42万字,印数7000册,定价38.00元。

《编辑实践与编辑学思考》 吴道弘著。2004年7月东北师范大学出版社出版。这本论文集汇集了作者关于编辑学理论、出版史研究和图书评论的文章。具体内容涉及编辑概念,编辑工作的特点和规律,编辑人才,图书编辑学的研究对象、学科框架,出版史,编辑史,翻译出版,出版家,书评理论,等等。作者四十多年来,一直从事编辑、出版教育和出版理论研究工作,其理论与实践研究显示出深厚的学术功力。大32开本,335页,30.4万字,印数2000册,定价21.00元。

《在文坛边缘上——编辑手记》 刘锡诚著。2004年9月河南大学出版社出版。这部五十多万字的著作是一个编辑眼中的1977～1981年的中国当代文学史。作者以当年《人民文学》理论批评组组长、《文艺报》编辑部副主任的身份,亲身经历了1977～1981年五年间中国文学的大变动。这本书中,作者试图从"作家加作品"的模式突围,以回忆录的笔调,别开生面、独辟蹊径地撰写出这样一部特殊的文学史。16开本,622页,56.5万字,印数3000册,定价54.00元。

《鲁迅书影录》 孙郁编著。2004年9月东方出版社出版。作者从鲁迅作品最初出版的封面谈起,围绕着该书的版本设计文字乃至人和事,信笔谈来,细细叙述,展示了鲁迅的思想发展、文字风格、美学趣味以及内心世界的种种矛盾和挣扎。每篇文章皆以鲁迅的书影作为衬托,其时代风格令人回味,其美学格调也颇有风采,是一本具有知识性又耐人寻味的书话类读物。大32开本,201页,印数5000册,定价20.00元。

《书叶丛话:姜德明书话集》(上、下) 2004年10月北京图书馆出版社出版。作者是著名的现代文学书刊收藏家。这本集子收录了他有关新文学方面的书话一百多篇,还收录了关于版本趣谈、作家评点、出版背景介绍等方面的一些文章。这中间,有些是已经出版或发表过的,也有一部分是新作。18开本,62.5万字,定价96.00元。

《朱正书话》(上、下) 2004年10月北京图书馆出版社出版。作者曾任湖南人民出版社总编辑。本书将选录的书话类作品编为七辑,即:与书结缘、版本随谈、正误辨析、直话直说、史实探真、书事种种、读人忆旧。这些文章以随笔的形式写出作者与书籍的种种关系,从中透视出中国书业乃至中国文化的发展。16开本,524页,40.1万字,定价58.00元。

《读书淘书藏书记》 王晓建著。2004年10月知识出版社出版。这本集子收录作者谈书的文章一百一十多篇,介绍了有关读书的方法、藏书方面的知识等。具体内容包括:爱书家、读书有用论、读书养生、读书与心境等。小32开本,276页,定价18.00元。

《不倦地追求——王益出版印刷发行文集(四编)》 王益著。2004年11月清华大学出版社出版。本书收录了作者介绍自己身世、经历的文章,涉及与陈毅、张春桥等人的交往,较多的篇幅还是关于出版、印刷、发行理论与实际探讨方面的文章、序跋等,收录各类文章计44篇。大32开本,122页,9.2万字,印数1500册,定价15.00元。

《马达自述——办报生涯60年》 马达著。2004年11月文汇出版社出版。本书分为"往事历历"、"理论探索"以及"岁月留痕"三辑,共选收了七十余篇关于作者60年办报生涯的文章。即《独轮车上的报社——第一次踏上新闻工作岗位》、《新闻信息观念》、《参军热》等。16开本,346页,定价35.00元。

《书目与书评》 孟昭晋著。2004年12月河北教育出版社出版。收入"书林清话文库"。本书对古代和近代书目文献进行了阐述,多有独到见解。书中资料丰富,将历代在目录学史上有成就者,如曹丕、晁公武、刘向、曾国藩等均作了介绍。该书后半部分为书评,论及瞿秋白、茅盾、季羡林、钱钟书等诸多现代名家各自的书评特点。16开本,243页,定价27.20元。

《叶圣陶集》(第二版) 叶圣陶著,叶至善、叶至美、叶至诚编。2004年12月江苏教育出版社出版。文集26卷,收录了著名作家、教育家、编辑出版家叶圣陶的所有著作。与编辑出版工作密切相关的内容是第16卷至25卷,第16卷是关于教材的编写,关于媒体文风和语言文字改革的评论合编成第17卷,关于编辑出版的评论和实例合编成第18卷,自第19到23卷是日记,最后的第24、25卷是书信。第2版把叶至善写的《父亲长长的一生》作为传略,与缪咏禾编的前25卷的《集名和篇名索引》合编为第26卷。与第1版相比,新版第11卷到第25卷,编排稍有改动,内容稍有补充,文章注明出处。大32开本,830万字,大32开本,总定价998.00元。

《蓝村读书录》 谢灼华著。2004年12月河北教育出版社出版。收入“书林清话文库”。本书从书话谈到书的命运，又从藏书楼延伸到近代图书馆，内容既随意又连贯。书中介绍了许多有关读书著作的人和事、古籍典章、藏书制度、藏书楼兴衰以及古今文人在书的收藏方面的逸事等。16开本，251页，定价28.00元。

《二馀斋说书》 刘尚恒著。2004年12月河北教育出版社出版。收入“书林清话文库”。此为叙述古今文人藏书、读书、著书及书籍版本的书话集。该书从书话、书人、书事、书味四方面谈论读书人之雅事、雅性，涉及线装古书、现代学人的版本学论著、藏书文化、室名斋号、书坊书贾、淘书写书等诸多领域。16开本，272页，定价29.80元。

《我与中国书店》 周岩著。2004年12月河北教育出版社出版。收入“书林清话文库”。此为反映北京中国书店变迁的资料书。作者为中国书店的前辈领导。全书叙述了北京古旧书业的历史及社会主义改造之得失，中国书店的业务活动和抢救中华文化的贡献。此外还对北京古旧书业有贡献的业内人士的事迹进行了介绍。16开本，236页，定价27.20元。

《书楼寻踪》 韦力著。2004年12月河北教育出版社出版。收入“书林清话文库”。此为华夏藏书楼的寻访录。作者是当代古籍善本藏书家。书中主要介绍了中国各地的藏书楼，包括曝书亭、潜采堂、衍芬草堂、别下斋、西涧草堂、嘉业堂、适园等，计122座。书中不仅介绍了这些藏书楼的历史和今天，而且穿插了对我国藏书事业作出贡献的藏书家和他们的事迹。即便是一些早被人淡忘的藏书楼，作者也会寻根问底，挖掘出那些已经湮没的文化痕迹，并撰成饶有趣味的文字。16开本，263页，定价29.80元。

《书乡漫录》 曹培根著。2004年12月河北教育出版社出版。收入“书林清话文库”。本书是对江苏常熟藏书文化的梳理，同时也波及周边地区的书人书事。主要涉及的有：江南名室脉望馆、瞿氏铁琴铜剑楼、常熟“小藏家”、曹氏菱花馆藏书、顾祖禹籍贯之疑等。16开本，273页，定价29.90元。

《为他人作嫁衣裳——薛德震编辑出版文集》 薛德震著。2004年12月人民出版社出版。作者长期在出版单位从事编辑工作和管理工作，长达52年，其中43年在人民出版社工作，担任社长、总编辑近十年。他重视理论结合实际探讨改革和发展中的问题。这本文集内容广泛，涉及出版业的改革形势、出版单位的目标管理、内部三项制度改革、党的建设、队伍建设、精神文明建设等。本书可以作为研究新中国出版史的个案来参考。大32开本，346页，4页图版，大32开，定价23.00元。

《父亲长长的一生》 叶至善著。2004年12月江苏教育出版社出版。本书是《叶圣陶集》第二十六卷的单行本。内容完全一个样，是传略加索引。作者传略仍用叶至善写的《父亲长长的一生》，单行本就用这个题目作书名。索引仍用缪咏禾编的前二十五卷所收作品的《集名和篇名索引》。大32开本，562页，印数4180册，定价34.80元。

《王仿子出版文集续编》 王仿子著。2005年1月清华大学出版社出版。本书收录作者的93篇长短文章，分为出版篇、发行篇、采风篇、史料篇等几类，从翻译、编辑、装帧、用纸、印刷、装订到订货、储存、发货、运费、批发、零售，再到稿酬、版税、独资、合资、代理等，涉及出版工作的诸多方面与环节，其中大多数文章是针对当今出版工作中的种种问题发表的杂感性的文字。大32开本，375页，定价28.00元。

《封面秀》 谢其章著。2005年1月作家出版社出版。本书收录了作者个人收藏的半个多世纪之前出版的老书刊的封面60帧,多有名家作品,弥足珍贵,彩色印刷,逼肖原物,还历史以真相。作者间以散文随笔及考证札记笔法,既写意又写实,史料性、学术性和可读性融为一体。小16开本,178页,12万字,印数8000册,定价39.00元。

《我怎样读书——王云五对青年谈求学与生活》 王云五著。2005年1月辽宁教育出版社出版。收入"花生文库·大师谈学习系列"。作者是我国现代著名的出版家、教育家,是一个自学成才的传奇人物,是1949年前商务印书馆的重要领导人,晚年亦曾主持台湾商务印书馆的工作。这本书是他的一系列有关学习方法、职业选择的演讲稿,实际操作性很强。大32开本,182页,定价17.50元。

《躬耕六记——邢雁报刊生涯50年回顾》 邢雁著。2005年3月中国画报出版社出版。本书收入作者文稿88篇,分别归纳为六个部分,包括社论、通讯、人物专访、游记、讲话、工作方案等。16开本,364页,印数1000册,定价36.50元。

《我的编辑生涯》 林君雄著。2005年3月河北人民出版社出版。全书共27章,内容有:人生道路的转折、走上正轨、我的自学生活、业余写作琐记、在黎明前、关于青年工作读物、作为记者的采访、我和青年读物研究会等。大32开本,290页,定价15.00元。

《纸墨飘香》 彭燕郊著。2005年3月岳麓书社出版。收入"开卷文丛"。第一辑"蹇斋书话",主要写出了读书人有关买书、读书、藏书、背书等方面的感触及情怀。第二辑"蹇斋书缘记"则回忆了作者童年读书的温馨往事。第三辑"蹇斋存书题识"则将作者精心收藏的图书向读者津津乐道地一一和盘托出,令喜爱藏书的人羡煞。第四辑"蹇斋读书记"收录了近年来颇受读者垂青的《读莫泊桑札记》、《〈廊桥遗梦〉的流行》等读书记。第五辑"蹇斋见闻录"由两篇文章组成,一篇为《出版家胡愈之》,另一篇为《译诗——一个读者的回忆》,这两篇文章史料丰富,对中国现代出版史的研究颇有其特殊的意义。大32开本,239页,定价15.00元。

《梦雨斋读书记》 黄裳著。2005年3月岳麓书社出版。收入"开卷文丛"。本书是当代著名散文家黄裳的第三本读书记,第一本《清代版刻一隅》由齐鲁书社在1992年出版,第二本《来燕榭读书记》(上下册)2001年由辽宁教育出版社出版。本书是黄裳2001年后所作读书记的结集。本书收入的八十余篇读书记主要谈及清刻各种富有代表性的刻本,清刻的装饰风格,颇有艺术性,一本好书不仅内容要好,而且在版式、印刷、纸质、集帧方面都要达到相应的高度,黄裳对清刻的熟悉程度如数家珍。附录的《天一阁被劫书目》极富史料性,在中国版刻研究中具有十分重要的意义。大32开本,204页,14万字,定价13.50元。

《秋里拾叶录》 陈思和著。2005年4月山东友谊出版社出版。收入"当代博士生导师思辨集粹书系"。本书分五个部分,其中第五部分是"编辑与出版",内容涉及"现代出版与知识分子的人文精神"、"出版:现代知识分子的民间岗位实践"、"传媒批评"、"编辑琐谈:都市文学研究与实践"。大32开本,214页,18万字,未标印数,定价20.00元。

《我的小屋,我的梦——六十年往事:"如歌的行板"》 陈原著。2005年5月浙江文艺出版社出版。本书是著名学者、出版家陈原撰写的回忆录,记述了他的人生经历与追求。附录有作者的身前同事、朋友、亲人的9篇纪念文章,这些文章回忆了他在学术研究和出版事业方面的突出成就。小32开本,160页,精装本,定价18.00元。

《史金波文集》 史金波著。2005年5月上海古籍出版社出版。收入“中国社会科学院学术委员文库”。作者对少数民族特别是西夏时期的印刷、出版等有研究。书中收录有《西夏学百年回顾》、《西夏文概述》、《西夏名号杂考》、《西夏古籍略说》、《也谈西夏文字》、《西夏刑法试析》等多篇论文。大32开本,627页,48.98万字,精装本,定价68.00元。

《黄源文集 论著卷》(全2卷) 上海鲁迅纪念馆编。2005年5月上海文艺出版社出版。第一卷收录了作者纪念鲁迅及同时代人的文章,第二卷主要内容包括文艺建设、序言与评论、自述和创作的部分散文、诗歌、戏剧等。其中一些文章涉及编辑出版工作。大32开本,1072页,定价76.00元。

《隧谷书缘》 来新夏著。2005年5月河北教育出版社出版。收入“书林清话文库第二辑”。作者是天津南开大学教授,著名目录学家。本书收录他有关藏书、读书、论书、书序、书评等方面的随笔。16开本,215页,印数3000册,定价25.00元。作者出版过多种类似随笔集,其中有2002年6月南开大学出版社出版的《隧谷文录》。

《苍茫书城》 徐雁著。2005年5月河北教育出版社出版。收入“书林清话文库”第二辑。本书收录作者24篇文章,有对中国私家藏书楼存亡及典籍聚散的思考,有对古旧书铺、风雅文化、耕读文化、淘书读书话题的议论,还有对王重民等学术史人物的叙说,亦有对《古文观止》、《书目答问》等经典书刊学术源流的勾勒。16开本,268页,印数3000册,定价29.80元。作者另外还出版过《沧桑书城》(岳麓书社1999年4月版)。

《旧书鬼闲话》 虎闱著。2005年5月河北教育出版社出版。收入“书林清话文库”第二辑。作者是上海图书公司古旧书专家。本书是作者的随笔集,分为“故纸偶悟”、“旧书鬼缘”、“小题大做”、“秀才人情”、“收藏闲话”、“客串高雅”六辑。其中,“故纸偶悟”为旧平装书书话专辑,收录文章31篇。他的书话大抵只说自己经眼之书刊,有自己的真知灼见。16开本,246页,印数3000册,定价28.00元。

《夜趣斋读书录》 林公武著。2005年5月河北教育出版社出版。收入“书林清话文库”第二辑。作者是福州市文联副主席、福州市书画研究院院长。他出入文史,写就许多书话类文章。本书就是收录他的此类文章而成,或书评、或读后感、或版本考辨、或序跋,不拘一格,有趣有益。16开本,277页,印数3000册,定价31.00元。

《书林拾叶》 胡企林著。2005年6月商务印书馆出版。作者为商务印书馆原副总编辑。本书是作者八十寿辰之时编选的个人文集。收录的文章分为六个部分,即:出版工作、书册·序文、学习与探讨、抒怀·访谈、怀念师友、名著选译。大32开本,422页,未标字数和印数,定价35.00元。

《连坛回首录》 黎鲁著。2005年7月上海画报出版社出版。收入“出版博物馆文库”。本书作者是美术界有一定影响的画家,同时也是20世纪50年代上海连环画工作的主要领导者。本书是他的回忆录,主要记述连环画艺坛往事,包括:回首录、呼吁文、一家鸣、友情赞四个栏目,记述了上海连环画发展的历史。书中附有多幅连环画佳作和大量黑白插图、图片资料等。大32开本,335页,定价58.00元。

《泥土脚印(续编)》 范用著。2005年8月三联书店出版。本书是出版家范用的个人小传,收录作者怀念故乡、怀念母校、怀念同学师友的一些短文,具有一定的编辑出版史料价值和文学价值。小32开本,257页,11.2万字,印数5000册,定价14.60元。

《丁淦林集》 丁淦林著。2005年9月复旦大学出版社出版。本书内容包括中国新闻史研究、新闻传播学研究、新闻传播教育研究、教案选。其中,“中国古代报纸研究”、“中国近代报刊的产生”、“韬奋的新闻实践研究”等尤其富有学术创新性。16开本,253页,定价25.00元。

《读书与藏书之间》 辛德勇著。2005年11月中华书局出版。本书作者是知名的藏书家,对古书版本有相当研究。书中所收24篇文章,记录了作者近年来在国内外搜求各种古旧书籍的经历,反映了作者从版本目录学以及历史、文化等角度对所经见、所购藏的古旧图书加以考察研究的成果。大32开本,317页,印数5000册,定价28.00元。

《郑振铎日记全编》 郑振铎著,陈福康整理。2006年1月山西古籍出版社出版。收入“现代名人日记丛书”。本书整理了郑振铎先生的欧行日记、残存的海外日记、求书日录、残存的四天日记、一九五七日记等16个部分的日记原稿。16开本,643页,定价68.00元。

《编辑生涯50秋》 杨仲濂著。2006年1月电子工业出版社出版。本书是一位资深编辑50年的心血结晶。共分八辑,内容包括:《评论》、《随笔·杂感》、《通迅·特定·散文》、《名家访谈》、《科海捡贝》、《诗词拾零》等。大32开本,425页,26.3万字,定价25.00元。

《学苑与书林》 黄永年著。2006年1月上海书店出版社出版。本书是作者零星的学术性文章,以及些议论的结集,主要讲古书、讲版本。书中还收录了作者记录整理的《吕思勉先生〈古文观止〉评讲录》,对青年人通晓古文、学做文言文极有帮助。16开本,317页,31.2万字,印数3000册,定价35.00元。

《述学谭往——追忆在〈光明日报〉十年》 穆欣著。2006年2月东方出版社出版。本书内容主要是根据作者自己的亲身经历,对1957年以后的十年间意识形态领域里所发生的重大论争及其相关问题,分专题逐一叙列。为的是想由此反映当时我国意识形态领域斗争的一个侧面,从中吸取应当牢牢记住的教训。书中有关历次学术讨论的记述,只是如实地摘引双方当时发表的论点,笔者一般不作评论。如今时过境迁,有些论者的观点或已有所改变,本书仍照当时的实情反映,以存其真。16开本,600页,印数5000册,定价60.00元。

《民国版画闻见录》 张泽贤著。2006年4月上海远东出版社出版。作者是研究民国书籍的专家。这是一本属于收藏范畴的书籍。作者以自己的版画版本(主要是木刻版画)的收藏为依托,同时借助他人的收藏,以“闻”(听到)与“见”(看到)为契入点,从多角度去叙述与版画有关的人物、事件及与版画版本的关系。16开本,432页,多彩图,印数3000册,定价80.00元。

《终刊号丛话》 谢其章著。2006年4月河南人民出版社出版。本书从终刊号这个独特的视角切入,连带钩沉出文化历史大背景下的文人文事,在翔实的史料基础上,融入作者个人的观点、感想,兼顾资料性及可读性,加之原汁原味的私家珍藏的刊影图片,使得本书具有期刊文化史的重要价值。大32开本,183页,有图片50幅,印数4000册,定价22.00元。

《洵美文存》 邵洵美著，陈子善编。2006年6月辽宁人民出版社出版。本书收录现代著名作家、诗人、翻译家、编辑出版家邵洵美的两个集子《一个人的谈话》、《火与肉》，另外的文章编为《集外》。书中收录了一些有关编辑出版的文章，包括《曹涵美画〈金瓶梅全图〉出版预告》、《我和孟朴先生的秘密》、《戈公振先生》、《〈人言〉发刊词》、《"作家自传丛书"出版简介》、《色彩与旗帜——〈金屋月刊〉发刊词》及序跋类文字。大32开本，425页，25万字，印数1000册，定价30.00元。

《一个青年杂志人的心灵史——〈大学时代〉主编日志》 吴新宇著。2006年6月海南出版社出版。16开本，324页。

《搜书记》 谢其章著。2006年7月山东画报出版社出版。本书作者系当代著名藏书家，以收藏民国版现代文学书刊著称。书中收录了作者1986年至2004年近二十年间的五百余条买书日记，每一本书都详细记录当日来历、买进时的价格等，形成了一个时代的私人藏书史。16开本，240页，17万字，141幅图，2006年10月第2次印刷，累计印数8000册，定价20.00元。

《出版笔记》 刘杲著。2006年8月河北教育出版社出版。本书收录1997年以来作者关于编辑出版方面的论文、讲话、序跋、书信等。16开本，625页，印张40，定价56.00元。

《风云侧记：我在人民日报副刊的岁月》 袁鹰著。2006年10月中国档案出版社出版。作者1953年初入人民日报文艺部，1986年离休。本书回忆了他在报社30年间经历的风风雨雨，反映了他们那一代人的幸与不幸。本书同时具有一定的编辑出版史价值。16卄本，264页，定价26.00元。

《漫话漫画——1910～1950年世间相》 谢其章著。2006年12月新星出版社出版。作者是当代著名书刊收藏家，出版了多部藏书藏刊的专著。本书仍采用图文结合的方式，以二百多幅老漫画书影为基础，阐发漫画与社会、与生活、与艺术的复杂关系。书中涉及的众多漫画书籍和漫画期刊，具有重要的出版史料价值。16开本，199页，16万字，定价28.00元。

《书话史随札》 王成玉著。2006年12月河北教育出版社出版。收入"书林清话文库"第三辑。本书收录作者通俗性漫笔类文章，大多为作者阅读古代序跋和现代书话所写，自成一格。16开本，270页，30.8万字，印数5000册，定价31.00元。

《徽州书人丛谈》 徐学林著。2006年12月河北教育出版社出版。收入"书林清话文库"第三辑。作者为安徽省新闻出版局编审，安徽出版文化史研究专家。曾经出版过《徽州出版史叙论》、《安徽出版史资料选辑》和《徽州刻书》等著作。本书是他研究徽州刻书家、藏书家的又一新作。16开本，28万字，印数5000册，定价27.00元。

《私家藏书风景》 范凤书著。2006年12月河北教育出版社出版。收入"书林清话文库"第三辑。作者曾出版过近六十万言的《中国私家藏书史》(大象出版社2001年版)。本书是作者不断深入而广泛地研究我国私家藏书一部新的札记性文集。内容包括藏书史专著提要，作者游踪所至访查私家藏书楼的日记，相关的论文。16开本，272页，30.2万字，印数5000册，定价30.60元。

《毛边书情调》 沈文冲编。2006年12月河北教育出版社出版。收入"书林清话文库”第三辑。本书是毛边书在中国诞生一百年来第一部集中探讨与研究毛边书这种独特的书文化现象的著作。编者辑录了现当代专家、作家的七十多篇相关文章，内容十分丰富。16 开本，270 页，30.2 万字，印数 5000 册，定价 30.60 元。

《新文学资料丛话》　朱金顺著。2006 年 12 月河北教育出版社出版。收入“书林清话文库”第三辑。作者为北京师范大学中文系教授，尤长于新文学版本研究。著有《新文学资料引论》、《新文学考据举隅》。本书是作者新文学资料、版本研究的继续。所收文章按书人与书话、书评与序引、杂忆与杂谈、考据与商榷几个板块进行编排。16 开本，288 页，31.7 万字，印数 5000 册，定价 31.50 元。

《我的设计生活》　张守义著。2007 年 1 月中国旅游出版社出版。收入“走近大家丛书”。本书收录作者谈书装设计的各类文章，书中还有序地编选作者从 20 世纪 50 年代至今的装帧设计和插图代表作品；装帧(封面)设计形式以“手绘本”为主(注：“手绘本”为设计者自己创作的一幅画，也可以称为封面插图)，经设计后置于封面、书脊、封底和扉页等书页上。16 开本，163 页，印数 8000 册，定价 26.00 元。

《朱金顺自选集》　朱金顺著。2007 年 1 月山东文艺出版社出版。全书分为四辑，分别为杂论、讲析、考据、版本·书话。第三四两辑收录 45 篇文章，是关于中国现代文学方面考据、辑佚、版本、目录的研究成果，对研究现代文学出版史有参考价值。大 32 开本，558 页，39 万字，定价 28.00 元。

《亲历出版三十年——新时期出版纪事与思考》(上、下)　宋木文著。2007 年 4 月商务印书馆出版。作者曾经长期担任国家出版和版权管理机构的主要领导人。本书主要是对其亲历的改革开放以来我国出版与版权事业发展中的一些大事的实录和思考，并对出版改革的历史与现实若干重要问题作了回顾和论述。16 开本，1118 页，印数 1000 册(套)，精装本，定价 118.00 元。

《斯缘难忘》　范泉著。2007 年 4 月湖南教育出版社出版。收入“开卷文丛”(第三辑)。本书收录了鲁彦之死、纪念鲁迅逝世八周年、纪念和保卫鲁迅先生二三事、八年来的上海文艺工作者等作品。大 32 开本，244 页，定价 15.80 元。

《鲁迅：刀边书话》　林贤治编。2007 年 4 月花城出版社出版。这是鲁迅的一部关于图书的文化随笔集。鲁迅不但是著作家、翻译家，而且是编辑家，一生编印了大量书籍。他深知书籍在人类社会进步中的巨大作用，以及历代统治者控制书籍出版与流布的罪恶。本书共分四辑：一、出版史、书厄史、阅读史；二、为他人的著译作序；三、为个人的著译作序；四、读书经验谈，充分体现了鲁迅的自由民主思想。特别在其晚年，由于处于国民党政府的书报审查制度之下，所写的书话，便每每突破知识学的限阈，而凸显反抗的锋芒。大 32 开本，280 页，20 万字，定价 18.00 元。

《胡政之文集》(上、下)　王瑾、胡玫编。2007 年 4 月天津人民出版社出版。在中国新闻发展史上，有众多贡献卓著、影响深远的人物，胡政之(1889～1949)无疑是其中的佼佼者。在近四十年的报业生涯中，他曾任《大共和日报》总编辑、《大公报》总经理等；曾创办国闻通讯社和《国闻周报》，并同张季鸾、吴鼎昌一起创办了《大公报》新记公司。他是一名杰出的新闻记者，更是一位卓越的报业家。收录了胡政之在新闻界奋斗几十年留下来的主要文章。虽然从这些文章中很难读出他在报业上的经营之道，但以此作为对国家命运和社会变迁的映照，了解中国20世纪上半叶的历史进程，却是不可多得的第一手资料。大32开本，定价86.00元。

《疏林陈叶》 李福眠著。2007年5月山东画报出版社出版。这是作者的一本书话类集子，收集作者谈书人书事的文章，分成以下栏目："书海二舫"、"淘书缀忆"、"误得佳籍"、"姑言线装"、"砚边书虫"、"如斯书房"、"家里淘书"、"按书索游"、"石头记者"。16开本，164页，12万字，印数5000册，定价14.00元。

《中国当代出版史料文丛》 方厚枢著。2007年6月中国书籍出版社出版发行。本书收录文章和资料共39篇，正文分为三个部分：上编19篇文章，以出版工作纪事性的史料为主；中编18篇文章，以记叙部分书刊的史话和缅怀故人的文章为主；下编的2篇资料，分别从一个侧面反映了新中国图书出版的发展概况，以及中国出版史研究的丰硕成果。"附编"为"我的编辑经历和出版研究工作"。吴道弘作序。大32开本，599页，53.6万字，印数1000册，定价48.00元。

《民国书刊鉴藏录》 沈文冲著。2007年7月上海远东出版社出版。作者是民国书刊的收藏者，业余爱好读书、淘书、著书，曾被评为江苏省"新华书缘杯"十大藏书家。本书是作者依据个人收藏民国书刊情况撰写的文章结集，文字通俗，图文并茂。其中涉及到一些珍稀版本的介绍。大32开本，546页，45.5万字，定价45.00元。

《叶德辉集》(全4册) 叶德辉著，王逸明主编。2007年7月学苑出版社出版。叶德辉是清末民初著名出版家、版本学家，1927年遇难。其《书林清话》是近代以来目录版本学最著名的著作之一。1935年，后人汇其生前所刊诸书编为《郎园先生全书》，发行几百部。不久书版尽毁于长沙大火，之后再无全面整理叶氏文献事。本次结集，除从《郎园先生全书》中检出叶氏所著全部序跋外，囊括了除常见的《书林清话》、《书林余话》以外的叶氏全部专著，全部收录《郎园读书志》和《观古堂藏书目》，特别是经过积年潜心搜集，将叶氏遇难后陆续刊布的叶氏所著大量单篇序跋、书信及散逸诗文汇为一编，堪称对叶氏著述最全面的整理总结。书后撰有《叶德辉年谱稿》、《叶德辉著述考》，对杜迈之、张承宗著《叶德辉评传》多有弥补、订正。16开本，精装本，定价1600.00元。

《满纸烟岚——人物·书刊·电影》 张伟著。2007年8月上海教育出版社出版。本书为作者谈论近现代人物、书刊、电影的随笔集。其中不少与新闻出版关系密切，如《洵美的书》、《往昔岁月的图文写真——1925～1933年的〈上海画报〉》、《"孤岛"艺坛一画报》、《1920年代的白领影刊》、《民国电影第一刊》、《邵洵美的书生事业》等。大32开本，定价24.00元。

《书商的旧梦》 沈昌文著。2007年8月上海书店出版社出版。收入"海上文库"。本书是前三联书店总经理兼《读书》杂志主编沈昌文先生的散文集。在这部文字平白、看似东拉西扯的小书中，他记录了一个编辑、出版人"以文会友"办杂志"谈情说爱"当编辑的历历往事，彰显出为他人做嫁衣而不厌苦累更不计名利的高尚风范，他对出版事业的满腔热情，更从中可看出新中国出版事业的艰难前进步伐。本书收录了他的《从旧资料中学习》、《人民有读书的自由》、《旧时月色》、《老年时期》、《文化追求》等多篇散文。小32开本，150页，精装本，定价17.00元。

《最后的晚餐》 沈昌文著。2007年8月上海书店出版社出版。收入"海上文库"。

全书分为两个部分。上半部分记述了他在主编《读书》杂志期间,与费孝通、吕叔湘、胡绳、金克木、许国璋、史枚、冯亦代、陈原、许觉民和柯灵等文化老人交往的点点滴滴,记录了中国改革开放和社会转型时期一代知识分子思想解放的轨迹,以及他们的精神追求和文化梦想。下半部分记叙了他编辑、出版活动中独具特色的"以食会友"的轶事,既有如何在饭桌上与作者交流、获得佳作名稿的趣事,也有他对饮食图书的点评,更引人入胜的是他侃侃而谈的食经等等。作者的文字独树一帜,从看似拉家常扯闲篇、平实而亲切的行文中,我们看到的是他为人的真诚和坦诚。小 32 开本,182 页,印数 5000 册,精装本,定价 19.00元。

《方汉奇自选集》 方汉奇著。2007 年 8 月中国人民大学出版社出版。收入"中国人民大学名家文丛"。方汉奇是当代著名新闻史学家,出版有《中国近代报刊史》、《中国新闻事业通史》(主编)、《中国新闻事业编年史》(主编)等著作。16 开本,701 页,51.9 万字,精装本,定价 89.00 元。

《水流云在:张元济孙女的自述》 张珑著。2007 年 8 月上海远东出版社出版。本书是张元济之孙女张珑的回忆录。作者以她丰厚的家传与学养,写下这部回忆录,除对自己的一生做了"重点性"回顾,更重要的是,她以个人化视角,对中国自上世纪 30 年代以后的各个时代,都做了见证式的记述。更因为她特殊的出生背景,以及成长和工作的环境都不同于一般人,因此,她的见证就格外能见出一些"典型"意义。书中大量生活细节的描述,无论是对当时社会、时政、人际、风俗、建筑、家饰、生活习惯等都铺写得细致入微,极具史料价值。所提供的七十多幅照片也极其珍贵,有收藏价值。16 开本,235 页,定价 29.00 元。

《黄永年古籍序跋述论集》 黄永年著。2007 年 9 月中华书局出版。黄永年是我国现代著名的历史学家、版本目录学家。本书是他辞世后弟子辛德勇等广搜其研究论述古籍的各类文章,精心编辑而成。其中收录 112 篇文章,有 31 篇为首次刊行。具体分为五个部分:自藏典籍识语、经眼典籍题记、校印典籍说明、版本目录研究、书人书事杂忆。附录《黄永年先生著述目录》。大 32 开本,583 页,47.3 万字,印数 3000 册,定价 45.00 元。

《从皕宋楼到静嘉堂——访书日记》 王绍仁著。2007 年 9 月中国文史出版社出版。皕宋楼是清代湖州陆心源的藏书楼,多为宋刊珍籍,后其子迫于生计,将所藏图书悉数卖给了日本人。买主岩崎氏为此请德国人设计,建成藏书楼静嘉堂。本书作者以日记的形式,记载了赴日本静嘉堂访书的因缘及曲折过程,与日本同道的友好交流,还有之后引发的一些文化活动和成果。附录两篇与皕宋楼有关的重要资料《张元济赴日追踪陆氏旧藏影印出版纪实》、《静嘉堂文库影印复制陆氏旧藏纪实》。大 32 开本,132 页,定价 16.00 元。

《岫庐八十自述》(节录本) 王云五著,王学哲编。2007 年 9 月上海人民出版社出版。本书是现代著名出版家王云五 80 岁时撰写的自传,原由台湾商务印书馆出版,有一百多万字,详细记录了传主一生的各个阶段,具有重要的出版史料价值。此次大陆版由作者儿子节录。书前有照片六页。大 32 开本,320 页,21.8 万字,定价 28.00 元。

《张元济全集》(全 7 卷) 商务印书馆出版。全集编辑时把它们先按内容分成七类,即商务印书馆馆务,教育、文化、图书馆事业,政治、经济、社会问题,学术著作,社会交往,海盐张氏宗族事务和本人及家庭有关事项。每类文章再按写作时间先后编排。写作时间无法考定者，置于各类别之末。16 开本，精装本，印数 2000 册（套），分卷定价。1～3 卷 2007 年 9 月刊行，收集了 4475 封张元济先生写给亲友的信件，按照中国人、外国人、单位团体的顺序编排，是研究张元济学术思想的重要基础资料。第 1 卷，定价 65.00 元；第 2 卷，定价 65.00 元；第 3 卷，定价 73.00 元。4～5 卷为诗文，2008 年年 12 月刊行，收入张元济先生诗（包括少量词、联和题辞）330 首，文 386 篇。张元济先生的诗，以记事为多，晚年有不少是对时事的看法和感想。由于张先生不是一位诗人，今天我们读他的诗作，主要还是从中了解他的生平和思想脉络，而不着重于欣赏他的词藻或佳句，因此《张元济全集（第 4 卷）：诗文》编辑时，就按诗词创作时间先后排列，不再按格律分类，同时把他仅有的一首词和少量联、题辞也一同编入。张元济先生的学术专长是古籍研究，他撰写过的许多古籍序跋、校勘记将编入《张元济全集》的第八至十卷，因此，第四、五卷中收入张先生的文章就不包括上述内容。张先生是一位务实型的人物，社会经历丰富，他的文章包括了从政府文牍到商务印书馆的广告，涉及面很宽。定价分别为 60.00 元、74.00 元。6～7 卷为日记，2008 年 12 月刊行，收入存世的张元济先生的日记。日记由三个部分组成：1912 年至 1923 年商务印书馆馆事日记，1937 年生活日记残本和 1949 年 9 月至 10 月的赴会日记。商务印书馆馆事日记共存 35 册，日记纸印制成表格式，每天一页，每页除月、日、星期外，尚有“收信”、“发信”、“总公司事”、“用人”、“分馆分局”、“关于发行事件”、“财政”、“同业”、“关于编译事件”、“关于职员事件”、“关于制造事件”、“关于印刷事件”、“关于进货事件”、“西书”、“应酬”、“杂记”等项。记录时按事件类别填入相关方格内。定价分别为 52.00 元、40.00 元。

《张羽文存》（全 2 册） 张羽著。2007 年 9 月中国青年出版社出版。张羽（1921～2004），原名张甲、张贯一，河南灵宝人，当代作家和著名编辑家。历任《青年报》文艺组长，华东青年出版社文艺组长、通俗读物组长，中国青年出版社编辑，1962 年加入中国作家协会。著有单行本《摇面工锄奸记》、《王孝和》、《碧血红花》、《恽代英传》等以及大量诗歌、散文、报告文学，编辑的图书主要有《在烈火中永生》、《红岩》、《王若飞在狱中》、《革命烈士传》（主编第三、七卷）等。本书内容除了张羽的文章汇编，还包括张羽纪念集。大 32 开本，950 页，定价 58.00 元。

《十年书梦》 汪耀华著。2007 年 11 月上海人民出版社出版。本书为作者的图书出版文集。作者注重出版发行史料的搜集和整理，发表了不少相关成果。本书的内容包括：书展不仅仅是卖书交易；书市众生相；连环画从“书展”再起步；存货之痛；印刷之悲等。16 开本，271 页，定价 26.00 元。

《出版十年》 刘海程著。2007 年 12 月大象出版社出版。作者曾经做过县委书记、地委宣传部长、地委副书记、河南日报副总编辑，后担任河南省新闻出版局长长达十年。本书是他从事新闻出版十年管理工作的总结。本书从纵的角度清晰地描述了河南省“九五”至“十五”期间出版事业发展的思路和轨迹，而从横的角度则板块式地展示了一个大省的出版事业和出版管理工作所涉及到的主要方面甚至可以说是方方面面。16 开本，334 页，精装本，定价 49.00 元。

《顾千里集》 清·顾广圻著，王欣夫辑。2007 年 12 月中华书局出版。收入“中国历史文集丛刊"。顾千里(1766～1835)名广圻,以字行,人称"万卷书生",江苏元和人。师事尚书学专家江声。顾千里对于经、史、小学、天文、算术、舆地、九流百家、诗、文、词、曲,无所不通。他的著作,经编者详加校勘,重为序次,改编为二十四卷,易名《顾千里集》。《顾千里集》的内容,主要是序、跋部分,也是菁华部分,可以看到他学问的全面。大32开本,432页,印数3000册,定价37.00元。

《书之归去来》 黄裳著。2008年1月中华书局出版。本书1997年8月湖北人民出版社初版。作者是一位散文大家,写了不少的书话类作品。本书将作者对旧史与掌故的痴迷、对旧书的爱恋发挥到了极至。书中收录文字,一类乃"书的故事",如《古书的作伪》、《谈"善本"》、《谈"题跋"》、《谈禁书》、《书痴》、《上海的旧书铺》、《访书记》等,娓娓而谈,风雅有致;一类乃怀人之作,追忆与巴金、俞平伯、沈从文、郑振铎、朱自清、冰心、废名等现代名家之交往,前辈风流,跃然纸上。又有数篇辩驳文字,以存历史真貌。16开本,338页,定价36.00元。

《浪花集》 吴道弘著。2008年1月人民出版社出版。作者是一位老编辑出版家。本书记述了作者与一些老作家的接触,老作家的言谈,对他的启示;追忆早年老师对他的鞭策,对他成长的影响;编辑工作中的点滴,给他的感受;家庭与生活的苦与乐,等等。大32开本,264页,定价26.00元。

《朝花怀叙录——老编辑笔下的数十位名作家》 沈扬著。2008年1月上海远东出版社出版。作者是一位资深老编辑,也是一位散文家。在解放日报副刊《朝花》度过了十几个春秋,编发过的文、见识过的人都不在少数。这本书就是沈先生从编辑的视角记述他交往的作家和他所经历的文坛往事。书中既有与诸多知名老作家的往来,也有对青年作家的访谈。书稿中传递的信息不论是文学的、文化的、思想的、学术的都是一个时代的鲜活见证,其中蕴含的精神历久而弥新。大32开本,213页,定价25.00元。

《孤帆远影碧空尽》 徐鲁著。2008年1月南京师范大学出版社出版。收入"城市文化丛书"。本书是以武汉为题材撰写的散文集,其中多涉及旧时书报业,如《〈新华日报〉》、《"汉口市新闻通讯社联谊会"》、《晚清时期武汉书业》、《民国初期武汉书业》、《交通路上旧书摊》、《汉口书缘一例》、《汉阳楼房湾书事》、《故纸余香》等。大32开本,233页,23.6万字,定价26.00元。

《漫步旧书林(1877～1949)》 翁长松著。2008年4月上海远东出版社出版。收入"远东收藏系列"。作者是一个藏书爱好者,本书是他有关晚清和民国时期线装书及平装书的收藏心得。大32开本,483页,印数3000册,定价58.00元。

【另】《漫步旧书林续集》。2010年2月上海远东出版社出版。收入"远东收藏系列"。包括了《文选李善注》清同治八年版、《三鱼堂全集》1910年版线装本、何焯和《何义门先生集》、《六一居士文集》民国二年版线装本、《史记》线装乙卯本、新文学第一部长篇小说:《冲积期化石》、叶圣陶与童话集《稻草人》、孙福熙的《山野掇拾》与书衣艺术、徐志摩和他的《落叶》等内容。大32开本,496页,定价62元。

《书声梦影录》 陈寒川著。2008年4月上海远东出版社出版。收入"远东收藏系列"。民国及解放初期书刊收藏心得。一是红色文献和极有参考价值的反面材料;二是濒于失传的有地方戏曲特色的音乐书籍;三是谈古论今但已稀见、绝版、独具特色的书;四是谈外国文学的书。大 32 开本,320 页,印数 3000 册,定价 55.00 元。

《知道:沈昌文口述自传》 沈昌文口述,张冠生整理。2008 年 4 月花城出版社出版。沈昌文自称是“文化商人”,在出版界工作近五十年,在三联书店策划出版了“文化生活译丛”等,担任过《读书》杂志的主编。本书以亲切朴实的语言,讲述了传主的文化人生以及丰富多彩的生活经历。书中插有照片、书影、手迹等数十帧。附录有沈昌文的文章一篇,访谈录两篇。大 32 开本,182 页,12 万字,印数 1000 册,定价 16.00 元。

《王云五文集(五)商务印书馆与新教育年谱》(上、下) 2008 年 5 月江西教育出版社出版。本书依据台湾商务印书馆 1973 年 3 月的初版本编印。这部编年体例的著作,对于研究中国现代出版史有重要参考价值。作者在自序中说:“盖商务创办,实受新教育影响;而其间作述,亦转而影响于新教育;合并撰述,可知其间关系。”作者以出版家为线索,以新教育为侧重,翔实记录了作为中国最资深的出版机构——商务印书馆,与初涉西学之中国“新教育”所经历的崎岖发展过程。书前有照片、手迹 4 幅。大 32 开本,1201 页,未标印数,精装本,定价 138.00 元。

【另】《王云五文集》,被列入国家“十一五”重点图书,分为专著、文论、回忆、序跋等部分,总规模约七百万字,拟分 11 卷 14 册于 2010 年出齐。

《我的七十年出版生涯》 喻建章著。2008 年 7 月江西教育出版社出版。作者从 12 岁起进中华书局工作,亲历了新中国成立前传统出版业与社会主义新出版事业的欣欣向荣双重过程,前后长达 70 年。曾经长期在江西出版界工作,编辑、发行、管理都做过,退休前担任江西人民出版社副社长兼副总编辑。本书回忆了作者自己的丰富经历,记述了他所经历的人和事,从一个侧面反映了时代的变迁和当代出版的历史。书前有照片、书影等多幅。另有附录《我所知道的喻建章同志》等文章、书信。宋木文作序。16 开本,326 页,24.5 万字,精装本,定价 50.00 元。

《我仍在苦苦跋涉——牛汉自述》 牛汉口述,何启治、李晋西编撰。2008 年 7 月三联书店出版。本书讲述了牛汉坎坷丰富的一生,文中涉及不少感念的师友、文坛往事、名人逸闻:浓墨于胡风、冯雪峰、丁玲、路翎、曾卓、萧军;淡彩于沈从文、叶圣陶、朱光潜、施蛰存;细描卞之琳、艾青、田间、冯至、何其芳;略论周扬、夏衍、茅盾、艾芜、孙犁。行文兼有历史的广度和心灵的深度,文字饱含着对现实的体验和对生命的体悟。16 开本,339 页,定价 29.00 元。

《陈原序跋文录》 陈原著,于淑敏编。2008 年 7 月商务印书馆出版。书中收录了作者的从 1937 年至 2005 年的序跋作品,其内容涉及语言学、地理学、世界语、国际政治、文学和音乐的创作及翻译等方面,反映了作者六十余年著译和编辑生涯的整体概貌。全书分上、下两编。上编是自著译序跋,共 103 篇。遵照陈原初衷,1979 年前的作品不分类,以所序书的出版时间为序;1979 年后的作品分为语言学和文学杂著两类,各类以所序书的出版先后为序。下编是为他人著译写作的序跋,共 32 篇,不分类,亦按所序书的出版时间排序。另外,多个版本序跋以初版为主,附重版序;与序跋相关的重要的说明性文字附后。16 开本,541 页,定价 57.00 元。

《旧书随笔录》 柯卫东著。2008 年 9 月广西师范大学出版社出版。收入“煮雨文丛”。本书作者爱好收藏、研读近现代中国出版的旧书刊,喜欢研读文史。所藏书刊多为晚清民国的文史旧版书。在本书中,作者从《孽海花》初版到《青年杂志》创刊号,从林纾到周作人,对几十种珍品书刊,一一道其来源,述其背景,趣闻逸事加史料评议,庄谐并具,既有知识性、趣味性,也有出版史料价值。大32开本,263页,定价20.00元。

《金台小集》 姜德明著。2008年9月广西师范大学出版社出版。收入"煮雨文丛"。这是一本怀人、谈书和闲话新文学期刊的随笔集,保存了许多珍贵的人与书的点点滴滴。具体包括《萧乾的生死观》、《赵景深笔下的天津》、《少年黄裳沽上梦》、《石凌鹤编影剧刊物》、《萧红的声影》、《毛边书的是非》、《几本白皮书》等。大32开本,283页,定价21.00元。

《蠹鱼集》 谢其章著。2008年9月广西师范大学出版社出版。收入"煮雨文丛"。作者为著名期刊收藏家,被誉为"旧上海画报、旧漫画杂志收集第一人"。本书是他以现代报刊收藏为基础撰写的书话类作品结集。所收文章61篇,皆为谈民国旧书杂志及与书相关的文字,此前他已出版《漫话老杂志》、《旧书收藏》、《老期刊收藏》、《创刊号风景》、《创刊号剪影》、《封面秀》、《梦影集——我的电影记忆》、《"终刊号"丛话》、《漫画漫话》、《搜书记》十种,旧书故事与人文考证颇多趣味。32开本,325页,16万字,印数4000册,定价24.00元。

《聚书脞谈录》 赵国忠著。2008年9月广西师范大学出版社出版。收入"煮雨文丛"。作者是著名的期刊收藏家。全书共45篇文章,大多是关于现代文学的,它们对于现代文学研究将有重要的参考价值。这些文章,大约可以分为几类。有些是关于著名作家的佚文佚诗佚史的钩沉,有些是挖掘了一些名气不够大而能丰富文学史研究的作家及其作品,有些是关于报刊或版本的研究,亦可推动对现代文学史上一些著名文学家的研究,其他还有一些文章是作者关于淘书藏书编书的一些看法、感悟。大32开本,302页,定价23.00元。

《寻诗散录》 刘福春著。2008年9月广西师范大学出版社出版。收入"煮雨文丛"。本书从第一本诗集、诗刊写起,每本(种)一段文字,包括内容提要、版本变化、当时的批评、作者的生平等,集考证、辑录于一体,运用传统的治学方法,对新诗文献进行较系统的梳理与研究,以书话方式解说了新诗曲折的发展史。大32开本,324页,定价24.00元。

《藏书与读书》 徐雁著。2008年10月北京图书馆出版社出版。收入"当代中国图书馆学研究文库"。本书立足于中国图书文化史的学术背景,多角度、多层次、多方位地探讨了我国古代藏书保护技术和图书馆古籍典藏保护等问题,评介了《书林清话》、《藏书纪事诗》、《文献家通考》等名著要籍,叙述了王重民、刘国钧、李小缘等学者书人的专业事迹,并涉及到中日交流史的有关课题。16开本,264页,印数1000册,定价48.00元。

《读书与藏书之间》(二集) 辛德勇著。2008年10月中华书局出版。此书是《读书与藏书之间》(中华书局2005年11月版)的续集,是作者在2006至2007年间撰写的与古籍收藏、鉴赏、阅读相关的文章的结集。与前集相比,此集里面购书藏书的记录仍然生动而有分量;读书品书依然勤奋而深入;有向书籍史、印刷史、目录学史和历史文献学等方面更多用力的倾向;收入了一组缅怀黄永年、周绍良等文献学界与藏书界前辈的文章。此集20篇文章编为"怀念与景仰"、"防书肆与赶书市"、"收藏与鉴赏"、"文献学与版刻史"等4个专题。大32开本,302页,定价28.00元。

《范泉晚年书简》 范泉著,钦鸿编选。2008年10月大象出版社出版。收入“大象人物书简文丛”。本书共收信函(包括贺电、唁电等)273封。从时间段说,除了致老友孔另境一封外,这些信函主要写于他1979年平反以后,直至1999年底去世之前。主要内容是四个方面的:一是关于他所从事的文学编辑工作,包括他在主编《中国现代文学社团流派辞典》、《文化老人话人生》、《中国近代文学大系》以及《文史探索书系》时所写的信函。二是关于他文学写作的一些内容。三是对于自己人生历史和编辑工作的回顾。四是对朋友的热情关心和帮助。贾植芳作序。16开本,319页,定价36.00元。

《书比人长寿:编辑忆旧集外集》 赵家璧著。2008年11月中华书局出版。本书搜集作者《编辑忆旧》和《文坛故旧录》两书以外的相关文字及序跋编订而成,为首次出版。本书收录作者自上世纪30年代初至80年代末所撰文章四十余篇。收录于本书中的其他回忆文字、序跋与随笔,体现了作者一以贯之的对出版事业的热情。书前附四色图版60幅,既有珍贵的人物照片,也有精美的新文学书影。附《赵家璧主持编辑出版的图书目录》、《赵家璧著译年表》等。16开本,277页,18万字,印数5000册,定价36.00元。

《漫步书林》 郑振铎著。2008年12月中华书局出版。本书为郑先生书话作品的新编本。初集收录访书、读书随笔,另及序跋等作;二集收录访书日记(含《求书日录》)、《劫中得书记》(含《续记》)、《西谛题跋》(摘录)等。书中文字,主要依据《郑振铎全集》、《西谛书跋》、《郑振铎日记全编》,另以《痀偻集》(上海生活书店1934年初版)、《欧行日记》(上海良友图书公司1934年初版)、《蛰居散记》(上海出版公司1951年初版)、《劫中得书记》(上海古典文学出版社1956年初版)、《郑振铎文集》(人民文学出版社1959～1988年初版)诸书作参考,部分文字据原始发表报刊或初版单行本校订。16开本,297页,印数6000册,定价38.00元。

《边缘识小》 陈子善著。2009年1月上海书店出版社出版。全书分两辑。上辑是作者2004年以来长短文字的汇编。下辑收录的是作者2004年至2006年为《上海新书报》所作专栏“港台书缘”文字的结集。作者长于现代文学版本研究,书中文章对研究现代文学编辑出版史有参考价值。小32开本,213页,11万字,印数4000册,精装本,定价20.00元。

《钏影楼回忆录》 包天笑著。2009年1月中国大百科全书出版社出版。收入“回忆录丛书”。16开本,628页,定价76.00元。本书及续编上个世纪70年代初期在香港出版。大陆则有90年代山西古籍出版社、山西教育出版社联合出版的本子。

《芸编指痕》 郑逸梅著,杨庆辰选编。2009年1月北方文艺出版社出版。本书为“郑逸梅美文类编”之“书话编”。其中的许多文章都有出版史价值,如《高梦旦与“商务”教科书的出版》、《〈四部丛刊〉和〈四部备要〉的竞争》、《〈中华大字典〉是怎样编成的》、《〈申报〉馆的〈聚珍版丛书〉及其他》、《记神州国光社的代表性出版物》、《程小青和世界书局》等等。16开本,260页,22万字,定价28.80元。

《现代文人剪影》 赵景深著,陈子善编。2009年1月湖北人民出版社出版。本书是陈子善先生搜集整理了赵景深先生为之“剪影”的现代作家,自鲁迅、胡适以降,遴选出一百二十余人,所选人物大多是学者、作家和出版家,在中国现当代文学史上颇具代表性,如鲁迅、胡适、郁达夫、茅盾、叶圣陶、郑振铎、闻一多、林语堂、沈从文、丁玲、阿英、丰子恺、曹禺、曹聚仁、钱钟书等人。一共150篇,分为5辑:第一辑为《文人剪影》,第二辑为《文人印象》,第三辑为《文坛忆旧》,第四辑为《文坛回忆》,第五辑为《集外》。今天的读者可借助此书,穿越六十多年时空隧道,真切地了解上述文史人物,重新定位他们的真实形象。本书所收诸篇或长或短,记人叙事,点滴成趣,是文学爱好者和研究者难得的文学史料,具有珍贵的鉴赏价值和研究价值。16开本,304页,28.1万字,定价35.00元。

《漫拂书尘》 张元卿著。2009年4月上海远东出版社出版。本书是围绕作者个人的藏书写成的一部书话集,亦是用书话介绍民国时期书、报、刊的一本集子。分为论著、小说、译作、报刊、杂俎五个部分,涉及的藏品主要是民国时期京津沪等地出版的书刊,书中所配书影、即从此出。大32开本,270页,19.6万字,定价48.00元。

《艺术与我》 钱君匋著,沈建中编。2009年4月江苏文艺出版社出版。本书收录了钱君匋先生的文章、词曲、演讲录、书信等,意在通过钱先生不同风格的文章,展现他的超乎常人的智慧和清舒高逸的人格精神,整部书的风格虽然宁静庄严,但无处不疏散着精妙趣味,既让读者领略到大师的风范又留给读者很多的思考。16开本,224页,定价20.00元。

《书边梦忆》 姜德明著。2009年6月中华书局出版。本书主要篇目包括:《夏枝巢的〈清官词〉》、《三海秘录》、《奉宽的〈妙峰山琐记〉》、《〈西山集〉和〈凝碧馀音〉》、《都门三记》、《金陵卖书记》、《〈随园图〉别记》、《毁书与访书》、《钱基博的油印小册》、《沪上访书记》、《香港旧书店》、《神田旧书店》等。16开本,236页,定价29.00元。

《人与书渐已老》 韦泱著。2009年7月上海远东出版社出版。作者凝聚十余年与书籍版本、与文化老人聊天的精华,从另类收藏着手,如文人书法、民国旧平装签名本等,形成一部别开生面、具有特色的书话著作。书中几十篇文章饱含作者诸多心血,或从一本早年的旧著而追循到老人的曲折往事,或通过与文化老人的叙谈,去寻觅他们尘封历史的亲闻亲历。书的命运大抵就是人的命运,折射出这些文化老人的人生与创作轨迹。书中所记三十八位作家、学者,从八十多岁到百岁耄耋老人关于人与书的往昔回忆,都是不可多得的文坛史料。16开本,194页,定价36.00元。

《书缘:一个书店经理人的札记》 孙重人著。2009年7月中国画报出版社出版。这是一本关于书籍、书人、书店、书展、书话、书业发展的书籍。书缘,是主线,缘于作者对书籍、书店、书业的执著和热爱。“书园随话”展示了书人的不懈、书店的万象、书展的风姿,是爱书人渴望的世界;“笔力书心”梳理记载了书店、书业30年来坎坷发展之路。虽是一个侧面、一些片断,但其中对书价、市场、经营、管理以及企业改革等问题的探索,源于作者切身的体验和感受,与其事业发展一脉相承;“读书悟道”以书为媒,介绍了企业经营、管理的新观点、新理念,是作者的学习心得与做管理的动力之源;“流年碎影”介绍了书业同行的新发展以及作者由此引发的思考。大32开本,377页,30万字,定价38.00元。

《书林漫步——聂震宁序跋随笔集》 聂震宁著。2009年9月首都师范大学出版社出版。收入“书林守望丛书”。作者长期从事编辑出版实际工作和领导工作,现为中国出版集团总裁。本书收入他写的随笔札记和序跋文字。16开本,272页,定价40.00元。

《为书籍的一生》 潘国彦著。2009年9月首都师范大学出版社出版。收入“书林守望丛书”。潘国彦(1935～2009)从20世纪50年代起从事编辑出版工作历任新华书店北京发行所业务办公室主任、国家出版局综合处副处长、新闻出版署办公室秘书处处长、图书管理司副司长、《新闻出版报》副总编辑、中国出版工作者协会常务副秘书长、《中国出版年鉴》主编。本书是他的个人文集，主要是探讨与书业相关的问题，其中一些篇目具有出版史料价值，如《风雨兼程五十年——前进中的中央各部门出版社》、《一部分国家书报审查制度初探：〈查泰莱夫人的情人〉审判案始末及其他》、《书香漫卷京城——中国出版成就展观感》等等。16 开本，290 页，28.3 万字，定价 42.00 元。

《期刊：长流的江河》 徐柏容著。2009 年 9 月首都师范大学出版社出版。收入“书林守望丛书”。徐伯容（1922～）毕生从事刊、报、书的编辑工作及写作。20 世纪 30 年代末至 40 年代初曾编辑过几种期刊，后又转为报纸编辑。50 年代初，由《新华日报》调来天津从事图书编辑工作，先后主持过天津人民出版社、百花文艺出版社编辑部，直至离休。本书收录他有关期刊历史、理论、实务等方面的文章，具有史料价值的有《期刊：百年潮涌百年潮》、《〈生活〉周刊及〈生活〉系列期刊》、《邹韬奋怎样编〈生活〉周刊》、《姚名达与女子书店、〈女子月刊〉》、《黄心勉：三十年代〈女子月刊〉主编》等。16 开本，288 页，28 万字，定价 42.00 元。

《叶至善序跋集》 叶至善著，叶小沫编。2009 年 9 月首都师范大学出版社出版。收入“书林守望丛书”。叶至善（1918～2006）22 岁开始跟着父亲叶圣陶学习写作和编辑。1945 年任上海开明书店编辑，编辑《开明少年》月刊和其他青少年读物。1952 年，编《中学生》月刊。1953 年转入中国青年出版社。1956 年中国少年儿童出版社成立，任首任社长兼总编辑。主持编辑过《旅行家》和《我们爱科学》杂志。曾为中国出版工作者协会顾问、中国编辑学会顾问。本书收录作者为自己、父亲和他人著作撰写的序跋文字，有出版史料价值。16 开本，221 页，21.5 万字，定价 33.00 元。

【另】首都师范大学出版社 2009 年 9 月推出的“书林守望丛书”还有以下几种：《编辑阅读与校对阅读之比较研究》（周奇著）、《岁月传真——我和当代作家》（王维玲著）、《编辑的悟性》（郑一奇著）、《文化的积累与追求》（熊国桢著）、《我的科普情节》（陈芳烈著）、《编辑生涯感悟》（林君雄著）。

《故宫问学》 章宏伟著。2009 年 9 月紫禁城出版社出版。本书围绕故宫而来，注重第一手资料，除了收有玉器、陶器等方面的文章，主要还是古代出版史方面的内容。本书对明代出版的《嘉兴藏》、清代出版的《全唐诗》、《清文翻译全藏经》和《四库全书》等进行了全面的研究。16 开本，373 页，定价 36.00 元。

《书蠹艳异录》 谢其章著。2009 年 10 月中华书局出版。书话类著作。收入作者的关涉版本、藏书等文章近二十篇。具体篇目有《唐弢早期书话》、《邵洵美一个人的杂志画报史》、《朱省斋与〈古今〉杂志》、《金性尧经历的两本老杂志》、《鲁迅日记中的梁得所》、《古城书价》、《〈谈风〉杂志装订小记》等等。大 32 开本，245 页，11 万字，定价 27.00 元。

《快雪时闲看书》 杨小洲著。2009 年 10 月中华书局出版。作者妙笔评点五、六年中出版的钟意之书，另以钟叔河、陈子善、止庵三位编者为例，细说 30 年间周作人著译编辑出版故事。末有几篇民国旧书随笔。小 32 开本，182 页，9 万字，精装本，定价 21.00 元。

《搜书后记》 谢其章著。2009 年 11 月岳麓书社出版。本书是著名藏书家、书话家谢其章 2005 年至 2008 年日记，计有约四百八十篇。内容多为搜书感想、评书琐论、缘书访谈以及搜罗、收藏图书刊物的知识等。书中多珍贵书影,如上世纪初的革命刊物《锦囊》创刊号、上海“孤岛”时期所出进步杂志《大美画报》、林语堂早期主办的《宇宙风乙刊》等等。大32开本,291页,精装本,定价28.00元。

【另】《书色斑斓》袁逸著。2010年1月岳麓书社出版。全书以书为中心,分三部分。一是“书林捭阖”,对书史各有关问题做纵横谈,如于版权、稿酬、书价、剽窃、文稿征集等事,均有论述;二是“书楼探幽”,说与藏书有关诸事,如天一、嘉业的兴衰,抄书、换书、买书的聚书经历;三是“书生意气”,述与读书人有关诸事,如苦乐、仕途、婚姻、烟酒等行为。大32开本,324页,20万字,定价25.00元。

综合及其他类二

《我国古代四大发明》 庄葳著。1978 年 5 月中国少年儿童出版社出版。收入“少年百科丛书”。小 32 开本，85 页，印数 53000 册，定价 0.20 元。

《五四时期的社团》（全 4 册） 张允侯、殷叙彝、洪清祥、王云开编。1979 年 4 月三联书店出版。本书编辑的目的，是要集中一些比较典型的社团的产生、发展、分化以及所起作用的详细资料，加以系统编排，以供研究者参考。编入本书的社团有 23 个，书中材料包括：社团宣言、章程和发起经过；社员和职员名单；重要会议记录和活动报道；社员间重要通信和问题讨论；内部思想斗争和分化过程；出版物的发刊词和说明；其他有关的重要资料。此外，在原始资料后面本书还收入了参加者的回忆录，其中有些是专为本书撰写的。为了读者便于使用这些资料，编者在每个社团的资料之前一般都加上总的说明，简要介绍各个社团的历史、性质和作用，并在许多地方作了必要的说明和注释。每一册前有照片、书影等多幅。大 32 开本，总字数 155.5 万，印数 2000 套，四册定价分别为 2.40 元，1.95 元，1.55 元，1.30 元。

《期刊工作浅说》 赵燕群编著。1980 年 8 月书目文献出版社出版。书中设专章讲述“期刊的产生与发展”。小 32 开本，166 页，印数 12000 册，定价 0.60 元。

《南社》 杨天石、刘彦成著。1980 年 10 月中华书局出版。收入“中国文学史知识丛书”。内含编辑出版史料。小 32 开本，156 页，印数 22000 册，定价 0.41 元。

【另】1981 年，上海人民出版社又出版了郑逸梅的《南社丛谈》。1995 年杨天石、王学庄著《南社史长编》中国人民大学出版社出版。

《编辑杂谈》 本社编。1981 年 10 月北京出版社出版。本书是一本关于编辑出版工作的综合文集。内容有编辑工作的回忆，有编辑职责和任务问题的探讨，有编辑工作的体会。其中一部分篇章具有编辑出版史料价值，包括：《商务印书馆编译所的生活》（茅盾）、《鲁迅先生与编辑出版工作》（臧克家）、《韬奋在香港创办〈大众生活〉》（程浩飞）、《从读者、撰稿人到编辑——回忆我和三联书店的一些联系》（戈宝权）、《编辑忆旧》（赵家璧）。茅盾封面题字。小 32 开本，226 页，15.3 万字，印数 26000 册，定价 0.57 元。

《桂林文化城纪事》 广西社会科学院主编，潘其旭等编选。1984 年 11 月漓江出版社出版。收入“抗战时期桂林文化运动资料丛书”。本书从 1983 年 5 月以前全国出版的报刊、著作中，选出有关桂林文化城方面的文章 97 篇。六个部分中，有两个部分是报刊出版发行情况和新闻方面的情况，重要人物的活动部分也涉及到新闻出版的内容。每个部分都侧重纪其事而录其实。茅盾题写书名。大 32 开本，659 页，52.3 万字，印数 3600 册，定价 3.20 元。

《创造社资料》(全 2 册) 饶鸿競、陈颂声等编。1985 年 1 月福建人民出版社出版。收入“中国现代文学运动·社团·论争资料丛书”。大 32 开本,1173 页,印数 3150 册(套),定价 4.15 元。

《〈红楼梦〉著作权论争集》 《北方论丛》编辑部编。1985 年 1 月山西人民出版社出版。小 32 开本,415 页,印数 7000 册,定价 2.35 元。

《中日文化交流史论》 梁容若著。1985 年 7 月商务印书馆出版。大 32 开本,423 页,32.3 万字,印数 4000 册,定价 2.85 元。

《文学研究会资料》(上、中、下) 贾植芳等编。1985 年 10 月河南人民出版社出版。收入“中国现代文学运动·论争·社团资料丛书”。大 32 开本,1398 页,印数 4300 册,定价 8.85 元。

《中西文化交流史》 沈福伟著。1985 年 11 月上海人民出版社出版。收入“中国文化史丛书”。大 32 开本,469 页,印数 5200 册,定价 5.50 元。本书增订本 2006 年 12 月出版。

【另】同类著作还有:丁语和、庾良辰主编《近代中西文化交流史论》,山西教育出版社 1997 年版;何芳川、万明著《古代中西文化交流史话》,商务印书馆 1998 年版;沈定平著《明清之际中西文化交流史(明代:调适与会通)》,商务印书馆 2001 年版;许海燕著《中西文化交流史》,江苏人民出版社 2001 年版;何兆武著《中西文化交流史论》,中国青年出版社 2001 年版。

《桂林文化城概况》 广西社会科学院、广西师范学院主编。1986 年 7 月广西人民出版社出版。收入“抗战时期桂林文化运动资料丛书”。本书主要是抗战时期桂林的文化与新闻出版史料,内容包括《抗战时期桂林文化运动大事记》、《抗战时期桂林文艺期刊介绍》、《抗战时期桂林报纸介绍》、《抗战时期桂林新闻单位介绍》、《抗战时期桂林文化人介绍》、《抗战时期桂林出版的文艺书目》、《抗战时期桂林所设书店、出版社、印刷厂一览表》等。书前有书影及历史图片 12 幅。大 32 开本,445 页,37.2 万字,印数 1600 册,精装本,定价 2.75 元。

《桂林文化城史话》 魏华龄编著。1987 年 1 月广西人民出版社出版。大 32 开本,188 页,印数 1400 册,定价 1.30 元。

《桂林文化大事记(1937～1949)》 桂林市文化研究中心、桂林图书馆编。1987 年 11 月漓江出版社出版。本书以大事记的形式,全面反映 1937～1949 年间桂林文化事业的盛况,其中涉及书店、出版社、期刊、报纸、著译、人物等。16 开本,1074 页,约 210 万字,印数 1000 册,精装本,定价 18.00 元。

《四库全书大辞典》(上、下) 杨家骆著。1987 年 1 月中国书店影印出版。本辞典以四库全书总目著录存目之书及其著者为范围。以各书书名、人名立条。1932 年由中国图书大辞典编辑馆初版,1967 年台北中国辞书馆复馆筹备处重新影印出版,其后鼎文书局又再次印行。大 32 开本,1375 页,印数 14000 册(套),精装本,定价 13.00 元。

《延安文艺运动纪盛》 艾克思编。1987 年 1 月文化艺术出版社出版。本书以编年体形式,比较翔实地记载了整个抗日战争直至解放战争转入反攻阶段(1937 年 1 月～

1948年3月)这一重要历史时期,以延安为中心的文艺活动。诸如1942年延安整风运动,毛泽东发表《在延安文艺座谈会上的讲话》的经过,“讲话”后文艺家深入工农兵迎来的创作丰收,边区各文化机构、文艺团体、学校、新闻、出版、广播等事业的创建发展历程中的重要活动与事件等。大32开本,777页,60万字,印数1200册,定价6.90元。

《清末民初文坛轶事》 郑逸梅著。1987年2月学林出版社出版。本书收录作者撰写的有关清末文坛掌故轶事的短文八十多篇,其中有些是写报人、编辑出版家的,有新闻出版史料价值,如《回忆老报人邵飘萍》、《忆戈公振》《记〈民权报〉几位报人》、《丁云亭创办尚古山房》、《恽铁樵奖掖后进》、《从首订稿约谈到王蕴章》等等。小32开本,328页,22.3万字,印数4800册,定价1.65元。

《简明中国古籍辞典》 吴枫主编。1987年5月吉林文史出版社出版。全书一百三十多万字,收词四千九百多条,装帧古朴,典雅大方。它的出版填补了古籍整理研究出版方面的空白,是我国第一部古籍文献专业辞书。大32开本,1124页,精装本,定价9.40元。

《中国文化史专题史话》 胡双宝、方汉奇、黄河、张秀民、龙顺宜、许碚生等著。1987年7月中华书局出版。本书是“中国历史小丛书合集”中的一种,收录先前已经公开出版的中国文化史方面的专题性史话单行本10种合为一册重新刊行,其中包括与出版文化相关的著作有:胡双宝著《汉字史话》,方汉奇著《报刊史话》,黄河著《造纸史话》,张秀民、龙顺宜著《活字印刷史话》,许碚生著《古代藏书史话》。大32开本,399页,263万字,1997年10月第2次印刷,累计印数13800册,定价15.00元。

《简明编辑出版词典》 王业康主编。1988年9月中国展望出版社出版。收入“编辑与出版丛书”。本词典收入的词目1382条。所收词目以编辑、出版工作中最基本、最常用的术语为主,并酌收部分同编辑、出版工作密切相关的词语。小32开本,412页,印数8000册,定价4.95元。

《编辑出版词典》 陈友政主编。1988年11月北京科学技术出版社出版。小32开本,763页,印数10000册,精装本,定价12.00元。

《近代中国与近代文化》 龚书铎主编。1988年12月湖南人民出版社出版。本书辑录了96篇讨论中国近代文化的论文,内容丰富,广泛涉及中国近代的哲学、经学、佛学、史学、教育、科技、文艺、体育、摄影、建筑、风习、婚姻等,而近代报刊与图书出版也是其中的重要内容。大32开本,1042页,102.4万字,精装本,定价19.25元。

《书评面面观》 萧乾、叶圣陶、巴金等著,李辉编。1989年4月人民日报出版社出版。本书收录了萧乾先生早年研究书评的著作——《书评研究》,以及萧乾先生在任《大公报》文艺副刊编辑时编发的书评,同时还有一些著名作家、书评家、读者谈书评的文章,对于研究现代书评史有重要参考价值。大32开本,332页,印数3500册,定价3.95元。

《桂林抗战文艺辞典》 广西社会科学院主编。1989年4月广西人民出版社出版。大32开本,641页,定价7.70元。

《中国现代文学社团流派》(全2册) 贾植芳主编。1989年5月江苏教育出版社出版。本书介绍了现代文学运动过程中的33个社团和流派的历史渊源等情况。大32开本,1122页,精装本,定价10.00元。

《中国近代史记(1840~1919)》(全3册) 徐泰来主编。1989年8月湖南人民出版社出版。本书仿《史记》体例,分史、志、表、传四篇,书中第八章为《出版志》,分三节论述了中国近代出版事业的萌芽、逐渐形成,以及中国近代出版发行业的兴盛和发展过程。大32开本,2032页,印数2000册,定价31.65元。

《中国藏书家辞典》 李玉安、陈传艺编。1989年9月湖北教育出版社出版。这是我国第一部系统总结历代藏书家事迹的传记辞典。收入中国历代藏书家、目录学家、图书馆事业家、版本学家、校勘学家等人物1149人。小32开本,373页,印数2400册,精装本,定价7.50元。

《中国辞书辞典》 伍杰主编。1989年10月河北人民出版社出版。本书是一本介绍辞书的工具书,共收录辞书条目3190条,基本上包括了新中国成立以来至1988年9月所出版和影印的辞书,有字典、辞典、各种百科全书和一些重要的以词条形式出现的手册、词汇、名词解释等。条目内容有:书名、编译者、出版者、出版年月、版次、内容简介、读者对象等。大32开本,607页,印数3000册,精装本,定价12.85元。

《中国近代文学争鸣》(第一辑) 1989年10月上海书店编辑出版。从1987年12月到1992年4月,上海书店范泉等人为编纂《中国近代文学大系》编印了74期《"中国近代文学大系"编辑工作信息》,就"大系"编写的大致方针、编纂方法以及各种技术问题展开争鸣,交流信息。本书就是从当时先期编印的前35期《信息》中的文章编选而成的,既有学术价值,也有出版史料价值。大32开本,166页,印数2500册,定价2.50元。

《简明古籍辞典》 胡道静主编。1989年12月齐鲁书社出版。本书收词目1944条,主要介绍了古籍类图书和古籍整理的一般知识,古籍图书的体例、古籍的分类和目录学知识等。大32开本,402页,印数5000册,精装本,定价6.80元。

《创造社记程》 陈青生、陈永志著。1990年1月上海社会科学院出版社出版发行。本书记述了创造社的历史活动,介绍了他们的活动概况、政治倾向、文艺主张、作家作品。小32开本,192页,印数7000册,定价2.60元。

《文献情报研究论文集》 彭德经编。1990年1月江西高校出版社出版。本书收录的文章包括《我国古籍装帧的美学》、《我国雕版印刷术的起源》、《浅谈佛教对中国书史发展的影响》等。32开本,332页。

《书的知识手册》 汪少林、杭丹编著。1990年2月百花洲文艺出版社出版。本书有词目2700多条,正文分为12个部类,内容包括:名称、结构、文字字体、材料、复制、版本、单位、出版、印刷、发行、读书、藏书。附录分为两个部分,即名言和对联。小32开本,323页,印数6000册,定价4.50元。

《天津文化概况》 刘泽华主编。1990年4月天津社会科学院出版社出版。本书分15章,详细介绍了天津的文化状况,其中包括新闻出版事业、图书文博考古事业。大32开本,470页,34.8万字,印数3000册,定价6.90元。

《中华民国文化史》(上、中、下) 史全生主编。1990年4月吉林文史出版社出版。全书三编,均有专章论述新闻出版。第一编的第九章为"北洋时期新闻出版事业的新发展";第二编第九章为"国民党对新闻出版的控制及进步报人、出版家的努力";第三编第九章为"为抗战服务的新闻出版及解放区报刊、广播的发展"。其他章节也还有涉及新闻出版的,如"北洋时期的医疗卫生事业"一章就有对"西医药书籍和刊物的出版"的介绍。大

32 开本，92.8 万字，印数 5000 册，定价 17.50 元。

《简明古籍整理辞典》 诸伟奇、贺友龄等编著。1990 年 5 月黑龙江人民出版社出版。本书选收古籍版本、目录、校勘及与古籍整理关系密切的文字、音韵、训诂、文学、历史等方面的词目 4968 条。大 32 开本，429 页，印数 3540 册，精装本，定价 13.50 元。

《图书情报词典》 王绍平等编。1990 年 6 月汉语大词典出版社出版。本书收录图书情报工作以及与之有密切关系的档案工作、文献出版发行工作等方面的名词术语 5200 条。涉及文献出版、发行、版本与类型，文献采集、存贮，符号、语言，文献标引、编目、统计分析，用户和用户服务，图书情报技术、建筑、设备用品，图书情报事业管理，图书馆学情报学教育，图书情报事业史。附录有《图书情报事业史略》、《中外图书馆学情报学刊物选编》等。大 32 开本，1340 页，142 万字，定价 26.00 元。

《北京文化综览》 丁守和、劳允兴主编。1990 年 7 月北京师范学院出版社出版。本书分 18 章纵横结合介绍了北京的文化状况，其中有专门的章节介绍新闻刻书、藏书楼、文献典籍。大 32 开本，514 页，41.7 万字，印数 4000 册，定价 10.00 元。

《沈阳市志·文化·新闻·出版·卫生·体育·文物》 孟杰主编，沈阳市地方志编纂委员会编。1990 年 7 月沈阳出版社出版。本书是地方综合性文化志书，新闻与出版均有专门论述。16 开本，506 页，印数 3000 册，精装本，定价 60.00 元。

《简明图书学词典》 黄方正编。1990 年 10 月知识出版社出版。本书收录了图书的定义、历史、分类、印纸、开本、版式、版本、印刷、装帧 、装订、出版、发行等方面的专业词汇。小 32 开本，307 页，印数 5900 册，精装本，定价 6.50 元。

《古今图书文献检读》 崔灿主编。1990 年 10 月中州古籍出版社出版。全书共分 14 章，主要评介了古今社会科学中文工具书和部分专著。大 32 开本，431 页，印数 4000 册，定价 5.80 元。

《中国书名学概论》 张召奎著。1990 年 10 月书海出版社出版。小 32 开本，213 页，定价 3.30 元。

《文史工具书词典》 祝鸿熹、洪湛侯主编。1990 年 12 月浙江古籍出版社出版。本书收国内出版的历代和当代各种类型的文史工具书三千余种。小 32 开本，1045 页，精装本，定价 40.00 元。

《中国大百科全书·新闻出版》 中国大百科全书总编辑委员会《新闻出版》编辑委员会编写，梅益任总编辑。1990 年 12 月中国大百科全书出版社出版。本书的内容按新闻学、出版和出版学两大类，以条目的形式编写。新闻学有总述性文字，由钟沛璋等撰写；出版和出版学的总述性文字由许力以撰写。“出版”部分又分成以下几个板块，即出版和出版学、编辑学、印刷、图书发行学、中国出版史、中华人民共和国出版事业、外国出版史、外国出版业。另有《新闻事业大事年表》、《出版事业大事年表》、《条目汉字笔画索引》、《条目外文索引》等，查阅和使用均很方便。16 开本，650 页，156.1 万字，精装印刷，定价 33.50元。该书修订版 2009 年刊行。

《图书馆学情报学档案学简明辞典》 来新夏主编。1991 年 1 月南开大学出版社出版。本书收录中外图书馆学、情报学、档案学的名词、术语、著名人物、重要著作、事件和组织机构等方面的条目共 4222 条。它涉及 3 个学科 23 个专题，主要包括：图书馆学基础理论、图书馆管理、藏书建设、图书馆事业史、图书馆学思想、文献分类与主题、文献编目、中文工具书、外文工具书、目录学、目录学史、古籍与版本、中国书史、情报学、文献检索、情报编译报道、图书馆建设与设备、档案学。小 32 开本,744 页,89 万字,定价 13.50 元。

《文献学辞典》 赵国璋、潘树广主编。1991 年 1 月江西教育出版社出版。本辞典有正条目四千四百余条,附目一千六百余条,内容包括:文献基础理论、文献载体、文献整理、文献聚散与流通、重要文献、文献阅读与文献学家等方面。正条分别编有按笔画序次的词目表和依类相从的《词目分类目录》,另有附目笔画索引,珍贵文献注明收藏者。部分条目附参考文献。大 32 开本,1054 页,136 万字,印数 4300 册,精装本,定价 15.50 元。

《中国历代藏书家辞典》 王河主编。1991 年 4 月同济大学出版社出版。本辞典共收有藏书事迹可考的中国历代藏书家 2747 名,上自先秦下迄现代,其中也采录了少量专藏金石文献的收藏家。对于入选的每一人物都先注明其生活的朝代、简介其生平及藏书事迹、藏书思想、藏书流传情况,并对他们在版本学、目录学、校勘学上所作的贡献略作说明。编者广泛征引历代正史、碑传、方志、有关藏书史料等方面的文献资料,同时也吸收了学术界的最新研究成果。大 32 开本,455 页,45 万字,印数 2000 册,定价 9.80 元。

《马克思恩格斯列宁斯大林毛泽东著作大辞典》(上、中、下) 高狄主编。1991 年 7 月长春出版社出版。16 开本,4769 页,精装本,定价 298.00 元。同类著作还有袁竟主编的《毛泽东著作大辞典》1991 年 12 月中国国际广播出版社出版。

《中国古代文化管理简史》 汪建德、金占星著。1991 年 8 月文化艺术出版社出版。收入"文化管理丛书"。本书论述了从先秦到清代文化管理的发展历史,每一章都设专节论述书籍管理问题。大 32 开本,220 页,17 万字,印数 3000 册,定价 4.30 元。

《上海革命文化大事记》(1919～1937)(1937～1949)(全 2 册) 中共上海市委党史资料征集委员会等编辑。其中,《上海革命文化大事记》(1937～1949)1991 年 8 月上海翻译出版社公司出版。大 32 开本,466 页,40.4 万字,印数 4000 册,定价 5.35 元。《上海革命文化大事记》(1919～1937)1995 年 4 月上海书店出版社出版。大 32 开本,857 页,72.6 万字,印数 2000 册,定价 30.00 元。本书以编年体形式记述了发生在上海的电影、戏剧、戏曲、新闻、出版、广播、文学、音乐、美术、教育和社会科学等方面的活动。

《中国现代编辑学辞典》 孙树松、林人主编。1991 年 9 月黑龙江人民出版社出版。这本编辑专业工具书介绍编辑基本理论和业务知识,提供中国现代编辑史料。全书九个部分,共收词条一千八百多个,具体内容主要包括编辑理论一般词汇,图书编辑业务,编辑著作、教材,编辑界人物,报纸编辑事业,杂志编辑事业,编辑社团、机构,历史事件及其他部分等。书中注重介绍新兴的出版学、编辑学理论研究成果。小 32 开本,447 页,52 万字,印数 5500 册,精装本,定价 13.50 元。

《历代藏书家辞典》 梁战、郭群一编著。1991 年 10 月陕西人民出版社出版。本辞典收录先秦以迄近现代藏书家 3400 人,包括部分抄书家、刻书家、校书家、古籍版本家、图书馆事业家及书坊贩书家等,是近年来出版的同类辞典中收录人数最多的一部。词条释文对藏书家的字号、籍贯、简历、封赠、藏书情况、主要撰著、藏书室名、藏印等都有说明,包含着我国历代古书收藏源流、古书版本源流、目录、校勘、雕印、发行流传等有关书籍史的丰富资料。小 32 开本,463 页,印数 2200 册,定价 9.70 元。

《图书出版业与第三世界》 许国良、贾国祥、王兵主编。1991年10月吉林大学出版社出版。本书对亚洲、非洲、拉丁美洲和中东地区等五十多个国家和地区图书出版业共存的问题进行了论述，并对与出版有关的一些重要的有争议的问题，做了较深入的剖析。与此同时，还对有代表性的国家如中国、印度、菲律宾、新加坡、埃及、肯尼亚、加纳、巴西、阿根廷等图书出版业分别进行评述与概括，并对与之相关的发达国家图书出版业进行比较研究。大32开本，400页，31.6万字，印数1000册，定价6.60元。

《中国古代四大发明》 杨适著。1991年10月山东教育出版社出版。收入"中国文化史知识丛书"。小32开本，138页，印数49000册，定价2.15元。

《山西人民出版社四十年图书评论选(1951～1991)》 1991年11月山西人民出版社编辑出版。大32开本，762页，印数1800册，定价14.50元。

《图书馆学情报学词典》 周文骏等著。1991年12月书目文献出版社出版。收录图书馆学、情报学、目录学、文献学，以及编辑、出版、发行、电子计算机技术等方面的名词术语及机构、人物、书刊等词目共三千五百多条。词目分属为：学科名称对象和研究方法；图书馆事业、情报事业、书史、图书馆学史、情报学史、目录学史；图书情报工作的协作、网络和资源共享等。大32开本，734页，53.5万字，印数6000册，精装本，定价19.00元。

《毛泽东著作辞典》 焦根强、向潜、王华斌主编。1991年12月中国政法大学出版社出版。大32开本，682页，印数1200册，精装本，定价20.00元。

《中国的文房四宝》 齐儆著。1991年12月山东教育出版社出版。收入"中国文化史知识丛书"。小32开本，86页，印数3000册，定价2.00元。

《晋绥根据地文化大事记》 郭士星、孙寿山编。1992年2月内蒙古人民出版社出版。本书采用编年体的方式，比较详尽地辑录了抗日战争爆发后，中国共产党所建立的晋绥革命根据地的文化工作史料。小32开本，160页，10万字，定价4.55元。

《中国古今书名释义辞典》 赵传仁、鲍延毅、葛增福主编。1992年6月山东友谊出版社出版。本辞典作为第一部专门解释书名的工具书，专解我国古今难解书名，所收辞目，上自先秦，下至1966年"文革"之前，包括文、史、哲、宗教、理、工、农、医等三千二百多种。来新夏作序。大32开本，630页，100万字，精装本，印数5000册，定价16.00元。

《中国报刊辞典》 王桧林、朱汉国主编。1992年6月书海出版社出版。本书共收词条4184条，分为3大部分，即：报刊、报界人物、报刊其他(事件、法规、结构)。所收录的词条，起自1815年第一份近代中文报纸创刊，迄于1949年10月1日中华人民共和国成立。所收录的报刊，以时事新闻报刊为主，兼及文艺、哲学、教育、历史、地理、经济等专业报刊。并择要收录了部分公报、画报以及有关自然科学方面的报刊。大32开本，610页，81万字，定价40.00元。

《期刊工作手册(第一册 期刊业务知识)》 张伯海主编。1992年7月天津人民出版社出版。本书第一册为期刊业务知识，第二册是全国期刊名录。本册主要内容包括：期刊的定义、分类，期刊发展史中主要事件和一些重要的期刊出版管理文件，期刊管理中的有关知识，期刊编辑的地位、作用及应具备的素养，以及截止到1991年底的全国6500种期刊的有关情况简介。大32开本，321页，25.2万字，印数1500册，定价9.00元。

《中国古代文化制度简史》 姚汉荣编著。1992年9月学林出版社出版。收入"文化经营管理丛书”。全书分为九个专题，分别论述了中国古代的礼乐制度、选举制度、教育制度、文艺制度、婚姻制度、宗教制度、饮食制度等。其中对古代图书管理制度的专题论述，涉及图书的制作、收集、保存、整理、流通等各个环节的机构设置、管理措施，内容丰富。大32开本，286页，22.9万字，印数3000册，定价6.05元。

《夹江手工纸与中外经济文化》　刘少泉主编。1992年10月四川大学出版社出版。本书内容涉及夹江纸业的背景、起因，形成与发展，夹江纸与社会经济、民俗文化等方面。大32开本，214页。

《辞书学辞典》　杨祖希、徐庆凯主编。1992年11月学林出版社出版。本书收词条2285条。主要内容包括古今中外有关辞书学及其交叉学科的知识，尤其是中国当代有关辞书学本身的知识。在释义上，作者力求准确、实用、客观、科学。小32开本，607页，50万字，印数3000册，精装本，定价19.80元。

《出版词典》　边春光主编。1992年12月上海辞书出版社出版。本书收词条5937条，以出版专业为主，兼及少量与出版工作密切相关的学科知识，系统总结了我国20世纪80年代以来蓬勃开展的出版理论研究的成果，发掘、探索了我国丰富的出版史资料。编者以中小条目为主，收词全面，知识丰富，释文兼顾理论成果和实践经验的积累，力求反映当代中国的出版研究水平。它着重介绍出版经营管理、编辑、印刷、发行等方面的基本知识，当代中国出版业的面貌，出版史以及有关人物、著作等。附有部分文物、图书、装帧设计、印刷机械等插图一百六十余幅。书前有《分类词目表》，书后有《中国出版史大事年表》、《刻工、写工、装潢工及活版排印诸工举例》、《国外主要出版大国的出版业简介》等。大32开本，1122页，140万字，印数5000册，精装本，定价25.00元。

《社会科学古文献情报源指南》　廖子良主编。1992年12月广西人民出版社出版。本书根据我国古籍的实际情况和读者利用古籍的习惯，按四部分类法和《中国古籍书目》分类法，把古籍分为经、史、子、集、丛5大类，每大类下再分二级、三级类目。每类介绍内容包括：含义及文献发展源流、该类文献概况、该类重点文献、该类主要工具书。大32开本，496页，40万字，印数1000册，定价9.50元。

《中国工具书大辞典》(社会科学卷)　杨牧之主编。1993年2月黑龙江人民出版社出版。16开本，523页，印数5000册，精装本，定价27.00元。同类著作还有盛广志等编《中国古今工具书大辞典》1990年8月吉林人民出版社出版；徐祖友等主编的《中国工具书大辞典》1990年11月福建人民出版社出版。

《黄石文化新闻体育志》　本书编委会编。1993年3月湖北人民出版社出版。16开本，921页，精装本。

《新闻学大辞典》　甘惜分主编。1993年5月河南人民出版社出版。本辞典分为“新闻词语”、“新闻事业”、“新闻人物”、“新闻事件”、“新闻作品、栏目及新闻奖”、“新闻法规与文献、文件”7大类，囊括中外古今新闻学科的重要词语5368条。附录有《世界新闻传播史大事记》、《中国现当代新闻报刊一览表》、《海外华人报刊一览表》等。辞典选收了反映发达国家的新闻状况的条目，也收录了反映第三世界国家和地区新闻事业和概况的条目。大32开本，1142页，180万字，精装本，定价29.50元。

《中国现代文学社团流派辞典》　范泉主编。1993年5月上海书店出版社出版。从五四运动前数年至1949年这段历史时期，在我国现代文学史上曾经先后涌现出大批的文学社团；与其中若干社团密切相关，又产生了不少文学流派。许多社团提出各自不同的组建宗旨和文学主张，各个流派表现的相同或相似的创作倾向和艺术追求，汇映到文学画廊里异彩纷呈，各具色泽。在当年政治经济诸多因素的制约和影响下，社团的竞争和融合，流派的形成与演进，组成了我国以左翼进步力量为主流的现代文学巨幅历史图景。过去那三十余年时光里，究竟出现过多少大大小小的文学社团，有哪些后来经过人们研究、分析、认定的文学流派，许多年来却一直未曾有人做过比较全面的汇集和梳理。本书填补了这个空白，对人们了解和研究现代文学全貌做出了有益的贡献。它对于研究现代文学出版也很有参考价值。大32开本，599页，印数3000册，定价20.00元。

《新月派评论资料选》 方仁念选编。1993年6月华东师范大学出版社出版。收入“中国新文学社团流派丛书”。编收评论新月派诗人及作品的文章近五十篇。作者多是中国现代文学大家，如鲁迅、梁实秋、沈从文、苏雪林、朱湘等。大32开本，315页，印数2000册，定价11.70元。

《图书发行管理学专业十年》 乔好勤主编。1993年9月湖北教育出版社出版。本书介绍了武汉大学图书发行管理学专业十年来的情况。大32开本，283页，定价7.50元。

《中国新闻出版工作全书》(上、中、下) 1993年10月中国友谊出版公司出版。包括出版文件法规、新闻出版管理机构、图书出版、期刊出版、报纸出版、音像出版、印刷企业、图书发行、出版国家标准、版权管理10个栏目。16开本，3366页，印数8000册(套)，精装本，定价380.00元。

《秦皇岛市志》(第九卷) 秦皇岛市地方志编纂委员会编。1993年12月天津人民出版社出版。本卷包括新闻出版的内容。论述时间下限为1990年。16开本，376页。

《河南省志·文化志·档案志》 赵建功主编，河南省地方志编纂委员会编纂。1994年1月河南人民出版社出版。大32开本，印数1500册，精装本，定价30.00元。

《中国名著大辞典》 中外名人研究中心、中国文化资源开发中心编。1994年4月黄山书社出版。16开本，834页，印数2000册，精装本，定价98.00元。类似的名著辞典、文学名著辞典等还有不少，均有一定的参考价值。

《中国古代书目辞典》 卢正言主编。1994年4月广西教育出版社出版。本书利用了上海、北京、重庆、武汉、南京等地图书馆的收藏，选收我国现存和重要的已佚古代书目，包括单刊本、附刊本、稿本、抄本、影印本、重排本，发表在报刊上的各种书目、篇名索引，现当代编纂的有关古代的部分书目、研究专著，港澳台地区出版的古籍书目和美日等国收藏汉籍书目，共2686种。大32开本，581页，印数2000册，精装本。

《荆门新闻出版概览》 江传喜主编。1994年4月湖北科学技术出版社出版。本书介绍了湖北省荆门市新闻出版事业的情况，并汇编了有关的法规。大32开本，502页，印数5000册，定价15.00元。

《中国书院史》 李国钧等著。1994年6月湖南教育出版社出版，1998年8月重印。这部近百万字的著作以历史时期分编，每编由总论和分论两大部分组成，宏观与微观相结合，书院教育制度与书院教育思想相结合，面的研究与点的深入相结合，系统研究了中国从唐五代到清朝的书院制度、书院教育学派及人物的教育思想。而古代书院刻书是出版史、印刷史的重要内容,书中多有涉及。附录有:《书院藏书、刻书与书院教育》、《书院考试制度》、《历代书院名录》。大32开本,1198页,97万字,印数1500册,定价55.00元。

【另】关于中国书院史研究还有不少专著,其中有:章柳泉著《中国书院史话》,教育科学出版社1981年版;杨慎初等著《岳麓书院史话》,岳麓书社1986年版;李才栋编著《白鹿洞书院史略》,教育科学出版社1989年版;白新良著《中国古代书院发展史》,1995年5月天津大学出版社出版。王志超著《山西书院史话》,山西古籍出版社1999年版;胡昭曦著《四川书院史》,巴蜀书社2000年版;樊克政著《书院史话》,中国大百科全书出版社2000年版。

《西学东渐与晚清社会》 熊月之著。1994年8月上海人民出版社出版。本书以西学东渐与晚清社会的关系为研究对象,对于西方学术文化中与中国文化反差较大、对中国社会影响较大的部分进行研究,对西学传播涉及的传播主体(中外译员、学校教习、报刊编辑)、传播机构(译书机构、新式学校)、传播内容、传播方式、传播过程、受传对象、受众反应等也进行了系统论述。书中有近百分之八十的内容直接或间接与近现代出版文化史相关,完全可以作为中国近代西学出版史来研读。作者注重史料的发掘和整理,注重对西学图书内容的分析,注重对西学社会影响的探讨,注重对晚清西学传播全过程的梳理,体现出内容的扎实和学术的严谨。书前有20页有关西学人物、机构、图书、刊物等的照片和书影。书末附录有《西学东渐大事记》等。大32开本,851页,64.3万字,首印2000册,1995年4月第2次印刷,累计印数7000册,精装本,定价40.00元。

《中国美术社团漫录》 许志浩著。1994年9月上海书画出版社出版。收入本书的美术社团期限为清初至1949年10月1日之前,共收录全国各地以及中国留学生在海外组织的美术社团341个。全书按各美术社团成立先后编排次序,介绍每个团体的成立时间、地点、发起人、负责人和主要成员。对部分影响较大的美术团体,尽量作详细介绍。大32开本,297页,印数3000册,定价20.00元。

《中国出版业的发展与经济政策研究》 吴江江、石峰等著。1994年9月湖北人民出版社出版。本书比较全面地反映了新中国45年来,特别是改革开放15年来,中国出版事业发展和出版经济研究的基本概况。其中,"中国出版业的历史"、"新中国出版事业的发展壮大"、"中国出版经济的发展"、"出版业经济政策的沿革"、"出版经济政策有关文件"(1988～1993)等章节,都具有出版史和出版史料方面的价值。宋木文作序。大32开本,499页,34.1万字,印数3120册,定价8.50元。

《世界新闻出版大典》 孙宝玉等主编,新华社国际部编纂。1994年10月中国档案出版社出版。本书收录一百八十多个国家和地区暨国际数以万计的新闻和出版单位近一万一千家,分为外国、中国、国际3编。16开本,1197页,精装本,定价330.00元。

《历代丛书大辞典》 杨家骆编。1994年10月警官教育出版社出版。16开本,1300页,精装本,定价175.00元。

《编辑实用百科全书》 边春光主编,中国出版科学研究所编。1994年12月中国书籍出版社出版。本书是一本专业性、实用性的百科类工具书,不同于单纯解释词义的一般词典,在内容、体例和功能上兼取各类辞书之长。按编辑工作的基本程序和相关内容分为

"出版物及其他传播媒介"、"编辑一般"、"读者、作者"、"编辑过程"、"编辑与信息资料"、"各门类编辑工作"、"编辑与印刷"、"编辑与发行"、"编辑与出版经营管理"、"计算机技术在编辑出版工作中的应用"、"编辑队伍"、"编辑专业教育与科学研究"、"编辑史"、"著作权和著作权法规"等14个分支,计1052个条目。内容以图书编辑工作为主,兼顾报刊、广播、影视、音像等,力求广泛地涉及不同门类的编辑工作,并寓共性于个性之中。16开本,799页,167万字,印数3000册,定价65.00元。

《中国近代通俗作家评传丛书》(12册) 范伯群主编。1994年10月南京出版社出版。均为大32开本。这套丛书包括《现代通俗文学的无冕之王——包天笑》(272页)、《四十年代方型刊物代表作家——王小逸(附陈亮评传)》(266页)、《维扬社会小说泰斗——李涵秋》(358页)、《挑开宫闱绘春色的画师——张恂子(附张春帆、许指严、陆士谔评传)》(266页)、《现代通俗文学幽默大师——程瞻庐》(288页)等等。

《中国社团史》 王世刚主编。1994年12月安徽人民出版社出版。本书系统介绍了古今中国社团产生、发展、演变的过程,全面地阐述了各个历史时期不同类型社团的特点、背景和组织活动形式及其影响,是国内第一部社团史学术专著。大32开本,508页,41.6万字,印数3000册,定价15.00元。

《中国古代四大发明》 贾卫民著。1995年1月北京科学技术出版社出版。收入"中国历史知识全书——辉煌科技"。小32开本,72页,定价3.90元。本书2006年再版。

《灵魂溶于文学一群——论浅草社、沉钟社》 陈永志著。1995年4月华东师范大学出版社出版。收入"中国新文学社团流派丛书"。大32开本,207页,定价6.70元。

《长沙市志》(第十三卷) 长沙市地方志编纂委员会编。1996年5月湖南出版社出版。本志上下年限为1840年至1987年,记述了一百多年来,长沙的文化事业、文学艺术、文物名胜、新闻报刊、广播电视等,反映了长沙市文化事业发展的历程。大32开本,677页,印数3000册,精装本,定价42.00元。

《青岛市志·社团志》 青岛市史志办公室编。1997年1月新华出版社出版。本志上限自1891年,下限至1990年,内容包括青岛建国前的工青妇运动、青岛市总工会、青少年组织、青岛市妇女联合会、其他社团。大32开本,365页,精装本,定价58.00元。

《美国传教士与晚清中国现代化——近代基督教新教传教士在华社会文化和教育活动研究》 王立新著。1997年3月天津人民出版社出版。具体内容方面对近代编辑出版多有涉及,如《第二次鸦片战争前美国传教士在华出版活动》、《美国传教士与〈海国图志〉》、《美国传教士与〈合省国说〉和〈瀛环志略〉》、《传教士对洋务运动的影响》、《美国传教士与洋务时期的翻译事业》、《广学会与西学的传播和维新运动的兴起》、《〈万国公报〉与维新思想的传播》、《传教士与维新派》等章节,都包含着丰富的出版史、编辑史、翻译史的论述。大32开本,548页,36.8万字,印数5000册,定价22.00元。

【另】曹增友著《传教士与中国科学》1999年8月由宗教文化出版社出版。大32开本,409页,35万字,印数3000册,定价24.00元。

《抗日战争时期重庆的文化》 苏光文主编。1997年5月重庆出版社出版。收入"重庆抗战丛书"。大32开本,276页,21.6万字,印数4000册,定价12.10元。

《文献生产的社会化及其管理》 贺修铭著。1997年5月湖南教育出版社出版。本书的主要纲目:文献社会、文献生产的基本问题、文献生产业系统、结构与功能、文献生产力。大32开本,298页,精装本,定价14.10元。

《中国编辑研究》　中国编辑学会《中国编辑研究》编辑委员会编。1996年卷1997年7月出版。此后,每年一本,至2009年6月出版了整整13辑。它是年度发表的有关编辑理论、编辑实务、编辑历史研究优秀文章的汇编。其中的"历史与人物"是一个常设栏目,刊发了数十篇有关编辑出版史方面的研究论文。大32开本,字数和印数各辑略有不同。1996年卷,466页,37.5万字,印数3770册,定价19.00元。2008年卷,564页,52万字,印数1500册,定价29.60元。

《中华名人书斋大观》　杜产明、朱亚夫主编。1997年8月汉语大词典出版社出版。本书共搜集中华民族历史上近千位文化名人的书斋并予以介绍;历代藏书家的藏书处及其藏书面貌,也作为重要内容给予叙述。编者按自汉代司马相如"长卿石室"、扬雄的"玄斋"以来的近千位包括历代藏书家在内的文化名人的书斋条目,介绍其命名原由和书斋主人的生平事迹。小32开本,572页,印数3000册,精装本,定价30.00元。

《青岛市志·新闻出版志·档案志》　青岛市地方志办公室编,高纪明、藤长福主编。1997年8月新华出版社出版。本志下限止于1990年。大32开本,381页,印数1000册,精装本,定价78.00元。

《中国书院制度研究》　陈谷嘉、邓洪波主编。1997年8月浙江教育出版社出版。本书主要纲目为:书院的类型、书院的等级差异、书院的职事类别、书院藏书及其管理制度、书院的刻书事业、书院的经费及其管理、书院教育的特点、书院的考试制度、书院的专科教育、走向世界的中国书院。大32开本,739页,印数3000册,精装本,定价28.00元。

《中国图书大词典(1949～1992)》(总15卷)　宋木文、刘杲主编。1997年9月湖北人民出版社出版。本辞典共收录中华人民共和国成立至1992年度正式出版的图书约十万种。以图书书名为辞目,释文扼要介绍图书的副名、著者、出版者、出版时间、篇幅、册数、内容及其评价。全书以词条形式介绍每种图书的内容和特点。以介为主,寓评于介。15卷总计约2500万字,16开本,精装本,分册定价。

《中国翻译词典》　林煌天主编。1997年11月湖北教育出版社出版。这是一部融知识性、学术性和实用性于一体的工具书。全书收条目四千多条,涉及多语种和翻译的各个领域,举凡翻译理论、翻译技巧、翻译术语、翻译史上的大事、翻译界代表人物的业绩、与翻译界有关的组织机构和书刊、中外文化交流、各国文学名著及世界著名电影片的译法等,均有词目论述。16开本,1327页,印数2000册,精装本,定价118.00元。

《中国书评精选评析》　伍杰、吴道弘、徐柏容主编。1997年12月山东教育出版社出版。本书精心选择了蔡元培、胡适、叶圣陶、朱自清、鲁迅、茅盾、老舍、罗竹风、金克木等77位作者的130篇文章,上至1918年,下迄1994年,反映了新文化运动以来中国书评事业的发展概况。除了书评文章这一主体外,还有对这些书评的简评及作者介绍。大32开本,776页,印数2000册,精装本,定价31.60元。

《中国现代文学社团流派史》　陈安湖主编。1997年12月华中师范大学出版社出版。收入"华中师范大学学术文库"。本书分16章论述了从《新青年》直到抗日民主根据地的文学社团流派。大32开本,740页,50.8万字,精装本,定价36.00元。

《中国出版百科全书》 许力以主编。1997年12月书海出版社出版。本书从编写到完成出版历时10年,参加编写者多达四百多人。这部洋洋一百六十多万字,收词目两千九百多条的大型出版类工具书,休现了出版科学研究的新成果与新进展。书中系统介绍了国内外出版业的历史、现状,兼顾理论性、知识性与实用性,突出专业百科全书的特点;坚持科学性、权威性和指导性的统一,收录的史料与知识都是比较稳定的、权威的。具体内容分为九个部分,即:出版理论和知识、编辑理论和业务、装帧艺术和书刊插图、印刷原理和技术、书刊发行理论与发行事业、出版图书文献、中华人民共和国出版事业、中外出版史、中外出版人物。最后还附录有比较详细的出版大事年表,截止到1994年底。在编辑方面,图文并茂,印制大方,内容与形式协调一致。16开本,1046页,印数3000册,精装本,定价138.00元。

《稿酬怎样搅动文坛——市场经济与中国近现代文学》 鲁湘元著。1998年1月红旗出版社出版。本书以马克思主义为指导,以晚清和民国初年的原始材料为依据,论述稿费的起源、稿费和作家生产力的关系、稿费与文学的样式的兴衰等。角度新颖,材料丰富,论述周密,是对中国近现代文学史、现代出版史的新开拓。大32开本,271页,18万字,印数5000册,定价18.80元。

《彝族经籍文化辞典》 1998年1月京华出版社出版。16开本,印数1000册。

《闪光的文化历程——晋冀鲁豫边区文艺大事记》 晋冀鲁豫边区革命文化史料汇集协作组编。1998年4月山西人民出版社出版。其中对文艺报刊的编辑出版、文艺类图书的出版发行等多有涉及。大32开本,267页,印数1000册,定价47.00元。

《郑州市志·教育·科学研究·新闻出版·文化艺术·卫生体育》 河南省郑州市地方志编纂委员会编。1998年5月中州古籍出版社出版。本志时间下限为1990年。16开本,594页,精装本,定价150.00元。

《洛阳市志·文化艺术志·新闻志·卫生志·体育志》 河南省洛阳市地方志编纂委员会编。1998年5月中州古籍出版社出版。本志时间下限为1990年。16开本,644页,精装本,定价150.00元。

《中外新闻出版轶事掌故趣谈》 王喜成、李二梅编著。1998年6月海燕出版社出版。本书比较全面丰富地展示了古今中外报纸、杂志、广播、电视、通讯社、出版、印刷、发行等人类文明传播的主要载体的幽默发展历史。作者采用小故事的形式,运用通俗简明的笔调进行编写,具有知识性、趣味性的特点。大32开本,618页,50.4万字,印数1000册,定价25.00元。

《中国方志学史》 陈光贻著。1998年9月福建人民出版社出版。本书初版于1983年,此次为再版。全书分四个部分。第一部分"方志学议论",讨论方志的定名、性质和起源,地方史和地方志的区别,历代疆域区划制度和方志种类,方志和史书体例的异同等等。第二部分"方志渊源与发展",探讨古方志、宋元方志和明清方志的演变。第三部分"列代主要方志",则按时代先后介绍了从汉晋直到民国的一些重要方志。第四部分是"列代著名方志学家",逐一介绍了从近代到清代的重要的、有代表性的方志学家。大32开本,224页,17万字,印数3000册,定价12.00元。

《非法出版活动研究》 张志强主编。1998年10月贵州人民出版社出版。这是国内

第一部系统研究非法出版活动的专著。全书从宏观和微观相结合的角度,界定了非法出版活动的内涵,阐述了非法出版活动的危害,考察了国内外非法出版活动的历史,分析了改革开放以来我国非法出版活动产生的原因,回顾了改革开放以来对非法出版活动的整治历程,就协作出版、买卖书号、出版法制建设、打击非法出版活动、近年来的印刷型非法出版物、非法光盘等问题,进行了具体论述和分析,最后提出了遏止非法出版活动的对策。刘杲为此书写了《依法严惩非法出版犯罪活动》的序言。附录有《中华人民共和国打击非法出版活动大事记》。大32开本,340页,28.5万字,印数4100册,定价24.00元。

《中华文化通志·社团志》　刘健清著。1998年10月上海人民出版社出版。本书是百卷本"中华文化通志"中的一种。大32开本,精装本,无单册定价(全套书总定价6000.00元)。

《中国知识产权二十年》　刘春田主编。1998年11月专利文献出版社出版。本书介绍了中国从1978年到1998年的知识产权概况,内容包括中国知识产权二十年的启示、回顾中国知识产权制度的建立、有关中国著作权法制定的回顾、我国海关对知识产权的保护等。作者大多为中国知识产权界的专家、学者和官员。附录《知识产权二十年大事记》。大32开本,372页,定价19.80元。

《昭明文选研究》　穆克宏著。1998年12月人民文学出版社出版。该书分10个专题比较全面系统地探讨了《昭明文选》的若干问题,具体涉及萧统的生平及著作,萧统的文学思想,《文选》产生的时代,《文选》的内容,《文选》研究,《文选》的编者问题、年代问题、分类问题、选录标准问题,《文选》的文学价值,《文选》与文学理论批评,《文选》对后世的影响。大32开本,219页,16.3万字,印数3000册,定价12.00元。

《1928:文学革命》　旷新年著。1998年山东教育出版社出版。本书从文学生产的角度,用相当多的篇幅论述了文学期刊、报纸的文艺副刊、新书业与现代文学发展的密切关系,是研究现代文学出版的重要论著。大32开本,395页,定价21.40元。

《国际合作出版促进会十年》　国际合作出版促进会编。1998年商务印书馆出版。本书收录了30幅彩色图片,44篇由我国出版界资深人士撰写的回忆和纪念文章以及历次研讨会上的部分论文,回顾和总结国际合作出版促进会十年来的工作,全面反映促进会对外合作出版和交流的发展面貌。

《华侨华人百科全书·新闻出版卷》　周京南、王士谷主编。1999年5月中国华侨出版社出版。资料截止于1996年底。本书共有词头2800余个,释文3200余条,总计100万字;连同附录的《华侨华人新闻出版事业大事记》、《海外华文报刊统计表》、《当地语文的华侨华人报刊一览表》等,共计142万字。(此外,按《全书》体例分工,还有分别论述华侨华人第一、第二、第三、第四媒体发展概况的文章。《华侨华人新闻出版事业概述》一文将收入总论卷,新闻出版界人物则由人物卷组织刊登。)在一本书中集中了这样多的有关华侨华人新闻出版事业历史和现状的信息是空前的。16开本,658页,精装本,定价136.00元。

《萧乾书评:理论与实践》　孟昭晋、王波编。1999年5月河北教育出版社出版。本书分为"理论篇"和"实践篇"两个部分。前者收录萧乾所撰《书评研究》以及所写的有关书评的文章,后者收录了萧乾所写的书评。"代前言"——《作为书评家的萧乾》,对萧乾的书评理论与书评实践作了客观的评述。大32开本,453页,定价22.50元。

《书评30家》 伍杰、王建辉选评。1999年5月华夏出版社出版。本书收录了1979～1997年18年间50岁以下的在各个学科领域中有代表性的30位作者的97篇书评,反映了书评在20世纪80年代以后的发展及取得的成绩。每位入选作者前有小传,后有分析该作者书评风格的简评。大32开本,520页,印数4000册,定价28.00元。

《中国全史:学校史、体育史、报刊史》 曹健民主编。1999年8月经济日报出版社出版。大32开本,638页。《中国全史》总计33本,实行套书总定价2980.00元,疑为书商所为。

《中国全史:监察史、反贪史、文祸史》 曾中恕等编。1999年8月经济日报出版社出版。大32开本,628页,精装本。

《中国全史:汉字史、汉语史、图书史》 鞠琳等编。1999年8月由经济日报出版社出版。大32开本,568页,精装本。

《中国图书年鉴》 先后由杨牧之、柳斌杰等主编。自1999年9月起由湖北人民出版社出版,每年一卷,目前已出版15卷(1994年～2008年)。本年鉴在时间上承接《中国图书大辞典(1949～1992)》,以每年编辑一卷的形式反映图书出版的现状。它是国家新闻出版总署主管,并由新闻出版总署图书管理司等有关司、室领导及专家学者参与编纂的大型工具书,是一部全面反映我国图书出版、发行以及图书市场概况的纪年工具书,也是了解我国图书出版事业年度静态和动态发展的窗口。每卷分“专论”、“图书出版评论”、“新书简介”、“获奖书目”、“统计资料”、“图书出版纪事”等部分。所介绍的图书是该年度出版的有代表性的优秀图书,以条目形式介绍,并分类编排。各卷年鉴汇集了当年度全国图书业发展的重要资料,这些翔实的数据,作为可以传之久远的信史,对出版业的改革发展有着重要的参考价值。本年鉴2003年以前各卷由杨牧之主编,2004年卷起柳斌杰等主编。2007年卷起由桂晓风、王建辉主编。2008年卷2008年12月湖北人民出版社刊行,16开本,精装印制,定价296.00元。

《上海通史》(第10卷“民国文化”) 熊月之主编。1999年9月上海人民出版社出版。书中有专章论述上海民国时期的新闻出版,包括:“小说时代:鸳鸯蝴蝶派和《礼拜六》杂志”、“现代出版文化的产业化经营及其成就”、“杂志与都市市民文化——《生活周刊》和《良友》画报”、“新闻事业和新式传播媒介”。大32开本,386页,31万字,印数2500册,精装本,定价43.00元。

《上海通史》(第6卷“晚清文化”) 熊月之主编,张敏著。1999年9月上海人民出版社出版。晚清上海新闻出版业是其中论述的主要内容之一。大32开本,608页,精装本,定价66.00元。

《纳西东巴文化要籍及传承概览》 卜金荣主编。1999年9月云南民族出版社出版。本书介绍了东巴古籍及其主要内容、研究东巴文化著作、辞书及相关的纳西族著作;东巴文化传人—东巴;纳西族及国内外部分研究者及传承场。大32开本,247页,印数5000册,定价18.00元。

《本溪文化志》 本溪市文化局、本溪市新闻出版局编。1999年9月大连出版社出版。本书上限起于1887年,下限止于1999年;内容涉及到本溪市新闻史出版史方面。大

32开本,610页,印数800册,定价25.80元。

《广州市志·文化志·文物志·出版志·报业志·广播电视志》 广州市地方志编纂委员会编。1999年9月广州出版社出版。这是一部多志合一的地方综合文化志书,新闻出版是其中的专志之一。16开本,1061页,精装本,定价120.00元。

《一代宗师/纪念刘国钧百年诞辰学术论文集》 北京大学图书馆学系等编。1999年11月北京图书馆出版社出版。刘国钧先生是我国现代著名图书馆学家,出版过多种中国图书史方面的著作。大32开本,528页,印数2000册,定价30.00元。

《柳州市志·教育志·科学技术志·文化志·文物古籍志·报刊志·广播电视志·卫生志·体育志》 宋继东主修,柳州市地方志编纂委员会编。1999年广西人民出版社出版。16开本,794页,精装本,定价150.00元。

《〈昭明文选〉研究》 傅刚著。2000年1月中国社会科学出版社出版。本书是当代《文选》研究的第一部有系统的理论专著。作者以《文选》的编纂及其文本作为研究对象,既与文学史研究融会贯通,又坚持"选学"研究的鲜明个性。作者在对《文选》编纂背景,如汉魏六朝编撰之目的、动因、体例等考证基础上,详细论定了《文选》的编者、编辑宗旨、体例、选录标准等"文选学"中最根本的问题;同时通过对《文选》的几种主要文体——赋、诗、文的分析,对萧统的文学观做出具体可信的论述。本书是一部古典文学研究专著,但从文学编辑与出版的角度来看,也是非常有价值的。大32开本,324页,27.2万字,印数3000册,定价20.00元。

《著者别号书录考》 杜信孚、蔡鸿源编著。2000年1月江苏古籍出版社出版。本书所收,是著者以别号署名而不用真实姓名,阅者不知为何人所撰的古籍。本书为考证性工具书,对书籍内容不加甄别。大32开本,160页,11.2万字,定价8.50元。

《中文期刊大词典》(上、下) 伍杰主编。2000年3月北京大学出版社出版。这是一种资料性的工具书。编撰本书的目的,就是试图通过对一些期刊的介绍,使读者知道在世界各国主要是中国这块土地上,曾经和正在出版什么样的中文期刊,以便查找所需要的材料,同时,也以此作为加强出版理论研究、政策研究、业务建设和队伍建设的一项依据。16开本,2738页,精装本,全套定价450.00元。

《晚清西方地理学在中国——以1815至1911年西方地理学译著的传播与影响为中心》 邹振环著。2000年4月上海古籍出版社出版。本书深入发掘史料,以丰富厚实的论据展示了1815年至1911年间西方地理学在中国的传播过程与影响程度。内容主要有:明末清初地理学汉文西书与新知识点的引入、19世纪西方传教士作为主译者绘制的地理学知识线、戊戌变法到辛亥近代西方地理学思想与知识体系的输入、清末的地理学教育与近代地理学教科书的编纂、清末地理学共同体系的形成与近代中国地理学的学术转型。附录有《晚清西方地理学译著知见录》、《晚清中国人编纂的地理学教科书书目》、《晚清地理学译著与教科书出版年代分类统计表》等。大32开本,445页,38万字,印数3000册,定价24.40元。

《中国版权制度变迁研究》 姚怡昕著。2000年4月甘肃人民出版社出版。本书借鉴西方学者的产权理论,从法学和经济学相结合的角度,研究了我国版权制度产生、形成和演变的历史过程及其发展规律,分析了我国版权制度的现状和存在的问题,提出了解决的方法。具体细目包括:关于制度与产权的理论、版权制度的形成及功能、中国版权制度的起源与变迁、我国现行版权制度存在的问题等内容。大32开本,116页,9.6万字,印数1000册,定价7.20元。

《中国近现代通俗文学史》(上、下) 范伯群主编。2000年4月江苏教育出版社出版。全书分为绪论、社会言情编、武侠会党编、侦探推理编、历史演义编、滑稽幽默编、通俗戏剧编、通俗期刊编、大事记编。除了"通俗期刊编"外,其他各编对于刊物、报馆、书局与通俗文学的关系也多有涉及。大32开本,1746页,印数3000册(套),定价74.70元。

《中医文献学辞典》 赵法新等主编。2000年4月中医古籍出版社出版。收录中医文献学专业名词、术语、典籍、人物、医事制度等词目为主,旁及其它有关词目,兼收并蓄,共六千余条。32开本,458页,定价26.00元。

《新编简明中国辞书辞典》 任宝祯主编。2000年7月济南出版社出版。本书收录了各种类型的辞书约七千种,其中又以辞典(含语文辞典、专科辞典、专名辞典、综合性辞典等类)为重点。每种辞书除一一介绍其著(译)者、出版社及出版年月外,还简述其内容、编例和功用。大32开本,1004页,精装本,定价80.00元。

《近代中日文化交流史》 王晓秋著。2000年8月中华书局出版。本书1992年初版。收入"中华近代文化史丛书"。本书叙述的是自19世纪40年代以迄1919年五四运动中日文化交流历史。全书分三编,按时代先后进行论述,其间有许多章节涉及出版文化的交流,如《汉籍东渐——近代初期中国书籍在日本的传播和影响》、《渡海访书——在日本寻访中国古籍逸书》、《译书架桥——近代中日互译书及其影响》等。书前有文化人士的照片、手迹、书影等8页。大32开本,562页,40.9万字,印数3000册,定价27.00元。

【另】同类著作还有:姚嶂剑著《遣唐史:唐代中日文化交流史略》,陕西人民出版社1984年版;梁容若著《中日文化交流史论》,商务印书馆1985年版;冯佐哲著《中日文化交流史话》,中国大百科全书2000年版。

《江苏古籍序跋与书评》 苏古编。2000年9月江苏古籍出版社出版。本书收录了《中国国家图书馆藏敦煌遗书》序、《宋平江城坊考》序、《百城烟水》前言、《太湖备考》前言、《曲谱研究》评介、《晚明小品研究》评介等百余篇文章。大32开本,748页,定价28.00元。

《百刊风采——全国百种重点社科期刊巡礼》 中国出版杂志社编。2000年10月人民出版社出版。1998年,新闻出版署进行了首次全国百种重点社科期刊的评比。本书就是入选的百种优秀社科期刊的经验总结。它对于期刊理论研究和实际工作都是有参考价值的。于友先作序。大32开本,448页,30万字,印数10000册,定价34.00元。

《中国基督教简史》 姚民权、罗伟虹著。2000年11月宗教文化出版社出版。本书详细介绍了中国基督教从19世纪初期到20世纪50年代的发展历程,以丰富的资料,介绍了传教士及差会机构在中国的传教活动,并对他们在中国社会各不同历史时期的活动情况和历史作用,作了客观的评价,分析了基督教对中国民众、社会、思想、文化等诸多方面的影响。翻译出版是基督教传教士的一项重要工作,本书对此多有涉及,如《1840年前的文字出版活动》、《圣经的中文翻译及圣经公会》、《伦敦传教会的墨海书馆》、《长老会的美华印书馆》、《卫斯理宗的印刷机构》、《益智书会》、《传播西学的著名传教士》、《教会的喉舌——基督教文字出版事业》等章节,都与翻译史、出版史有着直接的、密切的关联。大32开本,281页,21万字,印数5000册,定价20.00元。

《上海美术史札记》 黄可著。2000年12月上海人民美术出版社出版。本书对民国时期的美术期刊多有涉及,既有一些珍贵的书影,又有一些关于期刊的介绍文字。大32开本,364页,印数3000册,定价23.00元。

《安徽文化史》(全3卷) 本书编委会编。2000年12月南京大学出版社出版。本书对古代安徽刻书业和现代新闻出版事业均有专门的章节进行论述。大32开本,2530页,精装本,定价198.00元。

《文化人与钱》 陈明远著。2001年1月百花文艺出版社出版。这是一本关于中国知识分子个人收入的调查研究报告。全书结构编排大体以时间为序。本书材料丰富,资料翔实、分析精辟、观点独到。其中分析了鲁迅生活的经济背景、五四前后北京教育界和学者群体、20年代上海出版界和作者群体、40年代通货膨胀物价飞涨等。大32开本,271页,印数6000册,定价15.00元。

《科技编辑大辞典》 王春林主编。2001年7月第二军医大学出版社出版。本辞典共收录三千八百多个词条,分为:出版工作法规与规范、编辑一般、编辑工程、装帧设计、校对与印刷、出版与发行、编排规范及期刊评估、编辑工作现代化、中国科技编辑史、编辑人物、编辑著作、编辑教育及研究机构与刊物、量与单位等13个部分。大32开本,744页,精装本,定价88.00元。

《井中奇书考》 陈福康著。2001年7月上海文艺出版社出版。在我国数千年浩如烟海的图书中,有一部从井中发现的,藏于水中达356年之久的奇书,它就是宋遗民郑所南的《心史》。自出井刊行后,《心史》引起广泛关注,序跋、题咏、品评者逾百人。本书是著名学者陈福康对其的研究著作,内容涉及郑思肖的生平与家世、郑思肖的绘画、郑思肖的诗文与创作历程、郑思肖与宋季爱国文人、《心史》出井与刊刻经过、《心史》明刊本的序跋者、《心史》与明清之际爱国文人、《心史》"伪书说"出现后、《心史》的文学和史学价值等。书的最后有《心史》原书。大32开本,540页,定价32.00元。

《简帛佚籍与学术史》 李学勤著。2001年9月江西教育出版社出版。本书对简帛佚籍进行了系统论述,进而探讨了简帛佚籍与学术史发展的关系。全书分为6篇,分别为:通论、楚帛书研究、秦简研究、江陵张家山简、长沙马王堆帛书、其他简牍。大32开本,401页,31.5万字,印数5000册,定价32.00元。

《书涛集——山西人民出版社建社五十周年书评编辑札记选萃》 本社编。2001年10月山西人民出版社编辑、出版。大32开本,449页,印数1000册,定价25.00元。

《中国社团发展史》 中国社团研究会编著,古俊贤主编。2001年11月当代中国出版社出版。大16开本,734页,印数2000册,精装本,定价150.00元。

《南京社团志》 南京市地方志编纂委员会编。2001年12月方志出版社出版。收入"南京市志丛书"。大32开本,629页,印数2000册,精装本,定价70.00元。

《四马路:老上海海派特色文化的一条街》 胡根喜著。2001年11月学林出版社出版。四马路,原名"布道街",得名于工部局董事、传教士麦杜斯督教讲经布道的场所。本书通过介绍老上海的这条四马路来反映当时上海的方方面面和当时的社会背景。涉及到

“一折八扣标点书”等内容。大 32 开本,341 页,印数 10000 册,定价 22.00 元。

《文史资料选编:文化编》 福建省政协文史资料委员会编。2001 年 12 月福建人民出版社出版。本书为《文史资料选编》第三卷。内容分为:文学,戏曲曲艺,新闻出版,图书博物,书画,史地,其他七部分,包括“宝岛诗话”、“福州评话漫谈”、“福建早期印刷业与报刊点滴”、“福建省立图书馆史略”等。大 32 开本,591 页,定价 30.00 元。

《〈读书时间〉四十二本书》 吴玉仑主编。2002 年 3 月山东画报出版社出版。这是中央电视台《读书时间》的第二本访谈录,截取 1998～2000 年所播出的节目,精选了 42 篇,介绍了陈平原《北大旧事》、阿来《尘埃落定》、陈忠实《白鹿原》等著作的创作经过、作者心路历程,展示阅读背景,帮助读者对喜欢的书进行深层阅读。大 32 开本,384 页,29.5 万字,印数 5000 册,定价 19.60 元。

《云南人民出版社 50 年书评集(1950～2000)》(上、下) 本社总编室编。2001 年 9 月云南人民出版社出版。本书收李德生《刘邓大军征战记》序言、刘华清《刘伯承军事理论研究丛书》序、胡廷武序“名编辑文丛”等二百多篇书评。20 开本,865 页,印数 2000 册,定价 98.00 元。

《中国现代文学制度研究》 王本朝著。2002 年 4 月西南师范大学出版社出版。本书试图从“文学制度的现代化”和“制度化的文学写作”角度讨论文学制度与文学之间的复杂关系,梳理、探索现代文学制度的构成因素,以及它们分别对文学生产与在生产、文学群体与作家个人、文学观念与文学运动的引导和规范性意义。大 32 开本,219 页,定价 16.00元。

《上海百年文化史》 本书编纂委员会组织编写。2002 年 5 月上海科学技术文献出版社出版。本书纵横相兼,史论结合,对一百年来上海文化发展的历史演变进行了勾勒与分析。第一卷“上海百年文化的整体脉络”为纵向依史阐述;第二卷“上海百年文化的门类演进”(上、中、下)为横向分类展开;第三卷“上海百年文化的理论思考”则以论带史。在本书的第二卷(下)中,设有专章谈“新闻的百年纵横”和“出版的百年经纬”。大 32 开本,2002 页,169.6 万字,印数 1500 套,每套定价 280.00 元。

《中国百年书评选》(上、中、下) 伍杰编。2002 年 5 月云南教育出版社出版。编者按照广搜精选、门类普及、远疏近密、代表时代的原则,力求选出代表人物的代表作,反映出百年书评的发展概貌。全书将中国百年书评史分为四个时期:1896 年至 1919 年为现代书评的启蒙时期;1920 年至 1949 年为现代书评的发展时期;1950 年至 1978 年为现代书评的成熟时期;1979 年至 1997 年为现代书评的繁荣时期。书稿成于 1998 年,故以 1997 年为限。书中精选各个历史时期的书评 247 篇,都是报刊、文集中公开发表过的。编者对各个时期不同的书评特点作了归纳,对大部分作者作了简要介绍,对书评作品作了点评。大 32 开本,1961 页,148 万字,印数 2000 套,定价 75.00 元。

《南宋的诗文选本研究》 张智华著。2002 年 6 月北京师范大学出版社出版。在中国学术史上,诗文选本的传播与接受是一个重要的分支。诗文选本的研究对于文学理论批评史和出版文化史的深入都有重要意义。本书对南宋人所编的二百多种诗文选本从文献和理论两个方面进行了研究。文献方面,考察南宋诗文选本的种类及存佚情况,并对部分重要诗文选本的版本源流进行梳理。理论方面,探讨南宋诗文选本的编选原则及其与古文理论、诗歌理论、学术风气的关系。附录有《南宋部分诗文选本提要》。大32开本，270页，22万字，印数3000册，定价15.00元。

《中国医籍大辞典》(上、下) 裘沛然主编。2002年8月上海科学技术出版社出版。16开本，2194页，印数4000册(套)，精装本，定价400.00元。

《南京文化志》(全2册) 徐耀新主编。2002年12月中国书籍出版社出版。本书系统论述了南京从古代一直到2000年的文化成就和文化发展历程。涉及的内容包括美术、音乐、舞蹈、戏曲、电影、社会文化、历史文化遗产、对外文化交流、文化管理和文化市场等，图书、报刊出版也是其中的重要内容。16开本，1126页，精装本，定价330.00元。

【另】《苏州文化手册》(岳俊杰等编著)1993年6月上海人民出版社出版，内含苏州地区刻书藏书方面的资料。

《浅草——沉钟社研究》 秦林芳著。2002年12月中国社会科学出版社出版。本书从社团活动、主体思想、创作倾向等方面简要地描述了浅草——沉钟社的历史流变，并对前、后期的基本特点作了扼要的介绍，重点探讨了它的文化思想。大32开本，380页，印数2000册，定价24.00元。

《中国古代四大发明(源流、外传及世界影响)》 潘吉星著。2002年12月中国科技大学出版社出版。本书基于近三千年间对考古发掘资料的利用、出土文物的考察和中外文献的考证，系统而深入地研究中国古代四大发明即造纸、印刷术、火药、指南针的起源和早期发展，及其在东西方各国传播的历史，并论述四大发明在世界文明发展中所起的作用和产生的影响。同时，探讨四大发明所依据的科学原理和工艺制造，对相关器物作新的技术复原研究。全书共13章，插图305幅，内容深入浅出，资料翔实，反映最新研究成果。16开本，654页，印数5000册，定价98.00元。

《中国序跋鉴赏辞典》 楼沪光、孙琇主编。2003年1月河北教育出版社出版。本书精选我国自古至今460篇优秀序跋，并逐一进行鉴赏分析。序跋中有着丰富的编纂和出版史料，因此本辞典的出版对出版史的研究是有重要价值的。大32开本，1560页，精装本，定价99.00元。

《"洋娱乐"的流入——近代上海的文化娱乐业》 高福进著。2003年1月上海人民出版社出版。本书内容涉及"传教士与上海：西风劲吹的西式学堂"、"洋气十足的游乐场：老上海文化市场的动作及经营"、"竞赛：体育活动及组织"等。大32开本，193页，印数6000册，定价14.40元。

《中国近代版权史》 李明山主编。2003年5月河南大学出版社出版。这是国内第一部研究中国近代版权史的专著。全书11章，对清代至民国的版权发展历史进行了梳理和论述。其纲目为：清朝对版权的禁锢和版权保护文告的沿用与终结；近代版权保护的理论与实践；《伯尔尼公约》的传入与西方传教士在华的版权保护活动；续修商约激起的大清朝版权论争；中国第一部著作权法的出台与秦瑞玠的释义；民国初年《大清著作权律》的短期沿用与中国版权加盟论争；清末民初的涉外版权纠纷；《中华民国著作权法》的颁布与修订；民国时期政府对著作权人权利的禁锢与践踏；民国时期版权保护的废弛和盗版盛行；民国时期民间的自发著作维权活动。郑思成为该书写序，指出"这确是一部值得一读的好书"，"使读者可以从史料及对史料的选择、评论中，认识我们过去未曾认识的许多问题"。

大32开本,319页,28.9万字,印数2000册,定价20.00元。本书于2006年11月第2次印刷,列入“编辑出版学丛书”,定价23.00元。

《真话真说》 王新民著。2003年6月光明日报出版社出版。以书为媒,作者与贾平凹相识结交十多年,先后成功策划出版了《平凹游记选》、《坐佛》、《贾平凹书画》、《做个自在人——贾平凹序跋书话集》、《西路上——贾平凹手稿珍藏版》、《贾平凹打官司》、《书友贾平凹》等书,多为拾遗补缺之举,屡有创新畅销之效。本书记述了作者在策划上述贾平凹图书时与贾平凹及出版发行界的切磋、谈判与磨合,或争论、分歧与沟通的曲折艰难过程,不乏酸甜苦辣和悲欢离合,映射出书业风云与世态人情。同时作为图书策划成功案例,对出版发行界不无参考和借鉴,也有助于读者了解书后鲜为人知的故事。贾平凹题写书名。大32开本,253页,定价20.00元。

《我与〈辞海〉》 李伟国等主编。2003年9月上海辞书出版社出版。本书是《辞海》这部大型综合性词典的编者和广大读者所作的一次文化交流,共收录专家学者、作家、大学教授、机关干部、工人、农民、人民解放军官兵、公安干警与中小学生撰写的与《辞海》相识、学习、收获和结缘的文章125篇,真实的故事配以细腻的感情,写出了对《辞海》的真情实感,展示了《辞海》的强大生命力及其与时俱进,为提高中华民族文化素质努力的成果,苏步青、谈家桢、裘沛然、曾彦修、冯英子、蒋学模、徐中玉、杨雄里等著名专家学者的文章令人击节称道,九十多位来自全国各地读者的文章娓娓讲述自己的故事、抒发自己的对《辞海》感激之情,更令人难以忘却。大32开本,213页,定价15.00元。

《书刊装帧大词典》 吴寿林主编。2003年9月东华大学出版社出版。本书分书刊装帧设计、书刊版式设计、护封与封面设计、书刊插图与图形设计;书刊字体设计、色彩构成与书刊装帧用色、装帧美学与审美等13个部分,近3300个辞条。大32开本,839页,印数1500册,精装本,定价120元。

《蒙古学百科全书·新闻出版卷》 本书编委会编。2003年11月内蒙古人民出版社出版。本书为蒙文本。16开本,720页,精装本。

《传媒与文化领导权——当代中国的文化生产与文化认同》 孟繁华著。2003年12月山东教育出版社出版。文化领导权的概念是葛兰西首先提出来的。在葛兰西的理论中,文化领导权就是“文明的领导权”,它是政治民主的根本原则,是民众同意的领导权。本书就中国当代文化产生与文化认同做了一系列的理论研究和深入的分析。大32开本,印数1000册,定价14.50元。

《一个独特的历史现象:桂林文化城》(上、下) 魏华龄著,桂林市政协文史资料委员会编。2003年漓江出版社出版。上册由三部分组成,即桂林文化城史话、有关桂林抗战文化研究的17篇文章以及回顾和综述;下册文章主要有文化城人物、文化团体和书评等。大32开本,上册443页,下册419页,定价38.00元。

《毕节地区志·文化艺术新闻出版志》 贵州省毕节地区地方志编纂委员会编。2003年贵州人民出版社出版。本志时间下限为1997年。16开本,402页,精装本,定价80.00元。

《福州文化志》 徐鹤萍主编,福州市文化局编。2003年海潮摄影艺术出版社出版。本志真实而全面地反映了福州在文学、戏剧、曲艺、音乐、舞蹈、美术、电影、图书、群众文化及文化行政机构诸方面的历史与现状。16 开本,442 页,印数 3000 册,定价 96.00 元。

《韬奋纪念馆·韬奋故居》 上海韬奋纪念馆编。2003 年上海人民出版社出版。大 32 开本,32 页,定价 4.00 元。

【另】中国韬奋基金会编《中国韬奋基金会》2000 年由上海文艺出版社出版。

《神秘文化典籍大观》 王玉德等编著。2004 年 1 月广西人民出版社出版。神秘文化典籍是指有关神秘哲学、宗教、术数、民俗、文学等方面的文献,主要是以阴阳五行学说推演而成的术数文献。本书侧重介绍了有关神秘哲学和术数方面的书籍,因为这些书是神秘文化的核心和主体。对每一部典籍,都尽量交代了作者、篇目、要旨、版本,以期能让读者有个初步的了解。16 开本,274 页,定价 25.00 元。本书 1993 年 5 月初版。2007 年 10 月再次修订重版。

《中国现代社团文学史》 朱寿桐著。2004 年 2 月人民文学出版社出版。本书的内容涉及中国现代文学研究与现代文学社团研究、现代文学社团与传统文人会社的比较、现代文学社团的研究方法等。中国现代文学社团往往办刊物,经营出版,或者借助出版机构开展活动,故而研究现代文学社团对于研究现代文学出版有着重要参考价值。大 32 开本,252 页,定价 15.00 元。

《上海:近代新文明的形态》 苏智良主编。2004 年 5 月上海辞书出版社出版。这本论文集汇集了历史学工作者近年来对上海城市文明发展历程的思考与成果。所录论文内容涉及上海城市形成过程中的城市建设,特别是公共空间的扩展;上海文化产业和文化市场的形成,包括城市发展过程中的印刷出版业和电影业;上海地方的行政机构与民间团体的职能演变及其活动;上海民间信仰的传承与变异;上海城市化过程中各类公众设施的完善等,从而多视角地对上海城市文明的形成、发展进行阐释与展望。书中直接讨论上海近代印刷与出版的论文有三篇,即《清代后期上海地区印刷文化的输入与输出》、《文化市场与上海出版业(1912～1921)》、《传教士与墨海书馆》。大 32 开本,371 页,37.3 万字,印数 2100 册,定价 26.00 元。

《脱颖而出——65 种书从写作到出版》 罗维扬、张新华编。2004 年 5 月北京艺术与科学电子出版社出版。编者在《后记》中说,这本书"是怀着对作者和编辑们的深深敬意,讲述了 65 本书从写作到编辑出版的动人故事,而这些故事的讲述者就是我们未来的编辑们"。事实上,本书是北京印刷学院编辑出版专业 2000 级学生"出版应用文写作"课程的作业汇编本。16 开本,283 页,未标字数,印数 2000 册,定价 38.00 元。

《邓小平图书词典》 张彦主编。2004 年 7 月华文出版社出版。本书收录了新中国成立以来不同历史时期国内出版的邓小平著作及学习、研究邓小平著作、理论、生平事迹的图书两千一百多种。大 32 开本,569 页,定价 46.00 元。

《甘肃蒙古族文化形态与古籍文存》 李玉宁编著。2004 年 6 月甘肃民族出版社出版。本书上溯蒙古族民族形成的 11 世纪,下至公元 2000 年,介绍甘肃蒙古族的历史与现状,对反映其地民族风土、人情等的古籍进行梳理与介绍。大 32 开本,300 页,印数 1000 册,定价 28.50 元。

《创造社通观》 黄淳浩著。2004 年 9 月崇文书局出版。本书从宏观上把握创造社这个重要文学社团的历史,并从文学思潮着眼,梳理创造社的文学主张,再从微观入手,逐个编写创造社成员的传记，论述其创作，阐发相互关系，是全面系统研究创造社的专著，其间也涉及创造社与文学出版的关系。大32开本，259页，定价20.00元。

《中国西部抗战文化史》 唐正芒等著。2004年11月中共党史出版社出版。抗日战争时期，由于日本帝国主义对中国的侵略而导致中国东部地区的高等学校和文化机构、团体以及大批文化名人纷纷西迁，由此形成西部地区抗战文化的蓬勃局面。本书从“中国文化重心西移”这一命题出发，运用大量翔实的资料，对这一时期中国西部的抗战文化运动进行了深入分析。其中第五章为“为抗战呐喊呼号的西部新闻出版战线”，比较全面具体地论述了当时的广播通讯、报刊出版以及出版业的发展。大32开本，535页，41.5万字，印数3300册，定价35.00元。

《传媒与现代文学之间》 周海波、杨庆东著。2004年12月中国社会科学出版社出版。本书从文学生产的角度出发，通过对鲁迅、《小说月报》、《申报·自由谈》的个案研究，讨论了现代传媒与中国现代文学之间的内在联系，揭示了现代传媒与现代文学的互生关系。本书指出，现代传媒一旦确立了自身，它不仅是文学的载体，而且其产生的影响就会带来文学审美观念、文学思潮、文体特征以及作家队伍等方面的深刻变化，中国文学的“现代”也因此而具有自身特殊的意义和特征。全书分四章，其纲目为：“理论阐释：现代传媒与现代文学关系的考察”、“《小说月报》与中国小说现代化转型”、“《申报·自由谈》与现代散文”、“现代传媒与鲁迅的知识分子写作”。大32开本，183页，16.2万字，未标印数，定价20.00元。

《中国书院研究》 李才栋著。2005年1月江西高校出版社出版。本书对中国古代书院的起源和发展，对书院的教学与管理，对书院的历史贡献等，作了全面的研究。作者还对江西及全国各主要书院做了个案研究，书中还涉及书院刻书方面的内容。大32开本，428页，定价25.50元。

《唐诗选本提要》 孙琴安著。2005年1月上海书店出版社出版。本书是作者20世纪80年代出版的《唐诗选本六百种提要》的修订本。作者对六百多种唐诗选本一一摘录其内容提要，评析其短长。新版补充了《唐三舍人集》，对初版以后出版的唐诗选本书目进行了增补。附录有《古代著名唐宋诗合选本》、《日本唐诗选本》、《民国唐诗选本》、《1949年以后大陆出版的唐诗选本》、《1949年以后台湾出版的唐诗选本》。大32开本，514页，42.2万字，印数3000册，定价35.00元。

《重庆市志·教育志·文化志·文艺志·广播电视志·档案志·文物志·报业志》 重庆市地方志编纂委员会编。2005年1月西南师范大学出版社出版。本志上起1840年，下限1985年，重点记述了1949年11月30日重庆解放后的教育、文化、文艺、广播电视、档案、文物、报业方面的历史。16开本，980页，精装本，定价148.00元。

《文化人的经济生活》 陈明远著。2005年2月文汇出版社出版。本书是一部探讨文化人经济状况的著作。作者从经济学、社会学的角度考察现代文化人和知识阶层的发展史，考证他们在各个阶段的生活条件和经济背景。统计归纳、比较分析“金钱收支与生活费用”的实际状况，是本书的一个显著特点。其中，“商务印书馆与文化人”、“20世纪上半叶的稿酬版税”、“五四前后北京文化人群体”、“自由撰稿人的经济状况”等专题均主要或较多涉及出版方面。小16开本，365页，34.5万字，印数10000册，定价33.00元。

《〈文选〉成书研究》 王立群著。2005年2月商务印书馆出版。本书探讨了《文选》成书研究中的非逻辑因素，认为《文选》是据前贤总集二次编选的再选本，并对《文选》成书研究中的两大成说——“昭明太子十学士”说与“不录存者”说进行了考辨，总结了《文选》成书的继承与创新问题，并对《文选》成书研究中颇有争议的问题进行了深入探讨。大32开本，252页，31.5万字，定价17.00元。

《“新诗集”与中国新诗的发生》 姜涛著。2005年4月北京大学出版社出版。本书以早期“新诗集”《尝试集》、《女神》、《草儿》、《冬衣》、《蕙的风》等为讨论对象，通过考察“新诗集”的出版、接受、编撰及历史评价等环节，重新审视“新诗的发生”这一历史命题。在研究方法上，本书尝试在新诗的内部研究“范式”中，引入外部因素的讨论，比如发表、出版、读者阅读、诗集编撰和文学史的建构等，从一种整体性的社会、文化视角，重新审视新诗的独特历史，并尽量回到原初的现场，从公众的角度展现复杂、纷繁的历史表象，从而对一般的有关新诗的线性历史想象，提出自己的质疑。16开本，296页，定价24.00元。

《买书琐记》 范用编。2005年5月三联书店出版。作者不仅着迷于买书，对别人记述逛书店买书的文章也非常有兴趣，于是汇编这本书，介绍了六十多位有“书癖”的人，讲述自己和别人买书的故事。大32开本，430页，31.8万字，2005年9月第2次印刷，累计印数15000册，定价20.50元。范用编《买书琐记续编》2009年6月三联书店出版。

《读书的艺术》 《博览群书》杂志社选编。2005年5月九州出版社出版。本书让那些中外的文化大家现身说法，以他们的读书体验和心得来教给我们何为读书的艺术。全书分为四个部分：读书的方法、读书的经验、读书的情趣和一种新境界。另外还附录了近20年中对中国社会影响最大的20本书，改变世界的16本书和改变美国的25本书。大32开本，379页，定价25.00元。

《近代化进程中的汉口文化娱乐业(1861～1949)》 傅才武著。2005年6月湖北教育出版社出版。本书以近代武汉为支点，从一个历史纵深的角度考察市场体制条件下作为城市文化产业的娱乐休闲产业的发展轨迹，为文化产业在微观领域的研究提供了一个较为典型的区域性研究范例。章开沅作序。大32开本，365页，31.4万字，印数2000册，定价26.00元。

《编辑大手笔·编辑文书选讲》 罗维扬编著。2005年9月崇文书局出版。本书以近百年出版史为经，以出版流程为纬，选取出版传播职业编辑之典型性编辑文书以及具有重大影响的出版物附件组构而成。以我国为主，以外国为辅；国内以大陆为主，以港台为辅；以人文为主，以科技为辅；以白话为主，以文言为辅。全书分为出版策划、编写体例、审稿意见、编辑加工、出版说明、内容简介、书籍序跋、报刊宣言、编者按语、启事与信函、日志与札记、印刷发行提示、书报刊广告、书报刊评论、调查研究报告、出版管理文件共16辑。每辑中的同类文体，有不同样式。另有三个有关编辑出版的附录。本书包括文选和讲评两个部分。讲评分三个层次，即卷首的概论、每辑之后的专论、每篇之后的讲评。王建辉、李频分别作序。16开本，366页，42万字，印数1000册，定价36.00元。

《书香》 汪耀华主编。2005年9月上海文化出版社出版。本书是国内第一家书业广告股份公司的成长史，汇集了上海广告策划有限公司过去十年的工作随笔。包括《十年，从创办到分拆》、《店铺装饰从设计开始》、《24小时营业的创举》等。18开本，140页，定价 20.00 元。

《大众传媒与中国现当代文学》 程光炜主编。2005 年 11 月人民文学出版社出版。大众传媒对中国现当代文学的渗透和影响，是当前文化研究的一个重要领域，论文甚多。这本论文集收录了多位作者的 20 篇，涉及现当代的一些文学社团、文学期刊，对于深化文学出版史的研究有参考价值。小 16 开本，319 页，26 万字，印数 5000 册，定价 33.00 元。

《文献学大辞典》 赵国璋、潘树广主编。2005 年 12 月广陵书社出版社出版。本书是有关我国古代文献学学科的专门性辞典，收录包括文献学基础理论、文献载体、文献整理、文献聚散与流通、重要文献、文献阅读与文献学家等方面的词目四千六百多条。附录《中国文献学大事记》。大 32 开本，1150 页，精装本，定价 98.00 元。

《旧时书坊》 秋禾、少莉编。2005 年 12 月三联出版社出版。本书着意于从学人、文士眼里的书坊、心中的坊友以及坊友自身的作为等角度选编文章，凡 36 题，内分 3 辑：辑一回溯自清初扫叶山房以来，北京、上海、南京、香港、台北等地旧书流通业的历史风貌，对中国书店、来薰阁、通学斋、抱经堂、来青阁等历史上著名的老字号店肆，介绍尤详；辑二由店及人，为旧时坊友如孙殿起、雷梦水、陈济川、陈乃乾等立传，更是中国旧书业不可多得的人物资料；辑三则是作为幕后主角的坊友走到前台，现身说法，以第一人称自述，留下第一手的历史文献。大 32 开本，421 页，26.7 万字，印数 10000 册，定价 20.00 元。

《日本学人中国访书记》 (日)内藤湖南、长泽规矩也等著，钱婉约、宋炎辑译。2006 年 1 月中华书局出版。访书活动是近代中日文化交流中一个涵盖面宽泛的文化现象。它既是日本关注中国、渗透中国、殖民中国的社会思潮在文化学术领域的折射，又构成近代日本中国学的有机组成部分。通过访书活动，可以从一个具体的侧面了解日本人对中国文化关注的兴趣所在，同时展示中国学发展的实际态势及其与中国学术界、与中国文献典籍、与中国书业界的相互关系。本书收集、翻译了日本内藤湖南、田中庆太郎、武内义雄、神田喜一郎、长泽规矩也、吉川幸次郎六位学者的中国访书记，包括《中国书籍记事》、《中华民国书林一瞥》、《琉璃厂后记》等篇章。小 16 开本，297 页，19.4 万字，印数 5000 册，定价 32.00 元。

《思想者的精神家园》(全 4 册) 陈英明、于平安、甄西编译。2006 年 1 月海南出版社出版。本书记录了作者创办《大学时代》杂志，并经过四年的努力扭亏为盈的发展历程，进而展示了作者作为杂志主编的抱负和复杂丰富的内心世界。16 开本，定价 110.00 元。

《知识分子与人民币时代》 陈明远著。2006 年 2 月文汇出版社出版。本书是《文化人的经济生活》续篇。作者反思了整个 20 世纪，我国知识阶层的生活状况几经曲折，中期逐步贫困化，以至于发生脑体倒挂的怪现象，这已是毋庸置疑、不可回避的历史真相。那么，以往我国知识阶层贫困化的历程如何呢？今后又怎样争取合情合理的致富方式呢？本书对这些问题进行了基于事实和数据的深入研究。16 开木，299 页，定价 29.00 元。

《近代中国著作权法的成长(1903～1910)》 王兰萍著。2006 年 5 月北京大学出版社出版。本书以近代中国著作权的成长为主题，集中探讨了 1903～1910 年清末著作权的理论与实践。对著作权的词源、如何看待中国古代著作权法文化与近代著作权法的肇始，以及清末著作权的输入、清末著作权立法、《大清著作权律》对外国的移植、清末著作权法的实施、清末著作权法的影响等问题进行了深入的研究。本书视角独特,对史料的挖掘较为深入,是一部研究近代中国著作权法史的力作。附录有《中国法制近代化过程中的三部著作权法》、《有关史料选辑》。小16开本,265页,29.6万字,定价27.00元。

《明代文化研究》 南炳文、何孝荣著。2006年6月人民出版社出版。本书分若干板块对明代文化的主要方面进行了概括性的研究,其中设有专章讨论明代图书事业的发展。大32开本,606页,53万字,印数5000册,定价48.00元。

《知识分子的岗位与追求:文学研究会研究》 石曙萍著。2006年6月东方出版中心出版。收入"中国现代文学社团史研究书系"。本书以论述文学研究会的刊物为重点,从刊物的发展过程、人事关系、编辑风格、与社团之间的关系等方面对《小说月报》、《文学周报》、《文学旬刊》、《诗》进行了全面论述。小16开本,264页,22万字,未标印数,定价27.00元。

《民间的文人雅集:南社研究》 栾梅健著。2006年6月东方出版中心出版。收入"中国现代文学社团史研究书系"。本书论者从新文学与旧文学、纯文学与俗文学的多重关系中,重点考察了南社成员的地缘背景和亦儒亦侠的文人生活方式,从而清晰地彰显出南社在20世纪上半叶风云激荡的文学思潮中所处的地位及其价值与意义。小16开本,311页,定价30.00元。

《寻找归宿的流浪者:创造社研究》 咸立强著。2006年6月东方出版中心出版。收入"中国现代文学社团史研究书系"。本书通过对社团内各种发展取向之间相互激荡的细微梳理与辨析,较为全面地描述了创造社发生、发展及其流变的历史过程。小16开本,293页,定价29.00元。

《飞扬跋扈为谁雄:作为文学社团的新青年社研究》 庄森著。2006年6月东方出版中心出版。收入"中国现代文学社团史研究书系"。本书将当时的历史人物与历史事件还原到日常生活的逻辑上加以考察,从经济、社会、文化等方面的材料来探寻新青年社团的形成,披露、考证出了一些鲜为人知的内幕。小16开本,301页,28万字,定价30.00元。

《从兰社到〈现代〉:以施蛰存、戴望舒、杜衡及刘呐鸥为核心的社团研究》 金理著。2006年6月东方出版中心出版。收入"中国现代文学社团史研究书系"。本书采取社团与人事互为参证的方式,研究从"兰社"而"璎珞社"而"文学工场"而"水沫社",直至《现代》杂志的演变,探讨这一社团的聚结、发展、离散过程。小16开本,289页,定价27.00元。

《黑暗中的追寻:栎社研究》 许俊雅著。2006年6月东方出版中心出版。收入"中国现代文学社团史研究书系"。本书以日据时期的台湾栎社为研究对象,以日据时期台湾的历史和文化为背景,通过对栎社相关资料的搜遗钩沉和梳爬辨析,具体考察了栎社本身、栎社与栎社成员、栎社与社会时代间的互动关系。小16开本,342页,35万字,定价36.00元。

《在"我"与"世界"之间:语丝社研究》 陈离著。2006年6月东方出版中心出版。收入"中国现代文学社团史研究书系"。本书以人事关系为主线,论述了语丝社的产生、演变过程及其在现代文学史、思想史上的重要作用。小16开本,286页,24万字,定价30.00元。

《插图的故事》 黄裳著。2006年6月上海书店出版社出版。本书是作者写作的有关古代图书插图的札记。实物的取舍以明代刻本为主，间附清刻。书中多幅古代图书插图，资料性、可读性兼具。小32开本，145页，6.85万字，印数5000册，精装本，定价16.00元。

《抗战时期的中国文化》 涂文学、邓正兵主编。2006年7月人民出版社出版。本书是2005年8月在武汉召开的“救亡与发展：抗战时期的中国文化”国际学术会议的论文选集。收录相关论文60篇，其中多篇论文直接或间接涉及当时的新闻出版事业，如《抗战时期〈东南日报〉的南迁及其出版活动》、《全面抗战时期的山东报业》、《抗战时期汪伪的重要喉舌——〈中华日报〉》等。大32开本，666页，50万字，印数3000册，定价45.00元。

《浙江文化研究工程概览》（全3册） 陈永昊等主编。第一册2006年8月研究出版社出版。第二册、第三册分别于2008年5月、2009年7月由浙江大学出版社出版。本书主要收录了文化研究工程立项的项目的内容简介。其中包括“浙江近代图书出版史”、“浙江近现代期刊史”、“浙江藏书史”、“浙江印刷史”、“浙江医籍考”等项目的介绍。

《枪口下的法律：中国版权史研究》 李雨峰著。2006年8月知识产权出版社出版。本书主要内容是探讨如下问题：中国宋代是否存在对文学作品的保护；版权作为一个事件，它是如何发生的；中国为什么没有最早产生版权法；中国近代以来版权法是如何在西方的推动下完成的，等等。刘春田、周林分别作序。大32开本，252页，23.4万字，定价16.00元。

《少年中国学会研究》 吴小龙著。2006年8月上海三联书店出版。五四时期的少年中国学会是当时很有名、影响很大的社会团体。少年中国学会自成立之日起，所从事的具体社会活动的事业中，很重要的一项就是编辑出版事业，这既是他们彼此之间思想探索和交流的需要，也是学会进行宣传、扩大影响的需要。本书对少年中国学会的筹备、成立、主要活动、思想论争等进行了全面的探讨，其中也有专门章节涉及其编辑出版事业。小16开本，280页，25万字，定价28.00元。

《二十世纪中国文学发生论》 栾梅健著。2006年8月广西师范大学出版社出版。本书1992年由台湾业强出版社初版。作者运用文艺社会学方法，从经济、文化、人才几个角度探讨了20世纪中国文学的发生。其中《传播媒介的变革与文学兴盛的契机》、《稿费制度的确立与职业作家的出现》等部分对出版史的研究颇有启发。小16开本，186页，15万字，印数5200册，定价20.00元。

《书衣翩翩》 孙艳、童翠萍编。2006年9月三联书店出。收入“闲趣坊书系”。本书以书衣为切入点，以现代、当代书刊为关照对象，文章依细分话题编作五辑，依次为“封面画趣味”、“书衣的风景”、“书装书之话”、“书装人物志”、“装帧艺术谈”。随文插配170帧精品书衣黑白图像，图文双美，知识性和艺术性兼备。大32开本，431页，25万字，印数10000册，定价23.00元。

【另】潘小松著《书梦依旧》2006年9月由三联书店刊行，收入“闲趣坊书系”。

《明清小说资料》（上、下） 朱一玄编。2006年9月南开大学出版社出版。书中收录的小说序跋、评点等方面的文字，内含编辑出版史料。大32开本，定价68.00元。

【另】南开大学出版社还出版了朱一玄编“中国古典小说名著资料丛刊”多种，其中多有小说编辑出版方面的史料。

《科学翻译影响下的文化变迁》 范祥涛著。2006 年 10 月上海译文出版社出版。作者考查了 20 世纪初科学翻译的文化影响的几个方面:科学翻译输入的大量词汇丰富了作为文化载体的汉语语言,其影响所及甚至达于此后的新文化运动;科学教科书的翻译促进了科学教育的发展和科学知识的普及,改变了世人的知识结构以及思想观念,为科学文化的成熟打下了基础;进化论的翻译使“天不变道亦不变”的陈腐观念受到极大冲击,进化的新观念得到广泛传播;逻辑学和科学实验方面的著作的译介,促成了方法论科学观在当时思想界的成熟发展和运用。对科学翻译的历时描写研究,就翻译活动对目的文化的研究,具有显见的文化意义。大 32 开本,372 页,定价 29.00 元。

《中国少数民族古籍管理学概论》 包和平等著。2006 年 12 月民族出版社出版。本书的主要纲目有:中国少数民族古籍管理学的研究对象和任务,少数民族古籍的特点与价值,当代民族古籍概况,少数民族古籍收藏与研究的历史和现状,少数民族古籍的普查、搜集与统计,少数民族古籍的分类、著录与目录组织,少数民族古籍的鉴定,少数民族古籍的保护,少数民族古籍的注译与出版,少数民族古籍的数字化。大 32 开本,327 页,29 万字,印数 2000 册,定价 22.00 元。

《书评理念与实践》(上、下) 伍杰著。2006 年 12 月河南大学出版社出版。全书分为“书评理想”、“书评之路”、“书香盈野”和“精神家园”四编。其中“书评之路”具有书评史的价值。16 开本,838 页,73.8 万字,定价 98.00 元。

《中国现代通俗文学史》(插图本) 范伯群著。2007 年 1 月北京大学出版社出版。本书在大量第一手资料的基础上,精确绘制出了中国现代通俗文学的历史蓝图,提出了一系列具有开拓意义和发人深省的新论点。作者以史家的目光清晰勾勒出中国现代通俗文学的发展周期与运行轨迹,以丰富的图像资料重现几近湮没的通俗文学作家的原貌,并在雅俗对比中为研究现代知识精英文学的学者展示了一个不可或缺的、有可比性与互补性的参照系,有助于完善中国现代文学史的科学研究体系。重视现代报刊对现代通俗文学的影响是本书的一个特点。设立的相应专章有《19 世纪末 20 世纪初上海小报潮》、《1902～1907 年:中国现代文学期刊第一波》、《1909～1917 年:中国现代文学期刊第二波》、《1921 年:〈小说月报〉的改组与通俗期刊第三波高潮》。16 开本,596 页,定价 78.00 元。

《论宋元时期的中日文化交流及相互影响》 李寅生著。2007 年 3 月巴蜀书社出版。16 开本,印张 12.25,精装本,定价 32.00 元。同类著作张升余著《明清时期中日文化交流研究》2008 年 8 月陕西人民出版社出版,大 32 开本,精装本。

《清末民初新闻出版立法研究》 殷莉著。2007 年 3 月新华出版社出版。收入“新闻传播学博士文库”。本书对清末民初近三十年我国新闻立法的过程、新闻法制思想、新闻立法的实践及其成果进行了全面系统的论述,并从立法主体、立法程序、立法规则、法律概念以及与法国、日本新闻法比较的视角,对我国法律法规立法的动机、效果、目的、性质、作用及影响作了深入细致的分析和评价,丰富了我国新闻法制史研究的内容,为我们今天的新闻立法工作提供了历史的借鉴。大 32 开本,251 页,20.2 万字,定价 18.00 元。

《中国当代版权史》 李明山、常青等著。2007 年 4 月由知识产权出版社出版。本书分 13 章采用史论结合的方法,论述了从新中国成立到本世纪初我国版权事业的发展历史。末章专门探讨了我国港澳台地区的版权保护概况。宋木文、陈俊年分别作序。大 32

开本,513 页,49 万字,定价 33.00 元。

《明代文化史》 商传著。2007 年 5 月东方出版中心出版。收入“断代文化史系列”。本书是上海人民出版社出版的《中华文化通志·明代文化志》的更名再版本。书中有专门章节讨论明代的文字狱、书籍禁毁以及修书、刻书和藏书情况。大 32 开本,447 页,35 万字,定价 32.00 元。

《中国当代文学制度研究(1949～1976)》 王本朝著。2007 年 6 月新星出版社出版。本书从文学机构、作家身份、文学期刊、文学出版、群众读者、文学批评、文学会议等多个层面还原、观照新中国成立后的当代文学。翔实的史料钩沉,缜密的逻辑论证,鲜为人知的当事人回忆,本书既是严肃的学术著作,同时也是休闲的文化读物。16 开本,270 页,22.8 万字,定价 30.00 元。

《中国出版体制创新》 博玫著。2007 年 6 月南方日报出版社出版。收入“中国传媒体制创新丛书”。本书从厘清出版概念入手,重点对新中国成立以后出版体制的历史变迁进行了纵向的描述和探讨,带有出版体制沿革史的意味。16 开本,210 页,30 万字,印数 3000 册,定价 28.00 元。

【另】“中国传媒体制创新丛书”10 种,其他 9 种为:《中国报业传媒体制创新》(张殿元著)、《中国广电传媒体制创新》(刘成付著)、《中国互联网管理与体制创新》(钟瑛、刘瑛著)、《中国传媒制度绩效研究》(丁和根著)、《美国传媒体制》(辜晓进著)、《英国传媒体制》(唐亚明、王凌洁著)、《日本传媒体制创新》(龙一春著)、《俄罗斯传媒体制创新》(吴非、胡逢瑛著)、《韩国传媒体制创新》(郎劲松著)。

《著述与宗族——清人文集编刻方式的社会学考察》 何明星著。2007 年 9 月中华书局出版。本书借助张舜徽先生对 600 部清人文集研究的成果,通过对清人文集的编刻方式的统计分析,及与宗族的象征——族谱的编刊活动的比较,从社会学的视角探讨清人图书文化活动在宗族传承、科举教育和学术研究中发挥的轴心作用,揭示传统著述、编刊与宗族是一种互相适应的文化生态关系。1860 年之后的印刷技术变革打破了这种生态关系,对著述、出版以及社会各层面的影响迄今尚存。探讨现存制度与传统文化积累之间的转换与对接,对当代图书出版事业有很大帮助。16 开本,199 页,20 万字,定价 26.00 元。

《中国阅读文化史论》 王余光等著,许欢、李雅编。2007 年 9 月北京图书馆出版社出版。收入“20 世纪中国图书馆学研究文库”。本书是一本论文集,从阅读文化、阅读史、书的选择与阅读、网络阅读四个方面对古今中外的阅读文化和阅读史进行研究,进而从不同角度考察了阅读这种文化现象及其历史,总结了中国阅读史的优良传统,并构建了中国阅读史的研究内容。大 32 开本,338 页,26.5 万字,定价 28.00 元。

《民族出版业发展导论》 满福玺著。2007 年 12 月中央民族大学出版社出版。作者用出版学、经济学和民族学等相关理论,分析我国民族出版业的发展状况,并对其存在的主要问题做了简要剖析。主要内容包括民族出版业发展的背景、民族出版业的经济学分析、民族出版业的经营管理、民族出版业的发展趋势与前景探索等。16 开本,259 页,定价 25.00 元。

《中国印度文化交流史》 薛克翘著。2008 年 1 月昆仑出版社出版。收入“东方文化集成(南亚文化编)”。大32开本,575页,定价56.00元。

《现代传媒视野中的中国现代文学》 周海波著。2008年6月中华书局出版。本书是从现代传播媒体来研究现代文学的专著,具有学科交叉研究的特点,主要目的不是研究作为现代文学的物质载体和传播方式的现代传媒,而是主要研究作为现代传播媒体的报纸期刊与现代文学之间的内在关系,着重从理论上解决现代传媒与现代中国文学的形成发展、性质特点的关系,研究现代传媒视野中的中国现代文学的原创性特征,以及现代传播媒体参与中国现代文学、现代文化进程的理论意义。16开本,446页,定价48.00元。

《桂林抗战文化城的社团》 刘文俊著。2008年7月黄山书社出版。全书8章,作者在对桂林抗战文化城社团的综合考察的基础上,分别论述了广西建设研究会,“文协”桂林分会,文化城的戏剧社团、音乐社团、美术社团、科技社团、新闻社团、教育社团、宗教社团等发生发展的情况。附录《桂林抗战文化城学术活动一览》。大32开本,322页,定价26.00元。

《读图时代 符号中国——笔墨纸砚》 于乐、法苏括编著。2009年1月当代中国出版社出版。本书分四章分论述中国传统的文房四宝的发展历史、制作方式和类别、制作名家以及文人与笔墨纸砚的关系等。16开本,134页,定价34.00元。

《图书学通论》 王迎胜著。2009年1月黑龙江人民出版社出版。本书属于通论性质的理论专著,书中设有专章“古书学”探讨古书目录学、古书的版本、古书的整理与校勘和古书注释。16开本,230页,25万字,定价29.00元。

《结缘与流变:申报馆与中国近代小说》 文娟著。2009年3月广西师范大学出版社出版。本书内容包括:申报馆与小说结缘之开始、翻译小说的刊载及其对近代小说发展的意义、笔记小说的刊载及其对近代小说发展的影响、早期申报馆的小说出版等。大32开本,468页,定价36.00元。

附录一　外国出版文化史研究论著及相关资料

1903 年

《版权考》　(英)斯克罗敦·普南,(美)罗白孙著,周仪君译。1903 年商务印书馆出版。本书分三篇:第一篇"论版权之胚胎",为版权释义,介绍版权的历史及来历;第二篇"论版权之发达",介绍英、法、俄、德、美等国家的版权,以及万国版权公约;第三篇"论版权之进步",介绍了万国版权同盟的情况,以及对戏剧、歌曲、美术等作品版权的保护。

1918 年

《考察日本新闻记略》　包天笑编纂。1918 年上海商务印书馆出版。本书介绍了日本新闻纸的起源、制作、盛衰及其经济状况,日本新闻社的设备,以及日本新闻的联合体等。有相关照片多幅。大 32 开本,90 页。

1925 年

《世界报纸大观》　李昭实著。1925 年上海时报馆刊行。本书系时报国庆增刊,选录世界著名报纸 155 种,并附以各报小史。

1930 年

《新闻纸研究》　(日)后藤武男著,俞康德译述,俞康德校订。1930 年上海光华书局出版。大 32 开本,210 页。本书分现代新闻纸的观念、为自由的圣战、新闻记者职业之地位、杂报与社论、电报讲话、新闻社的行政、新闻纸之制作 7 章。小 32 开本,210 页。

《新闻概论》　(日)杉村广太郎著,王文萱译述,黄天鹏校订。1930 年上海联合书店刊行。收入"新闻学丛书"。本书分 9 章,论述的问题涉及:报纸的发生、起源及变迁,近代报纸及其种类,新闻的意义及其类别,新闻的价值及其来源,等等。小 32 开本,246 页。

1932 年

《马礼逊传》　(英)梅益盛著,周云路译述。1932 年上海文华书局出版。本书详细记述了马礼逊的一生。马礼逊(1782～1834),是基督教新教派到中国的第一位传教士。

1933 年

《白底黑字》　(苏联)伊林著,董纯才译。1933 年上海良友图书公司出版。本书是一本介绍图书历史的普及读物。1936 年,该译本转到开明书店出版,改名为《黑白》。张允和翻译的本子 1936 年由中华书局出版,书名为《书的故事》。这两个译本均从英文本转译。胡愈之先生从法文转译本《书的故事》(张仲实依据俄文本校订)1937 年由生活书店出版,后多次再版。20 世纪 40 年代、50 年代还有多个版本。

《欧美新闻界鸟瞰》　甘家馨编著。1933 年南京民族通讯社刊行。本书分 7 章,介绍了美、英、苏、法、德等国的新闻事业。具体纲目为:美国新闻事业的考察,美国新闻大王哈斯梯及其事业,英国新闻界概况,英国新闻界巨子罗斯克里夫(或译作“北岩”)及其事业,苏俄与新闻纸,法国新闻事业丛谭,意大利的新闻纸与法西斯蒂。32开本,140页。

1938年

《日本新闻发达史》(上) 张友彝著。1938年北平世界编译社刊行。本书分为3章,首先论述了新闻发达与社会条件、新闻的本质和任务,以及日本新闻发达的阶段,然后具体探讨了日本资本主义以前时期和资本主义发展期的新闻事业。32开本,200页。

1940年

《日报期刊史》 (法)淮尔(G. Weill)著,宋善良译述。1940年长沙商务印书馆出版。本书内容包括:在旧制度下之日报,自1789至1848年之日报,日报在19世纪,日报在20世纪。大32开本,412页。

1943年

《世界报业现状》 容又铭编著,马星野校订。1943年桂林铭真出版社刊行。本书介绍了美国、英国、苏联、法国、德国、日本、意大利等国的报业。附录《世界主要国家报纸一览表》等。32开本,260页。

《英国之新闻事业》 马星野著。1943年重庆文风书局出版。本书分6章,介绍了英国新闻事业的背景、经营,报社的内部组织与新闻从业人员的概况,报纸的编辑技术与方针等。卷首有伦敦八大报纸比较表。32开本,88页。

1944年

《各国新闻事业透视》 龙之鹏编著。1944年大华书局出版。本书分9章,分别汇编了英国、美国、法国、苏联、日本、德国、意大利、中国等新闻事业的相关资料。32开本,120页。

《各国新闻事业概述》 程其恒编。1944年重庆国民图书出版社出版。本书介绍了美国、苏联、英国、法国、德国、土耳其等国的新闻事业概况。32开本,260页。

1945年

《新闻自由》 (美)威尔斯等著,朱培璜编译。1945年重庆侨声书店刊行。本书收录《美国的新闻自由》、《新闻自由与世界和平》、《新闻里的真实》等12篇文章。32开本,60页。

1947年

《美国的新闻事业》 (美)穆德著,王揆生、王季深译。1947年上海文化服务社刊行。收入“新闻学丛书”。本书8章,具体内容包括:美国报纸与第一次世界大战,几张著名报纸的情况,小型报,报纸的内容:专栏、漫画、新闻,广告与发行,报纸与政府之关系,报业之发展。32开本,219页。

1951年

《苏联的新闻出版事业》 储华编撰。1952年上海群众书店出版。本书介绍了苏联的新闻出版自由、俄国工人报刊的艰苦奋斗、苏联新闻出版事业的成长、今日的苏维埃报刊、苏联报刊的内容和特色、《真理报》和《消息报》、杂志和书籍等。36开本,51页,定价2.60元。

1952 年

《斯大林的〈斗争报〉:为纪念〈斗争报〉创刊五十周年而作》　(苏联)科斯·库兹涅佐夫著,中国人民大学马列主义基础教研室译。1952 年中国人民大学印行。32 开本,21 页。

1953 年

《布尔什维克报刊 资产阶级报刊》　(苏联)萨丘柯夫、萨斯拉夫斯基著,翟松年等译。1953 年人民出版社出版。小 32 开本,66 页,定价 0.22 元。

1954 年

《欧美主要报刊及通讯社介绍》　1954 年军委联络部编印。本书介绍了美国、英国、法国、联邦德国、奥地利、瑞士、挪威、丹麦、巴西、阿根廷等 12 个国家的主要报刊和通讯社。32 开本,326 页。

《亚洲主要报刊及通讯社介绍》　1954 年军委联络部编印。32 开本。

《印度新闻事业概况》　1954 年外交部情报司资料室编印。本书介绍了印度新闻界的组织,印度政府及国大党的宣传工作,英美在印度的宣传机构及亲美报刊,印度的通讯社和报刊。32 开本。

1955 年

《苏联出版印刷工作人员会议文件》　(苏联)苏联出版印刷工作人员会议撰,高长荣等译。1955 年 6 月时代出版社出版。小 32 开本,85 页,定价 0.26 元。

《提高书籍出版工作的质量》　(苏联)伊林等著,谢泓等译。1955 年 7 月时代出版社出版。小 32 开本,82 页,印数 2740 册,定价 0.19 元。

《苏联出版事业简史》　(苏联)纳扎罗夫著,高长荣等译。1955 年 7 月时代出版社出版。小 32 开本,215 页,印数 2000 册,定价 0.46 元。

《生活·书籍·插图》　(苏联)A·卡缅斯基著,崔永泉译。1955 年 9 月上海人民美术出版社出版。大 32 开本,337 页,印数 3600 册,定价 0.30 元。

《苏联出版资料汇编(1917～1954)》　1955 年 11 月文化部出版事业管理局出版处编印。32 开本,69 页。

《报纸新闻的基础 塔斯社和它的作用》　(苏联)尼·格·帕尔古诺夫著,达力译。1955 年 12 月时代出版社出版。小 32 开本,64 页,定价 0.20 元。

《论党对报刊的领导》　(苏联)特列琪雅科娃著。1955 年三联书店出版。本书根据苏联国家政治书籍出版局 1954 年版译出。小 32 开本,29 页,定价 0.11 元。

《苏联报刊发行工作经验汇编》(第一、二辑)　中华人民共和国邮电部邮政总局译。1955 年人民邮电出版社出版。

《苏联报刊的推广工作》　(苏联)穆雅科夫著,中华人民共和国邮电部邮政总局编译。1955 年人民邮电出版社出版。本书介绍了莫斯科、列宁格勒、斯达维罗宝里边区和斯大林汽车工作的报刊发行零售工作。32 开本,98 页。

1956 年

《出版事业、书籍、杂志、书志学、书志学杂志》　(苏联)纳扎罗夫、金涅维契著,赵承先、王成秋等译。1956 年 7 月时代出版社出版。本书是依据苏联大百科全书的有关辞条选译的。内容涉及俄国古代印刷、书籍史料等。小32开本,95页,印数4500册。

《苏联出版社的几个条例》 朱希辑译。1956年10月时代出版社出版。小32开本,82页。

《书籍、杂志和报纸的校对工作》 (苏联)瓦罗夫著,李金馨译。1956年10月时代出版社出版。小32开本,174页,15万字,印数3500册。

《苏共报刊史概要》 (苏联)伊·尼·斯洛保加纽克著,中共中央高级党校新闻教研室译。1956年中共中央高级党校内部印行。本书分11题,叙述了从俄国社会民主党建立时期到苏共20大止的苏共报刊史。大32开本,279页。

1957年

《十九世纪俄国书籍插图史》 (苏联)格·叶·列别捷夫(Г. Е. Лебедев)著;肖群译。1957年8月朝华美术出版社出版。25开本,124页,印数2000册,定价1.80元。

《书籍出版事业的组织与管理》 (苏联)维·阿·马尔库斯著,邱则平等译。1957年10月时代出版社出版。大32开本,276页,印数1000册,定价1.00元。

1958年

《马克思恩格斯论报刊》 中国人民大学新闻系编。1958年8月中国人民大学出版社出版。大32开本,238页,定价0.60元。

《苏联初期图书馆事业史》 (苏联)B. E·华西里青科著,舒翼翚译。1958年中华书局出版。论述1917～1920年的苏俄图书馆事业。大32开本,101页,印数1600册,定价0.46元。

1959年

《外国报纸、期刊、通讯社和广播电台背景资料》 世界知识出版社编。1959年9月世界知识出版社出版。本书介绍了一百多个国家和地区的报刊、通讯社和广播电台的有关资料,包括外文名称、历史沿革、发行数字、政治背景和主要编辑、发行人的基本情况。大32开本,557页,60.7万字,精装本,定价3.20元。

1962年

《外国新闻事业概况参考资料》 1962年中国人民大学新闻系报刊史教研室编印。本书收录有关苏联、阿尔巴尼亚、保加利亚、匈牙利、越南、民主德国、朝鲜、蒙古、波兰、罗马尼亚、捷克、古巴、几内亚、印度、印尼、美国、英国、法国、意大利、日本等24国的新闻事业的参考资料。32开本,284页。

1963年

《为书籍的一生》 (俄)绥青著,叶冬心译。1963年7月三联书店出版。本书是革命前俄国著名的出版家绥青所写的一部回忆录。著者不但叙述了他的有趣的身世,介绍了他从业图书出版的经验,并且记录了同时代的作家的逸闻,提供了与俄国文学史有关的资料。大32开本,267页,17.5万字,1983年8月第2次印刷,累计印数12620册,定价1.70元。本书2005年广西师范大学出版社出版重排本,定价25.00元。

《列宁论报刊目录索引》 1963年中国人民大学新闻系编印。

1965年

《亚非新闻事业概况》 1965年中华全国新闻工作者协会编印。本书介绍了亚非80

多个国家的新闻组织、主要报刊、通讯社、广播电台及新闻界人物。32开本,464页。

1973年

《马恩列斯论报刊》(上、下)　1973年北京大学中文系新闻专业编印。

1976年

《马克思恩格斯著作的发表和出版》　(苏联)列·阿·列文著,周维译。1976年10月三联书店出版。小32开本,219页,定价0.44元。

《列宁著作编辑出版资料》(1～2)　1976年中央编译局列宁斯大林室编辑组编印。

1977年

《列宁著作编辑出版资料》(3～8)　1977年中央编译局列宁斯大林室编辑组编印。

1978年

《外国新闻界情况汇编》(上、下)　1978年新华通讯社编印。本书介绍了各国新闻工作主管机构、通讯社、电台、电视台、报刊、新闻界组织、驻当地的外国新闻机构、国际新闻界组织等。16开本,688页。

1980年

《高尔基论报刊》　(苏联)高尔基著,徐耀魁、王庚虎译。1980年7月中国社会科学出版社出版。据苏联国家政治书籍出版社1962年俄文版译出。小32开本,344页,30.4万字,印数12000册,定价1.15元。

《漫话美国新闻事业》　赵浩生著。1980年8月北京出版社出版。作者详细介绍了美国新闻事业的过去和现在,并通过介绍美国新闻事业剖析了美国社会。小32开本,125页,8.6万字,定价0.34元。

《路透其人和路透社》　(日)仓田保雄著,回瑞岩、任长安译。1980年10月新华出版社出版。本书简洁、生动地描述了路透社这个国际性通讯社在迄今一百多年中经历的波澜曲折的道路和创始人路透本人不屈不挠的一生。小32开本,244页,15.2万字,定价0.63元。

1981年

《日本报业简史》　宁新著。1981年4月中国社会科学出版社出版。本书扼要叙述了日本新闻事业的发展历史。大32开本,112页,定价0.37元。

《高尔基论新闻和科学》　(苏联)高尔基著,王庚虎译。1981年7月新华出版社出版。大32开本,531页,定价1.60元。

《马克思恩格斯列宁斯大林论报刊》　1981年中国人民大学新闻系编印。本书分上下两编,其中上编收马恩论著142篇,下编收列宁论著143篇、斯大林论著37篇。附录有马克思恩格斯列宁斯大林报刊活动重要事件年表等。32开本,572页。

1982年

《外国新闻界概况》　本书编辑组编。1982年7月新华出版社出版。本书分别介绍亚洲、非洲、欧洲、美洲、大洋洲各国新闻业概况,包括政府主管新闻工作的机构、通讯社、电台、电视台、报刊、新闻界组织、驻当地的外国新闻机构等。书末附有国际新闻界组织情况。大32开本,1384页,99.5万字,精装本,定价5.50元。

《美国新闻史/报业与政治、经济和社会潮流的关系》　(美)埃德温·埃默里等著,苏金琥等译。1982年12月新华出版社出版。本书28章,从美国报业的历史遗产和第一张报纸写起,直到20世纪70年代卡特总统任期为止,叙述了美国新闻事业的发展及其与政治、经济和社会潮流的关系,涉及报纸、杂志、广告、通讯社、广播、电视、新闻写作、新闻研究和新闻教育诸多领域,并对美国新闻史上著名的报人、记者、评论员和广播员等作了评价。大32开本,746页,54万字,定价2.60元。

《〈资本论〉的写作与传播》 雍桂良著。1982年12月求实出版社出版。小32开本,237页,印数13000册,定价0.68元。

《马克思恩格斯报刊活动年表》 1982年中国人民大学新闻系新闻理论教研室编印。本年表主要依据《马克思恩格斯全集》(中文版),并参考了几种已经出版的马克思恩格斯生平事业年表,以及他们的传记、新发现的文稿及国际共运史方面的一些新资料。32开本,533页。

1983年

《〈资本论〉创作史》 马健行、郭继严著。1983年1月山东人民出版社出版。大32开本,485页,印数7530册,定价1.90元。

《〈资本论〉创作史》 (苏联)维·索·维戈茨基著。1983年3月福建人民出版社出版。大32开本,249页,印数5000册,定价0.87元。

《〈资本论〉创作史研究》 陈征、严正编。1983年3月福建人民出版社出版。大32开本,357页,印数3500册,定价1.26元。

《马克思新闻思想研究论文集》 中国社会科学院新闻研究所编。1983年7月人民日报出版社出版。本书是在中国社会科学院新闻研究所和北京新闻学会召开的纪念马克思逝世一百周年新闻学术研讨会的论文和资料的基础上编选而成的。小32开本,254页,20万字,定价0.85元。

《列宁论报刊与新闻写作》 杨春华、星华等编译。1983年9月新华出版社出版。根据苏联政治出版社1974年出版的《列宁论报刊》一书第二版增订本编译。大32开本,684页,49.4万字,印数9000册,定价2.30元。

《当代世界书刊装帧艺术第一集·封面设计》 1983年12月花城出版社编辑出版。收录西欧、美国和日本封面设计作品299幅。16开本,66页,定价2.80元。另,第二集1986年9月刊行,收录东欧、苏联、拉美封面设计作品117幅。16开本,54页,定价4.50元。

1984年

《美国新闻事业概况》 刘有源著。1984年1月人民日报出版社出版。本书着重介绍了美国四种主要新闻工具(报纸、杂志、广播、电视)的基本情况。小32开本,157页,10.6万字,印数5400册,定价0.80元

《日本大众传播工具史》 (日)山本文雄等编,刘明华等译。1984年2月青海人民出版社出版。本书系统而又简洁地介绍了日本报纸、杂志、广播、电视、电影的发展过程及其特点,并论及发展过程中的经验教训。小32开本,302页,21.3万字,印数3000册,定价0.79元。

《国外科学技术书籍封面设计选》 上海科技出版社装帧设计组编。1984年8月上

海科学技术出版社出版。16 开本,64 页,定价 4.50 元。

《马克思恩格斯列宁报刊理论与实践》　夏鼎铭编著。1984 年复旦大学出版社出版。本书以三位革命导师一生的报刊活动为纵的线索,系统地阐述了他们各个时期的报刊思想的形成、特点与发展,同时也对他们丰富的报刊工作实践进行了总结和评述。大 32 开本,347 页,印数 3000 册,定价 4.40 元。

1985 年

《外国著名报纸概略》　王泰玄编著。1985 年 1 月新华出版社出版。本书按亚洲、非洲、欧洲、美洲、大洋洲进行编排,分别介绍了国外一些著名报纸的概况,每一种报纸都涉及它的历史演进与现实状况。简明概括,资料性强。小 32 开本,293 页,18.3 万字,印数 13700 册,定价 1.20 元。

《编者与作者之间——萨克斯·康明斯的编辑艺术》　(美)多萝西·康明斯著,林楚平等译。1985 年 3 月新华出版社出版。萨克斯·康明斯是美国当代著名的文学编辑家。作者说这本书并不仅仅是一本回忆录,尽管将编辑家的生平也概括进去了,但它也不是一部传记和学术性的著作。它的目的是要勾勒出一个勤奋于事业的人的画像,并且记录下美国文学史上光辉的一页。本书摘录的报告和信件表明,一家商业出版社里的编辑是怎样进行工作的。小 32 开本,277 页,17.3 万字,印数 8500 册,定价 1.15 元。

《世界新闻简史》　(法)彼·阿尔贝,弗·泰鲁著,许崇山等译。1985 年 5 月中国新闻出版社出版。本书着重论述了英、法、美、德、苏、日等国新闻事业发展的历史与现状。时间跨度自远古至现代,从早期报纸的起源到 20 世纪初大众化报纸的兴起,以及第二次世界大战以来世界新闻业的现状。历史分期严谨,行文简洁,不仅分析了各个历史时期的基本特点,而且详细介绍了主要报刊、通讯社的创办年代和创始人,资本主义国家主要报纸的来龙去脉,以及各国现行新闻体制和新闻法产生的历史渊源。小 32 开本,209 页,14.2 万字,印数 11000 册,定价 1.05 元。

《斯大林论报刊》　李清芳编。1985 年 7 月新华出版社出版。本书汇编了斯大林 1901 年至 1952 年期间所发表的涉及报刊工作的文章、谈话和书信一百三十多篇,反映了斯大林关于无产阶级报刊的理论和思想。大 32 开本,387 页,21.8 万字,印数 5400 册,定价 2.10 元。

《资本论创作史话》　武文军著。1985 年 7 月甘肃人民出版社出版。大 32 开本,238 页,印数 5000 册,定价 1.00 元。

《无冕之王:美国四大新闻机构内幕》(上、下)　(美)戴维·哈尔伯斯坦著,白梅、家有等译。1985 年 10 月新华出版社出版。本书重点介绍了美国时代出版公司、哥伦比亚广播公司、《华盛顿邮报》和《洛杉矶时报》等四大新闻机构从创业起到发展至 20 世纪 70 年代末的经过,它们各自的特点和经营方针。小 32 开本,891 页,印数 7500 册(套),定价 4.75元。

1986 年

《马克思恩格斯关于出版问题的言论》　中共中央宣传部出版局编。1986 年 3 月中国展望出版社出版。收入“编辑与出版丛书”。本书对马克思恩格斯的出版思想进行了分门别类的归纳整理,具体分为 12 个专题,内容包括:关于出版的地位和作用;出版物的阶级性和党性;书刊出版和人民生活;关于出版自由问题;对资产阶级书报检查制度的批判;编著者与出版者;保障著译者的应有权益;重视通俗读物的出版;书籍的编辑;书籍的翻译和再版;印刷、校对与销售;关于书评。小32开本,403页,印数7000册,定价2.50元。

《马克思、恩格斯、列宁与百科全书》 (苏联)德罗宾斯基著,常政译。1986年6月知识出版社出版。作者是苏联百科全书编辑、历史学副博士。本书主要介绍了马克思、恩格斯、列宁对于编纂百科全书的态度和为百科全书撰写条目的情况。小32开本,113页,定价0.71元。

《日本新闻事业史》 (日)内川芳美、新井直之著,张国良译。1986年6月新华出版社出版。本书分上下两篇,评述了从明治维新之初的第一张报纸到第二次世界大战结束的近代日本新闻事业和20世纪50年代起大众传媒时代的日本新闻事业的新特点。大32开本,180页,13.1万字,定价1.25元。

《列宁与新闻事业》 赵永福、傅显明著。1986年12月北京广播学院出版社出版。全书由16篇文章组成。其中,第1篇文章全面论述列宁的新闻思想和新闻实践;接下来的13篇文章,分别论述由列宁主编、领导的10个主要报纸的经验;最后2篇,介绍列宁与无线电广播工作。小32开本,241页,19.3万字,定价2.00元。

《影响世界历史的16本书》 (美)罗伯特·唐斯著,缨军编译。1986年12月上海文化出版社出版,收入"五角丛书"第三辑。本书原名《改变世界的书》,作者是美国前全国图书馆协会主席、伊利诺伊大学图书馆馆长。书中所选16种图书上自1513年,下至1925年,包括社会科学(含文学作品)的10本、自然科学的6本。小32开本,112页,8.6万字,印数31400册,定价0.50元。

1987年

《各国新闻出版法选辑》(续编) 中国社会科学院新闻研究所编。1987年1月人民日报出版社出版。本书分为两辑,第一辑选编了一些国家的新闻、出版法规;第二辑介绍了一些国家有关新闻出版的法律和政策。附录为《香港新闻法规》。大32开本,308页,24万字,印数3200册,定价1.80元。《各国新闻出版法选辑》1981年由人民日报出版社出版,内部发行。

《报纸的力量——世界十二家大报》 (英)马丁·沃克著,苏潼均、诠申译。1987年2月新华出版社出版。本书介绍的12家报纸包括《泰晤士报》、《世界报》、《晚邮报》、《真理报》、《金字塔报》、《朝日新闻》、《纽约时报》、《华盛顿邮报》、《环球邮报》、《时代报》、《兰德每日邮报》,分别介绍它们的创立和发展过程,历任主编及特点。小32开本,375页,23.4万字,印数4500册,定价2.05元。

《阿拉伯报刊:新闻媒介与阿拉伯世界的政治进程》 (美)威廉·A·鲁著,苏金琥译。1987年10月新华出版社出版。本书将18个阿拉伯国家的新闻媒介进行了综合考察和系统分析,主要分析了阿拉伯世界新闻媒介与该地区政治进程的关系。小32开本,253页,定价1.45元。

《列宁和编辑出版工作》 林穗芳编著。1987年11月中国书籍出版社出版。本书分为两编:第一编叙述了列宁在执政期间对书刊出版工作的关怀和指导;第二编不分历史时期,综合介绍列宁在某些方面的编辑艺术和修养,仍以书籍为主,也涉及报刊文章。附录有《十月革命前列宁参加编辑的报刊》、《俄国1913年和苏维埃共和国初期图书出版数字》。另有插图多幅。大32开本，373页，28万字，印数4000册，定价2.80元。

《世界书籍艺术流派》　余秉楠编著。1987年12月花城出版社出版。本书勾勒了19世纪以来世界书籍艺术发展的现代历程，介绍和分析了欧美各国及日本书籍装帧艺术的发展状况和不同的风格，然后分"儿童读物"、"文学书籍"、"政治书籍"、"科技书籍"和"艺术书籍"五个专题，选载了大量优秀的书籍艺术作品，包括护封、封面、环衬、扉页、插图和正文等，为读者展现了丰富多彩的图例。16开本，98页，精装本，定价14.00元。

1988年

《外国新闻事业史简编》　张隆栋、傅显明编著。1988年1月中国人民大学出版社出版。本书分两篇八章，简明而又比较全面地介绍、评述了外国新闻事业的发展历史。其中，第一篇为"自由资本主义时期资产阶级与无产阶级报纸的产生与发展"，第二篇为"垄断资本主义时期资产阶级新闻事业的垄断化与十月革命后无产阶级新闻事业的发展"。附录有《世界各国日报、广播电台、电视台总表》。大32开本，617页，48.2万字，印数10000册，定价4.30元。

《出版人的故事》　冯亦代、郑之岱编译。1988年3月书海出版社出版。本书由"书的诞生"与"天才的编辑"两个部分组成。前一部分写美国史克里勃纳书店百年来的惨淡经营，特别是写其与作者打交道的故事；后一部分写该书店编辑麦克斯威尔·帕金斯光辉的一生。小32开本，208页，14.1万字，印数1500册，定价1.30元。

《漫话世界出版社》　（日）出川沙美雄著，李长声译。1988年3月书海出版社出版，收入"国外编辑出版丛书"。本书对美国、英国、法国、意大利等国家的出版社以及社会主义国家的出版社、亚洲出版社进行了介绍。小32开本，147页，10万字，印数1600册，定价1.00元。

《书的故事》　（苏联）尼古拉·斯米尔诺夫·索科尔斯基著，浥尘、尚劲译。1988年4月书海出版社出版，收入"国外编辑出版丛书"。这本书话的作者是一位藏书家，他通过讲述各种各样书的故事，展示了俄国文坛乃至政治、社会的广阔背景。这里介绍的古旧书刊和珍藏孤本，它们的作者和命运，不寻常的题词，只有十几册印数的书，昂贵无比的书价，没有书名的图书，古籍的装帧与插图，历史上被遗忘的作家的传记，名家的第一本书，藏书家的书癖等趣闻逸事；它们给读者带来知识和启迪，也会培养读者对于书籍的爱好与兴趣。小32开本，495页，33.5万字，印数2000册，定价3.80元。

《比亚兹莱插图艺术》　（英）比亚兹莱绘，金立德编。1988年4月漓江出版社出版。比亚兹莱为19世纪90年代英国黑白插图装饰画家。本书选编了英国画家比亚兹莱的二百余幅插图作品。小32开本，202页，印数5000册，定价5.40元。

【另】1988年12月湖南美术出版社出版了马凤林编著的《比亚兹莱的艺术世界》；2005年海燕出版社出版了韦君琳编《比亚兹莱插画集》。

《西方图书馆史》　杨威理著。1988年5月商务印书馆出版。本书系统地论述了西方图书馆发展演进的历史，上起古代两河流域的泥版文书，下迄现代图书馆。其中涉及书商、书籍的查禁、活字印刷术等内容。大32开本，512页，39.7万字，印数5700册，定价3.80元。

《七国新闻传播事业》　中国社会科学院新闻研究所编。1988 年 5 月重庆出版社出版。本书较系统地介绍法国、美国、南斯拉夫、墨西哥、日本、苏联、英国的新闻传播事业的发展沿革、现状及特点。大 32 开本,441 页,定价 4.20 元。

《外国新闻事业史百题问答》　梁洪浩编著。1988 年 5 月中国新闻出版社出版,收入"新闻学自学辅导丛书"。本书以问答的形式将外国新闻史课的内容知识、人物与事件、重要观点、试题范围及答题规范归纳为 100 个条目进行深入浅出的解答。小 32 开本,10.8 万字,定价 1.60 元。

《西文工具书概论》　邵献图等著。1988 年 6 月北京大学出版社出版。本书分 13 章,系统介绍了西方国家出版的百科全书、书目索引、词典、传记和地理资料、经济统计、年鉴、手册等主要工具书,以英文工具书为主,兼及法文、德文、西班牙文及俄文出版物。叙述工具书的源流、类型、编制体例、评价原则等,重点工具书附有样条。书末附常用缩略语和西文书名人名索引。16 开本,324 页,52 万字,定价 4.90 元。本书第 2 版和第 3 版分别于 1990 年、1998 年出版。

《世界新闻史大事记》　陶涵主编。1988 年 6 月人民日报出版社出版。本书较为全面、客观地选录了公元前 59 年古罗马以来直到 1980 年世界新闻业事件的记述。大 32 开本,185 页,14.5 万字,印数 15000 册,定价 1.65 元。

《世界新闻史纲》　陈力丹著。1988 年 7 月福建人民出版社出版,收入"新闻大学丛书"。全书分 15 章,分别阐述了世界各主要国家(包括英、法、德、意、美、俄、日、澳、印、中等 16 个国家)的新闻事业的历史与现状,体现了世界新闻事业产生与发展的基本过程,介绍从古代直到当代各种新闻手段的变化。书中还设立专章记述了法国大革命以来约 200 年的国际共产主义运动新闻事业的历史。书后附录有"世界各国最早定期报刊一览表"。大 32 开本,212 页,16.3 万字,印数 6000 册,定价 2.40 元。本书 2002 年 9 月再版。

《简明中外新闻史(外国部分)》　李志勇著。1988 年 7 月北京广播学院出版社出版。收入"中国青年记者通讯员自学丛书"。本书有 4 章,包括绪论、欧美国家及日本新闻简史、无产阶级和社会主义国家新闻简史、发展中国家新闻简史。小 32 开本,155 页,定价 1.75 元。

《审判〈查泰莱夫人的情人〉》　《译海》编辑部编。1988 年 8 月花城出版社出版。收入"劳伦斯选集研究资料"。《查泰莱夫人的情人》是英国著名作家 D.H·劳伦斯的名作,1928 年问世以来,在国际文坛上即引起争议,不少国家将它列为禁书。1960 年,英国企鹅出版社因出版该书被英国检察部门指控为淫书,出版社为此与检方打了一场官司,经过六天的法庭辩论,法庭终于判出版社无罪,使该书得以面世。这是一宗轰动世界文坛的审判案。在此之前,日本也曾发生查禁该书的事件,打了一场历时七载的官司,而在美国也曾为该书的邮运发行引起诉讼,出版公司终获胜诉。本书介绍了有关审判该书的情况。小 32 开本,275 页,印数 17000 册,定价 2.60 元。本书 1996 年 1 月再版。

《畅销书》　(英)约翰·苏特兰著,何文安编译。1988 年 10 月上海文化出版社出版。收入"五角丛书"第八辑。本书以幽默、风趣的笔调分门别类地介绍了风靡一时的西方畅销书机制及模式或流派,分析了畅销书和畅销书制在欧美崛起的历史与现状,具有简明西方畅销书史的功用。全书材料丰富,内容精湛,对我们的文学界、出版界都很有参考价值。

小 32 开本，102 页，8.1 万字，印数 200000 册，定价 0.80 元。

《图书和图书馆史》　(日)小野泰博著，阚法箴、陈秉才译。1988 年 11 月北京大学出版社出版。本书不仅从文字的产生和发展起，记述了图书、集成文库及图书馆的演变过程，并揭示了图书记录人类征服自然、促进社会进步的历史。对于图书馆的发展，本书又围绕集成文库如何形成近代图书馆的雏形，开架制如何兴起，近代图书管理体制如何发展、完善等重大问题进行了深入的介绍和论述。同时，作者还对历代图书馆工作人员热爱本职工作的业绩予以翔实的描述和热情的赞扬。全书 8 章，纲目分别为：贯穿于西欧图书馆史中的观念；原始人类的记录；古代的图书馆；中世纪的文化和图书馆；文艺复兴和宗教改革时代的图书文化事业；启蒙时代和图书馆；近代图书馆的萌芽；现代图书馆和图书馆员的形象。小 32 开本，233 页，17 万字，印数 11000 册，定价 2.95 元。

《外国出版史》　(英)G·昂温，P.S·昂温著，陈生铮译。1988 年 12 月中国书籍出版社出版。收入"出版知识译丛"。本书原为《不列颠百科全书》中的一个长词条。作者以严肃的史家眼光，将出版业作为政治与经济发展的综合产物，通过翔实的材料论述了世界各国图书、报纸和杂志的发展历史。论述中还涉及印刷技术的进步、出版物内容的变迁、发行方式的演变和重要出版家、书商的贡献等。小 32 开本，150 页，10.3 万字，印数2100 册，定价 2.20 元。

1989 年

《世界十国新闻史纲要》　陶涵主编，徐耀魁、张国成编。1989 年 3 月文津出版社出版。本书介绍了欧、亚、非和拉美各洲主要国家的报纸、杂志、广播和电视的发展概况。小 32 开本，294 页，20.9 万字，定价 2.80 元。

《西方新闻事业概述》　张允若编著。1989 年 3 月新华出版社出版。收入"新闻自学高考辅导丛书"。全书分为 5 章，内容包括西方新闻事业的历史概要，西方的报纸、杂志、新闻通讯、广播电视，美国、英国、法国、联邦德国及日本的新闻事业等等。小 32 开本，314 页，19.7 万字，定价 3.25 元。

《外国新闻事业史参考资料》　中国人民大学新闻系新闻事业史教研室编。1989 年 4 月中国人民大学出版社出版。本书包括六个部分：一、世界新闻事业概况：世界报业与广播电视事业的概况；二、英、美、法资产阶级革命与报刊：三国资产阶级革命家宣传革命思想、争取出版自由的论著以及革命报刊的发展情况；三、工人运动、国际共产主义运动报刊以及美、英、法、意、德共产党报刊的材料；四、社会主义国家新闻事业：社会主义国家新闻体制、新闻改革以及部分国家报纸、通讯社与广播事业情况介绍；五、资本主义国家的新闻事业：美、英和日本新闻事业情况的补充以及对加拿大、澳大利亚新闻事业的介绍；六、第三世界国家的新闻事业：着重论述印度、埃及、巴西和墨西哥的新闻事业。附录有《革命导师关于新闻事业的部分论著的篇目》。小 32 开本，301 页，20.3 万字，印数 3000 册，定价 3.20 元。

《普利策传》　(美)威·安·斯旺伯著。1989 年 4 月新华出版社出版。本传记的传主是出版史上最为重要、也最具争议的人物之一。全书讲述了这位匈牙利移民的传奇经历，引人入胜地讲述了他如何从不名一文的联军士兵成长为一名国会议员，最后成为美国两大报业《圣路易斯快邮报》和《纽约世界报》的业主，从而攀上美国新闻业及权利的巅峰。

大32开本,425页,印数1000册,定价4.00元。

【另】(美)布里安著,曹珍芬等译《普利策传》2004年12月中国财政经济出版社出版,大32开本,443页,定价46.00元。

《马克思报刊活动评传》 谭一著。1989年9月陕西人民出版社出版。本书介绍了马克思从资产阶级民主主义者转变为伟大的革命导师和杰出的无产阶级新闻战士的历程,评述了马克思一生在各种不同复杂背景下,主办和参与各种不同性质的报刊的活动情况。大32开本,302页,23.9万字,定价3.90元。

《从华盛顿到里根——美国历任总统与新闻出版界》 (美)约翰·特贝尔、萨拉·迈尔斯·瓦茨著,余赤平、杨瑞平等译。1989年10月吉林人民出版社出版。这是1985年牛津大学出版社出版的一部有价值的叙事史著。作者为美国著名新闻学教授。本书反映了美国二百余年来的重大事件及总统对这些重大事件的态度,反映了以总统为首的历届行政当局与立法、司法部门及在野党,特别是与新闻出版的关系。大32开本,832页,66.3万字,印数5200册,定价9.80元。

《马克思恩格斯的书刊出版活动》 周文熙编著。1989年10月中国书籍出版社出版。本书包括两个部分,第一部分选辑了马克思恩格斯关于书刊编、写、出版方面的部分论述,围绕一种书刊、一类书籍或某一事件,推出马恩在处理过程中的若干见解,同时又介绍了事情发生的时代背景。第二部分是记录马克思、恩格斯在书刊编、写、出版活动方面的所有事实,按活动进行的时间顺序排列,通过这份记事,可以对马恩书刊出版活动有一个全面的了解。大32开本,352页,印数1400册,定价4.20元。

《海外华文报刊的历史与现状》 方积根、胡文英著。1989年11月新华出版社出版。本书从宏观上阐述了研究海外华文报刊的目的、意义,海外华文报刊历史发展的轨迹、特点、发展趋势,进而按照海外华文报刊的地域分布(亚洲、欧洲、大洋洲、非洲)及其所属国别,依次按报刊史实发生的时间先后进行叙述。附录部分综合表格说明,著录了各报刊国别、数量、名称、年代、性质、刊期、类别等。小32开本,276页,17.2万字,未标印数,定价2.90元。

《外国现代插图艺术》 童介眉、高燕编。1989年12月朝花美术出版社出版。本书收录179幅图版。24开本,197页,定价9.00元。

《马克思主义新闻思想史稿》 童兵著。1989年12月中国人民大学出版社出版。本书分上、下两篇,共12章。作者不仅对经典作家马克思、恩格斯、列宁、斯大林、毛泽东的新闻思想进行重点阐释,而且对报刊活动家李卜克内西、拉法格、梅林、普列汉诺夫等人的报刊思想和实践活动进行了全面的挖掘和梳理,还对党政领袖倍倍尔、卢森堡、季米特洛夫、加里林、铁托、刘少奇等人有关报刊观点进行了简要介绍。全书内容翔实,资料丰富,分析全面,论述系统,以史立论,评价公允。大32开本,442页,34.7万字,定价6.15元。

1990年

《八十五次喜与忧》 (苏联)塔·波·伏尤科娃著,屈洪、宁宝双译。1990年3月中国书籍出版社出版。作者在苏联的儿童文学出版社、教育出版社等单位工作多年,负责编辑出版了85种图书。该书就着重介绍她编辑工作的酸甜苦辣以及如何处理编辑工作流程中的得失,对于我们开阔视野,了解国外出版编辑工作有一定参考价值。大32开本,

248 页，20 万字，印数 2200 册，定价 3.80 元。

《天下风云一报人——索尔兹伯里采访回忆录》　(美)哈里森·索尔兹伯里著，粟旺等译。1990 年 4 月中国对外翻译出版公司出版。本书作者记述了自己几十年记者生涯，及亲临采访第一线的所见、新闻、所感等。大 32 开本，342 页，28.4 万字，定价 3.95 元。

《简明出版百科词典》　(日)布川、角左卫门著，申非、祖秉和等译。1990 年 4 月中国书籍出版社出版。这是日本出版新闻社 1971 年出版的《出版事典》的中文译本。原书收词条 4010 个，中译本译录了 3448 条。删节部分，一是日本语词语法方面的词目，一是异名同义的词目。所收词条按以下大类编排：出版总类、版权、出版史、出版物、出版社、编辑、设计、校对、印刷、油墨、纸张、装订、经营管理、图书馆、出版界有关团体。书末附有“词目音序索引”。大 32 开本，595 页，93.6 万字，印数 5500 册，精装本，定价 12.30 元。

《日本现代图书设计》　宁成春编。1990 年 8 月三联书店出版。本书是以日本讲谈社 1986 年《现代日本图书设计》为母本重新编辑的。16 开本，180 页，定价 68.00 元。

《三代报王——〈华盛顿邮报〉风情录》　(美)汤姆·凯利著，郑国强等译。1990 年上海译文出版社出版。本书作者长期关注并收集《华盛顿邮报》主办人及其家庭情况资料，从《华盛顿邮报》的发展谈及他对该报的控制。大 32 开本，21.3 万字，定价 3.70 元。

1991 年

《塑造现代文明的 110 本书》　(美)罗伯特·B·唐斯著，金文英等译。1991 年 4 月天津人民出版社出版。本书鉴别和分析了过去五百年间塑造现代文明的经典力作，并对这些巨著的广泛影响和学术价值作了清晰的展示和公允的评价。书中介绍了哥伦布、哥白尼、蒙田、莎士比亚、笛卡儿、弥尔顿、牛顿、狄德罗、卢梭、伏尔泰、富兰克林、康德、黑格尔、马克思、达尔文、爱因斯坦、弗洛伊德等著名作家和他们的杰作。小 32 开本，562 页，37 万字，印数 4000 册，定价 11.10 元。

《马克思、恩格斯、列宁报刊理论与实践》　夏鼎铭编著。1991 年 6 月复旦大学出版社出版。收入“复旦大学新闻学丛书”。本书以马克思、恩格斯、列宁的报刊活动为纵线，系统阐述了三位革命导师报刊思想的形成和发展以及他们的具体经验、写作特色。大 32 开本，347 页，28.7 万字，印数 3000 册，定价 4.40 元。

《美国插图艺术》　中羽编。1991 年 6 月黑龙江美术出版社出版。本书选编的美国插图作品力求多样化地为读者提供一些有益的借鉴。这里有如一个无比瑰丽、丰富的百花园，有即时即物的写实性风格，有超既定时空的表现，有简洁的概括、归纳性。16 开本，120 页，印数 2670 册，定价 29.80 元。

《我与兰登书屋》　(美)塞尔夫著，陈瑞兰、杨淮生译。1991 年 7 月三联书店出版。收入“文化生活译丛”。本书是美国杰出的出版家、兰登书屋的创始人之一贝内特·瑟夫(1898～1971)撰写的回忆录。书中回忆了兰登书屋从创办、崛起到蜚声全球的历史。我们从该书中所得到的不仅仅是一个出版公司成功运作的经验，一种事业成功的因缘际会，更重要的是作者在书中所展示的一个出版家的基本素质，以及因为这些优良的出版家的素质的全面施展而成就了一番出版事业的快乐。小 32 开本，379 页，定价 5.95 元。本书的插图全译本 2007 年 2 月由人民文学出版社出版。16 开本，定价 30.00 元。

《报业大王默多克》　(美)杰罗姆·塔希尔著，李宗慧、翟志瑞译。1991 年 8 月人民日报出版社出版。本书详尽地介绍了蜚声世界的澳大利亚报界巨头如何将新闻、商业、金融和政治汇合于一手的卓越才能。小 32 开本,234 页,15.9 万字,定价 3.50 元。

《世界报业大亨默多克》　(澳大利亚)乔治·芝斯特著,周树春、陈亚平编译。1991 年 9 月新华出版社出版。本书叙述默多克几十年的报业生涯,同时通过这个传记,人们从中可以看到西方新闻的种种特性和发展趋势。大 32 开本,250 页,精装本,定价 4.10 元。

《书和书籍出版》　(德)海诺德原著,何云峰、王晓明编译。1991 年 10 月同济大学出版社出版。本书根据德国《书和书商》一书编译而成。全书共分为五章,比较全面细致地介绍了联邦德国出版业的情况以及一些西欧国家的出版情况。小 32 开本,124 页,定价 1.50 元。

1992 年

《马列新闻活动与新闻思想史》　吴廷俊著。1992 年 6 月华中理工大学出版社出版。本书介绍了马克思、恩格斯各个时期的新闻活动,列宁在建党、夺取政权、社会主义时期的新闻活动及思想发展。大 32 开本,325 页,26 万字,定价 2.78 元。

《聚书的乐趣》　(英)爱德华·纽顿著,赵台安、赵振尧译。1992 年 6 月三联书店出版。收入“文化生活译丛”。作者是一位英国藏书家,他在本书中讲述了自己聚书的故事和诸多国外作家爱书、藏书、品书、写作、治学的故事。小 32 开本,330 页,印数 25000 册,定价 9.50 元。

《外国新闻事业史》　梁洪浩主编。1992 年 7 月武汉大学出版社出版。本书是全国高等学校自学考试教材,共 9 章,具体纲目为:新闻事业孕育和诞生,近代资产阶级报刊的产生和发展,近代无产阶级报刊的产生和发展,现代资产阶级报业的形成和发展,现代无产阶级报业的形成、发展和变化,新闻通讯事业的诞生、演变和发展,现代广播电视事业的诞生和发展,争取建立世界新闻新秩序的斗争。大 32 开本,390 页,31.8 万字,印数 32000 册,定价 15.30 元。

《〈资本论〉创作史简编》(上、下)　田光、陆立军著。1992 年 9 月浙江人民出版社出版。本书对马克思早期的政治经济学研究、《政治经济学的批判》的创作及《资本论》的创作和编辑作了概述。大 32 开本,504 页,印数 1500 册,定价 8.00 元。

《国外现代装帧设计精选》　郭存善编。1992 年 9 月中国华侨出版社出版。本书内容包括:美术摄影、文化体育、社会科学、生活风俗、儿童情趣、科幻、动物等。16 开本,181 页,印数 2000 册,精装本,定价 88.00 元。

《现代日本大众传播史》　张国良著。1992 年 12 月学林出版社出版。该书比较系统地评述了 1945 年至 1990 年间日本大众传播事业的历史。作者将现代日本的传播事业发展分为四个阶段进行论述,即占领时期(1945～1952)、复兴时期(1952～1960)、跃进时期(1960～1973)和转折时期(1973～1990)。附录包括《主要媒介的沿革》、《报纸总发行数和普及率的推移》、《电视机总数和普及率的推移》、《书刊总发行数的推移》、《广告费的推移》、《历年畅销书目录》等。大 32 开本,223 页,17.1 万字,印数 3000 册,定价 6.85 元。

《列宁的编辑理论与实践》　陈昌荣编著。1992 年 12 月成都科技大学出版社出版。全书分用章节形式作综合论述和用编年形式作简要记事两部分。小 32 开本,247 页,定价 3.50 元。

《报坛群星——外国新闻史名人传略》　王泰玄编著。1992 年中国人民大学出版社出版。本书记述了外国新闻事业史上的 43 位著名人物的生平事迹。大 32 开本，300 页，定价 5.40 元。

1993 年

《法国图书出版业》　杨胜伟、燕汉生编著。1993 年 1 月中国书籍出版社出版。该书是作者旅居法国期间在广泛收集文字资料与亲自采访取得第一手材料的基础上写成的。其主要内容有法国出版史概述、法国出版业综述、法国典型出版社介绍、法国出版业人员培训等。内容丰富、生动，并且在材料的基础上进行了分析讨论，所以又有一定的理论价值。附录有《出版技术专业教学计划》、《出版社高级领导干部专业教学计划》。许力以作序。小 32 开本，298 页，22 万字，印数 2000 册，定价 6.00 元。

《苏联东欧剧变与新闻媒介》　新华社新闻研究所编。1993 年 2 月新华出版社出版。本书是以苏联东欧在 20 世纪 80 年代末 90 年代初所发生的剧变为背景，叙述政局动荡与新闻媒介的关系。小 32 开本，238 页，14.9 万字，定价 4.80 元。

《世界文学禁书：从〈爱的艺术〉到〈撒旦诗篇〉》　朱子仪著。1993 年 5 月北京十月文艺出版社出版。本书涉及了四十余部在不同时代遭到查禁的世界文学名著，并分别详细介绍了它们遭受查禁及非难的原因和经过，以及它们所开辟的天地和自身的价值。书后还有《外国文学作品焚禁要事录》。大 32 开本，318 页，22.3 万字，印数 4000 册，定价6.40 元。

《禁书详解(外国文学卷)》　古亦冬编著。1993 年 5 月天津社会科学院出版社出版。本书精选外国文学中的禁书一百二十余种，每部作品介绍了其作者、内容、影响及被查禁的情况。小 32 开本，310 页，印数 10000 册，定价 5.60 元。

《出版千凡录》　(日)中平千三郎著，张贵来等译。1993 年 7 月北京大学出版社出版。本书由学术出版和世界新闻两部分组成。学术出版部分有 116 篇短文介绍了 1975～1985 年 10 年间日本大学出版社，在市场经济的激烈竞争中，编辑、出版、发行、国际交流等诸方面的情况，介绍了日本大学出版社在这一时期所遇到的问题和解决的办法。大 32 开本，249 页，平装本定价 10.00 元，精装本定价 14.00 元。

《精神交往论——马克思恩格斯的传播观》　陈力丹著。1993 年 8 月开明出版社出版。本书是我国第一部系统研究马克思恩格斯传播观的学术专著。作者从马克思主义的历史唯物观出发，研究人类的物质交往和精神交往的各种现象，论证了他们的历史唯物主义的传播理论，阐述了各种精神交往的形态和各种交往媒介。同时，对他们关于传播心理、工人政党内部的精神交往、人类交往历经三个发展形态等观点，也作了论述。大 32 开本，560 页，印数 3000 册，14.80 元。本书 2002 年 10 月再版。2008 年中国人民大学推出新版。

《〈真理报〉总编辑沉浮录》　(苏)维·戈·阿法纳西耶夫著，贾泽林译。1993 年 9 月东方出版社出版。本书记述了前苏联《真理报》总编辑坎坷的经历和政治生涯，反映了其与勃列日涅夫到戈尔巴乔夫 4 任苏共总书记的交往，以及这一时期的历史进程。小 32 开本，255 页，印数 4500 册，定价 6.50 元。

《外国书刊插图装饰精粹》　川岛编。1993 年陕西旅游出版社出版。12 开本，307

页,印数4000册。

1994年

《日本当代插图集》 敬人编。1994年1月安徽美术出版社出版。本书汇集了当代日本300位插图画家近千幅力作精品。12开本,250页,平装本定价28.00元,精装本定价35.00元。

《中外古今名书禁书大观》 李寿主编。1994年1月群众出版社出版。本书收古今中外名书禁书两千余种,有《拼音目录索引》和《分类目录索引》。16开本,887页,印数4000册,精装本,定价75.00元。

《苏联新闻史》 傅显明、郑超然著。1994年1月新华出版社出版。32开本,309页,25万字,印数1000册,定价不详。

《忆当年——纪念泰国〈全民报〉创刊50周年》 本书编辑小组编。1994年3月中国华侨出版社出版。大32开本,394页,27万字,印数2000册。

《简明世界新闻史》 张昆编著。1994年6月武汉大学出版社出版。该书是包括中国和其他发展中国家在内的真正意义的世界新闻史。作者把重点放在体系的建设方面,着眼于宏观把握,以梳清脉络为主旨。本书总计18章,涉及的内容主要有:新闻传播的起源、近代报刊的萌芽与争取出版自由的斗争、资产阶级革命时期的新闻传播、大众化报刊的勃兴、通讯社的出现与发展、殖民地半殖民地的近代报业、无产阶级报刊事业的兴起与发展、黄色新闻的泛滥、报业垄断化的进程、广播时代的开始、苏联社会主义新闻体制的确立、两次世界大战期间的新闻传播、20世纪的种种思潮、突入电视时代、战后发达国家的新闻事业、建立世界新闻新秩序的斗争、社会主义国家的新闻事业、改革开放过程中的中国新闻事业。书中注意吸取、反映本学科的最新成果,写作中力求表现出可读性。大32开本,381页,31.3万字,2003年7月第7次印刷,未标印数,定价11.20元。

《世界禁书大观》 余悦主编。1994年12月百花洲文艺出版社出版。本书是一部资料性的工具书,总括地介绍了世界范围内的主要禁书。编者对世界上近三百种禁书进行介绍,包括作者简况、作品梗概、禁毁情况等。大32开本,861页,印数13000册,精装本,定价33.00元。

1995年

《西方六国出版管理研究》 魏玉山、杨贵山著。1995年6月中国书籍出版社出版。这本小册子分六章,前五章分别介绍了英国、法国、美国、德国和日本的出版管理体制,第六章则论述了加拿大的出版政策。写作参考了国内已有的有关资料,同时也适当参阅了国外的原文资料。袁亮作序,这篇长序对西方主要国家出版管理体制的形成、发展、特点以及对我们的启示,进行了较全面的论述。小32开本,92页,7.5万字,印数1000册,定价4.00元。

《世界历代禁书大全》 肖峰、(美)玛丽·斯帕恩主编。1995年12月上海书店出版社出版。本书不仅首次以全新、系统,可读性强的形式向读者介绍了世界数千年的禁书,披露了不少鲜为中国读者所知的外禁书的内容,而且,尤其值得称道的是,《大全》在生动、择要介绍有关禁书的同时,还客观、全面地评介了这些作品遭禁的原因和过程,它们现在的历史地位及价值所在,从而使读者在充分领略原作韵味的基础上,还能了解到有关历史背景及社会潮流的变化。它的资料性及学术性都给我们提供了很有价值的参考。附录《世界历代禁书录》。大32开本,836页,精装本,定价39.80元。

1996年

《外国新闻事业史新编》 张允若、高宁远主编。1996年8月四川人民出版社出版。本书介绍了外国新闻事业的起源、近代资产阶级报业的产生和发展、近代无产阶级报业的创建和发展、主要发达国家现代报业的发展和变化、独联体和东欧现代报业的发展与变化等。大32开本,450页,33万字,印数16000册,定价16.50元。

《外国出版概况》 陆本瑞主编。1996年10月辽宁教育出版社出版。该书属于国家教委"八五"规划教材、新闻出版总署教材建设重点项目"普通高等教育编辑出版类规划教材"之一。全书八章,先总后分,纵横结合,评介客观。第一章讲外国出版的历史演变,从中可以大体了解国外出版业发展变迁的轨迹。第二章是介绍外国出版业的现状和发展趋势,着重勾画了发达国家和发展中国家出版业的轮廓。第三章至第七章,则从外国的宏观出版管理、编辑出版、图书销售、企业经营、宣传促销到出版人才的教育培养等内容,分专题进行概述。大32开本,318页,24.9万字,印数4000册,定价15.00元。本书2003年由辽海出版社出版了修订本。

《理想藏书》 (法)贝·皮沃、皮·蓬塞纳编著,余中先译。1996年10月光明日报出版社出版。大32开本,571页,精装本,定价36.00元。

《读者文摘传奇》 (美)约翰·海登瑞著,林丽冠、余慕芗译。1996年11月海南出版社出版。美国的《读者文摘》杂志600美元起家,自1922年创刊以来,不断发展壮大,已是在127个国家拥有杂志、书籍、行销和投资营运的媒介王国。以15种文字出版39种版本,每期发行两千多万册,年收入超过20亿美元,提供全球一亿多读者的精神食粮。该书用文学的笔调,立足于可信的资料,勾画了一份杂志从诞生到发展兴盛的近七十五年的传奇历程。它对我国的出版业特别是期刊业的发展不无启发。书前有13页珍贵的历史照片。大32开本,427页,34万字,印数20000册,1997年重印,累计达25000册,定价21.80元。

1997年

《书与人》 (美)约翰·温特里奇著,胡丹等译。1997年3月辽宁教育出版社出版。收入"新世纪万有文库"。作者是一个美国记者,这里收录的是他有关名著的随笔,一共12篇。他建议大家留心看看这样一根链条:手稿—书籍—图书柜台。小32开本,123页,9.3万字,印数10000册,定价5.60元。

《书的故事》 (苏联)伊林著,胡愈之译。1997年3月辽宁教育出版社出版。这本书1937年1月由生活书店初版,5月再版。这本普及性读物讲的是人类信息传播的历史,从文字的历史开始,讲到发明纸张和印刷术。它是以通俗易懂的形式讲述信息革命前信息传播的故事。作为本书附录的奈布罗著、陈行慧译《话说图书》也是译本简明通俗的讲解图书的小册子。小32开本,166页,12.6万字,印数10000册,定价6.90元。

《操纵言论自由的人——纸老虎(全球报业大亨)》 (美)尼古拉斯·柯瑞奇著,汪仲译。1997年3月广东教育出版社出版。本书披露了几十个操纵着国际舆论、让对手胆战心惊的世界报业寡头的众多秘密,其狡诈和奢华让人大开眼界。书中最引人瞩目的还是东西方对新闻自由的不同观点和迥异态度。大32开本，477页，印数10000册，定价22.80元。

《发展中的书籍艺术》 (德)汉斯·彼得·维尔堡著，余秉楠译。1997年7月人民美术出版社出版。本书阐述德国及西方书籍艺术在美术和技术方面的发展历程，并论述书籍艺术的方方面面，配有三百余幅图片。16开本，191页，定价25.00元。

《花花公子传奇》 金艾顿著。1997年12月中国戏剧出版社出版。本书全面介绍了"花花公子"这一著名品牌的创造与发展历史以及戏剧性的转折和东山再起的过程。同时，全书亦深入描写了"花花公子"创始人休·曼·赫夫纳独特的情感世界和他从一个穷小子到成为一个亿万富豪的艰辛创业历程。他创办刊物，开设酒店、夜总会、赌场，并将杂志电子化，影视全球化，追赶"信息高速公路"进军服装市场，将他的"花花公子"专卖店开到了全世界的每一个角落，并将他的品牌推到了中国的千家万户。书中涉及了众多的人物和"花花公子"企业的各类经营者，表现了多样又丰富的人生，折射出美国社会生活的方方面面。大32开本，372页，定价22.00元。

1998年

《畅销书内幕》 (美)杰罗德·R·杰肯斯、马丁·林克著，冯利译。1998年1月天津人民出版社出版。该书首次披露了18位畅销书作者成功的内幕。介绍的畅销书有《塞莱斯廷预言》、《圣诞盒》、《心灵鸡汤》、《永远爱你》、《现代精神健康学》、《一分钟经理》、《死亡之光》、《成功的七个心理法则》等。大32开本，170页，9万字，印数10000册，定价16.00元。

《俄罗斯当代版画·插图艺术》 俞可编。1998年1月漓江出版社出版。本书选刊了俄罗斯当代有代表性的四位艺术家的作品，他们是鲍里斯·扎彼罗辛、郁瑞·柳克辛、奥列格·雅赫宁、瓦列里·米申。16开本，117页，印数3000册，平装本定价48.00元，精装本定价58.00元。

《西风吹书读哪页——〈纽约时报书评〉100年精选》 崔权醴编译。1998年4月中华工商联合出版社出版。这是《纽约时报书评》专版100年来所发表的书评的精选本。该书选录了74篇书评，代表了出版界或读书界对这些图书所作的评判，使读者可以了解美国书评的风采。所选书评涉及的作品，大都是已有定评的文学名著，并都已有中文译本。书后附有"哎!"、"记忆在心"两个专栏，收录了一些言简意赅的短小书评。最后的"书评纪年"，则用编年的方式对《纽约时报书评》的历史作了回顾。大32开本，356页，印数2500册，定价20.00元。

《愤怒书尘——一个文化经纪人的青年时代》 (德)彼德·魏德哈斯著，王泰智译。1998年8月商务印书馆出版。这是德国法兰克福书展主席彼德·魏德哈斯用诗意的激情向我们讲述的令人心动的故事。它通过描述一个"文化经纪人"的成长历程，展现了西方"无父的一代"青年为追求人生的意义而走过的坎坷、迷茫、浪漫的路途。大32开，287页，20万字，印数3000册，定价18.00元。

《外国年鉴编纂出版概况》 李国新著。1998年8月中国旅游出版社出版。本书对国外年鉴的发展概貌，以及它们编纂、出版、发行年鉴的情况进行了全面的论述。大32开本，178页，印数3000册，定价16.00元。

《华尔街日报——告诉你一张报纸打天下的秘密》　(美)弗朗西斯·迪利著,张连康译。1998 年 9 月企业管理出版社出版。大 32 开本,369 页,29 万字,定价 22.80 元。

《报业大兼并——布莱克和全球发展最快的报业帝国》　(美)理查德·希克洛什著,王强译。1998 年 10 月光明日报出版社出版。本书以特写的文笔记述了自 20 世纪 90 年代以来康德拉·希克洛什为老板的一个异军突起的新的跨国报业集团的基本情况。大 32 开本,392 页,定价 22.80 元。

《西方诸国著作权制度研究》　吴汉东著。1998 年 10 月中国政法大学出版社出版。该书分为上、下两编。上编对西方诸国的各项著作权制度进行比较研究,下编对西方诸国著作权制度的历史和现状进行具体介绍。全书点面结合,纵横相映,对西方一些主要发达国家的著作权法进行了全面系统的描述和评价。大 32 开本,458 页,14 印张,定价 27.00 元。

《世界儿童书籍插图选》　励世良等编。1998 年 10 月安徽美术出版社出版。收入"世界实用美术精品屋"。24 开本,116 页,定价 28.00 元。同类的著作还有周艳翔的《世界儿童书籍插图选粹》(江苏美术出版社 1994 年 4 月版)。

《外国新闻事业史》　高金萍著。1998 年 11 月湖南师范大学出版社出版。收入"新闻学教育丛书"。16 开本,342 页,定价 14.50 元。

《法国新闻出版发行概况》　宋建新著。1998 年山西人民出版社出版。本书内容涉及:法国新闻出版行业的主体——报纸、期刊的创办手续,报刊从业者、新闻记者的从业资格,发行组织的业务范围,以及报刊从业人员必须遵守的有关法律法规。大 32 开本,219 页,17.8 万字,定价 11.80 元。

1999 年

《坠入字网:詹姆斯·A.H·默里和〈牛津英语大字典〉》　(英)K.M·伊丽莎白·默里著,魏向清、范红升译。1999 年 4 月东方出版中心出版。本书是《牛津英语大词典》主编詹姆斯·A.H·默里的传记。作者是传主的孙女,她用大量的第一手资料,描述了默里博士漫长而丰富的人生经历,以及为英语词典事业作出的巨大贡献。大 32 开本,494 页,印数 2000 册,精装本,定价 24.00 元。

《被历史控制的文学——午夜出版社里的新小说和阿尔及利亚战争》　(法)安娜·西莫南著,陈侗编,吴岳添、段映红著。1999 年 7 月湖南美术出版社出版,收入"实验艺术丛书"。作者用几十年的时间研究法国著名的午夜出版社发展历史,最终把握住它的性格:以不顺从为己任。如果说午夜出版社半个世纪的出版经历集中了先锋文学的所有因素——遭受责难,被查禁,然后是至高的荣耀,那么归根到底这一切都是"被控制的文学"。西莫南的这份报告出乎意料地让我们了解到午夜出版社在书面文学"新小说"之外的另一面:揭露法国军队在阿尔及利亚动用酷刑的"介入文学"。两条看似无关的平行线在"121 声明"事件中交叉合并,使午夜出版社和新小说都具有一种道德性。小 32 开本,84 页,印数 3000 册,定价 6.50 元。

《英美畅销书内幕》　(英)里查德·约瑟夫著,谢识、盖博译,1999 年 9 月海天出版社出版。收入"海天译丛"。本书是英国作家理查德·约瑟夫对当今英美 23 位畅销书作家的访谈录,这些作家详谈了自己如何写出畅销书的内幕。大 32 开本,392 页,定价 20.00

元。

《欧洲书报检查制度的兴衰》　沈固朝著。1999年9月南京大学出版社出版。该书是国内第一部系统研究欧洲书禁史或书报检查制度史的学术专著。全书分为四章,内容有:教会的检查制度;英国首先废除出版前检查;检查制度在欧洲的瓦解;对历史经验的一些思考。书中内容充实,观点正确,资料丰富,作者参考了大量中外文资料,具有一定的开创性和较高的学术价值。大32开本,248页,21万字,印数1500册,定价11.00元。

《纽约时报的风格》　李子坚著。1999年9月长春出版社出版。本书内容取自《新闻镜》所刊载过的文章,包括:时报风雨百年、时报的原则和理念、时报风云人物和时报光辉的史页四篇。大32开本,395页,30万字,定价24.00元。

《个人历史:〈华盛顿邮报〉女总裁格雷厄姆自传》　(美)凯瑟琳·格雷厄姆著,关键、吉基旺译。1999年江苏人民出版社出版,收入"汉译大众精品文库·人物类"。大32开本,709页,定价31.00元。

2000年

《书之爱》　(英)理查德·德·伯利著,肖瑗译。2000年1月辽宁教育出版社出版。收入"脉望译丛"。这是一本英国14世纪流传至今的名著。作者曾经担任过大主教、大法官,毕生热爱读书、藏书。据说他的个人藏书超过了当时所有英国大主教的藏书总和。他在本书中介绍了书籍的功能,尖锐批评了不重视书籍的教士、僧侣,反对战争对书籍的破坏,热忱提倡人们爱书读书。小32开本,159页,印数4000册,定价10.00元。

《一个战时的审美主义者——〈纽约书评〉论文选》　(美)罗伯特·希尔福斯、芭芭拉·爱泼斯坦编,高宏、乐晓飞译。2000年1月中央编译出版社出版。本书收录了1963年至1993年间部分有代表性的《纽约书评》。18开本,283页,定价28.00元。

《电子商务之父——亚马孙网络书店传奇》　张志伟著。2000年1月中信出版社出版。全书3个部分14章,纲目为:主角登场;网络书店创世纪;强调互动的书店特色;戏而不谑的企业文化;贝佐斯的行事理念与作风;以人为本的经营理念;令人眼亮的营运业绩;新、速、实、简的策略优势;走向全球化的旺盛企图;亚马孙的广告爱恨情结;挑战传统企业龙头;网络的未来;亚马孙网络书店现象;亚马孙的危机在哪里。该书以文学的笔调,描述一家现代书店的发展经历,总结其经验教训,对未来网络书店乃至整个书业企业的发展皆有参考价值。小16开本,225页,17.5万字,未标印数,定价19.80元。

《电子商务帝国:亚马逊网上书店传奇》　黄海龙编著。2000年2月经济日报出版社出版。1999年12月19日,杰夫·贝索斯,全球最大的互联网书店——亚马逊网上书店的创始人"由于革命性地改变了全球消费者传统购物方式"被美国《时代》周刊评为本年度封面人物。本书详尽地描述了这位35岁的年轻人和他的公司的传奇历程。大32开本,330页,定价20.00元。

《默多克传:一个传媒王国的诞生》　(英)威廉·肖克罗斯著,樊新志译。2000年8月世界知识出版社出版。本书是1993年出版的《默多克传》的修订版,描绘了默多克为将其传媒帝国拓展到整个地球所进行的一场场"拼杀"。在这本书中,作者威廉·肖克罗斯对上一版本作了一些修改。默多克创建了现代全球传媒帝国。本书记录了他的生活经历、所处的时代以及他思想上的变化等等。16开本,319页,印数3000册,定价28.00元。

《日本藏书印鉴》　林申清编。2000年10月北京图书馆出版社出版。作者以数年之功，亲历日本，收录了日本百余家官、公、私藏书机构(藏书家)、藏书印鉴四百余方，较为全面地反映了日本明治维新以前的著名藏书家和主要藏书机构的整体面貌。为了便于读者了解日本官、公藏印大略，该书在每个藏书机构下，均附有介绍该机构藏书授受源流的小文；私家藏书则附有印主的简单传略，包括姓名、字号、履历、著作等。全书最后还附有印主姓名笔画索引和印文四角号码索引。该书为朱、墨双色印刷，内容丰富，图文并茂，不仅直观地反映了我国藏书印鉴艺术在日本的继承和发展，更为版本学者、中日文化交流史研究工作者提供了不可多得的佐证和参考。16开本，156页，定价36.00元。

《外国新闻传播史》　郑超然、程曼丽、王泰玄主编。2000年10月中国人民大学出版社出版。本书共分8篇，综述了人类传播活动的发展进程、各洲各国新闻事业的历史，重点介绍了英国、法国、德国、意大利、俄国等在世界上具有一定影响的国家的报纸、杂志、广播电视的创始、发展、现状及趋势，介绍了关于世界新闻传播新旧秩序的论争。16开本，535页，62.7万字，定价39.00元。

《外国新闻事业史》　张允若编著。2000年10月武汉大学出版社出版。本书是高等教育自学考试教材，内容包括：外国新闻事业的起源、发达国家近代报业的产生和发展、俄罗斯地区报业的发展和演变、新闻通讯事业的产生和发展、广播电视事业的产生和发展等内容。大32开本，465页，印数20000册，定价20.00元。本书主编2001年在高等教育出版社还出版了《外国新闻事业史教程》，16开本，448页，定价35.20元。

2001年

《欧洲印刷史话》　(美)房龙著、李丽娜译。2001年1月北京出版社出版。该书是和作者的另一部著作《西方美术简史》合刊的。在《欧洲印刷史话》中，房龙给我们讲述了语言、文字、印刷的故事，特别是重点介绍了西方近代印刷术的发展过程。他的观点不是我们都赞成的，但书中的内容对于我们了解西方近代印刷术的发生和发展是有帮助的。这个合刊本中，关于欧洲印刷史话部分只有28页，是十分简略的。大32开本，该书首印6000册，2002年1月第2次印刷，累计印数14000册，定价11.00元。

《媒体巨人：默多克传奇》　(英)威廉·肖克罗斯著，池俊常、贺慧宇、张红译。2001年1月华夏出版社出版。在媒体这方天空，默多克是一部带有强烈个人色彩的编年史。迄今为止，默多克的新闻集团是世界上最后一个仍然由个人独掌的公司。本书作者站在最为公正的立场上从各个方面详细论述了默多克的奋斗历程。本书共分四部分。第一部分是早年生活；第二部分是全球扩张；第三部分是崭新世界；第四部分是地球村。大32开本，326页，定价26.00元。国内翻译的默多克的还有世界知识出版社、新华出版社的多个本子。

【另】周小普主编的《全球化媒介的奇观：默多克新闻集团解读》2006年4月由中国社会科学出版社出版；王慧慧编著的《霸者无疆：默多克和他的新闻集团》2006年12月由重庆出版社出版。

《亚马逊网络书店传奇》　(美)丽贝卡·桑德斯著，华经译。2001年2月机械工业出版社出版。与世界最长河流同名的亚马逊网络书成立于1995年7月，不到5年的时光，其股票现值比9美元的上市认购价飞涨了2300%，而这家企业尚未赢利1美分，是什么魔力让精明的华尔街投资家们做赔本生意？在本书中你会马上找到答案。作者从创建、员工、购并到伙伴发展各种角度，真实展现杰夫·贝佐斯如何从一无所有到缔造网络传奇的十大秘诀。大32开本，255页，定价18.00元。

《外国新闻史教程》　李磊著。2001年5月中国广播电视出版社出版。本书尝试使用宏观的比较分析方法，对世界范围内封建社会、资本主义社会和社会主义社会三种社会形态中的各国新闻传播事业模式进行叙述与分析。重点对西方各国集权主义时代、资本主义时代的新闻传播事业进行了深度分析和横向比较，其目的是尽量凸显不同国家新闻传播事业的特点，对其进行较为准确的把握。全书分为4编18章，在微观上，每章都有三个部分：背景分析、历史进程和分析与思考。大32开本，498页，36万字，印数5000册，定价28.00元。

《歌德与出版商》　(德)西格弗里·翁译尔德著，张世广、刘越莲译。2001年6月云南人民出版社出版。该书的作者是德国当代独具一格的著名出版家。在书中，他不仅精辟地阐述了歌德与出版商的关系，而且引用了大量的资料，丰富了歌德传记和德国出版史的内容。大32开本，393页，29.5万字，未标印数，定价25.00元。

《国际藏书票艺术》　刘硕海编。2001年7月天津人民美术出版社出版。本图册收集国际藏书票作品500幅，作者多为欧洲及美国、以色列等国人，题材之泛，表现形式各异，为国内少见。全书图片彩色印刷。16开本，118页，印数2000册，定价55.00元。

《马克思主义美学传播史》　马弛著。2001年8月漓江出版社出版。本书上篇论述马恩经典作家的美学思想及其传播；中篇分析了俄苏时期列宁及他的战友们的美学思想形成的历史背景和这些思想传播的历程；下篇论述了20世纪30年代直至当今欧美各种流派的“新马克思主义”理论家们对发展马克思主义美学所作的思考与理论贡献。大32开本，503页，定价28.00元。

《报业巨鳄：阿克塞尔·施普林格传》　(德)米夏埃尔·于克斯著，李少辉译。2001年9月华夏出版社出版。本书作者通过采访和调查，表现了施普林格个人生活的方方面面——失败的婚姻、朋友的背叛、儿子的自杀等。该书并不仅是一部充满成功和权利、梦想和妄想、爱与恨的故事，它还反映了从法西斯专政统治解脱后及冷战时期联邦政府的政治史。大32开本，397页，定价28.00元。

《近代西欧印刷媒介研究——从古腾堡到启蒙运动》　项翔著。2001年10月华东师范大学出版社出版。作者选择印刷媒介这一课题，从新文化史和知识社会学等多重视角进行研究。在书中，详细考察了印刷媒介在知识、思想传播中的过程与功能。选择了西欧历史上划时代的标志性事件文艺复兴、宗教改革和启蒙运动予以论述，在扎实史料基础上进行思辨和创新，得出了较之以往不同的诸多新认识。全书6章，纲目为：多元学科视野中的印刷媒介史研究；欧洲印刷术的出现；印刷术在欧洲的传播和印刷媒介的发展；文艺复兴和宗教改革时期的印刷媒介(一)(二)；17世纪和启蒙运动时期的印刷媒介。书末附有比较详备的中西文参考文献。大32开本，173页，15.8万字，印数2100册，定价10.00元。

《20世纪的书：百年来的作家、观念及文学——〈纽约时报书评〉精选》　(美)查尔斯·麦格拉斯编，李燕芬等译。2001年10月三联书店出版。本书精选《纽约时报》百年来的精彩书评，约略反映了百年来文学出版的概貌。16 开本，809 页，印数 10000 册，定价 68.00 元。

《出版巨子和他的作家们——杰克·麦克莱兰传记》　(加拿大)詹姆斯·金著，任吉生、文楚安译。2001 年 11 月重庆出版社出版。该书出自当今加拿大最杰出的文学传记作家之手，它展示了一个为加拿大出版业带来深远变革和影响的非凡人物杰克·麦克莱兰的一生。作家以翔实的事实，客观、细腻地展示了传主杰克的个性特征、成就其伟业的独特方式，同时也描写了他的弱点，甚至是陋习等。大 32 开本，412 页，12 页图版，33 万字，印数 3000 册，定价 25.00 元。

《美国传媒文化》　端木义万主编。2001 年 12 月北京大学出版社出版。本书全面介绍了美国媒体特色和相关文化，重点介绍了美国书业、报业、杂志业、广播、电视、电影、广告、网络、音乐等媒体的历史、现状、发展趋势以及对社会的影响。在国际新闻舆论与影视网娱乐业中，西方媒体长期占据主导地位。大 32 开本，275 页，25.2 万字，定价 15.00 元。

《美国新闻史》(第八版)　(美)埃德温·埃默里，迈克尔·埃默里合著，展江主译。2001 年由新华出版社出版重排本。本书曾于 1982 年 10 月由新华出版社出版。内容涉及从美国新闻事业继承的历史遗产(即欧洲报业简史)和美国第一张报纸的诞生写到美国各个历史时期，直到美国卡特总统任内的新闻事业发展与政治、经济和社会潮流的关系。全书材料丰富，内容广泛，涉及报纸、杂志、广播、电视、广告、通讯、新闻写作、新闻研究和新闻教育等各个领域。对美国新闻史上著名报人、记者、评论员和广播员等传略式的介绍，使本书具有文学色彩。大 32 开本，868 页，定价 98.00 元。该书第九版 2009 年 6 月由中国人民大学出版社出版。

《发达国家出版管理制度》　周源著。2001 年时事出版社出版。收入“发达国家政府管理制度文库”。该书是一部系统研究发达国家出版管理制度的专著，通过对发达国家出版管理的基本制度、对出版市场的调控和管理制度、政府管理出版的主要职能等方面的研究，梳理出发达国家出版管理变化的脉络。大 32 开本，344 页，丛书(42 册)总定价 2650.00 元。

2002 年

《走进美国大报》　辜晓进著。2002 年 1 月南方日报出版社出版。本书以访问学者身份赴美进修期间采访了近 40 位报界专家，其中近 30 位是各报或报团的老总，包括 12 位总编辑、1 位发行人，详尽披露了美国报纸的经营理念及管理模式。16 开本，442 页，35 万字，定价 56.00 元。

《纽约时报 100 年》　(美)弗洛伊德·诺里斯、克里斯汀·伯科尔曼著，曹珍芬等译。2002 年 1 月中国财政经济出版社出版。本书从《纽约时报》卷帙浩繁的档案和独一无二的资料中精挑细选，记载了商界领袖和革新者一百多个最引人入胜、最重要的故事，以及该报发表的部分头版新闻和社论、年表、大标题等。16 开本，40 万字，印数 3000 册，定价 58.00 元。

《报业大亨——不按牌理出牌的报业大亨》　(美)艾尔·努哈斯(Al Neuharth)著，李瑞珺、李淑珺译。2002 年 1 月宇航出版社、科文(香港)出版有限公司出版。本书是这位颇具争议和传奇色彩的报业巨子在退休时撰写的自传。他不仅仅向读者展示了他从一个地方小报记者,成为国际传媒巨人发展历程;董事会内的斗争和报界内幕以及他所津津乐道的"混小子"性格给他的成功带来种种帮助。更重要的是他以新闻巨头的身份,毫无保留,一五一十地道出他的失败经验——一切商业强者,都是能够整合优势,整合未来的高瞻远瞩者。大32开本,398页,20.8万字,定价35.00元。

《书香圣殿——法兰克福国际书展》 汪耀华编著。2002年2月上海书店出版社出版。该书以图文并茂的形式,比较详尽地介绍了世界最有影响力的书展——德国法兰克福大型国际书展。24开本,111页,定价40.00元。

《传播学史/一种传记式的方法》 (美)E.M·罗杰斯著,殷晓蓉译。2002年3月译文出版社出版。该书循着传播学发展的现实轨迹和思想脉络,开创了一种将理论、历史和个人传记结合起来的方式,并在此基础上翔实而又准确地论述了一门新兴学科的产生与发展历程。经验性、实用性与理论性、前瞻性的有机结合是本书的一个显著特点。从结构上看,本书主体有三个部分,即:传播学的欧洲起源;传播学在美国的发展;传播学领域的建立。书的前面还有赵凯的序言和"译者的话"。小16开本,583页,51.6万字,印数5100册,定价36.00元。

《阅读史》 (加拿大)阿尔维托·曼古埃尔著,吴昌杰译。2002年5月商务印书馆出版。本书的作者是极具天赋的作家、翻译家和文集编纂者,他在本书中从"阅读活动"、"读者的力量"角度探讨了阅读的功能和历史。16开本,412页,2004年10月第3次印刷,印数5000册,定价36.00元。

《苏联俄罗斯出版管理研究》 余敏主编。2002年5月中国书籍出版社出版。该书的主体部分是研究报告《苏联俄罗斯出版管理研究》,内容包括:前言、苏联出版管理体制的变迁、俄罗斯出版业的发展与变迁、几点启示。附录有《苏联新闻出版法》、《俄罗斯联邦新闻媒体法》、《苏联出版业新标准资料(1997～1982)》、《苏联俄罗斯1984～1999图书报刊出版统计资料》等。大32开本,203页,11.7万字,定价20.00元。

《世界新闻传播史》 陈力丹著。2002年5月上海交通大学出版社出版。本书分为7篇21章。第一篇是世界新闻传播史发展的宏观概述,提纲挈领。第2篇至第7篇,以洲或大的地区为范围,首先用少量文字概述这个洲或地区新闻传播的发展,然后选择有代表性的国家较为详尽地叙述和研究其新闻传播发展的历史和特点,本书尝试着在叙述史实的过程中,呈现各国新闻传播业发展的特征。大32开本,400页,37.5万字,印数3050册,定价23.50元。

《英语学习词典史》 (英)考伊(Cowie A.P)著,霍庆文导读。2002年9月外语教学与研究出版社出版。大32开本,242页,定价24.90元。

《美国插图史》 王受之著。2002年9月中国青年出版社出版。收入"王受之设计史论丛书"。本书分"美国插图的开始(1880～1900年)"、"美国插图的黄金时代(1900～1920年)"、"战后美国插图的发展(1950～1960年)"几个阶段,全面介绍了一百多年美国插图的发展历程。16开本,189页,印数5000册,定价55.00元。

《马礼逊——在华传教士的先驱》 (英)汤森著,王振华译。2002年9月大象出版社出版。马礼逊是基督教新教来华传教士第一人,其开创性的基础性的工作,为后世中西文化的深度交流奠定了基础。本书较全面地介绍了马礼逊的生平及其翻译《圣经》、创办英华书院、编纂《华英字典》等事迹，同时也介绍了基督教各派来华传教的历史，并对中外文化差异进行了有趣的比较。书中附有大量的刻版插图，对我们了解当时的中国社会风尚，颇有裨益。大 32 开本，224 页，18.8 万字，印数 1650 册，定价 15.00 元。

【另】顾长声著《从马礼逊到司徒雷登》1981 年由上海人民出版社出版。马礼逊著，顾长声译《马礼逊回忆录》2004 年由广西师范大学出版社出版。

《满满的书页——书的历史》　(法)Brano Blasseue 著，余中先译。2002 年 9 月上海书店出版社出版。收入"发现之旅丛书"。本书比较简明地勾勒了书本是怎样从手抄本变成印刷品，并且发展成为一种强有力的媒介的历史，是一部相当简要的世界书业史。全书五章，其纲目为：手抄的书、一个有争议的发明家、印刷走向胜利、被控制的出版业、国王书。大 32 开本，171 页，定价 35.00 元。

《当代世界新闻事业》　李良荣著。2002 年 10 月中国人民大学出版社出版。本书是"21 世纪新闻传播学系列教材"中的一种。全书除"前言"外分 10 章，勾勒了当今世界媒体的概况和框架，包括世界新闻媒体产生发展简史，当今世界新闻媒体格局、发展趋势，各地区新闻媒体的主要特点，新闻学的主要理论以及新闻运行模式、新闻法规和新闻业管理、新闻业务的主要趋势等。16 开本，285 页，33.7 万字，定价 22.00 元。

《书架的故事》　(美)亨利·彼得洛斯基著，冯丁妮、冯速译。2002 年 11 月海南出版社出版。作者以其工艺、设计方面的专长，从卷轴、手抄书、印制书一路谈来，穿越藏书的书房、各大学图书馆，以及从古到今的书店，细致描述了书架的演变和来龙去脉，以及人类的阅读行为。此外，对数百年来的卖书、买书、收藏书的逸闻也多有涉及。作者既讲书架的来由，也讲藏书的原委。大 32 开本，305 页，定价 25.00 元。

《澳大利亚传媒》　唐润华主编。2002 年南方日报出版社出版。本书介绍了澳大利亚传媒的各个方面：报纸、杂志、广播、电视、电影等，同时对受众研究、新闻学教育及新闻学专题研究等作了阐述。大 32 开本，370 页，定价 28.00 元。

2003 年

《传媒的历史与分析——大众传媒在加拿大》　(加拿大)玛丽·崴庞德著，郭镇之译。2003 年 1 月由北京广播学院出版社出版。本书作者从纵横两个角度为人们清晰地勾勒出加拿大传播媒介的历史轮廓，并对纷繁复杂的加拿大现象作了中肯的深入分析。16 开本，215 页，20 万字，定价 26.00 元。

《亚马逊营销——挑战传统网络营销典范》　武齐、彭程著。2003 年 1 月中国经济出版社出版，收入"强势百年营销丛书"。亚马逊网络书店是网络书店的领头羊。本书结合亚马逊网络书店实际经营案例，对其网络营销成功的策略进行了剖析。大 32 开本，279 页，定价 20.00 元。

《当代西方新闻媒体》　李良荣等著。2003 年 5 月复旦大学出版社出版。本书阐述当代西方新闻媒体从理论到业务，从经营到政策调控，以及与社会、政治、文化的关系。16 开本，322 页，定价 29.00 元。

《马克思恩格斯报刊活动与新闻思想研究》(上、下)　郑保卫著。2003 年 5 月高等教育出版社出版。该书分为上编、中编、下编和附编四个部分，以作者对马克思恩格斯报刊活动与新闻思想研究的学术成果为主线展开论述。上编对马克思恩格斯一生报刊活动分五个阶段作了介绍与分析。中编选编了马克思恩格斯在各个历史时期撰写的能体现其新闻观点、思想的经典论著，并较为详细地介绍其写作原因、时代背景和现实意义。下编分13个专题阐释了马克思恩格斯的新闻思想。附编则选编了马克思、恩格斯在各个时期的经典新闻论著，报刊活动年表，重要文章篇目分类等等。全书内容丰富，材料充实，观点正确，是一部兼具学术性、资料性、实用性和可读性的新闻学著作。大32开本，1074页，定价38.60元。

《马克思主义新闻思想概论》 陈力丹著。2003年7月复旦大学出版社出版。本书对马克思列宁主义思想体系中不同时代的主要代表人物的传播思想、新闻思想、宣传思想进行全面研究，系统阐述他们的思想内容。16开本，339页，40.2万字，定价30.00元。

《交流的无奈——传播思想史》 (美)彼得斯著，何道宽译。2003年7月华夏出版社出版。收入“传播·文化·社会译丛”。本书熔哲学史、政治史、媒介技术史为一炉，把理论与实践的研究置入上下数千年的大背景中，对传播思想的历史进行深入剖析。大32开本，265页，印数1000册，定价36.00元。

《日本禁书百影》 顾静编。2003年7月上海书店出版社出版。该书从日本历代禁书中选取了一百种具有代表性的禁书，用图文结合的方式进行介绍。这些禁书或因色情描写被禁，或因政治原因被禁，大多是现今已绝迹的珍贵版本。编者采用一书一图的编写方式，每一幅书影后配以简约精练而又优美的说明文字，使读者在了解日本禁书历史的同时，还能欣赏到具有东瀛风格的书衣之美。全书内页采用70克蒙肯纸，全彩色印刷，制作精良，装帧优美，是集知识性与艺术性为一体的读物。小16开本，108页，印数5000册，定价25.00元。

《解密国际传媒集团》 唐润华主编。2003年8月南方日报出版社出版。本书包括维亚康姆公司：全球“最受赞美”的传媒娱乐集团，美国在线时代华纳：全球最大的网络传媒集团，维旺迪环球集团：从迅速崛起到濒临崩溃等。作者重点介绍和分析它们的发展战略、经验理念和市场策略。16开本，391页，定价48.00元。

《外国媒介集团研究》 胡正荣主编。2003年8月北京广播学院出版社出版。本书剖析了国际媒介集团，透视了国际媒介市场，梳理了国际传媒理念等，包括历史变迁中的媒介集团、外国媒介集团的政府规制、外国媒介集团的组织管理等六章内容。大32开本，256页，22.7万字，定价20.00元。

《外国新闻事业史教程》 张允若编著。2003年12月高等教育出版社出版。本书以年代为经、媒介为序、地域为纬，阐述了包括报业、新闻通讯业、广播电视业、互联网业在内的国外新闻事业发展的历史和现状，较为全面而简明地梳理了历史脉络，叙写了重要史实，揭示了发展规律，展示了当今走向。附录有：《外国新闻事业大事年表》、《世界各洲日报增长情况表》、《世界各主要通讯社创建年表》。书末有相关的彩色照片18页。16开本，448页，55万字，未标印数，定价35.20元。

《英法美日报业发展研究》 胡连利、田红虹著。2003年12月河北大学出版社出版。该书作者选取了西方有代表性的英、法、美、日四国报业为研究对象，打捞报业历史长河中的星星点点，反映了西方报业的思想与实践、成长与影响等内容。大32开本，264页，定价19.00元。

2004 年

《难忘的插图艺术》　周进修编著。2004 年 1 月天津人民美术出版社出版。该书介绍了苏联画家们为文学作品所作的插图。书中又对个别画家作了较详细的描写，如关于施马里诺夫、库克雷尼塞等人的创造过程和探索等。24 开本，94 页，定价 19.80 元。

《施马里诺夫插图艺术》　（苏联）捷缅季·阿列克谢维奇·施马里诺夫绘，张捷、王家兰主编，周进修编译。2004 年 1 月天津人民美术出版社出版。该画册搜集了施马里诺夫的插图作品多幅，从他的作品中可以领略他对文学深挚的爱和独到的理解等内容。16 开本，96 页，定价 15.90 元。

《书业沉浮》　（美）安德烈·希夫林著，白希峰译。2004 年 2 月机械工业出版社出版。本书记载了二战以来美国图书出版业的起伏兴衰，及作者作为一个出版从业人员非同寻常的一生。大 32 开本，定价 18.00 元。

《解读默多克:从传媒帝王到中国女婿》　辛华、寒波编著。2004 年 2 月广东旅游出版社出版。本书叙述传媒帝王默多克与撒切尔夫人携手走过的日子，默多克结交戈尔巴乔夫的秘史，默多克角力华人富豪李嘉诚、李泽楷的内幕，默多克休老妻迎娶中国姑娘邓文迪的内心衷曲，等等。大 32 开本，345 页，定价 19.80 元。

《世界新闻传播 100 年》　方汉奇主编。2004 年 3 月中国人民大学出版社出版。该书在总论“新闻传播百年回顾”的基础上，分若干板块论述了世界新闻传播领域的百年发展概况，具体包括:新闻教育、新闻理论、新闻法制与新闻伦理、传播理论、新闻传播实务、广播电视、媒介经济。大 32 开本，579 页，64.7 万字，定价 36.00 元。

《全球新闻传播发展史略》　李瑛、何力著。2004 年 4 月郑州大学出版社出版。本书分为三个部分，第一部分从新闻传播的起源开始到电子时代的勃兴发展为止，对世界范围内的新闻传播事业发展进程进行叙述，并在分析和综合的基础上，较为明晰地勾勒出人类在不同阶段新闻信息传播的特点；第二部分挑选了在全球新闻传播发展进程中既有特点又具有较强影响力的一些国家的传媒业的概况；第三部分侧重描述在全球化背景下发展的世界新闻传播事业，追溯新闻传播全球化的起源，概述了报刊、广播、电视、卫星电视和全球化之间相互推动的关系。16 开本，286 页，34.1 万字，定价 32.00 元。

《走进英国大报》　唐亚明著。2004 年 6 月南方日报出版社出版。2002 年 9 月至 2003 年 9 月，作者以访问学者身份赴英国华威大学进修学习，对英国报业进行专题研究。其间，访问了 9 家全国性报纸、2 家星期天报纸、2 家地方性报纸、1 家免费日报、2 家知名杂志，与英国报界的总裁、总经理、主编等数十位举足轻重的人物进行面对面的交流。作者还访问了英国报刊投诉委员会、发行稽核局这两个独立机构，详细了解了英国报业的自律体制和报纸发行量的审核制度。本书运用丰富生动的第一手资料，深入揭示了英国报业发展的最新动向、办报理念、经营要诀及面临的困难和挑战，是一部透析新世纪报业发展大势的力作。16 开本，435 页，定价 48.00 元。

《译者的隐身——一部翻译史》　（美）Lawrence Venuti 著。2004 年 7 月上海外语教育出版社出版。收入“国外翻译研究丛书”。该书批判性地全面审视了 17 世纪至今的翻译活动，介绍了各种翻译策略中如何占据主导地位，并形成英语中外国文学的成文规范。作者还对外国文学作品反映这一时期英语国家价值观的种族中心主义及帝国主义文化后果提出了质疑。大32开本,353页,定价22.00元。

《外国新闻传播史纲》 郭亚夫著。2004年7月四川大学出版社出版。本书分为专门史和国别史两部分,采用史论结合的方法进行论述。书中特别突出外国新闻传播中的"资本运营"和"生产经营"方面的内容。大32开本,574页,定价27.00元。

《美国出版研究》 刘国瑛著。2004年7月湖南文艺出版社出版。本书探讨、剖析了美国出版的发展过程和发展趋势,分析了美国出版体制、运行机制以及与美国政治经济文化的关系,使我们进而了解美国的出版现状及其他关系。大32开本,495页,定价28.00元。

《英法美日报业发展研究》 胡连利、田红虹著。2004年7月河北大学出版社出版。本书分别对英国、法国、美国和日本等西方发达国家的报业从过去到现在的历史发展作了详细的叙述,其中,各国具有代表性的报纸又是其具体分析的对象。大32开本,264页,定价19.00元。

《外国新闻传播史导论》 程曼丽著。2004年8月复旦大学出版社出版。本书以世界政治、经济发展的脉络为主线,采用史论结合的方法,对各国新闻媒体的历史沿革、变迁及其政治、文化传统、背景和经济形态,在突出重点中作了全面考察和叙述。小16开本,328页,32.4万字,定价29.00元。

《西方媒介产业化历史研究》 支庭荣著。2004年10月广东人民出版社出版。本书主要探讨西方媒介产业形成和发展壮大的过程,以及这一过程中技术手段、市场制度、企业行为、公众期待和政府干预等多种因素的综合作用。16开本,356页,26万字,定价46.00元。

《加拿大媒介与文化》 蔡帼芬主编。2004年10月中国传媒大学出版社出版。本书由21篇文章组成,主要介绍和研究加拿大的大众媒介,探讨媒介与文化、媒介与高新技术的关系。16开本,233页,23.8万字,印数3000册,定价32.00元。

《朝鲜时代书目丛刊》(全9册) 张伯伟编。2004年10月中华书局出版。该书是朝鲜时代的图书目录,分为王室书目、地方书目、史志书目、私家书目四辑。每辑略以收录文献的年代为序,采取原本影印方式,前列解题,后附索引。大32开本,5320页,印数800册(套),精装本,定价780.00元。

《现代传媒史》 (日)佐藤卓己著,诸葛蔚东译。2004年11月北京大学出版社出版。传媒与战争是本书着重考察的对象。作者认为"信息"和"大众传媒"等概念是第一次世界大战与第二次世界大战总体战体制下形成的,运用这些概念的新闻学和大众传播研究,也是总体战体制下的产物。本书从第一次世界大战(1914年)以后所形成的总体战——国民总动员体制形成的角度,具体地描述了现代传媒的形成和建构过程。作者所要传达给读者的主题是,现代传媒的发展是与近现代社会的发展,尤其是总体战体制紧密地联系在一起的,现代传媒史也可以说是现代社会形成过程的全民动员史。书的第三章专论出版,标题为《出版资本主义与现代精神》。16开本,281页,30.5万字,未标印数,定价28.00元。

《西方版权沿革与贸易》 陈凤兰著。2004年12月河南人民出版社出版。该书介绍了西方主要国家的版权法的历史起源和演变,阐述了西方版权法的性质、特点、制法依据、法律框架，以及国际版权协议与欧盟国家间的版权贸易协定产生的原委等等。16 开本，252 页，定价 23.00 元。

《西方翻译简史》(增订本) 谭载喜著。2004 年 12 月商务印书馆出版。该书 1991 年 5 月初版，2000 年重印。这次增订，更显其理论性、系统性和实用性。书中展示了一幅色彩斑斓的西方翻译历史画卷。它 2005 追源溯流，对古罗马以来各个时期西方译事的发展变化、主要流派及其动向，以及有关历史事件作了概要的回顾，涉及的主要人物有 273 人，对其中的杰出理论家、翻译家的经历、代表译作和论著都作了重点介绍。在分类方面，采用西方通常的历史分期(即分为古代、中世纪、文艺复兴时期及近代、现代)并与翻译活动本身进程相结合的论述方法，以时代、国别发展为主线，论述清晰，材料翔实，且多有新的见解。小 16 开本，333 页，未标印数，定价 30.00 元。

2005 年

《朝鲜时代汉语教科书丛刊》(全 4 册) 汪维辉编。2005 年 1 月中华书局出版。朝鲜王朝(1392～1910)奉行“事大”政策，与中国的交往极为密切，学习汉语因之成为李朝外交上的大事。在五百余年间，李朝编纂和使用过的汉语教科书不下十余种。本丛刊选取其中有助于汉语研究的十种予以点校和影印，以应学者研究之需。选书大致以能反映实际口语而又非中国本土所固有为原则。各书有谚解的都用谚解本，因为谚解的注音是研究近代汉语语音的宝贵数据。其中第一册为十种教科书的点校本，繁体横排；第二册为《原本老乞大》、《老乞大谚解》、《老乞大新释》、《重刊老乞大谚解》的影印本，第三册为《朴通事谚解》、《朴通事新释谚解》的影印本，第四册为《训世评话》、《华音启蒙谚解》、《你呢贵姓》、《学清》的影印本。收入本丛刊的十种书均由三部分组成：一解题，二点校本，三影印本。解题部分介绍了各书的基本情况及其价值，并交代点校体例。点校部分包括划分段落、施加标点符号和对文字上的俗讹衍脱进行处理。影印部分尽可能选择较好的版本加以刊印，并标注原书页码，以便跟点校部分对照。这是最有价值而又不易得到的原始数据。书后附录《相关论著目录》，分数据、论著、其它三类，可以为进一步研究提供线索。本丛刊所收的十种书，除《原本老乞大》和《老乞大谚解》、《朴通事谚解》外，在海峡两岸均未正式印行过。像《你呢贵姓》和《学清》，即使在韩国也不易看到。这批数据的刊布对汉语史、对外汉语教学、中朝交通史以及经济史、民俗史、文献学、文学史、出版史等学科必将发挥它应有的作用。蒋绍愚作序。大 32 开本，精装本，定价 290.00 元。

《书籍的历史》 (法)弗雷德里克·巴比耶著，刘阳等译。2005 年 1 月广西师范大学出版社出版。该书系法国著名学者弗雷德里克·巴比耶的重要著作。它上起古文字产生，下达电子媒体普及的当代，追溯了人类书籍的起源，介绍了以法国为重点的世界各地书籍的产生和不断发展的过程，并预示了当代图书发展业的最新趋势。作者以大量第一手资料揭示了书籍对人类文明进程的推动作用，通过书的内容和形式的发展变化，展示了人类文明进步的历史。全书除“引言”外，正文有四个部分，即：第一部分，手稿时代；第二部分，谷腾堡的革命；第三部分，旧制度时期的书刊业(16 世纪 20 年代～18 世纪 60 年代)；第四部分，书籍的第二次革命及大众传播媒介的产生(1760～1914)。小 16 开本，410 页，32.2 万字，未标印数，定价 35.00 元。

《藏书旧闻》 (美)皮尔逊著，萧瑗译。2005 年 1 月辽宁教育出版社出版。该书收录了《文字的恶作剧》、《书店》、《神奇的少儿读物》、《寻找奇妙的书籍》等12篇文章，记录了藏书人爱书、收书、藏书、评书的逸闻趣事，展示了一个爱书人的精神世界和追求。小32开本，160页，定价14.80元。

《旧俄书事》　(俄)斯德什尼斯夫等著，胡丹译。2005年1月辽宁教育出版社出版。本书作者着重描摹了俄国彼得堡的图书市场，其中有阿普拉克辛市场和亚历山大市场以及遍布全市不同地点的小书摊上的书籍生意，还有那些把书籍装在大背袋中扛在肩上叫卖的书贩子们。另外，本书还揭露了旧俄出版业的粗制滥造等社会现象。小32开本，115页，7.5万字，印数5000册，定价10.00元。

《保持个性与质量——英美出版商谈出版》　王一禾编译。2005年1月辽宁教育出版社出版。本书介绍的是一些知名的英美出版商的出版经历和经验，分为"起步"、"什么是出版"、"出版商、作者与书"、"广告"、"经营之道"五编。小32开本，167页，10万字，印数5000册，定价14.80元。

《为书籍的一生》　(俄)绥青著，叶冬心译。2005年1月广西师范大学出版社出版。该书1963年曾经由三联书店出版。书的开头有汪家明的"推荐序"和纳・纳科利雅科夫的"代序"。大32开本，259页，17.5万字，印数8000册，定价25.00元。

《书痴的爱情故事》　(美)尤金・菲尔德著，秦传安译。2005年1月中华书局出版。作者尤金・菲尔德(1850～1895)是美国诗人和专栏作家，同时也是颇负盛名的藏书家。这本《书痴的爱情故事》将他对书籍的一腔柔情都寄托在其中了。作者采用类似我国书话的笔调和方法，叙说书人书事，抒写书缘书情。与编辑出版有比较密切关系的篇章有《淘书狂》、《书商和印刷工》、《集图的乐趣》、《书的气息》、《带来慰藉和愉悦的书》、《文人的书房》等。书中每篇都有插图，图文并茂。大32开本，187页，11万字，印数7000册，定价16.00元。

《假面文学作品》　(俄)德米特里著，傅仲译。2005年1月辽宁教育出版社出版。所谓假面文学作品即作者采用掩饰手法出版的文学作品。它的概念十分广泛，样式也是多种多样的，有掩饰作者姓名、性别或社会地位的，有掩饰作品内容的，有把原创作品冒充成翻译作品的，有掩饰出版时间和地点的，等等。本书揭开了欧洲五百多年图书出版中存在的假面，并使读者了解其掩饰的原因与目的。小32开本，128页，定价12.00元。

《世界五大媒介集团经营之道》　周鸿铎主编。2005年2月经济管理出版社出版。本书选择介绍了时代华纳、迪尼斯、贝塔斯曼、威卡姆、默多克新闻集团等世界级的五大媒介产业集团的成功发展历程以及经营之道。主要分析了这五大媒介产业集团现状以及它们在发展过程中所采用的经营策略，以供我国媒介产业经营实体借鉴。16开本，277页，29万字，定价35.00元。

《因缘际会》　(美)迈克尔・科达著，陈皓译。2005年3月机械工业出版社出版。该书作者在美国创办于1924年的著名的西蒙——舒斯特出版集团工作长达四十多年，自己创作了十多种畅销书，也参与策划运作了若干有影响的畅销书，如《教父》、《第22条军规》等，最终成为总编辑兼企业部副总裁。这本《因缘际会》是作者撰写的回忆录，反映了出版业40年的风云变幻，从一个侧面折射出美国当代出版史的面貌。大32开本，364页，未标字数和印数，定价38.00元。

《出版业》　(美)安德烈·希夫林著、白希峰译。2005 年 3 月机械工业出版社出版。希夫林生于出版世家,父辈就是卓有名声的出版家。他很年轻时就进入潘塞恩出版公司——一家后来并入蓝登的非常出色的独立公司。他在出版业工作近三十年,1990 年创立了自己的出版社——新新出版社(The New Press),致力于为读者提供具有思想性、艺术性及文化价值的书籍。本书中他的以及他讲的故事,就是以其出版经历为背景、舞台,演绎出的一幕幕活剧。以此为基础,作者生动地叙述了发生在西方世界的媒体行业,特别是书籍出版行业的发展变化。大 32 开本,156 页,未标印数与字数,定价 18.00 元。

《欧洲传播思想史》　许正林著。2005 年 4 月上海三联书店出版。该书以古希腊至 20 世纪各时代思想巨子为主要考察对象,试图从几千年的时间跨度和广阔的人文社会科学背景上勾勒出欧洲传播思想发展演变的全景,是国内学人第一部比较完整的西方传播史研究论著。作者以个性解读方式,取精探幽,其特点不仅在于作者怎么说,更在于作者认为思想者们怎么说,因而更有助于开拓读者的视野,有助于推动西方传播思想研究的深入。程曼丽作序。16 开本,630 页,57.6 万字,印数 4200 册,定价 58.00 元。

《转型中的俄罗斯传媒》　吴非、胡逢瑛著。2005 年 4 月南方日报出版社出版。本书对转型期俄罗斯媒体的发展轨迹,媒体与国家政治、社会变革的互动关系进行了全面的描述和分析。16 开本,35 万字,定价 38.00 元。

《转型时期的俄罗斯大众传媒》　李玮著。2005 年 4 月上海教育出版社出版。本书从 1985 年戈尔巴乔夫推行"民主改革"政策时期写起,对媒体在苏联解体过程中所起的作用进行了全面的检视,对联盟解体后俄罗斯媒体的转型过程及其后果进行较为深入的分析,并就俄罗斯媒体发展对我国的启示进行了有益的探讨。本书为我们提供了了解转型时期俄罗斯媒体演进、变迁的完整画卷,极具理论意义和学术价值。大 32 开本,19.8 万字,定价 13.00 元。

《国外出版行业协会研究》　中国出版科学研究所课题组编写。2005 年 5 月中国书籍出版社出版。作为课题研究报告,该书对美国、英国、德国、日本、韩国、法国、俄罗斯和加拿大等八个国家的出版行业协会进行了比较全面的分析,并着重对国外出版行业协会的组织机构、运营模式及其行业服务、行业自律、行业代表及行业协调等基本职能进行了全面而深入的研究,同时对各个国家的出版行业协会形成的社会背景、公共职能发展等诸多方面进行了深入剖析。其中既包括出版商协会、书商协会等图书出版发行方面的协会,也包括杂志协会、报纸协会等报刊方面的协会。此外,书中还介绍了一些国家关于协会的立法、章程等。16 开本,234 页,15.2 万字,未标印数,定价 32.00 元。

《西方媒介史》　(法)让·诺埃尔·让纳内著,段慧敏译。2005 年 5 月广西师范大学出版社出版。本书是作者在巴黎政治研究学院讲授的 15 节课的讲义基础上拓展而成的媒介史专著。书中线索灵活,不仅论述了西欧各国媒介发展史,而且还厘清了各种媒介的发展史以及各个时期的媒介发展过程,突出了西欧媒介的整体性,并通过横向对比来表明它们之间的相互影响。特别值得一提的是,作者在论述部分着重论述了媒介的历史与民主的未来之间的关系,给我们提供了更广阔的思考空间和研究领域。大 32 开本,397 页,28.4万字,未标印数,定价 35.00 元。

《查令十字街 84 号》　(美)海莲·汉芙著,陈建铭译。2005 年 5 月译林出版社出版。

这本被全球人深深钟爱的书记录了纽约女作家海莲和一家伦敦旧书店的书商弗兰克之间的书缘情缘。双方20年间始终未曾谋面,相隔万里,深厚情意却能莫逆于心。无论是平淡生活中的淘书买书论书,还是书信中所蕴藏的难以言明的情感,都给人以强烈的温暖和信任。这本书既表现了海莲对书的激情之爱,也反映了她对弗兰克的精神之爱。海莲的执著、风趣、体贴、率真,跳跃于一封封书信的字里行间,使阅读成为一种愉悦而柔软的经历。来往的书信被海莲汇集成此书,被译成数十种文字流传。有趣的是,此书译者便是台湾一位古旧书店的工作人员,他在未得知此书的版权购买之前,便凭着自己对《查令十字街84号》的热爱动手开始翻译其中的章节。现在世间已无查令十字街84号的旧书店,但英国文学,古本图书,伦敦巷陌,书中的这些话题仍不断激起后来者的思念和共鸣。广播、舞台和银幕也钟情于这本爱书人的掌上明珠,每年都有世界各地的书迷到伦敦查令十字街朝圣,渐渐地,《查令十字街84号》成为全球爱书人之间的一个暗号。书中所选的资深书评人张立宪的文章中点到书中十分动人的元素:"我想,当爱情以另外一种方式展现铺陈时,也并非被撕去,而是翻译成了一种更好的语言。上帝派来的那几个译者,名叫机缘,名叫责任,名叫蕴藉,名叫沉默。还有一位,名叫怀恋。"大32开本,135页,定价18.00元。

《日本报业集团研究》 尹良富著。2005年5月南方日报出版社出版。本书对日本朝日新闻集团、读卖新闻集团、经济新闻集团等世界闻名的报业集团进行了深入细致的研究,所揭示出的经验教训对我国的报业实践具有重要的参考价值。大32开本,35万字,定价28.00元。

【另】崔保国著《走进日本大报》2007年6月由南方日报出版社出版。

《英国新闻史》(第六版) (英)詹姆斯·卡瑞、珍·辛顿著,栾轶玫译。2005年8月清华大学出版社出版。收入"新闻与传播系列教材·翻译版"。本书是一部关于英国媒介历史、政治、社会以及传播理论方面的经典著作,分为报业史、广播电视史、新媒体的兴起、媒介理论和媒体政策五个部分。16开本,343页,46.2万字,定价38.00元。

《全球新闻传播史(1500～2000年)》 李彬著。2005年8月清华大学出版社出版。本书以《共产党宣言》等经典著作里所揭示的一系列"全球化"命题为指导,同时吸收20世纪以来"新史学"的理论,分11章对全球新闻传播的历史演化、社会功能、专业背景、内在逻辑及发展趋势等,进行了系统、细致的分析,勾勒出了全球新闻传播发展的有机的、整体性的图景。16开本,565页,定价49.80元。

《美国:超级传媒帝国》 明安香著。2005年9月社会科学文献出版社出版。本书从新世纪、大传播的角度,全面审视美国在当今世界新闻传播格局、舆论传播格局中都发挥着重大作用的九大传媒产业:报纸、电视、电影、广播、书籍等,其中比较重点地透视了报纸、电视、电影、广播等主要传媒业的主要机构、代表人物、特色内容和具体运作等。16开本,43.6万字,定价45.00元。

《古罗马人的阅读》 (法)卡特琳娜·萨雷丝著,张平、韩梅译。2005年9月广西师范大学出版社出版。本书截取一定的时间和空间,把1世纪西方的罗马帝国作为研究的对象,主要解读了作家、书籍与读者三者之间的关系,着重分析了罗马社会中作家的特殊身份与地位、他们作品的传播途径和就作者与作品而言读者所扮演的角色,同时也指出了在罗马帝国初期文学创作所起的独特作用：刺激了公众朗读的兴起、文学的各种形式的竞赛和公共图书馆的建立。书籍作为遐想的产品有了众多的消费群体，即满足了作家的灵感宣泄，又迎合了读者的口味和商业的需要。因此，阅读在古罗马社会生活中占有特殊的地位。大 32 开本，258 页，20.4 万字，印数 6000 册，定价 19.00 元。

《喂？我给您接萨特……〈现代〉杂志女秘书的回忆》　(法)索尔贝著，马振聘译。2005 年 9 月人民文学出版社出版。杰尔曼娜·索尔贝女士出身于书香门第，1945 年，一次偶然的机缘她认识了加利马出版社的老板加斯东·加利马。索尔贝成为了该出版社新办杂志《现代》的秘书。她在这里干了 30 年，这本回忆录记录了她在工作中所耳闻目睹的一些文坛精英有趣、率性、可笑、感人的日常逸事。小 32 开本，147 页，7.9 万字，印数 13000 册，定价 13.00 元。

《外国新闻史》　魏明编著。2005 年 9 月南京师范大学出版社出版。本书作者意在为初学者编写一本比较简明的外国新闻史教材。在书中，作者重点编写英、美、法、德、日五国的新闻发展史；同时对早期新闻传播、近代报刊的产生和发展、广播电视的产生和发展、新闻通讯社的产生和发展、近代无产阶级报刊的产生和发展以及建立世界新闻新秩序等问题也设有专章进行综合性论述。大 32 开本，380 页，29.5 万字，印数 3600 册，定价 22.00 元。

《马克思主义新闻思想研究》　郑保卫主编。2005 年 11 月中国人民大学出版社出版。本书选编了中国人民大学新闻学院部分教师和博士生自 20 世纪 80 年代以来公开发表的 25 篇论文，主要内容是研究马克思、恩格斯、列宁、斯大林、毛泽东、刘少奇、邓小平、江泽民等人的新闻思想与新闻实践。大 32 开本，263 页，定价 28.00 元。

《普利策传》　(美)丹尼斯·布里安著，曹珍芬等译。2005 年 12 月中国财政经济出版社出版。本传记的传主是出版史上最重要、也最具争议的人物之一。全书讲述了这位匈牙利移民的传奇经历，引人入胜地描绘了他如何从不名一文的联军士兵成长为一名国会议员，最后成为美国两大报业的业主，从而攀上美国新闻出版界的巅峰。16 开本，443 页，定价 46.00 元。

《启蒙运动的生意——〈百科全书〉出版史(1775～1800)》　(美)罗伯特·达恩顿著，叶桐、顾杭译。2005 年 12 月三联书店出版。本书以瑞士沙泰尔印刷公司的数万份档案材料为基础，详细地论述了 18 世纪后半期历版《百科全书》的出版发行过程与当时社会状况的密切关联，展现了出版发行过程中非常“琐碎”的细节，使读者能够充分感受当时的历史氛围，并且阐明了法国大革命对出版和新闻业的具体而重大的影响。大 32 开本，600 页，47 万字，印数 10000 册，定价 31.00 元。

《天啊，书！——45 个国家 80 位漫画家关于书的奇思妙想》　(乌克兰)科索布金等。2005 年 12 月广西师范大学出版社出版。这是一本以书为主题的漫画集，收入本书的漫画都是 2005 年的新作品，其中既有如乌克兰的科索布金、俄罗斯的瓦伦丁、意大利的德尔庞、波兰的伊伦纽兹等世界知名画家的作品，也有许多在国际漫画舞台崭露头角的青年漫画家的作品。书、人、世界，构成了这些漫画的精彩主题。24 开本，150 页，定价 30.00 元。

2006 年

《十八世纪以前的欧洲文字传媒研究》　孙宝国著。2006 年 1 月黑龙江人民出版社出版。本书对欧洲18世纪前的文字传播媒介的发生与发展进行了详尽的阐述,包括从语言的产生到文字的演进、从岩画传媒到纸莎草纸卷、羊皮书的流传与影响等。大32开本,286页,印数1500册,定价22.00元。

《古登堡与印刷术》 美国凯勒斯出版公司编著,庞丽霞译。2006年1月中国电力出版社出版。本书内容包括:印刷术发明之前的书,自制印刷机,仔细看看——分析古登堡的印刷,印刷术的传播,古登堡之后的印刷术,修补格利菲乌斯版本书籍,等等。32开本,62页,7.2万字,定价10.90元。

《历史上的书籍与科学》 (英)玛丽娜·弗拉斯卡—斯帕达,尼克·贾丁主编,苏贤贵等译。2006年2月上海科技教育出版社出版。收入"八面风文丛"。这是一部讨论书籍史与科学史的著作,书中包含三个部分:书籍的成就、学术性阅读和交流性阅读、科学时代的出版。中间集纳了22位国际知名学者精心撰写的文章,考证了书籍史与科学史有益的互动关系,探讨了书籍的作者、制作、发行等多个方面,考察了学科手稿、书籍和期刊,以及科学学科的发展和当今电子时代科学交流等问题。其中,图解自然、天文著作传播、哲人石炼制、研究型图书馆、百科全书编纂、教科书革命等案例,加上100幅古文献插图,更增添了本书的丰富性和可读性。20开本,485页,43万字,印数3000册,定价42.50元。

《西方自由主义新闻思潮新论》 唐海江著。2006年3月湖南师范大学出版社出版。收入"岳麓新闻传播学论丛"。本书重点以西方自由主义新闻思潮为研究对象,对其产生、发展和演变的历史进程进行了较为系统、全面的梳理,并对其发展演变中的各种范式的理论框架进行了深入探讨。在此基础上,对西方自由主义新闻思潮的核心内容、现实主张及价值冲突等问题提出了自己的看法。大32开本,332页,31万字,印数4000册,定价20.00元。

《镜像中国:世界主流媒体中的中国形象》 刘继南、何辉著。2006年3月中国传媒大学出版社出版。本书通过定量研究和定性研究协同运用,内容分析、问卷调研、深入访谈、文献调研等方法,试图描绘关于中国国家形象传播现状的更为完整、生动的"图景"。16开本,309页,定价40.00元。

《一位韩国出版家的中国之旅——尹炯斗日记》 (韩)尹炯斗著,金菊贤译。2006年4月人民出版社出版。本书是韩国出版学会前会长、泛友社社长尹炯斗撰著的日记体随笔集。内容涉及1991～2004年作者来往于中国参加各种形式、级别的编辑、出版学术研讨会、北京国际图书博览会、及与我社版权交流的见闻、感想;同时叙写了作者亲眼目睹中国改革开放后经济、文化、人民生活发生巨大变化的感慨知情。大32开本,294页,印数700册,定价38.00元。

《走近日本教科书制度》 唐磊著。2006年5月人民教育出版社出版。本书结合大量原始资料,对日本教科书制度进行了系统研究和分析,从宏观和微观两个角度对日本教科书制度的变革进行了论述。首先通过对世界上17个国家现行的教科书制度和日本教科书制度的比较,揭示了日本现行教科书制度的概貌;然后概述了日本教科书制度的变迁过程,分析了其变迁的主要原因;再次对日本教科书制度在实施过程中引起争论的几大焦点问题进行了深入阐释;最后归纳了日本教科书制度的实施效果,并总结出值得我国借鉴的经验。书后所附有关日本教科书制度的文献资料,对完善我国教科书政策具有参考意义，对推动我国教科书制度改革有重要的借鉴价值。大 32 开本，303 页，印数 3000 册，定价 20.70 元。

《马克思主义新闻观思想体系》　陈力丹著。2006 年 5 月中国人民大学出版社出版。本书分 5 篇 30 章，包括马克思和恩格斯暨第一国际、第二国际前期的新闻观研究，列宁暨第二国际后期、第三国际前期的新闻观研究，斯大林共产国际后期新闻观研究，毛泽东和中国共产党的新闻观研究，中国共产党改革开放以来的新闻观研究等内容。大 32 开本，756 页，69.4 万字，定价 48.00 元。

《西方历史上的 100 部禁书——世界文学史上的书报审查制度》　(美)卡罗里德斯、鲍尔德、索瓦合著，张秀琴、音正权译。2006 年 6 月中信出版社出版。本书集纳了 100 部在西方历史上曾经被查禁的著名作品，它们或因社会、情色，或因政治、宗教原因遭到各国政府或宗教组织的查禁，其中既有小说、诗歌、传记等文学作品，如今为世人所熟知的《十日谈》、《红与黑》等经典著作名列其中。此外，本书还以翔实的史料为基础，如实记述了每部作品的查禁始末，使读者能见微知著地了解西方历史上的书报审查制度，洞悉人类文化发展与演进的历程。16 开本，395 页，41.2 万字，定价 58.00 元。

《杂志封面女郎》　(美)凯奇著，曾妮译。2006 年 6 月天津人民出版社出版。这部专门研究杂志封面女郎的原创性论著图文并茂。作者试图通过对这些妇女形象的研究，向读者演示 20 世纪早期美国杂志出版文化中关于妇女的刻板形象的再现，这是跨学科的“媒介与社会性别”研究的核心论题之一。大 32 开本，366 页，23 万字，定价 30.00 元。

《外国新闻传播业史稿》　欧阳明著。2006 年 6 月武汉大学出版社出版。收入“当代新闻与传播学系列教材”。本书共分四编与一个附编，全面、系统而简要地介绍了外国新闻传播业发生、发展的基本过程，总结历史的内在规律，强调制度演化，突出新闻思想与新闻业之间的互动。附编介绍 20 世纪 80 年代以来跨世纪时期世界新闻传播活动的发展历程。全书史事准确，脉络清晰，背景丰富，讲究出处，既有大处着墨对宏观历史发展的勾勒，又不乏对历史场景的具体介绍。16 开本，506 页，55.6 万字，定价 39.00 元。

《菲律宾华文报史稿》　赵振祥等著。2006 年 6 月世界知识出版社出版。本书从 1888 年菲律宾第一份中文报纸《华报》出现写起，记述了一百多年来华文报刊更迭的经过，反映了一百多年来华文报人艰苦奋斗的精神。大 32 开本，427 页，29.7 万字，定价 32.80 元。

《英国出版业》　(英)保罗·里查森著，袁方译。2006 年 8 月世界图书出版公司出版。本书作者保罗·里查森在大学从事出版教育和研究，此前又有许多年在大型出版机构工作的经历。本书从介绍英国政治、经济、社会最基本的情况入手，以翔实的资料、数据和生动的事例，对英国书、报、刊三大领域做了深入浅出的介绍，描绘了一幅英国出版全景图。小 16 开本，152 页，11 万字，未标印数，定价 25.00 元。

《马礼逊评传》　顾长声著。2006 年 10 月上海书店出版社出版。本书内容是以历史纪实笔法描述了马礼逊在鸦片战争时期从传教士、东印度公司翻译官，到出任英国政府副领事的全过程，有一定的史料价值和阅读趣味。传中大量引述档案文献、书信日记，以及作者采访这些人物后裔亲属所得的口述史料，多系一般专书中罕见，从而为从事近代史学习和研究的广大文史爱好者，以及各专业学人，提供了丰富的参考资料。16 开本，205 页，定价28.00元。

《亚洲的书籍、文字与设计——杉浦康平与亚洲同人的对话》 (日)杉浦康平著，杨晶、李建华译。2006年11月三联书店出版。这本书收录了国际著名平面设计家、书籍设计家杉浦康平近年与中国、韩国及印度的六位著名设计师——吕敬人、黄永松、安尚秀、郑炳圭、R.K·乔希(R.K.Joshi)、柯蒂·特里维迪(Kirti Trivedi)，就东方各国的文化异同，亚洲的书籍、文字、设计以及这三者之间的关系所进行的对谈，通过他们的对话使读者得以分享这些设计师们对本国的文化、文字的思考，以及如何将其融入实际设计工作的体会和经验。而书中配合各处对谈内容分别选刊的杉浦康平和六位设计师的作品，也为读者提供了从思想到实践的典范。大32开本，356页，印数5000册，定价63.00元。

《疾风迅雷——杉浦康平杂志设计的半个世纪》 (日)杉浦康平著，杨晶、李建华译。2006年11月三联书店出版。本书从日本设计大师杉浦康平先生在整整半个世纪中所设计的40种逾2000册杂志中精选30种，以480幅精美图版，配合杉浦先生对每一阶段作品的创造性思维和理性思考文字；并汇编著名出版人、编辑、设计师的专论及友人与杉浦的对谈文章。大32开本，213页，定价98.80元。

《图书业》 (美)贾森·爱泼斯坦著，杨贵山译。2006年12月中国人民大学出版社出版。本书作者爱泼斯坦是兰登书屋前总编兼副总经理，奋斗在图书业有半个世纪。他出版了《安克尔丛书》，开创了平装书时代；创办了著名的《纽约书评》和最具有学术性和文学价值的《美国文库》；出版了美国经典著作《读者目录》。作者通过叙述自己的经历，描绘了美国出版业的历史长卷。16开本，135页，9.6万字，未标印数，定价25.00元。

《媒介与社会变迁:战后日本出版物中变化着的价值观念》 诸葛蔚东著。2006年12月北京大学出版社出版。本书从战后日本出版物中表现出来的价值取向的视野，分析了战后日本社会转型时期的阅读取向和媒介环境，勾勒出战后日本出版物中价值取向的变迁过程，并在社会变迁的脉络中考察了出版物在出版载体、内容和价值取向等方面发生的变化，对媒介与社会的互动关系做了具体的论述。16开本，248页，22万字，未标印数，定价26.00元。

《畅销书的故事》 (美)迈克尔·科达著，卓妙容译。2006年12月中国人民大学出版社出版。作者在国际著名出版公司西蒙舒斯特任职四十余年，担任过总编辑、企业副总裁等。本书按年代顺序，10年为一段，分10章讲述了1900年到1999年畅销书的故事，带有畅销书史的性质。书中特别重视文学畅销书的论述，有历年的文学畅销书排行榜。16开本，299页，25.6万字，未标印数，定价45.00元。

《印刷书的诞生》 (法)费夫贺、马尔坦著，李鸿志译。2006年12月广西师范大学出版社出版。本书是法国年鉴学派大师费夫贺与印刷史学者马尔坦的经典之作。作者聚焦于1450年至1800年间，活字印刷发明后的早期图书史，带领人们探究印刷书诞生的缘起，以及西方文明从手抄本迈入印刷书社会的革命性转型。大32开本，408页，38.9万字，未标印数，定价38.00元。

《蒙古新闻传播史概要》(上、下) (蒙古)勒·诺尔布苏荣著，(中国)布仁陶格特胡、哈斯译。2006年12月内蒙古人民出版社出版。本书是在蒙古国新闻史72年历史的资料基础上写成的，具有重要的新闻历史价值。大32开本，800页。

2007 年

《西方媒介批评史》　刘建明等著。2007 年 1 月由福建人民出版社出版。本书对马克思、恩格斯的媒介批评思想和主要西方国家媒介批评的发展脉络进行了系统、完整的梳理。小 16 开本，534 页，定价 50.00 元。

《纵览美国图书出版与发行》　魏龙泉、邵岩编著。2007 年 1 月中国经济出版社出版。本书作者继《美国出版社的组织和营销》(2000 年版)一书之后，又一部关于美国图书出版业发展现状的力作。书中对近十年来美国图书出版产业的最新发展现状，以及出版社的组织和管理、编辑部门的工作、市场与营销、图书销售渠道等环节，均做了较为详细的介绍。与前作相比，重点更加突出，内容更为全面，描述更具针对性，数据更为翔实。小 16 开本，35.7 万字，定价 52.00 元。

《书的罗曼史》　(美)马歇尔·布鲁克斯著，高桦、高飞译。2007 年 1 月新星出版社出版。这是一本爱书人写的关于书的书。大 32 开本，236 页，15 万字，定价 22.00 元。

《美国杂志的出版与经营》　叶新编著。2007 年 1 月由中国传媒大学出版社出版。本书在梳理美国杂志的发展历史和现状的基础上，对美国杂志的发行渠道、市场状况、经营策略和管理模式做了深入的探讨，并对包括时代公司、梅里迪斯、赫斯特等在内的美国著名杂志出版集团的成功经验做了个案式的解读。16 开本，303 页，定价 38.00 元。

《世界新闻传播史》(第二版)　陈力丹著。2007 年 3 月上海交通大学传播史出版。本书为 2002 年初版的修订本，对原书所有的材料进行了修订，为每章增添了一些图片，并增加了韩国、中国部分。16 开本，439 页，53.4 万字，印数 4050 册，定价 40.00 元。

《国际传媒巨擘品牌成长实录》　(英)盖特著，许怡勤等译，2007 年 4 月中国水利水电出版社出版。本书重点介绍了国际上一些著名的传媒品牌(包括报纸、杂志、电视、信息供应商等)的成长经历，具体涉及的传媒品牌有 CNN、BBC、MTV、《国家地理》、《经济学人》、《花花公子》、路透社、彭博公司等。大 32 开本，213 页，17.5 万字，定价 32.00 元。

《封面中国/美国〈时代〉周刊讲述的中国故事(1923～1946)》　李辉著。2007 年 4 月东方出版社出版。本书以 1923 年《时代》周刊创办到 1946 年间该杂志封面上的中国人物为线索，采取摘编翻译《时代》报道原文与当事人回忆录、相关史书的描述相映照的方式，从独特的视角来解析历史人物的命运和历史事件的演变过程，重新讲述了现代中国的光荣与挫折。小 16 开本，330 页，定价 38.00 元。

《日本大众传媒史》(增补本)　(日)山本文雄编著，诸葛蔚东译。2007 年 5 月广西师范大学出版社出版。本书以时间为序，从整体上回溯了报纸、杂志、电影、广播、电视的发展历程，并就大众传媒与政治、大众传媒与社会等诸多方面的纠葛做出了精辟分析。大 32 开本，330 页，27 万字，印数 5000 册，定价 32.00 元。

《世界百年报人》　郑贞铭著。2007 年 6 月复旦大学出版社出版。本书作者被我国台湾新闻传播学界誉为大师型的学者。他积累四十余年的研究成果，集中论述了世界新闻传播史上二十多位成就卓著的代表性人物，以生动的笔法展现、评价了他们的奋斗历程、新闻理念、精神风貌以及辉煌贡献。16 开本，280 页，28.2 万字，定价 28.00 元。

《法兰克福书展 600 年风华》　(德)卫世浩著，欧阳斐斐等译。2007 年 8 月中国人民大学出版社出版。作者长期担任国际书展联合会主席，法兰克福书展负责人。本书对

1454年到1998年法兰克福书展的历史进行了勾勒，史料丰富，知识性强，不乏出版文献价值。16开本，227页，21万字，定价46.00元。

《报业帝国——〈纽约日报〉背后的家族传奇》 (美)苏珊·蒂夫特著，吕娜、陈小全译。2007年9月华夏出版社出版。作者苏珊·蒂夫特和亚历克斯·琼斯对《纽约时报》的所有人奥克斯—苏兹伯格家族及其历史进行了深入的挖掘，精心选取了家族生活的细节，以实事求是的精神和精巧的构思，向人们展示了一个百年家族的历史。全书以大量的事实为基础，通过井然有序的细节描写、准确生动的人物刻画以及对历史和社会动态的切实感受，用无可挑剔的正宗散文体，以家族的爱情故事为主线，向人们讲述了奥克斯—苏兹伯格家族经历四代创立《纽约时报》的过程，记述了创造和培育一个独特报业帝国的经历，向读者们展现出了一个鲜活的家族形象。16开本，672页，定价64.00元。

《共和与自由:美国近代新闻史研究》 马凌著。2007年12月复旦大学出版社出版。本书运用历史语境主义的方式，从新闻思想、新闻事业、新闻文化的综合角度，考察美国宪法第一修正案的思想渊源和历史背景。重在指出:在新闻自由从思想确立为制度的过程中，既有古典共和主义和英国传统的影响，也是美利坚的文化特色与现实选择的结果。在目前通行的美国新闻史编撰中，自由至上主义一帜独树，本书的出版有纠偏补弊的功用。大32开本，393页，28.8万字，印数3100册，定价25.00元。

2008年

《马克思主义新闻观拓展读本》 李彬、李漫编著。2008年1月清华大学出版社出版。收入"新闻与传播系列教材"。本书收录的文章集中体现了当今的前沿探索与理论思考。内容分为新闻篇、政治篇、经济篇、社会篇、思潮篇、文化篇和国际篇。文章观点独到，思想深刻，发人深省，有助于读者深刻、全面而具体地理解马克思主义新闻观以及相关的社会历史背景。16开本，534页，印数2000册，定价48.00元。

《当代西方传媒制度》 郑涵、金冠军著。2008年1月上海交通大学出版社出版。收入"明天传播学丛书"。传媒制度所及范围甚广，本书研究仅限于当代西方大众传媒领域，包括平面传媒(诸如报纸、杂志、图书等)与电子传媒(诸如电影、广播、电视等)。本书力图在当代西方传媒制度历史性转型的危机与制度创新过程中进行观察。16开本，420页，定价43.00元。

《当代俄罗斯大众传媒研究》 贾乐蓉著。2008年1月中国广播电视出版社出版。收入"新世纪广播电视新闻学系列教程"。本书内容包括:俄罗斯大众传媒的发展历程，俄罗斯大众传媒的结构与类型，俄罗斯媒介经济关系的形成、主要特点及模式等等。16开本，238页，定价29.00元。

《日本辞书研究》 潘钧著。2008年1月上海人民出版社出版。收入"人文社科新著丛书"。本书介绍了日本辞书的种类;日本的教育辞典;日本的外来语辞典;辞书研究在日本等。大32开本，382页，定价28.00元。

《一天给我一桩谋杀案——英国大众传播史》 (英)凯文·威廉姆斯著，刘琛译。2008年2月上海人民出版社出版。收入"西方传媒与西方文化丛书"。本书详尽地叙述了英国出版业、报业、电影业、广播业等多种大众传媒与英国政府、经济、民众等多种社会力量之间波澜壮阔的互动过程及运作逻辑。不仅如此，本书还讨论了大众传播在工业化生产组织方式中的变革,对受众影响 的流变,并对审查制度的变革进行了剖析。16 开本,349 页,定价 42.00 元。

《传播学简史》 (法)阿芒·马特拉、米歇尔·马特拉著,孙五二译。2008 年 3 月中国人民大学出版社出版。收入“新闻与传播学译丛”。本书作为一部学术史,既没有按照编年方式撰写,也不存在一条线性的发展线索,而是通过追溯包括哲学、史学、地理学、心理学、社会学、人类文化学、经济学、政治学、生物学,控制论以及认知科学等多学科在传播领域的“张力和对抗”,把握学科发展的态势。作者试图理清这个领域内的各个派别及其差异,运用历史的眼光,在物质和非物质网络、生物学和社会学范式、自然和文化、技术设备和言语、经济和文化、微观和宏观、村落和全球、个体和系统、自由意志论和社会决定论之间,把握学科发展的张力。16 开本,154 页,15.2 万字,定价 29.80 元。

《外国新闻传播史纲要》 陈力丹、王辰瑶著。2008 年 4 月中国人民大学出版社出版。收入“21 世纪新闻传播学系列教材”。本书首先从宏观上概括人类社会新闻传播的历史轨迹,然后按世界上目前的发展区域或板块,分别论述欧洲、美洲、西亚以外的亚洲、西亚北非洲、黑非洲及大洋洲的新闻传播概况。16 开本,264 页,29.4 万字,定价 32.00 元。

《西方新闻思潮简论》 吴高福等著。2008 年 4 月湖南师范大学出版社出版。收入“岳麓新闻传播学论丛”。本书以西方新闻思潮为研究对象,集中论述了客观新闻思潮、黄色新闻思潮、社会责任新闻思潮产生的时代背景、主要内容和流变过程;分析了上述思潮对中国新闻传播业的影响,阐述了如何用马克思主义新闻观指导社会主义新闻实践。大 32 开本,印数 3000 册,定价 30.00 元。

《外国新闻史教程》(第二版) 李磊著。2008 年 4 月中国传媒大学出版社出版。本书采用宏观比较和分析的方法,对世界范围内封建社会、资本主义社会和社会主义社会三种社会形态中的各种新闻传播事业模式进行叙述与分析,重点是对西方各国集权主义时代、资本主义时代的新闻传播进行深度分析与横向比较,突出特点。大 32 开本,484 页,定价 29.80 元。作者 2001 年 5 月在中国广播电视出版社出版过同名著作。

《〈星洲日报〉研究》 彭伟步著。2008 年 5 月复旦大学出版社出版。《星洲日报》1929 年由南洋著名的“万金油大王”胡文虎创办。本书全面、系统论述了该报 80 年的发展历史,对其新闻与评论、副刊、办报精神、经营战略、报纸与华人的关系等问题进行了深入探讨。16 开本,360 页,31.2 万字,定价 38.00 元。

《日本在华官方报:英文〈华北正报〉(1919~1930)研究》 冯悦著。2008 年 6 月新华出版社出版。《华北正报》是日本外务省在北京出版的一份英文报纸,前后存在了 11 年的时间。通过研究这份报纸,不但可以了解那一时期日本政府对华政策乃至侵华政策的内幕,甚至可以了解其对外宣传或对外政策解读的玄机。本书以翔实的一手材料,对《华北正报》白色历史进行了全面的考察,包括创办背景、编辑方针、人员构成、经营状况、报道内容以及社会影响等,并结合当时国内和国际局势,透过《华北正报》等日本在华媒体的宣传报道,对日本政府的外交政策,包括对华、对英美各国的政策进行了深刻的解剖和鞭辟入里的分析。16 开本,240 页,26 万字,定价 24.00 元。

《失落的书》 (英)斯图尔特·凯利著,卢葳、汪梅子译。2008 年 7 月三联书店出版。

这是一部另类的文学史——因为整部文学史也是文学失落的历史;一座没有写碑文的墓碑——因为书中的作者我们都很熟悉,但他们的这些作品我们可能永远也读不到;也是一个警示,一曲追怀过去的挽歌。本书讲的是一些我们没有看到的经典,它们可能毁于水火,可能失落于人们的冷漠、疯狂或偏见;有些遗失了,有些未完成。这世间最脆弱的是书,最持久的也是书,你会发现,通过书使脆弱达到永恒的过程,竟然充满了偶然 。16开本,413页,定价36.00元。

《发掘新闻:美国报业的社会史》　(美)迈克尔·舒德森著,陈昌凤、常江译。2008年8月北京大学出版社出版。收入"新闻媒介与信息社会译丛"。本书以社会学为背景,将客观性当作一种文化现象加以考察,以此研究新闻专业性和媒介机构。在研究美国现代报业开端时,着重解剖了两种报道模式——"故事模式"与"信息模式"。本书为我们提供了社会学视角的新闻事业变迁史,其理论框架与研究方法突破了传统的研究,把报业融入社会体系之中,又以新闻专业主义为中心,紧紧抓住与"客观性"相关联的新闻表现手段及其源起、目的,具有很强的现实意义。大32开本,246页,定价22.00元。

《神保町书虫:爱书狂的东京古书街朝圣之旅》　(日)池谷伊佐夫 文/图 ,桑田草译。2008年9月三联书店出版。日本东京的神保町古书街历史悠久,早在明治时代就是书店群聚之处,至今近二百家书店,有世界第一古书街的美称。漫画专业的超级书虫池谷伊佐夫手绘插图,在书中图文并茂地细说自己多年来对古书搜藏的第一手观察,并分享自己逛书店、买古书的独门秘诀,更将书街历史,做了最详尽的导览与介绍。大32开本,186页,定价29.00元。

《报纸是"谁"——美国报纸社会史》　高军芳著。2008年9月中国传媒大学出版社出版。本书采用社会史的研究方法,将报道模式视为一种社会文化现象,将其置于报纸所处的整个社会环境中来加以考察,以辨析报纸发展与社会需求的复杂互动关系,力图展现美国报纸报道模式的生成图景。大32开本,274页,20.7万字,定价28.00元。

《出版人:汤姆·麦奇勒回忆录》　(英)汤姆·麦奇勒著,章祖德等译。2008年9月人民文学出版社出版。作者被誉为"英国最重要的出版人;最有创意,最富冒险精神,也最有新闻价值"。在其四十多年的出版生涯中,曾经出版了加西亚·马尔克斯、多丽丝·莱辛、聂努达等十多位诺贝尔文学奖得主的作品,也是菲利普·罗斯、萨尔曼·拉什迪、伊恩·迈克尤恩等大批英美当代重要作家的出版人,并一手创办了英语文坛的重要奖项——布克图书奖。在这部精彩的回忆录中,作者以生动、幽默和坦诚的文字,带领读者领略诸多书业内幕、文坛逸事,并见证他所亲历和创造的英国出版业黄金时代。16开本,251页,定价30.00元。

《书店风景》(最新版)　钟芳玲著。2008年10月中央编译出版社出版。本书大陆的初版本是1999年三联书店推出的。本书共分为4个篇章,第一章"地标书店"介绍了五家极具知名度的书店;第二章介绍的是特色鲜明的"主题书店",或可称为"专业书店"(此类型涵括了饮食、旅游、女性主义、同性恋、心灵等);第三章介绍了几家古书店、二手书店,并包括由狂人理查·布斯所创立的威尔斯传奇书镇。附录部分将美国大型连锁书店及小型独立书店的个别发展和相互对立做了一个简介与比较。彩色插图本。16开本,316页,精装本,定价128.00元。

《论出版自由》　(英)詹姆斯·密尔著,吴小坤译。2008年10月上海交通大学出版社出版。本书是继弥尔顿《论出版自由》后,英国近代表达自由思想体系中最具贡献的文献之一,也是英国宪政形成过程中一个重要的思想标的。本书除《论出版自由》文本外,还包括作者传略以及介绍该文的历史背景和当代发展的文字。16开本,131页,16万字,印数3050册,定价18.00元。

《外国新闻传播史论》　王薇著。2008年11月新华出版社出版。本书以西方发达国家新闻传播发展历程为主要脉络,在吸收近年来新闻传播史学研究最新成果的基础上,用马克思辩证唯物主义和历史唯物主义的基本观点,对西方报业在其五百多年发展历程中所呈现的基本规律、思想与实践、成长与影响给予论述和分析。大32开本,268页,定价20.00元。

2009年

《从狄德罗到因特网:法国传媒史》　(法)弗雷德里克·巴尔比耶、卡特琳娜·贝尔托·拉维尼尔著,施婉丽译。2009年1月上海人民出版社出版。收入"西方传媒与西方文化丛书"。本书以编年体的形式展开,昭示了法国以至欧洲传媒发展进程中,影响最为巨大的那些传播形式。对传媒的变迁与文化演进、传统书业与启蒙运动、印刷刊物和大革命的渊源等问题,作者进行了较深入的研究。16开本,定价49.00元。

《英美畅销书简史》　(英)萨瑟兰著,苏耕欣译。2009年1月外语教学与研究出版社出版。从《哈克贝利·费恩历险记》到《达·芬奇密码》,从《罗布·罗伊》到"哈利·波特"系列小说,作者引领我们走进英美畅销小说异彩纷呈的奇妙天地,追溯英美畅销小说发展的历史,回顾19世纪畅销小说排行榜诞生以来英美小说的众多佳作,为我们揭开畅销小说产业的神秘面纱。大32开本,269页,定价18.00元。

《阅读的至乐:20世纪最令人快乐的书》　(英)约翰·凯里著,骆守怡译。2009年3月译林出版社出版。本书是英国最具威望的文学批评家约翰·凯里汇集了小说、诗歌、散文等各种体裁的作品,挑选了重量级作家和他们的经典作品,向我们推荐了20世纪50本最令人愉悦的书,推荐的唯一原则就是——书所带来的快乐感觉。他基本上避免了名家"名作",而是选择了他们相对被忽视的其他佳作,辅以一种全新的解读方式,将它们置于更广阔的讨论背景之中,帮助读者"重新点燃了阅读好书的快乐"。大32开本,166页,定价18.00元。

《战后日本出版文化研究》　诸葛蔚东著。2009年4月昆仑出版社出版。收入"东方文化集成系列"。本书从战后日本出版物中表现出来的价值取向的视点,就战后日本出版文化的形成和发展轨迹、社会转型时期的读者阅读取向与社会意识的变化,以及出版业与社会的互动关系做具体分析,以此来勾勒出战后日本出版物中表现出来的价值取向的变化过程。同时,运用传播学和社会学等方法,对作为大众媒介的出版的传播倾向、议程设置、培养分析等功能进行了考察。大32开本,299页,24.4万字,定价36.00元。

《集书人》　(德)彼德·魏特哈斯著,赖雅静、张淑惠译。2009年4月商务印书馆出版。1973年至2000年,作者担任法兰克福书展主席长达25年。书中讲述了作者1975年第一次访华、自1988年开始施行的主宾国制度等近30个故事,从亲历者、执行者的角度描述法兰克福书展的发展历程及种种快乐艰辛,充满了知识性和趣味性。大32开本,

474页,定价 29.00 元。

《新马华文报文化、族群和国家认同比较研究》　彭步伟著。2009 年 5 月暨南大学出版社出版。作者结合民族学、新闻传播学的相关理论,对新马华文报纸进行比较研究,探讨了新马华文报纸文化认同、族群认同与国家认同等方面的问题。16 开本,251 页,30.6 万字,印数 2000 册,定价 33.00 元。

《传播理论史》　(法)埃里克·麦格雷(Maigrer　E)著,刘芳译。2009 年 7 月中国传媒大学出版社出版。本书对传统的新闻与传播学进行梳理之后,作者首次以批判的视角,指出传播效果传统理论的局限,并将研究重点放在制作产业的复杂性和公众对内容的回应能力上。作者还从民意调查在政治生活中的作用、电视新闻的社会地位以及互联网的掌管等方面,分析了传媒与政治的关系。16 开本,213 页,定价 38.00 元。

《源远流长——上海书局 65 周年纪念特刊》　上海书局私人有限公司编。新加坡国立印书馆有限公司出版。24 开本。出版具体时间不详。

【另】《加斯东·伽利玛——半个世纪的法国出版史》,(法)阿苏里著,胡小跃译。2010 年 1 月人民文学出版社出版。本书是一本传记作品。本书是加斯东·伽利玛的人生传奇,也是贝纳尔·格拉塞、罗贝尔·德诺埃尔、勒内·朱丽亚尔等一代法国杰出出版人的群像,是半个世纪的法国出版史。本书作者访问了加斯东·伽利玛的家人、朋友、合作伙伴甚至敌人,查阅数百本书籍和未公开的档案写成。16 开本,426 页,定价 42.00 元。

附录二 1978年以来的相关内部出版物

1978年

《中国新闻事业史讲义(新民主主义革命时期)》(初稿) 复旦大学新闻系新闻事业史教研组编写。1978年2月印行。本书原名《中国新民主主义革命时期新闻事业史讲义》,1961年至1962年复旦新闻系内部印刷,供教学使用。1978年重印时,对内容作了少量增删,部分章节略有调整。32开本,450页。

《明清时代版本概述》 谢国桢著。1978年7月山东省图书馆刊行。16开本,38页。

《古籍版本概述》 顾建龙著。1978年8月刊行。本书为古籍善本学习班讲义。16开本,86页,线装本。印刷地点不详。

《中国报刊工作文集》 1978年中国人民大学新闻系编印。本书收集的文献和资料包括:毛泽东有关新闻的论著;党对报纸工作的重要决议、指示;中央党报、新华社及某些地方党报有关新闻宣传的重要社论和文章等。大32开本,258页。

《古籍版本鉴定丛谈》 魏隐儒著。1978年山西省图书馆刊行。

1979年

《中国新闻事业史(新民主主义革命时期)》 1979年6月中国人民大学新闻系编,沈阳人民广播电台印。本书初版于1965年,是新闻系教学用书。32开本,196页。

《桂林文化城忆旧》 1979年7月桂林日报编辑部编印。

《中国近代现代丛书目录》 上海图书馆编。1979年9月刊印。本目录收录馆藏1902年至1949年新中国成立为止出版的中文丛书(线装古籍部分除外)。本目录为丛书书名目录,按丛书名称首字笔画数排列。16开本,1028页,190万字,精装印刷。

《书店工作史料》(全4辑) 新华书店总店编。前3辑由新华书店总店刊行,时间分别为:第1辑1979年9月,第2辑1982年8月,第3辑1987年7月。第4辑1990年3月由中国书店刊行。均为大32开本。这个史料辑刊是新华书店总店组织曾经在书店工作过的老同志撰写的回忆性的史料集,文章所述上至五四运动之后,中国共产党建立前夕毛泽东同志创办文化书社,下至50年代新中国成立初期新华书店建店。第1辑收录文章41篇,24万字,印数40000册,工本费0.65元;第2辑收录文章41篇,25万字,印数50000册,工本费0.95元;第3辑收录文章72篇,30万字。第4辑,297页,印数7000册,定价3.95元。其中许多文章是老一辈出版发行工作者根据亲身经历撰写的回忆录,具有较高的史料价值,是研究现代出版史、发行史的宝贵资料。

《福建版本资料汇编》 方品光编。1979年9月福建师大图书馆刊印。16开本,126

页。

《衡阳日报创刊30周年(1949～1979)》 1979年10月衡阳日报编辑部编印。32开本,180页。

《中国古代的报纸》 方汉奇著。1979年10月中国人民大学新闻系刊印。32开本,64页。

《书籍知识》 高峰编写。1979年11月陕西省新华书店刊行。32开本,95页。

《广西新闻史料》(辑刊) 广西新闻史志编辑室内部编印。已查到刊出了30辑。其中,第一辑1979年11月刊行,第九、十、十一、十二辑刊出的时间分别为1987年9月、1987年12月、1988年4月、1988年7月。第二十七辑1990年刊行。第三十辑1993年2月刊行。

《大众日报四十年(1939～1979)》 大众日报社1979年编印。大32开本,182页,精装本。

《版本学常识》 1979年北京大学出版社内部刊行。16开本,103页。

《图书馆藏书建设》 许万雄著。1979年重庆市图书馆学会内部编印。书中有专章讲述"图书的发展简史"。

1980年

《古籍善本书目录》 1980年1月南京大学图书馆内部编印。32开本,295页。

《中国书史讲义》 吴式超编。1980年1月南京大学图书馆专修科编印。16开本,136页。

《中国古籍史概要》 1980年1月天津师范学院图书馆编印。16开本。

《开明书店图书目录(1926～1952)》 开明书店编。1980年1月内部印行。收录了1500多种图书的资料。大32开本,86页。

《华南新闻事业史料》(第一辑) 1980年1月暨南大学新闻系编印。32开本,84页。

《中国古代的报纸》 1980年1月中国人民大学新闻系报刊教研室印行。本书分为四章,内容包括:古代的封建官报——邸报、宋朝以后的小报、明清两代的报房及其所出版的京报、劳动人民反封建的革命宣传活动等等。32开本,64页。

《中国近代报刊史参考资料》(下) 中国人民大学新闻系编。1980年5月中国人民大学新闻系印行。收录有关中国近代报刊史料76篇,包括《〈中国报〉序》、《〈中国白话报〉发刊词》、《〈游学译报〉叙》、《〈女子世界〉发刊词》、《章太炎与〈民报〉》、《辛亥革命时期的〈大江报〉》、《〈越铎日报〉出世辞》、《大清报律》、《民国暂行报律》、《出版法》、《北京报纸小史》、《旧新闻学书刊目录》等等。32开本,834页,印数2000册,工本价1.20元。

《中国书史参考文选》 1980年6月北京大学图书馆学系目录学教研室"中国书史"教学小组编印。本书收录有关中国书史的参考文章36篇,以古代近代为主,兼及现代,分为7个部分,具体为:早期的中国书,纸和写本书,印刷术和印本书,我国古代书籍装帧制度的演变,我国的早期报刊,现代印刷术的传入与利用,党领导下革命书刊的出版与发展。32开本,338页。

《中医图书目录》 1980年7月上海中医学院内部编印。收8406种中医类图书信息。16开本,791页,印数1000册。另,北京中医学院、天津中医学院、辽宁中医学院、湖南中医学院也先后编印过类似图书目录。

《中国书史参考资料》 1980年10月武汉大学图书馆学系编印。本书收录有关中国书史方面的文章51篇，侧重于雕版印刷部分；文章主要选自期刊，对于专著也少量摘录。涉及学术讨论的问题，注意不同观点的并存。16开本，241页。

《〈中国历史书籍目录学〉参考资料》 陈秉才、王锦贵编选。1980年12月北京大学图书馆学系目录学教研室编印。32开本，361页。

《苏州古籍善本书目录》(上、下) 1980年苏州图书馆编印。16开本，线装本。

《中国出版工作者协会成立大会纪念刊》 1980年中国出版工作者协会秘书处编印。32开本，48页。

《商务印书馆馆史资料》(总50卷) 1980年～1993年商务印书馆内部编印。

《中国报刊广播文集》(全6辑) 1980年北京广播学院新闻系编印。本书是五四运动以来我国无产阶级新闻史上的部分文献资料和论文的汇编。32开本，92.2万字。

1981年

《冀东报史资料》(1～4辑) 唐山劳动日报编辑部编印。专辑之一1981年1月刊行；专辑之二1982年2月刊行；专辑之三1983年7月刊行。32开本。

《中国新闻事业史教学参考资料(新民主主义革命时期)》(上、下) 1981年2月中国人民大学新闻系编印。32开本，1134页，定价1.35元。

《我们走过的路——纪念中国青年报创刊三十周年》 中国青年报社新闻研究部编。1981年3月中国青年报社印行。32开本，343页。

《青年报人的回忆：纪念中国青年报创刊30周年》(上、下) 中国青年报社新闻研究部编。1981年5月中国青年报社印行。

《商务印书馆图书目录(1949～1980)》(全2册) 1981年5月商务印书馆编印。16开平装本。第一册378页，为1897～1949年图书目录，收录解放前商务印书馆所出版的图书，包括各种丛书、大、中、小学教科书、参考书、碑帖、珂罗版画册等书目。本目录分为分类目录(按中图法编排)和丛书目录两大部分。丛书集成和“万有文库”的细目，因有单行目录，未收入此目录中。另附录有《商务印书馆历年出版小学教科书概况》等。第二册183页，为1949～1980年，收录1949年上海解放至1980年出版物，包括新书和重印解放前旧书约五千种。

《中国书史讲稿》 1981年6月北京大学图书馆学系目录学教研室编印。16开本，143页。另，刘国钧著《中国书史讲稿》由山东省图书馆翻印，翻印时间不详；大32开本，87页。

《中华书局成立七十周年纪念(1912～1982)》 中华书局编辑部编。1981年7月中华书局内部编印。本书为纪念性画册，铜版纸彩色印刷。16开本，114页。

《河北人民出版社三十年书目(1949～1979)》 1981年9月河北省新闻出版事业管理局编印。32开本，1166页，精装印制。

《人民美术出版社三十年图书选目(1951～1981)》 1981年9月人民美术出版社编辑刊行。16开本，100页。

《各国新闻出版法选辑》 中国社会科学院新闻研究所、北京新闻学会编。1981年

10月人民日报出版社出版。内部发行。本书分为两辑,分别选编了一些国家的新闻、出版法规,介绍了一些国家有关新闻、出版的法律和政策。大32开本,314页,24.6万字,印数4000册,定价1.20元。另有本书的续编1987年人民出版社刊行,定价1.80元。

《新闻史料》(辑刊) 天津日报新闻研究室内部编印,不定期。已查到的有37辑。其中第一辑1981年11月刊出;第37辑2001年刊行。均为16开本,每期页码不定,约50页左右。

《中国书籍史》 李更旺编著。1981年东北师范大学图书馆学系印行(油印本)。本书是作者为图书馆学系讲授"中国书史"的讲义,在前人著作的基础上,又补充了新近考古发现的一些实物资料和现代发生的缩微复制品等内容的论述。

《浙东三祁藏书和学术研究》 钱亚新著。1981年江苏省图书馆学会刊行。收入该学会所编"图书馆学小丛书"。本书是对明代浙东祁氏家族三代的藏书及其学术成就进行概述的著作。资料丰富,叙述翔实。

《山东省淄博市文化志资料汇编(上、下)》 1981年编印。大量淄博新闻出版史料。16开本,480页。

《中华书局图书目录(1949～1981)》第一编(上) 中华书局1981年刊行,为内部资料。此《目录》收录中华书局(包括原古籍出版社和香港中华书局,不包括中华书局上海编辑所)从中华人民共和国成立到1981年为止符合其专业分工范围的图书。

《天津市人民图书馆藏活字本书目》 1981年天津市印行。

1982年

《北京日报三十年(1952～1982)》 1982年1月由北京日报社印行。这是一部纪念性的文集和资料汇编。内有毛主席题词等和多幅插图。收录纪念性文章35篇。32开本,257页。

《四川日报三十年(1952～1982)》 1982年1月四川日报社总编室编印。32开本,60页。

《上海人民美术出版社图书选目(1952～1982)》 上海人民美术出版社编辑部编。1982年2月上海人民美术出版社刊行。24开本,107页。

《纪念韬奋 学习韬奋》 1982年2月四川省出版工作者协会编印。32开本,30页。

《中国近代报刊史参考资料》(上) 1982年5月中国人民大学新闻系编印。本书辑录了对中国近代报刊史有参考价值的史料(包括原始资料和相关文章)共150篇,分为7个部分:各类报刊简介,外国人在中国办报的有关资料,近代官报的有关资料,戊戌维新时期报刊史的有关资料,辛亥革命报刊史的有关资料,近代报刊出版法令,其他资料。书末附录有本书正文没有收进去,但和近代报刊史有关的资料目录和文章多篇。大32开本,422页,印数2000册,工本价1.20元。

《江西省图书馆藏古籍善本书目》 江西省图书馆1982年6月编印。16开本,158页。

《重庆日报创刊三十周年专辑(1952～1982)》 1982年8月重庆日报社编印。32开本,62页。

《湖北省武汉市新闻志参考资料》(第二辑) 1982年9月湖北省新闻志编辑室编印。

此辑为大刚报史专辑。16开本,63页。

《湖北省武汉市新闻志参考资料》(第四辑) 1982年9月湖北省新闻志编辑室内部编印。此辑涉及《七七报》、《七七日报》、《挺进报》、《江汉日报》、《老百姓》等报刊史料。16开本,99页。

《生活书店、读书出版社、新知书店革命出版工作五十年(1932～1982)》 生活书店、读书出版社、新知书店革命出版工作五十年纪念会编刊组编。1982年10月中国出版工作者协会内部编印。本书收录了4篇纪念文章,介绍了3家进步书店致力于革命出版事业50年的战斗历程,附录三家书店在解放前出版的图书期刊简目。大32开本,199页。

《战斗在华中敌后——新四军印刷印钞厂革命斗争史料选》(总5辑) 本书编辑组内部编印。第一辑1982年10月刊行,32开本,186页。第二辑1982年11月刊行,188页。第三辑1983年3月刊行,188页。第四辑1984年1月刊行,215页。第五辑1988年8月刊行,347页。

《江西省图书馆藏中文报纸目录(1901～1980)》 江西省图书馆1982年10月编印。16开本,77页。

《湖南人民出版社30年书目(1951～1980)》 1982年12月湖南人民出版社编印。大32开本,660页,精装印制。

《上海图书馆馆藏中文报纸目录(1862～1949)》 1982年12月上海图书馆编印。16开本,精装印制,印数2000册。

《中国图书史》(初稿) 查启森编著。1982年武汉大学图书馆学系印行。本书是作者为教授"中国书史"编写的教材,主要吸收了过去的研究成果,并引入了近年来有关书史研究的新发现和新观点,在分期等问题上提出了一些个人的看法。

《中国近代报刊简史》 方汉奇著。1982年中国人民大学新闻系印行修订本。本书1965年内部刊行,1972年重印。这是国内比较早系统论述中国近代报刊发展历史的论著。

《浙江报刊史初探》 詹文元著。1982年浙江省新闻工作者协会印行。这是第一本比较系统探讨浙江地区报刊发展历史的著作。

《中国新闻史研究资料》 1982年暨南大学新闻系主编并印行。

《上海出版古籍书目(1949～1981)》 1982年上海古籍出版社编印。本书收录1949年10月至1981年12月上海古籍出版社及其前身中华书局上海编辑所、上海人民出版社古籍编辑室出版的古籍图书792种,并附上上海地区其他出版社的古籍出版物463种。16开本,98页。

《中国书店三十年所收善本书目》 1982年中国书店编印。32开本。

《文学书籍目录学》(中国古代部分) 李增兵编。1982年北京大学图书馆学系目录学教研室编印。16开本,295页。

《光明日报三十年(光明日报史)(1952～1982)》 本书编委会编。1982年光明日报社印行。

《中国近现代丛书目录索引》 上海图书馆编辑。1982年编者刊行。16开本,2册。

1983年

《武汉新闻史料》(辑刊) 长江日报新闻研究室编印。不定期刊行。其中,第一辑1983年1月刊出。第二、三、四、六辑的刊行时间分别为1983年11月、1984年4月、1984年10月、1986年1月。其中第三辑为长江日报史料专辑、第四辑为长江日报创刊35周年纪念专辑。

《元人文集版本目录》 周清澍著。1983年1月南京大学学报编辑部刊行。本书是"南京大学学报丛刊"之一。32开本,140页,工本费10.00元。

《山西出版志》 山西出版志编写组编。1983年3月山西省出版局编志办公室编印。本书三十多万字,比较系统全面地勾勒和论述了从宋代到新中国成立一千多年来山西出版事业的发展历史和基本概貌。全书分为七编:第一、二编为宋代至清代山西刻书和近代书刊的出版情况;第三、四编为民国初年到抗日战争后的山西出版印刷情况;第五、六、七编分别叙述了晋绥根据地、晋察冀区、晋冀鲁豫(太行、太岳)的出版情况。附录有1879年至1949年山西出版大事记。书中有将近三分之二的篇幅介绍中国共产党领导下的山西革命出版事业的概貌。32开本,443页。

《延安报刊志》(初稿) 1983年4月本书编纂领导小组编印。

《类书的沿革》 戴克瑜等主编。1983年5月四川省中心图书馆委员会编印。内容包括现存类书书目等。32开本,116页,印数4500册。

《右江日报史料汇集》(总3辑) 右江日报编辑部编印。32开本。其中第一辑1983年5月编印,32开本,202页;第三辑1989年11月编印,32开本,278页。

《常熟图书馆馆史(1915～1983)》 1983年6月江苏常熟图书馆编史小组编印。32开本,119页。

《体育报二十五年(1958～1983)》 1983年8月体育报社编印。内有毛泽东、朱德等题词。小32开本,160页,图片14页。

《中国医籍志》 贾维诚、贾一江编著。1983年9月中国医院管理杂志社编印。16开本,934页,精装本,工本价24.20元。

《古籍整理与版本》 1983年10月上海大学图书馆学系编印。16开本,545页。

《山西新闻史料》(第1辑) 1983年10月山西省新闻工作者协会编印。此辑为太行区部分的新闻史料。16开本,52页。

《〈中国青年〉六十年纪念(1923～1983)》 中国青年杂志社编辑。1983年10月中国青年杂志社刊行。有徐向前、聂荣臻、王震、许德珩、陆定一、肖华、宋振庭题词,《中国青年》六十周年概况等重要史料。32开本,64页。

《中国书史》 王利器编。上海书店1983年11月印行(油印)。本书1950～1951年由北京大学图书馆内部刊行,是作者"中国书史"课的讲义;它也是新中国成立后最早编写的一部书史。书中对书史的有关专题,如造纸术的发明、古书的版式、雕版印刷的创始、刻本的制度、版刻等,都做了考据式的介绍。32开本,印数10000册。

《上海书店建店三十周年》 1983年11月上海书店编印。16开本。另,上海书店出版的《古旧书讯》1984年8月刊行的第4期为"上海书店建店三十周年《古旧书讯》复刊五周年特辑"。

《建国前山东旧期刊目录(1903～1949)》 洛洋编。1983年11月山东省地方志编纂委员会办公室印行。16开本,95页。

《中国书史简说》　四川省图书馆学会主编,胡继森、钟昌嗣著。1983年12月四川省中心图书馆委员会印行。内部资料。本书为四川省图书馆学会主编的"四川省图书馆学报丛刊"之一。全书分七章,内容涉及甲骨文、金文和陶文、玉石刻辞、竹简木牍、帛书、纸卷和印刷术、印刷术对书籍的影响。全书的重点放在已发现的古代各种图书的形态上,对甲骨、简册、石刻图书、帛书等进行了比较详尽的探讨。32开本,127页,印数4500册。

《中国古代书籍史讲义(初稿)》　李致忠撰。1983年12月北京图书馆刊行。16开本,168页,工本费1.00元。

《沈阳日报三十五年(1948~1983)》　1983年沈阳日报社编印。32开本,80页。

《南方日报创刊三十四周年、广东画报创刊二十五周年纪念特刊》　1983年南方日报社编印。

《盐阜地区报史资料:纪念〈盐阜大众报〉创刊四十周年专辑》　1983年盐阜大众日报编辑部编印。本书收录有刘少奇、陈毅、胡耀邦等的题词和纪念《盐阜大众报》创刊40周年的新闻报道文章等。32开本,127页。

1984年

《人民日报史实要录》(上、下)　成坊编著。1984年1月人民日报社编印。16开本,350页。

《人民音乐出版社建社三十年图书目录(1954~1984)》　1984年2月人民音乐出版社编印。32开本,253页。

《常州印刷厂厂志》　1984年2月刊行。

《井研县印刷厂志》　1984年3月本书编写组编印。16开本,66页。

《高等教育出版社图书目录(1954~1984)》　1984年3月高等教育出版社编印。大32开本,435页。

《上海文艺出版社 上海文化出版社30年图书总目(1952~1982)》　本社总编室编。1984年5月上海文艺出版社、上海文化出版社刊行。大32开本,550页。

《中国建筑工业出版社图书总目(1954~1983)》　本社编。1984年6月建筑工业出版社刊行。大32开本,586页,印数2500册。另,该社1984~1993年图书目录1994年5月刊行,32开本,499页,印数2000册。

《四川大学图书馆馆藏抗战时期出版图书目录(中文部分,1937.7~1945.9)》　1984年4月四川大学图书馆内部编印。16开本,291页。

《上海解放日报创刊三十五周年纪念集(1949~1984)》　1984年5月上海解放日报社印行。大32开本,106页。

《生活书店、读书出版社、新知书店革命出版工作五十年纪念集(1932~1982)》　1984年6月中国出版工作者协会内部编印。本书汇编了1982年北京、上海纪念三家书店从事革命出版工作50周年纪念会的讲话、部分纪念文章以及三家书店的简史等资料。小16开本,289页,印数4000册,精装本。

《湖北日报史料》(辑刊)　湖北日报新闻研究室内部编印。其中第一辑1984年6月刊出,32开本,95页;第二辑1985年7月刊出,32开本,80页。

《湖北日报大事记(1949年7月至1984年6月)》 1984年7月湖北日报新闻研究室编印。32开本,301页。

《宜昌新闻史料汇编》(1) 1984年7月湖北省宜昌市新闻学会、宜昌报社新闻研究室编印。此辑为襄西报史专集。32开本,49页。

《四川省图书馆馆藏解放前四川进步期刊题录》(全6册) 1984年7月四川省中心图书馆委员会内部编印。16开本,1280页。

《图书选目(1954～1984)》 1984年7月湖北人民出版社编印。32开本,184页。

《工人日报工人出版社成立三十五周年纪念(1949～1984)》 1984年7月工人出版社刊行。16开本,30页。

《世界知识创刊五十周年纪念》 《世界知识》编辑部编。1984年7月世界知识出版社出版。32开本,203页。

《黑龙江日报三十年(1954～1984)》 1984年8月黑龙江日报研究室编印。32开本,209页。本书的续集1984年9月编印,32开本,116页。

《黑龙江人民出版社成立三十周年图书选目(1954～1984)》 吴向晨等编。1984年8月黑龙江人民出版社刊行。16开本,187页,精装本。

《甘肃日报创刊三十五周年纪念册》 甘肃日报报史研究委员会编。1984年8月甘肃日报社印行。16开本,148页,精装印制。

《革命印刷印钞史料征集研究工作座谈会专刊》(专刊) 1984年8月上海新四军历史研究会印刷印钞组在上海编印了《革命印刷印钞史料征集研究工作座谈会专刊》,32开本,151页。第二届的专刊1986年3月在南京印行,此辑作为新四军和华中抗日根据地研究会江苏印刷分会首届年会的会议专刊,32开本,206页。第三届的专刊1987年5月由会刊编辑组在安徽刊出,32开本,264页。第四届的专刊1988年2月四川省革命印刷印钞研究会、上海市新四军历史研究会印刷印钞分会内部编印。32开本,277页,定价2.50元。第八届的专刊1991年10月有会刊编辑组在武汉刊行,32开本,54页。第九届的专刊1992年10月河南省中共党史学会革命印刷史学术委员会在郑州刊行,32开本,69页。

《全国新华书店表彰先进大会专辑》 1984年9月新华书店总店印行。大32开本,精装印制。

《印刷职工运动资料》(总3辑) 上海市新四军历史研究会印刷印钞组、上海市轻工业局党校政治教研室、上海中医学院马列主义教研室联合编印。刊行时间分别为:第1辑1984年9月,32开本,248页,另有书影、照片等7页;第2辑1985年10月,355页;第3辑1986年,301页。

《韬奋印刷厂厂史汇集》 1984年10月南通韬奋印刷厂编委会编印。32开本,284页。

《武汉的书店》 1984年10月武汉市文化局史志办内部编印。本书是作为武汉市志(文化)初稿选编之一而刊行的。32开本,89页。

《山东省出版工作者协会、山东印刷技术协会成立大会纪念刊》 1984年11月印刷。32开本,54页。

《春风吹又生——羊城晚报创刊28周年复刊5周年纪念特刊》 1984年12月羊城晚报社编印。16开本,120页。

《发展中的青海图书发行事业(庆祝青海省新华书店成立35周年)》 1984年12月青海省新华书店编印。32开本。

《中国图书史与中国图书馆史》 谢灼华主编。1984年12月湖北省高等学校图书馆委员会、武汉大学编印。32开本,434页。

《牡丹江造纸厂厂志(1951～1983)》 1984年12月牡丹江造纸厂厂志编纂委员会编印。16开本,300页。

《甘肃日报史料》(第1集) 1984年12月甘肃日报社编印。16开本,36页。

《天津人民美术出版社三十年图书选目(1954～1984)》 1984年12月天津人民美术出版社编印。24开本,86页。

《锦州日报三十年(1954～1984)》 1984年锦州日报社编印。

《我与〈齐齐哈尔日报〉》 1984年齐齐哈尔日报社编印。本书是为纪念《齐齐哈尔日报》创刊30周年编印的,收录关士勋、华景枫、葛玉芬等人的文章。32开本,134页。

《三十春秋(1954～1984)——高等教育出版社成立三十周年纪念》 1984年高等教育出版社编印。内容包括:名人题词、历史照片、组织机构名录等等。22开本,218页,印数4000册,精装本。

《科学出版社三十年(1954～1984)》 谭北强等编,1984年科学出版社刊印。32开本,189页,精装本。同时刊行的还有该社30年图书期刊目录。

《邮电图书总目录(1953～1983)——人民邮电出版社建社三十周年》 1984年人民邮电出版社编印。32开本,671页。

《春风文艺出版社建社二十五周年纪念专刊(1959～1984)》 1984年春风文艺出版社编辑出版。大32开本,163页。

《人民体育出版社三十周年纪念(1954～1984)》 1984年人民体育出版社刊行。32开本,45页。

《中国友谊出版公司纪念册》 1984年中国友谊出版公司编印。12开本,50页。

《辽宁省新华书店三十年纪念册》 本书编写组编。1984年辽宁省新华书店刊行。内有多幅历史图片,含30年大事记等。16开本,95页,印数1000册。

《中国国际图书贸易总公司成立35周年纪念册》 1984年中国图书贸易总公司编印。12开本,96页。

1985年

《黑龙江报刊》 黑龙江省档案馆1985年1月编印。32开本,518页,工本费3.96元。

《经济日报创刊两周年纪念册》 1985年1月经济日报社编印。16开本,88页。

《江海激浪——江苏革命印刷史料》(辑刊) 新四军和华中抗日根据地研究会江苏印刷印钞组编印。第一辑1985年1月刊行,32开本,177页。第二辑1985年9月刊行,261页。第三辑1986年9月刊行,527页。第四辑1987年8月刊行,254页。第五辑1988年10月江苏人民出版社公开刊行,223页。第六辑1990年5月江苏人民出版社出版,225

页。

《甘肃人民出版社图书目录(1949～1985)》 甘肃人民出版社总编室编。1985 年 1 月甘肃人民出版社刊行。大 32 开本,545 页。

《中国外文出版发行事业的职能机构——外文出版发行事业局》 1985 年 1 月外文出版发行事业局编辑、刊行。16 开本,48 页。

《圳山阅书报社创办六十五周年纪念册(1919～1984)》 1985 年 1 月印刷。图片集。16 开本,80 页。

《哈尔滨日报四十年》 1985 年 1 月哈尔滨日报社编印。内含丰富的图片资料。32 开本,200 页。

《西藏志书述略》 何金文著。1985 年 3 月吉林省地方志编纂委员会、吉林省图书馆学会刊行。收入“中国地方志详论丛书”、“吉林省图书馆学会丛书”。32 开本,71 页。

《成都报刊史料专辑》(辑刊) 成都晚报报刊志编辑室编印。其中,第 1 辑 1985 年 4 月刊印,16 开本,70 页,成本费 0.60 元。第 4 辑 1986 年 1 月刊行;第 5 辑 1986 年 7 月刊行;第 6 辑 1986 年 12 月刊行;第 7 辑 1987 年 5 月刊行。第 22、23、24 辑分别于 1994、1995、1996 年刊行。第 25 辑 1996 年 10 月刊印。另,《成都市图书事业志资料选编》(第一辑)由本书编辑组刊行,32 开本,82 页。刊出时间不详。

《救亡日报史料》 1985 年 5 月广西日报新闻研究咨询室编印。16 开本,30 页。“续集”1986 年 2 月刊出。内容包括“救亡日报大事记”等。

《中国古代图书学文选》 1985 年 5 月安徽大学图书馆编印。大 32 开本,215 页。

《成都印刷工人运动史资料》(辑刊) 《成都印刷工人运动史》编辑组编印,不定期刊行,大 32 开本。其中第二辑 1985 年 6 月刊行,55 页;第三辑 1986 年 7 月刊行,125 页;第四辑 1987 年 7 月刊行,240 页。

《大众日报史料——大众日报报史座谈会专辑》 1985 年 6 月大众日报新闻研究所内部编印。16 开本,58 页。

《天津人民出版社成立三十五周年(1950～1985)》 1985 年 6 月天津人民出版社编辑印刷。32 开本,40 页。该社 40 周年图书选目(1950～1990)于 1991 年 1 月刊行。

《河南新闻史志参考资料》(全 3 辑) 河南省新闻史志编辑室编印。均为 32 开本。第一辑 1985 年 7 月刊行,76 页。第二辑为清末民初报刊资料专辑,1985 年 9 月刊行。第三辑 1985 年 11 月刊行,256 页。

《南阳地区印刷厂史志》 南阳地区印刷厂厂志编写组编。1985 年 7 月内部刊行。16 开本,104 页。

《太行山上抗日烽火中的胜利报》 1985 年 8 月山西省新闻工作者协会编印。16 开本,138 页。

《开封市第一印刷厂厂志(1950～1984)》 1985 年 9 月刊行。

《广西早期报纸史料》 广西日报新闻研究室 1985 年 9 月编印。32 开本,62 页。

《朵云轩——上海书画出版社二十五周年纪念》 本社编。1985 年 10 月上海书画出版社刊行。集中介绍朵云轩的珍藏品,包括历代书画,碑帖(大量图片)。还有经营的木版水印绘画,雕版印刷刻本,如《稼轩长短句》、《楚辞集注》、《共产党宣言》、《毛主席诗词》等等。24开本,122页。

《甘肃新闻史料》 1985年10月刊行。16开本。此为内部辑刊的创刊号,以后是否刊行,待查。

《丹东报史资料》 1985年10月丹东报社编印。32开本,578页。

《开封日报史稿》 1985年11月开封日报社印行。32开本,62页。

《纪念林白水文集》 1985年11月福建历史名人研究会林白水分会编印。32开本,153页。

《湖北人民出版社成立三十周年(1954~1984)》 1985年11月湖北人民出版社编印。16开本,96页,精装本。此为图集,该社同时还编印了纪念文集。

《上海科技出版社建社三十周年(1956~1986)》 俞祖之主编。1985年12月上海科技出版社印行。16开本,70页,精装本。

《大众日报回忆录》(第1辑) 1985年12月大众日报新闻研究所编印。16开本,58页。

《大连日报史料集》 1985年12月大连日报社编印。本书是为纪念大连日报40周年(1945~1985)而编辑的。大32开本,258页。

《烟台日报创刊四十周年纪念集(1945~1985)》 1985年12月烟台日报社编印。大32开本,147页。

《前进(1940~1985)——镇江前进印刷厂厂史》 1985年12月镇江前进印刷厂厂史编辑委员会编印。32开本,180页。

《民族印刷厂简史(1951~1986)》 本书编写组编。1985年12月民族印刷厂印行。32开本,83页,印数1000册,精装印制。

《开封市新闻志》 本书编写组编。1985年印刷。32开本,152页,印数500册。

《景德镇报创刊三十周年纪念集(1955~1985)》 1985年景德镇报社编印。32开本,48页。

《闽省旧报目录系年》 1985年泉州志编纂委员会编印。16开本,26页。

《湖北新闻史料汇编》(辑刊) 湖北日报新闻研究室、湖北省志新闻志编辑室编。1985年前后内部印行。已查刊出过十多辑。其中第六、七辑1985年1月刊行;第九、十、十一、十二、十三、十四、十五辑刊行的时间分别为1986年4月、1986年8月、1987年5月、1987年12月、1988年8月、1988年、1990年1月。

《新观察创刊35周年纪念册(1950~1985)》 1985年6月新观察杂志社编印。12开本,115页。

《书籍编纂源流考略》 韩仲民著。1985年自印本。16开本。

《中国印刷史资料汇编》(总4辑) 上海市新四军历史研究会印刷印钞组编印。各辑刊行时间为,第1辑1985年,第2辑1986年,第3辑1986年。第4辑更名为《中国革命印刷史资料》于1987年刊出。其中,第一辑是有关20世纪30年代中国印刷工作的专集,选录了38篇文章,包括陆费逵《六十年来中国之出版业与印刷业》,贺圣鼐《三十五年来中国之印刷术》,王云五《中国的印刷》,刘龙光《中国印刷术的沿革》等,约17万字和图片10页,另附《三十五年来欧美之印刷术》一文。小32开本,266页。

《济南印刷厂厂志(1946～1985)》 本书编写组编。1985年印行。16开本,294页,精装印制。

《重庆文史书店周年纪念》 1985年重庆市文史书店编印。其中收录有文史资料193种、文史著作79种的目录。32开本,55页。

《〈历史教学〉创刊三十五周年纪念——三十五年总目索引》 1985年历史教学编辑部编印。32开本,255页。

《上海人民出版社图书总目(1949～1985)》 1985年上海人民出版社编印。32开本,352页。

《辽宁美术出版社四十年图书选目(1945～1985)》 1985年辽宁美术出版社编印。16开本,146页。

1986年

《国际新闻社史话》 1986年1月广西日报新闻研究咨询室编印。16开本,22页。

《中国青年报创刊35周年特刊(1951～1986)》 本书编辑组编。1986年1月中国青年报社编印。16开本,80页,精装本。

《人民出版社大事记(1950.12～1980.12)》(初稿) 人民出版社总编室编。1986年1月人民出版社印行。32开本,96页。

《北京出版社三十年历程(1956～1986)》 1986年1月北京出版社编印。本书为纪念性资料汇编,包括历史照片、书影、获奖书目、人员名单、大事记等内容。大32开本,136页,精装印制。另《北京出版社35年》1991年内部印行。

《吉林日报副刊四十周年纪念画册(1945～1985)》 1986年1月吉林日报社编印。16开本,190页。

《黑河日报四十年(1946～1986)》 1986年1月黑河日报社编印。32开本,170页。

《为了孩子 为了祖国 为了未来——中国少年儿童出版社的三十年(1956～1986)》 1986年1月中国少年儿童出版社编印。收入题词、纪念文章、获奖书目、插图、书影等等。32开本,260页。

《辽宁人民出版社三十五年书目(1951～1986)》 1986年1月辽宁人民出版社编印。16开本,298页,印数1000册。

《宜兴报创刊三十周年纪念集(1956～1986)》 宜兴报编辑部编。1986年1月印行。32开本,80页。

《乐山市印刷厂志(1951～1985)》 1986年1月四川省乐山市印刷厂编纂组编印。16开本,216页。

《救亡日报史料(续集)》 广西日报新闻研究咨询室1986年2月编印。16开本,48页。

《夏丏尊先生诞辰一百周年纪念会专辑》 1986年2月杭州语文新圃杂志社编印。32开本,78页。

《高邮县志·文化新闻志》(初稿) 1986年3月高邮县志办公室编印。16开本,54页。

《湖北出版史料》(全4辑) 先后由湖北省新闻出版局出版志编辑室、湖北省新闻出版局《湖北出版史料》编辑组编辑、印行。编印时段从1986年3月至1990年4月。本史料集是为搜集、保存湖北出版史料，并为《湖北出版志》的编辑做基础性工作。该辑刊保存了湖北古代、近代和现代的出版史料，有些文章十分珍贵，如《开明书店汉口分店创办琐记》、《生活书店汉口分店实录》、《抗日战争时期的新知书店襄阳分店》等。此外，《湖北出版史料》专辑《奉献与回忆》(湖北省新闻出版局系统老干部回忆录)1991年刊行，收录回忆文章33篇；大32开本，162页。

《安阳市印刷厂志(1942～1986)》　1986年4月安阳市印刷厂志厂志办公室编印。16开本，170页。

《揭阳书目叙录》　孙淑彦编。1986年4月揭阳县博物馆编印。

《察哈尔报刊史》　张贯一著。张家口日报社1986年6月印行。大32开本，203页。

《沧州日报三十年史稿》　1986年6月沧州日报社编印。32开本，278页。

《中国图书史纲》　皮高品著。1986年6月吉林省图书馆学会印行。本书是作者给武汉大学图书馆学系讲课的讲义，1956年以《中国图书史讲义》为名油印，1964年修订增补后铅印。本书在论述图书社会意义的基础上，分8章勾勒了中国图书演进的历史，具体纲目包括：图书产生前文字的发生和发展，中国图书的产生与发展(公元前至公元2世纪)，纸的发明到雕版印刷发明时期的图书(公元2世纪到6世纪)，雕版印刷发明到铅印输入时期的图书(6～19世纪)，旧民主主义革命时期的图书(1840～1919)，新民主主义革命时期的图书(1919～1949)，解放后国民经济恢复时期至第一个五年计划时期的图书和出版事业(1949～1957)。

《光泽造纸史(约公元900～公元1985年)》　黄寿清主编。1986年6月印行。16开本，79页。

《盐城市印刷厂厂史(1942～1986)》　1986年7月盐城市印刷厂厂史编委会编印。32开本，190页。

《丹阳县造纸厂志》　本书编写组编。1986年8月江苏丹阳县造纸厂编印。16开本，106页。

《晋察冀边区印刷局货币印制简史》　国营五四一厂厂史印制史编辑委员会编。1986年8月印行。本书记述了晋察冀边区印刷局货币印制从1937年12月到1950年1月的发展历程。32开本，187页。

《人民卫生出版社印刷厂厂史简介(1946.9～1984.9)》　1986年9月人民卫生出版社印刷厂编印。32开本，103页，精装本。

《新华文摘总目录(1979～1985)》　1986年9月新华文摘杂志社编印。16开本，96页。

《上虞文史资料——纪念夏丏尊选辑》　1986年9月上虞县政协文史委编印。32开本，183页。

《辽宁图书发行史料》(辑刊)　辽宁省新华书店编写组编印。第一辑1986年10月刊行，32开本，164页，印数2000册。第二辑1987年6月刊行，32开本，222页，印数1500册。

《辽宁省新华书店三十年纪念集》　1986年辽宁省新华书店编印。纪念性画册。

《万众瞩目清凉山——延安时期新闻出版文史资料》(第1辑) 苏若望主编。1986年10月延安清凉山新闻出版革命纪念馆印行。延安清凉山在抗日战争和解放战争时期，曾经是中国共产党新闻出版的领导机关和主要媒体的所在地。本书是当年在这里从事新闻出版工作的部分老同志撰写的回忆文章，共有93篇。大32开本，630页。

《阿坝藏族羌族自治州藏文编译志》 1986年11月四川阿坝藏族羌族自治州藏文编译局刊行。32开本，211页。

《中国印刷机械工业发展史(1949～1984)》 包洪枢主编。1986年12月机械工业出版社出版，内部发行，收入“中国石油化工通讯机械工业发展史丛书”。本书由北京印刷机械研究所会同全行业54个厂家集体编纂。介绍了旧中国的印刷机械制造业的历史状况，新中国成立后印刷机械工业的发展历程。附录有大事记、工厂简介、历年先进模范人物事迹、各厂历年基本情况统计等。大32开本，233页，23.5万字，精装本，定价12.00元。

《四川日报史料》(辑刊) 四川日报报史编写组、四川日报新闻研究所编印。第一辑1986年12月刊出，此辑为川南日报专辑，16开本，48页；第二辑为川西日报专辑，1987年8月刊行，64页；第三辑为川东报专辑，1987年12月刊行，33页；第四辑为西康日报专辑，1990年1月刊行；第七辑1990年11月刊行，77页；第八辑1991年3月刊行，80页；第九辑1991年6月刊行，69页；第十辑1991年9月刊行，90页；第十一辑1991年12月刊行，80页；；第十二辑1992年8月刊行，55页；第十三辑为纪念本报创刊四十周年专辑，1992年10月刊出，25页。

《文物出版社三十年》 1986年12月文物出版社编印。32开本，179页，精装本。

《赤峰日报30年(1956～1986)》 1986年赤峰日报社编印。32开本，87页。

《西藏日报创刊三十周年纪念(1956～1986)》 1986年西藏日报社编印。32开本，95页。

《长沙晚报创刊三十周年纪念(1956～1986)》 1986年长沙晚报创刊30周年筹备组编印。24开本，223页。

《临清出版史志初稿(1840～1985)》 1986年本书编写组编印。

《江西瑞金印刷厂志》 1986年江西瑞金印刷厂编印。16开本，51页。

《张家口报纸志》(辑刊) 从1986年起印行了十多辑，张家口日报社报志编写组编印。已查知至少刊行了16期。

《商务印书馆图书目录(1976～1986)》 1986年商务印书馆编印。32开本，91页。

《科学普及出版社三十年(1956～1986)》 祝修恒主编，1986年科学普及出版社刊印。纪念性画册。16开本，80页，精装本。

《机械工业出版社图书总目录(1950～1984)》 1986年机械工业出版社编印。32开本，788页。

《山东卫生历史报刊资料选编》(第2辑) 1986年山东省卫生史志编辑室编印。大32开本，248页，工本费3.00元。

《春风文艺出版社建社二十五周年纪念专刊(1950～1984)》 1986年春风文艺出版社编印。大32开本，163页。

1987年

《中国书店图书目录(1978～1986)》　1987年1月中国书店编印。32开本,126页。

《合肥图书发行志》　1987年1月安徽省合肥市文化局史志办公室编印。

《合川报业志》　刘果等编。1987年1月重庆市合川县合川报社编印。16开本,151页。

《北京报刊发行局局史(1950～1987)》　1987年1月北京市报刊发行局编印。32开本,213页。

《山西省新华书店史略》　山西省新华书店1987年1月印行。32开本,189页。

《成都印刷业史话》　四川省印刷史料编写组、四川省出版印刷公司1987年1月编印。32开本,115页。

《绍兴日报创刊三周年纪念》　1987年2月绍兴日报社编印。16开本,55页。

《河南革命印刷史料》(全3辑)　第一辑1987年3月河南革命印刷史研究会编印。32开本,248元,工本费1.00元。第二辑1988年9月刊行,32开本,264页。

《新华书店五十年(1937～1987)》　本书编辑组编,宋培真主编。新华书店总店1987年3月印行。这是一本以照片为主的资料集,共选收了1200幅照片,包括党和国家领导人的题词等,形象生动地记录了新华书店1937年到1987年50年的光辉历程。书中还收录了《新华书店简史》和《新华书店五十年纪事》。16开本,212页,精装本。

《新华书店五十春秋(1937～1987)》　郑士德主编。新华书店总店1987年3月印行。新华书店1937年成立于延安。本书作为新华书店成立50周年纪念文集,收录了新华书店总店和各自治区、直辖市新华书店撰写的书店简史,回顾了新华书店发展历程。16开本,483页,工本费3.50元。

《建国前内蒙古地方报刊叙录》　忒莫勒著。1987年3月内蒙古自治区图书馆编印。32开本,211页,印数5000册。

《四川省营山县书店志(1848～1985)》　营山县新华书店1987年3月编印。大32开本,78页。

《河南省志·新闻篇》　1987年3月河南省新闻史志编辑室编印。16开本,176页。

《东北根据地战略后方报业简史》　罗玉琳、艾国忱编著。黑龙江省委党史研究所、黑龙江新闻研究所1987年3月印行。收入“黑龙江党史资料丛书”。本书对解放战争时期以党报为主体的整个东北根据地的新闻事业,进行了全面深入的考察。方汉奇作序。大32开本,151页,印数2000册。

《建国前内蒙古地方报刊考录》　忒莫勒编著。1987年3月内蒙古图书馆编印。本书著录建国前内蒙古地区的报刊259种,其中蒙文刊物44种,并对每种报刊进行简要介绍和必要的考订。32开本,211页,印数5000册,工本费0.90元。

《拂晓报社印刷厂厂史》　1987年3月拂晓报社编印。32开本,72页。

《牡丹江日报社志1945～1985》　1987年4月牡丹江日报社编印。32开本,505页,精装本。另,《牡丹江日报社志1986～1997》1997年12月刊行,32开本,416页,精装本。

《黄石日报报史资料(1952～1987)》　1987年4月黄石日报史编辑室编印。32开本,552页。

《〈民俗〉总目索引(1928.3～1943.12)》　1987年4月中国社会科学院民族研究所编

印。32 开本，66 页。

《安徽省新华书店店史资料(1952～1987)》 1987 年 5 月安徽省新华书店编印。32 开本，64 页。

《襄樊著述志》 李翼鹏主编。1987 年 6 月由襄樊市新华书店印行。内容包括历代著述记略、方志辑存、郡府志、州县志、古诗咏襄樊咏州县诗等等。32 开本，559 页，印数 3000 册。

《抚顺报刊史》 市委宣传部新闻出版处、市新闻工作者协会、抚顺日报新闻研究室编。1987 年 6 月印行。大 32 开本，207 页。

《广东革命报刊研究》(第 1 辑) 1987 年 7 月中共广东省委党史资料征集委员会编印。32 开本，329 页。

《中国书店图书目录(1978～1986)》 1987 年 8 月中国书店编印。内有书影插图多幅。32 开本，134 页。

《六家党报在赤峰》 1987 年 8 月中共赤峰市委党史资料征集委员会办公室编印。六家报纸是指《民声报》、《群众日报》、《冀热辽日报》、《牧农报》、《热中报》等。32 开本，328 页，印数 500 册。

《报刊史料汇编》 景进福等编录。1987 年 8 月中共阳高县委党史研究室刊行。内容主要涉及到新中国成立前的一些报纸资料，这些报纸有《抗敌报》、《晋察冀日报》、《抗战日报》、《新群众》、《北岳日报》、《晋绥日报》、《察哈尔日报》等。32 开本，296 页。

《镇江印刷机械厂厂志(1966～1986)》 本书编委会 1987 年 8 月编印。

《济南印刷厂志(1940～1985)》 1987 年本书编辑小组编印。16 开本，294 页。

《晚霞生辉——四川印刷印钞老战士回忆录》 1987 年 9 月四川省革命印刷印钞研究会编印。32 开本，166 页。

《北京印钞厂简史(1908～1949)》 北京印钞厂厂史编辑委员会组编，俞洪等编撰。1987 年 10 月印行。大 32 开本，242 页。

《浙江出版史料》(全 16 辑) 浙江出版史编辑委员会编辑刊行。内部资料性质，大 32 开本。第 1 辑 1987 年 10 月印行，120 页；第 2 辑 1988 年 8 月刊行，235 页，后附有浙江省抗日战争时期的出版图书目录，出版杂志目录，书店名称表等 8 个方面内容；第 3 辑 1989 年刊行，214 页；第 4 辑 1989 年 12 月刊行，291 页；第 5 辑 1990 年 5 月刊行，285 页；第 6 辑 1990 年 12 月刊行，299 页；第 7 辑 1991 年 4 月刊行，此辑为图书发行回忆录专辑，256 页；第 8 辑 1991 年 8 月刊行，316 页；第 9 辑 1992 年 8 月刊行，298 页；第 10 辑 1992 年刊行，220 页；第 11 辑 1992 年 12 月刊行，318 页，此辑浙江新华书店改革 10 年专辑；第 12 辑 1993 年 6 月刊行，125 页；第 13 辑 1993 年 10 月刊行，276 页，此辑收有第 1～12 辑的总目录；第 14 辑 1994 年 7 月印行，此辑为“浙江出版大事记专辑(1949～1978)”；第 15 辑 1994 年 7 月刊行；第 16 辑 1994 年 11 月刊行，214 页。此后有无刊行，待查。

《盐亭县书店志(1946～1985)》 四川省盐亭县新华书店 1987 年 11 月编印。16 开本，136 页。

《石家庄日报创刊四十周年史料专辑(1947～1987)》 1987 年 11 月石家庄日报报史编委会编印。32 开本，197 页。

《闪光的足迹——辽宁美术出版社辽宁画报社建社四十周年纪念》 高颖主编。1987年11月辽宁美术出版社刊行。16开本,187页,印数5000册。

《〈新华日报〉五十年——〈新华日报〉创刊五十周年纪念专集》《新华日报》暨《群众》周刊史学会重庆分会编。1987年12月刊行。大32开本,239页,工本费2.00元。

《出版社史料》 机械工业出版社1987年12月编印,反映了该社1952年至1988年的发展情况。32开本,404页,精装印制。

《芜湖报刊志》 1987年12月安徽省芜湖市报刊志编写领导小组编印。16开本,76页。

《内蒙古蒙文印刷厂发展概况——庆祝投产十周年(1977~1987)》 1987年内蒙古蒙文印刷厂编印。16开本,39页。

《文汇报五十年(1938~1988)》 1987年文汇报社编印。纪念性画册。16开本,148页。

《少年儿童出版社的三十五年》 1987年少年儿童出版社编印。32开本,287页,精装本。

《株州日报创刊三十周年(1957~1987)》 沈良贵等编。1987年株州日报社刊印。16开本。

《温州日报创刊四十年(1947~1987)》 1987年温州日报社编印。32开本,68页。

《工人日报大事记(1949~1987)》 1987年工人日报社新闻研究室编印。32开本,636页。

《枣庄市志·广播报刊志》 1987年山东省枣庄市地方志编纂委员会编印。16开本,22页。

《〈参考消息〉创办五十五周年(1931~1986)/扩大发行三十周年(1957~1987)纪念册》 1987年新华社参考消息编辑部编印。16开本,94页。

《中国戏剧出版社 宝文堂书店图书目录》 1987年中国戏剧出版社刊行。收录中国戏剧出版社1957年至1987年书目、宝文堂1862年至1987年书目。32开本,165页。

《山东教育出版社成立十五周年纪念》 1997年山东教育出版社刊行。16开本,112页。

1988年

《新闻出版史料征集简报》(总13期) 新闻出版署党史资料征集工作领导小组办公室1988~1992年编印,内部资料。这份简报1988年1月20日创办,1992年2月终刊。其主要内容是交流新闻出版史料的征集信息,沟通情况;同时也选载了部分出版史料。

《中国新闻事业史》 林丁主编。1988年1月北京人文函授大学编印。32开本,240页。

《滁州报简史》 1988年1月本书编写组编印。32开本,69页。

《乌兰察布日报三十年(1958~1988)》 1988年1月乌兰察布日报编印。32开本,195页。

《农业出版社三十年(1958~1988)》 1988年1月农业出版社编印。16开本,133页,精装本。

《北方民族文化与中华文化》　潘国允著。1988年1月内蒙古社科杂志社刊行。收录《辽代契丹族文化述评》、《蒙元版刻在中国印刷史上的地位》等论文。32开本,329页。

《重庆报史资料》(辑刊)　重庆日报新闻研究所、重庆新闻志编辑部先后内部编印,不定期刊行。第1辑1988年1月刊行,16开本,147页。第8辑1991年1月刊行,96页。第9辑,89页。第10辑1992年3月刊行,92页。第11辑,102页。第12辑1992年9月刊行,98页。第13辑,106页。第14辑1993年4月刊行,102页。第15辑1993年10月刊行,106页。16辑1983年刊行。第17辑1994年刊行。第18辑1994年8月刊行,82页。第19辑1994年12月刊行,90页。第20辑1994年刊行。

《临沂地区报史资料汇编》(辑刊)　第一辑1988年2月临沂地区报史志编辑办公室内部编印。32开本,130页。第二辑1988年6月刊行,120页。第三辑1988年12月刊行,111页。第四辑1989年12月刊行,83页。第五辑1990年6月刊行,108页。

《四川印刷史料》(辑刊,原《成都印刷史料》)　第六辑成都印刷史料征集组1988年3月编印,32开本,344页。第七辑1989年4月四川印刷史料征集组编印,32开本,228页。第八辑1991年8月本书编辑组四川省出版印刷公司刊行,32开本,265页。《成都印刷史料》1～5辑于1980年代前期陆续刊行。

《四川社会科学院出版社建社五周年纪念》　1988年3月四川社科院出版社编印。小32开本,229页。

《〈桂林日报〉报史资料专题》　1988年3月桂林日报报史资料征集小组编印。16开本,22页。

《宁夏日报大事记(1949～1987)》　1988年3月宁夏日报史编辑室编印。大32开本,195页。

《我们走过的路——北京晚报三十年经验文集》　北京晚报编。1988年3月北京日报社刊行。本书是一本关于北京晚报办报经验谈,总结了该报复刊以来所经历的发展历程。32开本,283页,20万字,工本费2.00元。

《十年图书目录(1978～1988)》　1988年4月广东科技出版社总编室编印。32开本,137页。

《吉林造纸厂志(1940～1985)》(第一卷)　1988年6月吉林造纸厂党委调研室编印。16开本,574页,印数2000册,精装本。

《商务印书馆职工运动史料辑要》　1988年6月商务印书馆印行。该书收录了大量有关商务印书馆职工运动的珍贵资料、图片。大32开本,72页。

《东北日报简史》　1988年6月辽宁日报社编印。大32开本,194页。

《西南铁道报创刊三十五周年纪念册(1953～1988)》　1988年7月西南铁道报社编印。32开本,168页,精装本。

《书史和古代典籍介绍》　项戈平编著。1988年7月浙江省图书馆编印。32开本,76页。

《内蒙古日报创刊四十周年纪念画册(1948～1988)》　1988年7月内蒙古日报社编印。16开本,64页。

《德州市报业志》　王明溪主编,1988年7月德州日报社编辑、印行。小32开本,119

页。

《云南出版史志资料》(全10辑) 王品三主编,云南省新闻出版局《出版志》编纂委员会印行,内部发行。印行时间从1988年到1994年。其中,第一辑1988年7月推出,32开本,194页;第三辑1989年6月刊行;第四辑1989年12月刊行;第六辑1990年10月刊行。第七辑1991年5月刊行,此辑收录有关出版史论文及资料23篇,包括《北门书屋与北门出版社》、《艾思奇的编辑出版活动》、《王复生烈士出版事略》、《云南出版事略》等;大32开本,310页。第八辑1992年2月刊行,收录文章和史料17篇,包括《民国年间云南出版之书籍(平装)题录》、《出版战线的老兵——刘惠之》、《民国时期昆明几家有影响的书店》、等;大32开本,340页。第九辑1993年8月刊行,收录文章及史料18篇,包括《云南历史上民族人物书写刻印汉文图书考略》、《云南元明清出版书籍补说》、《云南省国民党统治出版物情况》等,大32开本,324页。第十辑1994年3月推出,收录文章和史料44篇,包括《解放战争时云南地下党和边纵的出版工作概略》、《出版战线的老兵黄洛峰、艾思奇》、《我们与生活书店》、《忆读书出版社昆明分社》、《记新知书店昆明分店》等,大32开本,383页。此后是否还刊行过,待查。

《西藏新闻史料专辑》(第1辑) 1988年8月《当代中国的新闻事业》西藏史料编写组编印。16开本,104页。

《冶金工业出版社三十五周年(1953～1988)》 吴学文主编。1988年8月冶金工业出版社刊行。

《延边新闻志 延边日报新闻志》 金成桂主编。1988年9月延边日报史志办公室编印。16开本,219页,印数750册。

《中国军队报刊简介(1927～1987)》 军事科学院编。军事科学出版社1988年10月出版,内部发行。本书收录、介绍了中国军队系统的一千八百多种报刊。32开本,357页。

《四川省内江图书发行志(1885～1985)》 1988年10月四川省内江市新华书店编印。32开本,166页。

《湖南报业志》(送审稿) 1988年10月湖南日报社编印。16开本,上下两册。

《纺织工业出版社三十五年(1953～1988)》 1988年10月纺织工业出版社编印。16开本,93页,精装本。

《纪念鸡西日报创刊40周年:回忆与专访文集(1949～1988)》 1988年10月鸡西日报社编印。大32开本,179页。

《湛江日报四十年纪念文集(1948～1988)》 1988年10月湛江日报社编印。大32开本,209页。

《中国书史简辑》 中国图书馆学会编。1988年10月中国人才报、全国总工会宣教部刊行。16开本,75页。

《菏泽地区出版志》 本书编写组编。1988年11月刊行。16开本,219页。

《湖南地方报刊大全(1949.10～1987.12)》 湖南省图书馆1988年11月编印。16开本,324页,印数2000册。

《大众日报大事记(1939～1985)》(上、下) 林中等编。1988年12月大众日报社编印。16开本,790页。本书2006年11月再版。另,《大众日报大事记(1939～2005)》4卷本 2009 年 1 月山东大众日报社刊行。16 开本。

《本溪日报四十年(1948～1988)》 1988 年 12 月本溪日报社编印。大 32 开本,174 页,印数 2000 册。

《中国报纸文艺副刊研究会会刊》(创刊号) 1988 年 12 月中国新闻学会联合会报纸文艺副刊研究会秘书处编印。16 开本,48 页。

《隆昌县书店志(1912～1985)》 1988 年隆昌县新华书店编印。大 32 开本,135 页。

《黑龙江省书刊发行协会第一届会员代表大会专辑》 张向凌等编。1988 年黑龙江省书刊发行协会印行。32 开本。

《上海科学技术文献出版社建社十周年(1978～1988)》 1988 年上海科学技术文献出版社编辑部编印。16 开本,精装。

《中州古籍出版社 10 年书目(1979～1988)》 本社编。1988 年中州古籍出版社印行。32 开本,180 页。

《吴县文史资料》(第 5 辑) 1988 年中国人民政治协商会议江苏省吴县委员会文史资料研究委员会编印。本辑为纪念叶圣陶专辑。大 32 开本,188 页。

《羊城晚报三十年工作文选》 1988 年羊城晚报社编印。

1989 年

《兰州新华印刷厂厂史(1949～1987)》 1989 年 1 月兰州新华印刷厂厂史编写组编印。大 32 开本,258 页。

《作家出版社图书总目录(1953～1988)》 1989 年 1 月作家出版社编印。32 开本,138 页。

《南京大学出版社建社五周年》 1989 年 1 月南京大学出版社编印。32 开本,96 页。

《辽宁图书发行志(1840～1985)》 1989 年 1 月辽宁省新华书店编印。16 开本,356 页,印数 500 册,精装本,工本价 172.00 元。

《河北出版史志资料选辑》(辑刊) 河北出版史志编辑部编印。不定期,大 32 开本。已查到出版过 9 辑。第一辑 1989 年 1 月刊行,内容有《河北省抗日战争、解放战争时期出版工作大事记》等。第二辑 1989 年 4 月刊出,发表有《关于抗日战争时期的〈冀中导报〉和冀中新闻出版工作的回忆》、《中国革命出版史上第一部〈毛泽东选集〉的出版》等 14 篇回忆文章。第三辑 1989 年 7 月印行,刊出《关于〈晋察冀画报〉的回忆》等 19 篇文章。第四辑 1989 年 11 月刊行,刊载有《三十年代河北省党的秘密刊物》、《"北方人民出版社"始末》、《抗日战争时期冀中的 193 种报刊》等 23 篇文章。第四辑 1989 年刊行,198 页,收录相关文章、资料 23 篇,包括《三十年代河北省党的秘密刊物》、《"北方人民出版社"始末》、《抗日战争时期冀中的 193 种报刊》、《冀南书店的回忆片断》、《河北古代几位著作家及其刻书》等等。第五辑 1990 年 3 月刊行,刊载有《关于 1947 年新出版〈毛泽东选集〉的情况》、《回忆石家庄新中国书局》、《武强年画略考》等 33 篇文章。第六辑 1990 年 6 月刊出,刊载有《解放战争时期的"张家口文化城"》等 28 篇文章。第七辑 1990 年 9 月刊出,190 页,刊发有《晋察冀的新闻摄影和画报出版工作》、《河北书院发展概况》、《大众美术社的建社前后》等 19 篇文章。第八辑 1990 年 12 月刊出,220 页,发表有《衡水"三义堂"书铺八十年沧桑》等 20 篇文章。第九辑 1991 年 10 月刊出,刊发有《晋东北地区党的新闻出版事业》、《晋察冀边区雁北地区党的出版工作》等14篇文章。另，1989年1月至1994年1月，河北出版史志编辑部还内部印行了《河北出版史志通讯》15期。

《广西出版史志资料》(全11辑) 广西壮族自治区出版志编辑室编印，是为编纂《广西通志·出版志》作准备的，大体按照图书出版、期刊出版、书刊印刷、图书发行、出版管理几个方面收集和编辑资料。均为大32开本，页码不固定。刊行时间从1989年3月到2000年4月。其中，第一辑1989年3月刊行，收录文章15篇，300页；第二辑1989年6月刊行，收录文章、资料21篇，286页；第三辑刊行于1989年8月，260页；第四辑1990年11月刊行，409页；第五辑1991年5月刊行，240页；第六辑1991年12月刊行，313页；第七辑1992年9月刊行，303页；第八辑1993年9月刊行，268页；第九辑1994年8月刊行，312页；第十辑1995年8月刊行，298页；第十一辑刊行于2000年4月，243页。此后刊行情况待查。

《广西文史资料》(第27辑) 1989年3月政协广西文史资料委员会编印。本辑收录了新中国成立前广西图书发行的史料等。32开本，241页。

《中国共产党江西出版史料》 江西省新闻出版局编印。第1期于1989年3月印行。第2期于1990年6月印行，16开本，89页。

《山西日报大事记(1949～1988)》 1989年3月山西日报社编印。大32开本，551页。

《山西日报创刊四十周年纪念(1949～1988)画册》 1989年3月山西日报社编印。本书为纪念性画册。大16开本，188页。

《北京青年报四十年》 1989年3月北京青年报社编印。16开本，232页。

《浙江图书发行史料》(第1辑) 浙江省出版工作者协会发行委员会编。1989年4月刊行。32开本，113页。

《回顾 思考 探索——工人日报四十年》 1989年4月工人日报社编印。大32开本，523页。

《四川省报刊发行志(1950～1985)》 四川省报刊发行协会1989年4月编印。32开本，128页。

《绵阳图书发行志(1880～1985)》 四川省绵阳市新华书店1989年5月编辑、印行。32开本，200页。

《广元书店志(1910～1985)》 四川省广元县新华书店1989年5月编印。32开本，127页。

《河南日报四十年回忆录(1949～1989)》 1989年5月河南日报新闻研究所编印。32开本，316页。

《河南日报创刊四十周年纪念册(1949～1989)》 1989年5月河南日报社编印。12开本，81页。

《湖南出版史料》(总3辑) 湖南出版印刷革命史研究会编。第1辑1989年5月内部印行。此辑为湖南革命出版史料专辑。小32开本，200页。第2辑由湖南省新闻出版局党史资料征集小组编写，湖南出版社1992年11月公开出版。本辑史料共31篇，包括革命出版史料和民国年间长沙书业、书刊印刷业史料2部分。小32开本，164页，定价

2.30元。第3辑湖南省出版工作者协会编,1997年8月内部印行。本辑收入文章35篇,其中新中国成立后的史料12篇,研究旧中国湖南出版的文章23篇,包括《解放后湖南出版事业大事记》、《湖南刻书原委》、《湖南雕板考略》等。小32开本,264页,17.5万字,印数500册。

《河南日报印刷厂厂志(1948～1989)》　1989年5月河南日报史志编委会刊行。32开本,170页,印数1000册。

《中国建筑工业出版社印刷厂简史(1949～1989)》　1989年5月本书编写组编印。32开本,327页,精装印制。

《兰州新华印刷厂史(1949～1987)》　本书编写组编。1989年6月印行。32开本,259页。

《江苏出版史志》(内部期刊)　江苏出版史志编辑部编印。16开本。1989年7月创刊,总第1期,106页;栏目有"出版印刷史料"、"江苏出版史话"、"书店志"、"太平天国出版史略"、"近代出版一瞥"、"回忆录"、"人物志"、"大事记"等。总第2期1989年12月刊行,122页。总第3期1990年7月刊行,130页。总第4期1990年11月刊行,134页。到1996年6月陆续推出了近二十期。2000年以后,还陆续有刊物推出。具体情况待查。

《湘潭彩色印刷厂厂志(1949～1988)》　1989年7月湘潭彩色印刷厂编印。16开本。

《湖北日报创刊四十周年纪念文集》　1989年7月湖北日报社编印。32开本,365页。

《广东出版四十年(1949～1989)》　1989年8月广东省新闻出版局编印。大16开本,127页,精装本。

《达县地区书店志(1915～1985)》　四川省达县地区新华书店1989年8月编印。32开本,223页。

《平武县书店志(1925～1985)》　四川省平武县新华书店1989年8月编印。32开本,81页,印数500册。

《中国国际图书贸易总公司四十周年纪念集——大事记(1949～1987)》　史料编写组编。1989年8月中国国际图书贸易公司刊行。32开本,275页。

《抗战时期的浙西导报》　1989年8月中共桐乡县委组织部编印。32开本,56页。

《冀中报四十年》　1989年9月冀中报社编委会编印。本书内容包括领导题词、书画家的祝贺、本报老同志的回忆文章、附表等等。32开本,149页,10万字。

《报苑春秋——纪念襄樊日报创刊40周年》　杨胜云主编。1989年9月襄樊日报社编印。32开本,410页,印数3000册。

《〈民主与法制〉创刊十周年纪念册(1979～1989)》　1989年9月民主与法制杂志社编印。16开本,126页。

《大连报史资料》　1989年9月大连日报社编印。大32开本,376页,印数2000册。

《鸡西文史资料》(第5辑)　1989年10月陕西省鸡西文史资料研究委员会编印。此辑为"新闻史料专辑"。大32开本。

《南方日报四十年——南方日报创刊四十周年纪念文集(1949～1989)》　1989年10

月南方日报社编印。32开本，112页。

《解放区根据地图书目录》　1989年11月中国人民大学图书馆编印。16开本，122页，印数2500册。

《明令查禁的书刊目录》　1989年11月武汉市新闻局编印。32开本，16页。本书的“续二”1990年10月刊行，32开本，14页。

《丹东日报史(1954～1989)》　戚魁栋主编。1989年11月丹东日报社编印。

《庆祝右江日报创刊六十周年史料专辑》　1989年11月右江日报编辑部编印。32开本，278页。

《大众日报五十年(1939～1989)》(上、下)　朱民编著。1989年12山东大众日报社刊行。16开本，202页。另，本书1993年10月由山东人民出版社正式出版。32开本，714页。

《甘肃日报史略(1949～1989)》　蓝萍等编著。1989年12月甘肃日报新闻研究所刊行。大32开本，424页。

《丽水印刷厂厂史(庆祝建厂四十周年)》　1989年12月刊行。16开本，82页。

《枣庄市志·广播报刊志》　枣庄市地方志编纂委员会编。1989年印行。16开本，22页。

《长春报业史资料》　洪丽华、吴丛龙编。1989年长春史志编辑部刊行。分清朝、民国时期、沦陷时期和国民党统治时期对相关史料进行编排。32开本，132页。

《足迹——柳州日报创刊四十周年》　1989年柳州日报社印行。16开本，80页。

《春风文艺出版社三十年(1959～1989)》　1989年春风文艺出版社编印。16开本，74页。

《湖南科技出版社十年书目(1979～1989)》　1989年湖南科技出版社编印。16开本，305页。

《人民音乐出版社(1954～1989)》　1989年人民音乐出版社编印。16开本，76页。

《四川省书刊发行协会成立大会纪念刊》　1989年四川省书刊发行协会编印。32开本，66页。

《金城造纸总厂纪念册(1939～1989)》　1989年金城造纸总厂编印。16开本，146页，精装本。

《人民铁道报创刊40周年》　1989年人民铁道报社编印。包括《人民铁道》报简介；《人民铁道》报大事记；题词，贺信贺电；纪念合影等。32开本，115页。

《纪念文集：荆门报创刊五周年(1984.10～1989.10)》　1989年湖北省荆门报社编印。32开本，151页。

《长江日报纪念创刊四十周年专辑(1949～1989)》　1989年长江日报社编印。

《光明日报创刊四十周年纪念特刊(1949～1989)》　1989年光明日报出版社出版。16开本，436页。另，光明日报创刊35周年纪念画册1984年刊行；光明日报创刊45周年的纪念画册1994年刊行。光明日报50周年纪念画册则于1999年刊行。

《工人日报大事记》　1989年工人日报社新闻研究所编印。636页。

1990年

《广东出版史料》(全3辑) 王晓吟、金炳亮编辑。广东出版史志编辑部编印。其中第1辑1990年1月刊出,大32开本,192页。第2辑,1990年11月刊行,289页。第3辑1992年6月刊行,182页。

《甘肃人民出版社获奖书目(1979～1989)》 1990年1月甘肃人民出版社编印。16开本,64页,精装本。

《青川县图书发行志(1950～1985)》 本书编写组编。1990年1月四川省青川县新华书店印行。32开本,201页。

《自贡市图书发行志(1880～1985)》 1990年1月自贡市新华书店编印。32开本,201页。

《晋察冀边区党的新闻出版事业》(征求意见稿) 李远杰主编。1990年1月河北省出版史志编辑部编印。大32开本,299页。

《辽宁新闻志资料选编》(第一册) 辽宁新闻志(报纸部分)编写组编写。1990年1月编印,收入"辽宁省地方志资料丛刊"。大32开本,233页,印数500册。

《安徽图书(1949～1989)》 安徽省新闻出版局1990年1月编印,收录自新中国成立来40年间安徽重要图书的书影,16开本。

《江苏图书目录(1953～1983)》 江苏省新闻出版局1990年1月编印。20开本。

《张元济轶事专辑》(一、二) 分别于1990年1月、1992年3月江苏省海盐市政协编印。第一辑32开本,316页。

《宇航出版社十周年》 1990年1月宇航出版社编印。32开本,印数1500册。

《巴中县书店志(1885～1985)》 四川省巴中县新华书店1990年3月编印。32开本,178页。

《五十年华(〈陕西日报〉五十周年纪念)》 1990年3月陕西日报社编印。

《遂宁图书发行志》 四川省遂宁县新华书店1990年4月编印。32开本,261页。

《延安报大事记(1950～1990)》 苏若望主编。1990年4月延安报社编印。32开本,369页。

《醴陵市新闻志》 醴陵市广播电视局1990年4月编印,内部资料。16开本。

《1979～1989中国图书目录》 1990年4月中国出版工作者协会编印。16开本,411页。

《奋进——人民邮电报创刊40周年纪念文集(1950～1990)》 1990年5月人民邮电报编印。收录相关的回忆文章、40年大事记等。32开本,252页。

《汉中地区报刊史料》 1990年5月陕西省汉中地区报刊史料编纂领导小组编印。

《山东省志·出版志(编辑出版部分)》(讨论稿) 1990年6月山东省新华书店史志办公室编印。16开本。

《淄博日报史料(1952～1988)》 1990年6月淄博日报编辑部印行。32开本,238页。

《华北敌后战旗——记新华日报(华北版)四年九个月的光辉历程》 陈浚编著。1990年8月太行新闻史学会刊行。32开本,369页。

《浙江新华书店四十春秋》 1990年8月浙江省新华书店编印。32开本。

《衡水地区报业新闻志(1928～1990)》 孙炳叩主编。1990年10月衡水日报社编印。32开本,60页。

《汽车杂志社十年出版物目录索引》 高东升编。1990年10月汽车杂志社编印。32开本,231页。

《中国人民解放军南京军区印刷厂厂史(1940.10～1990.10)》 1990年10月南京军区印刷厂厂史编写组编印。32开本,194页,精装本。

《建国以来河北省出版工作大事记》(征求意见稿) 1990年10月河北省出版史志编辑部编印。大32开本,240页。

《人民出版社四十年(1950～1990)》 方地主编。1990年10月人民出版社编印。画册。16开本。

《山东省志·出版志(图书发行部分)》(讨论稿) 1990年11月山东省新华书店史志办公室编印。16开本,334页。

《中国邮电新闻史料》(辑刊) 中国邮电工作者协会编印,不定期。其中,第一辑1990年11月刊出,32开本,128页。第二、三、四、五、六、七辑的刊出时间分别为1991年7月、1991年11月、1992年、1993年11月、1995年7月、1996年10月。第七辑92页。

《本溪图书发行志(1915～1988)》 刘仁阁主编。1990年12月本溪市新华书店编印。大32开本,447页,印数500册,精装本。

《烟台日报创刊四十五周年纪念图册(1945～1990)》 1990年烟台日报社编印。16开本,100页。

《新华日报在南京出版40周年纪念画册》 1990年新华日报社编印。大16开本,150页。

《成都报刊史料专辑》 成都报业志编纂委员会编。1990年前后编印,推出了20多辑。其中第1辑1985年4月刊行,第22辑1994年印行,第23辑1995年印行,第24、25辑1996年印行。

《柳州日报报史资料》(第二辑) 柳州日报新闻研究室1990年编印。32开本,252页。

《中国共产党大革命时期在武汉地区的出版事业》 湖北省新闻出版局党史资料征集办公室编写,1990年编印,记述了第一次国内革命战争时期武汉地区的出版活动。

《中国机电报十年(1980～1990)——从机电周报到中国机电报》 1990年中国机电报社编印。32开本,324页。

《内蒙古教育出版社30年(1960～1990)》 1990年内蒙古教育出版社编印。16开本,110页。

《洛阳市报志(1919～1990)》 1990年洛阳市报志编辑委员会编印。32开本。

《安徽新闻史料》(全10期) 1990年前后内部编印。16开本。

《法制日报十周年(1980～1990)》 1990年法制日报社编印。16开本,71页。

1991年

《江苏报业史志》(内刊) 创刊号于1991年1月出刊,江苏报业史志编辑室编印,16开本。至1992年1月出刊共7期。1996年出至第16期。

《重庆出版史志》(内刊) 陈初蓉主编。创刊号 1991 年 1 月刊行。16 开本,34 页。1992 年刊行了两期。此后是否继续刊行,待查。

《四川新闻史料汇编》(辑刊) 四川省新闻志编辑部内部不定期编印。其中,第 1 辑刊出时间为 1991 年 1 月,16 开本,46 页。2～10 辑的刊行时间分别为 1991 年 7 月、1992 年 7 月、1993 年 1 月、1993 年 3 月、1993 年 7 月、1993 年 9 月、1993 年 12 月、1994 年 2 月、1994 年 4 月。另,《四川文史资料选辑》(第 8 辑)1963 年刊行,内含《19 年以前的成都报刊》、《清代成都木刻书业和外省书商的发展》等内容。

《山西省报业协会成立一周年》 1991 年 1 月山西省报业协会编印。16 开本,79 页。

《艰苦创业 奋勇前进(祝贵州人民出版社成立 40 周年)》 贵州人民出版社社庆筹备组编。1991 年 1 月贵州人民出版社刊行。32 开本,161 页。

《路——贵州人民出版社 40 年》 1991 年 1 月贵州人民出版社编印。画册。16 开本。

《福建出版四十年(1951～1991)》 福建省新闻出版局、福建出版总社 1991 年 1 月编印。16 开本,135 页。

《辽宁新闻志资料选编》(第 2 册) 辽宁省地方志办公室编。1991 年 1 月印行。大 32 开本,272 页,工本费 15.00 元。

《承德群众报史料编辑记者文集(1946～1949)》 1991 年 1 月承德群众报报史工作组编印。16 开本,232 页。

《中国财政经济出版社三十年(1961～1991)》 本社编。1991 年 3 月中国财政经济出版社出版。16 开本,120 页,精装本。

《浙江新华书店四十春秋》 1991 年 3 月浙江省新华书店、浙江省发行委员会编印。32 开本,812 页,成本价 7.50 元。

《新疆人民出版社 40 周年纪念画册(1951～1991)》 1991 年 3 月新疆人民出版社编印。16 开本,112 页。

《西南新华日报史料》 西南新华日报报史写作小组编印。第一辑 1991 年 3 月刊行,16 开本,76 页。第四辑 1991 年 12 月刊出,80 页。第六辑 1993 年 6 月刊出,116 页。

《江油图书发行志(1723～1990)》 屈用柔主编。1991 年 3 月四川省江油县新华书店编印。32 开本,272 页,精装印制。

《纸史研究论文选编(纪念蔡伦发明造纸术 1885 周年)》 黄河、刘文桂主编。1991 年 4 月中国造纸学会纸史委员会、吉林造纸厂科学技术协会刊行。16 开本,200 页。

《浙江教育报社四十年》 1991 年 5 月浙江教育报社编印。12 开本,70 页。

《山西新华印刷厂建厂 30 周年史料文集(1961～1991)》 刘世华主编。1991 年 5 月山西新华印刷厂厂史编委会印行。32 开本,205 页。

《连云港市图书发行史志(1948～1989)》 1991 年 6 月江苏省连云港市新华书店编辑、刊行。32 开本,130 页。

《当代沧州新闻界名影录 千人百影(1949.10～1991.3)》 1991 年 6 月河北省新闻工作者协会、沧州新闻志编纂委员会编印。大 32 开本,148 页。

《天津市书刊发行协会成立大会专辑》 1991 年 7 月天津市书刊发行协会编印。大

32开本,43页。

《人民出版社图书目录(1951～1991)》 1991年8月人民出版社编印。32开本,354页。

《北京出版社社史资料》 不定期内部期刊。北京出版社研究室编。试刊号1991年9月刊出,16开本,88页。第3期1992年9月刊行,108页。第4期,1993年3月刊行,90页。1995年5月还刊出过一期。详情待查。

《叙永县图书发行志(1850～1990)》 1991年10月四川省叙永县新华书店编印。

《阜阳印刷总厂志》 本书编委会编。1991年10月黄山书社刊行。16开本,238页。

《戈公振纪念文集》(江苏文史资料第44辑) 1991年10月江苏文史资料编辑部编印。32开本,203页,印数2000册。

《南阳地区志》卷四十"新闻出版" (河南省)南阳地区史志编纂委员会1991年11月编辑刊行。

《临沂地区报业志(1916～1990)》 (山东)临沂地区报业志编纂办公室1991年11月编印。大32开本,255页。

《古蔺县图书发行志(1919～1989)》 1991年11月四川省古蔺县新华书店编印。32开本,148页。

《新华书店川南分店简史(1950～1952)》 1991年11月泸州、宜宾、乐山、内江、自贡新华书店联合编印。32开本,120页。

《解放日报新闻日报报史资料》(辑刊) 第1辑1991年12月解放日报报史办公室内部编印,32开本,252页。第2辑1993年12月编印。本辑主要是收集的一些老报人、老同志的回忆文章。32开本,359页。第4辑1997年6月刊行,32开本,675页。另,《解放日报报史资料》1996年7月解放日报报史办公室编印,32开本,404页。

《抗战时期上海新闻史论集》 1991年12月上海市社会科学院新闻所编印。本书反映了抗战时期上海新闻事业的发展概况。32开本,169页,12万字,工本费3.00元。

《商务印书馆图书目录(1976～1991)》 1991年商务印书馆编辑刊行。32开本,110页。

《郑州文史资料》(第9辑) 1991年6月郑州市政协文史资料委员会编印。此辑为解放前郑州市报业史料专辑。32开本,153页。

《日照市志·杂志》(征求意见稿) 1991年山东省日照市史志办公室编印。16开本,32页。

《玉溪地区图书发行志》 云南省玉溪地区新华书店编辑。1991年印行。本志下限止于1989年。小32开本,222页,工本价29.00元。

《衡阳市报业志》 衡阳日报社1991年编印。16开本,118页。

《江西出版史志》 本史志编辑部编。内部发行。1992年1月推出第1期(创刊号),32开本,232页。1993年4月刊行第3期,172页。

《上海人民出版社四十周年》 1991年上海人民出版社编印。12开本,118页。

《上海新华书店大事记(1949～1989)》 1991年上海新华书店编印。印数1000册。

《峥嵘岁月——辽宁人民出版社建社40周年纪念(1951～1991)》 1991年辽宁人民

出版社编印。16开本,精装印制,112页。

《峥嵘岁月忆风华——纪念中国金融出版社成立35周年暨〈中国金融〉创刊40周年》 1991年中国金融出版社内部编印。32开本,精装印制。

1992年

《为明天耕耘:湖北少年儿童出版社10周年纪念文集》 1992年1月湖北少年儿童出版社编印。

《劲翠浓芳映书林——云南人民出版社四十周年(1951～1991)》 1992年1月云南人民出版社编印。12开本,70页,精装本。

《骆驼的足迹——少年儿童出版社四十周年纪念文集(1952～1992)》 1992年1月少年儿童出版社编印。16开本,精装本。

《四川日报四十年(1952～1992)·报史》 四川日报报史编写组编。1992年1月四川日报社编印。大32开本,308页。另,与"报史"同时刊行的还有"文集",大32开本,278页。

《南方日报社史(1949～1989)》 南方日报社史编辑小组编。1992年1月南方日报社印行。内含众多历史图片、年表等等。32开本,248页。

《辽宁青年杂志社纪念册(1949～1992)》 李英敏主编。1992年1月辽宁青年杂志社编印。12开本,107页,精装本。

《攀枝花市图书发行志》 肖国柱主编。1992年1月四川省攀枝花市新华书店印行。

《长庆石油报二十年(1971～1991)》 1992年2月本书编委会编印。16开本,88页。

《安徽省志·出版志》(第一篇 古代安徽出版业)评议稿 1992年3月安徽省地方志编纂委员会编印。16开本。

《纪念〈邯郸日报〉创刊四十周年专辑(1952～1992)》 1992年3月邯郸日报社编印。32开本,44页。

《青海人民出版社、青海民族出版社简史》 青海省新闻出版局修志办公室、青海新华印刷厂编写组1992年3月编印。收入"青海出版史料丛书"。32开本,182页,印数1500册。

《湖南教育出版社十周年书评集锦》 1992年3月湖南教育出版社编印。32开本,470页。

《春华秋实——〈山东邮电报〉创刊五十周年纪念文集(1942～1952)》 1992年3月山东邮电报社编印。32开本,390页,印数2000册。

《新闻史料》 1992年4月黑龙江日报社新闻志编辑室编印。内容为《黑龙江省志·报业志》初稿选登续集。16开本,144页,印数800册。

《建国前上海地区文化报刊提要摘编》 上海市文化局党史资料征集领导小组、上海市文化局系统地方志编辑委员会主编,祝君宇编。1992年4月刊行。32开本,232页。

《广西民族出版社图书目录(1981～1991)》 广西民族出版社总编室编。1992年4月广西民族出版社印行。32开本,132页。

《天津印刷工业史志》 1992年5月本书编委会编印。16开本,520页。

《青海省新华书店简史》 青海省新华书店1992年5月编印,收入"青海出版史料丛书”。32开本,151页,印数1000册。

《四川日报四十年(1952～1992)文集》 1992年5月由本书编写组编印。

《北京日报四十年(1952～1992)》 1992年6月北京日报社编印。本书为纪念性画册。16开本,212页,精装本。

《四川日报史》(征求意见稿) 四川日报史编写组编。1992年7月四川日报社印行。16开本,165页。

《四川科技出版社十年书目(1982～1992)》 四川科技出版社总编室编。1992年10月四川科技出版社刊行。大32开本,426页。

《峥嵘岁月——西南服务团新闻出版队简史》 1992年8月西南服务团新闻出版队队史研究会编印。大32开本,210页,印数2000册。

《重庆日报四十年纪念文集(1952～1992)》 1992年8月重庆日报社编印。大32开本,184页。

《中国新闻社四十年(1952～1992)》 诸有钧主编。1992年9月中国新闻社刊行。本书为纪念特刊,具有史料价值。赵朴初题写书名。16开本,152页,精装印制。

《上海文艺出版社、上海文化出版社、上海音乐出版社图书目录(1983～1992)》 上海文艺出版社编辑部编。1992年9月上海文艺出版社刊行。

《蓬溪县书店志(1919～1985)》 四川省蓬溪县新华书店1992年9月编印。32开本,144页。

《中国书店》 沈望舒等编著。1992年9月中国书店印行。本书介绍中国书店的历史,收购、出版、发行、集配、古籍装订修补等方面的情况。图文并茂。16开本,72页。

《宜春地区报刊志》 1992年9月宜春日报社编印。16开本,92页。

《抗日战争时期大后方出版大事记(1937.7～1945.8)》(征求意见第二稿) 本书编写组编。1992年9月印行。

《全国第九届革命印刷印钞史料征集研讨会会刊》 1992年10月河南省中共党史学会印刷史学术委员会编印。32开本,69页。

《抚顺报纸史志资料》 1992年10月抚顺日报社编印。本书介绍抚顺民国时期、伪满时期以及新中国成立以后的报纸概况。32开本,331页。

《经济日报社报史资料汇编(1983～1990)》 经济日报社办公室编。1992年11月编印。大32开本,754页,印数1000册。

《鞍山日报40年(1949～1989)》 1992年12月鞍山日报社史编写组编印。16开本,195页,精装本。

《南通报业史资料集》(第2集) 1992年12月南通市新闻学会编印。第一辑刊行情况待查。

《报刊史料》(第1期) 陕西省报刊志编委会编。1992年刊行。16开本,40页。以后是否刊行待查。

《广西出版四十年(1952～1992)》 1992年广西壮族自治区新闻出版局图书处编印。16开本,精装,120页。

《岳麓书社成立十周年纪念》 1992年岳麓书社编印。内附十年出版的图书目录。

16 开本。

《湖南教育出版社十年图书要目(1982～1992)》　1992 年湖南教育出版社编印。

《上海译文出版社建社十五周年纪念(1978～1992)》　1992 年上海译文出版社编辑刊行。16 开本,79 页,精装本。

《内蒙古人民出版社汉文图书目录(1951～1991)》　秦茂编。1992 年由内蒙古人民出版社刊行。

《胡文虎评传》　李逢蕊著。1992 年闽西客家研究会、永定县客家学研究会内部编印。32 开本,206 页。

《建国前上海地区文化报刊提要摘编》　祝宇宙编著。1992 年上海市文化局党史资料征集小组、上海市文化系统地方志编辑委员会内部印行。

《温江地区图书发行志(1912～1985)》　1992 年成都市新华书店温江分店编印。大 32 开本,285 页,工本费 28.00 元。

《包头日报社史(1952～1992)》　1992 年包头日报社编印。32 开本,92 页。

《平顶山日报十周年(1982～1992)》　1992 年平顶山日报社编印。纪念性画册。16 开本。

《新记〈大公报〉史事编年》　吴廷俊编著。1992 年华中理工大学新闻系编印。

1993 年

《吉林省文化艺术出版志》　1993 年 1 月刊行。16 开本,印数 1000 册。

《安徽省志·出版志》(第二篇 当代安徽出版业)评议稿　1993 年 2 月安徽省地方志编纂委员会编印。16 开本。

《风雨征程——盐阜大众日报五十年》　1993 年 3 月盐阜大众日报报史编辑委员会编印。

《民族出版社图书目录(1953.1～1993.1)》　1993 年 3 月民族出版社图书目录编写组编印。16 开本,450 页,印数 3500 册。

《原子能出版社 20 周年纪念册》　原子能出版社社长办公室编。1993 年 3 月原子能出版社刊行。32 开本,54 页,精装本,印数 2000 册。

《株洲市印刷厂厂志(1959～1990)》　1993 年 4 月株洲印刷厂编印。印数 300 册。

《右江日报史料汇集》(集刊)　第一集右江日报编辑部 1993 年 5 月编印。32 开本,202 页。第三集印行时间待核实,32 开本,278 页。

《安庆地区新闻志》　1993 年 5 月(安徽省)安庆日报社编印。16 开本,167 页。

《宁波新闻出版谈往事》　1993 年 5 月宁波市政协文史资料委员会编印。本书是《宁波文史资料》第 14 辑。32 开本,244 页,印数 2000 册,工本费 3.50 元。

《无锡文史资料》(第 27 辑)　1993 年 5 月江苏省无锡市政协文史资料委员会编印。本辑特设"纪念丁福保逝世四十周年"专栏。刊行相关纪念文章、资料 12 篇。丁福保为近代名人,有多方面的建树,在编辑出版领域成就卓著,堪称有特色的编辑出版家。大 32 开本,176 页,工本费 2.50 元。

《辽西日报简史》　1993 年 6 月辽西日报社刊行。

《新四军五师暨鄂豫边区印刷事业史》　1993 年 6 月湖北新四军历史研究会印刷印

钞委员会编印。大 32 开本,212 页。

《中国铁道出版社印刷厂简史(1913～1993)》 姚志明主编。1993 年 8 月刊行。16 开本,155 页,精装印刷。

《中国老年创刊十周年纪念(1983～1993)》 1993 年 10 月中国老年杂志社编辑、刊行。16 开本,104 页。

《浙江少年儿童出版社建社十周年(1983～1993)》 1993 年 10 月浙江少年儿童出版社编印。16 开本,45 页,精装本。

《宁夏新华印刷厂厂史》 蒋良德主编。1993 年 10 月宁夏新华印刷厂印刷。32 开本,260 页。

《锦州新闻志(报纸部分)(1903～1993)》 宋继业主编。锦州市志编纂委员会、锦州日报社 1993 年 10 月编印。涉及的内容上起 1909 年,下至 1993 年。16 开本,224 页,精装本。

《10 年图书目录(1983～1993)》 1993 年 10 月浙江文艺出版社编印。32 开本,288 页。

《青春史诗——纪念〈中国青年〉创刊 70 周年(1923～1993)》 1993 年 10 月中国青年杂志社编印。本书为历史资料图片集。16 开本,81 页,精装本。

《建国前山东旧期刊目录(1903～1949)》 1993 年 11 月山东地方志委员会编印。16 开本,95 页。

《重庆市志. 报业志》(征求意见稿) 1993 年 12 月重庆市新闻志编辑部编印。16 开本,249 页。

《辽宁日报四十年(1954～1994)》 高鸿烈主编。1993 年 12 月辽宁日报社编印。16 开本,180 页。

《湖南新闻出版界》 1993 年 12 月中共湖南省委宣传部新闻出版处编印。24 开本,223 页。

《温州革命印刷纪事》 新四军历史研究会印刷印钞分会温州联络组等 1993 年 12 月编印。

《富顺县图书发行志》 富顺县新华书店 1993 年编印,收入"县志丛书"。本志上限起于 1823 年,下限止于 1990 年 。32 开本,180 页,工本费 23.00 元。

《社会科学战线十五周年纪念(1978～1993)》 佟冬编。1993 年《社会科学战线》杂志社印行。16 开本。

《〈济南日报〉创刊四十五周年纪念(1948～1993)》 1993 年济南日报社编印。本书为纪念性画册。16 开本,97 页。

《浙江文艺出版社十年(1983～1993)》 1993 年浙江文艺出版社编印。16 开本。

《浙江文艺出版社 10 年图书总目(1983～1993)》 1993 年浙江文艺出版社编印。大 32 开本,288 页。

1994 年

《安阳日报复刊十周年活动资料专集》 1994 年 2 月安阳日报社编印。16 开本,48 页。

《云南日报史志专辑——云南日报社史资料选编》 1994年3月云南日报社社史编写组编印。16开本,123页。

《新四军印刷印钞第十届史料征集研讨会会刊》 周岩主编。1994年3月刊行。32开本,173页。

《太行新闻史料汇编》 刘江、鲁兮主编。1994年4月太行新闻史学会编印。大32开本,570页,精装本。

《中国建筑工业出版社图书总目录(1984～1993)》 1994年5月中国建筑工业出版社编印。32开本,499页,印数2000册。

《山东大学出版社十周年(1984～1994)》 1994年5月山东大学出版社编印。16开本,97页,精装本。

《申报文艺副刊编稿丛录》 王进珊著。1994年6月徐州师范大学印行,苏徐出准(93)031号。作者系徐州师范大学中文系教授,他曾于20世纪后期先后主编过《申报》的两个文艺副刊,即《春秋》和《文学》周刊。本书就是作者撰写的有关申报文艺副刊编辑工作的回忆文章的结集,具有重要的出版史料价值。作者还另有《王进珊选集》于2000年由文化艺术出版社出版,其中也收录有相关的文章,可以参看。

《石泉县图书发行志》 屈自孝主编。1994年5月四川省石泉县新华书店编印。收入"安康地区图书发行志丛书"。32开本,152页。

《浙江日报创刊四十五周年纪念(1949～1994)》 1994年5月本书编委会编印。16开本,147页。1989年浙江日报社也刊行过40周年的纪念性画册。

《忻州报业史》 1994年6月刊行。

《黑龙江日报历史编年》(1945～1993) 张国昌编。1994年6月黑龙江日报社编印。大32开本,414页,印数1000册。

《我与〈芜湖日报〉》 丁红云主编。1994年7月芜湖日报社编印。本书为纪念《芜湖日报》创刊45周年编印。32开,317页。前有大量照片彩图。

《人民音乐出版社1984～1994图书目录》 人民音乐出版社总编室编。1994年8月人民音乐出版社刊行。32开本,250页。

《齐齐哈尔日报社志(1954～1994)》 1994年9月齐齐哈尔日报社内部编印。32开本,676页。

《辽宁造纸工业史略》 本书编委会编,执笔人王雁群。1994年9月辽宁省造纸研究所编印。大32开本,568页,印数2100册。

《同心册——南方日报创刊四十五周年纪念画册》 1994年10月南方日报社编印。16开本,214页,精装本。

《上海书业史料选辑》 中共上海市委党史资料征集委员会主编。1994年11月上海书业史料征集组内部编印。收入"中共上海党史资料选辑"。本书主要收集有关益友社的相关史料与回忆文章。益友社是20世纪40年代后期中国共产党领导下的书业职工进步群众组织。书前有历史图片、书影、题词手迹等多幅。大32开本,85页。

《中国古代小说戏曲版本图录》 吴希贤辑汇。1994年11月全国图书馆文献缩微复制中心刊行。

《柳州日报志》　1994年12月柳州日报社编印。16开本,198页,精装印制。

《上海印刷工人职工运动史》　1994年12月刊行。32开本,181页。

《重庆报史资料》　重庆新闻志编辑部编。90年代前后印行,先后刊出了二十多期。其中,第19辑1994年12月刊行。

《八桂书香》　广西新华书店1994年12月编印。本书是广西新华书店创建45周年的纪念性集子。大16开本,200页。

《纪念解放日报创刊四十五周年(1949.5～1994.5)》　1994年解放日报社编印。纪念画册。16开本,70页。另,《纪念解放日报创刊三十周年(1949～1979)》1979年内部刊行,32开本,46页。

《地质出版社四十年(1954～1994)》　1994年地质出版社编印。纪念性画册。16开本,93页。

《宁夏日报史料选编》(辑刊)　1994～1995年刊出6辑。宁夏日报报史办公室编印。16开本,总计420页。

《凉山彝族自治州图书发行志》　1994年四川省凉山彝族自治州新华书店编印。32开本,298页,印数300册。

《刘瞻纪念文集》　1994年四川《新华日报》史学会、本书征编组等编印。32开本,340页。

1995年

《交通银行发行纸币图册(1909～1942)》　1995年1月交通银行总行编印。16开本,精装印制。

《陕西日报创刊五十五周年纪念(1940～1995)》　尹维祖主编。1995年1月陕西日报社编印。16开本,128页。另,《陕西日报创刊四十五周年纪念(1940～1985)》(恒群、李根才主编),1985年陕西日报社刊行,16开本,126页。《陕西日报创刊五十周年(1940～1990)》1990年3月刊行,16开本。《陕西日报创刊六十周年(1940～2000)》由郑恩忠主编,2000年2月内部刊行,16开本,158页。

《〈传统文化与现代化〉创刊三周年纪念(1993～1995)》　1995年1月《传统文化与现代化》杂志社编印。16开本,66页。

《三秦出版社书目汇编(1985～1995)》　1995年1月三秦出版社编印。16开本,37页。

《新民主主义革命时期浙江出版大事记(1919年5月～1949年9月)》　金延锋、曾林平编。1995年3月浙江出版史编委会审定、编印。32开本,270页。

《浙江早期报业史访辑》　詹文元编著。浙江省老新闻工作者委员会1995年4月印行。32开本,262页,工本费13.50元。

《齐齐哈尔市志稿·新闻出版志》　齐齐哈尔市志总编辑室编。1995年5月齐齐哈尔市地方志办公室印行。论述的时间从1907年到1985年。16开本,137页,印数400册。

《云南省报业史料》　1995年5月《云南省志·报业志》编委会编印。16开本,135页。

《中国书刊发行协会第二届会员代表大会会刊》 1995年6月中国书刊发行协会编印。32开本,84页。

《桂林市志·出版志》 1995年6月编印。16开本,53页。

《中国河南现代报刊——中原新文学史料钩沉》 周启祥编。1995年6月印行,收入"民国河南文艺出版史料丛书"。16开本,289页,精装本,印数200册。

《陕西省印刷厂大事记(1940～1884)》 常德魁主编。1995年6月陕西省印刷厂编印,收入"陕西出版史志丛书"。16开本,143页。

《杭州日报四十年(1955～1995)》 1995年8月杭州日报社编印。16开本,83页。

《时代足音——纪念〈吉林日报〉创刊50周年纪念册》 1995年8月吉林日报社编印。16开本,印数8000册。

《衢阳日报复刊十周年》 1995年9月衢阳日报社编印。16开本,53页。

《哈尔滨日报50年(1945～1995)》 1995年9月哈尔滨日报社编印。16开本,105页,印数3000册,精装本。

《黑龙江日报史(1945～1995)》 1995年10月黑龙江日报社印行。大32开本,363页,35万字,印数2500册。

《我与哈尔滨日报(1945～1995)》 1995年11月哈尔滨日报社刊行。收入"哈尔滨日报创刊五十周年丛书"。大32开本,461页。

《太原市新华书店史略(1951～1995)》 梁进权主编。(山西)太原市新华书店1995年12月编印。16开本,221页,精装印制。

《中国印刷博物馆纪念册》 1995年中国印刷博物馆编印。16开本,397页,全彩印制。

《什邡图书发行志(1888～1990)》 1995年四川省什邡县新华书店编印。32开本,147页。

《十年书香动九州(1985～1995)》 本书编写组编。1995年江西教育出版社刊行。本书是该出版社纪念性集子。32开本,498页。

1996年

《车耀先与大声周刊——车耀先"一波四折"〈大声〉史料集》 任大、任远编纂。1996年1月中共四川省大邑县委党史研究室编印。收入"地方史资料丛书"。32开本,403页。

《纪念〈瞭望〉创刊十五周年》 1996年4月瞭望周刊社编印。16开本,173页。

《中国人民解放军第七二一二工厂(东北印刷厂)简史(1946～1996)》 1996年6月印行。大16开本,159页,精装印制。

《鄂尔多斯日报社志》 1996年6月鄂尔多斯日报社编印。32开本,422页,印数1000册,精装本。

《解放日报报史资料》 1996年7月解放日报报史办公室编印。32开本,404页。

《奋斗的十年 发展的十年——江门日报社创办十周年纪念(1986～1996)》 1996年8月江门日报社编印。16开本,79页。

《书店生涯六十年》 吕君朴著。济南市政协文史资料委员会1996年8月编印。大32开本,377页,印数1000册。

《宁波日报复刊16周年(1980～1996)纪念画册》 1996年9月宁波日报社编印。16开本,85页。

《重庆市志·报业志》(修订稿) 1996年9月重庆市地方志编纂委员会编辑印行。16开本,286页。

《山东教育出版社大事记(1982～1996)》 1996年11月山东教育出版社编印。大32开本,精装印制。

《梧州市志·报业志》 梧州市地方志编纂委员会编。1996年11月梧州日报社刊行,16开本,83页。另,《广西梧州市志》(全五卷)2001年广西人民出版社出版。16开本,精装本,工本价500.00元。

《北京体育大学出版社史与社志(1985～1996)》 1996年12月北京体育大学出版社编印。

《热爱儿童 办报育人——中国少年儿童报创刊五十周年纪念文集(1946～1996)》 1996年12月中国儿童报社编印。大32开本,377页。

《天津市新闻出版管理局建局以来统计历史资料汇编(1979～1995)》 1996年12月天津市新闻出版管理局编印。32开本,140页。

《语文出版社建社40周年纪念册(1956～1996)》 1996年语文出版社刊行。16开本,22页。

《石家庄新闻出版年鉴》 石家庄市新闻出版局编印。可查寻到的自1996年起刊印。

《鄂尔多斯日报社志》 本书编纂委员会编辑,1996年印行。本书下限止于1995年。大32开本,422页,工本费60.00元。

《怀化日报创刊十周年(1986～1996)》 1996年怀化日报社编印。32开本,78页。

1997年

《贵州出版史研究》 贵州省史学会近现代史研究会1997年1月编印。32开本,290页。

《南京市新华书店志(1949～1990)》 南京新华书店志编委会1997年1月编辑印刷。32开本,430页,定价32.00元。

《北京出版社40年(1956～1996)》 1997年1月北京出版社编印。16开本,63页。

《澄城县图书发行志》 刘永乾主编。1997年1月(陕西省渭南市)合阳县图书发行志编纂委员会编印。收入"渭南市图书发行志丛书"。32开本,133页。

《西安市第二印刷厂志(1896～1996)》 刘志道主编。1997年1月西安市第二印刷厂厂史编纂委员会编印。16开本,278页,精装本。

《金仲华纪念文集》 上海市政协文史资料委员会编。1997年1月上海市政协文史资料编辑部编印。本书为《上海文史资料选辑》第84辑。金仲华为我国现代著名国际问题专家、编辑家、出版家。32开本,400页,精装本。

《合阳县图书发行志》 何三民主编。1997年2月(陕西省渭南市)合阳县图书发行志编纂委员会编印。收入"渭南市图书发行志丛书"。32开本,133页。

《潼关县图书发行志》 姜生才主编。1997年2月(陕西省渭南市)潼关县图书发行志编纂委员会编印。收入“渭南市图书发行志丛书”。32 开本,179 页。

《华县图书发行志》 姜生才主编。1997 年 2 月(陕西省渭南市)华县图书发行志编纂委员会编印。收入“渭南市图书发行志丛书”。32 开本,196 页。

《富平县图书发行志》 王选林主编。1997 年 3 月(陕西省渭南市)富平县图书发行志编纂委员会编印。收入“渭南市图书发行志丛书”。32 开本,160 页。

《大荔县图书发行志》 马三多主编。1997 年 3 月(陕西省渭南市)大荔县图书发行志编纂委员会编印。收入“渭南市图书发行志丛书”。32 开本,155 页。

《蒲城县图书发行志》 马海民主编。1997 年 3 月(陕西省渭南市)蒲城县图书发行志编纂委员会编印。收入“渭南市图书发行志丛书”。32 开本,206 页。

《韩城市图书发行志》 杨笃学主编。1997 年 3 月(陕西省渭南市)韩城市图书发行志编纂委员会编印。收入“渭南市图书发行志丛书”。32 开本,140 页。

《华阴市图书发行志》 连金生主编。1997 年 3 月(陕西省渭南市)华阴市图书发行志编纂委员会编印。收入“渭南市图书发行志丛书”。32 开本,124 页。

《渭南市图书发行志》 高万银主编。1997 年 3 月(陕西省)渭南市图书发行志编纂委员会编印。收入“渭南市图书发行志丛书”。32 开本,289 页。

《白水县图书发行志》 马毅主编。1997 年 3 月(陕西省渭南市)白水县图书发行志编纂委员会编印。收入“渭南市图书发行志丛书”。32 开本,96 页。

《书苑一秀——五十年代的通俗读物出版社》 许邦编。1997 年 3 月印行。32 开本,258 页。

《营口日报四十年(1957～1997)》 1997 年 4 月营口日报社编印。16 开本。

《内蒙古自治区新华书店志·大事记(1947～1997)》 要力行主编。1997 年 7 月店志编委会印行。大 32 开本,220 页,印数 2000 册,工本费 10.00 元。

《十五年回顾——纪念〈机关建设〉报创刊十五周年》 1997 年 7 月广州《机关建设》报社编印。16 开本。

《学报史料集(1977～1996)》 石家庄经济学院学报编辑部 1997 年 7 月编印。

《黄洛峰诗词存稿》 黄洛峰著。1997 年 7 月范用先生集印。

《闪光的足迹——汕头日报社庆 50 周年(1947～1997)》 1997 年 9 月汕头日报社编印。16 开本,139 页。

《河北省图书馆馆藏古籍目录》 刘飞主编。1997 年 9 月河北省图书馆古籍地方文献部编印。16 开本,116 页,印数 1000 册。

《哈密报业志》 本书编委会编。1997 年 10 月印行。32 开本,284 页,印数 800 册,工本费 30.00 元。

《五秩华章(1947～1997)——纪念石家庄日报创刊五十周年》 1997 年 11 石家庄日报社编印。大 32 开本,551 页,印数 3000 册。

《桂系报业史》 1997 年 12 月广西政协文史资料委员会、广西日报新闻史志编辑室编印。32 开本,362 页。

《高级编辑宋家修:从商务印书馆到人民出版社》 1997 年 12 月株州市政协文史资料研究委员会编印。32 开本,332 页,印数 2000 册。

《商务印书馆上海印刷厂建厂100周年(1897～1997)》 陈国旗主编。1997年12月商务印书馆刊行。16开本,98页。

《辽宁省新闻出版志(1986～1997)》(上、中、下) 1997年辽宁省新闻出版局出版志办公室编印。16开本,595页。

《牡丹江日报社志(1986～1997)》 李景山主编。1997年牡丹江日报社编印。大32开本,416页。

《羊城晚报社史(1957·10～1995·9)》 本书编写组编。1997年羊城晚报社刊行。大32开本,412页。

《塞上沃土育书苑——宁夏新华书店简史》 1997年宁夏新华书店印行。32开本,646页,印数1000册。

《内蒙古自治区新华书店志·哲里木盟分店卷》 秦海歧主编。1997年印行。本书上限起于1947年,下限止于1997年。16开本,468页,精装本,定价128.00元。

《中国印刷术起源问题研讨文集》 中国印刷博物馆1997年编印。

《温州日报创刊五十年(1947～1997)》 金辉等编辑。1997年温州日报社编印。16开本,125页。

《湖南科技报创刊四十周年纪念(1957～1997)》 1997年湖南科技报社编印。16开本,64页。

《汕尾工商时报创刊二周年专辑》 1997年汕尾日报社编印。16开本,79页。

1998年

《辉煌的历程——中国报业协会成立十周年纪念(1988～1998)》 1998年1月中国报业协会办公室编印。16开本。

《济南日报五十年(1948～1998)》 1998年1月济南儿报社刊行。16开本,120页。

《半个世纪的回顾——中共辽宁省委共产党员杂志社建社五十周年》 本书编委会编。1998年3月印行。纪念性画册。大16开本,313页。

《东北解放区印钞简史(1945.9～1951.4)》 1998年4月东北解放区印钞简史编委会编印。16开本,167页,印数1500册,精装本。

《中国农业出版社图书总目录(1958～1997)》 1998年5月中国农业出版社编印。大32开本,1106页,精装本,印数1000册。中国农业出版社1987年出版有《农业出版社图书目录(1958～1985)》,大32开本,408页,工本价4.55元。

《宁夏日报大事记(1988～1997)》 1998年6月宁夏日报报史编辑室编印。32开本,186页。另,《宁夏日报大事记(1949～1987)》1988年3月宁夏日报报史编辑室内部编印,32开本,195页。

《宁夏日报简史》 1998年7月宁夏日报社编印。大32开本,409页,印数1500册。

《女友十年(1988～1998)》 达也、白琳主编。1998年9月女友杂志社刊行。大32开本,印数1000册。

《本溪日报回眸——纪念本溪日报创刊50周年社史》 1998年10月本溪日报丛书编委会编印。大32开本,258页。

《十年风雨路——〈湛江日报〉自办发行十周年材料汇编》 1998年10月湛江日报社

编印。大32开本,240页。

《南方日报与我》 1998年11月南方日报报业集团编印。本书是为南方日报创办50周年(1949～1999)而编写的带有新闻史料性质的集子。大32开本,631页,精装本。

《书店生涯六十年》 丁之翔著。1998年11月印行,收入"三联贵阳联谊丛书"。32开本,276页,印数1000册。

《辉煌五十年——纪念沈阳日报创刊50周年画册》 沈阳日报社1998年12月编印。16开本,100页,精装印制。

《中国共产党北京印钞厂史料汇编(1949～1997)》 本书编委会编。1998年12月印行。大32开本,402页,印数2000册。

《广陵图书目录(一九七八至一九九八年)》 1998年12月江苏广陵古籍刊印社编印。16开本,41页,线装本。

《解放日报老同志回忆录》 中共解放日报离休干部支部委员会编。1998年12月解放日报社刊印。32开本,579页。

《纪念出版家张元济先生诞辰130周年纪念文集》 1998年江苏省海盐政协文史资料委员会内部编印。收录有关张元济的研究文章和资料等25篇,包括《先父张元济的最后十年》、《张元济的演说艺术》、《张元济与他的书法》、《张元济旅欧见闻》、《垂暮怀旧雨——王云五谈张元济》、《张元济传记与研究专著介绍》、《叶宋曼瑛与张元济研究》等等。大32开本。

《新华书店重庆发行所(1954～1998)历史资料简编》 1998年重庆市新华书店编印。16开本,185页,精装本。

《雅安地区图书发行志(1880～1990)》 1998年四川省雅安地区新华书店编印。大32开本,458页,工本费37.50元。

《辉煌五十年——沈阳日报创刊五十周年纪念画册(1948～1998)》 傅贵余主编。1998年沈阳日报社编印。16开本,114页,精装本。

《十年一挥间——齐鲁晚报十周年回顾(1988～1998)》 1998年本书编辑委员会编印。纪念性画册。16开本,精装印制。

1999年

《中国青年出版社50年》 1999年1月中国青年出版社编印。内容包括大事记、获奖书目、名录等。大32开本,108页。另,《中国青年出版社50年图书总目录(1949～1999)》也同时刊行,32开本,340页。

《前进发展的五十年——纪念中原铁道报创刊五十周年(1949.228～1999.2.28)》 1999年2月中原铁道报社编印。16开本,38页。

《武汉市新华书店五十年(1949～1999)》 1999年3月武汉市新华书店编印。32开本,334页。

《解放日报五十年大事记(1949～1999)》(征求意见稿) 1999年4月解放日报社编印。32开本,810页。

《北京新华印刷厂(1949～1999)》 1999年4月北京新华印刷厂编印。16开本,127页,精装本。

《粤彩腾飞——广东省印刷技术协会成立20周年》 广东省印刷技术协会1999年5月编印。16开本,195页,精装本画册,印数3000册。

《长江日报创刊50年特刊》 1999年5月长江日报社编印。4开本,50页。

《新华出版社20年(1975.5～1999.4)》 1999年5月新华出版社编印。32开本。

《阳城新华书店志》 刘伯伦主编。1999年6月四川省阳城新华书店印行。32开本,399页,印数1200册,精装印制。

《冀南日报史(1939～1949)》 河北日报社《冀南日报史》编辑室编。1999年6月河北日报社编印。大32开本,279页,印数1000册,工本价18.00元。

《河南日报五十年(1949～1999)》 杨永德、郭正凌主编。1999年6月河南日报社编印。16开本,210页。

《景德镇市报业志》 景德镇日报社编。1999年6月景德镇市市志办公室刊行。16开本,267页,印数500册,精装本。

《河北日报五十年(1949～1999)》 河北日报社报史编撰委员会编。1999年7月河北日报社印行。大32开本,343页,工本价30.00元。

《内蒙古自治区新华书店店志·赤峰市分店卷》 秦海歧主编。1999年7月印行。本书上限起于1947年7月,下限止于1995年。16开本,454页,印数1000册,精装本,工本价120.00元。

《绍兴县新华书店大事记(1949.7～1999.6)》 1999年7月浙江省绍兴县新华书店编印。16开本,75页。

《创业五丨载创新迎未来——天津市新华书店建店五十周年(1949～1999)》 天津市新华书店1999年8月刊行。16开本,272页,精装本。

《我们共同走过/新华社湖南分社五十年(1949～1999)》 1999年8月新华社湖南分社印刷。16开本,105页,精装本。

《陕西省印刷物质供销志(1949～1998)》 吴效祖主编。1999年8月陕西印刷物质总公司编印。收入"陕西省出版史志丛书"。16开本,318页,精装印制。

《江苏精品图书书标集》 1999年9月江苏省新闻出版局、江苏省出版总社编印。收精品图书书标53枚。16开本,53页,精装本。

《南粤书香五十春(1949～1999)》 童自烈主编。1999年9月广东省新华书店编印。本书是为纪念广东省新华书店建店50周年所编的纪念画册。16开本,300页,精装本。

《山东印刷五十年》 李绪厚主编。1999年9月山东省新闻出版局、山东省出版总社、山东省印刷技术协会编印。大32开本,706页,印数2000册。

《南方日报创刊五十周年纪念(1949～1989)》 李孟昱主编。1999年10月南方日报报业集团编印。16开本,288页。

《青印五十年 中国青年出版社印刷厂建厂五十周年(1949～1999)》 1999年11月中国青年出版社编印。16开本,117页,精装本。

《足迹——河北广播电视报创办20周年纪念文集》 赵秋平主编。1999年11月河北广播电视报社刊行。32开本,426页。

《50回眸——川西日报创刊五十周年纪念集》 本书编辑组编。川西日报社1999年

12月印行。大32开本,159页。

《云南日报五十年(1950～1999)》 1999年12月云南日报社史编委会编印。32开本,366页,精装本。

《右江日报社志(1929～1999)》 1999年12月右江日报社编印。16开本,281页。

《天津日报五十年(1949～1999)》 邱云盛主编。纪念画册。1999年天津日报社刊行。8开本,131页,精装印刷。

《河南新闻出版50年(1949.10～1999.10)》 1999年本书编委会编印。16开本,214页,精装本。

《中州古籍出版社20年书目(1979～1999)》 1999年中州古籍出版社编印。大32开本,154页。

《中共阳泉市委机关报报史资料(1947.12～1997.12)讨论稿》 1999年阳泉日报社新闻研究室编印。32开本,120页。

《阿鲁科尔沁旗新华书店志》 尹翔著。1999年印行。32开本,163页,精装本,工本费68.00元。

《第五届中国印刷史学术讨论会文集》 魏志刚、尹铁虎编。1999年由北京印刷学院印行。16开本,309页。

《广西地方志》(1999年第6期) 1999年广西壮族自治区地方志编纂委员会编印。此期为《广西通志.出版志》评论专辑。16开本。

《光明日报创刊五十周年纪念》 1999年光明日报编辑部编印。16开本。

2000年

《中国期刊五十年》 本书编委会编。2000年1月中国出版杂志社刊行。16开本,267页。

《新疆政报创刊五十周年纪念册》 2000年4月新疆政报编辑室编印。32开本,157页,精装本。

《山西教育出版社十年书评集(1990～2000)》 2000年5月山西教育出版社编印。32开本,350页。

《法制日报二十周年》 雷晓路主编。2000年8月法制日报社编印。16开本,173页,精装本,印数1000册。

《创刊初期的烟台日报》 2000年9月烟台日报社编印。本书为纪念烟台日报创刊55周年专辑。32开本,253页,印数1000册。

《天津人民出版社建社五十周年图书选目(1950～2000)》 2000年天津人民出版社编印。大32开本,115页。

《宁夏出版志(古代编)》 2000年宁夏出版史志编纂办公室编印。本书为内部发行的征求意见本。16开本,77页。

《万县日报社志》 万县日报社志编纂委员会2000年编纂、印行。32开本,197页,工本费44.00元。

2001年

《十年一挥间(〈齐鲁晚报〉十周年回顾)》 2001年1月本书编委会编印。16开本,

225页，精装本。

《黑龙江政报创刊五十周年纪念(1950～2000)》　2001年1月黑龙江政报刊行。纪念性画册。16开木，42页。

《中国少年儿童报刊工作者协会成立十周年纪念特辑(1991～2001)》　2001年1月中国少年儿童新闻出版总社编印。16开本，62页。

《湖北人民出版社五十年(1951～2001)》　2001年1月湖北人民出版社编印。16开本，91页，精装本。

《河北省新华书店大事记(1937～2000)》　河北书刊发行志编辑部编。2001年1月印行。大32开本，366页，印数1000册，精装本。

《古本红楼梦插图绘画集成》(全6册)　国家图书馆分馆编。2001年1月全国图书馆文献微缩中心编选出版。本书收集从乾隆五十六年程甲本(初印本)到民国时期上海石印本共40个版本的近3000幅《红楼梦》插图、绘画集成。大16开本，精装本，2887页，总定价2800.00元。

《光影50年——解放军画报创刊50年纪念图集(1951～2001)》　2001年2月长城出版社出版(内部发行)。主要记录《解放军画报》创刊历程及《解放军画报》的前身，内容丰富，图片精美。书中很多图片是见所未见，闻所未闻，是收藏《解放军画报》藏家不可缺少的一本好书。16开本，178页，印数1000册，精装本。

《哈尔滨日报社人员实录(1945～2001)》　2001年3月哈尔滨日报社编印。大32开本，803页。

《中国印刷史研究文辑》　中国印刷博物馆、北京印刷学院研究所印刷史研究室合编。2001年4月印行，辑录了张树栋、李兴才、潘吉星、李致忠、史金波、肖东发等学者的论文、通信等11篇，涉及雕版印刷术、活字印刷术的起源、发明、发展、传播和影响。大32开本，195页。

《浙江人民出版社50年(1951～2001)》　2001年4月浙江人民出版社编印。16开本，91页。

《长河掬浪——解放军文艺出版社书刊插图选(1951～2001)》　许向群编。2001年5月解放军文艺出版社刊行。24开本，213页。

《文汇报六十年大事记(1938～1998)》　2001年5月文汇新民联合报业集团新闻研究所编印。32开本，710页。

《清代报刊图画集成》(全13册)　国家图书馆分馆文献开发中心编。2001年7月全国图书馆文献微缩复制中心刊行。本书是从国家图书馆收藏的清末民初画报类刊物《飞影阁画册》、《新闻画报》、《申报图画》、《神州画报》等10种刊物中选编的。内容涉及新闻时事、百姓社会生活、民风民俗、山水名胜、考古纪游等，是了解当时历史面貌的重要资料，对于研究当时的画报类刊物的编辑出版亦有参考作用。16开本，精装本，定价6800.00元。

《沈阳造纸厂图志——沈阳造纸厂建厂105周年(1896～2001)》　2001年7月沈阳造纸厂编印。8开本，147页。

《中共河北历史书刊名录(1981～2001)》　2001年8月中共河北省委党史研究室编

印。大32开本,246页。

《阳泉日报报史资料(1947.12～2000.12)》　2001年8月阳泉日报报史资料编审组编印。16开本,266页,印数600册。

《北京出版社1956～2000书目总汇》　2001年9月北京出版社出版。32开本,627页。

《人民美术出版社50周年》　本书编辑组编。2001年9月人民美术出版社印行。16开本,130页。

《杭垣旧事——民国杭州藏书家 俞曲园与杭州 杭州旧话》　杭州市政协文史委员会编。本书是杭州文史资料第25辑。2001年9月印行。大32开本,206页,印数2000册。

《山西人民出版社50年》　2001年11月山西人民出版社编印。16开本,121页,精装本。

《书人书影/漓江出版社1980～2001》　2001年11月漓江出版社编印。24开本,90页,精装本。

《人民美术出版社50年》　本书编辑组编。2001年12月人民美术出版社刊行。16开本,143页。

《兴宁报刊考略》　陈兰卿著。广东省兴宁市政协文史办2001年12月编印。32开本,235页。

《荣宝斋新记50周年》　本书编辑组编。2001年12月荣宝斋刊行。16开本。

《浙江省科学技术期刊学会成立15周年纪念册》　2001年12月浙江省科学技术期刊学会编印。32开本,78页。

《花山文艺出版社二十年》　2001年12月花山文艺出版社编印。16开本,140页,精装本,印数800册。

《重庆出版社建社50周年纪念画册(1950～2000)》　2001年重庆出版社编印。16开本,142页。

《上海人民出版社50年(1951～2001)》　2001年上海人民出版社编印。12开本。纪念性画册。

《东北新闻史(1899～1949)》　2001年黑龙江日报新闻志编辑室编印。

《夏丏尊纪念文集》　夏弘宁编。2001年上虞市文学艺术界联合会印行。大32开本,501页。另,本书的续集由夏弘宁、王洁主编,2006年1月上虞市文学艺术界联合会编印。大32开本,491页,印数1000册。

2002年

《纪念瞭望创刊20周年》　2002年1月瞭望周刊社编印。图片集。16开本,90页。

《西谛藏珍本小说插图》(全10册)　国家图书馆编。2002年4月全国图书馆文献微缩中心编选出版。本书是从著名藏书家郑振铎留下的藏书中精选编印的。16开本,精装本,总定价5200.00元。

《胡政之先生纪念文集》　王瑾、胡玫编著。2002年6月四川大学树德电子工程公司照排。大32开本,274页。

《重庆日报创刊50周年》　2002年7月重庆日报集团编印。16开本,203页,印数

3000册,精装本。

《北京日报50年大事纪要(1952～1992)》 2002年8月北京日报社编印。16开本,560页。

《外文出版社五十年历程(1952～2002)》 2002年8月外文出版社编印。本书为纪念性画册。16开本,65页,精装本。

《我与外文出版社——纪念外文出版社五十周年征文集》 2002年8月外文出版社编印。大32开本,249页。

《席殊与席殊书业部分报刊报道资料选编》 2002年9月席殊书屋编印。2003年3月也编印过一册。

《五十年的精彩——中国新闻社社庆五十周年纪念册》 2002年10月中国新闻社编印。16开本,184页,精装本。

《江西日报社志(1949～2000)》 江西日报社2002年12月编印。本书下限止于2000年。32开本,433页,印数1000册,精装本,定价68.00元。

《历史性的跨越——纪念河北省报业协会成立10周年(1992～2002)》 2002年河北省报业协会编印。16开本,128页。

2003年

《济宁日报二十年(1983～2003)》 2003年1月济宁日报社编印。纪念性画册。16开本,120页。

《报纸生涯五十年》 石纪民著。2003年2月编印。作者为广西日报社原总编辑。大32开本,209页。

《与日同行——瑞安日报创刊十周年纪念集》(上、下) 2003年6月瑞安报社编印。32开本,682页,印数3000册。

《世纪回顾——山西省公安印刷厂简史(1953～2003)》 杨晓桥主编。2003年6月印行。32开本,147页。

《黑龙江出版图书、期刊总目》(上、中、下) 2003年7月由黑龙江省新闻出版局出版史志办公室内部编印的征求意见稿。收录了黑龙江省从晚清到1985年出版的主要图书和期刊目录。16开本,1810页。

《延安市新华书店店史(1942～2002)》 2003年7月延安市新华书店编印。16开本,198页,精装印制,印数1000册。

《清末民初报刊图画集成》(精装20册) 2003年8月全国图书馆文献微缩复制中心刊行。

《传播真理 奋斗不息——中央编译局成立50周年纪念文集(1953～2003)》 2003年9月中央编译局刊行。大32开本,810页。

《中国年鉴史料》 李维民主编。2003年10月北京志鉴书刊研究院刊行。该书分为上、下两编,将近百年来我国一些主要年鉴的题词、序言、凡例、说明等162篇辑为一册,从中可以看出我国年鉴出版事业的发展轨迹,对于今天编辑出版年鉴和研究中国年鉴出版史,都有着重要的参考价值。本书资料收入上自1909年,下至2003年。大32开本,371页,印数1000册。

《四川民族出版社书目(1953～2003)》 本社编。2003年11月四川民族出版社刊行。16开本,182页。

《松原日报社史》 张银梅主编。2003年12月松原日报社刊行。大32开本,275页。

《军事学术杂志纪念册》 2003年12月军事学术杂志社编印。16开本,142页,精装本。

《温州晚报十周年》 2003年温州晚报社编印。12开本,66页。

《蕻蔚集——报业史志稿》 张鸿慰著。广西新闻史志研究室2003年印行。本书为作者任职16年来的主要作品选编,为前著《八桂报史文存》的续集,分为报史文存、报界精英、报海钩沉三卷。大32开本,251页。

《内蒙古自治区新华书店店志·乌兰察布盟分店卷(1948～1995)》 秦海歧主编。2003年印行。本书上限起于1947年7月,下限止于1995年。16开本,精装本,工本费138.00元。

《世界知识画报创刊20周年特刊(1983～2003)》 2003年世界知识画报社编印。16开本,63页。1993年、1998年,杂志社分别刊行过10周年、15周年纪念特刊。

2004年

《新华社史资料》(辑刊) 新华社新闻研究所、新华社社史编写组内部编印。其中,第1辑2004年4月刊行,内容为土地革命时期的新华社。第2辑2004年6月刊行,内容为抗日战争时期的新华社。第3辑2004年8月刊行,内容为解放战争时期的新华社。第5辑2004年9月刊行,内容为辽沈平津淮海战役报道。第7辑2004年11月刊行,内容为解放战争期间的军队—地方分社。第8辑2004年12月刊行,内容为新中国成立初期的新华社。第9辑2005年1月刊行,内容为抗美援朝时期的新华社。2007年刊行第20辑,内容为建国后的政治文教报道(1949.10～1976.12)。

《走向辉煌二十年——纪念金盾出版社二十周年(1983～2003)》 张延扬主编。2004年6月金盾出版社刊行。16开本,374页。

《浙江发协十年集锦》 2004年8月浙江省出版物发行协会编印。32开本,印数800册。

《创业 开拓 发展——黑龙江人民出版社50年(1954～2004)》 黑龙江人民出版社2004年8月编印。大16开本,205页。

《邵阳日报创刊二十周年纪念(1984～2004)》 2004年9月(湖南)邵阳日报社编印。16开本。

《浙江摄影出版社建社二十周年(1984～2004)》 2004年9月浙江摄影出版社编印。12开本,111页。

《长治新闻史》 史耀清主编。2004年10月山西省长治市新闻工作者协会编印。邵华泽题写书名。大32开本,292页。

《安徽文艺出版社建社20周年图书目录(1984～2004)》 2004年安徽文艺出版社编印。32开本,505页。

《吉林美术出版社20年(1984～2004)》 2004年吉林美术出版社编印。16开本,80

页。

《世界知识出版社70年(1934～2004)》 2004年世界知识出版社编印。16开本,160页。

《与人民同行 与中国当代文学同行——〈人民文学〉创刊55周年(1949～2004)》 2004年《人民文学》杂志社编印。纪念性画册。包含大量信息,包括历任主编、副主编、编委、工作人员等名录(带照片)等,以及《人民文学》史等论文及摄影作品。24开本。

2005年

《长江文艺出版社50年(1955～2005)》 2005年1月长江文艺出版社编印。16开本,精装印制。

《新华社四川分社史(1950～2004)》 2005年1月新华社四川分社编印。大32开本,293页。

《黑龙江省新闻出版局组织史资料(1999.1～2003.1)》 2005年1月中共黑龙江省新闻出版局党组编印。大32开本。

《花甲群力——〈群力报〉创刊六十周年纪念专集》 王仲莘主编。2005年2月福建省新闻工作者协会编印。16开本,163页。

《辽宁百年报纸》(第一卷) 魏润生编著。2005年2月辽宁省对外经济贸易合作厅、辽宁大学文化传播学院刊行。16开本。

《铜陵日报志(1955～2004)》 2005年4月本书编撰委员会编印。147页。

《春华秋实五十载——杭州日报创刊五十周年》 本书编委会编。2005年5月杭州日报集团刊行。8开本,158页。

《南方之强 文化使者——厦门大学出版社20周年纪念册》 2005年5月厦门大学出版社编印。16开本,64页。

《怀念徐雪寒同志》 2005年8月生活·读书·新知三联书店老同志联谊会编印。大32开本,217页。

《张彦平纪念文集》 2005年8月印行。张彦平曾任江苏人民出版社副总编辑、江苏少年儿童出版社总编辑。32开本,82页。

《晋察冀日报史学术研究会论文汇编》 2005年9月河北日报报业集团刊行。16开本,246页。

《河南大学出版志》 2005年9月河南大学编印。16开本,494页。

《人民日报海外版创刊二十周年纪念(1985～2005)》 2005年10月人民日报海外版创刊20周年纪念册编辑委员会编印。16开本,130页,精装本。

《继往开来 更上一层楼——四川省科技期刊编辑学会成立20周年纪念文集》 2005年12月四川省科技期刊编辑学会编印。16开本,46页。

《中国少年儿童出版社50周年纪念集(1956～2006)》 2005年12月中国少年儿童出版社编印。16开本,213页。

《四川大学学报50周年纪念》 四川大学学报编辑部2005年编印。纪念册中包含有该学报哲学社会科学版1955年至2005年的文章总目录。16开本,101页。

《沈阳晚报激情燃烧20年(1985～2005)》 2005年本书编委会编印。纪念性画册。

16 开本,95 页。

《邯郸日报五十年(1955.3.1——2005.3.1)》　2005 年邯郸日报社编印。内容包括图片、回忆文章、大事记等等。大 32 开本,272 页。

《中国书写和印刷文化遗产与图书馆工作》　2005 年浙江省社会科学信息学会编印。本书为 2005 年度学术研讨会论文集。16 开本,174 页。

《广元文化志》(上、下)　2005 年(重庆市)广元市文化局、广元市新闻出版局编印。16 开本,633 页,精装本。

《唯民文存——黎章民著译自编集》(上、下)　黎章民著。2005 年自印本。作者曾经担任人民音乐出版社社长、总编辑多年。大 32 开本,760 页。

《芳华二十 青春永驻——诗潮创刊 20 周年纪念文集》　李秀珊编。2005 年诗潮杂志社编印。16 开本,406 页。

2006 年

《女出版家黄宝珣诞辰百年纪念:生活与耕耘》　2006 年 1 月三联书店北京老干部联谊会编印。12 开本,47 页,印数 500 册,成本价 35.00 元。

《浙江省出版协会 20 年(1984～2004)》　2006 年 2 月浙江省出版工作者协会编印。16 开本,113 页。

《山东邮学报刊史萃》　阴法正编著。2006 年 2 月作为《邮会春秋》特刊内部印行。16 开本,20 页。

《龙之脊成长录(1995～2005)》　苏跃飞主编。2006 年 2 月印行。本书是民营图书公司龙之脊成立十周年的征文选集。32 开本,296 页。

《河北教育出版社 20 周年(1986～2006)》　2006 年 3 月河北教育出版社编印。纪念性画册。16 开本,137 页,精装本。

《纪念范慕韩文集》　2006 年 5 月中国印刷及设备器材工业协会、中国印刷博物馆编印。内含图片 80 幅。大 32 开本,218 页,印数 2000 册,精装本。

《纪念夏丏尊先生诞辰 120 周年逝世 60 周年学术研讨会论文汇编》　上海市新闻出版局出版博物馆(筹)、上海市编辑学会编印,2006 年 6 月。夏丏尊(1886～1946)是我国现代著名的教育家、文学家、美术家和编辑出版家。这本论文集将收录的有关夏先生的回忆与研究文章分为缅怀篇、创作篇、出版篇和教育篇进行编排。作者既有夏先生的亲属,也有海峡两岸的专家学者,其成果体现了夏丏尊研究的新进展。

《浙江省新闻志(上、下)》(送审稿)　本书编委会编。2006 年 9 月印刷。16 开本,1127 页。

《为历史见证 与时代同行——中国广播电视年鉴创刊 20 周年 1986～2006》　2006 年 10 月中国广播电视年鉴社编印。

《岁月如歌——上海音乐出版社 50 周年纪念(1956～2006)》　2006 年 9 月上海音乐出版社编辑、刊行。16 开本,彩色印刷。

《纪念范钦诞辰 500 周年天一阁建阁 440 周年》　2006 年 12 月天一阁博物馆编印。本书是第三届天一阁藏书文化节资料汇编。16 开本,175 页。

《第三届天一阁中国藏书文化节资料汇编》　2006 年 12 月宁波天一阁博物馆编印。

大16开本，176页。

《书林韵语——河北教育出版社二十年书评集》 2006年12月河北教育出版社编印。16开本，347页。

《人民美术出版社55社庆(1952～2006主要图书目录)》 2006年人民美术出版社编印。16开本，80页。

《北京出版社出版集团50周年精品图书书花集(1956～2006)》 王武编。2006年北京出版社刊行。16开本。

《延安时期新闻出版工作者回忆录》 陕西日报社延安时期新闻出版工作者西安联谊会2006年编印。32开本，371页。

《韬奋纪念馆50年(1956～2006)》 2006年上海韬奋纪念馆编印。16开本，234页。

《与时代同行(江城日报创刊50周年图传1956～2005)》 2006年江城日报社编印。

《浏阳日报志(1956～2005)》 2006年本书编辑委员会编印。16开本，173页，精装本。

《呐喊长沙:长沙晚报创刊50周年(1956～2006)》 2006年长沙晚报报业集团编印。16开本，121页。

2007年

《争鸣创刊三十周年纪念册(1977～2007)》 2007年1月争鸣杂志社编印。16开本，72页。

《上海音乐出版社50周年图书目录》 2007年1月上海音乐出版社编印。16开本，199页。

《音乐生活50年——〈音乐生活〉创刊五十周年纪念集(1957～2007)》 晓丹编。2007年2月《音乐生活》杂志社编印。16开本，326页。

《河北省新华书店志(1941～2002)》 河北省新华书店2007年2月编印。16开本，538页，精装本，印数1000册。

《开明魂(纪念爱国进步出版家章锡琛先生诞辰117周年)》 章士宋、章士寰执笔。2007年3月绍兴市名人文化研究会编印。本书内容包括《开明魂——纪念爱国进步出版家章锡琛先生诞辰117周年》一文附录《流风余韵说开明》，附录部分摘选了52位作者和单位的56篇文章。所摘录文章都是围绕开明人、开明风和开明精神这个中心议题的。书中有多幅书影、照片、手迹等等。大32开本，76页。

《金华文史资料》(第17辑) 2006年8月金华市政协文史资料委员会编印。此辑为“何炳松与故乡图文集”。何炳松是现代著名学者、教育家和编辑家。18开本，190页。

《与时代同行(纪念羊城晚报创刊五十周年)》 2007年9月羊城晚报社编印。32开本，202页。

《东营日报社志》 2007年9月本书编纂委员会编印。本志上限起于1987年10月下限止于2007年9月。16开本，230页，印数1000册，精装本。

《追溯历史 缅怀先人——纪念人民音乐出版社创始人之一著名音乐出版家钱君匋百年诞辰(1907～2007)》 人民音乐出版社社务委员会编。2007年9月人民音乐出版社印行。本书用画传的形式简要勾勒了音乐出版家钱君匋的编辑出版生涯。全书分为六个专题:与艺术结缘;开明书店的音乐编辑家、装帧设计家;抗战烽火中创办万叶书店;新音乐出版社的总编辑;实现心愿——国家级音乐出版社成立;心系人民音乐出版社。附录《万叶书店音乐图书目录(部分)》、《新音乐出版社图书目录(部分)》、《钱君匋的装帧设计艺术选》。16 开本,50 页。

《大众日报社史料——机构人事要录》 朱民主编。2007 年 9 月大众日报社集团办公室内部编印。16 开本,305 页,成本价 36.00 元。

《冰魂雪魄在人间——廖冰兄纪念文集》 廖冰兄人文专项基金管委会、广州市少年宫编。2007 年 10 月羊城晚报社编印。大 32 开本,204 页。

《人文杂志创刊 50 周年纪念文集》 2007 年 10 月人文杂志社编印。16 开本,322 页。

《关中报回忆录》 雷阳等编。关中报史料征集编委会 2007 年 12 月编印。大 32 开本,202 页。

《石家庄日报社成立六十周年纪念册(1947.11～2007.11)》 2007 年 12 月石家庄日报社编印。16 开本,90 页。

《北岳风云——晋察冀日报图像集》 2007 年 12 月晋察冀日报史研究室内部编印。16 开本,102 页。画册,铜版纸印刷。

2008 年

《新华日报 70 年(1938.1～2008.1)》 2008 年 1 月新华日报报业集团、新华日报报志编委会编印。16 开本,314 页。

《铭记光荣——解放军出版社 60 周年掠影》 2008 年 1 月解放军出版社编印。大 16 开本,纪念性画册,多历史资料和图片。

《洛阳日报社志》 2008 年 3 月洛阳日报社编印。16 开本,586 页。

《新中国集邮书籍图录与版本研究》 王建平编著。2008 年 4 月现代集邮编辑部编印。本书为"现代集邮专刊",内容主要是反映 20 世纪 50、60 年代集邮类书籍的有关情况。大 16 开本,96 页。

《林纾研究资料选编》(全 2 册) 陈锦谷编,2008 年 6 月福建省文史研究馆刊行。煌煌两大册,二百多万字,可满足那些对林纾研究专家学者的迫切需要。

《书坊乡志》 2008 年 7 月(福建)书坊乡志编纂委员会编印。其中有三成的内容为福建建阳地区古代刻书方面的资料。16 开本,380 页,精装印制。

《开封日报社志——纪念开封日报创刊六十周年》 刘会敏主编。2008 年 11 月开封日报社编印。16 开本,502 页。

《流金岁月——徐州日报 60 周年(1948～2008)》 2008 年 12 月徐州日报报业集团编印。纪念性画册。

《外国文学研究 1978～2008 总目录》 《外国文学研究》编辑部 2008 年 12 月印行。16 开本,206 页。

《时光——范用与三联书店七十年》 2008 年 12 月三联书店编印。全书按时光、书时光、朋友时光、仍是书时光几个板块进行编排。主要采录有关出版家范用的照片、手迹、书影等,辅以少量精美文字,是研究三联史的重要资料书。32 开本,96 页。

《甘肃省志·新闻出版志》(初稿) 2008年12月甘肃省地方志编纂委员会编印。全2册,16开本,1369页。

《沈阳日报60周年(1948～2008)》 黄学有主编。2008年沈阳日报社刊行。16开本,300页。

《枣庄日报创刊50周年(1958～2008)》 2008年枣庄日报社编印。8开本,精装本。

《辉煌六十年:临汾日报创刊六十年纪念册》 2008年临汾日报社编印。8开本,精装印制。

《绍兴印刷史话》 2008年绍兴市印刷行业协会编印。该书记录了唐、宋、元、明、清各代的绍兴印刷史实、撰写了建国后绍兴出版印刷、包装印刷和行业管理的发展历史,同时收集纪录了与印刷历史相关的绍兴古造纸坊造纸、邑人创制泥版印刷术、绍兴印刷工人的觉醒等史料。全书共十六万字左右,收录了五十余幅珍贵的历史照片,图文并茂。全书基本上反映了自唐代中叶雕版印刷术发明以来,绍兴印刷业发展的历史概貌,可供业界人士借鉴。

2009年

《河北美术出版社六十周年(1948～2008)》 2009年1月河北美术出版社编印。纪念性画册。12开本,199页,印数1000册,工本费98.00元。

《山西期刊史(1949～2008)》(征求意见本) 2009年6月山西省期刊协会编印。16开本,466页。

《傲雪红梅》 2009年10月温州日报社编印。张雪梅同志原系浙南大众报(温州日报前身)总编辑。20世纪40年代,她毅然走上革命之路,成为一名浙南游击队女战士。新中国成立后,又投身于新中国的新闻事业,先后担任浙南大众报总编辑、浙江日报副总编辑。2008年10月,因病辞世。该文集由原浙南大众报时期的老同志们为纪念老领导张雪梅集体编写而成。内容记录了老报人、老战友及其亲属对张雪梅同志的回忆与追思,从不同层面反映了张雪梅同志在六十多年革命生涯中的动人事迹,展现了其忠于党,忠于人民,为新闻工作鞠躬尽瘁的高风亮节。文集中还收录了大量珍贵图片与书信选辑。

《淮海报创刊四十五周年纪念文集》 淮海报社编印。32开本,130页。刊行时间不详。

附录三 1978 年以前大陆地区出版文化史研究论著目录

1896 年

梁启超编:《西学书目表》,上海:时务报馆。

1897 年

杨守敬撰:《日本访书志》十六卷,宜都杨氏刻本。

1901 年

杨守敬辑录:《留真谱》(初编),宜都杨氏刻本。

清·丁丙撰:《善本书室藏书志》,钱塘丁氏刻本。

1902 年

公奴著:《金陵卖书记》,上海:开明书店。

徐维则编,顾燮光增补:《东西学书录》,上海出版,具体出版者不详。

1903 年

王维泰著:《汴梁卖书记》,上海:开明书店。

1907 年

岛田翰撰:《皕宋楼藏书源流考》,武进董康刊本。

1908 年

章士钊著:《苏报案纪事》,上海:文海出版社。

1910 年

缪荃孙辑录:《宋元书影》,出版者不详。

1911 年

叶德辉著:《书林清话》,长沙:观古堂刻本。

邓邦述撰:《群碧楼书目初编》,江宁邓氏。

1913 年

缪荃孙撰:《艺风堂藏书续记》,江阴缪氏自印本。

1914 年

江标辑录:《宋元本行格表》(石印再版本),上海:文瑞楼。

罗振玉编:《流沙坠简》,罗氏宸翰楼自印本。

清·毛扆:《汲古阁珍藏秘本书目》(石印本),上海:扫叶山房。

1915 年

中华书局编:《中华书局三年纪略》,上海:中华书局。

叶昌炽撰:《邠州石室录》,吴兴:刘氏嘉业堂刊本。

叶德辉撰:《观古堂藏书目》,长沙:叶氏观古堂。

1916

(日)森立之撰:《经籍访古志》,铅印本(内部)。

1917年

杨守敬辑录:《留真谱》(续编),长沙:观古堂。

姚公鹤著:《上海报纸小史》,上海:商务印书馆。

黄丕烈著:《士礼居藏书题跋记、续记》,上海:医学书局。

1918年

孙毓修著:《中国雕版源流考》,上海:商务印书馆。本书另有1930年万有文库版。

《江苏第一图书馆复校善本书目》,南京:江南图书馆。

包天笑编:《考察日本新闻记略》,上海:商务印书馆。

申报馆编:《申报馆纪念册》,上海:编者刊行。

申报馆编:《四十九年之申报》,上海:编者刊行。

1919年

朱学勤编:《汇刻书目》,上海:千顷堂书局。

叶德辉撰:《观古堂书目丛刻》,长沙:叶氏重刊本。

清·黄丕烈撰,缪荃孙、章钰、吴昌绶编:《荛圃藏书题记》,南京:金陵书局。

1921年

时报馆编:《时报馆新屋落成纪念刊》,上海:编者刊行。

1922年

瞿启甲编:《铁琴铜剑楼宋元金本书影》,上海:商务印书馆。

陆费逵著:《教育文存》,上海:中华书局。

陶湘撰:《景印宋金元明本词叙录》,武进:陶氏涉园。

新闻报馆编:《〈新闻报〉卅年纪念册》,上海:编者刊行。

沈瑜庆、陈衍编:《福建版本志》,福州:编者刊行。

新闻报馆辑:《新闻报馆三十年纪念册》,上海:新闻报馆。(内部资料)

1923年

清·莫友芝撰:《郘亭知见传本书目》,扫叶山房石印本。

黄炎培编:《最近五十年(申报馆五十周年纪念)》,上海:申报馆。

1924年

汪英宾著:《中国报刊的兴起》,英文版,在美国纽约出版。

上海书业商会编:《上海书业商会廿周纪念》,上海:编者刊行。

王豫川编:《北京平民大学新闻学系报刊》,北平:北京平民大学。

1925年

《民国十四年四月上海书报业四团体抗议工部局所提印刷物附律案之经过》,上海:刊行者不详。

李昭实著:《世界报纸大观》,上海:时报馆。

诸暨民报社编:《诸暨民报五周年纪念册》,浙江诸暨民报社。

1926 年

商务印书馆编:《创立三十年商务印书馆志略》,上海:商务印书馆。

李继煌编:《古书源流》,上海:商务印书馆。

章钰撰:《钱遵王读书敏求记校证》,长洲章氏。

小说世界社编:《世界新闻事业》,上海:编者刊行。

1927 年

戈公振著:《中国报学史》,上海:商务印书馆。

戈公振著:《中国报纸进化之概况》,国闻周报社。

蒋国珍著:《中国新闻发达史》,上海:世界书局。

兼士著:《中国报纸变迁史略》,刊行者不详。

刘肇隅撰:《郋园四部书叙录》,长沙:观古堂。

顾燮光编:《译者经眼录》,出版者不详。

1928 年

(美)卡特著,刘麟生译:《中国印刷术源流史》,上海:商务印书馆。(此书 1957 年吴泽炎再译为《中国印刷术的发明和它的西传》重版)

沈乾一编:《丛书书目汇编》,上海:医学书局。

商务印书馆编:《万有文库第一集一千种书目》,上海:商务印书馆。

顾实撰:《重考古今伪书考》,上海:大东书局。

陈德徽编著:《日本研究丛书提要》,上海:世界书局。

潘祖荫藏、叶昌炽撰:《滂喜斋藏书记》,吴县潘氏。

清·叶德辉撰:《郋园读书志》,长沙:澹园刊本。

清·叶德辉撰:《书林余话》。上海刊行。

张静庐著:《中国的新闻记者》,上海:光华书局。

陈冷主编:《申报二万号纪念册》,上海:申报馆。

天声日报筹办七周年纪念册委员会编:《天声日报七周年纪念册》,天声日报发行部。

中华平民教育促进会总会编:《编辑平民报纸的经过》,编者刊行。

1929 年

长虹著:《走到出版界》,上海:泰东图书局。

张静庐著:《中国的新闻纸》,上海:光华书局。

上海日报公会编:《上海之报界》,上海:中华书局。

傅双无编:《报学讨论集》,四川新闻学会。

柳诒征编:《盋山书影》,南京:江苏省立国学图书馆。

刘承干辑:《吴兴刘氏嘉业堂善本书影》,吴兴:刘氏嘉业堂影印。

故宫博物院图书馆编:《故宫善本书影初编》,北京:故宫博物院。

杨立诚、金步瀛编著:《中国藏书家考略》,杭州:青白印刷社。

金敏甫撰:《中国现代图书馆概况》,广州:广州图书馆协会。(内部刊行)

1930年

郑鹤声、郑鹤春著:《中国文献学概要》,上海:商务印书馆。

刘纪泽著:《目录学概论》,上海:中华书局。

杨守敬撰,王重民补:《日本访书志补》,中华图书馆协会刊本。

赵君豪著:《中国近代之报业》,上海:商务印书馆。1938年申报馆再版。

黄天鹏著:《新闻学论文集》,上海:光华书局。

张静庐著:《中国的记者与新闻纸》,上海:光华书局。

清·邓邦述撰:《群碧楼善本书录》,群碧楼丛书本。

董康:《书舶庸谈》,上海:大东书局。

蒋镜寰辑:《吴中先哲藏书考略》,吴县:江苏省立苏州图书馆。

黄天鹏著:《中国新闻事业》,上海联合书局。

项士元著:《浙江新闻史》,杭州之江日报社。

《商务印书馆通讯录特刊》,商务印书馆本。

1931年

大东书局编:《大东书局十五周年纪念册》,上海:大东书局。

庄俞、贺圣鼐编:《最近三十五年之中国教育》,上海:商务印书馆。(内多出版史料)

陈彬和、查猛济著:《中国书史》,上海:商务印书馆。

佚名:《中国版本略说》,北京:中国科学社。

陈垣著:《校勘学释例》,北京:北京大学国学研究所。1959年中华书局重印。

江侠菴:《先秦经籍考》,上海:商务印书馆。

新闻报馆编:《新闻报概况》,上海:编者刊行。

长沙市民日报社:《长沙市民日报周年纪念特刊》,编者刊行。

黄粱梦著:《新闻记者的故事》,上海联合书店。

黄粱梦著:《新闻记者外史》,上海联合书店。

赵超彬著:《最近百年中日两国新闻事业之比较观》,上海复旦大学新闻学会。

天津庸报社股份有限公司编:《庸报新屋落成纪念增刊》,天津:编者刊行。

1932年

商务印书馆编:《上海商务印书馆被毁记》,上海:商务印书馆。

刘文兴辑录:《宋元书影》,北京:荣宝斋。

缪荃孙等编:《愚斋图书馆藏书书目》,上海:盛氏愚斋图书馆。(《中国著名藏书家书目汇刊》近代卷,第十一至十三册。)

杨家骆编纂:《四库大辞典》,南京:中国图书大辞典编辑馆。

胡玉缙撰,王欣夫辑:《四库全书总目提要补正》,上海:中华书局。

陈乃乾编:《索引式的禁书总录》,上海:富晋书社。

张静庐著:《中国的新闻记者与新闻纸》,上海:现代书局。

赵敏恒著:《外人在华的新闻事业》,上海:中国太平洋国际学会。

(英)梅益盛著,周云路译述:《马礼逊传》,上海:文华书局。

1933年

钱基博著:《版本通义》,上海:商务印书馆。本书1931年初版。

大东书局编:《大东书局之过去情况与今后计划》,上海:大东书局。

赵万里编:《北平图书馆善本书目》,铅印本。

国立交通大学图书馆编:《国立交通大学图书馆图书目录》第一辑《善本书目》,上海:编者。

北平图书馆编:《梁氏饮冰室藏书目录》,北平:编者。

任如松著:《四库全书答问》,上海:启智书局。

陶湘撰:《武进陶氏书目丛刊》,武进陶氏。

河南省教育厅编辑处编:《河南教育日报复活周年纪念特刊(廿一年)》,编者刊行。

1934年

贺圣鼐、赖彦于著:《近代印刷术》,上海:商务印书馆。

商务印书馆编:《商务印书馆复业后概况》,上海:商务印书馆。

马导源撰:《书志学》,上海:商务印书馆。

张允亮编:《故宫善本书目》,北京:故宫博物院图书馆。

焦山书藏委员汇编:《焦山书藏书目》,编者刊行。

宗惟恭编:《癖泉书室所藏泉币书目》,上元宗氏。

开封教育实验区出版部编:《民众读物调查》,开封:开封教育实验区出版部。

河南省教育厅编辑处编:《河南教育日报复活二周年纪念特刊》,编者刊行。

包头日报社编:《包头日报三周年暨新屋落成纪念特刊》,编者刊行。

成都新新新闻编辑部编:《新新新闻五周年纪念特刊》,编者刊行。

1935年

上海市教育局第四科通俗教育股编:《上海市书店调查》,上海:上海市教育局第一科庶务股。

柳诒征主编:《江苏省立国学图书馆图书总目》,排印本。

谭卓垣著:《清代图书馆发达史》,上海:商务印书馆。

蒋镜寰编:《吴中藏书先哲考略》,苏州:江苏省立苏州图书馆。

吴涵真著:《我的工作》,广州:广州儿童书局。(作者为该书局创办人)

萧乾著:《书评研究》,上海:商务印书馆。

商务印书馆编:《商务印书馆规则汇编》,上海:商务印书馆。

顾浚泉编:《商务印书馆人事管理概况》,上海:商务印书馆。

申报馆编:《〈申报〉概况》,上海:申报馆。

胡道静著:《上海的日报》,上海:上海通志馆。

胡道静著:《上海的定期刊物》,上海:上海通志馆。

胡道静著:《上海图书馆史》,上海:上海通志馆。

胡道静著:《上海新闻事业之史的发展》,上海:上海通志馆。

胡怀琛编:《关于上海的书目提要》,上海:上海通志馆。

平心编:《生活全国总书目》,上海:生活书店。

清·张之洞撰:《书目答问》,上海:扫叶山房。

清·钱谦益撰:《绛云楼书目》,上海:商务印书馆。

清·叶德辉撰:《郎园全书》,长沙:中国古书刊行社。

蒋祖诒辑:《思适斋集外书跋辑存》,吴县:邹氏百拥楼。

1936 年

陈登原撰:《古今典籍聚散考》,上海:商务印书馆。本书1983年上海书店再版。

姚名达著:《中国目录学史》,上海:商务印书馆初版。

孙德谦撰:《古书读法略例》,上海:商务印书馆。

赵绍祖撰:《古墨斋金石跋》,上海:商务印书馆。

叶昌炽撰:《语石》,上海:商务印书馆。

舒新城著:《狂顾录》,上海:中华书局。舒新城为著名编辑出版家,曾任职中华书局。

陶湘辑:《明毛汲古阁刻书目录 明代内府经厂本书目》,编者自印。

该展览会筹备会编:《报展纪念刊:上海复旦大学三十周年纪念世界报纸展览会纪念刊》,复旦大学新闻学会。

郭步陶编著:《本国新闻事业》,上海:申报馆。

顾德均主编:《党军日报八周年纪念特刊》,党军日报社刊行。

谢六逸编:《国际新闻事业》,上海:申报馆。

福州全球社编:《两年》(纪念特刊),编者刊行。

暹京华侨日报社编:《暹京华侨日报新馆落成特刊》,编者刊行。

附 林语堂著:《中国报刊和舆论史》,英文版,在美国出版。

1937 年

金溟若著:《非常时期之出版事业》,上海:中华书局。

郭伯恭著:《四库全书纂修考》,上海:商务印书馆。

商务印书馆编:《张菊生先生七十生日纪念论文集》,上海:商务印书馆。

吴朗西、黄源编:《鲁迅先生纪念集》,上海:文化生活出版社。

陶湘编:《涉园所见宋本书影》,武进:陶氏涉园。

王文进编:《文禄堂书影》,影印本。

郑振铎编:《西谛所藏善本戏曲目录》,郑振铎手写影印。

郑振铎编:《西谛所藏散曲目录》,郑振铎手写影印。

宋·王尧臣等撰:《崇文总目》,上海:商务印书馆。

宋·晁公武著:《昭德先生郡斋读书志》,上海:商务印书馆。(万有文库本)

东南日报编:《东南日报新厦落成纪念特刊》,编者刊行。

1938 年

张静庐著:《在出版界二十年——张静庐自传》,上海:上海杂志公司。(此书实际在武汉刊行)

郭伯恭著:《永乐大典考》,上海:商务印书馆。

傅增湘撰:《藏园群书题记》,藏园刻本。

章钰藏、顾廷龙编:《章氏四当斋藏书目》,北平:燕京大学图书馆。

王文彬编:《报人之路》,上海三江书店。

赵君豪著:《中国近代之报业》,香港申报馆。

张友彝著:《日本新闻发达史》(上),北平世界编译社。

1939 年

陶涤亚著:《出版检查制度研究》,南京:独立出版社。(此时出版社在重庆)

张九如等著:《战时言论出版自由》,南京:独立出版社。(此时出版社在重庆)

古今式编:《近代我国民族学译著目录》,重庆:中山文化教育馆。

潘宗周撰:《宝礼堂宋本书录》,潘氏宝礼堂刊本。

董康撰:《书舶庸谭》,诵芬室刊本。

宋·陈振孙著:《直斋书录解题》,上海:商务印书馆。

美商申报馆编:《美商申报馆同人录》,上海:编者刊行。

杜绍文著:《中国报人之路》,浙江省战时新闻学会。

中央宣传部宣传指导处征审科编:《最近登记全国杂志社一览》,编者刊行。

1940 年

邹韬奋著:《事业管理与职业修养》,上海:生活书店。(此时书店在重庆)

胡道静著:《报坛逸话》,上海:世界书局。(此时书局在重庆)

(法)淮尔著,宋善良译述:《日报期刊史》,长沙:商务印书馆。

郑振铎编:《中国版画史图录》(共五辑),上海:1940～1947 年,24 册。出版者不详。

缪荃孙:《艺风藏书记再续记》,北京:燕京大学图书馆。

《嘉业堂明善本书目》(四卷),刊刻者不详。

杨肇基修,李世昌编:《邯郸县志·著述志》,北平刊行。

王汉中编:《新闻事业法令汇编》,中央政治学院。

中美日报社编:《中美日报苦斗记》,上海:中美日报社。

附 美国三藩市少年中国晨报编:《少年中国晨报三十周年纪念册》,编者刊行。

1941 年

潘承弼、顾廷龙编:《明代版画图录初编》,上海:开明书店。(此时书店在重庆)

有正书局辑录:《宋元书式》,上海:有正书局。

金健德编:《古籍丛考》,上海:中华书局。(此时书局在重庆)

李涌泉纂:《高邑县著述志》,铅印本。

苏士清著:《活版印刷术》,成都:国立四川造纸印刷科职业学校。

马克清著:《平版印刷术》,成都:国立四川造纸印刷科职业学校。

中美日报读讯会编:《新闻史纲》,编者刊行。

余庚林编:《中国近代新闻界大事记》,成都:新新新闻报馆。

河洛日报社编:《河洛日报创刊九周年纪念专册》,编者刊行。

自由日报社编:《香港自由日报二周年纪念专刊》,香港:编者刊行。

中央宣传部宣传指导处征审科编:《全国杂志社一览》,编者刊行。

1942 年

章丹枫著:《近百年来中国报纸之发展及其趋势》,上海:开明书店。(此时书店在重庆)

(伪)民国日报社编:《民国日报概况》,编者刊行。

王文进:《文禄堂访书记》,文禄堂刊刻。

潘承厚辑:《明清藏书家尺牍》,编者自刊。

1943年

贵阳文通书局编:《文通书局及其编辑所》,贵阳:文通书局。

周越然等著:《蠹鱼篇》,上海:古今出版社。(多人合集,含丰富的书业资料)

王云五著:《新目录学的一角落》,上海:商务印书馆。

容又铭著,马星野校订:《世界报业现状》,桂林:铭真出版社。

蔡寄鸥著:《武汉新闻史》,武汉:[伪]中日文化协会武汉分会。(汪伪方面的机构)

(伪)石门新报社编:《石门新报四周年特刊》,编者刊行。

马星野著:《英国之新闻事业》,重庆:文风书局。

1944年

广东人民抗日游击队东江纵队政治部编:《韬奋先生逝世纪念特刊》,广州:前进出版社。

杜伯秋、傅惜华编:《明代版画书籍展览会目录》,北京:中法汉学研究所。

方树梅编:《明清滇人著述书目》,昆明:云南大学西南文化研究室。(内部刊行)

程其恒编著,马星野校订:《战时中国报业》,桂林:铭真出版社。

龙之鹏编著:《各国新闻事业透视》,重庆:大华书局。

陈其恒编:《各国新闻事业概述》,重庆:国民图书出版社。

赵君豪著:《上海报人的奋斗》,重庆:尔雅书店。

张季鸾著:《季鸾文存》,天津:大公报馆。

(伪)北平社团法人新民报社清算事务所编:《新民报社史》,编者刊行。

吴宪增编著:《中国新闻教育史》,[伪]石门新报社刊行。

中央出版事业管理委员会编:《出版法规汇编》,重庆:内部印行。

1945年

周越然著:《版本与书籍》,上海:知行出版社。

新潮出版社编:《新潮出版社概况》,编者刊行。

赵家璧编:《我的良友》(上),上海:良友复兴图书公司。

沈子复著:《印刷的故事》,上海:永祥印书馆。

福建中央日报社编:《福建中央日报社三十四年度业务报告》,编者刊行。

1946年

杨寿清著:《中国出版界简史》,上海:永祥印书馆。

叶圣陶编:《开明书店二十周年纪念论文集》,上海:开明书店。

世界书局编:《世界社世界书局与世界学典》,上海:世界书局。

杨家骆编:《四库全书学典》,上海:世界书局。

张元济藏、合众图书馆编:《海盐张氏涉园藏书目录》,上海:编者。

胡愈之等著《韬奋之死》,上海:新民主出版社。

沈钧儒等著:《纪念韬奋》,上海:群众出版社。

黄炎培等著:《怎样向韬奋学习》,上海:韬奋出版社。

杨明著:《韬奋先生的流亡生活》,上海:民主周刊社。

胡道静著:《新闻史上的新时代》,上海:世界书局。

陈子展编:《陆费伯鸿年谱》(油印本),上海:中华书局。

王云五著:《旅渝心声》,上海:商务印书馆。

刘豁轩著:《报学论丛》,天津益事报社。

福建中央日报社编:《福建中央日报社三十五年度业务报告》,编者刊行。

东北民主联军一纵队政治部编:《前进杂志创刊纪念册》,编者刊行。

1947 年

沈钧儒等著:《永在追念中的韬奋先生》,上海:韬奋出版社。

商务印书馆编:《商务印书馆最近出版书目》,上海:商务印书馆。

中华书局编:《中华书局图书馆基本教育图书教具展览目录》,上海:中华书局。

莫伯骥:《五十万卷楼群书跋文》,排印本。

(美)穆德著,王揆生、王季深译:《美国的新闻事业》,上海文化服务社。

1948 年

胡愈之等著:《向韬奋学习》,哈尔滨:光华书店。

王益编:《韬奋和生活书店》,济南:山东新华书店。

三民图书公司编:《三民图书公司概况》,南京:三民图书公司。

1949 年

李次民著:《编辑学》,广州:自由出版社。

徐宗泽编著:《明清间耶稣会士译著提要》,上海:中华书局。

韬奋著:《韬奋文录》,北京:三联书店。

冯亦代著:《书人书事》。出版者不详。

1950 年

《全国新华书店出版工作会议专辑》,北京:新华书店总管理处。(内部刊行)

《三联·中华·商务·开明·联营五单位联合干部会议纪念文集》(第一辑),北京:中国图书发行公司总管理处编印。(内部资料)

黄逸之著:《邹韬奋》,上海:商务印书馆。

1951 年

第一届全国出版会议秘书处编:《第一届全国出版会议纪念刊》,北京:人民出版社。

中国图书发行公司总管理处秘书处编:《三联 中华 商务 开明 联营五单位联合干部会议纪念文集》,北京:编者刊行。(内部资料)

杨明著:《韬奋先生的流亡生活》,北京:生活·读书·新知三联书店。

张元济撰:《涵芬楼烬余书录》,上海:商务印书馆。

王利器编:《中国书史》,北京:北京大学图书馆学系。(内部刊行)

西南地区文联筹委会编:《西南文艺创刊纪念》,编者刊行。(内部资料)

1952 年

刘国钧著:《可爱的中国书》,北京:建业书局。

黄宇著:《印刷术的发明故事》,北京:大中国图书局。

北京图书馆编:《中国印本书籍展览目录》,北京:中央人民政府文化部社会文化事业管理局。(内部刊行)

1953年

方诗铭著:《纸的发明故事》,北京:大中国图书局。

叶景葵撰、顾廷龙编:《杭州叶氏卷盦藏书目录》,上海:合众图书馆。

张静庐辑注:《中国近代出版史料初编》,上海:上杂出版社。

1954年

张静庐辑注:《中国近代出版史料二编》,上海:群联出版社。

张静庐辑注:《中国现代出版史料甲编》,北京:中华书局。

阿英著:《中国年画发展史略》,北京:朝花美术出版社。

阿英著:《晚清戏曲小说目》,上海:上海文艺联合出版社。

傅惜华编著:《子弟书总目》,上海:上海文艺联合出版社。

罗振常遗著,周子美编订:《善本书所见录》,北京:商务印书馆。

《全国总书目(1949~1954)》北京:中华书局。

《中医中药图书目录》上海:新华书店上海发行所。(内部编印)

《图书目录》西安:陕西人民出版社。(内部编印)

《中国农村版农业书籍的宣传》,北京:中华书局。

何寄梅编,芮光庭绘:《书的故事》,北京:北京书店。

军委联络部编:《欧美主要报刊及通讯社介绍》,北京:编者刊行。

军委联络部编:《亚洲主要报刊及通讯社介绍》,北京:编者刊行。

外交部情报司资料室编:《印度新闻事业概况》,北京:编者刊行。

1955年

张静庐辑注:《中国现代出版史料乙编》,北京:中华书局。

刘国钧著:《中国书的故事》,北京:中国青年出版社。

梁启超著:《古书真伪及其年代》,北京:中华书局。

陈垣著:《中国佛教史籍概论》,北京:科学出版社。

阿英编:《红楼梦版画集》,上海:上海出版公司。

张舜徽著:《中国历史要籍介绍》,武汉:湖北人民出版社。

唐·长孙无忌撰:《隋唐经籍志》,北京:商务印书馆。

清·阮元撰,傅以礼重编:《四库未收书目提要》,北京:商务印书馆。

汪辟疆著:《目录学研究》,北京:商务印书馆。

戈公振著:《中国报学史》,北京:生活·读书·新知三联书店。

喻诚鸿、李沄著:《中国造纸用植物纤维图谱》,北京:科学出版社。

东北图书馆编:《中国古籍版本和装订简介》,长春:编者印行。(内部资料)

闽南日报社编:《大跃进中的闽南日报》,编者刊行。

中央高级学校新闻班、中国人民大学新闻系、复旦大学新闻系编:《中国现代革命报刊史讲义》,北京:编者刊行。

1956 年

张静庐辑注:《中国现代出版史料丙编》,北京:中华书局。

《历史书籍目录》,人民出版社、三联书店、世界知识出版社。

清·章学诚著:《校雠通义》,北京:古籍出版社。

丁福保、周云青编:《四部总录》(艺术编、医药编、算法编、天文编),北京;商务印书馆。1956、1957 年刊行。

陈梦家著:《殷墟卜辞综述》,北京:科学出版社。

邹韬奋著:《韬奋文集》(全 3 册),北京:三联书店。

皮品高著:《中国书史讲义》(油印本),武汉:武汉大学图书馆学系。(内部刊行)本书 1964 年内部刊行修订增补铅印本。

李盛铎藏、赵万里编:《北京大学图书馆李氏书目》,北京:北京大学图书馆。(内部刊行)

《上海市文物保管委员会善本书目》,上海:油印本。

北京图书馆参考研究组编:《馆藏农业书刊目录》,北京:内部印行。

章回编写:《纸和印刷术的发明》,北京:通俗读物出版社。

(日)丹波元胤撰:《中国医籍考》,北京:人民卫生出版社。

1957 年

张静庐辑注:《中国出版史料补编》,北京:中华书局。

姚名达著,王重民订正:《中国目录学史》,北京:商务印书馆。

于敏中等撰:《四库全书简明目录》,上海:古典文学出版社。

孙楷第编:《中国通俗小说书目》,北京:作家出版社。

祈承㸁撰:《澹生堂藏书约》,上海:古典文学出版社。

叶景葵著,顾廷龙编:《卷庵书跋》,上海:古典文学出版社。

赵用贤撰:《赵定宇书目》,上海:古典文学出版社。

孙庆增撰:《藏书记要》,上海:古典文学出版社。(此书与《澹生堂书约》合刊)

丁申撰:《武林藏书录》,上海:古典文学出版社。

叶德辉著:《书林清话》(附《书林又话》),北京:古籍出版社。

高儒、周弘祖等撰:《百川书志 古今书刻》,上海:古典文学出版社。

钱基博著:《版本通义》,北京:古籍出版社。

毛春翔著:《古书版本常谈》,上海:上海人民出版社。

张心澂编著:《古今伪书考》,北京:商务印书馆。

潘景郑著:《著砚斋书跋》,上海:古典文学出版社。

张元济撰:《校史随笔》,北京:商务印书馆。

张元济撰:《涵芬楼烬余书录》,上海:古典文学出版社。

张元济撰,顾廷龙编:《涉园序跋集录》,上海:古典文学出版社。

陈国庆著:《古籍版本浅说》,沈阳:辽宁人民出版社。

郝建栋、班书阁编:《中国历史要籍介绍及选读》,北京:高等教育出版社

洪光、黄天佑著:《中国造纸发展史略》,北京:轻工业出版社。

(美)卡特(Carter，Thomas F)著，吴泽炎译：《中国印刷术的发明和它的西传》，北京：商务印书馆。

邹韬奋著：《经历》(第二版)，北京：生活·读书·新知三联书店。

郑振铎著：《劫中得书记》，上海：古典文学出版社。

阿英著：《中国连环图画史话》，北京：中国古典艺术出版社。

张雪映编：《杨柳青木刻年画选集》，北京：中国古典艺术出版社。

黄勇泉编：《陈老莲版画选集》，北京：中国古典艺术出版社。

上海图书馆编：《上海图书馆善本书目》，上海：上海图书馆。

清·姚觐元辑，孙殿起录：《清代禁毁书目(补遗)　清代禁书知见录(外编)》，北京：商务印书馆。

重庆市图书馆编：《抗日战争时期出版图书目录(1937～1945)》，重庆：重庆市图书馆。(内部刊行)

三联书店编：《东方杂志总目(1904～1948)》，北京：三联书店。

国家出版事业管理局版本图书馆编：《全国总书目(1956)》，北京：中华书局。

首都图书馆编：《馆藏中国医药书目》(初稿)，北京：首都图书馆。(内部)

中国人民大学新闻系编：《关于研究新民报的材料》，北京：编者刊行。

中国人民大学新闻系出版教研室编：《批判出版界右派言论的参考资料》，北京：编者刊行。

1958 年

阿英著：《晚清文艺报刊述略》，上海：古典文学出版社。

中国人民大学新闻系编：《列宁论报刊》，北京：中国人民大学出版社。

刘国钧著：《中国书的故事》(英文版)，北京：外文出版社。

张秀民著：《中国印刷术的发明及其影响》，北京：三联书店。本书1978年人民出版社再版。

中华书局编：《中国古代版画丛刊》(总44册)，北京：中华书局。1958年～1961年刊行。

刘国钧著：《中国书史简编》，北京：高等教育出版社。

孙昌荫著：《中国历史要籍介绍及选读》，北京：高等教育出版社。

王重民著：《敦煌古籍叙录》，北京：商务印书馆。

罗振常：《善本书所见录》，北京：商务印书馆。

清·叶昌炽著：《藏书纪事诗》，上海：古典文学出版社。

明·毛晋：《汲古阁书跋》，上海：古典文学出版社。

明·胡应麟撰：《少室山房笔丛》，上海：古典文学出版社。

清·钱谦益：《绛云楼题跋》，上海：中华书局上海编辑所。

清·缪荃孙：《云自在龛随笔》，北京：商务印书馆。

孙楷第著：《日本东京所见小说书目》，北京：人民文学出版社。

傅惜华著：《明代传奇全目》，北京：作家出版社。

傅惜华著：《明代杂剧全目》，北京：作家出版社。

王利器编著:《元明清三代禁毁小说戏曲史料》,北京:作家出版社。

一粟著:《红楼梦书录》,上海:古典文学出版社。

贺次君编:《史记书录》,北京:商务印书馆。

穆欣著:《邹韬奋》,北京:生活·读书·新知三联书店。

上海韬奋纪念馆编:《韬奋的道路》,北京:生活·读书·新知三联书店。

民族出版社编:《古籍草目》(关于民族历史部分),北京:民族出版社。

上海市报刊图书馆编:《上海市报刊图书馆中文报纸目录》,上海:编者刊行。

北京大学中文系新闻专业编:《中国现代报刊史讲义》(初稿),北京:编者刊行。

1959 年

张静庐辑注:《中国现代出版史料丁编》,北京:中华书局。

北京图书馆编:《北京图书馆善本书目》,北京:中华书局。

上海图书馆编:《中国丛书综录》,北京:中华书局。

清·邵懿辰撰,邵章续录:《增订四库全书简明目录标注》,上海:上海古籍出版社。

太平天国历史博物馆编:《太平天国印书》,南京:江苏人民出版社。

孙殿起著:《贩书偶记》,北京:中华书局。1982 年上海古籍出版社再版。

叶德辉著:《书林清话》(附《书林又话》),北京:中华书局。

黄云眉著:《古今伪书考补证》,济南:山东人民出版社。本书 1980 年齐鲁书社再版。

本书编委会编:《韬奋印刷厂厂史》,南京:江苏文艺出版社。

中国人民大学新闻系编:《中国现代报刊史讲义》,北京:中国人民大学出版社。

复旦新闻系编:《中国报刊研究文集》,上海:上海人民出版社。

潘梓年、吴克坚等著:《新华日报的回忆》,重庆:重庆人民出版社。

人民日报图书馆编:《十九种影印革命期刊索引》,北京:人民日报出版社。

国防工业出版社编:《国防工业出版社图书目录(1955～1959)》,北京:国防工业出版社。(内部编印)

中国科学院民族研究所编:《有关西藏的图书目录》,北京:中国科学院民族研究所。(内部刊行)

《辽宁地区外文期刊联合目录》,沈阳:辽宁地区中心图书馆委员会编印。(内部资料)

孙宝明、李钟凯著:《中国造纸植物原料志》,北京:轻工业出版社。

文化部出版事业管理局版本图书馆编:《全国总书目(1958)》,北京:中华书局。

中华书局编:《中华书局图书目录(1954～1959)》,北京:编者刊行。(内部资料)

轻工业出版社编:《图书目录》,北京:轻工业出版社。(内部印刷)

王欣夫著:《文献学要略》,南京:南京大学。(内部编印)

1960 年

刘国钧著:《中国的印刷》,上海:上海人民出版社。

北京图书馆编:《中国版刻图录》,北京:文物出版社。

吴慰祖校订:《四库采进书目》,北京:商务印书馆。

四川日报总编室编:《四川日报工作资料(1958～1969)》,成都:四川日报社(内部印行)。

山东人民出版社编:《1949～1959图书目录》,济南:山东人民出版社。

本书编写组编写:《山城凯歌(桂林印刷厂史)》南宁:广西壮族自治区人民出版社。

大众日报社编委会编:《大众日报简史》(上),济南:大众日报社。(内部)

淮海日报社编:《战斗的廿年》,编者刊行。

中国人民政治协商会议全国委员会文史资料研究委员会编:《文史资料选辑》(1～125辑)　不定期出版的文史资料辑刊,其中包含有丰富的新闻史料和编辑出版史料。第一辑1960年1月中华书局出版。第1～50辑和第56～72辑,由中华书局出版;第51～55辑和73～125辑由文史资料出版社(后改名为中国文史出版社)出版。另,广东、湖南、四川、上海、江苏、浙江、广州等省、市也不定期出版有类似的更有地方特色的文史资料选辑。

1961年

北京市女三中语文组编写:《书的故事》,北京:中华书局。

安徽省图书馆编:《安徽文献书目》,合肥:安徽人民出版社。

现代文学期刊联合调查小组编:《中国现代文学期刊目录》(初稿),上海:上海文艺出版社。

上海图书馆编:《辛亥革命时期期刊总目》,上海:编者印行。

全国中心图书馆委员会全国图书联合目录编辑组编:《全国中文期刊联合目录(1833～1949)》,北京:北京图书馆。(内部资料)

陈文超编:《中国书史资料选集》,长春:(吉林)图书专修科。

王伯敏著:《中国版画史》,上海:上海人民美术出版社。

北京市印刷学校编:《印刷简史》,北京:编者刊行。(内部资料)

《省委书记论报刊》,太原:山西省新闻工作者协会编印(内部)。

北京师范大学图书馆编:《北京师范大学图书馆中文古籍书目》,北京:内部刊印。

版本图书馆编:《全国总书目(1960)》,北京:中华书局。

《太原日报资料选集》,太原:太原日报总编室。(内部资料)

1962年

刘国钧著:《中国古代书籍史话》,北京:中华书局。

黄能馥著:《中国印刷史话》,北京:中华书局。

陈垣著:《中国佛教史籍概述》,北京:中华书局。

郭味蕖著:《中国版画史略》,北京:朝花美术出版社。

万国鼎著:《王桢和农书》,北京:中华书局。

魏绍昌编:《鸳鸯蝴蝶派研究资料》,上海:上海文艺出版社。1982年再版。

孔立著:《林纾和林译小说》,北京:中华书局。

徐忍寒编:《申报七十七年史料》,上海:油印本。

孙殿起著:《琉璃厂小志》,北京:北京出版社。

毛春翔著:《古书版本常谈》,北京:中华书局。

徐近之著:《地理文献学浅论》,北京:商务印书馆。

北京图书馆编:《中国版刻图录》(第二版),北京:文物出版社。

上海图书馆编:《中国丛书综录》,北京:中华书局。

何溶编:《文学书籍插图选集》,北京:人民美术出版社。

张舜徽著:《中国古代史籍校读法》,上海:中华书局上海编辑所。

陈原著:《书林漫步》,北京:三联书店。

杭州大学新闻系编:《中国新民主主义时期新闻事业史》,杭州:编者刊行。(内部资料)

万荣小报社编:《战斗的十年:万荣小报史料集》,编者刊行。

福建师范学院图书馆编:《福建地方文献及闽人著述书目》,福州:福建师范学院图书馆刊行。(内部资料)

广西人民出版社编:《十年书目》,南宁:编者刊行。(内部资料)

河北省文化局编:《古旧图书业务知识》:石家庄:河北省文化局刊行。(内部资料)

1963 年

范希曾补正:《书目答问补正》,北京:中华书局。

国家图书馆编:《西谛书目》,北京:文物出版社。

余嘉锡著:《目录学发微》,北京:中华书局。

张舜徽著:《广校雠略》,北京:中华书局。1986 年再版。

陈国符著:《道藏源流考》,北京:中华书局。

张秀民、龙顺宜著:《活字印刷史话》,北京:中华书局。1979 年再版。

甘肃省博物馆编:《武威汉简》,北京:文物出版社。

金健德著:《司马迁所见书考》,上海:上海人民出版社。

刘叶秋著:《中国古代的字典》,北京:中华书局。

文化部出版事业管理局版本图书馆编:《全国图书简目(1949～1960)》(全 3 册),北京:内部编印。

农业出版社编:《农业出版社图书目录》,北京:农业出版社(内部印刷)。

哈尔滨市图书馆编:《伪满出版农业书刊资料索引》,哈尔滨:内部印行。

1964 年

陈国庆著:《古籍版本浅说》(修订本),北京:中华书局。

洪光、黄天佑著:《造纸史话》,北京:中华书局。

王毓瑚著:《中国农学书录》,北京:农业出版社。

沈家本编:《古书目三种》,北京:中华书局。

人民卫生出版社编:《人民卫生出版社十年书目(1953～1963)》,北京:编者内部印行。

本书编委会编:《科学出版社图书期刊目录(1964～1964)》,北京:科学出版社。

中共上海市委《支部生活》编辑部编:《我和〈支部生活〉——创刊十周年征文纪念集》,上海:编者刊行。(内部资料)

1965 年

毛春翔著:《古书版本常谈》,上海:中华书局上海编辑所。

孙楷第著:《沧州集》,北京:中华书局。

清・永瑢等撰:《四库全书总目》,北京:中华书局。

山西省图书馆编:《历代山西人著述书目》(初稿),太原:山西省图书馆。(内部刊行)

工商日报社编:《工商日报创刊十五周年纪念特刊(1950～1965)》,北京:工商日报社。(内部)

天津市邮电局编:《天津出版报刊介绍》,天津:内部印行。

《中国近代期刊篇目汇录》上海图书馆编。第一卷 1965 年 12 月上海人民出版社初版;第二卷上、中、下册分别于 1979 年 10 月、1981 年、1982 年上海人民出版社初版;第三卷上、下册分别于 1983 年 8 月、1984 年 3 月刊行。全三卷 6 册,大 16 开本,印数 4000 册(套),精装印制。

1966 年

毛泽东著:《对晋绥日报编辑人员的谈话》(汉日对照)　北京:商务印书馆。

中国人民大学新闻系新闻事业史教研室编:《中国新闻事业史讲义》(现代部分),北京:编者刊行。

1967 年

首都出版界革命造反总部编:《十七年来出版工作两条路线斗争大事记(1949～1966)》,北京:内部刊行。

1970 年

王继祥编:《中国古籍整理与版本》,长春:东北师范大学图书馆学系。(内部)

《内阁藏书目录》(全 4 册),北京:内部刊行。

1971 年

国家出版事业管理局版本图书馆编:《全国总书目(1970)》,北京:中华书局。

新华日报社编:《毛主席论报刊宣传工作》,编者刊行。

1972 年

武汉大学图书馆学系编:《中国图书知识》,武汉:武汉大学图书馆学系。(内部刊行)

1973 年

北京大学中文系编:《马克思恩格斯列宁斯大林论报刊》,北京:北京大学中文系。(内部刊行)

邮电部编:《中华人民共和国邮电部报刊发行业务规定汇编》,北京:人民邮电出版社。

1974 年

北京大学图书馆学系古籍整理教学小组编:《中国书史讲稿》,北京:北京大学图书馆学系。(内部刊行)

中国书店编:《古籍版本知识》,南京:南京图书馆修订本。(内部刊行)

1975 年

南京师院中文系资料室编:《红楼梦新编书录》(附红楼梦版本表),内部刊行。

广文、石君等编写:《我国古代四大发明》,北京:北京人民出版社。

1976 年

国家出版事业管理局版本图书馆编:《全国总书目(1973)》,北京:内部印行。

《中国古代科技文献书目》,铅印本。

《山东印刷技术资料》(第一辑),济南:山东省革命委员会出版局出版处技术组。(内部资料)

南京师院中文系资料室编:《红楼梦版本论丛》,南京图书馆内部刊行。

山东师范学院编:《鲁迅主编及参与或指导编辑的杂志》,编者内部刊行。

王栻著:《严复传》,上海:上海人民出版社。

1977 年

毛春翔著:《古书版本常谈》,上海:上海人民出版社。

陈国庆著:《古籍版本浅说》,沈阳:辽宁人民出版社。

陈垣著:《中国佛教史籍概论》,北京:中华书局。

国家出版事业管理局版本图书馆编:《全国总书目(1974)》,北京:中华书局。

附录四　港澳台地区出版文化史研究论著目录

《港澳台地区出版文化史研究论著目录》辑录 20 世纪 50 年代初期至 2009 年间出版的有关出版文化史研究类的著作(含资料集)目录。本目录所辑录的书目,属于大出版的范畴,包括书、报、刊等各种媒体,编辑、印刷、发行等各个环节,乃至与出版相关的版本目录、书刊典藏、文化传播等各个方面。此目录的辑录参阅了钱存训、张志强、辛广伟等学者的成果及北京图书馆工具书室编《台港工具书指南》等相关论著。所辑书目均按年代先后排列,出版年份不详者置于最后。同时还附有少数新加坡、马来西亚的相关书目。此书目虽经多方搜求,但仍然很不完整。其中也还有些书目的信息可能有不准确之处。诚望读者诸君指正,并提供资料线索,以便日后补充完善。

1952 年

王云五著:《我的生活片段》,香港:华国出版社。

黄宁著:《印刷术的发明故事》,台北:大中国图书局。

1953 年

屈万里、昌彼得著:《图书版本学要略》,台北:中华文化出版事业委员会。

梁子涵编:《中国历代书目总录》,台北:中华文化出版事业委员会。

1954 年

台湾省杂志事业协会杂志年鉴编辑委员会编辑:《“中华民国”杂志年鉴》,台北:杂志年鉴发行委员会发行,明星印书馆印刷。

1955 年

昌彼得编:《台湾公藏宋元本联合书目》,台北:“国立中央图书馆”。

1956 年

“国立中央图书馆”编:《“中华民国”出版图书目录》(5 册),台北:中华文化出版事业委员会,1956～1960 年。

“国立中央图书馆”编:《“中华民国”出版图书目录(三)》,台北:中华文化出版事业委员会。

袁同礼编,梁再平增订:《中国音乐书谱目录》,台北:中华国乐会。

圣经印赠会编:《书中之书》,香港:圣经印赠会。

成舍我著:《报学杂著》,台湾中央文物供应社。

1957 年

袁昶超著:《中国报业小史》,香港:新闻天地社。

“国立中央图书馆”编:《近百年来中译西书目录》,台北:中华文化出版事业委员会。

“国立中央图书馆”编辑:《“国立中央图书馆”善本书目》,台北:中华丛书编审委员会。1957年至1958年刊行。

严灵峰编:《中外老子著述目录》,台北:中华丛书编审委员会。

1958 年

“国立中央图书馆”编:《“中华民国”出版图书目录(三)》,台北:中华文化出版事业委员会。

罗锦堂著:《历代图书版本志要》,台北:中华丛书编审委员会。

“国立中央图书馆”编辑:《“国立中央图书馆”宋本图录》,台北:中华丛书编审委员会。

梁启超撰:《图书大辞典簿录之部》,台北:中华书局。

徐宗泽编:《明清间耶稣会士译著提要》(十卷),台北:中华书局。

张兴唐编:《蒙古参考书目》,台北:中华丛书编审委员会。

1959 年

“国立中央图书馆”编:《“中华民国”出版图书目录(四)》,台北:中华文化出版事业委员会。

清・邵懿辰撰,邵章续录:《增订四库简明目录标注》,台北:中华书局。

陈新会著:《中国佛教史籍概论》,台北:文史哲出版社。

(日)小野秀雄著,陈固亭译:《各国报业小史》,台北:正中书局。

穆欣著:《邹韬奋》,香港:三联书店。

1960 年

李书华著:《造纸的传播及古纸的发现》,台北:中华丛书编审委员会。

李书华著:《中国印刷术起源》,香港:香港新书院。

李炳炎编著:《少年中国晨报五十周年纪念专刊(1910～1960)》,香港友侨印刷公司。

曲直生撰:《中国古农书简介》,台北:经济研究社台湾分社。

(美)Frank L. Mott 著,罗篁、张逢沛译:《美国新闻事业史》,台北“教育部”(世界书局发行)。本书1975年再版。

1961 年

“国立中央图书馆”编:《“中华民国”出版图书目录(五)》,台北:中华文化出版事业委员会。

“国立中央图书馆”编:《“国立中央图书馆”金元本图录》,台北:中华丛书编审委员会。

“中华民国”新闻年鉴编纂委员会编:《“中华民国”新闻年鉴》,台北:新闻记者公会。

孙耀卿编:《四库书目续编》,台北:世界书局。

严灵峰撰:《列子庄子知见书目》,香港九龙:无求备斋。

1962 年

李书华著:《中国印刷术起源》,香港:新亚研究所。

张季鸾著:《季鸾文存》,台北:文星书店。

1963 年

张明堡编:《新闻出版法令汇编》,台北:联合图书公司。

台湾“内政部出版事业管理处”编:《出版事业登记一览》,台北:“内政部出版事业管理处”。

徐绍棨著:《广东藏书纪事诗》,香港:商务印书馆(香港)有限公司。

凌纯声著:《树皮布印文陶与造纸印刷术发明》,台北:“中央研究院”民族学研究所。

1964 年

戈公振著:《中国报学史》,香港:太平书局。

戈公振著:《中国报学史》,台北:台湾学生书局。

“国立中央图书馆”编:《“中华民国”出版图书目录汇编》(2 册),台北:“国立中央图书馆”。

叶昌炽撰、王季烈等节抄:《缘督庐日记抄》,台北:学生书局影印。

陈纪滢著:《读者文摘是怎样办起来的?》,台北:重光文艺出版社。

台湾台北市新闻记者公会编:《世界报业》,编者刊行。

1965 年

萧孟能著:《出版原野的开拓》,台湾文星书店。

王云五著:《岫庐论学》,台湾人华晚报社,1965 年初版,同年台北商务印书馆出版增订二版,1975 年出版增订三版。

王云五著:《岫庐论教育》,台北:商务印书馆。

张秀民著:《中国印刷术的发明及其影响》,台北:文史哲出版社。

马宗霍辑:《书林藻鉴》,台北:商务印书馆。

叶昌炽撰,《藏书纪事诗》,台北:世界书局。

Meryer Berger 著,何毓衡译:《纽约时报一百年》,香港:新闻天地社。

佚名:《晚清西文报纸导要(1822～1911)》,香港刊行。出版机构待查。

台湾台北市报业新闻评议会委员会编:《英国报业评议会十年》,编者刊行。

陈纪滢编:《美国的新闻事业》,台湾文友出版社。

1966 年

朱传誉著:《宋代新闻史》,台北:学术奖励委员会。

曾虚白主编:《中国新闻史》(上、下),台北:“国立”政治大学新闻研究所,1966 年出版,1974 年第 4 版。

李瞻著:《世界新闻史》,台北:三民书局。

(日)小野秀雄著,陈固亭译:《中外报业史》,台北:正中书局。

(美)梅挪台·柏格著,何毓衡译:《纽约时报一百年》,香港新闻出版社。

李瞻著:《世界新闻史》,台北:“国立”政治大学新闻研究所,1966 年出版;1987 年第 7 版(增订)。

史梅岑著:《中国印刷发展史》,台北:商务印书馆,1966 年出版;1972 年重印。

王云五著:《岫庐论国是》,台北:商务印书馆。

蔡金重编:《藏书纪事诗引得》,台北:成文出版社影印。

章钰撰:《四当斋集》,台北:文华出版公司影印。

杨士奇等编:《文渊阁书目》(20 卷),台北:商务印书馆。

罗锦堂著:《中国戏曲总目汇编》,香港万有图书公司。

“国立中央图书馆”编:《“国立中央图书馆”期刊目录》,台北:“国立中央图书馆”。

周越然著:《书书书》,香港:汉学图书供应社。

1967 年

冯爱群著:《华侨报业史》,台北:台湾学生书局。

冯爱群著:《中国新闻史》,台北:台湾学生书局。

朱传誉著:《报人·报史·报学》,台北:商务印书馆。

王云五著:《岫庐八十自述》,台北:商务印书馆。

《丛书子目类编》,台北:中国学典馆复馆筹备处。

广文书局编:《书目丛编》,台北:广文书局,1967～1971 年。具体包括:《书目初编》、《书目续编》、《书目三编》、《书目四编》、《书目五编》;《书目初编叙录》(乔衍管著,下同)、《书目续编叙录》、《书目三编叙录》、《书目四编叙录》、《书目五编叙录》。

“国立中央图书馆”编:《国立中央图书馆善本书目》(增订本),台北:编者。

清·莫友芝撰:《宋元旧本书经眼录》,台北:文海出版社。

傅增湘撰:《藏园群书题记初集》,台北:广文书局影印。

傅增湘撰:《藏园群书题记续集》,台北:广文书局影印。

莫伯骥编:《五十万卷楼藏书目录初编》,台北:广文书局影印。

叶启勋撰:《拾经楼䌷书录》,台北:广文书局影印。

董康校订:《曲海总目提要》,台北:新兴书局影印。

邓邦述撰:《群碧楼善本书录、寒瘦山房鬻存善本书目》,台北:广文书局影印。

张元济著:《校史随笔》,台北:商务印书馆。

郭伯恭撰:《四库全书纂修考》,台北:商务印书馆影印。

1968 年

(美)卡特著,胡志伟译:《中国印刷术的发明及其西传》,台北:商务印书馆。

姚际恒著:《古今伪书考》,台北:开明书店。

台湾印刷学会编:《中国印刷简史和现状》,台湾印刷学会。

陈石安著:《报学概论》,台北:壬寅出版社。

陈世琪著:《英文书刊编辑学》,台北:中国出版公司。

中央研究院历史语言研究所编:《中央研究院历史语言研究所善本书目》,台北:编者。

“国立中央图书馆”编:《“中华民国”儿童图书总目》,台北:编者。

布里顿:《1800～1912 年的中国定期报刊》,台北:成文出版社。

张钧衡藏、缪荃孙撰:《适园藏书志》,台北:广文书局影印。

徐绍棨撰、徐汤殷补校:《广东藏书纪事诗》,台北:大华印书馆影印。

莫伯骥撰:《五十万卷楼群书跋文》,台北:文海出版社影印。

朱希祖撰:《明季史籍题跋》,台北:大华印书馆影印。

明·彭元瑞:《钦定天禄琳琅书目·续目》,台北:广文书局。

1969 年

王云五著:《十年苦斗记》,台北:商务印书馆,1969 年第 2 版。

林慰君著:《林白水传》,台北:传记文学出版社。

黄良吉著:《东方杂志之刊行及其影响之研究》,台北:商务印书馆。

刘冰著:《中国装订简史》,台北:汉华文化事业公司。

韩迪厚著:《近代翻译史话》,香港辰冲图书公司。

昌彼得编:《明代版画选》(初辑),2册,台北:汉华文化事业公司。

彭歌著:《知识的水库》,台湾纯文学出版社。

杜定友著:《校雠新义》,台北:中华书局。

张乃熊编:《芹圃善本书目》,台北:广文书局影印。

傅增湘编:《双鉴楼善本书目》,台北:广文书局影印。

傅增湘编:《双鉴楼藏书续记》,台北:广文书局影印。

"国立中央图书馆"编:《"国立中央图书馆"典藏"国立北平图书馆"善本书目》,台北:"国立中央图书馆"。

洪瑞焜撰:《"全国"图书总目录》,台北:乐天出版社。

中国国民党中央委员会党史史料编纂委员会编:《"中华民国"开国五十年文献总目》,台北:台北市政府新闻处。

台北市政府新闻处编:《台北市新闻文化出版事业机构一览》,台北市政府新闻处。

严灵峰编:《墨子知见书目》,台北:台湾学生书局。

1970 年

王寿南主编:《王云五先生哀思录》,台北:商务印书馆。

《"中华民国"出版图书目录汇编续编》,出版单位不详。

张锦郎主编:《"中华民国"台湾区公藏中文人文社会科学期刊联合目录》,台北:"国立中央图书馆"。

郑慧英编:《书评索引初编》,台北:台湾学生书局。

沈干一编:《丛书书目汇编》,台北:文海出版社。

日本内阁文库编:《内阁文库汉籍分类目录》,台北:进学书局,影印本。

陶湘编:《故宫殿本书库中华民国二十二年存目》,台北:台联国风出版社影印。

中央研究院历史语言研究所编:《中央研究院历史语言研究所普通本线装书目》,台北:编者。

台湾商务印书馆编:《图书目录》,台北:商务印书馆。

余秉权、李又宁、张玉法辑:《清季革命运动期刊叙目选辑》,出版机构不详。

王云五著:《谈往事》,台北:传记文学出版社。

乐恕人著:《名记者的塑像》,台湾莘莘出版公司。

(日)小野秀雄著:《各国报业简史》(中译本),台北:正中书局。

饶宗颐编:《香港大学冯平山图书馆图书馆善本书录》,香港:龙门书店。

1971 年

张玉法著:《先秦的传播活动及其影响》,台北:商务印书馆。

于衡著:《联合报二十年》,台北:联合报。

陈纪滢著:《报人张季鸾》,台湾文友出版社。

包天笑著:《钏影楼回忆录》,香港:大华出版社。

高越天著:《中国书纲》,台北:维新书局。

杨立诚、金步瀛著:《中国藏书家小史》,台北:文海出版社,1971 年影印本。

卢震京:《图书馆学大辞典》,台北:商务印书馆。

潘承弼、顾廷龙编:《明代版本图录初编》,台北:文海出版社。

"国立中央图书馆"编:《现存宋人著述目略》,台北:中华丛书编审委员会。

"国立中央图书馆"编:《台湾公藏善本书目书名索引》,台北:编者。

"国立中央图书馆"、台湾师范大学、东海大学编:《中央图书馆、"国立"台湾师范大学、私立东海大学普通本线装书目》,台北:编者。

台湾大学图书馆编:《台湾大学普通线装书目》,台北:编者。

丁福保编:《历代医学书目》,香港九龙:中山图书公司,影印本。

艺文印书馆编:《百部丛书集成分类目录》(4 册),台北:艺文印书馆。

艺文印书馆编:《百部丛书集成书名索引》,台北:艺文印书馆。

(日)黑田源次、冈西为人编:《续中国医学书目》,台北:文海出版社。

1972 年

蒋复璁等:《中国书籍考论集》,香港:中山图书公司。

李文裿等:《中国书籍演变论集》,香港:中山图书公司。

郭伯恭:《四库全书纂修考》,台北:商务印书馆,1972 年重印。

恽茹莘撰:《书林掌故》,香港:中山图书公司影印。

国民党党营文化事业专辑编纂委员会编:《正中书局》,台湾国民党中央委员会文化工作会。

王重民辑录:《美国国会图书馆藏中国善本书目》,台北:文海出版社。

"国立中央图书馆"编:《台湾公藏善本书目人名索引》,台北:编者。

"国防研究院"、台湾省立台北图书馆编:《国防研究院台湾省立台北图书馆普通本线装书目》,台北:编者。

(日)近代中国研究委员会编:《皇朝经世文编总目录》,台北:文海出版社。

杨家骆著:《"民国"以来出版新书总目提要初编》,台北:中国学典馆复馆筹备处。

程之行著:《英美报业简史》,台北:学生书局。

"国立"政治大学社会科学资料中心编辑:《中外期刊及报纸目录》,台北:"国立"政治大学社会科学资料中心印行。

1973 年

台湾中华书局编辑部校订:《四部备要书目提要》(四卷),台北:中华书局。

"国立中央图书馆"编目组编辑:《"中华民国"出版图书目录》,台北:"国立中央图书馆"编目组。

王云五著:《商务印书馆和新教育年谱》(上、中、下),台北:商务印书馆。

王云五著:《新目录学的一角落》,台北:商务印书馆。

毛春翔著:《古书版本常谈》,香港:中华书局。

王云五著:《岫庐语汇》,台北:商务印书馆。

朱传誉著:《先秦传播事业概要》,台北:商务印书馆。

朱传誉著:《中国民意与新闻事业发展史》,台北:商务印书馆。

曾虚白主编:《中国新闻史》,台北政治大学新闻研究所。

包天笑著:《钏影楼回忆录续编》,香港:大华出版社。

恽如莘撰:《书林掌故续编》,香港:中山图书公司影印。

缪荃孙撰:《艺风堂文漫存》,台北:文史哲出版社影印。

叶昌炽撰:《奇觚庼文集》,台北::文史哲出版社影印。

徐泳平著:《革命报人别记》,台北:正中书局。

贺圣鼐、赖彦于编:《近代印刷术》,台北:商务印书馆。

王树槐著:《清季的广学会》,台北:"中央研究院"近代史所集刊,1973(4·上册)

【附】郑文辉著:《新加坡华文报业史》,马来西亚:新马出版印刷公司。

1974 年

"行政院新闻局出版事业处"编:《出版事业登记一览》,编者印行。

"行政院新闻局"编:《"中华民国"图书总目录》,编者印行。

陈鸿舜编著:《东北期刊目录》,香港九龙:中山图书公司,影印本。

刘家璧编:《中国图书史资料集》,香港:龙门书店。

昌彼得著:《中国图书史略》,台北:文史哲出版社。

杨立诚、金步瀛著:《中国藏书家考略》,台北:文海出版公司。

蒋汝藻藏、王国维编:《传书堂藏书志》,台北:艺文印书馆影印。

叶德辉撰:《书林清话》、《书材余话》,台北:世界书局影印。

张锦郎、黄渊泉合编:《中国近六十年来图书馆事业大事记》,台北:商务印书馆。

台北市政府新闻处编:《出版及大众传播事业法令汇编》,1974 年印行。此后有 1976 年版,1978 年版,1980 年版等。

李槐三编著:《印刷工业名词辞典》,台北:中华学术印刷工业研究所。

彭歌著:《爱书的人》,台湾纯文学出版社。

林友兰著:《中国报学导论》,台北:台湾学生书局。

陈纪滢著:《胡政之与大公报》,香港:掌故月刊社。

朱传誉著:《中国民意与新闻自由发展史》,台北:正中书局。

清·纪昀等编纂:《四库全书总目》(10 册),台北:艺文印书馆。

顾廷龙编:《明代版本图录初编》,台北:艺文印书馆。

庄芳荣编:《丛书书目续编》,台北:德浩书局。

王国璠著:《台湾先贤著作提要》,台湾新竹:台湾省立新竹社会教育馆。

柳存仁撰:《伦敦所见中国小说书目提要》,台北:凤凰出版社。

林焕彰编:《近三十年新诗书目》,台北:书评书目出版会。

王云五纂:《重印东方杂志全部旧刊总目录》,台北:商务印书馆。

工业技术研究院技术经济资料室图书馆编:《科学技术期刊目录(1974 年 9 月止)》,台湾新竹:编者印行。

1975 年

王国华主编:《“中华民国”出版年鉴(1975)》,台北:出版家杂志社。

王国华主编:《“中华民国”出版年鉴(1975)续:图书总目》,台北:出版家杂志社。

年鉴出版社编:《“中华民国”出版年鉴》,台北:年鉴出版社。

“国立中央图书馆”台湾分馆编:《“国立中央图书馆”台湾分馆馆藏期刊报纸目录(清末至“民国”三十八年)》,台北:编者印行。

刘新华注:《四库全书总目叙注》,台北:撰者印行。

王尔敏编:《中国文献西译书目》,台北:商务印书馆。

严灵峰编:《周秦汉魏诸子知见书目》(六卷),台北:正中书局,1975～1979年印行。

徐绍棨:《广东藏书纪事诗》,台北:文海出版社。

乔衍琯、张锦郎编:《图书印刷发展史论文集》,台北:文史哲出版社。

杨亮功等著:《我所认识的王云五先生》,台北:商务印书馆。1976年出版第二版。

王云五著:《谈往事》,台北:传记文学出版社。

(美)钱存训著,周宁森译:《中国古代书史》,香港中文大学出版社。

陈石安著:《新闻编辑学》,台北:长风出版社。

方鹏程著:《先秦合纵连横说服传播的研究》,台北:商务印书馆。

(美)穆特著,罗萱等译:《美国新闻事业史》,台北:世界书局。

1976年

王云五著:《岫庐已故知交百家手札》,台北:商务印书馆。

台北市新闻处编:《出版及大众传播事业法令汇编》,编者印行。

冯爱群著:《华侨报业史》,台北:学生书局。

年鉴出版社编:《“中华民国”出版年鉴1976》,台北:出版家杂志社。

中国出版公司编:《“中华民国”出版年鉴(1976)》,台北:中国出版公司。

洪瑞焜主编:《“中华民国”全国图书总目录(1976年)》,台北:洪氏出版社。

“国立中央图书馆”编:《“中华民国”出版图书目录(1975年)》,台北:编者印行。

“国立”台湾师范大学图书馆编:《“国立”台湾师范大学出版品暨教职员著作目录》,台北:编者印行。

张伟仁主编:《中国法制史书目》(3册),台北:“中央研究院”历史语言研究所。

殷炫武著:《宋代版刻法制研究》,台北:石室出版社。

张之川译:《印刷术》,台北:徐氏基金会。

蔡运辰编:《宋藏遗珍叙目》,台北:新文丰出版有限公司。

潘祖荫藏、叶昌炽撰:《滂喜斋藏书记》,台北:广文书局影印。

韦光正著:《欧洲大众传播》,台湾华欣文化事业中心。

1977年

中国出版公司编:《“中华民国”出版年鉴(1977)》,台北:中国出版公司。

乔衍琯、张锦郎编:《图书印刷发展史论文集续集》,台北:文史哲出版社。

王云五著:《庐纪事诗存 附诗余》,台北:商务印书馆。

王云五著:《岫庐最后十年自述》,台北:商务印书馆。

昌彼得著:《版本目录学论丛》(1～2辑),台北:学海出版社。

《左舜生自选集》,台北:文海出版社。

秀川编写:《中国印刷术史话》,香港:商务印书馆香港分馆。

《"国立故宫博物院"宋本图录》,台北印行。

释道安、张曼涛编:《大藏经研究汇编》,台北:大乘出版社。

杨家骆著:《四库大辞典》,台北:中国学典馆复馆筹备处。

杨家骆著:《丛书大辞典附丛书总目类编》,台北:中国学典馆复馆筹备处,1977年,四版。

艺文印书馆编:《四部分类丛书集成续编目录索引》,台北:艺文印书馆。

艺文印书馆编:《四部分类丛书集成三编目录索引》(2册),台北:艺文印书馆。

"国立故宫博物院"编纂:《"国立故宫博物院"宋本图录》,台北:"国立故宫博物院"。

张鸿智编:《"中华民国"图书联合目录》,台北:"国立中央图书馆"。

"国立中央图书馆"编:《"中华民国"出版图书目录(1976年)》,台北:"国立中央图书馆"。

"国立中央图书馆"编:《"中华民国"图书联合目录(1974～1976年)》,台北:"国立中央图书馆"。

"国立中央图书馆"台湾分馆编:《全国儿童图书目录》,台北:"国立中央图书馆"。

"国立中央图书馆"编:《"国立中央图书馆"期刊目录》,台北:"国立中央图书馆"。

联经出版事业公司编:《文学杂志索引》,台北:联经出版事业公司。

台北市政府新闻处编:《台北市出版事业机构一览》,台北:台北市政府新闻处,1977年。同名书还分别于1981年、1983年、1985年刊行。

郑贞铭:《美国大众传播》,台北:商务印书馆。

1978年

台北市政府新闻处编:《出版及大众传播事业法令汇编》,台北:台北市政府新闻处。

台湾省政府新闻处编:《台湾省出版事业登记一览》,台中:台湾省政府新闻处,1978年。同名书还分别于1979年、1981年、1982年、1984年、1986年刊行。

叶松发著:《中国书籍史话》,台北:白庄出版社。

杨立诚、金步瀛著:《中国藏书家小史》,台北:新文丰出版有限公司,1978年再版。

杨荫深:《中国文学藏书家考略》,台北:新文丰出版有限公司。

郑振铎撰:《劫中得书记》,台北:成文出版社影印。

郑振铎撰:《劫中得书记续记》,台北:成文出版社影印。

郑振铎藏、北京图书馆编:《西谛题跋》,台北:成文出版社影印。

封思毅著:《士礼居黄氏学》,台北:商务印书馆。

北京图书馆编:《北京图书馆善本书目》,台北:成文出版社影印。

严灵峰编辑,周毓邠辑:《汇刻书目初编》,台北:成文出版社。

严灵峰编辑,周毓邠辑:《汇刻书目二编》,台北:成文出版社。

严灵峰编辑,潘承弼、顾廷龙辑:《明代版本图录初编》,台北:成文出版社。

梁培炽著:《香港大学所藏木鱼书叙录与研究》,香港:香港大学亚洲研究中心。

释道安:《中国大藏经翻译刻印史》,台北:庐山出版社。

李瞻主编:《中国新闻史》,台北:台湾学生书局。

赖光临著:《中国新闻传播史》,台北:三民书局,1978 年。1983 年第 2 版。

梁元生著:《林乐知在华事业与〈万国公报〉》,香港:香港中文大学出版社。

台湾中华文化基金会编:《扫荡二十年:扫荡报的历史记录》,编者刊行。

香港生活·读书·新知三联书店编:《生活·读书·新知三联书店成立三十周年纪念集(1948～1978)》,香港:生活·读书·新知三联书店。

香港文汇报社编:《香港文汇报创刊三十周年纪念集》,香港:编者刊行。

"国立中央图书馆"编:《"中华民国"出版图书目录(1977 年)》,台北:"国立中央图书馆"。

【附】(新加坡)何舒敏著:《新加坡最早的华文日报——〈叻报〉》(1881～1923),新加坡:南洋学报刊行。

1979 年

中国出版公司编:《"中华民国"出版年鉴(1979)》,台北:中国出版公司。

"国立中央图书馆"编:《"中华民国"出版图书目录(1978 年)》,台北:"国立中央图书馆"。

"国立中央图书馆"主编:《"国立中央图书馆"馆藏"中华民国"政府出版品目录》,台北:"国立编译馆"中华丛书编审委员会。

王云五著:《岫庐序跋集编》,台北:商务印书馆。

张元济著:《涉园序跋集录》,台北:商务印书馆。

朱传誉主编:《王云五传记资料》(影印本,1～4 册),台北:天一出版社,1979～1985 年出版。

周佳荣著:《苏报与清末革命思潮》,香港:昭明出版社。

李瞻主编:《中国新闻史》,台北:学生书局。

钱基博著:《古籍举要》,台北:新文丰出版有限公司。

香港三联书店编:《三联书刊报道》,香港:编者刊行。

【附】万修主编:《胡愈之作品选》,新加坡上海书局有限公司。

1980 年

台北市新闻处编:《出版及大众传播事业法令汇编》,台北市新闻处。

(日)实滕惠秀监修,谭汝谦主编,(日)小川博编辑:《中国译日本书综合目录》,香港:香港中文大学出版社。

上海图书馆编:《中国近代现代丛书目录》,香港:商务印书馆(香港)有限公司。

林启昌编著:《印刷文化史》,香港:东亚出版社。

张秀民著:《中国印刷术的发明及其影响》,台北:文史哲出版社,1980 年版。1988 年再版。

赖光临著:《中国近代报人与报业》,台北:商务印书馆。

赖光临著:《梁启超与近代报业》,台北:商务印书馆。

陈纪滢著:《抗战时期的大公报》,台北:黎明文化事业公司。

黄天才编:《新闻人物专访实录》,台湾中华日报出版部。

邹韬奋著:《邹韬奋选集》,香港文学研究社。

《中国时报三十年》,台北:时报出版社。

日本静嘉堂文库编纂:《静嘉堂文库汉籍分类目录》(正、续全编),台北:大立出版社,影印本。

“国立中央图书馆”编目组编:《“中华民国”图书联合目录(1977～1979)》,台北:编者,1980～1981年。

“国立中央图书馆”编:《台湾公藏普通本线装书目人名索引》,台北:编者。

“中央研究院”编:《“中央研究院”出版品目录》,台北:编者。

谭汝谦主编:《中国译日本书综合目录》,香港中文大学出版社。

“国立中央图书馆”编:《中国文化研究简易书刊目录》,台北:编者。

叶健青、彭振平编:《“国史馆”总书库图书目录》,台北:“国史馆”史料处。

“国立教育资料馆”编:《七十年来教育杂志展览目录》,台北:“国立教育资料馆”。

香港中山图书馆编辑:《香港中山图书馆中文参考书目录》,香港九龙:香港中山图书馆。

光华出版公司编:《政治图书选目》,台北:光华出版公司。

光华出版公司编:《农业图书选目》,台北:光华出版公司。

林焕彰编:《中国新诗集编目》,台北:成文出版社。

林丽丽编:《中国现代散文集编目》,台北:成文出版社。

中国子学名著集成编修委员会编:《中国子学名著集成索引》,台北:中国子学名著集成编印基金会。

清·叶昌炽撰:《藏书纪事诗》(与另5种藏书类著作合刊本),台北:世界书局,1980年重排本。

潘美月著:《宋代藏书家考》,台北:学海出版社。

陈敬之编:《首创民族主义文艺的南社》,台北:成文出版社。

陈敬之编:《“新月”及其重要形象》,台北:成文出版社。

陈敬之编:《文学研究会与创造社》,台北:成文出版社。

【附】(新加坡)杨松年、周维介编著:《新加坡早期华文报章文艺副刊研究(1927～1930)》,新加坡:教育出版社私营有限公司。

1981年

谭汝谦主编:《日本译中国书综合目录》,香港:香港中文大学出版社。

(日)黑田源次编:《中国医学书目》,台北:文海出版社。

王毓瑚著:《中国农学书录》,台北:文明书局。

中国出版公司编:《“中华民国”出版年鉴(1981)》,台北:中国出版公司。

“国立中央图书馆”编目组编:《“中华民国”出版图书目录(1980年)》,台北:“中央图书馆”。

“国立中央图书馆”特藏组编:《台湾公私方志联合目录》(增订本),台北:“中央图书馆”。

“行政院”研究发展考核委员会编:《“中华民国”政府出版品目录》(不定期部分),台北:编者印行。

“行政院”研究发展考核委员会编:《“中华民国”政府出版品目录》(定期部分),台北:编者印行。

高雄市政府新闻处编:《高雄市出版事业登记一览》,高雄:编者印行。

胡玉缙编撰:《四库全书总目提要补正目录》(六十卷),台北:龙田出版社。

赵吉士撰:《贞元石斋知见传本书录》,台南:赵璧光印行。

杨守敬撰:《日本访书志》,台北:广文书局有限公司。

中华福音神学院中国教会史研究中心编:《中国基督教史研究书目:中、日文专著与论文目录》,台北:编者印行。

封思毅编注:《天放楼书录》,台北:商务印书馆。

隐地编著:《出版社传奇》,台北:尔雅出版社。

汪宗衍著:《清顾广圻年谱》,台北:商务印书馆。

《永怀李万居先生》,台北:甘地出版社。

周安仪编著:《中国新闻从业人员群像》,台北:黎明文化事业股份有限公司。

赖光临著:《七十年中国报业史》,台北:中央日报社。

陈纪滢编:《抗战时期的大公报》,台湾黎明文化事业公司。

《中国图书版本学论文选辑》,台北:学海出版社。

王三庆著:《红楼梦版本研究》,台北:石门图书公司。

林品香著:《我国历代活字版印刷史研究》,台北:中国文化大学史学研究所。

史为鉴编:《禁》,台湾四季出版公司。

刘伯骥译:《丁韪良遗著选粹》,台北:中华书局。

张曼涛主编:《佛典翻译史论》,台北:大乘文化出版社。

1982 年

清·永瑢等撰:《四库全书简明目录》(二十卷),台北:洪氏出版社。

“国立中央图书馆”特藏组编:《台湾公藏普通线装书目书名索引》,台北:“国立中央图书馆”。

“国立中央图书馆”特藏组编:《中国历代艺文总志:经部易类书类初稿本》,台北:“国立中央图书馆”。

“国立中央图书馆”编目组编:《“中华民国”出版图书目录(1981 年)》,台北:编者印行。

“国立中央图书馆”编:《“中华民国”中文期刊联合目录》(2 册),台北:编者印行,1982 年,第 2 版。

“国立”台湾师范大学图书馆编:《“国立”台湾师范大学出版品暨教职员著作目录(续编)》,台北:编者印行。

“中华民国”图书馆基本图书选目编辑委员会编:《“中华民国”图书馆基本图书选目》(10 册),台北:中国图书馆学会出版委员会。

张寿平编:《公藏先秦诸子注疏书目》,台北:“国立编译馆”中华丛书编审委员会。

中华福音神学院图书馆编:《基督教中文期刊标题汇编(1975～1980)》,台北:编者印行。

张舜徽著:《清人文集别录》,台北:文明书局。

李兴才著:《唐宋印刷术》,台湾华冈出版部。

吴辰伯著:《江浙藏书家史略》,台北:文史哲出版社。

清·张金吾撰:《爱日精庐藏书志》,台北:文史哲出版社。

郑伯奇著:《忆创造社及其他》,香港:三联书店。

1983 年

王国良、王秋桂编:《中国图书文献学论集》,台北:文明书局,1983 年初版,1986 年出版增订新版。

沈宝环撰:《图书、图书馆、图书馆学:沈宝环教授图书馆学论文选集》,台北:台湾学生书局。

张琏著:《明代中央政府刻书研究》,台北:中国文化大学史学研究所。

司琦著:《儿童读物研究》,台北:商务印书馆,1983 年初版,1993 年修订版。

黄才郎等:《中国传统版画艺术特展》,台北:文化建设委员会。

"行政院"文化建设委员会编辑委员会编:《文化法规汇编》(2 册),台北:编者印行。

严文郁著:《中国图书馆发展史》,台北:枫城出版社。

尹定国著:《西洋图书馆史》,台北:学生书局。

苏精著:《近代藏书三十家》,台北:传记文学出版社。

李玲玲著:《新闻研究资料》,台湾黎明文化事业股份有限公司。

李瞻主编:《世界新闻史》(第 7 版),台北:三民书局。

陈世敏著:《大众传播与社会变迁》,台北:三民书局。

余光编著:《余光音乐杂志年鉴(1983)》,台北:同联文化事业出版公司。

清·永瑢、纪昀等撰:《四库全书总目提要》(6 册),台北:商务印书馆。

清·黄虞稷撰:《千顷堂书目》,台北:商务印书馆。

清·赵希弁撰:《郡斋读书后志》,台北:商务印书馆。

容肇祖编撰:《冯梦龙与三言》,台北:木铎出版社。

庄芳荣编:《中国类书总目初稿:书名、著者索引篇》,台北:台湾学生书局。

"国立故宫博物院"编辑:《"国立故宫博物院"善本旧籍总目》,台北:"国立故宫博物院"。

"国立中央图书馆"编目组编:《"中华民国"出版图书目录(1982 年)》,台北:编者印行。

国际关系研究中心资料组编:《中外文期刊总目录》,台北:编者印行。

农业科学资料服务中心编:《农业期刊目录》,台北:编者印行。

纪元德编:《基督教神学书目》,台北:台湾神学院。

应凤凰编:《一九八零年文学书目》,台北:大地出版社。

1984 年

"国立中央图书馆"编目组编:《"中华民国"出版图书目录(1983 年)》,台北:编者印行。

“国立中央图书馆”计算机室编:《“国立中央图书馆”机读式书名目录(1981～1984)》,台北:编者印行。

台北市立图书馆编:《儿童图书目录》(第一辑),台北:编者印行。

“国立中央图书馆”台湾分馆编:《全国儿童图书目录续编》,台北:文工会。

“国立中央图书馆”台湾分馆编:《“国立中央图书馆”台湾分馆日文旧籍目录》,台北:编者印行。

应凤凰编:《一九八一年文学书目》,台北:大地出版社。

香港中山图书馆编辑:《香港中山图书馆图书总目录》,香港九龙:编者印行。

余光编著:《余光音乐杂志年鉴(1984)》,台北:同联文化事业出版公司。

“中华民国”印刷年鉴出版编辑委员会编:《“中华民国”印刷年鉴》,台北:台湾区印刷工业同业公会。

台湾区印刷工业同业公会编:《台湾印刷年鉴》,台北:台湾区印刷工业同业公会。

应凤凰、钟丽慧著:《书香社会》,“行政院”文化建设委员会。

吴哲夫著:《书的历史》,台湾“行政院”文化建设委员会。

史梅岑著:《印刷沿革与中华文化》,台北:文儒堂出版社。

新文丰出版股份有限公司编:《中国古书版本研究》,台北:新文丰出版股份有限公司。

新文丰出版股份有限公司编:《古籍版本鉴定丛谈》,台北:新文丰出版股份有限公司。

张锦郎著:《中国图书馆事业论集》,台北:台湾学生书局。

郑树良主编:《续古今伪书考》,台北:台湾学生书局。

屈万里编:《普林斯顿大学葛思德东方图书馆中文善本书志》,台北:联经出版事业公司。

王重民撰:《中国善本书提要》,台北:文明书局。

郑樑生著:《元明时代东传日本的文献》,台北:文史哲出版社。

张隶华著:《薇君读书志:“国立中央图书馆”善本经眼录》,台北:福记文化图书公司。

《台湾印刷年鉴 1984》,台北:台湾区印刷工业同业公会。

赖光临著:《新闻史》,台北:允晨文化实业股份有限公司。

冷若水主编:《中央日报六十年》,台北:中央日报社六十周年社庆筹备委员会刊行。

王惕吾著:《联合报三十年的发展:我从事新闻事业的一段回忆录》,台湾联合报社。

温世光编著:《实用传播法规全备》,台北:三民书局。

陶菊隐著:《记者生涯三十年》,台北:中华书局。

王振勋著:《三十年来台湾地区儿童读物出版发展史》,台北:中国文化大学史学研究所硕士论文。

杨森富著:《中华圣经翻译史》,台北:商务印书馆。

1985 年

天一编:《王云五传记资料》(4 册),台北:天一出版社。

台北中国图书馆学会编:《古籍鉴定与维护研习会专集》,台北:中国图书馆学会。

屈万里编:《“国立中央图书馆”善本书目初稿》,台北:联经出版事业公司。

宋・王尧臣等撰,钱东垣等辑释:《崇文总目》,台北:新文丰出版公司。

清·姚际恒撰:《古今伪书考》,台北:新文丰出版公司。

明·焦竑撰:《国史经籍志》,台北:新文丰出版公司。

清·毛扆撰:《汲古阁珍藏秘本书目》,台北:新文丰出版公司。

清·陈揆编:《稽瑞楼书目》,台北:新文丰出版公司。

清·季振宜撰:《季沧苇藏书目》,台北:新文丰出版公司。

清·钱谦益撰,陈景云注:《绛云楼书目》,台北:新文丰出版公司。

清·孙星衍撰:《平津馆鉴藏记》,台北:新文丰出版公司。

饶宗颐、曾宪通著:《楚帛书》,香港:中华书局香港分局。

(日)藤原佐世撰:《日本国见在书目录》,台北:新文丰出版公司,影印本。

"国立中央图书馆"编目组编:《"中华民国"出版图书目录(1984年)》,台北:编者印行。

台湾省政府新闻处编:《"中华民国"台湾省政府机关出版刊物选目》,台中:编者印行。

"国立"台湾大学图书馆编:《"国立"台湾大学出版品目录》,台北:编者印行。

"国立教育资料馆"教育资料组编辑:《"国立教育资料馆"出版品目录》,台北:编者印行。

光复书局编辑部编:《信息式全国图书分类目录》,台北:光复书局。

中华福音神学院图书馆编:《台湾基督教神学院校联合会期刊联合目录》,台北:华神刊行。

高雄市政府新闻处编:《高雄市出版事业登记一览》,高雄:编者印行。

苏精:《清季同文馆及其师生》,台北:上海印刷厂。

李明水著:《世界新闻传播发展史——分析、比较与评判》,台北:大华晚报社,1985年第二版。

隐地著:《作家与书的故事》,台北:尔雅出版社。

于蘅著:《大清报律之研究》,台北:中华书局。

1986年

中国出版公司编:《"中华民国七十五年"出版年鉴》,台北:中国出版公司。

莫家廉:《元代刻书研究》,台北:中国文化大学史学研究所。

李清志著:《古书版本鉴定研究》,台北:文史哲出版社。

屈万里、昌彼得著,潘美月增订:《图书板本学要略》,台北:中国文化大学出版部。

"国立中央图书馆"特藏组编辑:《"国立中央图书馆"善本书目》(五卷),台北:"国立中央图书馆"。

"国立中央图书馆"编:《"国立中央图书馆"特藏选录》,台北:"国立中央图书馆"。

"国立故宫博物院"编辑委员会编辑:《宋版书特展目录》,台北:"国立故宫博物院"。

(韩)曹炯镇著:《中韩两国活字印刷技术之比较研究》,台北:学海出版社。

李炳炎编著:《中国新闻史》,台北:陶氏出版社。

马之骕编著:《新闻界三老兵——曾虚白、成舍我、马星野奋斗历程》,台北:经世书局。

陈孟坚著:《〈民报〉与辛亥革命》,台北:正中书局。

陈信元编:《怀念夏丏尊专辑》,台北:兰亭书店。

郑尔康编:《郑振铎》,香港:三联书店香港分店。

汪琪、彭家发著:《"时代"的经验》,台北:东大图书公司。

台湾"国史馆"编:《中国现代史书评选辑》,1986年起汉生科技有限公司陆续编印。

卢荷生著:《中国图书馆事业史》,台北:文史哲出版社。

周锦编著:《中国现代文学作品书名大辞典》(3册),台北:中国现代文学研究中心编印。

新文丰出版有限公司编辑部编:《丛书集成新编:总目、书名索引、作者索引》,台北:新文丰出版有限公司。

佐伯富编:《宋代文集索引》,台北:宗青图书出版公司,影印本。

黄永武主编:《敦煌遗书最新目录》,台北:新文丰出版有限公司。

"国立中央图书馆"编目组编:《"中华民国"出版图书目录(1985年)》,台北:编者印行。

"立法院"图书馆编:《公报议事录暨连续性期刊目录》,台北:编者印行。

应凤凰编:《文学书目(1984年)》,台北:大地出版社。

(美)唐斯·R.B著,蔡梅玉译:《名书的故事》,台北:自华书店。

台湾省政府新闻处编:《台湾省出版事业名录》,台中:编者印行。

1987年

陈铭磻著:《掌灯人》,台北:"行政院"文化建设委员会。

王云五著:《岫庐八十自述》,台北:商务印书馆,1987年出版。本书1967年7月初版。

王寿南编著:《王云五先生年谱初稿》(4册),台北:商务印书馆。

蒋复璁著:《王云五先生与近代中国》,台北:商务印书馆。

陈国祥、祝萍著:《台湾报业演进40年》,台北:自立晚报社。

《从〈蓝与黑〉到〈暗夜〉》,台北:久大出版公司。

严文郁著:《中国图书馆发展史》,台北:枫城出版社。

王欣夫著:《文献学讲义》,台北:文史哲出版社。

乔衍琯著:《宋代书目考》,台北:文史哲出版社。(本书2008年刊行增订本)

杜学知编:《"图书集成"简目》,台北:商务印书馆。

顾力仁著:《永乐大典及其辑佚书研究》,台湾私立东吴大学刊行。

"国立中央图书馆"编目组编:《"中华民国"出版图书目录(1986年)》,台北:编者印行。

"国立中央图书馆"采访组编:《台湾公藏人文及社会科学西文期刊联合目录》,台北:编者印行。

严灵峰编:《无求备斋文库诸子书目》(2册),台北:"国立中央图书馆"。

【附】王慷鼎著:《新加坡华文报刊史论集》,新加坡新社出版。

1988年

出版年鉴编辑委员会编:《"中华民国七十七年"出版年鉴》,台北:中国出版公司。

《大公报在港复刊四十周年纪念册》,香港大公报社编印,内部发行。

朱传誉著:《先秦唐宋元明清传播事业论文集》,台北:商务印书馆。

朱传誉著:《中国新闻事业研究论集》,台北:商务印书馆。

吴郇撰:《200种中国通俗小说述要》,香港:中华书局。

李家园著:《香港报业杂谈》,香港:三联书店。

清·莫友芝撰:《宋元旧本书经眼录》,台北:广文书局有限公司。

李菱霄著:《成功的编辑》,台湾世界文物出版社。

赵家璧著:《书比人寿长》,香港三联书店有限公司。

钱君匋作:《君匋艺展》,香港:香港大学冯平山博物馆。

王寿南主编:《王云五先生年谱初编》,台北:商务印书馆。

本书编委会编:《澳门日报三十年》,澳门:澳门日报出版社。

1989年

自立晚报报史小组编纂:《自立晚报四十年》,台北:自立晚报社。

陶涵主编,徐耀魁、张国成编:《世界十国新闻史纲要》,台北:文津出版社。

台湾"行政院新闻局"编:《"中华民国"出版事业概况》,台北:"行政院新闻局"。

《"国立中央图书馆"特藏选录》,台北:"国立中央图书馆"。

陈不讳著:《香港出版业》,香港彩色世界出版公司。

(美)G.P·梅雅著,维霖译:《报业先驱》,香港今日世界出版社。

1990年

香港书刊业商会编:《香港书刊业》,香港书刊业商会。

学生书局编:《学生书局三十年》,台北:台湾学生书局。

天下编辑:《一同走过从前》,台北:天下杂志社。

林庆彰著:《图书文献学研究文集》,台北:文津出版社。

萧乾著:《书评研究》,台北:商务印书馆。

苏进添著:《日本新闻自由与传播事业》,台湾致良出版社。

1991年

马浪波著:《出版传奇》,香港彩色世界出版公司。

正中书局编:《正中书局60年》,台北:正中书局。

台湾时报四十五年编辑委员会编:《台湾时报四十五年》,台北:台湾时报社。

《中国图书文史论集:钱存训八十生日纪念》,台北:正中书局。

李文琪著:《焦竑及其国史经籍志》,台北:汉美图书公司。

蔡佩玲著:《范氏天一阁研究》,台北:汉美图书公司。

严倚帆著:《祁承㸁及澹生堂藏书研究》,台北:汉美图书公司。

简秀娟著:《钱谦益藏书研究》,台北:汉美图书公司。

蓝文钦著:《铁琴铜剑楼藏书研究》,台北:汉美图书公司。

赵飞鹏著:《观海堂藏书研究》,台北:汉美图书公司。

沈新民著:《清丁丙及其善本书室藏书志研究》,台北:汉美图书公司。

汤绚著:《清初藏书家钱曾研究》,台北:汉美图书公司。

张碧惠著:《晚清藏书家缪荃孙研究》,台北:汉美图书公司。

林聪明著:《敦煌文书学》,台北:新文丰出版公司。

罗莉玲著:《出版事典》,台北:大村文化出版事业公司。

贺志坚著:《中外名书介绍》,台北:泉源出版社。

(日)盐泽实信著,林真美译:《日本的出版界》,台湾东贩公司1991年第2版。

1992年

严文郁著:《中国书籍简史》,台北:商务印书馆。

安平秋、章培恒主编:《中国禁书大观》,台北:竹友轩出版公司。

王欣夫著:《文献学讲义》,台北:商务印书馆。

洪湛侯著:《文献学新探》,台北:学生书局。

黄坤尧著:《书缘》,香港:田园书屋。

(美)钱存训著:《中国书籍、纸笔及印刷史论文集》,香港中文大学出版社。

中国新闻社编:《中国新闻社四十年》,香港:新昌广告印刷公司。

(新西兰)叶宋曼英著,张人凤、邹振环译:《从翰林到出版家——张元济的生平与事业》,香港:商务印书馆(香港)有限公司。

波拉德著,王道方译:《古腾堡——活版印刷术发明人》,台北:牛顿出版公司。

张树年、张人凤编:《张元济蔡元培来往书信集》,香港:商务印书馆(香港)有限公司。

《吴三连回忆录》,台北:自立晚报社文化出版部。

张起厚著:《中共地下党时期报刊调查研究(1919～1949)》,台湾永业出版社。

林载爵、吴兴文著:《出版业》,台北:"行政院"劳工委员会职业训练局。

弘征编:《钱君匋装帧艺术》,香港:商务印书馆(香港)有限公司。

萧雄淋著:《两岸著作权之比较研究》,台北:三民书局。

1993年

陈信元研究主持:《两岸出版业者合作发行书籍之现况调查与研究》,台湾"行政院"大陆委员会编印发行。

《两岸著作权问答》,"行政院"大陆委员会编印发行。

隐地著:《翻转的年代》,台北:尔雅出版社有限公司。

姜敬宽著:《时代七十年》,台北:天下文化出版股份有限公司。

何广棪著:《陈振孙之生平及其著述研究》,台北:文史哲出版社。

李瑞良著:《中国目录史》,台北:文津出版社。

《满目琳琅:"国立中央图书馆"善本特藏》,(台湾)"国立中央图书馆"编辑印行。

陈原著:《记胡愈之》,香港:商务印书馆(香港)有限公司。

陈福康著:《一代才华——郑振铎》,台北:业强出版社。

中国新闻社香港分社编:《港澳台及海外华文报刊名录》,香港:中国新闻出版社,深圳:海天出版社。

汤志钧著:《戊戌时期的学会和报刊》,台北:商务印书馆。

王致命著:《新闻圈里四十年》,台湾龙门出版社股份有限公司。

(美)Michael Schudson著,何颖怡译:《探索新闻:美国报业社会史》,台北:远流出版公司。

【附】(新加坡)崔贵强著:《新加坡华文报刊与报人》,新加坡海天文化企业私人有限公司。

(新加坡)林任君主编:《我们的七十年——新加坡华文报大事记、简史》。出版地点待查。

1994 年

隐地著:《出版心事》,台北:尔雅出版社。

洪德麟编著:《台湾漫画 40 年初探》,台北:时报文化出版企业有限公司。

王美丽著:《报人王惕吾——联合报的故事》,台北:天下文化出版股份有限公司。

刘增人著:《山高水长——叶圣陶传》,台北:业强出版社。

史梅岑著:《美术印刷论》,台北:大圣书局。

张秀民著,韩琦修订:《中国印刷史》,台湾,具体出版单位不详。

张绍勋著:《中国印刷史话》,台北:商务印书馆。

潘吉星著:《中国造纸史话》,台北:商务印书馆。

焦树安著:《中国古代藏书史话》,台北:商务印书馆。

张明华著:《中国古代的字典词典》,台北:商务印书馆。

戚志芬著:《中国的类书、政书与丛书》,台北:商务印书馆。

王余光主编:《影响中国的三十本书》,台北:洪叶文化事业公司。

吴洪印、湛穗才著:《中国古代著名科学典籍》,台北:商务印书馆。

台湾"行政院新闻局"编:《"中华民国"台湾地区出版供需统计概览》,编者刊行。

"中华民国"图书出版事业协会编:《出版人——两岸图书出版合作研讨会》专辑,"中华民国"图书出版事业协会,从 1994 年起陆续出版。

(美)施拉姆著:《人类传播史》,台北:远流出版公司。

(美)迪利著,张连康译:《华尔街日报》,台北:丝路出版社。

(美)泽芎著,陈世敏译:《美国大众传播思潮:从摩斯到麦克卢汉》,台湾远流出版公司。

(加拿大)韦伯·施兰姆著,游梓翔、吴韵仪译:《人类传播史》,台北:远流出版公司。

李少南、梁伟贤编:《香港传播研究》,香港中文大学新闻与传播学系。

李学勤著:《简帛佚籍与学术史》,台北:时报出版公司。

王晓秋著:《中日文化交流史》,台北:商务印书馆。

【附】(马来西亚)朱自存著:《纵观华报五十年:马来西亚华文报发展实况》,马来西亚:东方企业有限公司。

(新加坡)崔贵强著:《东南亚华文日报现状之研究》,新加坡:南洋学会刊行。

1995 年

台湾"行政院新闻局"编:《"中华民国"出版事业统计概览——"民国七十七年"至"民国八十三年"》。

程之行著:《新闻传播史》,台北:亚太图书出版社。

张人凤编著:《张菊生先生年谱》,台北:商务印书馆。

吴方著:《仁智的山水——张元济传》,台北:业强出版社。

中国古典文学研究会主编:《文学与传播的关系》,台北:台湾学生书局。

(美)钱存训著,刘拓等译:《中国之科学与文明——造纸与印刷》,台北:商务印书馆。

《香港图书文具业商会成立七十五周年特刊》,香港图书文具业商会。

(日)盐泽实信著,施忠孝译:《日本杂志百年巡礼——杂志时代的兴衰枯荣》,台湾三思堂文化事业有限公司。

(日)金平圣之助著,钟献之译:《美国杂志100年:建立永续的杂志王朝》,台湾三思堂文化事业有限公司。

(美)约翰·海德瑞(John Heidemy)著,林丽冠、畲慕芗译:《读者文摘传奇》,台湾智库公司。

(美)康妮·布鲁克著,徐锋志译:《传媒大法师——时代华纳总裁罗斯的购并霸业》,台湾智库股份有限公司。

柳玲著:《中国古代兵书》,台北:商务印书馆。

佚名著:《中国图书和图书馆史》,台北:天肯文化出版有限公司。

樊克政著:《中国书院史》,台北:文津出版社。

王余光著:《中国历史文献学》,台北:天肯文化出版有限公司。

周彦文著:《中国目录学理论》,台北:学生书局。

梁子涵主编:《中国历代书目总录》,台北:中华文化出版事业委员会。

1996年

张人凤编著:《张菊生先生年谱》,台北:商务印书馆。

陈力著:《中国图书史》,台北:文津出版社。

台湾"行政院新闻局"编:《变迁中的香港、澳门大众传播事业》,台北:台湾"行政院新闻局"1996年版。1999年出版修订版。

台湾"行政院新闻局"编:《大陆大众传播事业及其管理概况》,台北:台湾"行政院新闻局"。

台湾"行政院大陆委员会"编:《大陆出版业经营趋势调查与研究》,台北:台湾"行政院大陆委员会"。

林慧玲、王思迅主编:《金鼎奖二十周年特刊》,台北:台湾"行政院新闻局"。

【附】(马来西亚)叶观仕著:《马新新闻史》,马来西亚:韩江新闻传播学院。

1997年

孟樊著:《台湾出版文化读本》,台北:唐山出版社。

痖弦主编:《众神的花园——联副的历史记忆》,台北:联经事业出版公司。

《90年代我国新闻传播事业》,台北:中国新闻学会。

光华传播事业总公司编:《台湾地区大众传播事业概况》,台北:光华传播事业总公司。

许瀛鉴主编:《中国印刷史论丛》(史篇),台北:中国印刷学会刊行。

台湾商务印书馆编著:《商务印书馆100周年/在台50周年》,台北:商务印书馆。

商务印书馆(香港)有限公司编辑:《商务印书馆与廿世纪中国(光盘)》,香港:商务印书馆(香港)有限公司。

《1996～1997中华书局图书目录(香港)》,香港:中华书局(香港)有限公司。

陈信元著:《两岸暨港澳出版事业的发展与整合》,台北:文史哲出版社。

《"中华民国"著作权人协会成立20周年大庆特刊》。

钟芳玲著:《书店风景》,台湾宏观文化事业公司。

陈文学著:《明清时期商业及商人书研究》,台北:洪叶文化事业有限公司。

澳门文化司署编:《澳门文化司署十五年出版物》,澳门文化司署。

1998年

林训民研究主持:《大陆出版集团发展趋势及影响》,台北:"行政院大陆委员会"编印发行。

"中华民国"杂志年鉴编辑委员会、"中华民国"杂志事业协会合编:《"中华民国"杂志年鉴1950~1998》,产业情报杂志社出版发行。

《台湾区印刷同业公会五十周年纪念特刊》,台北:台湾区印刷工业同业公会。

香港出版总会编:《香港出版总会一九九八》,香港出版总会编印。

李瑞腾编著:《九歌二十:一九七八——一九九八》,台北:九歌出版社。

李兴才编:《两岸印刷史学术研讨会文集》,台北:中华印刷科技学会。

张树栋、庞多益、郑如斯等著:《中华印刷通史》,台北:印刷传播兴才文教基金会,1998年;修订版,2004年(含光盘)。

罗树宝主编,陈善伟译:《中国古代印刷史图册》,香港城市大学出版社,文物出版社(北京)出版。

(美)钱存训著:《中美书缘》,台北:文华图书馆管理资讯公司。

《沪港出版年会论文集》,学林出版社(上海)与香港三联书店共同出版。

李子坚著:《纽约时报的风格》,台北:联经出版事业公司。

王洪钧主编:《新闻理论的中国历史观》,台北:远流出版社。

(美)葛罗斯(Gerald Gross)主编,齐若兰译:《编辑人的世界》,台北:天下远见出版股份有限公司。

(新加坡)卓南生著:《中国近代报业发展史》,台北:正中书局。

程曼丽著:《〈蜜蜂华报〉研究》,澳门基金会。

1999年

久宣著:《出版巨擘——商务印书馆》,台北:利丰出版社有限公司,1999年版。

吴哲夫著:《中国图书的故事》,台北:"故宫博物院"。

林依璇著:《无才可补天:〈红楼梦〉续书研究》,台北:文津出版社。

黄丕烈撰:《尧圃藏书题识》,台北:广文书局有限公司。

骈宇骞、段书安著:《本世纪以来出土简帛概述》(资料篇、论著目录篇),台湾万卷楼图书有限公司。

黄少仪著:《广告·文化·生活:香港报纸广告1945~1970》,香港乐文书店。

出版年鉴编辑委员会编:《"中华民国"八十八年出版年鉴》,台北:"行政院出版局"。

张志伟著:《amazon. com:亚马逊网络书店发迹传奇》,台湾商业周刊出版有限公司。

李西宁著:《人淡如菊——张元济》,中华书局(香港)有限公司。

(德)卫浩世(Peter Weidhaas)著,王泰智译:《愤怒书尘——法兰克福书展主席卫浩世回忆录》,台北:商务印书馆。

(美)雷贝佳·桑德斯著,刘复苓译:《亚马逊网络书店的十大秘诀》,台湾联经出版事业股份有限公司。

黄威威:《文化传播》,台北:正中书局。

来新夏著:《来新夏书话》,台北:台湾学生书局。

俞旭著:《新闻传播与社会变迁》,香港:中华书局。

2000 年

《台湾漫画史特展》,台北:"国立"历史博物馆。

苏精著:《马礼逊与中文印刷出版》,台北:台湾学生书局。

袁立泽著:《变革有成文化传——中国书史》,台湾万卷楼图书有限公司。

关绍箕著:《中国传播思想》,台北:正中书局。

陈之行著:《新闻传播史》,台北:亚太图书出版社。

李谷城著:《香港报业百年沧桑》,香港:明报出版社有限公司。

张圭阳著:《金庸与报业》,香港:明报出版社有限公司。

刘冰著:《我的出版印刷半世纪》,台湾橘子出版有限公司、美国长青文化公司。

(美)Paul Goldstein 著,叶茂林译:《捍卫著作权:从印刷术到数位时代的著作权法》,台北:五南图书出版公司。

淡江大学教育资料科学学系编著:《出版与图书馆学术研讨会论文暨实录》,台湾文华图书馆管理信息股份有限公司。

邵献图主编:《西文工具书概论》,台北:书林出版公司。

2001 年

胡志亮著:《王云五传》,台北:汉美图书有限公司。

(日)小林一博著,陈惠莉、蒋千苓译:《出版大崩溃》,台湾尖端出版有限公司。

迟铎、党怀兴著:《中国古典文献学》,香港:香港金陵书社出版公司。

马松柏著:《香港报坛回忆录》,香港:商务印书馆。

岳阳晚报社编:《岳阳市报刊志》,香港:天马图书有限公司。

2002 年

潘美月、沈津编:《中国大陆古籍存藏概况》,台北:"国立编译馆"。

俞晓尧、刘彦捷编:《陆费逵与中华书局》,香港:中华书局(香港)有限公司。

杨宗主编:《中国名人与传媒》,香港新闻出版社。

杨永智著:《翰墨因缘:台湾藏书票史话》,台北:"国立"传统艺术中心筹备处。

王天滨著:《台湾社会新闻传播史》,台北:亚太图书出版社。

大公报编:《大公报百年庆典书画集》,大公报(香港)有限公司内部刊行。

大公报编:《大公报创刊一百周年纪念册》,大公报(香港)有限公司内部刊行。

2003 年

王云五著:《岫庐八十自述(节录本)》,台北:商务印书馆。

罗仲辉著:《印刷史话》,台北:"国家"出版社。

张大伟、曹江红著:《造纸史话》,台北:"国家"出版社。

王天滨著:《台湾报业史》,台北:亚太图书出版社。

陈星著:《平凡·文心——夏丏尊》,台北:文史哲出版社。

本书编委会编:《余纪忠先生纪念集》,台北:中国时报社。

卢季野著:《书人脚印》,香港:新天出版社。

虞浩旭选编:《风雨天一阁》,香港:天马图书有限公司。

本书编委会编:《中国新闻社五十年史稿》,香港中国新闻社。

2004 年

徐有守著:《出版家王云五》,台北:商务印书馆。

诚品书店编:《诚品报告 2003——新竞争年代的阅读纪事》,台北:诚品股份有限公司。

陆妍君著:《台湾书店地图》,台湾晨星出版社。

(日)田口久美子著,黄柏华译:《书店风云录》,台北:高谈文化事业有限公司。

(美)爱德华·纽顿:《藏书之爱》(中文繁体译本),台湾麦田出版社。

(澳大利亚)高曼、麦克林著,林怡馨译:《新世纪大众媒介社会史》,台北县:韦伯文化国际出版有限公司。

张涤华著:《张涤华目录校勘学论稿》,台北:学海出版社。

黄丕烈著,王大隆辑:《尧圃藏书题识续》,台北:广文书局有限公司。

上海新四军历史报刊社编:《喉舌与号角——新四军暨华中抗日根据地报刊史料集粹》(上、下),香港:语丝出版社。

林丽云著:《台湾传播研究史:学院内的传播学知识生产》,台北:巨流图书有限公司。

《书香故宫·中国宫廷善本》,台北:实学社出版公司。

李少南、梁伟贤编:《香港传播研究》,香港中文大学新闻与传播学系。

澳门特别行政区民政总署文化康体部:《中国百年版画精品集》,澳门。

骆伟著:《简明古籍整理与版本学》,澳门:澳门图书馆暨资讯管理协会。

2005 年

李欣频著:《广告副作用——诚品书店广告宣传文案全录》,台湾晶冠出版社。

李玉安、黄正雨编著:《中国藏书家通典》,香港:中国国际文化出版社。

李家驹著:《中国古代藏书管理》,台北县:花木兰文化工作坊。

蔡文晋著:《宋代藏书家尤袤研究》,台北县:花木兰文化工作坊。

蔡芳定著:《叶德辉观古堂藏书研究》,台北县:花木兰文化工作坊。

赵飞鹏著:《观海堂藏书研究》,台北县:花木兰文化工作坊。

严倚帆著:《祁承爜及澹生堂藏书研究》,台北:花木兰文化工作坊。

张圭阳著:《金庸与明报传奇》,台北:允晨出版社。

周佳荣著:《言论界之骄子:梁启超与〈新民丛报〉》,香港中华书局。

张其凡著:《宋代典籍研究》,香港:华夏文化艺术出版社。

陈鸣著:《香港报业史稿(1841～1911)》,香港:兴华报业有限公司。

浙江省新四军研究会、余姚市史志办公室编:《新浙东报纪念文集》,香港:天马图书出版公司。

邓洪波著:《中国书院史》,台北:台湾"国立"政治大学出版中心。

殷伟著:《趣话书的故事》,台北:知书房出版社。

(法)费夫贺、马尔坦著:《印刷术的诞生》,台北:猫头鹰出版社。

张树栋等著:《中国印刷通史》(修订本),台北:印刷传播基金会。

余凤高著:《插图的文化史》,香港:中华书局(香港)有限公司。

Asa Briggs、Peter Burke 著,李明颖等译:《大众传播史——从古腾堡到网际网路的时代》,台北县:韦伯文化国际出版有限公司。

李仁渊著:《晚清的新式传播媒体与知识分子》,台北县:稻乡出版社。

2006 年

(德)Peter Weidhass 著,欧阳斐斐等译:《法兰克福书展 600 年风华》,台北:联经出版社,2006 年 2 月出版。

布莱恩·希尔,迪·鲍尔著,陈希林译:《畅销书的故事》,台北:脸谱出版社,2006 年。

周彦文著:《毛晋汲古阁刻书考》,台北县:花木兰文化工作坊。

黄韵静著:《南宋出版家陈起研究》,台北县:花木兰文化工作坊。

郭浩著:《〈红楼梦〉成书过程新说》,香港博士苑出版社。

邱炯友等编:《五十年来的图书文献研究(1950～2000)》,台北:学生书局。

金宏宇著:《中国现代长篇小说名著版本校评》(修订本),台北:台原出版社。

王国强著:《澳门图书馆事业发展史》,澳门:澳门图书馆暨资讯管理协会。

"国家图书馆"特藏组编辑:《以古通今——书的历史》,台北:"国家图书馆"。

《澳门大学图书馆古籍特藏图录》:2006 年 12 月澳门大学图书馆编印。

胡逢瑛、吴非著:《苏俄新闻传播史论》,台北:秀威资讯科技股份有限公司。

2007 年

王学哲、方鹏程著:《商务印书馆百年经营史》,台北:商务印书馆。

李家驹著:《商务印书馆与近代知识文化的传播》,台北:商务印书馆。

杨永智著:《明清时期台南出版史》,台北:学生书局。

张元济:《张元济致王云五信札(1937～1947)》,台北:商务印书馆。

本书编辑委员会:《报业楷模康蒲泉》,香港天马出版有限公司。

许定铭编著:《书影留踪——中国现代文学珍本选》,香港:香港中文大学图书馆。

(法)弗雷德里克·巴比耶著,刘阳等译:《书籍的历史》,台北:五南图书出版公司。

(澳大利亚)高曼、麦克林著,林怡馨译:《大众媒介社会史》,台北县:韦伯文化国际出版有限公司。

2008 年

张高评著:《印刷传媒与宋诗特色——兼论图书传播与诗分唐宋》,台北:里仁书局。

阙晓云著:《吴骞及其拜经楼藏书研究》,台北县:花木兰文化工作坊。

李静玫著:《〈台湾文化〉、〈台湾新文化〉、〈新文化〉杂志研究(1986.6～1990.12):以新文化运动及台语文学论述为探讨主轴》,台北:"国立编译馆"。

封德屏主编:《台湾人文出版 30 家》,台北:文讯杂志社。

汪淑珍:《文学引渡者——林海音及其出版事业》,台北:秀威出版公司。

香港文汇报社编:《巴金先生纪念集》,香港:编者刊行。

2009 年

佚名编:《记忆里的幽兰(嘉义兰记书局史料论文集)》,(台湾)嘉义:文讯杂志社。

陈先行著:《古籍善本》,台北:猫头鹰出版社。

年份不详者

王云五主编:《大部丛书总目录》,台北:商务印书馆。

施廷镛编:《丛书子目书名索引》,台北:文海出版社。

东京大学东洋文化研究所编:《东京大学东洋文化研究所汉籍分类目录》,台北:大立出版社。

“国立中央图书馆”编:《台湾公藏善本书目书名索引》,台北:“国立中央图书馆”。

文星书店编:《文星版“古今图书集成”索引》,台北:鼎文书局。

王仁俊撰:《西夏辽金元艺文志》(上、下),台北:世界书局。

《邝富灼博士纪念集》,香港,出版社及年份不详,影印本。

隐地著:《书的名片》,台北。

《联合出版(集团)有限公司 1988～1993》(简介),香港。

潘铭燊:《宋代印刷史》。

上海书局私人有限公司编:《源远流长——上海书局 65 周年纪念特刊》新加坡国立印书馆有限公司出版。24 开本。出版具体时间不详。

谢犹荣著:《泰华报业小史》,出版时间和机构不详。

赖光临著:《清末官报之兴起研究》,台湾国科会。出版时间不详。

附录五　中国编辑研究资料中心成立记略

2004年冬，范军兄为编撰《中国出版文化史研究书录》，曾利用在国家教育行政学院培训的机会在中国编辑研究资料中心看书。中国编辑研究资料中心自1999年成立以来曾接待不少专家学者访书查书，但以范军教授历时最长，成果最著。撰著《中国出版文化史研究书录》，本应举机构或群体之力，而范军则个人独立完成。其艰辛琐细的访求摘录，是对学人毅力的大考验，其成果集腋成裘，证明了近三十年来编辑出版研究成果的繁盛，奠定了出版学科研究史的厚实基础，功莫大焉。奉读著作，我总赞叹其成果的多方面价值，脑海里总浮现出他在当时简陋、拥挤的书库中伏案抄录的身影，清冷而敦实。这不由使我想起中国编辑研究资料中心的成立经过，其中凝结着中国编辑学会缔造者们对出版学科建设的殷殷希冀。

中国编辑研究资料中心的最早动议可追溯到1994年在郑州召开的全国编辑学理论研讨会。与会专家认为，要使编辑学理论研究走向深入就要相对完备地加强编辑出版学的资料建设。1997年9月在宁夏银川召开的编辑学理论研讨会上，我再次听到有关领导、专家的呼吁与倡议。我因已从河南日报社调北京印刷学院创办出版系，便有心从这基础性工作切入。经过一番调研，我与几位老师商议成立出版工程观摩实验室，以结合出版工作的特点并适应学院理工科教学思路。出版系于1997年12月10日根据学院《关于申报学院重点实验室的通知》精神，提交了《关于建立出版工程观摩实验室的申请报告》。报告未获学院通过。当时学校图书馆藏书甚少，出版系初建资料奇缺，对出版专业教学极为不利。我只好向中国编辑学会求援。1998年1月初，我在多次请教中国编辑学会、北京印刷学院领导后，起草了《中国出版研究资料中心组建方案》(征求意见一稿)。邵益文先生1月12日将此件送呈刘杲："此件请您审阅修改。然后我们组织几个人研究(论证)讨论一下，如何?"刘杲1月15日批示："原则赞成。请与益文同志进一步商量。"3月25日，邵益文先生在我起草的《关于成立中国编辑研究资料中心的论证提纲》做了修改并以传真方式退我："李频同志：这个材料我稍稍作了些调整，请你审核定稿。如付之打印，请多交我10份。我们将召开一个会议，你们也需来人。"邵先生几天后又将我派人誊清的论证提纲修改稿送呈刘杲。刘杲3月28日批示："可提请参与论证的同志参考。"在该提纲中"必要性"一节中刘杲有十余处改动。其中一处较实质性的改动是，"中国编辑学会与北京印刷学院决定合建中国编辑学出版学研究资料中心"一句中的"学出版学"去掉了，而在送呈件的标题《关于成立中国编辑研究资料中心的论证提纲》下，就"中国编辑研究资料中心"画了较粗的黑线。邵益文在转我刘杲批件的信中说："李频同志：此材料刘杲同志又作了一些修改，因为你有存稿，免我再重新打印，请按此改一下，打印 20 份。打印出来后马上寄给下列同志，名单见反面，多余的带到会上，防止有人不带来。会议通知我找到会场后另发。”由邵益文先生筹划联系，1998 年 4 月 9 日借座三联书店的“出版之家”召开了论证会。《关于成立中国编辑资料中心论证座谈会会议纪要》中提到：根据北京印刷学院发展的实际需要，中国编辑学会于 1998 年 4 月 9 日组织召开了关于成立中国编辑研究资料中心论证座谈会。会议由刘杲同志主持，邵益文、田胜立、阙道隆、戴文葆、庞家驹、林穗芳、杨陵康、李频等同志出席。与会人员对中国编辑学会、北京印刷学院联合成立中国编辑研究资料中心问题做了认真细致的论证和研究。

与会同志认为，随着我国出版事业的繁荣发展，我国的编辑学研究工作开创了新局面。队伍建设、学科建设都基本上完成了拓荒阶段，正朝着深入、发展的方向迈进。出版界、教育界的专家早达成共识：深入系统地总结、归纳、梳理近二十年来我国编辑学研究的成果与经验，明确存在的问题和不足，既是目前编辑学研究的紧要任务，也是寻求学术研究的突破与发展的基本前提。1994 年在郑州召开的全国编辑学理论研讨会上，与会专家就提出要加强编辑研究资料工作，要全面系统地收集、整理我国已有的编辑学与编辑理论研究资料和论著等，以供研究者、爱好者检索利用。

与会同志认为，加强编辑研究资料工作是巾国编辑学会与北京印刷学院的共同需要。为了切实推动编辑学的深入发展，使已有的编辑学研究成果为新兴的出版教育事业服务，坚持优势、条件和资源互补的原则，成立中国编辑研究资料中心不仅必要而且可能。因此一致赞成中国编辑学会与北京印刷学院合建中国编辑研究资料中心。

1998 年 6 月 8 日，北京印刷学院和中国编辑学会向新闻出版署递交了《关于联合成立中国编辑研究资料中心的请示》。“请示”中明确“资料中心的任务是：收集、整理中外编辑出版研究成果和动态；积累有关编辑理论和实践的典型材料；为编辑出版教研工作和实践提供咨询服务”。1999 年 1 月，新闻出版署人教司批复同意。1999 年 9 月 11 日，北京印刷学院联合中国编辑学会向新闻出版署人教司递交了《关于中国编辑研究资料中心建设情况的报告》。报告中提到：北京印刷学院与中国编辑学会联合建设的中国编辑研究资料中心，自新人干(1999)010 号文批准以来，学会与学院加快了建设步伐。已得到署办公室秘书处、人教司教育处，中国大百科全书出版社、文化艺术出版社、中国期刊协会、大象出版社等单位和王仿子、刘杲、桂晓风、张伯海、邵益文等老领导的捐赠。目前已收到的捐赠书刊和资料主要有图书 2652 册，期刊 6475 册，其它资料 65 册。并已开始陆续接待来自南京大学、武汉大学、湖北省新闻出版局等单位专家学者的查询阅览。

1999 年 9 月 9 日，学院与学会联合举行了中心的揭牌仪式。新闻出版署署长于友先、副署长桂晓风和田胜立院长为中心揭牌，署人事教育司司长李敉力宣读新人干(1999)010 号批文。出席揭牌仪式的有中国版协副主席、中宣部出版局原局长伍杰，中国编辑学会副会长吴道弘、中国期刊协会常务副会长张伯海等专家学者二十余人。揭牌仪式前，中心举行座谈会，于署长和与会的专家学者座谈，专家们充分肯定了中心建设目前所取得的成绩，并就今后的发展建设提出了许多建议。伍杰同志在讲话中指出，我国的高等出版教育得到胡乔木同志的多次关照，北京印刷学院要借中国编辑研究资料中心的建设推动学院编辑出版教育的大步发展。吴道弘先生代表中国编辑学会在发言中指出，中国编辑研究资料中心经半年多的建设,已初具规模,为全国编辑学界的有关专家的研究工作提供了一定的帮助,对北京印刷学院出版系的专业教学是一个极有力的推动,中心要加大建设力度,拓宽捐赠渠道,尽快增大研究资料规模,走特色化发展道路,力争在两三年内,将中心建设成为集纳我国编辑出版研究成果、推动我国编辑出版科学研究,面向出版界、服务出版教育界的全国性研究机构。于友先署长在视察本中心后,欣然题词:"中国编辑研究资料中心、编辑之友"。《新闻出版报》1999 年 9 月 10 日头版报道了揭牌情况,向出版教育界宣告了中国编辑研究资料中心正式成立。

中国编辑研究资料中心的建设高潮期在 1998～2000 年,新闻出版署办公室不定期转书送刊,王仿子、袁亮、倪子明、刘杲、邵益文,以及远在美国纽约的长青书局的刘冰等老前辈将个人所藏捐与中心,极快地丰富了中心的所藏,中心工作人员张雪清一人为登录造册、寄呈捐赠清单等忙得不亦乐乎。河南大学张如法教授闻讯将自己珍藏的 13 种期刊创刊号捐赠,邵益文先生大概是赞佩资料中心对观摩资料的收集,让我去他家取了第一届全国优秀中青年编辑评选的参评材料。这种未公开出版的"灰色文献"殊为难得,他主持这一评选工作,便有意为中心保留了一套。北京出版社报送李清霞材料中,有其责编《中医内科学》(后获国家图书奖)的书稿档案材料,仅审稿记录就有 A4 纸百余页。这种资料的收集让我深受鼓舞。因为起草《关于成立中国编辑研究资料中心的论证提纲》时,我在资料收集范围中列了一条:"可直接用于为编辑出版本科专业教育服务的出版工程观摩资料。如以未公开面世的书稿档案资料组成出版工程观摩资料室,以编辑、出版过程为基本构成路线,以公开出版的出版物和反映其出版过程与结果的书稿档案陈列的方式,为初学出版者提供具体生动的感性材料,为深入研究编辑出版规律的中高层次研究者提供个案资料。"惜后来因为学院转换管理体制等原因,未能继续。不然沿此路线发展,丰富这种灰色文献,可具体呈现上世纪八九十年代的编辑出版工作形态,一个迥然有异于 21 世纪出版产业化时代的编辑出版工作形态。

世易时移,星移斗转。特据手头残存资料,略事记忆,以表对刘杲、邵益文两位先生的敬意与谢忱,为编辑出版的学科研究,他们不仅是为编辑出版理论研究呐喊的举旗手,也是调动资源整合力量的高超组织者和有力推动者。

李　频

2010 年 2 月 17 日初稿,19 日再改

第一版后记

终于敲击完最后一个字符。举目窗外，只见芳草又绿，新燕剪翠。光阴荏苒间不觉已是春秋四载。从 2004 年的盛夏动笔，到今年阳春三月杀青，伴随着这部资料集的编纂，已是几度花开花落，无数月圆月缺。繁忙工作之余，夜深人静时刻，或青灯黄卷，漫游书林，或搜寻网上，流连忘返，两千余种图书的轮廓渐渐清晰。这是一个书人书事的海洋，而实际涉猎的书籍当是所录品种的若干倍。大浪淘沙，披沙拣金，酸甜苦辣自知。即便是几经增补，又多次斧削，但在分类归类的把握、收录尺度的宽严、介绍评述的繁简等诸多方面仍有明显遗憾。

本书的编纂和出版首先得感谢我所敬重的老领导、老出版家刘杲先生，是他的关心和督促使得我下决心做出版科学研究书录，并获得中国编辑学会的立项支持；而蔡学俭、吴道弘、邱久钦、黄国钧、邵益文、程绍沛、彭松建、王振铎、王建辉、罗紫初、方卿、李频、张志强、伍旭升、庞沁文诸位出版学界的专家、领导与同仁的时时鼓励与提携则使我受益良多，不敢懈怠；吴永贵、章雪峰两位朋友更是在资料和信息方面为我提供无私的帮助。河南大学出版社一向以刊行编辑学研究成果闻名业界，社长马兄小泉博士欣然允诺将拙著忝列其中，更让我心存感激。为了书稿早日完成，妻子和女儿给予的关心与理解更是难以用言语来表达。

从我的第一本出版研究著作《出版文化散论》2004 年 4 月付梓，到本书交稿，正好是四年时间。这几年，现代出版家的书业广告研究、出版品牌研究也一直是我所关注的。新的目标就在前方，新的旅程也将开始。春风春雨，当是播种的季节，耕耘的季节。让我们播种希望，耕耘未来，默默守望书香永在的精神家园。

是为记。

范军

2007 年 3 月 28 日于武昌汤逊湖畔

新版后记

《中国出版文化史研究书录(1985～2006)》2008年1月刊行后，得到了学界前辈和同仁的鼓励。刘杲、汪家熔、邵益文、蔡学俭、林穗芳等老先生来信褒奖有加的同时，也寄予殷殷期望。吴老道弘主编在《出版史料》刊发了本书“编撰说明”和“后记”，意在宣传与推荐。赵国泰先生是荆楚知名作家兼编辑家，武汉大学夏兴通博士则是出版学界青年才俊，二位校阅圈点拙著后主动撰写长篇书评，刊于报章。肖东发、吴永贵、刘兰肖、冯志杰等专家和同好，以不同的方式为本书鼓与呼。出版界一些同行如浙江人民出版社、湖南人民出版社、福建人民出版社的社长总编辑，慷慨提供新刊行的出版史志论著。中国编辑学会将此项成果评为“优秀课题”，精神鼓励外再予经济支持。这些，都让我在感动之余更添再接再厉、精益求精的勇气。

其实，《书录》虽是几年来坐冷板凳竭尽心力所得，但毕竟琐事缠身，难以求精求全，书中的问题和遗憾颇多。甫一刊刻，即着手修订。本打算细水长流，慢慢积累和打磨；是李频兄的盛情和慷慨让我不得不加快了进程。李频教授及所在的北京印刷学院，将《书录》修订增补本列入北京出版产业与文化基地和传播学重点建设学科的支持项目。时不我待，我虽驽钝，但刻苦奋力，以期不辱重托与信任。

经过近两年的劳作，《书录》的修订增补工作总算告一段落。上下延伸时段的相关著作及资料予以增列，原书遗漏者、或著录项不完备者予以补充，另新加附录，总增加书目(含附录)两千余种，增加字数达三十余万。对于原书中不宜收录者(如广播电视史方面的著作、资料集等)进行删除，明显归类不当者进行调整，内容介绍过于繁琐者进行精简，误植误排者进行更正。笔者自信，经过反复增、补、删、改，新版《书录》在各方面都有了一个大的进步。但因涉及范围太广、资料异常庞杂，加之时间、精力、学力等方面的限制，不足和错误仍难以完全避免。

这里，不得不再次感谢河南大学出版社社长马兄小泉教授、总编张君云鹏教授。《书录》以新的面貌再次由他们刊行，让我在武汉寒冷的冬日和出版史学界寂寞的园地中倍感温暖。责任编辑席兵君的专业精神和认真负责也令我感佩。书比人寿长，是出版人和作者的共同愿景。但愿这本书录能流传得久远一点、广泛一点。这主要不是因为这本书，而是因为它是书之书。

作者

2009年岁末于武昌桂子山